MEYERS GROSSES TASCHENLEXIKON

Band 1

MEYERS GROSSES TASCHEN-LEXIKON

in 24 Bänden

Herausgegeben und bearbeitet von
Meyers Lexikonredaktion
2., neu bearbeitete Auflage

Band 1:
A–Ang

B.I.-TASCHENBUCHVERLAG
Mannheim/Wien/Zürich

Chefredaktion:
Werner Digel und Gerhard Kwiatkowski

Redaktionelle Leitung der 2. Auflage:
Klaus Thome

Redaktion:
Eberhard Anger M. A., Dipl.-Geogr. Ellen Astor,
Dipl.-Math. Hermann Engesser, Reinhard Fresow, Ines Groh,
Bernd Hartmann, Jutta Hassemer-Jersch, Waltrud Heinemann,
Heinrich Kordecki M. A., Ellen Kromphardt, Wolf Kugler,
Klaus M. Lange, Dipl.-Biol. Franziska Liebisch, Mathias Münter,
Dr. Rudolf Ohlig, Ingo Platz, Joachim Pöhls, Dr. Erika Retzlaff,
Hans-Peter Scherer, Ulrike Schollmeier, Elmar Schreck,
Kurt Dieter Solf, Jutta Wedemeyer, Dr. Hans Wißmann,
Dr. Hans-Werner Wittenberg

CIP-Kurztitelaufnahme der Deutschen Bibliothek

Meyers Großes Taschenlexikon: in 24 Bd./hrsg. u. bearb. von
Meyers Lexikonred. [Chefred.: Werner Digel u. Gerhard
Kwiatkowski]. – Mannheim; Wien; Zürich: BI-Taschenbuchverlag
ISBN 3-411-02900-5
NE: Digel, Werner [Red.]
Bd. 1. A–Ang. – 2., neubearb. Aufl. – 1987
ISBN 3-411-02901-3

Vorwort zur zweiten Auflage

Fast sechs Jahre sind seit dem Erscheinen der ersten Auflage von Meyers Großem Taschenlexikon vergangen. Wir waren davon überzeugt, mit dieser Taschenbuchausgabe eines Großlexikons all jenen entgegenzukommen, die sich ein großes, gebundenes Nachschlagewerk aus der breiten Palette des Meyer-Lexikon-Programms (noch) nicht leisten können, die aber auf ein qualitativ hochwertiges Markenlexikon zu einem günstigen Preis nicht verzichten wollen.

Das überaus positive Echo, das wir aus breiten Benutzerkreisen erhielten, bestärkte uns in dem Gedanken, auch in Zukunft diesem Interessentenkreis ein zuverlässiges, objektives und modernes Nachschlagewerk zugänglich zu machen. Hierzu war es notwendig, die auf über 8 600 Seiten gesammelten Informationen durch kontinuierliche Dokumentation und Archivierung sowie durch eine Vielzahl spezieller Recherchen auf einen Stand zu bringen, der sich nicht mit einer »oberflächlichen Aktualität« begnügt. Wir waren vielmehr bestrebt, auch die Aktualität im Detail zu erreichen – sei es durch die Aktualisierung der Einwohnerzahlen aller Städte, Länder, Regierungsbezirke und sonstigen Verwaltungseinheiten an Hand amtlicher Statistiken, sei es durch die Überarbeitung der Literaturangaben bezüglich Neuerscheinungen, Neuauflagen usw., sei es durch die Heranführung der weltweiten politischen Ereignisse bis an den gegenwärtigen Stand.

Erläuterungen zur Einrichtung des Buches mit der Erklärung der Internationalen Lautschrift und einem Verzeichnis der verwendeten Abkürzungen befinden sich – wie bisher – am Ende des ersten Bandes.

Mannheim, im Herbst 1987

VERLAG UND HERAUSGEBER

A

A, der erste Buchstabe des Alphabets, im Griech. α (Alpha), im Nordwestsemit. (Phönik.) ꓘ (Aleph; diese Bez. des Buchstabens ist erst aus dem Hebr. überliefert). Umstritten ist, ob die Benennung des Zeichens auf seine Form, die der eines Rinderkopfes ähnl. sein soll (Aleph „Rind"), zurückzuführen ist. Im Semit. ist Aleph ein Kehlkopfverschlußlaut; der vokal. Lautwert ist dem Buchstaben erst seit dem Griech. zugeordnet. Im Semit. wie im Griech. hatte der Buchstabe den Zahlenwert 1. -↑auch Alphabet.
◆ (a) in der *Musik* die Bez. für die 6. Stufe der Grundtonleiter C-Dur, durch ♭-(♭)-Vorzeichnung erniedrigt zu *as*, durch ♯ (Kreuz) erhöht zu *ais*. Das eingestrichene a dient allgemein als Stimmton (↑Kammerton).
◆ (Münzbuchstabe) ↑Münzstätte.

A, Abk.:
◆ für Austria (Österreich), internat. Länderkennzeichen, z. B. bei Kfz.
◆ (A.) für: Augustus oder Aulus bei röm. Namen.
◆ (a) für: akzeptiert auf Wechseln.

A, Kurzzeichen:
◆ (Einheitenzeichen) für die Stromstärkeeinheit ↑Ampere.
◆ für die Flächeneinheit ↑Acre.

a, Kurzzeichen:
◆ (Einheitenzeichen) für die Flächeneinheit ↑Ar.
◆ (Einheitenzeichen) für die Zeiteinheit ↑Jahr (lat. anno); bei Angabe eines Zeitpunktes hochgesetzt (ᵃ).
◆ (Vorsatzzeichen) für den Vorsatz ↑Atto...

à [frz.], zu, für, je, je zu; z. B. vor dem Preis einer Ware à 2,- DM.

Å (A, ÅE, AE), Einheitenzeichen für die Längeneinheit ↑Ångström.

a..., A... (vor Vokalen an..., An...) [griech.], verneinende Vorsilbe, der dt. Vorsilbe un..., Un..., der lat. Vorsilbe in..., In... entsprechend, z. B. asozial, anorganisch.

Aa (Ach, Ach, Ache), Bestandteil des Namens zahlr. Flüsse in deutschsprachigen (althochdt. aha „Wasser, Fluß", verwandt mit lat. aqua) und angrenzenden Gebieten (z. B. fries. Ee, dän. å).

Aa, Küstenfluß in Flandern, N-Frankreich; entspringt im Artois nahe Bourthes, mündet in die Nordsee bei Gravelines; 80 km lang; Teil eines Wasserstraßennetzes.

AA, Abk. für: ↑Auswärtiges Amt.

A. A., Abk. für: ↑Anonyme Alkoholiker.
aa (a̅a̅. pt. aequ.), Abk. für: ↑ana partes aequales.

a. a., Abk. für: ↑ad acta.

Aach ↑Aa.

Aachen, Hans von, * Köln 1552, † Prag 4. März 1615, dt. Maler. - In Italien Begegnung mit B. Spranger. Tätig in Köln, München und Augsburg, seit 1592 am Hof in Prag. Typ. Vertreter des Manierismus. Die Farbigkeit ist vom Venezian. (Tintoretto) beeinflußt. Bemerkenswerte Bildnisse, allegor., mytholog. und religiöse Bilder; auch Handzeichnungen.

Aachen, Stadt in NRW, in einem Talkessel am Rand des Hohen Venn, 141–358 m ü. d. M., 246 000 E. Verwaltungssitz des Kreises A.; Sitz eines kath. Bischofs. TH (1870 gegr.), Fachhochschulen, Priesterseminar. Suermondt-, Couven-Museum und Zeitungsmuseum; mehrere Theater. Verleihung des Karlspreises. Internat. Reitturnier. Bed. Kurbetrieb dank alkal., schwefelhaltiger Kochsalzthermen (über 70°C). Kurviertel nö. der Innenstadt (Spielbank seit 1976) und im Stadtteil Burtscheid. Auf das ma. Tuchmacher- und Messinggewerbe gehen Textilind. und Nadelherstellung zurück; außerdem u. a. Herstellung von Gummireifen, Schirmen, Schokolade, Aachener Printen; elektrotechn. Ind., Waggon- und Maschinenbau. - A. war kelt. Siedlung, röm. Militärbad (der lat. Name *Aquisgranum* ist seit dem MA überliefert); die Stadt entwickelte sich um die Pfalz Karls des Großen. Innerer und äußerer Mauerring (12. bzw. 14. Jh.), erhalten u. a. das Ponttor. Wallfahrten seit 1349 (↑Aachener Heiligtumsfahrt). 936–1531 Krönungsstätte der dt. Könige. 1656 durch Brand fast völlig zerstört. Bis 1801 Reichsstadt, 1815 an Preußen; im 2. Weltkrieg zu 65 % zerstört. – Zahlr. Kirchen, bed. v. a. der ↑Aachener Dom; über die karoling. Palastaula got. Rathaus (1300–49; wiederhergestellt) mit dem Reichssaal; Altes Kurhaus (1782–85; Ballsaal wiederhergestellt), angegliedert die Neue Galerie; zahlr. Brunnen. – Abb. S. 8.

A., Kreis in NRW.

A., Bistum ↑katholische Kirche (Übersicht).

Aachener Dom (Aachener Münster), Bischofskirche in Aachen. Den Kern der Anlage bildet die Pfalzkapelle Karls des Großen (nach 789 bis um 800), ein achtseitiger Zen-

tralbau mit 16seitigem, zweigeschossigem Umgang und einem zweigeschossigen Westbau mit dem Thron Karls des Großen. Vorbild für diesen Bautypus waren byzantin. Zentralbauten, als Baumeister wird Odo von Metz genannt. 814 wurde Karl der Große, 1002 Otto III. in der Pfalzkapelle beigesetzt. 936–1531 dt. Krönungskirche (ab 1562 der Frankfurter Dom). In der 1. Hälfte des 14. Jh. wurde der Westbau ausgebaut, 1355–1414 anstelle des karoling. der got. Chor nach dem Vorbild der Sainte-Chapelle in Paris (1246–48) errichtet. Im 15. Jh. wurden vier Kapellen an den Zentralbau angebaut, 1756/57 eine fünfte. Die heutige Kuppel stammt aus dem Jahre 1664. Bed. Ausstattung, u. a. Ambo Heinrichs II. (1002–14), Karlsschrein (1200–15), Radleuchter (um 1165–70), spätgot. Skulpturen im Chor, bed. Domschatz (Handschriften, Reliquiare, bis 1794 drei Reichsinsignien: Stephansburse, Reichsevangeliar, sog. Säbel Karls des Großen).

Aachener Frieden, 1. ↑Devolutionskrieg; 2. ↑Österreichischer Erbfolgekrieg.

Aachener Heiligtumsfahrt (Aachenfahrt), Wallfahrt zu den Reliquien des Aachener Doms, die als Gewähr für die Legitimität und den Bestand der Königsherrschaft galten. Die A. H. findet alle sieben Jahre in der Woche vor und nach dem 17. Juli statt.

Aachener Kongreß, Kongreß der Siegermächte Großbritannien, Österreich, Preußen und Rußland in Aachen 1818, der den Schlußstrich unter die Niederwerfung des Napoleon. Frankreich zog und in der gleichbe-

rechtigten Wiederaufnahme Frankreichs in das Konzert der europ. Mächte gipfelte; erneutes Grundsatzbekenntnis zur Hl. Allianz als Norm europ. Völkerrechts.

Aachener Münster ↑Aachener Dom.

Aachener Printen ↑Printen.

Aachener und Münchener Versicherung Aktiengesellschaft ↑Versicherungsgesellschaften (Übersicht).

Aachenfahrt ↑Aachener Heiligtumsfahrt.

Aachtopf, Karstquelle im Hegau, bei Aach (Bad.-Württ., 1400 E), Schüttung: 25 m³/s, zu ¾ versickertes Donauwasser.

AAFCE ↑NATO (Tafel).

Aaiún, Stadt im der Westsahara, am Saguia el Hamra, etwa 43 000 E. Nahebei Phosphatabbau. – Bis 1976 Verwaltungssitz von Span. Sahara, danach marokkan. Prov.-hauptstadt.

Aak (Aake) [niederl.], Bez. für verschiedene, z. T. histor. Schiffstypen mit geringem Tiefgang für Fischerei und Binnenschiffahrt in den Niederlanden.

Aakjær, Jeppe [dän. ˈɔːˈkɛːˈr], *Hof Aakjær bei Skive (Jütland) 10. Sept. 1866, † Jenle bei Skive 22. April 1930, dän. Schriftsteller. – Romane aus dem Bauernmilieu seiner jüt. Heimat, u. a. „Die Kinder des Zorns" (1904), „Gärende Kräfte" (1916).

Äakus (Aiakos), Gestalt der griech. Mythologie. Sohn des Zeus und der Ägina; Herrscher über das Volk der Myrmidonen, Stammvater der **Äakiden,** zu dem u. a. Peleus, Telamon, Achilleus und Ajax gehören. Nach seinem Tod Richter in der Unterwelt. Wegen seines Gerechtigkeitssinnes und seiner Gottesfurcht Liebling der Götter.

Aachen. Links im Bild der Dom

Aalartige Fische (Apodes), Ordnung schlangenförmiger, mit etwa 350 Arten fast ausschließl. im Meer (Ausnahme: Aale) lebender Knochenfische; ohne Bauchflossen; After-, Schwanz- und Rückenflosse zu einem einheitl. Flossensaum verbunden; Haut meist schuppenlos; bekannte Fam. sind: ↑ Aale, ↑ Muränen, ↑ Schnepfenaale, ↑ Meeraale.

Aalborg ↑ Ålborg.

Aalbricke, kleiner gebratener und marinierter Aal.

Aale (Anguillidae), Fam. der Aalartigen Fische mit etwa 16 Arten in fließenden und stehenden Süßgewässern in Europa, N-Afrika, O-Asien, Australien und N- und M-Amerika. Die A. besitzen sehr kleine, ovale Schuppen, tief eingebettet in einer dicken, schleimigen Haut. Alle Arten wandern mit beginnender Geschlechtsreife ins Meer ab. In Europa und N-Afrika kommt als einzige Art der **Flußaal** (Europ. Aal, Anguilla anguilla) vor. Er ist während der mehrere Jahre andauernden Wachstumsphase in den Süßgewässern oberseits dunkelgrau, -braun bis olivgrün (bes. an den Flanken) und auf der Unterseite weißl. bis gelbl. gefärbt, weswegen er auch als **Gelb-, Grün-** oder **Braunaal** bezeichnet wird. Die ♂♂ werden bis 50 cm lang und finden sich v. a. in den Unterläufen der Ströme, z. T. auch im Brackwasser. Dagegen erreichen die ♀♀ Höchstlängen von 1 m (seltener 1,5 m) und halten sich mit Vorliebe in den Mittel- und Oberläufen der Flüsse sowie in Seen und Teichen auf. Der Flußaal ernährt sich von Würmern, Weichtieren, Insektenlarven und Krebsen, z. T. aber auch (bes. nachts) räuber. von kleineren Wirbeltieren (z. B. Fischen und Fröschen). Nach 4 bis 5, aber auch erst nach 10 bis 12 Jahren (oder sogar noch später) wird der Flußaal geschlechtsreif. Neben der dunkleren Oberseite fällt die silbrig glänzende Unterseite auf (**Blank-** oder **Silberaal**). Zum Herbstanfang beginnt die Abwanderung ins Meer. Erst hier entwickeln sich die Geschlechtsorgane; die Augen, Nasenlöcher, Flossen und Seitenlinienporen vergrößern sich. Dann zieht der Flußaal in die 3 000–5 000 km entfernte, bis über 5 000 m tiefe Sargassosee, wo er in größerer Tiefe (jedoch nicht am Grunde) ablaicht. Die Elterntiere gehen danach zugrunde. Aus den Eiern entwickeln sich die weidenblattförmigen **Leptocephaluslarven,** die innerhalb von 3 Jahren vom Golfstrom an die europ. und nordafrikan. Küsten getragen werden. Kurz vor der Küste wandeln sie sich zu den 7–8 cm langen, streichholzdikken, durchsichtigen **Glasaalen** um, die stromaufwärts in die Flüsse wandern. Die Glasaale erreichen die Nordseeküste im März/April. Beim Aufsteigen in die Flüsse im Laufe des Sommers wird ihr Körper dunkel pigmentiert, sie heißen dann **Steig-** oder **Satzaale.** In diesem Zustand fängt man sie in Europa häufig, um sie in Teichen, Seen und Flüssen

auszusetzen, in denen sie ursprüngl. nicht vorkommen. Manchmal wandern A. auch durch nasses Gras zu anderen Gewässern (**Grasaal**). Der Flußaal ist ein geschätzter Speisefisch. Sein Blut enthält ein starkes Nervengift (Ichthyotoxin), das durch Räuchern und Kochen zerstört wird. Nicht zu den A. gehören ↑ Flösselaale, ↑ Sandaale, ↑ Meeraale, ↑ Seeaal, ↑ Zitteraale und ↑ Schnepfenaale.

Aalen, Krst. am Austritt des oberen Kocher aus der Schwäb. Alb, Bad.-Württ., 430 m ü. d. M., 63 000 E. Limesmuseum, Schubart-Museum, Geolog.-Paläontolog. Museum. Bed. eisenverarbeitende Ind., Textilind., opt. Werke und chem. Ind. – Röm. Kastell mit Lagersiedlung; wohl planmäßige stauf. Gründung. 1360–1803 Reichsstadt. - Fachwerkhäuser, u. a. Rathaus (1668), barocke Pfarrkirche (1765; Quersaalanlage).

Aalmuttern, svw. ↑ Gebärfische.

Aalquappe (Quappe, Aalrutte, Lota lota), einzige im Süßwasser lebende Dorschfischart in N-Eurasien und Nordamerika; sehr schlanker, bis 80 cm langer, grauer bis graubrauner, dunkel querwellig gefleckter Raubfisch mit einer Bartel am Unterkiefer.

Aalsmeer, niederl. Ort im O des Haarlemmermeer-Polders, 16 km sw. von Amsterdam, 20 300 E. Zentrum der niederl. Blumen- und Ziersträucherzucht.

Aalst (frz. Alost), belg. Stadt an der Dender, Prov. Ostflandern, 14 m ü. d. M., 78 000 E. Techn. Schule, Jesuitenseminar. Hopfenmarkt; Zentrum der bed. Schnittblumenzucht; Textilind. - Im MA Mittelpunkt der Grafschaft A. - Spätgot. Martinskirche (unvollendet); Rathaus (13. und 15. Jh.).

Aalstrich, schmaler, dunkler Haarstreifen in der Mitte des Rückens bei vielen Säugetieren.

Aalto, Alvar, *Kuortane 3. Febr. 1898, †Helsinki 11. Mai 1976, finn. Architekt. - Ging von einer organ. Grundkonzeption aus. Die einzelnen Gebäude, Gebäudekomplexe oder auch die Innenräume sowie die Stadtbaupläne (seit 1937) sind plast. durchgegliedert und in die Landschaft eingefügt. *Werke:* Bibliothek in Viipuri (1927–35), finn. Pavillon (Weltausstellung New York 1939). Studentenwohnheim für das Massachusetts Institute of Technology in Cambridge (1947), Gemeindezentrum für Säynätsalo (1949–52), Kulturhaus in Helsinki (1955–58), TH Otaniemi (bei Helsinki), „Finlandia" in Helsinki (1962–71), Stadtzentrum von Rovaniemi (1963 ff.), an dessen Stadtplan er 1944/45 mitarbeitete. Für Imatra entwarf A. mit anderen den Gesamtplan (1947–53). In der BR Deutschland baute A. u. a. in Berlin (1957), Bremen (Neue Vahr; 1960/61) und Wolfsburg (1958–68); Mobiliar in einfachen, fließenden Linien.

Aaltonen, Wäinö, *Karinainen 8. März 1894, †Helsinki 30. Mai 1966, finn. Bild-

hauer. - Berühmt seine Bronzestatue des finn. Läufers P. Nurmi von 1924; vorwiegend in Stein Denk- und Ehrenmäler sowie Bildnisbüsten.

AAM, Abk. für: angeborener ↑Auslösemechanismus.

a. a. O., Abk. für: am angeführten (angegebenen) **Ort,** als Hinweis auf eine in der gleichen Publikation bereits vorher genau zitierte Quellenangabe.

Aapa-Moor [finn.], boreal-subarkt. Moortyp, der bereits mit Dauerfrostboden verbunden ist.

Aar [althochdt.], dichter. (seit dem Ende des 13. Jh.) für: Adler.

AAR, Abk. für: ↑Antigen-Antikörper-Reaktion.

Aarau, Hauptstadt des schweizer. Kt. Aargau und des Bez. A., an der Aare, am Jurasüdfuß, 385 m ü. d. M., 16000 E. Schul- und Kulturzentrum; Metall-, Elektro- u. Maschinenind., Apparatebau. - Vor 1240 gegr. planmäßige Anlage; 1283 Stadtrecht; 1798 kurzzeitig Hauptstadt der Helvet. Republik. - Spätma. Stadtbild; Schlößli (heute Museum, Turm 11. Jh.?), got. Stadtkirche (1471−79), Rathaus mit Wohnturm des 13. Jh.

Aarberg, Hauptort des schweizer. Bez. A., Kt. Bern, über der alten Aare, 456 m ü. d. M., 3200 E. Markt- und Ind.ort. - Röm. Brückenkopf; Stadtgründung um 1220. - Ma. Stadtbild um einen dreieckigen Platz, spätgot. Kirche (1484), Holzbrücke (1568).

Aarburg, Stadt im schweizer. Kt. Aargau, an der unteren Aare, 402 m ü. d. M., 5400 E. - Die Burg (11.−17. Jh.; heute Erziehungsanstalt) beherrschte den strateg. wichtigen Aaredurchbruch an der Kreuzung O−W und N−S verlaufender Fernstraßen. - 1299−1415 habsburg., bis 1798 bern. Vogtei.

Aardenburg [niederl. 'a:rdənbʏrx], niederl. Gemeinde, 17 km onö. von Brügge, nahe der belg. Grenze, 4000 E. - Im MA wichtiger Vorhafen für Brügge. - Got. Sankt-Bavo-Kirche (13. Jh.).

Aare, größter schweizer. Nebenfluß des Rheins, entspringt in den Aargletscher der Finsteraarhorngruppe, fließt durch das Haslital (A.schlucht bei Meiringen), den Brienzer und Thuner See, wird durch den Bieler See geleitet (das natürl. Bett - alte A. - verläuft von Aarberg nach Büren), sammelt längs des Jurasüdfußes viele größere Mittellandflüsse, mündet bei Koblenz in den Hochrhein; 295 km lang, Einzugsgebiet 17779 km². - Ehem. bed. Wasserstraße, heute zahlreiche Kraftwerke.

Aargau, nordschweizer. Kt., 1404 km², 464000 E, Hauptstadt Aarau; gliedert sich in das sö. der Aare gelegene Molasseland und das Juragebiet im NW. Der Rhein bildet die N-Grenze des Kantons und gleichzeitig die Landesgrenze. Von der Gesamtfläche sind 86 % produktiv (34 % Wald, 51 % Wiesen

und Ackerland, vereinzelt Obst- und Rebbau). Der A. ist stark industrialisiert, 61 % der Erwerbstätigen sind in der Ind., nur 7 % in der Landw. tätig. Zahlr. Kraftwerke nutzen die Energie von Rhein und Aare. Im Rheintal werden Salzlager ausgebeutet. Bekannt sind die Thermen von Baden, Schinznach und Zurzach.

Geschichte: Schon vorgeschichtl. stark besiedelt, wurde das Gebiet des heutigen A. nach rd. 400jähriger röm. Herrschaft von den Alemannen erobert und im 6. Jh. ins Frankenreich eingegliedert. Der Name A. wird erstmals 763 urkundl. erwähnt. Das ab 861 in Ober- und Unter-A. getrennte und unter verschiedenen Herrschaften stehende Gebiet des A. wurde erst 1803 aus den 1798 gebildeten Kantonen A. und Baden zum heutigen Kanton A. vereinigt. Die infolge konfessioneller Spaltung des A. in der Regenerationszeit nach 1830 entstandenen heftigen polit.-konfessionellen Kämpfe führten zum **Aargauer Klostersteit** 1841 (Aufhebung aller Klöster), der zu Sonderbund und Sonderbundskrieg führte, und wirkten im Innern bis zum Kompromiß in der Verfassung von 1885 weiter.

Verfassung: Nach der Staatsverfassung vom 23. April 1885 liegt die Exekutive beim vom Volk auf 4 Jahre gewählten Regierungsrat (5 Mgl.). Die Legislative bilden der vom Volk auf 4 Jahre gewählte Große Rat (200 Mgl.) und das Volk selbst (obligator. Referendum).

Aarlen [niederl. 'a:rlə] ↑Arel.

Aaron (Aron), aus der Bibel übernommener männl. Vorname hebr. Ursprungs, dessen Bedeutung nicht geklärt ist. Im Arab. entspricht A. der Name **Harun.**

Aaron, bibl. Gestalt, nach der Überlieferung älterer Bruder des ↑Moses, dessen Begleiter und Vertreter beim Zug zum Sinai und zeitweise auch dessen Opponent. Nach 2. Mos. 32 stellte A. das Goldene Kalb und einen Altar auf. Bei der Ordnung des Kultes im Anschluß an den Sinaibund wurde ihm und seinen Söhnen das Priestertum übertragen. Nach der späteren Überlieferung war er der erste Hohepriester (2. Mos. 28f. und 39; 3. Mos. 8−10).

Aaronitischer Segen, der in 4. Mos. 6, 24−26 mitgeteilte Segen „Aarons und seiner Söhne" (d. h. Priester). Die Reformatoren führten ihn in den Gottesdienst ein.

Aarschot [niederl. 'a:rsxɔt], belg. Stadt an der Demer, 17 km nö. von Löwen, 26200 E. Eisenbahnknotenpunkt. - Im MA bed. Handelszentrum. - Got. Onze-Lieve-Vrouwekerk (1337ff.) mit hohem Turm, spätgot. Lettner und Chorgestühl (originelle Miserikordien); Beginhof (17.Jh.); Windmühlen (13.−16. Jh.).

Aas [althochdt.; verwandt mit essen; eigtl. „Futter"], verwesender Tierkörper.

AAS, Abk. für: ↑Alkylarylsulfonate.

Aasblumen, Pflanzen, deren Blüten

durch Aasgeruch bes. Aasfliegen anlocken; z. B. die ↑Riesenrafflesie.

Aasen, Ivar [norweg. 'oːsən], * Sunnmøre 5. Aug. 1813, † Kristiania 23. Sept. 1896, norweg. Sprachforscher und Dichter. - Autodidakt; unternahm weite Reisen durch Norwegen und erforschte die norweg. Dialekte, aus denen er das sog. Landsmål (heute meist Nynorsk) schuf.

Aasfliegen, Fliegen, deren ♀♀ ihre Eier mit Vorliebe an Kadavern ablegen und deren Larven von Aas bzw. von in Verwesung übergehendem Fleisch leben; zu den A. gehören v. a. die ↑Schmeißfliegen und ↑Fleischfliegen; als A. bezeichnet wird auch die zu den Echten Fliegen gehörende goldgrün glänzende Pyrellia cadaverina.

Aasfresser, Tiere, die hauptsächl. von tier. Kadavern leben, z. B. Aaskäfer, Geier.

Aaskäfer. Necrophorus germanicus (natürliche Größe)

Aaskäfer (Silphidae), Käferfam. mit etwa 2 000 (in M-Europa 140) v. a. von Aas und verfaulenden Pflanzenstoffen lebenden Arten, hauptsächl. in den gemäßigten Zonen der Nordhalbkugel; mittelgroße Käfer mit kurzen, am Ende keulenförmig verdickten Fühlern; u. a. ↑Totengräber, ↑Rübenaaskäfer.
◆ Bez. für verschiedene aasfressende Käfer.

Aaskrähe (Corvus corone), Art der ↑Rabenvögel in Eurasien mit 6 Rassen; davon in Europa die ↑Rabenkrähe und die ↑Nebelkrähe.

Aasseite, die innere Seite (Fleischseite) von Fellen und Häuten.

Aat ↑Ath.

AA-Weapons [engl.'ειει'wεpənz], Kurzbez.:
◆ für ↑Anti-aircraft-weapons.
◆ für ↑Air-to-air-weapons.

Ab (Aw) [hebr.], 11. Monat des jüd. Kalenders, im Juli/August, mit 30 Tagen.

AB (A. B.), Abk. für schwed.: Aktiebolag (Aktiengesellschaft).

Aba, Stadt im östl. Nigerdelta, 50 km nö. von Port Harcourt, Nigeria, 177 000 E. Anglikan. Bischofssitz; bed. Markt- und Handels-

zentrum. Die Ind. (u. a. Kunststoffverarbeitung, Pharmaind.) wird mit Erdgas vom Ölfeld Imo River versorgt.

Aba (Abajeh) [arab.], in Vorderasien und Nordafrika getragener Mantelumhang.

Abachi [afrikan.] ↑Hölzer (Übersicht).

Abaco, Evaristo Felice dall' ↑Dall'Abaco, Evaristo Felice.

Abaco Islands [engl. 'æbəkoʊ 'aɪləndz] ↑Bahamas.

Abadan, Stadt in SW-Iran, am Schatt Al Arab, auf einer 270 km² großen Insel, 50 km vom Meer entfernt, 310 000 E. Inst. für Technologie (gegr. 1939); Zentrum der iran. Erdölind. mit der größten Raffinerie der Erde. Bed. Hafen, Fernstraße nach Teheran, ✈. Mustergüter für Gemüsebau versorgen den Markt der Stadt. - A. war im 10./11. Jh. eine Hafenstadt an der Mündung des Schatt Al Arab in den Pers. Golf, bereits im 13. Jh. jedoch ein Dorf in 5 km Entfernung vom Meer. Das neue A. ist seit 1909 planmäßig angelegt mit scharf umrissenen Vierteln für die verschiedenen sozialen Gruppen. Im 2. Weltkrieg wichtiger Stützpunkt der USA; Zerstörungen im irak.-iran. Krieg ab 1980.

Abaddon [hebr. „Verderben"], in den Psalmen (z. B. 88, 12) poet. Name für das Totenreich, auch personifiziert; sein griech. Name ist **Apollyon** („Verderber").

Abadie, Paul [frz. aba'di], * Paris 11. Dez. 1812, † Chatou 2. Aug. 1884, frz. Baumeister. - Entwarf und begann den Bau der Kirche Sacré-Cœur in Paris in epigonalem roman.-byzantin. Stil.

Abaelardus, Petrus ↑Abälard, Peter.

Abai, sowjet. Stadt, 30 km sw. von Karaganda, Kasach. SSR, 34 000 E. Bergbautechnikum; Kohlenbergbau.

Abailard, Pierre [frz. abε'laːr] ↑Abälard, Peter.

Abajasee, See in S-Äthiopien, im Abessin. Graben, 1 268 m ü.d. M., 72 km lang, 11–22 km breit, mit mehreren, z. T. bewohnten Inseln; am N-Ufer heiße Quellen. - 1896 von Italienern entdeckt und nach ihrer Königin **Lago Margherita** genannt.

Abaj Takalik [span. a'βax taka'lik], Gruppe von Ruinenstätten bei El Asintal (Dep. Retalhuleu), an der pazif. Küstenabdachung von Guatemala. In der Trockenzeit 1975/76 wurden zahlr. Steinmonumente, darunter Stelen und Altäre im Mayastil des Tieflandes mit den bisher frühesten Mayadaten (um 540 v. Chr.), ausgegraben.

Abakafaser [Tagalog/dt.], svw. Manilafaser (↑Fasern, Übersicht).

Abakan, Hauptstadt des Autonomen Gebietes der Chakassen innerhalb der sowjet. Region Krasnojarsk, RSFSR, an der Mündung des A. in den Jenissei, 146 000 E. Polyund Landw.technikum; Eisenerzbergbau.

A., linker Nebenfluß des Jenissei, in Sibirien, UdSSR, entspringt am W-Rand des Westl.

Abakangebirge

Sajan (zwei Quellflüsse), durchfließt das Minussinker Becken, mündet bei der Stadt A., 514 km lang, Einzugsgebiet: 32200 km²; Flößerei, bis Mitte Nov. eisfrei.

Abakangebirge, etwa 300 km langes, bis 1984 m hohes Gebirge in S-Sibirien, UdSSR, begrenzt das Minussinsker Becken im W; bildet die Wasserscheide zwischen Ob und Jenissei.

Abakus [zu griech. ábax „Brett"], in der Antike mit Staub oder Sand bestreutes Zeichenbrett des Mathematikers.
◆ antikes Spielbrett mit Feldereinteilung für Brett- und Würfelspiele.
◆ ein bereits in der Antike verwendetes Rechenbrett, auf dem mit Hilfe frei bewegl. Steine insbes. Additions- und Subtraktionsaufgaben durchgeführt wurden. Auf dem Prinzip des A. beruht auch die heute noch als Lernspielzeug verwendete „Rechenmaschine", bei der durch Verschieben von Kugeln auf Drähten das Zusammenzählen und das Abziehen veranschaulicht werden.
◆ Deckplatte eines Kapitells.
◆ Platte in einer inkrustierten Wand aus Marmor oder Marmorimitat.

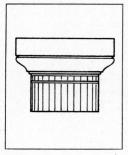

Abakus (Kapitellplatte)

Abälard, Peter [abɛ'lart, '‒‒‒] (Pierre Abélard, P. Abailard, Petrus Abaelardus), * Le Pallet bei Nantes 1079, † Kloster Saint-Marcel bei Chalon-sur-Saône 21. April 1142, frz. Theologe und Philosoph. - Schüler Roscelins von Compiègne, später Wilhelms von Champeaux. Lehrte insbes. Dialektik in Melun, Corbeil und Paris, wo seine Liebe zu ↑Heloise, seiner Schülerin, begann, deren Oheim, der Kanonikor Fulbert, ihn entmannen ließ. Gilt als richtungweisender Hauptvertreter der Frühscholastik v. a. auf den Gebieten der Logik, Erkenntnistheorie und einer philosoph. fundierten Theologie. Im ↑Universalienstreit vertrat er eine vermittelnde Position: Nach ihr sind die Universalien als Übereinstimmungen „in den Dingen" („in rebus") zwar existent, doch nur von Menschen erfundene Wörter; andererseits sind sie aber auch nicht nur willkürl. Festsetzungen menschl. Rede,

sondern haben ihre Norm in der „Natur der Dinge". Zwar hielt A. grundsätzl. an der Autorität der Offenbarung fest, trug aber zugleich zur Emanzipation der Vernunft bei, der er in Zweifelsfällen die Möglichkeit begründeter eigenständiger Entscheidung zuerkannte. Seine Liebe zu Heloise stellte A. in der „Historia calamitatum mearum" (zwischen 1133 und 1136) unter Beifügung eines wohl fingierten Briefwechsels dar. Das Schicksal von A. und Heloise hat in Deutschland als erster C. Hofmann von Hofmannswaldau in seinen „Heldenbriefen" (1679) dichter. behandelt. Berühmt wurde bes. die von Alexander Pope 1717 verfaßte Epistel „Eloisa to Abelard".
⊞ *Moos, P. v.: MA-Forschung u. Ideologiekritik. Mchn. 1974.* - *Gilson, É.: Heloise u. A. Zugleich ein Beitrag zum Problem v. MA u. Humanismus. Dt. Übers. Freib. 1955.*

Abalonen (Avalonen) [span.], Meeresschnecken der Gatt. ↑Seeohren; der fleischige Fuß der A. ist ein geschätztes Nahrungsmittel im Pazifikbereich; aus den Schalen wird Perlmutter gewonnen.

Abancay [span. aβaŋ'kaị], Hauptstadt des Dep. Apurímac im südl. Z-Peru, in den Anden, 2400 m ü. d. M., 21500 E. Bischofssitz; Zentrum eines Zuckerrohranbaugebietes; Herstellung von Spirituosen.

Abänderung, svw. ↑Variation.

Abänderungsklage, Klage gemäß § 323 ZPO, durch die ein Vollstreckungstitel über künftig fällig werdende wiederkehrende Leistungen (insbes. Unterhaltszahlungen) abgeändert wird, weil sich die dem Titel zugrundegelegten Verhältnisse seither wesentl. verändert haben.

Abandon [frz. abã'dõ:], Verzicht auf ein Recht zugunsten einer Gegenleistung, z. B. Hingabe eines GmbH-Geschäftsanteils gegen Befreiung von der Nachschußpflicht; auch Preisgabe eines verschollenen Schiffes gegen Zahlung der vollen Versicherungssumme.

abandonnieren [frz.], abtreten, verzichten.

Abano Terme, schon in röm. Zeit bekanntes bed. italien. Heilbad am Rand der Euganeen, 10 km sw. von Padua, 14 m ü. d. M., 16500 E. Radioaktive Schwefel- und Kochsalzquellen (87 °C) und Schlammbäder gegen Nervenleiden und Rheumatismus. - 4 km westl. von A. T. liegt die 1080 gegr. große Benediktinerabtei **Convento di Praglia.** Die Klosterkirche wurde 1490ff. neu erbaut. Die Klostergebäude umgeben vier Kreuzgänge.

Abarbanel, J[eh]uda León ↑Leo Hebräus.

abarischer Punkt (schwereloser Punkt), Punkt auf der Verbindungslinie zweier Himmelskörper, an dem sich die Gravitationskräfte beider Massen gegenseitig aufheben.

Abart (Varietät), unter der Unterart stehende erbbedingte systemat. Kategorie in der Biologie.

Abartigkeit, in der Psychologie ein von der Normalität abweichendes Verhalten, wobei die Beurteilung der Normalität entweder im Vergleich mit der Allgemeinheit (statist. Norm) oder einer absoluten Wertlehre (ideale Norm) erfolgt.

Abasa, sowjet. Stadt am Fuß des Westl. Sajan, Sibirien, am Abakan, im Autonomen Gebiet der Chakassen, RSFSR, 15 000 E. Eisenerzbergbau, Erzanreicherungswerk.

Abaschiri, jap. Stadt an der NO-Küste Hokkaidos, 44 000 E. Wichtiger Fischereihafen, Bahnknotenpunkt.

Abasie [griech.], die Unfähigkeit zu gehen; kann als psych. bedingte Gangstörung auftreten, aber auch durch Klein- und Stirnhirnerkrankungen bedingt sein.

Abastumani, sowjet. Höhenluftkurort im Kleinen Kaukasus, Grusin. SSR, 1 250 m ü. d. M., 60 km südl. von Kutaissi, 3 600 E. Thermalquellen (39–48 °C), Tuberkuloseheilstätten; astrophysikal. Observatorium.

Abate, Nicolò dell' † Dell'Abate, Nicolò.

Abate (Abbate) [italien. († Abba)], 1. svw. † Abt; 2. in Italien im 18. Jh. Ehrentitel für Weltgeistliche, dann für niedere Kleriker; auch für (gelehrte) Weltleute, die geistl. Tracht (Talar) trugen (Ärzte, Rechtsanwälte).

Abaton [griech. „das Unzugängliche"], Teil eines Tempelbezirkes oder der einer Gottheit geweihte Ort, der von Unbefugten nicht betreten werden durfte.

a battuta [italien.] † Battuta.

Abba [aram. „Vater", Oberhaupt, Herr, Lehrer"], im Semit. geistiger und geistl. Vater; ging über das Lat. (abbas) in den kirchl. Sprachgebrauch ein: dt. Abt, frz. Abbé, italien. Abate.

Abbach, Bad † Bad Abbach.

Abbadiden, arab. Dynastie in Sevilla 1023–91, begr. durch den Kadi von Sevilla, Muhammad Ibn Abbad (1023–42). Die Ausweitung der Herrschaft über Córdoba hinaus stieß auf die erfolgreiche reconquistador. Gegenoffensive Alfons' VI. von Kastilien und León.

Abbado, Claudio, * Mailand 26. Juni 1933, italien. Dirigent. - Seit 1968 Chefdirigent der Mailänder Scala, seit 1979 auch des London Symphony Orchestra; auch als Gastdirigent an allen bed. Bühnen der Welt.

Abbagnano, Nicola [italien. ab-baɲ'naːno], * Salerno 15. Juli 1901, italien. Philosoph. - Gilt als der führende Vertreter des italien. Existentialismus; lehrt seit 1936 in Turin.

Abbai, Oberlauf des Blauen Nil in Äthiopien, entspringt 70 km ssw. von Baher Dar, durchfließt den Tanasee und in einem bis zu 1 500 m tief eingeschnittenen Tal das Abessin. Hochland.

Abbas, Name von Herrschern:
Ägypten:
A. I. (A. Pascha), * Dschidda 1813, † Kairo

13. Juli 1854, Vizekönig (Khedive). - 1848 zum Regenten eingesetzt, im Nov. 1848 vom osman. Sultan zum Khediven ernannt; seine unfähige Politik ließ Ägypten wieder in völlige Abhängigkeit vom Osman. Reich geraten.

A. II. Hilmi, * Alexandria 14. Juli 1874, † Genf 20. Dez. 1944, Vizekönig (Khedive) (1892–1914). - Machtlos und türkenfreundl., begünstigte er die nationalist. Kräfte gegen die tatsächl. Herrscher im Land, die brit. Residenten; mußte am 20. Dez. 1914 zurücktreten, als Ägypten brit. Protektorat geworden war.

Persien:
A. I., der Große, * 27. Jan. 1571, † in Masandaran 19. Jan. 1629, Schah (seit 1587). - Aus der Dynastie der Safawiden; nach Absetzung seines Vaters als Schah anerkannt; brach durch Reorganisation des Heeres die Macht der rivalisierenden Vasallenfürsten, schuf durch Bau von Straßen, Brücken und Karawansereien die Voraussetzungen für eine starke Zentralverwaltung; stellte in erfolgreichen Feldzügen den territorialen Bestand Persiens wieder her, zerstörte 1623 die portugies. Kolonie Hormos am Pers. Golf und baute dort den Hafen Bandar Abbas; verlegte 1598 die Residenz nach Isafahan und ließ zahlr. bed. Bauten errichten.

Abbas Ibn Abd Al Muttalib, * Mekka um 565, † Medina um 653, Oheim des Propheten Mohammed, Ahnherr der Abbasiden.

Abbas, Ferhat, *Taher bei Jijel 24. Okt. 1899, † Algier 24. Dez. 1985, alger. Politiker. - Urspr. Apotheker; seit 1948 Mgl. des alger. Parlaments und Führer des gemäßigten Flügels der alger. Nationalisten; 1956 Flucht nach Kairo und Übertritt zur FLN; 1958–61 Min.präs. der alger. Exilregierung; 1962/63 Präs. der alger. Nationalversammlung und provisor. Staatsoberhaupt.

Abbasi, nach Schah Abbas I. benannte ehem. pers. Silbermünze, die ursprüngl. 7,7 g wog; seit 1762 auch in Georgien geprägt, jedoch mit geringerem Gewicht.

Abbasiden, Kalifendynastie 749–1258 (Eroberung Bagdads durch die Mongolen); danach bis 1517 als Scheinkalifen in Kairo am Mameluckenhof; Nachkommen von Mohammeds Oheim Abbas; kamen durch einen Aufstand gegen die Omaijaden zur Macht. - Übersicht S. 14.

Abbas Mirsa, * Nawa im Sept. 1789, † Meschhed 25. Okt. 1833, pers. Thronfolger. - Aus der Dynastie der Kadscharen; reformierte Heer und Verwaltung nach europ. Vorbildern; befriedete die Kurden, kämpfte erfolgreich gegen die Osman. Reich, erfolglos gegen Rußland.

Abbatia nullius [lat.] (seit 1983: Praelatura territorialis), Gebietskörperschaft der kath. Kirche, die zu keinem Bistum gehört und von einem Abt geleitet wird.

Abbau, im *Bergwesen* die Gewinnung nutzbarer und abbauwürdiger Bodenschätze

Abbaukrankheiten

im Rahmen eines bergbaul. Betriebes über oder unter Tage. Der A. ist heute weitgehend mechanisiert bzw. automatisiert; im Braunkohlen-Tagebau kommen z. B. große Schaufelradbagger zum Einsatz; Kohle-A. im Tiefbau erfolgt mit Hilfe von Schrämmaschinen, Kohlehobeln u. a., die den von Hand geführten, druckluftbetriebenen **Abbauhammer** mehr und mehr verdrängen.

◆ in der *Chemie* Bez. für die stufenweise Zerlegung komplizierter gebauter Verbindungen in einfachere Stoffe. Beim **therm. Abbau** wird durch langsame Temperatursteigerung z. B. aus kristallwasserhaltigen Salzen zunächst das Kristallwasser abgespalten, bei weiterer Steigerung der Temperatur kommt es auch zu einer Zersetzung der reinen Salze und der Abgabe von gasförmigen Spaltprodukten, z. B. SO_2 bei Sulfaten, CO_2 bei Carbonaten.

◆ in der *Biologie* die Spaltung größerer, oft komplizierter gebauter organ. Substanzen in einfachere, niedermolekulare chem. Verbindungen (z. B. Eiweiße in Aminosäuren, Stärke

in Glucose) oder weiter bis zu einfachsten anorgan. Molekülen (z. B. Kohlendioxid, Wasser) unter der Einwirkung von Enzymen (**enzymat. Abbau**). Der A. kann außerhalb des Organismus (z. B. bestimmte Gärungsprozesse, Fäulnis, Verwesung; von großer prakt. Bed. bei der Abwasserreinigung) oder innerhalb des Körpers im Zusammenhang mit dem Stoffwechsel ablaufen (Verdauung, Zellatmung).

◆ in der *Medizin* ↑ Abbaukrankheiten.

◆ in der *Landwirtschaft* der Rückgang in Ertrag und Qualität bei Kulturpflanzensorten, die jahrelang ohne züchter. Eingriffe angebaut wurden.

Abbaukrankheiten, in der Medizin Sammelbegriff für durch Abbau funktionstüchtigen Gewebes bedingte Ausfallserscheinungen, die entweder alle Gewebe (z. B. bei Vergiftungen) oder nur bestimmte Körperregionen bzw. spezif. Gewebe (z. B. bei Durchblutungsstörungen) betreffen können; der Häufigkeit nach stehen A. des Nervensy-

Abbau. Tagebau mit einem 200 m langen und 72 m hohen Schaufelradbagger (oben); Abbau unter Tage mit einer Walzenschrämmaschine

stems im Vordergrund (als Folge von Schädelverletzungen), arteriosklerot. Veränderungen der Hirnarterien oder auch Durchblutungsstörungen des Gehirns).

Abbaurecht ↑ Bergrecht.

Abbazia ↑ Opatija.

Abbe, Ernst, * Eisenach 23. Jan. 1840, † Jena 14. Jan. 1905, dt. Physiker und Sozialreformer. - 1870–96 Prof. für Physik in Jena; seit 1867 Leiter der opt. Werkstätten Carl Zeiss, 1875 Teilhaber und 1889 Alleininhaber der Firma, gründete 1882 mit Schott und Zeiss das „Jenaer Glaswerk Schott und Gen." 1873 entwickelte A. eine Theorie der opt. Abbildung (↑ Abbesche Theorie) unter Zugrundelegung der Beugung des Lichts, auf deren Grundlage er zahlr. opt. Geräte (A.-Beleuchtungsapparat, A.-Fokometer, A.-Komparator, A.-Kondensor, A.-Refraktometer, Prismenfeldstecher u. a.) konstruierte. 1891 übergab A. die Firma Zeiss der von ihm 1889 gegr. ↑ Carl-Zeiss-Stiftung und führte als Bevollmächtigter der Stiftung vorbildl. soziale Reformen durch.

Abbé [a'be:; frz. (↑ Abba)], 1. svw. ↑ Abt; 2. Titel der Weltgeistlichen in Frankreich.

Abbé, Lac [frz. laka'be], abflußloser Salzsee im Danakiltiefland (Dschibuti und Äthiopien), 25 km lang, 25 km breit; Endsee des Awasch.

Abbe-Beleuchtungsapparat [nach E. Abbe], Apparat zur Beleuchtung eines unter einem Mikroskop befindl. Objektes mit einem auswechselbaren Kondensor, in dessen Brennebene eine Irisblende angeordnet ist, mit der sich die Beleuchtungsapertur (Öffnungswinkel) bis zu ihrem Maximalwert beliebig verändern läßt.

abbeeren, vor der Kelterung die Beeren von den Traubenstielen abtrennen, damit wenig Gerbstoffe beim Pressen in den Most kommen.

Abbe-Fokometer [nach E. Abbe], Gerät zur Messung der Brennweite opt. Systeme. Dabei wird der gesuchte Wert aus den Vergrößerungen bei zwei verschiedenen Lagen eines Gegenstandes und dem Abstand dieser beiden Lagen voneinander ermittelt.

abbeizen, Entfernen von Anstrichen durch alkal. oder organ. Lösungsmittel. Die alkal. Mittel (Laugen) wirken durch ↑ Verseifung der herkömmlichen Ölfarben; lösende Abbeizmittel sind z. B. Aceton, Benzol, Toluol, Tetrachlorkohlenstoff.

Abbe-Komparator [nach E. Abbe], mikroskop. Feinmeßgerät für genaue Längenmessungen (bis 0,001 mm), bei dem Normal (Glasmaßstab) und Prüfling fluchtend hintereinander angeordnet sind.

Abbe-Kondensor [nach E. Abbe], zur Hellfeldbeleuchtung beim Mikroskop verwendeter Kondensor.

Abbe-Kristallrefraktometer ↑ Abbe-Refraktometer.

Abbe-Prisma [nach E. Abbe], 1. ein aus zwei Halbprismen und einem Reflexionsprisma zusammengesetztes ↑ Dispersionsprisma mit festem Ablenkungswinkel. 2. streng geradsichtiges Umkehrprisma mit Dachkantfläche. 3. dreiteiliges Polarisationsprisma, zusammengesetzt aus einem gleichseitigen, doppelbrechenden Kalkspatprisma (opt. Achse parallel zur brechenden Kante) und zwei rechtwinkligen Glasprismen.

Abbe-Refraktometer [nach E. Abbe], Gerät zur Bestimmung der Brechzahl insbes. von Flüssigkeiten unter Ausnutzung der Erscheinung der Totalreflexion. Durchsichtige Stoffe werden im durchfallenden Licht, absorbierende oder trübe Substanzen sowie feste Stoffe werden in reflektiertem Licht gemessen (Genauigkeit um $\pm 2 \cdot 10^{-4}$). Stark vereinfachte Ausführungsformen des A.-R. sind das **Butterrefraktometer** zur Kontrolle der Zusammensetzung von Fetten und Ölen und das **Zuckerrefraktometer** zur Bestimmung der Trockensubstanz während der Zuckerfabrikation. Zur Messung des Brechungsindex von Kristallen dient das **Abbe-Kristallrefraktometer.**

oben: Abbe-Prisma aus zwei 30°-Prismen (P_1, P_3) und einem gleichschenkligen 90°-Prisma (P_2) zusammengesetzt (Ablenkung 90°); unten: Abbesche Testfigur

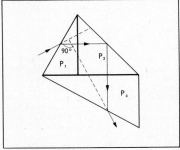

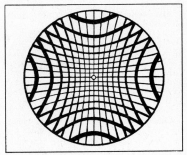

Abberufung

Abberufung, im *Gesandtschaftsrecht* die Rückberufung eines Missionschefs durch den Entsendestaat. Die A. kann durch freie Entscheidung des Entsendestaates oder durch Zwang von seiten des Empfangsstaates (Erklärung des Missionschefs zur Persona ingrata) erfolgen. Im *Gesellschaftsrecht* die Entlassung eines Aufsichtsratsmitglieds einer AG vor Ablauf seiner Amtszeit (§ 103 AktienG).

Abbesche Sinusbedingung, von E. Abbe formulierte Bedingung dafür, daß bei achsensymmetr. opt. Systemen mit vollständig korrigiertem Öffnungsfehler auch die opt. Abb. achsennaher Dingpunkte durch endl. geöffnete Strahlenbündel (Öffnungswinkel σ im Dingraum, σ' im Bildraum) scharf erfolgt. Die A. S. lautet: Das Verhältnis von dingseitiger zu bildseitiger numer. ↑ Apertur muß konstant sein, und zwar gleich dem Abbildungsmaßstab:

$$\frac{n \cdot \sin \sigma}{n' \cdot \sin \sigma'} = \beta = \text{const}$$

(n und n' sind die Brechungszahlen im Dingbzw. Bildraum). Die Erfüllung der A. S. ist bei allen opt. Systemen von größerer Apertur, z. B. bei Mikroskopobjektiven, eine grundlegende Korrekturforderung.

Abbesches Prinzip, svw. ↑ Komparatorprinzip.

Abbesche Testfigur, ein von E. Abbe berechnetes, aus Hyperbeln gebildetes Kreuzgitter, das von einem die Abbesche Sinusbedingung erfüllenden Objektiv als rechtwinkliges Kreuzgitter abgebildet wird; zur Prüfung von Mikroskopobjektiven. - Abb. S. 15.

Abbesche Theorie, von E. Abbe entwickelte Theorie der mikroskop. Abbildung, die davon ausgeht, daß in einem Mikroskop die Bildentstehung und das Auflösungsvermögen nicht nur durch die Güte seiner opt. Teile und durch die Eigenschaften des Objektes sowie des Empfängers (z. B. des Auges) begrenzt sind, sondern auch durch die Wellennatur des Lichtes. Die A. T. erklärt auch den Einfluß, den die Beleuchtungsart (Hellfeld, Dunkelfeld) auf die Auflösung der verschiedenen Objektstrukturen hat (↑ Mikroskop).

Abbesche Zahl, die von E. Abbe eingeführte Größe

$$v = (n_d - 1)/(n_F - n_C),$$

die zur Kennzeichnung eines opt. Mediums hinsichtl. seiner Farbzerstreuung (Dispersion) dient. Dabei sind n_C, n_F und n_d die Brechungsindizes des Mediums für Licht mit den Wellenlängen 656,3 nm, 486,1 nm und 587,6 nm. - Den Kehrwert der A. Z. bezeichnet man auch als *relative Dispersion.*

Abbe-Spektrometer [nach E. Abbe], ein Prismenspektrometer mit konstanter Ablenkung, bei dem die opt. Achsen von Kollimator und Fernrohr (beide fest) einen Winkel

von 90° miteinander bilden; die 90°-Ablenkung des Strahlenganges wird durch ein Abbe-Prisma bewirkt.

Abbeville [frz. ab'vil], frz. Stadt, 140 km nnw. von Paris, Dep. Somme, 26 000 E. Theater, zwei Museen, Textilind., Zuckerraffinerie. - Im 7. Jh. gegr.; Hauptort des Gft. Ponthieu und Festung zum Schutz der Sommemündung; Stadtrechte 1184. - Spätgot., unvollendete Kirche Saint-Vulfran (15./16. Jh.). Das im 2. Weltkrieg zerstörte Zentrum wurde neu aufgebaut.

Abbevillien [abəvɪli'ɛ̃:; frz.], zur Erinnerung an den in Abbeville tätigen Prähistoriker J. Boucher de Crèvecœur de Perthes benannte älteste Phase der Faustkeilkultur; irrtüml. oft mit dem Chelléen gleichgesetzt; nur in N-Frankr. genauer abzugrenzen.

Abbey Theatre [engl. 'æbɪ 'θɪətə], das ir. Nationaltheater in Dublin; 1904 für die 1899 gegr. Irish National Theatre Society gekauft; es gilt als die Keimzelle der ir.-kelt. Renaissance (Yeats u. a.). 1951 abgebrannt, das neue Haus wurde 1966 eröffnet.

Abbildtheorie, eine auf die Antike zurückgehende philosoph. Theorie der Erkenntnis, bei der der Erkenntnisvorgang als ein Abbilden der Wirklichkeit verstanden wird. In der naiv-realist. Variante gelten die wirkl. Dinge dadurch als wahrgenommen, daß im Bewußtsein ihre Abbilder auftreten. Dabei lassen sich zwei Untertheorien unterscheiden: diejenige, in der *alle* Eigenschaften und Beziehungen der Dinge bei den Abbildern erhalten bleiben (**Widerspiegelungstheorie**), und diejenige, in der nur die strukturellen Eigenschaften auch den Abbildern auftreten (**Isomorphietheorie**).

Abbildung, in der *Optik* die Erzeugung eines Bildes von einem Gegenstand mit Hilfe der von ihm ausgehenden oder an ihm reflektierten Strahlen, speziell mit Hilfe von Lichtstrahlen (*opt. A.*). Die von einem Punkt des Gegenstandes *(Dingpunkt)* ausgehenden Strahlen verlaufen dabei nach Durchgang durch ein opt. System (Linsen, Spiegel, Prismen) im Idealfall *(scharfe A.)* entweder so, daß sie sich in einem Punkte direkt schneiden *(reeller Bildpunkt)* oder so, daß sich ihre gedachten rückwärtigen Verlängerungen in einem Punkte schneiden *(virtueller Bildpunkt)*. Die Bildpunkte in ihrer Gesamtheit ergeben das „Bild" des Gegenstandes. Aus reellen Bildpunkten bestehende Bilder (reelle Bilder) können auf einer Mattscheibe aufgefangen werden, virtuelle Bilder dagegen nicht. Das Bild kann im Verhältnis zum Gegenstand vergrößert oder verkleinert sein (↑ Vergrößerung), es kann als aufrechtes oder umgekehrtes Bild erscheinen. - Die Lehre von der opt. A. mit Hilfe der nahe der opt. Achse verlaufenden Strahlen, der sog. fadennfernen Raum bilden, bezeichnet man als *Gaußsche Dioptrik.* In diesem Bereich gelten die *Ab-*

bildungsgleichungen

$zz' = ff'$ (**Newtonsches Abbildungsgesetz**),

$y'/y = na'/(n'a) = f/z = z'/f' = \beta$ (*Abbildungsmaßstab*),

$f/a + f'/a' = 1$ (*allg. Abbildungsgleichung*),

$n/f = n'/f'$ (*Gleichheit von ding- und bildseitiger Brechkraft*).

Dabei ist a die *Gegenstands-* oder *Dingweite*, d. h. der Abstand eines [Achsen]dingpunktes von der Hauptebene H, und a' die *Bildweite* (bei virtuellen Bildern stets negativ zu rechnen), d. h. der Abstand des zugehörigen [Achsen]bildpunktes von der Hauptebene H'. Die Gegenstands- oder Dinggröße ist mit y, die Bildgröße mit y' bezeichnet. Von den Hauptebenen aus werden auch die dingseitige Brennweite f und die bildseitige Brennweite f' gerechnet. Die Abstände $z = a - f$ und $z' = a' - f'$ des Gegenstandes bzw. des Bildes von den zugehörigen ding- bzw. bildseitigen Brennpunkten F bzw. F' bezeichnet man als (ding- bzw. bildseitige) *Brennpunktsweiten;* n und n' sind die Brech[ungs]zahlen im Ding- bzw. Bildraum. Aus den A.gleichungen folgt, daß Gegenstand und Bild bezüglich des Strahlengangs vertauschbar sind *(Reziprozität opt. Bilder).*

Neben den Lichtstrahlen werden v. a. Elektronenstrahlen zur Erzeugung von Bildern eines Gegenstandes verwendet, z. B. im Elektronenmikroskop *(elektronenopt. A.).* Während hierbei das A.verfahren dem der opt. A. ähnl. ist, d. h. elektronenopt. Linsen an der Bilderzeugung beteiligt sind, beruht die A. mit Hilfe von Röntgenstrahlen und Ultraschallwellen im wesentlichen auf der Schattenwirkung des Objekts (↑auch Linse, ↑Spiegel).

◆ in der *Mathematik* die Überführung der Punkte einer Objektmenge (Originale, Urbildpunkte) in Punkte einer Bildmenge (Bildpunkte). A. müssen eindeutig sein, d. h., jeder Originalpunkt P darf nur einen Bildpunkt $P' = A(P)$ haben. Hingegen darf es vorkommen, daß ein Punkt P' Bild mehrerer Originale ist: die A. braucht nicht eineindeutig zu sein. Beispielsweise ist die A. eines Gebäudes in seinem Grundriß nicht eineindeutig.

In der heutigen *Mathematik* hat sich gezeigt, daß es zweckmäßig ist, die Begriffe A. und ↑Funktion als Synonyme zu betrachten. Es sei D die Menge der Originale (Definitionsbereich der Abbildung A) und W eine Menge, in der die Bilder liegen (Bildbereich, Wertebereich). Man schreibt $A: P \to A(P)$, wobei für jedes $P \in D$ mit $A(P)$ das eindeutig bestimmte Bild in W bezeichnet wird. Eine A. heißt *surjektiv*, wenn jedes Element von W mindestens einmal als Bild auftritt. Bei der

injektiven A. tritt jedes Element von W höchstens einmal als Bild auf (eineindeutige Abbildung von D in W). Eine *bijektive* A. (eineindeutige A. von D auf W) liegt vor, wenn jedes Element von W genau ein Urbild in D hat, und man kann dann gleichbedeutend mit

$$P' = A(P) \text{ (mit } P \in D, \ P' \in W)$$

die Umkehr-A. schreiben: $P = A^{-1}(P')$ (*inverse* A., Umkehrfunktion).

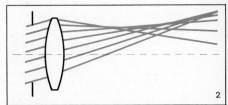

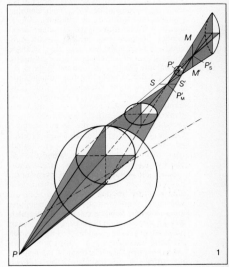

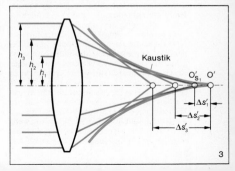

Abbildungsfehler. 1 Astigmatismus schiefer Bündel; 2 Asymmetriefehler; 3 Öffnungsfehler $\Delta s'_1, \Delta s'_2, \Delta s'_3$ für die Einfallshöhen h_1, h_2, h_3 achsenparalleler Strahlen

Abbildungsfehler

📖 Engelhard, Rudolf/Engelhard, Renate: *Lineare A., affine A., Kegelschnitte*. Braunschweig 1975. 2 Tle. - Köhler, J., u. a.: *Analyt. Geometrie u. Abbildungsgeometrie in vektorieller Darstellung*. Ffm. ⁴1973. - Graebe, H.: *Kongruente A.* Freib. u. a. ³1971.

Abbildungsfehler (Aberrationen), die bei der Abb. eines Dingpunktes oder Gegenstandes durch ein opt. oder elektronenopt. Abbildungssystem (Linsen, Spiegel, Prismen) zwangsläufig als Folge der Lichtbrechungen (bzw. Spiegelungen) oder der Teilchenablenkungen im Bildraum auftretenden Abweichungen (Aberrationen) der einzelnen abbildenden Strahlen vom idealen Strahlengang einer scharfen Abb., bei dem eine Strahlenvereinigung in einem einzigen Bildpunkt stattfindet. Dies ist bei einem System, das hinsichtl. der A. nicht oder nur unvollständig korrigiert ist (eine vollständige Korrektion aller A. ist nicht mögl., da sich grundsätzl. immer nur *eine* Dingebene in *einer* Bildebene punktscharf, also fehlerfrei, abbilden läßt), immer dann der Fall, wenn die Voraussetzungen für die nach der Gaußschen Dioptrik erfolgende ideale Abb. durch paraxiale Strahlen nicht mehr erfüllt sind, d. h., wenn die Öffnungswinkel des abbildenden Strahlenbündels und die Abmessungen des Gegenstandes und damit des Bildes endl. groß sind. Man unterscheidet bei den opt. A. die auch bei Abb. mit monochromat. Licht auftretenden **monochromat. Abbildungsfehler (Schärfenfehler)**, an denen die ↑ Dispersion der in einem opt. System verwendeten Stoffe (Gläser) unbeteiligt ist, und die durch die Dispersion verursachten *chromat. A.* (↑ Farbfehler). Bei den monochromat. A. unterscheidet man fünf wesentl. A. (*Seidelsche Bildfehler*), die für verschiedene Frequenzen verschiedene Werte annehmen: 1: Der **Öffnungsfehler (sphär. Aberration)** kommt dadurch zustande, daß die von einem Achsendingpunkt unter verschiedenen Öffnungswinkeln ausgehenden bzw. die in verschiedenen Einfallshöhen (Zonen) achsenparallel einfallenden Strahlen im Bildraum die opt. Achse vor (*Unterkorrektion*, z. B. bei Sammellinsen) oder hinter (*Überkorrektion*, z. B. bei Zerstreuungslinsen) dem durch die paraxialen Strahlen gelieferten idealen Bildpunkt O' in einem Punkt O'_s schneiden. Die Entfernung $\Delta s'$ dieses Schnittpunktes vom idealen Bildpunkt stellt den Öffnungsfehler dar. Er ist um so größer, je größer der Einfallswinkel bzw. die Einfallshöhe ist. Das entgegengesetzte Verhalten von Sammellinsen und Zerstreuungslinsen ermöglicht es, durch geeignete Kombination diesen A. zumindest für eine Einfallshöhe (unter Bestehenbleiben eines Restfehlers für die anderen Höhen) zu beheben. Eine vollständige Beseitigung des Öffnungsfehlers ist nur mögl., wenn als brechende Flächen nichtsphär. Flächen höherer Ordnung verwendet werden. 2. Der

Astigmatismus schiefer Bündel (**Zweischalenfehler**) ist ein bei der Abb. nichtaxialer Dingpunkte auch bei sehr kleinem Öffnungswinkel der abbildenden Strahlenbündel auftretender A. bei schiefem Strahleneinfall. Eine brechende Kugelfläche besitzt im ↑ Meridionalschnitt eine andere Brechkraft als im dazu senkrechten ↑ Sagittalschnitt, so daß die Abb. in beiden Hauptschnitten mit unterschiedl. Schnittweiten erfolgt, was eine punktförmige Abb. verhindert. Diese Punktlosigkeit der Abb. bezeichnet man als *Astigmatismus* (im eigentl. Sinn). Das aus dem opt. System austretende Strahlenbündel hat einen ellipt. Querschnitt, der an zwei Stellen (im Meridionalschnitt beim *meridionalen*, im Sagittalschnitt beim *sagittalen Bildpunkt*) in zwei zueinander senkrecht orientierte Linien entartet, die *sagittale* (SS') und die (auf die opt. Achse hinweisende) *meridionale Bildlinie* (MM'). Zwischen diesen beiden Stellen gibt es eine Ebene senkrecht zum Hauptstrahl, in der das Bündel kreisförmigen Querschnitt hat; nimmt man diese Ebene als Bildebene, so erhält man eine als *kleinsten Zerstreuungskreis (Kreis kleinster Verwirrung)* bezeichnete Zerstreuungsfigur. Der Abstand der beiden Bildlinien ist der *astigmat. Differenz*, ihr halber Betrag der *Astigmatismus* (für den betreffenden Einfallswinkel). Durch Beseitigung des Astigmatismus (*anastigmat. Korrektion*) ist es möglich, einen flächenhaften Gegenstand innerhalb eines ausgedehnten Bildfeldes nahezu punktscharf abzubilden. Die Fläche dieser scharfen Abb. ist aber gekrümmt, denn es bleibt immer noch die mit dem Zweischalenfehler gekoppelte Bild[feld]wölbung bestehen. 3. Die **Bild[feld]wölbung** (Krümmung der Bildebene) macht sich in der Abweichung dieser Bildfläche von der achsensenkrechten Gaußschen Bildebene bemerkbar. Dieser A. bewirkt, daß Bilder, die auf einer in die Gaußsche Bildebene gestellten Mattscheibe entworfen werden, eine von der Bildmitte zum Rande hin zunehmende Unschärfe zeigen. Ein opt. System, das frei von Astigmatismus ist und dem die mittlere Bildkrümmung verschwindet (*Bildfeldebnung*), wird als *anastigmat.* bezeichnet. 4. Der **Asymmetriefehler (Koma)** ist ein A., der auftritt, wenn ein schief zur opt. Achse einfallendes [paralleles] Strahlenbündel durch eine Blende endl. Öffnung begrenzt wird. Das Bild eines Dingpunktes zeigt sich dabei folgendermaßen: An einen hellen, einigermaßen scharfen, ovalen Kern schließt sich ein kometenschweifartiges, unscharfes Gebilde an. 5. Als **Verzeichnung[sfehler] (Distorsion)** wird ein A. bezeichnet, der bewirkt, daß das Bild dem Gegenstand nicht mehr geometr. ähnlich ist. Er zeigt sich u. a. darin, daß ein Quadrat mit nach innen gewölbten Seiten (*kissenförmige Verzeichnung*) oder mit nach außen gewölbten Seiten (*tonnenförmige Verzeichnung*) abgebildet wird. - Abb. S. 17.

Abbildungsgeräte, Geräte, die durch Lichtstrahlen mit Hilfe opt. Systeme (Linsen, Spiegel) oder durch Elektronenstrahlen mit Hilfe elektronenopt. Systeme (magnetische Felder, elektr. Felder) eine Abb. eines Gegenstandes auf eine Bildebene herbeiführen, z. B. Bildwerfer (A. im engeren Sinne), Fernrohre, Mikroskope, Spektrographen, Elektronenmikroskope, Bildwandler.

Abbildungsgesetze ↑ Abbildung.

Abbildungsgleichungen, die die opt. ↑ Abbildung mit achsennahen Strahlen beschreibenden Gleichungen.

Abbildungsmaßstab (Seitenverhältnis, Seitenmaßstab), Formelzeichen β, bei einer opt. ↑ Abbildung der Quotient aus linearer Bildgröße (y') und Gegenstandsgröße (y): $\beta = y'/y$. Bei einheitl. Brechungsindex in Ding- und Bildraum ist der A. auch gleich dem Verhältnis von Bildweite a' zur Gegenstandsweite a. Der A. ist positiv (bzw. negativ), wenn ein aufrechtes (bzw. umgekehrtes) Bild entsteht; sein Absolutbetrag ist > 1 bei Vergrößerung, < 1 bei Verkleinerung.

Abbildungstiefe, svw. ↑ Schärfentiefe.

Abbindebeschleuniger, anorgan. oder organ. Zusätze zur rascheren Verfestigung von Kalk-, Zementmörtel, Beton oder Gips.

Abbinden, in der Bautechnik 1. Verfestigung von Kalk- oder Zementmörtel und Beton sowie Gips. Kalkmörtel z. B. verfestigt sich durch Wasserabgabe („Schwitzen" der Wände in Neubauten) und Kohlendioxidaufnahme. 2. Zusammenfügen von Teilen einer Holzkonstruktion (im Abbund). Der Vorgang umfaßt das Anreißen, Schneiden und Fräsen der Hölzer.

◆ ↑ Erste Hilfe (Übersicht).

Abbindeverzögerer, anorgan. oder organ. Zusätze zu Bindemitteln, die die Verfestigung von Kalkmörtel, Zementmörtel, Beton oder Gips verlangsamen.

Abbindung, bindungs- und webtechn. Bez. für eine Verbindung zweier Gewebe.

Abbiß (Succisa), Gatt. der Kardengewächse mit 2 Arten in Europa und einer Art in Kamerun; bis 1 m hohe Stauden mit längl. Blättern und zieml. kleinen, meist blauen Blüten in kugeligen bis eiförmig-längl. Blütenköpfen; Wurzelstock kurz, wie „abgebissen"; bekannteste Art ↑ Teufelsabbiß.

Abbiß, wm. Bez. für eine Stelle an einem Strauch oder Baum, die Bißspuren vom Wild aufweist.

Abblasen, in der Technik Bez. für das Ausströmenlassen von [unter Überdruck] stehenden Gasen oder Dämpfen.

Abblasung ↑ Deflation.

abblenden, die wirksame Öffnung eines Objektivs oder Teleskopspiegels verkleinern (gleichbedeutend mit Vergrößerung der Blendenzahl); bewirkt u. a. Verringerung der Lichtstärke und Erhöhung der Schärfentiefe.

◆ das Filmbild durch langsames Schließen der Irisblende oder der in der Kamera vorhandenen Sektorenblende allmähl. abdunkeln.

◆ beim Kfz.-Scheinwerfer umschalten vom Fernlicht zum Abblendlicht. Dabei wird in der Biluxlampe (Zweifadenlampe) der vor dem Brennpunkt des Parabolspiegels (Reflektor) gelegene Glühfaden eingeschaltet.

abblocken, eine Stelle in einer elektron. Schaltung über einen Blockkondensator erden, um Wechselspannung[santeile] kurzzuschließen.

Abbo von Fleury ['abo, frz. flœ'ri], hl., * bei Orléans um 945, † La Réole 13. Nov. 1004, frz. Benediktiner. - Abt von Fleury (seit 988), Vertreter der kluniazens. Reform; kam bei der Einführung der Reform in La Réole ums Leben; als Märtyrer verehrt.

Abbot, Charles Greeley [engl. 'æbət], * Wilton (N. H.) 31. Mai 1872, † Riverdale (Md.) 17. Dez. 1973, amerikan. Astrophysiker und Meteorologe. - 1907–44 Direktor des Smithsonian Astrophysical Observatory (Washington), arbeitete v. a. über Sonnenstrahlung und deren Einfluß auf das Wetter.

Abbott, Francis Ellingwood [engl. 'æbət], * Boston 6. Nov. 1836, † 23. Okt. 1903, amerikan. Philosoph. - Ursprüngl. unitar. Prediger; Mitbegr. der Free religious association (1867); Hg. der Zeitschrift „The index" (1870–80).

Abbrand, Abnahme des Brennstoffgewichts während der Verbrennung.

◆ oberflächl. Oxidschicht, die sich beim Erwärmen oder Schmelzen von Metallen infolge der Einwirkung des Luftsauerstoffs bildet (↑ Zunder).

◆ durch Oxidation und Verflüchtigung entstehender Verlust beim Schmelzen von Metallen und Legierungen.

◆ Rückstand nach dem ↑ Rösten sulfid. Erze.

◆ infolge Kernreaktionen bewirkte Umwandlung der spaltbaren Atomkerne beim Betrieb eines Reaktors.

◆ chem. Reaktion von Brennstoffmolekülen mit Sauerstoffmolekülen (Oxidation) bei Feststoffraketentriebwerken in Gegenwart von Katalysatoren, Stabilisatoren und Inhibitoren.

Abbrennen, in der Metallurgie das ↑ Anlassen gehärteten Stahls, um eine Blaufärbung der Oberfläche zu erhalten; dabei wird der Stahl in ein Ölbad getaucht und durch Erhitzen über den Flammpunkt hinaus abgebrannt.

Abbreviaturen [zu lat. brevis „kurz"] (Abbreviationen), paläograph. Bez. für Abkürzungen auf Inschriften, in Handschriften und alten Drucken und auf Münzen.

◆ Zeichen in der Notenschrift, durch die ein vollständiges Ausschreiben des Notentextes unterbleiben kann, z. B. für gleiche Takte; auch Vortragsbez. treten häufig in Form von A. auf, z. B.: f = forte, ff = fortissimo, p = piano, pp = pianissimo.

Abbruchblutung

Abbruchblutung (Follikelabbruchblutung), Blutung aus der Gebärmutter unter Abstoßung der Gebärmutterschleimhaut, sobald der an dieser wirksame Hormonspiegel absinkt, z. B. am Ende eines menstruellen Zyklus, deshalb ist die Menstruation eine physiolog. A.; medikamentös wird sie durch Gabe und Entzug von Hormonen erreicht, z. B. bei der hormonalen Empfängnisverhütung („Antibabypille").

Abbruchreaktion, Reaktion, die eine ↑Kettenreaktion beendet; bei Radikalketten durch ↑Disproportionierung, ↑Radikalrekombination oder ↑Inhibitoren.

Abbud, Ibrahim, * Muhammad Kaul (am Roten Meer) 26. Okt. 1900, † Khartum 8. Sept. 1983, sudanes. Offizier und Politiker. - 1956 Präs. des Oberkommandos der sudanes. Armee; nach Militärputsch Staatsoberhaupt, Regierungschef und Verteidigungsminister (1958–64; wurde am 15. Nov. 1964 gestürzt).

ABC [engl. 'ɛɪbiːsiː], Abk. für: ↑American Broadcasting Companies.

ABC-Alarm ↑Alarm.

Abc-Bücher ↑Fibel.

ABCD-Therapie, Therapie zur Wiederbelebung bei akutem Herzstillstand durch Freimachen der Atemwege (A), Beatmung (B), Herzmassage (C = Zirkulation) und Medikamentengabe (D = Drogen).

Abchasen, zur nw. Gruppe der Kaukasus-Völker gehörende, mit den Georgiern verwandte Minderheit (87 000 A.; Muslime) in der Abchas. ASSR.

Abchasien ↑Abchasische ASSR.

Abchasische ASSR (Abchasien), autonome Sowjetrepublik innerhalb der Grusin. SSR, erstreckt sich vom Schwarzen Meer in den westl. Großen Kaukasus, 8 600 km², 526 000 E (1976; u. a. Georgier und Abchasen), Hauptstadt Suchumi. Die subtrop. Küstenebene und die Vorbergzone werden landw. genutzt: im N wird Tabak, im S Tee angebaut, daneben Zitrusfrüchte, Wein, Obst, Oliven. Der Kaukasus hat Mittel- bis Hochgebirgscharakter (**Abchas. Alpen,** z. T. über 4 000 m). Die Waldgrenze liegt bei 1 700–2 000 m. - Abbau von Steinkohle, bed. Nahrungs- und Genußmittelind. An der Küste zahlr. Kur- und Badeorte. - Abchasien erklärte 1917 seine Autonomie; durch die Rote Armee erobert; hat seit 1921 den Status einer ASSR.

abchecken [...tʃ...], überprüfen, kontrollieren.

ABC-Kampfmittel, svw. ↑ABC-Waffen.

ABC-Schutz, Maßnahmen zum Schutz gegen die Wirkungen von ABC-Waffen; umfaßt den Bevölkerungsschutz durch Schutzbauten und Schutzgeräte und den Betriebsschutz der Versorgungsanlagen für Wasser, Energie und Abwasser, der Verkehrs- und Nachrichtenmittel, der Flugsicherung und des Wetterdienstes.

Abc-Schütze, Schulanfänger; Schütze bedeutete im 14.–16. Jh.: Knabe im Gefolge fahrender Schüler (Vaganten).

ABC-Staaten, zusammenfassende Bez. für **A**rgentinien, **B**rasilien und **C**hile. Ihre Gemeinsamkeit beruht seit Ausgang des 19. Jh.

ABC-Waffen. Wirkungen eines herkömmlichen Atomsprengkopfes (50 kt; links) und eines Neutronensprengkopfes (rechts).
Atomsprengkopf: 1 (bis 800 m) tödliche Dosis, 2 (bis 1 000 m) für 50 Prozent des betroffenen Personenkreises tödlich, 3 (bis 2 000 m) Druck- und Hitzewelle, Neutronen- und Gammastrahlung, 4 (bis 2 200 m) Gebäudezerstörung, 5 (bis 3 000 m) schwere Verbrennungen.
Neutronensprengkopf: 1 (bis 200 m) Gebäudezerstörung, 2 (bis 800 m) Personen sind spätestens nach fünf Minuten handlungsunfähig; nach ein bis zwei Tagen tritt der Tod ein, 3 (bis 1 000 m) ebenfalls Handlungsunfähigkeit innerhalb von fünf Minuten; nach vorübergehender Erholung tritt der Tod nach vier bis sechs Tagen ein, 4 (bis 1 200 m) innerhalb von zwei Stunden eingeschränkte Handlungsfähigkeit; geringe Überlebenschance; meist Tod nach einigen Wochen, 5 (bis 1 400 m) für 50 Prozent des betroffenen Personenkreises tödlich, 6 (bis 3 000 m) Neutronenstrahlung

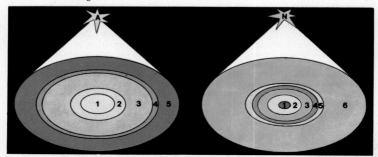

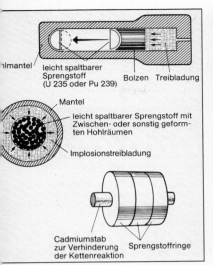

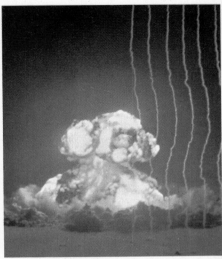

ABC-Waffen. Zündmöglichkeiten für Atomsprengkörper;
oben: die unterkritischen Sprengstoff-hälften werden zur überkritischen Masse zusammengeschossen;
Mitte: Atomexplosion erfolgt durch Zusammenpressung der Kugel;
unten: plötzliches Ausstoßen des Stabes führt zur Explosion

ABC-Waffen. Atompilz nach einer Explosion eines Atomsprengkörpers am Boden. Die von Nebelspurraketen erzeugten vertikalen Streifen machen die Ausbreitung der Druckwelle sichtbar

auf gegenseitigen Verträgen und auf enger wirtsch. und polit. Zusammenarbeit, die auf dem ersten panamerikan. Kongreß in Santiago de Chile (1908/09) beschlossen wurde.

A-B-C-Verfahren (Elferssches Tonätzverfahren), in der graph. Technik Zweischichtenätzverfahren für Rasterätzungen, bei dem nach Anätzen und Tieferlegen elektrolyt. Metall in differenzierter Dicke in die Rastervertiefungen aufgebracht wird.

ABC-Waffen, Sammelbez. für atomare, biolog. (bakteriolog.) und chem. Waffen und Kampfmittel; die Pariser Verträge von 1954 verbieten der BR Deutschland ihre Herstellung.

Atomwaffen (Kern-, A-, Nuklearwaffen): Als Atomwaffen werden Geschosse, Raketen, Bomben, Minen und Torpedos mit Sprengladungen aus Kernsprengstoff bezeichnet. Diese Sprengladungen wirken durch Druckwellen, Hitzestrahlen und radioaktive Strahlung. A-Waffen unterteilt man in solche, die auf der Spaltung von Uran-235- oder Plutoniumkernen beruhen, und solche, bei denen eine Verschmelzung leichter Atomkerne (z. B. Deuterium, Tritium) zu Helium eintritt (Wasserstoff- oder H-Bombe; ↑ Kernfusion).

Schwerste Waffen sind die sog. *Dreiphasenbomben* mit einem Zünder aus Uran 235, Lithiumdeuterid als Fusionsmaterial und Uran 238, das die größten Anteile der Explosions- und Strahlungsenergie liefert. Die Sprengenergie der A-Waffen wird im Vergleich zu herkömml. Sprengstoff angegeben: 1 Kilotonne (KT) entspricht dem Energieinhalt von 1 000 t Trinitrotoluol (TNT); 1 Megatonne (MT) = 1 000 000 t TNT. Diese Werte sind wichtige Kenngrößen von Atomwaffen. Von der Gesamtwirkung einer A-Bombe entfallen rd. 50 % auf Druckwirkung, 35 % auf Wärmewirkung und 15 % auf radioaktive Strahlung. Bei der A-Bombendetonation entsteht ein Atompilz, in dessen Zentrum ungeheure Drücke und Temperaturen von 15 bis 20 Mill. °C herrschen. Von ihm breiten sich Wärmestrahlen und ein großer Teil der radioaktiven Strahlen mit Lichtgeschwindigkeit über einen vom Explosionsort und von der Sprengenergie abhängigen Bereich aus. Für die zerstörende Wirkung der Druckwelle ist nicht allein ihr dynam. Druck maßgebl., sondern auch die an festen Hindernissen reflektierten Druckwellen sowie der etwas später eintretende negative Druck (Sog). Radioaktives oder aktiviertes Material kann durch Luftströmungen über weite Strecken fortgetragen werden. Diese als *Fallout* bezeichneten Parti-

kel schweben langsam zu Boden und verursachen hier je nach ihrer Verweilzeit in der Atmosphäre mehr oder minder starke radioaktive Verseuchung. Die Detonation einer 2-MT-Bombe im Hamburger Stadtzentrum hätte folgende Wirkung:

a) Druck- und Hitzewirkung: im Radius

von 9 km:	maximal 100 % Todesfälle, völlige Zerstörung aller Gebäude.
von 9–14 km:	maximal 50 % Todesfälle, zahlr. Brände, schwere Gebäudeschäden.
von 14–28 km:	zahlr. Todesfälle durch schwere Verbrennungen, vereinzelte Brände, mittlere Gebäudeschäden.
von 28–45 km:	Todesfälle durch mittlere bis leichte Verbrennungen, vereinzelte Gebäudeschäden.

b) radioaktive Verseuchungswirkung innerhalb von 48 Stunden bei Nordwind:

bis Hildesheim:	Strahlendosis abnehmend von 10 000–1 000 rem = 100 % Todesfälle.
bis Göttingen:	Strahlendosis bis 300 rem = 100 % Todesfälle.
bis Fulda:	bis 100 rem = 40 % Todesfälle.
bis südl. Ulm:	30–10 rem = keine akuten Folgen, aber genet. Schäden.

Geschichte der A-Waffen: Die ersten A-Bomben wurden von den USA erprobt und gelangten 1945 über Hiroschima und Nagasaki zum bisher einzigen militär. Einsatz (12,5 und 22 KT Sprengkraft). 1952 erprobten die USA die erste Wasserstoffbombe. Die UdSSR verfügt seit 1949 (1953) über A- und H-Bomben; Großbritannien seit 1952 (1957); Frankreich seit 1960 (1968); die VR China seit 1964 (1967); Indien zündete seine erste A-Bombe 1974. Es wird vermutet, daß Israel, die Republik Südafrika und einige weitere Staaten sog. Schwellenmächte sind oder bereits über A-Waffen verfügen. Der Atomwaffensperrvertrag von 1968 soll die Weiterverbreitung verhindern. Die Entwicklung bis zu den 60er Jahren lief in den USA und der UdSSR darauf hinaus, die Sprengkraft einzelner Bomben zu vergrößern. Man wollte dadurch den Abschreckungswert steigern. Danach wurden bes. kleinere A-Waffen entwickelt (Mini-Nukes, takt. A-Waffen), die entweder einzeln auf dem Gefechtsfeld eingesetzt oder (als strateg. A-Waffen) gemeinsam mit einer Rakete über gegner. Gebiet geschossen werden können, von wo aus sie sich computergesteuert getrennt auf mehrere Ziele zubewegen (↑ MIRV). Seit den 50er Jahren wird an einer A-Waffe gearbeitet, die eine relativ geringe Druck- und Hitzewelle bei der Detonation freigibt, jedoch 80 % ihrer Energie als radioaktive Strahlung freisetzt. Die Serienfertigung und Bereitstellung dieser sog. *Neutronenwaffe,* die durch die radioaktive Strahlung Menschenleben in weitem Umkreis vernichtet, Gebäude aber nur in einem Umkreis von rund 200 m zerstört, sind umstritten.

Biologische Waffen: Biolog. oder bakteriolog. Waffen und Kampfmittel verseuchen Menschen, Tiere und Pflanzen. Da sie von Flugzeugen oder Raketen aus versprüht werden, unterliegt ihr Wirkungsbereich den Zufälligkeiten von Windrichtung und -geschwindigkeit. Es kann also nicht sichergestellt werden, daß nur der Gegner geschädigt wird. B-Waffen wurden bisher nicht eingesetzt, ihre Anwendung gilt auch als völkerrechtswidrig.

Chemische Waffen: Chem. Kampfstoffe werden aus tragbaren oder fahrbaren Behältern abgeblasen oder versprüht, aus Geschützen oder Minenwerfern verschossen oder von Raketen und Flugzeugen über dem Zielgebiet abgeworfen. Um eine größere Sicherheit bei Transport und Lagerung zu erreichen, wurden *binäre Kampfstoffe* entwickelt, bei denen der extrem giftige Kampfstoff erst nach Abschuß der Granate oder Rakete bzw. nach Abwurf der Bombe durch chem. Reaktion aus zwei geringgiftigen Vorprodukten entsteht. - Erstmals wurden C-Waffen im 1. Weltkrieg (Gaskrieg) eingesetzt; im 2. Weltkrieg kamen sie nicht zur Anwendung; im Vietnamkrieg wurde Napalm von den USA eingesetzt. Man unterscheidet Augen-, Nasen- und Rachenreizstoffe, Lungen-, Haut- und Nervengifte. Einige Nervengase wirken sofort tödl.; andere Stoffe machen nur hilflos, können aber in größeren Dosen erhebl. Langzeitwirkungen haben (chem. Keule ist bei Polizeieinsätzen deshalb sehr umstritten). Ein völkerrechtl. Verbot der C-Waffen wird angestrebt.

📖 Bühl, A.: Atomwaffen. Bonn ³1972. - Die Wirkungen der Kernwaffen. Hg. v. S. Glasstone. Dt. Übers. Köln u. a. ²1964. - Kliewe, H.: Lehrb. Biolog. Kampfmittel. Köln 1963. - Otto, K., u. a.: Chem. Waffen u. die Mittel u. Methoden des chem. Schutzes. Bln. 1965.

Abd [arab. „Knecht"], oft erster Bestandteil arab. Personennamen, z. B. Abd Allah („Knecht Gottes").

Abdachung, Neigung einer Oberfläche gegen die Horizontale. Eine nur in einer Richtung geneigte Ebene nennt man A.ebene.

◆ Tangens des Neigungswinkels einer Böschung (Bauwesen).

Abd Al Asis, Name von Herrschern:
Marokko:
A. A. A., * Marrakesch 24. Febr. 1878, † Tanger 10. Juni 1943, Sultan (1894–1908). - Seine von Günstlingswirtschaft begleiteten Reformansätze führten seit 1902/03 zu Aufständen, die in die 1. Marokkokrise mündeten; von seinem Bruder verdrängt, 1908 abgesetzt.
Saudi-Arabien:
A. A. A. Ibn Saud, König, ↑Ibn Saud.
Türkei:
A. A. A., * 9. Febr. 1830, † Konstantinopel 4. Juni 1876 (ermordet), Sultan (seit 1861). - Seine Verschwendungssucht verursachte 1875 den Staatsbankrott; 1876 von Studenten der islam. Hochschulen („Softas") gestürzt.

Abd Al Hamid, Name von Herrschern:
A. A. H. I., * 20. März 1725, † 7. April 1789, osman. Sultan (seit 1774). - Bruder Mustafas III.; seine Regierung war durch empfindl. Gebiets- und Machteinbußen gegenüber Rußland (1774 Frieden von Küçük Kaynarcı, 1783 Verlust der Krim) und Österreich (1775 Abtretung der Bukowina) gekennzeichnet.
A. A. H. II., * Konstantinopel 21. Sept. 1842, † ebd. 10. Febr. 1918, osman. Sultan (1876–1909). - Sohn Abd Al Madschids I.; erließ 1876 unter dem Einfluß der Reformpartei des Großwesirs Midhat Pascha eine Konstitution und förderte liberale Reformen, die er jedoch nach dessen Absetzung abbrach; mußte erhebl. Gebietsverluste durch den russ.-türk. Krieg 1877/78 hinnehmen; erreichte später in Anlehnung an Deutschland und nach Aufnahme panislam. Propaganda eine gewisse Stabilisierung; von den Jungtürken 1908 zur Wiederherstellung der Verfassung gezwungen und 1909 abgesetzt.

Abd Al Kadir ↑Abd El Kader.

Abd Al Karim ↑Abd El Krim.

Abd Allah, Name von Herrschern:
A. A., * At Taif (Hedschas) 24. Nov. 1913, † Bagdad 14. Juli 1958, Regent des Irak (1939–53). - 1939 zum Vormund Faisals II. ernannt; beim Staatsstreich Kasims getötet.
A. A. II., * Afarinkant da Mijankal um 1533, ✕ Samarkand 1598, usbek. Khan. - Letzter bed. Herrscher aus dem Geschlecht der Schaibaniden, bemächtigte sich der verschiedenen usbek. Khanate und legte so die Grundlage für ein usbek. Großreich, das nach seinem Tod wieder zerfiel; trat offiziell die Regierung erst nach dem Tode seines Vaters 1583 an.
A. A. Ibn Al Husain, * Mekka 1882, † Jerusalem 20. Juli 1951, Emir (ab 1921) und König von Transjordanien (1946–50) bzw. von Jordanien (ab 1950). - Aus der Dynastie der Haschimiden, Bruder König Faisals I. im Irak; wegen seiner probrit., auch um einen Ausgleich mit Israel bemühten Politik von

nationalist. Palästinensern abgelehnt; ermordet.
A. A. Ibn Ali, * um 712, † 764, Oheim der beiden ersten Abbasidenkalifen. - Erfolgreicher Heerführer, ließ die ↑Omaijaden beseitigen; von Kalif Al Mansur gefangengesetzt und ermordet.
A. A. Ibn Saijid Muhammad, * in Darfur um 1843, ✕ bei Umm Dubaikarat (Kordofan) 24. Nov. 1899, Herrscher im Sudan. - 1885 Nachfolger Al Mahdis; konnte sich bis 1898 im Sudan behaupten.
A. A. As Salim As Sabah, * Kuwait 1895, † ebd. 24. Nov. 1965, Scheich von Kuwait (seit 1950). - Modernisierte das Land, erließ 1962 eine Verfassung.
A. A. As Sallal ↑Sallal, Abd Allah As.

Abd Al Malik, * Medina 646, † Damaskus 8. Okt. 705, Kalif (seit 685). - Aus der Dynastie der ↑Omaijaden; besiegte nach 10 Jahren krieger. Auseinandersetzung den Gegenkalifen Abd Allah Ibn As Subair; leitete nach Wiederherstellung der Reichseinheit eine bed. Reformperiode ein.

Abd Al Mumin, Abu Muhammad, * um 1094 bei Tlemcen, † Salé im Mai 1163, Begründer der Dynastie der ↑Almohaden. - Regierte 1133–63; dehnte seine Herrschaft ab 1140 über den nordafrikan. Teil des Almoravidenreiches bis ins arab. Spanien aus; ließ sich um 1150 zum almohad. Kalifen proklamieren.

Abd Al Wahhab, Begründer der Wahhabiten, ↑Muhammad Ibn Abd Al Wahhab.

Abdämmung, Abriegelung eines Flußlaufs durch eine querverlaufende Aufschüttung (z. B. Bergsturz, Gletscher), die einen natürl. Staudamm bildet.

Abdampf, nach dem mit Energieabgabe verbundenen Durchlauf aus einem dampfbetriebenen Aggregat austretender Dampf, dessen verbleibende Wärmeenergie zur Verbesserung des Gesamtwirkungsgrades noch wärme- oder betriebstechnisch zu nutzen ist (*A.verwertung* in A.turbinen, A.heizungen, für Kochzwecke usw.).

Abdampfrückstand, nach Erwärmung verbleibender, nicht verdampfter Anteil eines Stoffes; Bestimmung des A. wichtig bei der Ermittlung der Wasserhärte und bei Kraftstoffen, z. B. für die Zusammensetzung von Zweitaktermischungen und ihre Rückstandsbildung bei Verbrennung im Motor.

Abdampfturbine, mit niedrigem Druck arbeitende Kondensationsturbine, die anfallenden Abdampf wirtsch. verwertet; Einsatz als *Nachschaltturbine*, z. B. zum Pumpen- und Gebläseantrieb oder im Schiffsbetrieb, häufig hinter vorgeschalteter Kolbendampfmaschine.

Abdankung (Abdikation), 1. die freiwillige oder durch äußeren Druck erzwungene Amtsentsagung vor Ablauf der gesetzl. festge-

legten Amtszeit; 2. die mit dem Ende der Amtszeit erfolgende Amtsniederlegung und der damit verbundene Rechenschaftsbericht über die Amtsführung; 3. die unwiderrufl. Niederlegung einer Würde, insbes. der Verzicht auf die Krone (**Thronentsagung**).

Abd An Nasir, Gamal ↑ Nasser, Gamal Abd el.

Abd Ar Rahman, omaijad. Herrscher in Spanien:

A. A. R. I., * 731, † Córdoba 30. Sept. 788, Begründer der Herrschaft der Merwaniden in Spanien. - Omaijaden-Prinz, entging der Ausrottung seines Hauses durch die Abbasiden; 756 zum Emir von Córdoba proklamiert; behauptete seine Herrschaft gegen zahlr. Aufstände; ließ die große Moschee in Córdoba bauen.

A. A. R. III., * 889, † Córdoba 15. Okt. 961, Kalif. - Regierte seit 912, nahm gegen die Ansprüche der Fatimiden auf das Kalifat 929 selbst den Kalifentitel an; befriedete das Land im Innern, drängte die christl. Kgr. León und Kastilien wieder über die Ebrolinie zurück; unter ihm erreichte das arab. Spanien seine größte Macht und Blüte.

A. A. R. Ibn Abd Allah, ✕ bei Tours und Poitiers im Okt. 732, arab. Statthalter in Spanien (seit 730). - Unterlag nach erfolgreichem Feldzug gegen Aquitanien Karl Martell in der Entscheidungsschlacht.

abdecken, diejenigen Stellen einer Photo- oder Druckplatte, die bei der Reproduktion nicht mitdrucken sollen, beim Kopierprozeß zudecken.

◆ in der *Wirtschaft:* einen fälligen Kredit tilgen, eine Schuld bezahlen.

Abdecker [zu abdecken in der alten Bed. „einen verendeten Tier das Fell abziehen"], Gewerbetreibender, der Kadaver vernichtet bzw. verwertet.

Abd El Kader (arab. Abd Al Kadir), * bei Mascara 1808, † Damaskus 26. Mai 1883, Emir in Algerien. - Kämpfte nach der Besetzung Algeriens (seit 1830) gegen die Franzosen; anfangs erfolgreich, mußte jedoch 1842 nach Marokko fliehen; 1847 ausgeliefert, bis 1852 in Frankr. interniert; lebte dann in Bursa und Damaskus.

Abd El Krim (arab. Abd Al Karim), * Aghdir 1882, † Kairo 6. Febr. 1963, marokkan. Emir. - 1920–26 Führer des Aufstandes der Rifkabylen gegen die Spanier, die er 1921 besiegte; mußte sich nach frz. Eingreifen auf span. Seite 1926 ergeben; auf die Insel Réunion verbannt; 1947 freigelassen.

Abdera, altgriech. Stadt an der thrak. Küste nahe der Nestosmündung; um 656 v. Chr. gegr., mehrfach zerstört; Heimat u. a. des Demokrit, des Protagoras; den Bewohnern wurde bereits in der Antike Skurrilität nachgesagt; daher **Abderiten,** svw. einfältige Menschen, Schildbürger.

Abderhalden, Emil, * Oberuzwil (Kt. St.

Gallen) 9. März 1877, † Zürich 5. Aug. 1950, schweizer. Physiologe. - 1911–45 Prof. in Halle, 1946/47 in Zürich; widmete sich v. a. der Chemie der Eiweißstoffe. Wissenschaftl. Arbeiten auf fast allen Gebieten der physiolog. Chemie. Er entdeckte neue Aminosäuren, isolierte und synthetisierte Polypeptide und untersuchte Enzyme und ihre Wirkungen; Hg. zahlr. Standardwerke, u. a. „Lehrbuch der Physiologie" (1925–27, 4 Bde.).

Abderhalden-Reaktion [nach E. Abderhalden], Nachweisreaktion für sog. *Abwehrenzyme,* die der Organismus zum Abbau von in die Blutbahn gelangten körperfremden oder durch patholog. Organzerfall entstandenen Eiweißkörpern bildet; wichtig für die Schwangerschaftsfrüherkennung.

abderitisch [nach Abdera], schildbürgerhaft, einfältig.

Abdias ↑ Obadja.

Abdichtung, Sammelbez. für Schutzmaßnahmen gegen das Austreten und Eindringen von Flüssigkeiten, Gasen, Schall, Staub oder Wärme. - ↑ auch Dichtung (Technik).

◆ bei Bauwerken Schutzeinrichtungen gegen chem. Einwirkungen, Frost und Grund-, Kapillar-, Sicker- und Stauwasser des Bodens.

Abdikation [lat.] ↑ Abdankung.

Abdomen [lat.], in der Anatomie: Bauch, Unterleib.

◆ der hintere, auf den Thorax folgende und von diesem oft deutl. abgesetzte Körperteil bei Gliederfüßern (auch als *Hinterleib* bezeichnet).

abdominal [lat.], zum Bauch gehörend; im Bauch, Unterleib gelegen.

Abdominalfüße (Bauchfüße), einfach gebaute Gliedmaßen am Hinterleib vieler Gliederfüßer, z. B. bei Raupen.

Abdominalschwangerschaft (Abdominalgravidität), svw. ↑ Bauchhöhlenschwangerschaft.

Abdrift, durch Seitenwind oder [Meeres]strömung hervorgerufene Abweichung eines Schiffes oder Flugkörpers vom Sollkurs. Winkel zw. Längsachse des Schiffes usw. und dem Kurs über Grund heißt *A.winkel.*

Abdruck ↑ Fossilien.

Abdrücksignal, opt. Signal auf dem Ablaufberg im Rangierbahnhof. Mit dem A. wird der Ablaufbetrieb gesteuert.

Abdruckverfahren, sowohl in der Licht- als auch in der Elektronenmikroskopie angewandtes Verfahren zur Untersuchung von Oberflächen kompakter Körper oder schwer zugängl. Stellen (z. B. Innenflächen). Die Oberfläche wird eine dünnen [Aufdampf]schicht von 10 bis 50 nm Dicke, dem **Abdruckfilm,** überzogen, die auch nach Ablösung (mit Hilfe chem., elektrochem. und physikal. Lösungsprozesse) die Reliefform der Oberfläche beibehält.

Abdrückversuch, Verfahren zur gefahr-

losen Bestimmung der Bruchfestigkeit von Glasgefäßen und Rohrleitungen. Der stat. Druck in den wassergefüllten Gefäßen wird langsam bis zum Bersten erhöht, wobei nur geringe Splittergefahr besteht.

Abd-ru-shin [apdruˈʃiːn] ↑Gralsbewegung.

Abduh, Muhammad [ˈabdʊx], *in Unterägypten 1849, †Kairo 11. Juli 1905, Begründer der islam. Reformbewegung in Ägypten. - Übte zus. mit seinem Schüler Raschid ↑Rida bed. Einfluß auf islam. Modernisierungsbestrebungen aus.

Abduktion [lat.], das Wegbewegen eines Körperteils von der Körperachse, z. B. das seitwärtige Hochheben des Arms.

Abduktionsprisma ↑Prismenbrille.

Abduktoren [lat.] (Abspreizer), Muskeln, deren Kontraktion eine Abduktion bewirkt.

Abdullah ↑Abd Allah.

Abdullah, Scheich Mohammed, *Sura bei Srinagar 5. Dez. 1905, †Srinagar 8. Sept. 1982, ind. Politiker. - Als „Löwe von Kaschmir" bekannt, trat 1947 für den Anschluß Kaschmirs an Indien und für konstitutionelle und soziale Reformen ein; 1947–53 Premiermin. von Jammu und Kashmir; bis 1968 meist in Haft; 1975–77 und erneut seit Juli 1977 Chefmin. von Jammu and Kashmir.

Abdullajew, Mikail Gussein-ogly [russ. abdulˈlajɪf], *Baku 19. Dez. 1921, aserbaidschan.-sowjet. Maler. - Genrebilder (aserbaidschan. und ind. Dörfer), Landschaften und Porträts.

Abdul Rahman, *im Sultanat Kedah 8. Febr. 1903, malays. Politiker. - Anwalt und Verwaltungsbeamter; seit 1957 erster Premiermin. und Außenmin. des Malaiischen Bundes, 1963–70 Premiermin. von Malaysia.

Abd Ur Rahman Khan, *um 1844, †Kabul 1. Okt. 1901, Emir von Afghanistan (seit 1880). - Im Verlauf des 2. afghan.-brit. Krieges von den Briten als Emir eingesetzt; verhalf Afghanistan in Anlehnung an Großbrit. zu starker Stellung als Pufferstaat.

Abduzenslähmung [lat./dt.], Lähmung des VI. Gehirnnervs (Abduzens). Symptome: Der Augapfel weicht nach der Nase hin ab; es entstehen ungekreuzte Doppelbilder, die sich verstärken, wenn man nach der Seite der Lähmung blickt; tritt u. a. bei Hirntumoren und multipler Sklerose auf.

Abe, ethn. Gruppe, ↑Lagunenvölker.

Abe, Kobo, *Tokio 7. März 1924, jap. Schriftsteller. - Beeinflußt u. a. von Dostojewski, Nietzsche und Kafka; verbindet in seinen Romanen u. a. „Die Frau in den Dünen", 1962; „Der Mann, der zum Stock wurde", 1969) realist. Schilderung mit geschickter psycholog. Zeichnung der Charaktere.

Abecedarium [lat.], im MA entstandene Bez. für das griech. und lat. Alphabet, das der Bischof bei der Weihe einer kath. Kirche in ein x-förmiges Aschenkreuz auf dem Fußboden einschreibt.

◆ Elementarbuch, bis etwa 1850 gebräuchl. Bez. der ↑Fibel.

◆ alphabet. geordnetes Register oder Repertorium (Inhaltsübersicht) röm., röm.-kanon. und dt. Rechtsbücher und ihrer Glossierungen aus dem 14./15. Jh.

◆alphabet. ↑Akrostichon; jede Strophe, jeder Vers oder jedes Wort eines Gedichts beginnt mit einem neuen Buchstaben des Alphabets; bes. in der jüd. und christl. Liturgie und religiöser Lyrik.

Abéché [frz. abeˈʃe], Stadt im O der Rep. Tschad, 54 000 E. Verwaltungssitz der Präfektur Ouaddaï, Marktort der Nomaden des Wadai, Kreuzungspunkt von Karawanenrouten, Ausgangsort der Mekkapilger des Landes, ♋. - 1850 vom König von Wadai gegr.; 60 km nördl. die Ruinen von **Ouara,** der alten Hauptstadt von Wadai.

Abegg, Lily, *Hamburg 7. Dez. 1901, †Samaden (Graubünden) 13. Juli 1974, schweizer. Journalistin und Schriftstellerin. - Fernostkorrespondentin der „Frankfurter Zeitung" (1936–43) bzw. der FAZ (seit 1954), 1948–50 Mitarbeiterin der „Weltwoche"; schrieb zahlr. Bücher über die Zustände in M- und O-Asien.

A., Richard, *Danzig 9. Jan. 1869, †Tessin bei Köslin 3. April 1910, dt. Chemiker. - Seit 1899 Prof. in Breslau. Arbeiten über Eisenkomplexe. Gefrierpunktserniedrigung, Überführungszahlen und Diffusionsprobleme, Oxidationspotentiale u. a. Seine wichtigsten Leistungen fallen in das Gebiet der Elektrochemie und Bindungstheorie.

Abeken, Heinrich, *Osnabrück 19. Aug. 1809, †Berlin 8. Aug. 1872, preuß. prot. Theologe und Ministerialbeamter. - Trat 1848 in das Auswärtige Amt ein; nach 1862 unentbehrl. „Feder Bismarcks".

Abel, aus der Bibel übernommener männl. Vorname hebr. Ursprungs.

Abel [hebr. „Hauch, Vergänglichkeit"], nach der Bibel (1. Mos. 4, 1–16) zweiter Sohn Adams und Evas, bringt Jahwe gefällige Opfer dar und wird von seinem Bruder Kain aus Neid und Haß erschlagen.

Abel, Adolf, *Paris 27. Nov. 1882, †Bruckberg (Kreis Ansbach) 3. Nov. 1968, dt. Architekt. - Errichtete 1929–34 den Universitätsbau in Köln-Lindenthal, 1954–56 mit R. Gutbrod die Stuttgarter Liederhalle.

A., Carl Friedrich ↑Bach, Johann Christian.

A., Karl August von (seit 1844), *Wetzlar 17. Sept. 1788, †München 3. Sept. 1859, bayr. Politiker. - Seit 1810 im bayr. Staatsdienst, 1837–47 Min.präs. und Innenmin.; zunächst liberal, wurde er zum Vorkämpfer ultramontaner Restauration; stürzte wegen Verweigerung der Indigenatserteilung an Lola Montez.

A., Niels Henrik, *Findø bei Stavanger 5.

Abel

Aug. 1802, † Eisenwerk Froland bei Arendal 6. April 1829, norweg. Mathematiker. - Bewies die Nichtauflösbarkeit algebraischer Gleichungen 5. und höheren Grades durch elementare Operationen; begründete die Integraltheorie algebraischer Funktionen und untersuchte die ellipt. Funktionen.

A., Othenio, * Wien 20. Juni 1875, † Pichl am Mondsee 4. Juli 1946, östr. Paläontologe. - 1907–34 Prof. in Wien, 1935–40 in Göttingen. Begründete die Paläobiologie.
Werke: Grundzüge der Paläobiologie der Wirbeltiere (1912), Lehrbuch der Paläozoologie (1920), Die Tiere der Vorzeit in ihrem Lebensraum (1939).

A., Wilhelm, * Bütow 25. Aug. 1904, † Göttingen 27. April 1985, dt. Agrarwissenschaftler und Wirtschaftshistoriker. - Prof. in Göttingen (seit 1949).
Werke: Agrarkrisen und Agrarkonjunktur (1935), Die Wüstungen des ausgehenden MA (1943), Agrarpolitik (1951), Geschichte der dt. Landw. vom frühen MA bis zum 19. Jh. (1962).

Abélard, Pierre [frz. abe'la:r] ↑Abälard, Peter.

Abele Spelen [niederl. 'spe:lə; zu mittelniederl. abel „kunstvoll"], älteste niederl. weltl. Schauspiele seit Mitte des 14. Jh.; einfache Sprache und Handlungsführung, freier Schauplatzwechsel. Den A. S. folgte meist die Klucht, ein possenhaftes Nachspiel. Im 15. Jh. von den Zinnespelen (Moralitäten) verdrängt.

Abelie (Abelia) [nach dem brit. Botaniker C. Abel, * 1780, † 1826], Gatt. der Geißblattgewächse mit etwa 25 Arten, v. a. in O-Asien; bis etwa 4 m hohe Sträucher mit meist gegenständigen Blättern und weißen oder rosafarbenen, röhren- bis glockenförmigen Blütenkronen; verschiedene Arten als prächtig blühende Freiland- und Topfpflanzen in Kultur.

Abelinus, Johann Philipp, eigtl. Abele, ≈ Straßburg 7. Dez. 1600, † Frankfurt am Main 12. Sept. 1638, dt. Historiker. - Verfaßte das von Merian verlegte und bebilderte „Theatrum Europaeum", eine die Jahre 1618–32 umfassende Chronik.

Abell, Kjeld, * Ripen 25. Aug. 1901, † Kopenhagen 5. März 1961, dän. Schriftsteller. -

Abendpfauenauge

Lebte mehrere Jahre in Paris, u. a. als Bühnenbildner. Seine humanist. und gesellschaftskrit. Dramen sind poet. und symbolist.; u. a. „Melodien, der blev væk" (1935), „Anna Sophie Hedwig" (1939), Reisebericht „Fußnoten im Staub" (1951).

abelsche Gruppe [nach N. H. Abel], eine Gruppe (↑Gruppentheorie), für deren Elemente hinsichtl. der in ihr definierten Verknüpfung das ↑Kommutativgesetz gilt.

Abelscher Satz [nach N. H. Abel], Lehrsatz über die Lösbarkeit von Gleichungen: Algebraische Gleichungen 5. und höheren Grades sind allg. durch Wurzelprozesse (Radikale) nicht mehr lösbar.
◆ Lehrsatz über die Konvergenz von Potenzreihen: Eine Potenzreihe $\Sigma\, a_n x^n$ konvergiert gleichmäßig in jedem abgeschlossenen Intervall, das ganz im Innern des Konvergenzintervalls liegt.

Abenberg, Stadt in Bayern, im Mittelfränk. Becken, am Fuße der Burg A., 25 km ssw. von Nürnberg, 4 700 E. Spitzenklöppelschule. - Bis um 1200 im Besitz der Grafen von A.; 1299 Stadtrechte. - Von der Burg ist die Ringmauer erhalten und ein spätgot. Wohnbau. Pfarrkirche (13., 15. und 17. Jh.), barocke Klosterkirche.

Abend, 1. Zeit des Sonnenuntergangs, Tagesende; 2. Westen.

Abendakademie, andere (ältere) Bez. für Volkshochschule.

Abendfalke, svw. ↑Rotfußfalke.

Abendgymnasien ↑Abendschulen.

Abendland [zu Abend in der Bed. „Westen"] (Okzident), als Wort in der Lutherzeit gebildete, erst im 19. Jh. voll ausgeprägte geistesgeschichtl. Bez. für jenen Teil Europas, der sich im MA – stets in Abhebung gegenüber der östl. Welt des „Morgenlandes" – als einheitl. Kulturkreis formierte und bis in die Neuzeit Einheitlichkeit und Bedeutung wahrte. Antike Kultur, röm. Christentum und german. Element bildeten die einigenden Faktoren des ma. A. Auch trotz der Reformation, die die kirchl. Einheit des A. sprengte, blieb die kulturelle Einheit bestehen und erreichte im Humanismus einen neuen Höhepunkt. Zunehmend jedoch wurde der Begriff A. durch den säkularen Begriff Europa abgelöst, der den veränderten polit. und gesellschaftl. Verhältnissen besser entspricht, aber die etwas gewandelten Vorstellungen des A. in sich aufnahm, die in der europ. Romantik noch eine bes. Rolle spielten. Im 20. Jh. standen ideologisierende Vorstellungen von Geist und Kultur des A. in Zusammenhang mit kulturpessimist. Klagen über die verlorene, aber zu bewahrende europ. Einheit und geistig-religiöse Ganzheit; diese Vorstellungen wurden durch Ideologiekritik völlig entwertet.
📖 *Gerhard, D.: Das A. Dt. Übers. Freib. 1985. - Spengler, O.: Der Untergang des Abendlandes. Mchn. 176.–195. Tsd. 1979. - Pirenne, H.: Ge-*

burt des Abendlandes. Dt. Übers. Amsterdam ²*1941.*

Abendländisches Schisma, die große Kirchenspaltung des Abendlandes (1378–1417), als zwei bzw. drei Päpste gleichzeitig Anspruch auf die oberste Gewalt in der Kirche erhoben. Nach dem Tod Gregors XI. wurde am 8. April 1378 Urban VI. gewählt. Die Kardinäle, offensichtl. von dessen Unfähigkeit überzeugt, erklärten die Wahl am 2. Aug. 1378 für erzwungen und ungültig; sie wählten am 20. Sept. 1378 Klemens VII., der nach Avignon ging. Die Doppelwahl spaltete die ganze abendländ. Kirche in zwei Anhängerschaften (Obedienzen). Das Konzil der Kardinäle in Pisa 1409 setzte die beiden Päpste ab und erhob Alexander V. Da sich die Abgesetzten nicht fügten, hatte man nun drei Päpste. Das Ende der Spaltung brachte das ↑Konstanzer Konzil.

Abendlichtgrenze (Abendterminator), die Grenze zw. beleuchtetem und unbeleuchtetem Teil des Mondes.

Abendlichtnelke (Weiße Nachtnelke, Melandrium album), 0,5–1 m hohe ↑Nachtnelke, v. a. auf Wiesen und an Ackerrändern in Europa und im Mittelmeergebiet; mit großem, blasenförmig erweitertem Kelch und weißen, stark duftenden, sich abends öffnenden Blüten.

Abendmahl, das letzte Gemeinschaftsmahl Jesu mit seinen Jüngern am Abend vor seinem Tode. Es umfaßt, wie die sog. Einsetzungsworte zeigen (Matth. 26, 26–29; Mark. 14, 22–25; Luk. 22, 15–20), die folgenden Gedanken: den bevorstehenden Tod Jesu, den er selbst mit dem bald beginnenden Gottesreich verbindet; das endzeitl. Heil der Menschen; das Verständnis der Gaben von Brot und Wein als Gaben des Heils. Paulus sieht in der Feier des A. eine wirkl. Vereinigung der Christen mit Christus und untereinander (1. Kor. 10, 16). - Während das A. von der ältesten Christenheit zunächst als Mahlzeit begangen wurde, entwickelte es sich im 2. Jh. zu einer Feier mit sakramentalem Charakter (↑Sakrament). - In den Bekenntnissen der Reformation entstanden Unterschiede in der Frage, was von den Elementen der A.feier, Brot und Wein, auszusagen und zu glauben sei. Diese Unterschiede traten zw. Luther und Zwingli 1529 beim Marburger Religionsgespräch zutage. Während Luther die *Realpräsenz* Christi im Sakrament erblickte (Christus *ist* in den Elementen Brot und Wein anwesend), vertrat Zwingli eine *symbol.* Deutung (Brot und Wein *bedeuten* Blut und Leib Christi). Calvin hielt an der Realpräsenz Christi im Abendmahl fest, die durch den Hl. Geist in den Gläubigen bewirkt werde, während der Ungläubige nur Brot und Wein empfange. *In der christl. Kunst* wird die Tischrunde Jesu und der Jünger seit dem 5. und 6. Jh. dargestellt, wobei Christus zunächst den Ehren-

platz an der linken Ecke einnimmt. Seit dem 11. Jh. sitzt er in der Mitte der Rückseite des Tisches. In der gleichen Zeit etwa beginnt man, den Lieblingsjünger Johannes eng an Christus gelehnt darzustellen. Mitunter ist die Anzahl der Apostel verringert; Judas ist stets bes. gekennzeichnet. Berühmt sind die A.darstellungen am Lettner des Naumburger Doms (um 1250) und am Westportal des Straßburger Münsters, im Refektorium von Ognissanti in Florenz (1480; D. Ghirlandaio), im Refektorium von Santa Maria della Grazia in Mailand (1495–97; Leonardo) und Holzschnitte Dürers.

📖 *Schulz, Hans-Joachim: Ökumen. Glaubenseinheit aus eucharist. Überlieferung. Paderborn 1976. - Marxsen, W.: Das A. als christolog. Problem. Gütersloh* ⁵*1968. - Bizer, E./Kreck, W.: Die A.lehre in den reformator. Bekenntnisschrr. Mchn. 1955.*

Abendmahlsbulle („Bulla in Coena Domini"), Sammlung von bestimmten, dem Papst vorbehaltenen Exkommunikationen, vom 14./15. Jh. bis 1770 am Gründonnerstag (lat. in coena Domini) verlesen, endgültige Fassung von 1627. Die A. wies auf bestehende Vorschriften hin mit dem Ziel der Reinerhaltung des Glaubens und der Einheit der Kirche. Die Anwendung im allgemeinen Kirchenrecht blieb beschränkt und umstritten; durch den Codex Iuris Canonici ersetzt.

Abendmahlsgemeinschaft, die gemeinschaftl. Teilnahme von Christen verschiedener Kirchen an einer Abendmahlsfeier. Man unterscheidet verschiedene Stufen der A.: 1. volle A.; 2. offene Kommunion für Mitglieder anderer Kirchen ohne Beteiligung Geistlicher verschiedener Konfession; 3. gastweise Zulassung von Mitgliedern anderer Kirchen. Die ökumen. Bewegung förderte die Bereitschaft zur A. stark und frischte die kirchenrechtl. Bestimmungen in Fluß.

Abendpfauenauge (Smerinthus ocellata), baumrindenähnl. gezeichneter, nur nachts fliegender ↑Schwärmer in Europa, N-Afrika und W-Asien; Hinterflügel gelbl. und rot mit großem Augenfleck.

Abendpost/Nachtausgabe, dt. Zeitung, ↑Zeitungen (Übersicht).

Abendrealschulen ↑Abendschulen.

Abendrot, abendl. Dämmerungserscheinung; bes. deutl., wenn das rote Sonnenlicht auf Wolken[schleier] trifft. Bei tiefem Sonnenstand und damit langem Weg des Sonnenlichts durch die Atmosphäre wird der kurzwellige, blaue Anteil des Sonnenlichts an den Luftmolekülen sowie am Staubteilchen und Wassertröpfchen in der Luft stärker gestreut und absorbiert und gelangt daher in weit geringerem Maße bis zum Beobachter als das langwellige rote Licht. Entsprechend das **Morgenrot.**

Abendroth, Hermann, * Frankfurt am Main 19. Jan. 1883, † Jena 29. Mai 1956, dt.

Dirigent. - Gewandhauskapellmeister in Leipzig, seit 1945 in Weimar; seit 1949 Chefdirigent der Rundfunksinfonieorchester in Leipzig und zeitweilig Berlin (Ost).

A., Walter, * Hannover 29. Mai 1896, † Hausham (Kreis Miesbach) 30. Sept. 1973, dt. Komponist und Musikschriftsteller. - 1948–55 Feuilletonredakteur der „Zeit", komponierte mehrere Sinfonien und andere Orchesterwerke, Kammermusik und Lieder. Verfaßte Musikermonographien.

A., Wolfgang, * Elberfeld (= Wuppertal) 2. Mai 1906, † Frankfurt am Main 15. Sept. 1985, dt. Staatsrechtler und Sozialwissenschaftler. - U. a. Prof. in Leipzig (1947–48) und Marburg (seit 1951); engagierter Vertreter sozialist. Ideen. Schrieb u. a. „Aufstieg und Krise der dt. Sozialdemokratie" (1964), „Sozialgeschichte der europ. Arbeiterbewegung" (1965), „Antagonist. Gesellschaft und polit. Demokratie" (1967), „Arbeiterklasse, Staat und Verfassung" (1975).

Abendschulen, zusammenfassende Bez. für Einrichtungen des zweiten Bildungsweges, die Berufstätigen in vorwiegend abendl. Kursen eine höhere schul. Qualifikation ermöglichen (**Abendgymnasium, Abendrealschulen,** berufl. **Abendfachschulen**).

Abendsegler, Bez. für zwei Fledermausarten aus der Fam. der Glattnasen; 1. **Großer Abendsegler** (Nyctalus noctula), in Europa, Kleinasien, W-Asien bis Japan mit rötl. braunem Fell und kleinen, abgerundeten Ohren. 2. **Kleiner Abendsegler** (Nyctalus leisleri), an vielen Stellen Europas und NW-Indiens mit dunkelbraunem Fell.

Abendstern, der Planet Venus, wenn er bei Sonnenuntergang im W als einer der ersten Himmelskörper sichtbar wird; entsprechend bei Sonnenaufgang der **Morgenstern.**

Abendweite, der Winkelabstand des Untergangspunktes eines Gestirns vom Westpunkt. - ↑ auch Morgenweite.

Abendzeitung, 1805 in Dresden gegr. Unterhaltungsblatt für Kunst und Literatur; bestand mit Unterbrechungen bis 1857.

A., dt. Zeitung, ↑ Zeitungen (Übersicht).

Abengourou [frz. abɛngu'ru], Hauptort des Dep. Est, Elfenbeinküste, 210 m ü. d. M., 17 500 E. Kath. Bischofssitz. Zentrum eines Kaffee- und Kakaoanbaugebietes mit Forschungsinst.; Straßenknotenpunkt; ⚒.

Åbenrå [dän. ɔbən'rɔːˀ] ↑ Apenrade.

Abensberg, Stadt im Hallertau, Bayern, 372 m ü. d. M., 9 000 E. Brauereien, Textilind., Maschinenbau; Mineralquelle. - 1348 Marktrechte. - Aventinusmuseum; spätgot. ehem. Karmeliterklosterkirche (Barockausstattung).

Abenteuer [zu altfrz. aventure = lat. advenire „sich ereignen")], außergewöhnl. Ereignis; gewagtes Unternehmen.

Abenteuerroman, literar. Bez. für Romane, in denen der Held in eine Kette von Ereignissen oder Irrfahrten verwickelt wird. Der typ. A. besteht aus einer lockeren Folge relativ selbständiger, um einen Helden gruppierter Geschichten in volkstüml.-realist. Stil; er dient nicht der Darstellung einer Entwicklung des Helden, ist meist mit dem jeweiligen Populärwissen der Zeit angereichert. Vorläufer sind die ma. Spielmannsdichtung und Ritterromane bzw. Volksbücher, in denen die Abenteuer den Charakter der Bewährung (höf. Romane) verlieren. Blütezeit vom Barock (insbes. die ↑ Schelmenromane) bis ins 20. Jh. (J. Verne, K. May), im 18. Jh. v. a. abenteuerl. Reiseromane, insbes. die ↑ Robinsonaden im Gefolge D. Defoes und die A. und Ritterromane der Trivialliteratur. Literar. bed. sind insbes. die satir. A., „Don Quijote" (1605–15) von Cervantes, die Schelmenromane „Simplizissimus" (1669) von Grimmelshausen und „Gil Blas" (1715–35) von Lesage sowie Fieldings Reiseroman „Tom Jones" (1749) oder Voltaires „Candide" (1759).

Abenteuerspielplatz (Robinson-Spielplatz), Bez. für Spielplätze, die auf Grund ihrer Ausstattung (Holz, Geräte, Werkzeuge) kindl. Phantasie, Entdeckungsfreude und Tätigkeitsdrang Anregung geben wollen. Der A. zeichnet sich durch seine Veränderbarkeit durch die Kinder aus. Der erste A. war der Gerümpel- oder Bauspielplatz in Kopenhagen-Emdrup von C. T. Sørensen (1943).

Abeokuta, Hauptstadt des nigerian. Bundesstaates Ogun, 80 km nördl. von Lagos, 279 000 E. Handelszentrum in einem Kakaoanbaugebiet; Nahrungsmittel- und Baustoffindustrie.

Aberacht ↑ Acht.

Abercorn [engl. æbə'kɔːn], Adelstitel in der schott. Familie Hamilton (seit 1603 Baron, 1606 Earl, 1790 Marquess, 1868 Herzog von A.).

Abercrombie, Sir (seit 1945) Patrick [engl. 'æbəkrʌmbɪ], * Ashton-upon-Mersey 6. Juni 1879, † Aston Tirrold (Berkshire) 23. März 1957, engl. Architekt. - Entwarf verschiedene Stadtpläne, u. a. für Groß-London. Nach seiner Konzeption kleiner „Nachbarschaften" wurden in den 40er Jahren zahlr. kleine Trabantenorte (6 000–10 000 E) errichtet.

Abercromby, Sir (seit 1795) Ralph [engl. 'æbəkrʌmbɪ], * Menstry bei Tullibody 7. Okt. 1734, ✕ vor Alexandria 28. März 1801, brit. General. - Zählt auf Grund seiner Verdienste um die Reorganisation der brit. Armee nach friderizian. Vorbild und wegen seines erfolgreichen Unternehmens gegen die napoleon. Resttruppen bei Abukir zu den berühmten Soldaten Großbrit. (Ehrenmonument in der Saint Paul's Cathedral in London).

Aberdare [engl. æbə'dɛə], walis. Bergbau- und Ind.stadt, Gft. Mid Glamorgan, Mittelpunkt des Cyontals, 30 km nw. von Cardiff, 36 000 E.

Aberdare Range [engl. æbə'dɛə 'raɪndʒ], Gebirgszug in Z-Kenia, im Ol Doinyo Lesatima 3999 m hoch. Im Zentrum liegt der 590 km² große **Aberdare-Nationalpark**: Nebelwälder und Hochmoore, z. T. alpine Flora; Reservat für Elefanten, Nashörner, Büffel u. a.

Aberdeen [engl. æbə'diːn], Adelstitel in der schott. Familie Gordon (seit 1682 Earl of A., seit 1916 Marquess of A. and Temair). Bed.:
A., George Hamilton, Earl of A. (seit 1801), * Edinburgh 28. Jan. 1784, † London 14. Dez. 1860, brit. Politiker (Tory). - 1828–30 und 1841–46 Außenmin. A., der als „friedfertigster Staatsmann Europas" galt, scheiterte als Premiermin. (1852–55) an seiner im Ggs. zur öffentl. Meinung stehenden neutralist. Versöhnungspolitik.

Aberdeen [engl. æbə'diːn], schott. Hafenstadt 150 km nnö. von Edinburgh, Grampian Region, 31 m ü. d. M., 190 000 E. Sitz eines anglikan. und eines kath. Bischofs; Univ. (gegr. 1494). Handelszentrum NO-Schottlands, Seebad, Sommerfrische, Hafen und Fischmarkt. Verwaltungs- und Versorgungszentrum für die brit. Offshore-Bohrungen. U. a. Fischverarbeitungsind., Maschinen- und Elektromaschinenbau, Werften, ⚓. - Die Stadt entwickelte sich aus zwei ma. Siedlungskernen: Old A., südl. des Donästuars, wuchs um Saint Machar's Cathedral und die Univ. King's College, die Hafenstadt A. am N-Ufer des Dee um eine Burg. - Saint Machar's Cathedral (1366–1530), Kapelle des King's College (1505), got. Brücke über den Don (1527).

Aberdeenshire [engl. æbə'diːnʃɪə], ehem. nordostschott. Grafschaft.

Åberg, Nils [schwed. 'oːbærj], * Norrköping 24. Juli 1888, † Stockholm 28. Febr. 1957, schwed. Prähistoriker. - Prof. in Stockholm (seit 1949); Veröffentlichungen v. a. zum europ. Neolithikum und zur frühgeschichtl. Archäologie der german. Stämme.

Aberglaube [eigtl. „verkehrter Glaube" für lat. superstitio], im 15. Jh. aufgekommener Begriff, mit dem „verkehrte", vom offiziell gelehrten christl. Glauben abweichende Ansichten abwertend als Bestandteil vorchristl. Religionen gekennzeichnet werden sollen. Auf Grund der Begriffsgeschichte erscheint es zweckmäßig, nur dann von A. zu sprechen, wenn damit solche religiösen Phänomene gemeint sind, die vom christl. Standpunkt aus als überwunden gelten. Charakterist. für den A. ist die Annahme von Kräften und Wirkungen, die mit der gewohnten Erfahrung und den bekannten Naturgesetzen nicht übereinstimmen. Der A. gründet in einer mag. Weltanschauung (↑Magie), in der der Mensch meint, durch außergewöhnl. Handlungen Einfluß auf übersinnl. Mächte gewinnen zu können. Meist verbinden sich damit animist. Ansichten (↑Animismus), nach denen phys. Kräfte oder Dinge für beseelt gehalten werden

und von denen man glaubt, sie entsprechend benutzen, d. h. mit zauber. Absichten einsetzen zu können. Abergläub. Handeln zielt meistens auf Abwehr von schädl., fremdem Zauber zugeschriebenen Einflüssen und darauf, Erkenntnisse über die Zukunft zu erlangen (↑Mantik).
📖 *Biedermann, H.: Handlex. der mag. Künste. Graz ²1973. - Wagner, K.: A., Volksglaube u. Erfahrung. Halle 1941. - Hdwb. des dt. Aberglaubens. Hg. v. H. Bächtold-Stäubli. Bln. 1927–42. 10 Bde.*

Aberkennung der Ehrenrechte ↑Ehrenrechte.

Aberkennung der Staatsangehörigkeit ↑Staatsangehörigkeit.

Aberli, Johannes, * Murten 5. Jan. 1774, † Winterthur 24. April 1851, schweizer. Medailleur und Edelsteinschneider. - Schuf Gedenkmünzen und gestaltete das Staatssiegel der Eidgenossenschaft von 1815 (Rütlischwur).
A., Johann Ludwig, * Winterthur 14. Nov. 1723, † Bern 17. Okt. 1786, schweizer. Maler. - In Umrissen radierte und getuschte oder kolorierte Schweizerprospekte (A.sche Manier).

Abernathy, Ralph David [engl. æbə'næθɪ], * Linden (Ala.) 11. März 1926, amerikan. baptist. Geistlicher. - Auf seine Initiative hin wurde in Montgomery (Ala.) eine Organisation zur Verbesserung der Lebensbedingungen der schwarzen Bürger, die „Southern Christian Leadership Conference" (SCLC) gegründet.

aberrant [lat.], abweichend [von der normalen Form], z. B. Lichtstrahlen, Pflanzen.

Aberration [lat.], die in opt. Systemen auf Grund von Abbildungsfehlern entstehenden Abweichungen von der idealen Abbildung; auch Bez. für die Abbildungsfehler selbst.
◆ die auf Grund der endl. Geschwindigkeit des Lichtes und der Bewegung der Erde hervorgerufene scheinbare Veränderung eines Sternortes am Himmel. Entsprechend den Bewegungen der Erde unterscheidet man: 1. *tägl. A.,* die dadurch bewirkt wird, daß ein Beobachter auf der Erde durch die Rotation in einem Kreis um die Erdachse bewegt wird; ihr Betrag ist am Erdäquator am größten (0,32″) und sinkt an den Erdpolen auf Null; 2. *jährl. A.,* die durch den Umlauf der Erde um die Sonne verursacht wird; die Sterne beschreiben auf Grund der jährl. A. eine Ellipse um ihren wahren Ort; 3. *säkulare A.,* die durch die Bewegung des Sonnensystems innerhalb des Milchstraßensystems hervorgerufen wird.
◆ in der systemat. Nomenklatur (abgekürzt Ab. oder ab.) meist erbl. Abweichung (Modifikation) vom normalen Erscheinungsbild einer Pflanzen- oder Tierform, die in deren gesamten Verbreitungsgebiet sporad. auftritt.

Aberrationszeit (Lichtzeit), die Zeit, die das Licht benötigt, um von einem Himmelskörper zur Erde zu gelangen. Die A. beträgt z. B. für die Sonne 8 min 19 s, für den Mond 1,28 s.

Abersee, See in Österreich, ↑ Sankt-Wolfgang-See.

Abert, Hermann, * Stuttgart 25. März 1871, † ebd. 13. Aug. 1927, dt. Musikforscher. - Prof. in Halle, Leipzig und Berlin; schrieb eine grundlegende Biographie W. A. Mozarts (2 Bde., 1919–21).

Aberystwyth [engl. æbəˈrɪstwɪθ], walis. Stadt, 120 km nw. von Cardiff, Gft. Dyfed, 138 m ü. d. M., 8 700 E. Handels- und Geschäftszentrum von M-Wales, bed. Seebad; Univ. (gegr. 1872), Nationalbibliothek von Wales (gegr. 1907). - Von Eduard I. gegr. als Hafen- und Marktstadt.

Abessinien, ältere Bez. für ↑ Äthiopien.

Abessinische Gladiole, svw. ↑ Sterngladiole.

abessinischer Brunnen (Abessinierbrunnen) ↑ Brunnen.

Abessinischer Graben, nördl. Teil des Ostafrikan. Grabensystems, durchzieht das äthiop. Hochland. Die Grabensohle liegt bis 2 000 m hoch.

Abessinisches Hochland, vielfach zerbrochene Hochscholle in Z- und N-Äthiopien; im Ras Daschän 4 620 m ü. d. M.; von zahlr. Flüssen in cañonartigen Tälern zerschnitten.

Abessomalien, zusammenfassende Bez. für Äthiopien und die Somalihalbinsel.

Abetz, Otto, * Schwetzingen 26. März 1903, † Langenfeld (Rheinland) 5. Mai 1958, dt. Diplomat. - 1940–44 Botschafter in Paris, bemühte sich vergebl., Hitler und Ribbentrop zu einem weicheren Kurs gegenüber Frankreich zu bewegen. 1949 zu 20 Jahren Zwangsarbeit verurteilt, 1954 entlassen.

ABF, Abk. für: ↑ Arbeiter-und-Bauern-Fakultät.

abfackeln, nicht verwertbare oder überschüssige Gase durch Abbrennen beseitigen.

Abfahrtslauf, alpine Skidisziplin auf einer abschüssigen Strecke ohne ebene Stellen oder Anstiege mit Richtungstoren; Höhenunterschied der Laufstrecke beträgt im Rennen der Herren 800 bis 1 000; in Wettkämpfen der Damen 400 bis 700 m; Teil der ↑ alpinen Kombination.

Abfall, Lossagung von einer Verpflichtung oder einer Anschauung, bes. im staatl. und polit. (z. B. der A. der Niederlande von Spanien) sowie im religiösen und konfessionellen Bereich (A. von Gott; im A. T. die Abwendung des Volkes Israel vom Bund mit Jahwe und die Hinwendung zu anderen Göttern). ◆ (Abfallstoffe) in Haushalt, Büro, Industrie oder allg. bei der Produktion anfallende Nebenprodukte (Reste), die infolge ihrer Größe,

Zusammensetzung, Konzentration, Gefährlichkeit usw. nicht mehr oder erst nach erneuter Aufbereitung (↑ Recycling) verwertbar sind.

Abfallbeseitigung ↑ Müll, ↑ radioaktiver Abfall.

Abfallbeseitigungsgesetz, Abk. AbfG, Kurzbez. für das BG über die Beseitigung von Abfällen vom 7. 6. 1972 i. d. F. vom 5. 1. 1977, das die Beseitigung (Einsammeln, Befördern, Lagern und Ablagern) der Abfälle regelt. Abfälle sind so zu beseitigen, daß das Wohl der Allgemeinheit nicht beeinträchtigt wird. Sie dürfen nur in den dafür zugelassenen Anlagen und Einrichtungen (Abfallbeseitigungsanlagen) behandelt, gelagert und abgelagert (im Sinne des Gesetzes) werden. Zur Abfallbeseitigung verpflichtet (Beseitigungspflichtige) sind die nach Landesrecht zuständigen Körperschaften des öffentl. Rechts: sie können sich dabei Dritter (privater Unternehmen) bedienen.

abfallen, den Kurs eines Segelschiffs so ändern, daß der Wind von achtern kommt.

abfangen, Baukonstruktionen oder zugsichere Verbindungen oder biegungsfeste Tragteile gegen Um- oder Einstürzen sichern. ◆ ein Flugzeug aus dem Sturzflug bzw. steilen Gleitflug durch Vergrößerung des Anstellwinkels (z. B. vor der Landung) in eine weniger geneigte oder horizontale Flugbahn bringen. - ↑ auch aufsetzen.
◆ bewegl. Ziele (z. B. feindl. Flugzeuge, Schiffe) durch den Einsatz von Flugzeugen oder Raketen identifizieren und vernichten.

Abfangjäger (Interceptor), Jagdflugzeug mit bes. großer Steigfähigkeit zur großräumigen Luftverteidigung.

Abfasen, Abschrägen von Kanten durch Schleifen, Fräsen, Hobeln usw.

Abfeimen [zu althochdt. feim „Schaum, Unreinheit"], das Entfernen von Unreinheiten von der Oberfläche einer Glasschmelze (Glasgalle).

Abfertigung, Vorbereitung, Abschluß und Abwicklung eines Beförderungsvertrages oder Frachtvertrages.

Abfertigungsgebühr, Entgelt für die Übernahme von Gütern am Versandort und für deren Ablieferung am Bestimmungsort; wird insbes. von der Eisenbahn erhoben.

Abfindung (Ablösung), einmalige Entschädigung in Geld zur Abgeltung von Rechtsansprüchen; z. B. beim Ausscheiden eines Gesellschafters einer Personengesellschaft durch Auszahlung seines Auseinandersetzungsguthabens, im *Sozialversicherungsrecht* bei Wiederverheiratung durch Zahlung des 5fachen Jahresbetrages der Witwen(Witwer-)Rente, im *Arbeitsrecht* bei Kündigung, im *Beamtenrecht* für eine verheiratete Beamtin auf Lebenszeit oder auf Probe, die auf Antrag entlassen wird.

abfischen, ein Gewässer leer fischen.

Abflauen, Nachlassen, Schwächerwerden des Windes.

Abfluß, Gesamtheit aller Vorgänge, die das aus der Atmosphäre als Niederschlag auf die Landoberfläche gelangte Wasser den Ozeanen wieder zuführen.

Abflußgebiete, die durch kontinentale Wasserscheiden getrennten Einzugsbereiche der Ozeane (ohne die abflußlosen Gebiete, das sind Gebiete kontinentaler Entwässerung in Trockengebieten).

Abflußjahr, nach hydrolog. Gesichtspunkten festgesetzter Zeitraum zur Erfassung hydrolog. Vorgänge: 1. 11.–31. 10.

Abführmittel, anorgan., pflanzl. oder synthet. Wirkstoffe, die die Darmentleerung anregen oder beschleunigen. Bei den meisten A. besteht die Gefahr einer Gewöhnung, wenn sie längere Zeit unkontrolliert eingenommen werden. Dadurch können auch schwere Funktionsstörungen hervorgerufen werden. Sehr oft hilft schon eine zweckmäßige Ernährung, z. B. schlackenreiche Kost (Gemüse, Obst, Vollkornbrot) gegen Darmträgheit.

Abfüllmaschinen ↑Verpackungsmaschinen.

Abfunkversuch (Schleiffunkprobe), Prüfverfahren, bei dem Stahl angeschliffen wird. Form, Helligkeit und Farbe der entstehenden Funkengarben geben Aufschluß über chem. Zusammensetzung und Härte des Stahls.

ABG, Abk. für: **A**llgemeines **B**erggesetz für die preuß. Staaten vom 24. 6. 1865 und für das östr. **A**llgemeine **B**erggesetz vom 23. 5. 1854.

Abg., Abk. für: ↑**Abg**eordneter.

Abgaben (Zwangsabgaben), wesentlichster Teil der Einkünfte der öffentl. Körperschaften. A. werden zwangsweise zur Deckung des Finanzbedarfs der öffentl. Körperschaften erhoben. Es lassen sich zwei Gruppen von A. unterscheiden: 1. Steuern (zu denen als bes. Gruppe die Zölle gehören): nicht nach dem Vorteil des einzelnen, sondern nach dem Prinzip der Leistungsfähigkeit der einzelnen (Solidaritätsprinzip) erhobene A., die allgemeinen Zwecken dienen und deren Nutzen der Gesamtheit unteilbar zugute kommt; 2. Entgelt-A.: Gegenleistung des einzelnen für eine öffentl. Leistung, durch die der das Entgelt Entrichtende einen direkten, unmittelbaren Vorteil hat (Gebühren, z. B. für die Ausstellung einer Urkunde) oder einen indirekten, mittelbaren Vorteil (Beiträge, z. B. Straßenanliegerbeiträge). Zu den A. zählen außerdem die Sonder-A., die erhoben werden, um bes. Vor- und Nachteile der Bürger auszugleichen (z. B. Lastenausgleichsabgabe). In der BR Deutschland ist die A.erhebung in der Abgabenordnung geregelt. In *Österreich* Sammelbegriff für Steuern, Gebühren, Zölle und Beiträge. In der *Schweiz* versteht man unter A. Steuern, Gebühren,

Beiträge und Monopolpreise.

Abgabenautonomie, Befugnis der Gemeinden, eigene Abgaben zu erheben (bei Steuern nur die Festsetzung von Hebesätzen) und durch Satzung zu regeln.

Abgabenordnung, die am 1. 1. 1977 in Kraft getretene A. vom 16. 3. 1976 (AO 1977) faßt nahezu alle Vorschriften des allgemeinen Steuerrechts, des Steuerverwaltungsrechts und des Steuerstrafrechts zu einem Mantelgesetz für das Abgabenrecht zusammen. Sie bedeutet den Abschluß der Reform der Reichsabgabenordnung (RAO) von 1919, die in der zuletzt gültigen Fassung fast nur noch Vorschriften zum Verwaltungsverfahren und zum Steuerstrafrecht enthielt, ansonsten durch Einzelgesetze ersetzt worden war. Die AO 1977 enthält zugleich Änderungen gegenüber den früheren Vorschriften hinsichtl. der Steuerfestsetzung und -anmeldung.

Abgar, Name der Könige des Osrhoen. Reiches von Edessa (heute Urfa); am bekanntesten **A. V. Ukkama** (✉ 9–46), der angebl. Jesus um Heilung von einer schweren Krankheit bat und mit ihm in Briefwechsel stand (*A.legende*); besaß angebl. ein authent. Bild Jesu.

Abgas, bei einem techn. oder chem. Prozeß entstehende, meist nicht mehr nutzbare Gase. **Industrielle A.** können sehr unterschiedl. Stoffe enthalten. Mit Schadstoffen versetzte A. müssen vor dem Einleiten in die Atmosphäre einer Abgasreinigung unterzogen werden (↑Gasreinigung, ↑Luftreinhaltung). **Verbrennungsgase** von Feuerungsanlagen und Verbrennungsmotoren (z. B. Kfz-Motoren) enthalten neben den bei idealer Verbrennung entstehenden Verbrennungsprodukten Kohlendioxid und Wasserdampf meist noch Kohlenmonoxid, verschiedene Kohlenwasserstofe, Rußteilchen sowie Schwefel- und Stickoxide, Kfz-A. vielfach (aus Kraftstoffzusätzen gebildete) Bleioxide und -halogenide. - Um die Umweltbelastung zu reduzieren, wurde eine Vielzahl von Maßnahmen ergriffen, die die Entstehung von Schadstoffen herabsetzen oder durch *Abgasnachbehandlung* (z. B. im ↑Abgaskatalysator oder bei der ↑Rauchgasentschwefelung) die Schadstoffemission verringern.

Abgasanalysator, [automat. arbeitendes] Gerät zur Bestimmung der Abgaszusammensetzung des Abgases, z. B. der ↑Orsat-Apparat.

Abgaskatalysator, Vorrichtung zur Reduzierung der Schadstoffemission von Kfz-Abgasen. Im *Dreiwegekatalysator,* der wirkungsvollsten Form, werden Kohlenwasserstoffe zu Kohlendioxid und Wasserdampf, das Kohlenmonoxid zu Kohlendioxid oxidiert und Stickoxide zu Stickstoff reduziert. Die hierzu erforderl. (möglichst konstante) Abgaszusammensetzung wird durch elektron. geregelte Aufbereitung des Kraftstoff-Luft-Ge-

Abgasreinigung

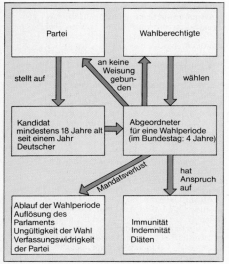

mischs erreicht; dazu muß ständig der Sauerstoffanteil im Abgas (mit Hilfe einer sog. *Lambdasonde*) gemessen werden. - Der im motornahen Teil der Auspuffanlage eingebaute A. besteht aus einem wabenförmigen Keramikkörper, auf dessen stark zerklüftete Oberfläche das eigentl. Katalysatormaterial (v. a. Edelmetalle wie Platin, Palladium, Rhodium) aufgebracht ist. - Mit A. ausgerüstete Kfz müssen mit bleifreiem Benzin betrieben werden.

Abgasreinigung ↑Gasreinigung.

Abgasschalldämpfer (Schalldämpfer), Teil der Auspuffanlage bei Verbrennungskraftmaschinen (Explosionsmotoren). Die starken, laute Geräusche verursachenden Druckschwankungen im Abgasstrom werden im A. gedämpft, so daß die Abgase gleichmäßiger und damit leiser ins Freie abströmen.

Abgassonderuntersuchung, Abk. ASU, in der BR Deutschland gesetzl. vorgeschriebene, durch Prüfplakette und -bescheinigung nachzuweisende jährl. Untersuchung der Abgase eines Kfz (Gehalt an Kohlenmonoxid) sowie Überprüfung von Leerlaufdrehzahl und Zündzeitpunkt.

Abgasturbine, von heißen Auspuffgasen angetriebene ↑Gasturbine; nutzt die Strömungsenergie des Abgases.

Abgasturbolader, Aggregat zur Auflading von Verbrennungsmotoren, bestehend aus Abgasturbine und Turbokompressor in einer Baueinheit. Die Luft zur Kraftstoffverbrennung wird vom A. angesaugt, verdichtet und in den Verbrennungsraum des Motors gefördert. Die Motorleistung erhöht sich dadurch erheblich.

Abgeordneter. Wahl und rechtliche
Stellung eines Mitglieds des Deutschen
Bundestages

Abgasturbolader. 1 Lufteintritt durch
Luftfilter, 2 Turbokompressor,
3 verdichtete Luft zum Vergaser,
4 Abgaseintritt, 5 Abgasturbine,
6 Abgasaustritt

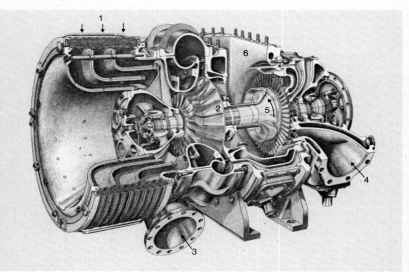

ABGB, Abk. für: ↑Allgemeines bürgerliches Gesetzbuch (für Österreich).

Abgeld ↑Disagio.

abgeledigt ↑Wappenkunde.

Abgeordnetenhaus, allg. Bez. für Volksvertretung, parlamentar. Körperschaft; Name der 2. Kammer in Preußen 1855–1918, der 2. Kammer des Reichsrats 1861–65 und 1867–1918 (für die westl. Reichshälfte) in Österreich, des Parlaments von Berlin (West) seit 1950.

Abgeordneter, vom Volk gewähltes Mgl. eines Parlaments oder eines öffentl.-rechtl. Verbandes. Nach Art. 38 GG der BR Deutschland wird der Bundestags-A. als Vertreter (Repräsentant) des ganzen Volkes angesehen, der an Aufträge und Weisungen (z. B. des Volkes, seiner Wähler, Partei oder Fraktion) nicht gebunden (sog. freies ↑Mandat) und allein seinem Gewissen unterworfen ist. Jeder Staatsbürger, der am Wahltag das 18. Lebensjahr vollendet hat und mindestens seit einem Jahr Deutscher ist, ist wählbar, wenn ihm nicht die Wählbarkeit, Amtsfähigkeit oder sein Stimmrecht richterl. aberkannt wurde oder andere Voraussetzungen (z. B. Entmündigung) vorliegen. Der A. verliert sein Mandat nach Ablauf der Wahlperiode, bei vorzeitiger Auflösung des Parlaments, nach festgestellter Ungültigkeit der Wahl, bei Neufeststellung des Wahlergebnisses sowie durch Entscheid des Bundesverfassungsgerichts über die Verfassungswidrigkeit der Partei, als deren Kandidat er gewählt wurde. Das Mandat kann dem A. weder durch die Wähler noch durch Beschluß des Parlaments entzogen werden.

Als *Rechte* des A. gelten die ungehinderte Ausübung seines Amtes, der Schutz vor gerichtl. oder dienstl. Verfolgung wegen seines Verhaltens bei Abstimmungen oder wegen Äußerungen (außer im Falle verleumder. Beleidigungen) im Parlament oder dessen Ausschüssen *(Indemnität)* sowie der Schutz vor strafrechtl. Verfolgungen und Beeinträchtigungen seiner persönl. Freiheit *(Immunität)* mit der Ausnahme, daß er bei Begehen der Tat oder im Laufe des folgenden Tages festgenommen wird oder daß der Bundestag der Einleitung eines Verfahrens zugestimmt hat. Nach dem AbgeordnetenG (AbgG) vom 18. 2. 1977 gilt die Tätigkeit des A. als Amt, für das er eine monatl., der Einkommensteuer unterliegende *Entschädigung* (↑Diäten) sowie steuerfreie Aufwandsentschädigungen (sog. *Amtsausstattung*) bezieht. Eine *Altersentschädigung* erhalten A., wenn sie das 55. Lebensjahr vollendet und dem Bundestag mindestens 16 Jahre angehört haben, bei kürzerer Zugehörigkeit erst in höherem Lebensalter. Für die A. der Parlamente der Länder gibt es entsprechende Regelungen.

Österreich: Die A. zum Nationalrat sind ebenfalls an keinen Auftrag gebunden und genießen Immunität sowie Indemnität (sog. außerberufl. Immunität); um die Unabhängigkeit des A. sicherzustellen, stehen ihm Bezüge und Pensionsleistungen zu. Wählbar ist jeder Staatsbürger, der vor dem 1. Jan. des Jahres der Wahl das 25. Lebensjahr vollendet hat. *Schweiz:* Jeder weltl. Bürger (d. h. Nicht-Geistliche) ist nach Vollendung des 20. Lebensjahres in den Nationalrat wählbar. Die A. dürfen nie wegen Abstimmungen oder Äußerungen im Parlament oder dessen Ausschüssen zivilrechtl., strafrechtl. oder disziplinar. verfolgt werden. Sie erhalten von der Bundeskasse weder Gehalt noch Pension, sondern nur Tagegelder und Reisevergütungen. Sie sind an keine Instruktionen ihrer Wähler gebunden. Ähnliches gilt für die A. der kantonalen Parlamente sowie des Ständerats (der Vertretung der Kantone auf Bundesebene). In einigen Kantonen besteht ein Abberufungsrecht.

📖 *Rausch, H. V.: Der A. Idee u. Wirklichkeit.* Mchn. 1965.

abgepaßte Gewebe, textile Gewebe, die schon im Webstuhl je nach Verwendungszweck in erforderl. Länge und Breite abgewoben werden, z. B. Hand- und Taschentücher.

Abgesang ↑Kanzonenstrophe.

abgeschlossene Menge, Menge, die alle ihre Häufungspunkte enthält; Teilmenge eines topolog. Raumes, deren Komplement eine offene Menge ist. Abgeschlossene Teilmengen der reellen Zahlengeraden sind z. B. die Intervalle $[a, b]$, $[a, +\infty)$, $(-\infty, b]$.

abgeschlossene Schale, eine Elektronenschale der ↑Atomhülle oder ein Nukleonenschale (Protonen- oder Neutronenschale) des Atomkerns, deren sämtl. [Energie]zustände (entsprechend dem Pauli-Prinzip) mit je einem Teilchen (Elektron bzw. Proton oder Neutron) besetzt sind. Eine abgeschlossene Elektronenschale entspricht einer Edelgaskonfiguration, eine abgeschlossene Nukleonenschale des Atomkerns entspricht einem Kern mit mag. Neutronen- bzw. Protonenzahl (↑magische Zahlen).

abgestorbener Finger (Digitus mortuus), Blutleere eines einzelnen oder mehrerer Finger, meist infolge von Kältereiz.

Abgleich, in der Elektronik Einstellen auf einen vorgeschriebenen Wert (Frequenz, Ausschlag usw.) mittels veränderl. Spulen, Kondensatoren und Widerständen.

Abgleiten, die an der geneigten Trennfläche zweier Luftmassen unterschiedl. Temperatur erfolgende Abwärtsbewegung der oberen Luftschicht.

Abgottschlange, svw. ↑Königsschlange.

Abgraten, Entfernen der bei spanender Bearbeitung, beim Gießen und Gesenkschmieden an den Werkstücken entstandenen Kanten und Grate.

abgreifen, einen Meßwert oder einen Zu-

stand feststellen und zur Weiterverarbeitung (als Signal) zur Verfügung stellen.

◆ mit dem Zirkel eine Strecke, Entfernung (z. B. aus Karten) entnehmen.

Abgrenzung, in der Bilanz die Berücksichtigung zeitl. und sachl. Unterschiede zw. den Kategorien Ausgaben/Aufwendungen/Kosten sowie Einnahmen/Erträge/Leistungen.

◆ Bez. für die von der Regierung der DDR und von der SED verfolgte Politik, durch verschiedene Maßnahmen die Eigenstaatlichkeit der DDR gegenüber der BR Deutschland nachdrücklich herauszustellen.

Abguß, Abformung nach der Natur (z. B. Totenmaske) oder Abformung eines plast. Bildwerkes (Rundplastik oder Relief) in einem gießbaren, später erhärtenden Material. Dieser A. kann Nachbildung eines Originalwerkes sein (z. B. Gips-A. zu Studienzwecken) oder Vorstufe für einen späteren Metallguß (der ebenfalls als Original gelten kann, z. B. Bronzeplastik). Zur Herstellung eines A. benötigt man eine Negativform. Sie kann entweder eine „verlorene" Form sein, d. h., die aus Gips verfertigte Form wird nach dem Guß zerschlagen, um den A. (in diesem Fall nur einen) gewinnen zu können, oder man verwendet Leimformen (die innere Form ist Leim, mit Gips umhüllt), auch Gelatineformen, die mehrere A. zulassen.

abhandengekommene Sachen, Sachen, an denen der unmittelbare Besitzer oder Mitbesitzer ohne seinen Willen oder ohne sein Zutun den Besitz verloren hat, z. B. durch Diebstahl, Zwang oder Unachtsamkeit. Rechtl. von Bedeutung ist die Frage, ob eine Sache abhanden gekommen ist, v. a. bei dem gutgläubigen Erwerb von Rechten (namentl. den Eigentumserwerb).

abhängen, Schlacht- oder Wildfleisch bei kühler Temperatur lagern, damit es mürbe und zart wird. Beim Abhängen bewirken Milchsäurebakterien eine biochem. Reaktion, in deren Folge sich die Fleischfasern und der Eiweißaufbau im Bindegewebe lockern.

Abhängige (Schutzbefohlene), in verschiedenen Normen des *Strafrechts* näher bestimmte, unterschiedl. Gruppen von Menschen, die infolge eines bes. Unterordnungsverhältnisses zu anderen auf die Redlichkeit des Übergeordneten in solchem Maße angewiesen sind, daß sie gegen einen Mißbrauch ihrer Lage eines verstärkten strafrechtl. Schutzes bedürfen. Bes. geschützt sind A. auf dem Gebiet des Sexualstrafrechts (§ 174 StGB).

◆ in der *Berufsstatistik* Bez. für Beamte, Angestellte und Arbeiter.

abhängige Gebiete (engl. non-self-governing territories), Gebiete ohne volle Selbstregierung, die zwar der Gebietshoheit eines Mitglieds der UN unterstehen, nicht aber zu dessen Mutterland gehören.

abhängiges Unternehmen, rechtl. selbständiges Unternehmen, auf das ein anderes (herrschendes) Unternehmen unmittelbar oder mittelbar einen beherrschenden Einfluß ausüben kann.

Abhängigkeit, in der Medizin neuere Bez. für Sucht und Gewöhnung an Arzneimittel, Alkohol, Rauschgifte u. a.

Abhärtung, Gewöhnung des Organismus an Belastungen, Anstrengungen und Entbehrungen durch Steigerung seiner Anpassungsfähigkeit an Einwirkungen, die sich aus der Umwelt (Kälte, Hitze, Nässe, körperl. Arbeit, Nahrungsmangel, Infektionen) wie auch aus seiner Eigenentwicklung herleiten, oder durch Behebung konstitutioneller oder erworbener Schwächen einzelner Organe oder Organsysteme. Maßnahmen der A. sind: häufige Bewegung im Freien, zweckmäßige Kleidung, Gymnastik, Schwimmen, Luftbäder, Abwaschungen mit kaltem Wasser.

Abhebefestigkeit, Maß für Festigkeit eines aus Schichten zusammengesetzten Werkstoffes bei Zugbeanspruchung senkrecht zur Schichtung.

Abhebegeschwindigkeit, die von Flugzeugtyp, Startgewicht, Luftdruck, Windverhältnissen usw. abhängige Geschwindigkeit, bei der ein Flugzeug vom Boden (Startbahn) abhebt.

Abhebmasse, Gesamtmasse eines Flugkörpers im Moment des Abhebens.

abheuern, Dienstvertrag beenden (bei Seeleuten).

Abhidhamma-Pitaka [mittelind. „Korb der Lehrbegriffe"], 3. Hauptteil („Korb") des buddhist. Pali-Kanons.

Abhitze, svw. ↑Abwärme.

Abhitzekessel, Dampferzeuger, der mit Abwärme z. B. von Schmelzöfen beheizt wird.

Abhitzeverwertung, Ausnutzung der in ↑Abgasen höherer Temperatur (500 bis 1 800 °C) noch enthaltenen Wärmeenergie.

Abholzigkeit (Abformigkeit), Abnahme des Durchmessers von Baumstämmen; gewöhnl. 1 cm/m.

Abhorchen (Auskultieren) ↑Auskultation.

Abhörgeräte, elektroakust. und elektron. Geräte, meist in Miniaturausführung, zum heiml. Mithören und/oder Aufzeichnen von Gesprächen. Häufig verwendete Geräte und Verfahren: Richtmikrofone (Reichweite um 100 m); umgebaute Telefonapparate (Sprechmuschel wird beim Auflegen des Hörers nicht abgeschaltet), Anzapfen von Telefonleitungen, Zweitlautsprecher (in der Funktion eines Mikrofons), Miniatursender (**Wanzen, Minispione;** Reichweite mehrere km, Betriebsdauer über 1 000 Stunden mit Batterien), Laserabhörgerät (ein auf ein Fenster gerichteter unsichtbarer Laserstrahl wird reflektiert und von den vom Sprachschall angeregten Schwingungen der Scheibe

moduliert). - Das Benutzen von A. ist strafbar nach § 201 StGB; auch nach dem Fernmeldeanlagen G besteht ein Benutzungsverbot (↑ auch Abhörgesetz).

Abhörgesetz, BG zur Beschränkung des Brief-, Post- und Fernmeldegeheimnisses (Gesetz zu Art. 10 GG [G 10]) vom 13. 8. 1968, erlassen im Rahmen der Notstandsgesetzgebung. Das A. gestattet den Verfassungsschutzämtern des Bundes und der Länder sowie den bundesdt. Nachrichtendiensten unter Zuhilfenahme der Bundespost neben der Einsichtnahme in Postsendungen und dem Mitlesen des Fernschreibverkehrs das Abhören und Aufzeichnen des Fernmeldeverkehrs, jedoch nur, soweit es zur Abwehr von Angriffen gegen die verfassungsmäßige Ordnung und die Sicherheit des Staates (auch der NATO-Stationierungsstreitkräfte) erforderl. ist, und erst dann, wenn die zuständigen obersten Landesbehörden oder der Bundesminister des Innern dies auf ihren Antrag hin *schriftl. im einzelnen Fall* angeordnet haben. Kontrolle üben Hilfsorgane der Parlamente in Bund und Ländern aus. Das A. räumt auch den Strafverfolgungsbehörden bei zu vermutenden Straftaten gegen die äußere und/oder innere Sicherheit des Staates oder bei Delikten der Schwerstkriminalität ein Abhörrecht eingeräumt. Die Anordnung der Überwachung darf nur durch den Richter, bei Gefahr im Verzug durch die Staatsanwaltschaft erfolgen. Nach der Auslegung, die das Bundesverfassungsgericht dem Art. 10 GG in seiner Entscheidung vom 15. 12. 1970 gegeben hat, ist die durch das A. ausgeschlossene Benachrichtigung des Überwachten verfassungswidrig. Überwachte müssen nachträgl. benachrichtigt werden, wenn eine Gefährdung des Überwachungszwecks oder des Schutzes der BR Deutschland ausgeschlossen werden kann. Weiterhin muß das A. die Zulässigkeit des Eingriffs in das Brief-, Post- und Fernmeldegeheimnis auf den Fall beschränken, daß *konkrete Umstände* den Verdacht eines verfassungsfeindl. Verhaltens rechtfertigen. Verboten ist die Weitergabe der durch die Überwachung erlangten Kenntnisse an andere Behörden für deren Zwecke.

In *Österreich* genießen Post- und Telegrafen-[Fernmelde-]Geheimnis nur den Schutz einfacher Gesetze. Im *schweizer. Recht* sind die Post-, Telefon- und Telegrafenbetriebe (PTT) verpflichtet, das telegraf. und telefon. Geheimnis zu bewahren. Die PTT-Verwaltung muß jedoch auf schriftl. Gesuch der Justiz- und Polizeibehörden dienstl. Aufzeichnungen über den Telefonverkehr oder von Telegrammen ausliefern und Auskünfte über den Telefon- oder Telegrammverkehr bestimmter Personen erteilen, wenn es sich um eine Strafuntersuchung wegen eines Verbrechens, um ein Vergehen gegen den Staat, die Landesverteidigung und die Wehrkraft des Landes oder um die Verhinderung eines Verbrechens handelt.

📖 *Dürig, G./Evers, H.-U.: Zur verfassungsändernden Beschränkung des Post-, Telefon- u. Fernmeldegeheimnisses. Zwei Rechtsgutachten. Bad Homburg v. d. H. u. a. 1969.*

Abhortation [lat.], Abmahnung.

Abida, Gatt. der Schnecken; z. B. die ↑ Puppenschnecke.

Abidjan [frz. abid'ʒã], Hauptstadt der Rep. Elfenbeinküste, an der Lagune Ébrié und auf mehreren Inseln des Golfes von Guinea, durch Brücken mit dem Festland verbunden, 1,9 Mill. E. Verwaltungssitz des Dep. A., kath. Erzbischofssitz; Univ. (seit 1964), mehrere Forschungsinst., frz. Sprachinst., Bibliotheken, Theater, Nationalmuseum (v. a. ethnolog.). Wichtigstes Ind.zentrum und wichtigster Hafen des Landes. Von *A.-Treichville* führt eine 1 145 km lange Bahnlinie nach Obervolta (Obervolta wickelt den größten Teil seines Außenhandels über den Hafen A. ab); Verwaltungssitz des Air Afrique; internat. ⚓ in Port-Bouët. - Gegr. 1903 als Ausgangspunkt der Bahnlinie, seit 1934 Landeshauptstadt. - Zahlr. moderne Bauten, u. a. Palais de l'Assemblée Nationale (1952–54), Palais de Justice (1954), Rathaus (1955), Palais de la Présidence (1961).

Abietate [...i-e...; lat.], Salze und Ester der ↑ Abietinsäure.

Abietinsäure [...i-e...; lat./dt.], $C_{19}H_{29}-$ COOH, eine tricycl. Monocarbonsäure; Hauptbestandteil des Kolophoniums.

Abigail, zwei bibl. Gestalten: 1. die Frau Nabals, nach dessen Tod im Harem Davids aufgenommen, dem sie einen Sohn gebar; 2. Halbschwester oder Schwester Davids.

Abildgaard, Nicolai Abraham [dän. 'abilgɔːˀr], ≈ Kopenhagen 11. Sept. 1743, † bei Frederiksdal 4. Juni 1809, dän. Maler. - Vertreter des Klassizismus; Direktor der Akademie in Kopenhagen. Im Schloß Christiansborg malte er mehrere histor. Szenen (1794 weitgehend verbrannt). Gemälde nach Motiven von Terenz und Apulejus.

Abilene [engl. æ'bəli:n], Stadt im westl. Z-Texas, 230 km wsw. von Dallas, 98 000 E. Univ. (gegr. 1891), College; bed. Handelszentrum; Bekleidungs-, Uhren-, Nahrungsmittelind., Stahlverarbeitung.

Abimelech [hebr. „Vater ist König"], zwei bibl. Gestalten: 1. König in Gerar (1. Mos. 20 und 26); 2. Sohn Gideons (Richter 9; 2. Sam. 11, 21).

abiogene Synthese, Aufbau organ. Substanzen aus anorgan. unter Bedingungen einer Uratmosphäre.

abiotische Faktoren ↑ Ökologie.

ab love principium [lat. „mit Jupiter der Anfang"], „mit Gott fang' an" (Zitat aus Vergils „Eklogen" 3, 60).

abisolieren, den isolierenden Überzug von einem Draht oder Kabel entfernen.

Abitibi River [engl. æbə'tɪbɪ 'rɪvə], Zufluß zur James Bay der Hudsonbai, Kanada, entfließt dem **Abitibi Lake** (70 km lang, bis 30 km breit), mündet bei Moosonee; etwa 550 km lang.

Abitur [zu lat. abire „fortgehen"], in der BR Deutschland heute Abschluß der gymnasialen Oberstufe. Die Punkte des A.zeugnisses (bis zu 900) setzen sich zusammen aus der Beurteilung der Leistungen in der A.prüfung, in den Leistungskursen und in den Grundkursen (je zu einem Drittel). - Das A. als Befähigungsnachweis für ein Hochschulstudium wurde erstmals 1788 in Preußen an den humanist. Gymnasien eingeführt. Zeitweise war die offizielle Bez. „Reifeprüfung".

Abjan, Oasenlandschaft im sw. Südjemen, 50 km nö. von Aden; Anbau v. a. von Baumwolle, Hirse, Weizen, Luzerne, Gemüse.

Abjatasee (Abyatasee), Salzsee im Abessin. Graben, 150 km südl. von Addis Abeba, 1 570 m ü. d. M., 19 km lang, 18 km breit.

Abjunktion [lat.], log. Zusammensetzung zweier Aussagen, gleichwertig mit der Verknüpfung durch „aber nicht".

Abjuratio [lat.] ↑Abschwörung.

Abkaik, Erdölfeld im nö. Saudi-Arabien, mit dem Ort *Bukaik,* an der Bahnlinie nach Ar Rijad.

abkanten, winkliges Biegen von ebenen Blechen. Das A. kann von Hand oder mit speziellen Maschinen (Abkantmaschine, auch Biegebank genannt oder Abkantpresse) erfolgen.

abkapiteln, jemanden schelten, abkanzeln, jemandem einen Verweis erteilen.

abketteln (abketten), eine Maschenreihe mit einem festen, nicht aufziehbaren Rand versehen.

Abkippen, bei einem Flugzeug eine Drehung um die Längsachse mit anschließendem Abfallen über die Flugzeugnase, die durch zu starke Vergrößerung der Anstellwinkel und dadurch bedingtes Abreißen der Strömung verursacht wird.

Abklatsch, zu Korrektur- oder Prüfzwecken hergestellter Abzug.

Abklingbecken, wassergefülltes Becken zur Aufbewahrung radioaktiver Stoffe (z. B. Kernbrennstäbe), bis ihre Aktivität auf einen gewünschten Wert abgeklungen ist.

Abklingen, in der *Physik* die zeitl. Abnahme einer physikal. Größe, insbes. der Ampli-tude einer Schwingung. Das den zeitl. Verlauf eines Abklingvorgangs beschreibende Gesetz (**Abklinggesetz**) hat z. B. für die Amplitude A einer exponentiell abklingenden Schwingung die Form $A = A_0 \cdot e^{-\delta t}$; dabei ist A_0 der Anfangswert der Amplitude, t die Zeit; δ bezeichnet man als **Abklingkonstante** (Dämpfungskonstante), ihren Kehrwert als Abklingzeit.
◆ in der *Psychologie* das kurzfristige Nachwirken einer Sinnesempfindung nach Aufhören der Reizeinwirkung.

Abklingkonstante ↑Abklingen.
◆ svw. ↑Zerfallskonstante (↑auch Radioaktivität).
◆ svw. Relaxationskonstante (↑Relaxation).

Abklingzeit (Abklingdauer, Abfallzeit), Zeit[dauer] T, in der eine dem Betrage nach monoton abnehmende physikal. Größe G von einem Anfangswert G_0 auf eine beliebig festzusetzenden Bruchteil $k G_0$ (mit $k < 1$) abnimmt.

Abkohlung ↑Entkohlung.

Abkommen, insbes. im Völkerrecht Bez. für Vertrag, Konvention.

Abkömmlinge, im Recht sämtl. Verwandte absteigender Linie (Kinder, nichtehel. Kinder, Kindeskinder usw.); von Bedeutung für die Erbfolge und die Unterhaltspflicht.

Abkühlen, in der Lebensmitteltechnik die möglichst rasche Absenkung der Ausgangstemperatur auf eine Temperatur über dem Gefrierpunkt.

Abkühlung, allg. die Temperaturabnahme eines Körpers, der wärmer als seine Umgebung ist und nicht laufend neue Wärmeenergie von inneren Wärmequellen oder durch Einstrahlung zugeführt bekommt; sie erfolgt durch ↑Wärmeaustausch mit der kälteren Umgebung, wobei mit der Zeit ein Ausgleich der bestehenden Temperaturunterschiede stattfindet.
◆ in der *Meteorologie* die u. a. durch Ausstrahlung (v. a. nachts bei klarem Himmel), durch Zustrom kalter Luftmassen oder infolge dynam. Vorgänge in der freien Atmosphäre (Temperaturabnahme eines Luftquantums beim Aufsteigen) bedingte Abnahme der Lufttemperatur.

Abkühlungsgesetz ↑Newtonsches Abkühlungsgesetz.

Abkühlungsgröße, diejenige Wärmemenge, die ein Körper mit einer Temperatur von 37 °C unter dem Einfluß von Umgebungstemperatur, Luftbewegungen, Feuchtigkeit, Strahlung u. a. pro Zeit- und Flächeneinheit abgibt.

Abkühlungskonstante ↑Newtonsches Abkühlungsgesetz.

Abkühlungskurve, die graph. Darstellung des Temperaturverlaufs bei der Abkühlung eines Körpers in Abhängigkeit von der Zeit.

Abkühlungskurve

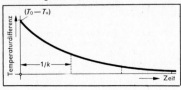

Abkürzungen, aus Gründen der Zeit- oder Raumersparnis verkürzte Sätze, Wörter, seltener Buchstaben. A. von Sätzen (Weglassen von für den Satz nicht wesentl. Teilen) ergeben den sog. Telegrammstil. A. entstehen u. a. durch Weglassung bis auf 1. die Anfangsbuchstaben (u. = und, d. h. = das heißt), 2. Anfangs- und einen oder mehrere Folgebuchstaben (Tel. = Telefon), 3. Anfangs- und Mittelbuchstaben (Jh. = Jahrhundert), 4. Anfangs-, Mittel- und Endbuchstaben (Slg. = Sammlung), 5. Anfangs- und Endbuchstaben (Nr. = Nummer). A. können Einzelwörter (Dr. = Doktor) betreffen. Die A. oder Kurzwörter sind meist fachsprachl., das Dt. kennt heute etwa 50–60 000 A. Festgelegte Abkürzungszeichen für Silben, ganze Wörter oder Wortgruppen (& = und) sind die Siglen (↑ Sigel). Kurzschriften mit A. wurden bereits im Griech. und Lat. verwendet. Im Lat. wurden A. bes. bei Namen (P. = Publius) und [jurist.] Formeln (S. P. Q. R. = Senatus Populusque Romanus) verwendet. In den Handschriften des MA sind zahlr. A. enthalten, ebenso in den gedruckten Texten des 16. Jh.; A.verzeichnisse sind seit der Antike bekannt.

◆ in der *Musik* ↑ Abbreviaturen.

ABI., Abk. für: Amtsblatt.

Ablader, nach §§ 642 ff. HGB derjenige im Seefrachtgeschäft, der die Handelsware an Bord des Schiffes bringt, i. d. R. der Seehafenspediteur. Der A. handelt im Auftrag und für Rechnung des Befrachters.

Ablage, svw. Registratur; auch die in einer Registratur gesammelten Akten und Schriftstücke selbst.

◆ waffentechn. der Abstand des wirklichen Treffpunkts vom beabsichtigten Treffpunkt.

Ablagerung, svw. ↑ Sedimentation.

ablaichen, Eier ins Wasser ablegen (v. a. bei Fischen).

Ablaktation [lat.], svw. ↑ Abstillen.

Ablängen, Schneiden von Rund- oder Schnittholz auf bestimmte Längen, z. B. mit einer **Ablängsäge.**

Ablaß (lat. Indulgentia), in der kath. Kirche kann jedes Kirchenmitglied durch Erfüllung bestimmter Leistungen (z. B. durch gute Werke oder vorgeschriebene Gebete) erreichen, daß ihm die Kirche sog. „zeitl. Sündenstrafen" erläßt. Dies sind Strafen, die von der Kirche oder von Gott verhängt werden und die entweder auf Erden abgebüßt, oder, wenn dies nicht geschieht, im Fegefeuer gesühnt werden. Denn nach kath. Auffassung haben Jesus und die Heiligen „überschüssige" Verdienste erworben, die die Kirche in einem Schatz (lat. „Thesaurus ecclesiae") verwaltet, so daß Sündern mit diesem Schatz ein Teil ihrer Strafe erlassen werden kann. Die Mißstände, die im späten MA einerseits die Theorie des A. mit ihrer begriffl. Vermengung von Strafe und Sünde, andererseits die von finan-

ziellen Interessen geleitete Praxis der A.prediger (Gewinn von A. gegen Bezahlung) hervorriefen, führten zum Protest Luthers und zur Reform des A.wesens auf dem Konzil von Trient. Heute spielt der A. in der kath. Kirche eine untergeordnete Rolle.

Ablation [zu lat. ablatio „Wegnahme"], das Abschmelzen und Verdunsten von Eis und Schnee durch Einwirkung von Sonnenstrahlung, Regen, Wind, warmer oder trockener Luft.

◆ Materialabtragung durch starke Wärmezufuhr. Die einer hohen Wärmebeanspruchung ausgesetzte Oberfläche (Hitzeschild bei Raumflugkörpern) besteht aus A.werkstoffen, die insbes. beim Verdampfen viel Wärmeenergie verbrauchen und die Oberfläche dadurch abkühlen (A.kühlung).

◆ (Solution) in der *Medizin* [krankhafte] Loslösung eines Organs oder Organteils vom anderen (z. B. Ablösung der Netzhaut).

Ablativ [lat.], Kasus, der einen Ausgangspunkt, eine Entfernung oder Trennung angibt.

Ablativus absolutus [lat.], in der lat. Sprache eine selbständig im Satz stehende grammat. Konstruktion (Subjekt im Ablativ und darauffolgendes Partizip), die im Deutschen als Nebensatz wiedergegeben wird.

Ablauf (Sumpfprodukt), bei Destillationen am unteren Ende (Sumpf) der Kolonne dampfförmig oder flüssig abgezogenes Produkt; seine Temperatur wird im *A.kühler* erniedrigt.

Ablaufberg (Eselsrücken), auf Verschiebebahnhöfen eingleisige Gefällstrecke mit zahlr. Gleisverzweigungen zum Zusammenstellen von Güterzügen im **Ablaufbetrieb** (Steuerung durch Abdrücksignal).

Ablaufdiagramm, graph. Darstellung von Arbeitsabläufen an einzelnen Arbeitsplätzen oder in Abteilungen. - Abb. S. 38.

Ablaufschlitten, der hölzerne Unterbau, auf dem das Schiff beim Stapellauf ins Wasser gleitet.

Ablaufstreifen, helle Streifen im Druckbild beim Tiefdruck.

Ablaugung, Auswaschen von Substanzen aus Gesteinen und Böden; die A. durch Grundwasser bei Salzgesteinen bildet den sog. Salzspiegel.

Ablaut, von J. Grimm geprägter Terminus für die gesetzmäßige Lautveränderung (Vokalwechsel) in der Stammsilbe etymolog. verwandter Wörter, z. B. werfen, warf, geworfen, Wurf. Es gibt heute im Dt. 4 A.reihen, wobei nur dem Stammvokal des Präteritums unterscheidende Bedeutung zukommt: 1. auf -a-: geben, nehmen usw.; 2. auf -o-: heben, lügen usw.; 3. auf -i-: gehen, reiten usw.; 4. auf -u-: fahren, schlagen usw.

Abläutern, bei der Bierherstellung das Trennen der Würze von den Trebern mit Hilfe eines Läuterbottichs oder Maischefilters.

ablegen, dem [Jagd]hund eine Stelle zuweisen, die er nur auf Abruf verlassen darf.

Ableger, kräftiger, einjähriger Trieb von Nutz- und Ziersträuchern, der zum Zweck einer ungeschlechtl. (vegetativen) Vermehrung von der Mutterpflanze aus in ganzer Länge horizontal in eine flache Erdrille gedrückt wird. Wird der Trieb bogenförmig in eine Vertiefung eingesenkt, nennt man ihn **Absenker.** Im Frühjahr werden die aus den A.knospen austreibenden Jungtriebe mit lockerer Erde angehäufelt und im Spätherbst nach erfolgter Bewurzelung voneinander und von der Mutterpflanze abgetrennt.

Ablehnungsrecht, die Befugnis, eine Amtsperson von der Amtsausübung in einem bestimmten Fall auszuschalten. Das A. besteht, wenn eine Gerichtsperson kraft Gesetzes ausgeschlossen ist oder wenn die Besorgnis der Befangenheit gegeben ist. Abgelehnt werden können Richter, ehrenamtl. Richter, Urkundsbeamte, Sachverständige, Schiedsrichter und Dolmetscher (nicht Vertreter der Staatsanwaltschaft). Das A. wegen Besorgnis der Befangenheit wird durch ein Ablehnungsgesuch geltend gemacht, über das das Gericht ohne den abgelehnten Richter entscheidet.

Ableiter (Überspannungsableiter), Vorrichtung (z. B. an Antennen, Fernsprech- und Freileitungen, die für das Ableiten elektr. Ladung sorgt, sobald diese einen Höchstwert überschreitet.

Ableitkondensator, ein Kondensator, der bei hochfrequenten Wechselströmen als Kurzschluß wirkt.

Ableitstrom ↑ Ableitungsstrom.

Ableitung, in der *Elektrotechnik* der Wirkleitwert G (= reziproker Widerstand) eines Isolators, z. B. des Dielektrikums zw. den Belägen eines Kondensators. Bei elektr. Doppelleitung wird die A. zw. den beiden Leitern (z. B. den zwei Adern einer Fernsprechleitung oder Innen- und Außenleiter eines Koaxialkabels) auf die Längeneinheit bezogen (**Ableitungsbelag**) und in S/km (Siemens/Kilometer) als **kilometr. Ableitungsbelag** angegeben.

◆ ↑ Blitzschutz.

◆ bei der *Elektrokardiographie* Bez. für die Abnahme[stellen] der Herzaktionsströme.

◆ svw. Differentialquotient (↑ Differentialrechnung).

◆ (Derivation) in der *Grammatik* die Bildung eines Stammes oder eines Wortes durch Lautänderung (↑ Ablaut) oder durch das Anfügen von Affixen; z. B. Bund von binden, kräftig von Kraft, fröhlich von froh.

Ableitungsstrom (Ableitstrom), der z. B. bei einer Doppelleitung durch die Isolation zum Nachbarleiter oder zur Erde fließende [Kriech]strom; er soll in Verbraucheranlagen normalerweise 1 mA nicht überschreiten.

Ableitungswiderstand (Ableitwiderstand), ohmscher Widerstand, der zw. Erde bzw. den Nullpunkt einer elektr. Schaltung und einen spannungsführenden Leiter geschaltet wird, um die auf diesem befindl. Ladungen gegen Erde abzuleiten.

Ablenkfehler, korpuskular- bzw. elektronenopt. Abbildungsfehler, die bei der Ab-

Ablaufdiagramm. Buchung von Wareneingangsrechnungen

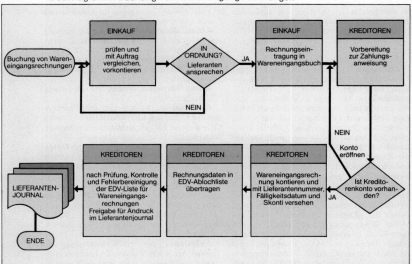

lenkung eines fokussierten Bündels geladener Teilchen (z. B. Elektronen in Kathodenstrahlröhren, Fernsehröhren u. a.) durch elektr. oder magnet. Felder auftreten; bestehen im wesentlichen darin, daß der anfängl. gut fokussierte Bildfleck nach der Ablenkung verwaschen ist.

Ablenkprisma (brechender Keil, brechendes Prisma), von zwei nichtparallelen ebenen Flächen *(brechende Flächen)* begrenzter durchsichtiger (Glas-)Körper zur Ablenkung eines Lichtstrahls durch Brechung. Die brechenden Flächen schneiden

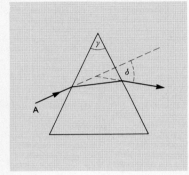

Ablenkprisma

sich unter dem *brechenden Winkel* γ; ihre Schnittlinie heißt *brechende Kante;* senkrecht zu ihr liegt der Hauptschnitt des A. Als Ablenkwinkel δ bezeichnet man den Winkel zw. ein- und austretendem Lichtstrahl. A. werden zu Justierungs- und Meßzwecken verwendet.

Ablenkung, in der *Physik* und *Technik* die Richtungsänderung der (geradlinigen) Bewegung eines Körpers bzw. eines Teilchens bzw. Teilchenstrahls in einem Kraftfeld; eine A. tritt nur auf, wenn in jedem Punkt der Bahn oder zumindest auf einem Teilstück die einwirkende Kraft eine Komponente senkrecht zur momentanen Bewegungsrichtung (bzw. zur Strahlrichtung) besitzt. Insbes. erfahren elektr. geladene Teilchen durch elektr. und magnet. Felder eine A. (**Teilchenablenkung**), wenn die Feldlinien quer zur urspr. Bewegungsrichtung verlaufen. Durchlaufen die Teilchen z. B. mit einheitl. Geschwindigkeit v ein senkrecht zur anfängl. Bewegungsrichtung verlaufendes homogenes elektr. Feld zw. zwei aufgeladenen Ablenkplatten, so beschreiben sie im Feld eine Parabelbahn (wie ein waagerecht geworfener Stein im Schwerefeld der Erde). Die elektr. A. ist um so stärker, je langsamer die Teilchen sind und je größer ihre spezif. Ladung e/m ist. In einem ausgedehnten homogenen, senkrecht zur anfängl. Bewegungsrichtung elektr.

geladener Teilchen verlaufenden Magnetfeld erfolgt die A. so, daß die Teilchenbahnen senkrecht zur magnet. orientierte Kreise sind. Die A. geladener Teilchen wird z. B. in Kathodenstrahlröhren (bes. in Fernsehröhren) oder in Elektronenmikroskopen durch die Felder der Ablenkplatten und Ablenkspulen bzw. durch die Elektronenlinsen bewirkt. In den Teilchenbeschleunigern (z. B. Zyklotron, Synchrotron) werden Atomkerne durch Magnetfelder auf ihre Bahnen gezwungen.

◆ Änderung der Ausbreitungsrichtung bei der ↑ Brechung und der ↑ Reflexion sowie bei der ↑ Beugung von Licht.

◆ die Änderung der Einstellrichtung einer Magnetnadel [im erdmagnet. Feld] durch ein äußeres Magnetfeld.

◆ Bewegung eines stromführenden elektr. Leiters im Magnetfeld.

ableuchten, in einem Bergwerk Luft (Grubenwetter) auf Methangehalt prüfen.

Ablösearbeit (Abtrenn[ungs]arbeit), die Energie, die zur Ablösung eines Elektrons aus seinem Bindungszustand im Kristallgitter erforderl. ist; wird das Elektron dabei vollständig aus dem Gitterverband herausgelöst, so daß es durch die Oberfläche des Festkörper verläßt, so spricht man von der **Austrittsarbeit.** Bei Gasatomen oder -molekülen bezeichnet man die A. meist als **Ionisierungsarbeit.**

Ablösepunkt, Punkt auf der Profilkontur eines umströmten Körpers, in dem sich die laminare oder turbulente Grenzschicht von der Körperoberfläche ablöst (↑ Grenzschichtablösung).

Ablösespiel, beim Vereinswechsel eines Spielers zw. altem und neuem Verein vereinbartes Spiel, dessen Einnahmen dem alten Verein zufließen.

Ablösesumme, Geldsumme, die dem Verein, den ein Berufssportler verläßt, von dem neuen Verein, zu dem er überwechselt, gezahlt wird.

Ablösung, im *Recht* 1. svw. ↑ Abfindung; 2. Bez. für die im Zuge der Bauernbefreiung im 18./19. Jh. durchgeführte gesetzl. Beseitigung der mit dem bäuerl. Grund und Boden verbundenen ↑ Reallasten.

◆ in der *Psychologie* Lockerung bzw. Aufhebung einer seel. Bindung oder Abhängigkeit zw. Menschen, bes. des Jugendlichen von den Eltern in den Pubertätsjahren.

◆ im *Militärwesen* Wechsel eines Wachpostens, einer Wache oder eines in vorderer Linie eingesetzten Verbandes durch unverbrauchte Kräfte.

◆ in der *Strömungslehre* svw. ↑ Grenzschichtablösung.

Abluft, in der Klimatechnik Bez. für Luft, die aus einem Raum abgeführt wird.

ABM [engl. 'εɪbiː'εm], Abk. für engl.: Anti Ballistic Missile (Antirakete); Aufgabe des

ABM-Systems ist die eindeutige Ortung (erschwert durch gegner. Störmaßnahmen, Köderkörper u. a.) sowie die Zerstörung des Gefechtskopfes von Interkontinentalraketen (ICBM) durch fliegende ABM-Komponenten. Dazu gehören: 1. Jagdraketen (ohne Nukleargefechtsköpfe) für den (sehr schwierigen) Direktabschuß der ICBM-Gefechtsköpfe auf Kollisionskurs; 2. mit nuklearen Gefechtsköpfen ausgerüstete eigtl. ABM, deren Neutronenausstoß bei der Explosion das spaltbare Material des angreifenden Gefechtskopfes zum Schmelzen bringt, so daß eine Kernexplosion nicht mehr möglich ist; 3. ABM zur nuklearen Auslösung eines Röntgenstrahlschocks außerhalb der Atmosphäre, der zur Ablösung des Hitzeschildes am ICBM-Eintrittskörper und damit zum [unschädlichen] Verglühen beim Wiedereintritt in die Atmosphäre führt; 4. ABM zur Erzeugung einer Stoßwelle (von mehreren $100\,g$) in der Atmosphäre zur mechan. Zerstörung des ICBM-Gefechtskopfes.

In dem 1972 unterzeichneten **ABM-Vertrag** zw. den USA und der Sowjetunion gestanden sich beide Seiten (im Ergänzungsprotokoll von 1974) je ein Stationierungsgebiet für ein ABM-System mit 100 Raketenabschußeinrichtungen zu. An die Stelle des (1976 weitgehend außer Dienst gestellten) amerikan. ABM-Systems soll in den USA ein unter der Bez. SDI (Abk. für engl.: Strategic Defence Initiative = Strateg. Verteidigungsinitiative) geplantes luft- und weltraumgestütztes Raketenabwehrsystem treten, das theoretisch einen nahezu lückenlosen Schutz vor Interkontinentalraketen bieten soll.

Abmagerung, Abnahme des Körpergewichts durch mangelnde Nahrungsaufnahme oder vermehrte Verbrennung von Nahrungsstoffen; zuerst schwindet das Unterhautfettgewebe, bei hochgradiger A., bes. bei Eiweißmangelernährung, dann auch das Muskelgewebe; **krankhafte Abmagerung** tritt auf bei ungenügender Nahrungsausnutzung auf Grund von Magen-, Darm-, Leber- und Bauchspeicheldrüsenerkrankungen, oft bei Schilddrüsenüberfunktion, bösartigen Geschwülsten u. a., auch bei psych. Störungen, z. B. Pubertätsmagersucht.

Abmahnung, Aufforderung zu einem bestimmten, rechtl. gebotenen Verhalten.

Abmaß, Abweichung vom Sollmaß.

Abmeierung (Abtrieb, Absetzung, Abstiftung, Entsetzung, Expulsion), Entziehung des Nutzungsrechts an einem Bauerngut wegen Mißwirtschaft. Insbes. in Niedersachsen war die Leihe zu † Meierrecht eine verbreitete Form der Verleihung eines Bauernhofes. Der Meier (villicus) hatte ein dingl. und erbl. Nutzungsrecht an dem Bauerngut. Trieb er Mißwirtschaft, so wurde er durch den Grundherrn „abgemeiert".

abmustern, eingefärbte Textilien auf Farbgleichheit mit dem Muster überprüfen.

◆ im *Recht* Beendigung des Heuerverhältnisses vor einem Seemannsamt.

Abnabelung † Geburt.

Abnäher, keilförmig verlaufende Naht oder eingenähte Falte, durch die Kleidungsstücke ihre Paßform erhalten.

Abnahme, im *Kaufvertragsrecht* die Handlung des Käufers, durch die er die gekaufte Sache körperl. übernimmt (§ 433 Abs. 2 BGB), während der Verkäufer den unmittelbaren Besitz verliert und bezügl. des Kaufgegenstandes von der Obhutspflicht sowie der Gefahr befreit wird.

◆ im *Werkvertragsrecht* die Handlung des Bestellers, durch die das Werk nicht nur wie beim Kauf körperl. hingenommen, sondern gleichzeitig als vertragsgemäß hergestellt anerkannt wird. Für den Besteller ist die Pflicht zur A. (§ 640 BGB) Hauptpflicht.

◆ im *Verwaltungsrecht* die Begutachtung bzw. offizielle Überprüfung durch eine Behörde, ob die gesetzl. Bestimmungen eingehalten wurden (z. B. bei Bauten).

Abnaki [engl. æb'nɑ:kɪ], Algonkinstamm, urspr. v. a. in Maine und Vermont, USA; Akkerbau treibende Jäger und Fischer. Unter Einfluß der Irokesen bildeten die A. eine Konföderation von mehreren Stämmen, kämpften als Verbündete der Franzosen gegen die Engländer; heute nur noch kleine Restgruppen in Kanada.

Abneigung † Antipathie.

Abner, bibl. Gestalt (1. Sam. 14, 50 f.).

abnorm [lat.], von der Norm abweichend, regelwidrig; krankhaft.

Abnutzung, der durch Nutzung verursachte wirtschaftl. Wertverzehr von Gütern; eine der Abschreibungsursachen, die die Nutzungsdauer eines Anlagegutes bestimmen.

◆ durch Gebrauch oder Alterung bedingte Verschleißerscheinung (Korrosion, Form- und Oberflächenveränderungen).

Åbo [schwed. 'o:bu:] † Turku.

Abodriten † Obotriten.

Abolition [zu lat. abolitio „das Abschaffen"], im Recht Niederschlagung anhängiger Strafverfahren vor dem Urteil. Man unterscheidet generelle A. (Amnestie, Generalpardon) für eine ganze Klasse von Tätern einer bestimmten Art, und spezielle A., die einem einzelnen Täter für einen bestimmten Fall erteilt wird. In der BR Deutschland ist nur die durch Gesetz erfolgende generelle A. zulässig.

Abolitionismus [lat.], Bewegung zur Abschaffung der † Sklaverei in Großbrit. und in den USA; die Anhänger des A. heißen **Abolitionisten.**

A-Bombe, Kurzbez. für: Atombombe († ABC-Waffen).

Abomey [frz. abɔ'mɛ] (Agbomè), Stadt im südl. Benin, 50 000 E. Verwaltungssitz des Dep. Zou; kath. Bischofssitz; histor. Mu-

seum; Weberei, Töpferei, Gelbguß, Schmiedearbeiten. - 1658 als Hauptstadt des Kgr. A. (später Kgr. Dahome) gegr.

Abondio, Antonio, *Riva (?) 1538, † Wien 22. Mai 1591, italien. Medailleur und Wachsbossierer. - Seit 1566 in kaiserl. Diensten in Wien und Prag. Hauptvertreter des frühbarocken Medaillenkunst in Österreich. Neben Bildnismedaillen auch Medaillen mit religiösen u. mytholog. Darstellungen sowie Wachsmedaillons. Sein Sohn **Alessandro Abondio** (* um 1570, † 1648) wirkte in München (Bildnismedaillen).

Abonnement [abɔnə'mãː; frz.], durch Vorauszahlung gesicherter, meist verbilligter Dauerbezug von Zeitungen, Zeitschriften, Büchern u. a.; auch Bez. für die Dauermiete bei Theater, Konzert u. ä.; **Abonnent,** Inhaber eines Abonnements.

Aborigines [engl. æbə'rɪdʒɪniːz], die urspr. und ältesten Bewohner eines Landes, speziell die Ureinwohner Australiens.

Abort [eigtl. „abgelegener Ort"] (Abtritt, Klosett, Toilette), Raum mit Einrichtungen zum Aufnehmen und Abführen menschl. Ausscheidungen (Fäkalien). Als Trocken-A. über Gruben angelegt (im Freien: Latrine) oder als mit absorbierenden Chemikalien versehener Behälter. Der moderne A. ist meist als **Spülklosett** (engl. watercloset, Abk. WC) gebaut, wobei Spülkästen und Druckspülungen verwendet werden. M-Europa kennt v. a. den A. mit Sitzen, doch sind auch, wie in weiten Teilen der Erde, Hock-A. (mit Fußplatten) verbreitet. Der A. ist schon aus Babylon (um 2000 v. Chr.) bekannt, das röm. Haus hatte im allg. eine A.anlage. Im MA gab es Anlagen in Klöstern mit bis zu 18 Sitzen und auf Burgen (Dansker); erst gegen Ende des 19. Jh. fanden Spül-A. in den europ. Großstädten größere Verbreitung.

Abort (Abortus) [lat.], svw. ↑ Fehlgeburt.

abortiv [lat.], abgekürzt, leicht verlaufend, nicht zur vollen Entwicklung kommend (z. B. von Krankheiten).

Abortiva [lat.], Mittel, die v. a. in den ersten Monaten der Schwangerschaft zur Abtreibung der Leibesfrucht eingenommen oder in die Gebärmutter eingebracht werden.

◆ Medikamente, die den Krankheitsverlauf abkürzen.

Abortivkur, Heilverfahren, das auf Abkürzung des Krankheitsverlaufs gerichtet ist.

Abortus-Bang-Ringprobe, Abk.ABR, neben der serolog. Blutuntersuchung die üblichste Nachweismethode von *Abortus-Bang-Bakterien* (↑ Bang-Krankheit) in der Milch: Die Rohmilchprobe wird mit einer blauvioletten Testflüssigkeit (farbstoffmarkiertes Antigen) versetzt; bei positivem Befund verschwindet die Blaufärbung fast völlig, an der Milchoberfläche bildet sich ein dunkelblauvioletter Ring.

Abotriten ↑ Obotriten.

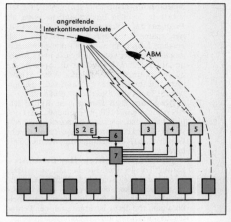

ABM-Funktionsschema. 1 Langstrecken-Überwachungsradar, 2 Zielerfassungsradar (S Sender, E Empfänger), 3 Gefechtskopf-Köder-Unterscheidungsradar, 4 Zielverfolgungsradar, 5 ABM-Kontroll- und Lenkradar, 6 Auswertung mit Datenverarbeitungsanlage, 7 Kommandozentrale; ABM-Abschußsilos (blau)

ab ovo [lat. „vom Ei an"], von Anfang an.

Abplattung, Abweichung von der Kugelform (Ausbauchung am Äquator) bei Himmelskörpern infolge von Rotationskräften.

Abpreßverfahren (Torkretierverfahren) ↑ Grubenausbau.

Abraham [urspr. nordsemit. Name Abram; volksetymolog. gedeutet als „Vater einer Menge"], bibl. Gestalt (1. Mos. 12–25). Stammvater semit. Völker, bes. der Israeliten; einer der ↑ Erzväter.

Abraham, Max, * Danzig 26. März 1875, † München 16. Nov. 1922, theoret. Physiker. - Schüler und Assistent M. Plancks. Prof. in Mailand, München und Stuttgart. Arbeiten über Elektrodynamik und die Dynamik des Elektrons. Seine zweibändige „Theorie der Elektrizität" (1904/05) ist das Standardlehrbuch der Maxwellschen Theorie in dt. Sprache.

A., Paul, * Apatin 2. Nov. 1892, † Hamburg 6. Mai 1960, ungar. Komponist. - Komponist v. a. erfolgreiche Operetten („Die Blume von Hawaii", 1931).

Abraham a Sancta Clara (Abraham a Santa Clara), eigtl. Johann Ulrich Megerle, * Kreenheinstetten bei Meßkirch 2. (1. ?) Juli 1644, † Wien 1. Dez. 1709, Prediger und Schriftsteller. - 1662 Augustiner-Barfüßer in

Mariabrunn (heute zu Wien); 1668 Priester, wirkte in Taxa in Bayern und in Wien als Prediger; 1677 Hofprediger und Kanzelredner, später Prior des Konvents und, nach einigen Jahren in Graz, Ordensprovinzial. A. a S. C. war der volkstümlichste und sprachgewaltigste christl. Prediger dt. Sprache im 17. Jh. Bußpredigten: „Merks Wien" (1680), „Auf, auf ihr Christen" (1683); satir. Hauptwerk: „Judas der Erzschelm" (1686–95).

Abraham Ben David, gen. Rabad III., * Narbonne um 1120, † Posquières um 1199, jüd. Talmudist. - Seine umfangreiche schriftsteller. Tätigkeit hatte v. a. den Talmud zum Gegenstand (Kommentar zum gesamten Talmud).

Abraham Ben Meir Ibn Esra (Aben Esra), * Toledo oder Tudela 1092 oder 1093, † Calahorra 1167, span.-jüd. Dichter, Astrologe, Grammatiker und Exeget. - Sein bedeutendstes Werk sind die umfangreichen Bibelkommentare, deren berühmtester, der Pentateuchkommentar, allen rabbin. Bibeln beigedruckt ist.

Abrahams, Peter [engl. ˈɛɪbrəhæmz], * Vrededorp (= Johannesburg) 19. März 1919, südafrikan. Schriftsteller. - Emigrierte nach Großbrit., lebt heute in Jamaika; schreibt (in engl. Sprache) über die Probleme seiner Heimat: „Schwarzer Mann im weißen Dschungel" (R., 1946), „Reiter der Nacht" (R., 1948), „Wilder Weg" (R., 1951), „... dort wo die weißen Schatten fallen" (autobiograph. R., 1954), „A wreath for Udomo" (R., 1956), „A night of their own" (R., 1965).

Abrahams Schoß, im Gleichnis vom armen Lazarus und vom reichen Prasser (Luk. 16, 19–31) sowie in jüd. Vorstellungen der Ehrenplatz beim eschatolog. Mahl; auch Bild für die Gemeinschaft mit Abraham; bei den Kirchenvätern der Platz der Gerechten im Jenseits. - *In der christl. Kunst* setzte sich v. a. ein Darstellungstyp durch, bei dem Abraham mehrere Seelen in einem Tuch in seinem Schoß hält. Der ikonograph. Typ kommt wohl aus dem Osten. Im Abendland begegnet er zuerst in der frz. Kathedralplastik, daher dann auch am Fürstenportal des Bamberger Doms (1237). In spätma. Handschriften hält bisweilen anstelle von Abraham Gottvater die Seelen im Schoß.

Abrakadabra, Zauberwort unbestimmter Herkunft; möglicherweise mit ↑ Abraxas verwandt; im 3. Jh. zuerst belegt.

Abrasion [lat.], abtragende Tätigkeit der Brandung an der Küste, bildet Kliffs und Verebnungsflächen (sog. Schorre).
◆ in der *Medizin* svw. ↑ Ausschabung.

Abrasit Ⓦ [lat.], Elektrokorund (Al₂O₃) zur Herstellung feuerfester Steine und Schleifmittel.

Abrassimow, Pjotr Andrejewitsch, * Bogutschewi bei Witebsk 16. Mai 1912, sowjet. Diplomat. - 1957–61 Botschafter in War-

schau; seit 1961 Mgl. des ZK der KPdSU; 1962–71 und 1975–83 Botschafter in der DDR, 1971–73 in Frankr., 1985/86 in Japan.

Abrauchen, chem. Aufschlußverfahren, bei dem unlösl. Verbindungen durch Zugabe von konzentrierten Mineralsäuren (Salzsäure, Salpetersäure) und starkes Erhitzen in lösl. Verbindungen überführt werden.

Abraum, nicht verwertbare Boden- und Gesteinsschichten über oberflächennahen Lagerstätten, die im Tagebau abgebaut werden. Der A. wird mit A.baggern (Schaufelradbagger) abgetragen und auf A.kippen verhaldet.

Abraumsalze, alte Bez. bes. für ein Gemisch aus Kalium- und Magnesiumchlorid, das bei der Steinsalzförderung als angebl. wertlos auf Halde gekippt wurde. Heute dienen die Kalisalze als wertvolle Düngemittel.

Abravanel, J[eh]uda León, portugies.-jüd. Philosoph, ↑ Leo Hebräus.

Abraxas (Abrasax), Zauberwort der alexandrin. Gnosis, Bedeutung ungeklärt. Der Zahlenwert der griech. Buchstaben (Alpha = 1, Beta = 2, Rho = 100, Xi = 60, Sigma = 200) ergibt für das Wort A. 365, so daß A. auch als Jahresgott gedacht wurde.

Abraxasgemmen zeigen auf der Vorderseite eine Gestalt mit Hahnenkopf, Schlangenbeinen, in den Händen Schild und Peitsche haltend; auf der Rückseite mag. Zeichen.

abreagieren, der alltägl. psych. Vorgang, aufgestaute Gefühle und Affekte durch Ableiten nach außen ab- oder ausklingen zu lassen. Praktiken der Abreaktion sind u. a. Sichaussprechen, Sichbewegen, Spielen.

Abrechnung, rechner. Ermittlung des Ergebnisses wirtschaftl. Tätigkeiten am Ende einer Periode und die Rechenschaftslegung über das Ergebnis.
◆ (Clearing, Skontration) Ausgleich von Zahlungsforderungen und -verbindlichkeiten, meist innerhalb eines bestimmten Teilnehmerkreises.

Abrechnungsverkehr, alle zur Durchführung des bargeldlosen Ausgleichs von Forderungen und Verbindlichkeiten durchgeführten Maßnahmen. Der A. kann unmittelbar zwischen den Beteiligten erfolgen oder mittelbar über eine Abrechnungsstelle. In der BR Deutschland erfolgt der A. i. d. R. im Rahmen des Bankenapparates über eine Abrechnungsstelle bei einer Landeszentralbank.

Abrégé [abreˈʒeː; lat.-frz.], Zusammenfassung.

Abreibungen, Reiben der Haut; therm. und mechan. Reizung der Haut erzeugt vermehrte Durchblutung und gesteigerten Stoffumsatz; z. a. zur Vorbeugung gegen Wundliegen, auch bei Infektionskrankheiten und Kreislaufschwäche.

Abreicherung, in der Kerntechnik der Vorgang, bei dem der Anteil eines bestimmten Isotops in einem Isotopengemisch herabgesetzt wird, z. B. beim Betrieb eines Kernreak-

tors durch Abbrand des spaltbaren Kernbrennstoffs.

Abreißbogen, beim Öffnen eines Schalters in einem elektr. Stromkreis auftretende unerwünschte Bogenentladung.

Abreißbremse, Anhängerbremse, die beim unbeabsichtigten Lösen (Abreißen) der Anhängerkupplung wirkt.

Abreißzündung, Zündung einer ↑ Bogenentladung, bei der man die beiden Elektroden zunächst zur direkten Berührung miteinander bringt und sie dann unter Stromdurchgang voneinander trennt.

Abri [frz. „Obdach"] (schweizer. Balm), Nische unter einem Felsüberhang, die natürl. Schutz für Rast- oder Wohnstätten bietet; v. a. in der Steinzeit benutzt.

abrichten, in der Druckmaschine die Farbwalzen genau einstellen, so daß gleichmäßige Einfärbung der Druckform und gute Verreibung der Druckfarbe erzielt wird.
◆ svw. dressieren (↑ Dressur).

Abrieb, durch Verschleißvorgänge beim Gebrauch oder Transport an Geweben, Erzen oder Steinen entstandener feinkörniger bis staubförmiger Materialabtrag.

Abrin [griech.], eiweißartiges Toxin aus den Samen der Paternostererbse; bewirkt beim Menschen die Bildung von Antikörpern (Antiabrin).

Abriß, knappe Darstellung, Übersicht, Zusammenfassung, auch als kurzgefaßtes Lehrbuch oder Kompendium.

Abrißbruch, Abreißen eines Knochenstücks durch plötzl. starke Zugwirkung von am Knochen ansetzenden Muskelsehnen oder Bändern; auch als Abnutzungserkrankung (Ermüdungsbruch) bei starker Dauerbelastung. Oft betroffen sind Kniescheibe, Ellenbogenspitze, Schenkelhals und Wirbelquerfortsätze.

Abrißnische, Hohlform an Steilwänden, entsteht durch Herausbrechen von Gestein.

Abritus (Abrittus) ↑ Rasgrad.

Abrogans, etwa 765–70 entstandene dt. Bearbeitung einer lat. Synonymensammlung, ältestes dt. Literaturdenkmal.

Abrogation [lat.], röm.-rechtl. Ausdruck für die vollständige Aufhebung eines Gesetzes.

abrogieren [lat.], veraltet für: abschaffen, zurücknehmen.

abrupt [lat.], abgebrochen, zusammenhanglos, plötzl., jäh.

Abrüstung, teilweise oder vollständige Beseitigung der Rüstungen und Streitkräfte mit dem Ziel, sowohl die jeweilige nat. Sicherheit als auch die Chancen einer internat. vereinbarten Friedensordnung zu vergrößern. I. w. S. werden auch Maßnahmen einer **Rüstungskontrolle** (z. B. Beschränkungen von Rüstungsvorhaben, Absprachen über Standort, techn. Ausführung bestimmter Waffen) als A.maßnahmen bezeichnet, sofern sie Teil einer allg. A.strategie sind, auch wenn mit ihnen selbst keine Verminderung der gegenwärtigen Rüstungen verbunden ist. A. kann sich auf bestimmte Waffensysteme beschränken oder alle Rüstungen umfassen, sie kann allg. oder auf bestimmte Staatengruppen, einzelne Staaten oder Regionen (entmilitarisierte Zonen) beschränkt sein, sie kann auf Grund internat. Verträge zw. gleichberechtigten Partnern oder in gemeinsamen, zeitl. parallelem Vorgehen ohne vertragl. Übereinkunft durchgeführt werden, einseitig erfolgen oder von mächtigen Staaten schwächeren Staaten aufgezwungen werden.

Geschichte: Erste bed. Anstöße zu einer allg. A. gingen von dem A.manifest des russ. Zaren Nikolaus II. (1898) aus, das zur 1. der Haager Friedenskonferenzen (1899) führte. Nach dem 1. Weltkrieg wurden den unterlegenen Mittelmächten in den Pariser Vorortverträgen (1919/20) weitgehende Rüstungsbeschränkungen auferlegt, die zugleich als Einleitung einer – in der Völkerbundssatzung vorgesehenen – allg. A. aller Nationen proklamiert wurden: Friede und Sicherheit sollten durch kollektive Maßnahmen erhalten werden. Doch weder die A.kommission (seit 1925) noch die A.konferenz des Völkerbundes (seit 1932) kamen zu Ergebnissen. Außerhalb des Völkerbundes kam es zum Washingtoner Vertrag (1922), in dem die Großmächte eine Begrenzung ihrer Seerüstungen vereinbarten und zum Dt.-Brit. Flottenabkommen 1935, in dem das Verhältnis der dt. zur brit. Flotte auf 35 zu 100 festgelegt wurde. Beide Verträge wurden vor Beginn des 2. Weltkrieges gekündigt.

Durch die Entwicklung der Nuklearwaffen und der auf Grund ihres Vorhandenseins drohenden Möglichkeit einer Selbstvernichtung der Menschheit wurden nach 1945 A.gespräche und -verhandlungen wesentl. Bestandteil internat. Politik. Die Vereinten Nationen setzten in immer erneuten Anläufen A.kommissionen ein, ohne jedoch dieses Problem bisher gelöst zu haben. Der Interessengegensatz v. a. zw. den USA (Atommonopol) und der UdSSR (Übergewicht an konventionellen Waffen) war zu groß. Erst gegen Ende der 1950er Jahre näherten sich im Zeichen eines „atomaren Patts" und des sog. Gleichgewichts des Schreckens infolge der Existenz interkontinentaler Raketen die Positionen einander an. Neue techn. Möglichkeiten entschärften das Problem der Kontrolle von Atomwaffenversuchen; die gigant. Kosten, die die modernen Waffensysteme erfordern, verstärkten den Druck, zu A.vereinbarungen zu kommen. 1961 einigten sich die USA und die UdSSR im McCloy-Sorin-Abkommen über Prinzipien einer allg. A. und die Errichtung einer A.kommission von 18 Staaten, die wegen der Absage Frankr. als 17-Mächte-A.konferenz seit 1962 in Genf verhandelt; 1969 wurde

sie als „Konferenz des A.ausschusses der UN" auf 25, 1975 auf 30 Teilnehmerstaaten erweitert; sie tagt seit 1979 als „A.ausschuß der UN" mit 40 Teilnehmerstaaten. In Detailfragen wurden Erfolge erzielt: ↑Atomteststoppabkommen (1963), Weltraumvertrag (1967), ↑Atomwaffensperrvertrag (1968), Meeresbodenvertrag (1971), Verbot bakteriolog. und tox. Waffen (1972), Vertrag über unterird. Kernwaffenversuche (1974), Verbot militär. Umweltveränderungstechniken (1977). Seit 1969 wurde jedoch deutl., daß die wichtigsten A.vereinbarungen allein zw. den USA und der UdSSR ausgehandelt werden, so v. a. bei der Begrenzung strateg. Waffen (↑Strategic Arms Limitation Talks; Abk. SALT). Das SALT-II-Abkommen von 1979 wurde allerdings nach dem sowjet. Einmarsch in Afghanistan (1979) von den USA nicht ratifiziert. Nachdem amerikan.-sowjet. Gespräche (seit 1981) über den beiderseitigen Bestand an Mittelstreckenraketen (INF) 1983 zu keinem Ergebnis geführt und die NATO mit der Aufstellung von Mittelstreckenraketen begonnen hatte, brach die UdSSR die INF-Gespräche und die seit 1982 parallel laufenden Verhandlungen über die Verminderung der Interkontinentalraketen (START) ab. 1984 begannen mit der Stockholmer Konferenz über Vertrauensbildung und Abrüstung in Europa (KVAE), 1985 mit den amerikan.-sowjet. Verhandlungen in Genf über Nuklear- und Weltraumwaffen neue A.gespräche. Diese werden stark beeinflußt einmal von der amerikan. Idee, ein Abwehrsystem gegen Raketenwaffen (SDI) zu schaffen, zum anderen von dem sowjet. Vorschlag, bis zum Jahre 2000 stufenweise alle Kernwaffen abzubauen. Über den Abbau konventioneller Truppen finden zw. NATO und Warschauer Pakt seit 1973 in Wien bisher ohne Ergebnis Verhandlungen statt (↑Mutual Balanced Forces Reductions; Abk. MBFR). ▦ *Frei, D.: Feindbilder u. A.* Mchn. 1985. - *Waterkamp, R.: A. u. Rüstungskontrolle.* Leverkusen 1985.

Abruzzen (italien. Abruzzi), italien. Region, 10 794 km², 1,2 Mill. E (1975), Hauptstadt L'Aquila.

Abruzzischer Apennin, rauhe, siedlungsarme italien. Gebirgslandschaft im mittleren Teil der Apenninen; Fremdenverkehr.

ABS, Abk. für: Antiblockiersystem (↑Bremsschlupfregler).

Abs, Hermann Josef, * Bonn 15. Okt. 1901, dt. Finanzfachmann. - Wurde 1938 Mgl. des Vorstandes und Direktor der Auslandsabteilung der Dt. Bank, 1957–67 deren Vorstandssprecher, seit 1967 Aufsichtsratsvorsitzender. Bei der Londoner Schuldenkonferenz 1951–53 Leiter der dt. Delegation.

Absalom [hebr. „Vater ist Friede"], bibl. Gestalt (2. Sam. 13–18). - Dritter Sohn Davids. Zettelte eine Verschwörung gegen seinen Vater an; sein Heer wurde geschlagen, A. getötet. Das angebl. Grab A. im Kidrontal stammt aus hellenist. oder herodian. Zeit.

Absalon, * Fjenneslev bei Sorø im Okt. 1128 (?), † Sorø 21. März 1201, dän. Staatsmann. - Ab 1158 Bischof von Roskilde (bis 1191), ab 1178 auch Erzbischof von Lund; Leiter der dän. Politik und Kriegsführung unter Waldemar I. und Knut VI.

Absaroka Range [engl. æbsə'rouka 'reindʒ], 240 km langer, bis 80 km breiter Gebirgszug der Rocky Mountains, in SW-Montana und NW-Wyoming.

Absättigung, Bez. für das Bestreben von Atomen, Ionen oder wenig stabilen Molekülen, ihre Elektronenschalen durch Verbindungsbildung der Edelgaskonfiguration anzunähern.

Absatz, in der *Wirtschaft* die Endphase des gesamten betriebl. Leistungsprozesses, der sich aus Beschaffung, Produktion und A. zusammensetzt. In ihr kommt es darauf an, von außen bezogene, verwertete und/oder selbst erstellte Produkte zum Verkauf an Märkte heranzubringen und umzusetzen. Dabei werden zugleich Ausgleichsaufgaben erfüllt, die zeitl. (Lagerung, Kreditierung), räuml. (Transport), quantitativer und qualitativer (Sortimentsbildung, Verpackung) sowie informator. Art (Werbung, Beratung) sein können. Die Rolle des A. ändert sich mit der Marktlage. Besteht bei den herrschenden

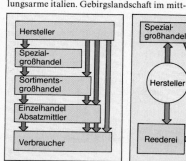

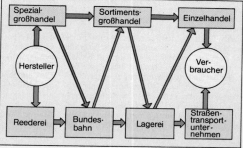

Absatz. Links: Direkter (roter Pfeil) und indirekter (blau) Absatz; rechts: Beispiel für einen Transportweg (rot) und einen Absatzweg über Handelsstufen (blau)

Preisen eher eine Tendenz zum Nachfrageüberhang (Verkäufermarkt), so hat die Produktion Vorrang. Absatzwirtschaftl. Entscheidungen sind dann vornehml. darauf gerichtet, für den Fluß der Produkte vom Hersteller zum Abnehmer zu sorgen. Die Rolle des A. wandelt sich v. a., wenn intensiver Wettbewerb und/oder ein Angebotsüberhang im Konjunkturverlauf Käufermärkte entstehen lassen. Um solchen Situationen besser gerecht werden zu können, wurde das **Marketing** als marktgerichtete Konzeption der Unternehmensführung entwickelt. Dadurch wird der A. zentrales Element in einem System von miteinander verflochtenen Tätigkeiten, mit denen die Unternehmensziele angestrebt werden. Dabei sollen über die Ausrichtung an vorhandenen Bedürfnissen mögl. Nachfrager hinaus auch Bedürfnisse geweckt werden. Ausgangsbasis für den Einsatz der übrigen Instrumente des Marketing sind die Ergebnisse der Marktforschung. Auf die A.märkte bezogen dienen die gewonnenen Informationen der Marktgestaltung mit Hilfe von A.methoden, betriebl. Preispolitik, Konditionen, Kundendienst, Produkt- und Sortimentspolitik sowie Werbung. Diese Instrumente sollen bestmögl. in einem sog. Marketing-Mix aufeinander abgestimmt werden. Das ist ermöglicht, wenn durch keine Änderung des Mix eine Kostenersparnis mögl. ist, ohne daß Einbußen bei den Unternehmenszielen entstehen; unterschiedl. Kombinationen sind mögl., weil die Instrumente nach ihrer A.wirkung sowohl einander ergänzen als auch austauschbar sein können. Wegen der Verschiedenartigkeit der Bedürfnisse der Nachfrager kann es vorteilhaft sein, den Markt in mehrere Teile (Marktsegmente) zu zerlegen, wenn ein entsprechend angepaßtes Angebot mögl. ist. Die Segmente orientieren sich u. a. an Alter, Einkommen, Wohnort und Persönlichkeitsmerkmalen der Nachfrager.

Der Wirkungsgrad eines einmal festgelegten Marketing-Mix ändert sich im Zeitablauf nicht zuletzt deshalb, weil der A. eines Produktes durch dessen „Lebenszyklus" geprägt wird. Einführung, Wachstum, Reife, Sättigung und Rückgang als mögl. Phasen des Produktlebenszyklus beinhalten unterschiedl. Marktsituationen. In der Einführungsphase geht es v. a. darum, Verbraucherwiderstände zu überwinden und einen Vorsprung gegenüber mögl. Wettbewerbern zu gewinnen. In der Wachstumsphase gilt es, die zunehmenden A.chancen gewinnsteigernd zu nutzen und gegenüber Wettbewerbern zu sichern. In der Reifephase wird Bemühungen vorrangig, verbliebene A.reserven zu erschließen. In der Sättigungsphase dominiert bei stagnierender Gesamtnachfrage die Ersatznachfrage; Erlössowie Gewinnminderungen signalisieren, daß eine Umstellung des Produktionsprogramms unumgängl. wird. Die Rückgangsphase läßt

sich zwar z. B. durch Erschließung neuer Anwendungsmöglichkeiten für das Produkt dehnen, aber neuentwickelte Produkte und veränderte Verbraucherwünsche erzwingen die Aufgabe des Produkts.

Die **Absatzmethoden** beziehen sich auf die Gestaltung der A.wege von Produkten vom Unternehmen zum Endabnehmer. Als A.formen wurden in vielfältigen Varianten zwei Typen entwickelt, die sich außerdem kombinieren lassen: der betriebseigene und der betriebsfremde A. Beim betriebseigenen A. werden die A.aufgaben ganz oder überwiegend vom Hersteller wahrgenommen. In diesem Fall sind die A.organe entweder unternehmenseigen (z. B. Verkaufs- und Versandabteilungen, fabrikeigene Einzelhandelsfilialen) oder zumindest wirtschaftl. gebunden (z. B. durch Beteiligungen, Vertriebsverträge). Beim betriebsfremden A. werden die A.aufgaben auf selbständige (fremde) A.organe übertragen (v. a. die Handelsbetriebe). A.funktionen können aber auch durch A.mittler wahrgenommen werden. Spezielle Marktveranstaltungen wie Messen, Ausstellungen, Versteigerungen und Warenbörsen kommen als weitere A.formen hinzu.

📖 *Leitherer, E.: Betriebl. Marktlehre. Stg.* ²*1985. - Gutenberg, E.: Grundll. der Betriebswirtschaftslehre. Bd. 2: Der A. Bln.* ¹⁷*1984. - Hansen, U.: A.marketing u. Beschaffungsmarketing. Gött. 1976.*

Absatzgenossenschaft, Genossenschaft, deren Zweck es ist, die landw. oder gewerbl. Erzeugnisse ihrer Mgl. zu vertreiben.

Absatzkartell ↑ Kartell.

Absatzmethoden ↑ Absatz.

Abschattung, Behinderung der Ausbreitung elektromagnet. Wellen auf dem Direktweg zw. Sender und Empfänger.

Abscheidekalorimeter, Apparat zur Bestimmung des Feuchtigkeitsgehaltes von Dämpfen (↑ Kalorimeter).

Abscheider, Vorrichtung zur physikal. Trennung zweier Phasen, z. B. zum Abscheiden von Feststoff- bzw. Flüssigkeitsteilchen aus strömenden Gasen, Dämpfen oder Flüssigkeiten unter Ausnutzung elektr. Kräfte, magnet. Kräfte, der Fliehkraft oder der Schwerkraft.

Abscheidungspotential, svw. ↑ Zersetzungsspannung.

Abscherung, tekton. Vorgang, bei dem sich ein Gesteinsverband von seiner Unterlage gelöst hat und auf ein anderes Gestein aufgeschoben wurde.

◆ in der Technik Durchtrennung eines Werkstücks (z. B. mit Hilfe einer Schere).

Abschiebung, von Staatsorganen erzwungene und überwachte Entfernung mißliebiger Ausländer aus einem Staatsgebiet; dient dem Vollzug der Ausweisung.

◆ in der Geologie ↑ Verwerfung.

Abschiebungshaft, im AusländerG

vom 28. 4. 1965 vorgesehene Haft, in die ein Ausländer zur Vorbereitung der Ausweisung genommen werden muß oder die zu verhängen ist, wenn die Haft zur Sicherung der Abschiebung erforderl. ist.

Abschied, bei Beamten und Offizieren die Entlassung aus dem Dienst („seinen A. nehmen").

◆ Zusammenfassung der gesamten Beschlüsse einer Versammlung; z. B. **Reichsabschied:** Gesamtheit der Beschlüsse eines Reichstags (in Form eines Vertrags zw. Kaiser und Reichsständen).

Abschilferung ↑ Abschuppung.

Abschirmdicke, die Schichtdicke eines zur Strahlungsabschirmung verwendeten Stoffes, die ausreicht, die Strahlendosis (z. B. an einem Arbeitsplatz) auf ein nicht gefährdendes Maß zu verringern.

Abschirmstoff, Material, das sich bes. gut zur Abschirmung oder Absorption einer Strahlung eignet. Zur Neutronenabschirmung sind stark wasserstoffhaltige Substanzen günstig, wie z. B. gewöhnl. Wasser, Paraffine oder Öle. Als A. gegen Gammastrahlen und geladene Teilchen (Alphateilchen, Elektronen, Ionen) werden Materialien aus Elementen hoher Ordnungszahl oder großer Dichte verwendet (Blei, Wolfram, Chrom, Eisen). Als A. gegen alle Strahlungsarten dienen Substanzen großer Dichte, die zusätzl. viele leichte Atome enthalten, wie z. B. Schwerbeton. - ↑ auch Kernreaktor.

Abschirmstrom ↑ Meißner-Ochsenfeld-Effekt, ↑ Supraleitung.

Abschirmung, in der *Elektrotechnik* der Schutz elektr. Bauteile, Geräte oder Anlagen gegenüber elektr. oder magnet. [Stör]feldern. Die A. gegenüber elektr. Feldern erfolgt durch Abschirmbecher, -folien, -platten oder -geflechte aus elektr. gut leitenden Materialien (↑ auch Faraday-Käfig). Die A. gegenüber magnet. Feldern wird durch Umhüllungen aus ferromagnet. Materialien hoher ↑ Permeabilität erreicht (z. B. magnet. Panzerschutz aus Permalloy).

◆ Schutzvorrichtung, die eine Strahlenquelle, z. B. einen *Kernreaktor*, umgibt, um die Umgebung von energiereicher Strahlung (Neutronen, Betastrahlen, Gammastrahlen) und der entstehenden Wärme zu schützen.

◆ in der *Atomphysik* die Verringerung der auf die „äußeren" Elektronen eines Atoms wirkenden Kernladung durch die „inneren" Elektronen.

◆ das Nichteindringen von äußeren Magnetfeldern in das Innere eines Supraleiters (↑ Meißner-Ochsenfeld-Effekt).

◆ ↑ Abwehr, ↑ auch Militärischer Abschirmdienst.

Abschirmwärme, die innerhalb der Abschirmung in Wärmeenergie umgewandelte Energie der absorbierten Strahlung.

Abschlag, ↑ Disagio.

◆ Bez. für Probestücke neuer Münzserien in anderem als dem festgelegten Metall.

◆ im *Bergbau* durch Sprengarbeit entstandener freier Raum.

◆ (engl. Tee) im *Golfspiel* kleine rechtwinklige Fläche, von der aus bei jedem zu spielenden Loch mit dem Schlagen des Balles begonnen wird.

◆ im *Fußballspiel* Abspielen des Balles aus der Hand des Torwarts.

Abschlagkulturen, Fundgruppen ohne Faustkeile bes. des Mittelpaläolithikums; Steinwerkzeuge vorwiegend aus breiten Abschlägen (Ggs. ↑ Klingenkulturen); neuerdings eher als örtl. begrenzte Sondererscheinungen gedeutet (Clactonien, Levalloisien).

Abschlagsdividende, Vorauszahlung auf die den Aktionären zustehende Jahresdividende.

Abschlagsverteilung, im Konkursverfahren die schon vor der Schlußverteilung erfolgende Ausschüttung von baren Mitteln an die Gläubiger; erst nach dem Prüfungstermin zulässig.

Abschlagszahlung (Abschlagzahlung, Akontozahlung), Begleichung eines Teiles einer Geldschuld. Die A. ist eine Teilleistung, zu welcher der Schuldner grundsätzl. nicht berechtigt ist, zu der er aber berechtigt ist und als vorläufige der Gläubiger außer bei einer Scheck- oder Wechselschuld nicht anzunehmen braucht. Eine A. unterbricht die Verjährung.

Abschluß, (Vertrags-A.) Begriff des Privatrechts für das Zustandekommen eines Vertrages.

◆ (Geschäfts-A.) handelsrechtl. Begriff für das Zustandekommen eines Handelsgeschäfts.

◆ Bez. für den Jahresabschluß nach § 39 HGB.

Abschlußgewebe, Sammelbez. für verschiedene pflanzl. Gewebearten, die v. a. als Schutz gegen äußere Einwirkungen und schädl. Wasserverlust dienen. Im einfachsten Fall besteht es aus einer Zellschicht (↑ Epidermis). Diese überzieht die ganze Pflanze und wird beim Dickenwachstum zunächst durch ↑ Kork und dann durch ↑ Borke ersetzt.

Abschlußnormen, in fast allen Tarifverträgen enthaltene Regeln über das Zustandekommen neuer Arbeitsverträge.

Abschlußprüfer, umgangssprachl. für ↑ Wirtschaftsprüfer.

Abschlußprüfung, Pflichtprüfung des Jahresabschlusses durch Wirtschaftsprüfer mit dem Zweck, v. a. Richtigkeit und Vollständigkeit der Buchführung und Jahresabschluß zu prüfen. A. sind vorgeschrieben: 1. bei AG und KG auf Aktien; 2. bei Genossenschaften; 3. bei Kreditinstituten; 4. bei Versicherungsunternehmen und Bausparkassen; 5. bei gemeinnützigen Wohnungsunternehmen, für die die Vorschriften über die Genossenschaften gelten.

◆ ↑ Prüfung.

Abschlußwiderstand, der durch den „Verbraucher" in einer elektr. Leitung dargestellte Widerstand.

Abschlußzahlung, Steuerrestzahlung, z. B. im Gewerbesteuerrecht. Bez. für den Unterschiedsbetrag zw. der durch Veranlagung festgesetzten Steuerschuld und den darauf geleisteten Vorauszahlungen.

Abschlußzwang (Kontrahierungszwang), rechtl. Verpflichtung zur Annahme eines Vertragsangebotes. Wegen ihrer Monopolstellung unterliegen v. a. Verkehrs- und Versorgungsunternehmen dem A.

Abschmierfett, wasserabweisendes kalium- oder lithiumhaltiges Fett zur [Kraftfahrzeug]schmierung.

Abschnitt, in der *Mathematik* Teilmenge einer geordneten Menge, die mit irgendeinem Element auch jedes kleinere enthält.

◆ auf *Münzen* der durch eine Linie abgetrennte Raum unterhalb der bildl. Darstellung.

◆ im *militär.* Bereich Bez. für einen durch natürl. Begrenzungen vom benachbarten Gelände abgehobenen Geländeteil, im NATO-Bereich Bez. für nachgeordnete Kommandobehörden.

Abschöpfung, Beseitigung der zw. dem Inlandspreis und dem darunterliegenden Preis des importierten Gutes (landw. Erzeugnisse) bestehenden Differenz durch eine Abgabe, die der Importeur an die Einfuhrstelle abführen muß.

Abschrecken, beschleunigtes Abkühlen eines hocherhitzten Werkstücks (Gußteil) durch Kühlen mit Luft oder Eintauchen in Wasser- oder Ölbad. Die reguläre Auskristallisation wird verhindert und das Material dadurch gehärtet.

◆ plötzl. Abkühlen gekochter oder blanchierter Speisen mit Wasser (z. B. Nudeln).

Abschreckung, militär.-polit. Konzept, wonach die konventionellen und v. a. atomaren Streitkräfte so ausgebaut und gestärkt werden, daß sie den potentiellen Gegner von einem militär. Angriff abhalten.

Abschreckungstheorie, die in der Strafrechtslehre und -rechtsprechung vertretene Auffassung, daß die Verhütung künftiger Straftaten u. a. durch Abschreckung des Täters (negative Spezialprävention) wie auch der Allgemeinheit (Generalprävention) erreicht werden könne.

Abschreibung, *betriebswirtschaftl. und steuerrechtl.* die rechner. Erfassung von Wertminderungen betriebl. Vermögensgegenstände. Die A. dienen aus stat. Sicht einem zutreffenden Vermögensausweis in der Bilanz durch Herabsetzung des Wertes des abzuschreibenden Gegenstandes auf der Aktivseite *(direkte A.)* oder durch Ansatz eines Wertberichtigungsbetrages auf der Passivseite *(indirekte A.);* aus dynam. Sicht der richtigen Verteilung von Ausgaben auf die Perioden, in denen der Wert des angeschafften Gutes verzehrt wurde. Die A. sind damit Aufwand im Rahmen der Erfolgsrechnung und Kosten im Rahmen der Kosten- und Betriebsergebnisrechnung; folgl. gehen die A. auch in die Kalkulation ein und bewirken somit, wenn sie im Preis abgesetzter Leistungen dem Unternehmen vergütet werden, eine Freisetzung von Betriebskapital, das zuvor im abgeschriebenen Anlagegegenstand gebunden war.

Die bilanziellen A. von den Anschaffungs- oder Herstellkosten können das eingesetzte Kapital allerdings nur nominal erhalten (Mark gestern = Mark heute: Nominalwertprinzip). Wenn eine Realkapitalerhaltung angestrebt wird, d. h., wenn mit dem durch den Umsatzprozeß freigesetzten Kapital die Beschaffung funktionsgleicher Wirtschaftsgüter wie vorher auch bei gestiegenen Preisen mögl. sein soll, so muß vom voraussichtl. Wiederbeschaffungswert anstatt von den Anschaffungskosten abgeschrieben werden. Diese meist höheren A.beträge können zwar über die Kalkulation in die Preise eingehen und zu höheren Erlösen führen, besteuert wird jedoch der nominelle Gewinn; das geltende Steuerbilanzrecht bietet nur unzulängl. Möglichkeiten (Rücklage für Preissteigerung, für Ersatzbeschaffung), der Besteuerung von solchen Scheingewinnen zu entgehen.

Ursachen der A. sind in der Reihenfolge ihrer generellen Vorhersehbarkeit: *Zeitablauf:* Ablauf der Mietzeit für ein Grundstück, auf dem

Abschreibung. Beispiele einer linearen (links), degressiven (Mitte) und progressiven (rechts) Abschreibung

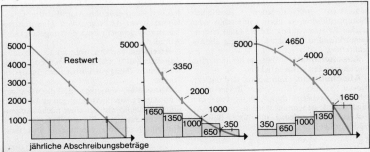

Abschriften

eine Anlage steht, Ablauf von Patenten und Konzessionen; *Verschleiß:* 1. ruhender Verschleiß, der unabhängig von der tatsächl. Inanspruchnahme erfolgt; 2. nutzungsbedingter Verschleiß; hierzu gehört auch die Substanzverringerung bei Abbaubetrieben (Kiesgrube u. ä.); techn. *Fortschritt* und wirtschaftl. *Entwicklungen,* insbes. Nachfrageverschiebungen durch Änderungen der Mode, der Lebensgewohnheiten der Verbraucher u. a.; reine *Zufallsereignisse,* wie Natur- oder techn. Katastrophen, wirtschaftl. Zusammenbrüche, z. B. Verlust von Absatzmärkten im Ausland.

Planmäßige A. können die Ursachen Zeitablauf und Verschleiß, u. U. noch techn. Fortschritt erfassen. Sie sind vorzunehmen bei abnutzbarem, mehr als ein Jahr verwendbarem Anlagevermögen (Gebäude, Betriebseinrichtung, Fahrzeuge), wobei A.dauer und jährl. A.betrag im vorhinein festgelegt werden. Grundstücke unterliegen grundsätzl. keiner planmäßigen A., ebensowenig das Umlaufvermögen. In der Steuerbilanz sind außer den durch tatsächl. Wertminderungen verursachten **Absetzungen für Abnutzung** (AfA) noch verschiedene planmäßige Sonderabschreibungen aus wirtschafts- und sozialpolit. Gründen zulässig.

Die grundlegenden A.methoden sind die *degressive* A. (abnehmende A.beträge), die *lineare* A. (gleichbleibende A.beträge) und die (gesetzl. nicht zulässige) *progressive* A. (zunehmende A.beträge).

📖 Frank, M.: *Bewertung und A. Stg. 1975.* - Gübbels, B.: *Hdb. der steuerl. A.* Köln ⁴*1966.*
♦ im *Sachenrecht* die Anlage eines eigenen Grundbuchblattes für einen abgetrennten Teil eines Grundstücks.

Abschriften, Zweitschriften eines Schriftstückes; die Anfertigung von A. bzw. Kopien ist für Kaufleute in § 38 Abs. 2 HGB vorgeschrieben für alle abgesandten Handelsbriefe. - ↑auch beglaubigte Abschrift.

Abschroten, Trennen von Metallteilen mit Hammer (*Abschröter*) und Meißel (*Abschrot*).

Abschuppung, normalerweise unmerkl. ständiges Abstoßen der obersten verhornten Zellschichten der Haut in Form von Schuppen. Bei manchen Erkrankungen (Masern, Scharlach), verschiedenen Hautleiden (Schuppenflechte, trockene Seborrhö) oder starker Reizeinwirkung auf die Haut tritt A. verstärkt auf, u. U. auch kleieförmig als **Abschilferung.**

Abschußbasis, ober- oder unterird. Startanlage für Raketen[waffen].

Abschußplan, Jahresplan, der festlegt, wieviel ↑Schalenwild in jedem Revier abgeschossen werden darf; muß von der Jagdbehörde genehmigt werden.

Abschußregelung, durch § 21 BundesjagdG und Ländergesetze vorgeschriebene

Regelung des Abschusses von Wild. Dadurch sollen die Interessen der Land- und Forstwirtschaft gewahrt und ein gesunder Wildbestand erhalten bleiben.

Abschwächen, Entfernen von metall. Bildsilber aus photograph. Positiven und Negativen zur Verringerung der Schwärzung bei Überbelichtung oder zur Verkleinerung der Rasterpunkte; dabei werden ↑Abschwächer verwendet.

Abschwächer, Reagenzien, die die Schwärzung belichteter und entwickelter photograph. Schichten durch Auflösen des Bildsilbers ganz oder lokal aufhellen können. Man unterscheidet gleichmäßig aufhellende A. *(proportionale A.),* bei den starken Schwärzungen klärende, kontrasterhöhende A. *(superproportionale A.)* und nur schwache Schwärzungen verringernde A. *(subproportionale A.).*

Abschwörung (Abjuratio, Abrenuntiatio), seit Tertullian ein Akt in fast allen vorreformator. Tauflliturgien, mit dem der Täufling (bei der Kindertaufe der Pate) den Satan und seinen Herrschaftsanspruch zurückweist. In der kath. Taufliturgie gibt es noch heute die Abschwörung.

Abschwung, im *Konjunkturverlauf* die Phase, in der sich Produktions- und Produktivitätsanstieg stark verlangsamen, die „Schere" zw. offenen Stellen und Arbeitslosenzahl sich allmähl. wieder schließt, der Preisniveauanstieg i. d. R. jedoch ungebrochen anhält.
♦ Abgang am Ende einer *Turnübung.*
♦ im *Golfspiel* Bewegung des horizontal über den Kopf gehobenen Schlägers nach unten beim Schlagen des Balles.
♦ im *Skisport* Änderung der Fahrtrichtung mit einem Schwung.

Absegelung, Befestigung von Bühnenaufbauten mit Seilen.

abseilen ↑Bergsteigen.

Abseitengewebe, Gewebe mit deutl. unterschiedl. rechter und linker Warenseite.

abseits, regelwidriges Verhalten bei verschiedenen Ballspielen. Ein Spieler der angreifenden Mannschaft ist a., wenn er bei der Ballabgabe in der gegner. Hälfte sich näher an der Torlinie befindet als zwei (Fußballspiel, Hockeyspiel) gegner. Spieler; beim Eishockey, wenn er in das Angriffsdrittel gelaufen ist, bevor der von einem Mannschaftskameraden gespielte Puck dort angelangt ist. - Abb. S. 50.

Absence [ap'sã:s; frz.; zu lat. absentia „Abwesenheit"] (Absenz), anfallartige Bewußtseinseintrübung von nur wenigen Sekunden Dauer.

Absender, derjenige, der die Post zur Beförderung von Postsendungen in Anspruch nimmt. A.angabe ist bei allen nachzuweisenden Postsendungen, Einschreiben, Wertsendungen, Nachnahmesendungen, Paketsen-

dungen, Kursbriefen und Streifbandzeitungen vorgeschrieben.

absengen, Federreste an gerupftem Geflügel durch schnelles Drehen über offener Flamme abbrennen.

◆ ↑ gasieren (Textiltechnik).

Absenken (A. des Hangenden), im Bergbau Bez. für die Abwärtsbewegung des Deckgebirges über einem durch Mineralabbau entstandenen Hohlraum.

Absenker ↑ Ableger.

Absentismus [zu lat. absentia „Abwesenheit"], gewohnheitsmäßige Abwesenheit der Großgrundbesitzer von ihren Besitzungen, die sie Administratoren oder Pächtern überlassen, um sie nur als Rentenquelle zu benutzen; in weiten Teilen der Welt durch Agrarrevolutionen und Agrarreformen beseitigt.

Absetzbecken, Teil einer ↑ Kläranlage.

Absetzen, Ablagerung von Feststoffteilchen in einer Flüssigkeit, bedingt durch die Schwerkraft.

◆ Entwöhnen von Säuglingen oder jungen Tieren von der Muttermilch und das Umstellen auf andere Nahrung.

Absetzer, Vorrichtung zum Transport von Abraummaterial zur Abraumhalde im Tagebau.

Absetzsäge, feingezahnte, schwachgeschränkte Säge zur Holzbearbeitung (Verzahnungen, Zapfen, Blatte).

Absetzspinner, Feinspinnmaschine, auch ↑ Selfaktor genannt.

Absetzung für Abnutzung, Abk. AfA, steuerrechtl. Bez. für die ↑ Abschreibung von Wirtschaftsgütern, deren Verwendung oder Nutzung durch den Steuerpflichtigen zur Erzielung von Einkünften sich erfahrungsgemäß auf einen Zeitraum von mehr als einem Jahr erstreckt.

Absetzung für Substanzverringerung, Abk. AfS, entsprechend der Absetzung für Abnutzung auf Wirtschaftsgüter anzuwendende Regeln, die einen Verbrauch der Substanz mit sich bringen (z. B. für Kiesgruben, Bergbauunternehmen).

Absicht, bei manchen Straftatbeständen (z. B. Betrug, Diebstahl) die Zielvorstellung des Täters, d. h. das, was er durch sein Handeln erreichen will. Gelingt es ihm nicht, seine A. zu verwirklichen, so kann er doch einen strafbaren Versuch der Tat begangen haben.

Absiedelung, svw. ↑ Metastase.

Absil, Jean [frz. ap'sil], * Péruwelz (Hennegau) 23. Febr. 1893, † Brüssel 2. Febr. 1974, belg. Komponist. - Einer der Hauptvertreter moderner Musik in Belgien; komponierte Orchestersuite (u. a. 3 Sinfonien), Kammer-(4 Streichquartette) und Klaviermusik, Vokalwerke.

Absinth [zu griech. apsínthion „Wermut"], alkohol. Getränk aus der Wermutpflanze (mit Anis-, auch Fenchelzusatz), von

grünl. Farbe und bitterem Aroma (durch ↑ Absinthin); gesundheitsschädl. durch das ↑ Thujon des Wermutöles.

◆ (Absinthpflanze) ↑ Wermut.

Absinthin [griech.], $C_{15}H_{20}O_3 \cdot {}^1/_2H_2O$, einer der Bitterstoffe (Glykosid) aus den Blättern des Wermuts.

absolut [lat.], unbeschränkt, unabhängig; rein, unbedingt, beziehungslos; gänzl., völlig; Ggs. ↑ relativ.

Absolutbeobachtung, astronom. Beobachtung, die Meßwerte ohne Bezug zu anderen astronom. Objekten liefert.

Absolutbetrag, Größe einer Zahl, unabhängig von ihren Vorzeichen. Zahlen, die sich nur durch ihr Vorzeichen unterscheiden, haben denselben A.:

$$|-3| = |+3| = 3.$$

Absolute, das, in der Philosophie Ausdruck für dasjenige, was von keiner Bedingung abhängig ist (das „Unbedingte"), oder für dasjenige, das die „Bedingung schlechthin" für etwas ist. - In der Philosophiegeschichte wird das A. unter verschiedenen Titeln abgehandelt, etwa als Notwendiges, Wahres, Vollkommenes, Sein, Gott (↑ auch Gottesbeweise) usw. Eine sprachlog. Untersuchung deckt von der Rede von einem „unbedingten Gegenstand" als widerspruchsvoll auf. Ebenso werden „absolut wahre Aussagen" als sinnlos angesehen, da über die Wahrheit von Aussagen nur geurteilt werden kann, wenn eine Methode zur Verteidigung dieser Aussagen anerkannt wird.

absolute Dichtung, andere Bez. für ↑ Poésie pure.

absolute Flüssigkeit, Bez. für eine 100 %ig reine, i. d. R. völlig wasserfreie Flüssigkeit.

absolute Malerei, andere Bez. für eine streng abstrakte Malerei.

absolute Mehrheit ↑ Mehrheit.

absolute Musik, im Ggs. zur Programmmusik eine Instrumentalmusik, deren geistiger Gehalt weder als Tonmalerei außermusikal. Stimmungs- oder Klangphänomene, noch als Darstellung sprachl.-literar. Inhalte bestimmt werden kann. Der Begriff wurde um die Mitte des 19. Jh. geprägt.

absoluter Alkohol, Bez. für reinen, wasserfreien Alkohol (Äthanol, C_2H_5OH), der heute durch azeotrope ↑ Destillation von Wasser-Alkohol-Gemischen mit Benzolzusatz (bis 99,9 %ig) gewonnen wird (Siedepunkt 78,3 °C).

absoluter Betrag, svw. ↑ Absolutbetrag.

absolute Rechte, sich gegen jedermann richtende Ausschließungsrechte wie z. B. die dingl. Rechte (z. B. Eigentum), Urheber-, Aneignungs-, Familien- und Erbrechte. Die a. R. stehen in begriffl. Ggs. zu den **relativen Rechten** (Forderungen und sonstige Ansprüche). Während die a. R. eine absolute Herr-

absoluter Geist

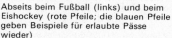

Abseits beim Fußball (links) und beim
Eishockey (rote Pfeile; die blauen Pfeile
geben Beispiele für erlaubte Pässe
wieder)

schaft über bestimmte Gegenstände geben,
richten sich die relativen Rechte gegen bestimmte Personen; dem relativen Recht entspricht eine spezielle Verpflichtung der betreffenden Person.

absoluter Geist, von Hegel verwendete
Bez. für die alles umgreifende höchste Weltvernunft, die sich in Kunst und Religion offenbart und die in der Philosophie ein Bewußtsein
ihrer selbst entwickelt.

absoluter Nullpunkt, Anfangspunkt
der thermodynam. ↑Temperaturskala (Kelvin-Skala). Er hat die Bez. Null Kelvin (0K)
und liegt auf der Celsiusskala bei −273,15 °C.
Der a. N. ist grundsätzl. nicht erreichbar.

absolutes Alter, in der Geologie das
in Jahreszahlen meßbare tatsächl. Alter von
Gesteinen und Fossilien.

absolutes Gehör, die Fähigkeit,
Tonhöhen (Töne, Akkorde) allein durch das
Gehör (ohne Hilfsmittel) zu erkennen und
zu benennen.

absolutes Maßsystem ↑Maßsysteme.

absolute Temperatur, die auf den ↑absoluten Nullpunkt bezogene Temperatur
(Formelzeichen T); sie wird in Kelvin (Einheitenzeichen K) angegeben.

absolute Topographie, in der Meteorologie eine Höhenwetterkarte für eine bestimmte Druckfläche (Schicht überall gleichen Druckes in der Atmosphäre) mit
Angaben u. a. über Temperatur, Windrichtung und Stärke.

Absolutgeschwindigkeit ↑Geschwindigkeit.

Absolutheit der Religionen ↑Religionstheologie.

Absolution [zu lat. absolutio „das
Loslösen"], die durch den kath. Priester vollzogene Freisprechung von Sünden im Bußsakrament. In den ev. Kirchen der Abschluß
der Beichte, mit dem auf die Vergabe der
Sünden hingewiesen wird.

Absolutismus [lat.-frz.], die geschichtl.,
monarch. Regierungsform, in der der Monarch allein die Herrschaftsgewalt besitzt, ohne
an Mitwirkung oder Zustimmung autonomer
polit. Körperschaften (v. a. Stände) gebunden
zu sein. Im Unterschied zum Despoten jedoch
erkennt der absolute Fürst das göttl. und
histor. Recht an, obwohl er (unter Ausschluß
eines Widerstandsrechts) über den gegebenen
Gesetzen steht und diese auch brechen kann
(„princeps legibus solutus"). Der Früh-A. entwickelte sich in Europa (Spanien, Frankr.,
England) bis Ende des 15. Jh. infolge des Versagens der älteren feudal- und ständestaatl.
Ordnungsgefüge. Er fand seine erste modellhafte Ausprägung in Frankr. seit Heinrich
IV.; hinsichtl. England kann nur bedingt von
A. gesprochen werden; in den nord. Staaten,
bes. Schweden, vollzog sich ein mehrmaliger
Wechsel von Königs- und Adelsvorherrschaft. Erscheinungsformen und zeitl. Geltung des A. differieren so je nach polit.-sozialer Ausgangsposition. Die zeitgenöss. staatstheoret. Analysen lieferten dem A., wenngleich sie nicht auf ihn zielten, das theoret.
Fundament (Forderung nach Enttheologisierung und Stärkung des Staates für seine rein
weltl. Aufgaben, Definition der Souveränität
als unteilbare, absolute Gewalt nach innen
und außen). Andererseits wurde der A. von
den sich in der polit. Aufklärung verdichtenden Lehren von der Volkssouveränität und
vom Gesellschaftsvertrag zunehmend in Frage gestellt. Der A. setzte einen bis heute nicht
abgeschlossenen Verstaatungsprozeß in
Gang: Aufstellung stehender Heere, Aufbau
einer allein vom Fürsten abhängigen Beamtenschaft, Etablierung von Staatswirtschaftssystemen (Merkantilismus, Kameralismus),
Erzwingung von Staatskirchenherrschaft,
Erzwingung von staatl. Einheit und Staatsbewußtsein, Ausrichtung der Regierungspolitik
an den Maximen der Staatsräson. Voraussetzung dieses Prozesses war die weitgehende
polit. Entmachtung der Stände (ohne Beseitigung der ständ. Gesellschaftsordnung, da der
Monarch, auf die Dienstbereitschaft des Adels
angewiesen, dessen überkommene Machtpo-

sition auf lokaler und regionaler Ebene nicht erschüttern konnte). Daneben förderte der A. die wirtsch. Interessen des Großbürgertums, ohne ihm einen entsprechenden polit. Rang einzuräumen. Die mangelnde Bewältigung der hieraus resultierenden Spannungen erwies die Grenzen der Leistungs- und Entwicklungsfähigkeit des A., für dessen Erschöpfung auch die Ausprägung des sog. „aufgeklärten A." (Modellfälle: Preußen unter Friedrich II., Österreich unter Joseph II.) Symptom war: In Anpassung an die humanitäre Staatsidee der Aufklärung führte der Fürst als „erster Diener" des Staates und Sachwalter des Gemeinwohls wohlfahrtsstaatl. Reformen durch (Bauernbefreiung, staatl. Schulpolitik, Ansätze zur Rechtsstaatlichkeit). Der A. zeitigte teils bis heute erkennbare negative Auswirkungen (administrative Bevormundung und Entpolitisierung der Untertanen, Überbewertung der Ordnungsfunktion des Staates im Innern und seiner Machtentfaltung nach außen), schuf andererseits mit der beginnenden Einebnung der ma. Gesellschaftsstrukturen, der Aktivierung des einzelnen im Dienst des Gemeinwohls, der Schaffung größerer staatl. Einheiten zur Bewältigung umfassenderer öffentl. Aufgaben, der Hebung des Wissensstandes der breiten Massen (allg. Schulpflicht) und der Vereinheitlichung des Rechts wichtige Voraussetzungen für den Demokratisierungsprozeß des bürgerl. Gemeinwesens. Die marxist.-leninist. Geschichtswissenschaft betrachtet den A. nicht als eigenständige histor. Epoche, sondern als letzte Entwicklungsstufe des Feudalismus in der Phase des weltgeschichtl. Übergangs zum Kapitalismus.

📖 *A. Hg. v. E. Hinrichs. Ffm. 1985. - Hdb. der europ. Gesch. Bd. 4: Europa im Zeitalter des A. u. der Aufklärung. Hg. v. Fritz Wagner. Stg. ²1975. - Hubatsch, W.: Das Zeitalter des A. 1600–1789. Braunschweig ⁴1975. - Hintze, O.: Staat u. Verfassung. Gött. ³1970.*

Absolvent [lat.], jemand, der eine Schule, ein Studium, einen Kursus usw. bis zum erfolgreichen Abschluß durchlaufen hat; **absolvieren**, eine Schule usw. beenden; etwas durchführen, ableisten.

Absonderung, in der *Physiologie* svw. ↑ Exkretion und ↑ Sekretion.

◆ durch Schrumpfung (bei Abkühlung von Magmen oder Austrocknung von Sedimenten) hervorgerufene Zerteilung einer Gesteinsmasse (plattig, säulenförmig, kugelig u. a.).

Absonderungsgewebe (Ausscheidungsgewebe), pflanzl. Gewebe oder Zellverbände, deren Zellen bestimmte Stoffe ausscheiden. Im **Exkretionsgewebe** verbleiben die Ausscheidungsprodukte der Protoplasten (z. B. Schleime, Harze, Gummi, äther. Öle, Gerbstoffe, Alkaloide, Oxalate) innerhalb der Zellen und sammeln sich in sich vergrößernden Vakuolen an, die die Zellen zum Abster-

ben bringen können. Nicht selten sind die Zellwände verkorkt. Beim **Drüsengewebe** werden die Ausscheidungsstoffe (z. B. Verdauungssäfte, Nektar, Schleime, äther. Öle) durch die manchmal mit Poren ausgestattete Zellwand aktiv nach außen abgegeben.

Absonderungsrecht, verschiedenen Gläubigern (z. B. Grundpfandgläubiger, Gläubiger mit Pfand- oder Pfändungspfandrecht, Staat, Gemeinden) des Gemeinschuldners im Konkursverfahren eingeräumtes Recht, bei Verwertung bestimmter zur Konkursmasse gehörender Gegenstände aus dem Erlös bevorzugt vor den anderen Gläubigern befriedigt zu werden.

Absorbens (Mrz. Absorbentia, Absorbenzien) [lat.], absorbierender Stoff.

Absorber [lat.-engl.], Feststoff, der eine hindurchgehende Teilchen- oder Wellenstrahlung ganz oder teilweise verschluckt; oder flüssiger Stoff, der Gase oder Dämpfe gleichmäßig verteilt in sich aufnehmen (absorbieren kann. In der Technik auch Bez. für eine Vorrichtung, die eine absorbierende Substanz enthält.

Absorberelemente (Bremsstäbe), in der Reaktortechnik Stäbe oder Platten (z. B. aus Cadmium) zum Abbremsen und/oder Einfangen von Neutronen und damit zur Steuerung des Reaktors.

absorbieren [lat.], aufsaugen, in sich aufnehmen.

◆ [gänzl.] beanspruchen.

Absorption [lat.], in der *Physik* das teilweise oder völlige Verschlucken einer elektromagnet. Wellen- oder Teilchenstrahlung beim Durchgang durch Materie (Gase, Flüssigkeiten, Festkörper), auch beim Auftreffen auf die Oberfläche eines Körpers, an der sie [teilweise] reflektiert wird. Die Energie der absorbierten Strahlung wird dabei in Wärme (*Absorptionswärme*) umgewandelt oder zur Anregung, gegebenenfalls auch zur Ionisation der Atome und Moleküle der durchstrahlten oder bestrahlten Materie verbraucht.

◆ in der *Chemie* Aufnahme von Gasen und Dämpfen durch Flüssigkeiten oder feste Körper und gleichmäßige Verteilung im Innern des absorbierenden Stoffes. Durch Druckund/oder Temperaturänderung kann der absorbierte Stoff wieder freigesetzt werden. Das Absorptionsvermögen wächst mit abnehmender Temperatur des Absorbers und mit steigendem Druck des Gases bzw. Dampfes.

◆ in der *Biologie* das Aufsaugen von Flüssigkeiten, Dämpfen, leicht lösl. organ. Substanzen, von Gasen, auch die Aufnahme von Strahlungsenergie in den Organismus. Die A. geschieht im allg. über die Zellen (z. B. Epidermis-, Schleimhautzellen).

Absorptionsapparate, in der chem. Verfahrenstechnik eingesetzte Apparate zur Trennung von Gasen auf Grund unterschiedl. Löslichkeit im absorbierenden Stoff: z. B.

Absorptionsfrequenzmesser

Waschtürme mit Füllkörpern, Kolonnen mit Glockenböden.

Absorptionsfrequenzmesser, Meßgerät zur Bestimmung hoher Frequenzen.

Absorptionsgewebe, Bez. für pflanzl. Gewebe, die Wasser und gelöste Nährstoffe aufnehmen (absorbieren). Das Gewebe zeichnet sich oft durch eine große Oberfläche, gute Quellbarkeit und starke Kapillarkräfte aus. Charakterist. A. sind die Wurzelhaut der Wurzel und die Luftwurzeln der Epiphyten.

Absorptionskältemaschine, Gerät zum Wärmeentzug aus einem Kühlgut, bei dem das verdampfende Kältemittel Wärme aufnimmt, sich bei der anschließenden Absorption durch eine Flüssigkeit wieder verflüssigt und dabei die aus dem Kühlgut aufgenommene Wärme als Kondensationswärme abgibt.

Absorptionsprinzip, Grundsatz, daß bei mehreren Straftaten einer Person die Strafe nach demjenigen Gesetz verhängt wird, das die schwerste Strafe androht.

Absorptionsquerschnitt, ↑ Wirkungsquerschnitt für die Absorption eines Teilchens [einer Korpuskularstrahlung] oder eines Photons durch ein Atom oder einen Atomkern.

Absorptionsspektrum, durch selektive Absorption bestimmter Wellenlängen bzw. Frequenzen entstehendes ↑ Spektrum. Wird ein absorbierendes Medium z. B. von „weißem" Licht durchsetzt, so tritt die absorbierte Wellenlänge als dunkle Linie (**Absorptionslinie**) auf dem hellen Untergrund des kontinuierl. Spektrums auf. Im Spektrum der Sonne werden diese Linien als **Fraunhofer-Linien** bezeichnet.

Absorptionswärme ↑ Absorption.

Abspanen, ein [metall.] Werkstück durch Abtrennen von Spänen bearbeiten.

absperren, ein oder mehrere Paare von Furnierschichten beiderseits einer Mittelschicht aufleimen. Die Faserrichtung benachbarter Schichten verlaufen senkrecht zueinander. Eine Formänderung des Holzes wird damit weitgehend verhindert (↑ Sperrholz).

Absperrklausel, tarifvertragl. Vereinbarung zw. Gewerkschaften und Arbeitgeberverbänden mit dem Zweck, die Arbeitgeber zu verpflichten, nur gewerkschaftl. organisierte Arbeitnehmer zu beschäftigen. In der BR Deutschland rechtswidrig.

Absperrmittel, Mittel der Anstrichtechnik, um Einwirkungen von Stoffen aus dem Untergrund auf den Anstrich oder umgekehrt oder innerhalb des Anstrichaufbaues zu verhindern, z. B. Kunstharze.

Absperrorgane, Vorrichtungen zum Verschließen von Rohrleitungen und damit zum Absperren oder zur Freigabe strömender Dämpfe, Flüssigkeiten oder Gase, aber auch zum Regeln der Durchflußmenge oder zum Konstanthalten eines Druckes. A. werden nach der Schließrichtung des Verschlußteils (bewegl. Teil der A.) unterschieden: ↑ Ventile und Klappen schließen entgegen der Strömung; ↑ Schieber besitzen Verschlußteile quer zur Strömung; ↑ Hähne werden durch Drehen des Verschlußteils (Hahnkükens) um dessen quer zur Durchflußrichtung liegenden Achse betätigt.

Absperrschieber ↑ Schieber.

Absperrventil ↑ Ventile.

ABS-Polymere, Kurzbez. für: Acrylnitril-Butadien-Styrol-Polymerisate (↑ Kunststoffe).

Abspreizer, svw. ↑ Abduktoren.

Abspülung ↑ Denudation.

Abstammung, (Deszendenz) Herkunft eines Individuums oder einer zusammengehörigen Gruppe von Individuen (z. B. einer systemat. Einheit, eines Volksstammes, eines Geschlechts) von den Vorfahren.
◆ im *Recht* die blutsmäßige Herkunft von der Reihe der Vorfahren. Die A. ist die rechtl. Voraussetzung für die Begründung der Verwandtschaft (§ 1589 BGB). Sie ist von bes. Bedeutung für die Frage der ehel. bzw. nichtehel. Geburt eines Kindes.
◆ A. des Menschen ↑ Mensch.

Abstammungsgutachten, von gerichtl. Seite anzuforderndes Gutachten über

Abstrakte Kunst.
Kasimir Sewerinowitsch
Malewitsch, Suprematistische
Komposition (1915). Amsterdam,
Stedelijk Museum

Feststellung oder Ausschluß der Vaterschaft auf Grund einer durchgeführten **Abstammungsprüfung** (kann aus ↑Blutgruppengutachten und ↑Ähnlichkeitsanalyse bestehen).

Abstammungslehre, svw. ↑Deszendenztheorie.

Abstammungsprüfung ↑Abstammungsgutachten.

Abstand, grundlegender Begriff der *Geometrie:* 1. A. zweier Punkte: die Länge der Verbindungsstrecke; 2. A. eines Punktes von einer Geraden oder Ebene: die Länge des vom Punkt auf die Gerade oder Ebene gefällten Lotes; 3. A. zweier paralleler Geraden oder Ebenen: die Länge des Lotes von einem Punkt der Geraden oder Ebene auf die andere; 4. A. zweier schiefer Geraden: die Länge der Strecke, die auf beiden Geraden senkrecht steht.

◆ im *Recht* Geld oder Sachwerte, die der neue Mieter entweder dem Vermieter, damit dieser ihm bestimmte Mieträume überläßt, oder dem bisherigen Mieter zuwendet zum Ausgleich für Aufwendungen in der Wohnung.

◆ in der *Soziologie* svw. ↑Distanz.

Abstandsgesetz, ein die Intensität einer Strahlung in Abhängigkeit vom Abstand zur Strahlungsquelle angebendes Gesetz.

abstechen, die Ausflußöffnung (↑Abstich) eines Schmelzofens zum Entleeren der flüssigen Schmelze öffnen.

◆ mit dem Stichel nachträgl. an Strichätzungen arbeiten.

◆ mit einem Zirkel ein Maß übertragen.

Abstechmeißel (Drehmeißel), Drehbankwerkzeug zum Abtrennen (Abstechen) des fertigen Drehteils vom Ausgangs-

[stangen]material und zum Ablängen.

absteigende Linie ↑Deszendenz.

Abstention [lat.], veraltet für: Verzicht, Erbschaftsverzicht.

Abstich, in der Metallurgie Bez. für Ausflußöffnung oder Auslaufenlassen von flüssigem Metall aus Schmelzöfen.

Abstieg, im *Sport* das Abgestuftwerden in eine niedrigere Spiel- oder Leistungsklasse.
◆ (sozialer A.) ↑Mobilität.

Abstiegsstufe, Teil eines Raumflugsystems mit eigenem Versorgungs- und Antriebsteil zum Abstieg von einer Umlaufbahn zur Oberfläche des Mondes oder eines Planeten.

Abstillen (Ablaktation), Entwöhnen, Absetzen des Säuglings von der Mutterbrust und Übergang zu künstl. Säuglingsnahrung; im allg. nicht vor dem 3. Lebensmonat.

Abstimmanzeige, elektr. Meßinstrument oder Elektronenstrahlröhre (mag. Auge) zur Anzeige optimaler Abstimmung.

Abstimmung, Verfahren zur Feststellung der Mehrheit bei der Willensbildung. Während bei Wahlen Personen zur Wahrnehmung eines Amtes berufen werden, wird bei der A. unmittelbar eine Sachentscheidung getroffen.

Staatsrecht: Nach *Bundesrecht* ist eine A. nur im Rahmen der Neugliederung des Bundesgebietes gemäß Art. 29 GG vorgesehen. Einige *Landesverfassungen* eröffnen die Möglichkeit von A. in größerem Umfange (Plebiszit, Volksabstimmung, Volksbegehren, Volksentscheid). Das A.verfahren in den Parlamenten und anderen Vertretungskörperschaften ist durch Verfassung, Geschäftsordnung, Geset-

Abstrakte Kunst. Wassily Kandinsky, Durchgehender Strich (1923). Düsseldorf, Kunstsammlung Nordrhein-Westfalen

ze und Satzungen geregelt. Meist wird durch Handzeichen oder Aufstehen abgestimmt; ergibt dies keine Klarheit über das Stimmenverhältnis, findet der sog. ↑ Hammelsprung statt. In *Österreich* besteht die Möglichkeit der Volksabstimmung. In der *Schweiz* kann jeder Schweizer Bürger an den eidgenöss. (durch Referendum und Volksinitiative), kantonalen und kommunalen Wahlen und A. an seinem Wohnsitz teilnehmen. Das A.verfahren ist grundsätzl. der kantonalen Gesetzgebung überlassen. Das Bundesrecht legt nur folgende Prinzipien fest: Jeder Stimmberechtigte muß im Stimmregister eingetragen sein. Die A. sind geheim und finden unter Verwendung von Stimmzetteln und Stimmurne statt. Das Votum des Stimmberechtigten erfolgt handschriftl. oder mit gedrucktem Stimmzettel. Die A. finden gleichzeitig in der ganzen Schweiz statt.

Gerichtsverfassungsrecht: In der BR Deutschland ist das A.verfahren kollegial zusammengesetzter gericht. Spruchkörper für die ordentl. Gerichte in den §§ 192 ff. GerichtsverfassungsG (GVG) festgelegt, auf die andere Verfahrensordnungen weitgehend verweisen. Berufsrichter und ehrenamtl. Richter haben gleiches Stimmrecht. Erstere stimmen nach dem Dienstalter, letztere nach dem Lebensalter ab, und zwar der jüngere vor dem älteren. Die ehrenamtl. Richter geben ihre Stimme vor den Berufsrichtern ab. Ist ein Berichterstatter ernannt, so stimmt er zuerst. Der Vorsitzende stimmt stets als letzter (§ 197 GVG). Im *östr.* und *schweizer. Recht* gilt Entsprechendes.

◆ in der *Hochfrequenztechnik* das Einstellen eines [Rundfunk]empfängers oder Schwingkreises auf eine bestimmte Frequenz oder Wellenlänge mit Hilfe veränderl. Kondensatoren (Drehkondensatoren) oder Spulen (Variometer).

Abstimmungsgebiete, Bez. für die dt. und östr. Grenzgebiete, in denen nach dem 1. Weltkrieg auf Grund des in den Friedensverträgen von Versailles und Saint-Germain nur teilweise zugestandenen A. Selbstbestimmungsrechts die Bev. über ihre künftige staatl. Zugehörigkeit entscheiden sollte, im Ggs. zu Grenzgebieten, die ohne Abstimmung abgetreten werden mußten. A. in Deutschland waren Nordschleswig, Westpreußen östl. der Weichsel (Bez. Marienwerder), südl. Ostpreußen (Bez. Allenstein), Eupen-Malmedy (sämtl. 1920); Oberschlesien (1921); Saargebiet (1935); in Österreich: S-Kärnten (1920) und Ödenburg (1921).

Abstinenz [lat.], Enthaltsamkeit, insbes. Verzicht auf Alkohol.

Abstinenzerscheinungen, svw. ↑ Entziehungserscheinungen.

Abstinenztage, in der kath. Kirche bestimmte Tage, an denen der Genuß von Fleisch warmblütiger Tiere untersagt ist. - ↑ auch Fasten.

Abstoß, im Fußballspiel Stoß von der Grenze des Fünfmeterraumes, durch den der Ball wieder ins Spiel gebracht wird.

Abstract [engl. 'æbstrækt; lat.], thesenartige Zusammenfassung eines längeren Textes (z. B. wiss. Artikels, Vortrags).

Abstraction-Création [frz. apstraksjõkrea'sjõ], Vereinigung von Künstlern in Paris (1931–37), gegr. von A. Herbin und G. Vantongerloo; gedacht als Sammelbecken des. der konstruktiven Kunst. 1932–36 Zeitschrift gleichen Namens.

abstrahieren [lat.], von bestimmten Merkmalen absehen und etwas nur unter einem bestimmten Gesichtspunkt sehen; das Allgemeine vom Einzelnen absondern. - ↑ auch Abstraktion.

abstrakt [lat.], vom sinnl. Wahrgenommenen gelöst, unanschaul.; im negativen Sinne auch: nur theoret.; philosoph.: ↑ Abstraktion.

abstrakte Dichtung, Definitionsansätze finden sich im Umkreis des Dadaismus, u. a. bei K. Schwitters, für die die a. D. „Werte gegen Werte" setzt. „Man kann auch ‚Worte gegen Worte' sagen. Das ergibt keinen Sinn, aber es erzeugt Weltgefühl, und darauf kommt es an ... Die Merzdichtung ist abstrakt." Man kann einen Typus des reduzierten Textes (insbes. bei A. Stramm) von einem Typus des materialen Textes (z. B. bei T. Tzara, H. Arp, K. Schwitters) unterscheiden, bei dem Wörter nicht als Bedeutungsträger im Sinne traditioneller Lyrik, sondern Wort, Silbe und Buchstabe als akust. oder visuelles Material aufgefaßt werden, das auf ganz neue Weise Bedeutungen (Schwitters „Weltgefühl") trägt. Mißverständnisse der a. D. als einer „Dichtung ohne aussagbaren edankl.-bildl. Inhalt" beruhen wesentl. auf einem Vorverständnis von „Inhalt". Nach 1945 hat sich die Bez. ↑ konkrete Poesie durchgesetzt.

📖 *Brinkmann, R.:* Abstrakte Lyrik im Expressionismus. *In: Der dt. Expressionismus. Formen u. Gestalten. Hg. v. H. Steffen. Gött.* ²*1970. - Maier, Rudolf Nikolaus:* Paradies der Weltlosigkeit. Unterss. zur a. D. *Stg. 1964.*

abstrakte Kunst, obwohl jedes Kunstwerk das Resultat einer Abstraktion ist, versteht man unter a. K. nur Kunstwerke, deren Formen und Farben eine eigene, nicht auf die Imitation von Realität bezogene Autonomie und bildimmanente Logik besitzen. Kurz vor dem 1. Weltkrieg begannen an verschiedenen Orten in Europa einige Künstler nahezu gleichzeitig die ersten Versuche einer gegenstandslosen Malerei. F. Kupka komponierte 1909/10 in Paris seine ersten kleinformatigen Studien flächig rhythmisierter Farbkompositionen, die keine Gegenstandsassoziationen zulassen. Diese Arbeiten standen deutl. in Zusammenhang mit der Methode der gleichzeitig tätigen frz. Kubisten, die sich in der Nachfolge der Gestaltungsprinzipien

Cézannes um objektive Formen bemühten, ohne allerdings den Gegenstandsbezug zu verlassen. Kandinskys erstes abstraktes Werk, das 1910 in München entstandene Aquarell „Improvisation", und seine späteren „nonfigurativen" Kompositionen standen formal im Zusammenhang mit der Tradition des dt. Expressionismus und der Bewegung des Blauen Reiters. Der Holländer Piet Mondrian entwickelte seit 1912/13 aus seinen früheren, stark stilisierten Gegenstandsdarstellungen geometr. abstrakte Bilder, deren Kompositionsprinzip auf Vertikalen und Horizontalen bzw. reinen Farbflächen basiert, die zueinander in Beziehung gesetzt sind. Um 1914 formierte sich der russ. ↑Konstruktivismus. Die a. K. wurde bes. vom ↑Bauhaus, der ↑Stijlgruppe und der Gruppe ↑Abstraction-Création verbreitet. Nach dem 2. Weltkrieg war die ↑École de Paris tonangebend, sie mündete in den Tachismus (↑abstrakter Expressionismus). In Frankr. entstand auch die ↑Op-art. Die a. K. nahm in der Malerei mit dem amerikan. Action painting noch einmal einen letzten Aufschwung, auch in Deutschland hatte die informelle Kunst bed. Vertreter. Die abstrakte Plastik ist noch heute aktuell. - Abb. S. 52 und 53.

📖 *Malewitsch, K.: Die gegenstandslose Welt. Hg. v. H. M. Wingler. Neuausg. Mainz 1980. - Rüden, E. v.: Van de Velde, Kandinsky, Hölzel: Typolog. Studien zur Entstehung der gegenstandslosen Malerei. Wuppertal u. a. 1971.*

Abstrakten [lat.], Bestandteile der Orgeltraktur (↑Traktur); Leisten aus Tannen- oder Fichtenholz (heute auch Aluminium), die die Tasten mit den Pfeifenventilen verbinden.

abstrakter Expressionismus, Bez. für die Stilphase, die die europ. und amerikan. Kunst der fünfziger und frühen sechziger Jahre bestimmte; eine Malerei, die nicht nach konkreten Formprinzipien und -relationen, wie die frühere abstrakte Kunst arbeitet, sondern das Hauptaugenmerk auf den Schaffensprozeß des Gestaltens, die Gestik legt. Dabei wird die Eigenwertigkeit der Farben im spontanen Akt des Schaffensablaufes betont, was zur Anwendung der Technik des von Surrealisten theoret. vertretenen und teilweise praktizierten Automatismus führte. In Frankr. und Deutschland wird der a. E. meist als **Tachismus** bezeichnet, in den USA als **Action painting.** Anstelle von a. E. spricht man auch von **Informel** oder **informeller Kunst.** - Abb. S. 37.

abstraktes Ballett, moderne Ballettform, bei der die Choreographie aus der Musik und aus der Bewegungsstudie zur Musik erwächst. Der Tänzer ist nicht Darsteller einer Rolle, sondern gestaltender Interpret der Musik.

abstraktes Rechtsgeschäft ↑Rechtsgeschäft.

Abstraktion [lat.], das Heraussondern des unter einem bestimmten Gesichtspunkt Wesentl. vom Unwesentl., Zufälligen sowie das Ergebnis dieses Heraussonderns; im engeren Sinn die Operation, vermittels derer man zu den dann Abstrakta oder A. genannten Ergebnissen kommt. In der *Philosophie* wurde die sog. klass. A.theorie im MA ausgebildet. Sie besagt, daß das entweder unabhängig und primär (↑Realismus) oder nur in den Individuen (↑Nominalismus) existierende Allgemeine (die Genera und Species) durch Absehen von den jeweils unwesentl. Merkmalen bei gleichzeitigem Herausheben und gesondertem Betrachten der wesentl. Merkmale der dann als ↑konkret bezeichneten Individuen erkannt werde (↑auch Universalienstreit). Die von der modernen Logik und Sprachphilosophie im Anschluß an G. Frege entwickelte A.lehre beschreibt die log. Konstruktion, die von Reden über konkrete Gegenstände x, y zu einer neuen Redeweise führt, bei der an Subjektstelle Ausdrücke αx, αy auftreten, denen innerhalb der traditionellen Redeweise die *Namen* abstrakter Gegenstände entsprechen, womit das Reden über abstrakte Gegenstände als bes. Redeweise über konkrete Gegenstände interpretierbar wird.

📖 *Kamlah, W./Lorenzen, P.: Log. Propädeutik. Vorschule des vernünftigen Redens. Mhm. u. a. ²1973. - Oeser, E.: Begriff und Systematik der A. Wien u. Mchn. 1969.*

Abstraktum [lat.], Begriffswort; im Ggs. zum ↑Konkretum ein Substantiv, das Nichtdingl. bezeichnet.

Abstreifreaktion (Stripping reaction), Kernreaktion, bei der ein mit einem Kern des schweren Wasserstoffs (Deuteron) beschossener Atomkern das Neutron oder das Proton absorbiert und das andere Nukleon streut; die hierzu umgekehrten Reaktionen sind die Einfangreaktionen.

Abstrich, Entnahme von Haut- oder Schleimhautbelag zur bakteriolog. und zytolog. Diagnostik.
◆ beim Spielen von Streichinstrumenten die Bewegung, mit der der auf der Saite aufliegende Bogen vom Griffende (Frosch) zur Spitze geführt wird.
◆ infolge ihrer geringen Dichte auf der Oberfläche einer Metallschmelze schwimmende Schicht von Metallverbindungen, die durch Abstreichen entfernt werden kann.

Abstrichmethode ↑Weglaßprobe.

abstrus [lat.], schwer verständl., verworren.

Abstumpfung, *psycholog.* die Abnahme der Gefühlsansprechbarkeit einer Person (emotionale A.); tritt v. a. bei psych. Übersättigung, Erschöpfung und neurot. Persönlichkeitsveränderungen auf.
◆ in der *Chemie* ↑Puffer.

Absud, Abkochung, wäßriger Auszug.

absurd [lat.], ursprüngl. svw. „sinnlos",

auch für widerspruchsvolle Begriffe (z. B. *rundes Viereck*) oder für offensichtl. falsche Aussagen verwendet. - Bei den Kirchenvätern (Tertullian, Augustinus) dient a. auch zur Charakterisierung derjenigen theolog. Aussagen, die sich nicht beweisen, sondern nur glauben lassen. Auf diese Weise bekommt a. im Rahmen religiöser Meditationen eine Bed., die weniger „sinnlos" als „mit der (menschl.) Vernunft nicht erfaßbar" meint. - Bei Sartre wird das Absurde erstes Prädikat des Gegebenen: die Welt und der Mensch in ihr hat keinen Sinn. Vielmehr muß der Mensch sich und d. h. das, was er sein will, erst entwerfen. Nach Camus kommt es darauf an, diesem Absurden Widerstand zu leisten, obwohl man weiß, daß dieser Widerstand, die Revolte, ebenfalls a. bleibt. Diese Revolte den anderen Menschen gegenüber aufrechtzuerhalten, macht die Würde und Größe des Menschen aus.
🕮 *Camus, A.: Der Mythos v. Sisyphos. Ein Versuch über das Absurde. Dt. Übers. Rbk. 218.–225. Tsd. 1978.*

absurdes Theater, das Theater der Dramatiker E. Ionesco, A. Adamov, S. Beckett, J. Tardieu, F. Arrabal u. a. Vorläufer waren u. a. A. Jarry und G. Apollinaire. Geistiger Impuls des a. T. ist die Entdeckung der Welt als metaphys. Niemandsland. In zwei Weisen demonstriert das a. T. die daraus resultierende Verkümmerung und Destruktion des Menschen: parabelhaft, abstrakt, gesellschafts- und geschichtsentrückt (z. B. Beckett) oder in der Darstellung der sich in ihre sinnentleerte Alltagswelt einmauernden Bürger, die die Sinnfrage durch verhärtete Gewohnheiten und Terror ersetzen (Ionesco). Die Reduktion der Sprache, ihre Sinnentleerung und ihr Verstummen zeigt einmal die totale Entfremdung des Menschen von der Umwelt, den Mitmenschen und sich selbst (Beckett); der systemat. und leidenschaftl. Gebrauch der banalsten Alltagssprache deckt andererseits den Verlust echter Kommunikation, die Verdummung und Entmenschlichung durch den Gemeinplatz auf (Ionesco). Züge des a. T. zeigen auch Werke von W. Gombrowicz, S. Mrożek, H. Pinter, E. Albee und P. Handke.
🕮 *Daus, R.: Das Theater des Absurden in Frankr. Stg. 1977. - Heidsieck, A.: Das Groteske u. das Absurde im modernen Drama. Stg. [2]1971.*

Absurdität [lat.], Widersinnigkeit, Sinnlosigkeit, Unvernunft.

AB0-System (AB-Null-System), klass. System zur Einteilung der ↑ Blutgruppen.

Abszeß [zu lat. abscedere „weggehen, sich ablagern"], Eiteransammlung in einer anatom. nicht vorgebildeten Gewebshöhle. Ein A. kann sich nach Ansiedlung von Eitererregern überall im Körper bilden, wenn im Rahmen der Abwehr des Organismus Gewebe zugrunde geht und eitrig einschmilzt. Der oberfläch., unter der Haut gelegene, *akute* oder **heiße Abszeß** geht einher mit den örtl. Zeichen einer Entzündung: Schwellung, Rötung, Schmerzhaftigkeit und Wärme; Durchbruch und Entleerung des oberfläch. A. führt meist zur Abheilung; Aufbrechen tief gelegener A. in die Nachbarschaft hat Entzündung weiterer Organe mit oft schwerem Verlauf zur Folge. Der **kalte Abszeß** entsteht meist durch Einschmelzung tuberkulöser Herde ohne die übl. Anzeichen einer Entzündung.

Abszisine [lat.], Pflanzenhormone, die das Abwerfen von Pflanzenteilen, z. B. der herbstl. Blätter oder der Früchte bewirken.

Abszisse [lat.], die x-Koordinate eines Punktes in einem ebenen ↑ Koordinatensystem. Die y-Koordinate heißt Ordinate. Die zugehörigen Koordinatenachsen heißen Abszissenachse und Ordinatenachse.

Abt, Franz, * Eilenburg 22. Dez. 1819, † Wiesbaden 31. März 1885, dt. Liederkomponist. - Seine Klavierlieder und Männerchöre waren seinerzeit sehr beliebt.

A., [Carl] Roman, * Bünzen 17. Juli 1850, † Luzern 1. Mai 1933, schweizer. Ingenieur. - Erfand 1882 die Stufenzahnstange für Zahnradbahnen (2 bzw. 3 gegeneinander versetzte Zahnstangen), laufruhige Ausf. Bergbahnen.

Abt [zu ↑ Abba] (in der griech.-lat. Kirchensprache Abbas), Bez. und Titel des Vorstehers einer Mönchsgemeinschaft, Leiter einer Abtei mit Jurisdiktionsgewalt; er ist keinem Bischof unterstellt (exemt). In einzelnen ev. Anstalten, die auf kath. Klöster zurückgehen, blieb der Titel A. erhalten (z. B. in Loccum und Bursfelde).

abtakeln, seemänn.: die ↑ Takelage entfernen.

Abtastnadel, Vorrichtung zum Abtasten der Tonrille von ↑ Schallplatten; früher Stahlnadeln, heute nadelförmige [Mikro]saphire oder Diamanten.

Abtauautomatik, Vorrichtung, den vereisten Verdampfer, z. B. in Kühlschränken, zu enteisen. Das Tropfwasser fließt über eine Ablaufrinne in einen Verdunstungsbehälter auf die Geräterückseite.

Abtei [zu ↑ Abba], ein Kloster von (i. d. R. mindestens 12) Regularkanonikern, Mönchen oder Nonnen, das von einem Abt oder einer Äbtissin geleitet wird und verwaltungs- und vermögensrechtl. selbständig ist.

Abteilung, in sich abgeschlossener Teil[bereich] einer größeren organisator. oder systemat. Einheit.
◆ Kategorie der biolog. ↑ Systematik.
◆ Abschnitt einer geolog. Formation.
◆ an Univ. und techn. Hochschulen sowie an Kunst- und Musikhochschulen vielfach übl. Gliederung anstelle von Fakultäten oder Fachbereichen.
◆ militär. Bez. 1. für eine geschlossene Gruppe von Soldaten; 2. bis 1945 für einen dem Batail-

lon entsprechenden Verband bei bestimmten Waffengattungen.

◆ wasserdichter Schiffsraum, von Schotten umschlossen.

Abteilungsgliederung, organisator. Gliederung des Betriebsaufbaus (Aufbauorganisation) nach Abteilungen unter Angabe des jeweiligen sachl. Hauptaufgabenbereichs aller zu einer Abteilung zusammengefaßten Stellen.

Abteufen, im Bergbau Herstellung von Schächten und Niederbringen von Bohrungen.

Äbtissin [zu ↑Abba], Vorsteherin einer Abtei einer weibl. Ordensgemeinschaft, eines Kanonissen- oder eines Damenstifts.

Abtragung, Sammelbegriff für die auf Erniedrigung und Einebnung der Oberflächenformen des Festlandes hinwirkenden Vorgänge; ↑Denudation, ↑Erosion.

Abtragungsdurchbruch ↑Durchbruchstal.

Abtreibung ↑Schwangerschaftsabbruch.

Abtrennarbeit, Arbeit oder Energie, die nötig ist, um von einem gebundenen Teilchensystem ein Teilchen oder Teilsystem völlig abzutrennen; entspricht der Bindungsenergie, mit der das Teilchen oder Teilsystem gebunden ist. - ↑auch Ablösearbeit, ↑Elektronenemission.

Abtrennungsregel, eine log. Schlußregel (Modus ponens), kraft der von einer Aussage A und der Aussage A → B (wenn A dann B) zur Aussage B übergegangen werden kann.

Abtretung (Zession), im *Zivilrecht* die Übertragung von Forderungen und anderen Rechten von dem bisherigen Gläubiger (Zedent) auf einen neuen Gläubiger (Zessionar), im BGB in §§ 398 ff. geregelt. Die A. erfolgt ohne Mitwirkung des Schuldners durch einen abstrakten, formlos gültigen Vertrag zw. Zedent und Zessionar. Grundsätzl. sind alle Forderungen und sonstigen Rechte abtretbar (sofern an ihrem Inhalt durch die A. nichts verändert wird), auch künftige und bedingte Forderungen sowie Anwartschaften. Der Gegenstand der A. muß ledigl. bestimmt oder doch bestimmbar sein.

◆ im *Völkerrecht* ↑Gebietserwerb.

Abtrieb, Energieabgabepunkt am Ausgang einer Maschine oder eines Getriebes.

◆ in der Landwirtschaft das Zurückführen der Rinder von den Almen in die Ställe der Gebirgstäler.

Abubacer [abuˈbatsɛr] (arab. Abu Bakr Ibn Tufail) * Guadix bei Granada um 1115, † Marrakesch 1185 oder 1186, arab. Philosoph und Arzt. - Neuplatoniker myst. Prägung, Freund von Averroes; A. war auch Dichter, Mathematiker und Astronom. In seinem Hauptwerk, dem Roman „Die Geschichte vom Lebenden, dem Sohn des Wachenden" (d. h. Gottes), schildert er die geistige Entwicklung eines auf einer einsamen Insel ausgesetz-

ten Kindes bis hin zu einer myst. Gottesschau, die dem Islam entspricht. Das Werk wurde 1671 ins Latein., bald darauf in andere Sprachen übersetzt.

Abu Bakr (Abu Bekr), * Mekka um 573, † Medina 23. Aug. 634, erster Kalif. - Schwiegervater und Nachfolger des Propheten Mohammed nach dessen Tod 632; bezwang als Kalif zur Verteidigung der Einheit des Islams die abgefallenen arab. Stämme und schuf die Grundlage für die Eroberung des Kalifenreiches.

Abu Bakr Ibn Tufail ↑Abubacer.

Abu Bakr Ar Rasi ↑Rhazes.

Abu Bekr ↑Abu Bakr.

Abu Dhabi [ˈabu ˈzabi] (Abu Sabi), Hauptstadt des Emirats A. D. (↑Vereinigte Arabische Emirate), auf einer Insel im Pers. Golf, durch eine Brücke mit dem Festland verbunden, 243 000 E. Hafen, ✈.

Abu Hanifa, * Al Kufa (Mesopotamien) um 699, † Bagdad 767, islam. Theologe und Rechtsgelehrter. - Begründer einer orthodoxen (sunnit.) Richtung im Islam, der sog. hanefit. Schule (↑Hanefiten).

Abu Kamil Schudscha Ibn Aslam, arab. Mathematiker ägypt. Herkunft um die Wende des 9. zum 10. Jh. n. Chr. - Arbeiten auf dem Gebiet der Algebra. Trotz Anwendung geometr. Beweisverfahren tritt darin verstärkt eine Tendenz zur Arithmetisierung auf. Starker Einfluß auf die frühe abendländ. Mathematik (Leonardo von Pisa u. a.).

Abukir (arab. Abu Kir, Ort in Ägypten, am Mittelmeer, 20 km nö. von Alexandria. Der vernichtende Sieg der brit. Flotte unter Nelson über die Franzosen 1798 vor A. ent-

Abu Simbel. Die vier Kolossalstatuen vor dem Tempel von Abu Simbel

schied prakt. den Ausgang der ägypt. Expedition; 1799 Sieg Bonapartes über ein osman. Landekorps.

Abukuma, Fluß im nördl. Teil Hondos, Japan, entspringt 20 km südl. des Inawaschirosees, fließt am W-Fuß des bis 1 193 m hohen *A.berglandes* entlang, mündet 25 km südl. von Sendai in den Pazifik, 195 km lang.

Abul Abbas, † Anbar (Irak) Juni 754, erster Kalif (seit 749) der Dynastie der ↑ Abbasiden. - Ließ die Omaijaden rücksichtslos verfolgen und z. T. hinrichten.

Abul Ala Al Maarri, * Maarrat An Numan bei Aleppo (Syrien) 26. Dez. 973, † ebd. 10. (oder 21.) Mai 1057, arab. Dichter. - Als Kind erblindet; originaler Denker, Lyriker; Kritik an islam. Glaubensvorstellungen.

Abul Fida (Abul Feda), Ismail, * Damaskus im Nov. 1273, † Hama 27. Okt. 1331, arab. Geschichtsschreiber und Geograph. - Ab 1310 Statthalter von Hama und Sultan; verfaßte eine Weltgeschichte (Chronologie der Ereignisse bis 1329) und ein geograph. Werk.

Abulie [griech.], „Willenlosigkeit", Antriebsschwäche; die Unfähigkeit, Entschlüsse zu fassen oder auszuführen.

Abul Wafa Al Busdschani [„Vater der Ehrlichkeit aus Busdschan"], * Busdschan (NO-Persien) 940, † Bagdad 998, pers.-arab. Mathematiker und Astronom. - Verfaßte u. a. auf eigenen Beobachtungen basierendes astronom. Tafelwerk und ein Lehrbuch für angewandte Geometrie; führte den Sinussatz, den Tangenssatz, den Sekans und den Kosekans ein, berechnete eine Sinustafel von 30′ zu 30′ auf 4 Sexagesimalstellen (entspricht 8 Dezimalstellen).

Abu Maschar (Abu Maschar Dschafar Al Balchi; latinisiert Abumasar, Albumasar), * Balch (Afghanistan) 787, † Wasit (Irak) 886, islam. Astrologe. - Schuf astrolog. Handbücher, die durch lat. Übersetzungen (Johannes Hispalensis, 1130) für das Aufstellen von Geburtshoroskopen auch im Abendland lange maßgebl. blieben. Er lehrte astrolog. Wettervorhersage.

abundante Zahl [lat./dt.], natürl. Zahl, deren Doppeltes kleiner als die Summe aller ihrer (ganzzahligen) Teiler ist; a. Z. sind z. B. 12, 18, 20, 24, 30 und 36.

Abundantia [lat.], in der röm. Religion Personifikation des Überflusses, der reichen Ernte und des Wohlstandes.

Abundanz [lat.], *stilist. Begriff*, der die Fülle sprachl. Ausdrucksformen für eine Sache bezeichnet.

◆ Begriff der *Demographie* für Bevölkerungsdichte.

◆ in der *Ökologie* meist die auf eine Flächen- oder Raumeinheit bezogene Individuenzahl einer Art (**Individuendichte**) oder die Artendichte einer Pflanzen- bzw. Tiergesellschaft (**absolute Abundanz**).

AB0-Unverträglichkeit (AB0-Inkompatibilität, AB-Null-Unverträglichkeit, Unverträglichkeit von blutgruppenfremdem Blut (↑ Bluttransfusion).

Abura [afrikan.] ↑ Hölzer (Übersicht).

ab urbe condita [lat. „seit der Stadtgründung" (Roms)] (anno urbis [conditae]), Abk. a. u. c.; röm. Jahrzählung von der Gründung Roms an, ↑ Zeitrechnung.

Abu Rudais, ägypt. Erdölfeld an der südl. W-Küste des Halbinsel Sinai.

Abu Sabi ↑ Abu Dhabi.

Abu Sanima, ägypt. Hafenort an der zentralen W-Küste der Halbinsel Sinai. Erdölfelder an und vor der Küste ssö. von A. S.

Abusch, Alexander, * Krakau 14. Febr. 1902, † Berlin (Ost) 27. Jan. 1982, dt. Publizist und Politiker (KPD bzw. SED). - 1933-46 Emigration, 1956 Mgl. des ZK der SED; 1958-61 Min. für Kultur; 1961-71 einer der stellv. Vors. des Min.rats (zuständig für Kultur und Erziehung); zahlr. Schriften.

Abu Schahrain (Tell Abu Scharein), Ort in Irak mit den Überresten der Ruinenstadt ↑ Eridu.

Abu Simbel, zwei Felsentempel Ramses' II. (1290-1224 v. Chr.) am westl. Nilufer, Oberägypten. Der *Große Tempel* ist der Dreiergottheit Re, Amun und Ptah und dem vergöttlichten König geweiht und so orientiert, daß bei den Äquinoktien die ersten Strahlen der aufgehenden Sonne 60 m in den Felsen bis zum Kultbild vordringen („Sonnenwunder"). Vor der Fassade 4 Kolossalstatuen des Königs. Der *Kleine Tempel*, 150 m nördl. des großen, gilt dem Kult der Göttin Hathor. Beide Tempel wurden 1964-68 auf Kosten der UNESCO und starker internat. Beteiligung in Blöcke zerlegt und 65 m höher wieder aufgebaut, da sie sonst im Stausee von Assuan versunken wären.

Abu Sir (altägypt. per-Osiri „Tempel des Osiris"; griech. Busiris), Name ägypt. Orte; beim wichtigsten (am westl. Nilufer, 11 km südl. von Kairo) stehen vier Pyramiden der 5. Dynastie sowie das bed. Grab eines Beamten dieser Zeit. In der Nähe die Überreste des Sonnenheiligtums des Königs Neuserre (5. Dynastie).

Abu Sir Al Malak, Ort in Oberägypten, am westl. Nilufer, 20 km nördl. von Bani Suwaif, am Eingang zum Becken von Al Faijum; bed. vorgeschichtl. Gräberfeld der 2. Hälfte des 4. Jt.; Ruinen eines Tempels der 30. Dynastie.

Absusus [lat.], Mißbrauch, übermäßiger Gebrauch (z. B. von Arzneimitteln).

Abu Tammam, * Dschasim (Syrien) um 805, † Mosul (Irak) 845 oder 29. Aug. 846, arab. Dichter. - Verdankt seinen Ruhm seinen umfangreichen Anthologien arab. Poesie, bes. seiner „Hamasa", einem wichtigen Quellenwerk für die früharab. Literaturgeschichte.

Abutilon [arab.], svw. ↑ Schönmalve.

Abwärme, die bei wärmetechn. Prozessen, insbes. bei Energieerzeugung in therm. oder Kernkraftwerken anfallende Restwärme. Die A. wird von Kühlwasser oder Kühlluft abgeführt und kann noch wirtschaftl. zur Erzeugung von Dampf oder Heißwasser verwendet werden (Abwärmeverwerter).

Abwasser, mit Schmutz- und Abfallstoffen, Fäkalien, Chemikalien usw. verunreinigtes Wasser aus Haushaltungen, Gewerbe- und Industriebetrieben sowie Niederschlagswasser. Die **Abwasserreinigung** wird insbes. im kommunalen Bereich in 2 Stufen vollzogen: 1. *mechan. Reinigung:* Im Rechen werden die groben Verunreinigungen zurückgehalten. Im Sandfang setzen sich, durch Verringerung der Fließgeschwindigkeit des Wassers, kleine mineral. Bestandteile ab. Im Absetzbecken werden die sonstigen absetzbaren Stoffe ausgefällt und die Schwimmstoffe abgeschöpft. Der hier abgeschiedene Klärschlamm wird meist durch die ohne Sauerstoff auskommenden (anaeroben) Methanbakterien ausgefault (Gewinnung von Methangas), dann getrocknet und als Dünger verwendet oder verbrannt. 2. *biolog. Reinigung:* Die nach der mechan. Reinigung in A. noch enthaltenen Schmutz- und Fremdstoffe, v. a. die gelösten und feinst verteilten unstabilen, fäulnisfähigen Stoffe, werden in einer anschließenden biolog. Reinigung entfernt und aufgearbeitet. Die organ. Schmutzstoffe werden durch Sauerstoff benötigende (aerobe) Bakterien wie bei der natürl. Selbstreinigung der Gewässer abgebaut. In Tropfkörperanlagen rieselt das Wasser über Brockenmaterial (Lava), auf dem sich die Bakterien befinden. Beim Belebtschlammverfahren wird das Wasser mit bakterienhaltigem Schlamm gemischt und mit Druckluft oder mechan. belüftet und umgewälzt. Der entstehende Bakterienschlamm wird im Nachklärbecken zurückgehalten. Seltener werden die Abwässer in Fischteiche eingeleitet sowie durch Verrieseln oder Verregnen auf landw. Flächen verwertet.

Die *Reinigung industrieller A.* erfolgt prinzipiell nach den oben beschriebenen Verfahren, wobei je nach Art der Verunreinigung noch zusätzl. Reinigungsstufen wie die chem. Flokkung und Fällung, Neutralisation, Entgiftung durch Zugabe von Oxidationsmitteln oder Verwendung von Ionenaustauschern erforderl. sind, die vor der biolog. A.reinigung durchgeführt werden müssen, um den biolog. Abbau nicht zu stören.

Eine bes. Behandlung erfordern radioaktive Abwässer (↑radioaktiver Abfall).

📖 *Lehr- und Hdb. der A.-Technik,* hg. von der Abwassertechn. Vereinigung e. V. 7 Bde. St. Augustin ³1982–86.

Abwasserbiologie, Zweig der angewandten Hydrobiologie, der sich mit den biolog. Verhältnissen der Abwasser hauptsächl. in hygien. Hinsicht befaßt.

Abwasserhygiene, Teilbereich der öffentl. Hygiene; wertet die Ergebnisse der Abwasserbiologie unter dem Gesichtspunkt allg. Gesundheitsmaßnahmen aus.

Abwehr, *militär.* 1. Kampfart, die einen bestimmten Raum gegen den Angriff des Feindes behauptet; 2. Widerstand leistende Truppe; 3. geheimdienstl. Organe, die Gegenspionage betreiben, und ihre Tätigkeit.

◆ in der *Biologie* bes. Verhaltensweisen, durch die Tiere und Menschen gefährl. und bedrohenden Situationen zu entkommen bzw. sie abzuwenden versuchen. Charakterist. für das **Abwehrverhalten** sind Reflexe, Fluchtreaktionen sowie Droh- und Angriffsverhalten.

◆ in der *Medizin* Schutzreaktionen (Reflexbewegungen, z. B. Lidschlußreflex) des Körpers gegen schädigende Reize. Gegen körperfremde Stoffe werden ↑Antikörper gebildet.

◆ im *Sport:* bei Ballspielen Gesamtheit der verteidigenden Spieler einer Mannschaft, auch die Aktion, mit der der Ball abgewehrt wird.

Abwehrenzyme ↑Abderhalden-Reaktion.

Abwehrklage, im Zivilrecht Oberbegriff

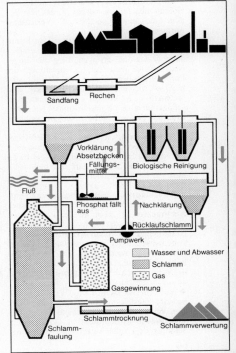

Abwasser. Schematische Darstellung einer mechanisch-biologischen Kläranlage

Sandfang · Rechen · Vorklärung Absetzbecken · Fällungsmittel · Biologische Reinigung · Fluß · Phosphat fällt aus · Nachklärung · Rücklaufschlamm · Pumpwerk · Gasgewinnung · Schlammtrocknung · Schlammverwertung · Schlammfaulung

Wasser und Abwasser
Schlamm
Gas

für Beseitigungsklage und Unterlassungsklage; Klage des Inhabers eines jeden absoluten Rechts (z. B. Eigentum) und gesetzl. geschützten Rechtsguts (z. B. Patente, Ehre) auf Beseitigung rechtswidriger Beeinträchtigungen.

Abwehrmechanismen, Bez. der psychoanalyt. Theorie S. Freuds für nichtwillentl. oder unbewußt erfolgende Verhaltensstrategien des Ich, die nicht nur der neurot. erkrankte, sondern in gewissem Sinn auch der gesunde Mensch anwendet, um sich gegen Konflikte zw. Befriedigung und Verzicht zu schützen. Dabei zielen die A. des Ich auf einen Kompromiß, der einerseits die moral. Integrität wahrt, andererseits zugleich eine teilweise, entstellte Verwirklichung des Triebziels einräumt. Wichtige A. sind z. B. Frustration, Identifizierung, Isolation, Rationalisierung, Sublimation und Verdrängung.

Abwehrspannung, durch Reizung des Bauchfells unwillkürl., nervös-reflektor. ausgelöste, oft brettharte Spannung der Bauchdeckenmuskulatur bei entzündl. Prozessen im Bauchraum.

Abwehrstoffe, svw. ↑ Antikörper.
◆ svw. ↑ Schreckstoffe.

Abwehrverhalten ↑ Abwehr.

Abwehrzauber ↑ Zauber.

Abwehrzölle ↑ Zölle.

abweichendes Verhalten, in der Soziologie Bez. für ein Verhalten, das von den allg. anerkannten gesellschaftl. Verhaltensnormen abweicht.

Abweichung, marxist. Begriff zur Kennzeichnung und Diffamierung von Parteiangehörigen und -gruppen, die gegen die jeweils offiziell festgelegte „Generallinie" der Partei verstoßen (Verbot des Fraktionalismus); oft wird unterschieden zw. „linker" und „rechter" A.; die Vorwürfe des Dogmatismus, Opportunismus, Revisionismus, Sektierertums u. ä. gehören in diesen Zusammenhang.

Abweiser, svw. ↑ Buhne.

Abweisung, im Völkerrecht die Weigerung eines Staates, Fremde in das Staatsgebiet einreisen zu lassen. Sie unterliegt dem freien Ermessen jedes Staates, darf aber nicht willkürl. (z. B. diskriminierend) erfolgen, auch nicht das Asylrecht verletzen.

Abweitung, abnehmender Abstand aufeinanderfolgender Längenkreise (Meridiane). Am Äquator 111,3 km, an den Polen 0 km.

Abwerbung, Versuch von Unternehmen, Arbeitnehmer zu einem Arbeitsplatzwechsel von einem fremden in das eigene Unternehmen zu veranlassen, z. B. durch Zusagen von höheren Löhnen. Die A. ist grundsätzl. zulässig, kann jedoch bei Vertragsbruch zu Schadensersatzpflicht führen.

◆ im Recht der DDR die mit Freiheitsstrafe bedrohte Verleitung von Bürgern der DDR zum Verlassen des Staatsgebiets.

Abwertung (Devaluation, Devalvation), Senkung des Außenwertes einer Währung; der Preis für eine ausländ. Währungseinheit (ausgedrückt in inländ. Währungseinheiten) steigt bzw. der Preis für eine inländ. Währungseinheit (ausgedrückt in ausländ. Währungseinheiten) sinkt. Eine A. wird dann notwendig, wenn in einem Land ein wesentl. Unterschied zw. dem Devisenkurs und der tatsächl. Kaufkraftparität der inländ. Währung gegenüber den ausländ. Währungen besteht. Das ist dann der Fall, wenn das Preisniveau des Inlandes gegenüber dem Preisniveau des Auslandes überhöht ist, wodurch der eigene Export erschwert und der Import aus den Partnerländern erleichtert ist. Es entsteht eine passive Leistungsbilanz und ein dauernder Abfluß von Gold und Devisen. Ist der Gold- und Devisenvorrat des Landes aufgebraucht und kann die passive Leistungsbilanz durch Kapitalimporte und/oder internat. Kreditgewährungen nicht kompensiert werden, so muß die Währung abgewertet werden. Dadurch wird das Preisniveau dem internat. Niveau angeglichen. Das inländ. Preisniveau wird von der A. nur insoweit berührt, als die Volkswirtschaft von Importen abhängig ist. Nach erfolgter A. steigen bei entsprechender Angebots- und Nachfrageelastizität die Exportchancen, wodurch ein Anreiz auf die Investitionstätigkeit ausgeübt wird. Eine mißbräuchl. Anwendung der A., die einem Land nur Exportvorteile verschaffen bzw. den Import hemmen soll (**Valutadumping**), kann dazu führen, daß andere Länder ihre Währung ebenfalls abwerten (*A.konkurrenz*); Mgl. des Internat. Währungsfonds ist daher eine Aufbzw. Abwertung von mehr als 10 % nur mit Zustimmung des Fonds gestattet.

⚏ *Sohmgen, E.: Wechselkurs u. Währungsordnung.* Tüb. 1973.

Abwesenheit, im *Zivilprozeß* kann A. zu einem Versäumnisurteil führen. Im *Strafprozeß* besteht für den Angeklagten in der Hauptverhandlung grundsätzl. Anwesenheitspflicht, und zwar auch im Privatklageverfahren. Im *Zustellungswesen* ist bei A. des Empfängers Ersatzzustellung und Zustellung durch öffentl. Bekanntmachung möglich. Im *Wehrstrafrecht* führt eigenmächtige A. von der Truppe oder Dienststelle von mehr als drei Tagen zu Freiheitsstrafe.

Abwetter, verbrauchte Luft im Bergbau unter Tage, die auf natürl. Wege zu Tage gelangt oder mittels Ventilator abgeführt wird (↑ Grubenbewetterung).

abwickelbare Fläche, räuml. Fläche (Kegel[mantel], Zylinder, allg.: Torse), die sich – im geeigneter Weise aufgeschnitten – auf eine Ebene abwickeln läßt.

Abwicklung, svw. ↑ Liquidation.

Abwicklungsbilanz, Bilanz, die bei Beginn (Liquidationseröffnungsbilanz) und Ende (Liquidationsschlußbilanz) der Abwicklung (Liquidation) einer aufgelösten Gesellschaft aufzustellen ist.

Abwind, abwärts gerichtete Luftströmung, z. B. im Lee von Gebirgen; häufig mit Wolkenauflösung verbunden, bei ausreichender Höhe und des Gebirges auch mit merkl. Temperaturerhöhung (↑ Föhn).

Abwitterung ↑ Verwitterung.

abwracken, ein Schiff verschrotten.

Abwurfband, Förderband mit großer Reichweite an Baggern, Absetzern und Förderbrücken, das das Fördergut austrägt.

Aby, Lagune [frz. a'bi], Lagune am Golf von Guinea, im SO der Republik Elfenbeinküste, etwa 1 000 km²; Fischerei und Schiffahrt; Kanalverbindung zur Lagune Ébrié.

Abyatasee ↑ Abjatasee.

Abydos, (altägypt. Abodu) bed. Ruinenstätte in Oberägypten, 100 km nw. von Luxor, Hauptverehrungsstätte des Osiris. Wichtigstes Denkmal ist der gut erhaltene Osiristempel Sethos' I. mit sieben Kapellen für die Götter des Landes. Nördl. der älteste Bezirk mit Grabanlagen der Könige der beiden ersten Dynastien. Eines dieser Gräber, das des Djer, galt seit dem 2. vorchristl. Jt. als das Osirisgrab. Der zugehörige große Tempel ist nur in geringen Resten erhalten.

A., (lat. Abydus) antike Stadt an der engsten Stelle des Hellespont, daher als Lande- und Übergangsplatz bevorzugt (480 v. Chr. Xerxes, 334 Alexander der Große); angenommener Schauplatz der Hero-und-Leander-Sage; thrak. Gründung; um 700 v. Chr. von Milet aus besiedelt; im 14. Jh. durch die Osmanen endgültig zerstört.

Abyssal [griech.] (abyssale Region), Tiefenbereich der Ozeane; bei etwa 1 000 m Tiefe beginnend und bis etwa 6 000–7 000 m Tiefe reichend. Das A. ist eine völlig lichtlose Zone ohne Pflanzen, dort lebende Tiere sind auf absinkende organ. Reste als Nahrung angewiesen.

Abyssinisches Gold, goldfarbene Kupfer-Zink-Legierung mit rund 90 % Kupfer; Verwendung für Modeschmuck.

abyssisch [griech.], aus der Tiefe der Erde stammend; zum Tiefseebereich gehörend.

abzählbare Menge, eine unendl. Menge, deren Elemente sich umkehrbar eindeutig den natürl. Zahlen zuordnen lassen; abzählbar ist z. B. die Menge der ganzen Zahlen und die Menge der rationalen Zahlen. - ↑ auch Mengenlehre.

Abzahlungsgeschäft, Kaufvertrag über eine bewegl. Sache, bei dem der Kaufpreis in Teilzahlungen entrichtet werden soll und der Verkäufer sich gewöhnl. das Eigentum bis zur vollen Bezahlung des Kaufpreises vorbehält (Eigentumsvorbehalt). Das A. wurde gesetzl. erstmals geregelt durch das ReichsG betreffend die Abzahlungsgeschäfte vom 16. 5. 1894; neu geregelt durch das AbzahlungsG vom 16. 5. 1974. Als wichtige neugeregelte Schutzvorschrift für den Verbraucher gibt das Gesetz ein Widerrufs- und Rückgaberecht. Die auf einen Vertragsabschluß gerichtete Willenserklärung des Käufers wird erst dann wirksam, wenn er sie nicht dem Verkäufer gegenüber innerhalb einer Woche schriftl. widerruft. Dieses Widerrufsrecht kann der Käufer ohne Angabe von Gründen nach freiem Belieben ausüben. In dem notwendigerweise schriftl. Kaufvertrag müssen folgende Angaben enthalten sein: Der Barzahlungspreis, der Teilzahlungspreis, der Betrag, die Anzahl und die Fälligkeit der einzelnen Teilzahlungen und v. a. der effektive Jahreszinssatz.

Beim A. sind mehrere Arten der Teilzahlungsfinanzierung mögl.: der echte Personalkredit ohne Bezug zum Kaufvertrag - unechte Personalkredit bei weitgehender wirtschaftl. Identität von Banken und Abzahlungsverkäufer bzw. bei Darlehensüberweisungen direkt an einen bestimmten Verkäufer. Beim Abzahlungskredit wird ebenfalls das Darlehen unmittelbar an den Teilzahlungsverkäufer ausbezahlt.

In *Österreich* gilt für A. über bewegl. körperl. Sachen das Ratengesetz 1961. Im *schweizer. Recht* hat das A. 1962 eine neue ausführl. Regelung erhalten.

Abzahnen (Schruppen), Aufrauhen einer Holzoberfläche vor dem Verleimen oder Furnieren.

Abzeichen, 1. Erkennungsmerkmal für Angehörige einer bestimmten polit. Partei oder Organisation, auch eines Vereins u. ä.; 2. bei Militär und Polizei svw. Dienstgrad- bzw. Laufbahnabzeichen.
◆ in der Färbung von der Grundfarbe des Körpers abweichende Haut- bzw. Haarstellen (Flecke) bei Haustieren. Meist sind A. heller als die Grundfärbung, z. B. die ↑ Blesse.

Abziehbild, Bildfolie auf wasserdurchlässiger, leimbeschichteter Trägerschicht; das A. wird angefeuchtet, angedrückt, und die Trägerschicht abgezogen.

Abziehen, in der *Textilind.*: Entfärben von Textilien mit Hydrosulfit (Natriumdithionit).
◆ beim *Kochen*: mit Eigelb Sämigmachen (Legieren).

Abwickelbare Fläche

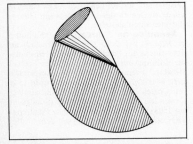

◆ in der *Technik:* Lösen eines Kugellagers oder Rades u. a. von einer Welle oder Achse mit Hilfe eines **Abziehers.**

◆ in der *Holzbearbeitung:* Glätten einer [Holz]oberfläche mit einer [Ab]ziehklinge.

Abziehstein, feinkörniger Schleifstein zum [Nach]schleifen z. B. von Hobel- oder Stemmeisen unter Verwendung von Öl oder Petroleum (**Ölstein**) oder Wasser.

Abzinsung, Verfahren der Zinseszinsrechnung zur Ermittlung des Anfangskapitals K_0 (Barwert) aus einem gegebenen Endkapital K_n mit Hilfe eines gegebenen Abzinsungsfaktors $v = 1/(1 + p/100)$ (p Zinsfuß) bei gegebener Laufzeit (n Jahre): $K_0 = K_n v^n$. - Ggs. ↑ Aufzinsung.

Abzug, im *chem. Laboratorium* mit Schiebefenster verschließbarer Arbeitsplatz mit Ventilator zum Absaugen schädl. und übelriechender Dämpfe und Gase.

◆ auf *photograph. Weg* hergestellte Positivkopie eines Negativs.

◆ in der *Musik* die von Lautenisten des 16. und 17. Jh. geübte Praxis, den tiefsten Chor der Laute tiefer zu stimmen (↑ Scordatura).

Abzug neu für alt, Betrag, den ein Sachversicherer bei seiner Leistung vom Preis eines neuwertigen Ersatzgutes abzieht. Da in der Sachversicherung i. d. R. nur der Zeitwert versichert ist, muß der Versicherer im Schadensfall nur den Betrag ersetzen, der erforderl. ist, um Sachen gleicher Art anzuschaffen unter billiger Berücksichtigung des aus dem Unterschiede zw. alt und neu sich ergebenden Minderwertes.

abzugsfähige Ausgaben, im *Steuerrecht* Ausgaben, die das steuerpflichtige Einkommen mindern: Ausgaben im Zusammenhang mit der Erzielung von Einkünften (Betriebsausgaben und Werbungskosten) sowie Sonderausgaben und außergewöhnl. Belastungen.

Abzugsteuern, Begriff des *Steuerrechts;* so benannt nach der Art der Erhebung der Einkommensteuer bei bestimmten Einkünften, insbes. bei Einkünften aus nichtselbständiger Arbeit (Lohnsteuer). Weitere A. sind die Aufsichtsratsteuer und die Kapitalertragsteuer. Bei den A. ist die auf den geschuldeten Betrag entfallende Einkommensteuer vom Schuldner einzubehalten und an das Finanzamt abzuführen.

a. c., Abk. für: ↑ anni currentis.

A. C. [engl. 'ɛɪ'si:], Abk. für: Air Canada.

Acacia ↑ Akazie.

Acacius, Heiliger, ↑ Achatius.

Académie des sciences [frz. akademi-de'sjã:s], von J.-B. Colbert 1666 als *A. royale d. s.* begründete Akademie der Naturwissenschaften; 1699 reorganisiert und 1785 erweitert; seit 1795 Teil des ↑ Institut de France; pflegt die Disziplinen Geometrie, Mechanik, Astronomie, Geographie, Physik, Chemie, Geologie, Botanik, Zoologie, Landwirtschaft,

Medizin und Chirurgie sowie seit 1918 die angewandten Wissenschaften.

Académie française [frz. akademi-frã'sɛ:z], Akademie für frz. Sprache und Literatur, 1635 durch Richelieus Erweiterung eines privaten Vereins zur Pflege der frz. Sprache in Paris gegründet. Schuf den großen „Dictionnaire de l'Académie" (1694, 8. Aufl. 1932 ff.). 1793 aufgehoben, 1803 im Rahmen des ↑ Institut de France neu gegründet. Die A. f. zählt 40 gewählte Mitglieder (Die „quarante immortels" [= die 40 Unsterblichen]). Vergibt zahlr. Literaturpreise.

Académie Goncourt [frz. akademigõ'ku:r] ↑ Prix Goncourt.

Academy Award [engl. ə'kædəmi ə'wɔːd], seit 1927 jährl. von der Academy of Motion Picture Arts and Sciences in Hollywood verliehene Preise für die besten künstler. Leistungen im in- und ausländ. Film in Form einer Statuette, die, wie auch der Preis selbst, „Oscar" genannt wird.

Acadia [engl. ə'keɪdjə] ↑ Akadien.

Acajoubaum [aka'ʒu:; frz./dt.], svw. ↑ Nierenbaum.

Acajouharz [aka'ʒu:; frz./dt.], aus der ↑ Cashewnuß gewonnenes Kunstharz.

Acajounuß [aka'ʒu:; frz./dt.], svw. ↑ Cashewnuß.

Acajouöl [aka'ʒu:; frz./dt.], schmackhaftes Öl aus den Samen der ↑ Cashewnuß.

Acalypha [griech.], svw. ↑ Kupferblatt.

Acámbaro, mex. Stadt im zentralen Hochland, am Rio Lerma, 1850 m ü. d. M., 32 500 E. Zentrum eines Agrargebiets. - Wuchs um ein 1526 von Franziskanern gegr. Kloster.

Acantharia ↑ Akantharier.

Acanthin [griech.], Skelettsubstanz bei Strahlentierchen; besteht aus Strontiumsulfat.

Acanthocephala [griech.], svw. ↑ Kratzer.

Acantholimon [griech.], svw. ↑ Igelpolster.

Acanthophthalmus [griech.], svw. ↑ Dornaugen.

Acanthus [griech.], svw. ↑ Bärenklau.

a cappella [italien. „(wie) in der Kapelle"], mehrstimmige Vokalmusik, bei der eventuell mitwirkende Instrumente mit den Vokalstimmen zusammengehen. Der Begriff wurde zu Beginn des 17. Jh. geprägt. Hauptvertreter war Palestrina.

Acapulco de Juárez [span. aka'pulko ðe 'xųares] (Acapulco), mex. Hafenstadt an einer Bucht des Pazifik, 638 000 E. Bischofssitz; ethnograph. Museum; größtes Seebad Mexikos, Fremdenverkehr; ⚓ Autostraße nach Mexiko. - Der Naturhafen wurde 1531 von Cortés entdeckt und als Schiffbauplatz verwendet. Die 1550 gegr. Stadt (Stadtrecht seit 1598) wurde der bedeutendste Pazifikhafen Neuspaniens. Niedergang seit dem 17. Jh.;

moderne Entwicklung als Ferienort nach dem 2. Weltkrieg.

Acari (Acarina) [griech.], svw. ↑Milben.

Acarigua [span. aka'riɣụa], venezolan. Stadt in den Llanos, am Fuß der Anden, 180 000 E (als Doppelstadt mit **Araure**). Handelszentrum eines wichtigen Agrargebietes, Rinderzucht, ⚒. - Gegr. 1641.

Acarus [griech.], Gatt. der Milben; u. a. ↑Krätzmilbe.

Acawai, Indianerstamm in N-Guyana und O-Venezuela; die A. gehören zu den Kariben; sie sind Maniokpflanzer, daneben betreiben sie Flußfischerei und Jagd.

Accademia della Crusca, 1582 in Florenz gegr. Akademie zur Pflege und Reinigung der italien. Sprache (die Mgl. wollten die „Kleie" [„crusca"] vom Mehl sondern). Ihr erstes Wörterbuch der italien. Literatursprache erschien 1612. Vorbild der ↑Fruchtbringenden Gesellschaft.

Accademia dell'Arcadia (Arcadia, Arkadia), 1690 von Schriftstellern aus dem Kreis um Königin Christine von Schweden in Rom gegründete literar. Gesellschaft zur Bekämpfung der manierierten Dichtung des 17. Jh. Seit 1925 *Accademia letteraria italiana dell'Arcadia*.

accelerando [atʃe...; italien.], musikal. Vortragsbez. für allmähl. Beschleunigung des Tempos.

Accelerator [engl. ək'sɛlərəter; lat.], engl. Bez. für Beschleuniger (z. B. Vulkanisationsbeschleuniger); in der Kernphysik: Teilchenbeschleuniger.

Accent aigu [frz. aksãtɛ'gy], im Frz. auf dem Vokalbuchstaben e vorkommendes Zeichen (Akut, ´), z. B. été („Sommer").

Accent circonflexe [frz. aksãsirkõ'flɛks], im Frz. auf den Vokalbuchstaben a, e, i, o, u vorkommendes Zeichen (Zirkumflex, ^), z. B. pâte („Paste"), tôt („früh").

Accent grave [frz. aksã'gra:v], im Frz. auf den Vokalbuchstaben a, e vorkommendes Zeichen (Gravis, `), z. B. à („zu").

Accentus [lat. „Klang, Betonung"], seit dem frühen 16. Jh. im Unterschied zum ↑Concentus Bez. für den im unbegleiteten Sprechgesang stilisierten Vortrag längerer Textpartien (z. B. Lesungen, Evangelien, Psalmen) in der Liturgie der kath. und prot. Kirche.

Accessoires [akseso'a:r; frz.; zu lat. accedere „hinzukommen"], mod. Zubehör zur Kleidung wie Gürtel, Schal, Handschuhe, Handtasche, Schmuck.

Accessorius ↑Akzessorius.

Acciaiuoli [italien. attʃaj'ụɔ:li], aus Brescia stammende, seit Anfang des 12. Jh. in Florenz ansässige Patrizierfamilie; die A. begr. 1282 eine Handelsgesellschaft und waren die Bankiers der Päpste sowie der Anjou in Neapel. Auf den Verdiensten von **Niccolò Acciaiuoli** (* 1310, † 1365) beruht die Übertragung der Statthalterschaft des Ft. Achaia an die

Familie A., Ausgangspunkt für den Aufstieg der A. zu bed. polit. Einfluß im 14. und 15. Jh.; 1388-1456 (mit Unterbrechung 1395-1402) auch im Besitz der polit. gewichtigen Herzogswürde von Athen.

Accipitres [lat.], svw. ↑Greifvögel.

Accipitrinae [lat.], svw. ↑Habichte.

Accius, Lucius, * Pisaurum (Umbrien) 170, † nicht vor 86, röm. Dichter. - Von seinen zahlr. Tragödien nach griech. Vorbildern sind von 35 Stücken nur die Titel und etwa 700 Verse erhalten.

Accoloy ⓦ [Kw.], hitze- und korrosionsbeständige Eisenlegierung mit hohen Chrom- und Nickelgehalten.

Accolti, Bernardo, gen. „L'Unico Aretino", * Arezzo 1458, † Rom 1535, italien. Dichter. - Glänzender Improvisator von Gedichten. Schrieb u. a. die Komödie „Virginia" (Uraufführung 1493, hg. 1513) nach einem Stoff aus Boccaccios „Decamerone".

Accompagnato [akɔmpan'ja:to; italien.], das nicht nur vom Generalbaß, sondern auch vom Orchester in ausgeschriebenen Stimmen begleitete Rezitativ.

Accoramboni, Vittoria, * Gubbio 15. Febr. 1557, † Padua 22. Dez. 1585, italien. Adlige. - Ihr Bruder Marcello beseitigte 1581 ihren ersten Gatten, um eine Ehe zw. ihr und dem Herzog P. Orsini zu ermöglichen, der seinerseits seine erste Frau, eine Medici, deshalb erdrosseln ließ. Vor der Feindschaft des Medici-Papstes Sixtus V. floh das Paar zuletzt nach Padua, wo Orsini starb, und sie wegen der Erbschaft auf Betreiben L. Orsinis ermordet wurde. U. a. Romangestalt L. Tiecks.

Accordatura [italien.], die normale Stimmung der Saiteninstrumente, im Gegensatz zur ↑Scordatura.

Accorso, Franciscus↑Accursius, Franciscus.

Accra (Akkra), Hauptstadt von Ghana, am Golf von Guinea, 1,2 Mill. E (städt. Agglomeration). Liegt inmitten eines dünnbesiedelten Gebiets, Kultur-, Handels- und Ind.zentrum. Sitz eines anglikan. und eines kath. Bischofs sowie der Ghana Academy of Sience; Univ. (seit 1961), Nationalbibliothek und -archiv, Nationalmuseum, Goethe-Inst., internat. Schule, Flugzeugführerschule, Internat. Messe, Diamantenhandel; u. a. Nahrungsmittel-, Pharma-, Textil-, Elektro- und Baustoffind. Fischereihafen; Eisenbahnlinie ins Hinterland, internat. ⚒. - im 16. Jh. portugies. Handelsfort; im 17. Jh. engl., niederl. und dän. Forts; begann im 19. Jh. um die Forts zu wachsen; seit 1876 Hauptstadt der Goldküste bzw. Ghanas. - Inmitten von Parkanlagen liegt Schloß Christiansborg (urspr. portugies., 1659-61 von den Dänen umgebaut; heute Regierungssitz); moderne Bauten, u. a. Nationalbibliothek (1956), Nationalmuseum (1957), Nationalarchiv (1961).

Accursius (Accorso), Franciscus, * Bagnolo bei Florenz vor 1185, † Bologna um 1263, italien. Jurist. - Berühmtester Vertreter der Glossatorenschule von Bologna, Verfasser der sog. „Glossa ordinaria" (1228) zum Corpus Juris Civilis.

Accusativus cum infinitivo [lat.], Abk. A. c. i., Satzkonstruktion (bes. im Lat.), in der das Akkusativobjekt des ersten Verbs zugleich Subjekt des zweiten, im Infinitiv stehenden Verbs ist (z. B. Ich höre den Hund bellen. = Ich höre den Hund. Er bellt.).

AcD, Zeichen für: ↑ Actinoblei.

ACE, Abk. für: ↑ Auto Club Europa.

Acedia [griech.], die Trägheit im religiösgeistl. Leben; zählt im alten Mönchtum zu den acht Hauptsünden.

Aceh (Atjeh) [indones. 'atʃɛh], Landschaft und indones. Prov. in NW-Sumatra, 55 392 km² einschl. vorgelagerter Inseln, 2,6 Mill. E. Hauptstadt Banda Aceh. Das Innere des Landes wird von einem bis 3 404 m hohen Gebirge eingenommen, das über ein Hügelland in die z. T. stark versumpfte Küstenebene übergeht. Hauptsiedlungsgebiete sind die Küstenebene im O und das Tal des Flusses A. (etwa 110 km lang). Angebaut werden Reis, Mais, Knollenpflanzen, Bohnen, Kautschuk, Arekanüsse, Kokospalmen, Pfeffer; an der Küste Salzgärten; Fischerei. Anteil am ältesten Erdölgebiet Indonesiens.
Geschichte: Als Lamuri Teil des ma. Reiches von Swiridjaja, stand im 14. Jh. unter der Oberhoheit von Madjapahit. Das Ende des 15. Jh. entstandene islam. Reich A. umfaßte im 16. Jh. ganz N-Sumatra und erreichte im 17. Jh. seinen Höhepunkt. Enge Handelsbeziehungen mit den Niederländern bzw. Briten im 17.–19. Jh. In einem 40jährigen Krieg seit 1873 unterwarfen die Niederländer bis 1899 das eigtl. Sultanat A., bis 1904 das übrige N-Sumatra, konnten sich aber erst 1913 vollständig durchsetzen; seit 1949 indones. Prov., 1953–61 Aufstand gegen Indonesien.

Acephala [griech.], svw. ↑ Muscheln.

Acer [lat.], svw. ↑ Ahorn.

Aceraceae [lat.], svw. ↑ Ahorngewächse.

Aceras [griech.], svw. ↑ Fratzenorchis.

Acerina [griech.], Gatt. der Barsche; in M-Europa ↑ Kaulbarsch, ↑ Schrätzer.

Acetabularia [lat.], svw. ↑ Schirmalge.

Acetaldehyd [Kw.] (Äthanal), einfacher Aldehyd der Formel CH_3CHO; farblose, brennbare, betäubende Flüssigkeit; in der chem. Ind. wichtiges Ausgangs- und Zwischenprodukt für Essigsäure, Äthanol, Essigsäureäthylester, Kunststoffe u. a. A. tritt als Zwischenprodukt bei der ↑ Gärung auf.

Acetaldol [Kw.] ↑ Aldole.

Acetale [lat./arab.], organ. Verbindungen, die aus einem Aldehyd und zwei Molekülen Alkohol unter Wasserabspaltung gebildet (und durch Säure wieder in die Ausgangsprodukte gespalten) werden. Die gebildete Zwi-

schenstufe wird als **Halbacetal** bezeichnet. Aus Dialdehyden entstehen analog **Diacetale.** A. sind farblose Flüssigkeiten mit angenehmem Geruch; sie dienen als Lösungsmittel sowie als Geruchsstoffe in Parfümen und Arzneimitteln.

Acetamid [Kw.] (Essigsäureamid), CH_3CONH_2; als Lösungsmittelzusatz, Stabilisator, Weichmacher u. a. verwendetes ↑ Säureamid.

Acetamino- [Kw.], Bez. der chem. Nomenklatur für die Atomgruppe
$$-NH-CO-CH_3.$$

Acetanilid [Kw.], durch Umsetzung der Essigsäure mit Anilin entstehende Verbindung; Strukturformel
$$C_6H_5-NH-CO-CH_3;$$
wichtiges Zwischenprodukt bei der Synthese von Farbstoffen.

Acetate [lat.], Salze oder Ester der Essigsäure; entstehen durch Ersatz des H der COOH-Gruppe der Essigsäure durch ein Metallatom bzw. einen einwertigen organ. Rest. Viele organ. A. sind wichtige Lösungsmittel.

Acetatfasern ↑ Acetylzellulose, ↑ Acetatverfahren.

Acetatverfahren, Herstellungsverfahren für Acetatfäden und Acetatspinnfasern aus Zellstoff. Acetylierter Zellstoff wird aus der Lösung mit verdünnten Säuren ausgefällt, in Aceton gelöst, filtriert und durch Spinndüsen gepreßt. Die erstarrten Fäden werden entweder endlos auf Spulen gewickelt oder in dicke Kabel zusammengefaßt, gekräuselt und auf gewünschte Faserlänge geschnitten oder gerissen (Spinnfasern).

Acetessigsäure (3-Ketobutansäure), $CH_3-CO-CH_2-COOH$, eine sehr viskose, stark saure, unbeständige Flüssigkeit; Zwischenprodukt des Fettsäureabbaus im Organismus; läßt sich bei Zuckerkrankheit als sog. patholog. Acetonkörper in Blut und Harn nachweisen.

Acetessigsäureäthylester (Acetessigester), durch Veresterung der ↑ Acetessigsäure mit Äthanol entstehende chem. Verbindung, die in zwei miteinander im Gleichgewicht stehenden, isomeren Formen auftritt (↑ Keto-Enol-Tautomerie):

$$CH_3-CO-CH_2-COO-C_2H_5 \rightleftharpoons$$
$$\text{Ketoform (93 \%)}$$

$$\rightleftharpoons CH_3-C(OH)=CH-COO-C_2H_5.$$
$$\text{Enolform}$$

Der sehr reaktionsfähige A. bildet mit Halogenalkanen Ester von verzweigten Ketosäuren.

$$CH_3-CO-CHR-COO-C_2H_5.$$

Durch Spaltung dieser Verbindungen mit Alkalien erhält man Carbonsäuren *(Säurespaltung)*, durch Spaltung mit Säuren entstehen

Ketone *(Ketonspaltung);* spielt wegen seiner Reaktionsfähigkeit bei chem. Synthesen eine große Rolle.

Acetin [lat.], Glycerinmonoacetat,
$CH_2OH - CHOH - CH_2O - OC - CH_3$;

Verwendung als Lösungsmittel.

Acetobacter [lat.; griech.] ↑ Essigsäurebakterien.

Aceton [lat.] (Dimethylketon, 2-Propanon), sehr wichtiges ↑ Keton, CH_3COCH_3, farblose, aromat. duftende, feuergefährl. Flüssigkeit; wichtiges Lösungs- und Extraktionsmittel. A. tritt im Stoffwechsel als Produkt unvollständiger Verbrennung von Fett bei Diabetes, Hunger und Fieber auf; im Harn nachweisbar (**Acetonurie**).

Acetonyl- [lat./griech.], Bez. der chem. Nomenklatur für die Atomgruppe
$$-CH_2 - CO - CH_3.$$

Acetophenon [lat./griech.] (Phenylmethylketon, Acetylbenzol), farblose Flüssigkeit. Verwendung bei der Herstellung zahlr. Arzneimittel, Farbstoffe, Kunststoffe und Riechstoffe. Chem. Strukturformel:

$-CO-CH_3$.

Acetoxy- [lat./griech.], Bez. der chem. Nomenklatur für die Atomgruppe
$$-O-CO-CH_3.$$

Acetum [lat.], svw. ↑ Essig.

Acetyl- [lat./griech.], Bez. der chem. Nomenklatur für die Atomgruppe $-CO-CH_3$.

Acetylaceton (2,4-Pentandion), farblose, mit Wasser, Alkohol und Äther mischbare Flüssigkeit. Schmelzpunkt $-23°C$, Siedepunkt $140°C$. A. findet Verwendung zur Herstellung zahlr. Verbindungen (u. a. Farbstoffe, Schädlingsbekämpfungsmittel). Komplexverbindungen des A. mit Metallsalzen dienen zur Abtrennung von Metallen aus Lösungsgemischen.

Acetylase [lat./griech.], Stoffwechselenzym, das die Bildung und den Umsatz der Essigsäure steuert.

Acetylbenzol, svw. ↑ Acetophenon.

Acetylcholin, Gewebshormon, das die peripheren Gefäße erweitert, den Blutdruck herabsetzt und die Darmperistaltik anregt. Das Enzym Cholinesterase spaltet A. in Cholin und Essigsäure.

Acetyl-Coenzym A ↑ Enzyme.

Acetylen [lat./griech.] (Äthin), $HC\equiv CH$, einfachster ungesättigter Kohlenwasserstoff mit einer Dreifachbindung zw. zwei C-Atomen. A. ist ein farbloses, giftiges Gas, das als wichtiger Grundstoff für die Herstellung zahlr. Verbindungen dient (↑ Reppe-Chemie, ↑ Vinylchlorid, ↑ Carbide). A.-Sauerstoffgemische dienen als Schweißgas (bis 3 000 °C heiß). A. wird gewonnen durch Hydrolyse von Calciumcarbid:

Achat in angeschliffenem Zustand

$CaC_2 + 2 H_2O \rightarrow Ca(OH)_2 + C_2H_2$;
daneben auch durch therm. Zersetzung von Kohlenwasserstoffen.

Acetylene, svw. ↑ Alkine.

Acetylenide [lat./griech.] (Acetylide), eine der drei Gruppen der ↑ Carbide.

Acetylentetrachlorid, svw. ↑ Tetrachloräthan.

Acetylenyl- [lat./griech.], veraltet für ↑ Äthinyl-.

Acetylide [lat./griech.] ↑ Acetylenide.

Acetylierung, Bez. für den Austausch von Wasserstoffatomen an Hydroxyl- oder Aminogruppen, $-OH$ bzw. $-NH_2$, durch die Acetylgruppe $-CO-CH_3$ in organ. Verbindungen.

Andreas Achenbach, Aus der Eifel (seit Kriegsende verschollen)

Acetylsalicylsäure

Acetylsalicylsäure (2-Acetoxybenzoesäure), Derivat der ↑Salicylsäure; chem. Strukturformel
$HOOC-C_6H_4-O-CO-CH_3$;
farblose, kristalline Substanz, die als fiebersenkendes, schmerzstillendes und antirheumat. Mittel Verwendung findet.

Acetylzellulose (Zelluloseacetat), durch Umsetzung von Zellulose mit einem Acetylierungsgemisch (Essigsäure, Essigsäureanhydrid, als Katalysator Schwefelsäure) hergestellte Verbindung; Verwendung zur Herstellung von Chemiefasern (Acetatfasern), thermoplast. Kunststoffen, Folien und Filmen.

Ach, Narziß Kaspar, * Ermershausen (Ufr.) 29. Okt. 1871, † München 25. Juli 1946, dt. Arzt und Psychologe. - Führte die Selbstbeobachtung unter Versuchsbedingungen in die Psychologie ein und begr. die experimentelle Erforschung des menschl. Willens.

Ach (Ache), Bestandteil des Namens zahlreicher Flüsse, ↑Aa.

Achäa ↑Achaia.

Achab (Ahab) [hebr.], siebter König von Israel (wahrscheinl. 871–52). A. baute Festungen, führte erfolgreiche Kriege gegen das Aramäerreich von Damaskus und die Moabiter und machte Israel zur Großmacht. Duldete, obwohl selbst jahwetreu, den Versuch seiner Frau Isebel, den phönik. Baalskult einzuführen. Der Prophet Elia trat dagegen mit Erfolg auf.

Achad, in der Vulgata Name für ↑Akkad.

Achad Haam, eigtl. Ascher Ginzberg, * Skwira (Ukraine) 5. Aug. 1856, † Tel Aviv-Jaffa 2. Jan. 1927, jüd. Schriftsteller, Soziologe und Philosoph. - Lebte in Odessa, in London (1907–22) und Tel Aviv; vertrat in seinen zahlr., stilist. als vorbildl. angesehenen Essays („Am Scheidewege", 1895) einen auf das gemeinsame jüd. Kulturerbe gegründeten überstaatl. Zionismus, den sog. Achad-Haamismus. Dt. erschienen auch „Briefe" (4 Bde., 1923–25).

Achäer (Achaier), Name eines griech. Stammes frühgeschichtl. Zeit; bei Homer Name für die Gesamtheit der Griechen; siedelten seit der griech. Einwanderung in der südthessal. Phthiotis sowie an der N-Küste der Peloponnes; waren Träger der myken. Kultur und gehörten zur nordwestgriech. Dialektgruppe; durch die dor. Wanderung um 1200 v. Chr. zum Ausweichen nach W-Kleinasien und Zypern gezwungen; Rückzugsgebiet auf der Peloponnes (↑auch Achaia).

Achaia (Achäa), Landschaft auf der nördl. Peloponnes, Griechenland, Hauptstadt Patras. Umfaßt die Küstenebenen und beträchtl. Teile des gebirgigen Hinterlandes, im Chelmos 2 341 m ü. d. M. In den Küstenebenen Anbau von Wein, Obst, Gemüse, Getreide, im Gebirgsland Weidewirtschaft (Ziegen und Schafe).
Im Rückzugsgebiet auf der Peloponnes bilde-

ten die Achäer einen bis 324/322 selbständigen 12-Städte-Bund; 280–146 Teil des ↑Achäischen Bunds; ab 27 v. Chr. Name der gesamten röm. Senatsprov. in Griechenland; 395 endgültig dem byzantin. Reichsteil; nach dem 4. Kreuzzug (1204) polit. bed., die ganze Peloponnes umfassendes frz.-angiovin. Ft. bis kurzer Unterbrechung bis zur osman. Eroberung 1460.

Achaier ↑Achäer.

Achaimeniden ↑Achämeniden.

Achäischer Bund, 280 v. Chr. gegr. Vereinigung von urspr. 4 Städten der nördl. Peloponnes; ständige Auseinandersetzung mit Sparta, Ätolien und Makedonien; ab 225 im Fahrwasser makedon. Politik; nach Krieg gegen Rom 146 v. Chr. aufgelöst.

Achalm, ↑Zeugenberg vor dem Stufenrand der Schwäb. Alb, im östl. Stadtgebiet von Reutlingen, Bad.-Württ., 707 m ü. d. M. - Siedlungsreste aus der Jungsteinzeit, der Kelten und Römer. Burgruine, 1090 erstmals erwähnt (verfiel im 17. Jh.).

Achalziche, sowjet. Stadt an der oberen Kura, Grusin. SSR, 19 000 E. Landw.technikum, Heimatmuseum; Theater; Nahrungsmittel- und Getränkeind., Ziegelei; nahebei Diatomit- und Achatabbau. - Eine der ältesten georg. Städte, 14.–Ende 16. Jh. kulturelles und wirtsch. Zentrum des Fürstentums Samzche; 1579–1828 osman.

Achämeniden (Achaimeniden), altpers. Königsgeschlecht, regierte vor etwa 700 bis 330; ben. nach seinem Stammvater Achämenes (Achaimenes, altpers. Hachmanisch), in altpers. Inschriften und bei Herodot histor. Persönlichkeit.

Achäne [griech.], einsamige Schließfrucht der meisten Korbblütler; eine Nuß, bei der Fruchtwand und Samenschale miteinander verwachsen sind.

Achard [frz. aˈʃaːr], Franz Carl, * Berlin 28. April 1753, † Kunern (Schlesien) 20. April 1821, dt. Physiker und Chemiker. - Züchtete stark zuckerhaltige Rüben und entwickelte ein industrielles Verfahren zur Gewinnung des Zuckers. Damit wurde A. zum Begründer der Rübenzuckerindustrie.

A., Marcel, * Sainte-Foy-lès-Lyon 5. Juli 1899, † Paris 4. Sept. 1974, frz. Dramatiker. - Hatte 1924 mit „Voulez-vous jouer avec moâ?" ersten Theatererfolg. Es folgten v. a. Komödien, witzig, humorvoll, poesie- und phantasieerfüllt, am bekanntesten „Jean de la Lune" (1929); schrieb auch Drehbücher, u. a. zu „Mam'zelle Nitouche".

Achas (Ahas, Vulgata: Achaz), König von Juda. - Regierte zwischen 742 und 716 16 Jahre lang; gegen auch Tribut den assyr. König ↑Tiglatpileser III. zum Bundesgenossen, der ihn in Abhängigkeit hielt.

Achasja (Ahasja, Vulgata: Ochozias), König von Israel wahrscheinlich 852/51, Nachfolger Achabs.

A., König von Juda. - Regierte um 845 (oder 842/41) v. Chr. etwa ein Jahr lang.

Achat [griech.], feinfaseriges Quarzmineral aus der Gruppe der ↑Chalzedone; Vorkommen in älteren Ergußgesteinen in Form von Knollen. Nach Art der Bänderung unterscheidet man u. a. Augen-, Band-, Festungs-, Kreis- und Wolkenachat. Verwendung als Schmuckstein, in der Technik als Lagerstein. Abb. S. 65.

Achatina [griech.], svw. ↑Achatschnekken.

Achatius (Acacius, Akakios), hl., einer der 14 ↑Nothelfer. Nach der Legende als Soldat unter Kaiser Hadrian auf dem Ararat mit 10 000 anderen Soldaten gekreuzigt.

Achatleder, Buchbinderleder, bei dem durch Färbung und geeignete Zurichtung ein achatähnl. Aussehen erzielt wird.

Achatschnecken (Achatina), Gatt. sehr großer, landbewohnender, fast allg. in den Tropen vorkommender Lungenschnecken; u. a. **Achatina achatina** im afrikan. Urwald mit einem Gehäuse von etwa 20 cm Länge und 10 cm größtem Durchmesser.

Achaz, in der Vulgata Name für: ↑Achas.

Achbar, Al [arab.], ägypt. Zeitung, ↑Zeitungen (Übersicht).

Achdar, Al Dschabal Al, Gebirgszug in NO-Libyen, steigt in zwei Stufen von der Küste aus zu einem 865 m ü. d. M. gelegenen verkarsteten Plateau an; den Trockenbetten und Dolinen Getreidefelder.

Ache, Bestandteil des Namens vieler Flüsse, ↑Aa.

Achebe, Chinua [engl. ɑːˈtʃɛɪbɛɪ], * Ogidi (O-Nigeria) 15. Nov. 1930, nigerian. Schriftsteller. - Ibo; schreibt engl. Seine Romane behandeln die beim Aufeinanderstoßen von afrikan. und europ. Lebensweise entstehenden Probleme. *Werke:* Okonkwo oder Das Alte stürzt (R., 1958), Obi (R., 1960), Der Pfeil Gottes (R., 1965), A man of the people (R., 1966), Beware, soul brother (Ged., 1973).

Acheloos, Fluß in Griechenland, entspringt im Pindos, mündet ins Ion. Meer, etwa 240 km lang; Kraftwerke.

ACHEMA ↑DECHEMA.

Achenbach, Andreas, * Kassel 29. Sept. 1815, † Düsseldorf 1. April 1910, dt. Landschaftsmaler. - Führender Vertreter der Düsseldorfer Schule. Seine Seestücke, Strand- und Küstenbilder wirkten nachhaltend auf die dt. Landschaftsmaler. - Abb. S. 65.

A., Heinrich von (seit 1888), * Saarbrücken 23. Nov. 1829, † Potsdam 9. Juli 1899, preuß. Jurist und Politiker. - Als Handelsmin. 1873-78 (1873/74 zugleich Landwirtschaftsmin.) einer der Exponenten der liberalen Freihandelspolitik; gehörte zu den Führern der Freikonservativen Partei; seit 1860 Prof. in Bonn.

Achenpaß ↑Alpenpässe (Übersicht).

Achensee, größter See Tirols (Öster-

reich), zw. Karwendel- und Sonnwendgebirge, 30 km nö. von Innsbruck, 9 km lang, bis 1 km breit, bis 133 m tief, 929 m ü. d. M.; künstl. Abfluß zum *A.-Kraftwerk* in Jenbach.

Achenwall, Gottfried, * Elbing 20. Okt. 1719, † Göttingen 1. Mai 1772, dt. Historiker und Jurist. - Gehörte als Prof. (Philosophie, Jura) zum Göttinger Historikerkreis; einer der Mitbegr. der wiss. Statistik.

Achern, Stadt am Austritt des Achertals aus dem Schwarzwald in die Oberrheinebene, Bad.-Württ., 143 m ü. d. M., 20 500 E. Mittelpunkt eines Wein- und Frühobstbaugebiets (Obstgroßmarkt); Glashütte, Stuhl-, Papier-, Maschinenfabriken. - Urkundl. erstmals 1050 genannt, erhielt 1808 Stadtrecht.

Acheron, in der griech. Mythologie ein Fluß der Unterwelt.

Acherontia [griech.], Gatt. der Schwärmer; darunter ↑Totenkopfschwärmer.

Acheson [engl. ˈætʃɪsn], Dean, * Middletown (Conn.) 11. April 1893, † Sandy Springs (Md.) 12. Okt. 1971, amerikan. Politiker. - Rechtsanwalt; ab 1933 Unterstaatssekretär im Finanzministerium; ab 1941 Unterstaatssekretär für Wirtschaftsangelegenheiten im Außenministerium, 1949-53 Außenmin.; seit 1961 wiederholt außenpolit. Berater der amerikan. Regierung, bes. für Fragen der atlant. Allianz; zahlr. Schriften.

A., Edward Goodrich, * Washington (Pa.) 9. März 1856, † New York 6. Juli 1931, amerikan. Chemiker. - A. gelang bei hohen Temperaturen die Herstellung von Karborund und künstl. Graphit.

Acheta [griech.], Gatt. der Grillen mit der bekannten Art ↑Heimchen.

Acheuléen [aʃølɛˈɛ̃ː; frz.], nach dem Fundort Saint-Acheul bei Amiens ben. Stufe des Altpaläolithikums; kennzeichnend die Faustkeile; bei manchen Autoren umfaßt das A. alle Fundgruppen mit Faustkeilen (unter Einschluß von Abbevillien bzw. Micoquien); als Alt-A. gilt heute fast allg. die früher als Chélléen bezeichnete Stufe; Dauer des A. mindestens rd. 250 000-300 000 Jahre; fast überall 3 Phasen unterscheidbar.

Achikar ↑Ahikar.

Achillea [griech.], svw. ↑Schafgarbe.

Achilleion, Schloß auf Korfu, 1890/91 für Kaiserin Elisabeth von Österreich im Renaissancestil erbaut, dann im Besitz Kaiser Wilhelms II.; heute griech. Staatsbesitz.

Achilles ↑Achilleus.

Achillesferse, verwundbare, empfindl., schwache Stelle bei einem Menschen (↑auch Achilleus).

Achillessehne, bei Tier und Mensch Sehne des dreiköpfigen Wadenmuskels, die am Fersenbein ansetzt.

Achillessehnenriß, Abreißen der Achillessehne bei plötzl. starker Zugbeanspruchung nach vorhergegangener Degeneration des Sehnengewebes durch dauernde

Achilleus

Achilleus. Darstellung (Ausschnitt)
auf einer Amphora des
Achilleus-Malers (um 440 v. Chr.).
Vatikanische Sammlungen

Überbelastung. Typ. Sportverletzung, seltener auch bei Geschwülsten.

Achilleus [...ɔʏs] (Achilles, Achill), Held der griech. Mythologie. Um seine Gestalt ranken sich zahlr. und in den verschiedensten Variationen tradierte Sagen. A. ist Urenkel des Zeus, Enkel des Äakus, Sohn des Myrmidonenkönigs Peleus (daher der Beiname der „Pelide") und der Nereide Thetis. Diese will ihren Sohn unsterbl. machen und salbt ihn am Tage mit Ambrosia, während sie ihn nachts ins Feuer hält. Als Peleus sie dabei überrascht und ihr das Kind entreißt, flieht sie ins Meer zurück. Nach einer jüngeren Version macht Thetis A. durch Baden im Wasser des Styx am ganzen Körper unverwundbar, mit Ausnahme der Ferse, an der sie ihn festgehalten hat („Achillesferse"). Thetis, die weiß, daß es ihrem Sohn bestimmt ist, vor Troja zu fallen, bringt ihn bei Beginn des Trojan. Krieges an den Hof des Königs Lykomedes von Skyros, wo er jedoch von dem Seher Kalchas verraten wird. Mit Patroklos, seinem Freunde um früher Jugend an, und seinem alten Lehrer Phönix zieht A., von den Myrmidonen mit 50 Schiffen begleitet, in den Krieg, wo er zum bedeutendste Held der Griechen vor Troja wird. A. wird von Paris getötet. Der Leichnam wird von Thetis dem Scheiterhaufen entrissen und auf die Insel Leuke gebracht, wo A. ein Leben in Seligkeit führt, während er nach der „Ilias" als Schatten im Hades weilt. Als Heros hatte A. zahlr., über ganz Griechenland verbreitete Kultorte.

Bed. *literar. Darstellungen* der A.sage neben der „Ilias" waren in der Antike die Tragödien „Psychostasia" von Aischylos und die „Skyrier" von Euripides, ferner das Epos „Achilleis" des röm. Dichters Statius.

In der antiken *Kunst* ist die Darstellung von A. in der Vasenmalerei und Wandmalerei bezeugt: eine Schale des Penthesilea-Malers um 460 v. Chr. (München, Staatl. Antikensammlung) mit A. und Penthesilea und eine Amphora des Achilleus-Malers, ein Wandgemälde aus der Casa del poeta tragico in Pompeji mit A. und Briseis (zw. 65 und 70; Neapel, Museo Nazionale) und aus Herculaneum mit A. und Cheiron (vor 79 n. Chr.) sind erhalten.

Achilleus-Maler, att. Vasenmaler des rotfigurigen Stils, tätig zw. 460 und 440. - Name nach der Amphora mit Achilleus und Briseis in den Vatikan. Sammlungen. Zu seinen bekanntesten Werken zählen: Amphora mit Euphorbos und dem Ödipuskind (nach 450 v. Chr., Paris, Cabinet des Médailles), Spitzamphora mit schwärmenden Mänaden (um 450 v. Chr.; ebd.), Kelchkrater mit Theseus in einer Amazonenschlacht (um 440 v. Chr.; Ferrara, Museo Archelogico Nazionale).

Achilleus und die Schildkröte, einer der Trugschlüsse des † Zenon von Elea: Achilleus könne eine Schildkröte, die einen Vorsprung hat, nicht einholen. Bis er näml. den Vorsprung zurückgelegt hat, konnte die Schildkröte einen neuen Vorsprung gewinnen, den Achilleus erst zurücklegen muß. Inzwischen hat die Schildkröte abermals einen Vorsprung gewonnen usw. Dieser Trugschluß beruht auf einem zweifachen Fehler. 1. Er übersieht, daß unendl. Reihen eine endl. Summe haben können (die Summe der Zeiten, die Achilleus zum Zurücklegen der einzelnen Vorsprünge benötigt, ist endlich). 2. Die Aufteilung des von Achilleus zurückgelegten Weges in Vorsprünge der Schildkröte ist „potentiell unendl.", d. h., kann beliebig oft wiederholt werden. Nur die Handlung der fortgesetzten Teilung ist unendl., nicht aber der geteilte Weg oder die zum Zurücklegen dieses Weges benötigte Zeit.

Achill Island [engl. 'ækl 'aɪlənd], Insel vor der nördl. W-Küste Irlands, 24 km lang, 6–7 km breit, im Slievemore 672 m ü. d. M.

Achim, männl. Vorname, Kurzform von † Joachim.

Achimenes [griech.], svw. † Schiefteller.

Achiver (Achivi), Bez. der Römer für die Achäer oder die homer. Griechen.

Achleitner, Friedrich, * Schalchen (Oberösterreich) 23. Mai 1930, östr. Schriftsteller. - Gehörte 1956–64 zur avantgardist. „Wiener Gruppe", Vertreter der konkreten

Posie. - *Werke:* hosn rosn baa (Dialektged., 1959; mit Artmann und Rühm), schwer schwarz (1960), Prosa, Konstellationen, Montagen, Dialektgedichte, Studien (1970), Quadratroman (1973).

Achlya ['axlya; griech.], Gatt. der Wasserschimmelpilze mit etwa 35 Arten, von denen einige Hautpilzerkrankungen bei Fischen verursachen.

Achmatowa, Anna Andrejewna, eigtl. A. A. Gorenko, * Odessa 23. Juni 1889, † Domodedowo (Gebiet Moskau) 5. März 1966, russ.-sowjet. Dichterin. - 1910–18 ∞ mit N. S. Gumiljow. Bed. Vertreterin des Akmeismus. Begann mit Gedichten über die Liebe, schrieb dann auch unter dem Eindruck von Revolution und Krieg und verfaßte religiös-prophet. Verse; 1946–50 war der Druck ihrer Werke verboten. In dt. Übersetzung erschienen u. a. „Das Echo tönt" (Ged., 1964), „Requiem" (Ged., 1964), „Ein nie dagewesener Herbst" (Ged., 1967).

Achmed (Ahmed), aus dem Arab. entlehnter männl. Vorname, eigtl. „der Preiswürdige".

Acholie [griech.], verminderte Abgabe von Galle bei mangelhafter Gallebildung oder Behinderung der Galleausscheidung in den Darm. Störungen der Gallebildung treten bei schweren Leberschäden auf.

Achondrit [griech.], eisenarmer, chondrenfreier Steinmeteorit.

a. Chr. [n.], Abk. für lat.: ante Christum [natum], vor Christi [Geburt].

Achromasie [griech.], Freiheit von Farbfehlern bei opt. Systemen (z. B. Kameraobjektiven); sie wird durch Kombination von Linsen oder Prismen aus Glassorten mit verschieden starker Dispersion mehr oder weniger vollständig erreicht.

Achromat [griech.], Linsensystem, bei dem die chromat. Aberration (↑ Farbfehler) für zwei Farben korrigiert ist. Der einfachste A. besteht aus einer Kronglas-Sammellinse und einer Flintglas-Zerstreuungslinse mit jeweils verschiedener Dispersion.

achromatisches Prisma, ein Ablenkprisma, bei dem die chromat. Aberration (↑ Farbfehler) für zwei Farben korrigiert ist.

Achromatopsie, svw. totale ↑ Farbenblindheit.

Achromie (Achromasie, Achromatose) [griech.], angeborenes oder erworbenes Fehlen von Pigmenten in der Haut.

Achsdruck, unkorrekt für ↑ Achslast.

Achse, gedachte Gerade im Raum, um die eine Drehbewegung stattfindet *(Dreh- oder Rotations-A.),* z. B. die Erdachse. Sie kann frei bewegl. oder in einem oder zwei Punkten gelagert sein.

◆ stabförmiges Maschinenteil zum Tragen und Lagern von Rollen, Rädern usw.; im Ggs. zur ↑ Welle überträgt die A. kein Drehmoment.

◆ bei *Fahrzeugen* die Anordnung zweier in Fahrtrichtung nebeneinander liegender Räder (z. B. *Vorder-A., Hinter-A.).* - ↑ auch Fahrwerk.

◆ in der *Mathematik:* 1. svw. Koordinaten-A. (↑ Koordinaten); 2. svw. Symmetrie-A. (↑ Symmetrie); 3. svw. Dreh- und Rotations-A. (↑ Rotationsflächen, ↑ Rotationskörper).

◆ in der *Optik* und *Kristalloptik* svw. ↑ optische Achse.

◆ in der Kristallphysik und Kristallographie svw. kristallograph. A.

◆ in der *Botanik* ↑ Sproßachse.

◆ bei *Tier* und *Mensch* ↑ Richtachsen.

Achse Berlin-Rom, von Mussolini 1936 geprägte und seither gebräuchl. Bez. für das im Span. Bürgerkrieg begr. Verhältnis enger außenpolit. Zusammenarbeit zw. dem faschist. Italien und dem nat.-soz. Dt. Reich; wurde zum förml. Bündnis durch den Stahlpakt 1939, durch den Dreimächtepakt 1940 zur „A. B.-R.-Tokio" erweitert, nachdem sich Italien schon 1937 dem Antikominternpakt 1936 angeschlossen hatte; aufgelöst durch den italien. Sonderwaffenstillstand 1943.

Achsel, volkstüml. Bez. für die Schulter des Menschen, auch im Sinne von ↑ Achselhöhle.

◆ svw. ↑ Blattachsel.

Achselhöhle (Achselgrube), grubenartige Vertiefung unterhalb des Schultergelenks beim Menschen. Nach Eintritt der Pubertät ist die A. behaart (**Achselhaare**) und mit zahlr. Talg-, Schweiß- und Duftdrüsen besetzt.

Achselknospen, Seitenknospen, die in den ↑ Blattachseln angelegt werden; bei den Samenpflanzen sind alle Seitenknospen A.; bes. große A. sind z. B. die Köpfchen des Rosenkohls.

Achselsproß, aus einer Achselknospe hervorgegangener Seitensproß.

Achsenabschnittsform, spezielle Form der Gleichung einer Geraden bzw. Ebene. Die A. der Geradengleichung lautet

$$\frac{x}{a} + \frac{y}{b} = 1,$$

die der Ebenengleichung

$$\frac{x}{a} + \frac{y}{b} + \frac{z}{c} = 1;$$

a, b bzw. *c* sind die Schnittpunkte der Geraden bzw. der Ebene mit den Koordinatenachsen.

Achsenaffinität, svw. affine ↑ Spiegelung.

Achsendingpunkt, ein auf der opt. Achse eines abbildenden opt. Systems, z. B. einer Linse, liegender Punkt des abzubildenden Objektes; ihm ist der ebenfalls auf der opt. Achse liegende *Achsenbildpunkt* zugeordnet.

Achsenkreuz ↑ Koordinaten.

◆ (kristallograph. A.) in der Kristallographie ein für jedes Kristallsystem bes. gewähltes räuml. Kreuz aus meist drei beliebigen, sich

in einem Punkt schneidenden Geraden. Sie bilden das kristallograph. Koordinatensystem, das zur Beschreibung der Lage der Kristallkanten und -flächen bzw. der Gittergeraden und Netzebenen dient.

Achsenmächte, seit 1936 Bez. für das Dt. Reich und Italien, dann auch für Japan und alle mit dem nat.-soz. Deutschland verbündeten Staaten. - ↑ auch Achse Berlin-Rom.

Achsenmyopie, Form der ↑ Kurzsichtigkeit, bedingt durch eine zu lange Augenachse.

achsennahes Gebiet (paraxiales Gebiet, Gaußsches Gebiet), enges, fadenförmiges Gebiet in der Umgebung der opt. Achse eines abbildenden opt. Systems (z. B. einer Linse oder eines Hohlspiegels), in dem die Abbildungsgesetze (↑ Abbildung) streng gelten.

achsenparalleler Strahl, parallel zur opt. Achse eines opt. Systems (z. B. Linse oder Hohlspiegels) verlaufender [Licht]strahl.

Achsenskelett, im Körper der Chordatiere längs verlaufendes Stützelement. Es ist bei den Manteltieren, den Schädellosen und den Embryonen der Wirbeltiere als ↑ Chorda dorsalis, bei den ausgewachsenen Wirbeltieren als ↑ Wirbelsäule ausgebildet.

Achsensymmetrie ↑ Symmetrie.

Achsenzylinder, svw. ↑ Axon.

Achsgetriebe, Zahnradübersetzung zum Antrieb der Achswellen; bei Kfz. meist als Kegelradgetriebe mit dem Differentialgetriebe zusammengebaut.

Achslast, der bei mehrachsigen Fahrzeugen auf die einzelne Achse entfallende Teil des Fahrzeuggesamtgewichts. Nach § 34 StVZO darf die A. 10 t für Einzelachsen und 16 t für Doppelachsen nicht überschreiten.

Achsschenkel ↑ Fahrwerk.

Achsschenkellenkung, prinzipielle Lenkungsbauweise (z. B. bei Kfz.): Jedes gelenkte Rad hat seinen eigenen Drehpunkt.

Achsstand, svw. ↑ Radstand.

Acht, in der *Rechtsgeschichte* Bez. für den Ausschluß aus der [weltl.] Friedensgemeinschaft. Nach german. Recht konnte der in die A. erklärte Verbrecher von jedermann getötet werden. Die A. wurde durch die Land- oder Gerichtsgemeinde, später durch den König bzw. Kaiser verhängt und verkündet. Im dt. MA war die A. als *Reichs-, Landes-* und *Stadtacht* (entsprechend ihrem Geltungsbereich) eine häufig verhängte weltl. Strafe für Friedensbrecher und stand neben dem kirchl. Bann (daher die Formel „in A. und Bann tun"). Der Geächtete konnte sich innerhalb der Frist von Jahr und Tag durch freiwilliges Erscheinen vor Gericht aus der A. lösen. Andernfalls verfiel er der **Ober-** oder **Aberacht,** d. h. der vollen Rechtlosigkeit, die durch den A.brief bekanntgemacht wurde.

Achtamar, türk. Insel, ↑ Ahtamar.

Achtelfinale, Ausscheidungsrunde der sechzehn Mannschaften, die sich in einem Meisterschaftswettbewerb qualifiziert haben.

Achtender (Achter) ↑ Geweih.

achter, niederdt. und in der Seemannssprache hinter; z. B. Achterschiff für: hinterer Schiffsteil.

Achter, mit 17,50 m Länge und einer Breite zw. 60 und 85 cm größtes Sportruderboot für 8 Ruderer und einen Steuermann. Traditionsreich ist das alljährl. seit 1823 auf der Themse ausgetragene A.rennen zw. den Rudermannschaften der Univ. von Oxford und Cambridge.

Achterbahn, Berg-und-Tal-Bahn mit mehreren Schleifen in Form einer Acht; bes. auf Volksfesten oder in Vergnügungsparks.

Achterberg, Gerrit [niederl. ˈɑxtərbɛrx], * Langbroek 20. Mai 1905, † Oud-Leusden 17. Jan. 1962, niederl. Lyriker. - Anklänge an den Surrealismus (Gedichte voller eigenwilliger Bilder).

Achtercharakteristik, Richtcharakteristik von Dipolen (Antennen) und Mikrophonen (Achtermikrophon), deren Querschnitt einer Acht ähnelt.

Achterdeck, hinteres Schiffsdeck.

Achterhoek [niederl. ˈɑxtərhuːk], sö. Teil der niederl. Prov. Geldern, östl. von Rhein und Ijssel mit Ausnahme der Lijmers.

Achtermannshöhe, unbewaldete Bergkuppe im Harz, nw. von Braunlage, 926 m ü. d. M.

Achternbusch, Herbert, * München 23. Nov. 1938, dt. Schriftsteller und Filmemacher. - Hinter Possen und Clownerien verbirgt sich die Überzeugung, daß ein nicht entfremdetes Leben mögl. ist. Schrieb u. a. „Die Macht des Löwengebrülls" (E., 1970), „Die Alexanderschlacht" (Prosa, 1971), „Der Tag wird kommen" (R., 1973), „Die Stunde des Todes" (R., 1975), „Land in Sicht" (R., 1977), „Wellen" (Prosa, 1983), „Breitenbach" (autobiograph. Prosa, 1986) und drehte u. a. „Das Andechser Gefühl" (1975), „Atlantikschwimmer" (1976), „Bierkampf" (1977), „Servus Bayern" (1978), „Der Neger Erwin" (1981), „Der Depp" (1982).

Achterschiff ↑ Sternbilder (Übersicht).

Achtersteven, hinterer Abschluß eines Schiffes.

Achterwasser, Bucht an der binnenwärts gelegenen Küste von Usedom, mit der Ostsee durch die Peene verbunden. Am Ufer mehrere Badeorte.

Achtflach (Achtflächner), svw. ↑ Oktaeder.

Achtfuß, in der geschriebenen Tonhöhenlage klingende Orgelregister (geschrieben 8′), so ben. nach der 8 Fuß (etwa 2,40 m) hohen Pfeife des Tones C.

Achtfüßer, svw. ↑ Kraken.

Achtkampf, dem Zwölfkampf der Männer entsprechender turner. Mehrkampf der Frauen; besteht aus je vier Pflicht- und Kürübungen (Stufenbarren, Schwebebalken, Pferdsprung und Bodenturnen).

Achtstundentag ↑Arbeitszeit.

Achtuba, linker, schiffbarer Nebenarm der unteren Wolga, UdSSR, verläuft parallel zur Wolga bis zum Kasp. Meer, etwa 520 km lang.

Achtubinsk, sowjet. Stadt in der Kasp. Senke, Gebiet Astrachan, RSFSR, an der Achtuba (Anlegeplatz), 43 000 E. Schiffsreparatur, Fleischkombinat, Konservenfabrik.

Achtundvierziger, allg. Bez. für die Teilnehmer an der dt. Revolution 1848/49, speziell für die republikan.-demokrat. gesinnten.

Ächtung ↑Boykott.

Achtyrka, sowjet. Stadt am SW-Rand der Mittelruss. Platte, Region Krasnodar, RSFSR, 41 000 E. Technikum; Maschinenbau, Baustoff- und Nahrungsmittelind. - Gegr. 1641 als Grenzfestung gegen die Krimtataren.

Achtzehngebet ↑Schemone Esre.

Achtzigjähriger Krieg, Bez. für den Freiheitskampf der Niederlande gegen Spanien 1568–1648. - ↑auch Niederlande (Geschichte).

Achurjan ↑Arpaçay.

Achylie [griech.], Fehlen von Verdauungssekreten v. a. des Magens (Achylia gastrica) und der Bauchspeicheldrüse (Achylia pancreatica) infolge ganz oder teilweise erloschener Drüsentätigkeit, Schwund von Drüsengewebe oder Verlegung von Drüsenausführungsgängen durch mechan. Hindernisse.

A. c. i., Abk. für: ↑Accusativus cum infinitivo.

Acid [ˈɛɪsɪt, ˈɛsɪt; engl.; zu lat. acidus „sauer"], übertragen als Sammelbez. für halluzinogene Drogen, bes. LSD; als Bestimmungswort in Zusammensetzungen, das aus einer von häufigem Drogengenuß geprägten [sub]kulturellen Sphäre stammen; z. B. **Acidrock** (Popmusik), **Acidparty** (gemeinsamer Genuß von A.).

Acida [lat.], Arzneimittel zur örtl. oder allg. Säuerung des Organismus; örtl. bei mangelnder oder fehlender Magensäureproduktion, allg. bei ↑Alkalose.

Acidanthera [griech.], Gatt. der Schwertliliengewächse mit etwa 25 Arten in Afrika; einfache oder wenig verzweigte Stengel mit wenigen, langen, schmalen Blättern und zieml. großen weißen, gelbl., rosa oder roten Blüten; bekannte Gartenzierpflanze ↑Sterngladiole.

Acidfrac [engl. ˈæsɪdˌfræk], sog. Sekundärverfahren für die Nachbehandlung von Injektionsbohrungen: Verdünnte Salzsäure und Quarzsand werden unter Druck eingepreßt und erhöhen die Durchlässigkeit kalkiger Gesteine.

Acidimetrie [lat./griech.], maßanalyt. Verfahren zur Bestimmung der Konzentration von Säuren durch tropfenweisen Zusatz von Basen (Laugen) bis zum Farbumschlag

eines zugegebenen Farbindikators.

Acidität [lat.], Säuregrad; die A. bestimmt sich nach der Fähigkeit einer in Wasser gelösten chem. Verbindung (Säure), Wasserstoffionen (H⁺) abzugeben. - ↑auch pH-Wert.

acidophil [lat./griech.], säureliebend; von Organismen gesagt, die bevorzugt auf saurem (kalkarmem) Boden leben (v. a. Heidekraut, Heidel- und Preiselbeere, Sauergräser, Torfmoos); auch von Zellen oder Zellorganellen, die sich bes. gut mit sauren Farbstoffen (z. B. Eosin, Fuchsin) anfärben lassen.

Acidose ↑Azidose.

Acidum [lat.], Säure; bei Apothekern häufig in fachsprachl. Zusammensetzungen verwendet, z. B.: A. aceticum, Essigsäure; A. boricum, Borsäure; A. citricum, Zitronensäure.

Acier, Michel-Victor [frz. aˈsje], *Versailles 20. Jan. 1736, †Dresden 16. Febr. 1795, frz. Porzellanmodelleur. - 1764–80 an der königl. Manufaktur in Meißen tätig; bes. familiäre Gruppen; stilist. im Übergang von Rokoko zum Klassizismus.

aci-Form [lat.] ↑Pseudosäuren.

Acı gölü [türk. ˈadʒɪ gœˈly], Salzsee am N-Fuß des Westtaurus, östl. von Denizli (Türkei), 836 m ü. d. M., 27 km lang, 8 km breit, trocknet im Sommer weitgehend aus.

Acipenseridae [lat.], sww. Echte ↑Störe.

Acireale [italien. atʃireˈaːle], italien. Kurort an der O-Küste Siziliens, am Hangfuß des Ätna, 48 000 E. Bischofssitz; radioaktive Thermen, Seebäder; Hafen. - Als *Acium* bekd. schon in röm. Zeit; 1169 durch Erdbeben zerstört; nach 1326 endgültig verlassen; 1693, nach erneutem Erdbeben, Wiederaufbau im Barockstil.

Acis, Gestalt der griech. Mythologie, Geliebter der Nereide Galatea, den der eifersüchtige Polyphem erschlägt.

Acker, Achille van, *Brügge 8. April 1898, †ebd. 10. Juli 1975, belg. sozialist. Politiker. - Früh in der Gewerkschaftsarbeit tätig; im 2. Weltkrieg in der Widerstandsbewegung; nach 1945 zeitweise Arbeits- und Sozialmin.; 1945/46 und 1954–58 Min.präs.

Acker, alte, v. a. im sächs. Bereich verwendete Flächeneinheit (Feldmaß, seltener Waldmaß); je nach Territorium zw. 22,7–55,3 a.

Ackerbau (Agrikultur), Nutzung des Ackerlandes durch Anbau von leistungsfähigen Kulturpflanzen unter Nutzung der Sonnenenergie. Aus diesen Kulturpflanzen werden gewonnen: pflanzl. Nahrungsmittel, Kleidungsstoffe (Leinen, Baumwolle), Genußmittel (Kaffee, Tee, Kakao, Gewürze, Tabak, Betäubungsmittel, Rauschgifte), Heilmittel (Alkaloide, Chinin, Rizinus), techn. verwertbare Inhaltsstoffe wie Öle, Farbstoffe (Alizarin, Indigo), Saponine, Gerb- und Bitterstoffe, Naturgummi, Fasern des Hanfs und Sisals, Futter für die Tierhaltung zur Erzeugung tier-

Ackerbaulehre

Nahrungsstoffe (Fleisch, Milch) und techn. Rohstoffe (Haare, Wolle, Häute, Knochen), Wurzel- und Stoppelrückstände und Gründüngungspflanzen zur Ernährung der Bodenorganismen bzw. zur Bodenverbesserung. **Geschichte:** Der Schritt von der „aneignenden" zur „produzierenden" Form der Nahrungsgewinnung ist seit der Jungsteinzeit bekannt. Künstl. Bewässerung ist in Vorderasien spätestens im 5. Jt. v. Chr. belegt. Als älteste Geräte zur Bodenbearbeitung kommen Grabstöcke und Pflanzstöcke aus Holz in Betracht. Weiterbildungen des Grabstocks waren Spaten und Furchenstock. Erst die Erfindung des Pflugs (früheste Belege um 3000 v. Chr. als Schriftzeichen in Uruk) brachte die Nutzung tier. Kraft zur Feldbestellung. Die Technik des A. scheint über mehrere Jh. unverändert geblieben zu sein. Die Entwicklung der Fruchtfolgen, in M-Europa von der wilden Feldgraswirtschaft über die Dreifelderwirtschaft bis hin zum intensiven Fruchtwechsel, und die Zufuhr von Dünger verbesserten die Leistungskraft des Bodens. In der Antike waren auch die Gründüngung v. a. mit Lupinen und die mineral. Düngung bekannt. Ob die Kulturpflanzen zu dieser Zeit bereits bewußt veredelt wurden, ist nicht bekannt. Jedenfalls wurde das Saatgut auf empir. Wege durch Auswahl der größten Körner und Samen verbessert. - Erst um die Mitte des 18. Jh. wurden, begünstigt durch den allg. Aufschwung der biolog. und der chem. Forschung sowie durch neue Erkenntnisse über die chem.-physikal. Grundlagen des Pflanzenwachstums, die landwirtschaftl. Methoden entscheidend verbessert.

📖 *Boguslawski, E. von: A. Grundll. der Pflanzenproduktion. Ffm. 1981.*

Ackerbaulehre, svw. ↑Agronomie.

Ackerbohne, svw. ↑Pferdebohne.

Ackerbürger, histor. Bez. für Stadtbürger, die in oder nahe der Stadtgemarkung über Grund und Boden verfügen und diesen - neben einem Gewerbe oder ausschließl. - landw. nutzen.

Ackerbürgerstadt, histor. Bez. für i. d. R. kleinstädt., mit Stadtrecht ausgestattete Siedlungen, die meist nur geringe oder keine zentralörtl. Funktionen haben; Bewohner zum wesentl. Teil Ackerbürger. In M-Europa v. a. Stadtgründungen des MA mit großer landw. Gemarkung, bis ins 19. Jh. die übl. Form der Kleinstadt.

Ackerdistel (Ackerkratzdistel, Cirsium arvense), bis 1,2 m hoher Korbblütler (Gatt. ↑Kratzdistel) mit lanzettl., ganzrandigen oder buchtig gezähnten Blättern und lilaroten Blüten in mehreren Köpfen; Ackerunkraut.

Ackererbse (Felderbse, Futtererbse, Peluschke, Pisum sativum ssp. sativum convar. speciosum), Kulturform der Saaterbse, die für Grün- und Trockenfutter angebaut wird, z. T. auch verwildert vorkommt; unterscheidet sich von der Saaterbse v. a. durch die etwas kantigen, graugrünen, braunpunktierten Samen und in der Schmetterlingsblüte (Fahne blaß-, Flügel dunkelviolett). - Abb. S. 74.

Ackeret, Jakob, * Zürich 17. März 1898, † Gossau (ZH) 26. März 1981, schweizer. Aerodynamiker. - Baute 1933/34 den ersten Windkanal für Überschallgeschwindigkeiten mit kontinuierl. Betrieb und führte die Bez. ↑ Mach-Zahl ein.

Ackerfuchsschwanzgras (Ackerfuchsschwanz, Alopecurus myosuroides), bis 45 cm hohe Grasart (↑ Fuchsschwanzgras) v. a. auf Äckern und an Wegrändern in W-Asien und den Mittelmeerländern, in Europa und N-Amerika eingebürgert; die bis 8 cm lange, schlanke, an beiden Enden zugespitzte Ährenrispe ist mitunter rötl. bis violett getönt; Ackerunkraut.

Ackergalle, Ackerstelle, die durch Grundwasser ständig feucht ist.

Ackergare, svw. ↑Bodengare.

Ackergauchheil (Roter Gauchheil, Anagallis arvensis), v. a. in den gemäßigten Zonen als Acker- und Gartenunkraut weitverbreitetes einjähriges, häufig niederliegendes Primelgewächs der Gatt. ↑ Gauchheil, mit gegenständigen Blättern und kleinen, radförmigen, meist roten, selten blauen Blüten. - Abb. S. 74.

Ackerglockenblume (Campanula rapunculoides), bis 60 cm hohe, mit Ausnahme der Blüten kurz behaarte Art der Gatt. ↑ Glockenblume, v. a. auf Äckern und in Wäldern des gemäßigten Europas, Kaukasiens und Kleinasiens; obere Blätter längl., lang gestielt, Grundblätter herzförmig, spitz gekerbt, Blüten 2-3 cm lang, blau, meist einzeln stehend.

Ackerhellerkraut, svw. ↑Ackerpfennigkraut.

Ackerhohlzahn, svw. ↑Gemeiner Hohlzahn.

Ackerklee, svw. ↑Hasenklee.

Ackerkratzdistel, svw. ↑Ackerdistel.

Ackerkrume (Krume), zum Ackerbau benutzte, obere Bodenschicht (20-30 cm stark) mit reicher Mikroflora und -fauna und hohem Humusgehalt.

Ackerkrummhals ↑Wolfsauge.

Ackerland, der durch den ↑Ackerbau genutzte Boden; im Unterschied zu Weide-, Wiesen- und Gartenland.

Ackermann, Anton, eigtl. Eugen Hanisch, * Thalheim (Erzgebirge) 25. Dez. 1905, † Berlin (Ost) 4. Mai 1973, dt. Politiker. - Seit 1926 in der KPD, 1946 maßgebl. an der Gründung der SED beteiligt; bekleidete seitdem v. a. wichtige Parteiämter; vertrat bis 1948 die Theorie vom „bes. dt. Weg zum Sozialismus"; 1954 aller Ämter enthoben und aus dem ZK ausgeschlossen; 1956 rehabilitiert, übernahm 1956 erneut polit. Ämter.

A., Dorothea, * Danzig 12. Febr. 1752, † Altona (= Hamburg) 21. Okt. 1821, dt. Schauspielerin. - Tochter von Konrad Ernst A. und

Sophie Charlotte A.; galt bis zu ihrer Heirat (1778) als „erste Schauspielerin Deutschlands" (u. a. Ophelia, Minna von Barnhelm). **A.,** Konrad Ernst, * Schwerin 1. Febr. 1712 (1710 ?), † Hamburg 13. Nov. 1771, dt. Schauspieler. - Einer der hervorragendsten Schauspieler (v. a. kom. Rollen) des 18. Jh.; 1740-42 Mgl. der Schönemannschen Truppe, 1751 eigene Truppe, seit 1764 in Hamburg (**Ackermannsche Truppe**). Sein Haus wurde als erstes dt. Nationaltheater durch Lessings „Hamburg. Dramaturgie" berühmt.
A., Max, * Berlin 5. Okt. 1887, † Bad Liebenzell 14. Nov. 1975, dt. Maler. - Baut seine abstrakten Kompositionen auf Farbwerten auf; auch Graphik.
A., Sophie Charlotte, * Berlin 12. Mai 1714, † Hamburg 13. Okt. 1792, dt. Schauspielerin. - Seit 1749 ∞ mit Konrad Ernst A., Mutter der Schauspielerinnen Dorothea und Charlotte Maria Magdalena A. (* 1757, † 1775) und (aus 1. Ehe) von F. L. Schröder; 1740 Mgl. der Schönemannschen Truppe, 1742-44 eigene Truppe. Trag. und kom. Rollen. Leitete nach dem Tod ihres Mannes bis 1780 dessen Truppe.

Ackermann aus Böhmen, Der, Prosadialog von ↑Johannes von Tepl.

Ackernahrung, Maß für Bodenertrag und Arbeitsleistung eines bäuerl. Betriebes. Der Mindestumfang an land- und forstwirtschaftl. Nutzfläche muß so bemessen sein, daß diese zur Sicherung der Existenz der Fam. des landw. Betriebsinhabers, der Ausbildung der Kinder und der Versorgung der Altenteiler ohne Zu- oder Nebenerwerb bei Zugrundelegung eines angemessenen Lebensstandards ausreicht.

Ackerpfennigkraut (Ackerhellerkraut, Ackertäschelkraut, Thlaspi arvense), bis 30 cm hoher Kreuzblütler der Gatt. ↑Pfennigkraut, v. a. auf Äckern, Schutt und an Wegrändern in Eurasien und N-Amerika; mit längl., meist buchtig gezähnten oberen Blättern, verkehrt-eiförmigen Grundblättern und kleinen weißen Blüten in traubigem Blütenstand; Schötchen fast kreisrund mit breitem Flügelsaum.

Ackerrettich, svw. ↑Hederich.

Ackerröte (Nolde, Sherardia), Gatt. der Rötegewächse mit der einzigen, in Eurasien und N-Afrika v. a. auf Äckern und Schutt vorkommenden Art Sherardia arvensis; Stengel vierkantig, niederliegend bis aufsteigend, mit ellipt. bis lanzettl. Blättern und meist lilafarbenen Blüten in kleinen Blütenköpfchen.

Ackersalat, svw. ↑Feldsalat.

Ackerschachtelhalm (Equisetum arvense), bis 50 cm hohe, fast weltweit verbreitete Schachtelhalmart, v. a. auf Äckern und an Wegrändern; die blattgrünfreien, die Sporophylle tragenden Halme erscheinen vor den unfruchtbaren, meist ästig verzweigten, grünen oder grünlichweißen Halmen und sterben nach der Sporenreife ab; Kulturfolger und häufiges Ackerunkraut, das früher wegen des Kieselsäuregehaltes zum Putzen von Zinngeschirr (**Zinnkraut, Scheuerkraut**) und zum Polieren von Holz verwendet wurde.

Ackerschiene, hydraul. verstellbare Lochschiene zum Einhängen oder Anbauen von Arbeitsgeräten am Schlepper.

Ackerschmiele, svw. ↑Windhalm.

Ackerschnecken (Deroceras), Gatt. der Nacktschnecken (Fam. ↑Egelschnecken), deren Arten bei Reizung einen milchigweißen Schleim ausscheiden; können durch Fraß an Acker- und Gartenpflanzen schädl. werden; in M-Europa 2 Arten: **Gemeine Ackerschnecke** (Deroceras agreste), bis 6 cm lang, mit dunkleren, braunen Flecken und Strichen auf weißl. bis hellbraunem Grund; **Deroceras reticulatum,** weltweit verbreitet, mit dunkler netzartiger Zeichnung auf gelblichweißem bis rötlichbraunem Grund und mit dunklen Flecken auf dem Gehäuserest.

Ackerschotendotter (Ackerschöterich, Erysimum cheiranthoides), bis 60 cm hoher Kreuzblütler (Gatt. ↑Schöterich), v. a. auf Äckern, an Wegrändern und Flußläufen; mit lanzettl. Blättern und kleinen gelben Blüten in traubigen Blütenständen; Früchte längl., aufrecht stehende Schoten.

Ackerschöterich, svw. ↑Ackerschotendotter.

Ackersenf (Falscher Hederich, Sinapis arvensis), bis 80 cm hoher gelbblühender Kreuzblütler (Gatt. ↑Senf), v. a. auf Äckern, Schuttplätzen und an Wegrändern; als Ackerunkraut fast über ganz Europa verbreitet; im Unterschied zu dem sehr ähnl. ↑Hederich Blütenblätter intensiver gelb, Kelchblätter stets waagerecht abgespreizt, Stengel steifborstig bis zottig behaart mit ungleichbuchtig gezähnten Blättern.

Ackersteinsame (Lithospermum arvense), bis 30 cm hohes einjähriges Rauhblattgewächs (Gatt. ↑Steinsame), v. a. auf Äckern und an Wegrändern; Stengel wenig verzweigt mit verkehrt-eiförmigen bis lanzettl. Blättern und meist kleinen weißen Blüten. Die Wurzelrinde wurde früher zum Rotfärben von Branntwein, Wachs und Schminke benutzt.

Ackerstiefmütterchen, svw. ↑Stiefmütterchen.

Ackertäschelkraut, svw. ↑Ackerpfennigkraut.

Ackerunkräuter, Pflanzen, die im Ackerbau neben den Kulturpflanzen auftreten; sie entziehen diesen Nährstoffe und Licht und mindern dadurch den Ertrag.

Ackerwachtelweizen (Echter Wachtelweizen, Melampyrum arvense), bis 50 cm hoher Rachenblütler, v. a. auf Äckern und an Wegrändern Europas und W-Asiens, mit gegenständigen, längl. zugespitzten Blättern und teils rötlich-, teils gelblichgefärbten Blüten in Ähren mit großen, lebhaft hellroten,

Ackerwicke

Ackererbse　　　　Ackergauchheil　　　　Ackerwinde

tief eingeschnitten-gezähnten Tragblättern. Der einjährige Halbschmarotzer heftet sich mit seinen an den Wurzeln ausgebildeten Saugorganen (Haustorien) an die Wurzeln von Getreidepflanzen und entzieht ihnen v. a. Wasser und Mineralsalze; kann bei massenhaftem Auftreten großen Schaden anrichten.

Ackerwicke, svw. ↑Saatwicke.

Ackerwinde (Drehwurz, Convolvulus arvensis), fast weltweit verbreitetes Windengewächs (Gatt. ↑Winde) mit niederliegenden oder an anderen Pflanzen, auch an Zäunen u. a. sich emporwindenden, bis 1 m langen Stengeln mit spieß- oder pfeilförmigen Blättern und breit-trichterförmigen, weißen oder rosafarbenen, langgestielten Blüten, die auf der Außenseite 5 rote Streifen tragen; schwer ausrottbares Unkraut auf Äckern, Gartenland und Schuttplätzen.

Ackja [finn.-schwed.], lapp. Fahrschlitten in Bootsform mit als Rückenstütze verlängertem Achterstück; auch Rettungsschlitten der Bergwacht.

Acoela [griech.], Ordnung meist bis 3 mm (maximal 12 mm) langer meeresbewohnender ↑Strudelwürmer; v. a. unter Steinen, zwischen Algen und auf schlammigen Böden lebend.

Acoma [engl. ˈɑːkəmɔː], Puebloindianerdorf (↑Keres) im nördl. New Mexico, westl. des Rio Grande, USA; aneinander und übereinander zu Hausreihen zusammengebaute Räume aus ↑Adobe.

Aconcagua [span. akɔŋˈkaɣŭa], höchster Berg Amerikas, in den argentin. Anden, nö. von Santiago de Chile, 6958 m ü. d. M., mit fünf Hanggletschern; Erstbesteigung 1897 durch M. Zurbriggen und A. Vines.

Aconcagua, Río [span. ˈrrio akɔŋˈkaɣŭa], Zufluß zum Pazifik in Chile, entspringt sw. des Aconcagua, mündet 100 km nw. von Santiago de Chile, rd. 200 km lang. Sein Tal trennt Zentralchile vom Kleinen Norden.

à condition [frz. akõdiˈsjõ], Kauf unter der aufschiebenden Bedingung des Weiterverkaufs, v. a. beim Kommissionshandel.

Aconitase [griech.], schwefel- und eisenhaltiges Enzym für die Umsetzung von Zitronensäure in allen biolog. Geweben (↑Zitronensäurezyklus).

Aconitin [griech.], $C_{34}H_{47}NO_{11}$, Alkaloid des ↑Blauen Eisenhuts; ähnl. Alkaloide auch bei anderen Eisenhutarten; eines der stärksten Pflanzengifte (tödl. Dosis 5–10 mg); medizin. Verwendung gegen Neuralgien und als schweißtreibendes Mittel.

Aconitum [griech.], svw. ↑Eisenhut.

Acontius, Jacobus, * Trient vor 1520, † in England 1567(?), italien. Humanist (Theologe und Jurist). - Konvertierte nach seiner Flucht in die Schweiz (später nach England) zum Protestantismus; trat für Toleranz und gegen die Ketzerverbrennungen ein.

a conto [italien.], Abk. a. c., auf Rechnung von ..., v. a. bei Abschlagszahlung.

Acosta, Uriel, eigtl. Gabriel da Costa, * Porto (Portugal) um 1585, † Amsterdam 1640 (Selbstmord), jüd. Religionsphilosoph. - Aus einer Marranenfamilie, wurde im Jesuiten erzogen, studierte kanon. Recht in Coimbra, trat zum Judentum über und suchte sich zum Propheten eines erneuerten, bibl. Judentums zu machen. Von den Rabbinern gebannt, wurde er auch von der weltl. Obrigkeit in Amsterdam verurteilt und stand so schließ. außerhalb der jüd. wie der christl. Gemeinschaft.

Acquaviva (Aquaviva), Claudio, * Atri 14. Sept. 1543, † Rom 31. Jan. 1615, italien. Jesuit (seit 1567). - Fünfter Ordensgeneral der Jesuiten (seit 1581).

Acqui Terme, italien. Heilbad ssw. von Alessandria, Ligurien, 22 000 E. Bischofssitz; heiße, schwefel- und jodhaltige Quellen (75 °C) gegen Rheuma und Bronchitis; Forschungszentrum für Bäderkunde (Balneologie). Von den Römern **Aquae Statiellae** genannt; reiche Stadt. Zeit Hauptort eines Gft.; fiel 1708 an Savoyen. - Dom (11. Jh.) mit Renaissanceportal, Reste eines roman. Kreuzgangs und eines röm. Aquädukts.

Acrania [griech.], svw. ↑ Schädellose.

Acrasin [griech.], chemotakt. wirkender Anlockstoff für das Amöbenstadium der ↑ Schleimpilze; bewirkt die Aggregation, die die Fruchtkörperbildung einleitet.

Acre [brasilian. 'akri], brasilian. Bundesstaat an der peruan. und bolivian. Grenze, 152 589 km², 307 000 E (1980), Hauptstadt Rio Branco. Umfaßt die nö. Abdachung einer den Anden parallel vorgelagerten, bis über 500 m hohen Schwelle, auf der mehrere wichtige Nebenflüsse des Amazonas entspringen; von trop. Regenwald bedeckt. Mit Ausnahme der nomad. Indianer lebt die Bev. v. a. an den Flüssen sowie in und um Rio Branco. Waldextraktionswirtschaft: Kautschuk, Paranüsse, Holz und Wildfelle; entlang der Flüsse etwas Feldbau. Hauptträger des Verkehrs sind die Flüsse. - Obwohl vom brasilian. Amazonas aus besiedelt, 1867 (nochmals 1895) an Bolivien abgetreten; 1899 vorübergehende Bildung einer unabhängigen Republik; 1900 an ein angloamerikan. Syndikat übertragen; 1903 an Brasilien abgetreten. 1943 Bundesterritorium, seit 1965 Bundesstaat.

Acre [engl. 'ɛɪkə] (Acre of land), Kurzzeichen A, a, ac; in Großbrit. einschließl. der ehem. überseeischen Besitzungen und in den USA verwendete Flächeneinheit: 1 A ≈ 4 047 m².

Acre, Rio [brasilian. 'rriu 'akri], linker Nebenfluß des Rio Purus in N-Brasilien, entspringt (zwei Quellflüsse) in der Montaña (Peru), mündet bei Bôca do Acre, etwa 700 km lang, bildet bis Brasiléia die Grenze zw. Brasilien, Peru und Bolivien.

Acrididae [griech.], svw. ↑ Feldheuschrecken.

Acridin (Akridin) [lat.], schwache, aromat. Base. Ausgangsverbindung für Farbstoffe und Arzneimittel. Strukturformel:

Acrocephalus [griech.], svw. ↑ Rohrsänger.

Acromion [griech.], svw. Schulterhöhe (↑ Schulter).

Acron [Kw.], Messinglegierung mit 63 % Kupfer, 1 % Zinn und 36 % Zink.

Acrylaldehyd [Kw.], svw. ↑ Akrolein.

Acrylate [lat./griech.], Salze und Ester der ↑ Acrylsäure bzw. der Polyacrylsäure (**Polyacrylate**).

Acrylfaser [lat./griech./dt.], Chemiefaser aus Polyacrylnitril (↑ Kunststoffe, Tabelle).

Acrylglas [lat./griech./dt.], plattenförmige oder gewellte glasartige Produkte aus ↑ Polymethacrylsäureester (↑ Plexiglas ⓦ).

Acrylharze [lat./griech./dt.], Polyacrylate; durch Polymerisation von Acrylsäureestern erhältl. farblose Verbindungen; Verwendung: Weichmacher, Klebstoffe, Lacke.

Acrylkautschuk [lat./griech./indian.],

↑ Synthesekautschuk, Kopolymerisat aus Acrylsäureestern und Acrylnitril.

Acrylnitril [lat./griech.] (Acrylsäurenitril), $CH_2=CH—C\equiv N$, farblose, stechend riechende, giftige Flüssigkeit. Herstellung durch Anlagerung von Blausäure (HCN) an Acetylen; Ausgangsmaterial für Polyacrylnitril und Chemiefasern.

Acrylsäure [lat./griech./dt.] (Propensäure), stechend riechende Monocarbonsäure; Rohstoff für viele Kunststoffe und Lacke. Chem. Strukturformel: $CH_2=CH—COOH$.

ACS, Abk. für: ↑ Automobil-Club der Schweiz.

Act [ækt; lat.-engl.], im angloamerikan. Recht Bez. für 1. eine Willenserklärung oder eine sonstige rechtl. relevante Handlung; 2. für ein vom Parlament verabschiedetes Gesetz. In England heißen die Gesetze **Act of Parliament,** in den USA **Act of Congress** bzw. (in den Einzelstaaten) **Act of the Legislature.** Andere Bez. sind „statute" und „law". Zu unterscheiden sind „public acts" und „private acts". Erstere enthalten generelle Regelungen, während sich letztere entweder auf bestimmte Personen oder Personengruppen beziehen („personal acts") oder nur örtl. Angelegenheiten regeln („local acts").

A. C. T., Abk. für: ↑ Australian Capital Territory.

Acta Apostolicae Sedis [lat. „Akten des Apostol. Stuhles"], Abk. AAS, seit dem 1. Jan. 1909 erscheinendes amtl. Publikationsorgan des Hl. Stuhles, in dem u. a. die päpstl. Gesetze, die Konkordate und bed. Verlautbarungen des Papstes veröffentlicht werden.

Acta Apostolorum [lat.], svw. ↑ Apostelgeschichte.

Acta diurna [lat. „tägl. Geschehen"], von Cäsar 59 v. Chr. gegr. amtl. röm. „Tageszeitung", durch Anschlag veröffentlicht.

Actaea [griech.], svw. ↑ Christophskraut.

Acta Eruditorum [lat. „Berichte der Gelehrten"], 1682 von O. Mencke nach dem Vorbild des „Journal des Savants" gegr. erste dt. wissenschaftl. Zeitschrift; ab 1732 u. d. T. „Nova A. E."; 1782 eingestellt.

Actant [lat.], von L. Tesnière geprägter Terminus für das Satzglied, das vom Verb gefordert wird, damit ein grammat. Satz entsteht (z. B.: Der Gärtner bindet *die Blumen*). - ↑ auch Valenz.

Acta Sanctorum [lat. „Taten der Heiligen"], Abk. Acta SS, von den ↑ Bollandisten hg. Sammlung hagiograph. Quellen (Märtyrerakten, Heiligenviten u. a.).

ACTH, Abk. für engl.: adrenocorticotropic hormone, ↑ adrenokortikotropes Hormon.

Actinia (Aktinien) [griech.], ↑ Seerosen.

Actiniaria [griech.], svw. ↑ Seerosen.

Actinium (Aktinium) [zu griech. aktís „Strahl"], radioaktives chem. Element; Symbol Ac, Ordnungszahl 89. Das A. kommt in ganz geringer Menge in Uranerzen (in jedem

Actiniumreihe

Falle von Lanthan begleitet) vor; es besitzt ähnl. Eigenschaften wie das Lanthan (↑ auch Zerfallsreihen, ↑ Periodensystem der chemischen Elemente).

Actiniumreihe, eine der vier natürl. radioaktiven ↑ Zerfallsreihen, vom Uranisotop ^{235}U (↑ Actinouran) ausgehend und beim stabilen Bleiisotop ^{207}Pb endend.

Actinium X, Zeichen AcX, Bez. für das Radiumisotop ^{223}Ra; Zwischenglied der ↑ Actiniumreihe; zerfällt unter Emission von Alphateilchen.

Actinoblei [griech./dt.], Zeichen AcD, Bez. für das Bleiisotop ^{207}Pb, stabiles Endprodukt der Actiniumreihe.

Actinoide (Aktiniden) [griech.], mit dem Actinium beginnende (↑ Periodensystem der chem. Elemente) beginnende Gruppe radioaktiver Elemente der Ordnungszahlen 89 bis 103. Ihr ähnl. chem. Verhalten beruht auf der schrittweisen Auffüllung der inneren Elektronenschalen der Elemente, wobei die äußere für die chem. Eigenschaft verantwortl. Elektronenschale kaum verändert wird.

Actinomycetales [griech.], svw. ↑ Strahlenpilze.

Actinomycine (Aktinomyzine) [griech.], aus Strahlenpilzen gewonnene Antibiotika; A. hemmen das Wachstum von Bakterien, Pilzen, Geweben höherer Organismen und von Tumoren; sie werden bei Lymphogranulomatose und lymphat. Leukämie verwendet.

Actinon [akti'no:n, ak'ti:nɔn; griech.] (Aktinon, Actiniumemanation), Zeichen An oder Ac Em, veraltete Bez. für das radioaktive Isotop ^{219}Rn des Edelgases Radon.

Actinopterygii [griech.], svw. ↑ Strahlenflosser.

Actinouran [griech.], Zeichen AcU, Bez. für das Uranisotop ^{235}U, Ausgangssubstanz der ↑ Actiniumreihe; zerfällt mit einer Halbwertszeit von $7,1 \cdot 10^8$ Jahren unter Emission von Alphateilchen in ^{231}Th; ist zu 0,71 % im natürl. vorkommenden Uran enthalten.

Actinula [griech.] (Actinulalarve), etwa wenige zehntel bis 1 Millimeter großer freischwimmender, polypenartiger Larventyp einiger Hydrozoen: länglichoval, mit Tentakeln, bewimpert.

Actio [lat.], Handlung, Tätigkeit.

Actio libera in causa [lat. „Handlung, die frei in ihrer Ursache ist"], Begehung einer Straftat, nachdem sich der Täter zu diesem Zweck oder trotz der voraussehbaren Gefahr der Begehung in einen die Verantwortlichkeit ausschließenden Zustand versetzt hat (z. B. bei Trunkenheitsdelikten im Straßenverkehr).

Actioncomic ['ækʃənkɔmɪk; engl.], Comic, bei dem das Hauptgewicht auf turbulenter Handlung liegt.

Action directe [frz. aksjõdi'rɛkt], svw. ↑ direkte Aktion.

Actionfilm ['ækʃən...; engl.], Film, der in raschem Szenenwechsel eine Abfolge oft

„harter" Aktionsabläufe bietet; meist Western, Kriegsfilm, Kriminalfilm, Horrorfilm.

Action française [frz. aksjõfrã'sɛ:z „frz. Aktion"], rechtsradikale frz. Bewegung, eine der Wurzeln des frz. Faschismus; zugleich Name ihrer Tageszeitung 1908–44. Ende 1898 gegr., geriet 1899 unter den bald dominierenden Einfluß von Ch. Maurras. Die A. f. blieb im Parlament bedeutungslos, hatte aber als geistig bedeutendste Gruppierung der extremen Rechten weitreichenden Einfluß auf die frz. Rechte und die intellektuelle Jugend zw. den beiden Weltkriegen. Verfocht als autoritär-antiparlamentar. Gegenideologie gegen die Ideen von 1789 einen „integralen Nationalismus", erstrebte die Errichtung einer erbl. Monarchie mit föderalist. Gliederung des Landes; 1936 verboten; unterstützte seit 1940 das Regime Pétain. Viele Anhänger der A. f. wurden nach der Befreiung wegen Kollaboration verurteilt.

Action painting [engl. 'ækʃən'pɛɪntɪŋ „Aktionsmalerei"], von H. Rosenberg geprägte Bez. für den ↑ abstrakten Expressionismus in Amerika. Vertreter: Motherwell, De Kooning, Pollock, Tobey.

Action-research [engl. 'ækʃənrɪ'sə:tʃ] ↑ Aktionsforschung.

actio = reactio [lat. „Wirkung = Gegenwirkung"], Aussage des dritten Newtonschen Axioms (Wechselwirkungsgesetz); ↑ Newtonsche Axiome.

Actius Sincerus ↑ Sannazaro, Iacopo.

Act of God [engl. 'ækt əv 'gɔd], im angloamerikan. Recht Bez. für höhere Gewalt.

Act of Settlement [engl. 'ækt əv 'sɛtlmənt], engl. Gesetz von 1701 zur Sicherung der Ergebnisse der „Glorious revolution"; regelte die prot.-anglikan. Thronfolge; enthielt für die spätere Verfassungsentwicklung wichtige Klauseln über Verteilung und Ausübung der staatl. Macht; stärkte die Stellung des Staatsrats (privy council) und des Parlaments.

Act of Supremacy [engl. 'ækt əv sjʊ'prɛməsɪ] ↑ Suprematsakte.

Acton [engl. 'æktən], John Dalberg, Baron A. of Aldenham (seit 1869), * Neapel 10. Jan. 1834, † Tegernsee 19. Juni 1902, brit. Historiker. - Enkel von Sir John Francis Edward A. und von Emmerich Josef Herzog von Dalberg; Schwester von Dupanloup, Wiseman und (1850–55) Döllinger; maßgebl. von der dt. histor. Schule geprägt; zunächst im Sinne eines antiultramontanen, aber strenggläubigen Katholizismus publizist. tätig; gewann als liberales Unterhaus-Mgl. 1859–68 bed. Einfluß auf Gladstone; seit 1895 Prof. in Cambridge; maßgeblich beteiligt an der Planung der „Cambridge modern history".

A., Sir (seit 1791) John Francis Edward, ≈ Besançon 3. Juni 1736, † Palermo 12. Aug. 1811, Min. in Neapel-Sizilien. - Leitender Min. unter Ferdinand IV.; seine antinapo-

leon. Politik scheiterte; 1798 und seit 1806 im sizilian. Exil.

Actopan, mex. Stadt im zentralen Hochland, 2070 m ü. d. M., 30 km nw. von Pachuca de Soto, 43000 E. Museum; Zentrum eines Agrargebietes; an der Carretera Panamericana. - Gegr. 1546.

Actus [lat.], philosoph. Fachausdruck in der Scholastik; Bez. für „das schon Gewordene" im Ggs. zu dem „noch nicht Gewordenen, sondern erst Möglichen".

Actus Apostolorum [lat.], svw. ↑Apostelgeschichte.

Açu, Rio [brasilian. 'rriu a'su] (im Oberlauf **Rio Piranhas),** Fluß in NO-Brasilien, entspringt (zwei Quellflüsse) in der Chapada do Araripe, mündet mit drei Armen westl. von Macau in den Atlantik; 700 km lang; am Unterlauf große Salinen.

Aculeata [lat.], svw. ↑Stechimmen.

Acuña [span. a'kuɲa], mex. Stadt am Rio Grande, 30000 E. Zentrum eines Agrargebiets. Straßenbrücke nach Del Rio (Texas).

Acusticus ↑Akustikus.

ACV, Abk. für: Allgemeiner Cäcilien-Verband für die Länder der dt. Sprache, ↑Cäcilien-Verband.

acyclische Verbindung, svw. ↑aliphatische Verbindung.

Acylierung [lat./griech.], Ersatz eines Wasserstoffatoms v.a. an einer Hydroxyl- oder Aminogruppe einer organ. Verbindung durch einen Acylrest.

Acylrest [lat./griech./dt.], Säurerest, speziell der Rest $R-CO-$ einer Carbonsäure $(R-COOH)$.

a d., Abk. für: ↑a dato.

a. D., Abk. für: außer Dienst.

A. D., Abk. für: Anno Domini. - ↑anno.

Ada (Adda), weibl. Vorname; Kurzform von Namen, die mit „Adel-" gebildet sind, gewöhnl. von Adelheid und Adelgunde.

ad absurdum führen [lat./dt.], den Widersinn einer Behauptung oder Sache beweisen.

ADAC, Abk. für: ↑Allgemeiner Deutscher Automobil-Club e. V.

ad acta [lat.], Abk. a. a., zu den Akten; *a. a. legen,* nicht mehr berücksichtigen, als erledigt betrachten.

Adad (Adda, Addu), akkad. Wettergott, Verkörperung der segenbringenden (Regen) und zerstörenden Naturgewalten (Gewittersturm, Flut, Dürre).

Adad-Nerari II., assyr. König (912–891); stellte die Macht Assyriens v. a. nach N und O wieder her.

Adaequatio intellectus et rei [ade...; lat. „Übereinstimmung des (urteilenden) Geistes und der Sache"] (Adäquationstheorie), die Definition der Wahrheit des Thomas von Aquin: „insofern der urteilende Geist von dem, was ist, sagt, daß es ist, und von dem, was nicht ist, daß es nicht ist".

adagio [a'da:dʒo; italien.], musikal. Tempovorschrift für den gemäßigten Vortrag eines Musikstückes. Als Satzüberschrift bezeichnet **Adagio** ein langsames Musikstück.

Ada-Gruppe, überholte (aber übl.) Bez. für eine Gruppe von Handschriften, die heute als „Werke der Hofschule Karls des Großen" bezeichnet werden. Namengebend war ein Evangeliar (heute Trier, Stadtbibliothek), das auf Bestellung einer „Ada ancilla Dei" um 800 angefertigt wurde. Zur A.-G. gehört auch das Evangeliar aus Saint-Médard in Soissons (Anfang des 9. Jh.; Paris, Bibliothèque nationale).

Ada-Kaleh, ehem. rumän. Donauinsel am Eisernen Tor; war vor den Türken besiedelt und wurde nach Fertigstellung des Donaukraftwerks überflutet.

Adaktylie [griech.] (Fingerlosigkeit), angeborene Mißbildung; einzelne oder alle Finger bzw. Zehen fehlen.

Adalbero, Name von Bischöfen und Erzbischöfen:

A. I., † Sint-Truiden 25. April 962, Bischof von Metz (seit 929). - Gab 933 durch die Reform des Klosters Gorze den entscheidenden Anstoß zur lothring. Klosterreform.

A., * um 925, † Reims 23. Jan. 989, Erzbischof von Reims (seit 969). - Mönch und Abt in ↑Gorze. Blieb auch als Erzbischof von Reims treuer Anhänger der Ottonen. Brachte mit Hugo Capet, den er am 3. Juli 978 in Reims krönte, das Haus der Kapetinger auf den frz. Thron.

Adam und Eva. Miniatur aus einem flämischen Stundenbuch (16. Jh.). Wien, Österreichische Nationalbibliothek

Adalbero

A. (Ascelin), * nach 947, † 19. Juli 1030, Bischof von Laon (seit 977). - Führer des Episkopats im Widerstand gegen den Einfluß Clunys in Gallien und entschiedener Parteigänger Hugo Capets.

A., hl., * um 1010, † Lambach (Oberösterreich) 6. Okt. 1090, Bischof von Würzburg (seit 1045). - Reformfreudiger Anhänger der Kaiser Heinrich III. und IV.; schloß sich nach dem Reichstag von Worms 1076 der Partei Papst Gregors VII. an.

A., Erzbischof von Trier, ↑ Albero.

Adalbert (Adelbert, Adalbrecht, Adelbrecht), alter dt. männl. Vorname (althochdt. adal „edel, vornehm; Abstammung" und althochdt. beraht „glänzend"), eigtl. etwa „von glänzender Abstammung".

Adalbert, Name von Herrschern:

Hamburg-Bremen:

A., * um 1000, † Goslar 16. März 1072, Erzbischof (seit 1043). - Parteigänger der Salier. Als päpstl. Legat und (seit 1053) Vikar des Nordens gelang ihm durch Missionstätigkeit eine Erweiterung seines Einflußgebietes bis Finnland, Island und Grönland; erlangte während der vormundschaftl. Regierung für Heinrich IV. ab 1063 maßgebl. Einfluß auf die Reichspolitik; 1066-69 vom Hofe verbannt; ihm gelang es nicht, sein Erzbistum zu einem nord. Patriarchat zu erhöhen.

Magdeburg:

A. I., hl., † Zscherben bei Halle/Saale 20. Juni 981, Erzbischof (seit 968). - Nach erfolgloser Missionstätigkeit in Rußland 961/962 in der Kanzlei Ottos I.; 966 Abt des Klosters Weißenburg im Elsaß, wo er die Chronik Reginos von Prüm fortsetzte (für die Jahre 907-967); widmete sich als Erzbischof der Organisation seines Metropolitansprengels sowie der Missionstätigkeit.

Mainz:

A. I., † 23. Juni 1137, Erzbischof (seit 1109/11). - Seit 1106 erster Kanzler und maßgebl. Berater Heinrichs V.; betrieb erfolgreiche und für Mainz grundlegende Territorialpolitik; 1112-15 vom Kaiser auf dem Trifels gefangengesetzt, blieb A. bis 1122 Haupt der Fürstenopposition und der kirchl. Reformpartei im Kampf gegen Heinrich V.; setzte 1125 die Wahl Lothars von Supplinburg durch.

Österreich:

A. der Siegreiche, † Melk 26. Mai 1055, Markgraf (seit 1018). - Sohn des Babenberger Markgrafen Liutpold I., Nachfolger seines Stiefbruders Heinrich I.; gilt als eigtl. Gründer Österreichs.

Adalbert, eigtl. Heinrich Wilhelm A., Prinz von Preußen, * Berlin 29. Okt. 1811, † Karlsbad 6. Juni 1873, preuß. Admiral (1854). - Vetter Friedrich Wilhelms IV.; trat 1848 für die Bildung einer dt. Flotte ein; 1849-71 Oberbefehlshaber der preuß. Kriegsmarine.

Adalbert von Prag, hl., eigtl. Vojtěch, * Libice nad Doubravou (?) um 956, † im Samland am Frischen Haff (bei Tenkitten ?) 23. April 997 (erschlagen), Bischof (seit 983). - Seine Missionierung im ungar. Raum 994/995 erlangte geschichtl. Bedeutung; durch Boleslaw I. Chrobry zu den heidn. Preußen entsandt, fand A. den Märtyrerod; 999 Heiligsprechung.

Adalbrecht ↑ Adalbert.

Adalgisil, fränk. Herzog, ↑ Ansegisel.

Adalia, Gatt. der ↑ Marienkäfer; bekannte Art ↑ Zweipunkt.

Adam, aus der Bibel übernommener männl. Vorname hebr. Ursprungs; ursprüngl. Bedeutung unklar.

Adam [hebr.], nach alttestamentl. Überlieferung (1. Mos. 2, 4-25) der erste Mensch, dann auch kollektiver Begriff für „Mensch, Menschheit" und für „Mann" im Gegensatz zu „Frau". Paulus versteht A. als den Urheber der Sünde wegen A. und Evas Sündenfall (Röm. 5, 12-19). Die Bed. des Namens ist nicht geklärt; das A. T. verbindet ihn wegen des Namensanklangs etymolog. mit hebr. adama „Erde". In der Religionsgeschichte ist A. ein Beispiel für die häufig begegnende Gestalt des Urmenschen.

Christl. Kunst: Wichtigste Form der Darstellung: A. und Eva links und rechts vom Baum der Erkenntnis stehend, an dessen Stamm sich die Schlange emporwindet. Neben dem Sündenfall werden Szenen wie die Erschaffung A. und die Erschaffung Evas und die Vertreibung aus dem Paradies dargestellt. Berühmt sind die Darstellungen Masaccios in der Cappella Brancacci von Santa Maria del Carmine in Florenz, Jan van Eycks (Genter Altar) oder Michelangelos in der Sixtin. Kapelle in Rom. - Abb. S. 77.

Literatur: V. a. im Schrifttum des MA wird das Thema des Sündenfalles aufgegriffen, u. a. in Vorspielen zu Darstellungen der Passion. Von bes. Bed. aus späterer Zeit sind Miltons Epos „Das verlorene Paradies" (1667) sowie die bibl. Dramen des 18. Jh.

Adam de la Halle (Hale) [frz. adãdla'al], gen. A. d'Arras oder A. le bossu („der Bucklige"), * Arras um 1240, † Neapel (?) um 1287, frz. Dichter und Komponist. - Wohl der bedeutendste ↑ Trouvère, lebte am Hof in Neapel und verfaßte und komponierte Chansons, Rondeaus, Motetten, Streitgedichte, Balladen und lyr.-weltl. Singspiele („Le jeu de Robin et de Marion", 1283); wichtig seine dreistimmigen Kompositionen (erhalten: 5 Motetten, 15 Rondeaus, eine Ballade).

Adam von Bremen, † 12. Okt. nach 1081, dt. Geschichtsschreiber. - Schrieb nach 1072 eine Kirchengeschichte Hamburg-Bremens, die eine Biographie des Erzbischofs Adalbert und eine auf älteren Quellen und zeitgenöss. Berichten beruhende Beschreibung der nord. Völker und Länder enthält.

Adam von Fulda, * Fulda um 1445, † Wittenberg 1505, dt. Komponist und Musiktheoretiker. - Schrieb den Musiktraktat „De musica"; komponierte weltl. Lieder und Kirchenmusik.

Adam von Sankt Viktor (A. de Saint-Victor), * in der Bretagne (?) oder in England (?) um 1112, † Paris 1177 oder 18. Juli 1192, frz. Dichter. - Augustiner-Chorherr in der Abtei Saint-Victor in Paris. Seine zahlr. lat. Sequenzen wurden in ganz Europa gesungen.

Adam, Adolphe Charles [frz. a'dã], * Paris 24. Juli 1803, † ebd. 3. Mai 1856, frz. Opernkomponist. - Von seinen 53 Bühnenwerken wurden bes. bekannt „Der Postillon von Lonjumeau" (1836), „Wenn ich König wär" (1852) sowie das Ballett „Giselle" (1841).

A., Albrecht [˙--], * Nördlingen 16. April 1786, † München 28. Aug. 1862, dt. Maler. - Vater von Franz A.; Schlachten- und Pferdemaler, u. a. 100 lithographierte Blätter über den russ. Feldzug (1812).

A., Franz [˙--], * Mailand 4. Mai 1815, † München 30. Sept. 1886, dt. Maler. - Sohn von Albrecht A.; seine Darstellungen aus dem Dt.-Frz. Krieg 1870/71 wurden seinerzeit bewundert.

A., Henri-Georges [frz. a'dã], * Paris 18. Jan. 1904, † Perros-Guirec 27. Aug. 1967, frz. Bildhauer. - Abstrakte, z. T. monumentale Skulpturen in reiner, fließender Linienführung.

A., Karl [˙--], * Pursruck (Kreis Amberg) 22. Okt. 1876, † Tübingen 1. April 1966, dt. kath. Theologe. - Vertreter der kath. † Tübinger Schule. 1917 Prof. in Straßburg, 1919–49 Prof. der Dogmatik in Tübingen. Hauptwerk: „Das Wesen des Katholizismus" (1924).

A., Karl [˙--], * Hagen 2. Mai 1912, † Bad Salzuflen 18. Juni 1976, dt. Sportlehrer. - Leiter der Ruderakademie in Ratzeburg (1964–76); erfolgreicher Rudertrainer (u. a. des „Deutschlandachters", der unter seiner Leitung 2 Goldmedaillen bei Olymp. Spielen gewann).

A., Lambert Sigisbert [frz. a'dã], gen. Adam l'Aîné, * Nancy 10. Okt. 1700, † Paris 13. Mai 1759, frz. Bildhauer. - Schuf 1740 unter Mithilfe seines Bruders Nicolas Sébastien A. (* 1705, † 1778) für den Neptunbrunnen im Park von Versailles die Gruppe Neptun und Amphitrite (in Blei gegossen), die zu den schönsten barocken Bildwerken Frankreichs gerechnet wird.

A., Paul [frz. a'dã], * Paris 7. Dez. 1862, † ebd. 1. Jan. 1920, frz. Schriftsteller. - Zeitgeschichtl., auch histor. und gesellschaftskrit. Romane (Familienzyklus „Le temps et la vie", 4 Bde., 1899–1903).

A., Robert [engl. 'ædəm], * Kirkcaldy (Schottland) 3. Juli 1728, † London 3. März 1792, brit. Baumeister. - Studium in Italien; 1761 Architekt des Königs. Sein klassizist. Stil war für England revolutionierend, sowohl für Architektur wie Innendekoration.

A., Theo [˙--], * Dresden 1. Aug. 1926, dt. Sänger (Baßbariton). - Bed. Wagner-Interpret (seit 1952 bei den Bayreuther Festspielen), auch Lied- und Oratoriensänger.

Adamantan [griech.], Grundkörper der tetracycl., gesättigten Kohlenwasserstoffe (Alkane) mit diamantähnl. Kristallgitter; Vorkommen im Erdöl. Chem. Strukturformel:

Adamantinom [griech.], Kiefergeschwulst (häufiger des Unterkiefers); gutartig, jedoch mit örtl. Verdrängung und Zerstörung gesunden Nachbargewebes.

Adamantoblasten [griech.] (Ganoblasten), Zellen, die bei der Zahnentwicklung den Zahnschmelz abscheiden.

Adamaua, Gebirgsland im nördl. Z-Kamerun und im NW der Zentralafrikan. Republik; Rumpffläche mit überwiegend granit. Inselbergen (bis 2 400 m ü. d. M.). Feuchtsavanne mit Galeriewäldern in den tief eingeschnittenen Flußtälern, Trockenwälder auf den Höhen; eines der besten Weidegebiete Z-Afrikas. Zentraler Ort ist *Ngaoundéré*.

Adama van Scheltema, Frederik [niederl. 'a:dəma: van 'sxɛltəma:], * Amsterdam 21. Juli 1884, † Starnberg 30. April 1968, dt. Kunsthistoriker niederl. Herkunft. - *Werke*: Die altnord. Kunst (1923), Die geistige Mitte. Umrisse einer abendländ. Kulturmorphologie (1947), Die Kunst des Abendlandes (5 Bde., 1950–60).

Adamberger, Antonie („Toni"), * Wien 31. Dez. 1790, † ebd. 25. Dez. 1867, östr. Schauspielerin. - Spielte 1807–17 am Wiener Burgtheater, 1811–13 in den Stücken ihres Verlobten T. Körner.

A., Valentin, * München 6. Juli 1743, † Wien 24. Aug. 1804, dt. Sänger (Tenor). - Sänger an der Wiener Hofoper, gastierte in Italien und in London. Für ihn schrieb Mozart die Partie des Belmonte („Die Entführung aus dem Serail").

Adamclisi (Adamklissi), rumän. Dorf bei Konstanza mit dem Tropaeum Traiani, ein vom röm. Kaiser Trajan nach seinen Siegen über die Daker im Jahre 109 n. Chr. errichtetes Denkmal (Rundbau, 30 m Durchmesser).

Adamellogruppe, stark vergletschertes italien. Gebirgsmassiv der Alpen, südl. der Ortlergruppe, bis 3 554 m hoch.

Adametz, Leopold, * Brünn 11. Nov. 1861, † Wien 27. Jan. 1941, östr. Tierzucht- und Vererbungsforscher. - Prof. in Wien; arbeitete über die Abstammung der Rinder u. a. Haustiere.

Valerio Adami, Entwurf für eine
öffentliche Bedürfnisanstalt am
Times Square (1968). Privatbesitz

Adami, Valerio, * Bologna 17. März 1935,
italien. Maler. - Verbreitet mit rudimentären
Geschöpfen und kahlen Räumen eine Atmosphäre des Grauens.

Adamin, blaßgelbes, durchscheinendes,
feinkörniges Mineral, $Zn_2(OH)AsO_4$. Vorkommen an Grenzschichten von Zinklager-
stätten. Oft durch Kupfer (grünl.) oder Kobalt
(rötl.) verunreinigt.

Adamiten (Adamianer), christl. Sekten,
die angebl. nackt zu ihren Kulten zusammen-
kamen, um auf diese Weise ihre paradies.
Unschuld zu dokumentieren. Ernsthafte Beweise für die Existenz von A. fehlen.

Adamkiewicz, Albert [adamki'e:wɪtʃ],
* Zerkow (Polen) 11. Aug. 1850, † Wien 31.
Okt. 1921, östr. Pathologe poln. Herkunft. -
Prof. in Krakau und Wien. Physiolog. und
klin. Arbeiten über Nervenkrankheiten und
Krebsentstehung.

Adamklissi ↑ Adamclisi.

Adamov, Arthur, * Kislowodsk (Großer
Kaukasus, Region Stawropol) 23. Aug. 1908,
† Paris 15. März 1970 (Selbstmord), frz. Dramatiker russ. Herkunft. - In seinen Dramen
versucht A. abstrakte „lebensphilosoph. Sinn-
bilder" der modernen Existenz und innerl.
Vorgänge darzustellen. Handlung, Gestik
und Mimik, Bühnenbild dienen ihm zur De-
monstration, und die Personen sind Puppen.
In dem Stück „Die Invasion" (1949) wird opt.
sinnfällig gemacht, wie der Mensch von seiner
eigenen Arbeit, durch den Alltag und durch
seine Umwelt belastet und allmähl. erdrückt
wird. Im Drama „Der Appell" (1951) wird

die innere Verstümmelung des Menschen
durch den polit. Terror sichtbar gemacht.
Weitere Werke: Alle gegen alle (Dr., 1952),
Ping-Pong (Dr., 1955). Paolo Paoli (Dr.,
1957), Das Rendezvous (Dr., 1958), Off limits
(Dr., 1968).

Adamovich, Ludwig [...'mɔvɪtʃ], * Osi-
jek (Kroatien) 30. April 1890, † Wien 23. Sept.
1955, östr. Staatsrechtslehrer. - Prof. in Prag,
Graz und Wien. 1946–55 Präs. des Verfas-
sungsgerichtshofs, Mitschöpfer der Bundesverfassung Österreichs.

Adamowitsch, Georgi Wiktorowitsch,
* Moskau 7. April 1894, † Nizza 21. Febr. 1972,
russ. Lyriker. - Seit den 20er Jahren maßge-
bender Vertreter der russ. Emigrantenliteratur
in Paris.

Adams [engl. 'ædəmz], eine der berühmtesten Familien Neuenglands und der USA;
1636 aus Devonshire nach Massachusetts ein-
gewandert; brachte vom 18.–20. Jh. eine Reihe bed. Politiker und Gelehrter hervor. Zur
Familie gehören:
A., Brooks, * Quincy (Mass.) 24. Juni 1848,
† Boston 13. Febr. 1927, Historiker. - Jurist:
bed. zeitkrit. Analytiker; prophezeite vor dem
1. Weltkrieg die Beherrschung der Weltpolitik
durch die USA und Rußland, sagte für die
USA als wirtsch. Vormacht den Zusammenbruch des demokrat. Systems voraus; Hg.
der postumen Werke seines Bruders Henry.
A., Henry, * Boston 16. Febr. 1838, † Washington 27. März 1918, Historiker, Geschichtsphilosoph und Schriftsteller. -
1870–77 Prof. (Mediävist) an der Harvard
University; wandte sich dann der amerikan.
Geschichte zu und schuf mit seiner „History
of the United States during the administra-
tions of Jefferson and Madison" (9 Bde.,

1889–91) ein epochemachendes Werk. Unter bes. Einfluß Tocquevilles und seines Bruders Brooks A. entstand A.' Kulturkritik in der Konfrontation eines geschlossenen Weltbilds des MA mit dem des 20. Jh.; auf der Suche nach „neuer Einheit" entwickelte A. in Anwendung naturwissenschaftl. Theorien seine geschichtsphilosoph. Spekulation.

A., John, * Braintree (= Quincy, Mass.) 30. Okt. 1735, † ebd. 4. Juli 1826, 2. Präs. der USA (1797–1801). - Gemäßigter Delegierter im Kontinentalkongreß 1774–78; Anwalt der Unabhängigkeitserklärung auch gegenüber der engl. Krone; 1785–88 Gesandter in London; 1789–97 als Föderalist erster Vizepräs.; A.' Politik bewaffnete Neutralität und antiradikalist. Maßnahmen als Präs. führten zur Trennung vom rechten Parteiflügel.

A., John Quincy, * Braintree (= Quincy, Mass.) 11. Juli 1767, † Washington 23. Febr. 1848, 6. Präs. der USA (1825–29). - Ältester Sohn von John A.; 1790–94 Rechtsanwalt; seit 1794 im diplomat. Dienst; als Außenmin. wesentl. an der Formulierung der Monroedoktrin beteiligt; hatte als Präs. wenig Erfolg; 1831–48 unabhängiges Kongreßmitglied.

Adams [engl. 'ædəmz], Herbert Baxter, * Shutesbury (Mass.) 16. April 1850, † Amherst (Mass.) 30. Juli 1901, amerikan. Historiker. - Entscheidend beeinflußt durch Studien in Deutschland, wurde A. als Prof. in Baltimore ab 1876 einer der bahnbrechenden Lehrer und Organisatoren der Geschichtswissenschaft in den USA. Bis 1900 Sekretär der 1884 gegr. „American Historical Association"; verfaßte richtungweisende method. und biograph. Studien.

A., Samuel, * Boston 27. Sept. 1722, † ebd. 2. Okt. 1803, amerikan. Politiker und Journalist. - Als Führer der radikalen Patrioten in Massachusetts eine der Triebkräfte der amerikan. „Revolution"; organisierte 1773 die Boston Tea Party; 1794–97 Gouverneur von Massachusetts.

A., Walter Sydney, * Kessab bei Antakya (Türkei) 20. Dez. 1876, † Pasadena (Calif.) 11. Mai 1956, amerikan. Astrophysiker. - Untersuchte v. a. die Spektren von Fixsternen und interstellarer Materie und entwickelte 1914 eine Methode spektroskop. Parallaxenbestimmungen von Fixsternen.

A., William, * 1745, † 1805, engl. Töpfer. - Schüler von J. Wedgwood, errichtete dann eigene Manufakturen in Staffordshire (in Tunstall und in Newfield bei Stoke-on-Trent). Er erfand das **„Adams Blue"**, ein violett schattiertes Blau, das seine Geschirre auszeichnet.

Adamsapfel, volkstüml. Bez. für den am Hals des Mannes vorspringenden Schildknorpel des Kehlkopfes.

Adamsbrücke, rd. 30 km lange Kette von Inseln und teilweise überfluteten Sandbänken, ein zerbrochenes, abgestorbenes Riff, das vermutl. noch im MA landfest war. Die Grenze zw. Indien und Sri Lanka verläuft durch die A. von N nach S.

Adam-Schwaetzer, Irmgard, * Münster 5. April 1942, dt. Politikerin (FDP). - Seit 1980 Mgl. des FDP-Landesvorstands in NRW und MdB; 1982–84 Generalsekretärin, seither Bundesschatzmeisterin der FDP.

Adam's Peak [engl. 'ædəmz 'pi:k], Berg auf Ceylon, 2 243 m hoch; die Hänge sind weit hinauf bewaldet. - Wallfahrtsziel für Buddhisten, Hindus und Muslime (auf der 10 × 20 m großen Gipfelfläche ein 1,5 m langer „Fußabdruck" [von Buddha bzw. Schiwa bzw. Adam]); als Heiligtum erstmals um 150 v. Chr. erwähnt.

Adamsspiel (frz. Jeu d'Adam), das älteste erhaltene geistl. Drama in frz. Sprache, Mitte des 12. Jh. oder etwas später.

Adams-Stokes-Symptomenkomplex (Adams-Stokes-Anfälle) [engl. 'ædəmz, 'stoʊks; nach den ir. Ärzten R. Adams, * 1791, † 1875, und W. Stokes, * 1804, † 1878], durch extrem langsame (oder schnelle) Herzschlagfolge oder zeitweisen Ausfall der Herztätigkeit und damit verbundene Durchblutungsstörungen des Gehirns ausgelöste Anfälle von Schwindel und Bewußtseinstrübung.

Adana [türk. 'adana, a'dana], türk. Stadt in der Çukurova am Seyhan nehri, 574 000 E. Hauptstadt der Verw.-Geb. A.; archäolog. Museum; bed. Wirtsch.-Zentrum mit Baumwollbörse, Nahrungsmittel- und Textilind., Tabakverarbeitung; Verkehrsknotenpunkt an der Bagdadbahn, ✈. - Vermutl. im 14. Jh. v. Chr. von den Hethitern gegr., lag A. im Schnittpunkt der vorderasiat. Kulturen und Mächte. - Reste der z. T. aus dem 2. Jh. n. Chr. stammenden Brücke. In der Altstadt mehrere Moscheen, u. a. die Große Moschee (Minarett von 1507). 8 km nördl. von A. 25 km langer Stausee mit Kraftwerk.

Adansonbiene [frz. adã'sõ] (Apis mellifica adansonii), Rasse der westl. Honigbiene, in Afrika südl. der Sahara; die Wildschwärme werden in ausgehängten Rindenröhren für die Wachsgewinnung und die Herstellung von Honigwein eingefangen.

Adansonia [nach dem frz. Botaniker M. Adanson, * 1727, † 1806], svw. ↑Affenbrotbaum.

Adapazari [türk. a'dapaza,rï], türk. Stadt zw. zwei Armen des Sakarya, 20 km osö. von Istanbul, 131 000 E. Hauptstadt des Verw.-Geb. A.; liegt in einer fruchtbaren Ebene mit intensivem Ackerbau, beliefert den Istanbuler Markt; bed. Tabakhandel.

Adaptabilität [lat.], Anpassungsfähigkeit.

Adaptation (Adaption) [lat.], in der *Biologie* svw. ↑Anpassung; ↑auch Auge.
♦ in der *Sozialpsychologie* svw. ↑Anpassung.
♦ in der *Literatur* svw. ↑Bearbeitung.

Adaptationsbrille, Brille mit Filtergläsern, die kurzwelliges Licht absorbieren; bei

häufigem Wechsel von dunklen zu hellen Räumen benutzt (z. B. von Röntgenärzten).

Adaptationssyndrom, auf H. ↑Selye zurückgehende Bez. für Veränderungen im Organismus, die als Folge von ↑Streß stets gleichförmig auftreten. Durch diese Veränderungen wird die Leistungsbereitschaft des Organismus erhöht, die Funktion anderer Organe, v. a. des infektiösen Abwehrsystems, wird gehemmt. Überbeanspruchung oder Fehlleitung der Adaptationsmechanismen kann zu sog. **Adaptationskrankheiten** (z. B. Magen- und Darmgeschwüre, Rheumatismus, Bluthochdruck oder Schrumpfniere) führen.

Adapter [lat.-engl.], Zwischen- oder Übergangsstück zum Herstellen von elektr. oder mechan. Verbindungen bei verschieden genormten Steck- oder Schraubverbindungen oder zum Anschluß von Zusatzgeräten; z. B. *Adapterringe* zw. Wechselobjektiv und Kamera mit Gewinde- bzw. Bajonettanschluß, *Telefonadapter* zw. Telefon und Tonbandgerät.

adaptieren [lat.], anpassen.

Adaptiogenese [lat./griech.], stammesgeschichtl. Entwicklungsvorgang zu zunehmend neuen Anpassungserscheinungen und zunehmender Spezialisierung im Hinblick auf neue Umweltverhältnisse.

Adaption ↑Adaptation.

Adaptorhypothese [lat./griech.] ↑Proteinbiosynthese.

Adäquanztheorie [lat./griech.], Lehre von der adäquaten Verursachung. Im *philosoph.-naturwissenschaftl.* Sinne ist Ursache eines Ergebnisses (z. B. eines Schadens) jede Bedingung, die nicht hinweggedacht werden kann, ohne daß das Ergebnis entfiele („conditio sine qua non").

adäquat [lat.], [einer Sache] angemessen, entsprechend.

adäquater Reiz (spezif. Reiz), Reiz, für dessen Aufnahme die Organisation eines Sinnesorgans eigens geschaffen ist; löst bei jeweils geringstem Energieaufwand in einem Sinnesorgan die spezif. Erregung aus, z. B. das Licht bestimmter Wellenlängen in der Netzhaut des Auges.

Adar [hebr.], der 6. Monat im jüd. Kalender (Febr./März), 29 Tage, tritt im Schaltjahr zweimal auf: A. und **Adar scheni.**

Adare [engl. əˈdɛə], Marktstadt in SW-Irland, am W-Ufer des Maigue, Gft. Limerick, 560 E. – A. wuchs im Schutz von Desmond Castle; Stadtrecht im 14. Jh. – Ruinen der Trinitätsabtei (13. Jh.), der Augustinerabtei (vor 1315), eines Franziskanerklosters (1464) sowie des Desmond Castle (13. Jh.).

a dato [lat.], Abk. a d., vom Tag der Ausstellung an (z. B. auf Wechseln); **a d. hodierno,** vom heutigen Tage an.

ADB, Abk. für: ↑Allgemeine Deutsche Biographie.

ADCA, Abk. für: Allgemeine Deutsche Credit-Anstalt.

ad calendas graecas [lat. „an den griech. Kalenden"], röm. Sprichwort, „niemals", entspricht dem umgangssprachl. verwendeten Ausdruck „am Sankt-Nimmerleins-Tag" (die Griechen kannten keine „calendae", die bei den Römern Zahlungstermine waren).

Adcock-Peilung [engl. ˈædkɔk], nach dem brit. Erfinder ben. exaktes Funkpeilverfahren.

Adda, linker Nebenfluß des Po, entspringt in den Rät. Alpen, durchfließt das Veltlin und den Comer See, mündet oberhalb Cremona in den Po; 313 km lang, ab Vaporio schiffbar.

Addams, Jane [engl. ˈædəmz], * Cedarville (Ill.) 6. Sept. 1860, † Chicago 21. Mai 1935, amerikan. Sozialreformerin. - Wirkte bahnbrechend in der ↑Settlementbewegung; kämpfte für soziale Gerechtigkeit, Frauenwahlrecht, Verbesserung des Jugendschutzes, Armenpflege; erhielt für ihre Tätigkeit in der internat. Friedensbewegung seit 1915 und als Mitbegr. und Präs. (1919–35) der „Women's International League for Peace and Freedom" 1931 mit N. M. Butler den Friedensnobelpreis.

Addendum [lat.; meist Mrz. Addenda], Zusatz, Nachtrag.

Adderley, Julian („Cannonball") [engl. ˈædəlɪ], * Tampa (Fla.) 15. Sept. 1928, † Gary (Ind.) 9. Aug. 1975, amerikan. Jazzmusiker. - Einer der bedeutendsten Altsaxophonisten des modernen Jazz (Hard-Bop).

addieren [lat.], zusammenzählen, hinzufügen.

ad dies vitae [lat.], auf Lebenszeit.

Addington, Henry [engl. ˈædɪŋtən], Viscount Sidmouth (seit 1805), * London 30. Mai 1757, † Richmond Park 15. Febr. 1844, brit. Politiker (Tory). - Wurde 1784 Parlamentsmitglied; 1789–1801 Sprecher im Unterhaus; scheiterte als Premiermin. 1801–04 mit seiner Friedenspolitik gegenüber dem Napoleon. Frankr.; lehnte als Innenmin. 1812–21 und auch danach jede Reformpolitik ab.

addio [italien.], Lebe wohl!

Addis Abeba [ˈadis ˈabeba, -aˈbeːba], Hauptstadt von Äthiopien, im südl. Abessin. Hochland, 2 420 m ü. M., 1,3 Mill. E. Sitz der UN-Wirtschaftskommission für Afrika, des Oberhauptes der äthiop. Kirche sowie eines äthiop.-unierten Erzbischofs; Univ. (gegr. 1961), TH, Goethe-Inst., archäolog. und ethnolog.-histor. Museum, Nationalbibliothek, Theater, Zoo; Badeanlagen (Mineralthermen bis 76 °C). Handelszentrum und größter Ind.-Standort des Landes, u. a. Textil- und Nahrungsmittelind., Zementfabrik, Kaffeeaufbereitungsbetriebe. A. A. ist der Knotenpunkt aller Fernstraßen des Landes, Endpunkt der Eisenbahnlinie von Dschibuti; internat. ⊠. - Im **Frieden von A. A.** (1896) erkannte Italien die Unabhängigkeit Äthiopiens an. 1897 begann der Bau einer neuen

Hauptstadt; 1936–41 von italien. Truppen besetzt. - Moderne Bauten beherrschen das Stadtbild: Kirche der Hl. Dreifaltigkeit (1941), Afrikahalle (1959–61), Stadthalle (1965).

Addison [engl. 'ædısn], Joseph, * Wilston bei Amesbury 1. Mai 1672, † London 17. Juni 1719, engl. Schriftsteller. - 1706–18 im diplomat. Dienst; 1711/12 gab er (zus. mit Steele) die moral. Wochenschrift „The Spectator" heraus, mit der er durch liebenswürdige Charakterschilderungen seinen Ruhm als Essayist und glänzender Stilist begründete.

A., Thomas, * Long Benton bei Newcastle upon Tyne (Northumberland) April 1793, † Brighton (Sussex) 29. Juni 1860, brit. Mediziner. - Arzt und Lehrer in London; berichtete 1849 über die nach ihm ben. ↑Addison-Krankheit. Weitere Arbeiten über Lungenentzündung, Tuberkulose, perniziöse Anämie und Hautkrankheiten.

Addison-Krankheit [engl. 'ædısn; nach T. Addison], Erkrankung der Nebennierenrinde mit verminderter oder fehlender Produktion von Nebennierenrindenhormon; abnorme Braunfärbung (Pigmentierung) der Haut und der Schleimhäute (**Bronzekrankheit**); rasche Besserung des Krankheitsbildes durch medikamentösen Ersatz der Nebennierenrindenhormone.

Addition [zu lat. additio „das Hinzufügen"], eine der vier ↑Grundrechenarten (innerhalb der reellen ↑Zahlen). Die A. genügt den Regeln
(I) $(a+b)+c=a+(b+c)$ (Assoziativgesetz),
(II) $a+b=b+a$ (Kommutativgesetz),
(III) $a+x=b$ hat für beliebige Zahlen a und b eine eindeutige Lösung.
Die A. läßt sich jedoch auch auf andere mathemat. Objekte (komplexe Zahlen, Vektoren, Matrizen u. a.) übertragen.
◆ (log. Addition) ältere Bez. für die Bildung der Vereinigungsmenge zweier Mengen (↑Vereinigung) oder des Adjungats zweier Aussagen (↑Adjunktion).
◆ Anlagerung von Atomen oder Atomgruppen an eine Doppel- oder Dreifachbindung eines Moleküls unter Bildung einer neuen Verbindung.

Additionskristalle ↑Mischkristalle.

Additionstheorem (Additivitätsgesetz), Formel, durch die die Summationsregeln für bestimmte mathemat. Größen angegeben werden. Beispiele sind:
1.) *A. der trigonometr. Funktionen:*

$$\sin(\alpha \pm \beta) = \sin\alpha\cos\beta \pm \cos\alpha\sin\beta,$$
$$\cos(\alpha \pm \beta) = \cos\alpha\cos\beta \mp \sin\alpha\sin\beta,$$
$$\tan(\alpha \pm \beta) = \frac{\tan\alpha \pm \tan\beta}{1 \mp \tan\alpha\tan\beta},$$
$$\cot(\alpha \pm \beta) = \frac{\cot\alpha\cot\beta \mp 1}{\cot\beta \pm \cot\alpha};$$

2.) *A. der Exponentialfunktion:*
$$a^{x_1 + x_2} = a^{x_1} \cdot a^{x_2}.$$

Addis Abeba. Stoffmarkt

◆ ([Einsteinsches] A. der Geschwindigkeiten) Aussage der speziellen Relativitätstheorie über die Zusammensetzung von [Relativ]geschwindigkeiten. Ein Reisender laufe innerhalb eines Zuges in Fahrtrichtung. Seine Geschwindigkeit bezügl. des Zuges sei v_1. Der Zug selbst bewege sich geradlinig mit der Geschwindigkeit v_2 in bezug auf einen am Bahndamm stehenden Beobachter. Für die Geschwindigkeit v des Reisenden bezügl. des Beobachters gilt die als *Einsteinsches A. der Geschwindigkeiten* bezeichnete Beziehung:

$$v = \frac{v_1 + v_2}{1 + (v_1\,v_2)/c^2}.$$

(c = Lichtgeschwindigkeit). Daraus folgt, daß die Addition irgendeiner Geschwindigkeit zur Lichtgeschwindigkeit c wiederum eine Geschwindigkeit vom Betrage c ergibt. Sind die Beträge von v_1 und v_2 klein gegenüber der Lichtgeschwindigkeit c, dann geht das Einsteinsche A. über in die in der klass. Physik verwendete Beziehung: $v = v_1 + v_2$.
◆ (A. der Helligkeiten) Satz über die Helligkeit einer additiven Farbmischung. Die resultierende Farbhelligkeit ist gleich der Summe der Helligkeiten der einzelnen Farbkomponenten.

Additionsverbindungen, unpräzise Bez. für die Produkte einer lockeren Aneinanderlagerung zweier oder mehrerer Moleküle; gehören i. w. S. zur Klasse der ↑Koordinationsverbindungen.

additiv [lat.], hinzufügend, hinzufügbar.

additive Farbmischung ↑Farblehre.

additive Funktion, Funktion, bei der sich der Funktionswert einer Summe durch Addition der Funktionswerte der Summanden berechnet: $f(x + y) = f(x) + f(y)$.

83

Additives

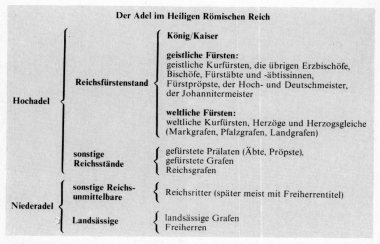

Der Adel im Heiligen Römischen Reich

Hochadel		**König/Kaiser**
	Reichsfürstenstand	**geistliche Fürsten:** geistliche Kurfürsten, die übrigen Erzbischöfe, Bischöfe, Fürstäbte und -äbtissinnen, Fürstpröpste, der Hoch- und Deutschmeister, der Johannitermeister
		weltliche Fürsten: weltliche Kurfürsten, Herzöge und Herzogsgleiche (Markgrafen, Pfalzgrafen, Landgrafen)
	sonstige Reichsstände	gefürstete Prälaten (Äbte, Pröpste), gefürstete Grafen, Reichsgrafen
Niederadel	**sonstige Reichs-unmittelbare**	Reichsritter (später meist mit Freiherrentitel)
	Landsässige	landsässige Grafen, Freiherren

Additives ['ædɪtɪvz; lat.-engl.], Zusätze zu Mineralölprodukten zur Abschwächung unerwünschter bzw. Verstärkung erwünschter Eigenschaften. Für Kraftstoffe werden v. a. ↑Antiklopfmittel und ↑Antioxidanzien verwendet, die eine vorzeitige Zündung des Kraftstoff-Luft-Gemischs verhindern.

Additivitätsgesetz [lat./dt.], svw. ↑Additionstheorem.

Addu ↑Adad.

Adduktion [lat.], das Bewegen eines Körperteils nach der Mittellinie des Körpers hin oder auf eine Gliedmaße zu. - Ggs. ↑Abduktion.

Adduktoren [lat.], Muskeln, deren Kontraktion eine ↑Adduktion bewirkt. - Ggs. ↑Abduktoren.

ade!, Gott befohlen! Lebe wohl!

Adel [zu althochdt. adal „Geschlecht, Abstammung"], auf Grund von Geburt, Besitz oder Leistung ehemals sozial und polit. privilegierter Stand (Klasse, Kaste) mit bes. Ethos und Lebensformen. A. ist ein universalgeschichtl. Phänomen, vielfach differenziert, in bestimmten gleichgearteten Abläufen und Merkmalen faßbar. Über den Entstehungsprozeß des A. sind nur spekulative Aussagen mögl. Die A.gesellschaft war in der abendländ. Geschichte von der Antike bis in die Neuzeit ein bestimmender Faktor. Von der **Antike** her bestand eine Kontinuität aristokrat. polit. und kultureller Leistung bis zum europ. MA. Die antike Stadtkultur wurde von der griech. Aristokratie geprägt. Der Amts-A. (Nobilität, Optimaten) der röm. Republik sicherte zusammen mit dem A. unterworfener Prov. den Zusammenhalt des Reiches. V. a. der galloröm. Senatoren-A. überlieferte in seiner speziellen Bindung an die Tradition dem fränk. A. das aristokrat. Erbe. Der A. entwickelte sich im **MA** auf den Grundlagen des german., oft charismat. verstandenen A. Hinzu kamen Gruppen des Kriegs-A. der Völkerwanderung, z. T. auch des senator. A. der röm. Prov., Zuwachs aus Gefolgschaftswesen, Wehr- und Amtsdienst. Der sich rasch zusammenschließende A. der Merowingerzeit riß schließl. die Macht an sich. Die Reichsaristokratie der Karolingerzeit konnte im 9. und 10. Jh. ihre Macht entfalten und stellte den Hauptbestand des späteren Hoch-A., aus dem in Deutschland der Fürstenstand hervorging. Im Hoch-MA fanden die aus der Unfreiheit aufsteigenden Dienstmannen (↑Ministerialen) der Könige und Fürsten Anschluß an den A. Sie bildeten die Ritterschaft, den niederen A., zu dem sich abhängig gewordene Edelfreie des älteren A. gesellten, später auch Familien des städt. Patriziats. Im Spät-MA begannen die kanzleimäßig beurkundeten Erhebungen in den A.stand (↑Adelsbrief). Der A. des frühen MA kannte keine Standesunterschiede; sie ergaben sich dann aus den hoheits- oder stammesrechtl. delegierten Funktionen bzw. Ämtern der Grafen und Herzöge. Im Hoch-MA fielen Unterschiede der lehnsrechtl. Bindungen ins Gewicht. Aus den alten Amtsbez. wurden A.titel und Rangstufen, die v. a. in Deutschland meist auf die Gesamtfamilie übergingen. Die soziale und polit. Funktion des A., dessen beherrschende Rolle in den dt. Territorien des Spät-MA in der Durchschlagskraft landständ. Politik zum Ausdruck kam, erfuhr seit der beginnenden **Neuzeit** zunehmend Einschränkungen durch die Initiativen des regierenden Hoch-A. in Richtung frühmoderner Staatsbildung. Bis 1806 setzten sich die reichsständ. Fürsten und Grafen als

regierender Hoch-A. vom niederen A. ab. Die Reichsritterschaft vermochte durch den Schutz des Reichsrechts ihre Sonderstellung und Aufstiegschancen in den geistl. Fürstenstand zu wahren. Der übrige niedere A. wurde landsässig. In der Habsburgermonarchie glichen erst die einschneidenden Reformen Maria Theresias und Kaiser Josephs II. den östr. A. in der Schwächung seiner polit.-ständ. und wirtsch. Stellung sowie Abhängigkeit vom monarch. Herrschaftsstaat der allg. dt. Lage an. Der Auflösungsprozeß des alten Dt. Reiches 1803–06 brachte eine Zäsur. Mit der Säkularisation der geistl. Fürstentümer wurde der Reichsritterschaft die polit.-wirtsch. Grundlage entzogen, ehe sie, nach Verlust aller bes. polit. Vorrechte (1806 bzw. 1815), v. a. in Österreich und Preußen Führungsanspruch geltend machen konnte. 1806–13 wurden zudem alle jene reichsständ. Geschlechter mediatisiert, die sich nicht nach dem Austritt aus dem Reichsverband behaupten konnten. Als Standesherrn wurden ihnen 1815–1918 die Rechtsstellung als Mgl. des Hoch-A. sowie persönl. Vorrechte bewahrt. Seit 1848 verloren auch sie ihre polit.-wirtsch. Vorrechte. Sie wurden damit weiter den neuen, seit 1806/15 in reichem Maße geschaffenen Brief-A. angeglichen. Trotz weitgehender Beseitigung der Privilegien, Einebnung der ständ. gegliederten Gesellschaft und seiner unaufhaltsamen Privatisierung konnte der A. gerade im kaiserl. Deutschland als eine bürokrat.-autoritär regierten, quasikonstitutionellen Monarchie seine gesellschaftl. Vorrangstellung wahren und sich bis zum Ende des 1. Weltkrieges als Führungsschicht behaupten. 1918 wurden die bis dahin noch bestehenden Vorrechte des A.standes abgeschafft und die Neuverleihung des A. verboten. Die Weimarer Verfassung beließ namensrechtl. die Beibehaltung des A.titels. In Österreich wurden 1919 der A., seine äußeren Ehrenvorzüge sowie bloß zur Auszeichnung verliehene Titel und Würden aufgehoben. Die Führung von A.prädikaten, Titeln und Würden wurde bei Strafandrohung untersagt.

Schweiz: Nachdem 1397 im O, 1436 im W der letzte Feudalbesitz verschwunden war, verlor mit der Ablösung bzw. Trennung vom alten Dt. Reich v. a. der Reichs-A. in der späteren Schweiz auch formal seine Standesprivilegien. A.prädikate (A.partikel) dürfen in amtl. und bürgerl. Verkehr nur insoweit benutzt werden, als sie Bestandteil des Familiennamens sind.

Frankreich: Die Entwicklung des A. war dadurch bestimmt, daß sich das kapeting. Königtum seit Ende des Hundertjährigen Krieges gegenüber den Kronvasallen durchsetzte, daß während der absolutist. Herrschaft der Bourbonen der Widerstand des alten A. endgültig (†Fronde) Mitte des 17. Jh. gebrochen wurde und der Hoch-A. als Hof-A. ent-

politisiert bzw. mit dem niederen A. in Armee und Verwaltung neutralisiert wurde, während der Land-A. zwar seine starken polit. Positionen in den Prov. behauptete, seine materielle Entwicklungsmöglichkeit aber verlor. Entscheidend war auch, daß die frz. Krone seit dem 13. Jh. darauf verzichtete, einen Verdienst - A. zu schaffen. Nach Verzicht auf Vorrechte und Titel 1789, Dezimierung durch die Revolution, Schaffung eines Neu-A. durch Napoleon I. ab 1804, erneutem Verbot der Titelführung 1848–52, blieb der A., ohne jegl. Vorrechte, doch bis Ende 19. Jh. bestimmender Gesellschaftsfaktor.

England/Großbritannien: Im ausgehenden 15. Jh. erfolgte der Niedergang des anglo-normann. A., der nach 1066 die unterworfenen kelt., angelsächs. und dän. A.elemente überlagert hatte. Die Wiederherstellung königl. Machtposition seit den Tudors basierte auf dem zielbewußten Einsatz der Gentry. Dieser im 13. Jh. entstandene niedere A. erlebte seinen polit. Aufstieg im 17. und 18. Jh. als polit.-gesellschaftl. und wirtsch. Bindeglied. Die endgültige polit. Entmachtung des Hoch-A. („Peers") erfolgte in mehreren Schritten: 1832 verlor er den Einfluß auf die Zusammensetzung des Unterhauses, seine Aktivität wurde allein auf das Oberhaus beschränkt; 1911 verlor er die Funktion als entscheidender Faktor der Gesetzgebung, das Veto des Oberhauses wirkt nur noch aufschiebend. Im Unterhaus verlor schließl. auch die Gentry das Übergewicht. Durch die von der Krone vorgenommenen Standeserhebungen behauptet der brit. A. noch heute seine Führungspositionen in Politik und Wirtschaft.

Italien: Die Entwicklung des A. war bestimmt durch die vom frühen MA bis 1870 abgesehen, jeder übergreifenden Einheit entbehrende Territorialisierung. Bis Mitte des 13. Jh. war in den Stadtterritorien oligarch. A.herrschaft ungebrochen, dann zur Signorie oder zum Prinzipat umgewandelt. Vom 16. Jh. ab erfolgte eine kontinuierl. Beseitigung von Privilegien und eine polit. Entmachtung des A. 1948 wurde der A.stand abgeschafft, die namensrechtl. Führung von A.titeln auf der Basis der Zulassung von 1929 (unter Ausschluß faschist. A.titel) genehmigt.

Spanien: Der A. setzt sich aus zwei wesentl. verschiedenen Rangstufen zusammen. Vom hohen A., dessen polit. Macht im 15. Jh. kulminierte, genossen die Granden - als Vettern des Königs betrachtet - bes. Ehren. Die Zugehörigkeit zum meist armen niederen A., die sich nicht im Namen ausdrückte, begr. keine bes. Rechte. In den Republiken abgeschafft, wurde der A. zwar am Ende stets (zuletzt 1948) wiederhergestellt.

Polen: A. bildete sich seit dem 10.–12. Jh. aus freien Grundbesitzern und fürstl. Gefolgsleuten. Die †Schlachta wurde seit dem letzten Jh. des Jagellonenreiches zur bestimmenden

polit. Kraft im Lande. Nach dem Untergang des poln. Staatswesens im 18. Jh. war der A. mit dem Bürgertum Träger der nationalpoln. Freiheitsbewegung.

Rußland: A. entstand durch Aneignung oder Vergabe von frei verfügbarem erbl. Grundbesitz an herkunftsmäßig ungleichartige Angehörige der fürstl. Gefolgschaft (↑Druschina, ↑Bojaren). Ab Ende des 15. Jh. wurden Dienst und Verdienst für den Selbstherrscher (Zar) zum entscheidenden Prinzip für die Konstituierung von A., der ab Anfang des 18. Jh. (bis 1917) die staatstragende Bürokratie bildete.

Ungarn: Der im Lauf des MA aus den Gefolgsleuten des Königs und den militär. Anführern entstehende A. (Magnaten und Komitats-A.) wurde zum primären Träger der Staatsordnung. Sein Einfluß und Ansehen blieben bis 1918 im Grunde ungebrochen und konnten sich in starkem Maße bis 1945 erhalten.

China ↑chinesische Geschichte.

Japan ↑Japan (Geschichte).

Adelaide, frz.-dt. Form des weibl. Vornamens Adelheid.

Adelaide [engl. 'ædəlɪd], Hauptstadt von S-Australien, am Saint-Vincent-Golf der Großen Australischen Bucht, Metropolitan Area 960 000 E. Sitz eines kath. Erzbischofs und eines anglikan. Bischofs; zwei Univ. (gegr. 1874 bzw. 1966), Konservatorium; Staatsbibliothek, Kunstgalerien, S-Australien-Museum, botan. u. zoolog. Garten; Meerwasserentsalzungsanlage. Handels- und Industriestadt mit Textil- und Maschinenind., Automobilfabrik, Herstellung von Elektroartikeln und Baumaterialien. A. ist ein wichtiger Verkehrsknotenpunkt an der Bahnlinie Port Pirie–Melbourne, in seinem Hafen *(Port A.)* werden v. a. landw. Güter umgeschlagen. - 1836 gegr., nach Königin Adelaide von Großbritannien ben. - Das planmäßig angelegte A. mit weitläufigen, baumgesäumten Straßenzügen, Parkland, Villenvierteln und Wohnstädten zählt zu den schönsten Städten Australiens. Die Metropolitan Area von A. (412 km^2) besteht aus 23 selbständigen Stadtgemeinden.

Adelaide Island [engl. 'ædəlɪd 'aɪlənd], eisbedeckte Insel in der Antarktis, westl. der Antarkt. Halbinsel, etwa 110 km lang und 30 km breit, im Mount Gaudry 3 200 m ü. d. M.; 1832 von dem brit. Seefahrer J. Biscoe entdeckt.

Adelaide Peninsula [engl. 'ædəlɪd pɪ'nɪnsjʊlə], kanad. Halbinsel östl. des Königin-Maud-Golfs, 100 km lang.

Adelantado [span.], im ma. Spanien Statthalter (Vertreter des Königs); seit dem 16. Jh. bloßer Titel.

Adelard von Bath [engl. bɑ:θ], * Bath um 1090, †nach 1160, engl. scholast. Philosoph. - Lieferte lat. Übersetzungen arab. wiss. Werke (u. a. Al Chwarismis „Astronom. Tafeln"). In der Universalienfrage verbindet A. den platon. mit dem aristotel. Standpunkt: Die Einzeldinge sind Universalien.

Adelberg, Gemeinde im östl. Schurwald, Bad.-Württ., 1 600 E. - Das ehem. Prämonstratenserkloster (gestiftet 1178, reformiert 1565) besitzt einen Altar von 1511 von D. Mauch (?), Flügelgemälde und Predella von B. Zeitblom. Die Klostermauer mit der Doppeltoranlage ist typ. für die Prämonstratenser.

Adelbert ↑Adalbert.

Adelboden, Gemeinde im Engstligental, Kt. Bern, Schweiz, 30 km sw. von Interlaken, 1 353 m ü. d. M., 3 300 E. Fremdenverkehr (Sommer- und Wintersaison), zahlr. Bergbahnen und Skilifte, Mineralquelle. - An der Außenmauer der Kirche großes Fresko (Jüngstes Gericht; 15./16. Jh.).

Adelcrantz, Carl Frederik, * Stockholm 3. Jan. 1716, † ebd. 1. März 1796, schwed. Baumeister. - Vollendete das königl. Schloß in Stockholm (von ihm die Innendekoration im Rokokostil). Baute später in klassizist. Stil.

Adele, aus dem Frz. (Adèle) übernommener weibl. Vorname.

Adelegg, bis 1 126 m hohes Bergland im Alpenvorland, westl. von Kempten (Allgäu).

Adelgunde (Adelgund, Aldegunde), alter dt. weibl. Vorname (althochdt. adal „edel, vornehm; Abstammung" und althochdt. gund „Kampf").

Adelheid, alter dt. weibl. Vorname, eigtl. etwa „von edler Art, edlem Wesen" (althochdt. adal „edel, vornehm; Abstammung" und althochdt. heit „Art, Wesen; Stand, Rang").

Adelheid, Name von Herrscherinnen: **A.,** hl., * wohl Orbe (Kt. Waadt) um 931, † Kloster Selz (Unterelsaß) 16. Dez. 999, Kaiserin. - Tochter König Rudolfs II. von Hochburgund, 947 ∞ mit König Lothar II. von Italien, nach dessen Tod 950 in 2. Ehe ∞ mit

GOLF VON ADEN / SAUDI-ARABIEN / OMAN / JEMEN (DEMOKRAT. VR.) / JEMEN (ARAB. REP.) / SOMALIA / ÄTHIOPIEN

Otto I.; 962 in Rom zur Kaiserin gekrönt; übernahm 991–994 für ihren Enkel Otto III. die Regentschaft; unterstützte in Burgund die Klosterreform von Cluny.

A., Kaiserin, ↑ Eupraxia.

Adélieküste [frz. ade'li], Teil von Wilkesland, Antarktis, sturmreichstes Gebiet der Erde (340 Sturmtage/Jahr). - 1840 entdeckt, heute Teil des frz. Überseeterritoriums Terres Australes et Antarctiques françaises.

Adeliepinguin [frz. ade'li; nach der Adélieküste] (Pygoscelis adeliae), etwa 70 cm großer, oberseits schwarzer, unterseits weißer Pinguin an den Küsten der Antarktis, mit kurzem Schnabel, weißem Augenring und gelben Füßen.

Adelit [griech.], schmutziggelb. Mineral aus bas. Calciummagnesiumarsenat(V): MgCa(OH)AsO$_4$; Vorkommen in Manganerzlagerstätten Schwedens.

Adelsberg ↑ Postojna.

Adelsberger Grotte, Teil eines über 23 km langen Höhlensystems bei Postojna, Jugoslawien; 5 km sind für Touristen zugängl.; reiche Sinterbildungen, höhlenbewohnende Tiere.

Adelsbrief (Adelsdiplom), Urkunde zwecks Bestätigung des Adelsstandes, v. a. aber anläßl. der Erhebung von Einzelpersonen oder Familien in den Adelsstand (Briefadel), oft verbunden mit Erteilung eines Wappens; ihre Ausstellung war alleiniges Recht der Souveräne.

Adelsheim, Stadt im Bauland, Bad.-Württ., 221 m ü. d. M., 4 200 E. Metall- und Textilind. - Schon in fränk. Zeit besiedelt; 1374 Stadtrechte. - Jakobskirche (1489; heute Totenkirche mit zahlr. Grabdenkmälern; Kanzel von 1650, Kruzifix [um 1500]), Pfarrkirche (1766), Oberschloß (1504) und Unterschloß (1734–38).

Adelskrone ↑ Wappenkunde.

Adelspartikel, schweizer. svw. Adelsprädikat.

Adelsprädikat, die Bez. der in den einzelnen Staaten unterschiedl. Rangstufen (Klassen) des ↑ Adels. Im Nobilitierungsverfahren der röm.-dt. Kaiser: Herzog, Fürst, Graf, Freiherr, Ritter, Edler, später auch der bloße Namenszusatz „von".

Adelsprobe ↑ Ahnenprobe.

Adelung, Friedrich von (russ. Adel nach 1824), * Stettin 25. Febr. 1768, † Petersburg 30. Jan. 1843, dt. Philologe und Historiker. - Seit 1801 in Petersburg Direktor des dt. Theaters und Zensor für dt. Bücher; 1803 Erzieher der Großfürsten Nikolaus (später Zar) und Michael, seit 1824 Direktor des Oriental. Instituts in Petersburg. Seine philolog. Verdienste erwarb sich A. in der allg. und vergleichenden Sprachwissenschaft.

A., Johann Christoph, * Spantekow bei Anklam 8. Aug. 1732, † Dresden 10. Sept. 1806, dt. Sprachforscher und Lexikograph. - Gymnasiallehrer in Erfurt, Bibliothekar in Gotha, seit 1763 freier Schriftsteller und Redakteur in Leipzig, seit 1787 Oberbibliothekar in Dresden. Er verfaßte von der Aufklärung beeinflußte kultur- und zeitgeschichtl. Schriften, bedeutender sind jedoch seine grammat. Werke „Dt. Sprachlehre" (1781), „Vollständige Anweisung zur dt. Orthographie" (1788). - Abb. S. 88.

Ademar von Chabannes, * Chabannes um 988, † Jerusalem 1034, Geschichtsschreiber. - Mönch in Limoges und Angoulême. Verfaßte u. a. eine bis 1028 reichende Chronik der Franken.

Aden (arab. Adan), größte Stadt in der Demokrat. VR Jemen, nahe der SW-Spitze der Arab. Halbinsel, auf einer kleinen Halbinsel (erloschener Vulkan, durch schmalen Sandstreifen landfest geworden) im Golf von Aden, 365 000 E. Handels- und Gewerbezentrum; Fischerei. Die Altstadt (**Crater**) liegt an der O-Küste am alten Hafen; neuer Hafen (mit Mole) in der Bucht, die von der Halbinsel und dem Festland gebildet wird. An der N-Küste der Bucht ausgedehnte Salzgärten. Nördl. davon die Stadt **Schaich Uthman,** wo sich die tiefen Brunnen für die Wasserversorgung von A. befinden, westl. von ihr der internat. ⚓ Khormaksar. Moderner Militärflughafen nördl. von Crater. - Im MA bed. Umschlagplatz für den Seehandel zw. Indien (und China), den Mittelmeerländern und O-Afrika. Der Hafen verlor seine Bed. Anfang des 16. Jh.; 1839 von der brit. Ostind. Kompanie erobert und stark befestigt. Mit der Eröffnung des Suezkanals (1869) stand A. wieder im Brennpunkt wirtsch. und polit.-strateg. Interessen (Flottenstützpunkt, Bunkerstation, Freihafen). Die Kronkolonie A. (= A. und Umgebung; ab 1937) trat 1963 als **State of Aden** der Südarab. Föderation bei, die 1967 in der späteren Demokrat. VR Jemen aufging.

Aden, Golf von, Teil des Ind. Ozeans, zw. der Arab. Halbinsel (Asien) und der Somalihalbinsel (Afrika), über die 27 km breite Meerenge **Bab Al Mandab** Verbindung zum Roten Meer. Häfen: Aden auf asiat., Dschibuti und Berbera auf afrikan. Seite.

Adenau, Stadt in Rhld.-Pf., 45 km westl. von Koblenz, etwa 300 m ü. d. M., 2 500 E. Maschinen- und Apparatebau, Marktort für die Hocheifel; Fremdenverkehr. Unmittelbar südl. von A. liegt der ↑ Nürburgring. - Als Siedlung seit dem 10. Jh. bezeugt, 1216 erstmals als Dorf Adenowe genannt; 1276–1794 im Besitz des Erzstifts Köln, bis 1815 frz., dann zu Preußen, seit 1946 zu Rhld.-Pf.; 1816–1932 Kreisstadt.

Adenauer, Konrad, * Köln 5. Jan. 1876, † Bad Honnef am Rhein-Rhöndorf 19. April 1967, dt. Politiker. - Wuchs in bescheidenen Verhältnissen auf; nach jurist. und volkswirtsch. Studium 1902–04 Assessor, 1904–06 Vertreter eines Rechtsanwalts; trat 1906 dem

Zentrum bei; 1908 1. Beigeordneter der Stadt Köln. Als Oberbürgermeister von Köln (ab 1917) erwarb er sich Verdienste um die Entwicklung der Stadt und die Neugründung der Univ. (1919). Mgl. und Präs. des preuß. Staatsrats 1920–33; Mgl. des Provinziallandtags und des Provinzialausschusses der Rheinprovinz 1917–33. A. erhoffte sich von der Bildung einer von Preußen getrennten „Westdt. Republik" innerhalb des Dt. Reiches eine Entschärfung des 1919/20 und 1923/24 zugespitzten dt.-frz. Konfliktes und eine Befriedigung frz. Sicherheitsverlangens. Als Gegner des Nationalsozialismus 1933 aus allen Ämtern entlassen, vorzeitig pensioniert und 1944 im Zusammenhang mit dem 20. Juli 1944 vorübergehend in Haft. Nach der Einnahme Kölns durch die Amerikaner 1945 kurze Zeit erneut Oberbürgermeister. Trat der CDU bald nach ihrer Gründung bei und konzentrierte sich auf ihren Aufbau. Wurde 1946 Vors. der CDU der brit. Zone, MdL in NRW; 1948/49 Präs. des Parlamentar. Rates, dessen Arbeit er in entscheidender Weise mitbestimmte. 1950–66 Bundesvors. der CDU. Am 15. Sept. 1949 zum 1. Bundeskanzler der BR Deutschland gewählt, suchte A. für die BR Deutschland einen Status größtmögl. Selbständigkeit und Gleichberechtigung zu erreichen und durch eindeutige Bindung an den Westen ihre außenpolit. Posi-

vollständige und dauerhafte Aussöhnung mit Frankr. als Grundlage für eine polit. Einigung Europas. Schritte dieser Politik waren u. a. der Beitritt der BR Deutschland zur OEEC 1949, zum Europarat 1950, zur Montanunion 1951, zur WEU 1954. Dem Ziel der westeurop. Integration diente auch die Schaffung der EWG 1957; der Dt.-Frz. Vertrag von 1963 war der Versuch, die dt.-frz. Union zur Basis dieser Integration zu machen. Trotz Verschlechterung v. a. seiner innenpolit. Position - nach den Wahlsiegen von 1953 und 1957 erlitt die CDU 1961 fühlbare Einbußen - vermochte A. sich die Kanzlerschaft zwei weitere Jahre zu sichern. Am 15. Okt. 1963 trat er unter starkem Druck als Bundeskanzler zurück, blieb jedoch bis zuletzt aktiv am polit. Leben beteiligt und verfaßte seine Memoiren, die 1965–68 erschienen.

📖 *Koch, P.: K. A. Rbk. 1985. - Bucerius, G.: Der A. Hamb. 1976. - Uexküll, G. v.: K. A. Rbk. 1976. - Prittie, T., u. a.: K. A.: Leben u. Politik. Stg. 1975.*

Adenet le Roi [frz. adnɛlə'rwa], *in Brabant um 1240, † um 1300, altfrz. Dichter. - Lebte teils am brabant., teils am Hof in Paris; Günstling Herzog Heinrichs III., mit dem er am letzten Kreuzzug (1270) teilnahm; galt als „König" (roi) der Spielleute; erneuerte drei ältere Chansons de geste und schrieb um 1275 den Abenteuerroman „Cléomadès".

Konrad Adenauer   Alfred Adler   Johann Christoph Adelung (Holzstich)

tion zu bestimmen. 1951–55 zugleich Außenmin. A. akzeptierte innenpolit. die Wirtschaftspolitik L. Erhards unter Abkehr von urspr. recht weitgehenden Sozialisierungsvorstellungen des linken Flügels der CDU. Er beabsichtigte, durch die (schon 1950 den westl. Alliierten angebotene) Aufrüstung und die Integration der BR Deutschland in die westl. Verteidigungsgemeinschaft (1955 Beitritt zur NATO), die Sowjetunion zum Einlenken zu bewegen. Beim Besuch in Moskau 1955 erreichte er die Aufnahme diplomat. Beziehungen und die Rückkehr noch festgehaltener dt. Kriegsgefangener. A. erstrebte eine

Adenin [griech.] (Vitamin B_4), 6-Aminopurin; wichtiger Baustein der Nukleinsäuren. A. besitzt Leberschutzwirkung und ist blutdrucksenkend.

$$NH_2$$

Adenitis [griech.], allg. Bez. für Drüsenentzündung; Kurzbez. für Lymphadenitis (↑ Lymphknotenentzündung).

adenoid [griech.], drüsenähnlich.

adenoide Wucherungen (adenoide Vegetationen, Adenoide), im Kindesalter auftretende Wucherungen des lymphat. Gewebes im Nasen-Rachen-Raum, insbes. der Rachenmandel. Dadurch wird die Nasenatmung behindert. Die Kinder schlafen meist mit offenem Mund, schnarchen, neigen zu Katarrhen der oberen Luftwege und hören schlecht infolge chron. Entzündungen des Mittelohrs und der Tuben, die durch die a. W. verlegt sind. Ggf. muß die relativ harmlose Entfernung der gewucherten Rachenmandel vorgenommen werden.

Adenom [griech.] (Drüsengeschwulst), vom Drüsenepithel ausgehende, meist gutartige, im Innern von Organen abgekapselte Geschwulst; ahmt weitgehend den normalen Drüsenbau nach; Vorkommen in allen drüsigen Organen.

Adenophora [griech.], svw. ↑ Schellenblume.

adenös [griech.], die Drüsen betreffend.

Adenosin [griech.], glykosidartige Verbindung aus Adenin und Ribose (6-Aminopurin-9-D-ribofuranosid), als Spaltprodukt der Nukleinsäuren biolog. wichtige Verbindung (↑ Adenosinphosphate). Strukturformel:

R
|
H–C–
|
H–C–OH ⌉
| | O
H–C–OH ⌋
|
H–C–
|
H–C–H
|
OH   (R Adeninrest)

Adenosinphosphate (Adenosinphosphorsäuren, Adenosinphosphorsäureester), Gruppe von Phosphorsäureestern des Adenosins, die im Kohlenhydratstoffwechsel eine zentrale Rolle spielen. Nach der Anzahl der Phosphorsäurereste unterscheidet man *Adenosin(mono-, di-* und *tri-)phosphat.*

Adenin

H   H   O   O   O
| | ‖   ‖   ‖
OH OH   CH₂–O–P–O–P–O–P–OH
            | | |
           O⊖   O⊖   O⊖

Das System Adenosintriphosphat (ATP) - Adenosindiphosphat (ADP) wirkt im Sinne einer Phosphorylierung der Kohlenhydrate, deren Abbau als energieliefernder Prozeß beim Stoffwechsel damit erst möglich wird.

Adenosintriphosphatase, spezif. Enzym, das Adenosintriphosphorsäure (ATP) in anorgan. Phosphat und Adenosindiphosphorsäure (ADP) zerlegt; kommt in den meisten lebenden Geweben vor.

Adenostyles [griech.], svw. ↑ Alpendost.

Adenotomie [griech.], operative Entfernung von Wucherungen der Rachenmandel

(↑ adenoide Wucherungen) oder der Rachenmandel selbst.

adenotrop [griech.], auf Drüsen wirkend.

adenotropes Hormon, im Ggs. zum ↑ somatotropen Hormon ein Hormon, das auf andere endokrine Drüsen stimulierend wirkt, z. B. die gonadotropen Hormone (↑ Geschlechtshormone).

Adenoviren [griech./lat.], weltweit verbreitete Gruppe der Viren; verursachen bei Säugetieren und Mensch Erkrankungen der Atemwege und -organe sowie Augenbindehautentzündungen.

Adephaga [griech.], mit etwa 25 000 Arten weltweit verbreitete Unterordnung meist räuber., teils auf dem Lande, teils im Wasser lebender Käfer; von den 6 Fam. sind am bekanntesten: ↑ Sandlaufkäfer, ↑ Laufkäfer, ↑ Schwimmkäfer, ↑ Taumelkäfer.

Adeps suillus [lat.], Schweineschmalz, das in der Pharmazie als Salbengrundlage dient.

Adept [zu lat. adeptus „wer etwas erreicht hat"], in die Geheimnisse einer Wissenschaft oder in eine Geheimlehre, insbes. in die ↑ Mysterien oder in die ↑ Alchimie Eingeweihter.

Ader, Clément, * Muret bei Toulouse 2. April 1841, † Toulouse 3. Mai 1925, frz. Erfinder und Flugpionier. - Legte das erste Fernsprechnetz in Paris an (1880) und experimentierte seit 1886 mit Dampfflugzeugen. 1890 „flog" er etwa 50 m, 1897 machte er einen 300 m langen „Luftsprung".

Ader ↑ Adern.

Aderhaut ↑ Auge.

Aderhautentzündung (Chorioiditis), Entzündung der Aderhaut; Komplikationen der A. (u. a. Glaskörpertrübung, Netzhautschädigung) meist mit erhebl. Sehstörung.

Aderhautriß, Einreißen der Aderhaut (v. a. bei starkem äußerem Druck auf den Augapfel) meist konzentr. um die Eintrittsstelle des Sehnervs; mit Aderhautblutungen verbunden.

Aderlaß, Entnahme von größeren Blutmengen aus den Venen durch ↑ Punktion oder Einschnitt in die Vene; zur Entlastung des Kreislaufs, v. a. bei akuter Herzbelastung; heute meist ersetzt durch kochsalz- und wasseraustreibende Behandlung. Bei Säugetieren an der Drosselvene seitl. am Hals ausgeführt; heute v. a. zur Gewinnung von Heilseren angewendet. - Im 2. Jt. v. Chr. bereits führten die Ägypter den A. aus. Von Griechen, Römern, Arabern und im MA (Schule von Salerno) bis hinein in die Gegenwart wurde der A. als Heilmaßnahme und zu diätet. Zwecken angewandt. Die A.vorschriften mit Angabe der astrolog. günstigen Zeiten wurden im MA im „A.männchen" bildl. dargestellt.

Adermin [griech.], svw. Vitamin B₆ (↑ Vitamine).

Adern, medizin.-biolog. Sammelbez. für röhrenartige Versorgungsbahnen, die den pflanzl., tier. oder menschl. Organismus oder bestimmte Teile davon durchziehen. Es lassen sich unterscheiden: Blattadern, ↑Blutgefäße, ↑Flügeladern (bei Insekten).
◆ mit Mineralien ausgefüllte kleinste Gänge im Gestein.
◆ Bez. für einzelne isolierte Leiter aus Kupfer bzw. Aluminium in Kabeln für Fernsprechleitungen, Freileitungen u. a.

Adespota [griech.], Bez. für Schriften, deren Verfasser nicht bekannt sind.

Adet, Pierre Auguste [frz. a'dɛ], * Nevers 17. Mai 1763, † Paris 19. März 1834, frz. Chemiker. - Hg. der bed. „Annales de Chimie".

à deux mains [frz. adø'mɛ̃], für zwei Hände, zweihändig (Klavierspiel).

ADGB, Abk. für: **A**llgemeiner **D**eutscher **G**ewerkschaftsbund.

Adgo, Abk. für: **A**llgemeine **D**eutsche **Ge**bührenordnung für Ärzte (von 1928), ein im Ggs. zur ↑Preugo privates ärztl. Gebührenverzeichnis; darf seit dem 12. 11. 1982 nicht mehr vertragsweise angewendet werden.

Adhan [arab. „Ankündigung"], Aufforderung des ↑Muezzins zum islam. Gebetsgottesdienst.

adhärent [lat.], anhängend, anhaftend (von Körpern).
◆ angewachsen, verwachsen (von Geweben oder Pflanzenteilen).

Adhärenz [lat.], Anhänglichkeit, Anhaftung; Hingebung.

Adhäsion [zu lat. adhaesio „das Anhangen"], das Aneinanderhaften von Körpern aus unterschiedl. Stoffen. Ursache der A. sind die zw. den Molekülen der beiden Körper bei hinreichend starker Annäherung an den Berührungsflächen wirksam werdenden molekularen Anziehungskräfte (**Adhäsionskräfte**). Beispiele für die A. sind das Haften von Wassertropfen an einer Glasscheibe, das Haften der Kreide an der Wandtafel, das Haften eines Klebstoffes an glatten Flächen u. a.
◆ in der Pathologie meist nach vorangegangener Entzündung oder Operation auftretende Verklebung bzw. Verwachsung zweier Organe (z. B. Lunge und Rippenfell); kann zu erhebl. Beweglichkeitsstörungen der betroffenen Organe führen.

Adhäsionsprozeß, Anschlußverfahren über alle aus einer Straftat entsprungenen vermögensrechtl. Ansprüche.

adhäsiv [lat.], anhaftend, [an]klebend (von Körpern oder Geweben), Anziehungskraft ausübend.

ad hoc [lat.], eigens zu diesem Zweck, hierfür.

ad hominem [lat. „zum Menschen hin"], auf die Bedürfnisse und Möglichkeiten des [bestimmten] Menschen abgestimmt.

Adhortation [lat.], veraltet für: Ermahnung; dazu **adhortativ**, ermahnend.

Adhortativ [lat.], Konjunktiv mit ermahnender (hortativer) Bedeutung; z. B.: Hoffen wir es!

Adiabate [griech.] (Isentrope), hyperbelförmige Kurve, die die Abhängigkeit des Druckes p vom Volumen V eines idealen Gases bei einer Zustandsänderung ohne Wärmeaustausch mit der Umgebung (*adiabatische Zustandsänderung*) darstellt. Dabei gilt die Poisson-Gleichung

$$p \cdot V^{\kappa} = \text{konstant}$$

mit dem **Adiabatenexponent** $\kappa = c_p/c_v$, dem Verhältnis der spezif. Wärme von Gasen bei konstantem Druck (c_p) und konstantem Volumen (c_v).

Adiabatenprinzip (Adiabatensatz), Satz der Quantentheorie; besagt, daß Zustandsänderungen, die bei raschem Verlauf zu Quantensprüngen führen, bei sehr langsamem (adiabat.) Ablauf solche nicht auslösen. Eine sich quantenhaft ändernde Größe, die dieses Verhalten zeigt, nennt man *adiabat. Invariante.*

adiabatisch, ohne [Wärme]energieaustausch mit der Umgebung ablaufend.

adiabatische Atmosphäre, in der Meteorologie Bez. für eine theoret. abgeleitete Atmosphäre mit konstanter Entropie und einer Temperaturabnahme mit der Höhe von durchgehend ca. 1 °C/100 m; die Höhe einer a. A. beträgt rund 27,7 km.

adiabatische Entmagnetisierung, Standardverfahren zur Erzeugung tiefster Temperaturen (< 1K); beruht auf der Erscheinung, daß sich paramagnet. Stoffe beim Magnetisieren erwärmen und beim Entmagnetisieren abkühlen (↑magnetokalorischer Effekt). Der paramagnet. Stoff wird magnetisiert. Durch Abgabe der dabei freiwerdenden Wärmeenergie an die Umgebung behält er seine Temperatur bei (*isotherme Magnetisierung*). Wird beim anschließenden Entmagnetisieren der Wärmeaustausch mit der Umgebung verhindert (a. E.), dann kühlt der Stoff ab. Durch dieses Verfahren gelingt es, in mehreren Schritten Temperaturen von 10^{-3}K und darunter zu erreichen.

adiabatische Zustandsänderung ↑Adiabate.

Adiadochokinese [griech.], Unfähigkeit, antagonist. Bewegungen (z. B. Beugen und Strecken der Finger) schnell hintereinander geordnet auszuführen; Koordinationsstörung, die z. B. bei Kleinhirnerkrankungen und multipler Sklerose vorkommt.

Adiantum [griech.], svw. ↑Frauenhaarfarn.

Adiaphon [griech.], 1. ein Tasteninstrument, bei dem vertikal aufgestellte Stahlstäbe durch Anreißen zum Klingen gebracht werden; 2. ein Stimmgabelklavier, bei dem abgestimmte Stimmgabeln die Töne erzeugen.

Adiaphora [griech. „nicht Unterschiede-

nes"], im allgemeinen Bez. für: Gleichgültiges. In der Philosophie der Stoa und in der christl. Theologie Begriff für Werte, die in sittl. Hinsicht neutral („indifferent") anzusehen seien, z. B. Gesundheit, Besitz, Ruhm, die erst durch menschl. Streben nach ihnen eth. Gewicht erhalten.

adiatherman (atherman), für Wärmestrahlen undurchlässig.

Adickes, Erich, * Lesum (= Bremen) 29. Juni 1866, † Tübingen 8. Juli 1928, dt. Kantforscher. - Prof. in Münster und Tübingen. Lieferte wichtige Beiträge zur Kantinterpretation sowie eine bis zu Kants Todesjahr reichende Bibliographie der dt. Kantliteratur.
A., Franz, * Harsefeld bei Stade 19. Febr. 1846, † Frankfurt am Main 4. Febr. 1915, dt. Kommunalpolitiker. - Bruder von Erich A.; ab 1883 Oberbürgermeister von Altona, ab 1890 von Frankfurt am Main, wo er Voraussetzungen für eine planmäßige Stadtentwicklung schuf; einer der Gründer der Univ. Frankfurt.

adieu! [frz. a'djø „zu Gott!"], Gott befohlen! Lebe wohl!

Adige [italien. 'a:didʒe] ↑ Etsch.

Adigrantha [Sanskrit „Urbuch"], das hl. Buch der ↑ Sikhs, um 1604 zusammengestellt. Der A. wird im Goldenen Tempel von Amritsar, dem Hauptheiligtum der Sikhs, kult. verehrt.

Adigrat, Ort in N-Äthiopien, 150 km sö. von Asmara; Handelszentrum eines Viehzucht- und Getreideanbaugebietes. - Im Gebirge südl. von A. liegen über 100 ma. Felskirchen mit bed. Wandmalereien.

Ädikula [lat.], in der Antike mit Säulen und Giebel ausgestattetes, an der Vorderseite offenes Gehäuse für eine Statue, dann auch als Wandnische (für Porträtbüsten und Urnen in röm. Grabbauten) oder als Rahmenform; auch altchristl. kleine Kapelle. In der Renaissance wieder aufgegriffen als Dekorationsmotiv zur Gliederung von Wand, Altar, Grabdenkmal, im Barock ein wesentl. Element zur Gliederung der Fassade.

Ädilen [lat.; zu aedes „Tempel"], urspr. Beamte der röm. Plebs (Gehilfen der Volkstribunen und Verwalter des Cerestempels auf dem Aventin; ab 363 v. Chr. Beamte des Gesamtvolkes; zu den beiden plebej. Ä. traten zwei, in jährl. Wechsel von Patriziern bzw. Plebejern gestellte, kurul. Ä.; sie führten die Aufsicht über die öffentl. Gebäude, Straßen und Märkte, die Getreideversorgung Roms und die Organisation der öffentl. Spiele.

ad infinitum [lat.], ohne Ende, unaufhörlich.

Adipinsäure [lat./dt.], Butan-1,4-dicarbonsäure, $HOOC(CH_2)_4COOH$. Wichtiger Grundstoff, u. a. für Weichmacher, Polyesterharze, Perlon, Nylon.

Adipinsäuredinitril [lat./griech.] (Tetramethylendicyanid), $CN(CH_2)_4CN$, Aus-

gangsstoff für die Herstellung von Polyamiden.

Adipokinin [lat./griech.], Hypophysenhormon, das die Fettverbrennung im Körper steuert; bei Mangel an A. kommt es zu ↑ Fettsucht.

adipös [lat.], fett[reich], verfettet.
Adipositas [lat.], svw. ↑ Fettsucht.
Adipsie [griech.], verminderted oder fehlendes Durstgefühl.

Adirondack Mountains [engl. ædɪ'rɔndæk 'maʊntɪnz], Gebirge, z. T. Nationalpark, im N des Bundesstaates N. Y., USA, begrenzt durch das Sankt-Lorenz-Tiefland im N, Mohawk River und Black River im S und SW, nach O Steilabfall zur Hudson-Champlain-Senke, nach W allmähl. Abdachung zum Ontariosee, im Mount Marcy 1 629 m hoch. Teil des Kanad. Schildes mit glazial überformtem Relief (über 1 000 Seen).

Aditja (Aditya), Name einer Göttergruppe in der ↑ wedischen Religion.

Adiuretin [griech.], svw. ↑ Vasopressin.

Adıyaman [türk. a'dɯja.man], türk. Stadt am S-Fuß des Äußeren Osttaurus, 70 km südl. von Malatya, 53 000 E. Hauptort des Verw.-Geb. A.; Handelsplatz eines Agrargebiets. - Im 7. Jh. gegr. - Reste der Araberburg und der Stadtmauer.

Adjektiv [zu lat. (nomen) adiectivum „hinzugefügtes (Wort)"] (Eigenschaftswort, Artwort, Beiwort), mit dem A. (z. B. schön, müde, blau) werden Eigenschaften oder Merkmale bezeichnet. Das A. wird als ↑ Attribut (das *schöne* Mädchen; Aal *blau*; ein *logisch* richtiger Gedanke) oder in Verbindung mit bestimmten Verben als Artangabe gebraucht (das Mädchen ist schön; er singt laut). Die Artangabe kann bei bestimmten Verben ↑ prädikativ (das Mädchen ist *schön*, und nennt sie *faul*) oder ↑ adverbial (früher als Adverb bezeichnet) gebraucht sein, wenn das A. ein Verb modifiziert (er singt *laut*).

adjektive Farben, Farbstoffe, die nur zusammen mit einer Vorbeize färben.

Adjektivierung [lat.], Verwendung eines Substantivs oder Adverbs als Adjektiv.

Adjunkt [lat.], veraltete Bez. für einen einem Beamten beigeordneten Gehilfen.

Adjunktion [zu lat. adiunctio „das Hinzufügen"] (Disjunktion, Alternative), in der Logik Bez. für die Zusammensetzung zweier Aussagen mit dem nichtausschließenden „oder" (lat. vel, Zeichen: ∨).
◆ das Hinzufügen von Elementen zu einer algebraischen Struktur, wobei wiederum eine gleichartige Struktur entsteht. Ein einfaches Beispiel für eine A. ist das Hinzufügen der imaginären Einheit $i = \sqrt{-1}$ zum Körper der reellen Zahlen; sie führt zum Körper der komplexen Zahlen.

Adjustage [atjʊs'ta:ʒə; frz.] (Zurichterei), Abteilung in Walzwerken, in der die Bleche durch Zuschneiden und Richten auf den

adjustieren

gewünschten Endzustand gebracht werden.
adjustieren [frz.], [Werkstücke] zurüsten, eichen, fein einstellen; östr. auch: ausrüsten, in Uniform kleiden (**Adjustierung** dementsprechend auch: Uniform).

Adjutant [lat.-frz.], dem Kommandeur eines militär. Verbandes zur Unterstützung beigegebener Offizier.

Adjutor [lat.], Helfer, Gehilfe.

Adjuvans [lat. „helfend"] (Mrz. Adjuvantia, Adjuvanzien), Bestandteil eines Arzneimittels, der die Wirkung des Hauptbestandteils unterstützt, ohne selbst therapeut. wirksam zu sein.

Adlatus [lat. „zur Seite (stehend)"] (Mrz. Adlaten, Adlati), Helfer, Beigeordneter.

Adler, Alfred, * Penzing (= Wien) 7. Febr. 1870, † Aberdeen (Schottland) 28. Mai 1937, östr. Psychiater und Psychologe. - Prof. an der Columbia University New York; ursprüngl. (seit 1902) Schüler S. Freuds, begründete er nach seiner Abkehr von Freud (1911) unter Abwandlung der psychoanalyt. Lehre die Individualpsychologie, die den Haupantrieb des menschl. Handelns nicht wie Freud im Sexualtrieb, sondern im Macht- und Geltungsstreben sieht. - *Werke:* Über den nervösen Charakter (1912), Praxis und Theorie der Individualpsychologie (1912), Menschenkenntnis (1927). - Abb. S. 88.

A., Friedrich, * Wien 9. Juli 1879, † Zürich 2. Jan. 1960, östr. Sozialist. - Sohn von Victor A.; ermordete 1916 als Kampfsignal der linken „Internationalisten" den östr. Min.präs. Graf Stürgkh. Kämpfte nach Todesurteil, Begnadigung und Amnestierung entschieden gegen die Errichtung einer Räterepublik in Österreich; 1923–40 Generalsekretär der Sozialist. Arbeiter-Internationale.

A., Guido, * Eibenschitz (= Ivančice, Mähren) 1. Nov. 1855, † Wien 15. Febr. 1941, östr. Musikforscher. - Prof. in Prag und Wien; seine Werke sind noch heute für Methodik und Stilforschung grundlegend, u. a. „Der Stil in der Musik" (1911), „Methode der Musikgeschichte" (1919).

A., H[ans] G[ünther], * Prag 2. Juli 1910, dt.-östr. Schriftsteller. - Lebt seit 1947 in London. Schrieb neben dokumentar. Studien („Theresienstadt, 1941–45. Das Antlitz einer Zwangsgemeinschaft", 1955, „Der verwaltete Mensch. Studien zur Deportation der Juden ...", 1974) und soziolog. Werken („Die Juden in Deutschland ...", 1960), Erzählungen sowie den Roman „Panorama" (1968).

A., Jankel, * Tuszyn (bei Łódź) 26. Juli 1895, † Aldbourne (bei Swindon) 25. April 1949, poln. Maler. - 1933 von Deutschland Emigration nach Paris, seit 1940 in Schottland (zunächst als Mgl. der poln. Freiheitsarmee). Phantast., symbolträchtige Darstellungen, die z. T. in alogische. Überlieferungen wurzeln; vorwiegend großfigurige Kompositionen, gern mit sandiger Grundierung.

A., Max, * Wien 15. Jan. 1873, † Wien 28. Juni 1937, östr. Soziologe. - Prof. in Wien; suchte nach theoret. Verbindungen von marxist. Soziologie und der Erkenntnistheorie Kants. Mitbegr. und Theoretiker des Austromarxismus. - *Werke:* Lehrbuch der materialist. Geschichtsauffassung (2 Bde., 1930–32), Die Rätsel der Gesellschaft (1936).

A., Samuel [engl. 'ædlə], * New York 30. Juli 1898, † ebd. 13. Nov. 1979, amerikan. Maler. - Sein Hauptthema ist die menschl. Figur. A. komponierte seine Bilder und Collagen streng und arbeitete mit reicher, abgestufter Palette.

A., Victor, * Prag 24. Juni 1852, † Wien 11. Nov. 1918, östr. sozialist. Parteiführer. - Armenarzt; ging nach anfängl. Verbindungen zu den Deutschnationalen zur östr. Sozialdemokratie, deren Aufbau zur polit. Massenpartei sein Lebenswerk war (ab 1889 Parteiführer und Begr. ihres Organs, der „Arbeiterzeitung"); maßgebl. an der Herausbildung des Austromarxismus beteiligt; Mitbegr. der 2. Internationale 1889; Mgl. des Abgeordnetenhauses ab 1905, arbeitete 1914–18 für die Erhaltung Österreich-Ungarns als demokrat. Nationalitätenbund; 1918 Mgl. der östr. Nat.versammlung und Staatssekretär des Äußern, gab A. den Impuls zum Votum für den Anschluß Deutschösterreichs an das Dt. Reich.

Adler † Sternbilder (Übersicht).

Adler, seit 1961 Teil von ↑Sotschi.

Adler (tschech. Orlice), linker Nebenfluß der Elbe in der ČSSR; entspringt im Adlergebirge, mündet bei Königgrätz; 135 km lang.

Adler (Echte Adler, Aquila), mit Ausnahme von S-Amerika weltweit verbreitete Gatt. gut segelnder, v. a. kleine Säugetiere und Vögel jagender Greifvögel der Unterfam. ↑Habichtartige; mit kräftigem Hakenschnabel, befiederten Läufen und mächtigen Krallen; Körperlänge bis etwa 1 m, Flügel groß, am Ende weit gefingert. Die A. bauen meist große Nester aus Zweigen, meist in Felswänden; Gelege mit 2–3 Eiern; häufig wird nur ein Junges aufgezogen. Bekannte Arten sind ↑Steinadler, ↑Kaiseradler, ↑Steppenadler, ↑Schelladler, ↑Schreiadler, ↑Kaffernadler, ↑Keilschwanzadler. Als A. werden auch mehrere mit den Echten A. nahe verwandte Greifvögel, z. B. ↑Seeadler, ↑Schlangenadler, ↑Habichtsadler, ↑Schopfadler, ↑Zwergadler, ↑Fischadler, ↑Würgadler bezeichnet.

Mythologie, Sage, Märchen, Volksglaube: Als Symbol oder Attribut göttl. Macht und der Macht des Herrschers begegnet der A. in zahlr. Kulturen. Im Hinduismus reitet der höchste Gott Wischnu auf dem adlerähnl. Vogel Garuda. In den altamerikan. Kulturen spielte der A. eine Rolle, u. a. als toltek. Symbol des Sieges und als Bezwinger der Schlange; als aufsteigender A. war er Symbol des aztek. Sonnengottes Tonatiuh. In der griech. Mythologie ist der A. Waffen-(Blitz)-

Adler als Wappentier.
Deutscher Adler (um 1300;
links); Byzantinischer
Doppeladler

Träger und Bote des Himmelsgottes Zeus. Bei den Römern ist das A.zepter das Attribut Jupiters, danach Attribut der triumphierenden Kaiser. Im röm. Kaiserkult wurde (zuerst in der Vergöttlichung des Augustus) die Auffahrt des verstorbenen Kaisers durch das Auffliegen eines Adlers symbolisiert. Der altnord. Mythos kennt den A. auf der Weltesche sitzend. Als Orakeltier gilt der A. dem Orient, der klass. Antike und den Germanen. In Sagen und Märchen trägt und entführt der A. Menschen; im Tiermärchen gilt er als König der Vögel und oberster Richter. *Christl. Kunst:* Der A. kann gelegentl. Symbol für Christus sein; v. a. symbolisiert der zur Sonne auffliegende A. die Himmelfahrt Christi. Der A. ist jedoch insbes. Symbol und Attribut des Evangelisten Johannes. - In der kopt. Kunst wird der A. auf Stelen dargestellt, offenbar als Symbol des Triumphes Christi. *Heraldik:* Der A. ist Symbol imperialen Herrschaftsanspruchs; seit Marius Feldzeichen der röm. Legionen; Hoheitszeichen des ma. Kaisertums, offiziell seit 1433 (bis 1806) als Doppel-A. (**Reichsadler**); auch von Reichsstädten und zeitweise den Reichsfürsten im Wappen geführt. In verschiedener Form Hoheitszeichen des Dt. Reichs bzw. der BR Deutschland; u. a. von den Zaren (ab 1472), auch Napoleon I., heute von zahlr. weiteren Staaten (z. B. Polen, USA) als Wappentier geführt.

Adlerbergkultur, nach einer Bodenerhebung bei Worms ben. frühbronzezeitl. Fundgruppe im Ober- und Mittelrheingebiet; führte z. T. Traditionen der Glockenbecherkultur weiter.

Adlercreutz, Carl Johan Graf (seit 1814) [schwed. ˌɑːdlərkrœjts], * Kiala (Finnland) 27. April 1757, † Stockholm 21. Aug. 1815, schwed. General und Politiker. - Bekannt durch seine Verdienste im finn. Krieg gegen Rußland (1808/09); führend beim Staatsstreich gegen König Gustav IV. Adolf; Mgl. der provisor. Regierung; ab 1813 Chef des Generalstabs (Teilnahme am Feldzug gegen Napoleon I.).

Adlerfarn (Pteridium), fast weltweit verbreitete Gatt. der ↑Tüpfelfarngewächse mit der einzigen Art *Pteridium aquilinum* (Adlerfarn i. e. S.), die dichte Bestände v. a. in lichten Wäldern, auf Heiden und in Gebirgen bildet; Blattwedel bis zu 2 m hoch. Ein Querschnitt durch den unteren Blattstiel läßt die ↑Leitbündel in Form eines Doppeladlers erscheinen.

Adlerfibel ↑Fibel.

Adlerfische, svw. ↑Umberfische.

Adlergebirge, Teil der M-Sudeten in der ČSSR und Polen▾ (geringer Anteil), in der Deschneyer Großkoppe 1 115 m hoch; kaum erschlossen.

Adlerholz, wohlriechendes, schweres Holz von einigen Arten des Adlerbaums (Aquilaria). In Indien und China dient das [verharzte] Holz als Räuchermittel sowie zur Herstellung von kleinen Schnitzarbeiten.

Adlerorden, Bez. für zwei preuß. Orden: **Schwarzer Adlerorden:** höchster preuß. Orden für Zivil- und Militärpersonen, gestiftet 1701; mit Erbadel verbunden; nach 1919 hohenzollernscher Hausorden; Devise „Suum cuique" („Jedem das Seine"); eine Klasse. **Roter Adlerorden:** zweithöchster preuß. Orden (1792–1918); gestiftet 1705; klass. Orden Preußens für Beamtenverdienste; Großkreuz, 4 Klassen.

Adlerrochen (Myliobatidae), Fam. bis 4,5 m langer, lebendgebärender Rochen mit fast 30 Arten, v. a. in den Meeren der Tropen. Kennzeichen: peitschenförmiger Schwanz, kleine Rückenflosse, zieml. mächtiger Giftstachel (fehlt bei 3 Arten). Bekannte Arten sind ↑Kuhrochen, ↑Meeradler.

Adlersparre, Georg Graf (seit 1816) [schwed. ˌɑːdlərsparə], * Myssjö (Jämtland) 28. März 1760, † Gustavsvik (Värmland) 23. Sept. 1835, schwed. General und Politiker. - Als militär. Hauptverschwörer gegen König Gustav IV. Adolf an dessen Sturz beteiligt (1809) und führend im provisor. Regierung.

Adlerstein (Aetit, Krallenstein), runder oder ovaler Braun- oder Toneisenstein von der Größe einer Nuß bis zu der eines Kinderkopfes, mit einem Hohlraum, in dem

abgelöste Teilchen eingeschlossen sind. Beim Schütteln klappern sie (daher auch „Klapperstein"-genannt).

ad libitum [lat. „nach Belieben"], Abk. ad lib., in der Musik 1. Vortragsbez., mit der das Tempo des bezeichneten Teils dem Interpreten freigegeben wird; 2. der Hinweis darauf, daß mit ad l. bezeichnete Stimmen bei der Wiedergabe entfallen können.

ad maiorem Dei gloriam [lat. „zur größeren Ehre Gottes"], Abk. A. M. D. G., Wahlspruch der Jesuiten.

Admetos, Gestalt der griech. Mythologie. - Teilnehmer am Zug der Argonauten, Liebling des Apollon. Dieser erbittet von den Moiren die Gnade, A. mit dem Tode zu verschonen, falls in dessen Todesstunde jemand freiwillig für ihn aus dem Leben scheiden wolle. Nur seine junge Gattin ↑Alkeste ist dazu bereit.

Administration [lat.], Verwaltung, verwaltende Behörde; in den USA auch svw. Regierung (z. B. Carter-A.); **administrativ,** zur Verwaltung gehörend, behördlich.

Administrator [lat.], Verwalter übertragener Aufgaben und Kompetenzen. Im *kath. Kirchenrecht* steht der A. als Pfarrverwalter einer Pfarrei vor, fungiert als Vermögensverwalter oder ist als Apostol. A. Vorsteher oder Verwalter eines Bistums. In der *Reformationszeit* war A. Titel des Verwesers eines früher kath. Bistums.

admirabel [lat.], veraltet für: bewundernswert.

Admiral [frz.] (Vanessa atalanta), bis 7 cm spannender Schmetterling, in Eurasien und N-Afrika; schwarzbrauner Tagfalter mit weißen Flecken und orangeroter Querbinde auf den Vorderflügeln und orangefarbener Endbinde auf den Hinterflügeln; Wanderfalter, fliegt im Frühjahr über die Alpen nach M- und N-Europa und im Herbst (als 2. Generation) wieder zurück.

Admiral [frz.; zu arab. amir „Befehlshaber"], in zahlr. Kriegsmarinen höchster Offiziersdienstgrad; in der Bundeswehr: Flottillen-, Konter-, Vizeadmiral, A. (↑Dienstgradbezeichnungen; Übersicht); in der dt. Kriegsmarine bis 1945 außerdem: Generaladmiral und Großadmiral.

Admiralität [frz.], Gesamtheit der Admirale.
◆ oberste Kommandostelle und Verwaltungsbehörde einer Kriegsmarine. Im Dt. Reich bestand 1872–89 die kaiserl. A., deren Funktionen 1889–1919 getrennt dem Oberkommando der Marine (ab 1899 Admiralstab) und dem Reichsmarineamt oblagen; Bez. ab 1920: *Marineleitung,* 1935–45 *Oberkommando der Kriegsmarine.*

Admiralitätsanker (Stockanker) ↑Ankereinrichtung.

Admiralitätsformel, Näherungsformel zur Bestimmung der zum Antrieb eines Schiffes erforderl. Leistung bei vorgegebener Geschwindigkeit.

Admiralitätsgolf, Bucht der Timorsee, im NO von W-Australien.

Admiralitätsinseln, Inselgruppe des Bismarckarchipels, Papua-Neuguinea, rd. 2 000 km², z. T. Vulkane, z. T. Atolle, überwiegend melanes. Bev. - 1616 entdeckt; 1885–1918 zum dt. Schutzgebiet des Kaiser-Wilhelm-Landes, ab 1920 Völkerbundsmandat, 1947–75 unter UN-Treuhandschaft mit austral. Verwaltung.

Admiralitätskarte ↑Seekarte.

Admiralstab ↑Generalstab.

Admiralstabsoffizier ↑Generalstabsdienst.

Admiralty Range [engl. 'ædmərəltı 'rɛɪndʒ], Gebirgszug an der N- und NO-Küste von Victorialand, Antarktis, im Mount Sabine über 3 000 m hoch. - 1841 entdeckt.

Admittanz [zu lat. admittere „hinzulassen"], Formelzeichen $\mathfrak{Y}$, komplexer [Wechselstrom]leitwert, der Kehrwert des komplexen [Wechselstrom]widerstands $\mathfrak{Z}$ (↑Impedanz): $\mathfrak{Y} = 1/\mathfrak{Z} = G + iB$ ($i = \sqrt{-1}$); den Realteil G bezeichnet man als *Konduktanz* oder *Wirkleitwert,* den Imaginärteil B als *Suszeptanz* oder *Blindleitwert.* Der Betrag $Y = |Y| = \sqrt{G^2 + B^2} = 1/\sqrt{R^2 + X^2}$ (R Wirkwiderstand, X Blindwiderstand) ist der sog. *Scheinleitwert* (zuweilen ebenfalls als A. bezeichnet).

Admonition [lat.], Ermahnung, Verwarnung, Verweis.

Admont, östr. Marktgemeinde in der Steiermark, 646 m ü. d. M., 3 100 E. Luftkurort und Wintersportplatz; naturhistor. Museum. - 859 urkundl. erwähnt, 1074 Gründung der Benediktinerabtei A.; erhalten ist die barocke Klosterbibliothek (120 000 Bde.). - In der Nähe *Schloß Röthelstein* und *Frauenberg* (barocke Wallfahrtskirche).

ADN ↑Nachrichtenagenturen (Übersicht).

Adnex [lat.], Anhang, Beigabe.
◆ (Mrz.: Adnexe) in der Anatomie Bez. für Anhangsgebilde von Organen des menschl. oder tier. Körpers; z. B. die Lider und der Tränenapparat des Auges; i. e. S. die Anhangsgebilde der Gebärmutter, hauptsächl. Eileiter und Eierstöcke *(weibl. Adnexe).*

Adnexitis [lat.], Entzündung der weibl. ↑Adnexe. Anzeichen für akute A.: Fieber, Druckschmerz im Unterbauch, verändertes Blutbild; bei chron. A.: Darmspasmen, verstärkter Ausfluß, starke und lang anhaltende Monatsblutungen.

ad notam [lat.], zur Kenntnis; **ad n. nehmen,** zur Kenntnis nehmen, sich etwas gut merken, beherzigen.

Adobe [arab.-span.], luftgetrockneter Lehmziegel, oft mit Stroh vermischt.

ad oculos [lat.], vor Augen.

Adoleszenz [lat.], Jugendalter, die Zeit zw. dem Eintritt der Geschlechtsreife (Pubertät) und dem Erwachsensein, beim Menschen

etwa vom 14. bis 25. (♂♂) bzw. 12. bis 21. (♀♀) Lebensjahr.

Adolf (Adolph), männl. Vorname, entwikkelt aus der vollen Namensform Adalwolf, eigtl. etwa „edler Wolf".

Adolf, Name von Herrschern:
Hl. Röm. Reich:
A. von Nassau, * um 1255, ✗ bei Göllheim 2. Juli 1298, König (seit 1292). - Nach dem Tod Rudolfs von Habsburg gegen dessen Sohn Albrecht nach weitgehenden Zugeständnissen an die Kurfürsten zum König gewählt; geriet bei dem Versuch, seine schwache Position im Reich durch Schaffung einer Hausmacht zu verstärken, in Gegensatz zu den Kurfürsten, die sich mit Albrecht von Österreich gegen ihn verbanden; 1298 in rechtlosem Prozeß abgesetzt und in der Entscheidungsschlacht gegen Albrecht gefallen.
Köln:
A. I., * um 1160, † Neuß 15. April 1220, Erzbischof (1193–1205). - Führer der Opposition gegen die Erbreichspläne des Staufers Heinrich VI. und Haupturheber des Thronstreits nach dessen Tod; setzte 1198 die Wahl des Welfen Otto IV. zum dt. König durch, trat jedoch 1204 zum Staufer Philipp von Schwaben über; 1205 von Innozenz III. gebannt und abgesetzt; verlor sein Erzbistum 1208 nach Philipps Ermordung.
Luxemburg:
A., * Biebrich (= Wiesbaden) 24. Juli 1817, † Schloß Hohenburg (= Lenggries) 17. Nov. 1905, Großherzog (seit 1890). - Herzog von Nassau ab 1839; verlor als Verbündeter Österreichs 1866 Territorium und Thron; 1890 in Luxemburg Nachfolger Wilhelms III. der Niederlande.
Schweden:
A. Friedrich, Herzog von Holstein-Gottorf, * Schloß Gottorf 14. Mai 1710, † Stockholm 12. Febr. 1771, König (seit 1751). - 1727 zum Fürstbischof von Lübeck, 1743 unter russ. Druck vom schwed. Reichstag zum Thronfolger gewählt; seit 1744 ∞ mit Luise Ulrike, einer Schwester Friedrichs des Großen; unter seiner schwachen Herrschaft Machtzuwachs des Adels.

Adolfsorden, luxemburg. (↑ Orden, Übersicht).

Adonai [hebr. „mein Herr"], alttestamentl. Name Gottes.

Adoneus (Adonius, adon. Vers) [griech.-lat.], Kurzvers der antiken Lyrik; Schema: – ◡ ◡ – ◡̣ ; er ist metr. ident. mit dem Schluß des ↑ Hexameters und bildet den letzten Vers der ↑ sapphischen Strophe.

Adoni, ind. Stadt, 230 km sw. von Hyderabad, Andhra Pradesh, 85 500 E. College; führender Baumwollmarkt des Hochlandes von Dekhan; Baumwoll- und Seidenweberei. - Im 1. Jt. v. Chr. gegr.; 1740 Teil des ind. Ft. Hyderabad; 1800 britisch. - Im 16. Jh. entstanden Festung und Große Moschee.

Adonis, syr. Vegetationsgott, wurde nach Übernahme ins griech. Mythos als junger und schöner Mann, als Geliebter der Aphrodite gedacht. Im Hellenismus stand A. im Mittelpunkt eines Mysterienkults, in dem der Tod des Gottes mit jährl. wiederkehrenden ekstat. Trauerbräuchen und seine Rückkehr ins Leben im Frühjahr rituell gefeiert wurde. Er wurde als Sinnbild für die jährl. sterbende und auferstehende Vegetation aufgefaßt.

Adonis [griech.], ein Planetoid.

Adonisröschen [nach Adonis, aus dessen Blut die Pflanze dem Mythos nach entstanden ist] (Teufelsauge, Adonis), Gatt. der Hahnenfußgewächse mit 20 Arten in Europa und den gemäßigten Klimazonen Asiens; Kräuter oder Stauden mit wechselständigen, meist feingeschlitzten Blättern und großen, einzeln stehenden, meist gelben oder roten Blüten; in Deutschland kommen 4 Arten vor, darunter ↑ Frühlingsadonisröschen, ↑ Sommeradonisröschen.

Adonit [griech.], fünfwertiger Alkohol (↑ Pentite); Vorkommen im Adonisröschen und Riboflavin. Chem. Formel: $C_5H_{12}O_5$.

Adoptianismus [lat.], theolog. Lehre, nach der Jesus Christus nur Mensch war, der gleichsam von Gott „adoptiert" wurde.

adoptieren [lat.], an Kindes Statt annehmen.

Adoption [lat.], svw. ↑ Annahme als Kind.

Adoptivform [lat.], vom Mundartsprecher durch falschen Rückschluß auf die Lautung der Hochsprache gebildete Lautform, z. B. Gauner aus Jauner.

Adoptivkaiser [lat.], Bez. für die nach dem Sturz des flav. Kaiserhauses von 96 bis 180 regierenden röm. Kaiser ab Nerva (Trajan, Hadrian, Antoninus Pius, L. Verus und Mark Aurel). Die Bez. erklärt sich aus der Art der Nachfolgeregelung: Nach dem Vorbild von Augustus und Galba versuchten die A., durch möglichst frühzeitige Adoption und dadurch gewährleistete Vorbereitung des jeweiligen Nachfolgers der bestgeeigneten Persönlichkeit die Herrschaft zu sichern, ohne Rücksicht auf verwandtschaftl. Beziehung zum Herrscherhaus.

Ador, Gustave, * Genf 23. Dez. 1845, † Cologny (bei Genf) 31. März 1928, schweizer. liberaler Politiker. - 1889–1917 Mgl. des Nationalrats; 1917–19 Bundesrat (auswärtige Angelegenheiten), 1919 Bundespräs.; Vertreter der Schweiz im Völkerbund 1920–24 (erwirkte die Anerkennung der schweizer. Neutralität); 1910–28 Präs. des Internat. Komitees vom Roten Kreuz.

Adorant [lat.], Anbetender, Verehrender. In der altchristl. Kunst eine stehende menschl. Gestalt mit erhobenen Armen, in der ma. Kunst kniende Figur mit gefalteten Händen.

Adorno, Theodor W., früher T. Wiesengrund, * Frankfurt am Main 11. Sept. 1903, † Visp (Kt. Wallis) 6. Aug. 1969, dt. Philosoph,

Adoula

Soziologe und Musiktheoretiker. - Studium der Philosophie und Musik, lebte 1934–49 als Emigrant in England und in den USA; lehrte seit 1949 in Frankfurt Soziologie und Philosophie, leitete gleichzeitig mit M. Horkheimer das Insitut für Sozialforschung. - A. philosoph. Schriften kritisieren eine Aufklärung, die alles, was dem „Begriffe sich nicht fügt", den Kriterien der Berechenbarkeit und Verwertbarkeit unterwirft (Positivismus). Kritik ist für A. v. a. Kritik an sich abschließenden Systemen. In seinen ideologiekrit. Schriften wendet er sich gegen die Existenzphilosophie. Seine 1961 begonnene Auseinandersetzung mit K. Popper über Methodenprobleme der Sozialwissenschaft wurde durch J. Habermas und H. Albert fortgesetzt. Die von A. und M. Horkheimer vertretene ↑ kritische Theorie wirkte auf die Studentenbewegung und die „Neue Linke", die ihn später jedoch radikal kritisierte. Als Komponist schrieb A. u. a. Lieder, Quartett- und Orchesterstücke. A. war T. Manns musikal. Berater bei der Abfassung des „Doktor Faustus".
Werke: Dialektik der Aufklärung (mit M. Horkheimer, 1947), Philosophie der Neuen Musik (1949), The authoritarian personality (mit anderen, 1950), Minima Moralia (1951), Dissonanzen (1956), Noten zur Literatur I, II, III (1958, 1961, 1965), Sociologica II (mit M. Horkheimer, 1962), Einleitung in die Musiksoziologie (1962), Moments musicaux (1964), Jargon der Eigentlichkeit (1964), Negative Dialektik (1966), Ohne Leitbild (1967), Alban Berg (1968), Der Positivismusstreit in der dt. Soziologie (1969), Komposition für den Film (mit H. Eisler, 1969).

Adoula, Cyrille [frz. adu'la], *Léopoldville (= Kinshasa) 13. Sept. 1921, † Lausanne 24. Mai 1978, kongoles. Politiker. - 1958 Gründungs-Mgl. der Kongoles. Nat.bewegung (Mouvement National Congolais, MNC); 1960/61 zeitweise Innenmin. und Vertreter der Republik Kongo (Léopoldville) bei den UN. Im Kongokonflikt gemäßigter Vermittler; 1961–64 Min.präs., 1969/70 Außenmin. der Demokrat. Republik Kongo.

Adour [frz. a'du:r], Fluß in SW-Frankr.; entspringt in den Z-Pyrenäen, mündet nnw. von Bayonne in den Golf von Biskaya; 335 km lang; Wasserkraftwerke im Oberlauf.

ADP, Abk. für: **A**denosin**d**i**p**hos**p**hat (↑ Adenosinphosphate).

ad perpetuam memoriam [lat.], zu immerwährendem Andenken.

Adrammelech, 1. bibl. Gestalt, Sohn des Königs von Assyrien, Sanherib (2. Kön. 19, 37); 2. Gott aus Sepharwaim, auch Samaria (2. Kön. 17, 31).

Adrano, italien. Stadt am Ätna, Sizilien, 560 m ü. d. M., 33 800 E. Museum; Handelszentrum landw. Produkte. - Griech. **Adranon,** lat. **Hadranum,** um 400 v. Chr. gegr.; 263 röm., später arab. und normann., unter aragones.

Herrschaft Gft. - Normannenburg (11. Jh.), ehem. Kloster Santa Lucia (1157 gegr.).

Adrar, Bergland in der westl. Sahara (NW-Mauretanien), bis 250 m ü. d. M. und durch diese Höhenlage besser beregnet als die umgebenden Wüstengebiete; Oasen mit Dattelpalmenhainen, Gemüse- und Getreideanbau in den Wadis; zentraler Ort ist Atar.

Adrar des Iforas [frz. adrardezifo'ra], wüstenhaftes Bergland in der mittleren Sahara (Mali und Algerien), durchschnittl. 700 m ü. d. M.; Weidegebiet von Nomaden; Erzvorkommen.

Adrasteia (lat. Adrastea), in der griech. Mythologie Beiname der ↑ Kybele, später verselbständigt und gleichgesetzt mit Nemesis.

Adrastos [griech. 'adrastos, 'adrastos], griech. Heros; galt als sagenhafter König von Argos, der den Zug der ↑ „Sieben gegen Theben" veranstaltete.

ad rem [lat.], zur Sache [gehörend].

Adrema ⊚ ↑ Adressiermaschine.

Adrenalektomie (Epinephrektomie) [lat./griech.], operative Entfernung einer oder beider Nebennieren.

Adrenalin [lat.] (Epinephrin; Suprarenin [⊚]), Hormon des Nebennierenmarks und Gegenspieler des ↑ Insulins. A. mobilisiert den Stoffwechsel in Gefahren- und Streßsituationen. Es steigert den Grundumsatz, den Blutzuckerspiegel, die Durchblutung der Bewegungsmuskulatur und der Herzkranzgefäße sowie die Leistung des Herzens (Erhöhung des Blutdrucks, der Herzfrequenz und des Herzminutenvolumens) und löst Bronchialkrämpfe. Medizin. Anwendung u. a. bei der Lokalanästhesie. Strukturformel:

$$HO-\!\!\left\langle\!\!\!\bigcirc\!\!\!\right\rangle^{\!OH}\!\!-CH(OH)-CH_2-NH-CH_3$$

adrenalotrop [lat./griech.], auf das Nebennierenmark einwirkend.

adrenogenital [lat.], Nebenniere und Keimdrüsen betreffend.

adrenogenitales Syndrom (Interrenalismus), aus mannigfaltigen Krankheitszeichen zusammengesetztes Krankheitsbild, hervorgerufen durch Überproduktion von männl. Geschlechtshormonen durch die Nebennierenrinde, insbes. durch deren innerste Zone (Zona reticularis); führt bei Mädchen zu Scheinzwittertum (↑ Intersexualität), bei Knaben zum vorzeitigen Auftreten der äußeren Geschlechtsmerkmale (Pseudopubertas praecox), bei Männern (selten) zur ↑ Feminierung.

adrenokortikotropes Hormon [lat./griech.], Abk. ACTH, Hormon des Hypophysenvorderlappens; bewirkt die Ausschüttung von ↑ Glukokortikoiden. A. H. steuert die Sekretion der Nebennierenrinde und beeinflußt dadurch indirekt den Eiweißstoffwechsel.

Adrenosteron [lat./griech.], Hormon der Nebennierenrinde, $C_{19}H_{24}O_3$; Wirkung ähnl. der des männl. Geschlechtshormons.

Adressant [lat.-frz.], Absender [einer Postsendung].

Adressat [lat.-frz.], Empfänger [einer Postsendung].

◆ im Zivilrecht derjenige, an den sich eine Willenserklärung, im Verwaltungsrecht derjenige, an den sich eine Verwaltungsakt richtet.

Adreßbuch, Einwohner-, Anschriftenbuch für eine Stadt oder ein bestimmtes Gebiet. Es enthält, alphabet. geordnet, die Namen von Personen (ggf. mit Berufsangabe), Firmen, Behörden, Vereinen usw. mit den dazugehörigen Anschriften. Firmen und wirtschaftl. Unternehmen aller Art sind im **Branchenverzeichnis** aufgeführt.

Adresse [lat.-frz.], Anschrift (bes. auf Postsendungen), Aufschrift, Wohnungsangabe.

◆ bei druckgraph. Blättern die Angabe des Namens des Verlegers, der das Blatt druckt und vertreibt. Bei alten Stichen steht meist noch „excudit", abgekürzt „exc." oder „excud." („verfertigt") dabei.

◆ Botschaft; in der Politik schriftl. formulierte Meinungsäußerung, die von Einzelpersonen oder der parlamentar. Körperschaft an das Staatsoberhaupt oder die Regierung gerichtet ist und sich von Petition wie Resolution unterscheidet.

◆ (Speicheradresse) Nummer einer bestimmten Speicherzelle im Speicher einer Rechenanlage.

Adressenbüro, Betrieb, der die Anschriften von nach bestimmten Kriterien aufgegliederten Personen- und Firmengruppen ermittelt, zusammenstellt und sie zur Benutzung an Interessenten verkauft.

Adressenregister, bei Rechenanlagen Register zur Speicherung einer Adresse bzw. des Adressenteils eines Wortes.

Adressenteil (Adreßteil), derjenige Teil eines Befehls an eine Rechenanlage, der angibt, mit welcher Speicherzelle eine bestimmte Operation ausgeführt werden soll.

adressieren [lat.-frz.], mit der ↑ Adresse versehen; auch für: jemanden gezielt ansprechen.

Adressiermaschine (Adrema ®), Büromaschine zum Drucken von Adressen oder Kurztexten. Die Anschriften sind in dünne Metallplatten eingeprägt oder auf (gerahmte) Matrizen aufgeschrieben.

adrett [lat.-frz.], hübsch und sauber, ordentl. und gefällig.

Adria, italien. Stadt im Podelta, Venetien, 4 m ü. d. M., 21 800 E. Bischofssitz; archäolog. Museum; Textilind. - Das antike *Atria* lag urspr. am Meer, dem es den Namen gab; griech.-etrusk. Handelsplatz im 6./5. Jh.; in der röm. Kaiserzeit municipium. Verfall durch Verlandung. - Dom (1050, Krypta mit Fresken aus dem 10./11. Jahrhundert).

A. ↑ Adriatisches Meer.

Adrian (Hadrian), aus dem Lat. übernommener männl. Vorname: „der aus der Stadt Adria Stammende".

Adrian, Edgar Douglas [engl. 'ɛɪdrɪən], 1. Baron of Cambridge, * London 30. Nov. 1889, † Cambridge 4. Aug. 1977, brit. Physiologe. - 1929 - 37 Prof. am Forschungsinst. der Royal Society; lehrte 1937 - 51 in Cambridge, war 1951 - 65 Leiter des Trinity College in Cambridge; experimentelle Forschungen auf dem Gebiet der Elektrophysiologie, insbes. über die Reizleitung bei Sinneseindrücken und über den Mechanismus der Muskelkontrolle. 1932 erhielt er zus. mit Sir Charles Sherrington den Nobelpreis für Medizin für Entdeckungen über die Funktionen von Neuronen. Danach noch wegweisende Arbeiten für die Epilepsieforschung und die Auffindung von Hirnverletzungen.

Adrianopel ↑ Edirne.

adriatische Frage, Bez. für ein polit. Programm in Italien im 19. und 20. Jh. Mit dem Risorgimento entstanden, verband es sich (↑ Irredentismus) Ziele (Triest, Fiume) mit Vorherrschaftsansprüchen („mare nostro") in Anlehnung an die bis ins 18. Jh. behaupteten venezian. Machtpositionen an der Adria. Als die a. F. nach dem italien. Scheitern in Abessinien (1896) Teil der italien. Gesamtkonzeption wirtsch. und polit. Expansion im Mittelmeerraum wurde, stieß sie auf die Balkan- und Adria-Interessen Österreich-Ungarns bzw. auf die Forderungen der aufstrebenden Balkanstaaten nach Zugang zu einer „freien Adria". In beiden Weltkriegen zu hegemoniellen Zielsetzungen gesteigert, erlangte die a. F. nach dem jeweiligen Scheitern Italiens innenpolit. Bedeutung.

Adriatisches Meer (Adria), nördl. Nebenmeer des Mittelmeers, zw. Balkan- und Apenninhalbinsel, durch die 75 km breite Straße von Otranto mit diesem verbunden, 800 km lang, bis 220 km breit, durch eine untermeer. Schwelle in ein nördl. (bis 262 m tief) und ein südl. Becken (bis 1 260 m) gegliedert. Der Salzgehalt nimmt von N nach S zu. Die Gezeitenwirkung ist schwach. Wichtigste Zuflüsse sind der Po (Oberitalien), die Neretva (Jugoslawien) und der Drin (Albanien). Die Küste ist ein beliebtes Urlaubsziel. Die wirtsch. Bed. der Fischerei ist gering.

Adrienne [frz. adri'ɛn] (Andrienne, Contouche, Schlender), weites, taillenloses Überkleid der Rokokozeit.

Adschanta, svw. ↑ Ajanta.

Adscharische ASSR (Adscharien), autonome Sowjetrepublik innerhalb der Grusin. SSR, erstreckt sich vom Schwarzen Meer in den westl. Kleinen Kaukasus, 3 000 km², 379 000 E (1985; v. a. Georgier, Russen, Armenier), Hauptstadt Batumi. - Überwiegend Gebirgsland; im W schmaler Küstenstreifen mit

subtrop. Klima, im Gebirge zunehmend alpin; reichl. Niederschläge. - Holz- und erdölverarbeitende Ind., Nahrungsmittelind. - Die A. ASSR wurde 1921 gebildet.

adskribieren [lat.], zuschreiben; zueignen.

ADS-Ofen [nach Albert de Sy], Schmelzofen zur Herstellung von Gußeisen.

Adsorber [lat.], den adsorbierenden Stoff enthaltendes Bauteil einer ↑ Adsorptionskältemaschine.

Adsorption [zu lat. ad „hinzu" und sorbere „schlucken"], Aufnahme und physikal. Bindung von Gasen, Dämpfen oder in Flüssigkeiten gelösten oder suspendierten Stoffen an der Oberfläche eines festen, v. a. eines porösen Stoffes. Der adsorbierte Stoff wird **Adsorbat** genannt; den adsorbierenden Stoff (z. B. Aktivkohle oder Kieselsäuregel) bezeichnet man als **Adsorbens** oder **Adsorptionsmittel**. Die A. steigt mit sinkender Temperatur. So adsorbiert z. B. Buchsbaumkohle bei −183 °C mehr als das 230fache ihres Volumens an Sauerstoff (unter Normbedingungen). Die A. ist ferner vom Druck des Gases oder Dampfes bzw. von der Konzentration des gelösten Stoffs abhängig. Die graph. Darstellung der von einem Körper adsorbierten Menge in Abhängigkeit vom Druck p bzw. von der Konzentration c bei konstanter Temperatur bezeichnet man als **Adsorptionsisotherme**. - Die bei der A. in Form von Wärme freiwerdende Bindungsenergie bezeichnet man als **Adsorptionswärme**.

📖 Dunken, H. H./Lygin, V. I.: Quantenchemie der A. an Festkörperoberflächen. Weinheim 1978. - Hauffe, K./Morrison, S. R.: A. Bln. u. New York 1974.

Adsorptionsanalyse, svw. Adsorptionschromatographie (↑ Säulenchromatographie).

Adsorptionsisotherme ↑ Adsorption.

Adsorptionskältemaschine, Kühlanlage, bei der der flüssige Arbeitsstoff (z. B. Ammoniak oder schweflige Säure) von einem festen Bindemittel (z. B. Aktivkohle oder Silicagel) durch Adsorption festgehalten wird. Der am festen Bindemittel adsorbierte Arbeitsstoff wird im kombinierten *Aufsauger-Austreiber* durch Erhitzen (Desorption) ausgetrieben, durchläuft die gekühlten Rohrschlangen eines Verflüssigers, an dessen tiefster Stelle er sich flüssig ansammelt. Nach Ausschalten der Heizung am *Austreiber* wird der flüssige Arbeitsstoff durch Adsorptionswirkung des festen Bindemittels angesaugt, muß dabei verdampfen und entzieht die erforderl. Verdampfungswärme dem Kühlgut.

Adsorptionskohle, svw. ↑ Aktivkohle.

Adsorptionsöl, Teerölprodukt, bes. für die Auswaschung von Benzolen geeignet.

Adsorptionsverbindungen ↑ Chemisorption.

Adstringenzien (Adstringentia) [zu lat.

astringere „zusammenziehen"], zusammenziehende Arzneimittel; man unterscheidet blutstillende A. und solche zur Behandlung von Schleimhautkatarrhen, z. B. Tannin, Tannalbin, Eichenrinde, Aluminiumacetat. Die Wirkung der A. beruht auf einer Eiweißgerinnung in den obersten Zellschichten der behandelten Gewebe.

Adua, Ort in N-Äthiopien, im Abessin. Hochland, 130 km südl. von Asmara, 1 900 m ü. d. M. - Bei A. siegten die Äthiopier 1896 entscheidend im Krieg gegen Italien.

Aduatuker (lat. Aduatuci), german. Stamm; gehörte zu den Eburonen; Sitz an der Maas zw. Lüttich und Limburg.

a due [italien.] (auch geschrieben: a 2), in Partituren die Anweisung, eine Instrumentalstimme doppelt zu besetzen.

Aduer (Häduer; lat. Aedui, Haedui), kelt. Stamm in der röm. Prov. Gallia Lugdunensis (zuerst Celtica) zw. Saône und Loire; Hauptort Bibracte auf dem Mont Beuvray, später Augustodunum (= Autun); römerfreundlich.

Adula, Gebirgsmassiv der schweizer. Alpen, im Rheinwaldhorn 3 402 m hoch; z. T. vergletschert, Quellgebiet des Hinterrheins.

Adular [nach der Adula] (Mondstein), Mineral der Feldspatgruppe ($KAlSi_3O_8$).

Adulis (Adule), an der W-Küste des Roten Meeres gelegene antike Handelsstadt (südl. von Massaua, Äthiopien); im frühen 8. Jh. zerstört.

adult [lat.], erwachsen, geschlechtsreif; die adulte Altersstufe beim Menschen reicht vom Wachstumsabschluß (etwa 21. Lebensjahr) bis zum Beginn der ersten Alterungserscheinungen (zw. 40. und 50. Lebensjahr).

ad usum [lat.], zum Gebrauch (Angabe auf ärztl. Rezepten); **ad usum proprium,** für den eigenen Gebrauch.

ad usum Delphini (in usum Delphini) [lat.], ursprüngl. „zum Gebrauch des Dauphins", angewendet für in moral.-polit. Hinsicht gereinigte (und kommentierte) Ausgaben antiker Klassiker, auf Veranlassung Ludwigs XIV. von Bossuet und Huet 1674–1730 für den Unterricht des Dauphins, des frz. Thronerben, zusammengestellt. Später allgemein für jugendgemäße Bearbeitungen literar. Werke.

ad valorem [lat. „dem Werte nach"], vom Warenwert (bei der Zollberechnung). Die Zollberechnung ad v. ist am häufigsten im dt. Zolltarif.

Advektion [lat.], Heranführung von Luftmassen in vorwiegend horizontaler Richtung.

◆ horizontale Bewegung von Wassermassen in den Weltmeeren, wichtig für Oberflächen- und Tiefseeströmungen.

Advektionsschicht, der obere Teil der ↑ Troposphäre.

Adveniat [lat. „es komme (dein Reich)"], kath. Hilfswerk zur Unterstützung der Kirche

in Lateinamerika, Geschäftsstelle in Essen.

Advent [zu lat. adventus „Ankunft" (Christi)], die vorweihnachtl. Zeit; umfaßt seit Gregor d. Gr. vier Sonntage. A. gilt in der kath. Kirche als Fastenzeit; die liturg. Farbe ist violett. Mit A. beginnt das Kirchenjahr. Von den *Bräuchen* in der A.zeit ist eine Reihe mit den Tagen der Heiligen Andreas, Barbara, Nikolaus, Lucia und Thomas verbunden. - Der **Adventskranz** hat sich seit dem 1. Weltkrieg in ganz Deutschland verbreitet.

Adventisten [engl. († Advent)], eine 1832 von dem Farmer William Miller (* 1782, † 1849) gegr. christl. Religionsgemeinschaft, deren Anhänger die Wiederkunft Christi urspr. in den Jahren 1843/44 erwarteten. Als dieses Ereignis ausblieb, spalteten sich die A. in mehrere Gruppen, von denen nur die der von Ellen G. White (* 1827, † 1915) gegründeten **Siebenten-Tags-Adventisten** (engl. *Seventh-Day-Adventists*) über N-Amerika hinaus Bedeutung erlangten. Die Sabbatheiligung gilt ihnen als „wichtigstes Gebot", sie vollziehen die Erwachsenentaufe und sollen ein möglichst einfaches Leben führen, das Essen von Schweinefleisch ist ihnen verboten. Ihre Zahl betrug 1972 rd. 2,2 Mill., davon rd. 26 000 in der BR Deutschland, 15 000 in der DDR.

Adventivembryonen [lat./griech.], pflanzl. Embryonen, die nicht aus der befruchteten Eizelle entstehen, sondern sich ungeschlechtl. aus den sie umgebenden Zellen entwickeln; z. B. bei Zitruspflanzen.

Adventivknospen [lat./dt.], Knospen, die nicht aus Bildungsgewebe des Vegetationspunktes, sondern an ungewöhnl. Stellen aus wieder teilungsfähig gewordenem Dauergewebe entstanden sind.

Adventivpflanzen [lat.], Pflanzen eines Gebiets, die dort nicht schon immer vorkamen, sondern durch den Menschen absichtl. als Zier- oder Nutzpflanzen (Kulturpflanzen) eingeführt oder unabsichtl. eingeschleppt wurden (*Ansiedler, Kolonisten*). Dies geschah entweder in sehr früher, z. T. vorgeschichtl. Zeit (Altpflanzen, z. B. Weizen, Roggen, Gerste) oder erst später (in Europa etwa seit der Völkerwanderungszeit; Neubürger, z. B. Kartoffel, Kanad. Wasserpest, Roßkastanie).

Adventivsprosse [lat./dt.], Sprosse, die sich an Blattspreiten, Wurzeln oder Sproßachsen aus neugebildeten Vegetationspunkten entwickeln.

Adventivwurzeln [lat./dt.], Wurzeln, die sich an Sprossen oder Blättern nach Verletzungen oder Hormonbehandlung bilden.

Adventsspiel, aus dem prot. Schuldrama und dem städt. Brauchtum Mitteldeutschlands entstandenes geistl. Volksschauspiel; seit Mitte des 17. Jh. z. T. ausgedehnte Spielwanderungen. Ursprüngl. Schülerbrauch, ging das A. über auf Bauern und Bergleute (bes. des Erzgebirges im 19. Jh.)

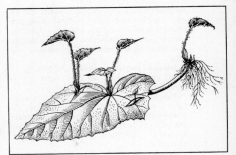

Adventivsprosse an den Schnittstellen und der Blattspreite eines Begonienblattes

Der Text gestaltet die Einkehr Christi in Bethlehem und die Unterweisung der Kinder.

Adventsstern, svw. † Weihnachtsstern.

Adverb [lat. adverbium „zum Verb (gehörendes Wort)"], Umstandswort; mit dem A. werden Umstände des Ortes (Lokal-A.: *hier, dorthin*), der Zeit (Temporal-A.: *gestern, morgen*), der Modalität (Modal-A.: *gern, sehr, vielleicht*) und des Grundes (Kausal-A.: *deshalb, damit*) bezeichnet.

adverbal [lat.], zum Verb hinzutretend, von ihm syntakt. abhängig, z. B.: *laut* sprechen.

adverbial (adverbiell) [lat.], umstandswörtl., als † Adverb gebraucht.

Adverbiale [lat.], Umstandsbestimmung (des Raumes, der Zeit, der Art u. a.), z. B.: *mit Volldampf* fahren.

adverbialer Akkusativ, einem Verb beigefügte Umstandsbestimmung oder -angabe im Akkusativ, z. B.: Er wartet *einen Augenblick.*

adverbialer Genitiv, einem Verb beigefügte Umstandsergänzung oder -angabe im Genitiv, z. B.: Er kam *des Wegs.*

Adverbialsatz, Nebensatz, der einen Umstand angibt und nach seinem Sachgehalt ein Temporal-, Modal-, oder Kausalsatz sein kann, z. B.: Sie brachen auf, *als es Tag wurde.*

Adversaria [lat.], Bez. für eine Sammlung von Beobachtungen, Gedanken.

adversativ [lat.], einen Gegensatz bildend, gegensätzl.; **adversative Konjunktionen** sind z. B. *aber, doch, sondern.*

Advertising [engl. ˈædvətaɪzɪŋ; lat.-frz.], Ankündigung durch Annoncen; Reklame.

Advocaat [niederl. ɑtfoˈkaːt], niederl. Bez. für Eierlikör.

Advocatus Dei [ˈdeː-i; lat. „Anwalt Gottes"], scherzhaft gemeinte Bez. für den Fürsprecher beim Heiligsprechungsprozeß.

Advocatus Diaboli [lat. „Anwalt des Teufels"], scherzhaft gemeinte Bez. für den Promotor fidei (Glaubensanwalt), der beim

Heiligsprechungsprozeß die Gründe, die gegen die Heiligsprechung (bzw. Seligsprechung) sprechen, darzulegen hat. - Übertragen für: scharfer Beurteiler, Kritiker, der gegen seine eigene Meinung Argumente vorträgt.

Advocatus ecclesiae [lat.] ↑ Vogt.

ad vocem [lat.], zu dem Wort [ist zu bemerken].

Advokat [lat. advocatus „der Herbeigerufene"], veraltet, aber noch landschaftl. für Rechtsanwalt. Heute oft abfällig verwendet. Die offizielle Berufsbez. A. wurde in Deutschland 1879 abgeschafft. **Advokatur,** Rechtsanwaltschaft.

Adwaita (Advaita) [Sanskrit „Nichtzweiheit"], in der ind. Religionsphilosophie eine Lehre, nach der das ↑ Brahman das allein real Existierende darstellt, während die Welt als Welt der Zweiheit (d. h. der Unterschiede) und als bloße Illusion gilt.

Ady, Endre [ungar. 'ɔdi], * Érmindszent 22. Nov. 1877, † Budapest 27. Jan. 1919, ungar. Lyriker. - Schrieb Novellen, Essays und v. a. Lyrik, 1904–12 die schönsten Verse ungar. Liebesdichtung (an eine Pariser Dame gerichtet). Weitere Themen sind Gott, Tod, Angst, eine nat. Revolution. Symbolist., metaphernreiche Sprache. - *Werke:* Auf neuen Gewässern (1921), Von der Ér zum Ozean (1925), Auf dem Flammenwagen der Lieder (1926), Zu Gottes linker Hand (1941), Gedichte (1965).

Adyge, Eigenbez. der ↑ Tscherkessen.

Adygisches Autonomes Gebiet (Adygien), sowjet. autonomes Gebiet im nw. Vorland des Großen Kaukasus, RSFSR, 7 600 km², 417 000 E (1984 ; v. a. Tscherkessen, Russen, Ukrainer), Hauptstadt Maikop. Im N Anteil an der Kubanniederung, im S Übergang zur bewaldeten Vorgebirgszone; Erdgas- und Erdölvorkommen; Erdölind. In den Ebenen Anbau von Weizen, Mais, Sonnenblumen u. a. - Das A. A. G. wurde 1922 unter dem Namen *Tscherkess. Autonomes Gebiet* gegründet.

Adynamie [griech.], Kraftlosigkeit, allg. Muskel- und Körperschwäche.

Adyton (Abaton) [griech. „das Unbetretbare"], das Allerheiligste eines Tempels, das entweder überhaupt nicht oder meist von Laien nicht betreten werden darf; im antiken Griechenland insbes. der Orakelraum im Tempel von Delphi.

Adytscha, rechter Nebenfluß der Jana, Sibirien, UdSSR, entspringt im Tscherskigebirge, mündet 100 km nö. von Werchojansk, etwa 750 km lang.

Adzukibohne, svw. ↑ Asukibohne.

AE, Abk. für: ↑ astronomische Einheit.

ÅE, [älteres] Kurzzeichen für: Ångströmeinheit.

Aeby, Christoph Theodor ['ɛ:bi], * Bonnefontaine bei Saarunion (Bas-Rhin) 25. Febr. 1835, † Bilina (ČSSR) 7. Juli 1885, dt. Anatom und Anthropologe schweizer. Abstammung. - 1863 Prof. in Basel, dann in Bern und 1884 in Prag; arbeitete v. a. über die Physiologie der Gelenke. Bes. Bedeutung hatte sein Lehrbuch der Anatomie („Der Bau des menschl. Körpers ...", 1871).

AEC [engl. 'ɛɪ-iː'siː] (USAEC), Abk. für: ↑ Atomic Energy Commission.

Aechmea [ɛç'me:a; griech.], svw. ↑ Lanzenrosette.

Aedesmücken [lat./dt.] (Aedes), weltweit verbreitete Gatt. der ↑ Stechmücken mit etwa 800 Arten (davon 25 Arten in M-Europa); ♀♀ sind Blutsauger und können (bes. die trop. Arten) gefährl. Krankheiten (z. B. Gelbfieber, Enzephalitis und Elefantiasis) übertragen. Bekannte Arten sind die ↑ Rheinschnaken.

Aedon, Gestalt der griech. Mythologie, Tochter des Pandareos aus Milet, Gemahlin des theban. Königs Zethos (oder des Zetes, eines Sohnes des Boreas), Mutter des Itylos. Neidisch auf den Kinderreichtum ihrer Schwägerin Hippomedusa (oder Niobe), will sie deren ältesten Sohn töten, bringt aber aus Versehen ihr eigenes Kind um. Zeus verwandelt die Verzweifelte in eine Nachtigall.

Aedui ['ɛ:dui] ↑ Äduer.

AEF, Abk. für: Ausschuß für Einheiten und Formelgrößen, Gremium im DIN Dt. Institut für Normung e. V., das Einheiten, Formeln und Symbole naturwissenschaftl. und techn. Größen festlegt; Sitz Berlin (West).

AEG Aktiengesellschaft [AEG ist Abk. für Allgemeine Elektricitäts-Gesellschaft], Sitz Berlin und Frankfurt am Main, zweitgrößter dt. Elektrokonzern, 1883 gegr. als Dt. Edison-Gesellschaft für angewandte Elektricität von E. Rathenau, seit 1887 als AEG, 1967 wurde die Telefunken AG eingegliedert und in AEG Telefunken umfirmiert, 1985 Umbenennung in AEG Aktiengesellschaft; Tätigkeitsgebiete: Industrieanlagen, Schiffbau, Hausgeräte, Hochfrequenz-, Kommunikations-, Energie-, Sonder- und Bürotechnik. Ende 1985 übernahm die Daimler-Benz AG die Mehrheit des AEG-Kapitals. Die 73 200 Beschäftigten erwirtschafteten 1984 einen Umsatz von 11 Mrd. DM.

Aegeri, Carolus von ['ɛ:gəri], * Zürich (?) zwischen 1510 und 1515, † ebd. 14. Juni 1562, schweizer. Glasmaler. - Schuf u. a. 13 Standesscheiben der 13 alten „Orte" der Schweiz im Rathaus in Stein am Rhein (meist datiert 1542/43) und Glasgemälde für den Kreuzgang des Benediktinerklosters Muri (1557–62).

Aegeriidae [ɛ...; lat.], svw. ↑ Glasflügler.

Aegithalos [ɛ...; griech.], Gatt. der Meisen mit der in M-Europa einzigen Art ↑ Schwanzmeise.

Aegolius [ɛ...; griech.], Gatt. der Käuze

mit der in M-Europa einzigen Art ↑ Rauhfuß-
kauz.

Aegopodium [ε...; griech.] ↑ Geißfuß.

Aehrenthal, Aloys Graf (seit 1909) Lexa
von ['ε:...], * Groß-Skal (= Hruba Skalá bei
Turnso) 27. Sept. 1854, † Wien 17. Febr. 1912,
östr. Politiker. - 1899–1906 Botschafter in Petersburg, 1906–12 östr.-ungar. Außenmin.;
verfolgte nach anfängl. Ausgleichsbemühun-
gen mit Rußland eine aktive, aber nicht imperialist. Politik zur Verstärkung der Balkan-
stellung der Donaumonarchie.

AEIOU, seit 1437 nachweisbares Fünfvo-
kalzeichen Kaiser Friedrichs III., das über
300 lat. und dt. Deutungen erfuhr; vom Kaiser
in seiner Neigung zur Buchstabenmagie und
Zahlensymbolik als Kennzeichen von
persönl. Eigentum, Stiftungen und geistiger
Urheberschaft verwendet.

AELE [frz. aəɛ'le], Abk. für: Association
européenne de libre échange, ↑ Europäische
Freihandelszone.

Ælfric [engl. 'ælfrɪk], gen. Grammaticus,
* um 955, † um 1022, angelsächs. Mönch, Pro-
saist und Übersetzer. - Abt von Eynsham;
Verfasser einer Grammatik, die im Vokabular
das erste lat.-engl. Wörterbuch bringt.

Aelia Capitolina ['ε:lia] ↑ Jerusalem.

Aelianus, Claudius [ε...], * Praeneste (=
Palestrina) bei Rom um 170, † um 235, röm.
Schriftsteller. - Schrieb in griech. Sprache moralisierende Tieranekdoten, die ma. Autoren
mit ähnl. Tendenz als Quellen dienten.

Aemilius Macer [ε...], † Asien 16. v. Chr.,
röm. Dichter. - Stammte aus Verona; befreundet u. a. mit Vergil; von Ovid als Verfasser
dreier (nur fragmentarisch erhaltener) Lehrge-
dichte erwähnt.

Aelius Stilo Praeconinus, Lucius [ε...,
st..., prε...], * um 150, † um 70, röm. Grammatiker und Stoiker. - Lehrer Varros und Ciceros; erläuterte die Salierlieder, bearbeitete die
Stücke des Plautus; sein Werk ist nur fragmentar. erhalten.

Aemilius Paullus Macedonicus, Lu-
cius [ε...], * um 228, † 160, röm. Staatsmann
und Feldherr. - Vater von Scipio Aemilianus
Africanus d. J.; Konsul 182 und 168; sein
Sieg über den makedon. König Perseus bei
Pydna 168 beendete den 3. Makedon. Krieg.

Aenus [ε:...], lat. Name des ↑ Inn.

Aepinus, Franz Ulrich Theodosius [ε...],
* Rostock 13. Dez. (?) 1724, † Dorpat 10. Aug.
1802, dt. Mathematiker und Physiker. - Be-
schrieb als erster die Fähigkeit einer elektr.
Ladung, auf der Oberfläche eines in der Nähe
befindl., aber isoliert stehenden Körpers eine
entgegengesetzte elektr. Ladung hervorzuru-
fen und kann deshalb als Entdecker der ↑ In-
fluenz gelten.

Aepyceros [ε...; griech.], Gatt. der Gazellen mit der einzigen Art ↑ Impala.

Aequi [ε...] ↑ Äquer.

Aequidens [ε...; lat.], Gatt. der Buntbar-

sche in den Flüssen S-Amerikas; mit relativ
hohem, seitl. zusammengedrückten Körper;
manche Arten sind beliebte Warmwasseraquarienfische, z. B. ↑ Tüpfelbuntbarsch,
↑ Streifenbuntbarsch.

Aerarium [ε...; lat., eigtl. „Kupferkam-
mer"], im alten Rom der Staatsschatz und
das Urkundenarchiv im Tempel des Saturn,
in der Kaiserzeit die Senatskasse im Ggs.
zum ↑ Fiskus, dem kaiserl. Vermögen.

Aerenchym [a-e...; griech.], svw. ↑ Durch-
lüftungsgewebe.

Aerides [a-e...; griech.], Gatt. epiphyt. lebender Orchideen mit etwa 60 Arten in S-,
SO- und O-Asien; mit lederigen bis fast fleischigen, riemenförmigen oder breit-lanzettl.
Blättern und z. T. prächtigen Blüten in meist
dichten, hängenden Blütentrauben. Die Pflanzen treiben häufig lange Luftwurzeln. Verschiedene Arten werden in Gewächshäusern
kultiviert.

Aer Lingus [engl. 'εə 'lɪŋgəs] ↑ Luftverkehrsgesellschaften (Übersicht).

Ærø [dän. 'ε:rø:'], dän. Insel südl. von
Fünen, 88 km². flachwellige Oberfläche; die
S-Küste bricht als Kliff gegen den Kleinen
Belt hin ab. Landw. Kleinbetriebe; Hauptort
ist *Ærøskøbing* (1 200 E), ⚓.

aero..., [a-e...; griech.], Bestimmungswort von Zusammensetzungen mit der
Bedeutung „Luft, Gas".

aerob [a-e...; griech.], Sauerstoff zum Leben benötigend.

Aerobic [engl. εə'roʊbɪk; a-e...], ein Fit-
nesstraining, das aus einer Mischung von
Gruppengymnastik, Konditionstraining und
Disco-Tanz besteht; 1982/83 in den USA auf-
genommen von Jane Fonda, in der BR
Deutschland von S. Rome und M. Charell.

Aerobier (Aerobionten) [a-e...; griech.],
Organismen, die nur mit Sauerstoff leben
können, d. h. aerobe Atmung haben), Ggs.
↑ Anaerobier.

Aerobionten [a-e...], svw. ↑ Aerobier.

Aerobios [a-e...], Gesamtheit der Lebewesen des freien Luftraums (Aerials), bes. die
fliegenden Tiere, die ihre Nahrung im Flug
aufnehmen; Ggs. ↑ Benthos.

Aerodynamik [a-e...], Teilgebiet der
↑ Strömungslehre: die Wissenschaft von den
strömenden Gasen und den dabei an
umströmten Körpern auftretenden Kräften;
i. e. S. die Wissenschaft von den Kräften, denen ein in einem Gas, speziell in der Luft
bewegter [Flug]körper ausgesetzt ist. Die A.
des Flugzeugs befaßt sich v. a. mit den sog.
Luftkräften, die infolge der Bewegung des
Flugzeugs an ihm angreifen. Sie hängen von
der Form der Tragflächen, des Rumpfs, der
Leitwerke, Triebwerke u. a. ab, sind jedoch
auch wesentl. durch die Fluggeschwindigkeit
und die Luftdichte bestimmt. Ein wichtiges
Teilgebiet der A. des Flugzeugs ist die Tragflü-
gelaerodynamik.

aerodynamisch [a-e...], zur Aerodynamik gehörend; ihren Gesetzen unterliegend.

aerodynamische Aufheizung [a-e...], starke Erwärmung der Oberfläche eines sich schnell durch die Luft bewegenden Körpers und der umgebenden Luft durch Reibung bzw. Verdichtungsstöße.

aerodynamischer Widerstand [a-e...], svw. ↑Luftwiderstand.

aerodynamisches Verfahren [a-e...], in der Textiltechnik Verfahren zur Herstellung von *Faservliesen* (Blasverfahren).

aerodynamische Waage [a-e...], Waage zum Messen des Strömungswiderstandes, des dynam. Auftriebs und der Drehmomente, die an Flugzeugmodellen, Tragflügelprofilen u. a. im Windkanal auftreten.

Aeroflot [russ. æra'flɔt] ↑Luftverkehrsgesellschaften (Übersicht).

Aerogeophysik [a-e...] (Luftgeophysik), für die geophysikal. Landesaufnahme und die Lagerstättenforschung wichtiges neues Teilgebiet der ↑Geophysik (Feststellung geophysikal. Gegebenheiten vom Flugzeug aus).

Aerogramm [a-e...; griech.], Luftpostleichtbrief.

Aerograph [a-e...], Spritzgerät zum Zerstäuben von Farbe mittels Druckluft (z. B. für Retuschen).

Aeroklimatologie [a-e...], Klimatologie der höheren Luftschichten unter Verwendung aerolog. Daten zur Erforschung der allg. Zirkulation, des Aufbaus der Atmosphäre u. a.

Aeroklubs, Luftsportvereine, in denen sich Flieger der einzelnen Länder zusammengeschlossen haben. In Deutschland der 1907 gegr. **Aeroclub von Deutschland**, dessen Nachfolgeorganisation der 1950 gegr. **Dt. Aero Club**; in Österreich der 1901 gegr. **Östr. Aero-Club**; in der Schweiz der 1901 gegr. **Aero-Club der Schweiz**.

Aerologie [a-e...], Physik der freien Atmosphäre, Teilgebiet der Meteorologie; erforscht die höheren Schichten der Atmosphäre durch Ballone, Wetterflugzeuge, Radiosonden, Raketen und Wettersatelliten.

Aeromantie [a-e...] ↑Mantik.

Aerometer [a-e...], Gerät zum Bestimmen der Luftdichte bzw. zum Wiegen der Luft.

Aeronautik [a-e...], Luftfahrtkunde; befaßt sich mit allen Problemen der Führung von Luftfahrzeugen und der Meteorologie des Luft[verkehrs]raums.

Aeronomie [a-e...; griech.], Wissenschaft von den obersten Schichten der Atmosphäre (über 30 km).

Aerophagie [a-e...; griech.], unbewußtes, krankhaftes Verschlucken von Luft (bes. bei Hysterie und bestimmten Magenkrankheiten).

Aerophone [a-e...; griech.], Musikinstrumente, bei denen die Luft als Mittel der Tonerzeugung dient; neben den Blasinstrumenten

i. e. S. u. a. auch Orgel und Akkordeon.

Aerophotographie [a-e...], das Photographieren aus Luftfahrzeugen, v. a. für kartograph. Zwecke mit Reihenbildgerät; die [oft stereoskop. aufgenommenen] Meßbilder sind vielfältig auswertbar.

Aerosil ⓦ [a-e..., Kw.], feinstverteilte Kieselsäure, u. a. Füllstoff für Kautschukprodukte.

Aerosol [a-e...; griech./lat.], Bez. für ein Gas (insbes. die Luft), das feste oder flüssige Schwebestoffe enthält. Bei flüssigen Schwebeteilchen (Tröpfchen) spricht man von *Nebel*, bei festen Teilchen von *Rauch*. In der Technik werden A. in verschiedenster Form angewendet. So stellt z. B. das im Vergaser erzeugte Benzin-Luft-Gemisch beim Automotor ein A. dar. - In der Medizin werden A. in der sog. Aerosoltherapie verwendet, bei der die nebelförmig verteilte Medikamente in die Atemwege eingebracht werden. Auch zur Schädlingsbekämpfung werden A. (aerosolierte Flüssigkeiten) verwendet.

Aerosoltherapie [a-e...] ↑Aerosol.

Aerosonde [a-e...], svw. ↑Radiosonde.

Aerostatik [a-e...], Lehre von den Gleichgewichtszuständen ruhender Gase, insbes. der atmosphär. Luft bei Einwirkung äußerer Kräfte, v. a. der Schwerkraft.

Aerotherapie [a-e...], Sammelbez. für Heilverfahren, bei denen insbes. künstl. verdichtete oder verdünnte Luft eine Rolle spielt.

aerotherm [a-e...; griech.], mit bzw. aus heißer Luft.

Aerotonon [a-e...; griech.] (Luftspanner), antikes Geschütz.

Aerozin [a-e...; Kw.], Bez. für ein Gemisch aus 51 Gewichtsteilen Hydrazin, NH_2, und 49 Gewichtsteilen Dimethylhydrazin, $NH_2 - N(CH_3)_2$, das als Raketentreibstoff verwendet wird.

Aerssen, François van (oder d') [niederl. 'a:rsə], Herr von Sommelsdijk, * Brüssel 1572, † Den Haag 27. Sept. 1641, niederl. Staatsmann. - Seit 1598 diplomat. Vertreter der Generalstaaten am frz. Hof (1613 entlassen); zunächst Anhänger, dann Gegner Oldenbarnevelts, an dessen Sturz (1619) beteiligt; 1619–23 Leiter der Außenpolitik der Generalstaaten.

Aertsen, Pieter [niederl. 'a:rtsə], gen. „de lange Pier", * Amsterdam um 1509, ▭ ebd. 3. Juni 1575, niederl. Maler. - 1535 bis etwa 1555 in Antwerpen, dann Rückkehr nach Amsterdam. Manierist. bibl. und Genreszenen, in die A. gern Stillebenmotive einbettet; u. a. „Marktszene".

Aes [ɛːs; lat. „Kupfer, Erz"], ältestes Währungsmetall in Rom und Italien, daher oft mit Geld gleichgesetzt, ebenso bis etwa 100 n. Chr. mit dem Jahressold des Soldaten, dem Stipendium (daher auch svw. Dienstjahr).

Aeschbacher, Hans [ˈɛʃ...], * Zürich 18. Jan. 1906, † ebd. 27. Jan. 1980, schweizer. Bild-

hauer. - Schuf schmale Steinskulpturen.

Aeschna [ˈɛsçna] (Mosaikjungfern), Gatt. der Libellen (Fam. ↑ Teufelsnadeln) mit vielen Arten (9 in M-Europa); häufig mit dunklem T-Fleck auf der Stirn.

Aesculus [ˈɛs...; lat.], svw. ↑ Roßkastanie.

Aestier [ˈɛːs...] (Aisten; lat. Aestii), Volksstämme im Gebiet der Weichselmündung und in angrenzenden östl. Küstengebieten; Abkunft umstritten, wahrscheinl. zur balt. Gruppe gehörend; kulturelle Übereinstimmungen mit Germanen; Sprache eventuell auch kelt. beeinflußt.

Aeta, größte Gruppe der ↑ Negritos auf den Philippinen (v. a. Luzon).

Äetes (Aietes), Gestalt der griech. Mythologie, Sohn des Helios, Bruder der Circe, Vater der Medea und des Apsyrtos. - ↑ auch Argonauten.

Aethechinus [ɛt...; griech.], Gatt. der Igel; bekannt ist der ↑ Wanderigel.

Aethicus Ister [ˈɛː...], angebl. Verfasser einer Kosmographie, die geograph. Angaben spätantiker und Werke der Kirchenväter mit mancherlei phantast. Behauptungen ausschmückt.

Aethionema [a-e...; griech.], svw. ↑ Steintäschel.

Aethusa [ɛ...; griech.], svw. ↑ Hundspetersilie.

Aetion, nach der Überlieferung ein bed. Maler der griech. Antike (4. Jh.) am Hofe Alexanders d. Gr., dessen Hochzeit mit Roxane er gemalt haben soll.

Aetios, griech. Arzt des 6. Jh. aus Amida (Mesopotamien). - Verfasser eines 16bändigen Werkes über die Medizin seiner Zeit.

Aetios von Antiochia, * Koilesyrien um 300, † Konstantinopel um 366, arian. Bischof (seit 362; ohne Amtssitz). - Ehem. Sklave, um 350 zum Diakon geweiht; Gegner des Konzils von Nizäa.

Aetit [griech.], svw. ↑ Adlerstein.

Aetius, Flavius, * Durostorum (= Silistra) um 390, † Rom 454 (ermordet), weström. Feldherr und Politiker (Konsul, Patricius). - Um 425 zum Feldherrn für Gallien ernannt; seit 429 zweiter, seit 434 erster Reichsfeldherr; verteidigte seit 434 erfolgreich die röm. Reichsinteressen in Gallien gegen eindringende german. Völkerschaften (436 Vernichtung der Burgunder); bestimmte 20 Jahre von der Prov. aus die Geschicke des Weström. Reiches; wehrte 451 v. a. mit Hilfe der Westgoten auf den Katalaun. Feldern den hunn. Angriff unter Attila auf Gallien ab, konnte aber den Niedergang des Reiches nicht aufhalten.

Aetos [a-e...; griech. „Adler"], griech. Bez. für das Giebelfeld eines Tempels.

a. F., Abk. für: alte Fassung, z. B. eines Gesetzes.

AfA, Abk. für: ↑ Absetzung für Abnutzung.

Afam, Erdölfeld in Nigeria, im östl. Nigerdelta, mit Kraftwerk.

Afanasjew, Alexandr Nikolajewitsch, * Bogutschar (Gouv. Woronesch) 23. Juli 1826, † Moskau 5. Okt. 1871, russ. Folklorist und Ethnograph. - Bekannt v. a. als Hg. russ. Märchen; seine wiss. Ausgabe ist auch heute noch die Grundlage der Märchenforschung.

Afar ↑ Danakil.

Afar-und-Issa-Küste ↑ Dschibuti.

AFC, Abk. für engl.: Automatic Frequency Control, automat. Scharfabstimmung bei Radiogeräten, v. a. im UKW-Bereich.

AFCENT [engl. ˈæfˈsɛnt] ↑ NATO (Tafel).

Afermentie [griech./lat.] (Anenzymie), völliges oder teilweises Fehlen von Enzymen, insbes. in den Verdauungssäften.

Affäre (östr. auch Affaire) [frz.; zu lat. facere „machen"], [peinl., skandalöse] Angelegenheit, Vorfall; „Fall", Streitsache.

Affe ↑ Affen.

◆ in der Soldaten- und Umgangssprache svw. Tornister.

Affekt [lat.], in der *Philosophie* v. a. im Zusammenhang mit eth. Überlegungen verwendeter Begriff, teils gleichbedeutend mit „Leidenschaft", teils als nur vorübergehend wirkender seel. Zustand verstanden. In der *Psychologie* wird als A. ein intensiver, als Reaktion entstandener, relativ kurz dauernder Erregungszustand des Gefühls verstanden, in dem die Gesamtheit der psych. Funktionen, die Motorik und Teile des vegetativen Nervensystems mit einbezogen sind. Dabei bedarf es nicht immer einer real gegebenen Reizsituation, sondern oft genügt allein die lebhafte Vorstellung eines früher durchlebten A.zustandes, um einen A. auszulösen. Charakterist. für den A.zustand ist die Minderung der Urteilskraft bis zur Ausschaltung jeder Kritik und Einsicht und der Verlust der willentl. Herrschaft des Menschen über sich selbst. Erregende A. (z. B. Begierde, Haß und Wut) führen zu beschleunigten Handlungsabläufen und sind oft Ursache der unbeherrschten, ohne Einsicht in Sinn und mögl. Folgen begangenen, meist personfremden A.handlung. Seine Funktion als neben den Trieben wichtigste Antriebskomponente im psychophys. Gesamtleben der Person kann der A. nur als beherrschter A. ausüben. Im *Strafrecht* führt ein hochgradiger A.zustand als Unterfall der Bewußtseinsstörung zur (verminderten) Schuldunfähigkeit (§§ 20 ff StGB). Ob der Täter eine **Affekthandlung** verübte und wie stark und in welcher Weise seine Persönlichkeit durch A. beeinflußt wurde, ist medizin.-psycholog. Vorfrage der jurist. Beurteilung.

📖 *Stüttgen, T.: Interaktionelle Psychosomatik. Die Affekte und die Entwicklung des Selbst.* Bln. 1985. - *Bollnow, O. F.: Das Wesen der Stimmungen.* Ffm. ⁶1980.

Affektambivalenz, gleichzeitiges Auftreten miteinander unverträgl. Affekte, z. B. Liebe und Haß.

Affektation

Affen. Drei-Affen-Symbol am
Jeasu-Toschogun-Tempel in Nikko
(Japan; nach 1617)

Affektation [lat.], selten für: Getue, Ziererei, Gefühlsheuchelei.

Affektenlehre, Theorie von den Wirkungsmöglichkeiten der Musik auf das Empfinden und Fühlen des Menschen. Sie geht von der bei allen Kulturen vertretenen Überzeugung aus, daß sich einerseits Affekte (z. B. Freude, Schmerz, Trauer, Zorn) in Tönen wiedergeben lassen, andererseits aber auch Musik diese Gemütsbewegungen im Hörer zu wecken vermag.

Affekthandlung ↑Affekt.

affektiert [lat.], geziert, gekünstelt.

Affektion [lat.], veraltet für: Wohlwollen, Neigung, Gunst.

◆ in der Medizin: Befall eines Organs mit Krankheitserregern, Erkrankung.

affektiv [lat.], gefühls-, affektbetont, auf einen Affekt bezogen, durch heftige Gefühlsäußerungen gekennzeichnet.

Affektivität [lat.], die Gefühlsansprechbarkeit als Neigung einer Person, emotional oder affektiv auf Umweltreize zu reagieren; auch Bez. für die Gesamtheit des menschl. Gefühlslebens.

Affektpsychose, eine Psychose, die sich hauptsächl. im krankhaft veränderten Gefühlsleben und im abnormen Affektverhalten eines Menschen äußert, z. B. manisch-depressives Irresein.

Affektsprache, nicht von der Logik, sondern hauptsächl. vom Affekt bestimmte Sprachform, z. B. in der Kindersprache.

Affen (Anthropoidea, Pithecoidea, Simiae), Unterordnung der ↑Herrentiere mit etwa 150 eichhörnchen-(Mausmaki) bis gorillagroßen Arten in den Tropen und Subtropen (außer in Australien); in Europa nur der ↑Magot auf Gibraltar. Die geistigen Fähigkeiten sind gut entwickelt, dagegen ist der Körperbau meist wenig spezialisiert. Typisch ist die Fortbewegung auf allen Vieren, jedoch können sehr viele Arten über kürzere Strecken aufrecht gehen. Hände und Füße werden fast immer zum Greifen benutzt; der erste Finger und die erste Zehe sind im allg. den übrigen Fingern bzw. Zehen entgegenstellbar (opponierbar). Alle A. (Ausnahme Krallen-A.) haben Finger und Zehen mit abgeplatteten Nägeln. Der Schwanz wird häufig als fünftes Greifinstrument eingesetzt. Der Kopf ist rundl., die Augenhöhlen sind geschlossen. Der Kiefer ist entweder schnauzenartig verlängert

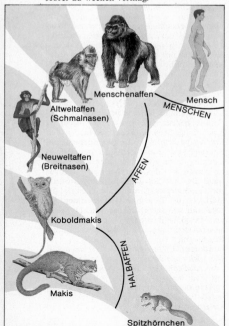

Affen. Vereinfachter Stammbaum
der Affen, die sich im Tertiär
aus einem Seitenzweig der
Halbaffen entwickelt haben

Menschenaffen

Mensch

MENSCHEN

Altweltaffen
(Schmalnasen)

Neuweltaffen
(Breitnasen)

AFFEN

Koboldmakis

HALBAFFEN

Makis

Spitzhörnchen

(bei Pavianen) oder springt nur wenig vor (Meerkatzen). Das Fell kann lang oder kurz, einfarbig oder kontrastreich bunt sein, selten ist es wollig. Das Gesicht ist mehr oder weniger unbehaart, oft mit Bart; ganz unbehaart sind die Innenflächen der Füße und Hände und meist auch die Ohren. Die nackten Hautstellen im Gesicht, am Gesäß oder an den männl. Geschlechtsteilen können grell bunt gefärbt sein. Hand- und Fußflächen zeigen wie beim Menschen individuelle, unveränderl. Rillenmuster. Die Weibchen haben zwei brustständige Milchdrüsen. Das Gebiß hat 32 bis 36 Zähne; die Eckzähne sind bes. beim Männchen verlängert.

A. sind Tagtiere, die sich teils durch Laute, teils durch lebhaftes Mienenspiel untereinander verständigen. Die am besten entwickelten Sinnesorgane sind die Augen, die stets nach vorn gerichtet sind und zum räuml. Sehen befähigen. Abgesehen von ausgeprägten Pflanzenfressern (Gorilla, Brüll-A.) ernähren sich die meisten A. von Mischkost; einige, z. B. Paviane und Schimpansen, erbeuten auch kleinere Säugetiere. Die A. sind überwiegend Baumbewohner, die in großen Herden (Paviane), kleineren Familiengruppen (Schimpansen), selten paarweise leben. Im Verband herrscht strenge Rangordnung. Polygamie ist häufiger als Einehe. A. gebären (Ausnahme Krallen-A.), nach einer Tragzeit zw. 130 und 290 Tagen, im allg. ein Junges, das zwar schon mit offenen Augen, jedoch in sehr unbeholfenem Zustand zur Welt kommt, und von der Mutter oft längere Zeit umhergetragen wird.

Die A. werden heute in Neuwelt- (↑ Breitnasen) und Altwelt-A. (↑ Schmalnasen) unterteilt. Entstehungszentrum der A. ist der europ.-nordamerikan. Raum, von wo die Ausgangsformen der Neuweltaffen nach S-Amerika, die der Altweltaffen nach Afrika und Asien einwanderten. Neuere Entdeckungen aus dem ägypt. Tertiär zeigen, daß sich schon damals Hundsaffen und Menschenaffenartige (zu letzteren zählen die Menschenaffen und Menschen) getrennt hatten.

Im alten Ägypten wurde der Pavian mit dem Mondgott Thot identifiziert. In Indien wird noch heute der Hulman als ↑ Hanuman von den Hindus als heilig verehrt. Die „Drei Affen" als Boten berichten über den Menschen beim schintoistisch-buddhist. Koschin-Fest. Auf Grund eines Abwehrzaubers „Wir sehen, hören und sprechen nichts Böses" werden sie mit den entsprechenden Gesten dargestellt. Als Haustiere waren A. bei Ägyptern, Assyrern, Griechen und Römern beliebt. Mit dem Spiegel in der Hand verkörperte der Affe im MA weltl. Begierde und Eitelkeit.

📖 *Handgebrauch u. Verständigung bei A. u. Frühmenschen. Hg. v. B. Rensch. Bern u. Stg. 1968. - Sanderson, I. T./Steinbacher, G.: Knaurs A.buch. Alles über Halbaffen, A. u. a. Herrentie-*

re. Dt. Übers. Mchn. u. Zü. 1957.

Affenbrotbaum (Adansonia), Gatt. der Wollbaumgewächse mit 15 Arten auf Madagaskar, in Afrika (südl. der Sahara) und N-Australien. Die bis 20 m hohen Bäume haben bis 10 m dicke, säulen- bis flaschenförmige, wasserspeichernde Stämme; u. a. **Afrikanischer Affenbrotbaum** (Baobab, Adansonia digitata), Charakterbaum der afrikan. Savanne, mit (zur Regenzeit) großen, gefingerten Blättern und großen, weißen Blüten. Aus diesen entwickeln sich etwa 50 cm lange, gurkenförmige Früchte mit holziger Schale, eßbarem, trockenem Fruchtmark und ölhaltigen Samen.

Affenfurche (Affenfalte, Vierfingerfurche), Beugefalte am menschl. Handteller, die quer vom Zeige- bis zum Kleinfinger verläuft; kommt vereinzelt bei Pygmäen und Zigeunern sowie bei Mongolismus vor; bei den Menschenaffen charakterist. Hauptbeugefalte der Hand.

Affenlücke (Diastema), für die Menschenaffen typ., auch bei anderen Säugetieren auftretende, beim Menschen als ↑ Atavismus in Erscheinung tretende Lücke zw. Schneide- und Eckzahn, in die der Eckzahn des gegenüberliegenden Kiefers eingreift.

Affenpinscher, in Deutschland gezüchtete Zwergrasse bis 26 cm schulterhoher, strubbelhaariger, hochbeiniger Haushunde mit kugeligem, lang und abstehend behaartem Kopf; Rute kurz gestutzt; Züchtungen in allen Farben.

afferent [lat.], hin-, zuführend (hauptsächl. von Nervenbahnen gesagt, die vom Sinnesorgan zum Zentralnervensystem führen); Ggs. ↑ efferent.

Afferenz [lat.], Erregung (Impuls, Information), die über die afferenten Nervenfasern von der Peripherie zum Zentralnervensystem geführt wird. - ↑ auch Reizleitung.

affettuoso [italien.], musikal. Vortragsbez. für bewegten, leidenschaftl. Ausdruck.

Affiche [a'fi:ʃə; lat.-frz.], fachsprachl. für: Anschlag, Plakat für Plakattafeln.

Affidavit [engl.; mittellat. „er hat feierlich gelobt"], beeidete schriftl. Erklärung zur Untermauerung einer Tatsachenbehauptung. Im dt. Rechtsverkehr ungebräuchlich. Das A. spielt eine erhebl. Rolle im internat. Wertpapierverkehr und im angloamerikan. Recht. Dort ist das A. eine freiwillige, unter Eid oder an Eides Statt vor einer dazu autorisierten Amtsperson abgegebene Erklärung über Tatsachen. Die Behörden der USA verlangen von Einwanderern die Beibringung von A., durch die sich Verwandte oder Bekannte verpflichten, notfalls für den Unterhalt des Immigranten aufzukommen.

Affigierung [lat.], das Anfügen eines ↑ Affixes an den Wortstamm.

Affiliation [lat.], das Verhältnis von Sprachen, die sich aus einer gemeinsamen

Affinade

Grundsprache entwickelt haben, zueinander und zur Grundsprache.

Affinade [lat.] ↑ Affinierverfahren.

affine Abbildung (Affinität), eine Abbildung, die sich durch eine lineare Transformation im Koordinatensystem beschreiben läßt. Bei a. A. gehen Geraden in Geraden, parallele Geraden bzw. Ebenen in parallele Geraden bzw. Ebenen und algebraische Kurven in algebraische Kurven gleicher Ordnung über.

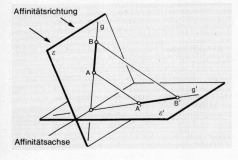

Affinitätsrichtung

Affinitätsachse

Affine Abbildung

Der Wert des Teilverhältnisses dreier Punkte einer Geraden bleibt erhalten. Spezielle a. A. sind Parallelverschiebung, Spiegelung, Drehung und zentr. Streckung.

Affinierverfahren [lat./dt.], Methode zur Vorreinigung des Rohrzuckers. Der Rohrzucker wird mit Zuckerlösungen und Wasser bzw. Wasserdampf gewaschen („gedeckt"), ohne daß die Kristalle gelöst werden. Nach Entfernung der Verunreinigungen durch Zentrifugieren erhält man Weißzucker *(affinierter Zucker* oder *Affinade),* der die Grundsorte der verschiedenen Gebrauchszucker bildet.

Affinität [zu lat. affinitas „Nachbarschaft, Verwandtschaft"], svw. ↑ affine Abbildung.

◆ Maß für die Triebkraft einer chem. Reaktion, d. h. für das Bestreben von Atomen oder Atomgruppen, sich miteinander zu vereinigen bzw. umzusetzen.

◆ durch Struktur- und Funktionsvergleichung ermittelte Ähnlichkeit zwischen nicht verwandten Sprachen (im Ggs. zur genet. Sprachverwandtschaft).

Affinograph [lat./griech.] (Affinpantograph, Affinzeichner), Zeichengerät zum Umzeichnen ebener Figuren, wobei die Längen in einer Richtung erhalten bleiben, in der dazu senkrechten Richtung jedoch verkürzt oder verlängert werden.

Affinor [lat.], ältere Bez. für ↑ Tensor.

Affirmation [lat.], Bejahung, Bekräftigung; Ggs. Negation.

affirmativ [lat.], bejahend, bestätigend (Ggs. negativ). In der traditionellen Logik

wird ein Urteil a. genannt, wenn einem Subjekt ein Prädikat beigelegt wird, z. B. „Europa ist dicht besiedelt". In einer genaueren Ausdrucksweise spricht man von einer a. Elementaraussage, wenn einem Gegenstand, z. B. Europa, ein ↑ Prädikator, z. B. „dichtbesiedelt", zugesprochen wird.

Affix [lat.], sprachl. Bildungselement, das an eine Wort- oder Stammwurzel tritt.

affizieren [lat.], Eindruck machen auf, etwas reizen, krankhaft verändern.

affiziertes Objekt (betroffenes Objekt), Objekt, das durch die im Verb ausgedrückte Handlung betroffen und nicht bewirkt wird (Ggs. ↑ effiziertes Objekt).

Affodill [griech.] (Asphodill, Asphodelus), Gatt. der Liliengewächse mit 10 Arten im Mittelmeergebiet bis Indien; ein- oder mehrjährige Pflanzen mit grundständigen, schmal-lineal. oder fast dreikantigen bis röhrig-stielrunden Blättern und meist weißen Blüten in aufrechten Trauben oder Rispen. Als Gartenpflanze wird der **Weiße Affodill** (Asphodelus albus), dessen weiße, etwa 2 cm lange Blüten in dichten Trauben stehen.

affrettando (affrettato) [italien.], musikal. Vortragsbez. für Steigerung des Tempos. - ↑ auch accelerando.

Affrikata (Affrikate) [lat.], in der Phonetik enge Verbindung eines Verschlußlautes mit einem unmittelbar nachfolgenden Reibelaut (Frikativ) derselben Stimmqualität, z. B. [p] + [f] in *Pfand* [pfant], oder: [t] + [s] in *zehn* [tse:n].

Affront [a'frõ:; frz. eigtl. „(Schlag) auf die Stirn"], Kränkung, Beleidigung, Schmähung.

Afghalaine [...lɛ:n; frz. Kw. aus **Afghan**istan und **laine** „Wolle"], wollener Damenkleiderstoff aus Kammgarn oder Streichgarnen in Leinwandbindung.

Afghan ↑ Orientteppiche (Übersicht).

Afghane, svw. ↑ Afghanischer Windhund.

afghanische Kunst, schon in vorgeschichtl. Zeit war Afghanistan ein Verbindungsglied zw. den Kulturen in Indien und in Mesopotamien (Keramikfunde zeigen Einflüsse beider Kulturen). Aus buddhist. Zeit ist u. a. eine Stupa des Klosters Guldara (vermutl. 2.–3. Jh.) erhalten, vom Kloster Schotorak, wo man die ganze Anlage mit Gebäuden, Höfen und Stupas ausgegraben hat, einige Buddhadarstellungen sowie Reliefs mit Darstellungen von Buddhalegenden (etwa 2. Jh.; heute im Museum von Kabul), die typ. für den griech.-buddhist. Stil sind. Iran.-buddhist. dagegen ist z. B. das Felsenheiligtum von Bamian (3.–7. Jh.), eine etwa 100 m hohe Felswand mit zahlr. künstl. Höhlen (wohl meist Mönchszellen) und zwei riesigen, aus der Wand herausgearbeiteten Buddhastatuen. Einige bed. Denkmäler der islam. Kunst in Afghanistan sind die beiden Minarette von

Ghazni (12. Jh.), das ganz erhaltene Minarett von Jam (12./13. Jh.) in Ghur, die Große Moschee und die vier Minarette der ehem. Medrese in Herat (15. Jh.) in timurid. Stil und die prächtigste Moschee Afghanistans, die Grabmoschee des Kalifen Ali in Mazar-i-Sharif (spätes 15. Jh.). Einen isolierten Bereich der Kunst in Afghanistan stellen die religiösen Holzschnitzereien aus dem Hochgebirgsland Nuristan dar.

Afghanischer Windhund (Afghane), aus Afghanistan stammende, bis 72 cm schulterhohe, mit Ausnahme von Gesicht und Schnauze lang und üppig behaarte Windhundrasse unterschiedl. Färbung; Kopf lang und schmal, Rute lang, meist in einem Ringel endend.

afghanische Sprache ↑ Paschtu.

Afghanistan

(amtl. Vollform: De Afghanistan Dimukratik Dshamhuriat, Daulat i Dshamhuriye Dimukratiye Afghánistan; Democratic Republic of Afghanistan), Republik im östl. Hochland von Iran u. in Z-Asien, zw. 29° 25′ u. 38° 30′ n. Br. sowie 60° 30′ und 74° 53′ ö. L. **Staatsgebiet:** A. grenzt im W an Iran, im N an die UdSSR, im O und S an Pakistan, das O-Ende des Wakhanzipfels an China. **Fläche:** 647 500 km². **Bevölkerung:** etwa 17,2 Mill. E (1983), 24,6 E/km². **Hauptstadt:** Kabul. **Verwaltungsgliederung:** 28 Prov. **Staatssprache:** Paschtu (seit 1956); Amtssprachen: Paschtu u. Kabulisch. **Nationalfeiertag:** 17. Juli (Tag der Ausrufung der Republik). **Währung:** Afghani (Af) = 100 Puls (Pl). **Internat. Mitgliedschaften:** UN, Colombo-Plan. **Zeitzone:** Die afghan. Zeit entspricht MEZ + 3 Std. 30 Min.

Landesnatur: Weitgespannte Hochflächen in Höhen um 2000–3000 m mit aufgesetzten Gebirgszügen bilden das zentrale Hochland, das nach NO in den Hindukusch übergeht; sein afghan. Teil steigt von 5000 m im W auf fast 7500 m im O an. Im Wakhan hat A. Anteil am Pamir. Im Hochland, wie auch in den Gebirgen, sind die zahlr. Becken und Talweitungen die wichtigsten Siedlungsräume (z. B. Kabulbecken). Nördl. des Hochlands schließt sich im großen Bogen des Pjandsch das Becken von N-Badakhshan an mit Bewässerungsoasen. Weiter westl. erstrecken sich gegen den Amu-Darja hin die Ebenen und lößbedeckten Hügelländer Afghan.-Turkestans. Am Austritt der Flüsse aus dem zentralen Bergland leiten riesige Schwemmfächer allmähl. in dieses tiefgelegene nördl. Vorland über; auf ihnen ist, z. B. um Balkh, eine alte Bewässerungslandw. entwickelt. Nach S geht das Hochland in ein Bergland mit Steppenvegetation, anschließend in Halbwüsten und Wüsten über (z. B. Registan). Den SW des Landes bildet das

Afghanische Kunst. Minarett Masuds III. (1099–1114). Ghazni

flache Sistanbecken, in dem sich die Flüsse des südl. und sw. zentralen Hochlands (z. B. Helmand) in große Endseen ergießen. Das Bergland Ost-A. mit den Becken von Khost und Jalalabad liegt bereits im Einflußbereich des ind. Sommermonsuns.

Klima: Das Klima wird durch die Lage von A. im großen altweltl. Trockengürtel, zw. den Ausläufern der mediterranen Winterregen und des ind. Sommermonsuns, bestimmt. Es herrscht überwiegend ein arides Kontinentalklima. Die Niederschläge sind spärl.; sie fallen

Afghanistan

von Nov. bis Mai. Die Schneegrenze liegt im Koh-i-Baba bei 5100 m, am Salangpaß bei 4700 m, im NO bei 5200 m ü. d. M. (nur hier sind die Gipfelregionen vergletschert). Heißester Monat ist der Juli mit Ausnahme des SO (hier hat der Juni das höchste Temperaturmittel).

Vegetation: Art und Verbreitung der Vegetation entsprechen in ihren großen Zügen der Differenzierung des Klimas, bes. in seinen Höhenstufen. Im zentralen Hochland und in den Hochgebirgen herrscht Steppenvegetation. Waldareale gibt es nur im O im Monsunbereich.

Tierwelt: Im Hochgebirge kommen Schneeleopard, Murmeltier, Braunbär, Steinbock, Markhor und Adler vor, im Pamir auch das Marco-Polo-Schaf. In den tiefer gelegenen Steppen leben Schakale, Hyänen, Gazellen; Wölfe gibt es überall.

Bevölkerung: Die Bev. ist ethn. stark gemischt: rd. 60 % Paschtunen; rd. 30 % Tadschiken; Hazara: rd. 1,5 Mill., Usbeken: rd. 800 000, Turkmenen: rd. 700 000, Nuristani: rd. 150 000, Belutschen: rd. 90 000. Die beiden Amtssprachen werden von 80 % der Bev. gesprochen, an weiteren iran. Sprachen v. a. Tadschikisch und Belutschisch (im SO); an Turksprachen werden Usbekisch und Turkmenisch (im N), Kirgisisch im Wakhan gesprochen. Etwa 90 % der Bev. sind Sunniten der hanefit. Schule, der Rest Schiiten (v. a. die Hazara) und wenige Ismailiten. - In A. gibt es zehn Lehrerbildungsanstalten. Die Analphabetenquote liegt bei 88,6 %. In Kabul besteht eine Univ. (gegr. 1931) und eine TH (gegr. 1967), in Jalalabad eine medizin. Fakultät (gegr. 1963).

Wirtschaft: Wichtigster Erwerbszweig ist die Landw.; die landw. Nutzfläche beträgt etwa 12 % des Staatsgebiets, angebaut werden Getreide, Baumwolle, Zuckerrüben, Obst u. a. Großgrundbesitz gibt es im S, W und N des Landes. Nomad. und halbnomad. Lebensformen sind weit verbreitet. Die Viehhaltung ist bed. (Schafe, Rinder, Ziegen, Kamele), bes. wichtig ist die Karakulschafzucht (Persianerfelle). - Neben Bergbau auf Steinkohle, Steinsalz und Lapislazuli wird Erdgas gefördert (Pipeline in die UdSSR); erdölhöffig sind mehrere Gebiete. Verschiedene Erzlagerstätten sind z. T. noch ungenügend erschlossen. - Sehr wichtig ist die Textilind., basierend auf einheim. Wolle und Baumwolle (Teppichherstellung), gefolgt von der Nahrungsmittelind. Das Handwerk ist bes. in den Basaren konzentriert. Der Fremdenverkehr (v. a. Jugendliche) hat stark zugenommen.

Außenhandel: A. exportiert v. a. Pelzfelle, Erdgas, Teppiche, Nüsse, Baumwolle, überwiegend in die UdSSR, nach Indien, Japan, Großbrit., Pakistan. Importiert werden v. a. Garne, Textilwaren, Zucker, Tee, Erdölderivate.

Verkehr: Ein Eisenbahnnetz von 1815 km Länge mit Anschluß an das pers. und pakistan. Schienennetz ist geplant. - Von den rd. 18 000 km Straßen sind 2525 km asphaltiert. Bes. wichtig sind die Strecken Kabul–Khaiberpaß und Kabul–Salangpaß– Qizil am Pjandsch. Der Güterverkehr wird von Lkws, in abgelegenen Gebieten von traditionellen Karawanen durchgeführt. Ein Teil des Außenhandels wird auf dem schiffbaren Amu Darja über die UdSSR abgewickelt. - Kabul (internat. ✈) hat direkte Flugverbindung mit Vorder- und Z-Asien sowie Europa; der Binnenflugverkehr ist im Ausbau begriffen (z. Z. elf ✈).

Geschichte: Seit dem 2. Jt. v. Chr. von iran. Stämmen besiedelt, gehörte das Bergland A. ab Mitte des 6. Jh. v. Chr. zum Perserreich, ab 329/27 zum Reich Alexanders des Großen, nach dessen Tod zum Seleukidenreich. Im N entstand um 250 v. Chr. das gräko-baktr. Reich, das um 130 v. Chr. unter dem Ansturm der von N kommenden Saken zerfiel, das indoskyth. Reich unter der Dynastie der Kuschan begründeten. Anfang des 5. Jh. eroberten die Hephtaliten A.; sie wurden 567 vom Sassanidenkönig Chosrau I. vernichtend geschlagen. Doch schon 642 brach das Sassanidenreich unter den Angriffen der Araber zusammen, die 710 bis zum Indus vordrangen; A. wurde schnell islamisiert. Erst 962 entstand, von Ghazni ausgehend, wieder ein eigenständiges Reich in A., das Reich der Ghasnawiden (977 unabhängig), dessen Westen 1035/40 an die Seldschuken vorlorenging, in dessen Süden 1149 die Ghuriden an die Macht kamen. 1206–20 unter der Herrschaft der Schahs von Choresmien, gehörte A. danach zu verschiedenen mongol. Reichen. Während das westl. A. seit Beginn des 16. Jh. von den pers. Safawiden beherrscht wurde, blieb Ost-A. zw. Persien und dem Mogulreich umkämpft. In den Jahren des Niedergangs der Safawidendynastie besetzten die afghan. Herrscher Teile Persiens und herrschten in der pers. Residenz Isfahan, bis der spätere Nadir Schah sie vertrieb, der die pers. Grenze in das Industal verlegte. Mit der Machtübernahme durch Ahmed Schah, den Begründer der Durranidynastie nach der Ermordung Nadir Schahs 1747 beginnt die nat. Geschichte von A. Hauptstadt des neuen Staates war zunächst Kandahar, später Kabul. Ende des 18. Jh. machten sich Belutschistan und Sind selbständig; 1819 gingen Kaschmir und 1818/34 das Pandschab an die Sikhs bzw. Marathen verloren. 1819 wurde die Durranidynastie vertrieben; der neue Herrscher, Dost Mohammed Khan, nahm erst 1842 den Titel eines Emirs von Kabul an. A. konnte im 19. Jh. nur mit Mühe seine Grenzen und seine Unabhängigkeit gegen Perser, Russen und Briten, und nur wegen der Rivalität der letzteren, behaupten. In zwei afghan.-brit. Kriegen

(1839–42 und 1878/79) versuchten die Briten ihre Vorherrschaft durchzusetzen. 1863 wurde nach einem iran.-afghan. Krieg die heutige iran.-afghan. Grenze, 1886 von einer brit.-russ. Kommission die russ.-afghan. Grenze festgelegt. Nach Gebietsabtretungen 1890/91 und 1893 stand ungefähr die heutige afghan.-pakistan. Grenze fest, die jedoch - v. a. nach militär., -nicht nach ethn. Gesichtspunkten festgelegt - noch heute umstritten ist. Seit den Vereinbarungen in Indien 1947 fordert A. alle von afghan. Stämmen bewohnten Gebiete Pakistans (Paschtunistan) zurück. Nach dem 3. afghan.-brit. Krieg konnte Aman Ullah (⊠ 1919–28) im Vertrag von Rawalpindi (1919) die polit. Unabhängigkeit A. von Großbrit. sicherstellen. Seine Versuche, A. polit. und sozial zu modernisieren, wurden von den Nachfolgern (Nadir Schah, ⊠ 1928–33; Mohammed Sahir, ⊠ 1933/53–73) behutsamer fortgesetzt. Außenpolit. blieb A. im 2. Weltkrieg neutral und verfolgte seitdem einen neutralist. Kurs der Blockfreiheit. Nach dem Sturz von König Mohammed Sahir 1973 durch einen Militärputsch unter Führung M. Daud Khans wurde die Republik A. ausgerufen. Daud Khan, der nach Auflösung des Parlaments und Außerkraftsetzen der Verfassung als Staatsoberhaupt, Regierungschef, Außen- und Verteidigungsmin. fungierte, wurde am 27. April 1978 durch einen Militärputsch gestürzt und kam ums Leben. Die Macht übernahm ein Revolutionsrat unter Führung des neuen Staatspräs. Nur Mohammed Taraki, des Führers der Demokrat. Volkspartei. Die neue Reg., in der nach der Ausschaltung Babrak Karmals Außenmin. Hafizullah Amin (seit Anfang 1979 Min.präs.) zum wichtigsten Mann nach Taraki aufrückte, schloß im Dez. 1978 einen weitgehenden Beistandspakt mit der Sowjetunion und führte eine Landreform durch. Die Bombardierung vieler Dörfer zur Niederschlagung jegl. Opposition führte zu einem Bürgerkrieg, dem auch zahlr. sowjet. Berater zum Opfer fielen. Nach internen Auseinandersetzungen wurde im Sept. 1979 Taraki († 9. Okt. 1979) abgesetzt; H. Amin wurde neuer Staatspräs.; Ende Dez. 1979 marschierten sowjet. Truppen in A. ein, angebl. auf Grund des Beistandspakts zu Hilfe gerufen; Amin kam ums Leben. Neuer Staatspräs. wurde der aus dem osteurop. Exil zurückgekehrte Babrak Karmal. Bei einer äußerst schmalen Basis in der Bev. konnte die neue Reg. auch mit massiver militär. Unterstützung durch sowjet. Truppen die muslim. Rebellen nicht in die Defensive zwingen. Weltpolit. führte die sowjet. Intervention zu einer schweren Krise zw. Ost und West sowie zur Abwendung zahlr. Staaten der Dritten Welt von der Sowjetunion. 1986 verlor B. Karmal seine Funktionen; Nachfolger (als Parteichef und Staatspräs.) wurde M. Nadschibullah.

Politisches System: Die Verfassung der Demokrat. Republik A., im April 1980 vom ZK der Demokrat. Volkspartei verabschiedet, proklamiert als Kernelemente die „Achtung des Islams, der nat. Traditionen, der bürgerl. Freiheiten und der Demokratie". *Staatsoberhaupt* und oberster Inhaber der *Exekutive* als Reg.chef ist der Staatspräs. (seit Dez. 1979 Babrak Karmal) an der Spitze des 7köpfigen Präsidiums des Revolutionsrats (57 Mgl.). Die *Legislative* wird von Revolutionsrat und Ministerrat durch Dekrete ausgeübt. Ein Parlament existiert nicht. Beherrschende *Partei* ist die Demokrat. Volkspartei, deren ZK (36 Mgl.) und Politbüro (7 Mgl.) M. Nadschibullah vorsteht. Die Demokrat. Volkspartei, 1965 von N. M. Taraki als antimonarchist., antifeudalist. und sozialist. Partei gegr., spaltete sich 1967 in 2 Fraktionen: die „Khalq"-Gruppe („Volk") unter Taraki und die „Partscham"-Gruppe („Flagge") unter Karmal. 1977 wieder vereinigt, kam die Demokrat. Volkspartei mit der Revolution von 1978 an die Macht, doch schaltete Taraki die „Partscham"-Gruppe bald aus. Mit der sowjet. Intervention Ende 1979 übernahm dann die „Partscham"-Gruppe unter Karmal die Führung in A. Die Demokrat. Volkspartei ist heute eine marxist.-leninist. Kaderpartei mit relativ kleiner Mitgliederzahl. Der polit. und militär. Widerstand gegen die Reg. wird v. a. von verschiedenen muslim. Organisationen getragen: die beiden wichtigsten sind der Islam. Partei und die Islam. Vereinigung, die als islam. Fundamentalisten der Reg. Pakistans und Irans nahestehen. In der Bewegung „Ewige Flamme" sind die linken, progressiven Gegner der Demokrat. Volkspartei zusammengeschlossen. Die *Verwaltung* der Prov. untersteht Gouverneuren, die von der Zentralregierung ernannt werden. Die Rechtsprechung beruht weiterhin auf islam. *Recht* und erlassenen Gesetzen. Höchstes Gericht ist der vom Revolutionsrat geschaffene und diesem verantwortl. Oberste Gerichtsrat. Die seit Ende 1979 durch Desertionen massiv verringerten *Streitkräfte* hatten im Sommer 1985 eine Stärke von rd. 46 000 Mann (Heer 40 000, Luftwaffe 6 000). Die Stärke der sowjet. Truppen liegt nach Schätzungen zw. 80 000 und 120 000 Mann.

📖 *A. Natur, Gesch. u. Kultur, Staat, Gesellschaft u. Wirtschaft.* Hg. v. W. Kraus. Tüb. u. Basel ³1975.

Afibrinogenämie [griech./lat./griech.], Fehlen des † Fibrinogens im Blut; die Blutgerinnung wird verzögert oder fällt aus; angeboren oder erworben.

Afinogenow, Alexandr Nikolajewitsch, * Skopin (Gouv. Rjasan) 4. April 1904, † Moskau 29. Okt. 1941, russ.-sowjet. Schriftsteller. - Erfolgreicher sozialist. Dramatiker bes. mit „Strach" (Angst, 1930) und „Der Punkt in der Welt" (1935). Übertragen ist auch „Großvater und Enkelin" (1940).

Afka, Ort 40 km nö. von Beirut, Libanon;

bei der Karstquelle nahebei Ruinen eines ehem. bed. röm. Venustempels.

Aflatoxine [Kw. aus Aspergillus **flavus** und **Toxine**], Giftstoffe einiger Schimmelpilze (bes. von Aspergillus flavus), die hauptsächl. trop. Produkte wie Erdnüsse, Paranüsse usw., aber auch einheim. Nahrungsmittel wie Speck, Tomatenmark, Haselnüsse, Walnüsse usw., bes. bei längerer Lagerung, verderben können. Der Genuß aflatoxinhaltiger Nahrung führt bei Tieren zu akuten Leberschäden und Tumorbildung, bei entsprechender Menge auch zum Tod. Beim Menschen vermutet man eine Störung der Eiweißsynthese.

AFL/CIO [engl. ɛɪɛfˈɛl-siːaɪˈoʊ] ↑American Federation of Labor/Congress of Industrial Organizations.

AFN [engl. ɛɪɛfˈɛn], Abk. für: ↑American Forces Network.

AFNOR, Abk. für: Association Française de Normalisation, frz. Gesellschaft für Normung.

AFNORTH [engl. æfˈnɔːθ] ↑NATO (Tafel).

à fonds perdu [frz. afɔ̃pɛrˈdy], auf Verlustkonto; Zahlung ohne Aussicht bzw. unter Verzicht auf Gegenleistung oder Rückerstattung.

a fortiori [lat. „vom Stärkeren her"], eine Aussage gilt a. f., wenn sie sich aus einer schon als gültig erwiesenen Aussage erschließen läßt.

AFP ↑Nachrichtenagenturen (Übersicht).

Afra, weibl. Vorname, vermutl. lat. Ursprungs, eigtl. wohl „Afrikanerin".

Afra, hl., † Augsburg um 304, Märtyrerin. - Als Christin unter Diokletian verbrannt. Die Viten sind legendarisch. Bei ihrer Begräbnisstätte in Augsburg entstand bald nach 743 die Benediktinerreichsabtei St. Ulrich und A. - Fest: 7. August.

Afranius, Lucius, röm. Dramatiker der 2. Hälfte des 2. Jh. v. Chr. - Hauptvertreter des röm. Volksstückes („fabula togata").

a fresco (al fresco) [italien. „auf das Frische"], Bez. für die Technik der Wandmalerei, die auf frischem Kalkbewurf ausgeführt wird (↑Freskomalerei). - ↑auch a secco.

Africa, röm. Prov.; 146 v. Chr. Gründung der Prov. A. *vetus* um Karthago, 46 v. Chr. der Prov. A. *nova* (Numidien), ab 25 v. Chr. vereinigt zur Prov. A. *proconsularis*.

African National Congress [engl. ˈæfrɪkən ˈnæʃənəl ˈkɔŋgrɛs] ↑Afrikanischer Nationalkongreß.

African National Council [engl. ˈæfrɪkən ˈnæʃənəl ˈkaʊnsl] ↑Afrikanischer Nationalrat.

Africanus, Beiname der röm. Feldherren Publius Cornelius ↑Scipio d. Ä. und ↑Scipio d. J. wegen ihrer Siege über Karthago.

Afrika, zweitgrößter Kontinent (30,3 Mill. km²), umfaßt ⅕ der Landfläche der Erde. A. hat eine N–S-Erstreckung von fast 8000

km und eine O–W-Erstreckung von etwa 7600 km. Nur etwa 653000 km² entfallen auf Inseln, von denen Madagaskar die größte ist. Die wenigen Einbuchtungen der Küstenlinie schaffen keine großen Halbinseln, ledigl. im O bildet das Somalihalbinsel das sog. Osthorn von A. Geolog. gesehen ist A. ein sehr alter Kontinent, nahezu 60 % seiner Oberfläche bestehen aus entblößtem Präkambrium. Auch die Gesteine der restl. 40 % (Kambrium–Pleistozän) liegen auf einem präkambr. Sockel.

Gliederung: Eine grobe Einteilung erfolgt nach den Höhenverhältnissen: Niederafrika hat eine mittlere Höhe von etwa 600 m, Hochafrika von 1500–2000 m ü. d. M. **Niederafrika** nimmt den W, N (außer Atlasgebirge) und das Innere ein, es ist in großräumige Becken gegliedert, über die sich in ganz flachem Anstieg Schwellen erheben. Am deutlichsten zeichnet sich das Kongobecken ab, das 300–600 m hoch liegt, dessen Umrahmung in der Zentralafrikan. Schwelle und im Kamerunhochland Höhen über 2000 m erreicht. Die Lundaschwelle und die Asandeschwelle sind bes. flach. Zum Sudan gehören das Obernil- und das Tschadbecken, beide getrennt durch die Darfurschwelle und die Nigerbecken. Den Westsudan begrenzt im S die Oberguineaschwelle, die nur in einzelnen Erhebungen Höhen bis 1500 m erreicht. Die Sahara wird durch die mit den Massiven von Ahaggar und Tibesti besetzte Mittelsahar. Schwelle diagonal zerlegt. Einen relativ geschlossenen Raum bildet nur das Irharrharbecken mit dem Großen Östl. Erg, während das Libysche Becken und die westl. Sahara durch kleinere Schwellen in Teilbecken untergliedert werden. **Hochafrika** nimmt den O und S des Erdteils ein. Das größte Becken ist hier das Kalaharibecken, dessen Oberfläche überwiegend von riesigen Dünen- und Flugsandfeldern überzogen ist, die durch Vegetation festgelegt sind. Von der westl. Randschwelle ziehen Trockentäler in Ton- und Salzpfannen (u. a. die Makarikarisalz- und die Etoschapfanne), in denen das period. abkommende Wasser verdunstet. Die Randschwellen des Kalaharibeckens haben Höhen von 2000–2500 m und steigen in den Drakensbergen auf fast 3500 m an. Ausgeprägt ist vom Limpopo bis zum Cunene die Bildung von Rumpfstufen bzw. -treppen, deren oberstes Stockwerk die sog. Große Randstufe ist. Ostafrika ist durch sein Grabensystem und den damit verbundenen Vulkanismus gekennzeichnet. Nördl. des Sambesi setzt der Njassagraben als tiefe Senke ein, fortgesetzt im Zentralafrikan. Graben. Njassa-, Tanganjika-, Kiwu-, Eduard- und Albertsee bilden eine dichte Kette. Der Ostafrikan. Graben setzt im S mit mehreren im Relief nur schwach ausgeprägten Brüchen ein. Erst in der sog. Großen Bruchstufe gewinnt die Einsenkung

Die Staaten Afrikas

Staat (Jahr der Unabhängigkeit)	Staats-form	Hauptstadt	Fläche km²	E in 1 000 (1984)
Ägypten (1922)	Rep.	Kairo	1 001 449	45 915
Algerien (1962)	Rep.	Algier	2 381 741	21 464
Angola (1975)	Rep.	Luanda	1 246 700	8 540
Äquatorialguinea (1968)	Rep.	Malabo	28 051	304
Äthiopien	Rep.	Addis Abeba	1 221 900	42 019
Benin (1960)	Rep.	Porto Novo	112 622	3 832
Botswana (1966)	Rep.	Gaborone	600 372	1 103
Burkina Faso (1960)	Rep.	Ouagadougou	274 200	6 695
Burundi (1962)	Rep.	Bujumbura	27 834	4 537
Djibouti (1977)	Rep.	Djibouti	21 783	335
Elfenbeinküste (1960)	Rep.	Yamoussoukro	322 463	9 474
Gabun (1960)	Rep.	Libreville	267 667	1 146
Gambia (1965)	Rep.	Banjul	11 295	696
Ghana (1957)	Rep.	Accra	238 537	12 206
Guinea (1958)	Rep.	Conakry	245 857	5 301
Guinea-Bissau (1974)	Rep.	Bissau	36 125	844
Kamerun (1960)	Rep.	Yaoundé	475 442	9 467
Kap Verde (1975)	Rep.	Praia	4 033	317
Kenia (1963)	Rep.	Nairobi	582 646	19 536
Komoren (1975)	Rep.	Moroni	1 862	456
Kongo (1960)	Rep.	Brazzaville	342 000	1 740
Lesotho (1960)	Königr.	Maseru	30 335	1 470
Liberia (1847)	Rep.	Monrovia	111 369	1 900
Libyen (1951)	Rep.	Tripolis	1 759 540	3 749
Madagaskar (1960)	Rep.	Antananarivo	587 041	9 735
Malawi (1964)	Rep.	Lilongwe	118 484	6 839
Mali (1960)	Rep.	Bamako	1 240 000	7 722
Marokko (1956)	Königr.	Rabat	458 730	21 160
Mauretanien (1960)	Rep.	Nouakchott	1 030 700	1 835
Mauritius (1968)	Rep.	Port Louis	2 045	1 009
Moçambique (1975)	Rep.	Maputo	799 380	13 402
Niger (1960)	Rep.	Niamey	1 267 000	6 265
Nigeria (1960)	Rep.	Lagos	923 768	92 037
Ruanda (1962)	Rep.	Kigali	26 338	5 650
Sambia (1964)	Rep.	Lusaka	752 614	6 445
São Tomé und Principe (1975)	Rep.	São Tomé	964	102
Senegal (1960)	Rep.	Dakar	196 192	6 274
Seychellen (1976)	Rep.	Victoria	443	64
Sierra Leone (1961)	Rep.	Freetown	71 740	3 536
Simbabwe (1980)	Rep.	Harare	390 580	7 980
Somalia (1960)	Rep.	Mogadischu	637 657	5 423
Südafrika (1910)	Rep.	Pretoria	1 221 037	31 698
Sudan (1956)	Rep.	Khartum	2 505 813	20 945
Swasiland (1968)	Königr.	Mbabane	17 363	626
Tansania (1964)	Rep.	Dodoma	945 087	21 062
Togo (1960)	Rep.	Lome	56 785	2 890
Tschad (1960)	Rep.	N'Djamena	1 284 000	5 122
Tunesien (1956)	Rep.	Tunis	163 610	6 966
Uganda (1962)	Rep.	Kampala	236 036	15 150
Zaire (1960)	Rep.	Kinshasa	2 345 406	29 671
Zentralafrikan. Rep. (1960)	Rep.	Bangui	622 984	2 508

Weitere, nicht selbständige Gebiete	Hauptstadt	Fläche km²	E in 1 000 (1984)
Westsahara	El-Aaiún	252 120	151
Namibia	Windhuk	824 292	1 507
Großbritannien:			
St. Helena	Jamestown	419	6
Arab. Rep. Jemen:			
Socotra		3 626	15
Frankreich:			
Réunion	Saint-Denis	2 510	545
Mayotte	Dzaoudzi	375	56
Spanien:			
Kanar. Inseln		7 273	1 444
Nordafrikan. Besitzungen		32	129

größere Dimensionen. Die aufgebogenen Ränder sind durch zahlr. Brüche zerstückelt und zu schmalen Schollenbergländern umgestaltet; große Vulkane, u. a. Kilimandscharo (5 895 m), Mount Kenya (5 194 m), Mount Elgon (4 322 m) begleiten v. a. den Ostafrikan. Graben. Auch auf der Grabensohle erheben sich große Vulkane. Vulkan. Deckenergüsse bilden z. T. weite Ebenen und Plateaus, z. T. sind sie zu tief zertalten Bergländern umgeformt worden. Das Hochland und die sanfte, durch Stufen unterbrochene Abdachung zum Küstenland werden von weiträumigen Rumpfflächen mit Inselbergen und Inselgebirgen als Resten älterer Oberflächen beherrscht. Nach N schließt sich das Abessin. Hochland an; mit der Entstehung des Abessin. Grabens, der Fortsetzung des Ostafrikan. Grabens, waren jungvulkan. Ergüsse verbunden, deren Decken das Hochland bilden. Der Abessin. Graben öffnet sich nach NO zu einem großen Senkungsfeld, dem Danakiltiefland. Die Somalihalbinsel ist eine nach SO geneigte Scholle, die z. T. als bergig zerschnittenes Tafelland ausgebildet ist. In den regenreichen Hochländern im NO und O entspringen zahlr. Flüsse. Der größte und zugleich bedeutendste des Kontinents ist der Nil. Größere, zum Ind. Ozean entwässernde Dauerflüsse sind Rovuma, Rufiji, Tana-Juba und Wäbi Schäbäle; nach W fließen zahlr. Gewässer dem Kongo zu. Entsprechend der Schmalheit des Schelfes hat A. nur wenige Inseln. Madagaskar ist erst in spätmesozoischer Zeit vom Kontinent getrennt worden.

Klima: A. ist der trop. Kontinent schlechthin; seine Landmasse liegt in N–S-Richtung nahezu symmetr. zum Äquator. Beiderseits des Äquators liegt der innertrop. Regengürtel mit mäßig hohen Temperaturen, geringer Tagesschwankung der Temperatur, starker Wolkenbedeckung, hoher relativer Feuchte und häufigen und starken Niederschlägen, oft mit Gewittern. In den Übergangsjahreszeiten liegt der Schwerpunkt des Niederschlags im Äquatorbereich selbst mit zweimaligem Maximum, während die näher zu den Wendekreisen gelegenen Orte ein einfaches Maximum im Sommer der betreffenden Halbkugel haben; im Winter herrscht dort Trockenheit. Im Bereich absinkender Luft befinden sich die ariden Zonen mit geringer Wolkenbedeckung, sehr seltenen Niederschlägen, sehr geringer relativer Feuchte, extrem hohen Mittagstemperaturen und großer Tagesschwankung der Temperatur. Im N gehört dazu die Sahara, im S die Namib und die Kalahari. Polwärts an die ariden Zonen schließen sich wieder regenreichere Klimate an, in denen die Niederschläge mit den außertrop. Zyklonen zusammenhängen. Niederschlagsfrei ist ein Teil der südl. W-Küste, verursacht durch den Benguelastrom im Atlantik; dagegen führt hier in der Namib die nächtl. Abkühlung

häufig zu Taufall und Nebel, so entsteht eine bes. bemerkenswerte Art von Wüste: die „Küstenwüste" (auch „Nebelwüste"). Der O ist dank des warmen Meers, über dem die Atmosphäre überwiegend instabil geschichtet ist, von der Kaphalbinsel bis zum trockenen Osthorn von Afrika fast gleichmäßig gut beregnet. Nach N schließt sich daran die große Wüstenzone der Sahara an. Die höchste Temperatur, die jemals in A. im Schatten gemessen worden ist, erreichte 58 °C in Al Asisija, das in der Nähe von Tripolis liegt. In der Sahara erreicht das absolute Minimum die Nähe des Gefrierpunkts (3 °C), auf den Hochflächen Südafrikas ist Frost während der Wintermonate alltäglich; in weiten Gebieten beträgt hier die mittlere jährl. Anzahl der Frosttage über 100.

Vegetation: Große Regenwaldgebiete mit mehreren Baumstockwerken sind auf die immerfeuchten trop. Tiefländer (v. a. das Kongobecken) und unteren Höhenstufen westl. des 30. Längengrads beschränkt. Unberührte urspr. Vegetation ist aber nur noch in einem Teil der Waldgebiete anzutreffen; in dichter bevölkerten Teilen herrschen oft Nutzflächen und Sekundärformationen vor. Mangrove im Gezeitenbereich der Flachküsten des Meeres ist in den Gebieten trop. Feuchtwälder verbreitet, kommt aber auch darüber hinaus vor. An die immergrünen trop. Regenwälder schließen sich nach außen im semihumiden Bereich die Gürtel der Feuchtsavannen an in Form halbimmergrüner und laubabwerfender Monsunwälder, offener, regengrüner, großblättriger Baumgehölze mit Grasunterwuchs sowie in Form von Hochgrasfluren und, bes. typ., mit immergrünen Galeriewäldern; letztere kennzeichnen die ganze Feuchtsavannenzone. Es folgen die Gebiete mit etwa halbjähriger Trockenheit mit regengrünen Trockenwäldern und Trockensavannen, erstere sind im S wesentl. ausgedehnter als im N. Im semiariden Bereich des Passatgürtel mit period. Sommerregen (u. a. Sahelzone und Kalahari) sind Dornsavannen verbreitet, deren Grasfluren in der Trockenzeit verdorren. Im N schließt sich an die S-Rand der Sahara ein Gürtel von Halbwüsten an. Die Sahara selbst ist die größte Wüste der Erde mit zumeist weniger als 50 mm Regen/Jahr, doch oft bleibt dieser jahrelang aus. Wo in der Wüste oder Halbwüste offenes Wasser oder Bodenwasser Vegetation ermöglicht, entstehen Oasen. Bei winterl. Regen am N-Rand der Sahara wachsen Büschelgräser (v. a. Alfagras) und Halbsträucher. Der Atlas gehört bereits ganz zum mediterranen Vegetationsgebiet. Im S des Kontinents folgt auf die Dornsavanne ebenfalls Halbwüste und Wüste, die Namib ist in ihrem küstennahen Teil fast pflanzenlos; die Flora der Kaphalbinsel ist reich an einheim. Arten, an der SO-Küste kommt lianenreicher Lorbeerwald vor.

Tierwelt: A. ist der an Säugetieren, v. a. Groß-säugern, reichste Kontinent der Erde. Im Regenwald leben Baumbewohner (v. a. Affen) sowie Papageien, Baumschlangen, Geckos u. a. sowie Waldelefanten, Okapis, Buschböke. In den Feuchtsavannen überwiegen große Lauftiere (Steppenelefanten, Zebras, Antilopen, Leoparden), daneben sind Krokodile, Wasservögel, Termiten u. a. charakterist. V. a. in SO- und Z-Afrika ist die Erhaltung der Fauna durch große Reservate gesichert, von wo aus eine Neubesiedlung der leergeschossenen Trockenwälder erfolgen könnte. Die größten und auffälligsten Tierkonzentrationen finden sich in der Dornsavanne (Antilopen, Gazellen, Giraffen, Löwen, Geparde, Leoparden, Impalas, Laufvögel u. a.); die abflußlosen salzigen Seen werden von Flamingos bevölkert. Neben Antilopen und Gazellen kommen in den Halbwüsten und Wüsten v. a. kleine Nager, Schlangen, Fennek, Saharakatze u. a. vor. Gefährl. Krankheitsüberträger im Regenwald und in den Feuchtsavannen bis 1 500 m Höhe sind die Anophelesmücken (Malaria), die Tsetsefliegen (Schlafkrankheit) sowie die Kriebelmücken (Onchozerkose).

Bevölkerung: A. nördl. der Sahara und die Sahara selbst werden überwiegend von Angehörigen der europiden Rasse bewohnt *(Weiß-A.)*, überprägt durch die arab.-islam. Kultur, so daß der Großteil der Bev. als Araber bezeichnet werden kann. Dem Assimilierungsprozeß bed. weniger unterlagen die Berber, v. a. die Kabylen, Schluh und Tuareg. Der Lebensraum der negriden Rasse liegt südl. der Sahara *(Schwarz-A.)*, sie gliedert sich auf in 1. Sudanide mit der stärksten Ausprägung negrider Rassenmerkmale, 2. bes. großwüchsige Nilotide, 3. etwas hellhäutigere Bantuide oder Kafride, 4. Palänegride in den Regenwaldgebieten, 5. Äthiopide, eine europid-negride Mischrasse. Zu den Reliktrassen zählen die kleinwüchsigen Bambutiden (Pygmäen) und die Khoisaniden (Buschmänner, Hottentotten). V. a. im S leben die Nachkommen europ. (Afrikaander), im S und O ind. (Indide) Einwanderer. - Entsprechend der Verbreitung der verschiedenen Rassen sind auch die Sprachen sehr unterschiedl. verbreitet. Die etwa 1 000 urspr. in Afrika beheimateten Sprachen werden in vier nicht untereinander verwandte Sprachfamilien zusammengefaßt: 1. Nigerkordofanisch, unterteilt in die Niger-Kongo-Sprachfamilie und die des Kordofan., 2. Nilosaharanisch mit den Zweigen Songhai, Saharanisch, Maba, Fur, Koman und der bed. Schari-Nil-Sprachfamilie, 3. Hamitosemitisch mit den Zweigen Semitisch, Ägyptisch (heute Koptisch), Lybico-Berberisch, Kuschitisch, Tschadisch, 4. Khoi-San. Nur wenige afrikan. Sprachen haben sich als Staatssprachen durchgesetzt, so z. B. Amharisch in Äthiopien, Somal in Somalia, Swahili in Kenia, Tansania und Uganda. Als zusätzl. oder einzige Amtssprache haben viele afrikan. Staaten die Sprachen der ehem. Kolonialmächte übernommen. Hausa ist im gesamten westl. Sudan Handelssprache. Arabisch ist in ganz Nordafrika Amtssprache, in Südafrika Englisch und Afrikaans. Die Bev. ist sehr ungleich über den Kontinent verbreitet. Wüsten und Halbwüsten sind fast menschenleer, ebenso auch die humide Regenwaldzone Äquatorialafrikas. Die besten Voraussetzungen für Ackerbau und Viehzucht bieten die wechselfeuchten Savannen, die deshalb die wichtigsten Siedlungsgebiete sind. Wo Wasser in der Trockensavanne zur Verfügung steht, ist auch sie dichter besiedelt. Am dichtesten bevölkert ist die Flußoase des Nil. Durch die Europäer wurden die Küstenregionen am nachhaltigsten beeinflußt, da die Küsten die Kontaktzone des Handels sind, welcher den Ausbau der Häfen und Ansiedlung von Handelshäusern sowie Ind. nach sich zog. Hier finden sich heute ebenfalls große Bev.konzentrationen.

Geschichte:

F r ü h z e i t : Schon zu Beginn des 3. Jt. v. Chr. trat mit Altägypten ein Teil von A. ins Licht der Geschichte. Weite Teile des übrigen Kontinents blieben jedoch bis in die sog. Neuzeit hinein „prähistor." Nicht wenige der afrikan. Staaten suchen an die Traditionen jener Frühzeit anzuknüpfen. Für viele Jahrhunderttausende lagen hier die Zentren menschl. Lebens. Fundkomplexe wie die von Aïn-Hanech in Algerien und Olduwai im nördl. Tansania gehören nach wie vor zu den ältesten sicheren Überresten menschl. Existenz. Skelettreste der sog. Australopithecinae sind aus weiten Teilen von A. bekannt.

Mit dem Auftreten der Faustkeile trat A. als Kerngebiet der damaligen Kulturen hervor. Im älteren Capsien Tunesiens entstanden die ersten Zeugnisse der bildenden Kunst. Während im S und O seit dem 7./5. Jt. v. Chr. Jäger- und Fischerstämme als „Buschmänner", „Strandlooper" z. T. bis in die Gegenwart halten konnten, bildeten sich im N des Kontinents vom 6. bis ins 3. Jt. auf Grund der (gegenüber heute) besseren Lebensbedingungen verschiedene neolith. Kulturgruppen (Felsbilder in der Sahara). Von einer Bronzezeit im europ. Sinne kann man außerhalb Ägyptens höchstens in NW-Afrika einschließl. Mauretaniens sprechen. Im zentralen Nigeria scheint die Nokkultur als früheste „eisenzeitliche" Kultur in diesem Raum schon in vorchristl. Zeit geblüht zu haben.

D i e   h i s t o r .   R ä u m e : Nur in Ägypten (†ägyptische Geschichte) ermöglicht die Quellenlage ein detailliertes Bild der Alten Geschichte. Erst nach der Islamisierung setzen schriftl. Quellen im Sudan ein.

Von der Zeit der ersten phönik. Niederlassungen an bis zur arab. Eroberung gehörte fast ganz A. nördl. der Sahara zum Bereich der

um 600 v. Chr.	Phöniker umsegeln Afrika von O über S nach W
947	Al Masudi reist in Ägypten, N- und O-Afrika
um 1345	Italiener entdecken Madeira
1416	Heinrich der Seefahrer sendet von Sagres aus alljährl. Expeditionen an der westafrikan. Küste südwärts
1445	Lançarote entdeckt die Senegalmündung
1460	Tod Heinrichs des Seefahrers; die westafrikan. Küste etwa bis zu den Bissagosinseln bekannt
1469	Fernão do Póo entdeckt die Insel Fernando Póo
1482/83	Diogo Cão entdeckt auf seiner 1. Reise die Kongomündung und gelangt bis Kap Santa Maria
1488	Bartolomeu Diaz umsegelt die afrikan. Südspitze
1497	Vasco da Gama umsegelt am 22. 11. das Kap der Guten Hoffnung, landet am 25. 12. an der Natalküste
1506	Lopo Soares de Albergaria und João Gomes de Abreu landen auf Madagaskar
1611–20	S. Brauns 3 Reisen (1611–13, 1614–16, 1617–20) an der Guineaküste
1616	G. Bocarro zieht von Tete (am unteren Sambesi) über das Südufer des Njassasees zum unteren Rovuma
1619/20	R. Jobson und G. Thompson ziehen den Gambia aufwärts, berichten von Timbuktu
1655	J. Wintervogel dringt von Kapstadt aus nach N vor; erstes Zusammentreffen mit Buschmännern
1719	Oranje zum erstenmal überschritten
1731	Harrison entdeckt die Gambiaquelle
1793–96	W. G. Browne als erster Europäer in Darfur
1795–97	M. Parks 1. Reise vom Gambia zum Niger, wieder zum Gambia zurück; Beweis, daß Niger und Gambia in keinem Zusammenhang stehen
1798/99	F. K. Hornemann zieht von Kairo über die Oasen Siwa und Audschila nach Mursuk, von dort Abstecher nach Tripolis
1805/06	Parks 2. Reise, von der Île de Gorée (bei Dakar) durch Senegambien nach Bamako am Niger, Fahrt auf dem Niger ab Sansanding
1812–14	J. L. Burckhardt gelangt von Kairo aus als erster Europäer nach Nubien
1818	Mollien entdeckt die Quellgebiete von Senegal und Gambia
1824	E. Rüppell als erster Europäer in Kordofan
1825/26	Laing gelangt von Tripolis über Ghudamis und In-Salah nach Timbuktu
1830/31	R. und J. Lander befahren den unteren Niger bis zur Mündung, entdecken die Benuemündung
1848	J. L. Krapf und Rebmann entdecken den Kilimandscharo
1849	Livingstones 1. Reise ins Innere, entdeckt den Ngamisee
1850–53	P. B. du Chaillu in Gabun und am Ogowe
1851	Barth zieht von Kuka nach Adamaua, entdeckt den Benue, über Yola gelangt er nach Kuka zurück, reist dann mit Overweg im Lande Kanem
1852–54	Livingstone gelangt vom oberen Sambesi über die Sambesiquelle zum Kasai
1854–56	Livingstone zieht von Luanda nach Quelimane (O-Küste); er entdeckt 1855 die Victoriafälle des Sambesi
1858	Burton und Speke in Ujiji; Speke zieht nach N, entdeckt den Victoriasee
	Livingstone befährt mit einem Dampfer den Mittellauf des Sambesi
1859	Livingstone entdeckt am 18. 4. den Lake Chilwa, am 16. 9. den Njassasee
1860–64	Livingstone zieht den Sambesi aufwärts zum Rovuma und in das Gebiet südl. und westl. des Njassasees
1863	der Lauf des Nil ist durch Speke bis zum Victoriasee bekannt
1863/64	Rohlfs zieht von Marokko über Tafilalet, Touatoasen (erster Europäer) und Ghudamis nach Tripolis
1864	Sir S. W. Baker entdeckt den Albertsee, erforscht dessen N-Ufer bis zur Mündung des Victorianil, zieht diesen aufwärts und entdeckt die Murchisonfälle
1864–66	G. Schweinfurth in Ägypten und im O-Sudan
1865–67	1. Afrikadurchquerung vom Mittelmeer zum Guineagolf durch Rohlfs
1865–72	K. Mauch in Transvaal und Südrhodesien, entdeckt die Goldfelder im Mashona- und Matabeleland
1866	Livingstone zieht von Sansibar über den Rovuma zum S-Ufer des Njassasees
1867	Livingstone am S-Ufer des

	Tanganjikasees, am Mwerusee und am Luapula
1868	Livingstone entdeckt den Bang-weolosee
1869	G. Nachtigal zieht von Tripolis nach Mursuk, von dort Vorstoß nach Tibesti (erster Europäer dort)
1869–71	Schweinfurth zieht von Khartum über Kodok in das Bahr-Al-Ghasal-Gebiet, untersucht Eingeborenenstämme (Mangbetu, Nuer, Pygmäen), entdeckt den Uelle
	Livingstone westl. des Tanganjikasees, entdeckt im März 1871 den Lualaba
1871–74	Nachtigal gelangt von Mursuk nach Kuka in Bornu; er erforscht von dort Bornu, Kanem, Borku und Bagirmi. Auf der Rückreise klärt er in Wadai das Schicksal von Vogel und Beurman
1871–74	Livingstone wieder in Ujiji, trifft dort mit Stanley zusammen; beide ziehen zum N-Ufer des Tanganjikasees
1873	Livingstone am Tanganjikasee, † 1. 5. am Bangweolosee
	A. Bastian an der Loangoküste
1874/75	1. O–W-Durchquerung Äquatorialafrikas durch Cameron
1874–76	Dt. Loangoexpedition (Bastian, Pechuël-Loesche u. a.)
1875	Stanley am Victoriasee, umfährt ihn auf einem Schiff in 57 Tagen, entdeckt im W den Ruwenzori und den Eduardsee
1875–78	Brazza im Ogowegebiet, erkennt dessen Unabhängigkeit vom Kongosystem
1876	R. Gessi entdeckt den Ausfluß des Albertsees, den Albertnil
1876/77	Stanley befährt den Tanganjikasee und von Nyangwe den Kongo bis zur Mündung
1877–79	S. Pinto zieht von Benguela über das Hochland von Bié nach Lealui am Sambesi, von dort über

	die Victoriafälle, das östl. Betschuanaland und Pretoria zur O-Küste
1879	Rohlfs als erster Europäer in den Kufraoasen
	Moustier und Zweifel entdecken die Nigerquellflüsse
1879/80	Brazza von Franceville zum Stanley Pool, gründet Brazzaville
1879–84	Stanley im Auftrag Leopolds II. von Belgien im Kongogebiet, entdeckt den Leopold-II.-See
1880–82	Erste W–O-Durchquerung Äquatorialafrikas durch H. von Wißmann
1880–85	Brazza im Innern Gabuns
1880–86	Junker im Bahr-Al-Ghasal-Gebiet, entdeckt den Nepoko (Quellfluß des Aruwimi)
1887–88	Graf Teleki und von Höhnel entdecken den Rudolf- (Turkana-) und den Stefaniesee
1889	Hans Meyer und L. Purtscheller am Kilimandscharo, am 6. Oktober erreichen sie den Gipfel des Kibo
	Stanley am Albertsee; stellt fest, daß Albert- und Eduardsee nicht ident. sind
1892/93	O. Baumann erforscht den Kagera bis zur Quelle, stößt nach Ruanda vor
1893/94	Graf von Götzen gelangt zu den Virungavulkanen, entdeckt den Kiwusee, erforscht Ruanda
1895–97	V. Bottego in S-Äthiopien, entdeckt den Abajasee
1898–1900	Foureau und Lamy durchqueren die Sahara von N-Algerien zum Tschadsee; Foureau gelangt über Schari, Ubangi und Kongo zur Küste
1904–06	Mangin gelangt als erster Europäer nach Ennedi
1906	Ludwig Amadeus Hzg. der Abruzzen besteigt den Ruwenzori
1911	H. Meyer besteigt den Karisimbi und Nyiragongo

mittelmeer. Kultur, zu deren Entwicklung Ägypten, die Phöniker, Rom und Byzanz wesentl. beitrugen. Durch die Landnahme der Vandalen (428 n. Chr.) wurde N-Afrika schwer erschüttert. 640/642 eroberten die Araber Ägypten, 697 das sog. latein. A. mit der Hauptstadt Karthago. Zu Beginn des 8. Jh. hatten sie ganz A. nördl. der Sahara erobert, dieses Gebiet wurde in der Folgezeit ein integraler Bestandteil des islam. Herrschaftsbereiches.

Afrikan. Reiche: In Nubien hatte seit etwa 1000 v. Chr. das Reich Kusch starken Einfluß auf Ägypten ausgeübt. Es blieb dem Röm. Reich verbunden, erlag aber um 350 n. Chr. dem Reich von Aksum. Die äthiop. Königslegende verlegt die Gründung des Reiches Aksum etwa auf das Jahr 950 v. Chr.

Am mittleren und oberen Niger lagen die drei bekanntesten afrikan. Reiche im Sudan: Gana, Mali und Songhai. Die Anfänge Ganas liegen wohl im 4. Jh. n. Chr., seine Nachfolge trat im 11. Jh. das Reich Mali an, das von einer muslim. Oberschicht regiert wurde. Beide Reiche lebten in der westafrikan. Überlieferung weiter. Auf Mali folgte im 15. Jh. das

Afrika

Reich Songhai, das Ende des 16. Jh. einem Angriff Marokkos erlag. Damit war gleichzeitig die Zeit der sudan. Großstaaten vorüber, die ihre Kraft v. a. dem Transsaharahandel verdankten. Die Ankunft der Europäer lenkte den Handel um. Die binnenländ. Staaten verarmten, im unmittelbaren Hinterland der Küsten entstanden neue Staaten wie Aschanti, Dahome, Yoruba und Benin, die sich auf den immer größere Ausmaße annehmenden Sklavenhandel einstellten und die europ. Handelsniederlassungen belieferten. Z. Z. der Ankunft der Europäer bestanden in Schwarz-A. drei Machtzentren: das Kongoreich am unteren Kongo und in N-Angola, das Reich des Monomotapa in Rhodesien und die Himastaaten im Zwischenseengebiet. Kongo und Monomotapa wurden von den Portugiesen zerstört. Die Himastaaten kamen erst Mitte des 19. Jh. mit den Europäern in Kontakt.

Das 19. Jh. brachte eine letzte Welle afrikan. Staatengründungen. Im Sudan standen sie im Zeichen des wiedererwachten Islams, in Südafrika im Zeichen einer letzten Wanderungswelle der Bantu.

Die Kolonisierung: Die Geschichte von A. nach der Entdeckung und Erforschung der Küsten durch die Portugiesen war bis ins 19. Jh. in erster Linie eine Handelsgeschichte, weil allein der Handel Europa mit den Küstengebieten und diese wiederum mit dem Inneren des Kontinents verband.

Nordafrikas Länder waren bis gegen Mitte 19. Jh. für ein europ. Eindringen zu fest gefügt. Die drei Länder Tunesien, Ägypten und Marokko verloren ihre Selbständigkeit selbst Anfang des 20. Jh. nicht völlig, sie blieben Protektorate (seit 1881, 1882 bzw. 1912).

In *Südafrika* entwickelte sich aus dem Flottenstützpunkt Kapstadt rasch eine weiße Siedlungskolonie, die sich schließl. zur heutigen Republik Südafrika ausweitete.

In *Ostafrika* waren bis Ende 19. Jh. nicht die Europäer, sondern die Araber maßgebend. Ab dem 13. Jh. entwickelten sich ihre Niederlassungen zu Siedlungskolonien mit arab.-afrikan. Mischbev., islam. Kultur und ausgedehntem, ostorientiertem Handel, der bis nach Indien und China reichte.

Die am tiefsten reichenden Veränderungen vollzogen sich in der Zeit von Anfang 16. bis Mitte 19. Jh. in *Westafrika*. Bis Mitte 19. Jh. waren die europ.-afrikan. Beziehungen weitgehend mit dem von Europäern an der atlant. Küste A. getätigten Handel identisch. Bis 1800 betrieben privilegierte Handelsgesellschaften Sklavenhandel, von 1800 bis 1880 war die Unterdrückung des Sklavenhandels bestimmend, verbunden mit einer Umorientierung des europ. Handels und dem beginnenden Engagement europ. Staaten.

Im Blick auf den Erwerb ganzer Territorien durch Großbrit., Belgien und Frankr. entschloß sich auch das Dt. Reich nach 1879,

dt. Ansprüche in Togo, Kamerun, Südwestafrika und an der Sansibar gegenüberliegenden ostafrikan. Küste anzumelden. Die Grundsätze für die Aufteilung A. wurden von den europ. Mächten auf der Berliner Konferenz von 1884/85 festgelegt. Trotz dieser Abmachungen ergaben sich bei der nach 1890 in scharfem Wettbewerb der europ. Mächte zu Ende geführten Durchdringung Innerafrikas wiederholt Konflikte: 1890 kam es in Rhodesien zw. Großbrit. und Portugal, 1898 zw. Großbrit. und Frankr. bei Faschoda (= Kodok) am Weißen Nil zu militär. Auseinandersetzungen der Expeditionskorps.

Der Sieg von Omdurman über das Reich der Mahdisten 1898 machte Großbrit. endgültig zum Herren des oberen Nil und seiner Quellflüsse. Etwa seit 1885 trat als weitere europ. Macht Italien in N und O Afrikas in Erscheinung. Die Italiener setzten sich an der Küste nördl. und südl. von Äthiopien fest. In N-Afrika eroberten sie mit Tripolis 1912 das letzte noch nicht unter europ. Kontrolle stehende Land, das bisher zum Osman. Reich gehört hatte.

Große Teile W- und Z-Afrikas standen nach Abschluß der Aufteilung des Kontinents unter frz. Herrschaft. Nur das unter dem Schutz der USA stehende Liberia blieb unabhängig. In O- und S-Afrika hatte Großbrit. die Vorherrschaft. Von der Kapprov. aus betrieb Großbrit. die Annexion der Burenrepubliken. Außer Großbrit. waren in S- und O-Afrika nur Deutschland und Portugal vertreten. Frankr. eroberte zw. 1885 und 1896 Madagaskar.

Afrika seit 1914: Nach dem 1. Weltkrieg erhielten die Siegermächte die Gebiete der dt. Kolonien vom Völkerbund als Mandate zugesprochen. In N-Afrika hatte Italien Libyen nach dem Senussiaufstand von 1915 erst ab 1930 wieder unter seiner Kontrolle, Frankr. seine Gebiete erst ab 1934 wieder fest in seiner Hand. Die letzte große territoriale Veränderung resultierte aus der italien. Eroberung Äthiopiens 1935/36, die jedoch nur bis 1941 dauerte. Während des 2. Weltkriegs verlor Italien bis auf Somalia, das Italien 1950 von den UN für zehn Jahre als Treuhandgebiet übernahm, sämtl. Kolonien. Der 2. Weltkrieg hatte die Tendenz zur Selbstbestimmung auch der afrikan. Völker beschleunigt. Nach Aufständen in Marokko, Algerien und Tunesien entließ Frankr. 1955 Marokko und 1956 Tunesien in die Unabhängigkeit. Der alger. Aufstand löste den endgültigen Zerfall des frz. Kolonialreiches in A. aus. 1960 forderten und erhielten sämtl. west- und zentralafrikan. frz. Kolonien und Madagaskar die volle Unabhängigkeit.

Großbrit. hatte etwa um 1950 begonnen, seine Kolonien schrittweise und systemat. v. a. durch Verfassungsreformen auf die Unabhängigkeit vorzubereiten. Nachdem sich der an-

gloägypt. Sudan 1956 einseitig für unabhängig erklärt hatte, folgte mit der Goldküste 1957 das erste Land, dem Großbrit. von sich aus die Unabhängigkeit gewährte. 1968 wurde von den Briten als letztes afrikan. Land Swasiland in die Unabhängigkeit entlassen. Die meisten Staaten blieben Mgl. des Commonwealth of Nations.

Belgien entließ seine Kongokolonie 1960 überstürzt und ohne gründl. Vorbereitung in die Unabhängigkeit; die Folge waren langanhaltende Wirren.

Spanien und Portugal hatten ihre Kolonien zu Überseeprov. erklärt. Während aber Spanien damit begann, seine Gebiete auf die Selbstregierung und schließl. Unabhängigkeit vorzubereiten, versuchte Portugal, seine Territorien noch stärker an das Mutterland zu binden. Erst die Revolution von 1974 in Portugal schuf die Voraussetzungen für die Unabhängigkeit seiner Kolonien.

Nachdem 1980 mit der Schaffung eines unabhängigen, mehrheitl. von Schwarzen regierten Simbabwe der jahrelang durch erbitterten Guerillakrieg geprägte Rhodesienkonflikt auf dem Verhandlungsweg beigelegt wurde, steht die Republik Südafrika als nunmehr einziger Staat in A., der von Weißen beherrscht ist, isoliert unter dem zunehmenden Druck der schwarzafrikan. Staaten und eines großen Teils der Weltöffentlichkeit.

Der Traum vieler afrikan. Politiker, nach der Unabhängigkeit würden bald die „Vereinigten Staaten von A." entstehen, war nicht realisierbar. 1963 wurde die Organisation für afrikan. Einheit (OAU) gegründet, der alle unabhängigen afrikan. Staaten (außer Südafrika) angehören. Ziel der OAU ist zunächst die völlige Dekolonisierung von A.; darüber hinaus soll sie Mittel und Wege zur Vereinigung der afrikan. Staaten schaffen. Innerhalb und außerhalb der OAU bestehen wirtsch. Zusammenschlüsse, die allerdings oft nur regionalen Charakter haben. - Karte S. 110/111.

📖 *Phillipson, D. W.: African archeology. London 1985. - Simons, P.: Entdeckungsreisen in A. Braunschweig 1984. - A. südl. der Sahara. Hg. v. W. Manshard. Ffm.* ³*1981. - Ziemer, K.: Polit. Herrschaft in Schwarz-A. Mchn. 1980. - Fage, J. D.: A history of Africa. New York 1978. - Bertaux, P.: A. Dt. Übers. Ffm.* ⁴*1976. - Die Völker Afrikas u. ihre traditionellen Kulturen. Hg. v. H. Baumann. Wsb. 1975–79. 2 Bde. - Knapp, R.: Die Vegetation v. A. Stg. 1973. - Jacob, L. G.: Grundzüge der Gesch. A. Darmst. 1966.*

Afrikaans, aus niederländ. Dialekten entstandene Sprache eines Teiles der weißen Bevölkerung der Republik Südafrika; seit 1925 neben Engl. Amtssprache; Muttersprache von etwa 60 % der Weißen und etwa 90 % der Mischlinge. Nach vorherrschender Theorie spontan, d. h. direkt entwickelt aus dem dialekt. differenzierten Niederländ. bes. der Provinzen Süd- und Nordholland, das

die Siedler unter Jan van Riebeeck 1652 ins Kapland verpflanzten. A. ist erst ab 1875 gültige Schriftsprache, heute erfaßt es alle Bereiche der Wissenschaft und Kultur.

afrikaanse Literatur ↑südafrikanische Literatur.

Afrikaner, 1. Bewohner des afrikan. Kontinents; meist nur für die dunkelhäutigen verwendet. 2. ↑Buren.

Afrikanische Demokratische Sammlungsbewegung ↑Rassemblement Démocratique Africain.

Afrikanische Entwicklungsbank (engl. African Development Bank, Abk. ADB), 1963 in Khartum von 22 afrikan. Staaten gegr. Bank zur Förderung von Entwicklungsprojekten; Sitz: Abidjan. Kapital: 480 Mill. $ (1975). Die Bank wird bei ihren Aufgaben unterstützt vom 1972 gegr. **Afrikan. Entwicklungsfonds,** dem auch zahlr. Industrienationen (u. a. die BR Deutschland) beitraten. Die Republik Südafrika kann nicht Mitglied werden.

afrikanische Gewerkschaften ↑Gewerkschaft.

afrikanische Kunst, die analog der kulturellen Vielfalt des Kontinents vielschichtige und differenzierte Kunst Schwarzafrikas, deren ästhet. Betrachtungsweise zu einem Mißverstehen führt, da sie nach europ. Grundsätzen vorgeht, während für den Afrikaner „schön" gleichbedeutend mit „wirksam, vollkommen" ist. Vielmehr muß die K. im Zusammenhang mit Religion, Soziologie, Mythologie und mündl. tradierter Literatur betrachtet werden, ergänzt durch eine exakte Stil- und Formanalyse, die es ermöglicht, bestimmte Formen bestimmten Bedeutungsinhalten zuzuordnen. Eines der größten Probleme der a. K. ist ihre Historizität. Klima und Insekten vernichten in kürzester Zeit die Bildnerei aus Holz, dem Hauptwerkstoff der afrikan. Plastik. Daher sind nur wenige Stücke aus Holz erhalten, die älter als 250 Jahre sind. Die Ausgrabungen im Tschadseegebiet förderten Terrakotten des 6.–14. Jh. zutage. Diese Sao-Terrakotten unterscheiden sich wesentl. von den Kunstwerken der heute im selben oder im Nachbarraum lebenden Ethnien. 1943 wurden in N-Nigeria bei Nok Terrakotten gefunden, die in die Zeit zw. 500 v. Chr. und 200 n. Chr. gelegt werden können. Trotz gewisser Stilähnlichkeiten mit Kunstwerken des mittelmeer. Raumes kann kein Zweifel daran bestehen, daß ihre Hersteller Afrikaner waren. Zahlr. ihrer Details lassen sich bis zur heutigen Plastik Nigerias und Kameruns verfolgen. In engstem Zusammenhang mit den Nokplastiken stehen die monumental-archaischen Terrakotta- und Bronzeköpfe, die in Ife (Nigeria) gefunden wurden und die v. a. im 1. nachchristl. Jt. entstanden sind. Von diesen führt wieder ein gerader Weg zu den frühen Werken aus bronzeähnl. Legierun-

gen in Nigeria. Im Gebiet der Kissi in Sierra Leone findet man kleine Steatitfigürchen („Nomoli"), Frühphase im 13./14.Jh., die Spätphase 1690–1750. In der Frühphase finden sich Stileigentümlichkeiten, die aus Nok, Ife und aus dem frühen Benin bekannt sind. Hier sind vielleicht die ersten Anzeichen eines „urafrikan. Stiles".

Die „Bronzen" von Benin (S-Nigeria), im Wachsausschmelzverfahren („Guß in verlorener Form") hergestellt, sind in ihren Anfängen (etwa 1260), trotz großem Naturalismus von archaischer Einfachheit. Die Darstellung der Gottkönige hat Porträtcharakter. Reliefplatten von den Pfeilern u. Wänden des Königspalastes schildern den Triumphzug eines Fürsten, unter dessen Herrschaft Benin seine größte territoriale Ausdehnung erreichte. Attribute, Gesten und Kleidung der Dargestellten ermöglichen es, den sozialen Rang jeder einzelnen Figur zu erkennen. Die Benin-Kunst ist eine höf.-profane Kunst. In der Elfenbeinschneidekunst findet man Einflüsse aus dem span.-portugies. Raum der Renaissancezeit. Porträthaftigkeit zeigen auch Könige und königl. Ahnenfiguren im Kubareich im südl. Kongo oder bei der Baule an der Elfenbeinküste. Ganz anders ist die Situation dort, wo es zu keiner Staatenbildung und zu keinen großen Feudalherrschaften kommt, sondern wo nur kleine Häuptlingstümer bestehen. Hier ist die Plastik ausschließl. sakral. Bei diesen Bauernvölkern ist das Universum streng hierarch. gegliedert: an der Spitze steht der schaffende Gott, unmittelbar unter ihm, als oberste Stufe der Menschen, die Ahnen, die Mittler zwischen den Lebenden und Gott sind. Der Ahne gibt dem Lebenden Fruchtbarkeit, der Lebende durch die Opfer dem Verstorbenen Leben. Diesem Verhältnis dient die gesamte Plastik (Figur und Maske). Den Ahnen werden in Statuen und Masken neue Leiber geschaffen, in denen sie sich ständig (in der Figur) oder zeitweise (in der Maske in Aktion) aufhalten und am Leben der diesseitigen Familie teilnehmen. Infolge der raschen Verwitterung der Schnitzerei muß sogleich eine neue - und zwar genau in derselben Form - gemacht werden, um dem Verstorbenen einen neuen Ersatzleib zu schaffen und zu verhindern, daß er wirklich „tot", d.h. vergessen ist. Das bedingt eine starke Konstanz der Stile. Es lassen sich Stilprovinzen unterscheiden. Im westl. sudan. Raum herrscht bei einer Anzahl von Völkern (Dogon, Kurumba, Bobo, Bambara) eine große Neigung zur Abstraktion, und die lineare, graph. Bemalung auf den Masken hat symbol. Charakter. In den Waldgebieten der guineischen Küste herrscht Naturalismus vor, der eng mit dem üppig blühenden Maskenwesen der Geheimbünde zusammenhängt. Hier finden sich dann auch häufig Berufskünstler (z.B. in Liberia bei den Dan, in Nigeria bei

den Yoruba, in Kamerun bei den Bamum, in Ghana bei den Aschanti. Ihre Produkte zeichnen sich durch Überfeinerung, techn. Können und Spezialisierung der Formen (Abb.) aus. Seine ausgeprägtesten Formen erreicht der Naturalismus im Kongobecken. Am berühmtesten sind die Ahnen[sitz]figuren der Pangwe im südl. Kamerun und nördl. Gabun (Abb.). Neben die sakrale Ahnenfigur tritt bei den Kongo und Teke die Darstellung von verschiedensten Geistern (z.B. Nagel- und Spiegelfetische), die dem Menschen als Helfer und Schützer beigegeben sind. Allg. Stilmerkmale der gesamten afrikan. Plastik sind: Unbewegtheit, Frontalität (da auf das Gespräch [= Gebet] mit dem Gegenüber orientiert), Überbetonung des Kopfes (Sitz bes. Kräfte). Noch ganz unerforscht sind die Tatsachen, daß gleiche Stileigentümlichkeiten oftmals bei weit voneinander lebenden Ethnien vorkommen und daß oft bei ein und demselben Volk naturalist. neben abstrakten Schöpfungen gebräuchl. sind. Es ist zu vermuten, daß es sich hier um die materielle Wiedergabe ganz verschiedener geistiger Phänomene handelt, die einen jeweils bestimmten, ihnen eigentüml. stilist. Ausdruck erhalten. Neben der plast. Kunst treten die anderen Kunstgattungen stark zurück. Z. T. werden die Hauswände mit meist geometr. Ornamenten farbig bemalt oder mit Flachreliefs von Tieren, Menschen u.ä. versehen oder auch mit geschnitzten Pfosten ausgestattet (nördl. Kamerun). Perlarbeiten sind verbreitet, ebenso Ritzzeichnungen auf Kalebassenschalen. Die afrikan. Souvenirkunst sollte nicht mit dieser in den religiös-sozialen Kulturaufbau verflochtenen Kunst verwechselt werden. Vereinzelt sind Aufbrüche zu einer neuen Kunst bemerkbar: moderne, aber unverkennbar afrikan. Malerei und Plastik in Nigeria, Plastik aus Tansania (Makonde) u. Bildwerke aus Rhodesien, bei denen z. T. Formelemente verschiedener Ethnien zu einer neuen formalen Einheit verschmelzen. - Nicht zur a. K. im engeren Sinn wird die Buschmannkunst (Felsmalereien in S-Afrika) gerechnet. - Abb. S. 122.

📖 *Wassing, R. S.: Die Kunst des schwarzen Afrika*. Stg. 1977. - *Leuzinger, E.: Die Kunst v. Schwarz-Afrika*. Recklinghausen ²1976.

afrikanische Literatur, eine fast ausschließl. mündl. überlieferte anonyme Volksdichtung. Nur bei wenigen Völkern (z. B. Suaheli, Haussa, Ful, Kanuri) sind unter islam. Einfluß Dichtungen in arab. Schrift aufgezeichnet worden. Seit der Mitte des 19. Jh. wurde a. L. gesammelt und z. T. in lat. Schrift, vielfach ergänzt durch phonet. Zeichen, teils aber auch nur in Übersetzungen veröffentlicht. Nur selten ist es möglich, einzelne Gattungen der a. L. bestimmten Stämmen oder Gebieten zuzuordnen. Die **Lieder** umfassen Arbeits-, Reise-, Spott-, Liebes-, Hochzeits-,

Kriegs-, Lob-, Lehr-, Jagd-, Zauber- und Fluchlieder. Das Lehrlied, das den Reifeweihen (Initiation) der Jugend bedeutsam, bildet den Übergang zur **didakt. Dichtung,** deren wichtigste Form das Sprichwort ist (kurz, kontrastreich, sprachl. archaisch), ferner das Rätsel, dessen Auflösung vielfach als bekannt vorausgesetzt wird. Die **Mythen** handeln von Schöpfung der Welt (die Urzeitmythen vom Entstehen der Stämme und Sozialverbände), Störung des Weltlaufs und Kulturbringern. Die Störung des Weltlaufs wird oft durch einen Tabubruch erklärt. Die Kultur- oder Heilbringer reorganisieren die Welt, vermitteln den Menschen bes. Kenntnisse oder Dinge (Werkzeuge, Kulturpflanzen), besiegen Ungeheuer. **Märchen und Sagen** haben starke Beziehung zum Mythos. Auch beim **Epos** bleibt der Dichter meist anonym. Am bekanntesten sind die Epen der Suaheli und Mandingo. Bei den Suaheli (auf den ostafrikan. Inseln Lamu und Patta) entstanden sie unter arab. Einfluß. **Schauspiele** sind z. B. in S-Nigeria (Yoruba, Ibibio) und Mali (Mandingo) bekannt. Bei letzteren handelt es sich um satir. Stücke ohne moralisierende Tendenz. Handlung und Rollen sind festgelegt, aber nicht der Wortlaut. - ↑ auch neoafrikanische Literatur.

⚏ *Zwernemann, J.: Die traditionelle Lit. des Schwarzen Afrika. In: Die Litt. der Welt ... Hg. v. W. v. Einsiedel. Zürich 1964. S. 1347.*

afrikanische Musik, die Vielfalt der Völker und Stämme Afrikas mit ihren jeweils eigenen Traditionen gestattet keine in Einzelheiten allgemeingültige Charakteristik der a. M. - Wesentl. ist, daß sich das Musikleben weitgehend in und unter Mitwirkung der Gemeinschaft abspielt. Musik erreicht dabei allg. den Bereich des Kultischen und Magischen. Stärkstes Element ist der Rhythmus. Die melod. Gebilde sind durch Kurzgliedrigkeit und meist geringen Tonumfang geprägt. Der Wechsel im Vortrag zweier Einzelsänger oder Chorgruppen ist ebenso verbreitet wie der Wechsel zw. Vorsänger und Chor. Mehrfach nachgewiesen sind Formen einfacher Mehrstimmigkeit. - Für die Mehrzahl der **Instrumente** der a. M. ist charakterist., daß klare Töne bewußt vermieden werden. Diese werden entstellt, durch verschiedenste Nebengeräusche angereichert und farbiger gestaltet. Im Vordergrund stehen Trommel sowie Rhythmus- und Geräuschinstrumente (Rasseln, Klappern, Holz- und Metallglocken, die xylophonartige Marimba sowie die ↑ Zanza). Die Blasinstrumente reichen von ausgehöhlten angeblasenen Fruchtkörpern über Flöten, Pfeifen, Hörner bis zu Holz- oder Metalltrompeten. Die Saiteninstrumente umfassen Formen des einsaitigen Bogens bis zu hochentwickelten Bogenharfen sowie Zithern, lauten- u. zitherartige Harfen, teilweise bis zu einer Länge von zwei Metern und mit mehr als 20 Saiten.

Eng verbunden sind Musik und Tanz. Der **afrikan. Tanz,** der durch einen kaum übersehbaren Reichtum an Formen ausgezeichnet ist, dient oft der Magie, der Geisterbeschwörung oder drückt persönl. Gefühle aus. Er kam seit 1920 nach Europa, wo er in abgewandelter Form v. a. durch Joséphine Baker und Katherine Dunham bekannt wurde.

⚏ *Nketia, J. H.: The music of Africa. New York 1974. - Laade, W.: Die Situation v. Musikleben u. Musikforschung in den Ländern Afrikas u. Asiens ... Tutzing 1969.*

Afrikanischer Nationalkongreß (engl. African National Congress, Abk. ANC), 1912 gegr. südafrikan. Partei der Bantu; ihr Ziel ist eine demokrat. Gesellschaft, in der die sozial und polit. gleichberechtigten Rassen integriert zusammenleben; 1960 verboten, seitdem im Untergrund; einer der bekanntesten Führer war A. Luthuli.

Afrikanischer Nationalrat (engl. African National Council, Abk. ANC), 1971/72 entstandene polit. Organisation der Schwarzen in Rhodesien; strebte eine Regierung der schwarzen Bev.mehrheit an; nachdem sich 1974 die Befreiungsbewegungen angeschlossen hatten, kam es 1974 und 1975 zu Spaltungen, danach in Vereinigter Afrikan. Nationalrat (engl. Abk. UANC) umbenannt.

afrikanischer Tanz ↑ afrikanische Musik.

afrikanische Sprachen, in Afrika ursprüngl. beheimatete Sprachen (also nicht Afrikaans, Pidgin-Englisch u. a.). I. e. S. ist a. S. Bez. für die von den Schwarzen gesprochenen Sprachen der Sprachgruppen ↑ Nigerkordofanisch, ↑ Nilosaharanisch und ↑ Khoi-San. I. w. S. werden auch die in N-Afrika gesprochenen Sprachen des ↑ Hamitosemitischen zu den a. S. gezählt.

Afrikanisch Mahagoni, svw. Khaya; ↑ Hölzer (Übersicht).

Afrikanisch Teak, svw. Iroko; ↑ Hölzer (Übersicht).

Afrikanistik [nlat.], Wissenschaft, die sich mit der Kultur und den Sprachen der afrikan. Völker beschäftigt.

Afritsch, Josef, * Graz 13. März 1901, † Wien 25. Aug. 1964, östr. Politiker (SPÖ). - 1945–59 Stadtrat in Wien, 1959–63 Innenminister.

Afriziden [lat.], Bez. für das Grundgebirge Südafrikas.

Afro, eigtl. A. Basaldella, * Udine 4. März 1912, † Zürich 23. Juli 1976, italien. Maler. - Bruder von ↑ Mirko. Früher Vertreter der italien. informellen abstrakten Kunst.

afroalpine Stufe, Bez. für den unmittelbar unterhalb der Schneegrenze gelegenen (subnivalen) Bereich der trop. Hochgebirge Afrikas.

afroamerikanische Musik, das Ergebnis der Auseinandersetzungen zw. westafrikan. und europ.-abendländ. Musik auf

afrikanische Kunst

Kunst von Benin (Nigeria): Leopard

Kunst von Benin (Nigeria): Bronzefigur

Kunst der Aschanti (Ghana): Ahnenfigur

Kunst der Kuba (Zentralzaïre): Maske

dem amerikan. Kontinent. Rhythm. orientierte Praktiken vermengen sich dabei mit harmon.-melod. Elementen. In N-Amerika entstanden so Minstrels, Worksongs, Spirituals und die Jazzformen Ragtime und Swing, in M- und S-Amerika die lateinamerikan. oder Kreolenmusik.

afroasiatisch, sowohl Afrika als auch Asien betreffend.

afroasiatische Sprachen ↑ Hamitosemitisch.

afrokubanischer Jazz, spezif. Ausprägung der urspr. getrennte Wege gehenden nord- und lateinamerikan. Formen der afroamerikan. Musik, die, als der Swing vom Bebop abgelöst wurde, eine Verbindung eingingen. In dem Maß, wie a. J. zu einer Modeerscheinung wurde, nahm sich die Unterhaltungsind. seiner an. Kommerzialisierte Formen der J. sind Rumba, Conga, Mambo, Calypso und Cha-Cha-Cha.

Afropavo [lat.], Gatt. der Hühnervögel mit der einzigen Art ↑ Kongopfau.

Afrormosiaholz (Afrormosia), Handelsbez. für ein zunächst gelblicholives, später braun nachdunkelndes, meist dunkelgestreiftes Holz von dem Hülsenfrüchtler Afrormosia elata, einem etwa 25 m hohen Baum in W-Afrika; ↑ Hölzer (Übersicht).

AFSOUTH [engl. ˈæfˈsauθ] ↑ NATO (Tafel).

Aftenposten, norweg. Zeitung, ↑ Zeitungen (Übersicht).

After [zu althochdt. aftero „der Hintere"] (Anus), hintere, häufig durch Ringmuskeln (Sphinkter) verschließbare, der Ausscheidung unverdaul., fester oder (bei Ausbildung einer ↑ Kloake) auch flüssiger Nahrungsreste dienende Darmausmündung bei der Mehrzahl der Tiere und beim Menschen. Beim Menschen liegt der Übergang des A. in die Dickdarmschleimhaut etwa 2 cm vom A.rand entfernt. Der A. weist eine (z. T. nur sehr dünne) Hornschicht auf, ist an seiner Mündung reichl. pigmentiert und besitzt große Talg- und zahlr. Schweißdrüsen. Im oberen Teil seiner Wandung liegen zahlr. weite Venengeflechte (hier kann es zur Hämorrhoidenbildung kommen), die ein Polster bilden. Dieses wird durch den 2 bis 4 mm starken **inneren Afterschließmuskel** (mit glatten, dem Willen nicht unterworfenen Muskelfasern) zusammengedrückt und hält den Darm bei fehlendem Kotdrang verschlossen. Ein zweiter Muskelring umschließt als **äußerer Afterschließmuskel** (mit quergestreiften Fasern) den inneren Muskelring. Seine Kontraktion kann willkürl. erfolgen.

After..., Bestimmungswort in heute kaum noch gebräuchl. Zusammensetzungen mit der Bedeutung: „Hinter..., Nach...", z. B. *A.mieter* („Untermieter").

Afterburner [engl. ˈɑːftəˌbəːne], svw. Nachbrenner (↑ Nachverbrennung).

Afterdrüsen (Analdrüsen), im oder am After mündende Drüsen bei vielen Insekten und manchen Wirbeltieren (z. B. bei Lurchen, Nagetieren, Raubtieren); sondern ein oft unangenehm riechendes Sekret ab, das zur Anlockung und sexuellen Erregung des anderen Geschlechts (z. B. ↑ Zibet) oder zur Verteidigung (z. B. beim Stinktier) dient.

Afterentzündung (Anitis), Haut- und (aufsteigend) Schleimhautentzündung der Aftergegend mit Rötung, Schwellung und Schmerzen, v. a. infolge Zersetzung von Haut- und Darmsekret.

Afterklauen (Afterzehen), bei Paarhufern die 2. und 5. Zehe, die den Boden meist nicht mehr berühren.
◆ svw. ↑ Afterkrallen.

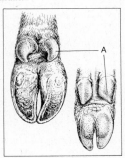

Afterklauen (A) beim Rind (links) und beim Schwein

Afterkrallen (Afterklauen, Afterzehen), beim Haushund die rudimentären, den Boden nicht mehr berührenden ersten Zehen an der Innenseite des Mittelfußes der Vorder- und oft auch der Hinterbeine; die A. der Hinterbeine werden auch als **Wolfskrallen** bezeichnet.

Afterkristalle ↑ Pseudomorphose.

Afterlehen, im Lehnsrecht das durch den Lehnsmann weiterverliehene Lehen (↑ Lehnswesen).

Afterraupen, raupenähnl. Larven der Blattwespen, die im Unterschied zu den Schmetterlingsraupen eine größere Anzahl von Bauchfüßen haben.

Afterrüsselkäfer (Rhynchitinae), Unterfam. oft metall. glänzender Rüsselkäfer mit vielen Arten, bes. im Orient; Brutpflege, z. B. durch Zusammenrollen von Blättern zu einem Wickel, in den die Eier abgelegt werden. Das abgestorbene Pflanzenmaterial dient den Larven zum Fraß. Z. T. gefährl. Pflanzenschädlinge.

Afterschrunde, svw. ↑ Analfissur.

Afterskorpione (Chelonethi), weltweit verbreitete Ordnung bis 7 mm langer, flachgebauter Spinnentiere mit rund 1 300 Arten; unterscheiden sich von den Skorpionen v. a. durch ihre geringe Größe und das Fehlen des stark verschmälerten Hinterkörpers sowie des

Giftstachels; Kieferfühler mit Spinndrüsen, mit deren Hilfe kleine Nester zum Häuten und zur Überwinterung gesponnen werden; in M-Europa z. B. der ↑ Bücherskorpion.

Afterspinnen, svw. ↑ Weberknechte.

Aftervasall ↑ Lehnswesen.

Aftervorfall, fälschl. für ↑ Mastdarmvorfall.

Afterwurm, svw. ↑ Madenwurm.

Afterzehen, svw. ↑ Afterklauen.

◆ svw. ↑ Afterkrallen.

Aftonbladet, schwed. Zeitung, ↑ Zeitungen (Übersicht).

Afula, Stadt in N-Israel, 35 km sö. von Haifa, 19 000 E. Sitz einer Bezirksverwaltung; Zucker-, Textil- u. a. Ind. - Das 1925 gegr. A. bildet heute die City, von der die nach 1952 erbaute Neue Stadt (A. Illit) 3 km entfernt ist. Nahebei lag die antike Stadt **Arbel** (Reste von Befestigungsanlagen; Ausgrabungen).

Afyon (früher Afyonkarahisar), türk. Stadt im westl. Inneranatolien, 1 010 m ü. d. M., 74 600 E. Verwaltungssitz des Verw.-Geb. A., archäolog. Museum; Große Moschee (1272); Zentrum des bedeutendsten türk. Mohnanbaugebietes (Opiumerzeugung); Zementfabrik, Teppichknüpferei, Thermalquellen (22 km entfernt); Bahnknotenpunkt; ✈. - Die Stadt liegt am Hangfuß eines dunklen Trachytfelsens mit Ruinen einer Seldschukenfestung. In der Umgebung Felsdenkmäler aus phryg. Zeit. - Ab 395 byzantin., kam dann an die Seldschuken, 1428 an das Osman. Reich. - Bei A. schlugen die von Atatürk geführten Türken die Griechen 1922 entscheidend.

Afzelia [nach dem schwed. Botaniker A. Afzelius, *1750, †1837], Gatt. der Hülsenfrüchtler mit rund 10 Arten in den trop. Baumsteppen und Savannen der Alten Welt (v. a. Afrika); meist mittelgroße Bäume; bekannt ist die wegen der Form der Früchte auch als Portemonnaiebaum bezeichnete Art **Afzelia africana;** verschiedene Arten liefern wertvolle Nutzhölzer.

Afzelius, Arvid August [schwed. af´se:lius], *Fjällakra (Västergötland) 6. Mai 1785, †Enköping 25. Sept. 1871, schwed. Folklorist und Dichter. - Hg. von Sammlungen altschwed. Volkslieder und Sagen mit großer Wirkung auf die zeitgenöss. Dichtung.

Ag, chem. Symbol für: ↑ Silber (lat. argentum).

AG, Abk. für: Aktiengesellschaft.

◆ Amtsgericht.

a. G., auf dem Theaterprogramm Abk. für: **als Gast.**

◆ bei Versicherungen Abk. für: **auf Gegenseitigkeit.**

Aga (Agha), früher Titel für hohe türk. Offiziere und Hofbeamte, später auch für niedrigere Ränge; im Pers. heute Anrede („Herr"), früher Titel für Adlige und Gelehrte.

Agade ↑ Akkad.

Agadès, Stadt in Z-Niger, am S-Rand des Aïr, 10 000 E. Verwaltungssitz des Dep. A.; meteorolog. Station; Moschee; Oasenwirtschaft; bed. Markt; Kreuzungspunkt an der östl. Transsaharastraße; ✈.

Agadir, Hauptstadt der Prov. A. in S-Marokko, am Atlantik, 70 000 E. Fischverarbeitende Ind. (v. a. Ölsardinen); Hafen; ✈; Fremdenverkehr (Seebad). - 1505 von Portugiesen gegr., seit 1541 marokkan.; 1911 vom dt. Kanonenboot „Panther" angelaufen (Panthersprung nach A.); 1960 durch Erdbeben fast völlig zerstört, modern wieder aufgebaut.

Ägadische Inseln (italien. Isole Egadi; Ziegeninseln), vier italien. Inseln vor der W-Spitze Siziliens, bis 684 m ü. d. M.; Hauptort Favignana (4 600 E). - Hier siegte 241 v. Chr. die röm. Flotte über die Karthager und entschied damit den 1. Pun. Krieg. - Im W-Küste Höhlen mit prähistor. Felsmalereien.

Ägäis, svw. ↑ Ägäisches Meer.

Ägäische Inseln, zusammenfassende Bez. für die Inseln des ↑ Ägäischen Meeres.

ägäische Kultur (kret.-myken. Kultur), bronzezeitl. Kultur, die etwa 3600–1150 den Ägäisraum trotz seiner geograph. Zersplittertheit u. entsprechend differenzierten Bev. v. a. infolge eines zunehmend ausgeweiteten Handels zu einer im ganzen einheitl. Kulturprov. verband, in der sich mehrere Teilbereiche eigenen Gepräges abhoben: Westkleinasien samt Sporaden, Zypern und südl. Thrakien (↑ Troja), die Kykladen (↑ Kykladenkultur), Kreta (↑ minoische Kultur) und das griech. Festland einschließl. Küstenmakedonien (↑ helladische Kultur, in ihrer spätesten und wirkungsvollsten Phase ↑ mykenische Kultur). Obgleich die Kenntnis der Kultur W-Kleinasiens und der Kykladenkultur noch sehr lückenhaft ist, sind einige Entwicklungsphasen der ä. K. deutl. - ↑ auch Übersicht.

Ägäisches Meer (Ägäis), Nebenmeer des Mittelländ. Meeres, zw. Griechenland und Kleinasien, im S durch einen Inselbogen (u. a. Kreta, Rhodos) begrenzt; etwa 180 000 km², reichgegliederte Küsten; im NO durch die Gruppe der Kykladen gliedert das Meer in einen nördl. und einen südl. Teil. Das Klima ist mediterran. Zahlr. Inseln als Reste des alten Festlandes liegen im Ä. M. (u. a. Samothraki, die Nördl. Sporaden, Euböa, Samos, Chios, Lesbos, die Kykladen, der Dodekanes, Kreta, Rhodos). Sie gehören mit Ausnahme vom İmroz und Bozcaada (vor den Dardanellen) zu Griechenland.

ägäische Sprachen, zusammenfassende Bez. für die Sprachen, die vor der Einwanderung indogerman. Völker im östl. Mittelmeerraum gesprochen wurden. Durch Sprachdenkmäler bekannt sind das ↑ Eteokretische, ↑ Eteokyprische, ↑ Etruskische und die

Ägäische Kultur			
Troja	Kreta	Kykladen	griech. Festland
1. Hälfte 3. Jt. Entdeckung von Kupfer und Zinn			
2600	2600	2600	2500
frühe Bronzezeit Troja I–V	frühminoisch	Kykladenkultur	frühhellad.
	2050	2000	1900
	mittelminoisch	zunehmender minoischer Einfluß	mittelhellad.
1570	1570		1570
myken. Zeit. Troja VI	spätminoisch		späthellad.-myken.
	1400 – – – – – – – – – – – – – –		
	myken. Vorherrschaft		
1200	1200	1200	1150

diesem nahestehende Sprache der ↑ Stele von Lemnos.

ägäische Wanderung, um 1250 v. Chr. beginnende, sich über die Randgebiete des östl. Mittelmeeres erstreckende Völkerbewegung; führte in Griechenland zur Ablösung der Bronze- durch die Eisenzeit, im Vorderen Orient zur Zerstörung des Hethiterreiches, zur Bedrohung Ägyptens durch die „Seevölker" und zu gewaltsamer Umwandlung der ganzen ägäischen Welt.

Aga Khan, seit Anfang des 19. Jh. Titel des erbl. Oberhauptes der islam. Sekte der Hodschas (↑ Ismailiten) in Indien und Ostafrika. Der Träger des Titels gilt als Inkarnation göttl. Kräfte und als unfehlbar.

Agakröte (Südamerikan. Riesenkröte, Bufo marinus), 15–25 cm große, braune bis hellgraue, schwarzgefleckte Kröte, in M- und S-Amerika; als nützl. Insektenvertilger in zahlr. Ländern mit Zuckerrohranbau eingebürgert.

Agalaktie [griech.], Stillunfähigkeit; völliges Fehlen der Milchsekretion bei Wöchnerinnen.

Agalega Islands [engl. ɑ:gɑˈlɛgɑ: ˈaɪləndz] ↑ Mauritius.

Agalma, im Griech. seit dem frühen 6. Jh. v. Chr. Bez. für ein kostbares Weihgeschenk, seit dem 5. Jh. v. Chr. für ein Götterstandbild.

Agalmatolith [griech.] (Bildstein), feinschuppige, feste (dichtere) Varietät des Pyrophyllits; für Schnitzarbeiten verwendet.

Agamemnon, Gestalt der griech. Mythologie. Aus dem fluchbeladenen Geschlecht des Tantalus, Sohn des Atreus (daher „der Atride" genannt), König von Mykene. Um Klytämnestra heiraten zu können, beseitigt er ihren Gatten. Um den Raub der Helena, der Gattin seines Bruders, durch Paris, zwingt ihn ein Eid, an der Spitze eines griech. Heeres

gegen Troja zu ziehen. Vor Troja zeichnet sich A. mehrfach aus. Als Sieger heimgekehrt, wird A. von seinem Vetter Ägisthus (oder [auch] von Klytemnästra) ermordet. Den Tod seines Vaters rächt später Orestes. - Die bedeutendste dramat. Gestaltung von A. Heimkehr und Tod stellt der „A." von Aischylos dar. Aus jüngerer Zeit ist v. a. „A. Tod" von G. Hauptmann zu nennen.

Agamen (Agamidae) [indian.], Fam. bis 1 m langer, am Boden oder auf Bäumen lebender Echsen mit etwa 300 Arten in den wärmeren Zonen der Alten Welt (v. a. den Tropen); mit meist kurzem, häufig auch breitem Kopf, walzenförmigem Körper und Schwanz, oft mit Rückenkämmen oder aufblähbarem Kehlsack (bes. bei ♂♂); u. a. Schmetterlingsagame, ↑ Segelechse, ↑ Kragenechse, ↑ Flugdrachen, ↑ Wasseragame.

Agamet [griech.], geschlechtl. nicht differenzierte Zelle niederer Lebewesen, die der ungeschlechtl. Fortpflanzung durch Teilung dient.

Agammaglobulinämie [griech./lat./ griech.], angeborenes (im Erwachsenenalter [als Folge von Infektionskrankheiten] erworbenes) Fehlen von Gammaglobulinen im Blutserum; bedingt Anfälligkeit gegenüber Infektionen infolge verhinderter Antikörperbildung.

Agamogenesis [griech.], ungeschlechtl. Fortpflanzung.

Agamogonie, ungeschlechtl. Vermehrung durch Zellteilung; bei der A. kann sich die Zelle in zwei oder viele gleichgroße Tochterzellen aufteilen, oder sie schnürt durch Zellknospung einen kleinen Teil ab.

Agana [engl. ɑ:ˈgɑ:njə] (Agaña), Hauptstadt von Guam, an der W-Küste der Insel, 4200 E. Militärstützpunkt der USA; Hafen. - 1944 zerstört, wiederaufgebaut.

Agapanthus [griech.], svw. ↑Schmucklilie.

Agape [griech. „Liebe"], Bez. für den christl., bes. vom N. T. geprägten Begriff der Liebe. Nach dem N. T. ist A. die sich in Christus zeigende Liebe Gottes zu den Menschen, bes. zu den Armen, Schwachen und Sündern, die Nächstenliebe, die Feindesliebe, die Liebe zu Gott.

◆ Bez. für das abendl. Mahl der christl. Gemeinde der ersten Jh., urspr. wohl mit der Feier des ↑Abendmahls verbunden.

Agapornis [griech.], svw. ↑Unzertrennliche.

Agar-Agar [indones.], aus pektinartigen Zellwandbestandteilen verschiedener Rotalgenarten des Pazif. und des Ind. Ozeans gewonnenes Trockenprodukt, das nach Aufkochen und Abkühlen eine steife Gallerte ergibt. A.-A. wird verwendet zur Herstellung von Nährböden in der Bakteriologie, als Appretur in der Textilind. und als Geliermittel für Zukkerwaren.

Agaricales [griech.], svw. ↑Lamellenpilze.

Agaricus [griech.], svw. ↑Champignon.

Agartala [engl. 'ægətɑːlɑː], Hauptstadt des ind. Unionsstaates Tripura, am O-Rand des Ganges-Brahmaputra-Deltas, 64 000 E. 5 Colleges der Univ. von Kalkutta; Handelszentrum für landw. Produkte.

Agartz, Viktor, *Remscheid 15. Nov. 1897,† Marienheide 9. Dez. 1964, dt. Gewerkschafter. - Marxist; nach dem 2. Weltkrieg maßgebl. am Wiederaufbau von SPD und Gewerkschaften beteiligt; 1953–55 Mitgeschäftsführer des Wirtschaftswiss. Inst. der Gewerkschaften; 1959 Parteiausschluß.

Agasias, griech. Bildhauer aus Ephesus, Anfang des 1. Jh. v. Chr. - Sohn des Dositheos, Schöpfer des ↑Borghesischen Fechters.

Agassiz, Alexander [frz. aga'si], *Neuenburg (Schweiz) 17. Dez. 1835,† an Bord der „Adriatic" 27. März 1910, amerikan. Zoologe und Ozeanograph schweizer. Abstammung. - Sohn von Louis A.; erforschte v. a. wirbellose Meerestiere und Fische.

A., Louis [frz. aga'si], *Môtier (Kt. Freiburg) 28. Mai 1807,† Cambridge (Mass.) 14. Dez. 1873, amerikan. Zoologe, Paläontologe und Geologe schweizer. Herkunft. - Eröffnete 1860 das erste amerikan. Museum für vergleichende Zoologie in Cambridge (Mass.). Gegner des ↑Darwinismus.

Agassiz, Lake [engl. 'leɪk 'ægəsi], der größte der Eisrandseen der späten Eiszeitalters in N-Amerika, der über 250 000 km² bedeckte und bis 200 m über dem Wasserspiegel des größten heutigen Restsees, des **Winnipegsees,** lag. Die hinterlassenen Sedimente bieten günstige Voraussetzungen für die Landw.

Agatha, hl., † Catania (Sizilien) zw. 249 und 251, Märtyrerin (unter Decius). - Ein Jahr nach ihrem Tod soll Catania bei einem Ausbruch des Ätna gerettet worden sein, weil man den Schleier A. dem Lavastrom entgegentrug. Daher Patronin gegen Feuersgefahr, der Berg- und Hochofenarbeiter. Fest: 5. Februar.

Agatharchos, aus Samos stammender att. Maler des 5. Jh. v. Chr. - Soll (nach Vitruv) eine perspektiv. Bühnendekoration für Aischylos' Tragödien entwickelt haben.

Agathe (Agatha), weibl. Vorname griech. Ursprungs; eigtl. „Die Gute".

Agathis [griech.], Gatt. der Nadelhölzer mit etwa 35 Arten, v. a. auf der S-Halbkugel; bis 40 m hohe Bäume mit fichtenähnl. Kronen bei ringsum freiem Wuchs; Blätter häufig wie die Blätter der Laubbäume breitflächig und gestielt. Die Bäume liefern ausgezeichnetes Nutzholz und ↑Kopal; u. a. ↑Kopalfichte, ↑Dammarafichte.

Agathokles, *Thermai (Sizilien) 360, † 289, Tyrann von Syrakus. - Gewann nach Vertreibung seiner polit. Gegner 322 eine führende Stellung in der wiederhergestellten Demokratie und erreichte schließl. unbegrenzte Machtbefugnis. Beim Versuch einer Herrschaftsausdehnung auf das übrige Sizilien kam es 311 zum Krieg mit den Karthagern, die er 310 in Afrika angriff, und die ihm 306/305 Sizilien bis zum Halykos zusprachen. Nahm 304 den Königstitel an; gab kurz vor seinem Tod Syrakus die demokrat. Verfassung zurück.

Agathon, *Athen (?) um 446,† Pella (= Nea Pella bei Saloniki) zw. 405 und 400, griech. Tragödiendichter. - Mit seinem ersten Stück siegte er 416 bei den Lenäen. Platon verewigte die Feier dieses Triumphes im „Symposion". Seit 407 hielt sich A. am makedon. Hof des Königs Archelaos zu Pella auf, wo auch Euripides lebte. Erhalten nur - stilist. glänzende - Bruchstücke.

Agave [griech.-frz.], Gatt. der Agavengewächse mit etwa 300 Arten, im südl. N-bis zum nördl. S-Amerika. Aus der meist am Boden aufliegenden großen Blattrosette entwickeln sich oft erst nach vielen Jahren trichterförmige Blüten in einer bis 8 m hohen Rispe. Nach der Fruchtreife sterben die Pflanzen ab. Blätter oft blaugrün, fleischig, meist lanzettförmig, dornig gezähnt oder ganzrandig; liefern Fasern (Sisalagaven) und sind z. T. Zierpflanzen (z. B. Amerikan. Agave). Werden auch zur Herstellung von ↑Pulque verwendet. Die A. wurde Ende des 15. Jh. durch die Spanier nach Europa gebracht.

Agavengewächse (Agavaceae), Pflanzenfam. der Einkeimblättrigen mit über 550 Arten in 18 Gatt. (u. a. ↑Agave, ↑Drachenlilie, ↑Palmlilie, ↑Bogenhanf) in den Tropen und Subtropen; Stamm meist gut entwickelt, auch kurz beblättert; Blätter schmal, oft fleischig, rosettenartig oder in Schopfform; Blüten in großen Ähren, Rispen oder Trauben; Früchte: Kapseln oder Beeren.

Agazzari, Agostino, * Siena 2. Dez. 1578, † ebd. 10. April 1640, italien. Komponist. - Neben geistl. (u. a. Messen, Motetten) und weltl. Musik (u. a. Madrigale) schrieb er eine Abhandlung über die Generalbaßpraxis.

Agazzi-Methode, 1892 von R. (* 1866, † 1951) und C. Agazzi (* 1870, † 1945) begr. und in Italien weitverbreitete Methode der Kleinkindererziehung. Mit Hilfe einfachster, dem alltägl. Leben entnommener Dinge, wie Dosen, Schachteln, Stofflappen, Papier, sollen sich die Kinder mit der Gegenstandswelt vertraut machen.

AGB, Abk. für: *Allgemeine Geschäftsbedingungen.*

Agba [afrikan.] ↑ Hölzer (Übersicht).

AG-Beschleuniger, Kurzbez. für engl.: alternating gradient [„wechselnder Gradient"], Teilchenbeschleuniger für sehr hohe Endenergien, in denen der Querschnitt des Teilchenstrahls durch abwechselnd fokussierend (bündelnd) und defokussierend (zerstreuend) wirkende Magnetfelder sehr klein gehalten wird.

Agbomè ↑ Abomey.

Agboville [frz. agbɔ'vil], Ort 70 km nnw. von Abidjan (Elfenbeinküste), 36 000 E. Anbau und Verarbeitung der Zitrusfrucht Bergamotte; Anbau von Kakao und Bananen; Handelszentrum; Straßenknotenpunkt.

Agde [frz. agd], südfrz. Stadt am linken Ufer des Hérault, 4 km oberhalb der Mündung in den Golfe du Lion, Dep. Hérault, 13 200 E. Mittelpunkt eines Weinbaugebietes; Fischerei; Fremdenverkehr (Seebad, Jachthafen). - Eine der ältesten Städte Frankr.; griech. Niederlassung **Agatha;** später unter röm., westgot., arab. Herrschaft, im 13. Jh. ein Sitz der Albigenser, im 16. Jh. befestigter hugenott. Waffenplatz; unter Ludwig XIII. geschleift; Bischofssitz etwa 500–1790. - Geringe Reste der griech. (röm.) Ummauerung, ehem. Kathedrale Saint-Étienne (12. Jh.; Wehrkirche).

Agedincum, antike Stadt, ↑ Sens.

Agee, James [engl. 'eɪdʒɪ], * Knoxville (Tenn.) 27. Nov. 1909, † New York 16. Mai 1955, amerikan. Schriftsteller. - Bed. als Lyriker („Permit me voyage", 1934). Filmkritiken, Dokumentarberichte, Drehbücher. Ein Tennessee spielen seine Romane, „Die Morgenwache" (1951), „Ein Schmetterling flog auf" (hg. 1957).

Agen [frz. a'ʒɛ̃], südwestfrz. Stadt an der Garonne, 95 km nw. von Toulouse, 33 000 E. Verwaltungssitz des Dep. Lot-et-Garonne und Bischofssitz; Kunstmuseum; Mittelpunkt eines Obstbaugebietes, Marktzentrum; u. a. Nahrungsmittel- und Textilind. - A. war Hauptort der gall. Nitiobriger (gallo-röm. **Aginnum**); im 13./14. Jh. zw. Frankr. und England heftig umstritten. - Jakobinerkirche (13. Jh.), Kathedrale Saint-Caprais (11.–16. Jh.), Kapelle Notre-Dame-du-Bourg (13.–15. Jh.; Backsteinbau), Bürgerhäuser mit

Arkaden (15.–18. Jh.); nördl. der Stadt Reste einer röm. Siedlung.

Agence d'Athènes [frz. aʒãsda'tɛːn] ↑ Nachrichtenagenturen (Übersicht).

Agence France-Presse [frz. aʒãsfrãs'prɛs] ↑ Nachrichtenagenturen (Übersicht).

Agence Havas [frz. aʒãsa'vɑːs], 1835 von Ch. L. Havas in Paris gegr. erste Nachrichtenagentur der Welt; Nachfolgerin wurde 1944 die Agence France-Presse.

Agencia Efe [span. a'xenθja 'efe] ↑ Nachrichtenagenturen (Übersicht).

Agenda [lat.-frz.], Schreibtafel; Merk-, Notizbuch; auch Terminkalender.

◆ Aufstellung der Gesprächspunkte bei polit. Verhandlungen.

Agende [zu lat. agenda „das, was getan werden soll"], in der christl. Kirche ursprüngl. jede Handlung im Gottesdienst, heute in den ev. Kirchen das die Ordnung des Gottesdienstes regelnde Buch.

Agens [lat.], Täter, Träger eines durch das Verb ausgedrückten Verhaltens im Ggs. zum ↑ Patiens.

◆ treibende Kraft; wirkendes, handelndes, tätiges Wesen.

◆ in der *Medizin:* 1. wirksamer Stoff; 2. krankmachender Faktor.

Agent [lat.-italien.], jeder im Auftrag oder Interesse eines anderen Tätige.

◆ (Handels-A.) veraltete Bez. des HGB (bis 1953) für Handelsvertreter; auch svw. Vermittlungs- oder Abschluß-A., z. B. der Versicherungsvertreter.

◆ diplomat. A. eines Staates, der neben dem regulären diplomat. Vertreter einen bes. Auftrag erfüllt.

◆ Bez. für Spion.

Agenția română de presă [rumän. adʒen'tsia ro'mɪnə de 'presə] ↑ Nachrichtenagenturen (Übersicht).

Agent provocateur [frz. aʒãprɔvɔka'tœːr], Lockspitzel; jemand, der einen anderen zur Begehung einer Straftat provoziert, um ihn dann in einem bestimmten Verhalten (z. B. zu Spionagediensten) nötigen oder zum Zweck der Strafverfolgung überführen zu können. Der A. p. bleibt im Recht der BR Deutschland straffrei, sofern er es nicht zur Vollendung der Tat kommen lassen will.

Agentur [lat.-italien.], Nachrichtenbüro, Nachrichtenagentur.

◆ Firmenvertretung durch Agenten, ungenau auch für Geschäftsnebenstelle.

Agenzia Nazionale Stampa Associata [italien. adʒen'tsiːa nattsjo'naːle 'stampa asso'tʃaːta] ↑ Nachrichtenagenturen (Übersicht).

Agenzia Telegrafica Stefani [italien. adʒen'tsiːa tele'graːfika 'steːfani], italien. Nachrichtenagentur, 1853–1945 Vorgängerin der Agenzia Nazionale Stampa Associata.

Ageo, jap. Stadt auf Hondo, 40 km nnw.

des Zentrums von Tokio, 146 000 E. Bed. v. a. als Wohnvorort von Tokio.

Ageratum [griech.], svw. ↑Leberbalsam.

Agerpres [rumän. adʒerˈpres] ↑Nachrichtenagenturen (Übersicht).

Ager publicus [lat.], das Grundeigentum des röm. Staates, im Ggs. zum Privatland des röm. Bürgers (**Ager privatus**). Seine Aufteilung wurde seit dem Ackergesetz 133 v. Chr. für ein Jh. ein wesentl. Streitpunkt der röm. Politik.

Agesander ↑Hagesander.

Agesilaos II., *444/443, † Kyrene 360, König von Sparta (seit 399). - Sohn Archidamos' II. aus dem Geschlecht der Eurypontiden. A. bestieg den Thron, nachdem er seinen Neffen mit Hilfe des Lysander verdrängt hatte. Nach wechselvollen Kämpfen (seit 396) gegen die Perser für die Autonomie der Griechen Kleinasiens versuchte er gegen eine von Persien unterstützte Koalition von Theben, Athen, Korinth, Argos u. a., die spartan. Hegemonie in Griechenland aufrechtzuerhalten, die schließl. am Zusammenstoß mit Theben (unter Epaminondas) nach 371 zerbrach.

Agesistratos, griech. Mechaniker des 1. Jh. v. Chr. (?). - Sein verlorenes Werk über Kriegsmaschinenbau diente Athenaios und Vitruv als Quelle.

Ägeus (Aigeus), in der griech. Sage König von Athen, der sich in das (angebl. nach ihm benannte) Meer stürzt, weil er wähnt, sein Sohn Theseus sei umgekommen.

Ageusie [griech.] (Geschmacksblindheit), Verlust der Geschmackswahrnehmung.

Agfa-Gevaert-Gruppe [niederl. ˈxeːvaːrt], dt.-belg. Weltunternehmen der Photoind., Sitz Leverkusen und Mortsel. Entstanden 1964 durch Zusammenschluß der Agfa AG, Leverkusen (Tochtergesellschaft der Farbenfabriken Bayer), und des belg. Photounternehmens Gevaert Photo-Producten N. V., Mortsel. Hauptprodukte: Photoartikel, Bürokopiermaschinen, Mikroverfilmung, Dokumentation.

Aggäus, Form der Vulgata für ↑Haggai.

Aggerstausee ↑Stauseen (Übersicht).

Aggiornamento [italien. addʒornaˈmento; „Anpassung an das Heute"], Versuch zur Anpassung der kath. Kirche und ihrer Lehre an die Verhältnisse des modernen Lebens (von Papst Johannes XXIII. erstmals in diesem Sinn verwendet).

Agglomerat [zu lat. agglomerare „aneinanderdrängen"], unverfestigte vulkan. Ablagerung aus eckigen Gesteinsstücken.
◆ ↑Sintern.

Agglomeration [lat.] (Ballungsraum, städtische A., Conurbation), Gebiet mit einer v. a. durch die Ind. ausgelösten Verdichtung von Menschen, Wohngebäuden, Arbeitsstätten und Wirtsch.leistungen auf engem Raum, mit großstädt. Bev.zahl (mindestens 0,5 Mill. E auf 500 km² geschlossener Siedlungsfläche, d. h. einer Bev.dichte von 1 000 E/km² und mehr). Häufig kommt es zu Überlastungserscheinungen wie Verkehrsprobleme und Umweltverschmutzung. Die monozentr. städt. A. (= Einkernballung) ist eine Großstadt mit angrenzenden Vororten und Satellitenstädten (z. B. London, Paris, Moskau, Hamburg, München). Die polyzentr. A. (= Mehrkernballung) liegt zumeist in rohstoff- bzw. kraftstofforientierten Ind.zonen und setzt sich aus mehreren Großstädten und ihrer Umgebung zus., wobei es keine alte Führungsstadt gibt (z. B. Ruhrgebiet, Region Nord in Frankr., Randstad in Holland).

agglomerieren [lat.], kompakte Stoffe aus staub- oder kornförmigen Bestandteilen herstellen (z. B. Briketts).

Agglutination [lat.], Zusammenballung von Bakterien durch spezif. Antikörper (**Agglutinine**), die nach Infektionen oder Impfungen im Blutserum gebildet werden; wird für die Bestimmung unbekannter Krankheitserreger mit bekannten agglutinierenden Seren oder noch nicht erkannter Krankheiten mit bekannten Erregern ausgewertet.
◆ Zusammenballung von roten Blutkörperchen durch fremde Blutseren. Beruht auf der Reaktion zw. den ↑Antigenen der Blutkörperchen *(Agglutinogene)* mit den ↑Antikörpern des fremden Serums (Agglutinine). Diese Eigenschaft liegt der Blutgruppenbestimmung zugrunde.

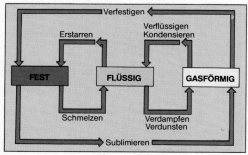

Aggregatzustände. Bezeichnungen der Übergänge zwischen den einzelnen Aggregatzuständen

◆ Anfügung von Bildungselementen an den mehr oder weniger unveränderten Wortstamm (↑agglutinierende Sprachen).

◆ Verschmelzung z. B. des Artikels oder einer Präposition mit dem folgenden Substantiv durch Aufhebung der Wortgrenze (z. B. im Neugriech. und in den roman. Sprachen).

agglutinierende Sprachen [lat./dt.], Sprachen, in denen die grammat. Funktionen (z. B. die Flexion) durch das Anfügen von Bildungselementen an den Wortstamm ausgeübt werden.

Agglutinine [lat.] ↑Agglutination.

Aggregat [zu lat. aggregare „aufhäufen"], aus mehreren Einzelmaschinen und/oder Einzelapparaten [auf einer gemeinsamen Grundplatte] zusammengesetzter Maschinensatz, z. B. Pumpen-A. (Antriebsmotor, Wasserpumpe, Saugwindkessel, Druckwindkessel, Regeleinrichtung).

◆ mehrgliedriger mathemat. Ausdruck, dessen einzelne Glieder durch + oder − verknüpft sind.

◆ (Aggregation) lockere, energiearme Zusammenlagerung von Molekülen oder Ionen.

Aggregation [lat.], Anhäufung, Vereinigung.

Aggregatzustand, die Erscheinungs- und Zustandsform, in der ein Stoff (allg.: die Materie) unter den durch Druck und Temperatur bestimmten äußeren Bedingungen existiert. Grob gesehen unterscheiden sich die drei A. (fest, flüssig, gasförmig) wie folgt: 1. Ein *fester Körper* besitzt ein bestimmtes Volumen und eine bestimmte Gestalt. 2. Ein *flüssiger Körper* besitzt ein bestimmtes Volumen, aber keine bestimmte Gestalt. Er nimmt die Form des Gefäßes an, in dem er sich befindet, und bildet dabei eine Oberfläche. 3. Ein *gasförmiger Körper* hat weder ein bestimmtes Volumen noch eine bestimmte Gestalt. Er nimmt jeden ihm zur Verfügung stehenden Raum ein und bildet dabei keine Oberfläche. Vorteilhafter, weil besser mit den molekularen Verhältnissen übereinstimmend, ist die Einteilung in *Kristalle, amorphe Stoffe* und *gasförmige Stoffe.* **Kristalle** sind Stoffe, bei denen die einzelnen Bausteine (Moleküle, Ionen, Atome) an ganz bestimmte feste Orte gebunden sind, um die herum sie Schwingungen ausführen können. Sie haben deshalb eine große Volumen- und Formbeständigkeit. **Amorphe Stoffe** sind Stoffe, bei denen die Bausteine nicht an bestimmte feste Orte gebunden, sondern leicht bewegl. sind. Solche Stoffe haben deshalb eine sehr geringe Formbeständigkeit. Da der Abstand der Teilchen untereinander jedoch im Mittel gleich bleibt, besitzen amorphe Stoffe eine große Volumenbeständigkeit. Zu ihnen gehören außer den Flüssigkeiten selbst auch feste nichtkristalline Körper wie z. B. Glas, Wachs, Siegellack u. ä., die man deshalb oft auch als unterkühlte Schmelzen bezeichnet. **Gasförmige Stoffe** sind

Stoffe, bei denen die Bausteine sich völlig frei bewegen können. Form und Volumen von Gasen sind deshalb leicht veränderlich. Bei sehr hohen Temperaturen existiert die Materie in einem vierten A., dem sog. **Plasmazustand** (↑Plasma), der sich vom normalen gasförmigen A. erhebl. unterscheidet. In unmittelbarer Nähe des ↑absoluten Nullpunktes sind alle Stoffe (mit Ausnahme des suprafluiden Heliums) fest und bilden, von den amorphen Stoffen abgesehen, mehr oder weniger regelmäßige Kristallgitter. Die Atome (bzw. Ionen) führen um die Gitterpunkte der Kristalle kleine Schwingungen aus, und zwar um so stärker, je mehr [Wärme]energie zugeführt wird. Erreicht die Temperatur die des Schmelzpunktes eines Stoffes, so sind diese Schwingungen der Kristallatome so stark, daß die Bindungskräfte nicht mehr ausreichen, um die Atome (Moleküle, Ionen) in einem regulären Kristallgitter zusammenzuhalten; der feste Stoff schmilzt. Bei Erreichen und Überschreiten der Siedepunktstemperatur reichen die Anziehungskräfte nicht mehr aus, die Atome zusammenzuhalten: die Flüssigkeit siedet, d. h., alle Atome oder Moleküle bewegen sich frei und bilden den gasförmigen A. Bei weiterer Temperaturerhöhung brechen die Bindungen v. den Atomen der Gasmoleküle auf (Dissoziation) und schließl. tritt Ionisation der Atome ein: die Zahl der Ionen und freien Elektronen wächst; das Gas wird zu einem Plasma. In diesem vierten A., dem Plasmazustand, befindet sich der weitaus größte Teil der Materie im Weltall. Ein Stoff kann im allg. in jedem A. auftreten, sofern die dazu erforderl. Drücke und Temperaturen experimentell zu realisieren sind und er auch bei hohen Temperaturen beständig ist. Zur Änderung des A. wird stets beträchtl. Energie aufgenommen oder frei (↑Schmelzwärme, ↑Verdampfungswärme, ↑Sublimationswärme).

Aggressine [lat.], von Bakterien gebildete Stoffe, die die natürl. Schutzstoffe des Körpers unwirksam machen.

Aggression [zu lat. aggressio „Angriff"], im älteren *Völkerrecht* Bez. für Angriff.

◆ in der *Psychologie* jedes, insbes. das affektbedingte Angriffsverhalten des Menschen, das auf einen Machtzuwachs des Angreifers und eine Machtminderung des Angegriffenen zielt. Als Reaktion auf wirkl. oder vermeintl. Bedrohung der eigenen Machtsphäre, v. a. als Reaktion auf ↑Frustration, erscheint die A. in allen sozialen, auch den sexuellen Beziehungen des Menschen. Dabei richtet sich die A. in erster Linie gegen andere Menschen, gegen Sachverhalte und Institutionen, wie z. B. Staat, Gesellschaft, Kirche, Schule, aber auch gegen die eigene Person (**Autoaggression;** als Selbstverachtung, Selbsthaß, Selbstmord, Masochismus), wenn sie mit der Realität und den Forderungen der Gesellschaft

kollidiert oder sich im Prozeß der sozialen Anpassung aus ihrer Machtsphäre verdrängt sieht. In der *Pädagogik* ist es das Problem der Erzieher, A. als vitales Grundvermögen des Zöglings zu akzeptieren. Jedoch fördert überstrenges bzw. unterdrückendes wie alles gewährendes Erziehungsverhalten die A. entweder direkt oder den übergroßen Gehorsam als ihre verleugnete Form. Beides verhindert eine gesunde Ich-Entwicklung.

◆ in der *Verhaltensforschung:* 1. zusammenfassende Bez. für alle Angriffshandlungen (von Tieren), die darauf zielen, einen Rivalen zu schädigen oder in die Flucht zu schlagen. 2. eine bestimmte Stimmungslage, eine innere Bereitschaft zum Angriff, die bis zum inneren Drang, den Rivalen zu suchen, gehen kann. ⊞ *Lorenz, K.: Das sog. Böse. Zur Naturgesch. der A. Mchn. Neuaufl. 1984. - Bandura, A.: A. Eine sozialllerntheoret. Analyse. Dt. Übers. Stg. 1979. - Kempf, W.: Zur Neuorientierung der A.forschung. Konstanz 1978. - Denker, R.: Aufklärung über A. Stg. ⁵1975.*

Aggressionstrieb, in der psychoanalyt. Theorie als Ursache von Aggressionen postulierte einheitl. Antriebsquelle; bei S. Freud ein ins Biologische hinabreichender Trieb, bei A. Adler eine Manifestation des Willens zur Macht.

aggressiv [lat.], angreifend, streitsüchtig, herausfordernd.

Aggressivität [lat.], in der *Medizin* Ausdruck für psych. Fehlhaltungen, die sich bei abnormen Persönlichkeiten, im Verlauf von Psychosen oder als Begleiterscheinung von Hirnschädigungen auftreten können.

◆ in der *Psychologie* Bez. für die mehr oder weniger unbewußte, sich nicht offen zeigende aggressive Haltung des Menschen, die häufig der Kompensation von Minderwertigkeitsgefühlen dient.

Aggryperlen (Aggriperlen) [afrikan./dt.], walzenförmige Glasperlen (blau, grün) aus Venedig und Amsterdam; begehrte Handelsobjekte seit dem 17.Jh., als Grabbeigaben in Afrika und Asien häufig.

Aggsbach, Teil der niederöstr. Gemeinde Schönbühel-A., 10 km nö. von Melk. - Entstand um eine Kartause (1380–1782). Teile des Klosters sind erhalten; got. Kirche (1392 geweiht). - Nahebei liegt auf steilem Felsen die Burgruine **Aggstein.** - Abb. S. 85.

Aggteleker Tropfsteinhöhle [ungar. ˈɔktɛlɛk], 22 km lange Höhle in Ungarn und der ČSSR, 50 km nw. von Miskolc; paläontolog. und prähistor. Funde.

Agha, türk. Titel, ↑Aga.

Agha Dschari, eines der bedeutendsten Erdölfelder in Iran, in den westl. Vorbergen des Sagrosgebirges, nö. von Bandar e Maschahr. Förderung seit 1938.

Agha Mohammad [pers. ɑˈɣɑ: mohæmˈmæd], * 1742, † Schischa (Aserbaidschan) 17. Juni 1797 (ermordet), Schah von

Persien (seit 1796). - Gründer der Dynastie der Kadscharen; unterwarf 1779–94 ganz Persien.

Aghlabiden, arab. Dynastie in N-Afrika (800–909), begr. von Ibrahim Ibn Al Aghlab (✉ 800–812), von den Fatimiden gestürzt; nominell Vasallen des Kalifen von Bagdad, prakt. jedoch unabhängig; Sijada Allah I. (✉ 817–838) begr. die mehr als 200jährige arab. Herrschaft auf Sizilien.

Agiaden, spartan. Königsgeschlecht, das seinen Ursprung über den Dynastiegründer Eurysthenes auf Herakles zurückführte. Außer König Agis I., nach dem das Geschlecht benannt ist, gehören die spartan. Könige namens Agis zur Dynastie der Eurypontiden.

Ägide [griech.], Schutz, Obhut; **unter der Ä.,** unter der Schirmherrschaft.

Ägidius (Egidius, Egid), männl. Vorname griech. Ursprungs, eigtl. „Schildhalter".

Ägidius, hl., † Saint-Gilles-du-Gard (Provence) zw. 720 und 725, Benediktinerabt, einer der 14 ↑Nothelfer. - Einsiedler in der Provence, gründete das nach ihm benannte Kloster Saint-Gilles; Patron gegen Geisteskrankheiten, Epilepsie, Unfruchtbarkeit und Viehpatron.

Ägidius von Rom, * Rom um 1245, † Avignon 22. Dez. 1316, italien. Augustiner-Eremit. - Scholastiker, krit. Schüler des Thomas von Aquin, 1285–91 Magister an der Univ. Paris, 1287 Erhebung seiner theolog. Lehre zur Ordensdoktrin, 1292–95 Ordensgeneral, 1295–1316 Erzbischof von Bourges. In seinen philosoph. Lehren übt Ä. Kritik am Aristotelismus und schlägt eine augustin.-platon. Richtung ein.

Ägidius von Viterbo, * Viterbo 1469 (oder um 1465), † ebd. 1532, italien. Augustiner-Eremit. - 1506–18 General seines Ordens, wurde 1517 Kardinal, erhielt 1523 den Titel Patriarch von Konstantinopel und wurde Bischof von Viterbo.

agieren [lat.], handeln, tun; eine Rolle spielen, [als Schauspieler] darstellen.

agil [lat.], behend, flink, gewandt; regsam, geschäftig.

Agilolfinger (Agilulfinger), ältestes bayr. Herzogsgeschlecht, um die Mitte des 6.Jh. bis 788, vermutl. burgund. oder herul. Herkunft; zunächst Amts-, dann Stammesherzöge; standen seit 591 meist unter fränk. Oberherrschaft.

Agilulf, † 616, König der Langobarden (seit 590). - Als Hzg. von Turin zum Nachfolger König Autharis gewählt, ∞ mit dessen Witwe ↑Theudelinde; festigte die königl. Macht; gewährte der kath. Kirche Schutz, ließ seinen Sohn Adaloald taufen.

Ägina, Hauptort der griech. Insel Ä., 6 300 E. Handwerk, Fischerei, Fremdenverkehr. - Besiedlung seit etwa 2 500 v. Chr. In der Antike bed. Handelsstadt, vielleicht erste europ. Münzgeldprägestelle. Im Peloponnes.

Krieg Vertreibung der Bev. (429–404), 211 im Besitz der Ätoler, danach an Pergamon, 133 röm., 1826–28 Sitz der ersten neugriech. Regierung. - Dt. Grabungen entdeckten die ältesten Siedlungsreste aus der Mitte des 3. Jt. In Hafennähe der Markelon-Wachtturm aus dem MA; nahe der Stadt die einschiffige Omorfi Ekklisia („Schöne Kirche"; 1289).

Ä., griech. Insel im Saron. Golf, etwa 25 km ssw. von Piräus, 85 km², bis 532 m ü. d. M., Hauptort Ä. Geringe Bewaldung, stark überweidete Macchie. Anbau von Oliven, Obst, Pistazien, Wein, Getreide; Töpferei; Fremdenverkehr. Bed. der Aphaiatempel mit den ↑ Ägineten.

Ägina, Golf von ↑ Saronischer Golf.

Ägineten, die marmornen Giebelskulpturen vom Tempel der Aphaia auf Ägina, um 500 v. Chr. Thema: Der Trojan. Krieg. Die Skulpturen des Ostgiebels wurden 20 Jahre später erneuert. Kronprinz Ludwig von Bayern erwarb die Funde von 1811 ff. für die Glyptothek in München. Die Ergänzungen durch Thorvaldsen wurden 1965/66 entfernt. Weitere Bruchstücke, gefunden 1901–07 und seit 1968, befinden sich in den Museen von Ägina und Athen.

Aginskoje, Burjatischer Nationaler Kreis, sowjet. nat. Kreis im Gebiet Tschita, RSFSR, 19 000 km², 74 000 E (1984). Verwaltungssitz ist **Aginskoje,** an der Aga (8 000 E).

Agio ['a:dʒio; italien.] (Aufgeld), Betrag, um den der Preis eines Wertpapiers über dem Nennwert oder der Kurs einer Geldsorte über der Parität liegt. Ggs. Disagio.

Ägion (lat. Aegium), achäische Stadt an der Stelle oder nahe der heutigen Stadt Äjion. Hauptort des Achäischen Bundes, blühende Stadt bis in die Römerzeit; 23 n. Chr. durch Erdbeben teilweise zerstört.

Agiotage [adʒio'ta:ʒə; italien.-frz.], reine Spekulationsgeschäfte durch Ausnutzung von Kursschwankungen an der Börse, oft unter Anwendung unsauberer Praktiken.

AGIP [italien. 'a:dʒip], Abk. für: Azienda Generale Italiana Petroli; Tochtergesellschaft der ↑ Ente Nazionale Idrocarburi.

Ägir, riesenhafte Meeresgottheit der nord. Mythologie.

Agis, Name mehrerer spartan. Könige: **A. I.,** Sohn des Eurysthenes, ↑ Agiaden.
A. II., regierte 427–399. - Sohn Archidamos' II., aus der Dynastie der Eurypontiden; unternahm als spartan. Heerführer im Peloponnes. Krieg entscheidende Schritte zur Niederwerfung Athens.
A. III., regierte 338–331. - Sohn Archidamos' III., aus der Dynastie der Eurypontiden; unterlag 331 dem Reichsverweser Antipater beim Aufstand gegen den abwesenden Alexander den Großen.

Ägisthus (Aigisthos), Gestalt der griech. Mythologie. Aus dem fluchbeladenen Geschlecht des Tantalus; verführt während Aga-

Ägina. Aphaiatempel (um 500 v. Chr.)

memnons Abwesenheit in Troja dessen Gattin Klytämnestra; erschlägt Agamemnon nach dessen Rückkehr heimtück. bei einem Gastmahl (nach anderen Versionen auch zus. mit Klytämnestra), heiratet Klytämnestra und herrscht 7 Jahre über Mykene. Im 8. Jahr wird er zusammen mit Klytämnestra von deren Sohn Orestes erschlagen.

Agitation [lat.], aggressive Werbung für ein bestimmtes, meist polit. oder soziales Ziel; **Agitator,** seit dem 18. Jh. belegte Bez. für eine Person, die Agitation betreibt; **agitieren,** Agitation betreiben bzw. auf jemanden agitator. einwirken.

Agitation und Propaganda, seit Lenin Bestandteil der kommunist. Theorie der Beeinflussung der Massen mit dem Ziel, in ihnen revolutionäres Bewußtsein zu entwickeln und sie zur aktiven Teilnahme an der sozialist.-kommunist. Bewegung zu veranlassen. A. ist die jeweils aktuelle Aufklärung der breiten Massen, die P. vermittelt die marxist.-leninist. Grundsätze und Lehren, insbes. den Mgl. von Partei und Massenorganisationen. Seit 1961 immer mehr durch den Terminus „ideolog. Arbeit" ersetzt. Das Kunstwort **Agitprop** bezeichnet A. u. P. mit den Mitteln der Kunst (↑ auch Agitproptheater). In der DDR ist das oberste Lenkungs- und Leitungsorgan für die A. u. P. das Politbüro der SED.

agitato [adʒi...; italien.], aufgeregt, getrieben; als Tempobez. in Verbindungen wie *Allegro a., Presto a.* gebräuchlich.

Agitator [lat.] ↑ Agitation.

Agitprop, Kw. aus: ↑ **Agitation** und Propaganda.

Agitproptheater, eine Form des lehrhaften Laientheaters mit ideolog. Zielsetzung (↑ auch Agitation und Propaganda). Entstanden nach der Oktoberrevolution, auch im Deutschland der 20er Jahre (1930 rd. 200 Agitpropgruppen).

AG-Komplex, in der *Genetik* die Gesamtheit der Faktoren, die für die Ausprägung der Geschlechtsmerkmale der Zellen eines Organismus verantwortl. gemacht werden, die jedoch nicht geschlechtsdeterminierend

Aglaia

wirken (im Ggs. zu den Geschlechtsbestimmern M und F, ↑Geschlechtsbestimmung).
Entsprechend der bisexuellen Potenz jeder Zelle treten die für die männl. Eigenschaften verantwortl. A-Faktoren stets zusammen mit den für weibl. Ausprägungen verantwortl. G-Faktoren auf (haploid als AG, diploid als AAGG). Ihr Sitz sind die Autosomen oder das Zellplasma.

Aglaia (Aglaja), weibl. Vorname griech. Ursprungs, eigtl. „Glanz, Pracht".

Aglaia, eine der ↑Chariten; nach Hesiod [als deren jüngste] Gattin des Hephäst.

Aglais [...a-ıs; griech.], Gatt. der Fleckenfalter mit dem in M-Europa häufig vorkommenden Kleinen ↑Fuchs.

Aglia [griech.], Gatt. der Augenspinner mit dem ↑Nagelfleck als einziger Art in M-Europa.

Aglikijjah, Nachbarinsel von ↑Philä, dessen Tempel nach A. umgesetzt werden.

Aglossa, svw. ↑Zungenlose Frösche.

Aglykon [griech.] ↑Glykoside.

AGM, Abk. für: ↑angeborener gestaltbildender Mechanismus.

Agnano [italien. aɲ'ɲa:no], ehem. Kratersee in den Phlegräischen Feldern, 8 km westl. von Neapel, S-Italien; entstanden im MA, trockengelegt 1870. An seinem S-Rand das Heilbad A. Terme mit 70 Mineralquellen.

Agnaten [zu lat. nasci „geboren werden"], 1. im röm. Recht unter derselben Hausgewalt (↑Patria potestas) stehende Personen; 2. im german. Recht alle jene Männer und Frauen, deren Abstammung von einem gemeinsamen Stammvater allein durch Männer vermittelt wurde. Die Blutsverwandten, sog. Magen, werden nach ihrer Herkunft von der Vater- oder Mutterseite als Vater- bzw. Muttermagen bezeichnet. Die kognat. (↑Kognaten) verwandten Männer der Vaterseite hießen Schwert-, Speer- oder Germagen; die Männer der Mutterseite sowie alle Frauen beider Seiten hießen Spindel- oder Kunkelmagen. Hausverband und Erbrecht, Wehr- und Lehnswesen trugen zur Bevorzugung des A.prinzips bei, das nie allein gültig war.

Agnatha [griech.], svw. ↑Kieferlose.

Agnes, weibl. Vorname griech. Ursprungs, eigtl. „die Keusche, Reine". Span. Form Ines.

Agnes, hl., † Rom als Märtyrerin unter Valerian (258/59) oder Diokletian (304). - Sichere histor. Nachrichten über ihr Leben fehlen. - Bildl. Darstellungen zeigen sie entweder mit einer Palme in der Hand (Siegeszeichen als Märtyrerin) oder ein Lamm tragend. - Fest: 21. Jan.

Agnes, Name von Herrscherinnen:
Hl. Röm. Reich:
A. von Poitou, * um 1025, † Rom 14. Dez. 1077, Kaiserin. - Ab 1043 2. Gemahlin Kaiser Heinrichs III.; als Regentin für Heinrich IV. (seit 1056) leicht beeinflußbar, oft schwankend

oder unentschlossen; zog sich nach Rom zurück, als ihr 1062 die Regierung entrissen wurde und trat in enge Beziehungen zur Kirche.
Ungarn:
A. von Österreich, * 1280, † Königsfelden (bei Brugg) 11. Juni 1364, Königin. - Tochter des röm. Königs Albrecht I.; 1296 ∞ mit Andreas III. von Ungarn, lebte nach dessen Tod (1301) in Königsfelden (zeitweilig im Kloster) als Wahrerin habsburg. Interessen im Umkreis der alten Stammlande.

Agnes Bernauer ↑Bernauer, Agnes.

Agnes Karll-Verband, Bundesverband dt. Krankenschwestern und -pfleger, Sitz: Frankfurt am Main. Gegr. 1903; 1945 unter dem Namen der Gründerin wieder gegr. Der A. K.-V. besteht aus Landesgruppen, die selbständige eingetragene Vereine sind; 1967 schloß sich ihm der Fachverband dt. Krankenpfleger an; 10 000 Mgl.

Agnetendorf (poln. Jagniątków), Ort im nördl. Riesengebirge (Polen▼), 600 m ü. d. M.; Kindererholungsheim in ehem. Anwesen von G. Hauptmann.

Agnew, Spiro Theodore [engl. 'ægnju:], * Baltimore (Md.) 9. Nov. 1918, amerikan. Politiker. - Bis 1946 Demokrat, dann Republikaner; ab 1966 Gouverneur von Maryland; 1969-73 Vizepräs. der USA; trat zurück, nachdem gegen ihn ein Ermittlungsverfahren wegen Steuerhinterziehung und Bestechung eröffnet worden war (1982 Verurteilung zur Zurückzahlung der Gelder).

Agni [Sanskrit „Feuer"], altind. Gott des Feuers und des Hauses, göttl. Priester.

Agnon, Samuel Josef, eigtl. S. J. Czaczkes, * Buczacz (Galizien) 17. Juli 1888, † Rehovot bei Tel Aviv-Jaffa 17. Febr. 1970, israel. Schriftsteller. - Lebte seit 1909 in Palästina, während des 1. Weltkriegs in Deutschland, seit 1924 in Jerusalem; schrieb zunächst jidd., dann in Iwrith. Schildert das Leben der Juden in den Gettos seiner galiz. Heimat und die frühe Siedlerzeit in Palästina; thematisiert die religiöse Krisensituation. 1966 erhielt A. zus. mit Nelly Sachs, den Nobelpreis. - Werke: Und das Krumme wird gerade (R., 1909), Eine einfache Geschichte (R., 1935), Gestern, Vorgestern (R., 1936), Nur wie ein Gast zur Nacht (R., 1939), Der Treueschwur (E., 1943).

Agnosie (agnostische Störung), Sammelbegriff für krankhafte Störungen der Fähigkeit, wahrnehmbare Gegenstände - bei intakter Funktion der Sinnesorgane (Auge, Ohr, Tastorgane der Haut) - zu erkennen.

Agnostizismus [zu griech. ágnostos „unbekannt"], ein von dem brit. Zoologen und Physiologen T. Huxley geprägter Begriff für philosoph. Anschauungen, die nur die sinnl. Wahrnehmung gelten lassen und davon ausgehen, daß alle über diese Wahrnehmung hinausgehenden Phänomene nicht erkannt werden können.

Agnostos Theos [griech. „der unbekannte Gott"], der Gott, dem in Athen ein Altar geweiht worden sein soll. Im N. T. (Apg. 17, 23) knüpft Paulus in seiner Areopagrede an die Verehrung dieses Gottes an.

Agnostus [griech.], Gatt. ausgestorbener, bis 1 cm langer Dreilappkrebse, die im Kambrium und Ordovizium weltweit verbreitet waren; Kopf- und Schwanzschild in Aussehen und Größe sehr ähnl.; Leitfossil.

agnoszieren [lat.], anerkennen; östr.: die Identität feststellen (z. B. einen Toten agnoszieren).

Agnus Dei [...e:-i; lat. „Lamm Gottes"] (griech. amnòs tū theū), im N. T. (Joh. 1, 29) wird Jesus von Johannes dem Täufer „Lamm Gottes" genannt. Im christl. Gottesdienst ist „A. D." ein im Abendland seit dem 7. Jh. bekannter liturg. Gesang. Mit A. D. werden in der kath. Kirche außerdem aus Wachs geformte Täfelchen bezeichnet, auf denen das Bild des Lammes Gottes sowie Name und Regierungsjahr des jeweiligen Papstes eingeprägt sind.

Agoeng, Vulkan auf Bali, ↑Agung.

Agogik [griech.], Bez. für die in der Notation nicht faßbaren, bewußten und gewollten Differenzierungen des Tempos beim musikal. Vortrag.

à gogo [frz. ago'go], frz. Bez. für: in Hülle und Fülle, nach Belieben, was das Herz erfreut, z. B. Whisky à gogo.

Agon [griech.], im antiken Griechenland zunächst Bez. für jede Versammlung und den Versammlungsplatz, dann für die einzelnen bei solchen Versammlungen ausgetragenen Wettkämpfe, v. a. bei den großen, in bestimmten zeitl. Abständen wiederkehrenden Festen zu Ehren der Götter Zeus (Olymp. Spiele, Nemeische Spiele), Apollon (Pyth. Spiele) und Poseidon (Isthm. Spiele). Der A. wurde bestritten von den **Agonisten**, geleitet und beaufsichtigt von den staatl. bestellten **Agonotheten**.

Agone [griech.], Linie (Längenkreis durch den magnet. Nordpol), die alle Orte, an denen keine Magnetnadelabweichung von der N-Richtung auftritt, miteinander verbindet.

Agonidae [griech.], svw. ↑Panzergroppen.

Agonie [griech.], Todeskampf.

Agonist [griech.] ↑Agon.

Agonistik [griech.], Pflege des ↑Agon.

Agonostomus [griech.], Gatt. recht schlanker, seitl. stark zusammengedrückter Knochenfische mit einigen Arten in Süß- und Brackgewässern; Kopf klein, Maul mit kräftigen Lippen; z. T. Warmwasseraquarienfische.

Agonotheten [griech.] ↑Agon.

Agora [griech.], Volksversammlung der griech. Polis, auch Heeresversammlung, auf die Örtlichkeit übertragen, bezeichnet A. den Marktplatz der Stadt als Zentrum des polit. und später auch des geschäftl. Lebens. Zu-

nächst unregelmäßiger, schließl. rechteckiger, drei- oder allseitig von Säulenhallen umschlossener Platz.

Agorakritos, griech. Bildhauer der 2. Hälfte des 5. Jh. v. Chr. aus Paros. - Lieblingsschüler des Phidias und wohl dessen Mitarbeiter am Parthenon. Hauptwerk ist die marmorne Kultstatue der Nemesis in deren Tempel in Rhamnus, um 420 v. Chr. (Bruchstücke erhalten).

Agoraphobie [griech.], svw. ↑Platzangst.

Agostino di Duccio [italien. di 'duttʃo] (A. da Firenze), * Florenz 1418, † Perugia um 1481, italien. Bildhauer der florentin. Frührenaissance. - Beeinflußt von Donatello, Ghiberti u. a.; 1447-54 wesentl. an der plast. Innenausstattung des Tempio Malatestiano (Umbau Albertis) in Rimini beteiligt. 1457-61 schuf er für die Fassade von San Bernardino in Perugia den reichen Skulpturenschmuck.

Agou, Mont [frz. mõta'gu], höchster Berg Togos, im Togo-Atakora-Gebirge, 1 020 m hoch; Bauxitvorkommen.

Agoult, Marie Gräfin d' [frz. a'gu], geb. de Flavigny, Pseud. Daniel Stern, * Frankfurt am Main 31. Dez. 1805, † Paris 5. März 1876, frz. Schriftstellerin. - Verließ ihren Mann 1835; Mittelpunkt eines schöngeistigen Salons. Ihr Liebesverhältnis mit F. Liszt, dem sie drei Kinder gebar (darunter C. ↑Wagner), verewigte sie in „Nélida" (1846). U. a. auch Veröffentlichungen zur Revolution 1848.

Agra, ind. Stadt am W-Rand des Gangestieflandes, an der Jumna, Uttar Pradesh, 694 000 E. Univ. (gegr. 1927); archäolog. Museum; eine der führenden Ind.-Städte Indiens; bed. Kunstgewerbe; Fremdenverkehr; bed. Bahn- und Fernstraßenknotenpunkt, ✂. - Nach Zerstörung der urspr. Stadt 1526 begr. durch Akbar, der A. 1558 zur Hauptstadt des Mogulreiches machte. 1756 von den Marathen erobert, 1830 von Briten besetzt; bis 1858 Hauptstadt der NW-Provinzen. - Nebeneinander von Basaren, modernen Bauten und Mogularchitektur, u. a. Perlmoschee (1643-53), Palast und Audienzsaal des Mogulherrschers Schah Dschahan (⌂ 1628-58). Nahebei das Grabmal **Tadsch Mahal. -** Abb. S. 134.

Agraffe [frz.], Schmuckspange, im Unterschied zur Brosche, Fibel oder Tassel ohne Dorn, mit Öse und Haken. Seit der Frühgotik als Mantelschließe, in der Renaissance an Kleidern und Hüten getragen, im 17./18. Jh. am Ausschnitt oder auf der Schulter.

Agram, jugoslaw. Stadt, ↑Zagreb.

Agramer Gebirge, etwa 35 km langer, bis 15 km breiter, bis 1 035 m hoher Gebirgszug nördl. von Zagreb.

Agrammatismus [griech.], Unvermögen, beim Sprechen Wörter grammat. richtig aneinanderzureihen; krankhaft bei Hörstummheit, Schwachsinn, bei sensor. und abklingender motor. ↑Aphasie.

Agra. Grabmal Tadsch Mahal (1632–54)

Agranulozytose, hochgradige Verringerung oder Fehlen der neutrophilen ↑Granulozyten in Blut und Knochenmark bei normaler Erythrozyten- und Thrombozytenanzahl; Folge einer Überempfindlichkeit des Organismus gegenüber bestimmten Medikamenten durch tox. wirkende Chemikalien, seltener auch ohne erkennbare Ursachen. Krankheitszeichen der *akuten A.* sind Entzündungen der Schleimhäute in Mund, Nase, Magen, Darm und im Genitalbereich mit tiefgreifenden Gewebszerstörungen. Weiter treten Abgeschlagenheit, hohes Fieber mit Schüttelfrost und Kopfschmerzen auf.

Agrapha [griech.], Einzelworte Jesu, die außerhalb der Evangelien überliefert sind.

Agraphie [griech.], Unfähigkeit, einzelne Buchstaben oder zusammenhängende Wörter richtig zu schreiben (bei normaler Intelligenz und uneingeschränkter Bewegungsfähigkeit von Arm und Hand).

agrar..., Agrar... [lat.], Bestimmungswort in Zusammensetzungen mit der Bedeutung „Landwirtschaft[s]..., Boden...".

Agrarberichterstattung, durch das BG über die A. (AgrBG) vom 15. 11. 1974 eingeführte Bundestatistik, die, beginnend mit dem Jahr 1975, in jedem zweiten Jahr (Berichtsjahr) durchzuführen ist; meldepflichtig sind Betriebe mit einer land-, forst- oder fischwirtschaftl. genutzten Fläche von jeweils mindestens 1 ha. Erhoben werden Angaben zur Bodennutzung, zur Zahl der Arbeitskräfte und der gehaltenen Tiere, zu den sozialöko-nom. Verhältnissen der Betriebe, Buchführung, Besitzverhältnisse u. a.

Agrarbevölkerung, der Teil der Bev., der seinen Lebensunterhalt ganz oder überwiegend aus der Landw. bezieht. Der Anteil der A. an der Gesamtbev. ist um so geringer, je stärker technisiert die Landw. ist.

Agrarbiologie, Wissenschaft und Lehre von den biolog. Gesetzmäßigkeiten in der Land- und Forstwirtschaft sowie im Gartenbau.

Agrargebiet, Bez. für eine überwiegend landwirtschaftl. genutzte Raumeinheit (Agrarraum).

Agrargemeinschaft, östr. für: ↑Allmende.

Agrargeographie, Teil der Kultur- oder Anthropogeographie; behandelt die Erdoberfläche insgesamt oder Teilgebiete unter dem Aspekt ihrer Gestaltung durch die Landw. nach Gesichtspunkten der Physiognomie, Funktion und Struktur, Genese und zukünftigen Entwicklung.

agrargeographische Karte, eine themat. Karte, die Einzelerscheinungen der Agrarlandschaft und deren synthet. Zusammenfassung zum Inhalt hat.

Agrargeschichte, svw. Landwirtschaftsgeschichte.

Agrargesellschaft, Gesellschaft, deren Leben wesentl. durch agrar. Grundlagen bestimmt ist; Ggs. Industriegesellschaft.

Agrarier [lat.], allg. Bez. für die wirtschaftspolit. Interessen vertretenden Landwirte; bes. gebräuchl. für die preuß. Großgrundbesitzer im Dt. Reich nach 1871.

agrarische Dichte, Zahl der auf 100 ha landwirtsch. Nutzfläche entfallenden landw. Erwerbspersonen.

Agrarkommunismus, Agrarverfassung mit allg. Gütergemeinschaft ohne privates Landeigentum; in der (urspr.) marxist. Lehre und im Marxismus-Leninismus das Ziel der proletar. Revolution auf dem Lande und die Vollendung des Agrarsozialismus. Die Theorie vom Gemeineigentum als ältester Form des Landeigentums, früher als notwendige Entwicklungsphase der Gesellschaft angenommen, haben neue Forschungen als unhaltbar erwiesen. Gelegentl. sind agrarkommunist. Züge in der Sozialverfassung geschlossener Gemeinschaften schon seit dem 2./1. Jh. v. Chr. zu beobachten. Eine umfassende agrar. Zwangsgemeinwirtschaft innerhalb einer Planwirtschaft marxist.-leninist. Typs wurde zuerst in der Sowjetunion und nach dem 2. Weltkrieg v. a. in den meisten osteurop. Staaten sowie in der VR China durchgeführt (↑Agrarrevolution). Daneben sind im 20. Jh. noch die landw., kollektivist. bzw. genossenschaftl. Siedlungsformen in Israel (Kewuza und Kibbuz) und in Mexiko (Ejidos) bedeutsam.

Agrarkredit, Kredit, der landw. Betrieben v. a. von landw. Rentenbanken und ländl. Kreditgenossenschaften gewährt wird.

Agrarkrise, Krisenphase in der Agrarkonjunktur, verursacht etwa durch ein Mißverhältnis zw. Erzeugung und Verbrauch landw. Produkte, bzw. zw. Ertrag und Investitionen. A. traten z. B. im 14. Jh. nach der Dezimierung der europ. Bevölkerung durch die Pest auf; die A. nach dem Dt.-Frz. Krieg 1870/71 war eine Folge der Verdopplung der Weizenanbaugebiete im Westen der USA in den Jahren 1865 bis 1880. Nach dem 1. Weltkrieg kam es, bedingt durch die techn. Entwicklung (Motorisierung) zu Überproduktion und Preisverfall; eine ähnl. Entwicklung nach dem 2. Weltkrieg konnte durch internat. Abkommen (z. B. Weltweizenabkommen) sowie Marktordnungen verhindert werden.

Agrarlandschaft, ein Ausschnitt der Erdoberfläche, der von der Landw. bestimmt und unter dem Aspekt seiner agrar. Nutzung betrachtet und begrenzt wird.

Agrarmarkt, die Gesamtheit der Handelsbeziehungen aller Anbieter und Nachfrager von Agrarerzeugnissen. Eine Einteilung ist unter verschiedenen Gesichtspunkten mögl.: dem Raum nach (lokale, regionale, nat., internat. Märkte), den Erzeugnissen nach (z. B. Getreidemarkt, Zuckermarkt), dem Verwendungszweck nach (z. B. Nahrungsmittelmarkt, Rohstoffmarkt landw. Produkte).

Agrarmarktordnungen der EWG
↑Europäische Wirtschaftsgemeinschaft.

Agrarmeteorologie, Teilgebiet der Meteorologie; untersucht Wetter, Witterung und Klima in ihrer Bedeutung für die Landwirtschaft.

Agrarplanung, Zweig der ↑Landesplanung: die auf die Verbesserung der ↑Agrarstruktur gerichtete Planung.

Agrarpolitik, Gesamtheit der Maßnahmen des Staates oder der von ihm autorisierten öffentl.-rechtl. Körperschaften, die auf die Gestaltung der wirtschaftl., sozialen und rechtl. Verhältnisse in der Land- und Forstwirtschaft ausgerichtet sind. Die Zielsetzungen der A. waren in der histor. Entwicklung recht unterschiedlich. Sie waren teils von finanzwirtschaftl. Überlegungen (Agrarwirtschaft als Quelle staatl. Einnahmen), teils von außenwirtschaftl. Überlegungen (Agrarwirtschaft als Ausgangspunkt niedriger Lebenshaltungskosten, die einen entsprechend niedrigen Lohn ermöglicht und damit niedrige Kosten für die Exportindustrie) geprägt. In der Gegenwart ist das primäre Ziel der A. die Erhaltung und Förderung der Leistungsfähigkeit der Landwirtschaft *(ökonom. Zielsetzung)* unter gleichzeitiger Beachtung einer gerechten Einkommensverteilung *(soziale Zielsetzung)* sowie einer ausreichenden Versorgung einer Volkswirtschaft mit Nahrungsmitteln *(polit. Zielsetzung)*.

In den Entwicklungsländern hat die polit. Zielsetzung angesichts der bestehenden Überbevölkerung und der nur geringfügig technisierten Produktionsmethoden den Vorrang. Die A. konzentriert sich deshalb darauf, die Anbauverfahren zu verbessern, um den Produktionsausstoß zu erhöhen und die Mindestversorgung der Bevölkerung mit Nahrungsmitteln sicherzustellen.

In den westl. Industrieländern liegen die Maßnahmen der A. bei einer auf Grund des techn. Fortschritts zunehmend mögl. Überschußproduktion und einer zu geringen Nachfrageexpansion auf drei Ebenen:

Die A. als **Strukturpolitik** strebt eine umfassende Verbesserung der landw. Produktionsgrundlagen an mit dem Ziel, Produktivitäts- und Einkommenssteigerung miteinander zu verbinden. Maßnahmen der Landeskultur-, Siedlungs- und Bodenordnungspolitik und der Flurbereinigung sollen durch Neu-, Um- und Aussiedlung die für die Landw. notwendigen Veränderungsprozesse in der Grundbesitzverfassung (Agrarverfassung) und Grundbesitzverteilung einleiten. Durch Bildung von Schwerpunkten bei der Produktion und Vermarktung soll die Marktposition der Landw. gestärkt werden. Hinzu kommt eine bestimmte Mengenstrategie - gezielte Produktlagerung und Produktbearbeitung -, die unter auf der Grundlage einer Selbsthilfe (Genossenschaftswesen) beruht und einen festen Absatz der landw. Produkte sichern soll.

Die A. als **Prozeßpolitik** auf lange Sicht geht davon aus, daß die Strukturpolitik die Situation der Landw. verbessern kann, daß aber

Agrarpreisstützung

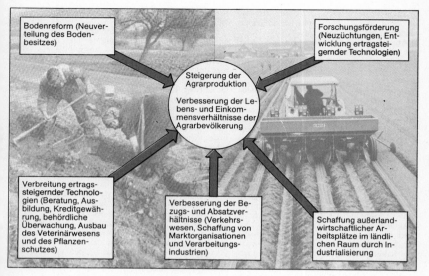

Bodenreform (Neuverteilung des Bodenbesitzes)

Forschungsförderung (Neuzüchtungen, Entwicklung ertragssteigernder Technologien)

Steigerung der Agrarproduktion

Verbesserung der Lebens- und Einkommensverhältnisse der Agrarbevölkerung

Verbreitung ertragssteigernder Technologien (Beratung, Ausbildung, Kreditgewährung, behördliche Überwachung, Ausbau des Veterinärwesens und des Pflanzenschutzes)

Verbesserung der Bezugs- und Absatzverhältnisse (Verkehrswesen, Schaffung von Marktorganisationen und Verarbeitungsindustrien)

Schaffung außerlandwirtschaftlicher Arbeitsplätze im ländlichen Raum durch Industrialisierung

Agrarpolitik. Ziele und Maßnahmen der Strukturpolitik in frühen Entwicklungsstadien zur Förderung der Produktion

auch kurzfristig die Einkommenslage und -entwicklung angehoben werden muß, etwa durch Investitionshilfen und Kreditverbilligungen, um die Betriebsstruktur zu verbessern und Umstellungs- und Rationalisierungsinvestitionen vornehmen zu können, und durch Erhöhung der Direkthilfen, Subventionen und Verbesserung der Altershilfe für Landwirte. Ergänzend zu diesen Maßnahmen können Voraussetzungen geschaffen werden (Aufkauf und Lagerung von Überschußproduktion), die - in Verbindung mit gezielten Subventionshilfen - die Einkommenssituation der Landwirte verbessern.

A. als **Harmonisierungspolitik**: Grundsätzl. besteht die A. im weltwirtschaftl. Rahmen in dem Bemühen, die nat. Agrarwirtschaft durch Preisstützungen und eine gezielte Importpolitik (Zölle, Kontingente) vor der internat. Konkurrenz zu schützen (Preisgarantien, Abnahmegarantien, Interventionskäufe) oder dieser systemat. anzupassen (Verwendungsauflagen, Anbaubeschränkungen, produktgebundene Ausgleichszahlungen). Da die EG-Politik eine Agrarunion als eines ihrer wichtigen Ziele anstrebt, tritt zu dem Produktivitäts- und Einkommensproblem im internat. Raum noch ein Harmonisierungsproblem, d. h. in diesem Fall das Bemühen, die nat. Agrarinteressen der EG-Länder in einer zollfreien Agrarunion aufeinander abzustimmen. Dabei entstanden für diesen Bereich der A.

zwei Hauptaufgaben: einmal die Festsetzung einheitl. EWG-Preise, zum anderen die Lösung des Problems der Agrarüberschüsse. Beide Probleme müssen unter Vermeidung von Einkommensminderungen für die beteiligten Agrarwirtschaften gelöst werden. Ausgangspunkt bildet der Beschluß des Ministerrates der EWG (Dezember 1964), die Agrarpreise im EWG-Raum auf der Grundlage einer einheitl. Rechnungseinheit einander anzugleichen. Zum Ausgleich von Einkommensminderungen für jene Erzeuger, deren Länder die Preise senken müssen, sind Ausgleichszahlungen (aus Gemeinschaftsmitteln) und Subventionen (aus den nat. Haushalten) vorgesehen.

Ⓦ *Agrargesch. In: Hdwb. der Wirtschaftswiss. Hg. v. W. Albers u. a. Bd. 1. Stg. u. New York; Tüb.; Gött. u. Zürich 1977. S. 106.*

Agrarpreisstützung, die Gesamtheit der Maßnahmen, die (im Interesse eines gerechten Einkommensanteils der Landw.) dazu dienen, die Preise für Agrarerzeugnisse auf einem bestimmten Niveau zu halten. Dazu dienen u. a. Preis- und Abnahmegarantien, Exportsubventionen, Zölle, Abschöpfungen, Einfuhrkontingentierung und Interventionskäufe.

Agrarquote, Anteil der in der Landw. Beschäftigten an der Gesamtbeschäftigtenzahl.

Agrarrecht, Summe der Sonderregeln, die sich mit dem Recht des land- und forstwirtschaftl. genutzten Bodens befassen. Im Vordergrund steht die Gesetzgebung zur Schaffung, Erhaltung und Förderung des

landw. Besitzstandes. Zum A. gehört auch das Recht der landw. Organisationen, Behörden und Gerichte (Bauernverbände, Landwirtschaftskammern und -gerichte).

Agrarreformen, im weitesten Sinn ein Komplex agrarpolit. und agrarrechtl. Maßnahmen, deren Ziel die Förderung des Wohlstandes der landw. Bev. und die Erzeugungssteigerung der Landw. ist. Dementsprechend werden Maßnahmen der *Bodenbewirtschaftungs-* und der *Bodenbesitzreform* unterschieden, wobei das Gewicht der A. hauptsächl. auf den letzteren liegt (↑ Bodenreform).

Agrarrevolution, im Ggs. zu evolutionären Bodenbesitzreformen („Agrarreformen") die mit einem polit. Umsturz erfolgende Änderung der Agrarverfassung: v.a. in Frankr. 1789 Beseitigung der seit dem MA teils erhebl. veränderten „feudalist." Agrarverfassung; in Rußland 1917 Überführung des entschädigungslos enteigneten Privatlandbesitzes in Volkseigentum, ab 1929 zwangsweise Kollektivierung der Landw. (↑ auch Kolchose, ↑ Sowchose); nach 1945 in den osteurop. kommunist. regierten Ländern, schrittweise und mit gewissen Abweichungen dem sowjet. Modell angepaßt; in der VR China ab 1950 von der Aufteilung des Bodens zur Kollektivierung der Landw. erst durch Produktionsgemeinschaften, seit 1958 durch Volkskommunen; in Kuba agrarrevolutionäre Maßnahmen ab 1959 in mehreren Etappen; im Zuge der Entkolonisation gab es A. auch in verschiedenen afrikan. und asiat. Staaten.

Agrarsozialismus, Theorien und Programme zur marxist. und nichtmarxist. Umgestaltung der Grundbesitzverhältnisse, v.a. auf dem Lande durch einschneidende Eingriffe in die Eigentumsrechte. Die agrarsozialist. Bodenreformbewegung trat für eine Einschränkung bzw. die Aufhebung des Privateigentums am Boden ein, ohne jedoch das kapitalist. Wirtschaftssystem antasten zu wollen (z.B. Abschaffung der Grundrente, Bodenverstaatlichung, Einrichtung von Produktivgenossenschaften). Die dt. Sozialdemokratie bekannte sich zunächst zur Vergesellschaftung des Bodens im Sinne des Marxismus im Unterschied zur frz. Sozialdemokratie, die für eine aktive Politik des Bauernschutzes und der Erhaltung kleinbäuerl. Eigentums eintrat. Nach dem 1. Weltkrieg setzten sich die Auffassungen der nichtorthodoxen Marxisten in der östr. (1925) und der dt. Sozialdemokratie (1927) durch, die nun das private Bodeneigentum befürworteten und zu sichern versprachen. Die brit. Labour Party vertrat (wie die Liberalen) noch 1926 den Gedanken der Verstaatlichung des gesamten Bodens, der erst nach dem 2. Weltkrieg von allen brit. Parteien aufgegeben wurde. In Rußland propagierten 1860–95 die nichtmarxist. Narodniki die russ. Dorfgemeinde mit kollektivem Bodenbesitz als Keimzelle einer künftigen so-

zialist. Gesellschaft. Die Forderung ihrer Nachfolger, der Sozialrevolutionäre, nach Vergesellschaftung des gesamten Landbesitzes unter „munizipaler" Verwaltung (1906) übernahm Lenin 1917 aus takt. Gründen als ersten Schritt auf dem Weg zum Agrarkommunismus.

📖 *Lehmann, Hans G.: Die Agrarfrage in der Theorie u. Praxis der dt. u. internat. Sozialdemokratie. Vom Marxismus zum Revisionismus u. Bolschewismus.* Tüb. 1970.

Agrarsoziologie ↑ ländliche Soziologie.

Agrarstaat, Staat, dessen Wirtschaft zum überwiegenden Teil durch die Landw. bestimmt wird. Kennzeichnend ist ein hoher Prozentsatz landw. Erwerbspersonen (mindestens 60 %) und die Höhe des durch Land- und Forstwirtschaft erwirtschafteten Bruttosozialprodukts (gewöhnl. mindestens 20 %).

Agrarstruktur, Gesamtheit der strukturellen Bedingungen (Siedlungsformen, Besitz- und Betriebsgrößenstruktur, Flurverfassung, Bodennutzungs- und Viehwirtschaftsformen sowie Marktstruktur), unter denen die landw. Produktion und die Vermarktung der landw. Erzeugnisse stattfinden.

Agrartechnik, Technik der Bodenbearbeitung und -nutzung; sie ist abhängig von phys.-geograph. Voraussetzungen (Klima, Boden), der wirtschaftl. Entwicklungsstufe und von gesellschaftl. Verhältnissen.

Agrarverfassung, Summe der rechtl., ökonom. und sozialen Grundgegebenheiten und Bestimmungsmerkmale der Landw. in einem enger oder weiter gefaßten räuml. und zeitl. Bereich; dazu gehören v.a. Eigentumsverhältnisse und Sozialstruktur, Nutzungsrechte und -arten, Kulturbodenverteilung und Siedlungsform, Betriebsorganisation und Arbeitsverfassung, Verfassung der Märkte. Eine Typologie der A. berücksichtigt in Anlehnung an Max Weber als wichtigste Formen: Grundherrschaft mit Eigenwirtschaft abhängiger Grundholder; Plantagenwirtschaft mit unfreien Arbeitern; Gutsherrschaft mit erbuntertänigen Bauern; Gutswirtschaft, entweder im Eigenbetrieb des Bodenbesitzers oder unter Trennung von Bodenbesitz und Betrieb (mit Pacht); bäuerl. Besitzwirtschaft; Großfamilien-, Sippen- und Stammeswirtschaft; moderne Kollektivbetriebe in verschiedenen Stadien der Unabhängigkeit bzw. zentralgeleiteter Wirtschaft; und zuletzt reine Staatswirtschaft.

Agrarzölle, öffentl. Abgaben, die bei der Ausfuhr oder Einfuhr landw. Produkte erhoben werden. In beiden Fällen kann es sich um Schutz- (als Erziehungs- bzw. Erhaltungszölle) oder Finanzzölle handeln. Die EWG hat in ihren Agrarmarktordnungen die Bez. **Abschöpfung** eingeführt.

Agrarzonen, in Anlehnung an die Klimagürtel der Erde bestehenden Landbauzonen. Es lassen sich unterscheiden: die Zone

der ständig feuchten Tropen, die der wechselfeuchten Tropen, die Trockenzone der Erde, in der nur inselhaft Landbau betrieben wird, die subtrop. Zone, die sich in die subtrop.-mediterrane und die der Ostküstenklimate gliedert, die Brotgetreidezone der gemäßigten Breiten und die subpolare Landbauzone.

Agreement [engl. ə'gri:mənt], im Völkerrecht weniger bedeutsame, formlose Übereinkunft zw. Staaten; **Gentleman's [Gentlemen's]** Agreement, [diplomat.] Übereinkommen ohne formalen Vertrag, Übereinkunft auf Treu und Glauben.

Agrégé [agre'ʒe; lat.-frz.], in Frankr. Dozent mit Lehrbefugnis für die Oberstufe höherer Schulen und für das propädeut. Jahr an der Universität.

Agrément [agre'mã:; frz. „Genehmigung"], im Gesandtschaftsrecht vertraul. Erklärung des Empfangsstaates, daß die von einem anderen Staat geplante Entsendung eines Missionschefs (oder eines anderen Missionsangehörigen) genehm, d. h., daß dieser † Persona grata sei.

Agréments [frz. agre'mã:] † Verzierungen (Musik).

Ağrı [türk. 'aːrı], Ort mit Garnison im nördl. O-Anatolien, Türkei, 1 650 m ü. d. M., 40 500 E. Verwaltungssitz und Handelszentrum des Verw.-Geb. A.

Agricola, Alexander (Ackermann) [a'gri:...], * 1446, † Valladolid 1506, niederl. oder dt. Komponist. - Gehörte zu den berühmtesten Musikern der Zeit vor und um 1500; erhalten sind 9 Messen, etwa 25 Motetten und nahezu 100 Chansons.

A., Georgius [a'gri:...], eigtl. Georg Bauer, * Glauchau 24. März 1494, * Chemnitz 21. Nov. 1555, dt. Naturforscher. - Er schuf die Grundlagen zu einer wiss. Mineralogie, aus der sich später als weitere Einzeldisziplinen Geologie, Petrographie und Kristallographie entwickelten.

A., Gnaeus Julius [a'gri:...], * Forum Julii (= Fréjus) 13. Juni 40, † 23. Aug. 93, röm. Feldherr. - Schwiegervater des Tacitus; wurde 73 Patrizier, 77 Konsul und Statthalter von Britannien, wo er den röm. Herrschaftsbereich erweiterte; 84 von Domitian zurückberufen.

A., Johann [a'gri:...], eigtl. J. Schnitter, * Eisleben 20. April 1499 (1494 ?), † Berlin 22. Sept. 1566, dt. ev. Theologe. - Schüler und Freund Luthers; 1525–36 Schulleiter in Eisleben und Schöpfer der ersten ev. Schulordnung.

A., Johann Friedrich [a'gri:...], Pseud. Olibrio, * Dobitschen (bei Altenburg) 4. Jan. 1720, † Berlin 2. Dez. 1774, dt. Komponist. - Schüler von J. S. Bach und J. J. Quantz; komponierte Opern, Oratorien, Lieder, geistl. Kantaten sowie Instrumentalmusik. Bekannt wurde seine „Anleitung zur Singekunst" (1757).

A., Martin [a'gri:...], eigtl. M. Sore, * Schwiebus 6. Jan. 1486 (?), † Magdeburg 10. Juni 1556, dt. Musiktheoretiker und Komponist. - Mit didakt. Schriften und geistl. Kompositionen stellte er sich in den Dienst der Lehre Luthers.

A., Mikael [a'gri:...], * Pernaja um 1509, † Uusikirkko 9. April 1557, finn. Theologe. - Reformator Finnlands, Schüler Luthers und Melanchthons; Begründer der finn. Schriftsprache; übersetzte 1548 das N. T. ins Finnische.

A., Rudolf [niederl. aː'xriːkoːlaː], eigtl. Roelof Huysman, * Baflo bei Groningen 17. Febr. 1444, † Heidelberg 27. Okt. 1485, niederl. Frühhumanist. - Lebte 1468–79 in Italien, 1481 im Auftrag der Stadt Groningen am Hof Maximilians I. in Brüssel, 1484 trat er in die Dienste des Kurfürsten Philipp von der Pfalz und lehrte in Heidelberg. Vermittelte dem Norden die humanist. Bildungsziele. Bed. persönl. Wirkung; schrieb „De inventione dialectica" (1479) und eine Petrarcabiographie (1477).

Agri decumates † Dekumatland.

Agrigent (italien. Agrigento), Stadt auf Sizilien, 3 km von der S-Küste entfernt, 320 m ü. d. M., 52 000 E. Verwaltungssitz der Prov. A., Bischofssitz; archäolog. Museum, bed. Bibliothek (Lucchesiana); Handel mit Getreide und Schwefel, Fremdenverkehr. - A. füllt nur die Akropolis der um 600 v. Chr. von Gela aus an der Stelle einer vorgriech. Siedlung gegr. dor. Stadt **Akragas**. Um 560 v. Chr. vom Tyrannen Phalaris beherrscht. Große Blüte im 5. Jh. v. Chr., v. a. nach der Niederlage Karthagos bei Himera 480. Nach 471 v. Chr. wurde Akragas demokrat. regiert. Es war nach Syrakus größte Stadt Siziliens mit etwa 200 000 E (mit Sklaven bis 800 000 E). 405 v. Chr. zerstörten die Karthager A., teilweiser Wiederaufbau unter Timoleon. 210 v. Chr. röm. (**Agrigentum**). In byzantin. Zeit verfiel A., 829 von den Sarazenen zerstört, später an höher gelegenem Ort wieder aufgebaut. Kam 1086 an die Normannen und wurde Sitz eines Bistums. 1860 kam A. an Italien. - Dom (12. Jh., über einem Tempel). Berühmt ist A. v. a. wegen seiner antiken dor. Tempel in einer antiken Mauer (6. Jh. v. Chr.) umgebenen „città antica". Der sog. Heraklestempel stammt wohl aus dem späten 6. Jh. v. Chr. Das Olympieion war einer der größten Tempel der Antike (111 × 56 m). 7,5 m hohe Riesengestalten (Telamone) trugen das Gebälk (etwa 470 v. Chr.); durch Erdbeben stark beschädigt. Vom Tempel der Dioskuren (etwa 480–460) sind Reste erhalten. Vom Tempel D (der sog. Juno Lacinia; etwa 460–440) ist die Säulenreihe einer Seite erhalten; fast unzerstört ist der Tempel F (der sog. Concordiatempel; etwa 430 v. Chr.). Den kleinen Tempel des Asklepios (5. Jh. v. Chr. ?) umgibt eine geschlossene Mauer anstelle eines Säulenumgangs. - Abb. S. 140.

Agrikultur [lat.], svw. ↑Ackerbau.

Agrikulturchemie, Zweig der angewandten Chemie, der sich insbes. mit chem. Analysen von Böden und landw. Produkten, mit Fütterungsversuchen, mit der Entwicklung von Dünge- und Schädlingsbekämpfungsmitteln beschäftigt.

Agrimensoren [lat.], Bez. für die röm. Feldmesser.

Agrimonia [lat.], svw. ↑Odermennig.

Agriotes [griech.], svw. ↑Saatschnellkäfer.

Ágrip [altnord.] („Á. af Nóregs konunga sogum" „Auszug aus der Geschichte der Könige Norwegens" [vom Ende 9. Jh. bis 2. Hälfte 12. Jh.]), in einer isländ. Handschrift der 1. Hälfte des 13. Jh. erhaltenes histor. Werk, das auf eine norweg. Vorlage zurückgeht.

Agrippa, Marcus Vipsanius, * 64 oder 63, † 12 v. Chr., röm. Staatsmann und Feldherr. - Jugendfreund Oktavians, unterstützte diesen auf dem Weg zur Macht (36 v. Chr. Seesiege bei Mylai und Naulochos über Sextus Pompejus, 31 Flottenbefehl bei Aktium gegen Antonius). Ließ mit Maecenas 25 u. a. das Pantheon errichten, regte die Anfertigung der ersten Weltkarte an; ab 21 ∞ mit Julia, der Tochter Kaiser Augustus'.

Agrippa von Nettesheim, Heinrich Cornelius, eigtl. Heinrich Cornelis, * Köln 14. Sept. 1486, † Grenoble oder Lyon 18. Febr. 1535, dt. Naturphilosoph und Okkultist. - Wie Paracelsus Schüler von Johannes Tritheim. In seinem Werk „De occulta philosophia sive de magia" (1533), trug A. die okkulten Lehren der Antike und des MA zusammen. Die Magie erscheint dabei als höchstes Ziel des menschl. Geistes. Durch sein Eintreten für die Beschuldigten in verschiedenen Hexenprozessen und seine Kritik an Intoleranz und Tyrannei kirchl. Würdenträger in Konflikt mit der Kirche geraten, widerrief A. einige Lehren in einer Abhandlung über die Eitelkeit und Unsicherheit der Wissenschaften; bekämpfte die Lehren der Scholastik.

Agrippina, Name mehrerer Frauen des jul.-claud. Kaiserhauses:
A. die Ältere (Vipsania A.), * 14 v. Chr., † auf Pandataria (= Ventotene) 33 n. Chr. - Tochter des Marcus Vipsanius Agrippa; seit 5 n. Chr. ∞ mit Germanicus; Mutter Caligulas; 29 verbannt, wählte den Hungertod.
A. die Jüngere (Julia A.), * Oppidum Ubiorum (= Köln) 6. Nov. 15 n. Chr., † bei Baiae (= Baia) 59. - Tochter des Germanicus und A. d. Ä.; 40/41 verbannt; heiratete 49 ihren Oheim, Kaiser Claudius, den sie 54 vergiftete, um ihrem Sohn aus 1. Ehe, Nero, zum Thron zu verhelfen; 59 durch Nero ermordet.

Agrobiozönose, die Lebensgemeinschaft (Pflanzen, Tiere), die sich in einem vom Menschen kultivierten Bereich einstellt.

Agronom [griech.], akadem. ausgebilde-

ter Landwirt (Diplomlandwirt); Landwirtschaftssachverständiger in LPGs der DDR.

Agronomie [griech.] (Ackerbaulehre), wiss. Lehre von den physiolog. und biolog. Beziehungen der Kulturpflanzen zu Boden und Atmosphäre.

Agro Pontino ↑Pontinische Sümpfe.

Agropyron (Agropyrum) [griech.], svw. ↑Quecke.

Agrostadt [griech./dt.], Bez. für große, stadtartige ländl. Siedlungen mit einem hohen Anteil bäuerl. Bevölkerung.

Agrotis [griech.], Gatt. der Eulenfalter mit mehreren an Nutzpflanzen schädl. werdenden Arten, z. B. ↑Hausmutter, ↑Saateule.

Agrumen [italien.], alter Name für ↑Zitrusfrüchte.

Agt, Andries Antonius Maria van [niederl. ɑxt], * Geldrop bei Eindhoven 2. Febr. 1931, niederl. Politiker (Katholieke Volkspartij). - Jurist; 1971–77 Justizmin., 1973–77 stellv. Min.präs., Dez. 1977–Sept. 1982 Ministerpräsident.

Agua [span. 'aɣua], erloschener Vulkan in Guatemala, nw. von Guatemala, 3 766 m hoch; zerstörte 1541 zus. mit einem Erdbeben **Ciudad Vieja,** die Vorläuferin von **Antigua Guatemala.**

Aguascalientes [span. aɣuaska'ljentes], Hauptstadt des mex. Staates A., am linken Ufer des Río A. in einem flachen, weiten Tal in der Sierra Madre Occidental, 1 900 m ü. d. M., 257 000 E. Bischofssitz; Kurort (heilkräftige Thermen); u. a. Hüttenind., Eisenbahnwerkstätten, Textil-, Nahrungsmittel-, chem., keram. Ind. Bahn- und Straßenknotenpunkt, ✠. - 1575 als Silberbergbauort (**Villa de la Asunción de las Aguascalientes**) gegr.; seit 1661 Stadt. - Barocker Regierungspalast, Kathedrale (18. Jh.); unter der Stadt ein Labyrinth von katakombenartigen Anlagen aus vorspan. Zeit.

A., mex. Staat im zentralen Hochland, 5 471 km², 503 000 E (1980), Hauptstadt A. Zw. zwei bis über 3 000 m hohen Gebirgszügen erstreckt sich ein weites, flaches Tal (etwa 1 800 m ü. d. M.), das vom Río A. entwässert wird. Über 50 % der Bev. arbeitet in der Landw.; die Viehzucht überwiegt. Im Bergbau werden Silber, Blei- und Zinkerze, Schwefel, Quecksilber- und Zinnverbindungen gewonnen. - Span. Besiedlung ab 1575. A. gehörte zur Audiencia Nueva Galicia, ab 1767 zur Intendencia - zum Staat Zacatecas; 1835 als Bundesterritorium ausgegliedert, 1857 Staat der Republik Mexiko.

Agudat Jisrael [hebr. „Bund Israels"], Weltorganisation des orth. Judentums, 1912 in Kattowitz gegr.; bis zur Gründung des Staates Israel 1948 antizionist.; heute als Partei in der Knesset.

Aguesseau, Henri François d' [frz. agɛ'so], * Limoges 27. Nov. 1668, † Paris 5. Febr. 1751, frz. Staatsmann. - Kanzler von Frankr.

1717/18, 1720–22, 1727–50; bemühte sich um eine vereinheitlichende Rechtskodifizierung.

Aguiar Júnior, Adonias [brasilian. a'gjar ʒunjor], Pseud. Adonias Filho, * bei Itajuípe (Bahia) 27. Nov. 1915, brasilian. Schriftsteller. - Teils legendenhafte, teils surrealist. Romane aus Bahia, u. a. „Corpo vivo" (1962), „Das Fort" (1965), „Léguas da promissão" (1968).

Águilas [span. 'aɣilas], Hafenort und Seebad an der span. SO-Küste, 60 km sw. von Cartagena, 17 000 E. Fischereihafen; Umschlagplatz für die in der Sierra de Almagrera geförderten Erze.

Aguirre, Domingo de [span. a'ɣirrɛ], * Ondárroa (Vizcaya) 1865, † Zumaya (Guipúzcoa) 14. Jan. 1920, bask. Schriftsteller. - Schrieb v. a. Heimatromane.

A., Julián, * Buenos Aires 28. Jan. 1868, † ebd. 13. Aug. 1924, argentin. Komponist. - Gilt als Vorläufer einer nat. argentin. Musik.

Aguja [a'ɣuxa; span.] (Geranoaetus melanoleucus), bis 70 cm großer, bläulichschwarzer Bussard mit weißl. Bauch und gelben Beinen in weiten Teilen S-Amerikas (v. a. in den Anden).

Agulhas, Kap [a'ɣuljas, portugies. ɐ'ɣuʎɐʃ] (Nadelkap), Felsenkap, das sich untermeer. fortsetzt; südlichster Punkt Afrikas; der Meridian von K. A. (20° ö. L.) ist die Trennungslinie zw. Atlant. und Ind. Ozean.

Agulhasbecken [a'ɣuljas, portugies. ɐ'ɣuʎɐʃ], Tiefseebecken südl. von Afrika, über 5 000 m tief.

Agulhasstrom [a'ɣuljas, portugies. ɐ'ɣuʎɐʃ], warme, beständige, nach S gerichtete, bes. starke Oberflächenströmung im Ind. Ozean vor der afrikan. Ostküste.

Agulhastiefe [a'ɣuljas, portugies. ɐ'ɣuʎɐʃ], Tiefseerinne im südl. Ind. Ozean, mehr als 6 000 m tief.

Agrigent. Tempel F

AG und Co., Abk. für: Aktiengesellschaft **und** Companie.

Agung (Agoeng, Piek van Bali), höchster Berg der Insel Bali, Indonesien, 3 142 m hoch; aktiver Stratovulkan, wird von den Balinesen als Göttersitz betrachtet.

Aguntum, röm. Siedlung in der Prov. Noricum, östl. des heutigen Lienz (Osttirol); in vorröm. Zeit von Illyrern gegr.; wohl Mittelpunkt eines Keltenstammes, frühchristl. Bischofssitz; im 7. Jh. von Slawen zerstört; Ausgrabungsfunde, u. a. Reste der Stadtmauer, des Stadttores, einer frühchristl. Kirche.

Agusan, längster Fluß auf der Insel Mindanao, Philippinen, entspringt im SO der Insel, mündet in die Butuan Bay (Mindanaosee), 390 km lang.

Agutis [indian.] (Dasyproctidae), Fam. bis 70 cm langer, vorwiegend Früchte fressender Nagetiere mit etwa 17 Arten in den Wäldern M- und S-Amerikas; u. a. ↑ Pakas, ↑ Guti, ↑ Schwanzagutis.

Ägypten

(amtl. Vollform: Al Gumhurijja Al Arabijja Al Misrijja; dt. Arab. Republik Misr, 1958–71 Vereinigte Arab. Republik, Abk. VAR), Republik in NO-Afrika zw. 22° und 32° n. Br. sowie 25° und 36° ö. L. **Staatsgebiet:** Ä. grenzt im W an Libyen, im N an das östl. Mittelmeer, im NO an Israel, im O an das Rote Meer (mit seinen nördl. Teilarmen Golf von Sues und Golf von Akaba), im S an die Republik Sudan. **Fläche:** etwa 1 Mill. km², davon 96,5 % Wüste. **Bevölkerung:** 45,9 Mill. E (1984), 45,9 E/km², auf das Kulturland berechnet jedoch 1 290 E/km². **Hauptstadt:** Kairo. **Verwaltungsgliederung:** 4 Stadtbez., 17 Gouv. (davon 9 in Unterägypten), 4 Grenzbezirke. **Amtssprache:** Arabisch; Handels- und Bildungssprache Englisch. **Staatsreligion:** Islam sunnit. Richtung. **Nationalfeiertag:** 23. Juli. **Währung:** Ägypt. Pfund (ägypt£) = 100 Piastres (P. T.) = 1 000 Millièmes (mms.). **Internat. Mitgliedschaften:** UN, OAU, Arab. Liga; Kooperationsabkommen mit EWG und EGKS. **Zeitzone:** Osteurop. Zeit, d. i. MEZ + 1 Std.

Landesnatur: Lebensraum ist die Stromoase des Nil, die das Land auf 1 550 km durchzieht, gegliedert in Unter-Ä. (Nildelta) und Ober-Ä. (mit dem Becken von Al Faijum). Die Uferebenen sind unterschiedl. breit, z. T. auf das westl. Ufer beschränkt. Bei Kairo beginnt das stark besiedelte Delta - rd. 250 km breit, rd. 160 km lang - mit einem dichten Netz von Kanälen. Westl. des Nils, etwa $^3/_4$ des Landes einnehmend, die Libysche Wüste, Teil der Sahara, ein Kalksteinplateau in etwa 1 000 m Höhe, überragt von Berggipfeln (Gabal Uwainat 1 892 m hoch). Sie ist eines der trockensten Gebiete der Erde, von Steingeröll und Sandflächen überzogen mit einzelnen Oasen in

Senken; unter Meeresniveau liegen die Siwaoase und die Kattarasenke (133 m u. d. M.). Östl. des Nils breitet sich bis ans Rote Meer die felsige Arab. Wüste aus mit Bergspitzen bis 2 187 m Höhe. Wadis mit dürftiger Vegetation sind sowohl nach dem Nil als auch nach dem Roten Meer hin ausgerichtet. Die Halbinsel Sinai ist größtenteils ebenfalls Wüste. Hier erreicht im zentralen S der Gabal Katrina eine Höhe von 2 637 m.

Klima: Die Winter sind mild, die Sommer (Mai bis Sept.) trocken und heiß. Nur im Mittelmeerrandgebiet höhere Winterniederschläge. Temperaturen zw. 40° und 45 °C in Kairo und bis 48 °C in Assuan sind im Sommer keine Seltenheit; die Höchsttemperatur in Alexandria beträgt wegen des Einflusses des Meeres nur 35 °C. Die relative Luftfeuchtigkeit kann im Sommer bis zu 10 % absinken.

Vegetation: Neben Gräsern, Kräutern und Tamarisken sind in den Oasen und entlang dem Nil Dattelpalmen in über 40 Varietäten am häufigsten vertreten, daneben Akazienarten und Johannisbrotbaum. Unter den eingeführten Bäumen fallen die häufig als Windschutz gepflanzten Kasuarinen auf.

Tierwelt: Umfaßt hauptsächl. Kleinsäugetiere (u. a. Hyänen, Luchse) und Vögel sowie Chamäleons, sehr gefährl. Giftschlangen (Hornviper, Ägypt. Kobra) und Skorpione.

Bevölkerung: 80 % der Bev. sind Fellachen, 7 % Kopten, im Raum von Kaum Umba leben Nubier, in der Wüste Beduinen. 93 % sind Muslime, 6,7 % Christen (Kopten). Schulpflicht besteht für Kinder von 6–12 Jahren. Noch ist der Anteil an Analphabeten bei den Erwachsenen sehr hoch. Ä. besitzt neun Univ. Die größten Probleme im Gesundheitswesen bereiten die endem. Krankheiten wie Bilharziose und Trachom. 46,5 % der Erwerbstätigen arbeiten in der Landw. und Fischerei.

Wirtschaft: Wichtigstes Produkt ist die Baumwolle; Ä. steht an 7. Stelle der Weltproduktion. Der Anbau von Grundnahrungsmitteln deckt nicht den Bedarf, v. a. Weizen, Fleisch und Zucker müssen eingeführt werden. Die traditionelle Beckenbewässerung mit natürl. Düngung durch den fruchtbaren Nilschlamm erlaubte nur eine Ernte im Jahr. Durch Umstellung auf Kanalbewässerung (Bau von Wehren und Dämmen), ganz bes. durch den neuen Assuanstaudamm ist eine Dauerbewässerung gewährleistet, die fünf Ernten in zwei Jahren ermöglicht (Wintersaison: Getreide, Gemüse; Sommersaison: Baumwolle, Reis, Zuckerrohr; Herbstsaison: Mais). Ä. besitzt kein natürl. Grünland, die gesamte Viehhaltung (Rinder, Büffel, Esel, Schafe, Ziegen, Kamele) ist auf Futterbau angewiesen. Wichtigste Ind.zweige sind die Textilind., das Eisen- und Stahlwerk von Hilwan bei Kairo (Ä. besitzt 280 Mill. t abbauwürdige Eisenerze) und die Erdölind. (Felder u. a. um

Abu Rudais an der W-Küste der Halbinsel Sinai; z. Zt. arbeiten vier Erdölraffinerien. Größtes Ind.zentrum ist Alexandria. Der Fremdenverkehr spielt eine bed. Rolle.

Außenhandel: Exportiert werden v. a. Rohbaumwolle, Baumwollgarne, Rohöl, Reis, Gemüse und Früchte. Die wichtigsten Handelspartner sind nach den EG-Ländern die UdSSR, USA, Australien, Japan, ČSSR, DDR und Rumänien.

Verkehr: Die Hauptstraßen und -bahnlinien verlaufen den Nil entlang und im Nildelta. Das Schienennetz hat eine Länge von 4 385 km, von den 25 976 km Straßen sind 53 % Wüstenpisten. 3 400 km Binnenwasserstraßen sind ganzjährig befahrbar. Wichtigster Seeschiffahrtshafen ist Alexandria, gefolgt von Sues und Port Said. Der 167 km lange Sueskanal ist seit 5. Juli 1975 wieder benutzbar. Die staatl. Fluggesellschaft „Egyptair" ist die zweitgrößte Afrikas. Der internat. ✈ Heliopolis (35 km nördl. von Kairo) wird von 30 Fluggesellschaften angeflogen.

Politisches System: Nach der Verfassung vom 1. 9. 1971 ist Ä. eine präsidiale Republik. Das ägypt. Volk wird als Teil der arab. Nation definiert. Der Islam ist Staatsreligion. *Staatsoberhaupt* ist der Präs. (seit Okt. 1981 M. H. Mubarak), der vom Parlament mit $^2/_3$-Mehrheit nominiert und vom Volk durch Referendum mit Mehrheit der abgegebenen Stimmen bestätigt wird; seine Amtsdauer beträgt 6 Jahre. Er bestimmt mit der Reg. die Politik und ist oberster Inhaber der *Exekutive*, er ernennt und entläßt den Min.präs. und die Min., beruft den Ministerrat und kann diesem vorsitzen, ernennt und entläßt zivile und militär. Beamte, hat ein Vetorecht gegenüber vom Parlament verabschiedeten Gesetzen, kann wichtige polit. Fragen dem Volk als Referendum vorlegen und das Parlament auflösen, schließt Staatsverträge ab, ist Chef der Armee und kann den Notstand ausrufen. Die *Legislative* liegt beim Parlament, der Nationalversammlung (360 Abg.). Sie wird in allg. Wahl auf 5 Jahre gewählt (bis auf 10 Abg., die vom Präs. ernannt werden). Die Nationalversammlung kann einzelnen Min. das Vertrauen entziehen und sie damit stürzen, nicht jedoch die gesamte Reg.; beherrschende polit. *Partei* ist die 1978 gegr. Nationaldemokrat. Partei unter der Führung des Staatspräsidenten, die über 280 Sitze in der Nationalversammlung verfügt. Die Liberalsozialist. Partei (12 Sitze) vertritt eine weitere polit. und wirtsch. Liberalisierung, v. a. größere Freiheiten für private Unternehmer. Als neue Linkspartei wurde 1978 die Sozialist. Arbeiterpartei gegründet. In der Nationalversammlung sind außerdem unabhängige Abg. vertreten. Dachverband der *Gewerkschaften* ist die Egyptian Federation of Labour, mit 16 Branchengewerkschaften und 2,5 Mill. Mgl. Der Aufbau der straff zentralisierten *Verwaltung* folgt dem frz. Vorbild.

Ägypterevangelium

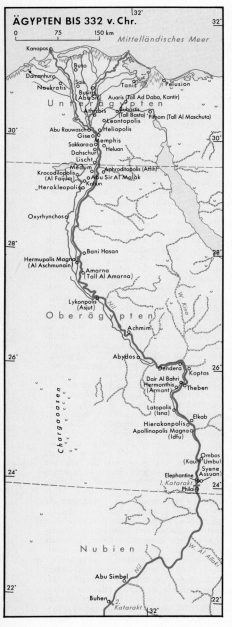

ÄGYPTEN BIS 332 v. Chr.

0   75   150 km

Mittelländisches Meer

Kanopos
Buto
Damanhuro
Sais
Naukratis
Busiris
Abu Sir
Tanis
Pelusion
Auaris (Tall Ad Daba, Kantir)
Athribis
Bubastis (Tall Basta)
Leontopolis
Pithom (Tall Al Maschuta)
Unterägypten
Abu Rauwascho
Heliopolis
Giseo
Memphis
Sakkara
Heluan
Dahschur
Lischt
Medum
Aphroditopolis (Atfih)
Krocodilopolis (Al Faijum)
Abu Sir Al Malak
Kahun
Herakleopoliso
Oxyrhynchos o
Bani Hasan
Hermupolis Magna (Al Aschmunain)
Amarna (Tall Al Amarna)
Lykonpolis (Asjut)
Oberägypten
Achmim
Abydos o
Dendera
Koptos
Dair Al Bahri
Hermonthis (Armant)
Theben
Latopolis (Isna)
Elkab
Hierakonpolis
Apollinopolis Magna (Idfu)
Ombos (Kaum Umbu)
Elephantine
Syene (Assuan)
I. Katarakt
Philä
Chargaoasen
W. Kina
W. Al Allaqi
Nil
Nubien
Abu Simbel
Buhen
2. Katarakt

Das Land ist gegliedert in 4 Stadtgouvernements, 17 Gouvernements und 4 Grenzbezirke.

Das ägyptische *Rechtswesen* ist auf den Gebieten des öffentlichen Rechts und des Zivilrechts mit Ausnahme des Personenstandsrechts nach dem Vorbild frz. Rechts und frz. Rechtsprechung ausgerichtet. Mit der Rechtsreform von 1955/56 wurden ein einheitl. ziviles Personenstandsrecht, das für alle Bürger ohne Unterschied der Religion gilt, und die Zivilehe eingeführt. Die Verfassung von 1971 legt jedoch das Islamrecht als wichtigste Quelle der Gesetzgebung fest. Das Gerichtswesen ist in 4 Stufen gegliedert. Die *Streitkräfte* umfassen rd. 395000 Mann (Heer 350000, Luftwaffe 25000, Marine 20000); hinzu kommen rd. 50000 Mann paramilitär. Kräfte.

Geschichte: ↑ägyptische Geschichte.

📖 *Brunner-Traut, E./Hell, V.: Ä. Stg. u.a. [4]1982. - Helmensdorfer, E.: 50 mal Ä. Mchn. u. Zürich [2]1981. - Schamp, H.: Ä. Das Land am Nil im wirtschaftl. u. sozialen Umbruch. Hg. v. W. W. Puls. Ffm. u.a.; Aarau 1978.*

Ägypterevangelium, apokryphes Evangelium, wahrscheinl. im 2. Jh. in Ägypten entstanden und urspr. wohl griech. verfaßt.

ägyptische Augenkrankheit, svw. ↑Trachom.

ägyptische Expedition, frz. Invasionsunternehmen 1798–1801, sollte Großbrit. in seiner Mittelmeerposition (Störung der Verbindung nach Indien) entscheidend treffen; trotz anfängl. Erfolge (Juni/Juli 1798) mit der Vernichtung der frz. Flotte bei Abukir fakt. gescheitert. Der verlustreiche Syrienfeldzug 1799 nach der Kriegserklärung des Osman. Reichs (1798) und die großen Anfangserfolge der 2. antifrz. Koalition veranlaßten Bonaparte 1799, allein nach Frankr. zurückzukehren. Die Reste der mehrfach, zuletzt von den Briten, geschlagenen frz. Truppen wurden 1801 zurücktransportiert.

ägyptische Finsternis, sprichwörtl. für: tiefste Finsternis (nach 2. Mos. 10, 21–23); die 9. der ↑ägyptischen Plagen.

ägyptische Geschichte, Vorgeschichte (bis etwa 3000 v. Chr.): Ägypten gehört zu den am frühesten von Menschen bewohnten Gebieten der Erde. Funde aus dem Paläolithikum zeigen, daß Ägypten kulturell schon damals mit dem übrigen Afrika und mit Vorderasien verbunden war. Die älteste bekannte, mehrphasige Großsiedlung aus dem Neolithikum ist Merimde am westl. Deltarand. Die älteste oberägypt. Kulturgruppe wird nach den Fundorten Tasa und Al Badari benannt. V. a. in der jüngeren Phase der folgenden Nakadakultur, dem Gerzean (2. Hälfte des 4. Jt. v. Chr.), zeigt sich Bev.verdichtung, Differenzierung und Verfeinerung der Kultur. Gegen Ende der Gerzeanzeit wurde auch Unterägypten in dieses Kulturgebiet einbezogen. Vereinzelte Kulturbeziehungen zur gleichzeitig sich

Die ägyptischen Dynastien mit den bedeutendsten Königen

Frühzeit

1. Dynastie		um 2900–2760
2. Dynastie		um 2760–2620

Altes Reich

3. Dynastie	Djoser, Erste Pyramide	um 2620–2570
4. Dynastie	Snofru, Cheops, Chephren, Mykerinos u. a.; Pyramiden von Dahschur und Gise	um 2570–2460
5. Dynastie	Userkaf, Sahure, Unas; Pyramiden von Sakkara	um 2460–2320
6. Dynastie	Teti, Pepi I. und II.; Pyramiden von Sakkara	um 2320–2150
7./8. Dynastie		um 2150–2100

Erste Zwischenzeit

9./10. Dynastie	Residenz Herakleopolis

Mittleres Reich

11. Dynastie	Residenz Theben, Mentuhotep	2040–1991
12. Dynastie	Amenemhet I.–IV., Sesostris I.–III.; Pyramiden zw. Sakkara und dem Becken von Al Faijum	1991–1785
13./14. Dynastie		1785–1650

Zweite Zwischenzeit

15./16. Dynastie	Hyksos	1650–1540
17. Dynastie	Residenz Theben	1650–1551

Neues Reich

18. Dynastie	Amosis I., Amenophis I.–III., Thutmosis I.–IV., Echnaton, Tutanchamun, Eje, Haremheb; Residenz Theben, Königsgräber	1551–1306
19. Dynastie	Sethos I., Ramses I. und II., Merenptah; Residenz im Ostdelta, Königsgräber in Theben	1306–1186
20. Dynastie	Ramses III.–XI.	1186–1070

Dritte Zwischenzeit

21. Dynastie	Gottesstaat in Theben	1070–945
22./23. Dynastie	Libyer: Osorkon, Scheschonk, Takelothis	945–715
24. Dynastie	im Delta: Tefnacht, Bokchoris	725–711

Spätzeit

25. Dynastie	Äthiopier: Schabaka, Taharka	715–664
26. Dynastie	Psammetich I.–III., Necho, Apries, Amasis	664–525
27. Dynastie	erste Perserherrschaft	525–404
28. Dynastie		404–399
29. Dynastie		399–380
30. Dynastie	Nektanebos	380–343
31. Dynastie	zweite Perserherrschaft	343–332

Die Daten sind bis 2134 v. Chr. mit einem geringen Spielraum ($\pm$ 4 Jahre) astronom. festgelegt, für die ältere Zeit schwanken die Ansätze bis zu 100 Jahren.

herausbildenden mesopotam. Hochkultur sind erkennbar.

Altertum: Die Periode von der Reichsgründung bis zu Alexander d. Gr. teilt man in 31 Dynastien, deren Abgrenzung sich nicht nach der Geschlechterfolge, sondern nach Herrschaftsbereich und Residenz zu richten scheint, und die zum Alten, Mittleren und Neuen Reich sowie der Spätzeit zusammengefaßt werden.

Frühzeit: (1. und 2. Dynastie, 2900–2620):

Das Einheitsreich der klass. Zeit wird sich wohl - entgegen der myth. und philosoph. Vorstellungen angepaßten ägypt. Tradition, daß ein König namens Menes das Land von Oberägypten aus geeint habe - allmähl. herausgebildet haben. Heimat und wohl auch Residenz dieser ersten beiden Dynastien war Abydos; daneben trat Memphis als Zentrum hervor. Die folgenreichste geistige Leistung dieser Zeit war die Entwicklung der Schrift sowie der Staatsverwaltung mit einem Beam-

ägyptische Geschichte

tentum. Ein Zerfall des Einheitsreiches in der 2. Dynastie wurde nach einem Bürgerkrieg rückgängig gemacht. Altes Reich (3.–8. Dynastie, 2620–2100): In der 3. und 4. Dynastie erfolgten die entscheidenden Schritte in Richtung auf den klass. ägypt. Staat und seine Kultur: Bau der Stufenpyramide König Djosers (und Imhoteps) und der ältesten größten echten Pyramiden der Könige Cheops, Chephren, Mykerinos; Ausbau der Verwaltung. Die Verwalter der Gaue wurden von der Zentralregierung, an deren Spitze der Wesir stand, eingesetzt und abberufen. Seit der 5. Dynastie galten die Herrscher als Söhne des Sonnengottes. Ihre (wesentl. kleineren) Grabmäler errichteten sie bei Abu Sir. Mit dem Beamtentum war als Lehen gegebener Grundbesitz verbunden, für den der Inhaber bald Erbvergabe beanspruchte; so entwickelte sich eine Art Beamtenadel. Die 6. Dynastie wurde bei dem Versuch, die oberägypt. Gaufürsten an Ausbau ihrer erbl. gewordenen Machtstellung zu hindern, von diesen abhängig. Unter der Regierung Pepis II. kam es zu (wohl sozial bedingten) Unruhen, nach seinem Tod zu einer blutigen Revolution und der Ersten Zwischenzeit. Die Gaufürsten sorgten für ihren Machtbereich und kämpften in wechselnden Koalitionen gegeneinander. Geistig war diese Periode bes. fruchtbar, da letzte Fragen nach dem Sinn des Lebens und der Theodizee aufbrachen und dichter. behandelt wurden. Als die 9. und 10. Dynastie von Herakleopolis auf dem Wege war, die Einheit des Landes wiederherzustellen, wurde sie von dem inzwischen erstarkten Gaufürstengeschlecht Thebens vernichtend geschlagen. Mittleres Reich (11.–14. Dynastie, 2040–1650): Die Fürsten von Theben begr. die 11. Dynastie, Hauptstadt blieb Theben, die Könige hießen Mentuhotep. Eine den Gaufürsten freundl. Politik sicherte ihnen deren Unterstützung. Die 12. Dynastie verlegte die Residenz nach Memphis und an den Eingang zum Becken von Al Faijum. Durch geschickte Propaganda gelang es, dem Königtum zu neuem Ansehen zu verhelfen. Die Macht der Gaufürsten wurde mit Hilfe des städt. Bürgertums endgültig beschnitten. Friedl. Beziehungen zu asiat. Fürsten wurden gepflegt. Im S wurde Unternubien militär. besetzt und durch einen Festungsgürtel beherrscht. Die Ursachen für den Niedergang in der 13. und 14. Dynastie sind unbekannt. In kurzer Folge regierten zahlr. Herrscher, teilweise auch nebeneinander, während die Verwaltung intakt blieb. Zweite Zwischenzeit (15.–17. Dynastie, 1650–1551): Die Hyksos - wohl eine dünne, aus Asien gekommene Oberschicht - der 15. Dynastie beherrschten ganz Ägypten, wobei sie Unterkönige, auch einheim., anerkannten. Mit dem Reich von Kusch in Nubien, das sich nach dem Zusammenbruch

der ägypt. Herrschaft etabliert hatte, schlossen sie ein Bündnis. Ihre Hauptstadt war Auaris im Ostdelta. Der Fürst Kamose von Theben begann den Kampf gegen die Hyksos, den sein Bruder Amosis I. dann vollendete. Neues Reich (18.–20. Dynastie, 1551–1070): Amosis I. stellte die Herrschaft Ägyptens auch in Nubien wieder her. Thutmosis I. machte Ägypten zu einer Großmacht bis zum Euphrat im N und 3. oder 4. Katarakt im S mit weiten Gebietsansprüchen. Nach 22jähriger Herrschaft verschwand die Königinwitwe Hatschepsut, die ihren Sohn Thutmosis III. zur Seite gedrängt hatte, um sich an seiner Statt selbst zur Königin krönen zu lassen. Thutmosis III. zog gegen die verbündeten und mit Mitanni zusammengehenden Fürsten, schlug sie bei Megiddo. In 16 weiteren Feldzügen und Expeditionen gegen Asien, wobei er systemat. der Küste entlang nach N befestigte Stützpunkte errichtete und dann ins Landesinnere vortrieb, stellte er das Reich seiner Ahnen wieder her und festigte es. Im S bildete der 4. Katarakt die Grenze des von Ägypten kontrollierten Gebietes. Die Nachfolger, Amenophis II. und Thutmosis IV., konnten den territorialen Bestand im wesentl. halten. Unter Amenophis III. erreichten Wohlstand und luxuriöses Leben in Ägypten ihren Höhepunkt. Thronerbe wurde sein Sohn Amenophis IV., der sich ganz der Religion widmete und als Echnaton in M-Ägypten Amarna als neue Hauptstadt gründete. Während seiner außenpolit. und militär. höchst nachlässigen Regierung gingen die asiat. Besitzungen verloren. Kult, Kunst und Verwaltung tragen deutl. Spuren seiner Persönlichkeit. Die zentrale Stellung des Königs wurde weiter ausgebaut und religiös begr. Für Echnatons Nachfolger, Tutanchaton (später Tutanchamun), hat wohl Eje die Regentschaft geführt, der nach dem Tod Tutanchamuns noch für vier Jahre den Thron bestieg. Haremheb, ein nicht mit dem Königshaus verwandter General wurde Nachfolger; scharf bekämpfte er die Korruption; er reorganisierte die Verwaltung und stärkte den Einfluß Ägyptens in Asien wieder. Als Residenz wählte er Memphis, Sethos I., der zweite König der 19. Dynastie, stellte in Syrien Verhältnisse wieder her, wie sie vor der Amarnazeit geherrscht hatten, nur daß der Gegner jetzt das Hethiterreich war. Libysche Stämme, die Ägyptens W-Grenze bedrohten, konnten abgewehrt werden. Sein Sohn Ramses II. verlegte die Residenz endgültig ins Ostdelta, wo er bei Kantir Palast und Wohnanlagen samt Vaters prunkvoll und großflächig ausbauen ließ. Nach unentschiedener militär. Auseinandersetzung zw. Ägypten und dem Hethiterreich 1285 verpflichteten sich beide in einem 15 Jahre später abgeschlossenen Friedensvertrag zu gegenseitiger Hilfe beim Angriff eines Dritten und anerkannten den Status quo. Die

folgenden friedl. Jahrzehnte nützte Ramses v. a. zum Bauen: Karnak, Luxor, Abu Simbel, das Ramesseum sind nur die besterhaltenen unter den zahlr. Tempeln dieser Zeit. Ramses' II. Sohn u. Nachfolger Merenptah mußte insbes. die W-Grenze verteidigen, wo sich libysche Stämme zum Angriff auf das Niltal anschickten. Die große 19. Dynastie endete nach seiner Regierung in Wirren. Ramses III., dem bedeutendsten Herrscher der 20. Dynastie gelang es unter großem Einsatz, den Angriff der aus dem N des Mittelmeerraums einbrechenden Seevölker gegen Ägypten zu Lande und zur See abzuwehren. Doch war die Kraft des Landes erschöpft. Innere Unruhen, Arbeiterstreiks und Aufstände waren die Folgen. Mit Ramses XI. endete die Dynastie und damit das Neue Reich in wirtsch. Not und Zerfall. In der Dritten Zwischenzeit (21.–24. Dynastie, 1070–711) wurde das Land zunehmend in kleinere Herrschaftsbereiche aufgespalten.

Spätzeit (25.–31. Dynastie, 715–332): Nach dem Zusammenbruch der ägypt. Vorherrschaft hatte sich in Nubien ein äthiop. Reich mit Napata als Hauptstadt gebildet, dessen Herrscher sich als rechtmäßige Nachfolger der Pharaonen fühlten und sich vorübergehend durchsetzten. Doch machte sich noch einmal ein Deltafürst, Tefnacht, zum Pharao. Sein Sohn Bokchoris galt den Griechen als großer Gesetzgeber. Diese 24. Dynastie wurde von den Äthiopiern beendet, die nominell als 25. Dynastie bis 664 regierten. Ihr bedeutendster Herrscher war Taharka, der zahlr. Bauten errichtete und eine neue Ruhezeit heraufführte. 671/667 wurden sie von den Assyrern vertrieben. Psammetich I., der Begründer der 26. (Saitischen) Dynastie, von den Assyrern eingesetzt, betrieb eine eigene nat. Politik und einigte mit friedl. polit. Mitteln das Land. Unter seinem Sohn Necho II. versuchte Ägypten erneut, seinen alten Einfluß in Syrien wiederherzustellen. Psammetich II. kam einer erneuten Bedrohung durch die Herrscher von Napata zuvor. Gegen Apries erhoben sich die Truppen General Amasis' und machten diesen zum König. Bald nach dem Tod von Amasis, der eine griechenfreundl. Politik betrieben hatte, schlug der Perserkönig Kambyses das ägypt. Heer 525 bei Pelusium und gliederte das Land als Satrapie seinem Reich ein. Die Perserherrschaft (27. Dynastie) wurde nur vorübergehend durch wenig bed. einheim. Regenten (28. und 29. Dynastie) unterbrochen. Nur die 30. Dynastie ließ noch einmal in schwachem Abglanz frühere Größe ahnen. Die als 31. Dynastie gezählte zweite Perserherrschaft beendete Alexander d. Gr. 332.

Hellenist. und röm. Zeit: Alexander behielt die alte administrative Ordnung Ägyptens bei, traf aber für die polit. und wirtsch. Sicherung des Landes Maßnahmen zur Dezentralisierung der Verwaltung. Das hellenist.

Ägypten übernahm unter den Ptolemäern ebenfalls die althergebrachten Wirtschafts- und Verwaltungsformen einschließl. des einheim. niederen Beamtenapparates. Die beiden letzten Jh. ptolemäischer Herrschaft scheinen durch Neuerwachen des nat. Selbstbewußtseins der Ägypter gekennzeichnet. Seit Mitte des 3. Jh. wurde Ägypten mehr und mehr zum Klienten Roms, dessen Interventionen wiederholt der zunehmend verfallenden Dynastie die Herrschaft sicherten. Nach dem Tod von Antonius und Kleopatra (VII.) und dem Scheitern ihrer Großmachtpolitik (30 v. Chr.) schuf Oktavian für Ägypten eine Sonderstellung in unmittelbarer Abhängigkeit vom Prinzeps persönl. In den ersten Jh. der Kaiserzeit erlebte Ägypten als Getreidekammer Roms eine nochmalige Blüte. Ägypten fiel mit der endgültigen Reichsteilung 395 mit den übrigen östl. Prov. zum Oström. Reich.

Mittelalter und Neuzeit: 619 von den Persern erobert, 628 wieder in byzantin. Besitz, wurde das Land, ab 639 durch die muslim. Araber erobert, Prov. des Kalifenreichs. Verwaltung und innere Ordnung blieben fast unverändert; der arab. Einfluß beschränkte sich zunächst auf Unterägypten. Erst die Koptenaufstände des 8. und 9. Jh. hatten eine verstärkte Islamisierung zur Folge. Die Tuluniden (868–905) waren nur noch nominell vom Kalifen abhängig. Es folgten die Dynastien der Ichschididen (ab 935), der Fatimiden (ab 969), der Aijubiden (ab 1171). Ab 1249 herrschten die Mamelucken, in deren Händen auch nach der Eroberung Syriens und Ägyptens 1517 durch die Osmanen die Verwaltung Ägyptens blieb. Wirtsch. Niedergang, u. a. verursacht durch die Entdeckung des Seewegs nach Indien, machte aus dem reichen Land eine der ärmsten Prov. des Osman. Reichs.

Bonapartes ägypt. Expedition beendete die ma. Herrschaftsform der Mamelucken. Mehmet Ali vermochte sich schließl. der Herrschaft zu bemächtigen und behauptete sie. 1805 wurde er vom Osman. Reich als Pascha über Ägypten anerkannt. Zwar mußte er unter dem Druck europ. Mächte das gegen den osman. Sultan eroberte Syrien 1840 wieder räumen und die ägypt. Armee reduzieren. Dafür wurde ihm die erbl. Statthalterschaft über Ägypten zugesichert. 1867 erwarb Ismail vom osman. Sultan das Recht auf den Titel Khedive (Vizekönig). 1869 wurde der Sueskanal eröffnet. 1872–74 wurden der S-Sudan und Teile Äthiopiens erobert. Nachdem Ismail aus finanziellen Gründen 1875 seine Sueskanalaktien verkaufen mußte, wobei sich Großbrit. die Kontrolle über den Kanal sicherte, und Ismail schließl. unter brit.-frz. Druck zugunsten seines Sohnes Taufik abgesetzt worden war, nahm eine brit.-frz. Finanzkommission zur Schuldentilgung die Arbeit auf. Großbrit. nahm die Auswirkungen des nun um sich greifenden fremdenfeindl. Nationalismus zum

Anlaß, 1882 Truppen zu landen. Die ägypt. Armee wurde geschlagen. Ägypten wurde besetzt und de facto von den brit. Residenten regiert. Der 1881–85 verlorengegangene Sudan wurde 1896–98 zurückerobert und 1899 zum brit.-ägypt. Kondominium. Bei Ausbruch des 1. Weltkrieges wurde Ägypten unter Aufhebung der osman. Oberhoheit brit. Protektorat. Bei Kriegsende wuchs mit der nat. Opposition gegen die brit. Herrschaft der Wille nach Unabhängigkeit und Selbstbestimmung. 1922 beendete Großbrit. unter Sicherung v. a. militär. Reservatrechte sein Protektorat, Ägypten wurde unabhängige parlamentar. Monarchie. Erst unter König Faruk wurde 1936 ein Vertrag mit 20jähriger Laufzeit unterzeichnet, in dem Großbrit. Ägypten die volle Souveränität zuerkannte und die brit. Besatzung auf die Kanalzone beschränkte, die Sudanfrage aber weiter ungelöst ließ. Im 2. Weltkrieg blieb Ägypten bis Febr. 1945 neutral, obwohl dt. und italien. Truppen weit in ägypt. Gebiet eingedrungen waren. Gemeinsam mit anderen Staaten der Arab. Liga nahm Ägypten am Kampf gegen Israel teil. Nach anfängl. Erfolgen konnten die Ägypter nur den Gasastreifen halten. Zunehmende Korruption und Mißwirtschaft des Königs und der führenden Wafd-Partei hatten das Vertrauen der Armee untergraben. Nach dem Staatsstreich General Nagibs vom Juli 1952 mußte König Faruk zugunsten seines Sohns Fuad II. abdanken. Nagib wurde Min.präs. und nahm sofort eine Bodenreform in Angriff. Am 18. Juni 1953 wurde Ägypten zur Republik erklärt, die königl. Familie mußte das Land verlassen. Nagib übernahm auch das Amt des Staatspräs. Nach dem zunächst erfolglosen Versuch, 1954 Nagib zu stürzen, konnte Nasser, der eigtl. Organisator der Revolution, im April als neuer Min.präs. und im Nov. auch als Staatspräs. (Nagib wurde unter Hausarrest gestellt) die Macht ganz an sich bringen. Kurz nachdem Mitte Juni 1956 die 1954 mit den Briten vereinbarte Räumung der Kanalzone beendet war, brach die Suezkrise aus. Nasser kündigte am 26. Juli 1956 die Nationalisierung der Suezkanalgesellschaft an. Inmitten brit.-frz. militär. Demonstrationen und der Intervention der USA griff Israel am 29. Okt. Ägypten an und besetzte die Halbinsel Sinai. Am 31. Okt. landeten brit. und frz. Truppen am Suezkanal. Wegen des gemeinsamen Vorgehens der USA und der Sowjetunion konnte der UN-Sicherheitsrat einen Waffenstillstand und den Rückzug der Interventionstruppen aus Ägypten bis Frühjahr 1957 erreichen. Ägypten verpflichtete sich zur Entschädigung der Suezkanalaktionäre. Der Zusammenschluß Ägyptens und Syriens zur Vereinigten Arab. Republik (VAR) unter Nasser als Staatspräs., der sich auch der Jemen zeitweilig assoziierte, bestand nur bis 1961, als Syrien nach dem Militär-

putsch wieder aus der VAR ausschied. Nach dem Scheitern der Vereinigten Arab. Republik behielt Ägypten den Staatennamen VAR bei. Der 3. israel.-arab. Krieg (Juni 1967) endete für die VAR mit dem Verlust der Halbinsel Sinai. Nach dem Tode Nassers (1970) wurde der ehem. Vizepräs. Anwar As Sadat neuer Staatspräs. und Vors. der Arab. Sozialist. Union (ASU). Das Übereinkommen von VAR, Libyen und Syrien 1971, eine „Föderation Arab. Republiken" als Kampfmittel für die Errichtung einer arab. sozialist. Gemeinschaft und Instrument für den arab. Befreiungskampf zu gründen, wie der Beschluß (Okt. 1972) der Präs. Ägyptens und Libyens über die schrittweise Vereinigung beider Staaten bis zum 1. Sept. 1973, blieben ohne Wirkung, wenngleich im Aug. 1971 die Verfassung der Föderation von den drei Staatschefs gebilligt wurde und die VAR anläßl. der Gründung der Föderation den Namen „Arab. Republik Ägypten" annahm, und wenn auch Ägypten und Syrien am 1. Sept. 1973 einen obersten Planungsrat mit Sitz in Kairo und eine verfassunggebende Versammlung mit je 50 Mgl. aus beiden Staaten ernannten. Der mit einem Angriff Ägyptens und Syriens gegen die Stellungen Israels auf dem östl. Ufer des Suezkanals bzw. den Golanhöhen begonnene 4. israel.-arab. Krieg (Okt./Nov. 1973) wurde durch ein Waffenstillstandsabkommen zw. Israel und Ägypten beendet, dem ein Truppenentflechtungsabkommen im Jan. 1974 folgte (↑ auch israelisch-arabischer Krieg). Auf Grund der im März 1976 abgeschlossenen Aufhebung des 1971 abgeschlossenen Freundschaftsvertrages mit der Sowjetunion mußte diese ihre militär. Stützpunkte in Ägypten auflösen. Innenpolit. waren die letzten Jahre v. a. bestimmt von der Absicht Sadats, Ägypten zu einem modernen Staat zu entwickeln (sog. „Oktoberpapier", 1974 dem ZK der ASU vorgelegt und durch Volksabstimmung gebilligt), und durch die Verkündung der Bildung polit. Parteien 1976. Der Übergang vom Ein-zum Mehrparteiensystem wurde 1978 abgeschlossen, wobei freilich die dominierende Stellung Sadats mit seiner neugegr. Nationaldemokrat. Partei gewahrt blieb. Der Besuch Sadats in Israel im Nov. 1977 leitete Verhandlungen zw. den beiden Staaten ein, die nach massivem Eingreifen der USA im März 1979 zum israel.-ägypt. Friedensvertrag führten. Dieser Vertrag, der u. a. die Rückgabe des gesamten Sinaigebietes an Ägypten im April 1982 nach sich zog, hatte die diplomat. und wirtsch. Isolierung Ägyptens in der arab. Welt zur Folge. Nach der Ermordung Sadats (6. Okt. 1981) versucht sein Nachfolger M. H. Mubarak, die Beziehungen zu den arabischen Staaten zu verbessern. - Karte S. 142.

⚕ Otto, E.: Ä. Der Weg des Pharaonenreiches. Stg. ³1979. - Hornung, E.: Grundzüge der ä. G.

Darmst. ²1978. - Kees, H.: Das alte Ä. Wien u. a.
³1977. - Vatikiotis, P. J.: A modern history of
Egypt. New York 1969. - Gardiner, A. H.: Gesch.
des alten Ä. Dt. Übers. Stg. ³1965.

ägyptische Kunst, Baukunst: Häuser
und Paläste waren aus Nilschlammziegeln errichtet und haben sich kaum erhalten, nur
Tempel und Gräber waren aus Stein. Königl.
Grabmäler des 3. Jt. waren die Pyramiden;
deren älteste, die Stufenpyramide des Djoser
in ↑ Sakkara, zeigt ihre Entstehung aus mehreren übereinandergetürmten rechteckigen
Grabbauten (↑ Mastabas). In der 4. Dynastie
werden die Seiten des nun quadrat. Baues
glatt verkleidet. Zu jeder Pyramide gehören
Tempelanlagen, von denen der Taltempel
durch einen Aufweg mit dem an der Pyramide
gelegenen Verehrungstempel verbunden ist.
Die 4. Dynastie kennt nur geometr.-strenge
Formen, als Stütze den Vierkantpfeiler, in
der 5. Dynastie organ. Formen (Pflanzensäu-
len). Die Form ägypt. Säulen bestimmt sich
niemals durch Stütze und Last, sondern durch
Kultzusammenhang (Papyrussumpf, Symbole für Kultorte oder -geräte). Im Neuen Reich
treten an die Stelle der gemauerten Gräber
in Theben Felsgräber für Könige und für die
Beamten. - Der Tempel ist zugleich kult. Büh-
ne und Symbol der Welt. Im Neuen Reich
herrscht der Achsentempel (Prozessionstem-
pel) vor. An der Zentralachse liegen der Pylon
(Torturm), offene Höfe, Säulenhallen, Speise-
tischraum und Kultkammer mit dem Götter-
bild. Die Felsentempel folgen den gleichen
Baugesetzen. Neben dem Achsentempel steht
der Umgangstempel (Peripteros), bei dem um
einen Barkensockel oder eine Cella ein Gang
führt, dessen Dach von ringsum stehenden
Pfeilern getragen wird. Ägypt. Tempel haben
seit der 19. Dynastie monumentale Ausmaße.
Rundplastik: Statuen standen verborgen in
Gräbern oder auch Tempeln (im Neuen

Reich) und hatten den Zweck, dem Geist des
Verstorbenen oder der Gottheit als Wohnsitz
zu dienen. Sie sicherten dem Inhaber die Nähe
der Gottheit. Der Künstler hatte die Aufgabe,
den menschl. (und tier.) Körper frei von allen
Zufälligkeiten des Aussehens oder der Bewegung „an sich" zu bilden. Materialien waren
v. a. Kalkstein oder farbige Gesteine (Diorit,
Granit, Alabaster, Sandstein), daneben Holz,
Bronze und Edelmetalle. Die meisten Bildwerke waren bemalt und sind unterlebens-
groß. Einzelbild und Familiengruppen waren
auf wenige Körperhaltungen festgelegt (stehend, sitzend, mit untergeschlagenen Beinen).
Im Neuen Reich lockerten sich Themen wie
Formen auf. Eine Empfindsamkeit fand ihren
Höhepunkt in der Amarnazeit unter König
Echnaton (Grabschatz des ↑Tutanchamun).
Die Spätzeit (1. Jt. v. Chr.) brachte eine neue

Ägyptische Kunst. Stufenpyramide
(3. Dynastie). Sakkara;
Königin Nofretete (18. Dynastie).
Berlin-Charlottenburg,
Ägyptische Sammlung (rechts)

ägyptische Literatur

Blüte des Bildnisses mit meist vom Alter geprägten Physiognomien.

Flachkunst: In der Grabkunst und in Tempeln fand Relief und Malerei Raum. Reliefs waren bemalt. Man unterschied das erhabene und das versenkte Relief (letzteres, eine für die ä. K. typ. Form, wirft kräftigere Schatten und wurde deshalb fürs Freie bevorzugt). Die Themen der Grabkunst waren das Leben in Landw. und Handwerk, in der Gesellschaft sowie die Grabriten; die der Tempelkunst v. a. das Ritual, aber auch „polit." Bilder, die die Weltordnung festhalten (Schlacht- und Triumphalszenen). Die Darstellung war aperspektivisch; die Farbe wurde nicht durch Schatten oder Reflexe verändert. Dreivierteldrehungen, Blickwendungen aus der Bildfläche heraus zum Betrachter sind Ausnahmen. Unsichtbares, etwa der Inhalt verschlossener Kästen, konnte ebenso dargestellt werden wie verschiedene Handlungsphasen auf dem gleichen Bild. Die Darstellungen waren von der Vorstellung her konzipiert, nicht vom Betrachtetwerden, und auf das Allgemeingültige, nicht das Besondere gerichtet.

📖 *Ägypten. Hg. v. J. Leclant. Mchn. 1979 ff. Auf mehrere Bde. berechnet. - Lange, K./Hirmer, M.: Ägypten: Architektur, Plastik, Malerei in 3 Jt. Mchn.; Wien u. Zürich. Sonderausg. 1978. - Michalowski, K.: Ägypten. Kunst u. Kultur. Dt. Übers. Freib. u. a. ⁵1976. - Propyläen-Kunstgesch. Bd. 15: Vandersleyen, C.: Das alte Ägypten. Teilweise dt. Übers. Bln. 1975.*

ägyptische Literatur, unter der großen Fülle dessen, was an schriftl. Aufzeichnungen von den alten Ägyptern erhalten geblieben ist (Briefe und Rechnungen, Protokolle, wiss. Werke [↑ägyptische Wissenschaft], Urkunden), nimmt die eigtl. Literatur nur einen geringen Platz ein. Sie findet sich fixiert auf Papyrusrollen oder Kalksteinscherben sowie auf Tempel- und Grab- und Sargwänden. Viel ist sicher verloren. Daneben läßt sich eine nur mündl. tradierte Literatur nachweisen, die Arbeits-, Jubel- und Trauerlieder, aber auch Tiergeschichten, Märchen, Mythen, Anekdoten, Zaubersprüche und vielleicht auch Kultsprüche umfaßte.

Totenliteratur: Den Verstorbenen wurden Texte mit ins Grab gegeben. Die älteste Sammlung bilden die *Pyramidentexte*, die auf den Wänden der Königsgräber der 5. Dynastie standen. Im Mittleren Reich standen entsprechende Texte auf den Särgen *(Sargtexte)*. Sie sollten den Toten vor Mangel und Gefahren im Jenseits schützen und ihm zur Seligkeit verhelfen. Im Neuen Reich erhielten die Toten oft eine Rolle mit Texten des „Totenbuches", eine erst spät kanonisierte Sammlung von etwa 200 einzelnen Sprüchen, von denen der 125. das Bekenntnis vor den Totenrichtern und dabei das ethisch-kult. Ideal des Ägyptern enthält. Gleichzeitig stehen an den Wänden der Königsgräber die Unterweltsbücher,

Schilderungen der nächtl. Fahrt des Sonnengottes, z. B. das ↑„Amduat".

Kultliteratur: Der tägl. Tempeldienst wie der Festdienst erforderten ein reiches Textmaterial, dessen Grundbestand zahlr. Rituale bildeten, zu denen Hymnen und Lieder traten. Außerdem sind Fragmente kult. Spiele erhalten.

Schöne Literatur: Unter der Fülle von E r z ä h l u n g e n ragt die „Geschichte des ↑ Sinuhe", eines ägypt. Beamten, der aus polit. Gründen nach Asien flieht und gegen Ende seines Lebens heimkehrt, hervor. Aus dem Mittleren Reich stammen auch die „Geschichte des Schiffbrüchigen" sowie die „Märchen des Papyrus Westcar". Aus dem Neuen Reich seien das „Brüdermärchen", der „Streit zwischen Horus und Seth", eine myth. Geschichte voller humorist. Details, und das „Märchen vom verwunschenen Prinzen" genannt. Aus dem 1. Jt. v. Chr. stammen den „Sagenkreis des Petubastis", in dem der Einfluß Homers unverkennbar ist, und die Zaubergeschichten um den Prinzen Chaemwese und seinen Sohn Si-Osire. Neben den Erzählungen stehen A u t o b i o g r a p h i e n, in die die tradierten Elemente eines dem Ideal entsprechenden Lebens kunstvoll aneinanderfügen. Die P o e s i e formte einfache Lieder, die bei Arbeit, Gastmählern oder Begräbnissen vorgetragen wurden, aber auch kompliziert gebaute Hymnen, Lieder über die Vergänglichkeit des Lebens („Harfnerlieder"), Lieder auf den König (Schlacht bei ↑ Kadesch) und - bes. reich erhalten - Liebeslieder. Eine bes., d i a l o g i s c h e K u n s t g a t t u n g entstand in der Notzeit des Zusammenbruchs nach dem Ende des Alten Reiches. Fragen der göttl. Gerechtigkeit und der menschl. Verantwortung für diese Welt, Probleme der Willensfreiheit, des Wertes von Riten, der Wahrheit des Totenglaubens wurden in Werken wie den „Mahnworten eines Propheten" oder dem außerordentl. „Gespräch eines Lebensmüden mit seiner Seele" aufgeworfen; die „Reden des Chu-en-Anubis" kreisen um das Recht und dessen Verhältnis zur Macht. Einen bed. Anteil stellten die L e b e n s l e h r e n von der Mitte des 3. Jt. bis zur Zeitenwende: die des Ptahhotep (um 2400?), für König Merikare (2100), die Lehre des Königs Amenemhet I. (um 1970?), des Anii (um 1400), des Amenemope (um 1000?), des Anch-Scheschonk (um 600?) und die des Papyrus Insinger (um 300 v. Chr.). Ein weiser, älterer Mann unterweist einen jüngeren, oft seinen Sohn, in der richtigen Lebensführung, die aus Erfahrung von Erfolg bzw. Mißerfolg abgeleitet wird. Im letzten Jt. v. Chr. trat Glück und Unglück als Maßstab zurück hinter einem reinen Begriff von Gut und Böse als Gott wohlgefällig oder mißliebig.

Schulliteratur: In der Schule wurde dem Unterricht außer diesen Lebenslehren, die auswendig zu lernen waren, Lesestoff zugrunde-

Ägyptische Kunst. Brustschmuck des
Königs Tutanchamun (18. Dynastie).
Kairo, Ägyptisches Museum

gelegt, der möglichst viele Wörter und Sachinformation enthielt, so die „Lehre des Cheti" (um 1970 v. Chr.), in der der Beamtenberuf als einzig begehrenswert erscheint, oder, aus der Zeit um 1200 v. Chr., der witzige Brief eines Militärbeamten an seinen unfähigen Kollegen (Papyrus Anastasi I.). - Die ä. L. hatte bed. Einfluß auf die Bibel, in der bestimmte Gattungen übernommen sind, andere Stellen ägypt. Einfluß verraten und sogar ein Teil der „Lehre des Amenemope" übersetzt worden ist (Sprüche Salomons), sowie auf Griechenland.

📖 *Brunner, H.: Grundzüge einer Gesch. der altägypt. Lit. Darmst. ²1978. - Fragen an die altägypt. Lit. Hg. v. J. Assmann. Wsb. 1977. - Erman, A.: Die Lit. der Ägypter. Lpz. 1923.*

ägyptische Musik, in den Quellen ist ein relativ intensives Musikleben in vorchristl. Zeit bezeugt. Eine Klangvorstellung ist jedoch nur schwer möglich. Nachweisbar sind Harfen, Flöten, Leiern, Oboen, Trompeten und verschiedene Rhythmus- und Geräuschinstrumente, um 2000 kam die Laute hinzu. Von der 4. Dynastie an (um 2570–2460) ist eine Scheidung zwischen mag.-kult. und profaner Musik festzustellen. Seit dem Christentum wurde die ä. M. von fremden Einflüssen geprägt und trat seit der Islamisierung ganz zurück.

ägyptische Plagen, in 2. Mos. 7–13 (ähnl. Ps. 78 und 105) geschilderte Katastrophen, die von Jahwe bewirkt wurden, damit das Volk Israel ungehindert aus Ägypten ausziehen konnte.

ägyptische Religion, die Religion der alten Ägypter war einerseits durch eine große Anzahl von Gottheiten charakterisiert, andererseits durch eine einzigartige Betonung des Totenglaubens. Die *Vielzahl der Götter* beruht wahrscheinl. auf einer Aufnahme ehemaliger Gottheiten von ursprüngl. lokal begrenzter Bedeutung in das Gesamtpantheon, die nach der Reichsgründung erfolgt sein dürfte. An theolog. Versuchen einer Systematisierung dieser Vielheit hat es nicht gefehlt. Nach der großen **Götterneunheit von Heliopolis** stand an der Spitze der Urgott Atum, der durch das Ausatmen von Luft und das Ausspeien von Feuchtigkeit das Götterpaar Schu („Luft") und Tefnut („Feuchtigkeit") schuf. Beide brachten ihrerseits den Erdgott Geb und die Himmelgöttin Nut hervor. Deren Kinder sind Osiris und Seth mit ihren schwesterl. Gemahlinnen Isis und Nephthys. Der Neunheit von Heliopolis stand die **Achtheit von Hermopolis** gegenüber. Sie bestand aus vier Paaren, die Urmächte personifizierten: Das Urgewässer verkörperten Nun und Naunet, die Endlosigkeit Huh und Hauhet, die Finsternis Kuk und Kauket und die Unsichtbarkeit Amun und Amaunet. Damit waren jedoch keineswegs alle Gottheiten Ägyptens erfaßt. Bed. sind außerdem der Sonnengott Re, Ptah, der Hauptgott der Stadt Memphis, die Himmelsgöttin Hathor, der Fruchtbarkeitsgott Min, ferner Chnum, der auf seiner Töpferscheibe die Menschen formt, der Totengott Anubis, die geiergestaltige Mut, Sachmet und die Katzengöttin Bastet, der Schrei-

ägyptischer Kalender

bergott Thot. Zeugnisse des ausgeprägten *Totenglaubens* sind die königl. Pyramidentexte, die Sargtexte und das Totenbuch. In dieser umfangreichen Totenliteratur tritt zunehmend die Tendenz in Erscheinung, dem Verstorbenen durch mag. Mittel das Bestehen vor dem Totengericht des Osiris und ein glückl. Fortleben zu sichern (↑ ägyptische Literatur).

Strömungen vertiefter Religiosität sind seit der ersten Zwischenzeit auf dem Gebiet der *Ethik* zu erkennen. In der Spätzeit gewinnen sie in mehreren Weisheitslehren literar. Ausdruck. Bes. Charakteristikum des Alten Reiches war das *Sakralkönigtum*. Der Pharao galt als eine Erscheinungsform des Falkengottes Horus, und er war derjenige, der das Ordnungsprinzip, die ↑ Maat, verwirklichte. Bedeutsamstes religionsgeschichtl. Ereignis des Neuen Reiches war die Reform des Königs Echnaton. In der Spätzeit kündigt sich im Verfall der ä. R. an, der v. a. in der gesteigerten Verehrung von Tieren, der *Zoolatrie* dieser Epoche seinen Ausdruck findet, bei der nicht nur einzelne Tiere, sondern ganze Tiergattungen religiöse Verehrung erfuhren. Mit der nach Alexander d. Gr. erfolgten Einbeziehung Ägyptens in die antike Kulturwelt erlosch die ä. R. als eigenständige Größe. Einzelne ihrer Gottheiten, v. a. Isis und Osiris, behielten jedoch bzw. vergrößerten noch ihre Bedeutung.

📖 *Kees, H.: Der Götterglaube im alten Ägypten.* Bln. ⁴1979. - *Kees, H.: Totenglauben u. Jenseitsvorstellungen der alten Ägypter.* Bln. ⁴1979. - *Morenz, S.: Ä. R.* Stg. ²1977.

ägyptische Schrift, in mehreren Formen auftretende Schrift, in der die ägypt. Sprache überliefert ist. Die *Hieroglyphen* wurden kurz vor 3000 erfunden. Ihr Prinzip beruht darauf, daß zunächst zeichenbare Dinge, z. B. ägypt. per („Haus") standardisiert gezeichnet werden und mit dem Dargestellten auch das es bezeichnende Wort verkörpern. Diese Zeichen werden dann für Wörter ähnl. Lautung verwendet, die sich zeichner. nicht darstellen lassen. Dabei sieht man, um eine ausreichende Zahl von solchen übertragbaren Zeichen zu gewinnen, von den Vokalen ab. Wörter, für die kein zeichenbares Homönym (ähnl. klingendes Wort) zur Verfügung stand, wurden „buchstabiert", d. h. zusammengesetzt, z. B. nht („stark") aus der n lautenden Wasserlinie und dem ht lautenden Ast. So war die ä. S. von vornherein keine Bilderschrift, sondern gleich eine Lautschrift, die die Phoneme der Sprache festhält, also z. B. Konjugationsendungen eindeutig wiedergibt. Um der schnellen Lesbarkeit willen wird 1. die Schreibung konventionalisiert, z. B. werden Wörter mit gleichen Konsonanten durch Schreibgewohnheit differenziert, 2. die Schrift durch Determinative erweitert, das sind Zeichen, die einem Wort zugefügt werden, um dessen Begriffsklasse zu bezeichnen (z. B. Vogel bei allem, was fliegt), die selbst aber keinen Lautwert tragen. Schriftrichtung ist in der Regel von rechts nach links, aber auch umgekehrt. Die Zeilen laufen senkrecht oder waagerecht. Verwendung fanden die Hieroglyphen u. a. auf Steinwänden von Tempeln und Gräbern und auf Grabsteinen und Stelen so-

Ägyptische Religion. Re, Osiris, Isis, Anubis, Hathor (von links)

ägyptischer Kalender ↑ägyptische Wissenschaft.

ägyptische Schraube (archimedische Schraube), Wasserschnecke; von Archimedes erfundenes Gerät zur Ent- und Bewässerung; besteht aus einer in eine (halbe) Hohlzylinder eingepaßten Schraube, die durch Kurbeln oder Treten gedreht wird.

wie in der Malerei. *Hieratisch* ist die Kursivform der Hieroglyphen. Die Zeichen verlieren, wenn sie mit einer Binse und Tinte auf eine glatte Fläche wie Papyrus, Kalkstein oder Topfscherben geschrieben werden, ihren Bildcharakter und werden zu Strichen und Strichgruppen verkürzt. Diese nur linksläufig geschriebene Kursive entwickelte sich fast gleichzeitig mit der Erfindung der Hieroglyphen. In ihr werden Briefe, Notizen, Rechnungen, Protokolle, aber auch literar., religiöse

und wiss. Texte geschrieben. In der Spätzeit (ab 715 v. Chr.) übernimmt eine für die formelhafte Verwaltungssprache entwickelte weitere Verkürzung, das *Demotische*, diese Funktionen; nur die religiösen Texte werden weiterhin hierat. geschrieben. Demot., selten auch hierat. Zeichen werden gelegentl. in Stein gehauen. - Etwa seit der 2. Hälfte des 2. Jh. n. Chr. schreiben christl. Ägypter ihre Sprache ausschließl. mit dem griech. Alphabet, das um sechs demot. Zeichen für Laute erweitert ist, die das Ägypt. mehr besitzt als das Griechische. Diese Schrift, seit seit dem 2. Jh. v. Chr. vereinzelte Vorläufer gibt, wird als *koptische Schrift* bezeichnet (↑ auch koptische Sprache). Die Entzifferung der ä. S. gelang erst 1822 J.-F. Champollion mit Hilfe des 1799 gefundenen Steines von ↑ Rosette.

📖 *Cramer, M.: Kopt. Paläographie. Wsb. 1964. - Schott, S.: Hieroglyphen. Unterss. zum Ursprung der Schr. Wsb. 1950.*

ägyptisches Jahr ↑ ägyptische Wissenschaft.

ägyptische Sprache, zu den hamitosemit. Sprachen gehörende Sprache. - Die Geschichte der ä. S. ist durch mehr als 4 000 Jahre (3000 v. Chr. bis ins 15. Jh. n. Chr.) zu verfolgen; seit dem 10. Jh. n. Chr. wurde sie vom Arab. verdrängt. 1. *Frühägyptisch* (1.–2. Dynastie, um 2900–2620), nur kurze, schwer verständl. Inschriften. 2. *Altägyptisch* (3.–8. Dynastie, um 2620–2100), vorwiegend religiöse und histor. Inschriften, wenig Papyri. 3. *Mittelägyptisch* (9.–12. Dynastie, 2100–1785, als Schriftsprache auch noch viel später). 4. *Neuägyptisch* (18.–26. Dynastie, 1551–525, Schriftsprache seit 1360). 5. *Demotisch* (ab 26. Dynastie, ab 664 v. Chr.). 6. *Koptisch* (Volkssprache der Spätzeit, seit 3. Jh. n. Chr., griech. Buchstaben, z. T. noch heute in der kopt. Kirche als Liturgiesprache).

ägyptische Wissenschaft, die im alten Ägypten betriebene Wissenschaft war zunächst bestrebt, Tatsachen zu sammeln und systemat. zu ordnen, doch gelangte sie schon auf manchen Gebieten, z. B. Mathematik und Medizin, zu (empir. gewonnenen) Regeln und Gesetzmäßigkeiten. In der ägyptischen **Astronomie** stand die Zeitrechnung, der *Kalender*, im Vordergrund. Das Naturjahr ergab sich in Ägypten nicht so sehr durch die (wenig hervortretende) Verschiebung der Sonnenbahn, als vielmehr durch die jährl. eintretende Nilüberschwemmung. Das *ägyptische Jahr* hatte 365 volle Tage (3 Jahreszeiten zu je vier Monaten, jeder Monat zu 30 Tagen, dazu 5 Zusatztage im Jahr). Dieses systematisierte Jahr blieb alle 4 Jahre um einen Tag hinter dem Naturjahr zurück; daß die verknüpfte man es, als die Differenz zu groß wurde (etwa in der Mitte des 3. Jt.?), mit dem Aufgang des Sirius (ägypt.: Sothis). Dieser Stern wurde nach längerer Periode der Unsichtbarkeit erstmals wieder am 19. Juli sichtbar. So stan-

den sich das Naturjahr von rd. 365 ¼ Tagen und das Kalenderjahr von 365 Tagen gegenüber. Nach einer Sothisperiode von 1 460 Jahren (= 365 × 4) fielen die beiden Neujahre zusammen *(Apokatastasis)*. Die Monate wurden in drei Perioden von je 10 Tagen (Dekane) zerlegt, deren jede bei Nacht eine Sterngruppe oder ein Sternbild regierte. Listen dieser 36 Dekane gibt es seit etwa 2100 (v. a. auf der Innenseite von Sargdeckeln, später auch an den Decken der Königsgräber). Mit ihrer Hilfe konnte man ungefähr die Nachtstunden bestimmen. Genauere Stundenmessung erlaubten bei Tage Sonnen-, bei Nacht Wasser-(Einlauf- und Auslauf-)Uhren. Deren Skalen gestalteten sich kompliziert, da die Zeit von Sonnenaufgang bis -untergang jeweils in 12 gleiche Teile geteilt wurde, so daß sommers und winters und tags und nachts die Stunden verschieden lang waren. Der Tierkreis erscheint in Ägypten erst im 3. Jh. v. Chr.; er ist der mesopotam. Astronomie entlehnt. Über die **Mathematik** geben einige Lehrbücher Auskunft. Die Rechenoperationen sind weitgehend nach den Erfordernissen der Feldvermessung und des Monumentalbaus ausgerichtet. Einfache algebraische Gleichungen konnten die Ägypter lösen, ebenso den Inhalt von Flächen und Körpern berechnen. Glanzstück ist die Berechnung des Volumens eines Pyramidenstumpfes und der Fläche eines Kreises, wobei für π der Wert $(\tfrac{16}{9})^2$, rd. 3,16 angesetzt wird. Die ägypt. Mathematiker rechneten nach dem Dezimalsystem, kannten aber bei den Ziffern keine Null. **Pflanzen** haben die Ägypter, soweit bekannt ist, nicht systemat. geordnet; ledigl. der ägypt. König Thutmosis III. hat auf einer Tempelwand Pflanzen und Pflanzenteile (Blüten, Fruchtstände), die er in Syrien gesehen hat, darstellen lassen, wobei allerdings die Phantasie der Künstler manches entstellt oder erfunden hat. Dagegen waren von **Tieren** Einzelheiten bekannt, die eingehende Beobachtungen voraussetzen. Bes. über Fische und ihre Lebensgewohnheiten waren schon im 3. Jt. erstaunl. Kenntnisse vorhanden; neuerdings wurde ein Handbuch über Schlangen und ihre Bißwirkungen gefunden. Ein erster Versuch zur systemat. Gliederung der Tierwelt liegt in den sog. Naturlehren vor. **Medizinische Wissenschaft:** Berühmt waren Ägypten wegen seiner Ärzte, deren anatom. Kenntnisse aber gering waren. Man unterschied, soweit schriftl. Überlieferung dies erkennen lassen, klar zw. Klagen des Patienten, Untersuchung, Diagnose, Prognose und Therapie. Der älteste erhaltene medizin. Text ist ein gynäkolog. Traktat aus dem 12. Dynastie (um 1900 v. Chr.). Viele Ärzte sind namentl. bekannt, darunter eine Reihe von Fachärzten. Auch die Veterinärmedizin war ein Zweig der ägypt. Heilkunde.

📖 *Waerden, B. L. van der: Erwachende Wiss. Bd. 1. Dt. Übers. Basel u. a. ²1966. - Grundr.*

Ägyptologie

*der Medizin der alten Ägypter. Hg. v. H. Gra-
pow. Bln. 1954–73. 9 Bde.*

Ägyptologie, die wiss. Erforschung des
alten Ägypten. Zum Forschungsbereich der
Ä. gehört: Ägypten seit der frühesten Zeit
der Besiedlung des unteren Niltales, die polit.
Geschichte bis zur Eroberung des Landes
durch Alexander d. Gr. (332 v. Chr.), die
Kunst und die Religion bis zum Erlöschen
altägypt. Traditionen in der röm. Kaiserzeit,
die altägypt. Sprache bis zum Aussterben ihrer jüngsten Phase, des Kopt., im 15. oder
16. Jh. Begründer ist J.-F. Champollion mit
der Entzifferung der Hieroglyphen. Nach
Sammlung von Inschriftenmaterial setzte Ende des letzten Jh. die Spatenforschung ein,
das Verständnis für Kunst und Religion ist
noch jünger. - Bed. Grammatiker und Text-
editoren der Ä.: A. Erman, K. Sethe und A.
H. Gardiner. Bei den Veröffentlichungen von
Denkmälern ragen hervor: R. Lepsius, L. Bor-
chardt, É. Chassinat. Die ägypt. Ausgrabungen wurden von W. M. F. Petrie method.
entwickelt. Bed. Geschichtsforscher des alten
Ägypten waren G. Maspero, J. H. Breasted.
Die ägypt. Religion wurde von H. Brugsch,
A. Erman, v. a. aber von H. Frankfort, H.
Bonnet und S. Morenz erschlossen.

Ägyptus (Aigyptos), Gestalt der griech.
Mythologie. Bruder des Danaos; Eroberer
des Landes der Melampoden, das er nach
sich Ä. („Ägypten") nennt.

Ah, Einheitenzeichen für: ↑ Amperestunde.

A. H., Abk. für: Anno Hegirae (↑ Zeitrechnung).

Ahab ↑ Achab.

Aha-Erlebnis, nach K. Bühler ein be-
freiendes (lustbetontes) Erlebnis bei plötzl. Erkennen eines gesuchten, zuvor nicht verstanden Zusammenhangs.

Ahaggar [frz. aagˈgaːr] (Hoggar), Gebirgsmassiv in der zentralen Sahara (SO-Al-
gerien), Hochgebirgswüste mit Höhen von
fast 3 000 m ü. d. M.; von Tuareg bewohnt,
Zentrum ist Tamanrasset.

Ahas ↑ Achas.

Ahasja ↑ Achasja.

Ahasverus (latinisierte Form für hebr.
Achaschwerosch), in der Bibel Name des
Perserkönigs ↑ Xerxes; ferner Name des ↑ Ewi-
gen Juden.

Ahaus, Stadt im westl. Münsterland,
NRW, 29 000 E. Textil- und holzverarbeitende Ind. - 1139 urkundl. genannt; 1391 Stadtrecht; ab 1406 im Besitz der Bischöfe von
Münster, ab 1815 preuß. - Schloß (erbaut
1689–97 und 1766, wieder aufgebaut
1948–55).

Ahidjo, Ahmadou [frz. aidˈʒo], * Garoua
im Aug. 1924, kamerun. Politiker. - 1956/57
Präs. der Territorialversammlung von Kamerun, 1957–59 Innenmin., 1957/58 stellv. Premiermin., 1958/59 Premiermin.; 1960–82
Staatspräs. der unabhängigen Republik,

1961–72 der Bundesrepublik, bis 1982 der
Vereinigten Republik Kamerun.

Ahikar, Weiser des Vorderen Orients. Sie-
gelbewahrer Sanheribs; wird von seinem Neffen Nadan bei dessen Nachfolger Asarhaddon
verleumdet. Nur durch Dankbarkeit des Voll-
zugsbeamten am Leben geblieben, wird A.
schließl. rehabilitiert. Das bibl. Buch Tobias
kennt bereits A. (dort Achiachar); Tobias bezeichnet A. als seinen Neffen. - Das Werk
mit der Hauptfigur A. gehört sicher zur jüd.
Literatur, geht aber wohl auf ein wesentl.
älteres mesopotam. Vorbild zurück (der Name A. ist keilschriftl. belegt). Aramäische (jüd.
und syr.), neusyr., armen., arab., türk., slaw.
Fassungen liegen vor.

Ahimsa [Sanskrit „Nichtverletzen"],
Grundbegriff und zugleich Grundregel der
altind. Ethik (vom Dschainismus, Buddhis-
mus und Hinduismus übernommen), derzufolge keine Lebewesen getötet werden sollen;
im Prinzip der Gewaltlosigkeit (Mahatma
Gandhi) verwirklicht.

AHK, Abk. für: ↑ Alliierte Hohe Kommission.

Ahl Al Kitab [ˈaxəl alkiˈtaːp; arab. „Leute
des Buches"], Bez. Mohammeds für Juden
und Christen als Besitzer hl. Schriften. Im
späteren Islam auch für Anhänger anderer
Religionen mit Offenbarungsurkunden gebräuchlich. Ihnen wurde freie Religionsausübung nach Zahlung einer Kopfsteuer gewährt.

Ahlat [türk. ah'lat, 'ahlat], türk. Ort in
O-Anatolien, am NW-Ufer des Vansees, etwa
4 000 E. - Die arab. A. war eine Siedlung der
Urartäer, 7.–11. Jh. Teil einer muslim. Enkla-
ve inmitten christl. Kgr.; 1548 völlig zerstört,
danach etwas weiter nö. wieder aufgebaut;
Ruinen aus dem 13. Jh.

Ahlbeck (amtl. Seebad A.), Badeort an
der Ostseeküste von Usedom, Bez. Rostock,
DDR, 6 000 E.

Ahlden, Flecken 40 km nw. von Celle,
Nds., 1 250 E. Im Schloß (1579 und 1613) lebte
1695–1726 Sophie Dorothea, die geschiedene
Gattin des späteren Königs Georg I. von
Großbritannien als „Prinzessin von A." in
der Verbannung.

Ahle, Johann Georg, ≈ Mühlhausen/
Thür. (Thüringen) 12. Juni 1651, † ebd. 2. Dez.
1706, dt. Komponist. - Sohn von Johann Rudolf; Organist in Mühlhausen; komponierte zahlr. Instrumental- und Vokalmusikwerke
(bes. mehrstimmige Liedsätze).

A., Johann Rudolf, * Mühlhausen/Thür.
(Thüringen) 24. Dez. 1625, † ebd. 9. Juli 1673,
dt. Komponist. - Vater von Johann Georg
A.; Kantor in Erfurt, ab 1654 Organist in
Mühlhausen; komponierte v. a. geistl. Konzerte und Arien; handschriftl. sind 64 Orgel-
kompositionen überliefert.

Ahle, Werkzeug zum Stechen von
Löchern; als *Reib-A.* (mit scharfen Kanten)

zum glättenden Ausreiben oder Aufweiten von Bohrlöchern.

Ahl e Haghgh [pers. ˈæhle ˈhæɣɣ „Leute der Wahrheit"], schiit.-islam. Sekte mit Geheimlehren; im westl. Iran und im Hochland von Armenien verbreitet; Vergottung Alis, des 4. Kalifen.

Ahlen, Stadt im südl. Münsterland, NRW, 52 600 E. Wichtigster Ind.zweig ist der Steinkohlenbergbau; außerdem Maschinen- und Apparatebau. - Erstmals im 9. Jh. als **Alna** genannt, 1212 befestigt, 1224 Stadtrecht. - Sankt Bartholomäus („Alte Kirche", älteste Kirche des Münsterlandes, 9. Jh., heutiger Bau eine spätgot. Hallenkirche, um 1500), Sankt Marien („Neue Kirche", 1285); neue Anlage unter Verwendung der erhaltenen Reste.

Ahlener Programm ↑Christlich Demokratische Union.

Ahlfeld, Johann Friedrich, *Alsleben/ Saale 16. Okt. 1843, † Marburg a. d. Lahn 24. Mai 1929, dt. Gynäkologe. - Prof. in Leipzig und Gießen; bereicherte die Geburtshilfe mit wesentl. Erkenntnissen.

Ahlgrimm, Isolde, *Wien 31. Juli 1914, östr. Pianistin und Cembalistin. - V. a. Interpretin der Klavierwerke J. S. Bachs.

Ahlhorner Heide, Naturschutzgebiet um Wildeshausen, Ahlhorn und Visbek, Nds.; im nw. Teil Teichwirtschaft. Im Bereich der A. H. sind bes. viele Megalithgräber erhalten, u. a. „Visbeker Bräutigam" und „Visbeker Braut" sowie das ↑Pestruper Gräberfeld.

Ahlin, Lars, *Sundsvall 4. April 1915, schwed. Schriftsteller. - Sein Roman „Tobb mit dem Manifest" (1943) behandelt das Arbeitslosenelend der 30er Jahre, hat einen jungen Marxisten zum Helden und übt Kritik am Kommunismus; bekannt: „Fromma mord" (R., 1952) und „Kanelbiten" (R., 1953).

Ahlsen, Leopold, *München 12. Jan. 1927, dt. Dramatiker. - Stellt in Theaterstükken, Fernseh- und Hörspielen Menschen unserer Zeit in Konfliktsituationen dar: „Philemon und Baukis" (Schsp., 1956, urspr. Hsp.), „Raskolnikoff" (Dr., 1960), „Alle Macht der Erde" (Hsp., 1962), „Der arme Mann Luther" (Schsp., 1967, urspr. Fsp., 1965), „Ein Wochenende des Alfred Beyer" (Fsp., 1972).

Ahmad [ˈaxmat; arab. „der Preiswürdige"] (Ahmed), arab. männl. Vorname.

Ahmad [ˈaxmat], Name von Herrschern:
Afghanistan:
A. Schah Durrani, *um 1724, † Margha bei Kandahar 1773, Begründer des selbständigen Afghanistan. - 1747 zum Fürsten der Afghanen erwählt, nahm den Titel „Durr-i Durran" („Perle der Perlen") an.
Ägypten:
A. Ibn Tulun, *im Sept. 835, † Antiochia im März 884, Statthalter von Ägypten (seit 868). - Begründete die Dynastie der Tuluniden; bemächtigte sich 878 Syriens und erklär-

te sich gegenüber dem Kalifen als unabhängig; ließ 876–879 die Ibn-Tulun-Moschee in Kairo erbauen.
Jemen:
A. Ibn Jahja, *Sana (Jemen) 1895, † ebd. 19. Sept. 1962, Imam (König) (seit 1948). - Oberhaupt der Zaiditensekte; öffnete das Land vorsichtig ausländ. Einfluß, schloß es 1958–61 der VAR an; behauptete sich 1955 und 1961 gegenüber Revolten.
Osman. Reich:
A. I. (türk. Ahmet), *Manisa 18. April 1590, † Konstantinopel 22. Nov. 1617, Sultan (seit 1603). - Schloß 1606 mit dem Kaiser den Frieden von Zsitvatorok, 1612 den Frieden mit Persien; ließ die Reichsvorschrift kodifizieren und in Konstantinopel die Sultan-A.-Moschee („Blaue Moschee") erbauen.
A. II. (türk. Ahmet), *25. Febr. 1643, † Adrianopel 6. Febr. 1695, Sultan (seit 1691). - Kämpfte erfolglos gegen die Österreicher.
A. III. (türk. Ahmet), *1673, † 30. Juni 1736, Sultan (1703–30). - Nachfolger seines Bruders Mustafa II.; versuchte, die Vertragsbestimmungen von Karlowitz (1699) zu revidieren; gegen Rußland und Venedig erfolgreich; mußte im Türkenkrieg 1714–18 vernichtende Niederlagen hinnehmen (Friede von Passarowitz 1718). Von den Janitscharen zur Abdankung gezwungen.

Ahmad Ibn Hanbal [ˈaxmat], *Bagdad im Dez. 780, † ebd. im Juli 855, islam. Theologe und Rechtsgelehrter. - Begründer der Rechtsschule der ↑Hanbaliten.

Ahmadabad, Stadt im ind. Bundesstaat Gujarat, am linken Ufer des Sabarmati, 450 km nördl. von Bombay, 2,06 Mill. E. Univ. (gegr. 1950), College der Frauenuniv. von Bombay, mehrere Forschungsinst.; meteorolog. Station; Bibliotheken; größte Ind.- und Handelsstadt von Gujarat, zweitgrößtes Baumwolltextilzentrum Indiens; Eisenbahnund vier Straßenbrücken über den Sabarmati; ✠. - 1411 gegr.; ab 1572 Teil des Mogulreiches; ab 1738 unter wechselnder Herrschaft, nach 1817 brit.; während der Unabhängigkeitsbewegung zeitweilig Hauptquartier Mahatma Gandhis. - In der Altstadt u. a. die Elfenbeinmoschee mit 260 Monolithsäulen (1424) und das Tor Tin Darwaza (15. Jh.). Eine Besonderheit ist die Einteilung in „pols", in sich geschlossene Viertel mit bis zu 10 000 E, mit je einem Tor an den Enden der Hauptstraße, Ausdruck eines strengen Kastenwesens.

Ahmadi, Al [alˈʾaxmadi], Stadt in Kuwait, 30 km ssö. der Stadt Kuwait, 232 000 E. Sitz der Kuwait Oil Co.; 1946 gegr., nach Scheich Ahmad (1921–50) benannt. Der östl. gelegene Hafen **Mina Al Ahmadi** ist einer der größten Rohölumschlagplätze der Erde.

A., Al ↑Hudaida, Al.

Ahmadijja [arab. axmaˈdiːja], islam. Sek-

te in Indien, begr. um 1880 von Mirsa Ghulam Ahmad aus Qadian (* 1839, † 1908), der sich als ↑ Mahdi und als wiedererschienener Krischna, Jesus und Mohammed bezeichnete. Die A. wurde vom orthodoxen Islam für häret. erklärt. Sie entfaltete rege Missionstätigkeit. Zentrum in Rabwah.

Ahmadnagar ↑ Ahmednagar.

Ahmad Rida [ˈaxmat ˈrɪda] (türk. Ahmet Riza), * Konstantinopel 1859, † ebd. 26. Febr. 1930, türk. Politiker. - Anerkannter Führer der jungtürk. Bewegung; 1908 Rückkehr aus dem Pariser Exil; Präs. des Abg.hauses, 1918 des Senats; 1919–22 erneut in Paris.

Ahmed (Ahmet) [ˈaxmɛt] ↑ Ahmad, ↑ Achmed.

Ahmed, Fakhruddin Ali [ˈɑːmɛd], * Delhi 13. Mai 1905, † ebd. 11. Febr. 1977, ind. Politiker (Indian National Congress). - Jurist; hatte 1957–66 verschiedene Min.posten im Bundesstaat Assam inne. 1966–74 Min. in der Unionsregierung; 1974–77 Staatspräsident.

Ahmednagar (Ahmadnagar), ind. Stadt im Bundesstaat Maharashtra, auf dem Hochland von Dekhan, 148 000 E. Drei Colleges der Univ. von Poona; Zentrum eines Anbaugebietes für Baumwolle, Weizen, Hirse, Zukkerrohr und Tabak; Baumwollmarkt; Zukkerraffinerie; Bahnstation. - 1490 gegr.; ab 1599 (ab 1633 auch das Reich A.) zum Mogulreich, ab 1760 unter den Marathen, ab 1803 brit. - Histor. Stätten sind die Festung und der Palast von Burhan Nisam Schah (1508–53).

Ahmes [ˈaxmɛs] ↑ Ahmose.

Ahming [niederdt.], Markierung am Vorder- oder Hintersteven eines Schiffs (z. T. auch mittschiffs) zur Bestimmung des Tiefgangs; Meßeinteilung: Dezimeter oder Fuß, beginnend mit dem Nullpunkt am Kiel.

Ahmose [axˈmoːze] (Ahmes), ägypt. Mathematiker (?) des 18./17. Jahrhunderts. - Schrieb nach älteren Vorlagen den sog. Papyrus Rhind, die wichtigste Quelle für die ägypt. Mathematik.

A. ↑ Amasis, ↑ Amosis.

Ahnen (Vorfahren), Bez. für alle in der Generationenfolge stehenden Menschen, von denen ein einzelner Mensch in direkter Linie abstammt; landschaftl. auch Bez. für die Großeltern.

Ahnenbilder, 1. Masken oder Figuren der Ahnen bei Naturvölkern (↑ Ahnenkult); 2. Die röm. A. *(imagines maiorum)* waren Totenmasken aus Wachs, die in kleinen, bei festl. Gelegenheiten geöffneten Schreinen im Atrium des Hauses aufbewahrt wurden. Beim Leichenzug des vornehmen Römers wurden sie ihm vorangetragen.

Ahnenforschung, svw. ↑ Genealogie.

Ahnengalerie, Reihe von Bildnissen und Bildwerken der Persönlichkeiten mehrerer Generationen eines Geschlechts, bes. im 15.–18. Jh.

Ahnenkult (Manismus), Sitte der Verehrung der Ahnen durch den Familienverband oder den Stamm (v. a. bei Naturvölkern). Die Toten nehmen weiterhin Einfluß auf das Leben der Fam. (Unheil stiftend oder Heil bringend). Um sie günstig zu stimmen, erhalten sie Grabbeigaben, regelmäßig Opfer und werden zu Festen „eingeladen". Bei Maskentänzen erscheinen die Ahnen als Maskentänzer. Der A. ist bes. bei Bodenbauern und Hirtennomaden verbreitet, fehlt dagegen bei Wildbeutern. Auch Kulturvölker kennen den A.; die stärkste Ausprägung erfuhr er in den Religionen Chinas und Japans, wo Ahnentafeln im Wohnhaus in einem Schrein oder auch im eigenen Ahnentempel aufgestellt werden. ◫ *Jensen, A. E.: Mythos u. Kult bei Naturvölkern. Wsb.* ²1960.

Ahnenpfahl, hölzerne Pfahlplastik über dem Bestatteten bei Naturvölkern.

Ahnenprobe (Adelsprobe), Nachweis und Verfahren zum Beweis legitimer adliger Abkunft in männl. und weibl. Linie (für mehrere Generationen) eines Probanden zwecks Erlangung weltl. oder geistl. Würden.

Ahnenschwund ↑ Ahnenverlust.

Ahnentafel, Hilfsmittel der ↑ Genealogie zum Nachweis der Abstammung. Auf der A. erscheinen alle bekannten Vorfahren (Aszendenten) einer Person (des Probanden), geordnet nach Generationen.

♦ in der Tierzucht als Abstammungsnachweis dienende, geordnete Übersicht der Vorfahren eines Zuchttiers mit Angaben über die jeweiligen Leistungseigenschaften.

Ahnenverlust (Ahnenschwund), in der Genealogie die Verminderung der theoret. Ahnenzahl, sobald ein Vorfahre an zwei oder mehr Stellen der Ahnentafel auftritt; oft beträchtl. bei adligen Familien und in örtl. begrenzten Heiratsbezirken.

Ähnlichkeit, allg. die Übereinstimmung zweier Dinge, Systeme oder Ereignisse in einigen (aber nicht allen) Merkmalen; in der neueren Wissenschaftstheorie wird Ä. als Spezialfall der ↑ Analogie aufgefaßt.

♦ Gleichheit der Form geometr. Figuren, im allg. jedoch nicht der Größe. Ähnl. Figuren können durch ↑ zentrische Streckung und gegebenenfalls durch nachfolgende Achsenspiegelungen ineinander überführt werden. Die für die Ä. von Dreiecken hinreichenden Bedingungen sind in den **Ähnlichkeitssätzen** formuliert: Zwei Dreiecke sind einander ähnl., 1. wenn sie in zwei Winkeln übereinstimmen; 2. wenn sie im Verhältnis zweier Seiten und in dem von diesen Seiten eingeschlossenen Winkel übereinstimmen; 3. wenn sie in den Verhältnissen der drei Seiten übereinstimmen; 4. wenn sie im Verhältnis zweier Seiten und dem der größeren dieser Seiten gegenüberliegenden Winkel übereinstimmen.

Ähnlichkeitsabbildung, svw. ↑ zentrische Streckung.

Ähnlichkeitsanalyse, Vergleich zweier Individuen zur Feststellung ihrer genet. bedingten Ähnlichkeit. Ursprüngl. Methode der Zwillingsforschung, wird die Ä. auch zur Bestimmung der Vaterschaft herangezogen. Zw. den zu vergleichenden Personen kann eine Ähnlichkeit auf erbbiolog. Grundlage angenommen werden, wenn beide Träger von Merkmalen sind, deren Erblichkeit erwiesen ist. Hierzu gehören u. a. Maße und Formmerkmale des Kopfes und des Gesichtes (Augen, Nase, Mund, Kinn und Ohren, die Zahnstellung und das Gaumenrelief), weiter die Hautleisten an Händen und Füßen, der gesamte Körperbau sowie erbl. Anomalien oder seltenere Merkmale (z. B. ein Muttermal).

Ähnlichkeitsgesetze, physikal. Gesetze, die die Bedingungen dafür angeben, unter denen geometr. ähnl. Systeme (z. B. ein Flugzeug und sein maßstabgetreues Modell) gleiches physikal. Verhalten zeigen. Die Ä. bilden die Grundlage und Rechtfertigung der Modellversuche. Sind bei komplizierten Systemen die mathemat. Behandlung und die Messungen am Objekt zu schwierig, so lassen sich Aussagen über das Verhalten des Systems durch Messungen an (kleineren oder leichter veränderbaren) Modellen gewinnen, wenn man die Ä. berücksichtigt. Ausgedehnte Anwendungen finden die Ä. in der Strömungslehre.

📖 *Zierep, J.: Ä. u. Modellregeln der Strömungslehre. Karlsruhe* ²*1982.*

Ähnlichkeitspunkte, zwei Punkte auf der Verbindungslinie der Mittelpunkte zweier Kreise, die die Verbindungsstrecke der Mittelpunkte harmon. teilen (↑ harmonische Teilung). Die Ä. sind die Schnittpunkte der an die beiden Kreise gelegten inneren bzw. äußeren Tangenten.

Ahnung, in der *Psychologie* aus dem Unbewußten aufsteigendes, unbestimmtes, aber intensives Innewerden (Erfühlen, intuitives Schauen) verstandesmäßig nicht klar erkannter Sachzusammenhänge, insbes. die verstandesmäßig unbegründete Erwartung eines zukünftigen Ereignisses.
◆ in der *Philosophie* (F. H. Jacobi, J. Fries) die gefühlsmäßige Überzeugung von der Wirklichkeit der übersinnl. Ideale.

Ähnlichkeit. Fünfecke in
Ähnlichkeitslage

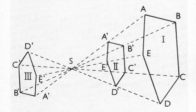

Aho, Juhani, eigtl. Johannes Brofeldt, * Lapinlahti (Lääni Kuopio) 11. Sept. 1861, † Helsinki 8. Aug. 1921, finn. Schriftsteller. - A. verfaßte psycholog., z.T. kulturhistor. Romane, Dramen, Reisebücher und Memoi-

Ahnenkult. Afrikanische Ahnenfiguren
(Kameruner Grasland) (oben);
Tempel der kaiserlichen Ahnen.
Peking (unten)

ren. Verschmilzt romant. und realist. Elemente. - *Werke:* Die Eisenbahn (E., 1884), Ellis Jugend (R., 1885), Einsam (R., 1890), Ellis Ehe (R., 1893), Schweres Blut (R., 1911).

ahoi!, seemänn. Anruf.

A-Horizont, Auslaugungshorizont, oberste Zone eines Bodenprofils.

Ahorn (Acer), Gatt. der A.gewächse mit rund 150 Arten auf der Nordhalbkugel; sommergrüne Holzgewächse mit kreuzgegenständigen, meist gelappten Blättern und kleinen Blüten in Trauben oder Doldentrauben. Die charakterist. Spaltfrüchte setzen sich aus zwei einseitig geflügelten Teilfrüchten zusammen. In Europa heim. sind u. a. Bergahorn, Feldahorn und Spitzahorn. Weitere bekannte, aus Amerika und Asien stammende Arten sind Eschenahorn, Silberahorn, Zuckerahorn und Nikkoahorn. A.arten sind beliebte Park- und Straßenbäume mit z. T. wertvollem Nutzholz.

Ahorngewächse (Aceraceae), Fam. zweikeimblättriger Samenpflanzen mit 152 Arten auf der nördl. Halbkugel; meist sommergrüne Bäume oder Sträucher mit gegenständigen, meist gelappten Blättern und kleinen, häufig eingeschlechtigen, in Ähren, Trauben, Dolden oder Rispen stehenden Blüten. Wichtigste Gatt. ist ↑ Ahorn.

Ahornholz ↑ Hölzer (Übersicht).

Ahornlaus (Drepanosiphon), Gatt. der Zierläuse; in M-Europa u. a. mit der schädl. Art **Langröhrige Ahornlaus** (Drepanosiphon platanoides) mit dunklen Querbändern auf den Flügeln.

Ahornsirup, Sirup aus dem Saft des Zukkerahorns; als Nahrungsmittel schon bei den Indianern N-Amerikas bekannt; hauptsächl. in der kanad. Prov. Quebec gewonnen.

Ahr, linker Nebenfluß des Rheins, entspringt in der Eifel, im Mittellauf tief eingeschnittene Engtalstrecke, mündet gegenüber Linz am Rhein, 89 km lang; Weinbau (↑ Ahrweine); Fremdenverkehr.

Ahram, Al [al'ax'ra:m], ägypt. Zeitung, ↑ Zeitungen (Übersicht).

Ährchen, Teilblütenstand der zusammengesetzten Ähre der Gräser.

Ähre ↑ Blütenstand.

Ährenfische (Atherinidae), Fam. der Knochenfische mit etwa 150 Arten, v. a. in küstennahen Meeresteilen (einige auch in Süßgewässern) der trop. und gemäßigten Zone; meist Schwarmfische mit einer vorderen stacheligen und einer hinteren weichen Rükkenflosse; u. a. ↑ Grunion, ↑ Priesterfisch, als Warmwasseraquarienfische bes. der ↑ Regenbogenfisch und Arten der Gattung ↑ Agonostomus.

Ährengräser, Gruppe von Süßgräsern, deren Blüten in zusammengesetzten Ähren stehen; z. B. Weizen, Lolcharten.

Ährenlilie, svw. ↑ Beinbrech.

Ahrensburg, Stadt im nö. Vorortbereich

von Hamburg, Schl.-H., 27 000 E. Max-Planck-Inst. für Kulturpflanzenzüchtung. Zigarettenfabrik, Herstellung von Röntgenapparaten. - Vorläufer waren Dorf und Burg **Arnesfelde,** im 16. Jh. Besitz der Familie Rantzau. - Schloß (1594–98) mit Schloßkirche (1594–96). - In und bei A. wurden paläolith. und mesolith. Wohnplätze ausgegraben, u. a. der spätpaläolith. Kulturgruppe von Renjägern im 9. Jt. v. Chr. (**Ahrensburger Gruppe**).

Ahrenshoop (amtl. Ostseebad A.), Badeort und Künstlerkolonie nö. von Rostock, Bez. Rostock, DDR, 1 000 E.

Ahriman ['a:riman, 'axriman], mittelpers. Name für Angra Manju ("böser Geist"), den Widersacher des guten Gottes Ahura Masda.

Ahrweiler ↑ Bad Neuenahr-Ahrweiler.

A., Landkr. in Rhld.-Pf.

Ahrweine, Weine des Ahrtales, des nördlichsten geschlossenen Weinbaugebietes Europas. Auf steilen Schieferhängen wachsen v. a. Rotweine (größtes zusammenhängendes Rotweingebiet Deutschlands).

Ahsa, Al [al'ax'za:], Oasenlandschaft im östl. Saudi-Arabien, umfaßt die Städte Al Hufuf und Al Mubarras und etwa 50 Dörfer sowie drei große Dattelpalmareale, insgesamt 200 000 E. An und vor der Küste sowie westl. von Al Hufuf liegen die saudiarab. Erdölfelder.

AH-Salz, Kurzbez. für: adipinsaures Hexamethylendiamin, Zwischenprodukt zur Herstellung von Polyamiden (↑ Kunststoffe, Tabelle).

Ahtamar (Aktamar, Achtamar), kleine Insel im S des Vansees, Türkei; bed. Denkmal der armen. Kunst v. a. die Kirche vom Heiligen Kreuz (Kreuzkuppelkirche, erbaut 915–21) mit umlaufenden Figurenfriesen; im Innern Fresken. - 904 verlegte König Gagik die Residenz der armen. Königreiches Waspūrakan auf die Insel; ab 931 war A. auch Sitz des Patriarchen der Armenier.

Ahu [polynes.], Bez. für Grabanlagen auf der Osterinsel; Variante der polynes. ↑ Marae, deren Plattform ebenfalls A. genannt wird.

Ahuachapán [span. aɣat∫a'pan], Hauptstadt des Dep. A. im W von El Salvador, 18 700 E. Handelszentrum; Nahrungsmittelind., Mineralbäder. - Im 5./6. Jh. gegr.; 1862 Stadt, Zerstörung durch Erdbeben 1862 und 1937.

Ahura Masda [awest. „der weise Herr"], Hochgott des Parsismus. Mittelpers. *Ormazd.*

Ahvenanmaa [finn. 'ahvεnamma:], finn. Name der ↑ Ålandinseln.

Ahwas, Stadt in SW-Iran, am Karun; 30 m ü. d. M., 471 000 E. Hauptstadt des Verw.-Geb. Chusestan, Univ. (gegr. 1955); Garnison, Handelszentrum; Zuckerind., Kunststoffwerk, Düngemittelfabrik; Verkehrsknotenpunkt (Transiran. Eisenbahn); ⌘. - Östl. und S. liegt das Erdölfeld A., südl. das Feld Mansuri. - Als **Hormusd Ardeschir** (Hurmuschir) gegr.; später **Suk Al Ahwas;**

10.–15. Jh. bed. arab. Handelsstadt (etwa 300 000 E), ab 1888 erneuter. Aufstieg; bed. seit der Entdeckung der Erdölfelder (1908).

Ai [indian.] (Dreifingerfaultier, Bradypus), Gatt. bis 60 cm körperlanger Faultiere mit 3 Arten und verschiedenen Unterarten in M- und S-Amerika; Vordergliedmaßen mit drei Krallen; das graubraune, häufig hell gescheckte Fell mit schwärzl. Rückenstreif (bes. deutl. beim ♂) hat bis auf den mähnenartigen Nacken kurze Haare; Kopf klein, rund.

Aia (lat. Aea), in der griech. Mythologie Insel im Fernen Osten am Ufer des Okeanos, wo der Sonnengott Helios seinen Palast hat und seine Strahlen verwahrt. Land des Königs Äetes und Ziel der ↑Argonauten.

Aiakos ↑Äakus.

Aibling, Bad ↑Bad Aibling.

Aichach, Krst. 20 km nö. von Augsburg, Bayern, 15 434 E. Textilind. - 1120 erstmals urkundl. genannt. - Spätgot. Stadtpfarrkirche und Spitalkirche, Reste der spätma. Stadtummauerung. Nö. von A. stand das Stammschloß der Wittelsbacher, das 1208 zerstört wurde.

Aichach-Friedberg, Landkr. in Bayern.

Aichbühler Gruppe ↑Federsee.

Aichel, Johann Santin, d. J., eigtl. Giovanni Santini, * Prag 1667, † ebd. 7. Dez. 1723, böhm. Baumeister italien. Herkunft. - Bei seinen Restaurierungen (got. Kirchen) und Kirchenbauten gelangte A. zu einem eigenartigen Stil ("Barockgotik"); Sankt-Johannes-Nepomuk-Kapelle auf dem Grünen Berg bei Saar (Ždár nad Sázavou), 1714, Stiftskirche in Großraigern (Rajhrad), 1722.

Aichfeld ↑Judenburger Becken.

Aichhorn, August, * Wien 27. Juli 1878, † ebd. 13. Okt. 1949, östr. Pädagoge. - Organisierte die östr. Fürsorgeerziehung und gab ihr eine psychoanalyt. Grundlage. Verfaßte u. a. „Verwahrloste Jugend" (1925).

Aichinger, Ilse, * Wien 1. Nov. 1921, östr. Schriftstellerin. - 1953 ∞ mit Günter Eich; gehörte zur „Gruppe 47"; v. a. Erzählungen, auch Hörspiele. Ihre Erzählweise wechselt von übersteigertem Realismus zur Transzendenz. - *Werke:* Die größere Hoffnung (R., 1948), Der Gefesselte (En., 1953), Knöpfe (Hsp., 1953), Zu keiner Stunde (Dialogszenen, 1957), Besuch im Pfarrhaus (Hsp. und Dialoge, 1961), Eliza, Eliza (En., 1965), Auckland (4 Hörspiele, 1969), Nachricht vom Tag (En., 1970), Meine Sprache und ich (En., 1978).

Aida, aus 2 bis 3 Gewebelagen bestehendes grobfädiges, appretiertes Baumwoll- bzw. Zellwollgewebe.

Aida-Trompete, eine schlanke Fanfarentrompete mit Ventilen; ben. nach ihrer Verwendung in Verdis Oper „Aida".

Aide [ε:t; lat.-frz.], veraltet für: Helfer, Gehilfe; **Aide de camp,** Adjutant.
◆ schweizer. für: Küchengehilfe, Hilfskoch.
◆ Mitspieler, Partner beim Kartenspiel.

Aided-Recall-Methode [engl. 'ειdιdrι,kɔ:l; „unterstützter Rückruf (ins Gedächtnis")], in der Werbepsychologie verwendetes Verfahren der Befragung. Der Interviewer nimmt die letzten Worte aus der Antwort des Befragten in seine neue Frage auf und bietet ihm dadurch „Gedächtnisstützen".

Aide-mémoire ['ε:tmemo'a:r; frz.; eigtl. „Gedächtnishilfe"], im diplomat. Verkehr eine i. d.R. während einer Unterredung überreichte formlose knappe schriftl. Zusammenfassung eines Sachverhalts oder einer Auffassung.

AIDS [engl. εidz; Abk. für engl. **a**quired **i**mmune **d**eficiency syndrome; = erworbenes Immundefekt-Syndrom], 1980 entdeckte Infektionskrankheit (durch HTL-Viren): schwere, offenbar irreversible Störung der zellulären Immunabwehr.

Aietes ↑Äetes.

Aigai ↑Edessa (Griechenland).

Aigeus ↑Ägeus.

Aigisthos ↑Ägisthus.

Aigle [frz. εgl], schweizer. Bezirkshauptort im Kt. Waadt, im Rhonetal, 415 m ü. d. M., 6 200 E. Obst- und Weinbau; Uhrenind., Erdölraffinerie; Fremdenverkehr. - Im 13. Jh. gegr., bis 1798 Residenz der bern. Landvögte. - Burgartiges Schloß (im 15. Jh. erneuert); roman. Kirche Saint-Maurice.

Aigner, Franz Johann, * Sankt Pölten 13. Mai 1882, † Wien 19. Juli 1945 (Selbstmord), östr. Physiker. - Seit 1939 Direktor des Schwachstrominstituts der TH in Wien und der Forschungsanstalt der Dt. Reichspost. Lieferte durch seine Arbeiten einen wesentl. Beitrag zur modernen Elektroakustik.

Aigospotamoi [...'mɔy], Zufluß des Hellespont auf der Thrak. Chersones; die athen. Niederlage 405 v. Chr. beim gleichnamigen Ort führte die Entscheidung des Peloponnes. Krieges herbei.

Aigrette [ε'grεtə; frz.; eigtl. „Silberreiher"], 1. Silberreiherfeder (Rückenfeder); 2. [Silberreiher]federschmuck.

Aigues-Mortes [frz. εg'mɔrt], südfrz. Stadt in einer Lagunenlandschaft am Rande der Camargue, 4 500 E. Meersalzgewinnung;

Ahura Masda. Relief in Persepolis (6./5. Jh.)

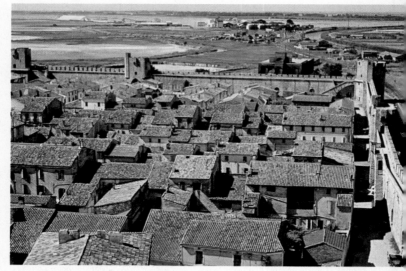

Aigues-Mortes. Teil der Stadtmauer
(Baubeginn 1272)

Fremdenverkehr. - 1241 als Kreuzzugshafen
errichtet; 1270–85 entstand die Stadt mit
gitternetzförmigem Grundriß, zentralem
Marktplatz und rechteckigem Mauerkranz
(20 Türme und 10 Tore); vollständig erhalten.

Aiguille d'Argentière [frz. ɛgɥijdar-
ʒɑ̃ˈtjɛːr], Gipfel der Montblancgruppe,
3 896 m hoch, vergletschert.

Aiguille du Midi [frz. ɛgɥijdymiˈdi],
Gipfel der Montblancgruppe, 3 842 m hoch;
Seilbahn von Chamonix-Mont-Blanc.

Aiguilles Rouges [frz. ɛgɥijˈruːʒ], Gebirgsmassiv der frz. Nordalpen, von der
Montblancgruppe durch das Tal der oberen
Arve getrennt; im Aiguille de Belvédère
2 966 m hoch.

Aiguillette [ɛgiˈjɛtə; frz.], Streifen von
gebratenem Fleisch, Geflügel und Fisch.

Aiguillon, Emmanuel Armand de Vignerot du Plessis de Richelieu, Herzog von (seit
1750) [frz. ɛgɥiˈjõ], * 31. Juli 1720, † Paris
1. Sept. 1788, frz. General und Minister. -
1753 Gouverneur der Bretagne, 1761 auch
des Oberelsaß; 1770–74 Außenmin.; fiel nach
Ludwigs XV. Tod in Ungnade.

Aigun, Ort in China, ↑Aihun.

Aigyptos ↑Ägypten.

Aihun [chin. ajxɥən] (Aigun; bis 1949 Hei-
Ho), chin. Ort in der Prov. Heilungkiang,
Mandschurei, am Amur. 10 000–20 000 E. Im
30 km südl. von A. gelegenen Alt-A. wurde
1858 der **Vertrag von Aihun** unterzeichnet.

Diesem, durch den Vertrag von Peking (1860)
erweiterten und offiziell bestätigten Vertrag
zufolge mußte China das gesamte Gebiet
nördl. des Amur und den Landstreifen zw.
Amur-Ussuri und der Küste an Rußland abtreten. Diese Grenzziehung belastet bis heute
die Beziehungen zw. beiden Ländern (sowjet.-
chin. Kämpfe am Ussuri, v. a. im März 1969).

Aijub [aˈjuːp] (Ayub, Ajub), arab. Namensform für Hiob.

Aijubiden (arab. Al Aijubijjun), von Salah Ad Din Jusuf Ibn Aijub (↑Saladin) 1171
begr. Dynastie, die die Herrschaft der ↑Fatimiden in Ägypten ablöste (bis 1249). Die A.
dehnten ihre Herrschaft auf Syrien und N-
Mesopotamien aus und herrschten 1183–
1232 auch im Jemen.

Aiken [engl. ˈɛɪkɪn], Conrad Potter,
* Savannah (Ga.) 5. Aug. 1889, † ebd. 17. Aug.
1973, amerikan. Schriftsteller. - Erhielt 1929
für „Selected poems" (1929) den Pulitzerpreis.
Auch Kurzgeschichten und Romane. Behandelt erot. Themen, Tod und subtile Bewußtseinsvorgänge. Bed. Kritiker.

A., Frank, * Camlough bei Newry (Armagh)
13. Febr. 1898, † Dublin 18. Mai 1983, ir. Politiker. - Ab 1923 Stabschef der ir. Revolutionsarmee, ab 1932 Min. verschiedener Ressorts,
1951–54 und 1957–69 Außenmin., 1965–69
auch stellv. Premierminister.

A., Howard Hathaway, * Hoboken (N.J.) 8.
März 1900, † Saint Louis (Mo.) 14. März 1973,
amerikan. Mathematiker. - Prof. an der Harvard University und in Miami (Florida); baute
1939–44 den ersten programmgesteuerten
elektromechan. Rechenautomaten „Mark I".

Aikido [jap.], Form der Selbstverteidigung, die nicht als Kampfsport betrieben wird. Die Bewegung des Angreifers wird entweder konsequent durchbrochen oder auf eine verlängerte Kreisbahn geführt. Im letzteren Falle nutzt der Verteidiger die auf den Angreifer wirkenden Zentrifugalkräfte geschickt zur Gleichgewichtsbrechung.

Ailanthus [indones.], svw. ↑ Götterbaum.

Ailanthusspinner ↑ Seidenspinner.

Ailes de pigeon [frz. ɛldapi'ʒõ „Taubenflügel"], aus der Allongeperücke hervorgegangene Herrenfrisur des 18./19. Jh. mit Schläfenlocken und hinten mit einer Schleife zusammengebundenem Haar.

Ailey, Alvin [engl. 'ɛɪlɪ], * Rogers (Texas) 5. Jan. 1931, amerikan. Tänzer und Choreograph. - Gründete 1958 das Alvin A. Dance Theatre; drehte auch Filme, u. a. „Carmen Jones" (1954).

Aimak, mongol. Bez. für Provinz, bzw. Verwaltungseinheit in der Burjät. ASSR.

Aimée, Anouk [frz. ɛ'mɛ], eigtl. Françoise Sorxa, * Paris 27. April 1932, frz. Filmschauspielerin. - Spielte u. a. in „Das süße Leben" (1960), „Lola" (1961), „Ein Mann und eine Frau" (1966), „Ein Abend - ein Zug" (1967).

Ain [frz. ɛ̃], Dep. in Frankreich.

A., rechter Nebenfluß der Rhone, Frankreich, entspringt im Jura, mündet 35 km östl. von Lyon, 200 km lang, Hauptentwässerungsgade des südl. Jura; mehrere Wasserkraftwerke.

Ain [arab.], Quelle, Brunnen, bes. in arab. Ortsnamen.

Ain-Barbar ↑ Annaba.

Ain-Hanech [frz. aina'nɛʃ], bei der heutigen Stadt El-Eulma in NO-Algerien gelegener Fundplatz altpleistozäner Tierreste und bearbeiteter Steine, die zu den ältesten Zeugnissen menschl. Aktivität in Afrika gehören.

Ainmiller, Max Emanuel, * München 14. Febr. 1807, † ebd. 8. Dez. 1870, dt. Glasmaler. - Arbeitete z. T. mit J. Schnorr von Carolsfeld und M. von Schwind zusammen; schuf ornamentale Fenster für den Regensburger, den Kölner und den Speyerer Dom und für St. Paul's Cathedral in London.

Ain Salih ↑ In-Salah.

Aintree [engl. 'ɛɪntrɪ], engl. Ort in der Gft. Lancashire, nördl. von Liverpool; die Pferderennstrecke von A. (7,2 km lang) ist Schauplatz des Grand National, des schwersten Hindernisrennens der Erde.

Ainu, Selbstbez. eines zu den Paläosibiriern gehörenden Volkes auf Hokkaido, ehem. auch auf Kamtschatka, den Kurilen und Sachalin. Ethn. gehen die A. zunehmend im jap. Volk auf, ihre Sprache (Ainu) wird kaum noch gesprochen. Nach den Jenseitsvorstellungen der A. gelangen die Geister der Toten entweder in „die feuchte Unterwelt" oder in das Land der „Glückseligen". Gott wird *Kamui* genannt.

Aïoun-el-Atrouss [frz. ajunɛla'trus], Oasenort im zentralen S von Mauretanien, 4 900 E. Provinzhauptort; Kreuzungspunkt von Karawanenstraßen, ✈.

Air [ɛːr; lat.-frz.], Ansehen, Haltung, Miene; Hauch, Fluidum.
◆ in der *Musik* eine vorwiegend für den begleiteten oder unbegleiteten vokalen, aber auch für instrumentalen Vortrag bestimmte, einfach angelegte Komposition ohne formale Bindung. Als selbständiges Stück fand es Eingang in das Ballett, dann auch in die Oper, in der seit dem Ende des 17. Jh. seine vokale Form durch die vom Rezitativ eingeleitete Arie verdrängt wurde.

Aïr [frz. a'iːr] (Azbine), Gebirgsmassiv in der Sahara, sö. des Ahaggar, Republik Niger; im S, in den Monts des Baguezane, bis 1 900 m, im äußersten N, im Mont Gréboun, bis 2 310 m ü. d. M. Von Tuareg bewohnt, die im 8. Jh. in zwei Wellen einwanderten; nomad. Weidewirtschaft, in den Tälern Dattelpalmenhaine und Zitruskulturen; wichtigste Siedlung ist Agadès. Im SW Zinnerzabbau. - Prähistor. Funde von großer Bed. für die Geschichte ganz N-Afrikas.

Aira [griech.], svw. ↑ Schmielenhafer.

Airborne Early Warning [engl. 'ɛəbɔːn 'əːlɪ 'wɔːnɪŋ], Frühwarnung vor Überraschungsangriffen durch Radarüberwachung von Flugzeugen aus.

Airbrushtechnik ['ɛːrbrʌʃ...], beim Retuschieren, in der Gebrauchsgraphik und bei künstler. Arbeiten angewandte Technik: das Aufbringen von Retusche-, Aquarell-, Tempera-, Acryl- u. a. Farben mit Hilfe einer Spritzpistole (Druck etwa 2,5 bar).

Airbus ['ɛːrbʊs], Bez. für die von der **Airbus Industrie** (einem 1970 gegr. europ. Unternehmen der Luftfahrtindustrie, Sitz Blagnac bei Toulouse) unter dt. (**Dt. Airbus GmbH,** Sitz München), frz., brit. und span. Beteiligung gebauten Verkehrsflugzeuge: A. *A 300,* ein zweistrahliges Kurz- und Mittelstrecken-Großraumflugzeug für bis zu 345 Passagiere (Erstflug 1972); A. *A 310,* eine kleinere Version der A. A 300 für maximal 255 Passagiere (Erstflug 1982); A. *A 320,* ein zweistrahliges Kurz- und Mittelstreckenflugzeug für maximal 179 Passagiere (Erstflug 1987).

Air Canada [engl. 'ɛə 'kænədə, frz. ɛrkana'da], Abk. A. C., ↑ Luftverkehrsgesellschaften (Übersicht).

Air-conditioner [engl. 'ɛəkən,dɪʃənə] (Air-conditioning), engl. Bez. für: Klimaanlage.

Airdrie [engl. 'ɛədrɪ], östl. Nachbarstadt von Glasgow, Strathclyde Region, Schottland, 45 600 E. Eisen- und Stahlindustrie. - Ab 1695 Town.

Aire [frz. ɛːr], rechter Nebenfluß der Aisne in NO-Frankr.; entspringt in den Argonnen, mündet nahe Challerange; 131 km lang.

A. [engl. ɛə], rechter Nebenfluß des Ouse

in N-England, entspringt in den Pennines, mündet nw. von Goole; 113 km lang.

Aire and Calder Navigation [engl. 'ɛə ənd 'kɔːldə nævɪ'geɪʃən], teilkanalisiertes Binnenwasserstraßensystem unter Ausnutzung der Flüsse Aire und Calder, in N-England; verbindet das randpennin. Industriegebiet mit den Humberhäfen.

Airedaleterrier [engl. 'ɛədɛɪl; nach dem Airedale, einem Talabschnitt des Aire (England)], temperamentvolle Haushundrasse aus England; etwa 60 cm schulterhoch, rauhhaarig, meist gelblichbraun mit schwarzen Platten; Kopf längl., eckig wirkend, mit kleinen Hängeohren; Rute kupiert.

Aire-sur-l'Adour [frz. ɛrsyrla'duːr], frz. Stadt am mittleren Adour, Dep. Landes, 7 200 E. Agrarmarkt, Flugzeug- und Konservenind.; Mittelpunkt der frz. Satelliten- und Raketenforschung. - Hauptort der Aturer; röm. **Vicus Julii;** zeitweise Residenz König Alarichs II.; um 500–1801 und 1817–1933 Bischofssitz. - Roman. Kathedrale mit Spitzbogengewölbe des 15. Jh., bischöfl. Palais (13. und 18. Jh., heute Rathaus).

Air Force [engl. 'ɛə 'fɔːs], engl. für: Luftwaffe.

Air France [frz. ɛr'frãːs] ↑Luftverkehrsgesellschaften (Übersicht).

Airglow [engl. 'ɛəglou „Luftglühen"], Leuchterscheinung in der Ionosphäre.

Air-India [engl. 'ɛə'rɪndjə] ↑Luftverkehrsgesellschaften (Übersicht).

Airlift-Verfahren [engl. 'ɛəlɪft „(Press)-luftförderung"], Erdölförderverfahren, das angewandt wird, wenn durch Druckabfall die Ergiebigkeit der Bohrung nachläßt; dabei wird Druckluft in die Lagerstätte eingepreßt, so daß das von Luftblasen durchsetzte Erdöl leichter an die Oberfläche kommt oder der Ölzufluß zu benachbarten Bohrlöchern verstärkt wird.

Air mail [engl. 'ɛəmɛɪl], engl. für: Luftpost.

AIRNORTH [engl. 'ɛə'nɔːθ] ↑NATO (Tafel).

Airolo, schweizer. Ort am S-Ausgang des Gotthardtunnels, Kt. Tessin, 1 175 m ü. d. M., 2 400 E. Sommertourismus und Wintersport.

Airport Surveillance Radar [engl. 'ɛəpɔːt sɔː'veɪləns 'rɛɪdɑː] ↑ASR.

Air-shuttle [engl. 'ɛəʃʌtl „Luftfähre"], Pendelluftverkehr auf Kurzstrecken, bei dem aus Zeit- und Kostenersparnisgründen vereinfachte Abfertigungsverfahren angewendet und den Passagieren keine Nebenleistungen (Bewirtung usw.) geboten werden.

AIRSOUTH [engl. 'ɛə'sauθ] ↑NATO (Tafel).

Air-to-air-weapons [engl. 'ɛətə-'ɛə,wɛpənz] (AA-Weapons), Waffen zum Einsatz gegen Luftziele von Flugzeugen aus.

Ais, Tonname für das um einen Halbton erhöhte A (auf dem Klavier ident. mit B).

Aisa, im griech. Denken von der jedem Menschen von einer Gottheit zugewiesene Teil des Schicksals; auch als Person gedacht und mit Moira identifiziert.

Aisch, linker Nebenfluß der Rednitz, Bayern, entspringt auf der Frankenhöhe, mündet unterhalb von Forchheim, 66 km lang.

Aischa, * Mekka um 614, † Medina 13. Juli 678, 3. Gemahlin des Propheten Mohammed. - Tochter von ↑Abu Bakr; wurde Mohammed mit 12 Jahren angetraut, nahm unter seinen Frauen die Favoritenstellung ein und hatte nach dessen Tod großen polit. Einfluß.

Aischines ['aɪsçines] (Äschines), * Athen 390 oder 389, † auf Rhodos um 315, griech. Redner. - Seine makedonenfreundl. Politik veranlaßte Demosthenes (ohne Erfolg), ihn zweimal des Hochverrats anzuklagen. Die Verteidigungsreden der A. sind erhalten. A. war 339 mitverantwortl. für den hl. Krieg der delph. Amphiktyonie, der zur makedon. Oberherrschaft in Griechenland führte. Den Prozeß gegen Ktesiphon, der eine Ehrung des Demosthenes beantragt hatte, verlor er 330 (seine Rede „Gegen Ktesiphon" ist erhalten); ging in die Verbannung nach Kleinasien und Rhodos.

Aischylos ['aɪsçylɔs] (Äschylus), * Eleusis (Attika) 525/24, † Gela (Sizilien) 456/55, griech. Tragiker. - Nahm an den Perserkriegen teil. Von den 90 ihm zugeschriebenen Stücken sind 79 Titel überliefert; vollständig erhalten sind nur 7 Dramen: „Perser" (472), „Sieben gegen Theben" (467), „Hiketiden" (um 463), die Tetralogie „Orestie" („Agamemnon", „Choephoren", „Eumeniden"; ein urspr. dazu gehörendes Satyrspiel ist verloren), „[Der gefesselte] Prometheus" (Datierung unsicher). A. ist der eigtl. Begründer der Tragödie als literar. Kunstform; durch die Einführung des 2. Schauspielers wurden die Handlung und der dramat. Dialog dem Chor gegenüber verstärkt; die Tetralogie, d. h. der Verbindung von 3 Tragödien und einem Satyrspiel zu einer zykl. Einheit, nutzte A. zur Verfolgung eines Handlungsstranges über mehrere Generationen hinweg. Dabei ging es A. um „theolog." Deutung und metaphys. Durchdringung des Geschehens. Der Mensch steht erschauernd vor der Allmacht der gerechten Götter, die ihn strafend dem sicheren Untergang weihen, sobald er sich gegen ihr Gesetz auflehnt und es in seiner Hybris überschreitet. Kühne Metaphern und Wortschöpfungen zeugen von A. sprachl. Kraft, die erhabene und pathet. Sprache ist teilweise mit spätarchaischen Manierismen durchsetzt.

📖 *A. Tragödien in einem Bd. Dt. Übers. Einl. u. Anmerkungen v. W. Steffen. Bln. 1968.*

Aisne [frz. ɛn], Dep. in Frankreich.

A., linker Nebenfluß der Oise, in NO-Frankr., entspringt in den westl. Argonnen,

mündet bei Compiègne; 300 km lang; über 160 km schiffbar; mit der Maas durch den Ardennenkanal verbunden.

Aisopos ↑Äsop.

Aist, Dietmar von ↑Dietmar von Aist.

Aistulf, König der Langobarden (✉ 749–756). - Gewählt anstelle seines Bruders Rachis; von Pippin III. gezwungen, die von ihm eroberten byzantin. Restgebiete ↑Exarchat (Ravenna) und ↑Pentapolis an den Papst herauszugeben (sog. ↑Pippinsche Schenkung).

Aisuwakamatsu, jap. Stadt auf Hondo, 114 000 E. Markt- und Verarbeitungsort landw. Erzeugnisse, Herstellung von Lacken (seit dem 16. Jh.). 5 km sö. liegt das Thermalbad **Higaschijama** mit Schwefelquellen (35–65 °C). - Bis ins 19. Jh. stärkste Festung N-Japans (Schloß Tsurugajo, ab 1384). 1868 zerstört, Donjon 1965 restauriert.

Aisymneten [griech.], Bez. für die im wesentl. mit der Aufzeichnung des geltenden Rechtes im 7./6. Jh. beauftragten Beamten in einzelnen griech., bes. ion. Städten; einige der A. erlangten durch ihre Befugnisse tyrannenähnl. Macht.

Aitel [oberdt.], svw. ↑Döbel.

aitiologisch [zu griech. aitía „Ursache"], Sagen, Legenden, Märchen und Mythen werden a. genannt, wenn in ihnen versucht wird, Ursprung und Eigenart bestimmter Phänomene zu erklären, etwa Naturerscheinungen, Kultformen, kulturelle Errungenschaften und Namen; bes. frühen und einfachen Kulturstufen eigentümlich.

Aitken, William Maxwell [engl. 'ɛɪtkɪn] ↑Beaverbrook.

Aitmatow, Tschingis, * Scheker 12. Dez. 1928, kirgis.-sowjet. Schriftsteller. - Schreibt v. a. Erzählungen: „Djamila" (1958), „Das Kamelauge" (1961), „Der Weg des Schnitters" (1964), „Wirf die Fesseln ab, Gulsary" (1966), „Der weiße Dampfer" (1971), „Frühe Kraniche" (1976).

Aitolia ↑Ätolien.

Aitrach, rechter Nebenfluß der Donau, Bad.-Württ.; ihr ehem. Oberlauf wurde von der Wutach gegen Ende der Eiszeit angezapft und umgeleitet; entspringt bei Riedböhringen, mündet unterhalb von Geisingen. Ein Teil des A.wassers wendet sich jedoch nach W, es entstand eine Flußgabelung (Bifurkation) mit Abfluß zur Donau und über die Wutach zum Rhein.

Aitschi, Kiitschi, * Sendai 10. Okt. 1907, † Tokio 23. Nov. 1973, jap. Politiker (Liberal-Demokrat. Partei). - 1950–54 Mgl. des Oberhauses, ab 1955 des Unterhauses; ab 1954 Regierungsmitglied, u. a. 1958/59 Justiz-, 1968–71 Außen-, 1972/73 Finanzminister.

Aitutaki, Vulkaninsel der südl. Cookinseln, S-Pazifik, 16 km², bis 137 m ü. d. M., von einem Korallenriff umgeben; Fischfang; Ausfuhr von Kopra und Zitrusfrüchten; ✈.

Aitzema, Lieuwe van [niederl. 'aːꞮtsəma:],

* Dokkum 19. Nov. 1600, † Den Haag 23. Febr. 1669, niederl. Geschichtsschreiber. - Ab 1629 polit. Agent der Hansestädte in Den Haag; sein Hauptwerk ist eine zwölfteilige Geschichte der Niederlande (1657–68).

Aitzing (Eyzinger), Michael Frhr. von, * Obereitzing bei Ried im Innkreis um 1530, † Bonn 1598, östr. Geschichtsschreiber und Publizist. - Begründer der Meßrelationen; sein Werk „De leone Belgico" ist eine Geschichte der Niederlande 1559–83.

AIV-Verfahren, nach dem finn. Biochemiker A. I. Virtanen (* 1895, † 1973) benanntes Verfahren zur Konservierung von eiweißreichen Futterpflanzen mit verdünnten Säuren, wodurch die Tätigkeit der Mikroorganismen ausgeschaltet wird; Nährstoffverluste gering.

Aix-en-Provence [frz. ɛksãprɔ'vã:s], frz. Stadt an der mittleren Arc, Dep. Bouches-du-Rhône, 175 m ü. d. M., 124 000 E. Erzbischofssitz; Univ. (gegr. 1409; heute mit Marseille verbunden), Schauspielschule, internat. Musikfest (seit 1948); Bibliotheken; mehrere Museen, Heilbad (34 °C warme Quelle), die Kureinrichtungen wurden 1705 nahe den röm. Thermen erstellt. Zentrum der frz. Mandelproduktion; Fremdenverkehr. - Als **Aquae Sextiae** bed. röm. Militärstützpunkt im Kampf gegen die 102 v. Chr. bei der Stadt vernichtend geschlagenen Teutonen und Ambronen; im 4. Jh. n. Chr. Verwaltungszentrum der Prov. Narbonensis Secunda. 1189 Hauptstadt der Grafen von Provence. - Zahlr. Kirchen, u. a. Kathedrale Saint-Sauveur (12.–14. Jh.; Fassade im Flamboyantstil) mit Kreuzgang (12. Jh.), ehem. bischöfl. Palais (heute Musée du Tapisseries); Stadtpaläste (17. und 18. Jh.).

Aix-les-Bains [frz. ɛksle'bɛ̃], frz. Stadt

Aix-en-Provence. Kreuzgang der Kathedrale Saint-Sauveur

am O-Ufer des Lac du Bourget, Dep. Savoie, 265 m ü. d. M., 23 000 E. Archäolog. Museum, Museum moderner Malerei; eines der mondänsten Heilbäder Frankr. (warme Schwefelquellen) sowie Luftkurort; Wintersport. - Badeort seit röm. Zeit (**Aquae Gratianae et Domitianae**). Reste röm. Zeit (Thermen, Dianatempel (2. und 3. Jh.), Triumphbogen (3. oder 4. Jh.).

Aizoaceae [griech.], svw. ↑Eiskrautgewächse.

Ajaccio [frz. aʒak'sjo, italien. a'jattʃo], Hauptstadt der Insel Korsika und des frz. Dep. Corse-du-Sud, am Golf von A., 18 m ü. d. M., 55 000 E. Bischofssitz; nach Bastia das wichtigste Handelszentrum Korsikas; Handels- und Fischereihafen; Bade- und Winterkurort. - 1492 gegr., 1768 frz. - Genues. Zitadelle (16. Jh.), Kathedrale (16. Jh.), Saint-Erasme (17. Jh.). Geburtsort Napoleons I.

Ajaccio, Golf von [frz. aʒak'sjo, italien. a'jattʃo], Bucht des Mittelmeeres an der W-Küste Korsikas, zw. Kap Muro und Kap Parata.

Ajanta [engl. ə'dʒæntə], ind. Dorf im Bundesstaat Maharashtra, 350 km nö. von Bombay; berühmt wegen der 29 buddhist. Höhlentempel und -klöster nahebei (1. Jh. v. Chr. bis 6./7. Jh.). Die Tschaitjas (Versammlungshallen) sind rechteckige Räume mit apsisförmigem Abschluß, in dem sich ein Stupa befindet. Parallel zu den rechteckigen Räumen sind Seitenschiffe ausgehauen, durch Pfeilerreihen vom Hauptraum getrennt. Über dem Eingang ein bogenförmiges Fenster. Die Wiharas (Klöster) sind viereckige Räume, an drei Seiten von Zellen umgeben. An der Außenseite befindet sich eine breite Veranda. Die Bildhauerarbeiten (Hochreliefs) in den Tschaitjas umfassen fast die gesamte Guptaperiode (4.–6. Jh.). Berühmt sind die Wandmalereien (Tempera) aus verschiedenen Epochen mit Motiven aus den ↑Dschatakas.

Ajanta Range [engl. ə'dʒæntə 'reɪndʒ], Höhenzug im Hochland von Dekhan, Indien, im allg. 600–900 m, im W bis über 1 200 m hoch. Semiarides Klima; Baummarmut und Dornsavanne.

Ajatollah (Ayatollah, Ayatullah), [akadem.] Ehrentitel für hervorragende geistl. Würdenträger (Modschtahed) im schiit. Islam, der an Gelehrte verliehen wird, die ihr religiöses und rechtl. Wissen an einer theolog. Hochschule nachgewiesen haben. Der Titel A. bedeutet etwa „Zeichen (Wunder, Spiegelbild) Gottes". - ↑auch Zwölfer-Schia.

Ajax (A. der Lokrer; A. der Kleine), Gestalt der griech. Mythologie. Sohn des Königs Oileus von Lokris. Führt in der homer. Dichtung 40 Schiffe der Lokrer in den Trojan. Krieg.

Ajax (A. der Telamonier; A. der Große), Held der griech. Mythologie. Sohn des Königs Telamon von Salamis; in der homer. Dichtung nach Achilleus tapferster und stärk-

ster Held der Griechen vor Troja. Begeht Selbstmord, da ein Schiedsgericht dem Odysseus die Waffen des Achilleus zuspricht. In Salamis als Heros verehrt.

Ajia Marina ↑Lefkas.

Aji Bogdoin Nuru, Gebirgszug in der sw. Mongol. VR, bis 3 802 m hoch.

Ajin, Buchstabe des hebr. Alphabets.

Ajion Oros ↑Chalkidike.

Ajios Nikolaos, griech. Stadt auf Kreta, an der östl. N-Küste, 8 300 E. Hauptort des Nomos Lasithion; Landw.; Fremdenverkehr.

Ajka [ungar. 'ɔjkɔ], ungar. Stadt, 125 km sw. von Budapest, 31 000 E. Eine der jungen Ind.städte Ungarns (Tonaufbereitungsanlage, Aluminiumindustrie, Glashütten).

Ajmer [engl. ædʒ'mɪə], ind. Stadt im Bundesstaat Rajasthan, 350 km sw. von Delhi, 332 000 E. Sieben Colleges der Univ. von Jaipur; Museum; ein altes Handelszentrum für die landw. Produkte des Umlandes, für Salz, Woll- und Baumwollprodukte. Eisenbahnzentrum; Bahn- und Straßenknotenpunkt. - 10 km westl. liegt der hl. See **Pushkar,** der im Okt./Nov. von etwa 100 000 Pilgern besucht wird. - Wohl im 6. Jh. n. Chr. gegr.; ab 1558 zum Mogulreich, 1750 von den Marathen erobert; 1818 brit. Verwaltungssitz der 1871–1956 bestehenden Prov. A.[-Merwara].

Ajoie [frz. a'ʒwa] (dt. Elsgau), histor. Landschaft im schweizer. Kt. Jura, Hauptort Porrentruy; flachwellige und verkastete Landschaft von 400–650 m Höhe; große Haufendörfer mit Obstgärten und Wiesen- und Ackerfluren, Uhren-, Textil-, Tabak- und keram. Ind. - Teil des Fürstbistums Basel, ab 1792 frz., 1815 zum Kt. Bern.

à jour [frz. a'ʒu:r], auf dem laufenden, bis zum heutigen Tag.

Ajourarbeit [a'ʒu:r; frz./dt.], in der Goldschmiedekunst Fassung von Edelsteinen ohne Unterlage.

Ajourstickerei [a'ʒu:r; frz./dt.], in der Weißstickerei eine Durchbrucharbeit, z. B. Hohlsaumarbeiten, Lochstickerei, Richelieustickerei.

Ajub ↑Aijub.

Ajub Khan ↑Ayub Khan.

Ajuga [lat.], svw. ↑Günsel.

A. K., Abk. für: Armeekorps.

Aka-Ausfuhrkredit-GmbH, Spezialkreditinstitut zur Finanzierung mittel- und langfristiger Exportgeschäfte; Sitz Frankfurt am Main; gegr. 1952. Gesellschafter sind Banken in der BR Deutschland und in Berlin (West).

Akaba, jordan. Stadt am östl. N-Ende des Golfes von A., 27 000 E. Einziger Hafen Jordaniens; Umschlag- und Lagerhallen für Phosphate, große Erdöltanks; Straße und Eisenbahn (seit 1975) nach Maan; mit Sonnenenergie betriebene Meerwasserentsalzungsanlage (seit 1977).

Akaba, Golf von, NO-Arm des Roten

Meeres, östl. der Halbinsel Sinai, etwa 170 km lang, bis 29 km breit. Zugang zum jordan. Akaba und dem israel. Elath. - Die Schließung des G. v. A. für israel. Schiffe durch Ägypten führte im Juni 1967 zum sog. Sechstagekrieg.

Akademgorodok ↑ Nowossibirsk.

Akademie [griech.], die von Platon um 385 v. Chr. gegr., bis zu ihrer Schließung 529 n. Chr. bestehende, im NW Athens gelegene Philosophenschule, ben. nach einem Heiligtum des altatt. Heros Akademos. - Die *ältere Akademie* war stark pythagoreisch beeinflußt: das Problem von „Idee" und „Zahl" spielte erkenntnistheoret. eine große Rolle, der platon. Dualismus wurde abgeschwächt. Ihre Hauptvertreter waren die Nachfolger in der Leitung der A.: Speusippos, Xenokrates, Polemon und Krates, daneben u. a. ihre Mitglieder Herakleides Pontikos, Eudoxos aus Knidos und Krantor. - Die *mittlere A.*, zu deren bedeutendsten Vertretern Arkesilaos aus Ätolien und Karneades aus Kyrene gehörten, waren von einem gegen den Dogmatismus der Stoa gerichteten Skeptizismus geprägt, bei dem die sokrat. Aporetik in den Platonischen Frühdialogen wieder Gegenstand der Untersuchung wurden. - In der *neueren A.* versuchten Philon von Larisa und Antiochos von Askalon zw. stoischem Dogmatismus und dem Skeptizismus der mittleren A. zu vermitteln. Mit dem Neuplatonismus (Plotin, Porphyrios) gewann auch die A. noch einmal an Bedeutung. Sie wurde zum Mittelpunkt der athen. Schule des ↑ Neuplatonismus. - ↑ auch griechische Philosophie.

📖 *Krämer, H. J.: Der Ursprung der Geistmetaphysik. Unterss. zur Gesch. des Platonismus zw. Platon u. Plotin. Amsterdam 1964.*

◆ Gelehrtenvereinigung. Als A. wurde z. B. der Kreis um Alkuin am Hof Karls d. Gr. in Aachen bezeichnet. Ähnl. waren etwa das Museion in Alexandria oder die Akademien der Araber (Bagdad, Córdoba, Kairo) Gelehrtenvereinigungen. In der Renaissance wurden zahlr. gelehrte Gesellschaften gegr. und als A. bezeichnet, bes., wenn sie staatl. Förderung genossen. Zum Vorbild (bes. für die ↑ Académie française und für die dt. Sprachgesellschaften des 17. Jh.) wurde v. a. die 1582 in Florenz zur Pflege und Reinigung der Sprache gegr. Accademia della Crusca. Die durch F. Cesi 1603 in Rom ins Leben gerufene Accademia Nazionale dei Lincei (Schwerpunkt heute: Geschichte, Archäologie, Orientalistik) legte erstmals auch Wert auf die Förderung der Naturwissenschaften. Die naturwiss. orientierten A. (z. B. Royal Society, London, Académie des Sciences, Paris) gerieten z. T. zu den alten Universitäten in Gegensatz. Die heutigen A. der Wissenschaften sind meist unterteilt in eine philosoph.-histor. und eine mathemat.-naturwissenschaftl. Klasse, die aus ordentl. und korrespondierenden Mgl. sowie aus Ehren-Mgl. bestehen. Die Mgl. er-

gänzen sich durch Zuwahl. Aus dem Kreis der ordentl. Mgl. werden der Präsident und die für die Geschäftsführung der Klassen zuständigen Sekretäre gewählt. Aufgabe der A. (heute meist vom Staat unterstützte Körperschaften des öffentl. Rechts) ist die Unterstützung der Forschungen ihrer Mgl., Förderung fremder Arbeit (Ausschreibung von Preisaufgaben, Auszeichnung bed. wiss. Leistungen), Gründung von Forschungsinstituten, Betreuung von langfristigen wiss. Unternehmungen. Die Forschungsergebnisse werden in Sitzungen behandelt und in [period.] Publikationen (Sitzungsberichte, Abhandlungen, Jahrbücher) veröffentlicht. - ↑ auch Übersicht S. 164.

📖 *Erkelenz, P.: Der A.gedanke im Wandel der Zeiten. Bonn 1968. - Oberhummer, W.: Die A. der Wiss. In: Universitas Litterarum. Bln. 1955.*

◆ Vereinigung von ausübenden Künstlern.

◆ früher Bez. für höherer berufsbildender Schulen und von Kunst- und Musikhochschulen, auch von Erwachsenenbildungseinrichtungen, schließl. auch von Spezialschulen (Fecht-, Tanz-A.). Hochqualifizierte A. sind heute, soweit sie noch Bestand hatten, entweder in Fachhochschulen, Hochschulen oder Univ. umbenannt oder haben diesen Status. Erneuert ist der Begriff z. B. in der Einrichtung der Sozial-A. und den A. für Führungskräfte der Wirtschaft und in den neueingerichteten Berufsakademien.

Akademie der Arbeit, Sozialakademie, 1921 in Frankfurt am Main gegr., 1933 geschlossen, 1947 wieder eröffnet; eng verbunden mit der Univ. Frankfurt am Main. Träger sind der Dt. Gewerkschaftsbund und das Land Hessen. Zweck ist die Weiterbildung von Gewerkschaftlern in den Bereichen Wirtschaft (mit Betriebswirtschaft), Recht, Staats- und Gesellschaftslehre, Sozialpolitik. Dauer des Lehrgangs: 11 Monate.

Akademie-der-Wissenschaften-Gebirge, etwa 100 km langer Gebirgszug im westl. Pamir, etwa 6 000 m hoch, der höchste Berg, der 7 495 m hohe Pik Kommunismus, ist zugleich der höchste der UdSSR; stark vergletschert.

Akademie für Gemeinwirtschaft ↑ Hochschule für Wirtschaft und Politik.

Akademie für Raumforschung und Landesplanung, 1935 in Berlin gegr. (Reichsarbeitsgemeinschaft für Raumforschung), 1944 verlegt, 1947 als A. f. R. u. L. in Hannover neu gegr.; macht die In- und Ausland erarbeitete wiss. Erkenntnisse für die Landesplanung und Raumordnung der BR Deutschland nutzbar.

Akademie für Wirtschaft und Politik ↑ Hochschule für Wirtschaft und Politik.

Akademie-Verlag ↑ Verlage (Übersicht).

Akademiker [griech.], urspüngl. die Mgl. der von Platon und seinen Nachfolgern

Akademien und vergleichbare frühere wissenschaftliche und künstlerische Gesellschaften in Europa (Auswahl)

15.–17. Jh.

1459 Academia Platonica, Florenz*
1582 Accademia della Crusca, Florenz
1603 Accademia Nazionale dei Lincei, Rom
1603 Pontificia Accademia delle Scienze (gegr. als Linceorum Academia, Vatikan)
1617 Fruchtbringende Gesellschaft*
1635 Académie française, Paris
1648 Académie des beaux-arts, Paris (Vorgänger: Académie royale de peinture et de sculpture, gegr. 1648)
1652 Deutsche Akademie der Naturforscher Leopoldina, Halle (anfangs Schweinfurt)
1657 Accademia del Cimento, Florenz*
1660 Royal Society of London (1662 vom König anerkannt)
1665 Accademia dei Filomusi*
1666 Académie des sciences, Paris
1671 Académie d'architecture*
1683 Académie des inscriptions et belles-lettres, Paris
1690 Accademia Arcadia, Rom
1696 Akademie der Künste, Berlin

18. Jh.

1700 Akademie der Wissenschaften der DDR (ehem.: Preuß. A. d. W.), Berlin (Ost)
1700 Gesellschaft der Wissenschaften, Prag*
1713 Real Academia Española de la Lengua, Madrid
1724 Akademie der Wissenschaften der UdSSR, Moskau (ehem. A. d. W. in Petersburg)
1731 Royal Dublin Society
1735 Kungliga Akademien för de fria Konsterna, Stockholm
1738 Real Academia de la Historia, Madrid
1739 Kungliga Svenska Vetenskapsakademien, Stockholm
1742 Kongelige Danske Videnskabernes Selskab, Kopenhagen
1744 Real Academia de Bellas Artes de San Fernando, Madrid
1745 Det Kongelige Danske Selskab for Fædrelandets Historie, Kopenhagen
1746 Naturforschende Gesellschaft in Zürich
1751 Akademie der Wissenschaften in Göttingen
1753 Kungliga Vitterhets-, Historie- och Antikvitets-Akademien, Stockholm
1757 Akademie der Künste der UdSSR, Moskau (ehem. A. d. K. in Petersburg)
1759 Bayerische Akademie der Wissenschaften, München
1760 Kongelig Norsk Videnskabers Selskab, Drontheim
1763 Academia Theodoro Palatina (Kurpfälzische Akademie der Wissenschaften), Mannheim*
1772 Académie Royale des Sciences, des Lettres et des Beaux-Arts de Belgique, Brüssel
1779 Academia das Ciências, Lissabon
1783 Royal Society of Edinburgh
1786 Royal Irish Academy, Dublin
1786 Svenska Akademien, Stockholm
1795 Institut de France, Paris (umfaßt jetzt auch die anderen aufgeführten frz. wiss. A.)
1799 Royal Institution of Great Britain, London

19. Jh.

1808 Koninklijke Nederlandse Akademie van Wetenschappen, Amsterdam
1811 Kungliga Skogs- och Lantbruksakademien, Stockholm
1815 Schweizerische Naturforschende Gesellschaft, Zürich (seit 1931 Akademisierung und auch unter der Bez. Schweizer. A. der Naturwissenschaften bekannt)
1817 Senckenbergische Naturforschende Gesellschaft, Frankfurt am Main
1822 Gesellschaft deutscher Naturforscher und Ärzte, Bonn (früher Leipzig)
1825 Magyar Tudományos Akadémia, Budapest
1826 Royal Scottish Academy, Edinburgh
1831 British Association for the Advancement of Science, London
1832 Académie des sciences morales et politiques, Paris
1846 Sächsische Akademie der Wissenschaften zu Leipzig*
1847 Österreichische Akademie der Wissenschaften, Wien (gegr. als „Kaiserl." A. d. W. in Wien, 1921–47 A. d. W. in Wien)
1847 Real Academia de Ciencias Exactas, Físicas y Naturales, Madrid
1865 Academia de Științe, Bukarest
1869 Bulgarische Akademie der Wissenschaften, Sofia
1872 Polska akademija umiejętności, Krakau*
1886 Jugoslawische Akademie, Zagreb
1886 Srpska Akademija nauka, Belgrad

20. Jh.

1901 British Academy, London
1908 Academia Scientiarum Fennica, Helsinki
1909 Heidelberger Akademie der Wissenschaften
1911 Danmarks Naturvidenskabelige Samfund, Kopenhagen
1911 Max-Planck-Gesellschaft zur Förderung der Wissenschaften, Göttingen; gegr. als Kaiser Wilhelm-Gesellschaft zur Förderung der Wissenschaften in Berlin
1914 Académie de Droit International, Den Haag
1916 Szent István Akadémia, Budapest*
1917 Württembergische Gesellschaft zur Förderung der Wissenschaften, Stuttgart, Tübingen, Hohenheim*
1919 Ingeniörsvetenskapsakademien, Stockholm
1920 Masarykova Akademie Práce, Prag
1924 Königsberger Gelehrte Gesellschaft*
1925 Deutsche Akademie, München*
1926 Akadimia Athinon, Athen
1927 Selskapet til Videnskapenes Fremme, Bergen
1929 Allunions-Lenin-Akademie für Landwirtschaftswissenschaften, Moskau
1931 Akademie der Wissenschaften, Leningrad
1932 Irish Academy of Letters, Dublin
1934 Akademie für Bauwesen und Architektur der UdSSR, Moskau
1937 Akademiet for de Tekniske Videnskaber, Kopenhagen
1938 Koninklijke Vlaamse Academie voor Wetenschappen, Letteren en Schone Kunsten van België, Brüssel
1943 Akademie für Pädagogische Wissenschaften der UdSSR, Moskau
1943 Schweizerische Akademie der Medizinischen Wissenschaften, Basel
1944 Akademie für Medizinische Wissenschaften der UdSSR, Moskau
1948 Academia Republicii Populare Romîne, Bukarest (entst. aus der 1886 gegr. Academia Română unter Abtrennung der Academia de Științe u. der Academia de Medicină)
1949 Akademie der Wissenschaften und der Literatur, Mainz

(Die Jahreszahlen geben das Gründungsjahr an; * = besteht nicht mehr)

1949 Deutsche Akademie für Sprache und Dichtung, Darmstadt	auch die 1953 in Preßburg gegr. Slovenská Akademia Vied)
1950 Akademie der Künste der DDR (gegr. als Dt. A. d. K. zu Berlin), Berlin (Ost)	1952 Polska akademija nauk, Warschau
1951 Bauakademie der DDR, Berlin (Ost)	1953 Norsk Akademi for Sprog og Litteratur, Oslo
1952 Československá Akademská Věd, Prag (entst. aus der 1784 gegr. Královská Česká společnost nauk u. der 1890 gegr. Hlávkovy Česká Akademie věd a umění; umfaßt seit 1961	1970 Rheinisch-Westfälische Akademie der Wissenschaften, Düsseldorf
	1970 Akademie der Pädagogischen Wissenschaften der DDR (gegr. als Pädagogisches Zentralinstitut 1949), Berlin (Ost)

geleiteten ↑Akademie; später auch Philosophen, die in der Tradition Platons philosophierten.
◆ Bez. für Personen, die eine abgeschlossene Ausbildung an einer Universität, auch Hoch- und Fachhochschule erhalten haben.

akademisch, den Akademiker oder die Hochschule betreffend; gelehrt, gebildet.
◆ Eigenschaft der an Akademien gepflegten Kunst; seit der 1. Hälfte des 19. Jh. vorwiegend abwertend gebraucht im Sinne von: trocken, blaß in der Darstellung, blutleer, lebensfremd.

akademische Freiheit, i. e. S. die bes. akadem. Rechte der Studierenden an wiss. Hochschulen, sich ihre Hochschule sowie ihre akadem. Lehrer selbst zu wählen und in gewissen Grenzen auch ihren Studiengang selbst zu bestimmen. Diese Freiheit ist heute weniger de jure als de facto durch Überfüllung (Numerus clausus), verschiedene Studienordnungen an den verschiedenen Hochschulen und die darin begründete Verlängerung des Studiums bei Lehrer- bzw. Hochschulwechsel erhebl. eingeschränkt. Außer der akadem. Freizügigkeit und der Lernfreiheit beinhaltet die a. F. i. w. S. auch die Freiheit von Lehre und Forschung, die in der BR Deutschland im GG Artikel 5 Absatz 3 verankert ist (in der Weimarer Verfassung Artikel 142). - Schon die ma. Universität besaß eine gewisse Lehrfreiheit, wenn diese auch an die Grundsätze des christl. Glaubens gebunden war. Mit der Gründung der Univ. Göttingen (1734) gelangte ein weltl. Konzept zum Durchbruch, das den Lehrenden die Wissenschaftspflege selbstverantwortlich überließ. Seit W. von Humboldt und der Berliner Universitätsverfassung von 1816 wird dieser Grundsatz der Lehrfreiheit als Voraussetzung für freie Wissenschaft angesehen. Es gab bis 1879 auch eine akadem. Gerichtsbarkeit, die zur a. F. gerechnet wird. Auch das Verbindungsrecht wurde als Recht der a. F. verstanden, während es seit 1945 auf das allg. Recht der Vereinsfreiheit bezogen wird.

akademische Grade, Titel, die von Hochschulen und Fachhochschulen nach vollendetem Studium verliehen werden. Dem Erwerb des Titels (↑Doktor, ↑Magister, ↑Diplom, ↑Lizentiat, ↑Bakkalaureus, ↑grad.) gehen schriftl. und mündl. Prüfungen voraus. ↑auch Übersicht S. 166f.

Akademischer Rat, an wiss. Hochschulen in der BR Deutschland ein beamteter Wissenschaftler, der mit Lehr- oder auch mit anderen Aufgaben betraut ist. Voraussetzung ist ein abgeschlossenes Hochschulstudium, jedoch nicht die Habilitation. Der A. R. ist Beamter auf Lebenszeit.

Akadien (frz. Acadie, engl. Acadia, histor. Gebiet im nö. Nordamerika, umfaßt etwa die heutigen kanad. Prov. ↑New Brunswick und ↑Nova Scotia und den Bundesstaat ↑Maine (USA); seit 1614 zw. Frankr. und Großbrit. wegen seiner reichen Fischgründe strittig. 1621 vergab Jakob I. das Land an den Schotten William Alexander, der es Nova Scotia nannte. 1632 wieder offiziell Frankr. zugesprochen; 1713 z. T. an Großbrit. abgetreten. 1763 ging ganz Neufrankreich in brit. Besitz über.

Akaischigebirge, Gebirgszug auf Hondo, Japan, etwa 80 km lang, bis 3 192 m hoch, größtenteils Nationalpark (358 km^2).

Akakus, Dschabal, wüstenhaftes Bergland in der zentralen Sahara (Libyen), mit kahlen Felsgruppen, etwa 900 m ü. d. M.

Akan, Stammes- und Sprachgruppe im südl. Ghana und im SO der Republik Elfenbeinküste. Wichtigste Stämme Anyi, Aschanti, Baule und Fanti. Die Akansprachen sind eine wichtige Untergruppe des Kwasprachen. Neben Englisch ist das Standard-A. die wichtigste Sprache in Ghana.

Akan-Nationalpark, Nationalpark auf Hokkaido, Japan, 875 km^2; mit Kraterseen, Vulkanen und Thermalquellen.

Akantharier (Acantharia) [griech.], im Meer lebende Ordnung der Strahlentierchen, deren Skelett aus Strontiumsulfat besteht; am bekanntesten ist *Acanthometra elastica.*

Akanthit [griech.], rhomb. Modifikation des ↑Argentits.

Akanthus [griech.], Pflanzenornament nach dem Vorbild der Blätter zweier in den Mittelmeerländern heim. A.arten. A.blätter bilden seit dem 4. Jh. v. Chr. das korinth. Kapitell; A.ranken sind ein verbreitetes Flächenornament der röm. Kunst. Aufgenommen im 15. Jh. in Italien, wird der A. seit Mitte des 17. Jh. in Frankr. und zw. 1670 und 1710 in Deutschland sowie im Empire und Klassizismus neben der Groteske die herrschende Form des Ornaments.
◆ (Acanthus) svw. ↑Bärenklau.

Akanthusgewächse (Acanthaceae), Pflanzenfam. der Zweikeimblättrigen mit et-

Magistertitel:

M.A. (= Magister artium): Magister der Philosophie (zahlr. Geisteswissenschaften)

mag. art. (= artium): M. der Philosophie (musische Gymnasiallehrer, Österreich)

mag. pharm. oder mr. pharm. (= pharmaciae): M. der Arzneikunde (Österreich)

mag. phil. (= philosophiae): M. der Philosophie (Gymnasiallehrer, Österreich)

mag. rer. nat. (= rerum naturalium): M. der Naturwissenschaften (Gymnasiallehrer, Österreich)

mag. rer. soc. oec. oder mg. rer. soc. oec. (= rerum socialium oeconomicarumque): M. der Sozial- und Wirtschaftswissenschaften (Österreich)

Mag. theol. (= theologiae): M. der Theologie

Doktortitel:

Dr. agr. (= Doctor agronomiae): Dr. der Landwirtschaft

Dr. disc. pol. (= disciplinarum politicarum): Dr. der Politikwissenschaften

Dr. forest. (= scientiarum rerum forestalium): Dr. der Forstwissenschaften

Dr.-Ing. (= Ingenieur): Dr. der techn. oder Ingenieur-Wissenschaften

Dr. jur. (= juris): Dr. der Rechte

Dr. jur. utr. (= juris utriusque): Dr. beider Rechte

Dr. jur. can. (= juris canonici): Dr. des kanon. Rechts

Dr. med. (= medicinae): Dr. der Medizin

Dr. med. dent. (= medicinae dentariae): Dr. der Zahnheilkunde

Dr. med. univ. (= medicinae universae): Dr. der gesamten Heilkunde (Österreich)

Dr. med. vet. (= medicinae veterinariae): Dr. der Tierheilkunde

Dr. mont. (= rerum montanarum): Dr. der Bergbauwissenschaften (Österreich)

Dr. oec. (= oeconomiae): Dr. der Betriebswirtschaft, der Volkswirtschaft, bzw. der Wirtschaftswissenschaften

Dr. oec. publ. (= oeconomiae publicae): Dr. der Staatswiss., der Volkswirtschaft

Dr. paed. (= paedagogiae): Dr. der Pädagogik

Dr. pharm. (= pharmaciae): Dr. der Arzneikunde (Schweiz)

Dr. phil. (= philosophiae): Dr. der Philosophie (zahlr. Geisteswissenschaften)

Dr. phil. nat. (= philosophiae naturalis): Dr. der Naturwissenschaft

Dr. rer. agr. (= rerum agrarium): Dr. der Landwirtschaft und der Bodenkultur

Dr. rer. cam. (= rerum cameralium): Dr. der Staatswissenschaften, der Volkswirtschaft (Schweiz)

Dr. rer. hort. (= rerum hortensium): Dr. der Gartenbauwissenschaften

Dr. rer. mil. (= rerum militarium): Dr. der Militärwissenschaften

Dr. rer. mont. (= rerum montanarum): Dr. der Bergbauwissenschaften

Dr. rer. nat. (= rerum naturalium): Dr. der Naturwissenschaften

Dr. rer. oec. (= rerum oeconomicarum): Dr. der Wirtschaftswissenschaften

Dr. rer. pol. (= rerum politicarum): Dr. der Staatswissenschaften, der Volkswirtschaft

Dr. rer. silv. (= rerum silvaticarum): Dr. der Forstwissenschaften (DDR)

Dr. rer. soc. oec. (= rerum socialium oeconomicarumque): Dr. der Sozial- und Wirtschaftswissenschaften (Österreich)

Dr. rer. techn. (= rerum technicarum): Dr. der technischen Wissenschaften

Dr. sc[ient]. agr. (= scientiarum agrariarum): Dr. der Landwirtschaft

Dr. sc. math. (= scientiarum mathematicarum): Dr. der Mathematik (Schweiz)

Dr. sc. nat. (= scientiarum naturalium): Dr. der Naturwissenschaften (Schweiz)

Dr. sc. pol. (= scientiarum politicarum): Dr. der Sozialwissenschaft, der Staatswissenschaft, der Volkswirtschaft

Dr. sc[ient]. techn. (= scientiarum technicarum): Dr. der techn. Wissenschaften

Dr. Sportwiss.: Dr. für Sportwissenschaften

Dr. techn. (= technicarum): Dr. der techn. Wissenschaften (Österreich)

Dr. theol. (= theologiae): Dr. der Theologie (ev. und kath.)

Dr. troph. (= trophologiae): Dr. der Ernährungswissenschaft

Dr. vet. (= veterinariae): Dr. der Tierheilkunde (DDR)

Anmerkung: Der Grad eines habilitierten Doktors (Dr. ... habil.) wird nicht mehr verliehen. In der DDR wird für Habilitationen der Titel Dr. sc. (= scientiae) ... verliehen.

Ehrendoktortitel:

Dr. h. c. (= honoris causa): Dr., ehrenhalber von Universitäten verliehen

Dr. E. h. (= Ehren halber): Ehrendoktor, von techn. Hochschulen verliehen

D.: Ehrendoktor der ev. Theologie, verliehen an Personen, die den Dr. theol. bereits erworben haben

Diplomtitel:

(für viele dieser Titel werden häufig Abkürzungen gebraucht, z. B. Dipl. arch. oder Dipl.-Archit. für Diplomarchitekt; allg. gebräuchl. sind Abkürzungen jedoch nur für wenige, z. B. Dipl.-Ing. = Diplomingenieur, Dipl.-Hdl. = Diplomhandelslehrer; in der DDR gibt es den Diplomtitel für sämtl. Hochschuldisziplinen).

Diplomagrarbiologe

Diplomagraringenieur

Diplomagrarökonom

Diplomarchitekt

Diplombibliothekar
Diplombiologe
Diplombraumeister
Diplomchemiker
Diplomdolmetscher
Diplom-Ernährungswissenschaftler
Diplomforstwirt
Diplomgärtner
Diplomgeograph
Diplomgeologe
Diplomgeophysiker
Diplomgewerbelehrer
Diplomhandelslehrer
Diplom-Haus- und Ernährungswirtschaftler
Diplomholzwirt
Diplominformatiker
Diplomingenieur (↑ Ingenieur)
Diplomkatechet
Diplomkaufmann
Diplomlandwirt
Diplom-Lebensmittelchemiker
Diplommathematiker
Diplommeteorologe
Diplommineraloge
Diplomökonom
Diplomökotrophologe (svw. Diplom-Haus-und Ernährungswirtschaftler oder Ernährungswissenschaftler)
Diplomozeanograph
Diplompädagoge
Diplomphysiker
Diplompolitologe
Diplompsychologe
Diplomsozialwirt
Diplomsoziologe
Diplomsportlehrer
Diplomtheologe (kath.)
Diplomübersetzer
Diplom-Versicherungsmathematiker
Diplomvolkswirt

Diplomweinbauer
Diplomwirtschaftsingenieur

Graduiertentitel:

Betriebswirt (grad.)
Designer (grad.)
Dolmetscher (grad.)
Informatiker (grad.)
Ingenieur (grad.) (↑ Ingenieur)
Mathematiker (grad.)
Oecotrophologe (grad.)
Religionspädagoge (grad.)
Sozialarbeiter (grad.)
Sozialpädagoge (grad.)
Übersetzer (grad.)
Wirtschaftsingenieur (grad.)
Wirtschaftsingenieur (grad.) für Seeverkehr

Lizentiatentitel:

Lic. theol. (= Licentiatus theologiae): Lizentiat der Theologie (verliehen von den kath.-theol. Fakultäten in Bochum, Mainz, München, Münster [Westf.], Regensburg, Tübingen, Trier, Würzburg)

Lic. jur. (= iuris): Lizentiat der Rechtswissenschaft (verliehen von der Univ. Saarbrücken und in der Schweiz)

Lic. phil. (= philosophiae): Lizentiat der Philosophie (Schweiz)

Lic. phil. nat. (= philosophiae naturalis): Lizentiat der Naturwissenschaften (Schweiz)

Lic. rer. pol. (= rerum politicarum): Lizentiat der Staatswissenschaften

Bakkalaureatstitel:

B. D. (= Baccalaureus Divinitatis): Bakkalaureus der Theologie (verliehen von den ev.-theol. Fakultäten der Universitäten in München und Hamburg)

(soweit speziell in Österreich, der Schweiz oder der DDR gebräuchl., ist dies in Klammern vermerkt)

---

wa 2 600 Arten in den Tropen und Subtropen; meist Kräuter oder Sträucher mit häufig gegenständigen, behaarten Blättern und Blüten in traubigen oder rispigen, auch kugeligen Blütenständen; bekannte Gatt. sind ↑Aphelandra, ↑Bärenklau.

Akarinose [griech.] (Acarinosis, Akariase, Acariasis), durch Milben verursachte Hautkrankheit bei Tieren (Akarusräude) und beim Menschen (z. B. ↑Krätze).

Akarizide [griech./lat.], selektiv wirkende chem. Bekämpfungsmittel gegen Milben.

Akarnanien, Landschaft im westl. M-Griechenland; küstenparallele Gebirgsketten bis 1 589 m ü. d. M., kleinere Küstenebenen und niedriges Hügelland. Im S die Schwemmlandebene des Acheloos. - Zeit und Art der Besiedlung bislang nicht ermittelt; hielt in histor. Zeit stets zu Athen; seit 196 v. Chr.

von Rom abhängig. Wenige antike Reste.

Akaroidharz [griech./dt.], aus Grasbaumarten in Australien gewonnenes Harz; liefert Farbstoff für Lacke und Firnisse.

Akarusräude [griech./dt.] ↑Akarinose.

Akaschi, jap. Hafenstadt an der S-Küste von Hondo, an der A.straße, 255 000 E. Westlichste Stadt der Ind.region Hanschin. Durch A. verläuft der 135. Grad ö. L.; er bestimmt die jap. Normalzeit (**Akaschizeit**). - Entstand nach und nach um eine Burg (ab 1617) als Zentrum einer bis 1868 bestehenden Herrschaft.

akatalektisch, ein Vers wird a. genannt, wenn sein letzter Fuß vollständig ausgefüllt ist, z. B. ein [trochäischer] Vers mit dem Versausgang $-\cup-\cup$; Ggs. **katalektisch**, betonter Ausgang, d. h. unvollständiger letzter Fuß.

akausal, nicht kausal erklärbar, ohne ur-

sächl. Zusammenhang, ohne Grund und Ursache (↑ Kausalität).

akaustisch, nicht ätzend.

akaustisches Verfahren, Verfahren des Offsetdrucks, bei dem durch spezielle Behandlung der Druckform mittels akaust. (nicht ätzender) Präparate die übl. Feuchtung beim Drucken entfällt.

Akaustobiolithe ↑ Biolithe.

Akazie [griech.] (Acacia), Gatt. der Mimosengewächse mit etwa 800 Arten in den Tropen und Subtropen (hauptsächl. Australien und S-Afrika). Bäume oder Sträucher mit gefiederten Blättern, Nebenblätter oft als Dornen ausgebildet, die, wenn hohl, oft von Ameisen angebohrt und bewohnt werden. Blüten meist gelb, häufig in Köpfchen, die ähren- oder rispenartig zusammenstehen. Verschiedene Arten sind Zierpflanzen [die Blütenstengel werden in Blumengeschäften meist fälschl. Mimosen genannt]. Nutzpflanzen sind u. a. die Verek-A. (liefert Gummiarabikum). - Akazienholz diente im alten Ägypten zur Herstellung von Götterstatuen. In hellenist. Zeit wurde die A. als hl. Baum verehrt. Das aus den Blüten der Kassia-A. gewonnene äther. Öl wird zur Parfümherstellung verwendet.
◆ (Falsche Akazie) ↑ Robinie.

Akbar [arab. „der Große"], eigtl. Dschalal Ad Din Muhammad, * Umarkot (Sind) 14. Okt. 1542, † Agra 15. Okt. 1605, Großmogul von Indien (seit 1556). - Nachfahre Timur-Lengs; folgte seinem Vater Humajun, mußte sich gegen andere Thronrivalen durchsetzen; dehnte sein Herrschaftsgebiet stetig aus (↑ Mogulreich); während seiner Regierung wirtsch. und kulturelle Blüte; um Einigung in seinem Machtbereich durch religiöse Toleranz bemüht; versuchte eine Islam und Hinduismus verbindende Religion (**Din Ilahi**) zu schaffen.

Akdağ [türk. 'ak,da:], Gebirgsmassiv im südl. Anatolien, bis 3 024 m ü. d. M.; glazial überformt; Almwirtschaft.

Akelei (Aquilegia) [mittellat.], Gatt. der Hahnenfußgewächse mit etwa 70 Arten in den gemäßigten Zonen der N-Halbkugel; meist 0,5 bis 1 m hohe Stauden mit großen, meist blau, orange oder gelb gefärbten Blüten. Die bekanntesten mitteleurop. Arten sind ↑ Alpenakelei und die blauviolett auf Wiesen und in Laubwäldern blühende, geschützte **Gemeine Akelei** (Aquilegia vulgaris), die auch als Zierpflanze kultiviert wird.

Aken [niederl. 'a:kə], Hieronymus van ↑ Bosch, Hieronymus.

A., Petrus (Piet) van, * Terhagen (Belgien) 15. Febr. 1920, † Antwerpen 2. Mai 1984, fläm. Schriftsteller. - Schrieb u. a. „Das Begehren" (R., 1952), „Die wilden Jahre" (R., 1958).

Aken/Elbe, Stadt an der Elbe, westl. von Dessau, Bez. Halle, DDR, 10 500 E. Magnesit-, Flachglaswerk, Werften; Binnenhafen. - Um 1160 gegr.; vor 1270 Magdeburger Stadtrecht,

seit 1300 befestigt; aus askan. Besitz 1389 ans Erzstift Magdeburg, 1680 an Brandenburg-Preußen, 1807–13 beim Kgr. Westfalen. - Sankt Marien und Sankt Nikolai (beide spätgot. Pfarrkirchen).

akephal [griech.], am Anfang um die erste Silbe verkürzt (in der Metrik vom Vers gesagt).

Akershus, norweg. Verw.-Geb. östl. und nördl. des Oslofjords, 4 909 km², 376 000 E, Hauptstadt Oslo; gehört zu den besten Agrargebieten Norwegens.

Akha, mongolider Stamm in den Bergen von N-Thailand und N-Laos; Hackbau und Viehhaltung, Mohnanbau. Die Gesellschaft ist vaterrechtl. organisiert. Geisterglaube und Ahnenkult sind die Religionsformen. Die A. sprechen eine tibeto-birman. Sprache.

Akhisar [türk. 'akhi,sar], Stadt in W-Anatolien, Türkei, 61 500 E. Liegt am Rand einer fruchtbaren Ebene; Teppichknüpferei. - A. ist das griech. *Thyateira,* das bibl. *Thyatira* (Apk. 2, 18–29), das *Pelopia Plinius'* d. J.

Akiba, Ben ↑ Nušić, Branislav.

Akiba Ben Joseph, * um 50, † um 135, jüd. Schriftgelehrter. - Bekannt v. a. durch seine Methode der Gesetzesauslegung, derzufolge kein einziger Buchstabe der Bibel nebensächl. sein.

Akihito, Tsugu No Mija, * Tokio 23. Dez. 1933, jap. Thronfolger. - Ältester Sohn von Kaiser Hirohito; seit 1959 ∞ mit der bürgerl. Mitschiko Schoda.

Akinari ↑ Ueda Akinari.

Akinese (Katalepsie), durch Reflex bedingte Bewegungslosigkeit; Erstarrung als Folge einer Dauerkontraktion der Bewegungsmuskulatur; bekannt z. B. das Sichtotstellen vieler Insekten bei Gefahr.

Akinesie [griech.], Bewegungshemmung von Rumpf, Gliedern und Gesichtsmuskeln; Zeichen einer Mittelhirnerkrankung.

Akischima, jap. Stadt, 40 km westl. des Stadtzentrums von Tokio, 84 000 E. Marktort landw. Erzeugnisse; Wohnvorort für Tokio.

Akita, Stadt auf Hondo, Japan, nahe der Küste des Jap. Meeres, 287 000 E. Verwaltungssitz der Präfektur A.; Univ. (gegr. 1949), Bibliotheken; Handelszentrum (v. a. für Zedernholz); Textilind. (Seide), Metallverarbeitung, Erdölraffinerie; Hafen 5 km sw. von A., Bahnknotenpunkt, ⚒. - Die Burg A. (733) war Mittelpunkt der Herrschaft A. (bis 1868).

Akitaebene, Küstenebene am Jap. Meer, im N der jap. Insel Hondo, vom Omono durchflossen; im N liegt das wichtigste jap. Erdölfördergebiet *Jabase,* das sich auch auf das Schelfmeer erstreckt.

Akjoujt [frz. ag'ʒuʃt], Oasenort im nördl. W-Mauretanien, an der Fernverkehrsstraße Dakar–Nouakchott–Marokko, 2 500 E. Provinzhauptort; ein Zentrum der Kamelzucht; 5 km nw. von A. bei *Guelb Moghreïn* Kupfererzvorkommen.

Akka, Gebirgsstock in N-Schweden, 2103 m hoch, z. T. vergletschert.

A., Stadt in Israel, ↑Akko.

Akkad (Akkade, Agade, Achad), ehem. Stadt in N-Babylonien, genaue Lage unbekannt, Hauptkultort der Ischtar von A.; gegr. durch Sargon von A., dessen semit. Dynastie von A. etwa 2350–2170 regierte; auch Name für N-Babylonien.

Akkadisch, die [nordost]semit. Sprache Babyloniens und Assyriens; sie ist überliefert auf Keilschrifttafeln seit etwa 2500 v. Chr. bis ins 1. Jh. n. Chr.; als Umgangssprache wurde A. im 1. Jt. v. Chr. durch das ↑Aramäische abgelöst. In Wortschatz und Satzbau stark beeinflußt vom ↑Sumerischen. Hauptdialekte **Babylonisch** und **Assyrisch.** Gegen Ende des 2. Jt. entstand das sog. Jungbabylonische als reine Literatursprache.

akkadische Kunst ↑sumerisch-akkadische Kunst.

akkadische Literatur ↑babylonische Literatur.

Akkerman, 1484–1918 Name der ukrain. Stadt ↑Belgorod-Dnestrowski. - Die Aufkündigung der hier 1826 abgeschlossenen russ.-türk. **Konvention von Akkerman** über die Donaufürstentümer durch den Sultan führte 1828 zu einem russ.-türk. Krieg.

Akklamation [lat.], zustimmende Meinungs- und Willensäußerung einer Mehrzahl von Personen ohne Einzelabstimmung, z. B. bei Wahlvorgängen.
◆ in den christl. Liturgien seit ältester Zeit Zurufe der Gemeinde, z. B. *Halleluja*, *Kyrie eleison.*

akklamieren [lat.], zurufen, zustimmen, laut beipflichten, Beifall spenden; durch Zuruf abstimmen.

Akklimatisation [lat./griech.], Anpassung der Lebewesen an veränderte klimat. Bedingungen; i. e. S. die Anpassung des einzelnen Individuums an ein anderes Klima *(individuelle A.).* Sie erfolgt meist in einem Zeitraum von mehreren Tagen (z. B. Anpassung des Menschen an verdünnte Luft durch eine erhöhte Zahl roter Blutkörperchen beim Aufenthalt im Gebirge) bis zu einigen Monaten. Der Organismus gewöhnt sich leichter an ein kälteres als an ein warmes, bes. feuchtheißes Klima. Die A.fähigkeit ist individuell verschieden und auch abhängig vom Lebensalter (in der Jugend wird ein Klimawechsel leichter ertragen als im Alter).
I. w. s. kann sich die A. auch auf eine ganze Organismusgruppe wie die Vertreter einer Art innerhalb einer (klimat. veränderten) Biotops beziehen. Eine solche A. beruht meist auf Selektion, die über längere Zeiträume hinweg zu erbl. fixierten neuen Rassen oder Arten führen kann.

Akko (arab. Akka), Stadt im N von Israel, am N-Ende der Bucht von Haifa, 40 000 E. - Phönik. Gründung, das **Hakko** des A. T., seit dem 2. Jt. v. Chr. als Hafen belegt, um 700 v. Chr. von Assyrien erobert; in hellenist. Zeit **Ptolemais,** 219 v. Chr. zum Seleukidenreich, 64 v. Chr. röm.; 638 von den Arabern erobert, 1104–87 einer der christl. Hauptstützpunkte im Hl. Land, 1191 von Richard Löwenherz zurückerobert, bis zur völligen Zerstörung 1291 Hauptstadt des Kgr. Jerusalem; im 16. Jh. wieder neu besiedelt, im 18. Jh. Festung; 1832 von Ibrahim Pascha zerstört; später osman., 1920 zum brit. Mandat Palästina, 1948 zu Israel. - Die Altstadt ist eine der bedeutendsten Sehenswürdigkeiten des Landes; zahlr. Moscheen, Zitadelle, Krypta der Johanniter. Neustadt (seit 1948) im O.

Akkolade [frz.], [feierl.] Umarmung, ursprüngl. v. a. bei Aufnahme in einen Ritterorden oder einer Ordensverleihung.
◆ in der *Musik* Bez. für die Klammer, die in Partituren mehrere Notensysteme gleichzeitig erklingender Stimmen zusammenfaßt.
◆ im *Buchdruck:* geschweifte Klammer, { , }, die mehrere Zeilen oder mathemat. Ausdrücke zusammenfaßt.

Akkommodation [lat.], in der *Physiologie* svw. ↑Anpassung.
◆ die *Einstellung des Auges* auf die jeweilige Entfernung der scharf abzubildenden Gegenstände. Geschieht bei Fischen und Amphibien durch Änderung des Linsenabstandes von der Netzhaut, bei Reptilien, Vögeln und Säugetieren (einschl. Mensch) durch einen Ringmuskel, der die Linsenwölbung und damit den Brechungsindex der Linse ändert. Die Linse des Auges der Säugetiere und des Menschen hängt an Fasern (Zonulafasern) im Zentrum des Ringmuskels (↑Ziliarmuskel) und ist in der Ruhelage unter dem Zug dieser Aufhängefasern abgeflacht und dadurch auf die Ferne eingestellt. Bei Verengung des Muskelrings durch Kontraktion läßt die Spannung der Fasern nach, die Linse wird auf Grund ihrer Elastizität zunehmend kugelig, das Auge stellt sich damit auf Nähe ein. - Mit fortschreitendem Alter nimmt die A.fähigkeit durch Nachlassen der Elastizität der Linse immer mehr ab.
◆ in der *Religionswissenschaft* die Angleichung einer Religion an Ideen und Werte einer anderen Religion, meist unter missionar. Gesichtspunkten. Bekanntestes Beispiel für die theolog. Auseinandersetzung um die A. war der ↑Ritenstreit.

Akkomodationskoeffizient
(therm. Akkommodationskoeffizient), Formelzeichen α, Verhältnis der von Molekülen bzw. Atomen eines Gases auf die Gefäßwand tatsächl. übertragenen Energie zur theoret. (im Falle therm. Gleichgewichts) übertragbaren Energie.

Akkommodationskrampf, Krampf des ↑Ziliarmuskels; bewirkt bleibende extreme Naheinstellung des Auges (Scheinkurzsichtigkeit).

Akkommodationslähmung

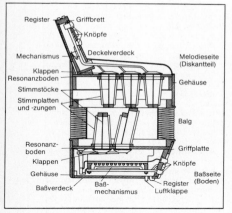

Akkordeon (Querschnitt)

Labels in figure (left top to bottom): Register, Griffbrett, Knöpfe, Mechanismus, Deckelverdeck, Klappen, Resonanzboden, Stimmstöcke, Stimmplatten und -zungen, Resonanzboden, Klappen, Gehäuse, Baßverdeck, Baßmechanismus. Labels right: Melodieseite (Diskantteil), Gehäuse, Balg, Griffplatte, Knöpfe, Baßseite (Boden), Register, Luftklappe.

Akkommodationslähmung, krankhafte Unfähigkeit des Auges, nahe gelegene Gegenstände auf der Netzhaut scharf abzubilden; bei Lähmung des ↑Ziliarmuskels, meist infolge zentralnervöser Schädigung.

Akkompagnement [akɔmpanjə'mã:; frz.] ↑Begleitung.

Akkord [lat.-frz.], in der *Musik* der Zusammenklang von mindestens drei Tönen verschiedener Tonhöhe. Der A. gewann zunehmende Bedeutung seit etwa 1400. Dabei wurden konsonante (↑Konsonanz) und dissonante (↑Dissonanz) A. unterschieden und seit dem 18. Jh. in einem eigenen System harmon. Funktionen zueinander in Beziehung gesetzt.

◆ *allgemein* der gütl. Ausgleich zw. gegensätzl. Interessen.

◆ Stücklohn (↑ auch Akkordarbeit).

◆ im *Konkurs- und Vergleichsverfahren* Vereinbarung mit den Gläubigern.

Akkordarbeit, Tätigkeit, die im Ggs. zum Zeitlohn) nach Leistungseinheiten bezahlt wird (**Akkordlohn**). Einteilung: **Stückgeldakkord** (Entgeltberechnung direkt nach den geleisteten Stückeinheiten), **Stückzeitakkord** (je geleisteter Stückeinheit wird eine Zeiteinheit-Vorgabezeit gutgeschrieben und am Ende der Verrechnungsperiode mit dem Geldfaktor multipliziert); **Einzelakkord** (jeder Arbeiter ist für sich allein tätig), **Gruppenakkord** (die Leistung ist von einer Arbeitsgruppe, oft „Partie" genannt, zu erbringen) und **Akkordmeistersystem** (die Aufteilung der Löhne erfolgt durch den Meister als Vertragspartner). Bei allen A. ist die Vereinbarung eines Grundlohnes in Form eines Zeitlohnes üblich. In arbeitsrechtl. Hinsicht unterscheidet sich das A.verhältnis nicht vom Zeitlohnverhältnis. Bei der Regelung der Akkord- und Stücklohn-

sätze hat der Betriebsrat ein obligator. Mitbestimmungsrecht, sofern gesetzl. oder tarifl. Regelungen nicht bestehen.

Akkordeon [lat.-frz.], ein Harmonikainstrument, dessen Name sich wahrscheinl. auf die im Instrument vorbereiteten feststehenden Akkorde (sog. Bässe) bezieht, mit denen die auf einer Klaviatur (meist 41 Tasten; oder auch mehrere Knopfreihen) gespielte Melodie begleitet werden kann. Im Unterschied zur ↑Handharmonika erklingen beim A. bei Druck und Zug des Faltenbalgs dieselben Töne bzw. Akkorde. Der Ton wird durch freischwingende (sog. durchschlagende) Zungen erzeugt. Durch Bewegung des Faltenbalgs entsteht Druck- oder Saugwind, der durch Betätigung der Tasten bzw. Knöpfe und der damit mechan. verbundenen Ventile bzw. Ventilgruppen zu den entsprechenden Stimmzungen gelangt und diese zum Schwingen und damit zum Tönen bringt. Der Faltenbalg ist an beiden Seiten durch Resonanzböden abgeschlossen, an denen auf der Innenseite die Stimmstöcke befestigt sind: auf der rechten (Diskant-)Seite meist drei in Klangfarbe und Tonlage verschiedene Stimmen, auf der linken (Baß-)Seite die Stimmstöcke für die Baßbegleitung. Auf der Außenseite der Resonanzböden ist rechts die Diskantmechanik mit schräggestellter Klaviatur, Tastenhebeln und Ventilklappen sowie die Registermechanik, links der Baßmechanismus mit den zugehörigen Ventilklappen und die Griffplatte mit den Knöpfen angebracht.

Akkordflöte, eine in der Volksmusik verwendete ↑Doppelflöte mit Schnabel, auf der durch gemeinsames Greifen der Grifflochpaare zweistimmig paralleles Spielen möglich ist.

Akkordlohn ↑Akkordarbeit.

Akkra ↑Accra.

akkreditieren [lat.-frz.], 1. beglaubigen; 2. einen Zahlungsauftrag geben.

Akkreditierung [lat.-frz.], Akt der Beglaubigung eines Diplomaten, verbunden mit der Übergabe des Beglaubigungsschreibens (**Akkreditiv**) an das Staatsoberhaupt eines ausländ. Staates.

Akkreditiv [lat.-frz.], Anweisung eines Kunden (A.steller) an seine Bank, sich selbst oder einem Dritten (dem Akkreditierten) bei der beauftragten oder einer anderen Bank auf seine Rechnung einen bestimmten Betrag zur Verfügung zu stellen und auf Verlangen des Begünstigten ganz oder in Teilbeträgen auszuzahlen; oft mit Kreditgewährung verbunden. Arten: *Bar-A.* und *Dokumenten-A.* oder *Waren-A.* (bes. Bed. im Auslandsgeschäft).

Akku, Kurzbez. für: ↑Akkumulator.

Akkulturation [lat.], Übernahme von Elementen einer fremden Kultur durch eine Gesellschaft, eine Gruppe oder einzelne Personen. A. findet ständig bei Kontakten zw.

Gesellschaften statt, führt zu bes. Problemen bei ungleichen Beziehungen zw. ihnen (Kolonialismus, Imperialismus) oder bei Wanderungen in großem Ausmaß (Auswanderung, Gastarbeiter).

Akkumulation [lat.], Anhäufung, Speicherung.

◆ *rhetor. Figur*, Aneinanderreihen von Begriffen, die dasselbe meinen (einen Oberbegriff umschreiben).

◆ in der *Wirtschaftstheorie* (bes. bei Marx) die fortschreitende Ansammlung von Produktionsmitteln, die den kapitalist. Wirtschaftsprozeß kennzeichnet; umfaßt Sparen und Investieren.

Akkumulator [lat.] (Sammler, Akku), auf elektrochem. Basis arbeitender Energiespeicher; wird durch Zufuhr elektr. Energie wieder aufgeladen. - ↑elektrochemische Elemente.

◆ (akkumulatives Register) spezielle Speicherzelle einer Rechenanlage, deren Inhalt in beliebige Speicherzellen gebracht werden kann.

akkumulieren [lat.], anhäufen, speichern, sammeln.

akkurat [lat.], sorgfältig, genau, ordentlich; **Akkuratesse**, Sorgfalt, Genauigkeit, Ordnungsliebe.

Akkusativ [lat.], 4. Fall in der Deklination; die wichtigste Funktion des A. ist es, dasjenige zu nennen, worauf sich die im Verb ausgedrückte Handlung richtet (**Akkusativobjekt**), z. B. *einen Damm* bauen.

Aklilu Habtä Wäld, * Addis Abeba 12. März 1912, † 23. oder 24. Nov. 1974 (hingerichtet), äthiop. Politiker. - Seit 1936 im diplomat. Dienst; 1949 Außenmin., seit 1958 außerdem stellv. Min.präs.; 1961-74 Min präs.

Akline [griech.] ([erd]magnet. Äquator), Linie, die alle Orte mit der ↑Inklination Null des erdmagnet. Feldes verbindet.

Akme [griech.], Höhepunkt einer Krankheit oder des Fiebers.

Akmeismus [russ.; zu griech. akmé „Gipfel"], Strömung in der russ. Dichtung zw. 1910 und 1920, die als Reaktion auf den Symbolismus entstanden. Die Dinge sollen unmittelbar (nicht als Symbol) erfaßt werden, der Ausdruck soll genau, die Form klar sein, daher auch die Bez. „Klarismus". Zu den Akmeisten zählen N. Gumiljow, A. Achmatowa, O. Mandelschtam.

Akne [griech.] (Finnenausschlag, Acne vulgaris), entzündl., von den Haarbalgdrüsen ausgehende Erkrankung der Haut im Gesichts- und Schultergürtelbereich, die v. a. während der Pubertät auftritt. In den Ausführungsgängen der Haarbalgdrüsen entstehende Mitesser erschweren oder verhindern den Abfluß des dort gebildeten Talgs, so daß dieser sich unter der Haut ergießt. Bakterielle Infektion führt zur Ausbildung von Pusteln, die sich meist selbständig öffnen und nach

Abfluß ihres eitrigen Inhalts ohne Narbenbildung abheilen. In schweren Fällen entstehen aus Zellen gebildete Verdichtungen, sog. Papeln, und größere entzündl. Knoten oder auch Zysten, die häufig nur narbig abheilen. Therapeut. sind Hautreinigungen mit Spezialseifen und anschließende Behandlung mit Ichthyol- und Schwefelpräparaten, in schweren Fällen Anwendung von Antibiotika erfolgreich.

Aknidarier (Acnidaria) [griech.], Stamm frei schwimmender, im Meer lebender Hohltiere mit am Scheitel liegendem Sinnespol, 8 Reihen von Wimperplättchen und meist 2 Tentakeln, die mit Klebzellen behaftet sind; einzige Klasse ↑Rippenquallen.

Akoasma [griech.], krankhafte Gehörshalluzination; subjektiv wahrgenommenes Geräusch bei objektiv herrschender Stille.

Akoimeten [griech.], seit 430 Name der Mönche, für die ein Abt Alexandros (* um 350, † um 430) 427 in Konstantinopel ein Kloster gründete. Der Name A. („Schlaflose") kam wegen des ununterbrochenen Chorgebets, das die Mönche in einander ablösenden Chören hielten, zustande.

Akola, ind. Stadt im Bundesstaat Maharashtra, im N des Hochlands von Dekhan, 199 000 E. Sechs Colleges der Univ. von Nagpur; Handelszentrum eines ausgedehnten Baumwollanbaugebietes.

Akolyth (Akoluth) [griech.], in der kath. Kirche der Kleriker der vierten Stufe der niederen Weihen, ohne eigtl. Amt; ursprüngl. Helfer der Diakone; wurde 1972 abgeschafft.

Akominatos, Michael, Metropolit von Athen, ↑Choniates, Michael.

Akon [Kw.], Handelsbez. für verspinnbare oder als Füllmaterial verwendete Pflanzenseiden (vegetabil. Seiden).

Akontozahlung [italien./dt.], svw. ↑Abschlagszahlung.

Akorie [griech.], Fehlen der Pupille als angeborene Mißbildung der Regenbogenhaut oder als Folge einer Verletzung.

◆ [griech.], krankhaft gesteigerter Appetit, Gefräßigkeit (bedingt durch Verlust des Sättigungsgefühls).

Akosombo, Ort in Ghana, am Volta; 8 480 km² großer Stausee (**Voltasee**, der größte künstl. See der Erde) mit Kraftwerk, dessen Strom v. a. von der Aluminiumhütte in Tema verbraucht wird.

Akotyledonen, keimblattlose Pflanzen (alle Sporenpflanzen).

AKP-Staaten, Bez. für die 66 Entwicklungsländer in Afrika, im karib. und pazif. Raum, die durch die Konvention von Lomé (1975) der EWG assoziiert sind; konstituierten sich 1975 in Georgetown auch als formelle Organisation; 1979 Unterzeichnung der 2. Konvention von Lomé.

Akquisition [lat.], Kundenwerbung durch Vertreter (**Akquisiteur**), v. a. im Anzeigengeschäft und bei Abonnements.

Akranes, Stadt auf Island, 20 km nördl. von Reykjavík, 5 200 E. Fischereihafen mit fischverarbeitender Ind., bed. Zementwerk.

Akranier [griech.], svw. ↑Schädellose.

Akren [griech.], medizin. Bez. für die äußersten (vorstehenden) Körperteile, z. B. Nase, Kinn, Extremitäten.

Akribie [griech.], größtmögliche Genauigkeit, höchste Sorgfalt, Gründlichkeit.

Akritas Digenis ↑Digenis Akritas.

akro..., Akro... [griech.], Bestimmungswort in Zusammensetzungen mit den Bedeutungen „hoch..., spitz...".

Akrobat [griech.; eigtl. „der auf den Fußspitzen Gehende"], urspr. Seiltänzer; heute jemand, der in Zirkus-, Varieté- u. a. Unterhaltungsvorstellungen Geschicklichkeitsübungen darbietet. **Akrobatik,** die Leistung, Kunst des A.; überdurchschnittl., auf Körperbeherrschung beruhende Geschicklichkeit.

Akrodermatitis, Bez. für verschiedene entzündl. Hauterkrankungen mit unbekannter Ursache im Bereich der Hände und Füße.

Akrodynie [griech.], schmerzhafte troph. (die Gewebeernährung betreffende) Störung an Händen und Füßen, verbunden mit Juckreiz, Hautabschuppung, Nagelbrüchigkeit und Blausucht.

Akrodystonie, Krampf der Extremitätenmuskulatur, v. a. im Bereich der Hände und Füße bei dauernder Reizung der versorgenden Nerven, z. B. durch Verletzung.

Akrolein [griech./lat.] (Acrolein, Propenal, Acrylaldehyd), scharf riechender, ungesättigter und deshalb sehr reaktionsfähiger Aldehyd; verursacht den beißenden Geruch von angebranntem Fett; wird auch techn. her-

gestellt und als Zwischenprodukt (z. B. bei der synthet. Herstellung von Glycerin) verwendet; chem. Strukturformel:

$$CH_2 = CH - CHO.$$

Akrolith [griech.], griech. Bez. (3. Jh. v. Chr.) für Statuen, bei denen nur die unbekleidet gezeigten Körperteile aus Marmor oder Elfenbein bestanden.

Akromegalie [griech.], abnorme Vergrößerung der vorspringenden Körperteile durch Knochenwachstum und Weichteilvergröberung, bedingt durch übermäßige Ausschüttung von Wachstumshormon bei Tumorbildung im Hypophysenvorderlappen. Behandlung ist durch Bestrahlung des Hypophysentumors möglich.

Akron [engl. ˈækrən], Stadt in NO-Ohio, USA, 350 m ü. d. M., 232 000 E. Univ. (gegr. 1870). Zentrum der amerikan. Kautschukind.; Herstellung von Flugzeugteilen, Straßenbaumaschinen, Heizungs- und Klimaanlagen u. a. - Gegr. 1825.

Akronym [griech.], Kunstwort, aus den Anfangsbuchstaben mehrerer Wörter gebildet, z. B. NATO (aus North Atlantic Treaty Organization).

akropetal [griech.], scheitelwärts fortschreitend; gesagt von der Verzweigung eines Sprosses, die von der unbegrenzt wachsenden Sproßspitze immer wieder neu ihren Ausgang nimmt. - Ggs. ↑basipetal.

Akropolis, hochgelegener, geschützter Mittelpunkt (Zufluchtsplatz, Festung, Herrschersitz, Tempelbezirk) zahlr. griech. Städte der Antike; später vielfach Dominanz einer Funktion: als Festung (Akrokorinth), Tempelbezirk (A. von Athen) oder Residenz (A. von Pergamon). Die **Akropolis von Athen** ist der größte ummauerte (spätestens Ende

Akropolis von Athen (Grundriß)

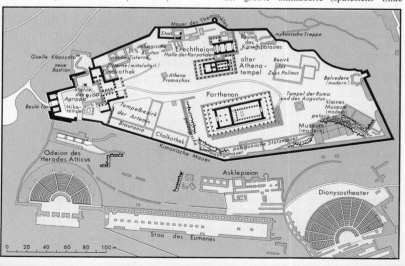

13. Jh.) Platz Attikas in myken. Zeit und übertrifft selbst Mykene. In früharchaischer Zeit (7./6. Jh.) war die A. nicht mehr befestigter Wohnsitz der Herrscher. Sie war allmähl. zur Kultstätte Athens geworden. 480 v. Chr. zerstörten die Perser die ganze Anlage. Der sog. Perserschutt (Reste von Bauteilen, Skulpturen usw.) wurde in die neue Burgmauer („Kimon. Mauer") verbaut. Perikles begann 447 mit dem Neubau des ↑Parthenons, 437 wurden die ↑Propyläen erbaut, etwa 420 das ↑Erechtheion, als letzter der klass. Tempel gegen Ende des 5. Jh. v. Chr. der der Athena Nike geweihte kleine ion. Tempel mit den berühmten Reliefs der Nikebalustrade. Im O lag auf der höchsten Stelle der Bezirk des Zeus Polieus, im W derjenige der Artemis Brauronia. - 1204 wurde die A. Sitz der „fränk." Herzöge, 1458 fiel sie in türk. Hände. Türk. Gebäude und Befestigungen wurden nach 1833 entfernt, 1835 der Niketempel wieder aufgebaut. Seither wurden auch andere zerstörte Bauwerke der A. z. T. wiederhergestellt (Propyläen, Parthenon) und ein A.museum eingerichtet. Die Bauwerke der A. sind heute stark gefährdet (u. a. Luftverschmutzung) und werden seit den 1970er Jahren systemat. restauriert.

📖 *Meletzis, S.: A. Dt. Übers. Mchn. u. Zürich* [10]*1979.*

Akrostichon [griech.], hintereinander zu lesende Anfangsbuchstaben, -silben oder -wörter aufeinanderfolgender Verse, Strophen, Abschnitte oder Kapitel, die ein Wort, einen Namen oder einen Satz ergeben. Die Bez. A. wird auch für das Gedicht selbst verwendet. Seine Funktion war der Hinweis auf Autor oder Empfänger und Schutz gegen Interpolationen und Auslassungen.

Akrostolion [griech.], der oberste Teil des Vorstevens altgriech. Schiffe; lief zumeist in einem Vogelkopf aus; erscheint häufig als Bild auf antiken Münzen.

Akroter [griech.], in der antiken Architektur bekrönendes Schmuckglied auf dem First und an den Ecken (über dem Giebel eines Bauwerks, auch an den Giebeln von ↑Ädikulen, auf Grabstelen usw.); übernommen an roman. Bauten und Reliquienschreinen, in Renaissance-, Barock- und klassizist. Bauten.

Akrotonie [griech.], Verzweigungsart eines Pflanzensprosses, bei dem sich die Seitentriebe an der Sproßspitze stärker entwickeln als die im Wachstum gehemmten Basissprosse; führt zur Kronenbildung der meisten Laub- und Nadelbäume.

Akrozyanose, blaurote, meist fleckige Verfärbung der Finger und Zehen, oft auch der Ohren, Lippen und der Nase, vorwiegend bei Jugendlichen, kann mit allg. Blausucht verbunden sein.

Akschak (akkad. Upi), ehem. Stadt am Tigris; im 3. Jt. v. Chr. Sitz einer altsumer. Dynastie; genaue Lage unbekannt.

Akşehir [türk. 'akʃɛ,hir], Stadt 110 km nw. von Konya, Türkei, 995 m ü. d. M., 40 000 E. Getreideanbau; Teppichknüpferei, Lederwarenherstellung. - Im 1. Jh. als **Philomelion** gegr., bed. Stadt Phrygiens; im 11. Jh. von den Seldschuken erobert. - Bauwerke aus seldschuk. Zeit.

Aksu, chin. Oasenort am N-Rand des Tarimbeckens, am A., etwa 1 000 m ü. d. M., 30 000 E. Textilind., Jadeschnitzerei; Anbau von Reis und Baumwolle; Karawanenstützpunkt an der alten Seidenstraße, 🛪. - Im 1. Jh. erwähnt; um 200 erstmals chin., 1681–96 eine der Hauptstädte des Dsungar. Reiches; ab 1877 endgültig chinesisch.

A., wasserreichster Quellfluß des Tarim, entspringt im Tienschan (Kirgis. SSR), UdSSR, bildet 85 km sö. des chin. Ortes A. zus. mit dem Yarkand den Tarim, etwa 600 km lang.

Aksum (Axum), Stadt in N-Äthiopien, an der Straße über Gondar nach Addis Abeba, 2 130 m ü. d. M., 20 000 E. Handwerksbetriebe; Handel mit Getreide, Kaffee, Häuten; 🛪. - Erstmals im 1. Jh. n. Chr. erwähnt; Zentrum des Reichs von A. - Aus vorchristl. Zeit stammen die Stelen von A., Reste ausgedehnter Palastanlagen, Steinplatten mit Inschriften. Die alte Kathedrale Marjam Sejon war jahrhundertelang die Krönungskirche der äthiop. Herrscher. Daneben der mächtige Kuppelbau einer neuen Marienkirche.

Akt [lat.], Vorgang, Handlung, Vollzug; Tat; feierl. Handlung; veraltet für: Gerichtsverhandlung; verkürzt für: Geschlechtsakt.

◆ in der *Philosophie* ↑Actus, ↑Akt und Potenz.

◆ in der *Psychologie* einzelner, vom Ichbewußtsein gesteuerter, zeitl. begrenzbarer zielgerichteter Teilvorgang im Erleben und Verhalten (z. B. Wahrnehmungs-, Willensakt).

◆ (Aufzug) in sich geschlossener Handlungsabschnitt eines Dramas, einer Oper usw. Das klass. griech Drama kennt keine feste A.einteilung; erst das spätantike Drama gliedert in drei oder fünf A. Die A. sollen den notwendigen Stufen des Handlungsablaufes entsprechen. Die Dreiteilung findet sich im Anschluß an Aristoteles („Poetik": 1. Exposition der Handlung; 2. Entfaltung der Handlung; 3. Abschluß der Handlung) v. a. im italien. und span. Drama; nach italien. Vorbild seit dem 17. Jh. häufig in der frz. und dt. Komödie. Die Fünfteilung ist im Anschluß an Horaz zuerst bei Seneca d. J. durchgeführt; daran knüpfen an die Dramatheorie J. C. Scaligers (1561), das lat. Humanistendrama und das dt. Schuldrama, das schles. Kunstdrama und die frz. Tragödie; nur äußerl. übernimmt das dt. Volksschauspiel, zudem bleibt die Anzahl der A. variabel. Die A.grenzen werden bei Seneca und seinen Nachahmern durch den kommentierenden Chorus, seit dem 17. Jh. durch den Vorhang markiert. Bei Gottsched und in der dt. Klassik ist der fünfteilige Auf-

Aktaion

bau nach frz. Vorbild die Norm. Seltener sind Einakter und Vierakter. Bes. unter dem Einfluß Shakespeares (A.einteilung erst durch die Herausgeber) bei Sturm und Drang und Romantik wie später bei Naturalismus, Expressionismus und ep. Theater Auflösung der strengen A.gliederung (die äußerl. jedoch häufig beibehalten wird) zugunsten einer lockeren Aneinanderreihung einzelner Bilder und Szenen.

📖 *Klotz, V.: Geschlossene u. offene Form im Drama. Mchn.* [8]*1976.*

◆ in der *bildenden Kunst* urspr. die vom nackten Modell eingenommene Stellung und Gebärde und die danach mit Silberstift, Feder oder Kreide angefertigte Studienzeichnung. In neuerer Zeit wird A. für jede Darstellung (auch Photographie) des nackten oder teilweise nackten (Halbakt) menschl. Körpers gebraucht. Sumer, Ägypten, Kreta, Indien und andere frühe Hochkulturen kennen A.darstellungen. Die griech. Plastik der archaischen und klass. Zeit sieht in der Darstellung des trainierten männl. Körpers eines ihrer höchsten Ziele. Theologie und Moral des MA lassen den A. nur bedingt zu (bei Themen wie Adam und Eva, Taufe Christi, Christus am Kreuz, Beweinung, Grablegung, dem Jüngsten Gericht, dem hl. Sebastian usw.). Eine der ersten A.freifiguren in der europ. Kunst der Neuzeit ist der David des Donatello (um

Akt. Samuel Haskins, November Girl (1967). Photomontage

1430; Bargello, Florenz). Etwa gleichzeitig schuf Jan van Eyck mit Adam und Eva am Genter Altar (1432; Gent, Sankt Bavo) die ersten „A.porträts" in der Kunst nördl. der Alpen. Seit der Renaissance gibt es das systemat. Studium des menschl. Körpers (z. B. Leonardo da Vinci, Dürer), es wird zu einem Schwerpunkt in der Ausbildung des Künstlers an den Kunstakademien. An Themen für den A. kommen zunächst antike Götter und Heroen (Venus, Apoll, Diana, Leda usw.) hinzu, er löst sich dann bald aus der mytholog. Umklammerung.

📖 *Cormack, M.: The nude in western art. New York 1976. - Bayl, F.: Der nackte Mensch in der Kunst. Köln 1964.*

Aktaion ↑ Aktäon.

Aktamar, türk. Insel, ↑ Ahtamar.

Aktäon (Aktaion), Gestalt der griech. Mythologie; wird von Artemis in einen Hirsch verwandelt und von seinen Hunden zerrissen, weil er die Göttin beim Baden beobachtete.

Aktäonkäfer [nach Aktäon (wegen der hirschgeweihähnl. Auswüchse am Kopf)] (Megasoma actaeon), etwa 6–11 cm großer, mattschwarzer, v. a. in faulendem Holz lebender Riesenkäfer (Fam. Skarabäiden) im trop. S-Amerika; das ♂ besitzt zwei kräftige, nach vorn gerichtete Dornen am Halsschild und ein langes, nach oben gebogenes und an der Spitze gespaltenes Horn als Verlängerung des Kopfes.

Akte [lat.], (Akt) in Verwaltungen (Büros, Behörden) und bei Gerichten die zusammengefaßten Schriftstücke zu einem bestimmten Vorgang.

◆ Bez. für multilaterale völkerrechtl. Verträge, z. B. Wiener Kongreß-A. (1815).

Akteneinsicht, Einsichtnahme in die von Gerichten und Verwaltungsbehörden geführten Akten. Im Zivilprozeß den Parteien, im Strafprozeß (nach Abschluß des Ermittlungsverfahrens) nur dem Verteidiger und dem Anwalt des Privatklägers neben dem Staatsanwalt erlaubt. Arbeitnehmer (einschließl. Beamte) haben das Recht auf Einsicht in ihre vollständigen Personalakten.

Aktenplan, ein nach Stoffgebieten mit Hilfe einer Dezimalklassifikation aufgebauter Plan zur einheitl. Aktenführung.

Aktenzeichen, Signatur zur Kennzeichnung des Bearbeiters einer Akte, der Schreibkraft oder beider.

Akteur [...'tø:r; lat.-frz.], der Handelnde; Schauspieler.

Aktie [niederl.; zu lat. actio „klagbarer Anspruch" (eigtl. „Handlung")], Anteil am Grundkapital einer Aktiengesellschaft. Durch die A. wird die Mitgliedschaft an der Gesellschaft und ein Anspruch auf einen Teil des Ertrages verbrieft. Auch die Urkunde selbst wird als A. bezeichnet. Die A. besteht aus dem Mantel und dem Gewinnanteilscheinbogen. Sie enthält den Nennbetrag, den Namen

des Ausstellers und ist vom Vorstand und dem Vorsitzenden des Aufsichtsrates unterzeichnet. Der Mindestnennwert einer A. beträgt 50, – DM. Man unterscheidet: 1. Inhaber-A. und Namens-A.; 2. Stamm-A. und Vorzugs-A.; 3. alte und junge (neue) A.; 4. Summen-A. (Nennwert-A.) und Quoten-A. (auch ↑ Kux); 5. Sonderarten: Klein-A., Volks-A., Belegschafts-A., Gratis-A., eigene A., nichtnotierte A., vinkulierte („gebundene") Aktien. Die A.ausgabe darf nicht unter pari, d. h. nicht unter dem Nennbetrag erfolgen; über pari (Agio-Emission) ist sie zulässig und die Regel.

Aktiengesellschaft, Abk. AG, nach § 1 AktienG (AktG) eine (Kapital)gesellschaft mit eigener Rechtspersönlichkeit (jurist. Person). Die Gesellschafter sind an ihr mit Einlagen auf das in Aktien zerlegte Grundkapital beteiligt. Sie haften nicht persönl., sondern nur in Höhe ihrer Einlage für die Verbindlichkeiten der Gesellschaft.

Das Grundkapital einer AG muß mindestens auf 100 000 DM, eine Aktie mindestens auf 50 DM lauten. An der **Gründung** müssen mindestens fünf Personen beteiligt sein, die die Aktien übernehmen. Das AktG kennt nur noch die Einheits- bzw. Simultangründung, bei der alle Aktien durch die Gründer übernommen werden müssen. Die Einheitsgründung kann in „einfacher" Form (Geldeinlage) oder in „qualifizierter" Form (Einbringung von Sachwerten und/oder Vereinbarungen über eine bes. Art der Gewinnverteilung) erfolgen. Eine Befreiung von der Leistung der Einlagen ist nicht möglich. Die Gründung selbst besteht aus vier Hauptphasen: 1. Feststellung der Satzung und Aufbringung des Grundkapitals; 2. Bestellung des Aufsichtsrates, des Vorstandes und der Abschlußprüfer; 3. Erstellung eines Gründungsberichtes und einer Gründungsprüfung; 4. Anmeldung der Gesellschaft zur Eintragung in das Handelsregister, Eintragung und Bekanntmachung. Die Rechte der **Aktionäre** werden durch die Aktie verbrieft und finden ihren Niederschlag im Mitgliedschaftsrecht, das eine Reihe von Einzelrechten umfaßt, z. B. die Beteiligung am Gesellschaftsgewinn im Verhältnis des Nennbetrages der Aktien, die Beteiligung am Liquidationserlös der Gesellschaft, ein Vorrecht auf den Bezug junger Aktien, wenn die Gesellschaft ihr Grundkapital erhöht, das Stimmrecht, das an den Nennbetrag der Aktie gebunden ist (z. B. 50, – DM = 1 Stimme). Der **organisator.** Aufbau der AG besteht aus drei Organen: Die **Hauptversammlung** ist das oberste Beschlußorgan einer AG, in dem jeder Aktionär sein Stimmrecht geltend machen kann hinsichtl. der in Gesetz und Satzung bestimmten Fälle. Hauptgegenstand der ordentl. Hauptversammlung ist der in den ersten acht Monaten eines jeden Geschäftsjahres zu erfolgende Beschluß über die Verwen-

dung des Gewinnes und die Entlastung von Vorstand und Aufsichtsrat (auf der Grundlage des Jahresabschlusses). Weiter wählt die Hauptversammlung den Aufsichtsrat (außer jenen Mgl., die von den Arbeitnehmern bestellt werden) und die Abschlußprüfer. Ferner beschließen (oft auch außerordentl.) Hauptversammlungen über Satzungsänderungen (z. B. Kapitalerhöhungen), was aber i. d. R. nur mit einer $^3/_4$-Mehrheit möglich ist.

Der **Vorstand** ist das geschäftsführende Organ, das darüber hinaus die Gesellschaft gerichtl. und außergerichtl. vertritt. Er kann aus einer oder mehreren Personen bestehen und wird vom Aufsichtsrat auf maximal fünf Jahre bestellt; eine Wiederwahl ist zulässig. Bei mehreren Vorstandsmitgliedern kann der Aufsichtsrat einen Vorstandsvorsitzenden bestimmen, der bei Meinungsverschiedenheiten im Vorstand entscheidet (jedoch nicht gegen die Mehrheit der Vorstandsmitglieder). Gesetz und Satzung bestimmen die Rechte (externes und internes Vertretungsrecht) und die Pflichten (Sorgfaltspflicht, Wettbewerbsverbot, Schadenersatzpflicht bei Sorgfaltsverletzung) des Vorstandes.

Der **Aufsichtsrat** ist das Kontrollorgan, das sowohl die Interessen der Aktionäre als auch die der Arbeitnehmer wahrzunehmen hat. Er wird von der Hauptversammlung bzw. nach dem MitbestimmungsG (↑ Mitbestimmung) von Anteilseignern und Arbeitnehmern auf höchstens vier Jahre gewählt. Die Mindestmitgliederzahl ist drei; sie kann sich satzungsgemäß mit steigendem Grundkapital bis maximal 21 Mgl. erhöhen. Aus der Mitte des Aufsichtsrats werden ein Vorsitzender und ein Stellvertreter gewählt. In keinem Falle darf ein Aufsichtsratsmitglied gleichzeitig Vorstandsmitglied oder ein mit der Geschäftsführung Beauftragter (z. B. Prokurist) sein. Der Aufsichtsrat hat die Funktion, die Geschäftsführung zu überwachen; er hat das Recht, die Geschäftsbücher einzusehen und zu kontrollieren sowie die Hauptversammlung einzuberufen.

Der Vorstand ist verpflichtet, innerhalb der ersten drei Monate des Geschäftsjahres für das vergangene Geschäftsjahr den **Jahresabschluß** aufzustellen und dem Aufsichtsrat vorzulegen. Der Jahresabschluß muß einen möglichst genauen Einblick in die Vermögens- und Ertragslage der AG geben. Er setzt sich zusammen aus der Bilanz, der Gewinn- und Verlustrechnung und dem Geschäftsbericht. Im Interesse einer exakten Rechnungslegung sind im Gesetz sowohl bestimmte Gliederungsvorschriften als auch Bewertungsvorschriften festgelegt. Die Hauptversammlung oder - auf begründeten Antrag - ein zuständiges Gericht bestellt die **Abschlußprüfer.** Ihre Aufgabe ist es, zu prüfen, ob bei der Erstellung des Jahresabschlusses die gesetzl. und die durch die Satzung gegebenen

Aktiengesellschaft und Companie

Vorschriften erfüllt sind. Das Ergebnis ist schriftl. festzuhalten. Bestehen keine Einwendungen, so ist dies durch einen gesetzl. vorgeschriebenen Vermerk zu bestätigen; andernfalls ist diese Bestätigung einzuschränken oder zu versagen. Der Vorstand ist verpflichtet, den Prüfungsbericht unverzügl. dem Aufsichtsrat vorzulegen, der nach erfolgter Prüfung der Hauptversammlung schriftl. Bericht zu erstatten hat. Billigt der Aufsichtsrat den Jahresabschluß, so gilt dieser als „festgestellt". Diese Feststellung kann aber auch durch die Hauptversammlung erfolgen.

Jede **Satzungsänderung** (z. B. Kapitalerhöhung, Kapitalherabsetzung) bedarf der Zustimmung der Hauptversammlung (Mehrheit von mindestens $^3/_4$ des bei der Beschlußfassung vertretenen Grundkapitals erforderlich). Nach der Auflösung der AG wird die ↑ Liquidation durchgeführt.

In *Österreich* wurde das dt. Aktiengesetz von 1937 im Jahre 1938 übernommen und auch nach 1945 noch beibehalten. Die Neukonzeption vom 31. März 1965 beruht ebenfalls auf diesem Vorbild. In der *Schweiz* ist das Recht der AG durch das 1936 revidierte Obligationenrecht geregelt (Art. 620–763).

⌑ *Henn, G.: Hdb. des Aktienrechts. Hdbg.* [2]*1984. - Würdinger, H.: Aktienrecht u. das Recht der verbundenen Unternehmen. Hdbg.* [4]*1981. - Schmidt, Franz: Bilanzpolitik dt. Aktiengesellschaften. Wsb. 1979.*

Aktiengesellschaft und Companie, Abk. AG und Co., Rechtsform einer großen, kapitalkräftigen Personengesellschaft (OHG oder KG), die der Steuerersparnis oder der Haftungsbeschränkung dient. Die beteiligte AG ist Hauptgesellschafter der OHG oder Komplementär der KG.

Aktiengesetz, Abk. AktG, BG über Aktiengesellschaften und Kommanditgesellschaften auf Aktien vom 6. 9. 1965 (in Kraft getreten am 1. 1. 1966); löste das AktG vom 30. 1. 1937 ab.

Aktienindex, wöchentl. vom Statist. Bundesamt erstellter Index der durchschnittl. Kurswerte für rd. 270 bestimmte Aktien, die in vier Hauptgruppen und 33 Wirtschaftsgruppen untergliedert sind (nicht zu verwechseln mit dem Durchschnittskurs von Aktien). Stellt einen Preisindex dar; Bezugszeitpunkt ist der 29. Dez. 1972 (= 100).

Aktienkapital, Grundkapital (Nominalkapital) einer AG.

Aktienpaket, größerer Posten von Aktien einer Gesellschaft in einer Hand; sein Besitzer kann einen gewissen Einfluß auf die Geschäftsführung der Gesellschaft ausüben.

Aktin [griech.], Eiweißkomponente des Muskels, die als ↑ Aktomyosin bei der Muskelkontraktion eine wesentl. Rolle spielt.

Aktiniden, svw. ↑ Actinoide.

Aktinien [griech.], svw. ↑ Seerosen.

aktinisch [griech.], durch Strahlen verursacht; *a. Krankheiten* sind v. a. ↑ Lichtdermatosen.

Aktinometer [griech.], Gerät zur Messung der Sonnenstrahlung oder der Strahlung eines Himmelsausschnitts. Die Energie der auftreffenden Strahlung wird auf Grund der Temperaturerhöhung einer geschwärzten Fläche gemessen. Zusätzl. Aufzeichnung des zeitl. Temperaturverlaufs erfolgt mit dem **Aktinograph.**

aktinomorph [griech.], strahlenförmig, radiärsymmetrisch (z. B. von Blüten gesagt).

Aktinomykose [griech.], svw. ↑ Strahlenpilzkrankheit.

Aktinomyzeten [griech.], svw. ↑ Strahlenpilze.

Aktinopterygier [griech.], svw. ↑ Strahlenflosser.

Aktion [lat.], Handlung, Verfahren, Vorgehen, [polit.] Maßnahme; Tätigkeit, Tat; Ereignis; bes. öffentl. Veranstaltungen vollzogene Handlung, die bestimmte Vorstellungen und Aussagen verdeutlichen soll.

Aktion, Die, von F. Pfemfert 1911 gegr. und bis 1932 hg. Zeitschrift „für Politik, Literatur und Kunst" (↑ Aktionskreis).

Aktionär [lat.-frz.], Inhaber von Aktien.

Aktion Gemeinsinn e. V., 1958 gegr.

Aktienindex: Jahresdurchschnittswerte (Ende 1980 = 100)					
Jahr	insges.	verarbeitendes Gewerbe	Bau-industrie	Kredit-banken	Versiche-rungsgewerbe
1977	102,1	109,6	77,5	108,7	61,7
1978	111,4	115,8	110,5	121,6	75,8
1979	106,8	110,1	94,4	110,1	87,7
1980	101,9	103,1	96,6	103,9	93,3
1981	101,8	103,6	119,9	96,7	99,7
1982	102,7	102,1	136,5	97,1	113,4
1983	135,2	137,7	163,8	117,0	170,1
1984	153,6	155,1	161,9	127,0	248,1
1985	209,2	206,2	198,7	178,7	421,3

überkonfessionelle und überparteil. Arbeitsgemeinschaft mit Sitz in Bonn-Bad Godesberg, die sich durch Spenden und Beiträge finanziert; ruft die Öffentlichkeit unter dem Slogan „Miteinander-Füreinander" durch Werbekampagnen zur Mitarbeit an Gemeinschaftsaufgaben auf.

Aktionsart, Geschehensweise, Handlungsart beim ↑ Verb. Mit A. bezeichnet man die bes. Art und Weise, wie das durch ein Verb bezeichnete Geschehen objektiv, z. B. im Blick auf die Dauer, die Intensität, auf Beginn oder Ende des Geschehens, abläuft.

Aktionseinheit, gemeinsames polit. Vorgehen von Gruppen bzw. Organisationen im linken Parteienspektrum.

Aktionsforschung (engl. Action-research), von K. Lewin benannte Richtung der angewandten Sozialforschung; versucht, soziale Probleme in Zusammenarbeit mit den betroffenen Personen zu erforschen und dabei den Mißstand überwindende Verhaltensänderungen zu erreichen.

Aktionskreis, Bez. für die Mitarbeiter der von F. Pfemfert herausgegebenen Wochenschrift „Die Aktion", v. a. in der ersten polit.-literar. (1911–13) und der zweiten (auch infolge der Kriegszensur) fast ausschließl. künstler.-literar. Phase (1914–18).

Aktion Sorgenkind, Hilfsaktion für körperl. und geistig schwerbehinderte Kinder und Jugendliche, die 1964 vom Zweiten Dt. Fernsehen und den Spitzenverbänden der Freien Wohlfahrtspflege ins Leben gerufen wurde. Sie erhält ihre Mittel durch die Erlöse aus der Fernsehlotterie ›Der Große Preis‹ und aus Spenden.

Aktionspotential, durch Zellreizung verursachte Spannungsänderung an den Membranen lebender Zellen (v. a. von Nerven, Muskeln und Drüsen), die zu einem Aktionsstrom führt. Ein A. tritt als Folge einer plötzl., kurzfristigen Änderung der Durchlässigkeit der semipermeablen („halbdurchlässigen") Membran für Natrium- und Kaliumionen auf. Die mit Mikroelektroden gemessenen Spannungen an Membranen der verschiedensten Zellen betragen etwa 70–90 mV (Zellinneres negativ, Membranoberfläche positiv geladen). Durch eine Zellreizung erfolgt eine Membranänderung im Sinne einer Durchlässigkeitserhöhung, so daß die an der Membranaußenwand angesammelten Na^+-Ionen in sehr kurzer Zeit (0,001 s bei menschl. Nerven) ins Zellinnere einströmen (**Aktionsstrom**). Die Ionenwanderung führt meist zu einem rasch abklingenden Spitzenpotential, worauf länger dauernde Nachpotentiale folgen. Die schon 1850 von H. v. Helmholtz gemessene Leitungsgeschwindigkeit der Nerven-A. beim Menschen liegt zw. 1 und 100 m/s. Auf dem Vorhandensein von A. beruht die Elektrokardiographie.

Aktionsradius, die Hälfte der Strecke,

die ein Flugzeug oder Schiff ohne nachzutanken zurücklegen kann.

Aktion Sühnezeichen, 1958 gegr. Organisation christl. Jugendgruppen, die durch freiwillige Arbeit in verschiedenen Ländern das von Deutschen während des 2. Weltkrieges dort begangene Unrecht wiedergutmachen will.

Aktium, Landzunge und Kap am Ausgang des Ambrak. Golfes ins Ion. Meer, westl. Mittelgriechenland. - Venezian. Festung in der Nähe des einstigen Apollotempels. - Bei A. (**Actium**) siegte 31 v. Chr. die Flotte Oktavians über Marcus Antonius.

aktiv [lat.], tätig, unternehmend, geschäftig, rührig; tätig teilnehmend (z. B. Mgl. eines Vereins); wirksam.

Aktiv (Activum) [lat.], Tat- oder Tätigkeitsform; im Ggs. zum ↑ Passiv die Verhaltensrichtung des Verbs, die den Urheber oder Träger eines Geschehens sprachl. zum Ausgangspunkt macht.

Aktiv, v. a. in der DDR Bez. für eine Gruppe von Personen, die sich für eine wirtsch., gesellschaftspolit. oder kulturelle Aufgabe innerhalb eines Kollektivs, einer Organisation u. ä. bes. aktiv einsetzen.

Aktiva [lat.], die auf der linken Seite der Bilanz (Aktivseite) ausgewiesene Vermögensaufstellung eines Unternehmens.

Aktivator [lat.] (Luminogen, Phosphorogen), derjenige Stoff (v. a. Schwermetalle), der in geringen Spuren einer selbst nicht leuchtfähigen Grundsubstanz zugesetzt wird, um sie zu einem Leuchtstoff zu machen.
◆ in der *Chemie* ein Stoff, der schon in geringer Konzentration die Wirkung von Katalysatoren bed. verstärkt. - ↑ auch Enzyme.

Aktivbürgerrecht, im schweizer. Recht der Inbegriff der polit. Rechte. Im schweizer. Bundesrecht ist die Gesamtheit der aktiven (wählbaren und wahlfähigen) Bürger das höchste Organ. Die **Aktivbürger** nehmen an der Revision der Bundesverfassung teil (Referendum, Volksinitiative), sie entscheiden über Gesetze und Staatsverträge (fakultatives Referendum) und wählen die Mgl. des Nationalrates sowie die eidgenöss. Geschworenen. Der Schutz der Rechte der Aktivbürger erfolgt v. a. durch das Bundesgericht.

Aktivchlor ↑ Hypochlorite.

aktive Stoffe, Festkörper, die sich durch eine überdurchschnittl. große Reaktionsbereitschaft auszeichnen. Diese kann begründet sein in einer großen wirksamen Oberfläche (z. B. ↑ Aktivkohle) in Gitterstörungen in Kristallen oder in bei bestimmten Temperaturen instabilen Modifikationen, die sich leicht unter Energieabgabe in stabile umlagern.

Aktivgeschäft, Bankgeschäft, bei dem die Bank Kredite an Dritte gewährt; schlägt sich in den Bilanzpositionen auf der Aktivseite nieder.

aktivieren [lat.], in Tätigkeit setzen, in

aktivierte Essigsäure

Gang bringen; anregen; wirksam machen, zu größerer Wirksamkeit verhelfen.

aktivierte Essigsäure ↑ Koenzym A.

Aktivierung [lat.], Erfassung von Vermögensposten (steuerl.: von Wirtschaftsgütern) in der Bilanz.

♦ Prozeß, durch den chem. Elemente oder Verbindungen auf Grund von Teilchenzerkleinerung (Oberflächenvergrößerung), Strahlungseinwirkung oder Zusatz von Aktivatoren in einen bes. reaktionsfähigen, aktiven Zustand überführt werden.

♦ Erzeugung künstl. radioaktiver Atomkerne durch Beschuß stabiler Atomkerne mit energiereichen Teilchen (insbes. mit Neutronen) oder Gammaquanten.

Aktivierungsanalyse, Methode zur qualitativen und quantitativen Bestimmung kleinster Mengen eines Elementes neben den in größeren Mengen in einer Substanz vorhandenen anderen Elementen; durch Neutronenbestrahlung werden künstl. radioaktive Isotope gebildet, deren Halbwertszeit, Energie und Strahlungsintensität gemessen werden kann; daraus kann man auf Art und Menge der in der Probe ursprüngl. vorhandenen Elemente schließen.

Aktivierungsquerschnitt, der ↑ Wirkungsquerschnitt eines Atomkerns bei einer durch Beschuß mit hochenergiet. Teilchen oder Gammaquanten herbeigeführten Kernreaktion, die zu seiner Aktivierung führt.

Aktivismus [lat.], die in den 5 Jahrbüchern „Das Ziel" (1916–24, hg. von K. Hiller) vertretenen revolutionären sozialist. und pazifist. Thesen und Programme, die mit Hilfe der Literatur durchgesetzt werden sollten.

Aktivist [lat.], in sozialist. Ländern übl. Bez. für den Arbeiter, dessen Leistungen die Arbeitsnormen weit übertreffen; oft mit Ehrentiteln belohnt und mit bes. Zuwendungen prämiiert.

♦ Einstufungsbez. im Rahmen der ↑ Entnazifizierung.

Aktivität [lat.], Tätigkeitsdrang, Wirksamkeit.

♦ in der *Psychologie* jede Art von [äußerl.] beobachtbarem Verhalten. Die Mobilisierung der dazu erforderl. Energie erfolgt überwiegend durch Einwirkung äußerer Reize. - Der pädagog. Begriff für A. des Lernverhaltens ist **Selbsttätigkeit** (seit der Reformpädagogik).

♦ Quotient aus der Anzahl ΔN der Atomkerne eines radioaktiven Stoffes, die im Zeitintervall Δt zerfallen und dieses Zeitintervalls selbst:

$$A = \Delta N / \Delta t$$

Einheit der A. ist das ↑ Becquerel (früher: ↑ Curie). Die Aktivität eines Gramms einer radioaktiven Substanz bezeichnet man als spezif. A.

♦ (opt. A.) das Vermögen eines Stoffes, die Polarisationsebene von hindurchtretendem linear polarisierten Licht zu drehen.

♦ (magnet. A.) das Auftreten zeitl. Schwankungen der Feldstärke des erdmagnet. Feldes.

Aktivitätsfaktor, in der Elektrochemie Bez. für den Quotienten aus der wirksamen Ionenkonzentration a und der tatsächl. Ionenkonzentration c eines Elektrolyten:

$$f = \frac{a}{c}$$

f ist stets kleiner als 1 und eine dem ↑ Dissoziationsgrad analoge unbenannte (dimensionslose) Zahl.

Aktivitätszentrum, Ursprungsgebiet für verschiedene Erscheinungen auf der Sonnenoberfläche, v. a. die Sonnenflecken, Sonnenfackeln und Eruptionen.

Aktivkohle (Adsorptionskohle), Kohlen aus Torf, Holz, Braunkohle oder tier. Abfällen, bei denen mit Hilfe des Chlorzink- oder Wasserdampfverfahrens die porenverklebenden Teerstoffe entfernt werden. A. dient wegen ihres großen Adsorptionsvermögens zur Reinigung von Gasen und Flüssigkeiten.

Aktivlegitimation, im Zivilprozeß die Rechtszuständigkeit auf der Klägerseite.

Aktivruder (Pleuger), Steuerruder mit elektr. angetriebener Hilfsschraube (Propeller); damit bleibt ein Schiff auch bei langsamer Fahrt (im Hafen) noch manövrierfähig.

Aktivruß, Kohlenstoff in feinster Verteilung; Füllstoff für Kautschuk zur Verbesserung der physikal. Eigenschaften.

Aktivsaldo ↑ Saldo.

Aktivsatelliten, allg. Oberbegriff für Satelliten, die auf Grund ihrer Instrumentierung und Ausrüstung selbständig Meßwerte an Bodenstationen übermitteln.

Aktiv-Sonar-Anlage, nach dem Echolotprinzip arbeitendes Schallortungsgerät.

Aktivwechsel ↑ Wechsel.

Aktjubinsk, Hauptstadt des sowjet. Geb. A. und der Region Westkasachstan, im südl. Vorland des Ural, 224 000 E. Medizin. Hochschule, PH; Lebensmittel-, metallverarbeitende Industrie. - Gegr. 1869.

Aktomyosin [griech.], Eiweißkörper aus Myosin und Aktin, chem. Substanz der Muskelfibrille; tritt auf in Form von beieinanderliegenden Myosin- und Aktinfilamenten, die sich bei der Muskelkontraktion teleskopartig gegeneinander verschieben.

Aktrice [ak'tri:sə; lat.-frz.], Schauspielerin.

Aktschakajasenke, abflußlose Senke im nw. Teil der Karakum, UdSSR, 81 m u. d. M., eine der tiefsten Senken der Erde.

aktualisieren [lat.], etwas auf den neuesten Stand bringen.

Aktualismus [lat.], grundlegendes Prinzip in der Geologie: aus der Beobachtung gegenwärtiger geolog. Vorgänge werden Rückschlüsse gezogen auf Vorgänge der erdgeschichtl. Vergangenheit.

Aktualität [lat.-frz.], unmittelbarer Bezug auf die Gegenwart; Bedeutsamkeit für die unmittelbare Gegenwart; in der *Publizistik* Bez. für die Gegenwartsbezogenheit, die Zeitnähe einer Nachricht oder eines Berichts; unterschieden werden die *primäre A.*, die die möglichst sofortige Wiedergabe des Ereignisses charakterisiert, und die *sekundäre A.*, die auch Vergangenes und Zukünftiges - mit bestimmtem Bezug zur Gegenwart - umfaßt.

Aktualitätstheorie, in der Psychologie die v. a. von W. Wundt vertretene Auffassung, daß die Seele keine den seel. Erscheinungen zugrundeliegende Substanz ist, sondern allein in den aktuellen seel. Vorgängen gegeben ist.

Aktuar [lat.], früher Bez. für Gerichtsschreiber.

aktuell [lat.-frz.], im augenblickl. Interesse liegend, zeitgemäß, gegenwartsnah, ganz neu.

Akt und Potenz (lat. actus, potentia; griech. enérgeia, dýnamis), in der aristotel.-thomist. Philosophie gebräuchl. Kategorien, um die Veränderung, insbes. die Bewegung der Dinge zu verstehen. Akt ist das, was ein Ding schon geworden ist, Potenz das, was es noch werden kann oder was es zu werden im Begriffe ist.

Akupressur [lat.], mit der Akupunktur verwandtes Verfahren, bei dem durch kreisende Bewegungen der Fingerkuppen - unter leichtem Druck - über bestimmten Körperpunkten manche Schmerzen oder Beschwerden, die auf einer nervalen Fehlsteuerung beruhen, beeinflußbar sein sollen (z. B. Migräne, rheumat. Beschwerden).

Akupunktur [zu lat. acus „Nadel" und punctura „Stich"], alte, zuerst in China und Japan angewandte Methode zur Erkennung und Heilung von Erkrankungen der Atmungs-, Kreislauf- und Verdauungsorgane, des Nervensystems und des Blutes und zur Ausschaltung des Schmerzempfindens bei Operationen. Bei der klass. A. werden silberne und goldene Nadeln an bestimmten, dem jeweiligen Organ zugeordneten Hautstellen bis in die Unterhaut eingestochen. Die moderne Form der A. ist eine Reiztherapie für spezif., organzugeordnete Hautareale (↑Head-Zonen) zur Schmerzbekämpfung bei Rheumatismus, Neuralgien, Migräne u. a.

◫ *Bachmann, G.:* Die A., eine Ordnungstherapie. Bearb. v. R. v. Leitner. Hdbg. ³1979, 2 Bde. - *Stiefvater, E. W.:* Praxis der A. Hdbg. ⁵1977.

Akureyri [isländ. 'a:kyrɛɪrɪ], nordisländ. Hafenstadt am inneren Eyjafjord, 14 000 E. Bed. Fischereihafen; fischverarbeitende Ind.

Akustik [zu griech. akustikós „das Gehör betreffend"], Wissenschaft von den Schwingungen und Wellen in elast. Medien; i. e. S. die Lehre vom ↑Schall und seinen Wirkungen. Im allg. unterscheidet man zw. physikal. A., physiolog. A. und psycholog. A., nach

den Anwendungsbereichen auch zw. Elektro-, Raum- und Bau-A. (Sammelbegriff: techn. A.) sowie musikal. A., doch überschneiden sich alle Bereiche in vielfältiger Weise.

Die physikal. A. ist ein Teilgebiet der Mechanik. Sie befaßt sich insbes. mit mechan. Schwingungen im Frequenzbereich zw. 16 Hz (untere Hörgrenze) und 20 000 Hz (obere Hörgrenze), die sich in einem elast. Ausbreitungsmedium (z. B. Luft) wellenförmig fortpflanzen u. im menschl. Gehörorgan eine Schallempfindung hervorrufen können. Häufig werden auch die sich physikal. gleichartig verhaltenden, nicht hörbaren Schwingungen mit Fre-

Akupunktur.
Auswahl wesentlicher Einstichpunkte:
a Rhythmusstörungen
und Angstzustände,
b Trigeminusneuralgie,
c Kopfschmerzen,
d Kopfschmerzen und Stottern,
e Heiserkeit und Magenspasmen,
f Asthma und Hautjucken,
g Erbrechen und Übelkeit,
h Ischias, i Migräne und
Durchblutungsstörungen der
Beine, k Appetitlosigkeit
und Verstopfung,
l Migräne, m Erschöpfung,
n Gastritis und Spasmen,
o chronische Leber- und
Nierenerkrankungen, p Koliken
und Schreibkrampf,
q Wirkung
bei Schleimhautentzündung,
r Kreislaufschwäche und
Kollaps, s Ischias,
t rheumatische Beschwerden
und Hämorrhoiden,
u Rheuma der Fußgelenke
und Spasmen im Bein,
v Muskelkrämpfe und Knöchelödem

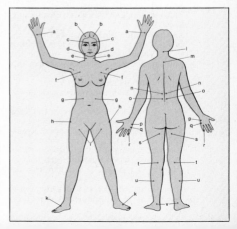

quenzen unterhalb 16 Hz (↑Infraschall) und oberhalb 20000 Hz (↑Ultraschall, ↑Hyperschall) im Rahmen der physikal. A. behandelt. Wichtige Teilgebiete der physikal. Akustik sind Bauakustik, Elektroakustik und Raumakustik. Die *physiolog. A.* beschäftigt sich mit der Funktionsweise und dem Aufbau des menschl. Gehör- und Sprachorgans, insbes. mit dem Hörvorgang (↑Gehörorgane). Untersucht wird der Zusammenhang zw. objektivphysikal. Reiz und subjektiver Schall- bzw. Lautstärkeempfindung. Die *psycholog. A.* *(Psycho-A.)* untersucht die Frage, wie der Mensch akust. Reize wahrnimmt, unterscheidet und wertet. Mit physikal. Messungen am menschl. Ohr und den Auswertungen der erhaltenen Meßergebnisse befaßt sich die *Audiometrie.* In ihrem Gefolge entwickelte sich die *Hörgeräte-A.,* deren Aufgabe die Entwicklung und Anpassung geeigneter Hörgeräte für Schwerhörige ist. Die *musikal. A.* untersucht u. a. die Schall- und Schwingungsvorgänge bei der Erzeugung von Tönen (↑Ton) bzw. Klängen (↑Klang) mit Musikinstrumenten und die beim gleichzeitigen Erklingen mehrerer Töne auftretenden Erscheinungen (z. B. ↑Schwebungen und ↑Kombinationstöne).

📖 *Borucki, H.: Einf. in die A. Mhm. u. a. 1973. - Meyer, Erwin/Neumann, E.-G.: Physikal. u. techn. A. Braunschweig* ³*1979.*

Akustikkoppler, Vorrichtung zur Herstellung einer Datenübertragungsverbindung zwischen Home- oder Personalcomputern und Telefonnetz; der A., auf den der Telefonhörer aufgelegt wird, dient als Digital-Analog-Umsetzer (Modem).

Akustiklog, Gerät zur Schichtgrenzenbestimmung in Bohrlöchern durch Messung der Laufzeit elast. Wellen unter Einsatz einer Ultraschallquelle und eines Seismographen.

Akustikplatte, den Nachhall regelnde, meist poröse Platte aus Holz, Gips u. a.

Akustikus [griech.], Kurzbez. für: Nervus acusticus (VIII. Hirnnerv).

akustisch, die Akustik betreffend, klangmäßig.

akustische Dichtung, Literatur, die auf das Wort als Bedeutungsträger verzichtet und auf reinen „Lautgedichten" und phonet. „Hörtexten" basiert. Ausprägung der ↑abstrakten Dichtung bzw. deren Nachfolgebewegung (↑konkrete Poesie).

akut [lat.], dringend, vordringlich, unmittelbar anrührend, brennend.

◆ plötzl. auftretend, von heftigem und kurzdauerndem Verlauf, im Ggs. zu ↑chronisch; **akute Krankheiten,** plötzl. auftretende Krankheiten mit heftigem Verlauf; meist Infektionskrankheiten mit hohem Fieber; sie können in chron. Krankheiten übergehen.

Akut [lat.], in der Phonetik: ansteigender Silbenakzent.

◆ bes. in der lat., griech. und kyrill. Schrift diakrit. Zeichen in Form eines von mittlerer

Höhe nach rechts ansteigenden Striches: ´, z. B. frz. é.

Akutagawa, Jasuschi, *Tokio 12. Juli 1925, jap. Komponist. - Sohn von Riunosuke A.; komponierte Orchester- und Kammermusikwerke. A. gilt als einer der bedeutendsten Vertreter der modernen jap. Musik.

A., Riunosuke, *Tokio 1. März 1892, †erob. 24. Juli 1927 (Selbstmord), jap. Novellist. - Verbindet in seinen Novellen, deren Stoffe er oft der Geschichte des ma. Japan entlehnte, Dämonie und Realismus; u. a. „Rashomon" (1915), „Hana" (1916), „Der Kappa" (1927).

Akyab [engl. əˈkjæb] (Sittwe), birman. Stadt am Golf von Bengalen, an der Mündung des Kaladan, 143000 E. Hauptstadt des Verw.-Geb. Arakan; Reismühlen, Fischerei; Hafen, ⚓.

Akzedenz [lat.], Beitritt, Zustimmung; *akzedieren,* beitreten, beistimmen.

Akzeleration [zu lat. acceleratio „Beschleunigung"], in der *Biologie* die Beschleunigung in der Aufeinanderfolge der Individualentwicklungsvorgänge. Speziell in der *Anthropologie* die Beschleunigung des Wachstums und der körperl. Reifungsprozesse des Menschen. Die auffälligsten Symptome sind eine deutl. Zunahme der durchschnittl. Körperhöhe und die Vorverlegung der sexuellen Reifung. Die akzelerationsauslösenden Faktoren wirken sowohl im nach- als auch bereits im vorgeburtl. Lebensabschnitt. Für letzteres spricht, daß die mittleren Geburtslängen und -gewichte in der ersten Hälfte des 20. Jh. deutl. zugenommen haben (in Deutschland z. B. die Geburtslänge von 50 cm auf 53 cm, das Geburtsgewicht von 3150 g auf 3300 g). Auch die Kleinkind-, Kind- und Jugendphasen sind durch schnellere Längen- und Gewichtszunahme im Vergleich zu früheren Jahrzehnten charakterisiert. Im Zusammenhang hiermit steht auch der frühere Durchbruch des Milchgebisses und des Dauergebisses. Von großer Bedeutung, v. a. auch unter sozialem Aspekt, ist die ebenfalls deutl. zu beobachtende Vorverlagerung der sexuellen Reifungsprozesse. Schließl. treten auch verschiedene Krankheiten heute in einem früheren Lebensalter auf, was sehr wahrscheinl. in ursächl. Zusammenhang mit dem beschleunigten Wachstums- und Reifungsgeschehen steht, z. B. Rheumatismus, Magen- und Darmgeschwüre. Offenbar ist das A.geschehen der vergangenen Jahrzehnte in erster Linie durch eine Veränderung der Umweltfaktoren bedingt, wobei Veränderungen in der Ernährung als wesentl. Ursachen in Betracht kommen. Dadurch wurde bewirkt, daß das genet. Potential für die körperl. Entwicklung heute besser zur Geltung kommt als früher. In der Gegenwart scheint sich eine gewisse Abflachung der A. abzuzeichnen (die Körperhöhen nehmen in allen Altersstufen nur noch gering zu). Dies könnte darauf hin-

weisen, daß die Grenzen des genet. Entwicklungspotentials fast erreicht sind. - Der häufigen Annahme, daß mit der A. eine Verlangsamung der seel. Entwicklung einhergeht, fehlen wissenschaftl. Anhaltspunkte.

⨀ *Knussmann, R.: Entwicklung, Konstitution, Geschlecht. In: Humangenetik. Hg. v. P. E. Becker. Bd. 1, 1. Stg. 1968. - Lenz, W./Kellner, H.: Die körperl. A. Mchn. 1965.*

◆ eine nichtperiod. Veränderung der Mondbewegung; sie bewirkt, daß sich der Mond in 100 Jahren um 8″ in seiner Bahn weiter fortbewegt, als nach der Theorie zu erwarten wäre. Ein Teil der A. geht auf eine Störung der Erdbahn zurück, deren Exzentrizität laufend abnimmt.

◆ Zeitunterschied zw. einem mittleren Sonnen- und einem mittleren Sterntag.

Akzelerationsprinzip, Wirtschaftstheorie, nach der eine Schwankung der Nachfrage nach Konsumgütern eine prozentual größere Schwankung der Nachfrage nach Investitionsgütern auslöst. Bei der Anwendung des A. wird unterstellt, daß die Unternehmer die Höhe ihrer Neuinvestitionen der Veränderung der Nachfrage anpassen (↑Wachstumstheorie).

Akzelerator [lat.], svw. ↑Teilchenbeschleuniger.

akzelerieren [lat.], beschleunigen, vorantreiben, fördern.

Akzent [lat.; eigtl. „das Beitönen"], Tonfall; Aussprache, Sprachmelodie; typ. Lautform bestimmter Personen (z. B. er spricht mit *dän.* Akzent).

◆ (Kontrast-A., Gegensatz-A.) Nachdruck zur Hervorhebung bestimmter Wörter oder Silben, die sonst nicht den A. tragen würden.

◆ Bez. für die Hervorhebung einer Silbe im Wort (Wort-A.), eines Wortes in der Wortgruppe oder im Satz (Satz-A.) durch größere Schallfülle (dynam. oder expirator. A., Druck-A., Intensitäts-A.) oder durch höhere Tonlage (musikal. A.). In der Regel verfügt eine Sprache über dynam. und musikal. A., eine der beiden A.arten dominiert jedoch. Der Wort-A. liegt in manchen Sprachen auf einer bestimmten Silbe des Wortes (fester A.), in anderen Sprachen auf verschiedenen Silben des Wortes (freier A.). Wort- und Satz-A. als feste Bestandteile von Wort und Satz (objektiver A.) können emphat. (↑Emphase) verändert werden (subjektiver A.).

◆ in der *Musik:* 1. seit dem ausgehenden 16. bis ins 20. Jh. die in den Takten und Taktperioden geregelte Betonung in der Unterscheidung metr. Qualitäten (schwere, betonte gegenüber leichten Taktteilen). 2. im 17. und 18. Jh. gebräuchl. Verzierung, die in unterschiedl. Bedeutung (Vor-, Nachschlag) und mit wechselnden Zeichen verwendet wird.

akzentuierendes Versprinzip [lat.], es setzt einen dynam. ↑Akzent voraus, nach dem sich die metr. Behandlung der Wörter richtet; der natürl. Wortakzent wird zum Träger der metr. Hebung (des ↑Iktus). Im Ggs. dazu beruht das *quantitierende Versprinzip* auf dem Wechsel langer und kurzer Silben (griech. und lat. Sprache), das *silbenzählende Versprinzip* auf der Regelung der Silbenzahl rhythm. Reihen (frz. Sprache). Auf Grund der sprachgeschichtl. Entwicklung setzten sich nach der Antike das akzentuierende und das silbenzählende Versprinzip durch. Der Dichtung der german. Völker liegt das a. V. zugrunde; im altgerman. Stabreimvers richtet sich dabei die metr. Behandlung der Sprache nicht nur nach dem Wortakzent, sondern auch nach dem objektiven Satzakzent. Das Althochdt., Mittelhochdt. und Neuhochdt. kennt vielfach alternierende Verse und eine bedingte Unterordnung des Wort- und Satzakzents unter die Versbetonung; auch sprachl. schwach betonte oder unbetonte Silben können im Vers dynam. ausgezeichnet werden: „Dies ist die Zéit der Könige nicht méhr" (Hölderlin, „Der Tod des Empedokles"); umgekehrt kann es zur Unterdrückung von Wortakzenten kommen. Im Widerspruch zum natürl. a. V. der dt. Sprache gab es verschiedene Versuche, das silbenzählende Prinzip einzuführen (z. B. im Meistersang). Die Wiedereinsetzung des a. V. ist das Verdienst Opitz' („Buch von der Dt. Poeterey", 1624); Opitz gestattet zunächst jedoch nur ↑alternierende Versmaße.

Akzept [lat.], Anerkennung der in einem Wechsel ausgesprochenen Zahlungsaufforderung durch den Bezogenen, der dann auch als **Akzeptant** bezeichnet wird. Durch die Annahme, die durch Unterschrift quer am linken Rand des Wechsels erfolgt, geht der Bezogene die Verpflichtung ein, bei Fälligkeit des Wechsels die Wechselsumme zu zahlen. Als A. wird auch ein mit der Annahmeerklärung versehener Wechsel selbst bezeichnet.

akzeptabel [lat.-frz.], annehmbar.

Akzeptabilität [lat.-frz.], die Annehmbarkeit eines Satzes, der von einem Informanten als grammat. korrekt gebildet beurteilt wird.

Akzeptant ↑Akzept.

akzeptieren [lat.], [einen Vorschlag, einen Wechsel] annehmen; einwilligen; etwas billigen, hinnehmen.

Akzeptkredit ↑Wechselkredit.

Akzeptoren [lat.], in der Halbleiterphysik in einem Halbleiterkristall aus vierwertigen Atomen (insbes. Silicium, Germanium) eingebaute dreiwertige Fremdatome (z. B. Gallium, Indium), die von Nachbaratomen Elektronen aufnehmen können. Die Atome hinterlassen Lücken (Defektelektronen), die eine positive Ladung darstellen. Der mit A. verunreinigte (dotierte) Kristall ist p[ositiv]-leitend (Löcherleitung).

Akzession [lat.], Zugang, Erwerb, Zuwachs, Neuerwerbung.

Akzessionsliste (Zugangsverzeichnis), Liste in Bibliotheken, in der neu eingehende Bücher nach der laufenden Nummer eingetragen werden.

Akzessorietät [...i-e...; lat.], 1. im *Strafrecht* die Abhängigkeit der Teilnahme (Anstiftung, Beihilfe, Mittäterschaft) von der Haupttat. Das dt. Strafrecht steht heute auf dem Boden der begrenzten A., nach der die Haupttat nur [straf]tatbestandsmäßig und rechtswidrig sein muß. 2. Im *Zivilrecht* die Abhängigkeit des Sicherungsrechts (z. B. Hypothek) von der zu sichernden Forderung, so daß das eine nicht ohne die andere existieren kann.

akzessorisch [lat.], hinzukommend, zusätzlich; nebensächlich, weniger wichtig.

Akzessorius [lat.], Kurzbez. für: Nervus accessorius (XI. Hirnnerv).

Akzidens [lat.], philosoph. Fachausdruck für das Zufällige, nicht notwendig einem Gegenstand zukommende, unselbständig Seiende, im Ggs. zum selbständig Seienden, der ↑Substanz.

Akzidentalien [lat.], Nebenpunkte bei Rechtsgeschäften, im Ggs. zu den Essentialien.

akzidentell (akzidentiell) [lat.-frz.], zufällig, unwesentlich; nicht krankhaft, nicht zum gewöhnl. Krankheitsbild gehörend.

Akzidenz [lat.], im Geschäfts- und Privatverkehr vorkommende Kleindrucksache (z. B. Prospekte, Anzeigen, Programme).

Akzidenzschriften, Druckschriften für Titel, Anzeigen, Karten u. a.; im weiteren Sinn alle Handsatzschriften, die beim Werk- bzw. Zeitschriftensatz nicht verwendet werden; Ggs. ↑Brotschriften.

Akzise [frz.; zu lat. accidere „vermindern"] (Ziese, Assise), seit dem MA bis ins 19. Jh. übl. Bez. für indirekte verbrauch- und verkehrsteuerartige Abgaben; in Deutschland im 13. Jh. als von den Städten eingezogene *Tor-A.* eingeführt; im 19. Jh. zugunsten steuerl. Gerechtigkeit abgebaut; im 20. Jh. in Form von Umsatz- und Verbrauchsteuern neu belebt.

Akzo N. V., multinat. Chemiegruppe; Sitz Arnheim. Die Holding entstand 1969 aus der Fusion der Algemene Kunstzijde Unie N. V. (AKU) mit der Koninklijke Zout Organon N. V. Die Produktionsbetriebe wurden in der Enka Glanzstoff zusammengefaßt.

Al, chem. Symbol für ↑Aluminium.

Al (El), im Arab. bestimmter Artikel für beide Geschlechter, z. B. Al Ahram („Die Pyramiden"); das l des arab. Artikels wird dem folgenden Buchstaben oder der folgenden Buchstabengruppe angepaßt, und zwar: l d > d d, l dh > dh dh, l n > n n, l r > r r, l s > s s, l sch > sch sch, l t > t t, l th > th th; z. B. Abd Al Rahman > Abd Ar Rahman. In den übrigen Fällen bleibt das l des arab. Artikels erhalten.

Al..., arab. Namen mit dem Artikel Al, ↑unter dem auf Al folgenden Namen.

-al, Suffix in der chem. Nomenklatur für Verbindungen, die eine Aldehyd-(Formyl-) Gruppe tragen.

Ala [lat. „Flügel"], röm. Militäreinheit bundesgenöss. Truppen.
◆ (Mrz. Alae), svw. ↑Flügel.

Ala, 1914 als Auslands-Anzeigen GmbH (AAG) gegr., Teil des Hugenbergkonzerns. 1917 erweitert zur **Allgemeinen Anzeigen GmbH** (Ala); 1923 AG; 1934–45 mehrheitl. bei einer NSDAP-abhängigen Gesellschaft.

ALA [engl. 'ɛɪ-ɛl'ɛɪ], Abk. für: ↑Alliance for Labor Action.

à la [frz.], auf, nach Art von ...

alaaf [niederrhein. „all(es) (andere) ab, d. h. weg"], es lebe hoch!, hurra! Lob- und Trinkspruch, seit dem 18. Jh. (1733) nachgewiesen, wohl aber älter; seit Beginn des 19. Jh. Hochruf im Kölner Karneval.

à la baisse [ala'bɛːs; frz.], auf das Fallen der Börsenkurse [spekulieren]; in Erwartung eines Kursrückgangs schließt der Wertpapierverkäufer Geschäfte zu einem festen Kurs ab mit der Verpflichtung, erst zu einem späteren Zeitpunkt (per Termin) die Papiere zu liefern.

Alabama (Abk. Ala.), Bundesstaat im SO der USA, 133 915 km², 3,99 Mill. E (1984), 29 E/km², Hauptstadt Montgomery; 67 Counties.
Landesnatur: A. hat Anteil an drei großen Landschaftsräumen der USA: den N, NO und O nehmen die südl. Ausläufer der Appalachen ein mit der höchsten Erhebung von A., dem Mount Cheaha (624 m ü. d. M.), sowie Teile des Cumberland und des Piedmont Plateaus; im NW liegt der Anteil am Zentralen Tiefland, hier Northwest Plateau genannt. Den größten Teil des Landes nimmt die Golfküstenebene ein, die nach N in Terrassen bis zum Piedmont Plateau ansteigt.
Klima, Vegetation: A. hat feuchtwarmes Klima, das wesentl. durch die Breitenlage geprägt wird, mit hohen sommerl. Temperaturen und milden Wintern. - Etwa 60 % des Landes sind bewaldet (v. a. Eichen- und Kiefernarten), in Tälern und Sumpfgebieten Galeriewälder.
Bevölkerung, Wirtschaft, Verkehr: Rd. 30 % der Bev. sind Farbige. Die Rassentrennung im Bildungswesen wurde 1963 aufgehoben. Univ. u. a. in Tuscaloosa (gegr. 1831) und Birmingham (gegr. 1841). - Wichtigste landw. Produkte sind Baumwolle, Mais, Sojabohnen, Erdnüsse, Kartoffeln und Obst. A. ist überdies ein wichtiger Lieferant für Schnittholz und Papiermasse. - Reiche Kohlen- und Erzlagerstätten, außerdem wird Bauxit abgebaut und Erdöl gefördert. Die Ind. entwickelte sich auf Grund der vorhandenen Bodenschätze v. a. im N um Birmingham und Gadsden (Stahl- und Röhrenwerke), im S um Mobile (Aluminiumwerk); außerdem chem. Ind., Textil- und Nahrungsmittelind. Zahlr. Kraftwerke am Tennessee River und an Nebenflüssen des

A. River. - Das Straßennetz ist 112 650 km, das Eisenbahnnetz 7 600 km lang; bed. ist das Wasserstraßennetz (über 2 700 km), das u. a. Birmingham mit Mobile, dem einzigen Seehafen von A., verbindet. Wichtigste ⚓ in Birmingham und Mobile.

Geschichte: Das Gebiet des heutigen A. wurde ab Anfang des 16. Jh. von Spaniern als ersten Weißen entdeckt und durchzogen. Ungeachtet engl. Ansprüche ließen sich die Franzosen am Mobile River 1702 nieder und errichteten Fort Louis, 1763 ging das Gebiet an Großbrit. über, den S 1783 an Spanien. A. erhielt 1819 seine heutigen Grenzen. 1817 US-Territorium, 1819 22. Staat der USA. Die in A. ansässigen Indianer wurden bis 1832 vertrieben und über den Mississippi abgedrängt. A. trat 1861 aus der Union aus und unterstützte im Sezessionskrieg die Konföderation; 1868 wieder in die Union aufgenommen.

A., urspr. am oberen Alabama River lebender Indianerstamm, zur Sprachfamilie der Muskogee und zur Creek-Konföderation gehörend; typ. Bodenbauer des sö. Waldlandes.

Alabama River [engl. ælə'bæmə 'rivə], Fluß in Alabama; entsteht aus zwei Quellflüssen, die in den sw. Ausläufern der Appalachen entspringen, 507 km lang bis zum Zusammenfluß mit dem *Tombigbee River*, danach gabelt sich der A. R. 50 km nördl. von Mobile in den *Mobile River* und den *Tensaw River*, die in die Mobile Bay münden.

Alabandin [lat.], svw. ↑ Manganblende.

Alabaster [griech.], feinkörnige Gipsvarietät, in reinem Zustand weiß und undurchsichtig, sonst grau bis rötl., durchscheinend; $CaSO_4 \cdot 2 H_2O$. Mohshärte 1,5 bis 2; Dichte 2,3 bis 2,4 g/cm³. A. kommt in fast allen Gipslagerstätten vor, bes. rein v. a. in den Lagerstätten von Volterra (Italien). - In der bildenden Kunst ist A. schon seit frühester Zeit infolge der leichten Bearbeitungsmöglichkeit ein bevorzugtes Material zur Herstellung v. a. von kleineren bildner. Werken.

Alabasterglas, Sammelbez. für große, trüb durchscheinende, natürl. vorkommende Kristalle kalkarmer Kaliumsilicate.

Alabastron [griech.], kleines griech. Salbgefäß; aufwärts verjüngte Form mit engem Hals u. flachem Mündungsteller, meist ohne Fuß, mitunter mit Ösen; aus Alabaster, Ton oder Glas (7. bis 5.Jh.), auch im Totenkult verwendet. Exportartikel.

à la bonne heure [frz. alabɔ'nœːr; „zur guten (rechten) Stunde"], so ist's recht!, bravo!

Alaca Hüyük [türk. 'ɑlɑdʒa hy'jyk] (genauer Hüyük bei Alaca), Ruinenhügel in Inneranatolien, Türkei; türk. Ausgrabungen seit 1935 legten Teile einer hethit. Stadt mit Tempelpalast, unter dieser Stadt Fürstengräber vom Ende des 3.Jt. v.Chr. (mit reichen Beigaben) frei.

Al-Aksa-Moschee

à la carte [frz. ala'kart], nach der Speisekarte (nicht als Menü).

Alacoque, Marguerite-Marie [frz. ala'kɔk], hl., * Verosvres (Saône-et-Loire) 22. Juli 1647, † Paray-le-Monial (Saône-et-Loire) 17. Okt. 1690, frz. Mystikerin. - Salesianerin; ihre Visionen beeinflußten und verstärkten die Herz-Jesu-Verehrung.

Aladağ [türk. ɑ'lɑˌdɑː; „bunter Berg"] Hochgebirgsmassiv im zentralen S der Türkei, höchster Teil des Taurus, im Demir Kazık 3 900 m (nach anderen Quellen im Kaldıdağ 3 734 m); der N-Teil *(Schwarzer A.)* hat Mittelgebirgscharakter, der S-Teil *(Weißer A.)* Hochgebirgscharakter mit Gletschern.

ALADI, Abk. für span.: Asociación Latinoamericana de Integración, ↑ Lateinamerikanische Integrationsvereinigung.

Aladin und die Wunderlampe, Märchen aus der Sammlung Tausendundeine Nacht. A. holt im Auftrag eines bösen Zauberers eine Wunderlampe aus einer unterird. Schatzhöhle. Dem Besitzer der Lampe steht ein dienstbarer Geist zur Verfügung, der alle Wünsche erfüllt. A. gelingt es, die Tochter des Sultans zur Frau zu gewinnen und der List des Zauberers zu entgehen.

Alagoas, brasilian. Bundesstaat an der NO-Küste, 27 731 km², 2,2 Mill. E (1984), Hauptstadt Maceió; umfaßt den SO-Abfall des Planalto do Borborema (900–1 000 m ü. d. M.), und das ihm vorgelagerte Küstenland; wenig Ind.; die Bev. arbeitet v. a. in der Landw.: Anbau von Zuckerrohr, Reis, Mais u. a., auch Viehhaltung und Fischfang. - Sehr früh von Portugal aus besiedelt; durch königl. Erlaß 1817–22 eigenes Kapitanat; Prov. bis 1889, seitdem Bundesstaat.

Alagón [span. ala'ɣɔn], rechter Nebenfluß des Tajo, Spanien, entspringt in der Sierra

à la hausse

de Béjar, mündet nö. von Alcántara; 201 km lang.

à la hausse [ala''o:s; frz.], auf das Steigen der Börsenkurse [spekulieren]; in Erwartung eines Kursanstiegs schließt der Wertpapierkäufer Geschäfte zur Lieferung zu einem späteren Termin ab.

Alaigebirge, Gebirge in der Kirgis. SSR und der Tadschik. SSR, UdSSR, 400 km lang, bis 5 539 m hoch; vom Transalaigebirge durch das 8–22 km breite **Alaital** getrennt; steiler N-Abfall; vergletschert; Quecksilber- und Antimonerzlagerstätten; über das östl. A. führt die Straße Chorog-Osch.

Alain [frz. a'lɛ̃], eigtl. Émile Chartier, * Mortagne-au-Perche (Orne) 3. März 1868, † Le Vésinet (Yvelines) 2. Juni 1951, frz. Philosoph und Schriftsteller. - Mitarbeiter zahlr. Zeitungen. Keiner philosoph. Schule angehörend, behandelt er ohne systemat. Begriffsbildung Fragen der Erkenntnistheorie, Ästhetik, Moral- und Religionsphilosophie. A. prägte die Doktrin des frz. Radikalsozialismus nach dem 1. Weltkrieg.

A., Marie-Claire, * Saint-Germain-en-Laye 10. Aug. 1926, frz. Organistin. - Bekannt v. a. durch ihre Bach-Interpretationen.

Alain-Fournier [frz. alɛ̃fur'nje], eigtl. Henri-Alban Fournier, * La Chapelle-d'Angillon (Cher) 3. Okt. 1886, ✕ bei Saint-Rémy 22. Sept. 1914, frz. Romancier. - Literaturkritiker. Erst in den 20er Jahren wurde sein einziger vollendeter, 1913 geschriebener symbolist. Roman „Der große Kamerad" verstanden und gewürdigt; schrieb auch Gedichte. 1905–14 interessanter Briefwechsel mit J. Rivière.

Alaital ↑Alaigebirge.

Alajuela [span. ala'xṵela], Hauptstadt der Prov. A., Costa Rica, 20 km nw. von San José, 950 m ü. d. M., 34 000 E. Sitz eines Bischofs; wichtiges Handels- und Ind.-Zentrum; Zuckerind., Kaffeeaufbereitung.

Alakaluf, Indianerstamm in Feuerland.

Alaknanda, linker Quellfluß des Ganges, im Himalaja, 120 km lang; bildet 60 km sö. von Dehra Dun mit dem *Bhagirathi* den Ganges.

Alakol, abflußloser Salzsee am NO-Fuß des Dsungar. Alatau, UdSSR, 343 m ü. d. M., 100 km lang, bis 50 km breit, bis 45 m tief.

Al-Aksa-Moschee (arab. Masdschid Al Aksa, „die ferne Gebetsstätte"), bed. Heiligtum des Islams, an der Südmauer des Tempelbezirks in Jerusalem (702, erneuert 780, 1035 und im 13. Jh.); von dieser Stelle aus soll Mohammed seine Himmelsreise angetreten haben; am 21. Aug. 1969 wurde sie durch eine Brandstiftung stark beschädigt. - Abb. S. 183.

Alalach, Ruinenstätte am Asinehri, rd. 20 km östl. von Antakya, Türkei (Ruinenhügel Tall Atschana); ausgegraben 1937–49 von C. L. Woolley; seit dem 3. Jt. v. Chr. besiedelt,

im 2. Jt. Hauptstadt des Ft. Mukisch, zerstört kurz nach 1200 v. Chr.

Alalie [griech.], Unfähigkeit, artikulierte Laute zu bilden, als Folge organ. Störungen bzw. mangelnder Koordination der Sprechwerkzeuge.

Alamain, Al, ägypt. Ort 3 km vom Mittelmeer entfernt, an der Straße und Eisenbahnlinie von Alexandria nach As Sallum; Erdölvorkommen. - Im 2. Weltkrieg scheiterte in den Kämpfen bei Al A. (Juni–Nov. 1942) der Durchbruchsversuch des dt. Afrikakorps unter Generalfeldmarschall Rommel.

Alamán, Lucas, * Guanajuato 18. Okt. 1792, † Mexiko 2. Juni 1853, mex. Politiker und Historiker. - Als Führer der mex. Konservativen und Abg. der span. Cortes um eine friedl. Lösung der Unabhängigkeitsfrage bemüht; seit 1823 zeitweilig Innen- und Außenmin., bedeutendster mex. Historiker im 19. Jh.

Alamannen ↑Alemannen.

Alamo, The [engl. ðɪ'ælǝmoʊ] ↑San Antonio (Texas).

à la mode [frz. ala'mɔd], nach der Mode, modisch.

Alamogordo [engl. ælǝmǝ'gɔ:dǝ], Stadt im südl. N. Mex., USA, am W-Abfall der Sacramento Mountains, 24 000 E. Handelszentrum eines Viehzuchtgebiets sowie Zentrum für militär. Forschung.

Alanate ↑Alane.

Alanbrooke, Alan Francis Brooke, Viscount (seit 1946) [engl. 'ælǝnbrʊk], * Bagnères-de-Bigorre 23. Juli 1883, † Hartley Wintney (Hampshire) 17. Juni 1963, brit. Feldmarschall (1944). - Leitete im 2. Weltkrieg den brit. Rückzug bei Dünkirchen; 1940/41 Oberbefehlshaber der Heimatstreitkräfte; 1941–46 Chef des Empire-Generalstabs.

Aland, Kurt, * Berlin 28. März 1915, dt. ev. Theologe. - 1946 Prof. in Berlin, 1947 in Halle, seit 1958 in Münster. Bed. auf den Gebieten der neutestamentl. Textkritik und der Kirchengeschichte.

Aland (Nerfling, Orfe, Elte, Leuciscus idus), bis 75 cm langer, etwas hochrückiger Karpfenfisch in klaren, kühlen Fließgewässern und Seen Eurasiens; grauschwarzer Rücken, hellere Seiten und silbrig glänzender Bauch; Flossen (mit Ausnahme der graublauen Rücken- und Schwanzflosse) rötl.; eine Farbvarietät ist die ↑Goldorfe. Als Speisefisch nicht geschätzt.

Åland [schwed. 'o:land], größte der ↑Ålandinseln, 650 km².

Alandblecke, ein Karpfenfisch, ↑Schneider.

Ålandinseln [schwed. 'o:land] (finn. Ahvenanmaa), finn. Inselgruppe in der Ostsee, am S-Ende des Bottn. Meerbusens, rd. 10 000 Inseln und Schären, Gesamtfläche 1 481 km², bis 132 m ü. d. M. Größter Ort und Verwaltungssitz ist Mariehamn. Die Å. sind der Rest eines präkambr., tekton. zerstückelten Ge-

birgszugs, glazial überformt. Eine noch andauernde Landhebung (50 cm/Jh.) ließ die Å. aus der postglazial entstandenen Ostsee auftauchen. Das Klima ist weit ozeanischer als das der auf gleicher Breite liegenden Festlandsgebiete Schwedens und Finnlands. Etwa 85 % der Gesamtfläche sind bewaldet (v. a. Kiefern und Fichten), 10 % Fläche werden landw. genutzt. Die überwiegend schwed. Bev. lebt v. a. von Land- und Forstw., Fischerei, Seefahrt und vom Fremdenverkehr. Sie konzentriert sich v. a. auf der Hauptinsel Åland; viele Schären sind unbewohnt. - 1809 zus. mit Finnland an Rußland; entgegen dem 1917 vom größten Teil der Bev. geforderten Anschluß an Schweden entschied der Völkerbund den Verbleib bei Finnland; erhielt 1920 weitgehende Autonomie (u. a. Amtssprache schwed., Entmilitarisierung, eigene Flagge).

Ålandsee [schwed. 'o:land], 40–45 km breiter Meeresarm der Ostsee, zw. Ålandinseln und M-Schweden; Tiefen bis über 300 m; meist eisfrei.

Alane [Kw.], Sammelbez. für Aluminiumhydrid (AlH₃) und dessen durch Austausch von Wasserstoffatomen gegen Halogenatome oder organ. Reste entstehende Derivate, z. B. Methyläthylalan:

$$\begin{array}{c} CH_3 \\ \quad\quad\;\diagdown \\ \quad\quad\quad Al{-}H \\ \quad\quad\;\diagup \\ C_2H_5 \end{array}$$

Mischhydride vom Typus Meᴵ(AlH₄) werden als **Alanate** bezeichnet; bekannt ist das ↑Lithiumalanat.

Alanen, iran. Nomadenvolk, das aus mehreren Stämmen bestand; zogen als Vorläufer der Hunnen von O- und Z-Asien nach W; nach dem Hunneneinfall in ihre Wohnsitze zogen Teile der A. mit Germanen nach Frankr., Spanien und bis N-Afrika; von den A. stammen die in Kaukasustälern lebenden Osseten ab.

Alang-Alang-Gras [indones./dt.] (Imperata cylindrica var. koenigii), ein mit dem Zuckerrohr nahe verwandtes Gras, bes. in den Tropen der Alten Welt; dient den Eingeborenen zum Abdecken ihrer Behausungen.

Alanin [Kw.] (α-Aminopropionsäure, Aminopropansäure), eine der wichtigsten α-Aminosäuren, Bestandteil fast aller Eiweißkörper. Chem. Strukturformel:

$$\begin{array}{ccc} H & H & \\ | & | & \\ H{-}C{-}C{-}C & \!\!\!\diagup\!\!\overset{\textstyle O}{} \\ | & | & \diagdown \\ H & NH_2 & OH \end{array}$$

Alant (Inula), Gatt. der Korbblütler mit etwa 120 Arten in Eurasien und Afrika; in Deutschland kommt u. a. der aus Vorderasien und dem Mittelmeergebiet stammende **Echte Alant** (Helenenkraut, Inula helenium) vor, eine 0,6–2 m hohe, gelbblühende Staude, bes. auf feuchten Wiesen und an Gräben. Blätter

sehr groß, ungleich gezähnt, unterseits graufilzig. Der Wurzelstock enthält ↑Inulin und ↑Pektine.

Alantstärke, svw. ↑Inulin.

Alanya, türk. Stadt im schmalen Küstenstreifen zw. dem Golf von Antalya und dem W-Taurus, 22000 E. Anbau von Zitrusfrüchten und Bananen; Winterkurort, Seebad. - In

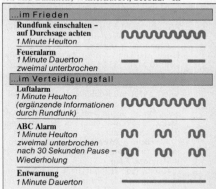

...im Frieden	
Rundfunk einschalten – **auf Durchsage achten** *1 Minute Heulton*	〜〜〜〜〜〜
Feueralarm *1 Minute Dauerton* *zweimal unterbrochen*	— — — —
...im Verteidigungsfall	
Luftalarm *1 Minute Heulton* *(ergänzende Informationen* *durch Rundfunk)*	〜〜〜〜〜〜
ABC Alarm *1 Minute Heulton* *zweimal unterbrochen* *nach 30 Sekunden Pause –* *Wiederholung*	∿ ∿ ∿ ∿
Entwarnung *1 Minute Dauerton*	——————

Alarm. Schematische Darstellung des Sirenentons in verschiedenen Alarmfällen

Alaska. Wirtschaftskarte

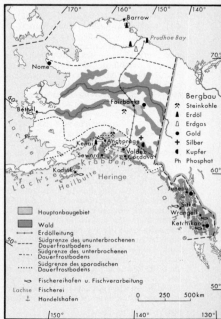

Bergbau
✕ Steinkohle
▲ Erdöl
⌂ Erdgas
● Gold
✚ Silber
⬦ Kupfer
Ph Phosphat

Hauptanbaugebiet
Wald
Erdölleitung
Südgrenze des ununterbrochenen Dauerfrostbodens
Südgrenze des unterbrochenen Dauerfrostbodens
Südgrenze des sporadischen Dauerfrostbodens
⚓ Fischereihafen u. Fischverarbeitung
Fischerei
⚓ Handelshafen

0 250 500 km

der Antike *Korakesion;* ab 1221 zum Seldschukenreich, ab 1471 osman.; im 14. Jh. bed. Hafen. - Seldschuk. Zitadelle (1226–31), Teile der Stadtmauer mit dem Roten Turm (etwa 1226).

Alaotra, Lac, größter See Madagaskars, 750 m ü. d. M., 40 km lang, 10 km breit, 1–2 m tief; bed. Landw. in der Uferregion.

Alapajewsk, sowjet. Stadt am O-Rand des Mittleren Ural, Geb. Swerdlowsk, RSFSR, 50 000 E. Eisenerzbergbau; Eisenhüttenwerk (seit 1702). - 1704 gegr.

Alarcón y Ariza, Pedro Antonio de [span. alarˈkon i aˈriθa], *Guadix (Andalusien) 10. März 1833, † Valdemoro bei Madrid 10. Juli 1891, span. Schriftsteller. - Zeitweise Gesandter; bed. Novellist (u. a. „Der Dreispitz", 1874) und Romancier („Der Skandal", 1875). Sein Tagebuch des marokkan. Feldzuges, „Diario de un testigo de la guerra de África" (1859), war eines der meistgelesenen Bücher seiner Zeit.

Alarcón y Mendoza [span. alarˈkon i mɛnˈdoθa], Juan Ruiz de ↑Ruiz de Alarcón y Mendoza, Juan.

Alard, Jean Delphin [frz. aˈlaːr], *Bayonne 8. März 1815, † Paris 22. Febr. 1888, frz. Violinist. - 1843–75 Lehrer am Pariser Conservatoire; sein berühmtester Schüler war Sarasate.

Alarich, Name westgot. Könige der Dynastie der Balthen:

A. I., *auf einer Insel im Donaudelta um 370, † in S-Italien 410. - Machte sich nach dem Tode Kaiser Theodosius' I. zum Führer der Westgoten; nach Plünderungszügen durch das ganze Balkangebiet zum oström. Magister militum ernannt; kämpfte nach mehreren Einfällen in Italien 408 erneut gegen Westrom; erstürmte 410 Rom (dreitägige Plünderung der Stadt); starb auf dem Zug nach S-Italien, wo er nach Afrika übersetzen wollte; bei Cosenza im Busento begraben.

A. II., ✕ 507, König (seit 484). - Sohn Eurichs, Schwiegersohn des Ostgotenkönigs Theoderich d. Gr.; das 506 von A. geschaffene Gesetzeswerk „Lex Romana Visigothorum" war im MA eine wichtige Quelle für die Kenntnis des röm. Rechts; fiel im Kampf gegen Chlodwig I.

Alarm [zu italien. all'arme „zu den Waffen"], 1. (militär.) Alarmierung von Einsatzkräften; 2. Warnung der Bev. im Verteidigungs- und Katastrophenfall. In der BR Deutschland besteht ein Warndienst mit 10 Warnämtern, die jeweils für 1 Warngebiet zuständig sind; die Warnämter unterstehen unmittelbar dem Bundesamt für Zivilschutz (Abk. BZS) in Bonn. Sie erfassen Gefahrenlagen (z. B. Luftlagen), werten sie aus und lösen die 67 000 Sirenen regional oder insgesamt aus. Den Warnämtern angeschlossen sind 13 000 Warnstellen mit Direktempfängern bei wichtigen Behörden und lebens- oder verteidigungswichtigen Betrieben. Der Warndienst kann auch für Zwecke des Katastrophen- und des Umweltschutzes eingesetzt werden. - Abb. S. 185.

Alarmanlagen, Warnanlagen zum Auslösen von Alarm bei Feuer, Unfall, Einbruch. Dazu zählen: **Feuermelder** z. B. in Betrieben und auf öffentl. Straßen (durch Einschlagen einer Glasscheibe u. Drücken eines Knopfes wird ein Stromkreis [bzw. Melderschleife] unterbrochen; in der Zentrale [z. B. Feuerwache] fällt das entsprechende Relais ab, löst dadurch ein Alarmzeichen aus und zeigt den Standort des Feuermelders an). **Ionisationsfeuermelder** (Verbrennungsgase schwächen in der Meßkammer die künstl. erzeugte Ionisation ab, die der Vergleichskammer bleibt; bei gestörtem Gleichgewicht wird Alarm ausgelöst); **Rauchmelder** (gemeinsame Lichtquelle strahlt zwei Photozellen in Brückenschaltung an, ein Lichtweg ist der Raumluft ausgesetzt, der andere nicht; bei Rauchentwicklung stört unterschiedl. Beleuchtungsstärke der Zellen das Brückengleichgewicht); **Flammenmelder** (reagieren auf die Flackerfrequenzen von 5–30 Hz einer Flamme, die eine Photozelle beleuchtet). **Raumschutzanlagen** arbeiten mit Unterbrechungskontakten (an Türen, Fenstern usw.), mit **Lichtschranken,** bei denen die Unterbrechung eines Lichtstrahls (auch Infrarotlicht) zw. Lampe und Photozelle durch eindringende Personen Alarm auslöst, oder mit Mikrowellenfeldern oder -richtstrecken, deren Störung zum Alarm führt. Akust. Überwachung erfolgt mit hochempfindl. Mikrophonen, z. T. auch mit Hilfe von Ultraschallfeldern, opt. Überwachung mit Fernsehkameras. **Diebstahl-A.** an Ausgängen von Verkaufsräumen bestehen aus zwei eine „Schleuse" bildenden Antennenanlagen und an den Waren befestigten Alarmmarken, die beim Passieren der Schleuse Alarm auslösen.

📖 *Rehborn, K.:* Praxis der A. Neubiberg 1984. - *Ekerts, H.:* Alarm- u. Warnanlagen. Mchn. ²1983.

alarmieren [italien.], Alarm geben, zum Einsatz rufen, warnen; beunruhigen, aufschrecken.

Alaşehir [türk. aˈlaʃɛˌhir „bunte Stadt"], Ort in W-Anatolien, 120 km östl. von İzmir, Türkei, 189 m ü. d. M., 20 000 E. - Als **Philadelphia** im 2. Jh. v. Chr. gegr.; besaß eine bed. frühchristl. Gemeinde, an die eines der 7 Sendschreiben der Apk. (3, 7–13) gerichtet ist.

Alaseja, Fluß in NO-Sibirien, UdSSR, entspringt im **Alasejabergland** (bis 954 m hoch), mündet in die Ostsibir. See, 973 km lang.

Ala Shan, Sandwüste im W der Autonomen Region Innere Mongolei, China, Teil der Gobi, etwa 1 Mill. km² groß; nur spärl. von Nomaden bevölkert.

Alaska, größter Staat der USA,

Alaskarotfuchs

1,53 Mill. km², an drei Seiten von Meer umgeben; Grenze gegen Kanada ist der 141. Längengrad. Nördlichster Punkt ist Kap Barrow am Nordpolarmeer; mit seinem rd. 250 km breiten ↑ Panhandle reicht A. fast 850 km weit nach S; 500 000 E (1984), Hauptstadt Juneau.

Landesnatur: Die etwa 1 000 km lange **Alaska Range,** im vergletscherten Mount McKinley 6 193 m hoch, umschließt in einem weiten Bogen den **Golf von Alaska,** eine Meeresbucht des Pazifik. Die dem Golf zugewandte Gebirgsflanke ist stark vergletschert. Die Küste, der viele Inseln vorgelagert sind, reicht mit Buchten und Fjorden weit ins Land hinein. Sie ist ein tekton. außerordentl. unruhiges Gebiet; tätige Vulkane finden sich auf den Aleuten. Nördl. des Gebirgswalls dehnt sich das Berg- und Hügelland des Yukonbeckens aus, im N begrenzt von der 1 000 km langen *Brooks-Range;* sie ist im W bis 1 500 m, im O im Mount Michelson 2 816 m hoch, hier stärker vergletschert als im W. Es folgt die (im O) 15–250 km (im W) breite Küstenebene (North Slope) am Nordpolarmeer.

Klima, Vegetation, Tierwelt: Das Küstengebirge ist reich an Niederschlägen. In seinem Windschatten liegt das Yukonbecken mit kontinentaltrockenem Klima; fünf Monate haben hier eine negative Feuchtebilanz, die Nordpolarmeerküste sogar neun bis zehn Monate; sie wird fast das ganze Jahr über von Eis blockiert. Die Beringstraße ist nur von Juni–Okt. eisfrei. Der innerste Teil des Golfes von A. steht unter dem wärmenden Einfluß von Ausläufern des Kuroschio (eisfreie Häfen). - 35 % von A. sind bewaldet; im Gebirge folgen auf Nadelwälder Weiden- und Birkengebüsch, darüber Höhentundra. Die polare Waldgrenze liegt bei etwa 68° n. Br.; Tundra bedeckt rd. ¹/₃ des Landes. Über 70 % von A. liegen im Bereich des polaren Dauerfrostbodens. Bed. Wildtierbestände (Bären, Wölfe, Elche, Karibus u. a.) haben sich erhalten.

Bevölkerung, Wirtschaft, Verkehr: 17 % der Bev. sind Eskimo und Indianer, die urspr. Bewohner des Landes. Rd. 11 % sind Angehörige der Armee. Agrarkolonisten haben sich v. a. in den Tälern des Tanana und Matanuska niedergelassen. Städte wie Sitka und Petersburg gehen auf russ. Siedlungen zurück. Eine vorübergehende Masseneinwanderung brachte der Goldrausch der 90er Jahre des 19. Jh. Univ. in Fairbanks (gegr. 1915) und Anchorage (gegr. 1957). - In der Fischerei steht der Lachsfang und seine Verarbeitung an erster Stelle (²/₃ der Weltproduktion). A. ist reich an Bodenschätzen, die z. T. noch nicht erschlossen sind. Neben Gold, Kohle und Erzen spielt die Förderung von Erdgas und -öl aus mehreren Feldern eine bes. Rolle. Die moderne Ind. ist gering konzentriert, vom Handwerk sind Pelzverarbeitung und Elfenbeinschnitzerei wichtig. -

Die einzige winteroffene Straßenverbindung wurde durch den **Alaska Highway** hergestellt (Dawson Creek [Kanada]–Delta Junction bzw. Fairbanks, 2 450 km lang, erbaut März– Nov. 1942). Von Seattle bzw. Vancouver verkehren regelmäßig große Fährschiffe in den N (*A. Marine Highway System*), bes. wichtig ist aber der Flugverkehr (Air taxi). Anchorage wird von mehreren Fluggesellschaften über die Polarroute angeflogen. Eine Eisenbahn verbindet Seward über Anchorage mit Fairbanks, eine weitere Skagway (im Panhandle) mit Whitehorse (Kanada). Vom Erdölfeld an der Prudhoe Bay führt eine 1 300 km lange Pipeline (seit 1977 in Betrieb) nach S zum eisfreien Hafen Valdez. Mit dem Bau einer Ferngasleitung (insgesamt rd. 7 800 km) wurde 1980 begonnen. Sie wird erst parallel der A. Pipeline verlaufen, dann über kanad. Gebiet in die USA.

Geschichte: Die S-Küste von A. wurde 1741 von Bering und Tschirikow entdeckt. 1799 Etablierung der Russ.-Amerik. Kompanie. Für 7,2 Mill. $ übernahmen die USA 1867 nach Verhandlungen mit Rußland A., das bis 1884 ohne Verwaltung blieb. 1906 Einrichtung einer Territorialverwaltung nach Festlegung der endgültigen Grenzen von A. durch einen Vertrag zw. den USA und Kanada (1903); 1912 erhielt das Territorium eine beschränkte Selbstverwaltung. 1955 gab sich A. eine Verfassung. 1959 als 49. Staat in die Union aufgenommen. - Karte S. 185.
◫ *Weden, R. B.: A. Boston 1978. - Bandi, H.-G.: A. Urgesch., Gesch., Gegenwart. Stg. u. a. 1967.*

Alaskabär (Kodiakbär, Ursus arctos middendorffi), größte der heute noch lebenden Unterarten des ↑ Braunbären in Alaska; ♂♂ haben etwa 1,3 m Schulterhöhe und ein Gewicht bis 700 kg.

Alaskafuchs, Handelsbez. für einen auf Schwarz gefärbten Rotfuchspelz.

Alaska Highway [engl. ə'læskə 'haɪwɛɪ] ↑ Alaska.

Alaskakaninchen, mittelgroße, durchschnittl. 3,5 kg schwere Zuchtrasse des Hauskaninchens; Körper kurz und breit, Fell glänzend tiefschwarz, Ohren auffallend kurz.

Alaskanerz, aus Alaska stammende wertvolle Zuchtrasse des Nerzes für die Pelzgewinnung.

Alaska Peninsula [engl. ə'læskə pɪ'nɪnsjələ], Halbinsel an der S-Küste Alaskas, USA, etwa 800 km lang, in der Längsrichtung von der *Aleutian Range* durchzogen, die sich in den Aleuten fortsetzt.

Alaska Range [engl. ə'læskə 'reɪndʒ] ↑ Alaska.

Alaskarotfuchs, in Alaska vorkommende dunkelrote Varietät des Rotfuchses, mit weißer Kehle, weißer Schwanzspitze und beinahe mähnenartig langer Behaarung am Nacken und vorderen Rückenteil; liefert den wertvollsten aller Rotfuchspelze.

187

Alaska Standard Time [engl. ɔ'læskə 'stændəd 'taɪm], Zonenzeit im größten Teil Alaskas, USA; gegenüber MEZ 11 Stunden nachgehend.

Alaskastrom, warme Oberflächenströmung im Pazifik vor der W-Küste N-Amerikas.

Alassio, italien. Seebadeort an der Riviera di Ponente, Region Ligurien, 12 800 E. Fischereihafen; meteorolog. Observatorium seit 1881.

Alastrim [portugies.] (weiße Pocken, Milchpocken, Kaffernpocken, Variola minor), leichte Verlaufsform der echten Pocken, hervorgerufen durch abgeschwächte Pockenvirusstämme; die überstandene Krankheit hinterläßt keine Immunität gegen echte Pokken.

à la suite [frz. ala'sɥit „im Gefolge (von)"], Ehrentitel vor 1918; ehrenhalber „der Armee" oder einem Truppenteil zugeteilt.

Alatau [kirgis. „bunter Berg"], Teil des Namens verschiedener Gebirgszüge des Tienschan innerhalb der UdSSR.

à la tête [frz. ala'tɛt], an der Spitze, zu Anfang, voran.

Alaune [lat.], Gruppe isomorpher Doppelsalze der allg. Formel $Me^I Me^{III}(SO_4)_2 \cdot 12 H_2O$, wobei Me^I für die Metalle Na, K, Rb, Cs, Tl, oder die Gruppe NH_4 steht, Me^{III} für die Metalle Al, Sc, Ti, V, Cr, Mn, Fe, Co, Ga. Als Alaun im eigentl. Sinn bezeichnet man das Kalium-Aluminium-Sulfat *(Kalialaun)*, $KAl(SO_4)_2 \cdot 12H_2O$, ein bereits im Altertum bekanntes Salz. Alle A. bilden leicht Kristalle in Oktaeder- oder Würfelform. Als Ätzmittel (**Alaunstein**), blutstillendes Mittel und Augenwasser, sowie als Beizmittel in der Färberei wird der Kalialaun heute durch das billigere Kaliumaluminiumsulfat ersetzt.

Alaunerde, schwefel-(sulfat-)haltiger Ton.

Alaungerbung, älteste Mineralgerbung („Weißgerberei"); wird mit Kalialaun oder reinem Aluminiumsulfat durchgeführt.

Alaunschiefer, durch FeS_2 dunkelgrau gefärbter Tonschiefer.

Alaunstein ↑ Alaune.

Alawerdi, sowjet. Stadt am linken Ufer des Debed, Armen. SSR, 21 000 E. Altes Zentrum des armen. Kupfererzbergbaus; Kupfer- und Chemiekombinat. In der Nähe verschiedene Klöster.

Alawiten (arab. Al Alawijjun), islam. Religionspartei und Sekte, ↑ Hassaniden, ↑ Nusairier.

Alayrac, Nicolas d' (Dalayrac) [frz. alɛ-'rak], * Muret (Haute Garonne) 8. Juni 1753, † Paris 26. Nov. 1809, frz. Komponist. - Einer der erfolgreichsten Komponisten auf dem Gebiet der frz. kom. Oper.

Alb, Schichtstufenlandschaft in S-Deutschland, ↑ Fränkische Alb, ↑ Schwäbische Alb.

Alba, Fernando Álvarez de Toledo y Pi-

mentel, Herzog von, * Piedrahita bei Ávila 29. Okt. 1507, † Lissabon 11. Dez. 1582, span. Feldherr und Staatsmann. - Begann seine militär. Laufbahn 1521; 1536 erster militär. Berater Karls V.; 1543–46 (während Karls V. Abwesenheit) Generalkapitän für Kastilien und Aragonien. Hatte als Oberbefehlshaber des kaiserl. Heeres wesentl. Anteil am Verlauf des Schmalkald. Krieges und 1547 am Sieg bei Mühlberg/Elbe. Zwang als Generalgouverneur von Mailand (1555/56), Vizekönig von Neapel (1556–58) und Generalkapitän in Italien Papst Paul IV., den Kampf gegen Spanien einzustellen. 1567 zum Generalkapitän in den Niederlanden und nach dem Rücktritt Margaretes von Parma zum Statthalter ernannt, um die span. Herrschaft zu festigen. Setzte sich zunächst durch, doch verstärkte sein entschiedenes und rücksichtsloses Vorgehen trotz militär. Erfolge letztl. den niederl. Widerstandswillen; 1573 abberufen, 1579 sogar verbannt, 1580 jedoch an die Spitze des Heeres berufen, das Portugal eroberte.
    📖 *Kirchner, W.: A., Spaniens eiserner Hzg.* Gött. 1963.

Alba, italien. Stadt am Tanaro, Region Piemont, 31 400 E. Bischofssitz; bed. Handel mit Wein und Trüffeln. - In der Antike **Alba Pompeia**; im 12. Jh. Mgl. des Lombardenbundes. - Röm. Tor, ma. Stadtbild.

Alba [altprovenzal.; eigtl. „Morgendämmerung" (zu lat. albus „hell")], Gattung der Troubadourlyrik, die den Abschied der Liebenden im Morgengrauen besingt. Es erscheint als ↑ Tagelied im dt. Minnesang.

Albacete [span. alβa'θete], span. Stadt in der Mancha, 686 m ü. d. M., 117 000 E. Verwaltungssitz der Prov. A.; Bischofssitz; wichtiges landw. Zentrum, Dolch- und Messerind.; ⚔.

Albada-Sucher (Sportsucher), von dem niederl. Optiker L. E. W. van Albada (1925) entwickelter Kamerasucher, der das Motiv in natürl. Größe innerhalb eines eingespiegelten Begrenzungsrahmens zeigt.

Alba de Tormes [span. 'alβa ðe 'tormes], mittelspan. Stadt am Tormes, 20 km sö. von Salamanca, 4 000 E. - Berühmtes Karmeliterinnenkloster (1571 gegr.; Sterbeort der Theresia von Ávila; bed. Portal des 16. Jh.), Kirche San Juan (12. Jh., im Mudejarstil; erhalten sind das Portal und zwei Kapellen, eine mit einer frühroman. „Apostolado", 13 skulpierte Figuren [Christus und seine Jünger]); Brücke mit 22 Bogen über den Tormes; Ruine einer Festung (im 16. Jh. Sitz der Herzöge von Alba).

Alba Fucens (Alba Fucentia), Stadt der Äquer unweit des Fuciner Sees, seit 303 v. Chr. röm. Kolonie, später „municipium"; heute Albe, Ortsteil von Massa d'Albe, 30 km südl. von L'Aquila; bed. röm. Ruinen.

Alba Iulia (dt. Karlsburg), rumän. Stadt am rechten Ufer der Maros, 50 km nw. von

Hermannstadt, 56 000 E. Hauptstadt des Verw.-Geb. Alba, kath. Bischofssitz; Heimatmuseum, Bibliothek Battyaneum (über 1 200 alte Handschriften und 530 Inkunabeln). Wichtigster Ind.zweig ist die Lederind. - Liegt an der Stelle des röm. **Apulum,** des wirtsch., administrativen, polit. und militär. Mittelpunkts im röm. Dakien; während des MA Bǎlgrad, dt. Weißenburg genannt; im 16. und 17. Jh. Sitz der Fürsten von Siebenbürgen; nach Kaiser Karl VI., der Anfang des 18. Jh. die Festung anlegte, Karlsburg genannt. Am 1. Dez. 1918 erklärte in A. I. eine Nationalversammlung der transsilvan. Rumänen den Anschluß an das Kgr. Rumänien und sicherte den kath. Minderheiten Kulturautonomie zu (**Karlsburger Beschlüsse**).

Al Bakr ↑ Bakr, Al.

Alba Longa, angebl. Hauptort der Städte des latin. Stammesbundes, wahrscheinl. am Ausfluß des Albaner Sees bei Castel Gandolfo gelegen; möglicherweise von den etrusk. Königen Roms im 6. Jh. (8. Jh.?) v. Chr. zerstört.

Alban, aus dem Latein. übernommener männl. Vorname, eigtl. „der aus der Stadt Alba stammende".

Alban, hl., † in England um 305, erster Märtyrer Englands. - Nach der späteren Legende soll er aus einer röm. Familie gestammt haben und mit mehreren Gefährten enthauptet worden sein.

Albaner (Eigenbez. Skipetaren), Volk in SO-Europa, v. a. Albanien (**Gegen** und **Tosken**), aber auch in Jugoslawien, Italien und Griechenland. Steinerne Wehrbauten, farbenprächtige Volkstracht und die patriarchal. Sippen- und Stammesverfassung haben sich v. a. in N-Albanien bei den Gegen erhalten.

Albaner Berge, ringförmiges, vulkan. Bergland südl. der Röm. Campagna, Italien, 20 km im Durchmesser, im Monte Faete 956 m hoch, mit dem **Albaner See** (6 km², 170 m tief); alt- und dichtbesiedelte Kulturlandschaft.

Albanese, Licia, * Bari 22. Juli 1913, italien.-amerikan. Sängerin (Sopran). - Seit 1940 Mgl. der New Yorker Metropolitan Opera, wo sie v. a. als Puccini- und Verdi-Sängerin gefeiert wurde.

Albani, Francesco, * Bologna 17. Aug. 1578, † ebd. 4. Okt. 1660, italien. Maler. - Schüler von A. Carracci; liebl.-anmutige Szenerien in hellen, leuchtenden Farben.

Albania, im Altertum Name für ↑ Aserbaidschan.

Albanien

(amtl. Vollform: Republika Popullore e Shqipërisë), VR an der W-Küste der Balkanhalbinsel zw. 42° 39′ und 39° 38′ n. Br. sowie 19° 16′ und 21° 04′ ö. L. **Staatsgebiet:** A. wird im N und O von Jugoslawien, im SO von Grie-

chenland begrenzt, im W stößt es an die Adria. **Fläche:** 28 748 km². **Bevölkerung:** 2,8 Mill. E (1983), 97,4 E/km². **Hauptstadt:** Tirana. **Verwaltungsgliederung:** 26 Bez. (Rrethet). **Amtssprache:** Toskisch. **Nationalfeiertage:** 28. und 29. Nov. (Unabhängigkeits- und Befreiungstag). **Währung:** 1 Lek = 100 Qindarka. **Internationale Mitgliedschaften:** UN, COMECON (formell). **Zeitzone:** MEZ (mit Sommerzeit).

Landesnatur: Die Oberflächengestaltung wird bestimmt durch den scharfen Gegensatz zw. Gebirgen mit Höhen über 2 000 m und einem bis 300 m Höhe ansteigenden Vorhügelland. Im NW liegen die aus mesozoischen Kalken und Dolomiten aufgebauten, zeitl. uberformten, stark verkarsteten **Alban. Alpen** (Jezercë 2 694 m). Das Bergland Inneralbaniens mit Becken- und Seenlandschaften (Ohrid-, Prespasee) wird von Verwerfungen durchzogen und durch eine Bruchlinie von Niederalbanien getrennt, einem tertiären Hügelland mit jungen Flußaufschüttungen. Die Küste hat ausgedehnte Strandseen und Brackwassersümpfe hinter den Dünengürtel; steile Kliffs entstanden nur dort, wo die tertiären Hügel bis an die Adria reichen. Im S reicht der Epirus nach A. hinein, an der Küste die „alban. Riviera" bildend. Die etwa parallel zur Küste streichenden Gebirgsketten bestimmen den Verlauf der Flüsse im oberen Teil und können von ihnen nur in engen Durchbruchstälern gequert werden; im Küstentiefland mäandrieren sie.

Klima: Klimat. hat A. Anteil am kontinentalen Klima der inneren Balkanhalbinsel mit kalten, regen- und schneereichen Wintern und warmen, mäßig feuchten Sommern sowie am mediterranen Klima mit warmen, trockenen Sommern und milden, regenreichen Wintern.

Vegetation: Niederalbanien und die alban. Riviera haben mediterrane Vegetation mit Hartlaubgewächsen, im Hügelland tritt vielfach Macchie auf. Die alban. Gebirgsketten sind waldreich. In 1 000–1 200 m Höhe dominiert immergrüner Eichenwald, bis 1 800 m Höhe herrscht auf Kalkböden die Buche, auf kristallinen Gesteinen die Kiefer vor. In der subalpinen Region gibt es Zwergsträucher und Matten.

Bevölkerung: Überwiegend (95 %) Skipetaren, daneben griech. und slaw. Minderheiten. Am dichtesten besiedelt sind das Vorhügelland und die alban. Riviera. Dünn besiedelt ist das inneralban. Gebirgsland. Einzelhöfe und Weiler bestimmen das ländl. Siedlungsbild. Der Grad der Verstädterung ist noch gering. Die Religionsfreiheit wird zwar durch die Verfassung garantiert, doch gibt es seit 1967, als alle Kirchen und Moscheen geschlossen wurden, prakt. keine Religionsausübung; rd. 1,2 Mill. Muslime, 300 000 griech.-orth. und 200 000 röm.-kath. Christen. Schulpflicht besteht vom 7. bis 15. Lebensjahr. Ne-

Albanien

ben lehrerbildenden Anstalten gibt es 7 Fachhochschulen und die staatl. Univ. in Tirana (1957 gegr.).

Wirtschaft: Am wichtigsten ist die Landwirtschaft, doch nimmt ihr Anteil am Gesamtproduktionswert im Verhältnis zur Ind. ständig ab. Der ehem. Großgrundbesitz, der etwa 40 % der landw. Nutzfläche ausmachte, wurde durch die Bodenreform aufgelöst und an Kleinbauern verteilt. Die Bauern sind überwiegend in Kolchosen (90 %) zusammengeschlossen, daneben bestehen Staatsgüter. Durch Bodenverbesserungen (Meliorationen), bes. in den Sümpfen von Niederalbanien, gesteigerten Maschineneinsatz und Verwendung von Kunstdüngern wurde das Kulturland erweitert und die Erträge beträchtl. erhöht. Zu den wichtigsten Bodenschätzen gehören Erdöl (Förderung 1981: 2,2 Mill. t), Kupfererz (1981: 12000 t Kupfer), Chromerz (1981: 457000 t), Eisen-Nickelerz (1981: 8800 t Eisen und Nickel), Braunkohle (1981: 1,6 Mill. t), Bauxit, Salze und Gips. Erdölzentrum ist Qyteti Stalin, das durch Rohrleitungen für Erdöl und Erdgas mit dem Hafen Vlorë verbunden ist. Die Energieversorgung wird überwiegend von zwei Wasserkraftwerken am mittleren Mati getragen. Im Zuge der staatl. Planwirtschaft wurde v. a. der Aufbau von Industriebetrieben und die Produktion von Fertigwaren gefördert. Daneben nimmt das örtl. Handwerk und Kleingewerbe noch einen wichtigen Platz ein.

Außenhandel: Mineral. Rohstoffe (Öle, Erze, Metalle) bilden das wichtigste Ausfuhrgut. Es folgen Nahrungsmittel, pflanzl. und tier. Rohstoffe (Häute, Wolle, Heilkräuter, Tanninextrakt, Holz) und schließl. industrielle Verbrauchsgüter.

Verkehr: Die Landesnatur setzt der Verkehrserschließung erhebl. Hindernisse entgegen. Relativ gut erschlossen durch Straße und Bahn ist bisher nur Niederalbanien. Der größte Teil des Lastentransports wird durch Lkws bewerkstelligt. Die Handelsflotte ist klein; Fährverkehr mit den Nachbarländern besteht nicht.

Geschichte: Der S des heutigen A. war bereits im Jungpaläolithikum bewohnt, der N wurde erst in der Bronzezeit (3./2. Jt.) besiedelt. An der Küste entstanden um 900 v. Chr. griech. Kolonien, der S gehörte zum nordwestgriech. Reich Epirus. Das illyr. Reich von Skodra (Shkodër) wurde 168 v. Chr. römisch. Das Gebiet des heutigen A. gehörte seit 395 zum Oström. Reich. Vom Ende des 6. Jh. an drangen slaw. Stämme in die Balkanhalbinsel ein. Um 809 wurde in A. im Rahmen der Neuordnung des Byzantin. Reiches das Verw.-Geb. („Thema") Dyrrhachion (Durrës) eingerichtet. Im 11. Jh. kam für die Illyrer der Name Albaner in Gebrauch; gleichzeitig begann eine alban. Expansion, v. a. nach S und SO, die im späten 14. Jh. bis auf die Peloponnes

führte. Im 13. und 14. Jh. stand A. zeitweilig unter bulgar., venezian. und serb. Herrschaft. Ende des 14. Jh. begannen sich alban. Stammesfürstentümer zu bilden, die sich auch S ausdehnten; um die Wende zum 15. Jh. wurde A. von den Osmanen erobert und blieb bis ins 20. Jh. osman. Prov. Seit 1878 entstand eine alban. Nationalbewegung; die 1910 beginnenden Aufstände der Albaner gegen die Türkisierungspolitik konnten schließl. von den Osmanen wegen des Ausbruchs des 1. Balkankrieges im Okt. 1912 nicht mehr niedergeworfen werden; sie hatten am 28. Nov. 1912 die Ausrufung des unabhängigen A. durch Ismail Kemal Bey zur Folge. Auf der Londoner Botschafterkonferenz beschlossen die europ. Großmächte 1913, A. zu einem unabhängigen Staat zu machen. Der von europ. Mächten eingesetzte Fürst, Prinz Wilhelm von Wied, konnte sich nicht durchsetzen, er mußte im Sept. 1914 das Land wieder verlassen. Im 1. Weltkrieg besetzte Italien A. Nach der Vertreibung der Italiener (1920) wurde 1921 die Unabhängigkeit A. in den Grenzen von 1913/14 internat. anerkannt, 1923 die Grenze gegen Griechenland festgelegt. In den inneren Kämpfen konnte sich Achmed Zogu mit jugoslaw. Unterstützung durchsetzen; er wurde 1925 Präs., 1928 König. Am 7. April 1939 besetzten italien. Truppen A., Zogu floh ins Ausland. Am 12. April beschloß die Nationalversammlung die Vereinigung mit Italien in Personalunion. Nach dem Übertritt Italiens ins Lager der Alliierten und dem Einmarsch dt. Truppen hob die alban. Nationalversammlung im Okt. 1943 die Personalunion mit Italien auf. Enver Hoxha, Führer der alban. Befreiungsbewegung, die unter der Leitung der am 8. Nov. 1941 gegr. KP stand, kämpfte gegen die neue, von der dt. Besatzung abhängige Regierung. Die Widerstandsgruppen bildeten nach dem Abzug der Deutschen am 5. Jan. 1945 unter Enver Hoxha als Min.präs. eine Volksfrontregierung, die am 11. Jan. 1946 die VR A. ausrief. Nach sowjet. Muster wurde die Wirtschaft verstaatlicht, der Boden enteignet, die KP wurde Staatspartei. Ab 1956 geriet A., das schon 1954 das System der kollektiven Führung eingeführt hatte, in ideolog. und polit. Ggs. zur Sowjetunion. In dem Anfang der 1960er Jahre beginnenden Konflikt zw. der Sowjetunion und der VR China näherte A. sich China an und entzog sich dem sowjet. Einfluß: dem Abbruch der diplomat. Beziehungen zur Sowjetunion (1961) folgte 1968 der Austritt Albaniens aus dem Warschauer Pakt. Im Innern betrieb A. die Entwicklung der kommunist. Gesellschaftsform radikaler als die anderen europ. kommunist. Staaten. Mit der Aufnahme diplomat. Beziehungen zw. A. und Griechenland (1971) wurde der früher eingenommene, auf Mussolinis Kriegserklärung 1940 zurückgehende Standpunkt aufgegeben, beide Länder befänden sich seit Mussolinis Kriegserklärung 1940

im Kriegszustand. Das enge Verhältnis zu China verschlechterte sich massiv 1977/78, als A. eine antichin. Kampagne gegen die „Dreiweltentheorie" Mao Tse-tungs eröffnete und behauptete, Peking plane ein Militärbündnis zw. A., Jugoslawien und Rumänien. China seinerseits stellte 1978 offiziell seine Wirtschafts- und Militärhilfe an A. unter Aufrechterhaltung der diplomat. Beziehungen ein.
Politisches System: Nach der 1976 von der Volksversammlung einstimmig angenommenen neuen Verfassungsvorlage ist A. eine Sozialist. Volksrepublik. A. wird darin als ein „Staat der Diktatur des Proletariats" und die Partei der Arbeit Albaniens als „einzige polit. Führungskraft des Staates und der Gesellschaft" bezeichnet. Die Volksversammlung (270 auf 4 Jahre gewählte Abg.) ist höchstes Organ der Staatsmacht und das einzige Organ der *Legislative*. Das Präsidium der Volksversammlung, der Ministerrat und das Oberste Gericht werden von ihr gewählt, ernannt und abberufen. Das Präsidium der Volksversammlung, das zw. dessen beiden jährl. Sitzungen bestimmte Kompetenzen ausübt, umfaßt den Präs. (nominelles *Staatsoberhaupt*, seit 1982 Ramiz Alia), drei Stellvertreter, den Sekretär und 10 Mgl. Höchstes Organ der *Exekutive* ist der Ministerrat. Ihm gehören der Vors. (Regierungschef; z. Z. Adil Carcani), die stellv. Vors. und die Min. an. Die tatsächl. Macht liegt in den Händen der Führer der *Partei* der Arbeit Albaniens (Partia e Punës). Erster Sekretär des Zentralkomitees ist seit 1985 Ramiz Alia, nach der Verfassung Oberbefehlshaber der Streitkräfte und Vors. des nat. Verteidigungsrates. Die *Verwaltung* erfolgt in Bezirken und Gemeinden über gewählte Selbstverwaltungsorgane. Die *Streitkräfte* sind etwa 40 000 Mann stark (Heer 30 000, Luftwaffe 7 000, Marine 3 000); daneben gibt es Betriebskampfgruppen und Polizeitruppen (12 000 Mann).
📖 *Lendvai, P.: Das einsame A. Osnabrück 1985. - Beitr. zur Geographie u. Gesch. A. Hg. v. C. Lienau u. G. Prinzing. Münster 1984. - Ruß, W.: Der Entwicklungsweg A. Meisenheim 1979.*

Albanische Alpen ↑Albanien.
albanische Literatur, die a. L. stützt sich in ihrer Entwicklung auf zwei Pfeiler: auf die mündl. überlieferte Volksliteratur (v. a. auf die Volkslieder) und auf Schriften meist religiösen Inhalts. Im 18. und 19. Jh. entstanden u. a. verschiedene Diwans (in arab. Schrift). Die a. L. in engerem Sinn beginnt mit dem Werk „Milosao" von J. De Rada (* 1814, † 1903), publiziert im Jahre 1836 in Neapel. Daß die Anfänge der nat. a. L. in Italien liegen, ist durch die damalige polit. Situation (osman. Herrschaft) bedingt. Ansporn für die Entfaltung einer einheitl. a. L. gab die Bewegung der „nat. Wiedergeburt" („Relindja"). Bed. alban. Dichter wie der Gege

G. ↑Fishta, der Toske N. Frashëri (* 1846, † 1900), der dem Bektashi-Orden angehörte, und J. De Rada, Sohn eines orthodoxen Pfarrers aus Süditalien, haben eine grundlegende Idee gemeinsam: die Freiheit des alban. Volkes und die Schaffung eines einheitl. Staates. Z. Schirò (* 1865, † 1927) sammelte die alban. Volksdichtung Siziliens. S. Noli (* 1903, † 1965) und E. Koliqi (* 1903) vertreten die neuere Prosa. Als bedeutendste Vertreter des alban. sozialist. Realismus (häufig mit Motiven aus der Folklore) gelten die Lyriker L. Siliqi (* 1924), A. Çaçi (* 1916) und der Prosaschriftsteller S. Spasse (* 1914).
📖 *Mann, S. E.: Albanian literature. London 1955.*

albanische Sprache, von etwa 2,5 Mill. Albanern v. a. in der VR Albanien und von alban. Bevölkerungsgruppen in Jugoslawien, Griechenland, Bulgarien, Rumänien, der UdSSR (Moldauische SSR) und Süditalien gesprochene Sprache, die zu den indogerman. Sprachen gehört. Die a. S. besteht aus zwei Dialekten, dem Gegischen im N und dem Toskischen im S; hinzu kommt ein Übergangsdialekt zwischen beiden, das Elbasanische; der tosk. Dialekt ist Amtssprache in Albanien. Das Alban. enthält zahlreiche Entlehnungen, v. a. aus dem Griech., Latein., Italien., Slaw. und Türkischen. Ihrer Struktur nach gehört die a. S. zu den Balkansprachen. Mit der Entwicklung der alban. Literatur seit der 2. Hälfte des 19. Jh. wurde ein einheitl. alban. Alphabet auf lat. Grundlage geschaffen (1908 offiziell eingeführt).

Albarellos aus Siena (16. Jh.)

Albano Laziale, italien. Stadt 25 km sö. von Rom, Region Latium, 14 000 E. Bischofssitz; Weinbau und -handel; seit der Antike Villenvorort von Rom. - Bereits im 5. Jh. Bischofssitz; Mitte 12. Jh. von den Römern zerstört. - Von der Via Appia durchquert; Porta Praetoria (2. Jh. n. Chr.; Toreingang zum röm. Castrum), Cisternone (Bad für die Legionäre), Amphitheater (3. Jh. n. Chr.), Ruinen der Thermen; roman. Kirche San Pietro; Santa Maria della Rotonda (16. Jh.) war

urspr. ein Nymphäum der Villa des Domitian.

Albany [engl. 'ɔ:lbənɪ], Hauptstadt des Bundesstaates New York, USA, am rechten Ufer des oberen Hudson River, 102 000 E. Sitz eines kath. und eines anglikan. Bischofs; Univ. (gegr. 1948), Union College and University (gegr. 1795). Bed. Handelsplatz, einer der größten Binnenhäfen (auch für Hochseeschiffe) der USA an der Einmündung des Erie Canal in den Hudson River; v. a. Maschinenbau, Stahlgewinnung, chem., Papier- und Nahrungsmittelind.; Verkehrsknotenpunkt, ✈. - Entstand 1664 aus der Zusammenlegung der Siedlungen Reusselaerswyck und Beverwyck; seit 1686 City. Der **Kongreß von Albany** (1754; Unionsplan) brachte den ersten Versuch zum Teilzusammenschluß der Kolonien. Seit 1797 Hauptstadt des Bundesstaates New York. - State Capitol (1867–98).
A., Stadt und wichtigster Hafen an der S-Küste von W-Australien, 400 km ssö. von Perth, am King George Sound, 13 000 E. Fischkonservenind., Superphosphatwerk. - 1826 als Sträflingskolonie gegr.

Albany River [engl. 'ɔ:lbənɪ 'rɪvə], Zufluß zur James Bay der Hudsonbai, Kanada, entfließt dem Lake Saint Joseph, mündet bei Fort Albany, 980 km lang.

Albarello [italien.], zylindr. Standgefäß aus Fayence mit leicht eingezogenem Körper. Die charakterist. Form kommt in Persien und Syrien bereits im 12. Jh. auf, seit dem 16. Jh. in den italien. Manufakturen, dann auch in den übrigen europ. Ländern als typ. Apothekengefäß hergestellt. - Abb. S. 191.

Albatenius (Albategnius; arab. Abu Abd Allah Muhammad Ibn Dschabir Ibn Sinan Al Battani), * in oder bei Harran (Irak) vor 858, † bei Samarra 929, arab. Astronom. - Bed. Astronom des islam. MA; bestimmte mit bis dahin unerreichter Genauigkeit die Grundlagen der Astronomie des Ptolemäus neu (Schiefe der Ekliptik, Präzession, Elemente der Planetenbahnen, Jahreslänge, Fixsternkatalog u. a.), führte genaue Beobachtungen von Finsternissen durch. Sein an Ptolemäus orientiertes „Astronom. Handbuch nebst Tafeln" hatte starken Einfluß auf die abendländ. Astronomie und Trigonometrie.
📖 *Krafft, F.: Battani. In: Große Naturwissenschaftler. Biograph. Lex. Hg. v. F. Krafft u. A. Meyer-Abich. Ffm. 1970.*

Albatrosse [arab.-portugies.] (Diomedeidae), Fam. bis 1,3 m großer, ausgezeichnet segelnder ↑ Sturmvögel mit 13 Arten, v. a. über den Meeren der Südhalbkugel; Flügel schmal und lang. Die A. brüten meist kolonieweise auf kleinen Inseln. Bekannt sind u. a. ↑ Mollymauk, ↑ Wanderalbatros.

Alb-Donau-Kreis, Landkr. in Bad.-Württ.

Albe [lat. alba (tunica) „weiße (Tunika)"], liturg. Gewand der kath. Kirche aus weißem Leinen.

Albedo [lat. „weiße Farbe"], Maß für das Rückstrahlungsvermögen von nicht selbstleuchtenden, diffus reflektierenden (also nicht spiegelnden) Oberflächen, und zwar das Verhältnis der reflektierten Lichtmenge zur einfallenden; meist in Prozent angegeben. Die A. ist stark von der Beschaffenheit der bestrahlten Fläche abhängig. A. verschiedener Oberflächen für die gesamte Sonnenstrahlung (nach R. Geiger):

Neuschneedecke	75 – 95 %
geschlossene Wolkendecke	60 – 90 %
Altschneedecke	40 – 70 %
reiner Firnschnee	50 – 65 %
heller Dünensand, Brandung	30 – 60 %
reines Gletschereis	30 – 46 %
unreiner Firnschnee	20 – 50 %
unreines Gletschereis	20 – 30 %
Sandboden	15 – 40 %
Wiesen und Felder	12 – 30 %
geschlossene Siedlungen	15 – 25 %
Wälder	5 – 20 %
dunkler Ackerboden	7 – 10 %
Wasserflächen, Meer	3 – 10 %

In der *Astronomie* ist die A. der Planeten und Monde von Bedeutung; sie erlaubt Rückschlüsse auf deren Oberflächenbeschaffenheit. Der Begriff A. ist auch auf die Reflexion von diffundierenden Neutronen, z. B. in Kernreaktoren, übertragen worden und wird dabei als Verhältnis der Zahl der Neutronen, die in das Reaktorinnere gelangen, zur Zahl der in umgekehrter Richtung diffundierenden Neutronen definiert.

Albee, Edward Franklin [engl. 'ɔ:lbɪ], * Washington 12. März 1928, amerikan. Dramatiker. - Seine Dramen zeichnet eine entlarvende Dialogführung aus. A. erstes abendfüllendes Schauspiel „Wer hat Angst vor Virginia Woolf?" (1962), das ein Welterfolg wurde, ist eine scharfe Seelenanalyse und Anatomie einer Ehe.
Weitere Werke: Die Zoogeschichte (Einakter, 1959), Der Tod von Bessie Smith (Dr., 1960), Der amerikan. Traum (Kom., 1961), Winzige Alice (Schsp., 1965), Empfindl. Gleichgewicht (Dr., 1966), Alles vorbei (Dr., 1971), Zuhören. Ein Kammerspiel (1976).

Alben ↑ Elben, ↑ Elfen.

Albenga, italien. Stadt an der Riviera di Ponente, Region Ligurien, 21 000 E. Bischofssitz; archäolog. Museum. - In der Antike **Albium Ingaunum**, mehrfach zerstört, während des 1. Kreuzzuges bed. Handelszentrum. - Ma. Stadtbild: Dom (11. und 14. Jh.), Adelspaläste mit Wehrtürmen, Stadtmauer und 146 m lange „Römerbrücke" Ponte Lungo.

Albéniz, Isaac [span. al'βeniθ], * Camprodón (Prov. Gerona) 29. Mai 1860, † Cambo-les-Bains (Frankreich) 18. Mai 1909, span. Komponist und Pianist. - In Paris Schüler von V. d'Indy. Sein kompositor. Schaffen, das

folklorist. und virtuose Elemente vereint, galt v. a. dem Klavier (Zyklen „Iberia", „España"), umfaßt aber auch Lieder, Orchesterwerke, Opern und Zarzuelas.

Alberche [span. al'βɛrtʃe], rechter Nebenfluß des Tajo, Spanien, entspringt in der Sierra de Gredos, mündet bei Talavera de la Reina, 182 km lang; fünf Stauseen.

Albères, Montes (frz. Monts Albères), Ausläufer der O-Pyrenäen an der span.-frz. Grenze; bis 1 275 m hoch.

Alberich [eigtl. etwa „Herrscher der Naturgeister"], Zwergengestalt der german. Heldensage, in den einzelnen Sagenkreisen in verschiedener Bedeutung. Am bekanntesten ist seine Funktion als Hüter des Nibelungenhortes im „Nibelungenlied", den er im Kampf mit Siegfried verliert.

Alberich, hl., † Cîteaux 16. Jan. 1109, Abt des Klosters Cîteaux. - Begründete mit ↑ Robert von Molesmes in Cîteaux 1098 das monast. Leben und wurde so ein Mitbegründer der ↑ Zisterzienser.

Alberich, Name von Herrschern:
A. I., † 925 (?), Herzog von Spoleto und Markgraf von Camerino. - Heiratete Marozia, die Tochter des Rom und Papsttum beherrschenden Theophylakt, half 915 Papst Johannes X. gegen die Sarazenen am Garigliano, wurde Konsul und Patrizius von Rom.
A. II., † Rom 954, Sohn von A. I. - Beherrschte ab 932 Rom und das Patrimonium als Prinzeps und Senator unter formeller Anerkennung der Rechte der von ihm völlig abhängigen Päpste; gewährte der Klosterreform von Cluny und Gorze Eingang in Rom.

Albero (Adalbero), * Montreuil bei Toul um 1080, † Koblenz 18. Jan. 1152, Erzbischof von Trier (seit 1131). - Förderer von Klostergründungen; seit 1137 päpstl. Legat für Deutschland; setzte 1138 die Wahl des Staufers Konrad III. zum dt. König durch.

Alberoni, Julio (Giulio), * Fiorenzuola d'Arda 31. Mai 1664, † Rom (?) 16. Juni 1752, span. Kardinal und Staatsmann italien. Herkunft. - Arrangierte 1714 die Heirat Philipps V. von Spanien mit Elisabeth Farnese; wurde danach Kardinal und beherrschte als Ratgeber der Königin und leitender Min. die span. Politik. 1719 aller Ämter enthoben und verbannt, nachdem seine span. Rückeroberungspläne für Italien gescheitert waren.

Albers, Hans, * Hamburg 22. Sept. 1891, † Kempfenhausen (= Berg bei Starnberg) 24. Juli 1960, dt. Schauspieler. - Spielte an Berliner Bühnen, berühmt seine Abenteurer- und Draufgängerrollen in Filmen wie „Bomben auf Monte Carlo" (1931), „Wasser für Canitoga" (1939), „Münchhausen" (1943), „Große Freiheit Nr. 7" (1944); als Charakterdarsteller bekannt in „Vor Sonnenuntergang" (1956).

A., Josef, * Bottrop 19. März 1888, † New Haven (Conn.) 25. März 1976, amerikan. Maler dt. Herkunft. - 1923-33 Lehrer am Bauhaus, 1960 Prof. in den USA, u. a. an der Yale University. Sein Hauptthema ist das Ineinanderstellen von Quadraten, die infolge der Wechselwirkungen der Farbe und der Verlagerung der inneren Quadrate nach unten räuml. Bewegung suggerieren. Bed. Wegbereiter der ↑ Op-art.

Albers-Schönberg, Heinrich Ernst, * Hamburg 21. Jan. 1865, † ebd. 4. Juni 1921, dt. Röntgenologe. - Verbesserte die Röntgentechnik und entdeckte die schädigende Wirkung der Röntgenstrahlen auf die Keimdrüsen (1903).

Albert, Name von Herrschern:
Belgien:
A. I., * Brüssel 8. April 1875, † bei Namur (verunglückt) 17. Febr. 1934, König (seit 1909). - Neffe und Nachfolger Leopolds II.; verteidigte trotz militär. Aussichtslosigkeit die Neutralität Belgiens nach dem dt. Ultimatum 1914 und kämpfte bis 1918 mit belg. Resttruppen auf alliierter Seite.
A., * Schloß Stuyvenberg bei Brüssel 6. Juni 1934, Prinz. - Sohn König Leopolds III. und Königin Astrids, Bruder von König Baudouin I.; seit 1959 ∞ mit Prinzessin Paola Ruffo di Calabria; steht in der Thronfolgeordnung an erster Stelle.
Großbritannien und Irland:
A., Prinz von Sachsen-Coburg-Gotha, * Schloß Rosenau bei Coburg 26. Aug. 1819, † Windsor Castle 14. Dez. 1861, Prinzgemahl (seit 1857). - Seit 1840 ∞ mit seiner Kusine ↑ Viktoria, Königin von Großbrit. und Irland. Vielseitig gebildet, in der liberal-konstitutionellen Tradition des Hauses Coburg wurzelnd; erwarb in Großbrit. Achtung und Ansehen. Er vermied ein direktes polit. Eingreifen, gewann aber als Ratgeber Viktorias großen Einfluß; setzte sich für die Gründung eines gesamtdt. Bundesstaates ein; Initiator der 1. Weltausstellung (London 1851).
Magdeburg:
A. I. ↑ Albrecht II. (Magdeburg).
Monaco:
A. I., * Paris 13. Nov. 1848, † ebd. 26. Juni

Hans Albers

1922, Fürst (seit 1889). - Pazifist und bed. Tiefseeforscher (Forschungsreisen im Atlantik und im Mittelmeer). Unter seiner Regierung erhielt Monaco 1911 eine Verfassung.
Österreich:
A. ↑ Albrecht VII. (Österreich).
Riga:
A. I. von Buxhövden, * bei Bremen um 1165, † Riga 17. Jan. 1229, erster Bischof von Riga. - 1199 zum Missionsbischof von Livland geweiht, mit dem er nach Eroberung 1207 belehnt wurde und das er mit Hilfe des Schwertbrüderordens christianisierte; gründete 1201 die Stadt Riga als seinen Bischofssitz. 1225 wurde ihm auch Lettland übertragen; bis 1227 wurden die Esten unterworfen.
Sachsen:
A. I., * Dresden 23. April 1828, † Sybillenort (Schlesien) 19. Juni 1902, König (seit 1873). - Sohn König Johanns; im Dt. Krieg 1866 Befehlshaber der sächs. Truppen auf östr. Seite, im Dt.-Frz. Krieg 1870/71 sehr erfolgreich als Kommandeur der Maasarmee (1871 Generalfeldmarschall).
Sachsen-Teschen:
A. Kasimir (Albrecht K.), * Moritzburg bei Dresden 11. Juli 1738, † Wien 10. Febr. 1822, Herzog. - Sohn Augusts III. von Sachsen-Polen. Die Heirat mit Marie Christine, der Lieblingstochter der Kaiserin Maria Theresia, brachte ihm das Hzgt. Teschen und reichen Besitz in Ungarn ein. 1765-80 Statthalter in Ungarn, 1780-92 Generalgouverneur der östr. Niederlande; ab 1760 Generalleutnant, 1794/95 Reichs-Generalfeldmarschall; begr. die Albertina in Wien.
Albert von Sachsen (A. von Helmstedt, A. von Ricmestorp, Albertutius, Albertus parvus), * um 1316, † Halberstadt 8. Juli 1390, dt. scholast. Philosoph. - Aristoteleskommentator, Naturphilosoph; 1365 Mitbegründer und erster Rektor der Univ. Wien, 1366-90 Bischof von Halberstadt.
Albert, Eduard ['--], * Senftenberg (= Žamberk, CSSR) 20. Jan. 1841, † ebd. 26. Sept. 1900, östr. Chirurg. - Bed. als Hochschullehrer, Diagnostiker und Operateur; Vorkämpfer der Antiseptik; führte als erster moderner Chirurg eine Nerventransplantation und eine Schilddrüsenentfernung erfolgreich durch; schrieb ein „Lehrbuch der Chirurgie" (4 Bde., 1877-80).
A., Eugen d' [dal'bɛːr], * Glasgow 10. April 1864, † Riga 3. März 1932, dt. Komponist und Pianist frz.-dt.-engl. Abstammung. - Schüler von F. Liszt; erfolgreicher Bach- und Beethoven-Interpret; komponierte 21 Opern, darunter „Tiefland" (1903), die als Hauptwerk des Verismus in Deutschland gilt, und „Die toten Augen" (1916) sowie u. a. eine Sinfonie, zwei Klavierkonzerte, ein Cellokonzert und Lieder.
A., Hans ['--], * Köln 8. Febr. 1921, dt. Sozialwissenschaftler. - Prof. in Mannheim;

wurde durch Arbeiten zur Theoriebildung in Soziologie und Volkswirtschaft bekannt, trat im sog. Positivismusstreit neben K. Popper den Vertretern der krit. Soziologie (Adorno und Habermas) entgegen.
A., Heinrich ['--], * Lobenstein (Reuß) 8. Juli 1604, † Königsberg (Pr) 6. Okt. 1651, dt. Komponist und Liederdichter. - Schüler seines Vetters H. Schütz, seit 1630 Organist am Dom von Königsberg. Selbst dichter. tätig, machte A. mit seinem Freund, dem Dichter S. Dach, Königsberg zu einem führenden Zentrum der dt. Barockliedes. Seine „Arien" umfassen ein- und mehrstimmige weltl. und geistl. Lieder und Gesänge. Ob A. oder S. Dach der Verfasser des 1642 in A. „Arien" veröffentlichten Liedes „Anke van Tharaw" ist, ließ sich bis heute nicht eindeutig klären.
Alberta [engl. æl'bɔːtə], die westlichste kanad. Prärieprov., 661 185 km², 2,34 Mill. E (1985), Hauptstadt Edmonton.
Landesnatur, Klima, Vegetation: Den größten Teil von A. nehmen in einer Höhenlage von 600-1 200 m die Interior Plains ein, gebildet aus rd. 3 000 m mächtigen Sedimenten paläozoischen und mesozoischen Alters sowie tertiären Resten, geprägt von der pleistozänen Eiszeit und ihren Rückzugsstadien. Im äußersten NO (Athabascasee) hat A. Anteil am Kanad. Schild, im SW am Gebirge; der Übergang von der Ebene erfolgt durch eine bis 1 500 m hohe Hügelzone, westl. davon erheben sich die Rocky Mountains bis über 3 500 m mit den Nationalparks von Banff und Jasper. Die Grenze des geschlossenen Waldes (überwiegend Mischwald) liegt etwa im Bereich des North Saskatchewan River. Der SO ist semiarid, der übrige Raum ist klimat. begünstigter; im N frühe Frosteinbrüche.

Leon Battista Alberti, Fassade der Kirche Santa Maria Novella (Plan 1440). Florenz

Bevölkerung, Wirtschaft, Verkehr: Die Einwanderer kamen zu 45 % von den Brit. Inseln, 14 % aus Deutschland, 9 % aus Rußland (v. a. Ukrainer), 7 % aus Skandinavien, 6 % aus Frankreich; 1,7 % sind Indianer. Die Besiedlung (v. a. Einzelhöfe) erfolgte bes. seit der Fertigstellung (1885) der Bahnlinie nach Vancouver; an ihr bildeten sich Marktzentren. Univ. in Edmonton (gegr. 1906), Calgary (gegr. 1945) u. Lethbridge (gegr. 1967). - Zwei Faktoren bestimmen das Wirtschaftsleben: der Reichtum an Erdöl und Erdgas sowie die fruchtbaren Böden, v. a. im zentralen Bereich (Schwarzerden). In der Landw. dominiert der Anbau von Weizen und Gerste, Futterpflanzen und Hafer; außerdem bed. Viehzucht. Zahlr. Erdöl- und Erdgasfelder sind in Zentral- und Nord-A. erschlossen; am Athabasca River werden Ölsande ausgebeutet. Die verarbeitende Ind. - wichtigste Standorte sind Edmonton und Calgary - umfaßt neben Nahrungs- und Genußmittelind. v. a. Erdölverarbeitung und petrochem. Ind. - Im S der Prov. ist das Straßen- (rd. 140 000 km) und Eisenbahnnetz (rd. 11 000 km) dichter als im N. Internat. ✵ in Edmonton.

Geschichte: Das Gebiet des heutigen A. wurde seit Mitte des 18. Jh. von Reisenden brit. Pelzhandelsgesellschaften erkundet. Die Fusion der Hudson's Bay Company und der Northwest Fur Company (die zu Beginn des 19. Jh. Stützpunkte errichtet hatte) 1821 brachte das Gebiet A. unter die Verwaltung der Hudson's Bay Company, die ihre territorialen Rechte 1869 an die kanad. Regierung abtrat. 1882 als Distrikt der Northwest Territories organisiert; erhielt 1905 seine heutigen Grenzen und wurde zur Prov. erhoben.
🕮 *MacGregor, J. C.: A history of A. Seattle 1981.*

Albert-Fischer-Verfahren [nach dem dt. Kunstdrucker E. Albert, *1856, †1929, und seinem Mitarbeiter G. Fischer], Verfahren in der Galvanoplastik, bei dem zur Herstellung einer Mater die Originalhochdruckplatte in Teilabschnitten (sich überlagernden Streifen) durch Prägen in eine Weichbleifolie abgeformt wird.

Alberti, Domenico, * Venedig um 1710 oder um 1717, † Rom um 1740, italien. Komponist. - Komponierte Opern, Motetten und Klaviersonaten, die zu den frühesten Zeugnissen des homophonen Klaviersatzes zählen.

A., Friedrich August von, * Stuttgart 4. Sept. 1795, † Heilbronn 12. Sept. 1878, dt. Geologe. - Erschloß die württemberg. Salzlagerstätten; prägte die Bez. „Trias" für die älteste Formation des Mesozoikums.

A., Leon Battista, * Genua 14. Febr. 1404, † Rom 19. (25.?) April 1472, italien. Baumeister. - A. ist der erste in der Reihe der sog. „Universalmenschen" (uomo universale) der Renaissance, bes. als Kunsttheoretiker und Baumeister wirksam. 1432–64 stand er in

päpstl. Diensten; Kontakte u. a. mit F. Brunelleschi. Seine Tätigkeit als Baumeister (immer nur entwerfend, die Ausführung wurde anderen überlassen) setzte 1446 ein mit dem Auftrag S. Malatestas, die got. Kirche San Francesco in Rimini in einen „Renaissancetempel" (Tempio Malatestiano) umzuwandeln sowie dem Auftrag G. Rucellais für Palazzo und Loggia Rucellai. An der von A. entworfenen Fassade von Santa Maria Novella in Florenz (Plan 1440, ausgeführt 1458/70) erstmals in der Renaissance Voluten. Weiter arbeitete A. Entwürfe aus für zwei Kirchen in Mantua: 1460 ff. San Sebastiano, ein Zentralbau, und 1470 ff. Sant' Andrea, die Fassade durch Pilaster gegliedert. Bei dem Umbau der Choranlage der Santissima Annunziata in Florenz in eine Rotunde war A. ausschlaggebend. Wegweisend wie seine Bauten waren seine kunsttheoret. Schriften.

A., Rafael, * El Puerto de Santa Maria (Prov. Cádiz) 16. Dez. 1902, span. Lyriker. - Lebte seit dem Bürgerkrieg im Exil und kehrte erst 1977 zurück. Bed. surrealist. Lyrik; auch Dramen.
Werke: Zu Lande, zu Wasser (Ged. 1925), Über die Engel (Ged. 1929, span. und dt. 1981), Blühender Klee (Tragikom. 1950), Der verlorene Hain (Erinnerungen, 1959, dt. 1976), Ich war ein Dummkopf, und was ich gesehen habe, hat mich zu zwei Dummköpfen gemacht (Ged., span. und dt. Auswahl 1982).

A., Salomon, * Naumburg/Saale 30. Sept. 1540, † Dresden 29. (?) März 1600, dt. Arzt. - Prof. der Physik und Medizin in Wittenberg; machte zahlr. anatom. Einzelentdeckungen (u. a. Venenklappen); sein Anatomielehrbuch war weit verbreitet.

Albertina [nlat.], staatl. graph. Sammlung in Wien. Den Grundstock legte Albert Kasimir von Sachsen-Teschen; 1920 mit den graph. Beständen der Östr. Nationalbibliothek in Wien vereinigt. Sie umfaßt etwa 40 000 Zeichnungen und über 1 Mill. druckgraph. Werke.

Albertinelli, Mariotto, * Florenz 13. Okt. 1474, † ebd. 5. Nov. 1515, italien. Maler. - Die in den 1490er Jahren begründete Werkstattgemeinschaft mit Fra Bartolomeo (bis 1512) bedingt die oft umstrittenen Zuschreibungen. Hauptwerk: „Heimsuchung" von 1503 (heute in den Uffizien).

Albertini, Ippolito Francesco, * Crevalcore (Bologna) 1662, † 1738, italien. Anatom und Pathologe. - Prof. an der Univ. Bologna; seine Beschreibungen von Herzkrankheiten hatten für die Kardiologie fundamentale Bedeutung.

A., Luigi, * Ancona 19. Okt. 1871, † Rom 29. Dez. 1941, italien. Publizist und Politiker. - Machte als Direktor und Miteigentümer 1900–25 den „Corriere della Sera" zur bedeutendsten italien. Zeitung und zu einem der führenden liberalen Blätter Europas; trat für

Albertinische Linie

Italiens Teilnahme am 1. Weltkrieg an der Seite der Entente ein; seit 1922 Gegner des Faschismus; nach 1925 v. a. histor.-publizist. tätig.

Albertinische Linie ↑ Habsburger, ↑ Wettiner.

Albertinum, ehem. Zeughaus in Dresden, 1559 ff. erbaut, mehrmals umgebaut, seit 1887 als „A." Museumsgebäude. Nach dem 2. Weltkrieg wiederaufgebaut. Heute sind im A. wesentl. Teile der Staatl. Kunstsammlungen Dresden untergebracht: die Skulpturensammlung, das Grüne Gewölbe, das Münzkabinett sowie die Gemäldegalerie Neuer Meister (v. a. dt. Malerei des 19. und 20. Jh.).

Albertinus, Ägidius, * Deventer um 1560, † München 9. März 1620, dt. Schriftsteller. - Bearbeitete M. Alemáns Schelmenroman „Vida del pícaro Guzmán de Alfarache" u. d. T. „Der Landstörtzer Gusman von Alfarache..." (1615).

Albertische Bässe [nach D. Alberti], Bez. für die gleichförmig sich wiederholenden

Akkordbrechungen im homophonen Klaviersatz, bes. der Vorklassik und Klassik.

Albertkanal (frz. Canal Albert), Kanal zw. Maas und Schelde, bedeutendste Binnenwasserstraße Belgiens; 130 km lang, 4 m tief, 6 Schleusengruppen zw. Lüttich und Antwerpen (Höhenunterschied 56 m); 1940 eröffnet.

Albertnil, Abfluß des Albertsees in NW-Uganda, oberster Flußabschnitt des Weißen Nil, etwa 200 km lang.

Albertsee (in Uganda und Zaïre *Mobutu-Sese-Seko-See* genannt), See im Zentralafrikan. Graben, 618 m ü. d. M., 150 km lang, 40 km breit, 5 347 km², bis 48 m tief, Hauptzuflüsse: Victorianil und Semliki; der Abfluß erfolgt über den Albertnil.

Albertus Magnus (Albert der Große), hl., * Lauingen (Donau) um 1200, † Köln 15. Nov. 1280, dt. Naturforscher, Philosoph und Theologe. - Aus stauf. Ministerialenfamilie stammend, seit 1229 (1223 ?) Dominikaner, Lehrer in Paris (1244–48) und an verschiedenen dt. Hochschulen. Bedeutendster Schüler: Thomas von Aquin. Provinzialoberer seines Ordens für das dt. Sprachgebiet (1253–56), Bischof von Regensburg (1260–62), päpstl. Legat und Kreuzzugsprediger in Deutschland und Böhmen. A. M. Hauptbedeutung als Philosoph liegt nicht in eigenen philosoph. Beiträgen, sondern in seinem Eintreten für die Verbreitung und Auswertung der seit dem 12. Jh. neu erschlossenen, teilweise aber noch verbotenen Aristotel., arab. und jüd. Schriften. Einen über seine Zeit hinausweisenden Beitrag zur Entwicklung der Wissenschaften

leistete A. M. durch seine naturphilosoph. und naturwiss. Schriften. Er versuchte eine Klassifikation der Pflanzen, trug durch eigene Versuche gewonnene physiolog. Beobachtungen vor und wandte sich gegen eine Reihe von myth. Vorstellungen. A. M. machte auch chem. Experimente, hing hier jedoch noch organ.-alchimist. Vorstellungen an (Beiname: Doctor universalis). In der kath. Kirche Patron der Naturwissenschaften. - Fest: 15. Nov. ⊞ *Scheeben, H. C.: A. M.* Köln ²1955. - *Balss, H.: A. M. als Biologe.* Stg. 1947.

Albertustaler (Kreuztaler, Patagon), 1612 von den span. Niederlanden vom Statthalter Albert (Albrecht VII.) von Österreich und seiner Frau Isabella eingeführte Silbermünze in Talergröße, mit span. Wappen und Andreaskreuz; auch nach Beendigung der span. Herrschaft weitergeprägt als Silberdukat.

Albertz, Heinrich, * Breslau 22. Jan. 1915, dt. ev. Theologe und Politiker (SPD). - Pfarrer; Mgl. der Bekennenden Kirche; seit 1955 in Berlin, 1961–63 Senator für Inneres, 1963–66 Bürgermeister und Senator für Polizei, Sicherheit und Ordnung, 1966/67 Regierender Bürgermeister.

Albi, südfrz. Stadt am Tarn, 48 000 E. Verwaltungssitz des Dep. Tarn und kath. Erzbischofssitz; Toulouse-Lautrec-Museum. Marktzentrum, kohlechem. Ind., Zement-, Textil- und Chemiefaserwerke. - Im 5. Jh. erstmals erwähnt; seit dem 8. Jh. Sitz eines Grafen (Albigeois); ab Anfang 9. Jh. Bischofs-, später Erzbischofssitz. Stadtherr war 1229–1789 der Bischof. - Kathedrale Sainte-Cécile (1282 bis 1390; steinerne spätgot. Chorschranken; Glasfenster 14.–16. Jh.), Palais de la Berbie (13. und 15. Jh., z. T. Museum), Brücke („Pont Vieux") aus dem 11. Jh.

Albicastro, Henrico, eigtl. Heinrich Weißenburg, * in der Schweiz um 1670, † in den Niederlanden um 1738, schweizer. Komponist. - Zählt mit zahlr. kammermusikal. Werken zu den bed. Komponisten dieses Bereichs in seiner Zeit.

Albigenser, nach der Stadt Albi benannte Gruppe der ↑ Katharer. Sie vertraten radikale dualist. Anschauungen des Neumanichäismus (so nahmen sie beispielsweise einen guten und einen bösen Gott an) und strenge asket. Forderungen, die v. a. für ihre „Apostel", die hierarch. gegliederten Perfecti („Vollkommene"), galten. Die A. spielten seit dem Ende des 12. Jh. im Languedoc eine bed. Rolle; in den **Albigenserkriegen** (1209–1229), zu denen Papst Innozenz III. aufgerufen hatte, wurden sie grausam ausgerottet. ⊞ *Roll, E.: Die Katharer.* Stg. 1979.

Albigeois [frz. albiˈʒwa], Tertiärhügelland mit dem Zentrum Albi im SO des Aquitan. Beckens (Frankr.).

Albini, Franco, * Robbiate (Prov. Como) 17. Okt. 1905, † Mailand 1. Nov. 1977, italien. Architekt. - Bed. Museumsarchitekt: Museo

di Palazzo Bianco, 1951, Museo Palazzo del Tesoro di San Lorenzo, 1956 (beide Genua).

Albinismus [span.; zu lat. albus „weiß"], das mehr oder weniger ausgeprägte, erbl. bedingte Fehlen von Pigment bei Lebewesen (**Albinos**). Beruht auf einer Stoffwechselstörung bei der Bildung von † Melanin. Man unterscheidet die beim Menschen seltenere, bei Tieren z. B. von der Weißen Maus bekannte völlige (oder annähernd völlige) Pigmentlosigkeit *(totaler A.)* mit im allg. rezessivem Erbgang vom partiellen Pigmentmangel *(partieller A.)*, bei dem nur bestimmte Körperstellen ohne Pigment sind, wodurch es oft zu einer Weißscheckung der Haut kommt (beim Menschen werden hauptsächl. Scheitel/Stirn, Bauch und Innenseiten der 4 Gliedmaßen betroffen). Der Erbgang ist bei der Scheckung im allg. dominant. Ist nur die Iris des menschl. Auges betroffen, so liegt vermutl. ein rezessiv-geschlechtsgebundener Erbgang vor; die rötl. Farbe der sehr lichtempfindl. Augen bei totalem A. kommt von den durchscheinenden Blutgefäßen.

Albinoni, Tomaso, * Venedig 8. Juni 1671, † ebd. 17. Jan. 1750, italien. Komponist. - Einer der bedeutendsten venezian. Musiker. Komponierte außer Kammermusik verschiedener Besetzungen über 50 Opern.

Albinus, Bernhard Siegfried, eigtl. B. S. Weiß, * Frankfurt/Oder 24. Febr. 1697, † Leiden 9. Sept. 1770, dt. Arzt. - Prof. in Leiden; seine Arbeiten zur beschreibenden Anatomie galten bis ins 19. Jh. als maßgebend.

Albion, alter, meist dichterisch gebrauchter Name für England (erstmals im 6. Jh. belegt); obwohl kelt. Ursprungs, mit lat. albus („weiß") in Verbindung gebracht und auf die Kreidekliffküste bei Dover bezogen. Das Schlagwort „perfides A." kam 1793 in Frankr. auf (nach dem brit. Anschluß an die europ. Koalition gegen das revolutionäre Frankr.).

Albis, Bergzug westl. vom Zürichsee, Schweiz, mit dem Aussichtsberg *Üetliberg* (871 m, Bergbahn).

Albit [zu lat. albus „weiß"] (Albiklas, Natronfeldspat), $Na[AlSi_3O_8]$, weißes (manchmal durch Verunreinigung grün, grau, rot oder gelb gefärbtes), glänzendes Mineral der † Feldspäte.

Albizzi (Albizi), seit Ende des 12. Jh. bezeugte, aus Arezzo stammende Florentiner Adelsfamilie. Die A. spielten seit dem 13. Jh. als Inhaber hoher Ämter und Führer der Guelfen eine bed. polit. Rolle und hatten in Florenz seit der Mitte des 14. Jh. die Vorherrschaft, bis die Medici die Macht übernahmen.

Alboin (Albuin), † Verona, wahrscheinl. 28. Juni 572, König der Langobarden. - Trat vermutl. zw. 560 und 565 die Regierung an; besiegte die Gepiden 567, tötete deren König und zwang dessen Tochter Rosamunde zur Heirat; brachte bis 572 den größten Teil N-

Albi. Kathedrale Sainte-Cécile (1282–1390)

Albinismus. Eine Gruppe Bantus mit einem albinotischen Stammesgenossen in Namibia

Italiens in seine Hand; wurde im selben Jahr auf Veranlassung seiner Gattin ermordet.

Alboranmeer, westlichster Teil des Mittelländ. Meeres.

Ålborg [dän. ˈɔlbɔrˀ], Hauptstadt des dän. Verw.-Geb. Nordjütland, an der schmalsten

Stelle des Limfjordes, 155 000 E. Museen, Landesbibliothek; Nahrungs- und Genußmittel- sowie Tabakind., Baumwoll- und Seidenverarbeitung, Zementfabriken, Werft; bed. Hafen, ⚓. Mit Nørresundby auf der nördl. Seite des Limfjordes durch eine Straßen- und eine Eisenbahnbrücke und einen Autobahntunnel verbunden. - Im 11. Jh. urkundl. erwähnt, früher bed. Handels- und Umschlagplatz. - Zahlr. Parkanlagen; Rathaus (1759; mit modernen Fresken), Sankt-Budolfi-Kirche (14. Jh.; 60 m hoher Turm mit Glockenspiel), Heiliggeistkloster (1431; heute Krankenhaus), Liebfrauenkirche (um 1100), alte Häuser, u. a. Jens Bangs Stenhus (1623/24).

Albornoz, Gil (Ägidius) Álvarez Carillo de [span. alβor'noθ], * Cuenca um 1300, † bei Viterbo 1367, span. Kardinal (seit 1350), Feldherr und Staatsmann. - 1337–50 Erzbischof von Toledo und span. Kanzler; stellte nach Unruhen im Kirchenstaat im Auftrag von Innozenz VI. die päpstl. Autorität wieder her und gab dem Kirchenstaat mit den „Constitutiones Aegidianae" eine Verfassung, die bis 1816 galt.

Albrecht, männl. Vorname, Kurzform von Adalbrecht (↑ Adalbert).

Albrecht, Name von Herrschern:
Hl. Röm. Reich:
A. I., * im Juli 1255, † an der Reuß bei Brugg 1. Mai 1308, König (seit 1298). - Ältester Sohn Rudolfs I. von Habsburg; Herzog von Österreich und Steiermark seit 1282 (seit 1283 Alleinherrscher).Wurde bei der Königswahl 1292 wegen seiner wachsenden Territorialmacht zugunsten Adolfs von Nassau übergangen; verband sich mit den Kurfürsten; nach Absetzung und Tod Adolfs 1298 zum König gewählt; verfolgte letztl. vergebl. - eine starke Hausmachtpolitik gegen die Kurfürsten mit dem Ziel eines dauernden habsburg. Königtums; 1308 von seinem Neffen Johann Parricida ermordet.
A. II., * 16. Aug. 1397, † Neszmély bei Komáron 27. Okt. 1439, König (seit 1438), als Herzog von Österreich Albrecht V. (seit 1404/1411). - Schwiegersohn Kaiser Sigismunds (∞ mit dessen Tochter Elisabeth), nach dessen Tod 1437 König von Ungarn und Böhmen; 1438 zum dt. König gewählt, aber nie gekrönt. Zielte kirchenpolit. auf Vermittlung zw. dem Basler Konzil und dem abgesetzten Papst Eugen IV.
Bayern:
A. III., der Fromme, * München 27. März 1401, † ebd. 29. Febr. 1460, Herzog von Bayern-München (seit 1438). - Sohn von Herzog Ernst (⚭ 1397–1438); zuerst ∞ mit A. ↑ Bernauer, dann mit Anna von Braunschweig-Grubenhagen; lehnte 1440 die Annahme der böhm. Krone ab; förderte Kunst und Wiss. und führte eine Reform der bayr. Klöster durch.

A. IV., der Weise, * München 15. Dez. 1447, † ebd. 18. März 1508, Herzog (seit 1465). - Sohn von A. III.; Alleinregierung seit 1467; konnte 1504/05 Ober- und Niederbayern wiedervereinigen; 1506 Festlegung der Unteilbarkeit Bayerns und des Primogeniturrechts. Bed. Förderer der Kunst und Wissenschaft.
A. V., * München 29. Febr. 1528, † ebd. 24. Okt. 1579, Herzog (seit 1550). - Begr. als Mäzen Münchens Ansehen als Kunststadt; unterdrückte 1563/64 mit Härte die „Adelsverschwörung"; machte v. a. aus fürstl. „Staatsinteresse" seit 1568 sein Hzgt. zum ersten weltl. dt. Staat der Gegenreformation.
Brandenburg:
A. I., der Bär, * wohl Bernburg/Saale um 1100, † 18. Nov. 1170, Markgraf. - Bemächtigte sich 1124 der Markgft. Niederlausitz (1131 verloren); 1134 mit der Nordmark belehnt; sicherte sich das Havelland mit der Brandenburg und baute es zu einem dt. Territorium (Mark Brandenburg) aus; konnte seinen Anspruch auf das Hzgt. Sachsen (seit 1138) gegen Heinrich den Löwen nicht durchsetzen.
A. III. Achilles, * Tangermünde 24. Nov. 1414, † Frankfurt am Main 11. März 1486, Markgraf und Kurfürst (seit 1470). - Sohn Friedrichs I. von Brandenburg; erbte 1440 das Ft. Ansbach, wo er mit seiner 2. Gemahlin, Anna von Sachsen (berühmter Briefwechsel), glanzvoll Hof hielt, 1464 auch das Ft. Kulmbach-Bayreuth; setzte durch Hausgesetz 1473 die Primogenitur und Unteilbarkeit der Mark fest.
Brandenburg-Kulmbach:
A. Alcibiades, * Ansbach 28. März 1522, † Pforzheim 8. Jan. 1557, Markgraf von Kulmbach-Bayreuth (1541–54). - Wechselte als Söldner- und Reiterführer mehrfach zw. Kaiser Karl V. und den Protestanten; verwüstete im 2. Markgräflerkrieg (1552/53) Franken, bis er 1553 geschlagen wurde; 1554 geächtet.
Braunschweig[-Lüneburg]:
A. I., der Große, * 1236, † 15. Aug. 1279, Herzog (seit 1252). - Teilte 1267 das Hzgt. mit seinem Bruder Johann, der das Ft. Lüneburg erhielt.
Magdeburg:
A. II. (Albert I.), * um 1170, † 15. Okt. 1232, Erzbischof. - Verhalf 1208 Otto IV. zur Anerkennung in ganz Deutschland, betrieb jedoch 1212 die Wahl Friedrichs II. zum König; von Otto IV. geächtet, 1223 von Friedrich II. zum Grafen der Romagna und zu seinem Stellvertreter in Oberitalien ernannt; ließ den Magdeburger Dom ab 1209 neu errichten.
Mainz:
A. II., Markgraf von Brandenburg, * 28. Juni 1490, † Mainz 24. Sept. 1545, Erzbischof und Kurfürst. - 1513 Erzbischof von Magdeburg und Administrator von Halberstadt, 1514 auch Erzbischof von Mainz, 1518 Kardinal; ließ Geld für Zahlungen an den Papst durch

einen von Tetzel verkündeten Ablaß einbringen, was Anlaß für Luthers Protest gegen die Ablaßpraxis in seinen 95 Thesen wurde. A. war ein typ. Renaissancefürst, Förderer von Künstlern und Humanisten.

Mecklenburg:
A. III., Herzog, ↑Albrecht, König von Schweden.

Meißen:
A. der Entartete, *1240, † Erfurt 13. (20.?) Nov. 1314 (1315?), Markgraf. - Erhielt 1265 Thüringen und die sächs. Pfalzgrafschaft; von seinen Söhnen wegen Erbzwistigkeiten mehrfach gedemütigt; zog sich schließl. gegen ein Jahrgeld nach Erfurt zurück.

Österreich:
A. I., Herzog, ↑Albrecht I. (Hl. Röm. Reich).
A. II., der Lahme (oder der Weise), *Wien 1298, † ebd. 20. Juli 1358, Herzog (seit 1330). - Sohn von König A. I.; regierte ab 1339 allein. Gewann 1335 Kärnten und Krain für das Haus Österreich, dessen Einheit er durch die Hausordnung von 1355 fixierte.
A. III., *Ende 1349 oder Anfang 1350, † Schloß Laxenburg 29. Aug. 1395, Herzog (seit 1365). - Regierte gemeinsam mit seinem jüngeren Bruder Leopold III., mit dem er 1379 im Neuburger Vertrag die Erblande teilte (begr. durch die Albertin. Linie des Hauses Österreich); A. behielt Nieder- und Oberösterreich und übernahm nach Leopolds Tod 1386 die Gesamtregierung.
A. V., Herzog, ↑Albrecht II. (Hl. Röm. Reich).
A. VI., *Wien 1418, † ebd. 2. Dez. 1463, Herzog (1453 Erzherzog). - Konnte 1446 die Herrschaft in den östr. Vorlanden übernehmen; stiftete 1457 die Univ. Freiburg im Breisgau; erreichte von seinem älteren Bruder, Friedrich V. (Kaiser Friedrich III.), 1458 die Abtretung Oberösterreichs, 1462 (nach Belagerung Friedrichs in der Hofburg) auch Niederösterreichs.
A. VII. (Albert, span. Alberto de Austria), *Wiener Neustadt 13. Nov. 1559, † Brüssel 13. Juli 1621, Erzherzog. - Jüngster Sohn Kaiser Maximilians II.; 1577 Kardinal, 1584 Erzbischof von Toledo; ab 1596 Statthalter, ab 1599 Regent der span. Niederlande; schloß 1609 mit den Generalstaaten einen 12jährigen Waffenstillstand.
A., Erzherzog, Herzog von Teschen, *Wien 3. Aug. 1817, † Arco 18. Febr. 1895, östr. Feldmarschall (1863). - Ältester Sohn des Erzherzogs Karl. Errang 1866 als Kommandant der Südarmee den Sieg über die Italiener bei Custozza; hatte als Generalinspekteur bed. Anteil an der Reorganisation der Armee.

Preußen:
A., Markgraf von Brandenburg-Ansbach, *Ansbach 17. Mai 1490, † Tapiau (Ostpreußen) 20. März 1568, letzter Hochmeister des Dt. Ordens (1510/11-25), erster Herzog in Preußen (seit 1525). - Entschloß sich, seit 1523 mit Luther persönl. in Verbindung, zur

Umwandlung des Ordensstaates in ein weltl. Hzgt.; nahm im Vertrag von Krakau (1525) sein Hzgt. als erbl. „Herzog in Preußen" vom poln. König zu Lehen; trat zum ev. Bekenntnis über und führte die Reformation ein; gründete 1544 die Univ. Königsberg.

Sachsen:
A. der Beherzte, *Grimma 31. Juli 1443, † Emden 12. Sept. 1500, Herzog. - Sohn des Kurfürsten Friedrich II. von Sachsen; regierte ab 1464 zus. mit seinem älteren Bruder Ernst; wurde durch Teilung der wettin. Lande 1485 zum Begründer der Albertin. Linie der ↑Wettiner; war Statthalter der Niederlande.

Sachsen-Teschen:
A. Kasimir, Herzog, ↑Albert Kasimir.

Schweden:
A., *um 1340, † Kloster Doberan 31. März 1412, König (1364-89), als A. III. Herzog von Mecklenburg (1385-88 und seit 1395). - Sohn Herzog Albrechts II. von Mecklenburg; 1363 von den rebellierenden Ständen nach Schweden gerufen, 1364 zum König gewählt; nach dem Übergang der schwed. Opposition zu Königin Margarete von Dänemark und Norwegen (1388) von dieser 1389 besiegt und erst 1395 gegen den Verzicht auf seine Thronrechte freigelassen.

Württemberg:
A., *Wien 23. Dez. 1865, † Altshausen (Kreis Saulgau) 29. Okt. 1939, Herzog. - Führte im 1. Weltkrieg anfangs die 4. Armee. 1917 Generalfeldmarschall; bis 1918 Thronfolger König Wilhelms II. von Württemberg.

Albrecht, mittelhochdt. Dichter der 2. Hälfte des 13. Jh. - Soll den sog. „Jüngeren Titurel" verfaßt haben; die Frage der Identität mit ↑Albrecht von Scharfenberg ist ungeklärt.

Albrecht von Eyb, *Sommersdorf bei Ansbach 24. Aug. 1420, † Eichstätt 24. Juli 1475, dt. Schriftsteller. - Humanist; Domherr in Eichstätt; schrieb ein Buch über die Ehe (hg. 1472; im Anhang Übersetzungen Boccaccios) und einen „Spiegel der Sitten" (hg. 1511; mit Übersetzungen von Plautus' „Menaechmi" und „Bacchides").

Albrecht von Johan[n]sdorf, mittelhochdt. Dichter um 1200. - Stand wahrscheinl. im Dienst des Bischofs Wolfger von Passau; der frühen donauländ. Tradition verpflichteter Vertreter des höf. Minnesangs.

Albrecht von Scharfenberg, mittelhochdt. Dichter der 2. Hälfte des 13. Jh. - Schrieb die Versromane „Seifrid de Ardemont" und „Merlin" (beide im frz. Gralsroman), beide nur in der Fassung U. Füetrers überliefert. - ↑auch Albrecht.

Albrecht, Ernst, *Heidelberg 29. Juni 1930, dt. Politiker (CDU). - Seit 1970 MdL in Niedersachsen, seit Febr. 1976 niedersächs. Min.präsident.

A., Jacob, *Fox Mountain bei Pottsto.. (Pa.) 1. Mai 1759, † Kleinfeltersville, caster County (Pa.) 18. Mai 1808, dt.-am..

Prediger. - Gründete 1800 die Ev. Gemeinschaft (bis 1816 „Albrechts Leute").

Albrechtapfel ↑Äpfel (Übersicht).

Albrecht-Dürer-Gesellschaft, in Nürnberg 1792 gegr. ältester dt. Kunstverein.

Albrechtsberger, Johann Georg, * Klosterneuburg 3. Febr. 1736, † Wien 7. März 1809, östr. Musiktheoretiker und Komponist. - Hoforganist (seit 1772) und Domkapellmeister (1793) in Wien. Als Lehrer für Komposition unterrichtete er u. a. Beethoven. Komponierte kirchenmusikal. Werke und Oratorien sowie Kammermusik.

Albrechtsburg, Burg an der Ostseite des Burgbergs in Meißen. Spätgot. Bau, 1471 von Arnold von Westfalen begonnen, im wesentl. um 1485 vollendet, im 19. Jh. restauriert. Übergang vom Burg- zum Schloßbau. Dreigeschossiger zweiflügeliger Bau mit großen Fenstern, am Dachgeschoß Dreiecksgiebel (Lukarnen), zwei Treppentürme (Großer und Kleiner Wendelstein). In der A. war 1710–1864 die Meißner Porzellanmanufaktur untergebracht.

Albrechts Leute ↑Evangelische Gemeinschaft.

Albret [frz. al'brɛ], frz.-aquitan. Adelsgeschlecht, ben. nach seinem Herrschaftsgebiet in SW-Frankr. (heute Labrit, Dep. Landes); von mehreren Zweigen des Hauses A. war der älteste der berühmteste; führende Rolle der A. in der frz. Geschichte des 11.–16. Jh.; ab 1484 in Personalunion mit dem Kgr. Navarra; A. wurde 1550 Hzgt. und gelangte mit Navarra unter König Heinrich IV. 1607 an die frz. Krone.

Albright, Ivan [engl. 'ɔːlbraɪt], * Warrenville (Ill.) 20. Febr. 1897, † Woodstock (Vt.) 18. Nov. 1983, amerikan. Maler. - Vom Verfall geprägte Bildwelt. Füllt den Bildraum in minutiöser Detailarbeit aus; malt v. a. Innenräume und Porträts.

Albstadt, Stadt im Zollernalbkreis, Bad.-Württ., 1975 entstanden durch Zusammenlegung der Städte **Ebingen** und **Tailfingen** und der Gemeinden Onstmettingen und Pfeffingen; 125 km², 46 000 E. Textilind. (v. a. Trikotagen), Maschinenfabriken. - Ebingen und Tailfingen wurden 793 erstmals erwähnt; Ebingen wurde im 13. Jh., Tailfingen 1930 Stadt.

Albuch, Teil der nö. Schwäb. Alb, Bad.-Württ., durch den von Kocher (nach N) und Brenz (nach S) benutzten Talzug vom östl. benachbarten Härtsfeld getrennt. Eingelagert ist das ↑Steinheimer Becken.

Albuera, La, westspan. Kleinstadt in der Prov. Badajoz, 25 km sö. von Badajoz, 2 500 E. - Bei La A. siegten am 16. Mai 1811 die vereinigten brit.-span.-portugies. Truppen über die Franzosen.

Albufeira [portugies. albu'fɐjrɐ], bed. portugies. Seebad und Fischereihafen in der Algarve, 12 000 E. Maur. Stadtbild.

Albufera de Valencia [span. alβu'fera ðe βa'lenθja], sumpfige, vom Meer durch eine 20 km lange Nehrung abgeschnürte Lagune südl. von Valencia; wichtigstes Reisanbaugebiet Spaniens.

Albuin ↑Alboin.

Albulapaß ↑Alpenpässe (Übersicht).

Album [lat. „das Weiße"], ursprüngl. weiße Tafel für Aufzeichnungen, dann auch öffentl. Liste; seit dem 18. Jh. svw. Gedenk-, Stamm-, Sammelbuch, u. a. für Briefmarken, Bilder.

Albumblatt, in der Romantik und später gelegentl. auftretende bzw. für ein Charakterstück (so bei R. Schumann).

Albumen [zu lat. albus „weiß"] (Eiklar), das (helle) Eiweiß des Hühner- bzw. Vogeleies im Ggs. zum Eigelb.

Albumine [lat.], wichtigste Gruppe der Sphäroproteine (↑Proteine) neben den Globulinen und den Prolaminen. A. treten v. a. im tier. und menschl. Körper auf; sie sind wasserlösl., gerinnen bei Erhitzung und enthalten viel Schwefel; A. sind bes. im Eiklar des Hühnereies, in Blut, Milch, in geringeren Mengen in verschiedenen Pflanzensamen u. a. enthalten.

albuminoid [lat./griech.], eiweißähnl., eiweißartig.

albuminös [lat./griech.], eiweißhaltig.

Albuminurie [lat./griech.], Ausscheidung von Eiweißkörpern im Harn; die **echte Albuminurie** bei Nierenerkrankungen und die **akzidentelle Albuminurie** bei Entzündungen der Harnwege müssen von der belanglosen **physiolog. Albuminurie** mit nur geringem Eiweißgehalt im Harn unterschieden werden; letztere kann bei körperl. Anstrengung und Fieber auftreten.

Albumosen [lat.], Polypeptide, erste, aber immer noch hochmolekulare Spaltprodukte der Proteinhydrolyse (durch das Enzym Pepsin im Magen).

Albuquerque, Afonso de [portugies. albu'kɛrkɐ], * Alhandra um 1462, † vor Goa 16. Dez. 1515, portugies. Seefahrer und Vizekönig in Indien (1504/09–15). - Entdeckte 1503 Sansibar und eroberte Cochin; behauptete 1507/08 Hormos; fuhr Ende 1508 nach Indien, übernahm 1509 das Amt des Vizekönigs und baute die Macht Portugals entscheidend aus; eroberte 1510 Goa, 1511 Malakka und drang bis zu den Molukken, schließl. zum Roten Meer vor, konnte aber Aden trotz Beschießung (1513) nicht nehmen; eroberte 1515 erneut Hormos; 1515 gestürzt.

Albuquerque [engl. 'ælbəkəːkɪ], Stadt in New Mexico, USA, am oberen Rio Grande, 1 500 m ü. d. M., 342 000 E. Zwei Univ. (gegr. 1889 bzw. 1940); Handelszentrum in einem Ackerbau-, Viehzucht- und Holzwirtschaftsgebiet; bed. Nahrungsmittelind., Metall- und Holzverarbeitung, Kunsthandwerk; Zentrum der Atomforschung; nahebei Bergbau auf

Uranerze und Versuchsgelände für Sonnenenergieforschung. - Die Altstadt wurde 1706 von Spaniern gegr., die moderne Stadt 1880; bed. Kurort und Touristenzentrum; nahebei zahlr. Pueblos.

Albus [lat. „der Weiße"] (Weißpfennig), Groschenart, die seit etwa 1350 am Niederrhein für fast 2 Jh. Hauptmünze war; weithin geschätzt wegen ihres hohen Silbergehaltes, der sie weiß erscheinen ließ; als *Hessen-A.* 1510–1778 in Umlauf.

Alcácer do Sal [portugies. al'kasɛr du 'sal], portugies. Stadt am Unterlauf des Sado, 40 km sö. von Setúbal, 17 500 E. Salzgewinnung; Reisanbau. - Röm. Brückenstadt **Salacia,** in got. Zeit Bischofssitz. Hauptstadt der arab. Prov. Al Kasr; 1217 span. - Roman. Kirche Santa Maria do Castelo, Ruine eines Kastells.

Alcaeus [al'tsɛːʊs] ↑Alkaios.

Alcalá de Guadaira [span. alka'la ðe yͤa'ðaira], span. Stadt,17 km sö. von Sevilla, 45 000 E. Ölmühlen, Großbäckereien. - Kastell, urspr. röm., stärkste maur. Festung Andalusiens, um 1250 span. - Sieben Türme verstärken die dreifache Ummauerung, mächtiger Bergfried.

Alcalá de Henares [span. alka'la ðe e'nares], span. Stadt, 27 km nö. von Madrid, 143 000 E. Philosoph. Fakultät der Univ. von Comillas; biolog. Forschungsinst.; Agrarmarkt und Ind.standort (u. a. Gerbereien, Mühlen, Seifenherstellung). - In der Antike **Complutum,** Ende 9. Jh. von den Mauren befestigt. 1118 span., 1348 wurde durch die Cortes mit der „Ordnung von Alcalá" ein bed. Rechtsbuch verkündet. 1508 Gründung der Univ., die 1836 nach Madrid verlegt wurde. - Colegio de San Ildefonso (1508 Univ., heute Museum), Erzbischöfl. Palais (16. Jh.).

Alcalá la Real, span. Stadt, 40 km nw. von Granada, 918 m ü. d. M., 21 000 E. Mittelpunkt eines Agrargebietes (Oliven- und Getreideanbau, Wollschafhaltung). - Während der arab. Besetzung der Iber. Halbinsel mehrfacher Wechsel der Herrschaft; 1341 endgültig span. - Castillo de la Mota (arab. Festung, 13.–16. Jh.), Kirche de la Mota (14. Jh.).

Alcalá Zamora y Torres, Niceto [span. alka'la θa'mora i 'torrɛs], * Priego de Córdoba 6. Juli 1877, † Buenos Aires 18. Febr. 1949, span. liberaler Politiker. - 1931 führend im Revolutionskomitee, das den Rücktritt des Königs herbeiführte; kurze Zeit erster Min.-präs., 1931–36 erster Präs. der 2. Republik.

Alcalde ↑Alkalde.

Alcamo, italien. Stadt auf Sizilien, 42 000 E. Bed. ländl. Markt. - Arab. Ursprung, 1233 Neuanlage durch Kaiser Friedrich II. - Got. Kathedrale; Kastell (14. Jh.).

Alcan Aluminium Ltd. [engl. 'ælkən æljo'mɪnjəm 'lɪmɪtɪd], kanad. Aluminiumkonzern, Sitz Montreal, gegr. 1928, heutige Firma seit 1966. Produktionsmäßig größter

Aluminiumhersteller der Welt; weltweite Beteiligungen.

Alcántara, span. Stadt am Tajo, 50 km nw. von Cáceres, 2 300 E. Wasserkraftwerk. - 1214 span., bald danach im Besitz des Militärordens von San Julián de Pereiro. - Röm., unter Trajan (106 n. Chr.) erbaute Brücke mit Triumphbogen. Santa Maria de Almocóvar (13. Jh.) mit bed. Grabmälern.

Alcántara, Orden von, einer der drei großen span. Ritterorden; seit 1218 Name des 1156 (oder 1166) zur Verteidigung der Festung Pereiro gegen die Mauren gegr. Ordens von San Julián de Pereiro; 1874 zum Verdienstorden umgewandelt.

Alcarraza [alka'rasa; arab.-span.], in Spanien verbreiteter poröser Tonkrug, der von Wasser schnell durchfeuchtet wird, das nach außen verdunstet; durch die Verdunstungskälte ist eine Abkühlung von 5–10 °C unter die Außentemperatur möglich.

Alcarría, Landschaft im mittleren Spanien, vom Tajo und seinen Nebenflüssen tief zertalt; 750–1 100 m ü. d. M.

Alcazaba [alka'θaβa; arab.-span.], Bez. für maur. Festungen in Spanien; oft gleichbedeutend mit ↑Alkazar verwendet.

Alcázar [span. al'kaθar] ↑Alkazar.

Alcázar de San Juan [span. al'kaθar ðe san'xuan], span. Stadt in der Mancha, 543 m ü. d. M., 25 000 E. Bahnknotenpunkt; Eisenbahnwerkstätten. - Nach dem *Alces* wurde im MA vom Johanniterorden besiedelt.

Alchemilla [arab.], svw. ↑Frauenmantel.

Älchen (Aaltierchen), Sammelbez. für meist an Kulturpflanzen parasitierende, 0,5 bis wenige mm lange, fast durchsichtige Fadenwürmer. Nach dem Angriffsort unterscheidet man Wurzel-Ä., Stengel-Ä., Blatt-Ä. und Samenälchen.

Älchenkrätze (Nematodenfäule, Wurmfäule), durch das Stengelälchen Dityenchus destructor verursachte meldepflichtige Kartoffelkrankheit; die Knollenschale bekommt grauschwarze Flecken und reißt auf.

Alchimie (Alchemie, Alchymie) [arab. „die Chemie"], im MA und zu Beginn der Neuzeit verstand man unter A. die universalwiss. Beschäftigung mit chem. Stoffen mit dem Ziel, die Materie durch Läuterung aus einem unvollkommenen in einen vollkommenen Zustand zu bringen. Die später A. genannte Universalwiss. entstand im 2./3. Jh. im griech. sprechenden Ägypten. Sie stellt die Zusammenfassung verschiedenster wiss., philosoph., myst.-religiöser und techn. Erkenntnisse des östl. Mittelmeerraums mit den Mythen des religiösen Synkretismus Ägyptens und griech. naturphilosoph. Elementenlehren dar. Bereits früh hatte sich als spezielle chem. Technik die Fälschung wertvoller Naturstoffe ausgebildet, z. B. Imitieren von Gold, Edelsteinen und Farbstoffen. Grundlage alchimist. Vorstellungen bildete unter den griech. naturphi-

Alcibiades

losoph. Anschauungen speziell die Elementenlehre und Mischungstheorie des Aristoteles, d. h. die Lehre von den vier ird. Elementen (Erde, Wasser, Luft, Feuer) als Zustandsformen der eigenschaftslosen Grundmaterie („prima materia") und von ihrer wechselseitigen Umwandlung ineinander (↑Aggregatzustand), wobei manche Stoffe dem Gemisch nur ihre „Form" (ihre Eigenschaften), nicht aber ihre „Materie" mitteilen. Gemäß griech. Naturphilosophie kann eine solche Umwandlung nur mit Hilfe der Natur (Gott) selbst durchgeführt werden; sie wird als Göttergeburt auf chem. Wege aufgefaßt. Da die A. gleichzeitig die naturphilosoph. Vorstellung von der Umwandlung der Stoffe und der allen zugrundeliegenden „prima materia" mit der Idee einer Stufenleiter der Vollkommenheit (Platon, Stoa, Neuplatonismus) verbindet, ist im stoffl. Bereich das sichtbare Zeichen des Gelingens das Gold, das in der „prima materia" und damit in jedem anderen Stoff bereits potentiell enthalten sei. Die Methode ist, dem Gold oder den Gold enthaltenden Stoffen den Samen zu extrahieren und diesen in anderen Stoffen wachsen zu lassen. Das Mittel ist der später so genannte ↑Stein der Weisen. Die Metalle waren bereits von den Babyloniern Gottheiten und diese wiederum Planeten zugeordnet worden. Erhitzte der Alchimist z. B. Zinn und Kupfer im Schmelztiegel, so wurden gleichzeitig die Gottheiten Jupiter und Venus in einer myst. Ehe vereinigt. Der Geheimlehre entsprechend konnten so auch schwer oder nicht legierbare Metalle bei entsprechender astrolog. Konstellation vereinigt werden. Diese Auffassung und die große Wertschätzung der „reinigenden" Zusätze führten zu einer Fülle wertvoller chem. Erkenntnisse und Erfindungen, aus der Spätzeit z. B. Phosphor, Porzellan und Schwarzpulver. In der A. fehlt eine Trennung von Vorstellung und Erfahrung, Beobachtung und Phantasie. Man projizierte innere Erlebnisse und Bilder in die Materie und in die stoffl. Prozesse. Die chem. Reaktionen wurden gleichsam lebendige Abbilder der unbewußten Seele des Menschen und mußten als solche gedeutet werden. Die sich daraus ergebende Geheimhaltung führte zu eigenartigen Benennungen und einer mit dem arab. MA weitgehend verlorengegangenen Zeichen- und Formelsprache, die im MA noch ausgeschmückt wurde. Aus der arab. Blütezeit der A. stammen noch die Namen vieler chem. Stoffe und Gerätschaften; die antike A. blieb davon unbeeinflußt. Die arab. Schriften wurden erst im 11./12. Jh. neu entdeckt und bes. in der Renaissance neu gewürdigt. Doch drängte im 17. Jh. die wiss.-empir. Chemie die A. mehr und mehr in die Verborgenheit, wo der Hang zur Geheimbündelei mit als geheimer Kunst des Goldmachens das Eigenleben einer Pseudowiss. noch bis in die Neuzeit ermöglichte.

202

□ *Ploss, E., u. a.: Alchimia. Ideologie u. Technologie. Mchn. 1970. - Burckhardt, T.: Alchemie. Sinn u. Weltbild. Olten u. Freib. 1960.*

Alcibiades ↑Alkibiades.

Alciopiden (Alciopidae) [griech.], Fam. bis 30 cm langer Borstenwürmer mit mehreren Arten im Meer. Die frei schwimmenden, räuber. lebenden, glasklar durchsichtigen Tiere haben große, kugelig vorspringende, dunkelrote Linsenaugen und stummelförmige Gliedmaßen. Der vorstülpbare muskulöse Schlund hat zwei hakenförmige Papillen zum Ergreifen der Beute (hauptsächl. Fischlarven, kleine Krebse). Bekannteste Art: **Alciope** (Alciopa cantraini), bis etwa 6 cm lang, lebt im Mittelmeer.

Alcipe [portugies. alˈsipə], eigtl. Leonor de Almeida Marquesa de Alorna, * Lissabon 31. Okt. 1750, † ebd. 11. Okt. 1839, portugies. Dichterin. - Lebte viel im Ausland; oft lehrhafte Lyrik (Aufklärung); machte in ihrem Salon die zeitgenöss. Literatur (z. B. Wielands „Oberon") bekannt; lebendige Briefe; bed. Übersetzerin (u. a. Pope, Thomson, Goethe, Young, Ossian).

Alcira [span. alˈθira], ostspan. Stadt, 35 km südl. von Valencia, 37 000 E. Zentrum der Apfelsinenkultur in der Vega von Valencia; das Bewässerungssystem stammt aus arab. Zeit. - Von Karthagern gegr., röm. Brückenort *(Suero)*, bis ins 13. Jh. arab., dann spanisch.

Alcoa [engl. ælˈkouə], Abk. für engl.: **A**luminum **Co**mpany **o**f **A**merica.

Alcobaça [portugies. alkuˈβasɐ], portugies. Stadt am Zusammenfluß von Alcoa und Baça, 5 300 E. Markt eines Obst- und Weinbaugebietes, Genußmittel- und Keramikind. - Röm. *Eburobriga*; ehem. Zisterzienserabtei (1178–1222); heute theolog. Seminar. - Die Kirche ist ein Baudenkmal der europ. Frühgotik mit bed. Grabmälern.

Alcoforado, Mariana [portugies. alkufuˈraðu], * Beja (Alentejo) 22. April 1640, † ebd. 28. Juli 1723, portugies. Nonne im Kloster Conceição. - Galt als Verfasserin der „Portugies. Briefe" (dt. 1913 von Rilke), die heute Vicomte ↑Guilleragues zugeschrieben werden.

Alcotest ⓦ [arab./engl.], Verfahren zur Bestimmung des Alkoholgehaltes der ausgeatmeten Luft; beruht darauf, daß der Alkoholgehalt der aus den Lungen kommenden Luft stets in einem bestimmten Verhältnis zum Alkoholspiegel des Blutes steht. Das A.gerät besteht aus einem Prüfröhrchen, einem Luftmeßbeutel und einem Mundstück. Enthält die ausgeatmete Luft Alkohol, so reagiert dieser mit einem im Prüfröhrchen enthaltenen Gemisch von Chromat und konzentrierter Schwefelsäure; hierbei tritt ein Farbumschlag von Gelb zu Grün auf; Markierungen am Prüfröhrchen zeigen den ungefähren Wert der Alkoholkonzentration an.

Alcoy, span. Stadt, 85 km südl. von Valencia, 66 000 E. Zentrum einer auf viele Siedlungen verteilten Kleinind., bed. Mittelpunkt der Textilind. an der Levante. - 236 v. Chr. von Karthagern gegr., in westgot. Zeit befestigt, später arab., im 13. Jh. spanisch.

Alcuinus ↑ Alkuin.

Alcyonaria [griech.], Ordnung der Blumentiere mit etwa 800 Arten, v. a. in den Meeren wärmerer Regionen; bilden meist gedrungene, lederartig-fleischige, festsitzende Kolonien; die bekanntesten der 4 Fam. sind die ↑ Lederkorallen und die ↑ Orgelkorallen.

Aldan, sowjet. Stadt im A.bergland, in der Jakut. ASSR, RSFSR, 15 000 E. Polytechnikum; Goldgewinnung.

A., rechter Nebenfluß der Lena, in O-Sibirien, entspringt im Stanowoigebirge, durchfließt das A.bergland, mündet 170 km nördl. von Jakutsk, 2 273 km lang, schiffbar ab Tommot, Juni bis Sept. eisfrei; fischreich.

Aldanbergland, Bergland im SO der Jakut. ASSR, zw. dem Stanowoigebirge im S und der Lena im N, vom oberen Aldan durchflossen, bis 2 246 m hoch. Steinkohlenvorkommen, Goldgewinnung und Glimmerabbau.

Aldanow, Mark [russ. al'danɐf], eigtl. Mark Alexandrowitsch Landau, * Kiew 26. Okt. 1886, † Nizza 25. Febr. 1957, russ. Schriftsteller. - Emigrierte 1919 nach Paris und ging 1941 in die USA; schrieb u. a. 1921–27 den vielgelesenen Romanzyklus „Der Denker" aus der Zeit der Frz. Revolution und der Befreiungskriege; Essaysammlung „Zeitgenossen" (1928).

Aldeburgh [engl. 'ɔːldbərə], engl. Stadt und Seebad an der Nordseeküste, 3 000 E. Bekannt durch sein von Benjamin Britten begründetes jährl. Musikfest.

Aldegrever, Heinrich, eigtl. H. Trippenmeker, * Paderborn um 1502, † Soest nach 1555, dt. Kupferstecher und Maler. - Seit etwa 1525 lebte A. in Soest, malte u. a. die Tafeln für den dortigen Marienaltar in der Wiesenkirche, die noch das Monogramm HT tragen (signierte nach 1527 AG), und das Porträt des Grafen Philipp III. zu Waldeck (Schloß Arolsen; 1536?). Umfangreiches Stichwerk, u. a. Hochzeitstänzerfolgen, Taten des Herkules; bes. bed. sind seine Bildnisstiche und v. a. die Ornamentstiche pflanzl. und figürl. Art, in denen A. vom Formgut der italien. Renaissance ausgeht. Im Spätwerk Manierist.

Aldehydalkohole, sehr reaktionsfähige Gruppe chem. Verbindungen, die neben der Aldehydgruppe −CHO zusätzlich eine Hydroxylgruppe −OH im Molekül enthalten.

Aldehyde [Kw. aus Alcoholus **dehydr**ogenatus], Kohlenwasserstoffderivate, die als charakterist. Gruppe die Aldehyd- oder Formylgruppe

$$-C\diagup^{H}_{\diagdown O}$$

enthalten. Nach der chem. Nomenklatur werden die A. durch die Endung **-al** gekennzeichnet. Die niederen A., z. B. Acetaldehyd (Äthanal), CH_3CHO, sind flüchtig und haben einen unangenehm stechenden Geruch, die höheren A. sind flüssig bis fest, sie sind im Ggs. zu den niederen A. auch nicht wasserlöslich. Die Herstellung der A. erfolgt meist durch Dehydrierung primärer ↑ Alkohole. Die Aldehydgruppe ist auf Grund ihrer unsymmetr. Ladungsverteilung sehr reaktionsfähig. Die Neigung zu Kondensationen und Polymerisationen nutzt man für die Synthese von Kunststoffen (↑ Polyformaldehyd) und Kunstharzen (↑ Aldehydharze).

Aldehydharze, Harze, die durch alkal. Kondensation vornehml. aus Acetaldehyd, Akrolein und Furfurol entstehen; Verwendung für Lacke, Polituren und als Hartkautschukersatz.

Aldehydsäuren, Carbonsäuren mit ei-

Aldobrandinische Hochzeit (Ausschnitt; wohl 1. Jh. n. Chr.). Vatikanische Sammlungen

Alder

ner Aldehydgruppe (—CHO) neben der Carboxylgruppe (—COOH). Die einfachste der A. ist die ↑Glyoxylsäure (↑auch Glyoxylsäurezyklus).

Alder, Kurt, * Königshütte 10. Juli 1902, † Köln 20. Juni 1958, dt. Chemiker. - Seit 1934 Prof. in Kiel, 1940–58 in Köln; arbeitete u. a. über die Polymerisation des Butadiens. 1927/28 entdeckte er zus. mit O. ↑Diels die Diensynthese (Diels-Alder-Synthese), für die er 1950 zus. mit Diels den Nobelpreis erhielt.

Aldergrove [engl. 'ɔːldəgroʊv], internat. Flughafen von ↑Belfast.

Aldermen [engl. 'ɔːldəmən], Ratsherren, Vorsteher in angelsächs. Ländern; in angelsächs. Zeit Beauftragte des Königs mit Herrschafts-, militär. und richterl. Funktionen; in den späteren Stadtverfassungen v. a. die freigewählten Ratsherren; im geltenden Gemeinderecht Großbrit. und der USA gewählte Ratsherren und Stadträte (Amtszeit bis zu 6 Jahren). Im ma. fries. Recht, teils auch in der Hanse, Bez. für Vorsteher in Genossenschaften, Gilden, Bruderschaften und Zünften, auch für Richter und Stadtobrigkeiten.

Alderney [engl. 'ɔːldənɪ] (frz. Aurigny), nördlichste der ↑Kanalinseln.

Aldershot [engl. 'ɔːldəʃɔt], engl. Garnisonstadt (seit 1854), 50 km sw. von London, Gft. Hampshire, 33 000 E.

Aldhelm von Malmesbury [engl. 'ældhɛlm; 'mɑːmzbərɪ], hl.. * in Wessex um 640, † Doulting (Somerset) 25. Mai 709, angelsächs. Schriftsteller. - Bischof von Sherborne; umfassende klass. Bildung; schrieb Abhandlungen und Verse in verschnörkeltem Latein und in angelsächs. Sprache.

Aldinen, Bez. für Drucke von Aldus ↑Manutius d. Ä. und seinen Nachfolgern (15. und 16.Jh.); v. a. kleinformatige Klassikerausgaben.

Aldington, Richard [engl. 'ɔːldɪŋtən], * Portsmouth 8. Juli 1892, † Sury-en-Vaux bei Bourges 27. Juli 1962, engl. Schriftsteller. - Lyriker im Kreis der Imagisten (1913–37 ∞ mit H. Doolittle). Seit 1939 in den USA; Pazifist. Kriegsromane, u. a. „Heldentod" (1929) und „Der Himmel selbst" (1937), sowie Biographien: „Leben und Leistungen A. Welleslys, ersten Herzogs von Wellington" (1946), „Der Fall T. E. Lawrence" (1955).

Aldobrandinische Hochzeit, röm. Wandgemälde (wohl 1.Jh. n.Chr.); um 1605 gefunden. Es gehörte der Familie Aldobrandini; seit 1818 in den Vatikan. Sammlungen. Galt im 17. und 18.Jh. als Kopie eines griech. Originals des 4.Jh. - Abb. S. 203.

Aldohexosen [Kw.] ↑Monosaccharide.

Aldolase [Kw.], zu den ↑Lyasen zählendes Enzym, das bei der Glykolyse die Spaltung der C_6-Ketten von Zuckern in je zwei C_3-Bruchstücke und die Gegenreaktion, den Aufbau einer C_6-Kette aus zwei C_3-Ketten steuert.

Aldole [Kw.] (3-Hydroxyaldehyde), Gruppe sehr reaktionsfähiger chem. Verbindungen, die in β-Stellung zu einer Aldehydgruppe eine Hydroxylgruppe enthalten (↑Aldehydalkohole); meist durch ↑Aldolkondensation gewonnen. Wichtigstes Aldol ist der 3-Hydroxybutyraldehyd (*Acetaldol*).

Aldolkondensation, die durch Basen oder Säuren katalysierte Vereinigung zweier Carbonylverbindungen zu einer β-Hydroxycarbonylverbindung; Schema der A. bei der Gewinnung von Acetaldol aus Acetaldehyd:

$$2\ CH_3-C\!\!\left\langle{{O}\atop{H}}\right. \rightarrow CH_3-CH-CH_2-C\!\!\left\langle{{O}\atop{H}}\right.$$

Acetaldehyd   Acetaldol

Aldosen [Kw.] ↑Monosaccharide.

Aldosteron [Kw.], ein Nebennierenrindenhormon (↑Hormone); eines der wichtigsten Mineralkortikosteroide; es regelt den Transport der Natrium- und Chlorionen der Körperflüssigkeit durch die Zellmembran, reguliert auf diese Weise unmittelbar die Wasserabscheidung durch die Nieren und wirkt als Gegenspieler des ↑Vasopressins. Daneben scheint A. auch Einfluß auf den Stickstoff- und Kohlenhydratstoffwechsel zu haben. A. ist bereits in kleinsten Mengen wirksam, die tägl. Ausschüttung im menschl. Körper liegt bei etwa 0,3 mg. Da A. im Organismus nur in geringen Mengen vorhanden ist, wird es nach verschiedenen Isolierungsverfahren aus Nebennierenextrakten gewonnen.

Aldoxime ↑Oxime.

Aldridge-Brownhills [engl. 'ɔːldrɪdʒ-'braʊnhɪlz], engl. Stadt unmittelbar nördl. von Birmingham, Gft. West Midlands, 87 000 E. Bed. Elektroind. - 1966 durch Zusammenlegung von Aldridge und Brownhills entstanden.

Aldringen (Aldringer), Johann Reichsgraf von (seit 1632), * Diedenhofen (= Thionville) (?) 10. Dez. 1588, ✕ bei Landshut 22. Juli 1634, kaiserl. Heerführer. - Stand seit 1621 im Dienst Maximilians von Bayern, wechselte 1623 ins kaiserl. Heer über; seit 1625 Vertrauensmann Wallensteins; hervorragender Organisator und Taktiker; 1632 mit dem Oberbefehl über das Heer der Liga betraut und zum Feldmarschall ernannt.

Aldrovanda [nach dem italien. Naturwissenschaftler U. Aldrovandi, * 1522, † 1605], svw. ↑Wasserfalle.

Aldus Manutius ↑Manutius, Aldus.

Ale [engl. ɛɪl], helles, obergäriges Bier, bitter, süßl. oder gewürzt.

alea iacta est [lat. „der Würfel ist geworfen"], sprichwörtl.: die Entscheidung ist gefallen. Die Worte wurden angebl. von Cäsar beim Überschreiten des Rubikon 49 v.Chr. gesprochen.

Aleander (Aleandro), Hieronymus (Giro-

lamo), * Motta di Livenza 13. Febr. 1480, † Rom 1. Febr. 1542, italien. Humanist und päpstl. Diplomat. - Seit 1508 Lehrer an der Pariser Univ., 1513 deren Rektor. Wurde 1517 in Rom Sekretär des Kardinals Giulio de' Medici, des späteren Papstes Klemens VII. Als Nuntius bei Karl V. (seit 1520) leitete er die Exekution der Bannandrohungsbulle gegen Luther in den Niederlanden, nahm am Reichstag zu Worms teil, entwarf das Wormser Edikt und setzte dessen Verkündung durch den Kaiser durch. Seit 1524 Priester und Erzbischof von Brindisi und Oria, seit 1538 Kardinal. A. schriftl. Nachlaß ist eine wichtige Quelle für die Geschichte der Reformationszeit.

Aleatorik [zu lat. alea „Würfelspiel"], Kompositionsart, die sich folgerichtig aus der ↑seriellen Musik entwickelte und zugleich deren genauer Gegensatz ist. Aus der Beobachtung, daß es unmögl. ist, das Klangbild eines Werkes seriell genau zu bestimmen, erwuchs die Idee, die musikal. Endgestalt von vornherein dem Zufall zu überlassen. Die Ausführenden können z. B. Teile eines Stücks weglassen oder austauschen, an einer beliebigen Stelle anfangen oder aufhören, Tondauern, Tonhöhen, Klangfarben usw. aus einem gegebenen Vorrat selbst wählen u. ä. In extremen Fällen gibt der Komponist nur allgemeine Spielanweisungen oder graph. Anregungen, die fast unbegrenzte Möglichkeiten der Verwirklichung offenlassen.
📖 *Boehmer, K.: Zur Theorie der offenen Form in der Neuen Musik. Darmst. 1967.*

aleatorisch, vom Zufall abhängig, auf Zufall beruhend; gewagt.

aleatorische Dichtung, Bez. für abstrakte Dichtung, die sich vom Zufall (z. B. Würfeltexte) bzw. der bloßen Assoziation leiten läßt; u. a. im Zürcher Dada.

Alechin, Alexandr Alexandrowitsch ↑Aljochin, Alexandr Alexandrowitsch.

Alechinsky, Pierre [frz. aleʃɛs'ki], * Brüssel 19. Okt. 1927, belg. Maler. - Mitbegründer der Gruppe ↑Cobra.

Alecsandri (Alexandri), Vasile [rumän. aleksan'dri], * Bacău 2. Aug. 1821, † Mircești 3. Sept. 1890, rumän. Dichter. - Sammelte rumän. Volksdichtung und schrieb schlichte Lyrik; verfaßte als Leiter des Nationaltheaters in Jassy zahlr. Lustspiele. Propagierte den Zusammenschluß der rumän. Fürstentümer.

Aleg, Prov.hauptort in SW-Mauretanien, am 20 km langen See Lac d'Aleg, 1 400 E. Gewinnung von Gummiarabikum.

Alegranza [span. ale'γranθa], nördlichste der ↑Kanarischen Inseln.

Alegría, Ciro [span. ale'γria], * Quilca (Prov. Huamachuco) 4. Nov. 1909, † Lima 17. Febr. 1967, peruan. Schriftsteller. - Emigrierte 1934 nach Chile, lebte 1941–49 in den USA, dann auf Puerto Rico. Schildert das

trag. Schicksal der Indios; u. a. Romane „Die goldene Schlange" (1935), „Hirten, Herden, Hunde" (1939), „Taita Rumi" (1941).

Alei, linker Nebenfluß des Ob, in Sibirien, UdSSR, entspringt im Altai, mündet südl. von Barnaul, 765 km lang.

Aleichem, Scholem ↑Scholem Aleichem.

Aleixandre, Vicente [span. alɛjk'sandre], * Sevilla 26. April 1898, † Madrid 14. Dez. 1984, span. Dichter. - Vertreter eines romant.-visionären Surrealismus unter Bevorzugung des Vers libre. U. a. „Nackt wie der glühende Stein" (Ged., dt. Ausw. 1963), „Die Zerstörung oder die Liebe" (Ged. 1935, dt. 1978). Nobelpreis 1977.

Alemán, Mateo, ≈ Sevilla 28. Sept. 1547, † in Mexiko nach 1614, span. Schriftsteller. - Schrieb einen zweiteiligen pessimist. Schelmenroman in Ich-Form, „Das Leben des Guzmán von Alfarache" (1599 und 1604), Höhepunkt des pikaresken Romans.

Alemannen (Alamannen), westgerman.-sueb. Stammesverband. Aus urspr. an der Elbe siedelnden Gruppen gebildet; kamen um 213 im Maingebiet erstmals mit Rom in Berührung, siedelten jedoch bis 233 außerhalb des Limes; besetzten anschließend das ↑Dekumatland zw. Rhein, Main und Donau; nach verschiedenen Unterwerfungsversuchen zuletzt bei Straßburg 357 von den Römern besiegt; nach nomineller Oberherrschaft der Ostgoten unter Theoderich d. Gr. vom Frankenreich (ab 496) unterworfen; das Land nördl. der Oos-Murg-Linie ging dem alemann. Volkstum verloren, südl. davon und im Elsaß konnten Herzöge der A. zu zeitweise sehr selbständiger Macht gelangen; Christianisierung seit dem 6. Jh.; im 7. und 8. Jh. Aufzeichnung der alemann. Volksrechte; nach heftigem Widerstand endgültig 746 von den Karolingern unterworfen. Im 9. Jh. bürgerte sich als Stammesname Schwaben ein. In roman. Sprachen dient der Name A. als Bez. für die Deutschen insgesamt, in der Volks- und Mundartkunde für die westl. und südl. Gebiete vom Elsaß über Baden und die Schweiz bis Vorarlberg.
📖 *Christlein, R.: Die A. Stg. 1978. - Zur Gesch. der A. Darmst. 1975.*

Alemannisch, oberdt. Mundart (↑deutsche Mundarten).

Alemán Valdés, Miguel [span. ale'mam bal'des], * Sayula (Jalisco) 27. Sept. 1902, † Mexiko 14. Mai 1983, mex. Politiker. - Jurist; 1946–52 als Vertreter der Revolutionären Partei Staatspräsident.

Alembert, Jean Le Rond d' [frz. alã'bɛːr], * Paris 16. Nov. 1717, † ebd. 29. Okt. 1783, frz. Mathematiker, Philosoph und Literat. - Wandte sich nach anfängl. Studien der Theologie, der Jurisprudenz und der Medizin der Mathematik zu und wurde bereits 1741 Mgl. der Académie des sciences, 1754 der Académie française und 1772 deren ständiger Sekretär.

1743 veröffentlichte d'A. sein wissenschaftl. Hauptwerk, den „Traité de dynamique", in dem er u. a. die Gesetzmäßigkeiten der Bewegung von Massenpunkten unter dem Einfluß äußerer Kräfte und insbes. das sog. d'Alembertsche Prinzip entwickelte. Neben D. ↑ Diderot war d'A. (bis Bd. 7) der maßgebl. Hg. der frz. „Encyclopédie", für die er die mathemat., physikal. und den Großteil der philosoph. Stichwörter bearbeitete.

Als **d'Alembertsche Differentialgleichung** (Lagrangesche Differentialgleichung) bezeichnet man eine gewöhnl. Differentialgleichung erster Ordnung der Form

$$y = xf(y') + g(y');$$

für $f(y') = y'$ ergibt sich als Spezialfall die sog. *Clairautsche Differentialgleichung* $y = xy' + g(y')$. Eine **d'Alembertsche Lösung** ist der allg. Lösungsansatz

$$u(x,t) = \varphi(x - vt) + \psi(x + vt)$$

der eindimensionalen ↑ Wellengleichung, wobei die Funktionen φ und ψ durch die Anfangs- und Randbedingungen festgelegt werden. Das **d'Alembertsche Prinzip** ist das Prinzip der theoret. Mechanik, das das dynam. Problem der Bewegung von Massenpunkten, die unter dem Einfluß äußerer Kräfte stehen, formal auf ein statisches Problem zurückführt, indem es das nur für die Statik gültige ↑ Prinzip der virtuellen Verrückungen auf dynam. Vorgänge erweitert.

📖 *Hankins, T. L.: J. d'A. Science and the enlightenment.* Oxford 1970. - *Grimsley R.: J. d'A.*, 1717–83. London 1963.

Alembert-Kraft ↑ Trägheitskraft.

Alençon [frz. alɑ̃'sõ], frz. Stadt in der Normandie, am Zusammenfluß von Sarthe und Briante, 33 000 E. Verwaltungssitz des Dep. Orne; Kunstmuseum. Im 17. und 18. Jh. bed. Zentrum des Textilgewerbes (Leinen, Seide), berühmt für seine Nadelspitzen (**Alençonspitzen**; 1665 Gründung einer Spitzenmanufaktur). Textilind., Fayencenherstellung, Diamantenschleiferei, Elektroind.; Pferdemarkt für das Zuchtgebiet der Perche. - Das galloröm. **Alentium** wurde im 8. Jh. neu besiedelt. 1084 Hauptort der Gft. A., kam 1220 an die frz. Krone; 1644 bis zur Frz. Revolution Sitz einer Generalität. - Notre-Dame (15. Jh.), Kirche Saint-Léonard (1498–1505), Rathaus (1783, heute Museum).

Alentejo [portugies. ɐlen'tɐʒu], Landschaft im südl. Portugal, erstreckt sich südl. des Tejo - mit Ausnahme des Ribatejo - bis zum Algarv. Gebirge, von der span. Grenze bis zur W-Küste; umfaßt die Prov. Alto A. und Baixo A.; durchschnittl. unter 200 m ü. d. M.; den zentralen Teil beherrschen völlig ebene Rumpfflächen; kontinentales Klima. - Das Bild der natürl. Vegetation bestimmen im W Pinien und Korkeichen, im O Steineichen. - Bis 1974 überwiegend Großgrundbesitz, heute z. T. von Kommunen u. Kooperativen bewirtschaftet; angebaut werden Weizen, Gerste, Roggen, Mais, Hülsenfrüchte und Oliven; daneben Schafhaltung und Eichelschweinemast. - Der A. verfügt über Eisenerz- und Pyritlagerstätten sowie Uranerzlager. Die Ind. (Metall- und Textilind., Holz- und Korkverarbeitung) konzentriert sich in den Städten Portalegre, Crato, Évora und Setúbal.

Aleotti, Giovanni Battista, * Argenta bei Ferrara 1546, † Ferrara 9. Dez. 1636, italien. Baumeister. - In Ferrara tätig, erweiterte 1570 ff. das Castello Estense, gestaltete Fassade und Turm des Palazzo del Paradiso (Univ.; vollendet 1610) und im Innern des Palazzo della Pilotta in Parma das Teatro Farnese (1618/19), das damals größte Theater der Welt (nach dem 2. Weltkrieg wiederhergestellt).

Aleph [...ɛf] (Zeichen א), der erste Buchstabe des hebr. Alphabets.

Aleppo, Stadt in NW-Syrien, 370 m ü. d. M., 975 000 E. Hauptstadt des Verw.-Geb. Halab; Univ. (gegr. 1960), Staatsbibliothek, Nationalmuseum; wichtiges Handels- und Ind.zentrum; führend ist die Textilind.; Verkehrsknotenpunkt, ☒. - Erstmals als **Chalap** in einer hethit. Urkunde des 2. Jt. v. Chr. als Zentrum eines Kgr. genannt. A. kam unter die Herrschaft der Assyrer (738), Meder (um 612), Achämeniden (539), Alexanders d. Gr. (333), der Römer (65), Perser (540 n. Chr.) und Araber (637–944). Residenz der Hamdaniden, nach 969 zeitweilig byzantin.; 1260 von den Mamelucken als Prov.hauptstadt ausgebaut; 1516 osman., nach dem 1. Weltkrieg als Teil des Völkerbundmandates Syrien frz., ab 1946 syr. - Zahlr. Moscheen und Medresen, u. a. Große Moschee (gegr. 715; heutiger Bau 1169), die Medresen Al Firdaus (1235) und Hallawijja (bis 1124 Kathedrale). Die quadrat. Altstadt mit altoriental. Häusern und Gassen liegt am linken Ufer des Kuwaik, überragt von der Zitadelle.

Aleuron. Aleuronkörner (A) in der Nährgewebszelle des Rizinussamens, die Eiweißkristalloide (K) und Globoide (G) umschließen; F Fetttröpfchen

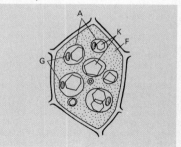

Aleppobeule, svw. ↑ Orientbeule.

Aleppokiefer (Seekiefer, Pinus halepensis), anspruchslose Kiefer im Mittelmeerraum (einschließl. Schwarzes Meer); bis 15 m hoher Baum mit schirmförmiger Krone, aschgrauer Rinde und bis 10 cm langen, hell- bzw. graugrünen Nadeln; Zapfen bis 10 cm lang; Holz hart, dauerhaft, sehr harzreich.

Alepponuß, svw. ↑ Pistazie.

alert [italien.-frz.], munter, aufgeweckt, frisch, flink.

Alert [engl. 'ælət], nördlichster Ort Kanadas, an der NO-Küste von Ellesmere Island; Wetterstation und Luftwaffenstützpunkt.

Aleš, Mikoláš [tschech. 'alɛʃ], * Mirotice bei Písek 18. Nov. 1852, † Prag 10. Juli 1913, tschech. Maler, Zeichner und Illustrator. - Historienbilder und in zahlr. graph. Blättern Darstellungen aus Sage und Überlieferung.

Alès [frz. a'lɛs], südfrz. Bergbau- und Ind.-stadt, 38 km nnw. von Nîmes, Dep. Gard, 140 m ü. d. M., 44 000 E. Bergbauschule; A. liegt im südl. Abschnitt des Kohlenbeckens von Gard; chem., metallverarbeitende, keram. Ind.; Seidenraupenzucht. - Wohl im 11. Jh. gegr.; im 16./17. Jh. wichtiges Zentrum der frz. Protestanten. 1694–1790 Bischofssitz.

Alesia, Hauptort der kelt. Mandubier in der röm. Prov. Gallia Celtica, beim heutigen Alise-Sainte-Reine (Côte-d'Or). Mit dem Sieg Cäsars über Vercingetorix 52 v. Chr. bei A. war die röm. Unterwerfung Galliens vollendet. - Ausgrabungen.

Alessandria, Hauptstadt der italien. Prov. A., in Piemont, 99 000 E. Bischofssitz; Maschinenbau, Möbel- und Textilind., Handelszentrum mit mehreren Messen; Verkehrsknotenpunkt. - 1168 gegr., nach Papst Alexander III. benannt. Fiel 1348 an die Visconti, 1707 an Savoyen. - Klassizist. Kathedrale, Rathaus (1775–1826), Präfektur (1733). Nahebei die Zitadelle von 1728.

Alessandri Palma, Arturo, * Longaví (Prov. Linares) 20. Dez. 1868, † Santiago de Chile 24. Aug. 1950, chilen. Politiker. - 1913 Finanz-, 1918 Innenmin., 1921–25 (1924 Unterbrechung durch eine Militärrevolte) und 1932–38 Präsident.

Alessandri Rodríguez, Jorge [span. rrɔ'ðriɣes], * Santiago de Chile 19. Mai 1896, † ebd. 31. Aug. 1986, chilen. Politiker. - Sohn von A. Alessandri Palma; 1948–50 Finanzmin., 1958–64 Präs.; seine Reformversuche scheiterten.

Alessi, Galeazzo, * Perugia 1512, † ebd. 30. Dez. 1572, italien. Baumeister. - Baute in Genua die Kirche Santa Maria di Carignano (1552 ff., Bau mit fünf Kuppeln und zwei Türmen über dem Grundriß eines griech. Kreuzes) und die neue halbkreisförmige Hafenanlage; sein bedeutendstes Werk ist der Palazzo Marino (1558–68) in Mailand.

Ålesund [norweg. ˌo:lǝsʊn], norweg. Stadt (Großgemeinde) auf zahlr. Inseln, die durch Brücken und Fähren miteinander verbunden sind, zw. dem Storfjord und dem offenen Meer, 188 km², 35 000 E. Handels-, Gewerbe- und Fachschulen; Fischereizentrum, fischverarbeitende Ind., Werften. - Urspr. Kaufmannssiedlung aus dem 13. Jh.; 1904 durch Brand weitgehend zerstört; danach in Stein wiederaufgebaut.

Aletheia, griech. Begriff für Wahrheit.

Aletschhorn, zweithöchster Gipfel der Finsteraarhorngruppe in den Berner Alpen, Schweiz, 17 km nördl. von Brig, 4 195 m hoch; stark vergletschert.

Aleuron [griech. „Weizenmehl"], Reserveeiweiß der Pflanzen, v. a. in Samen in Form von festen Körnern, die in kleinen eiweißreichen Zellvakuolen durch Wasserentzug entstehen. Sie dienen dem Keimling als Energiereserve. Die Zellen mit *A.körnern* (die noch andere Stoffe außer Eiweiß enthalten können) werden oft unter der Frucht- oder Samenschale in einer bes. Schicht, der *A.schicht,* angelegt, wie es bei Getreidekörnern der Fall ist. Bei Hülsenfrüchtlern liegen Stärke- und Eiweißkörner in den Keimlingszellen des Samens gemeinsam.

Aleuten (engl. Aleutian Islands), Inselkette, die sich in Fortsetzung der Alaska Peninsula bogenförmig etwa 2 000 km nach W erstreckt; trennt das Beringmeer vom Pazifik, etwa 38 000 km²; gebirgiger Charakter, meist Steilküste; zahlr. Vulkane; nur Zwergstrauch- und Tundrenvegetation. Wirtsch. bed. Fischerei und Pelztierfang. Im 2. Weltkrieg entstanden Militärstützpunkte. Hauptort *Dutch Harbor.* - 1741 von Bering und Tschirikow entdeckt, im 18. und 19. Jh. von russ. Pelzhändlern und -jägern besiedelt; 1867 mit Alaska an die USA verkauft; im 2. Weltkrieg z. T. jap. besetzt.

A., Stamm der ↑ Eskimo, v. a. auf den Aleuten.

Aleutengraben, rd. 3 500 km langer, schmaler Tiefseegraben im nördl. Pazifik, südl. der Aleuten, maximal 7 822 m tief.

Aleutentief, über dem Nordpazifik, im Bereich der Aleuten, infolge ständiger Neubildung von Zyklonen auftretendes Tiefdrucksystem.

Aleutian Islands [engl. ǝ'lu:ʃjǝn 'aɪləndz] ↑ Aleuten.

Aleutian Range [engl. ǝ'lu:ʃjǝn 'rɛɪndʒ], Gebirgszug in SW-Alaska, Fortsetzung der Alaska Range auf der Alaska Peninsula und den Aleuten, etwa 2 600 km lang; mit aktiven Vulkanen (bis etwa 2 600 m hoch).

Alewyn, Richard, * Frankfurt am Main 24. Febr. 1902, † Prien a. Chiemsee 14. Aug. 1979, dt. Literarhistoriker. - U. a. Prof. in Bonn. Entdecker des Barockdichters J. ↑ Beer. Schrieb u. a. „Über Hugo von Hofmannsthal" (1958), „Das große Welttheater" (1959).

Alexander, männl. Vorname griech. Ursprungs, eigtl. etwa „der Männer Abwehrende; Schützer".

Alexander

Alexander, Name von Päpsten:
A. I., hl., nach der ältesten röm. Bischofsliste 5. Nachfolger des Apostels Petrus.

A. II., *Baggio (= Mailand), † Rom 21. April 1073, vorher Anselm, Papst (seit 1. Okt. 1061). - Mit normann. Hilfe zum Papst gewählt. Der dt. Hof erhob Cadalus von Parma als Honorius II. zum Gegenpapst. Der Reichsepiskopat erkannte jedoch A. auf der Synode von Mantua 1064 an. Unter ihm schritten die Verwirklichung des Reformprogramms und das Anwachsen des päpstl. Einflusses in allen Ländern, aber auch die Verschärfung der Spannungen zu Heinrich IV. und den Bischöfen des Reiches fort.

A. III., *Siena, † Civita Castellana 30. Aug. 1181, vorher Rolando Bandinelli, Papst (seit 7. Sept. 1159). - 1150 Kardinal, 1153 Kanzler der röm. Kirche, einflußreicher Berater Hadrians IV., päpstl. Legat auf dem Reichstag von Besançon, dort Zusammenstoß mit Friedrich I.; wurde von der kaiserfeindl. Mehrheit der Kardinäle zum Papst gewählt; die kaiserfreundl. Minderheit erhob Viktor IV. zum Gegenpapst. 1179 wurde das 3. allg. Laterankonzil einberufen, auf dem u. a. eine Papstwahlordnung verabschiedet wurde. - A. war der erste bed. päpstl. Kanonist.

A. IV., † Viterbo 25. Mai 1261, vorher Rainald Graf Segni, Papst (seit 12. Dez. 1254). - Setzte die antistauf. Politik seiner Vorgänger fort; belehnte 1255 den engl. Prinzen Edmund mit Sizilien. Seit 1255 Ausbau der Herrschaft König Manfreds in ganz Italien und Sizilien unter Einbeziehung weiter Teile des Kirchenstaats. A. verbot in Deutschland 1256 die Wahl des Staufers Konradin.

A. VI., *Játiva bei Valencia wahrscheinl. 1. Januar 1431 (1432?), † Rom 18. Aug. 1503, vorher Rodrigo de Borja (Borgia), Papst (seit 10. Aug. 1492). - Von seinem päpstl. Onkel Kalixt III. 1455 zum Kardinal, 1456 zum Vizekanzler der röm. Kirche ernannt. Begegnete mit Erfolg dem Eindringen Frankr. und Spaniens in Italien. Seine Politik war von dem Ziel beherrscht, seine Familie, bes. seine Kinder (v. a. Lucrezia und Cesare Borgia) zu bereichern. Legitimierte die „Teilung der Welt" durch Festlegung einer Demarkationslinie, die im Vertrag von †Tordesillas (1494) bestätigt wurde.

A. VII., *Siena 13. Febr. 1599, † Rom 22. Mai 1667, vorher Fabio Chigi, Papst (seit 7. April 1655). - 1651 Staatssekretär Innozenz' X., 1652 Kardinal. Wichtigste Maßnahmen: Dekret der Propagandakongregation zugunsten der Jesuitenmission in China, Konstitutionen gegen den †Jansenismus, Verurteilung von Moralgrundsätzen des †Laxismus; beauftragte Lorenzo Bernini u. a. mit der Gestaltung des Petersplatzes.

A. VIII., *Venedig 22. April 1610, † Rom 1. Febr. 1691, vorher Pietro Ottoboni, Papst (seit 6. Okt. 1689). - 1654 Bischof von Brescia,

1664 venezian. Kardinalprotektor. Erstrebte als Papst vergebl. die Aussöhnung mit Frankr., verurteilte 31 Sätze des Jansenismus und die vier gallikan. Artikel (†Gallikanismus).

Alexander, Name von Herrschern:
Bulgarien:
A. I., *Verona 5. April 1857, † Graz 17. Nov. 1893, Prinz von Battenberg, Fürst von Bulgarien (1879–86). - 1879 auf Vorschlag seines Onkels, des russ. Kaisers Alexander II., von der bulgar. Nationalversammlung gewählt; geriet durch seine nat. bulgar. Politik (u. a. Rückgewinnung Ostrumeliens 1885) bald in Ggs. zu Rußland; dankte schließl. wegen der unversöhnl. Haltung des russ. Kaisers Alexander III. 1886 ab. Sein Plan, die preuß. Prinzessin Viktoria zu heiraten, verursachte 1888 eine innerdt. Krise (†Battenbergaffäre). Lebte dann als Graf Hartenau in Graz.
Griechenland:
A., *Athen 1. Aug. 1893, † ebd. 25. Okt. 1920, König (seit 1917). - Wurde König, nachdem sein Vater, Konstantin I., von der Entente zur Abdankung und sein Bruder, Kronprinz Georg, zum Thronverzicht gezwungen worden waren.
Judäa:
A. Jannäus (Jannai), † 76 v. Chr., Hoherpriester und König der Juden (seit 103). - Aus dem Geschlecht der Hasmonäer (Makkabäer). Konnte das Staatsgebiet an der Küste wie östl. des Jordan beträchtl. erweitern.
Jugoslawien:
A. I. Karađorđević [serbokroat. kara,dzɔːr-dzɛvitɕ], *Cetinje 17. Dez. 1888, † Marseille 9. Okt. 1934, König. - Sohn König Peters I. von Serbien; als Regent (1918–21) und König (seit 1921) des Kgr. der Serben, Kroaten und Slowenen (1929 in Jugoslawien umbenannt) konnte er als Vertreter serb. Führungsansprüche nicht die histor.-polit. heterogenen Landesteile und ihre gegensätzl. großserb. bzw. südslaw.-föderalist. Zielsetzungen harmonisieren. Nach Verkündung der „Königsdiktatur" 1929 verschärfte die 1931 oktroyierte Verfassung die Spannungen; kam bei einem Staatsbesuch in Frankr. mit dem frz. Außenmin. Barthou durch ein Attentat kroat. und makedon. Nationalisten ums Leben.
Makedonien:
A. der Große (A. III.), *Pella 356, † Babylon 13. Juni 323, König (seit 336). - Sohn Philipps II.; durch Aristoteles erzogen, mit der griech. Kultur vertraut; kam nach der Ermordung Philipps (336) nicht ohne Gewaltanwendung zur Regierung, ließ sich dessen Amt als Feldherr gegen die Korinth. Bundes gegen Persien übertragen, sicherte die N-Grenze seines Reiches durch einen Zug gegen Thraker und Illyrer und begann nach der Niederwerfung eines Aufstandes in Griechenland 335 (Zerstörung Thebens) 334 den Kampf gegen Persien. Nach

Alexander Newski

seinem ersten großen Sieg am Granikos über die kleinasiat. Satrapen (334) eroberte er die ganze kleinasiat. W-Küste, 333 ganz Kleinasien. Er rückte über Gordion nach Kappadokien und Kilikien vor, besiegte den pers. Großkönig ↑Darius III. bei Issos (333) und unterwarf 332/31 Syrien, Palästina und Ägypten, wo er als Befreier von der Perserherrschaft begrüßt wurde und als Nachfolger der Pharaonen auftrat. Der Sieg über Darius III. bei Gaugamela (331), nach dem A. den Titel „König von Asien" annahm, brachte Babylon und Teile des pers. Kernlandes in seine Hand. A. betrachtete sich nach dem Tod Darius' III. als legitimen Nachfolger der Achämeniden, besetzte bis 327 das restl. Reichsgebiet und schloß die polit. bedeutsame Ehe mit der baktr. Fürstentochter Roxane. Die Einführung des pers. Hofzeremoniells belastete sein Verhältnis zu den Makedonen; es kam zu Verschwörungen. 327 unternahm A. einen Zug nach NW-Indien. Nach seinem Sieg über den ind. König Poros am Hydaspes (= Jhelum; 326) mußte er wegen einer Meuterei seiner Truppen am Hyphasis (= Beas) umkehren. A. starb 323 unerwartet in Babylon. Wie sehr das Phänomen A. das Denken und Dichten der Völker beeinflußte, zeigt die ↑Alexanderdichtung. Die ersten einigermaßen vollständig erhaltenen histor. Werke über A. stammen aus der röm. Kaiserzeit. Da A. keinen regierungsfähigen Erben besaß, gab es nach seinem Tod Machtkämpfe, die zur Entstehung der Reiche der ↑Diadochen führten.

📖 *Bengtson, H.: Philipp u. A. der Große. Mchn. 1985.*

Parma und Piacenza:

A., *Rom 27. Aug. 1545, †Arras 3. Dez. 1592, Herzog (ab 1586). - Folgte seinem Vater Ottavio in der Regierung; bed. Heerführer und geschickter Diplomat: als span. Statthalter in den Niederlanden ab 1578 gelang es ihm, 1579 die Union und den Frieden von Arras zustande zu bringen, schließl. (u. a. nach der Eroberung von Antwerpen 1585), den ganzen S mit Flandern und Brabant, danach auch den NO wieder unter span. Herrschaft zu bringen.

Polen:

A. (poln. Aleksander Jagiellończyk), *14. Aug. 1461, †19. Aug. 1506, Großfürst von Litauen (seit 1492), König (seit 1501). - Sohn Kasimirs IV.; unter ihm erlitt Litauen starke Gebietsverluste in Weißrußland und der Ukraine; in Polen trug er entscheidend zur endgültigen Festigung der Adelsherrschaft bei.

Rumänien:

A. Johann I., Fürst, ↑Cuza, Alexandru Ioan I.

Rußland:

A. Newski [russ. 'njɛfskij], hl., *Wladimir um 1220, †Gorodez 14. Nov. 1263, Fürst

REICH ALEXANDERS DES GROSSEN UND SEINE ZÜGE

Alexander I.

von Nowgorod (1236–51), Großfürst von Wladimir (seit 1252). - Sicherte die NW-Grenze des russ. Reiches durch glänzende Siege über die Schweden 1240 an der Newa (daher sein Beiname) und über den Dt. Orden 1242 auf dem gefrorenen Peipussee.

A. I. Pawlowitsch, * Petersburg 23. Dez. 1777, † Taganrog 1. Dez. 1825, Zar und Kaiser (seit 1801). - Wußte angebl. von dem Staatsstreich, bei dem sein Vater und Vorgänger Paul I. ums Leben kam; im Geist der Aufklärung erzogen, dachte A. trotz Aufgeschlossenheit gegenüber liberalem Gedankengut nie an wirkl. Beschränkung seiner Selbstherrschaft. Die nur teilweise durchgeführten Reformen eines „bürokrat. Liberalismus" sollten die autokrat. Gewalt vervollkommnen. Repressive Innenpolitik in der letzten Regierungsphase mündete schließl. in den Aufstand der ↑ Dekabristen. In seiner bes. durch die Kriege mit (1807–09) und gegen Napoleon I., durch die poln. und die oriental. Frage bestimmten Außenpolitik verband A. europ. Sendungsbewußtsein und expansives russ. Machtstreben; er erwarb Finnland, Bessarabien, erzwang 1815 auf dem Wiener Kongreß als „Retter Europas" die Anerkennung eines mit Rußland verbundenen Kgr. Polen; Stifter der ↑ Heiligen Allianz.

📖 *Taack, M. van: Zar A. I. Napoleons genialer Antipode. Tüb. 1983.*

A. II. Nikolajewitsch, * Moskau 29. April 1818, † Petersburg 13. März 1881, Zar und Kaiser (seit 1855). - Nachfolger seines Vaters Nikolaus I.; führte das im Krimkrieg (1853–56) schwer erschütterte Rußland in eine innere Reformära, die v. a. geprägt wurde durch Aufhebung der bäuerl. Leibeigenschaft (1861), Modernisierung des Heer-, Justiz-, Finanz-, Verwaltungs- und Schulwesens (1862–66); blutige Niederwerfung des poln. Aufstandes 1863; erreichte das preußenfreundl. Kurs 1866 und 1870/71 die Aufhebung der Pontusklausel und den ↑ Dreikaiserbund; asiat. Expansion (insbes. Eroberung von Turkestan seit 1864); nach erfolgreichem Türkenkrieg 1877/78 auf den Rückgewinn des Südteils von Bessarabien beschränkt; kam bei einem Bombenanschlag einer anarchist. Aktionsgruppe ums Leben.

📖 *Grünwald, C. de: An den Wurzeln der Revolution. A. II. u. seine Zeit. Dt. Übers. Wien u. a. 1965.*

A. III. Alexandrowitsch, * Petersburg 10. März 1845, † Liwadija (Krim) 1. Nov. 1894, Zar und Kaiser (seit 1881). - Nachfolger seines Vaters A. II. Nikolajewitsch; betrieb unter maßgebendem Einfluß seines einstigen Lehrers, K. P. Pobedonoszew eine schroff antiliberal-nationalist. Politik; mußte 1885/86 eine Schwächung des russ. Einflusses in Bulgarien (↑ Battenbergaffäre) hinnehmen; entschloß sich erst 1890 zum Bündnis mit Frankr. (1891–94).

Serbien:

A. Karađorđević [serbokroat. kara͵dʒɔːrdzεvitɕ], * Topola 11. Okt. 1806, † Temesvar 4. Mai 1885, Fürst (1842–58). - Sohn des Karađorđe; einmütig, doch ohne russ. Einverständnis, zum Fürsten gewählt; unter ihm starke wirtsch. und kulturelle Entfaltung Serbiens; wegen Anlehnung an Österreich und Neutralität im Krimkrieg 1858 abgesetzt und später wegen angebl. Beteiligung an der Ermordung des Fürsten Michael verurteilt.

A. I. Obrenović [serbokroat. ɔ͵brεːnovitɕ], * Belgrad 14. Aug. 1876, † ebd. 11. Juni 1903 (ermordet), König (seit 1889). - Seine (seit 1893 selbständig geführte) Regierung war bestimmt durch autoritäre Innenpolitik (mehrfach Verfassungsänderungen) und seine gemäßigte östr.-freundl. Expansionspolitik. Fiel einer Offiziersverschwörung zum Opfer.

Alexander, gen. „der wilde A.", fahrender mittelhochdt. (alemann.) Dichter (2. Hälfte des 13. Jh.). - Kunstvolle Minnelieder, ein Leich und 4 Melodien sowie Sprüche und religiöse Gedichte sind erhalten.

Alexander de Villa Dei, * Villedieu-les-Poêles (Manche) um 1170, † Avranches (Manche) um 1250, frz. Grammatiker. - Kanonikus an der Kathedrale von Avranches; verfaßte 1199 das „Doctrinale puerorum", eine Verslehre, die das ma. Latein systematisierte und normierte.

Alexander von Abonuteichos, * um 105, † um 175, Gründer eines Orakelkultes (Mysterien um eine Inkarnation des Asklepios).

Alexander von Aphrodisias (in Karien), griech. peripatet. Philosoph des 2./3. Jh. - Lehrte zw. 198 und 211 in Athen; bekannt wegen seiner Kommentare zu Aristoteles. Histor. wirksam wurde v. a. seine Unterscheidung einer göttl. und ewigen von einer menschl. und mit dem Tod vergehenden Intelligenz; auch die Seele des Menschen sei sterblich.

Alexander von Hales [engl. hεɪlz], * Halesowen (Worcester) 1170/85, † Paris 21. Aug. 1245, engl. scholast. Philosoph und Theologe, Ehrenname „Doctor irrefragabilis" („Lehrer, dem man nicht widersprechen kann"). - Lehrte an der Univ. Paris. Trat 1236 in den Franziskanerorden ein und begründete die ältere Franziskanerschule. Benutzte als erster Theologe des MA die Sentenzen des ↑ Petrus Lombardus als Grundlage seiner Vorlesungen. Sein Hauptwerk, die „Summa theologica", auch „Summa Halensis" oder „Summa Fratris Alexandri" genannt, wurde nach 1235 angefangen und blieb unvollendet. Bedeutendster Schüler war ↑ Bonaventura.

Alexander von Roes [roːs], Kölner Kanoniker der 2. Hälfte des 13. Jh. - Verfasser von im 15. Jh. weitverbreiteten Schriften zur Reichspolitik. In der Lehre von den drei Weltämtern wies er den Deutschen das Kaisertum

(„imperium"), den Italienern das Papsttum („sacerdotium") und den Franzosen die Wissenschaft („studium") zu.

Alexander [engl. ælıg'zɑːndə], Albert Victor, Earl of Hillsborough (seit 1963), * Weston-super-Mare 1. Mai 1885, † London 11. Jan. 1965, brit. Politiker (Labour Party). - Abg. im Unterhaus 1922–31 und 1935–50; 1929–31 und 1940–46 1. Lord der Admiralität; 1946–50 Empire-Verteidigungsmin.; 1950–65 Mgl. des Oberhauses (seit 1956 Oppositionsführer).

A., Harold Lord, Earl of Tunis (seit 1952), * London 10. Dez. 1891, † ebd. 16. Juni 1969, brit. Feldmarschall (seit 1944). - Deckte 1940 den Rückzug der brit. Truppen von Dünkirchen; 1942 Oberbefehlshaber in Birma, im Nahen Osten, später im Mittelmeerraum; führte den Kampf gegen die dt. und italien. Streitkräfte in N-Afrika (Schlacht von Al Alamain); als Stellvertreter Eisenhowers an der Eroberung Italiens beteiligt; 1946–52 Generalgouverneur von Kanada; 1952–54 Verteidigungsminister.

Alexander, Kap, westlichster Punkt Grönlands, an der Nares Strait.

Alexander Archipelago · [engl. ælıg'zɑːndə ɑːkı'pɛlıgoʊ], pazif. Inselgruppe (zwei Inselreihen) von über 1 000 Inseln im Panhandle von Alaska, USA; die Inseln sind durch enge tiefe Meeresstraßen voneinander und vom Festland getrennt. Holzwirtschaft, Fischerei, Fischverarbeitung; die wichtigsten Orte sind Sitka und Ketchikan. - Entdeckt 1741 von russ. Seefahrern.

Alexanderdichtung, Hauptquelle der Sagenbildung um Alexander d. Gr. war der in Alexandria im 2. Jh. n. Chr. entstandene griech. Roman des Pseudo-Kallisthenes, der auf mehrere Quellen zurückgeht und in mehr als 30 Sprachen im Orient und Europa überliefert ist. Die Fassung wurde vielfach bearbeitet, maßgebend für das MA: ein Auszug (9. Jh.) der A. des J. Valerius (320/30) und die A. des Leo von Neapel (um 950). Führend wurde Frankr. durch Albéric de Besançon (um 1120), Vorbild u. a. für die mittelhochdt. „Alexanderlied" des Pfaffen Lamprecht (um 1150) und für weitere frz. A., u. a. Alexandre de Bernay („Roman d'Alexandre" um 1180, in zwölfsilbigen Versen: ↑ Alexandriner). Auf die lat. „Alexandreis" des Walther von Châtillon (um 1180) gingen die span., mittelniederl., dt., island., alttschech. u. a. europ. A. des 13. Jh. zurück. Rudolf von Ems (etwa 1230–35) zeichnete den vorbildl. humanen König und höf. Ritter; so auch Ulrich von Etzenbach (1271–86). Prosabearbeitungen sind die als ↑ Fürstenspiegel weiterverarbeitete „Histori von dem großen Alexander" (1444; 1. Druck 1472) des J. Hartlieb und die „Alexanderchronik" Meister Babiloths (1. Druck 1472). Aus Hartlieb schöpfte H. Sachs (1558). Seit der Renaissance wurde Alexander auch zum Helden galanter Liebesabenteuer. Racine, Lope de Vega, Calderon u. a. bemühten sich um den Stoff.

📖 *Buntz, H.: Die dt. A. des MA. Stg. 1973.*

Alexandergebirge ↑ Kirgisischer Alatau.

Alexander-I.-Insel, Insel der Antarktis, von der Antarkt. Halbinsel durch Marguerite Bay und George VI. Sound getrennt, 378 km lang (N–S), im N 80 km, im S 240 km breit; im N und W von einer niedrigen, bis auf 1 050 m ansteigenden Eistafel bedeckt. Die Douglas Range an der O-Küste erreicht 3 139 m ü. d. M. Der S wird von einem Plateau eingenommen. - 1821 von einer russ. Expedition entdeckt, 1940/41 erforscht.

Alexandermosaik, Mosaikbild aus der Casa del Fauno in Pompeji, 1831 gefunden, jetzt im Museo Nazionale in Neapel (5,12 × 2,77 m). Dargestellt ist eine Schlacht Alexanders d. Gr. gegen Darius. Das A. ist eine Kopie nach einem griech. Gemälde des späten 4. Jh. v. Chr., wohl des Philoxenos von Eretria. - Abb. S. 212.

Alexander-Newski-Orden, sowjet. Orden (↑ Orden, Übersicht).

Alexandersarkophag, in der Nekropole von Sidon gefundener att. Sarkophag (heute in Istanbul, Antikenmuseum) mit bemalten Reliefs, die Alexander d. Gr. in der Schlacht und bei der Löwenjagd darstellen. Vermutlich im Auftrag von Abdalonymos, einem der letzten Könige von Sidon, geschaffen. Wohl vor 323 v. Chr. zu datieren.

Alexandersarkophag. Relief mit Alexander dem Großen (links; Ausschnitt). Istanbul, Antikenmuseum

Alexander Severus, röm. Kaiser, ↑ Severus Alexander.

Alexander von Humboldt-Stiftung, 1859 gegr. Stiftung für Forschungsreisen dt. Naturforscher ins Ausland. 1925 vom Auswärtigen Amt neu gegr., um hochbegabte ausländ. Studenten zu fördern. 1953 von der BR Deutschland wieder errichtet als Stiftung für wissenschaftl. tätige ausländ. Akademiker, Sitz Bonn-Bad Godesberg.

Alexandra

Alexandra, Name von Herrscherinnen: Großbritannien und Irland:
A., * Kopenhagen 1. Dez. 1844, † auf Sandringham 20. Nov. 1925, Königin. - Älteste Tochter des späteren Königs Christian IX. von Dänemark; seit 1863 ∞ mit dem späteren brit. König Eduard VII.
Rußland:
A. Fjodorowna, eigtl. Alix (Alice), * Darmstadt 6. Juni 1872, † Jekaterinburg 16. Juli 1918 (ermordet), letzte Kaiserin. - Tochter des Großherzogs Ludwig IV. von Hessen, Enkelin der brit. Königin Viktoria; seit 1894 ∞ mit Zar Nikolaus II., auf den sie starken Einfluß ausübte.

Alexandraland, sowjet. Insel im Nordpolarmeer, 2 800 km²; z. T. eisbedeckt.

Alexandre de Bernay [frz. alɛksãdrədbɛr'nɛ] (A. de Paris), altfrz. Dichter der 2. Hälfte des 12. Jh. - Verfasser einer bekannten † Alexanderdichtung.

Alexandrescu, Grigore, * Tîrgoviște 6. März 1810, † Bukarest 7. Dez. 1885, rumän. Dichter. - Setzte sich für die Vereinigung der rumän. Fürstentümer ein. Romant. wie auch satir. Verse und volkstüml. Fabeln.

Alexandrette † İskenderun.

Alexandria, ägypt. Stadt am W-Rand des Nildeltas, auf einer Nehrung an der Einmündung des Mahmudijakanals ins Mittelmeer, 2,7 Mill. E. Bildet ein 289 km² großes Gouvernement. Sitz des Patriarchen einer nichtunierten melchit. Kirche, eines nichtunierten armen. Erzbischofs. Univ. (gegr. 1942), Bibliotheken, Museen (u. a. Museen für griech.-röm. Altertümer, hydrobiolog. Museum), zoolog.

Alexandermosaik.
Alexander der Große (Ausschnitt).
Neapel, Museo Nazionale

und botan. Garten. Bed. Ind.stadt (u. a. Zellstoff- und Papierfabrik, Erdölraffinerie, Kraftwerk; Salzgewinnung) und Haupthandelshafen Ägyptens mit Baumwollbörse. Seebad. Eisenbahn nach Kairo, internat. ✈. - 332/331 von Alexander d. Gr. gegr., Regierungssitz der Ptolemäer, Weltstadt, kultureller Mittelpunkt des Hellenismus. Im Zentrum lag die königl. Stadt (Begräbnisstätte Alexanders d. Gr.) mit den öffentl. Bauten (u. a. die Alexandrin. Bibliothek). Neben dem Wohnbezirk der Ägypter und dem der Griechen eigener Wohnbezirk der Juden. Im O lagen die Vorstädte Eleusis und Nikopolis, im W die Nekropole. Die ehem. Insel Pharus mit dem Leuchtturm (eines der Sieben Weltwunder) war mit dem Festland durch einen Damm verbunden. - 48 v. Chr. zog Cäsar in A. ein; 30 v. Chr. besetzte Augustus die Stadt. A. wurde Hauptstadt der kaiserl. Prov. Ägypten. In der Römerzeit wirtsch. und kulturelle Sonderstellung; ab dem 2. Jh. n. Chr. eines der Zentren des Christentums. Als A. 642 von den Arabern erobert wurde, hatte die Stadt noch 300 000 E; es folgte ein wirtsch. Niedergang; 1517 osman.; in Napoleon. Zeit nur noch Kleinstadt. Mit dem Bau des Mahmudijakanals (1819) und dem Ausbau des Hafens neue Blüte. - Nur geringe Reste antiker Baudenkmäler, u. a. die sog. Pompejussäule, röm. Katakomben (1. und 2. Jh.), dem Serapiskult geweiht. Auf Pharus die Anfuschi-Nekropole. Das **Patriarchat Alexandria** spielte im christl. O vom 3. bis zum 5. Jh. eine große theolog. und kirchenpolit. Rolle durch bed. Bischöfe und die alexandrin. Schule. Es umfaßte vier Kirchenprov. sowie 100 Bischofssitze und wurde im 11. Jh. nach Kairo verlegt.
A., Stadt und Wohnvorort von Washington, am rechten Ufer des Potomac River, Va.,

USA, 111 000 E. Histor. Museum (Masonic National Memorial); Eisenind., Waggonbau; zahlr. wiss. Forschungsinst. - Entstand um 1670 als Tabakhandelszentrum; 1791–1846 Teil des District of Columbia. - Zahlr. Gebäude aus dem 18. Jh.; 20 km südl. von A. **Mount Vernon,** das Landgut von George Washington.

Alexandria, Lake [engl. 'lɛɪk ælɪgzɑːn'driːnə], abgedämmter, ausgesüßter Strandsee in S-Australien.

Alexandriner, in der röm. Münzstätte Alexandria in Ägypten seit Augustus (bis 296) in Bronze und Billon geprägtes Provinzialgeld.

◆ gereimter jamb. Vers von 12 oder 13 Silben (männl. bzw. weibl.) mit fester ↑ Zäsur nach der 3. Hebung, wodurch sich der Vers in 2 Halbverse gliedert; ben. nach dem altfrz. Alexanderroman (um 1180) des Alexandre de Bernay, aber schon Anfang des 12. Jh. verwendet. Durch Ronsard und seine Schule (bis 296) in der Mitte des 16. Jh. wiederentdeckt, im 17. Jh. der bevorzugte frz. Vers für alle ernsten Gattungen. In Deutschland endgültig erst durch Opitz (1624) eingeführt, wurde er zum beherrschenden Vers des 17. Jh. in Drama (Gryphius, Lohenstein) und Lyrik (bes. Sonett). Unterscheidung in heroischen A. (aabb) und eleg. A. (abab). Der dt. A. ist alternierend-akzentuierend im Gegensatz zu seinem frz. Vorbild, das silbenzählend gebaut ist.

Alexandrinerklee (Ägyptischer Klee, Trifolium alexandrinum), einjährige Kleeart mit mittelgroßen, gelblichweißen Blütenköpfen; wird in Ägypten, z. T. auch in M- und S-Italien als Gründüngungs- und Futterpflanze angebaut.

Alexandrinische Bibliothek, bedeutendste Bibliothek der Antike; von Ptolemaios II. im 3. Jh. v. Chr. in Alexandria angelegt. Zuletzt bestand sie vermutl. aus 200 000 Buchrollen im Tempel, dem Serapeion, und 700 000 in der „Schule", dem Museion, Forschungsstätte der Gelehrten, die dort auch lebten. Es wurde 269/70 oder 273 zerstört, das Serapeion um 390 durch einen vom christl. Patriarchen geschürten Aufstand. Gerettete Bestände wurden z. T. unter Kaiser Justinian I. nach Konstantinopel überführt, die Reste bei der arab. Eroberung Alexandrias 642 vernichtet.

alexandrinischer Kalender, im Dekret von Kanopus aus dem Jahre 238 v. Chr. festgelegte Zeitrechnung, die ein Jahr von 365 Volltagen und einen zusätzl. Schalttag alle 4 Jahre zugrunde legt. Der alexandrin. K. wurde effektiv jedoch erst unter Augustus eingeführt. Daneben blieb der ägypt. Kalender (↑ ägyptische Wissenschaft) bei den alexandrin. Astronomen weiterhin in Gebrauch.

alexandrinische Schule (alexandrinische Theologenschule), Bez. für eine Gruppe

von Theologen des 3./4. Jh. in Alexandria, die den Platonismus für die christl. Theologie fruchtbar machen wollte und bes. die ↑ allegorische Schriftdeutung pflegte. Hauptvertreter: Origenes und Klemens von Alexandria.

alexandrinisches Zeitalter, der Zeitraum zw. der Gründung Alexandrias und der röm. Eroberung des östl. Mittelmeerraumes mit der Blüte der hellenist. Kultur (v. a. in bildender Kunst, Wiss., Literatur) in den hellenisierten Gebieten zw. Mittelmeerraum und Indien, Nubien und Turan; Zentren waren neben Alexandria Pergamon und Antiochia, auch die Inseln Kos und Rhodos.

Alexandrit [nach den Erstfunden im Ural nach Zar Alexander II. ben.] ↑ Chrysoberyll.

Alexandrow, Alexandr Wassiljewitsch, * Plachino (Gebiet Rjasan) 13. April 1883, † Berlin 8. Juli 1946, sowjet. Komponist. - Schrieb Opern („Rusalka", 1913), Instrumental- und Vokalmusikwerke und komponierte 1943 die Nationalhymne der Sowjetunion.

A., Anatoli Nikolajewitsch, * Moskau 25. Mai 1888, † 16. April 1982, sowjet. Komponist. - Zählt bes. mit seinen Klaviersonaten zu den bed. neueren russ. Komponisten.

A., Grigori Wassiljewitsch, eigtl. G. W. Mormonenko, * Jekaterinburg 23. Jan. 1903, † Moskau 16. Dez. 1983, sowjet. Filmregisseur. - Entwickelte die sowjet. musikal. exzentr. Filmkomödie: „Lustige Burschen" (1934), „Zirkus" (1936), „Wolga-Wolga" (1938), „Der helle Tag" (1940), „Der Frühling" (1947).

A., Pawel Sergejewitsch, * Bogorodsk 7. Mai 1896, † 16. Nov. 1982, sowjet. Physiker und Mathematiker. - Seit 1928 Prof. in Moskau, arbeitete über analyt. und kombinator. Topologie und stellte Untersuchungen über abelsche Gruppen an.

Alexandrow, sowjet. Stadt 100 km nö. von Moskau, Geb. Wladimir, RSFSR, 57 000 E. Radiofabrik, Weberei; Bahnknotenpunkt. - Erstmals im 13. Jh. urkundl. erwähnt; Zentrum kirchl. Lebens, im 16. Jh. Bau einer der frühesten Steinkirchen mit Zeltdach; mehrere Kirchen und Klöster. 1564 Residenz, die 1651 zu einem Frauenkloster umgebaut wurde.

Alexandrowsk ↑ Saporoschje.

Alexandrowsk-Gruschewski ↑ Schachty.

Alexandrupolis, Hafenstadt in Thrakien, Griechenland, an der türk. Grenze, 34 000 E. Hauptort des Verw.-Geb. Evros; Sitz eines orth. Bischofs; Fischerei; Maschinenbau; Abbau von Braunkohle. Fährverbindung nach Samothraki und Thasos, ✈.

Alexei, Name von Herrschern:
Rußland:

A. Michailowitsch, * Moskau 19. März 1629, † ebd. 8. Febr. 1676, Zar (seit 1645). - Zweiter Romanow, Vater Peters d. Gr.; gewann die Ukraine links des Dnjepr und die Prov. Smo-

lensk, Sibirien bis zur nördl. des Amur gelegenen Wasserscheide für das Moskauer Reich; 1649 Kodifizierung der überlieferten Gesetze, 1666 Kirchenreform im griech.-ökumen. Geist, 1667–71 großer Bauernaufstand gegen die Leibeigenschaft; Beginn der Europäisierung.

A. Nikolajewitsch, * Petersburg 12. Aug. 1904, † Jekaterinburg 16. Juli 1918, Thronfolger. - Sohn Nikolaus' II.; litt an Bluterkrankheit; von Bolschewisten umgebracht.

A. Petrowitsch, * Moskau 28. Febr. 1690, † ebd. 7. Juli 1718, Thronfolger. - Sohn Peters d. Gr., Vater Peters II.; floh 1716 nach Österreich; nach Rückkehr in einem Hochverratsprozeß zum Tode verurteilt; starb wohl an den Folgen der Folterungen.

Alexejew, Fjodor Jakowlewitsch, * Petersburg zw. 1753 und 1755, † ebd. 23. Nov. 1824, russ. Maler. - Der „russ. Canaletto": Veduten von Petersburg u. a. russ. Städten.

Alexi, eigtl. Sergei Wladimirowitsch Simanski, * Moskau 8. Nov. 1877, † ebd. 17. April 1970, Patriarch von Moskau und ganz Rußland (seit 1945). - 1933–45 Metropolit von Leningrad; bemüht um einen Ausgleich zwischen der russ.-orth. Kirche und dem sowjet. Staat.

Alexie [griech.], Unfähigkeit, Geschriebenes zu lesen bzw. Gelesenes zu verstehen trotz intakten Sehvermögens.

Alexine [griech.], im frischen menschl. und tier. Blutserum enthaltene (nicht durch vorherige Immunisierung erworbene) Abwehrstoffe, die zus. mit einem ↑Ambozeptor Bakterien auflösen.

Alexios, Name von Herrschern:
Byzantin. Reich:
A. I. Komnenos, * Konstantinopel 1048, † ebd. 15. Aug. 1118, Kaiser (seit 1081). - Aus der Dynastie der Komnenen; erreichte den Wiederaufstieg des Oström. Reiches: wendete 1081–85 mit Hilfe Venedigs die Bedrohung von Byzanz durch die Normannen (Robert Guiscard) ab; befreite die von den Petschenegen 1090/91 belagerte Hauptstadt im Bündnis mit den Kumanen; brachte 1108 das norman. Ft. Antiochia unter seine Lehnsherrschaft; im Innern Reorganisation der Verwaltung, Stärkung der Finanz- und Verteidigungskraft des Reichs.
A. III. Angelos, † Nizäa 1210, Kaiser (1195–1203). - Aus dem Hause der Angeloi; stürzte 1195 seinen Bruder Isaak II. und ließ ihn blenden; 1195/96 von den Bulgaren vernichtend geschlagen, wurde Kaiser Heinrich VI. tributpflichtig; floh vor den Kreuzfahrern und Venezianern, die 1203 Isaak II. wieder einsetzten.
A. IV. Angelos, * 1182, † 28. Jan. 1204, Kaiser (seit 1203). - Neffe von A. III.; nach Flucht aus dessen Gefangenschaft von den Kreuzfahrern und Venezianern zum Mitregenten seines Vaters Isaak II. eingesetzt; bei einem Aufstand der byzantin. Bev. entthront und getötet.
byzantin. Kaiser in Trapezunt:
A. I. Megas Komnenos, * 1182, † 1222, Kaiser (seit 1204). - Enkel Andronikos' I.; begr. 1204 das Kaiserreich der Großkomnenen in Trapezunt.

Alexis (Alexius), männl. Vorname griech. Ursprungs, eigtl. „Hilfe" (griech. álexis „Hilfe; Abwehr"), russ. Form: **Alexei.**

Alexis, * Thurioi (Unteritalien) um 372, † 270, griech. Dramatiker. - Gilt neben dem älteren Antiphanes als bedeutendster Dichter der mittleren att. Komödie; soll 245 z. T. parodist. Stücke geschrieben haben; erhalten sind nur Fragmente.

Alexis, Willibald, eigtl. Wilhelm Häring, * Breslau 29. Juni 1798, † Arnstadt 16. Dez. 1871, dt. Schriftsteller. - Sein Schaffen galt in erster Linie dem ep. breiten Geschichtsroman. Seine kulturhistor. interessanten Schilderungen aus der brandenburg.-preuß. Geschichte brachten ihm den Ehrennamen eines „märk. Scott" ein.
Werke: Cabanis (1832), Der Roland von Berlin (1840), Der falsche Woldemar (1842), Die Hosen des Herrn von Bredow (1846–48), Ruhe ist die erste Bürgerpflicht (1852).

Alexius, männl. Vorname, ↑Alexis.

Alexius, hl., nach einer syr. Legende des 5. Jh. ein röm. Patriziersohn, der an seinem Hochzeitstag nach Edessa flieht und dort in Armut stirbt. In einer griech. Erweiterung der Legende vom „Manne Gottes Alexios" (vor dem 9. Jh.) verläßt er seine Braut, verbringt 17 Jahre in Edessa, kehrt ins Elternhaus zurück und stirbt arm und unerkannt; so auch im ↑Alexiuslied.

Alexiuslied (frz. Vie de Saint Alexis), altfrz. Dichtung des 11. Jh., vermutl. aus der Feder eines normann. Klerikers; behandelt in regelmäßigen fünfzeiligen Strophen assonierender Zehnsilber das Leben des hl. Alexius.

Alf, männl. Vorname, Kurzform von Alfred und Adolf.

Alfagras [arab./dt.] (Stipa tenacissima), Art der Süßgrasgatt. Federgras die bes. in Spanien und NW-Afrika weite Flächen bedeckt. Die bis 1 m hohe Staude hat scharfkantige, am Grunde sich verzweigende Halme, fast fadenförmige Blätter und eine bis 30 cm lange, gedrungene Blütenrispe. Die später abfallende Granne jeder Blüte ist etwa 5 cm lang, der untere Teil ist federig behaart. A. wird zur Papierfabrikation verwendet (**Alfapapier**) und dient u. a. zur Herstellung von groben Flechtwerken, Körben, Decken.

Alfano, Franco, * Posillipo bei Neapel 8. März 1876, † San Remo 27. Okt. 1954, italien. Komponist. - Komponierte mehrere Opern („Resurrezione", 1904; „La leggenda di Sakuntala", 1921), Sinfonien, Streichquartette, Klavier- und Vokalwerke. Er vollendete

Puccinis unvollendet gebliebene Oper „Turandot".

Alfaro, Andreu, * Valencia 5. Aug. 1929, span. Bildhauer. - Abstrakte Metallplastiken.

Alfa Romeo SpA, italien. Automobilunternehmen, Sitz Mailand, gegr. 1910; in Staatsbesitz.

Alfaro Siqueiros, David [span. al'faro si'keiros], * Chihuahua 29. Dez. 1896, † Cuernavaca 6. Jan. 1974, mex. Maler. - Polit. stark engagierter Künstler. Kolossale Wandgemälde (an Hausfassaden usw.), bes. Darstellungen menschl. Not und der Revolution.

Al Fatah ↑ Fatah, Al.

Alfeld (Leine), Stadt an der Leine, Nds., am Fuße der Sieben Berge, etwa 90–160 m ü. d. M., 23 400 E. Heimatmuseum; Herstellung von Papier, Schuhleisten, Schuhmaschinen, Straßenbaumaschinen u. a. - Entstand im Schutze einer Burg an einer Furt; Stadtgründung wohl um 1221 durch den Bischof von Hildesheim; zeitweise Mgl. der Hanse. Reste von Stadtmauern (1289) und Wallanlagen (15. Jh.), spätgot. Pfarrkirche Sankt Nikolai (16. Jh.), Rathaus (1584–86), Altes Seminar (1610), Faguswerk (nach Plänen von W. Gropius 1911–18).

Alfenide [frz.], ein versilbertes ↑ Neusilber.

Alfieri, Benedetto Innocente, * Rom 1700, † Turin 9. Dez. 1767, italien. Baumeister des späten Barock. - Baute im Auftrag von König Karl Emanuel III. das Königl. Theater in Turin (1736–40); über halbellipt. Grundriß ist die Kirche San Giovanni Battista in Carignano erbaut.

A., Dino Odoardo, * Bologna 8. Juli 1886, † Mailand 2. Jan. 1966, italien. Politiker. - Seit 1924 faschist. Abg.; 1936–39 Min. für Volksbildung; einer der führenden Verfechter der imperialen Expansion Italiens in Abessinien. 1939/40 Botschafter beim Hl. Stuhl, 1940–43 in Berlin; 1943 Gegner Mussolinis.

A., Vittorio Graf, * Asti 16. Jan. 1749, * Florenz 8. Okt. 1803, italien. Dichter. - Seit 1780 in Florenz. „Cleopatra" (1775) ist die erste einer langen Reihe von Tragödien über Vaterland, Freiheit und Tyrannei: „Filippo" (1783), „Virginia" (1783), „Saul" (1789) und „Mirra" (1789). Sie fanden im italien. Risorgimento begeisterte Aufnahme. Auch Komödien, Satiren, Oden, petrarkist. Liebeslyrik, polit. Prosaschriften sowie eine Autobiographie: „Denkwürdigkeiten ..." (1803).

Alfinger, Ambrosius ↑ Dalfinger, Ambrosius.

Al-Fin-Verfahren [Kw.], Verbundgußverfahren zur Verbindung von Aluminiumguß mit Eisenwerkstoffen; die Festigkeit der Gußstücke ist größer als die von Leichtmetallguß.

Alfios ↑ Alpheios.

Alföld ↑ Großes Ungarisches Tiefland.

Alföldi, András (Andreas), * Pomáz 27.

Aug. 1895, † Princeton (N. J.) 12. Febr. 1981, ungar. Althistoriker. - Lehrte seit 1956 in Princeton (N. J.); Hauptarbeitsgebiete: Pannonien, röm. Kaiserzeit, frührömische Geschichte: „Das frühe Rom und die Latiner" (1964).

Alfons, männl. Vorname aus dem Frz. oder durch frz. Vermittlung aus dem Span.; german. Ursprungs (althochdt. al „ganz" oder althochdt. adal „edel, vornehm; Abstammung" und althochdt. funs „eifrig, bereit").

Alfons, Name von Herrschern:

A r a g o n i e n :

A. I., der Schlachtenkämpfer, * um 1073, † Poleñino 8. Sept. 1134, König (seit 1104). - Besiegte mehrmals die Mauren und vergrößerte Aragonien um das Doppelte; schützte die Muslime in seinem Reich; eroberte 1118 die künftige Hauptstadt Zaragoza.

A. V., der Großmütige, auch **A. der Weise,** * Medina del Campo (?) 1396, † Neapel 27. Juni 1458, König (seit 1416), als König von Neapel und Sizilien A. I. - Sohn und Nachfolger Ferdinands I.; nahm 1442 Neapel ein, seine neue Residenz; begr. die Bibliothek von Neapel und die dortige erste humanist. Akademie Italiens.

A s t u r i e n :

A. II., der Keusche, * 759, † 842, König (seit 791). - Erscheint in Chroniken als begabter Herrscher, der das christl. Spanien gerettet und die maur. Gegen-Reconquista abgewehrt habe; gewann vorübergehend Lissabon.

A. III., der Große, * um 838, † Zamora 20. Dez. 912, König (855–909). - Nutzte maur. Bürgerkriege zu großen Eroberungen bis zum Duero aus und sicherte die Grenzen durch Besiedlung und Burgenbau. Legte sich den Titel eines Kaisers zu; von seinen Söhnen zur Abdankung und Reichsteilung gezwungen.

K a s t i l i e n und L e ó n :

A. VI., der Tapfere, * 1040 (?), † Toledo 30. Juni 1109, König von León (seit 1065) und Kastilien (seit 1072). - Sohn Ferdinands I., d. Gr.; als Landesherr des ↑ Cid selbst einer der bed. Reconquistadoren; eroberte 1085 Toledo und nannte sich seitdem Kaiser von ganz Spanien.

A. VII., * in Galicien 1105, † La Fresneda im Aug. 1157, König (seit 1126). - Seit 1111 König in Galicien; mußte sich sein Reich gegen seinen Stiefvater Alfons I. von Aragonien erst erkämpfen; erreichte nach dessen Tod die Vorherrschaft auf der Iber. Halbinsel; erneuerte 1135 das Kaisertum; führte Maurenkriege seit 1146 (nahm 1146 Córdoba, 1147 Almería ein; 1157 Erbteilung seines Reiches in Kastilien und León.

A. VIII., der Edle, * 11. Nov. 1155 (?), † Gutierre-Muñoz 6. Okt. 1214, König von Kastilien (seit 1158). - Sohn Sanchos III.; kämpfte entschlossen für die Rückeroberung der Iber. Halbinsel; erschütterte 1212 durch den gro-

Alfons IX.

ßen Sieg bei Las Navas de Tolosa die Almohadenherrschaft.

A. IX., * Zamora 1171, † Villanueva de Sarria 24. Sept. 1230, König von León (seit 1188). - Führte durch die Ehe mit einer Tochter A.' VIII. von Kastilien die endgültige Wiedervereinigung beider Staaten unter seinem Sohn Ferdinand III. herbei.

A. X., der Weise, * Toledo 23. Nov. 1221, † Sevilla 4. April 1284, König (seit 1252). - Sohn Ferdinands III., des Heiligen, und der Beatrix, Tochter Philipps von Schwaben. 1257 von der frz. Partei gegen Richard von Cornwall zum röm.-dt. König gewählt. Obwohl A. nie nach Deutschland oder Italien kam und seine Wahl auch infolge des Widerstandes der Päpste nicht realisieren konnte, verzichtete er de jure nie auf das Reich. Wegen äußerer Mißerfolge und innenpolit. Versagens von seinem Sohn Sancho IV. aus der Regierung verdrängt; seit 1282 auf Andalusien beschränkt. A. erhielt seinen Beinamen als der größte Förderer von Kunst und Wiss. des MA: veranlaßte Gesetzessammlungen, eine Geschichte Spaniens und der Welt (unvollendet), förderte die Übersetzung arab. Werke († Alfonsinische Tafeln) und war selbst literar. tätig (v. a. Lieder).

A. XI., der Gesetzgeber, * Salamanca 27. Sept. 1311, † vor Gibraltar 26. März 1350, König (seit 1312). - Sohn Ferdinands IV.; beendete in schweren Kämpfen das während seiner Minderjährigkeit bis 1325 entstandene Chaos. Der Sieg 1340 über die Mauren brachte Kastilien die Herrschaft über die Straße von Gibraltar; stand ab 1329 unter dem Einfluß seiner Geliebten Leonor de Guzmán; war auch Schriftsteller und Dichter.

Neapel und Sizilien:
A. I., † Alfons V. (Aragonien).

Portugal:
A. I., der Eroberer, * Guimarães (Distrikt Braga) im Sept. 1110, † 6. Nov. (?) 1185, Graf (seit 1128), König (seit 1139). - Schlug 1139 bei Ourique die Mauren, erhob Portugal zum Kgr., erklärte die Unabhängigkeit von Kastilien-León; eroberte 1147 das maur. Lissabon.

A. V., der Afrikaner, * Cintra 15. Jan. 1432, † ebd. 28. Aug. 1481, König (seit 1438). - Sohn König Eduards, regierte seit 1448 selbständig; erfolgreicher nordafrikan. Kreuzzug 1458; ließ die Entdeckungsfahrten seines Oheims Heinrich des Seefahrers fortführen.

Spanien:
A. XII., * Madrid 28. Nov. 1857, † Schloß El Pardo 25. Nov. 1885, König (seit 1874). - Sohn Isabellas II. und Franciscos de Asís; gegen die Republik und gegen karlist. Thronprätendenten zum König proklamiert; führte gegen die Karlisten bis 1876 einen Bürgerkrieg und zwang seinen Vetter Don Carlos zum Verlassen des Landes.

A. XIII., * Madrid 17. Mai 1886, † Rom 28. Febr. 1941, König. - Sohn König A.' XII.

und Königin Maria Christinas, Erzherzogin von Österreich, die bis 1902 die Regentschaft führte; 1923 errichtete Primo de Rivera mit Billigung von A. eine Militärdiktatur (bis 1930); A. verließ nach dem Wahlsieg der republikan. Parteien das Land 1931, ohne abzudanken.

Alfons Maria von Liguori, hl., * Marianella (= Neapel-Marianella) 27. Sept. 1696, † Pagani (Kampanien) 1. Aug. 1787, italien. Theologe und Ordensstifter. - Wirkte als bed. Volksprediger und -missionar in Italien, gründete 1731 den Orden der Redemptoristinnen, 1732 den der Redemptoristen.

Alfonsín, Raúl Ricardo [span. alfɔn'sin], * Chascomus (Prov. Buenos Aires) 13. März 1927, argentin. Politiker. - Rechtsanwalt; 1963–66 Abgeordneter im Zentralparlament; seit 1982 Führer der Unión Cívica Radical (UCR); seit 1983 Staatspräsident.

Alfonsinische Tafeln, auf Anordnung † Alfons X. von Kastilien und León unter Leitung der jüd. Gelehrten Jehuda Ben Mose und Isaak Ben Sid in Toledo zusammengestelltes astronom. Werk mit Tabellen zur Berechnung der Örter von Sonne, Mond und den 5 klass. Planeten Merkur, Venus, Mars, Jupiter und Saturn.

Alfons-X.-Orden, span. † Orden (Übersicht).

Alfraganus, latinisierter Name des arab. Astronomen Al † Farghani.

Alfred, aus dem Engl. übernommener männl. Vorname, eigtl. etwa „Ratgeber mit Hilfe der Naturgeister" (zu altengl. ælf „Elf, Naturgeist" und ræd „Rat").

Alfred der Große, * Wantage bei Swindon 848 oder 849, † 26. oder 28. Okt. 899 (901?), König der Angelsachsen (seit 871). - Rettete England 878 durch den Sieg bei Edington (bei Westbury) vor gänzl. dän. Unterwerfung, gewann 886 London als Vorposten; Bau einer Flotte, Anlage von Befestigungen, Reorganisation des Heeres; sorgte nach neuen Abwehrerfolgen 894–97 für Wiederaufbau und Neueinteilung des Landes, bemühte sich um kulturelle Wiederbelebung und Bildung seines Volkes; förderte das Schulwesen, ließ Gesetze sammeln, übersetzte Werke der lat. Literatur (Boethius, Gregor d. Gr., Beda, Orosius), die er teils mit Zusätzen versah, teils kürzte bzw. ergänzte.

al fresco † a fresco.

Alfrink, Bernard Jan, * Nijkerk 5. Juli 1900, niederl. kath. Theologe und Kardinal (seit 1960). - 1955–75 Erzbischof von Utrecht. Auf dem 2. Vatikan. Konzil und in der Folgezeit ein Wortführer der progressiven Kräfte.

Alfter, Gemeinde unmittelbar östl. von Bonn, NRW, 85 m ü. d. M., 16 500 E. Wohnort für Pendler, Erwerbsgartenbau. - Ma. Adelssitz; Herren von A. werden urkundl. seit 1116 erwähnt; 1445 an die Fürsten von Salm-Reifferscheid. - Herrenhaus von 1721.

Alessandro Algardi, Papst Liberius tauft die Neophyten (Ausschnitt; 1648). Terrakotta

Alfuren (Waldleute), Sammelname für Inlandstämme auf den östl. indones. Inseln; altmalaiische Kultur mit melanes. Einflüssen.

Alfvén [schwed. al've:n], Hannes, * Norrköping 30. Mai 1908, schwed. Physiker. - Arbeiten über magnetohydrodynam. und plasmaphysikal. Probleme; entdeckte die nach ihm ben. Alfvén-Wellen und gab damit der Magnetohydrodynamik grundlegende Impulse. 1970 Nobelpreis für Physik.

A., Hugo, * Stockholm 1. Mai 1872, † Falun 8. Mai 1960, schwed. Komponist. - Komponierte u. a. 5 Sinfonien, Rhapsodien („Midsommarvaka", 1903/04), Kammermusik, Chorwerke und Lieder.

Alfvén-Wellen [schwed. al've:n; nach Hannes Alfvén], transversale ↑magnetohydrodynamische Wellen, die sich in einem nicht zusammenpreßbaren Medium entlang den Feldlinien eines Magnetfeldes ausbreiten. Ihre Ausbreitungsgeschwindigkeit wird als **Alfvén-Geschwindigkeit** bezeichnet.

Algardi, Alessandro, * Bologna 27. Nov. 1595, † Rom 10. Juni 1654, italien. Bildhauer und Baumeister. - Bedeutendster Bildhauer des Barock neben Bernini. Zunächst am Hof von Mantua (Elfenbeinarbeiten, Entwürfe für Goldschmiedearbeiten). Seit etwa 1625 in Rom, 1644 Hofbildhauer Papst Innozenz' X.: überlebensgroße Bronzestatue Papst Innozenz' X. (nach 1645; Konservatorenpalast), Grabmal Papst Leos XI. (1647/48) und das Marmorrelief „Attilas Vertreibung durch Papst Leo den Großen" (entstanden 1646–50; beide in der Peterskirche).

Algarotti, Francesco Graf, * Venedig 11. Dez. 1712, † Pisa 3. Mai 1764, italien. Schriftsteller und Gelehrter. - Populärwissenschaftl. Schriften; kam mit „Jo. Newtons Welt-Wissenschaft für das Frauenzimmer" (1737), einer Erläuterung der Newtonschen Optik, zu europ. Ruf. 1740–53 lebte er am Hofe Friedrichs d. Gr.

Algarrobo [arab.-span.], svw. ↑Courbarilbaum.

Algarve, histor. Prov. in S-Portugal, umfaßt das Gebiet zw. unterem Guadiana und der W-Küste. Rd. 90 % der Bev. leben im Küstenbereich. Die 60–80 m hohe, buchtenreiche Steilküste der A. flacht sich gegen O zunehmend ab. Im N liegt das **Algarvische Gebirge**, das in der Serra de Monchique 902 m ü. d. M. erreicht. Vom niederschlagsarmen Küstensaum steigen die jährl. Regenmengen auf über 1 000 mm im Gebirge an. Die Fischerei einschließl. der Verarbeitungsind. ist der wichtigste Wirtschaftszweig. Die Korkeichenbestände v. a. in der westl. A. geben die Grundlage der Korkverarbeitung ab. Die A. ist ein Agrargebiet geblieben; neben Getreideanbau und Weidewirtschaft im Gebirge sind die Küstengebiete die bevorzugte Bewässerungs- und Fruchthainregion; angebaut werden u. a. Feigen, Mandeln, Johannisbrot, Wein, Zuckerrohr und Reis. Ferienzentren an der Küste; Zubringerdienste leistet v. a. der ✈ von Faro. - Zahlr. Zeugnisse von der Anwesenheit von Phönikern, Ligurern, Kelten, Karthagern und Römern; gehörte in der Römerzeit zur Prov. Lusitania, dann zum Reich der Westgoten; 711 von den Arabern erobert; um 1250 zurückerobert; seit 1267 in portugies. Besitz; diente nach 1415 der

Algebra

portugies. Expansion nach Afrika als Basis. ⏚ *Beitr. zur Kulturgeographie der Mittelmeerländer. Hg. v. C. Schott. Marburg 1970.*

Algebra [zu arab. al-dschabr, eigtl. „die Einrenkung (gebrochener Teile)"], im urspr. Sinne die Lehre von den Gleichungen und ihrer Auflösung; heute versteht man unter [moderner] A. darüber hinaus den Teil der Mathematik, der sich mit den durch Verknüpfungen definierten mathemat. Strukturen befaßt. Grundaufgabe ist die Auffindung der [reellen oder komplexen] Lösungen einer algebraischen Gleichung n-ten Grades

$$a_n x^n + a_{n-1} x^{n-1} + \cdots$$
$$\cdots + a_1 x + a_0 = 0$$

($a_n \neq 0$; Koeffizienten a_n, ..., a_0 reell oder komplex). Der *Fundamentalsatz der A.* lautet: Jede algebraische Gleichung n-ten Grades ($n = 1, 2, 3, \ldots$) mit komplexen (also speziell auch reellen) Koeffizienten besitzt mindestens eine komplexe Wurzel (Lösung). Neben einzelnen [algebraischen] Gleichungen untersucht man auch Gleichungssysteme, wobei allerdings nur für Systeme von Gleichungen 1. Grades (lineare Gleichungen) eine Systematik existiert; daraus hat sich die lineare A. (↑ auch analytische Geometrie) entwickelt, die heute gleichberechtigt neben der Infinitesimalrechnung zur Grundlage der höheren Mathematik gehört. Die A. des 20. Jh., die *moderne A.,* befaßt sich mit sog. *algebraischen Strukturen.* Beispiele dafür sind:

A.: *Gruppenstruktur:* Eine Menge $\mathfrak{G} = \{a, b, c, \ldots\}$ heißt Gruppe mit der Verknüpfung $\circ$, wenn folgende Grundgesetze erfüllt sind: 1. Mit $a \in \mathfrak{G}, b \in \mathfrak{G}$ ist auch $a \circ b \in \mathfrak{G}$. 2. $(a \circ b) \circ c = a \circ (b \circ c)$ (assoziatives Gesetz). 3. Es gibt ein Element $e \in \mathfrak{G}$ mit $a \circ e = e \circ a = a$ für

Algarve. Brandungsformen an der Kliffküste bei Lagos

alle $a \in \mathfrak{G}$ *(neutrales Element e).* 4. Zu $a \in \mathfrak{G}$ gibt es ein Element von $\mathfrak{G}$, geschrieben a^{-1}, mit $a^{-1} \circ a = a \circ a^{-1} = e$ *(inverses Element* a^{-1}*).* Gilt außerdem noch als Kommutativgesetz 5. $a \circ b = b \circ a$ für alle $a \in \mathfrak{G}, b \in \mathfrak{G}$, so heißt die Gruppe kommutativ oder abelsch (↑ abelsche Gruppe).

B: *Ringstruktur:* In einer Menge $\mathfrak{R}$ seien zwei Verknüpfungen $+$ und $\cdot$ definiert. Bezüglich $+$ sei $\mathfrak{R}$ eine Gruppe, neutrales Element 0, für das inverse Element wird $-a$ geschrieben. Für $\cdot$ werden nur die Gruppeneigenschaften 1. und 2. vorausgesetzt, ferner die Distributivgesetze

$$a \cdot (b + c) = a \cdot b + a \cdot c,$$
$$(b + c) \cdot a = b \cdot a + c \cdot a.$$

Weitere algebraische Strukturen ↑ Algebren, ↑ Verband, ↑ Vektorraum. Die Bed. der heutigen A. liegt darin, daß sie allg. Theorien und Aussagen liefert, die in vielen konkreten Gebieten anwendbar sind, so daß im Einzelfall dann keine neuen Überlegungen nötig sind, sondern die allg. Ergebnisse herangezogen werden können. - Der Name A. stammt aus dem Titel eines arab. Lehrbuchs. ⏚ *Reiffen, H.-J., u. a.: A. Mhm. u. a. ²1984. - Fried, E.: Abstrakte A. Dt. Übers. Ffm. 1983.*

Algebra der Logik, die seit der Mitte des 19. Jh. entwickelte Form des Klassen- und Relationenkalküls. Der engl. Logiker G. ↑ Boole konzipierte in seinem Werk „Mathematical analysis of logic" (1847) eine „Algebra", deren Symbole nicht mehr Variable für Zahlen zu sein brauchten. Er ließ dabei auch Abweichungen der in dieser neuen A. geltenden Gesetze von denen der üblichen A. zu. Dadurch gelangte er zu einem „abstrakten" Kalkül, der sich als Klassen- und als Aussagenkalkül deuten ließ und die traditionellen (klassenlog. bzw. syllogist.) „Gesetze der Logik" in einer an die A. erinnernden Weise auszudrücken sowie log. Schlüsse in der Art algebraischer Umformungen durchzuführen erlaubte (↑ Boolesche Algebra).

algebraische Funktion, eine Funktion $y = f(x)$, die in ihrem Definitionsbereich einer Gleichung der Form

$$p_0(x) + p_1(x)y + p_2(x)y^2 + \cdots$$
$$\cdots + p_n(x)y^n = 0$$

genügt; dabei sind $p_0(x), p_1(x), \ldots, p_n(x)$ Polynome (bzw. rationale Funktionen) der [komplexen] Variablen x.

algebraische Gleichung, eine ↑ Gleichung, bei der auf die Unbekannte nur algebraische Operationen angewandt werden. Allg. Form einer a. G. mit *einer* Unbekannten:

$$a_0 + a_1 x + a_2 x^2 + \cdots + a_n x^n = 0.$$

algebraische Kurve, die Menge aller Punkte, deren Koordinaten bei Verwendung eines kartesischen Koordinatensystems durch eine algebraische Gleichung gegeben sind, z. B. die Kegelschnitte.

algebraische Zahl, jede Zahl, die Nullstelle eines Polynoms

$$P(x) = a_0 + a_1 x + a_2 x^2 + \cdots + a_n x^n$$

mit Koeffizienten $a_0, a_1, a_2, \ldots, a_n (a_n \neq 0)$, d. h. Lösung einer algebraischen Gleichung ist. Zu den a. Z. gehören alle rationalen Zahlen, aber auch nichtrationale und nichtreelle (komplexe) Zahlen, z. B. die imaginäre Einheit i als Lösung der algebraischen Gleichung $x^2 + 1 = 0$.

Algebraisierung [...a-i...; arab.], die Darstellung einer ursprüngl. nicht algebraischen Theorie durch Ausdrucksmittel und Schlußweisen der Algebra (z. B. ↑ Algebra der Logik).

Algebren [arab.] (hyperkomplexe Systeme), spezielle algebraische Strukturen: Ist $R = \{\alpha, \beta, \gamma, \ldots\}$ ein Ring mit Einselement, ist $A = \{u, v, w, \ldots\}$ ein zweiter Ring und ist eine Multiplikation von Elementen aus R mit Elementen aus A erklärt, derart, daß

1. $\alpha(u + v) = \alpha u + \alpha v$,
2. $(\alpha + \beta)u = \alpha u + \beta u$,
3. $(\alpha\beta)u = \alpha(\beta u)$,
4. $(\alpha u)v = u(\alpha v) = \alpha(u v)$,

so nennt man A eine Algebra über dem Ring R.

Algeciras [span. alxe'θiras], span. Hafenstadt an der Bucht von A., gegenüber Gibraltar, 18 m ü. d. M., 86 000 E. Marinekommandantur; Fischerei- und Handelshafen, Eisenbahnendpunkt, Autofähren nach Ceuta und Tanger; transatlant. Anlegehafen für Liniendampfer zw. New York und Neapel; Korkverarbeitung und -export. Seebad und Winterkurort. - A. ist das röm. **Julia transducta;** 711 von den Berbern erobert. Ausgangs- und Stützpunkt für die islam. Eroberung der Iber. Halbinsel; 845 und 859 von Wikingern geplündert und zerstört; Ziel häufiger christl. Angriffe (u. a. 1278, 1308/09, 1342–44), 1369 zerstört, erst 1704 wiederaufgebaut. 1906 Tagungsort der Konferenz von A. (↑ Marokkokrise).

Algeciras, Bucht von [span. alxe'θiras] (Gibraltar Bay), Bucht an der Straße von Gibraltar, S-Spanien.

Algemeen Dagblad [niederl. 'ɑlxəmeːn 'daɣblat] niederl. Zeitung, ↑ Zeitungen (Übersicht).

Algemeen Nederlands Persbureau [niederl. 'ɑlxəmeːn 'neːdərlants 'pɛrzbyːroː] ↑ Nachrichtenagenturen (Übersicht).

Algen [lat.] (Phycophyta), eine der sieben Abteilungen des Pflanzenreichs mit rund 26 000 freischwimmenden oder festgewachsenen Arten. Das Vorkommen der A. ist auf das Meer, Süßwasser oder feuchte Orte (nasse Wände, Baumstümpfe, Erdboden) begrenzt. Mit ihrem in allg. nicht in Organe gegliederten Bau zählen sie zu den Lagerpflanzen. Ihre Mannigfaltigkeit reicht von wenige μm gro-

ßen Einzellern bis zu hochorganisierten Groß-A. (Tangen) von mehreren Metern Größe. Immer jedoch bleibt die Grundform der ↑ Thallus, d. h. komplizierte Gewebsdifferenzierungen fehlen. In allen vier Klassen finden sich verschiedene ungeschlechtl. Fortpflanzungsweisen. Geschlechtl. Fortpflanzung ist bei allen A. bekannt. Bei vielen A. ist der Entwicklungsablauf aufgeteilt in Abschnitte geschlechtl. und ungeschlechtl. Fortpflanzung (Generationswechsel), in deren Verlauf meist diploide und haploide Phasen abwechseln (Kernphasenwechsel). - Die rund 10 000 Arten der ↑ Grünalgen, die v. a. im Benthos oder Plankton des Süßwassers vorkommen, zeigen eine Mannigfaltigkeit, die vom Einzeller bis zum Gewebethallus reicht. Ihre Zellen haben grundsätzl. den gleichen Aufbau wie die der höheren Pflanzen. Einzellige und koloniale Formen sind an der Bildung des pflanzl. Planktons beteiligt. Auf dem Gewässergrund und in den Uferregionen finden sich festgewachsene Arten. - Unter den etwa 2 000 marinen Arten der ↑ Braunalgen findet man die anatom. am höchsten entwickelten und größten Formen. Braun-A. sind, mit Ausnahme der in riesigen Mengen in der Sargassosee treibenden Sargassumarten, festsitzend. - Die rund 4 000 Arten der ↑ Rotalgen sind überwiegend marin; nur etwa 180 Arten leben im Süßwasser. Charakterist. ist ihr Gehalt an dem wasserlösl. roten Pigment Phykoerythrin. Seine Hauptabsorption liegt im kurzwelligen Bereich des Spektrums, so daß die Rot-A. in größeren Meerestiefen, in die kurzwelliges Licht noch hinabreicht, leben können. Einige Arten scheiden Kalk aus (Kalk-A.). - Die

Algen. Schematische Darstellung der Algenart Euglena spec., einzellig mit Geißel

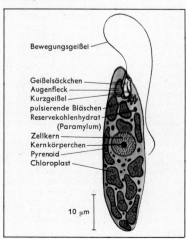

Bewegungsgeißel

Geißelsäckchen
Augenfleck
Kurzgeißel
pulsierende Bläschen
Reservekohlenhydrat
(Paramylum)
Zellkern
Kernkörperchen
Pyrenoid
Chloroplast

10 μm

Algenfarn

↑Goldbraunen Algen kommen mit rund 10 000 meist einzelligen Arten hauptsächl. im Süßwasser vor. Die Zellen der hierher gehörenden Kiesel-A. haben einen schachtelartig zusammenpassenden, zweiteiligen Panzer aus Kieselsäure.
A. sind relativ einfache pflanzl. Systeme. Sie lassen sich in vielen Fällen leicht in Reinkultur züchten. Daher sind in den letzten Jahren einige Zentren zu ihrer Erforschung entstanden. A. werden zur Aufklärung des Feinbaus und der chem. Zusammensetzung der Pflanzenzelle untersucht. Vertreter der Grünalgengatt. Acetabularia sind ideale Modelle zur Erforschung der Gestaltbildung (Morphogenese). Die Erforschung der Entwicklungszyklen von A. hat auch das prakt. Ziel, die Züchtung von eßbaren Arten zu verbilligen und einen Raubbau in den natürl. Beständen zu verhüten. Beim Studium der Lebensansprüche der Süßwasser-A. hat sich gezeigt, daß die Arten sehr unterschiedl. Forderungen an Reinheit, Nährstoffgehalt und Temperatur des Wassers stellen. Sie dienen daher als Indikatoren zur Beurteilung der Wassergüte. Die wirtschaftl. Bedeutung der A. ist sehr groß. Von größter Wichtigkeit ist ihre Fähigkeit, auf dem Weg über die Photosynthese Sonnenenergie in chem. Energie umzuwandeln. Dieser Vorgang (Primärproduktion) ist die Grundlage allen tier. Lebens im Wasser. Die Zonen höchster Produktivität liegen in der Nähe des Kontinentalsockels im Bereich aufsteigenden, nährstoffreichen Tiefenwassers. Sie sind als die klass. Fischfanggebiete bekannt. Bei der Verwendung von A. als Nahrung von Menschen oder von Tieren (v. a. Fischen), die von A. leben, muß bes. das Speichervermögen für Gifte aus Schädlingsbekämpfungsmitteln und für radioaktive Elemente beachtet werden. Radioaktiven Phosphor findet man z. B. in A.zellen in 10 000mal höherer Konzentration als im Wasser. In jedem folgenden Glied der Nahrungskette steigt die Konzentration etwa um den Faktor 10. A. liefern Nahrungs-, Futter-, Düngemittel und Rohstoffe für die Industrie. In vielen Küstenländern werden sie seit alter Zeit gegessen. Sie sind bes. deshalb wertvoll, weil sie im Durchschnitt 30 % Eiweiß enthalten. Hinzu kommt ein hoher Gehalt an Vitaminen und Spurenelementen. Die direkte Nutzung tritt allerdings immer mehr in den Hintergrund. *Algenmehl* spielt eine große Rolle als Futterzusatz bei der Tierernährung. Die Bed. von Meeres-A. als Rohstoffe für Nahrungsmittel und Hilfsstoffe für die Lebensmittelind. steigt ständig. Eine beachtl. Rolle in der Wirtschaft aller Industrieländer spielen die aus Rot- und Braun-A. gewonnenen Gelier- und Schleimstoffe. Am bekanntesten ist ↑Agar-Agar. Eine gleiche Schlüsselposition nimmt die aus Braun-A. gewonnene ↑Alginsäure mit ihren Verbindungen ein. Große Bed. haben die Boden-A. (v. a. Grün-A.), die sich unter den Erstbesiedlern auf Rohböden finden. Sie tragen als Festiger und Humuslieferanten zur Vorbereitung der Erde für höhere Pflanzen bei. In Europa und den USA baut man Lager von fossilen Kiesel-A. ab (*Kieselgur*). Dieser Rohstoff wird zur Herstellung von wärmefesten Isolierungen und Filtermassen benutzt.
In der Antike verstand man unter lat. alga (bei Plinius d. Ä.) bzw. unter griech. phýkos bestimmte krautige oder baum- und strauchartige Seegewächse (wahrscheinl. Rot- und Braunalgen). C. von Linné teilte die etwa 100 ihm bekannten Arten in vier Gatt. auf (Fuens, Ulva, Conferva, Bussus). Die Bez. „Algae" verwendete A. W. Roth 1797 im heutigen Sinne. Die Botaniker des 19. Jh. teilten die A. schon damals nach den auffallenden Färbungsunterschieden ein, von denen man allmähl. feststellte, daß sie Gruppen mit verschiedenartigem Entwicklungsgang entsprechen. N. Pringsheim gelang 1856 die Beobachtung einer sexuellen Befruchtung bei Fucus (bed. für die Klärung des Generationswechsels).
📖 *Round, F. E.: Biologie der A. Dt. Übers. Stg. ²1975. - Meeres-A. Industrielle Bed. u. Verwendung. Mit Beitr. v. H. A. Hoppe u.a. Hamb. 1962.*

Algenfarn (Wasserfarn, Azolla), einzige Gatt. der Algenfarngewächse mit 6 Arten, v. a. in den trop. Zonen, davon in M-Europa zwei aus Amerika stammende Arten. Die auf der Oberfläche ruhiger Gewässer schwimmenden moosähnl. Pflanzen besitzen in 2 Reihen dachziegelartig angeordnete zweilappige Schuppenblätter, deren oberer, ganz aus dem Wasser ragender Blatteil der Photosynthese dient, während die untere, dem Wasser aufliegende Blattlappen v. a. im Dienst der Wasseraufnahme steht. Die Wurzeln hängen von der Unterseite der Stengel aus frei ins Wasser.

Algenpilze (Niedere Pilze, Phycomycetes), Klasse der Pilze; niedere algenähnl. Pilze, die Zellulose (statt Chitin wie die höheren Pilze) in den Zellwänden aufweisen. Ihre langgestreckten ↑Hyphen sind ohne Querwände. Ledigl. zur Abgrenzung von Fortpflanzungszellen werden Querwände angelegt. Die Fortpflanzung erfolgt geschlechtl. durch ↑Oogamie und ungeschlechtl. durch ↑Sporen. Zu den A. gehören u. a. die Ordnungen ↑Wasserschimmelpilze und Falsche ↑Mehltaupilze. - Viele A. sind gefährl. Schädlinge an Kulturpflanzen.

Algensäure, svw. ↑Alginsäure.

Algerien

(amtl. Vollform: Al Dschumhurijja Al Dschasairijja Dimukratijja Asch Schabijja; frz. République Algérienne Démocratique et Populaire [dt. Alger. Demokrat. VR]), Republik in NW-Afrika zw. 19° und 37° n. Br. sowie 8° w. L. und 12° ö. L. **Staatsgebiet:** A. grenzt

im NW an Marokko, im äußersten W an Westsahara, im SW an Mauretanien und Mali, im SO an Niger, im O an Libyen und Tunesien; die Grenzen sind z. T. noch nicht endgültig festgelegt. **Fläche:** 2 381 741 km² (zweitgrößter Staat Afrikas). **Bevölkerung:** 21,5 Mill. E (1984), 9 E/km², ohne Saharabezirke 73 E/km². **Hauptstadt:** Algier. **Verwaltungsgliederung:** Wilajas (früher Departements). **Amtssprache:** Arabisch; Unterrichts-, Bildungs- und z. T. auch Behördensprache: Französisch. **Staatsreligion:** Malikitische Schule der sunnit. Richtung des Islams. **Nationalfeiertag:** 1. Nov. (Beginn des Aufstandes 1954). **Währung:** Alger. Dinar (DA) = 100 Centimes (CT). **Internat. Mitgliedschaften:** UN, Arab. Liga, OAU, OPEC, OAPEC; dem GATT assoziiert. **Zeitzone:** Greenwicher Zeit, d. i. MEZ –1 Std.

Landesnatur: A. reicht von der Küste des westl. Mittelmeeres (Küstenlänge rd. 1 100 km) bis in die zentrale Sahara. Es gliedert sich in zwei Großräume: in das von den Ketten des Atlas durchzogene Nord-A., der eigtl. Lebensraum des Landes, und in den als Süd-A. bezeichneten Anteil an der Sahara, die beiden Wilajas Saoura und Oasis. Nord-A. gliedert sich von N nach S in die Küstenebene

Algerien. Wirtschaftskarte Nordalgeriens

und den anschließenden Tellatlas (mit zahlr. Becken), den agrar. Gunstraum des Landes, sowie in das Hochland der Schotts und in den Saharaatlas, die hauptsächl. der Weide- und Alfagraswirtsch. dienen. In der alger. Sahara treten als wichtige Reliefeinheiten die Dünengebiete des Großen Westl. und Großen Östl. Erg, das Plateau von Tademait und im äußersten S der Ahaggar hervor (bis 2 918 m ü. d. M.). Vulkangesteine (Basaltstiele und -decken) überragen und durchstoßen das Grundgebirge der afrikanischen Masse.

Klima: Der N hat mediterranes, der S extrem arides Klima; der Übergang vollzieht sich auf der S-Seite des Saharaatlas relativ rasch (große Niederschlagsschwankungen).

Vegetation: Der Küstenbereich hat mediterrane Vegetation; im östl. Tellatlas und in der Kleinen Kabylei kommen Korkeichenwälder vor. Die Hochflächen (außer um Constantine) werden von Alfagras und Beifuß eingenommen. Hauptanbaugebiete sind die Quertäler der Flüsse und die östl. Hochflächen. Am N-Hang des Saharaatlas gibt es Waldreste aus Steineichen, Aleppokiefern, Zedern u. a. Die Sahara ist bis auf Wadibetten und Oasen weitgehend vegetationslos.

Tierwelt: Die Tierwelt ist durch die Besiedlung, fehlende Wälder und unkontrollierte Jagd stark dezimiert. In der Wüste kommen zahlr. Kleintiere und Vipernarten, Gazellen,

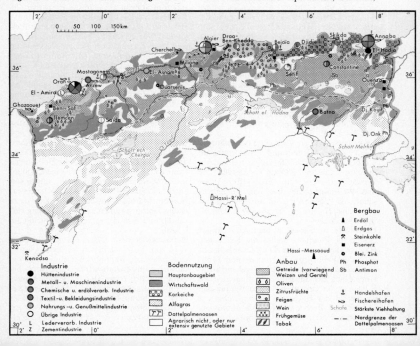

Algerien. Wirtschaftskarte Nordalgeriens

Industrie
- ● Hüttenindustrie
- ◕ Metall- u. Maschinenindustrie
- ◓ Chemische u. erdölverarb. Industrie
- ◑ Textil- u. Bekleidungsindustrie
- ◒ Nahrungs- u. Genußmittelindustrie
- ○ Übrige Industrie
- L Lederverarb. Industrie
- Z Zementindustrie

Bodennutzung
- Hauptanbaugebiet
- Wirtschaftswald
- Korkeiche
- Alfagras
- Dattelpalmenoasen
- Agrarisch nicht, oder nur extensiv genutzte Gebiete

Anbau
- Getreide (vorwiegend Weizen und Gerste)
- Oliven
- Zitrusfrüchte
- Feigen
- Wein
- Frühgemüse
- Tabak

Bergbau
- ▲ Erdöl
- △ Erdgas
- ✳ Steinkohle
- ● Eisenerz
- ● Blei, Zink
- Ph Phosphat
- Sb Antimon

- ⊥ Handelshafen
- ⊥ Fischereihafen
- Schafe Stärkste Viehhaltung
- –··– Nordgrenze der Dattelpalmenoasen

Algerien

Fennek und Saharaklippschliefer vor, in den randtrop. Grenzgebieten auch Strauße, im Saharaatlas Schakale, im Ahaggar Wildesel.

Bevölkerung: In Nord-A. leben 95 % der Bev., die sich aus Arabern (etwa 70 %) und Berbern (30 %) zusammensetzt. 98,8 % sind Muslime, 0,4 % kath. Christen. Die Berber haben sich v. a. in die Gebirge zurückgezogen; Volkstum und Dialekte haben sich bei den Kabylen und den Chaouia im Aurès, bei den Tuareg im Ahaggar und bei den Mzabiten im Mzab erhalten. Die Oasenbev. hat nach S zunehmend negriden Anteil. Etwa 70 % der Bev. über 10 Jahre sind Analphabeten. Es besteht allg. Schulpflicht. A. besitzt 3 Universitäten.

Wirtschaft: Etwa 60 % der Bev. arbeiten in der Landw. Insgesamt $^2/_3$ der landw. Nutzfläche werden volkseigen bewirtschaftet. Landw. Hauptprodukte sind Weizen, Gerste, Kartoffeln, Tomaten, Datteln, Zitrusfrüchte, Weintrauben; außerdem umfangreiche Schaf- und Ziegenhaltung. - Wichtigster Ind.zweig ist die Erdöl- und Erdgaswirtschaft, die vom Staat kontrolliert wird. Erdöl wird in zahlr. Feldern in der Sahara gefördert und zu den Exporthäfen (mehrere Raffinerien) Arzew, Bejaïa und La Skhirra (Tunesien) gepumpt. Es gibt mehrere Raffinerien. Erdgas wird bei Hassi-R'Mel gefördert, Pipelines führen zu den Verflüssigungsanlagen in Arzew und Skikda. Eisenerz wird im Atlas gewonnen, im Eisen- und Stahlwerk von El-Hadjar bei Annaba verhüttet; Phosphat wird nach der tunes. Grenze abgebaut. Über 80 % der industriellen Produktion wird in Staatsbetrieben erstellt, auch die der Nahrungsmittel-, Textil- und chem. Ind. Von Bed. ist auch das Handwerk (Teppiche, Metall-, Lederbearbeitung).

Außenhandel: An 1. Stelle der Ausfuhr steht Rohöl, gefolgt von Wein, Erdgas, Zitrusfrüchten, Eisenerz und -konzentraten, Erdölderivaten, Datteln u. a. Frankr. und die BR Deutschland sind die wichtigsten Handelspartner unter den EG-Ländern, gefolgt von der UdSSR und den USA.

Verkehr: A. verfügt über ein Eisenbahnnetz von 3 933 km (Normal- und Schmalspur), ein Straßennetz von rd. 75 900 km, 3 630 km Pipelines für Erdöl und 795 km für Erdgas. Die Handelsflotte besitzt u. a. Erdöl-, Flüssiggas- und Weintankschiffe. Die nat. Fluggesellschaft Air Algérie fliegt 14 ausländ., im Inlanddienst 27 Orte an. Internat. ⚓ ist Dar-el-Beïda bei Algier.

Geschichte: Im Gebiet des heutigen A. unterhielten die Phöniker, später die Karthager, Handelsniederlassungen. Die Römer beließen nach der Eroberung Numidiens und Mauretaniens die Berberstämme weitgehend autonom. Nach der Invasion der Vandalen im 5. Jh. und der Eroberung durch Byzanz 533 wurden in der Folge der arab. Eroberung 647–682 die Berber mit Gewalt islamisiert. Nach der Herrschaft der Almoraviden und

der Almohaden begannen sich die heutigen Länder des Maghreb herauszubilden. 1492 ließen sich aus Andalusien rückwandernde Mauren an der Küste nieder; Spanien versuchte, die Berberei zu erobern. Seit 1519 übten die Osmanen die Oberherrschaft aus. Vom 16. bis ins 19. Jh. terrorisierten die sog. Barbareskenstaaten mit ihrer Seeräuberei das westl. Mittelmeer. Seit 1830 von den Franzosen gegen den Widerstand der Berber bis 1847 erobert, erst seit 1870 völlig unter der militär. Kontrolle Frankr., wurde diesem polit. und wirtsch. angegliedert. Schon vor dem 2. Weltkrieg begann sich der alger. Nationalismus zu regen. Ende 1954 brach unter Führung der FLN offener Widerstand gegen Frankr. aus. In Kairo, später in Tunis, wurde eine provisor. Exilregierung gebildet. Als Frankr. 1958 ein Autonomiegesetz verabschiedete, das den Wünschen der Algerier entgegenkam, war dies ein Signal für die Erhebung der OAS, die durch Terrorakte ein frz. A. zu retten suchte. Im Abkommen von Évian-les-Bains 1962 gewährte Frankr. A. die volle Unabhängigkeit. Staatspräs. wurde Ben Bella; unter seiner Leitung erhielt die FLN die Stellung einer Einheits- und Kaderpartei. Durch den Sturz Ben Bellas gelangte 1965 der Oberst Houari Boumedienne an die Spitze eines Revolutionsrates, der bis zur Annahme einer neuen Verfassung und zur Wahl Boumediennes zum Staatspräs. 1976 die exekutive Gewalt ausübte. Die konsequente sozialist. Industrialisierungspolitik Ben Bellas wurde fortgesetzt. 1975 besiegelte ein Staatsbesuch Präs. Giscard d'Estaings in Algier die Aussöhnung mit Frankr. Nach dem Tod Boumediennes (27. Dez. 1978) wurde Oberst Bendjedid Chadli von der Armee- und Parteiführung als Nachfolger im Staatspräsidentenamt vorgeschlagen und im Febr. 1979 durch Volksabstimmung bestätigt. Außenpolit. spielt A. eine maßgebl. Rolle in der „Gruppe der 77" (d. h. die der Formulierung einer neuen Weltwirtschaftsordnung), in der OPEC, der Arab. Liga und der OAU. Bei engem Kontakt zur Sowjetunion strebt A. auch gute Beziehungen zu China an. Die alger. Unterstützung der Befreiungsfront FPOLISARIO, die einen eigenen Staat in der Westsahara errichten will, führte seit Dez. 1975 zur militär. und polit. Konfrontation mit Marokko. Im Febr. 1983 kam es zu einem Treffen zw. dem marokkan. König Hasan II. und dem alger. Staatspräs. Bendjedid Chadli.

Politisches System: Nach der am 19. Nov. 1976 vom Volk gebilligten Verfassung ist A. eine präsidiale Republik mit Einheitspartei, die sich zum revolutionären Sozialismus bekennt und den Islam als Staatsreligion anerkennt. *Staatsoberhaupt* und Inhaber der *Exekutive* ist der auf 6 Jahre (bei unbeschränkter Wiederwahlmöglichkeit) direkt vom Volk gewählte Staatspräs., der Muslim und älter als

40 Jahre sein muß. Der Präsidentschaftskandidat wird vom Kongreß der Einheitspartei nominiert. Der Staatspräs. leitet die gemeinsamen Sitzungen der Partei und der Exekutive. Er ist Oberbefehlshaber der Streitkräfte, ernennt die Min. und leitet den Ministerrat. Er kann einen Vizepräs. und einen Min.präs. ernennen, an die er einige seiner Befugnisse delegieren kann. Organ der *Legislative* ist die Nat. Volksversammlung (261 Mgl., vom Volk auf 5 Jahre gewählt). Die Kandidaten werden von der Parteiführung nominiert. Ausgenommen vom Gesetzgebungsrecht der Nat. Volksversammlung ist die Landesverteidigung. In den Sitzungspausen kann der Staatspräs. Dekrete erlassen, die jedoch der nachträgl. Billigung durch die Nat. Volksversammlung bedürfen. Einzige *Partei* ist die Front de Libération Nationale (FLN, Nat. Befreiungsfront), deren Führung die Politik des Landes ausrichtet und kontrolliert. Ihre höchsten Organe sind Zentralkomitee, Polit. Büro und der Generalsekretär, der zugleich Staatspräs. ist. Dachverband der *Gewerkschaften* ist die Union Générale des Travailleurs Algériens (rd. 300 000 Mgl.). *Verwaltungsgliederung:* Die Wilajas (früher Departements) und Gemeinden haben jeweils gewählte Volksversammlungen. Doch unterstehen die Präfekten und Exekutivräte der Wilajas der Zentralregierung. Das *Rechtswesen* ist noch uneinheitl.; z. T. gelten islam. und frz. Recht nebeneinander (Zivilrecht), z. T. ausschließl. frz. Recht (Strafrecht). Die Streitkräfte umfassen rd. 130 000 Mann (Heer 110 000, Luftwaffe 12 000, Marine 8 000); daneben gibt es rd. 24 000 Mann paramilität. Kräfte.

📖 *Wimmer, H./Thielemann, J.-H.: A. Freib. 1983. - Benhouria, T.: L'économie de l'Algerie. - Elsenhans, H.: A. Koloniale u. postkoloniale Reformpolitik. Hamb. 1977. - Münchhausen, T. v.: Kolonialismus u. Demokratie. Die frz. A.politik von 1945–1962. Mchn. 1977. - Strelocke, H.: A. Kunst, Kultur und Landschaft. Köln 1974.*

Algermissen, Konrad, * Harsum (Landkr. Hildesheim-Marienburg) 19. Aug. 1889, † Hildesheim 22. Okt. 1964, dt. kath. Theologe. - 1934 Prof. am Priesterseminar in Hildesheim. Hauptwerk: „Konfessionskunde" (8. Aufl. neubearbeitet von H. Fries u. a. 1969), das erste und bis heute einzige ausführl. kath. Handbuch der Konfessionskunde.

Algesie [griech.], Schmerz, Schmerzempfindung.

Alghero, italien. Hafenstadt an der W-Küste Sardiniens, 37 000 E. Bischofssitz; Fischfang, Konservenfabrik, Handel mit landw. Erzeugnissen; 🏖. - Seit dem 10. Jh. Bischofssitz, zu Beginn des 12. Jh. genues., 1353 aragon., 1354 Gründung einer katalan. Kolonie *(Alguer).* - Dom (1510; got.-katalan. Stil), San Francesco (14. und 15. Jh.), Stadtbefestigung z. T. erhalten.

Algier ['alʒiːr], Hauptstadt, Kultur- und Wirtschaftszentrum sowie wichtigster Hafen Algeriens, an der zentralen Küste des Landes, 1,7 Mill. E. Die städt. Agglomeration *Groß-Algier* (943 000 E) erstreckt sich über 20 km entlang an der Küste und greift weit auf die westl. anschließenden Hänge hinauf. Kath. Erzbischofssitz, Univ. (gegr. 1879), Hochschule für Architektur und schöne Künste, Hochschule der Handelsmarine; Inst. für anthropolog., prähistor. und ethnolog. Forschungen, Kernforschungsinst., Goethe-Inst., Institut Pasteur, Nationalbibliothek, prähistor. und ethnolog. Museum, Museum für alger. Altertümer und islam. Kunst, Nationalmuseum der schönen Künste, botan. Garten. Textilind., Düngemittelfabrik, Herstellung von Leder und Schuhen; zahlr. Werke befinden sich im Gebiet von Groß-Algier und in der Umgebung; internat. ✈ in Dar-el-Beïda, 20 km sö. der Stadt. - Nach phönik. *(Icosim)* und röm. Siedlungen *(Icosium,* zerstört); um 950 gegr.; 11.–13. Jh. beim Reich der Almoraviden und Almohaden, dann mit gewisser Selbständigkeit unter der Herrschaft der Sultane von Tlemcen, zw. 1302 und 1515 mehrfach von Spanien besetzt; 1529–1830 Hauptsitz der nominell unter osman. Oberhoheit stehenden Barbareskenpiraten. 1830–1962 frz. - Die Altstadt wird beherrscht von der Kasba (der ehem. Burg, 16. Jh.); Große Moschee (11. Jh.), Neue Moschee (1660). Nw. der Stadt auf einem Bergvorsprung die Wallfahrtskirche Notre Dame d'Afrique (1872 geweiht).

Algin [lat.], Inhaltsstoff der Zellwände von Braunalgen (↑ Tang); besteht v. a. aus Alginsäure und deren Salzen.

Alginsäure (Algensäure), farbloses, opt. aktives, zellulose- oder pektinsäureartiges, unlösl. Polysaccharid aus D-Mannuronsäure- und L-Guluronsäure-Bausteinen (↑ Uronsäuren); Molekülmasse 20 000 bis 220 000. Vorkommen in den Zellwänden von Braunalgen. Wird vielfach verwendet als Eindickungsmittel für Speiseeis, als Appetitzügler und als Mittel gegen Fettleibigkeit, sowie bei der Gewinnung von Kunstfasern *(Alginatreyon).*

Algirdas ↑ Olgierd.

Algoa Bay [engl. æl'gouə 'beɪ], Bucht des Ind. Ozeans an der S-Küste Afrikas.

ALGOL [Kw. aus engl. **alg**orithmic language „algorithm. Sprache"], internat. vereinbarte Formelsprache zur Programmierung beliebiger Rechenanlagen; auch unabhängig von einer Rechenanlage zur Formulierung von Verfahren der numer. Mathematik geeignet.

Algonkin, i. e. S. ein kleiner subarkt. Jägerstamm am Ottawa River, Kanada, i. w. S. eine der großen indian. Sprachfamilien N-Amerikas mit zahlr. Stämmen: zu den *Nördl. A.* gehören u. a. die A., ↑ Cree, ↑ Naskapi, ↑ Ottawa. Die *Östl. A.* (u. a. ↑ Micmac, ↑ Delaware) lebten an der atlant. Küste von Neufundland

Algonkium

bis Georgia; sie wurden als erste von den europ. Kolonisten dezimiert oder nach W abgedrängt. Zu den *Zentralen A.* im Mittleren W der USA zählen u. a. ↑ Potawatomi, ↑ Illinois, ↑ Miami. Die *Westl. A.* waren in die Prärien und Great Plains abgewanderte Gruppen; zu ihnen gehören u. a. die ↑ Cheyenne, ↑ Blackfoot, ↑ Gros Ventres.

☷ *Lindig, W.: Die Kulturen der Eskimo u. Indianer Nordamerikas. Ffm. 1972.*

Algonkium [nach dem Gebiet der Algonkin], Abschnitt des Präkambriums.

algorithmische Sprachen, formalisierte Sprachen zur Beschreibung von Rechenprozessen, die mit Hilfe von Algorithmen durchführbar sind. Die a. S. ermöglichen eine Programmierung dieser Prozesse für die Eingabe in Rechenautomaten. Beispiele für a. S. sind ↑ ALGOL, ↑ COBOL und ↑ FORTRAN.

Algorithmus [mittellat.; in Anlehnung an griech. arithmós („Zahl") entstellt aus arab. al chwarismi „der Mann aus Chwarism", dem Beinamen des pers. Mathematikers Muhammad Ibn Musa Al Chwarismi, 9. Jh.], Rechenvorgang, der nach einem bestimmten [sich wiederholenden] Schema abläuft. Jede Aufgabe, deren Lösungsverfahren sich durch einen A. beschreiben läßt, kann prinzipiell auch mit Hilfe eines Rechenautomaten gelöst werden.

Algraphie [lat./griech.] (Aluminiumdruck), Flachdruckverfahren, bei dem als Druckform anstelle einer Zinkplatte eine Aluminiumdruckplatte verwendet wird.

Algren, Nelson [engl. ˈælgrɪn], * Detroit (Mich.) 28. März 1909, † Sag Harbor (N. Y.) 9. Mai 1981, amerikan. Schriftsteller. - Wuchs im poln. Einwandererviertel Chicagos auf und schildert die Zustände in den Slums bes. zur Zeit der großen Depression. U. a. „Der Mann mit dem goldenen Arm" (R., 1949).

Algyrdas ↑ Olgierd.

Alhama de Aragón [span. aˈlama ðe araˈɣon], span. Heilbad im Iber. Randgebirge, im Tal des Jalón, 642 m ü. d. M., 1 500 E. Arsenhaltige Thermen (24–34° C). - In röm. Zeit *Aquae Bilbilitanae.* - Südl. von A. de A. liegt das ehem. Zisterzienserkloster *Monasterio de Piedra* (12. Jh., heute z. T. Hotel).

Alhama de Granada [span. aˈlama ðe ɣraˈnaða], span. Stadt, 35 km sw. von Granada, 887 m ü. d. M., 5 800 E. Heilbad mit Schwefelquellen (42–45° C); Mühlen und Seifenind. - A. de G. ist das röm. *Astigis Juliensis;* nach maur. Zeit 1482 zurückerobert. 1884/85 durch Erdbeben nahezu völlig zerstört. - Ruinen einer röm. Brücke, eines röm. und eines maur. Bades (13. Jh.); got. Pfarrkirche, vor die im 17. Jh. ein neues Portal gestellt wurde.

Alhama de Murcia [span. aˈlama ðe ˈmurθja], span. Heilbad, 30 km sw. von Murcia, 180 m ü. d. M., 12 100 E. Schwefelquellen, Bewässerungsoase (Dattelpalmen, Orangen- und Zitronenkulturen); Seifenind., Eisfabrik. - Bed. in röm. Zeit; von den Mauren erobert (maur. Festung erhalten), von Jakob I. von Aragonien zurückerobert, aber an Kastilien abgetreten.

Alhambra [span. aˈlambra] (arab. Al Hamra), umfangreiche Feste der maur. Nasridenherrscher (erbaut im 13. und 14. Jh.), auf einem Bergrücken oberhalb von Granada in Gärten gelegen, eines der bedeutendsten Denkmäler des islam. Profanbaus (im 19. Jh.

Alhambra. Löwenhof

restauriert). Nach oriental. Weise sind die wichtigsten Räume um Höfe angeordnet. Die Innenräume sind verschwender. ausgestattet, die Sockel mit blauen, goldgelüsterten Azulejos (Fayenceplatten), die Wände mit Stuck verkleidet, der in leuchtenden Farben (Rot, Blau und Gold) bemalt war, bes. eindrucksvoll auch die Stalaktitengewölbe. 1492 wurden Granada und die A. von König Ferdinand von Aragonien erobert. Kaiser Karl V. ließ seit 1526 von P. Machua, seit 1550 fortgesetzt von L. Machuca, auf der A. auf kreisförmigem Grundriß einen gewaltigen Renaissancepalast errichten (unvollendet).

Alhazen (Abu Ali Al Hasan Ibn Al Hasan Ibn Al Haitham), * Basra um 965, † Kairo 1040/1041, arab. Naturforscher. - Verfasser von fast 200 Werken mathemat., physikal., medizin. und naturphilosoph. Inhalts. Seine größte Bed. liegt auf dem Gebiet der Physik, in die er in starkem Maß das (qualitative) Experiment einführte. Als Mathematiker bestimmte er u. a. das Volumen parabol. Drehkörper. Sein Hauptinteresse galt opt.-astronom. Problemen. Er kannte die vergrößerte Wirkung der Linse und erweiterte die Kenntnis vom Sehvorgang und Bau des Auges. Bei seinen Experimenten zog er erstmals die ↑ Camera obscura heran. Sein Werk „Große Optik" übte starken Einfluß auf die Optik im Abendland aus.

Alhidade [arab.], drehbarer Arm eines Winkelmeßinstruments.

Al-Hoceima, Prov.hauptstadt in Marokko, 18 500 E. Einziger Mittelmeerhafen Marokkos, Fischereihafen; Fremdenverkehr; ✵. - 1926 von den Spaniern gegr.

Ali, Mohammed, * im Dez. 1878, † London 4. Jan. 1931, ind. Politiker. - Bekannt als der *Maulana;* Führer der ind. Muslime in der Unabhängigkeitsbewegung; 1915–19 interniert, 1921–23 inhaftiert; trat bis zuletzt für eine Lösung des Muslim-Hindu-Problems ein.
A., Mohammed, * Barisal 19. Okt. 1909, † Dacca 23. Jan. 1963, pakistan. Politiker. - Wiederholt Min., wesentl. Verdienste um Aufbau und staatl. Einheit Pakistans, 1953–55 Min.präs., 1955–59 Botschafter in Washington, 1959–62 in Tokio; 1962/63 Außenmin.
A., Muhammad, amerikan. Boxer, ↑ Muhammad Ali.

Ali Ibn Abbas Al Madschusi ↑ Ibn Abbas Al Madschusi, Ali.

Ali Ibn Abi Talib, * Mekka um 600, † Al Kufa 24. Jan. 661, 4. Kalif (seit 656). - Vetter und Schwiegersohn des Propheten Mohammed (∞ mit dessen Tochter Fatima). Nach der Ermordung des 3. Kalifen, Othman, erwählt, gelang es ihm nicht, sich gegen den Statthalter von Syrien, Muawija, durchzusetzen. Starb an den Folgen eines Attentats. Sein angebl. Grab in An Nadschaf (Irak) ist Wallfahrtsort der Schiiten.

Alia, Ramiz, Shkodër 18. Okt. 1925, alban. kommunist. Politiker. - Seit 1954 Mgl. des ZK der Partei der Arbeit. Wurde 1961 Mgl. des Politbüros sowie ZK-Sekretär. Seit 1982 Vors. des Präsidiums der Volksversammlung (Staatsoberhaupt), seit 1985 Erster Sekretär des ZK.

Aliakmon, Zufluß des Thermaischen Golfes, entspringt südl. des Prespasees; mit etwa 330 km längster Fluß Griechenlands.

Alianza para el Progreso [span. a'ljansa 'para ɛl pro'yreso] ↑ Allianz für den Fortschritt.

Alianza Popular Revolucionaria Americana [span. a'ljansa popu'lar rrɛβolusjo'narja ameri'kana], Abk. APRA, 1924 von V. R. ↑ Haya de la Torre gegr. lateinamerikan. antiimperialist. polit. Erneuerungsbewegung, die in Ablehnung oligarch. wie diktator. Herrschaft über Landreform, Industrialisierung, Arbeitsschutz und Eingliederung der Indianer in die moderne Zivilisation zur polit. und wirtsch. Einheit eines „Indoamérica" führen soll. 1931 in Peru erstmals parteipolit. organisiert, Vorbild der demokrat.-sozialrevolutionären Massenparteien Lateinamerikas.

alias [lat.], anders, sonst; auch ... [genannt].

Ali Baba und die vierzig Räuber, Märchen aus der Sammlung ↑ Tausendundeine Nacht. A. B. entdeckt durch Zufall den Schatz einer Räuberbande. Der rachedürstende Räuberhauptmann bringt seine Männer in Ölschläuchen versteckt ins Haus von A. B., dessen kluge Dienerin Mardschana die Räuber in den Schläuchen mit siedendem Öl, später auch den Hauptmann selbst tötet.

Alibert, François Paul [frz. ali'bɛːr], * Carcassonne 16. März 1873, † ebd. 23. Juni 1953, frz. Dichter. - Lyriker mit ausgeprägt intellektualist. Neigungen; „Odes" (1922), „Églogues" (1923), „Élégies romaines" (1923), „Le cantique sur la colline" (Ged., 1924).

Alibi [lat. „anderswo"], bes. im Strafprozeß bedeutsamer Beweis, daß der Angeschuldigte zur Tatzeit nicht am Tatort war.

Alibori, rechter Nebenfluß des Niger, in Benin, rund 300 km.

Alicante [span. ali'kante], span. Hafenstadt am Mittelmeer, am N-Ufer der Bucht von A., 2 m ü. d. M., 251 000 E. Verwaltungssitz der Prov. A., seit 1958 kath. Bischofssitz (im Wechsel mit Orihuela); Hafen von überregionaler Bedeutung. Hauptbasis der südostspan. Fischereiwirtschaft; bed. Ind.standort (u. a. Erdölraffinerie, chem., Baumwoll-, Tabak- und Konservenind., Maschinenbau, Aluminiumverarbeitung); bed. Seebad; Bahnlinie nach Madrid; internat. ✵. - In röm. Zeit als **Lucentum** (Lucentia) bed. Hafenplatz; 713 von den Arabern erobert, während der Reconquista als Hafen und Festung bed., zw. Christen und Mauren umstritten; 1265 endgültig

in christl. Besitz; 1490 Stadtrecht; 1684 durch die Pest fast völlig entvölkert. - Kathedrale San Nicolás de Bari (1616–62), Kirche Santa María (1721–24), Rathaus (1669–1760).

Alicante, Bucht von, Teil des Golfes von Alicante.

Alicante, Golf von, Golf an der span. Mittelmeerküste, zw. Kap Náo und Kap Palos, 145 km breit, bis 27 km lang.

Alice [a'li:sə; engl. 'ælɪs], aus dem Engl. übernommener weibl. Vorname; Kurzform von Elisabeth, Adelheid oder (wie Alix) von Alexandra.

Alice [engl. 'ælɪs], Stadt in der Ciskei, Südafrika, 1 100 E. Univ. für Bantu (gegr. 1916). Holzindustrie. - 1842 als Missionsstation Lovedale gegründet.

Alice Springs [engl. 'ælɪs 'sprɪŋz], austral. Stadt, etwa im Mittelpunkt des Kontinents, am S-Fuß der Macdonnell Ranges, 545 m ü. d. M., 14 000 E. Außenstellen austral. Univ., Inst. zur Erforschung arider Gebiete, meteorolog. Station, Telegrafenstation (1872 gegr., heute Museum). Umschlagplatz und Versorgungszentrum für den S-Teil des Nordterritoriums: Endpunkt der Bahnlinie von Adelaide, Straßenknotenpunkt, ✈. Fremdenverkehr, Leichtind. - 1872 als Stuart an der transkontinentalen Telegrafenlinie entstanden, 1926–31 Hauptort von Zentralaustralien, das im Nordterritorium aufging.

Alichanow, Abram Isaakowitsch, * Tiflis 4. März 1904, † im Dez. 1970, sowjet. Physiker. - Mitentdecker der paarweisen Emission von Positronen und Elektronen bei angeregten Atomkernen; war 1949 an der Entwicklung des ersten sowjet. Kernreaktors mit schwerem Wasser beteiligt.

alicyclische Verbindungen [griech./dt.] (Naphthene), ringförmige Kohlenwasserstoffverbindungen, deren Kohlenstoffatome durch Einfach- oder Doppelbindungen (ohne Mesomerieerscheinungen) verbunden sind (Cycloalkane, Cycloalkene). Das chem. Verhalten der a. V. liegt dem der ↑ aliphatischen Verbindungen näher als dem der ringförmigen ↑ aromatischen Verbindungen.

Aliden, Nachkommen von ↑ Ali Ibn Abi Talib; bilden in den islam., bes. den schiit. Ländern eine Art religiösen Adels. Alid. Herrscherdynastien: Hassaniden, Fatimiden, Safawiden, Zaiditen.

Aligarh, ind. Stadt im Gangestiefland, Bundesstaat Uttar Pradesh, 187 m ü. d. M., 320 000 E. A. Muslims University (1875 als College gegr., 1920 Univ., seit 1948 interkonfessionell), drei Colleges der Univ. von Agra; Handels- und Verarbeitungszentrum für landw. Produkte, Großmolkerei, Schlachthof; metallverarbeitende Industrie. - Seit dem 12. Jh. Sitz eines Gouverneurs des Sultans von Delhi; 1524 Bau der Festung 3 km nördl. der Stadt; 1803 brit. - Große Moschee (1728).

Alighieri ↑ Dante Alighieri.

Ali Jinnah ↑ Dschinnah, Mohammad Ali.

Ali Khan, Liaquat ↑ Liaquat Ali Khan.

Alima, rechter Nebenfluß des Kongo, in Kongo, entspringt als Lékéti am Mont Ntalé, rund 500 km lang; schiffbar ab Okoyo.

alimentär [lat.], mit der Ernährung zusammenhängend, durch die Ernährung bedingt; *a. Intoxikation des Säuglings,* durch fehlerhafte Ernährung verursachte schwere Stoffwechselstörung des Säuglings.

Alimentationsprinzip [lat.], Grundsatz des Berufsbeamtentums, wonach der öffentl. Dienstherr seinen Beamten, Ruhestandsbeamten und deren Hinterbliebenen durch Dienst- und Versorgungsbezüge einen angemessenen Lebensunterhalt zu gewähren hat (**Alimentierung**).

Alimente [zu lat. alimenta, eigtl. „die Nahrungsmittel"], im allg. dt. Sprachgebrauch der Unterhalt (↑ Unterhaltspflicht), den der Vater dem nichtehel. Kind leistet (rechtsfachsprachl.: Unterhalt); **alimentieren:** Lebensunterhalt gewähren, verpflegen.

Aling Gangri ↑ Nain-Singh-Kette.

Ali Pascha, eigtl. Muhammad Amin Ali (türk. Mehmet Emin Ali Paşa), * Konstantinopel 5. März 1815, † Bebek 7. Sept. 1871, osman. Politiker. - Wiederholt Außenmin. und Großwesir; bed. Vertreter der Reformen, arbeitete eng mit Fuad Pascha zusammen.

aliphatische Verbindungen [griech./dt.] (acyclische Verbindungen), organ. Verbindungen mit geraden oder verzweigten, nicht ringförmigen Kohlenstoffketten; a. V. sind z. B. Fette, Öle, Seifen und ↑ Alkane.

Aliquote [lat.], eine Zahl, durch die eine andere ohne Rest geteilt werden kann.

aliquoter Teil, in der analyt. Chemie der zu analysierende Teil einer Stoffmenge.

Aliquotsaiten [lat./dt.], freischwingende Saiten an Streichinstrumenten, die vom Spieler nicht gegriffen werden, die aber die Resonanz der Töne, auf die sie eingestimmt sind, verstärken. A. finden sich z. B. bei Viola d'amore, Baryton, Hardanger Fiedel sowie bei mehreren asiat. Instrumenten.

Aliquotstimmen [lat./dt.], Orgelregister, die statt des angeschlagenen Tones einen seiner Obertöne („Aliquotton"), z. B. die Duodezime bei $2^2/_3$ Fußregister erklingen lassen.

Alişar Hüyük [türk. ali'ʃar hy'jyk], Ruinenhügel in Inneranatolien, 100 km nördl. von Kayseri; seit dem 3. Jt. v. Chr. besiedelt; alter Stadtname **Ankuwa**; amerikan. Ausgrabungen (1927–32), bed. für die Erschließung der Frühgeschichte Kleinasiens.

Alisma [griech.], svw. ↑ Froschlöffel.

Alismataceae [griech.], svw. ↑ Froschlöffelgewächse.

Aliso, röm. Kastell in Germanien (Hauptstützpunkt), 11 v. Chr. von Drusus angelegt; wird östl. von Xanten vermutet.

Aconitin	sehr toxisch (tödl. Dosis 0,005–0,01 g), Herzgift, Tod durch Atemlähmung; Verwendung zur Schmerzbekämpfung bei Neuralgien
Arecolin	starkes Herzgift, Tod durch Atemlähmung (tödl. Dosis etwa 0,05 g); Wurmmittel
Atropin	in größeren Dosen starkes Gift (tödl. Dosis etwa 0,1 g), Atemlähmung; pupillenerweiterndes Mittel, Antagonist u. a. des Nikotins, Mittel gegen starke Drüsensekretion
Capsaicin	nicht toxisch, scharfer Geschmack, je nach Konzentration hyperämisierend oder Hautblasen hervorrufend, Mittel gegen Rheuma
Chinin	nur in größeren Dosen giftig (tödl. Dosis 8–15 g, bei Herzkranken etwa 2 g), Vergiftungserscheinungen sind Übelkeit, Ohrensausen, Sehstörungen, Taubheit, Blindheit, Herzlähmung; Mittel gegen Fieber, Malaria
Coniin	sehr toxisch (tödl. Dosis 0,5–1 g), Tod durch Atemstillstand; keine pharmakolog. Verwendung
Ephedrin	wenig toxisch (tödl. Dosis mehr als 2 g), hyperton. Wirkung; pupillenerweiterndes Mittel, Mittel gegen Asthma
Ergobasin	toxisch (tödl. Dosis mehr als 1 g), uteruskontrahierende, wehenfördernde Wirkung
Ergotamin	toxisch (tödl. Dosis mehr als 1 g); Migränemittel
Hyoscyamin	toxisch (tödl. Dosis etwa 0,1 g), bewirkt Verstärkung der Herzfrequenz; pupillenerweiterndes Mittel
Kodein	toxisch (tödl. Dosis mehr als 0,5 g), wirkt schmerzlindernd. Mittel gegen Neuralgien, Kopfschmerzen, Husten
Koffein (Thein)	wenig toxisch (tödl. Dosis mehr als 10 g), Tod durch Herzlähmung; wirkt in geringer Dosierung herzanregend und belebend, Genußmittel, Diuretikum
Kokain	toxisch (tödl. Dosis oral 1–2 g, nach Gewöhnung etwa 3,5 g, subkutan 0,2–0,3 g), Tod durch Atemstillstand, Rauschgift
Kolchizin	sehr toxisch (tödl. Dosis etwa 0,02 g), Tod durch Lähmung des Atemzentrums; erzeugt in pflanzl. Zellen Polyploidie, hemmt Teilung tier. Zellen; Gichtmittel
α-Lobelin	sehr toxisch (tödl. Dosis 0,4–0,6 g), bewirkt Verstärkung der Atemtätigkeit; früher Mittel gegen Vergiftungen, die auf Lähmung des Atemzentrums beruhen
Meskalin	toxisch (tödl. Dosis etwa 0,2–0,5 g), bewirkt in geringen Konzentrationen Farbvisionen; keine pharmakolog. Verwendung
Morphin	toxisch (tödl. Dosis mehr als 0,3 g), Lähmung des Atemzentrums, Rauschgift; starkes schmerzbetäubendes Mittel
Nikotin	sehr toxisch (tödl. Dosis 0,04–0,06 g), Lähmung des Atemzentrums, in geringen Dosen anregende Wirkung auf das Nervensystem; Antagonist des Atropins
Papaverin	toxisch (tödl. Dosis mehr als 0,3 g); Spasmolytikum
Pelletierin	toxisch (tödl. Dosis mehr als 0,3 g), Tod durch Atemstillstand; Wurmmittel
Piperin	wenig toxisch, verantwortl. für den scharfen Pfeffergeschmack, keine spezif. physiolog. Wirkungen
Scopolamin	toxisch (tödl. Dosis oral mehr als 0,5 g, subkutan mehr als 0,001 g), wirkt in geringen Dosen beruhigend, in größeren lähmend; pupillenerweiterndes Mittel, Hypnotikum
Solanin	toxisch (tödl. Dosis etwa 0,5–1 g), hämolyt. Wirkung; Vergiftungserscheinungen sind: Übelkeit, Erbrechen, Magenschmerzen, Nierenentzündung, Kreislaufstörungen, Lähmung des Zentralnervensystems
Strychnin	sehr toxisch (tödl. Dosis 0,01–0,3 g), Krampfgift, Atemlähmung; Rattengift
Thein	svw. ↑ Koffein
Theobromin	wenig toxisch (tödl. Dosis mehr als 2 g); Diuretikum, gefäßerweiterndes Mittel (z. B. gegen Angina pectoris)
Tubocurarin (Kurarealkaloid)	toxisch (tödl. Dosis 0,05–0,1 g), Lähmung der Atmungsmuskulatur (Pfeilgift); Verwendung bei Operationen zur Erreichung schnellerer Erschlaffung der Muskulatur
Yohimbin	wenig toxisch (tödl. Dosis mehr als 1,5 g), Lähmung des Atemzentrums; Aphrodisiakum

(Die angegebenen Dosen beziehen sich auf ein mittleres Körpergewicht von 70 kg und eine normale körperliche Konstitution)

ALITALIA, Abk. für: Aerolinee **Italiane** Internazionali, ↑Luftverkehrsgesellschaften (Übersicht).

Alitieren [Kw.], Herstellen eines aus Eisen-Aluminium-Mischkristallen bestehenden Oberflächenschutzes hoher Zunderbeständigkeit (bis etwa 950°C) auf Eisenwerkstoffen.

Das Aluminium kann dabei in flüssiger Form (Tauch-A., Spritz-A.) oder pulverförmig (Pulver-A.) aufgebracht werden.

Älius Stilo Präconinus ↑Aelius Stilo Praeconinus.

Alizarin [arab.] (1,2-Dihydroxyanthrachinon), ein schon im Altertum bekannter

roter Farbstoff. Chem. ist A. ein Beizenfarbstoff, der mit Metallsalzen einen Lack von hoher Leuchtkraft und Lichtbeständigkeit bildet. Heute ist A. durch leichter zu verarbeitende ↑Küpenfarbstoffe weitgehend verdrängt.

Aljochin, Alexandr Alexandrowitsch, eigtl. Alechin, * Moskau 1. Nov. 1892, † Estoril bei Lissabon 24. März 1946, russ. Schachspieler. - Wurde nach der Oktoberrevolution in Frankreich naturalisiert. 1927–35 und wieder 1937–46 Weltmeister.

Aljubarrota [portugies. alʒuβɐ'rrotɐ], portugies. Ort, 25 km ssw. von Leiria, 4 800 E. Töpfereiind. - In der Schlacht bei A. sicherte Johann I. von Portugal 1385 die Unabhängigkeit Portugals.

Alkadiene [Kw.], ungesättigte acycl. Kohlenwasserstoffe mit zwei C = C-Bindungen. Einfachstes Beispiel Butadien:

$$CH_2 = CH - CH = CH_2.$$

Alkahest [mittellat.], in alchimist. Schriften bis zum 18. Jh. eine angebl. alle Stoffe lösende Flüssigkeit.

Alkaios (Alkäus), * Mytilene (Lesbos) um 620, † um 580, griech. Dichter. - Aristokrat; seine polit. Gedichte, Zech- und Liebeslieder, Götterhymnen sind fragmentar. erhalten; die berühmtesten Lieder wurden von Horaz übertragen (↑auch alkäische Strophe).

alkäische Strophe, antikes, zuerst von Alkaios und Sappho verwendetes Odenmaß, das aus vier alkäischen Versen (2 Elfsilber mit Zäsur, 1 Neunsilber, 1 Zehnsilber) besteht. Die a. S. wurde von Horaz in die röm. Lyrik übernommen, in die dt. von Klopstock und Hölderlin.

Alkalde (Alcalde) [arab.-span.], urspr. Richter; später allg. das Gemeindeoberhaupt.

Alkaliämie, svw. ↑Alkalose.

Alkaliblau, Gruppenbez. für schwefelsaure, wenig lichtechte, blaue Triphenylmethanfarbstoffe, die zur Herstellung von Druck- und Papierfarben verwendet werden.

Alkalidampflampen, Sammelbez. für Metalldampflampen, die mit Alkalimetalldämpfen gefüllt sind.

Alkalien [Alkali) [arab.], i. w. S. alle alkalisch reagierenden (↑alkalische Reaktion) Stoffe; i. e. S. die Hydroxide der Alkalimetalle (v. a. Natrium und Kalium) und Erdalkalimetalle, die wegen ihrer stark ätzenden Wirkung auch *Ätz-A.* genannt werden. Zur techn. Gewinnung der A. dient heute fast ausschließl. die ↑Chloralkalielektrolyse.

Alkalifeldspäte ↑Feldspäte.

Alkaligesteine, magmat. Gesteine mit einem Überschuß an Alkalimineralen (Hornblende, Albit), z. B. Alkaligranit, Phonolith, Trachyt.

Alkalikalkgläser ↑Kalkalkaligläser.

Alkalimetalle, die Metalle der ersten Hauptgruppe des ↑Periodensystems der che-

mischen Elemente: Lithium, Natrium, Kalium, Rubidium, Cäsium und Francium. Die A. haben eine geringe Dichte sowie sehr niedrige Schmelz- und Siedepunkte; sie sind sehr unedel, d. h. chem. sehr reaktionsfähig. So werden sie an der Luft sehr schnell oxidiert und reagieren mit Wasser oder Halogenen (z. B. Chlorgas) teilweise sehr heftig zu den Alkalihydroxiden bzw. Alkalihalogeniden. Die Reaktionsfähigkeit nimmt mit steigender Atommasse zu. - Von den Verbindungen der A. waren ↑Pottasche (Kaliumcarbonat, aus Landpflanzen) und ↑Soda (Natriumcarbonat, aus Wasserpflanzen und Mineralen) neben ↑Kochsalz bereits im Altertum bekannt. Seit dem 17. Jh. setzte sich die Bez. Alkali auch für Ammoniumsalze durch ("flüchtige Alkalien").

Alkalimetrie [arab./griech.], maßanalyt. Verfahren zur Bestimmung des Laugengehalts einer Flüssigkeit, bei dem so lange eine Lösung mit genau bekanntem Säuregehalt zugetropft wird, bis ein zugegebener Farbindikator den Neutralisationspunkt anzeigt. Die A. ist die Umkehrung der ↑Acidimetrie.

Alkaliphosphate, Natrium- bzw. Kaliumsalze der Phosphorsäure; Verwendung zum Imprägnieren von Geweben (Flammschutz), für Glasuren, zur Wasserreinigung und als Rostschutz.

Alkalisalze, Salze der ↑Alkalimetalle.

alkalisch [arab.], basisch, laugenhaft.

alkalische Erden, Bez. für die Oxide von Barium, Calcium, Magnesium und Strontium.

alkalische Quellen (Alkaliwässer), frühere Bez. für Natriumhydrogencarbonatwässer. - ↑Heilquellen.

alkalische Reaktion (basische Reaktion), auf der Anwesenheit von Hydroxidionen (in wäßriger Lösung) im Überschuß beruhende chem. Reaktion (rotes Lackmuspapier wird blau gefärbt). Die Hydroxidionen können entweder durch Dissoziation von Hydroxiden entstehen oder sie werden erst durch die ↑Hydrolyse von Verbindungen starker Basen mit schwachen Säuren gebildet (z. B. von Soda). - Ggs.: saure Reaktion.

Alkalischmelze, Reaktionen mit geschmolzenen ↑Alkalien zur Einführung der Hydroxylgruppe in aromat. Verbindungen.

Alkalität [arab.], Gehalt einer Lösung an alkal. (bas.) reagierenden Stoffen. Die A. einer Lösung wird meist durch Titration mit einer Säure bis zum Neutralpunkt (pH-Wert 7) bestimmt.

Alkalizelle, ↑Photozelle mit einer lichtempfindl. Schicht aus Alkalimetalloxid (z. B. Cäsiumoxid). Der Photostrom ist streng proportional der Lichtintensität und folgt auch schnellsten Lichtschwankungen nahezu trägheitslos.

Alkalizellulose, Bez. für eine bei der Umsetzung von Zellstoff mit Alkalien (z. B.

NaOH) entstehende, durch Wasser und Alkali gequollene Zellulose; Zwischenprodukt bei der Herstellung von Viskosefasern und Zelluloseäthern.

Alkaloide [arab./griech.], bas. Stickstoffverbindungen (auf etwa 7 000 geschätzt), die aus einem oder aus mehreren heterocycl. Ringen bestehen. A. sind Stoffwechselendprodukte, die als Alkaloidgemische in allen Pflanzenteilen vorkommen können. Der Alkaloidanteil ist in Blättern, Rinde und Früchten meist bes. groß; in anderen Organen können A. völlig fehlen. Der Ort der Alkaloidsynthese ist nicht unbedingt ident. mit dem Ort ihrer Anhäufung, da A. innerhalb der Pflanze weitertransportiert werden können. - Die A. sind im pflanzl. Organismus an organ. Säuren (z. B. Essigsäure, Zitronensäure, Fumarsäure) salzartig gebunden; zur Isolierung werden sie daraus mit Hilfe von Alkalien freigesetzt. Danach werden die Alkaloidgemische durch Elektrophorese, Säulen- oder Papierchromatographie in ihre Einzelbestandteile zerlegt. - Die Biosynthese der A. in der Pflanze erfolgt aus ↑Aminosäuren und ↑Aminen. Die Bed. der A. für die Pflanze ist unklar, da fast alle alkaloidhaltigen Pflanzen auch alkaloidfrei gezüchtet werden können. Bei einigen Pflanzen ist die Bed. der A. als Schutz gegen Gefressenwerden begründet. Die A. haben meist eine sehr spezif. Wirkung auf bestimmte Zentren des Nervensystems und sind häufig schon in geringen Mengen tödl. Gifte (z. B. 20 mg Strychnin beim Menschen). Andererseits finden viele A., bei richtiger Konzentration angewendet, pharmazeut. Anwendung (z. B. ↑Chinin. ↑Morphin). Doch ist auch der medikamentöse Gebrauch nicht immer frei von Nebenwirkungen und kann bei häufigem Gebrauch zur Sucht führen (↑Rauschgifte, ↑auch Nikotin. Im *Tierreich* kommen A. nur vereinzelt vor (etwa 50 Verbindungen wurden bisher gefunden), z. B. die *Bufotenine* in der Rückenschleimhaut von Kröten.
Die Wirkung alkaloidhaltiger Drogen - etwa des Opiums - war seit dem Altertum bekannt. Im 19. Jh. wurden A. erstmals isoliert; heute wird eine große Zahl künstl. hergestellt. - ↑auch Übersicht S. 227.
📖 *Biochemistry of Alkaloids*. Hg. v. K. Mothes u. a. Weinheim 1985. - Hesse, M.: *Alkaloidchemie*. Stg. 1978.

Alkalose [arab.] (Alkaliämie), Störung des Säure-Basen-Gleichgewichts im Blut, die mit einem Ansteigen des pH-Wertes infolge Freisetzung bas. Substanzen einhergeht. Folge einer unbehandelten A. kann eine Übererregbarkeit des motor. Nervensystems bis zur ↑Tetanie sein.

Alkamenes, Bildhauer aus Athen oder der athen. Kolonie Lemnos, 2. Hälfte des 5. Jh. v. Chr. (letzte bezeugte Arbeit 403 v. Chr.). - Schüler des Phidias und dessen künstler. Erbe. Im Original erhalten ist als Fragment die Marmorgruppe der Prokne mit Itys auf der Akropolis, Athen, in röm. Kopie sein Hermes von der Akropolis (gefunden in Pergamon, heute Istanbul, Antikenmuseum) und wahrscheinl. sein Ares (im „Ares Borghese" des Louvre) und seine berühmte „Aphrodite in den Gärten" (in der „Venus Genetrix" des Louvre).

Alkane [Kw.], Sammelname für die gesättigten aliphat. ↑Kohlenwasserstoffe der Summenformel C_nH_{2n+2} mit geraden oder verzweigten Kohlenstoffketten. Je nach Molekülgröße sind die A. bei Zimmertemperatur gasförmig (↑Methan, Äthan), flüssig (↑Benzin) oder fest (↑Paraffin). In der Natur kommen A. in Form von Gemischen v. a. im Erdöl und Erdgas vor.

Alkanna [arab.-span.], Gatt. der Rauhblattgewächse mit etwa 40 Arten v. a. im Mittelmeerraum; bekannteste Art ↑Schminkwurz.

Alkannarot (Alkannin), Extrakt aus der Wurzelstock der ↑Schminkwurz; fast schwarze, grünschimmernde Masse; dient in der Mikroskopie zum Färben und zum Nachweis von Fetten.

Alkannin [arab.-span.], svw. ↑Alkannarot.

Alkanolamine, von Alkanen abgeleitete Verbindungen, die neben einer Aminogruppe Hydroxylgruppen (auch Äthergruppen) enthalten, z. B. ↑Äthanolamine.

Alkanole [Kw.], gesättigte acycl. ↑Alkohole; allg. Formel $C_nH_{2n+1}OH$.

Alkanone [Kw.], gesättigte, nicht ringförmige Ketone; einfachster Vertreter ↑Aceton.

Alkatriene [Kw.], ungesättigte, nicht ringförmige Kohlenwasserstoffe mit drei C=C-Bindungen. Beispiel: Hexatrien, $H_2C=CH-CH=CH-CH=CH_2$.

Alkäus ↑Alkaios.

Alkazar (Alcázar) [arab. „die Burg"], span. Bez. für Burg, Feste, Schloß, Palast, z. B. in Sevilla und Toledo.

Alken, Gem. am rechten Ufer der unteren Mosel, Rhld.-Pf., 700 E. Über dem Ort liegt **Thurandt,** die bedeutendste Burganlage an der Mosel, von erhebl. Ausmaßen, erbaut um 1200. Erhalten sind 2 ma. Bergfriede, der Palas des 16. Jh. ist ausgebaut.

Alken [altnord.] (Alcidae), Fam. bis 45 cm großer, vorwiegend Fische fressender, hauptsächl. arkt. Meeresvögel mit 20 Arten, die entfernt an Pinguine erinnern; A. schwimmen und tauchen vorzügl., fliegen aber schlecht; sie brüten in Kolonien v. a. an der Küste und auf Inseln, meist an Felsen; z. B. ↑Riesenalk, ↑Krabbentaucher, ↑Papageientaucher.

Alkene [Kw.] (Trivialname Olefine), ungesättigte acycl. Kohlenwasserstoffe, die eine Kohlenstoffdoppelbindung haben. Allg. Formel C_nH_{2n}. Beim Vorhandensein von zwei oder drei Doppelbindungen spricht man von ↑Alkadienen bzw. ↑Alkatrienen. In der mo-

Alkeste

dernen Nomenklatur werden die A. durch Anhängen des Suffixes -en an den Stamm des Namens des zugrundeliegenden gesättigten Kohlenwasserstoffs bezeichnet; z. B. Äthen, $CH_2 = CH_2$, oder Propen, $CH_3 - CH = CH_2$. Die Lage der Doppelbindung wird durch Bez. des vor der Doppelbindung stehenden C-Atoms mit der kleinstmögl. arab. Ziffer angegeben, z. B. 2-Hexen und nicht 4-Hexen:

$$CH_3 - CH_2 - CH_2 - CH = CH - CH_3.$$

Durch die Doppelbindung ist die freie Drehbarkeit eines Molekülteils aufgehoben († cis-trans-Isomerie). Die niederen A. (bis Buten, C_4H_8) sind bei Normaltemperatur gasförmig, die mittleren A. (von Penten, C_5H_{10}, bis Hexadecen, $C_{16}H_{32}$) bilden farblose Flüssigkeiten, die höheren A. sind fest. Auf Grund ihrer Doppelbindung sind die A. sehr reaktionsfähig. Techn. wichtige Reaktionen sind v. a. Additionsreaktionen (Anlagerung von Wasserstoff [Hydrierung] oder Halogenen [Halogenierung]), die Hydratisierung, die zum entsprechenden Alkohol führt, und † Polymerisation († Kunststoffe). Die A. werden techn. in großem Umfang durch Kracken von Erdöl gewonnen. Gemische der flüssigen A. dienen bes. als Treibstoffe und Heizmittel.

Alkeste (Alcestis, Alceste, Alkestis), Gestalt der griech. Mythologie. Gemahlin des † Admetos, den sie durch ihr freiwilliges Sterben vor dem Tod bewahrt. Herakles entreißt A. dem Todesgott Thanatos; beide Geschehnisse bilden ein weltweit verbreitetes Märchenmotiv. - Der Stoff wurde von Euripides in seinem Drama „Alkestis" behandelt, das vielen literar. Bearbeitungen zugrunde liegt (u. a. Wieland, T. S. Eliot).

Alkibiades (lat. Alcibiades), * um 450,

Alkmaar. Käsemarkt

† Melissa (Phrygien) 404, athen. Staatsmann und Feldherr. - Neffe des Perikles (in dessen Haus erzogen), Schüler des Sokrates. Nach dem Frieden des Nikias (421) vergebl. um Vernichtung Spartas bemüht; bewegte die Athener 415 zum Eingreifen in Sizilien, was die 2. Phase des Peloponnes. Krieges einleitete. Als einer der Strategen der Expedition des Hermenfrevels angeklagt und zurückbeordert; floh nach Sparta, wo er entscheidende Ratschläge zur Bekämpfung Athens erteilte, später zum pers. Satrapen Tissaphernes; schloß sich schließl. der demokrat. gesinnten athen. Flotte bei Samos an, die ihn zum Strategen wählte, und konnte 408 nach Seesiegen einen triumphalen Einzug in Athen feiern; ging, nach Mißerfolgen seines Postens enthoben, nach Thrakien, 404 nach Persien, wo er bald darauf ermordet wurde.

Alkindus, latinisierter Name des arab. Philosophen Al † Kindi.

Alkine [Kw.] (Acetylene), ungesättigte, nicht ringförmige Kohlenwasserstoffe, die eine Dreifachbindung aufweisen, allg. Formel C_nH_{2n-2}. Die A. werden durch das Suffix -in von den entsprechenden gesättigten Kohlenwasserstoffen unterschieden. Das einfachste und wichtigste Alkin ist das Äthin (Trivialname † Acetylen), $HC \equiv CH$. Typ. für die A. sind v. a. Additions- und Polymerisationsreaktionen.

Alkinoos [...no-ɔs] (Alcinous), Gestalt der griech. Mythologie. - Vater der Nausikaa, König der Phäaken; nimmt den gestrandeten Odysseus, später auch die vor den Kolchern flüchtenden Argonauten gastfreundl. auf.

Alkmaar, Meister von † Meister von Alkmaar.

Alkmaar, niederl. Stadt, 30 km nw. von Amsterdam, 74 000 E. Schulstadt; u. a. Maschinen-, Apparate- und Orgelbau, Nahrungs- und Genußmittelind. A. bildet mit Heiloo eine städt. Agglomeration. Fremdenverkehr (Käsemarkt an der Stadtwaage). - Erstmals im 11. Jh. genannt, 1254 Stadtrechte; im Okt. 1573 Wendepunkt des niederl. Freiheitskampfes gegen die Spanier durch Öffnung der Schleusen. - Spätgot. Rathaus (1509–20), Stadtwaage (ehem. Kirche; 1597–99 umgebaut), Spätgot. Grote Kerk (1470–1512) mit bed. Orgel.

Alkmaardermeer, See im Poldergebiet südl. von Alkmaar, 6 km², bis 3 m tief, Wassersportzentrum.

Alkman, griech. Lyriker der 2. Hälfte des 7. Jh. v. Chr. - Begründete die dor. Kunstlyrik (Chorlyrik) und schrieb Liebeslieder und Parthenien (für Mädchenchöre).

Alkmäon, Gestalt der griech. Mythologie; Sohn des Amphiaraos und der Eriphyle. A. rächt den Tod des Vaters an der Mutter. Als Muttermörder von den Erinnyen verfolgt, wird er erst durch den Flußgott Acheloos entsühnt.

Alkmäoniden, angesehenes Geschlecht im alten Athen, das seinen Ursprung auf ↑ Alkmäon zurückführte. Übte v. a. im 6. Jh. v. Chr. beträchtl. Einfluß als entschiedener Gegner der Tyrannen aus (↑ Kleisthenes).

Alkmar, Hinrek van ↑ Hinrek van Alkmar.

Alkmene, Gestalt der griech. Mythologie. Gattin des ↑ Amphitryon.

Alkmene ↑ Äpfel (Übersicht).

Alkoholabusus, svw. ↑ Alkoholmißbrauch.

Alkoholase, svw. ↑ Alkoholdehydrogenase.

Alkoholate [arab.], Metallsalze der ↑ Alkohole; entstehen durch Umsetzung von Alkoholen mit unedlen Metallen (v. a. Na, K, Mg, Al) unter Wasserstoffentwicklung nach dem Schema (R: organ. Rest):

$$R - CH_2OH + Na \rightarrow R - CH_2ONa + \frac{1}{2}H_2.$$

A. werden v. a. in der organ. Synthese als Kondensations- und Alkoxylierungsmittel verwendet.

Alkoholblutprobe ↑ Blutprobe.

Alkoholdehydrase, svw. Alkoholdehydrogenase.

Alkoholdehydrogenase [arab./griech.] (Alkoholase), reduzierendes Enzym der Hefe, das die Alkoholbildung aus Acetaldehyd katalysiert.

Alkohole [span.; zu arab. al-kuhl „Antimon(pulver)“; von Paracelsus auf den flüchtigen, feinen Bestandteil des Weines (Weingeist) bezogen], organ. Verbindungen, die als ↑ funktionelle Gruppe die Hydroxylgruppe (− OH) tragen, mit Ausnahme des sich chem. anders verhaltenden ↑ Phenols und dessen Derivaten, bei denen die Hydroxylgruppe direkt an ein aromat. Ringsystem gebunden ist. Nach der Zahl der im Molekül vorhandenen OH-Gruppen unterscheidet man ein-, zwei-, und mehrwertige A. Sie werden benannt, indem an den Namen des Kohlenwasserstoffs die Endung -ol angehängt wird, wobei die vorgestellte Ziffer die Stellung der OH-Gruppe an der Kohlenstoffkette bezeichnet (z. B. 2-Propanol). Die vier-, fünf- und sechswertigen A. werden mit der Endung -it versehen,

z. B. Pentose–Pentit (↑ Zucker). Nach der Struktur unterscheidet man *primäre A.,* bei denen das die OH-Gruppe tragende C-Atom mit nur einem weiteren C-Atom (organ. Rest R) verbunden ist, *sekundäre A.,* bei denen am C-Atom mit der OH-Gruppe 2 organ. Reste hängen und *tertiäre A.,* bei denen alle 3 weiteren Valenzen durch Reste abgesättigt sind.

Das chem. Verhalten der A. ist durchweg auf deren funktionelle OH-Gruppe zurückzuführen. Ihre Reaktionsfähigkeit macht die A. zu den wichtigsten Ausgangsstoffen für die Herstellung vieler anderer chem. Stoffklassen.

In der Natur kommen A. fast durchweg als Bestandteile von Estern (Fette, äther. Öle, Wachse) vor. Äthanol, der bekannte Trinkalkohol, ist das Endprodukt der alkohol. Gärung von Zucker durch Hefen. Äthanol ist ein seit dem Altertum weitverbreitetes Genußmittel, das schon in geringen Mengen die Empfindlichkeit der Sinne herabsetzt (↑ Alcotest). Für techn. Zwecke wird Äthanol aus steuerrechtl. Gründen mit Pyridin vergällt. Mehrwertige A., wie z. B. Glykol, Glycerin und deren Derivate, werden u. a. als Gefrierschutzmittel verwendet.

Alkoholentziehungskur ↑ Entziehungskur.

alkoholfreie Getränke, Getränke, die keinen Alkohol oder nicht mehr als rd. 0,5 Gewichts-% enthalten: *reine Obst-, Frucht und Gemüsesäfte, Obstsüßmoste* (mit Wasser- oder Zuckerzusatz), *Fruchtsaftgetränke* (aus Fruchtsaft in einer vorgeschriebenen Mindestmenge, Zucker und [kohlensäurehaltigem] Wasser, *Limonaden* (aus Essenzen natürl. Herkunft, Zucker und kohlensäuregesättigtem Wasser, *Kalt-* und *Heißgetränke* (dasselbe, aber ohne Kohlensäure), *Brausen* (aus künstl. oder künstl. verstärkten Essenzen und kohlensäurehaltigem Wasser, meist mit Süßstoff), *nachgemachte Kalt-* und *Heißgetränke* (aus künstl. oder künstl. verstärkten Essenzen, meist mit Süßstoff, ohne Kohlensäure), *Fruchttrünke* oder *Fruchtnektare* (aus der Ganzfrucht und einem Wasserzusatz), *Tafelwasser* (Mineralwasser mit künstl. oder na-

---

PHYSIKALISCHE DATEN DER PRIMÄREN ALKOHOLE

Bezeichnung	Formel	Schmelzpunkt in °C	Siedepunkt in °C
Methanol (Methylalkohol)	CH_3OH	− 97	64,7
Äthanol (Äthylalkohol)	C_2H_5OH	−.114	78,3
1-Propanol (Propylalkohol)	C_3H_7OH	−127	97,2
1-Butanol (Butylalkohol)	C_4H_9OH	− 90	118,0
1-Pentanol (Amylalkohol)	$C_5H_{11}OH$	− 79	138,3
1-Hexanol (Hexylalkohol)	$C_6H_{13}OH$	− 52	157
1-Heptanol (Heptylalkohol)	$C_7H_{15}OH$	− 35	176
1-Octanol (Octylalkohol)	$C_8H_{17}OH$	− 16	195
1-Nonanol (Nonylalkohol)	$C_9H_{19}OH$	− 5	213

Alkoholgehalt

türl. Kohlendioxid). Von *alkoholfreiem Bier* spricht man, wenn der Alkoholgehalt unter 0,3 % liegt; Malzbier ist fast alkoholfrei.

Alkoholgehalt, in alkohol. Getränken die in Vol.-% oder Gewichts-% angegebene Alkoholkonzentration. Sie wird im Handel der BR Deutschland gewöhnl. in Vol.-% angegeben. Reine Vergärungsprodukte ohne Alkoholzusatz enthalten 2,5–16 Gewichts-% Alkohol, so z. B. Biere 2,5–6,5 Gewichts-%, Weine 7–16 Gewichts-%. Durch Destillation kann der A. erhebl. gesteigert werden. Es enthalten Liköre 20 Vol.-% bis 55 Vol.-% Alkohol, Whisky mindestens 43 Vol.-%, Weinbrand 40–70 Vol.-%, Rum 40–80 Vol.-% Alkohol (Rum-Verschnitt).

◆ durch ↑Blutprobe bestimmbare, in Promille (‰) anzugebende Alkoholkonzentration im Blut, die beim normalen Stoffwechselprozeß etwa 0,024–0,06 ‰ beträgt und nach Alkoholgenuß ansteigt. Nach der Resorption des Alkohols aus dem Magen (20 %) und dem Dünndarm (80 %), deren Geschwindigkeit von der Magen-Darm-Füllung, dem A. der Getränke und der Trinkgeschwindigkeit abhängt, erfolgt eine gleichmäßige Verteilung des Alkohols im gesamten Körperwasser. Der Alkohol wird größtenteils in der Leber zu Acetaldehyd und schließl. zu Kohlendioxid abgebaut (in einer Stunde etwa 0,1 g Alkohol je kg Körpergewicht). Aus dem Blut-A. zur Zeit einer Blutentnahme kann ungefähr auf den Blut-A. etwa zur Zeit eines Verkehrsunfalls geschlossen werden. Der A. des Blutes gilt als Maß für den Trunkenheitsgrad. Der ins Blut gelangte Alkohol wirkt am zentralen Nervensystem zunächst anregend und dann hemmend; bereits 0,5 ‰ wirken konzentrationsmindernd; ab 0,8 ‰ tritt absolute ↑Fahruntüchtigkeit ein. Ab 2–2,5 ‰ können Bewußtlosigkeit und schon schwerste Alkoholvergiftungen, bisweilen der Tod eintreten.

Alkoholhalluzinose ↑Alkoholismus.

Alkoholikerfürsorge, alle Maßnahmen, die der Bekämpfung und Überwindung des ↑Alkoholismus dienen. Aufgaben: v. a. kurmäßige Behandlung Süchtiger in offenen oder geschlossenen Heilstätten (die in rd. 50 % aller Fälle erfolgreich ist), Aufklärung der Bev. über Suchtgefahren; außer von öffentl. Fürsorgestellen von kirchl. Verbänden wie dem Blauen Kreuz, dem Kreuzbund und vom überkonfessionellen Guttemplerorden ausgeübt. Die weltweit verbreiteten „Anonymen Alkoholiker" suchen in Selbsthilfe auf der Basis von Gruppenarbeit miteinander Heilung von der Alkoholsucht.

alkoholische Gärung ↑Gärung.

alkoholische Getränke, Getränke, die einen ↑Alkoholgehalt aufweisen, sei es durch Gärung, Destillation oder Zusatz von Alkohol. Neben dem Alkohol beeinflussen Gerbstoffe, Zucker und Gewürze wesentl. die Qualität der a. G. (↑Bier, ↑Wein, ↑Branntwein).

A. G. sind seit ältester Zeit bekannt, die Chinesen benützten als Grundlage Reis, in Mesopotamien wurden seit dem 3. Jt. zahlr. Biersorten gebraut, die Germanen bevorzugten ↑Met. In Griechenland und Italien wurde Wein angebaut. Das Destillieren kam erst im 11. Jh. in Italien auf.

alkoholisieren [arab.] (vinieren, aufspriten), Wein oder Spirituosen während oder nach der Gärung Alkohol zusetzen; in der BR Deutschland verboten.

Alkoholismus [arab.], zusammenfassende Bez. für Krankheitserscheinungen, die durch übermäßige Aufnahme von Alkohol hervorgerufen werden, und zwar entweder in Form einer Alkoholvergiftung *(akuter A.)* oder in Form einer tiefgreifenden Erkrankung des Gesamtorganismus *(chron. A.)*. - Bei **Alkoholvergiftung** besteht zunächst ein Rauschzustand, der durch die Wirkung des Alkohols auf das Zentralnervensystem hervorgerufen wird. Bei weiterer Alkoholzufuhr können gefährl. Erregungszustände auftreten. Schwerste, nicht selten tödl. Alkoholvergiftungen

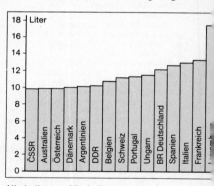

Alkoholismus. Alkoholkonsum im internationalen Vergleich 1982 nach dem Gesamtverbrauch alkoholischer Getränke je Kopf der Bevölkerung in Litern absoluten Alkohols
(Quelle: Jahrbuch zur Frage der Suchtgefahren, 1984)

werden schon bei einem Alkoholgehalt von etwa 2–2,5 ‰ im Blut beobachtet. Durch Angriff an den vegetativen Zentren des Zentralnervensystems wird die Regulation der Herztätigkeit, des Kreislaufs und der Atmung beeinträchtigt, so daß es zum Kreislaufschock, auch zum Atemstillstand kommen kann. - Häufiger Alkoholgenuß kann zur Gewöhnung führen. Dabei kann es durch langsame oder auch plötzl. Steigerung der tägl. aufgenommenen Menge zur **Alkoholsucht** kommen. Organ. Schäden sind v. a.:

chron. Magenentzündung mit morgendl. Erbrechen, seltener chron. Herz- und/oder Nierenerkrankungen. Der alkoholbedingte Kalorienüberschuß im Organismus führt zu Fettablagerung in der Leber mit Übergang in die alkohol. Leberzirrhose. - Die beim chron. A. auftretenden Störungen der Gehirnfunktion führen u. a. zur **Alkoholhalluzinose** (vorwiegend akust. Sinnestäuschung) und v. a. zum **Delirium tremens** (Säuferwahn), das durch plötzl. Alkoholentzug ausgelöst werden kann. Die Therapie des chron. A. besteht in einer langwierigen psychotherapeut. Behandlung, die durch Medikamente, die die Alkoholverträglichkeit stark herabsetzen, unterstützt werden kann (↑ auch Alkoholikerfürsorge).

Ⓠ *Antons, K.: Normales Trinken u. Suchtentwicklung. Gött. u. a. Bd. 1 ²1981, Bd. 2 1977. - Antons, K.: Therapie des A. Kassel 1976.*

Alkoholmißbrauch (Alkoholabusus), zeitweiliger oder dauernder übermäßiger Alkoholkonsum, der zu vorübergehenden oder bleibenden körperl. Schäden oder seel. Störungen führen kann.

Alkoholmonopol ↑ Branntweinmonopol.

Alkoholometrie [arab./griech.], Ermittlung des Alkoholgehaltes in Alkohol-Wasser-Gemischen durch Dichtebestimmung mit dem ↑ Aräometer.

Alkoholprobe ↑ Blutprobe.

Alkoholreihe, in der biolog. Präpariertechnik eine Reihe von Alkoholquantitäten verschiedener, ansteigender Konzentration zum vorsichtigen, d. h. stufenweisen Entwässern von [meist zuvor fixiertem] pflanzl. und tier. Gewebe; soll Zerreißungen und starke Schrumpfungen der Präparate vermeiden. Umgekehrt kann ein Präparat zur Weiterbehandlung in wäßrigen Medien (z. B. Farblösungen, Gelatine) aus absolutem Alkohol, die A. absteigend, in Wasser gebracht werden.

Alkoholsteuern, neben der Umsatzsteuer erhobene bes. Verbrauchsteuern (Biersteuer, Schaumweinsteuer, Branntweinmonopolabgabe).

Alkoholsucht ↑ Alkoholismus.

Alkoholtest, svw. ↑ Alcotest.

Alkoholverband, mit 70–90 %igem Alkohol getränkter, locker angelegter Verband, der entzündl. oder unfallbedingt geschwollene Körperstellen, v. a. Gelenke, durch vermehrte Durchblutung rascher zur Abschwellung bringen soll.

Alkoholverbot ↑ Prohibition.

Alkoholvergiftung ↑ Alkoholismus.

Alkoholyse [arab./griech.], Spaltung einer chem. Bindung durch Einwirkung eines Alkohols. - ↑ auch Hydrolyse.

Alkor [arab.] (Augenprüfer, Reiterlein), Stern, der knapp 12 Bogenminuten vom mittleren „Deichselstern" Mizar im Sternbild Ur-

sa Maior (Großer Bär) entfernt steht; mit bloßem Auge gerade noch wahrnehmbar, deshalb auch „Augenprüfer" genannt.

Alkoven [...vən; arab.], Bettnische eines Zimmers. Im 2. Viertel des 16. Jh. in Frankr. von Spanien übernommen, im 17. bis zur 1. Hälfte des 19. Jh. in ganz Europa verbreitet. Meist durch eine ↑ Balustrade vom Zimmer abgetrennt, seit der Mitte des 18. Jh. durch Türen zu schließen.

◆ Bez. für die früher in Niederdeutschland gebräuchl., in die Wand eingelassenen Schrankbetten (Butzen).

Alkuin (Alcuinus, Alchvine), * York um 732, † Tours 19. Mai 804, angelsächs. Gelehrter. - Aus northumbr. Adel; seit 778 Lehrer an der Domschule in York, von Karl d. Gr. ins Frankenreich berufen, wurde zum Initiator der ↑ karolingischen Renaissance. Seine theolog. Schriften wenden sich gegen den ↑ Adoptianismus, widmen sich der Revision des Bibeltextes sowie exeget. und liturg. Fragen. Gilt als Vermittler des tradierten philosoph.-theolog. Wissens; versuchte die ↑ Artes liberales und die Philosophie in den Dienst der Theologie zu stellen.

Ⓠ *Edelstein, W.: eruditio und sapientia. Weltbild u. Erziehung in der Karolingerzeit. Unterss. zu Alcuins Briefen. Freib. 1965.*

Alkydharze [Kw.], Polyesterharze, die durch Kondensation oder Veresterung mehrwertiger Alkohole (Glycerin, Glykol) mit Di- oder Tricarbonsäuren (Phthalsäuren, Bernsteinsäure) gewonnen werden. Die A. bilden wichtige Lackrohstoffe. Durch verschiedene Zusätze gewinnt man wetterbeständige, feste Lacküberzüge, Weichmacher für Zelluloselacke, Druckfarben, Isoliermaterialien und Fußbodenbeläge.

Alkyl- [Kw.], Gruppenname für einwertige ↑ Radikale, die aus den ↑ Alkanen durch Entzug eines H-Atoms entstehen, z. B. $-CH_3$ (Methyl), $-C_2H_5$ (Äthyl). - ↑ auch Alkylierung.

Alkylamine [al'kyl-a...], Derivate des Ammoniaks (ein bis drei H-Atome sind durch Alkylreste ersetzt). - ↑ auch Amine.

Alkylarylsulfonate [al'kyl-a...], Abk. AAS, wichtige Rohstoffe für synthet. Waschmittel; A. besitzen gutes Emulgier-, Entfettungs- und Netzvermögen. Bes. wichtig sind die Alkylbenzolsulfonate, z. B. Dodecylbenzolsulfonat, da unverzweigte Verbindungen gut biolog. abbaubar sind mit Ausnahme des verzweigten Tetrapropylenbenzolsulfonats.

Alkylbenzolsulfonate ↑ Alkylarylsulfonate.

Alkylhalogenide (Halogenalkane), Derivate der gesättigten Kohlenwasserstoffe (Alkane), die durch Austausch eines Wasserstoffatoms gegen ein Halogenatom (F, Cl, Br, J) entstehen; A. werden hergestellt durch ↑ Halogenierung von Alkanen, durch Veresterung von Alkoholen mit Halogenwasserstoffsäuren

und durch Anlagerung von Halogenen an ↑Alkene; A. sind wichtige Alkylierungs- und Lösungsmittel.

Alkylierung [Kw.], Einführung von Alkylgruppen, z. B. Methyl-, Äthyl-, Propylgruppen, in organ. Verbindungen durch Substitution oder Addition.

Alkylnaphthalinsulfonate, zu den ↑Alkylarylsulfonaten gehörende Verbindungen mit grenzflächenaktiven Eigenschaften.

Alkylphenolharze, Kondensationsprodukte aus Phenolen mit Aldehyden; verwendet u. a. für Kleblacke und Gießharze.

Alkylpolysulfide, svw. ↑Thioplaste.

Alkylsulfate (Dialkylsulfate), Schwefelsäureester, z. B. Dimethylsulfat ($CH_3 - O - SO_2 - O - CH_3$); Monoalkylsulfate ($R - O - SO_3 - Me$) sind wichtige Waschrohstoffe (Fettalkoholsulfate).

Alkylsulfonate, grenzflächenaktive Substanzen, Salze der Alkylsulfonsäuren; $R - SO_3 - Me$.

Alkyone [griech.], hellster Stern in dem offenen Sternhaufen der ↑Plejaden.

alla breve [italien.], in der Musik der gerade Takt, in dem die halbe Note und nicht die Viertelnote als Schlageinheit gilt (Zeichen: ¢).

Allada, Ort in Benin, an der Bahnlinie Cotonou–Parakou; landw. Anbau- und Handelszentrum; wegen zahlr. Fetischkulte „Stadt der tausend Fetische" genannt. 7 km südl. Ruinen der ehem. Residenz des Kgr. A. (1724 zerstört).

Allah [zu arab. al-ilah „der Gott"], bereits in vorislam. Zeit Name eines altarab. Hochgottes, den der Prophet Mohammed als einzigen Gott verkündete.

Allahabad, ind. Stadt im Bundesstaat Uttar Pradesh, im Mündungswinkel von Ganges und Jumna, 98 m ü. d. M., 616 000 E. Univ. (gegr. 1887), Sprachforschungsinst. (u. a. für Sanskrit; gegr. 1943); alte Hindupilgerstätte: Jährl. Badefest Magh Mela, alle 12 Jahre das Fest Kumbh Mela. Marktzentrum für Agrarerzeugnisse; metallverarbeitende, Textil-, Nahrungsmittel- und Pharmaind.; Bahn- und Fernstraßenknotenpunkt, ✈. – A. geht auf das alte *Prag* oder *Prayag* zurück, eine der bekanntesten Pilgerstätten der Hindus; heutige Stadt und Fort 1583 von Akbar angelegt; unterstand im 17./18. Jh. Mogulherrschern, Radschputen und Marathen, 1801 von der brit. Ostind. Kompanie annektiert; 1858 bis 1949 Verwaltungssitz der Nordwestprov. bzw. der Vereinigten Prov. - Im Fort eine 10,5 m hohe Säule mit Inschriften (242 v. Chr. und 4.-17. Jh.).

alla marcia ['martʃa; italien.], in der Musik Bez. für marschähnl. Vortrag.

Allans-Bronze [engl. 'ælənz], Bleibronze mit 30 % Bleigehalt.

Allantoin [griech.], Abbauprodukt der Harnsäure im Eiweißstoffwechsel der meisten Säugetiere (bes. der Raubtiere, beim Menschen kaum), bei Pflanzen (Vorkommen z. B. in Roßkastanienrinde, Weizenkeimen und Schwarzwurzeln) Produkt der Ammoniakentgiftung; wird zur Wundbehandlung und in kosmet. Präparaten verwendet.

Allantois [...o-ɪs; griech.] (Harnsack), embryonaler Harnsack der Reptilien, Vögel und Säugetiere (einschließl. des Menschen); entsteht als Ausstülpung des embryonalen Enddarms in die Chorionhöhle hinein unter Bildung einer gestielten Blase, die zuerst der Aufnahme des Harns dient, später aber v. a. ein wichtiges Atmungs- bzw. Ernährungsorgan für den Embryo darstellt.

alla polacca [italien.], in der Musik Bez. für den Vortrag nach Art einer Polonaise.

alla prima [italien. „aufs erste"], Malverfahren ohne Untermalung und ↑Lasuren; urspr. nur für vorbereitende Ölskizzen.

allargando [italien.], in der Musik Bez. für den langsamer und breiter werdenden Vortrag.

Allasch [nach dem Ort Allaži (Allasch) bei Riga], Kümmellikör, unter Verwendung von Kümmeldestillat sowie mit Zusätzen von Zucker, Fenchel, Koriander und Anis hergestellt; Mindestalkoholgehalt 40 Vol.-%.

alla siciliana [...tʃi...; italien.], in der Musik Bez. für den Vortrag nach Art eines Siciliano (ein Instrumental- oder Vokalstück im $^6/_8$- oder $^{12}/_8$-Takt).

Allat [zu arab. al-ilat „die Göttin"], vorislam. altarab. Göttin, wahrscheinl. als Himmelsherrin verehrt, galt als eine der Töchter Allahs; ihre Verehrung wurde von Mohammed im Zusammenhang mit seiner Kritik am Polytheismus bekämpft.

alla tedesca [italien.], in der Musik Bez. für den Vortrag nach Art eines dt. Tanzes.

alla turca [italien.], Bez. für den Charakter und Vortrag eines Stückes in der Art der „Türkenmusik" (↑Janitscharenmusik).

alla zingarese [italien.], Bez. für den Charakter und Vortrag eines Stückes in der Art der Zigeunermusik.

Alldeutsche, Anhänger einer Ende des 19. Jh. entstandenen polit. Bewegung, die die Forderung nach Stärkung des dt. Nationalbewußtseins mit völk. und imperialist. Zielsetzungen verbanden und zur Durchsetzung dt. Weltgeltung einen aggressiven Nationalismus propagierten. Organisator. 1894 im überparteil. **Alldeutschen Verband** (A. V.) zusammengefaßt, der für eine aktive Flotten- und Kolonialpolitik, für den Mitteleuropagedanken und im 1. Weltkrieg für ein extremes Annexionsprogramm zur Sicherung und Erweiterung „dt. Lebensraumes" eintrat. Nach 1918 agitierte der Alldt. Verband gegen die Weimarer Demokratie, forderte die Errichtung einer nat. Diktatur - mit stark antisemit. Bezug - die Zurückdrängung „fremden Volkstums" und leistete so dem Nationalsozialis-

mus Schrittmacherdienste. 1939 aufgelöst. - In *Österreich* entstand vor dem 1. Weltkrieg eine *alldt. Bewegung* als radikale Spielart der dt.-nat. Bewegung. In dem nach dem 1. Weltkrieg gegr. **Alldt. Verband in Österreich** (AVÖ) sammelten sich die Anhänger der Anschlußbewegung; 1934 verboten.

Alle, linker Nebenfluß des Pregels, entspringt in Masuren, mündet bei Wehlau, 289 km lang, Einzugsgebiet 7 126 km²; ab Friedland (Ostpr.) schiffbar.

Allee [frz.], von hohen Bäumen dicht gesäumte Straße.

Allegheny Mountains [engl. 'æligɪnɪ 'maontɪnz] (Alleghenies), Teil des Gebirgssystems der Appalachen, etwa 800 km lang, bis 80 km breit, im Spruce Knob 1 481 m hoch. Vorkommen von bituminöser Kohle, Eisenerzen, Erdöl und Erdgas ließen das Ind.gebiet um Pittsburgh entstehen.

Allegheny Plateau [engl. 'æligɪnɪ plæ'toʊ], nördl. Teil der Appalachian Plateaus, im Slide Mountain 1 281 m hoch; durch Flüsse stark zerschnitten, im nördl. Teil glaziale Formen. Reich an Bodenschätzen: appalach. Kohlenfeld (in Ohio, W-Pennsylvania, West Virginia und Virginia), bed. Erdöl- und Erdgasvorkommen.

Allegheny River [engl. 'æligɪnɪ 'rɪvə], Quellfluß des Ohio, entspringt auf dem Allegheny Plateau, bildet mit dem *Monongahela River* in Pittsburgh den Ohio, 523 km lang; zahlr. Stauwerke, v. a. in den linken Nebenflüssen; Flußschiffahrt nur noch auf dem Unterlauf. Im Tal das A. R. bed. Kohlen-, Erdöl- und Erdgasvorkommen.

Allegorese [griech.], Interpretation von Texten, bei der hinter dem Wortsinne eine verborgene Bed. aufgezeigt wird. Die älteste bekannte A. entstand zur Rechtfertigung Homers gegenüber der Philosophie. In der Spätantike wurde dieses hermeneut. Verfahren als **allegor. Schriftdeutung** von Philon (1. Jh. n. Chr.) auf die Deutung des A. T. übertragen (z. B. die Auslegung des Hohen Liedes: Braut = menschl. Seele, Bräutigam = Christus oder Kirche); es folgten A. zu Vergil (4. Ekloge) und zu den Kirchenvätern. Im MA wurde die A. Grundlage der Interpretation religiöser (insbes. die Gleichnisse Jesu), philosoph. und dichter. Texte; durch allegorisierende Moralisierung konnte z. B. auch Ovid zum Schulautor werden.

Allegorie [zu griech. allegoría, eigtl. „das Anderssagen"], Darstellung eines abstrakten Begriffs durch ein rational faßbares Bild, oft mit Hilfe der Personifikation. Einige A. wurden immer wieder verwendet und im Laufe der Zeit ohne weiteres verständl., z. B. Justitia, Fortuna, das Glücksrad. Die A. ist beliebt in der Spätantike, im MA (Minne-A.) und Barock, sowohl in Literatur wie in den bildenden Künsten. Eine A. kann höchst komplizierte Inhalte versinnbildlichen.

Allegorie. Albrecht Dürer,
Die Melancholie (1514).
Kupferstich

📖 *Calin, V.:* Auferstehung der A. Weltlit. im Wandel. Von Homer bis Beckett. Dt. Übers. Wien 1975.

allegorische Schriftdeutung ↑ Allegorese.

allegorisieren [griech.], etwas in der Form einer Allegorie darstellen.

Allégret, Marc [frz. ale'grɛ], * Basel 22. Dez. 1900, † Paris 3. Nov. 1973, frz. Filmregisseur. - Drehte u. a. „Fanny" (1932), Förderer u. a. von Simone Simon, Michèle Morgan, Gérard Philipe und Brigitte Bardot („Das Gänseblümchen wird entblättert", 1956).

allegretto [italien.], musikal. Tempobez. für ein etwas langsameres Zeitmaß als ↑ allegro; **Allegretto** bezeichnet einen in diesem Zeitmaß zu spielenden musikal. Satz.

Allegri, Gregorio, * Rom 1582, † ebd. 17. Febr. 1652, italien. Komponist. - Komponierte zahlr. geistl. Werke, darunter sein berühmt gewordenes 9stimmiges „Miserere" (etwa 1638), das viele Jahre lang während der Karwoche in der Sixtin. Kapelle gesungen wurde.

allegro [italien.], musikal. Tempobez. für ein lebhaftes Zeitmaß; durch Zusätze kann Beschleunigung (z. B. *più a., a. assai, a. molto*) oder Mäßigung (z. B. *a. moderato, a. ma non troppo*) vorgeschrieben werden. **Allegro** bezeichnet einen in diesem Zeitmaß zu spielenden musikal. Satz.

Alleinerbe, derjenige, der eine Person auf

Grund gesetzl. Erbfolge oder auf Grund einer ↑ Verfügung von Todes wegen allein, d. h. ohne Miterben, beerbt.

alleinseligmachend, bezeichnet sich die kath. Kirche in der Überzeugung, daß sie allein den Auftrag bekommen hat, allen Menschen das Heil zu vermitteln.

Alleinvertreter, Eigenhändler, der in einem bestimmten Bezirk (des Inlandes) oder im Ausland (Importeur) allein berechtigt ist, Erzeugnisse einer Firma auf eigene Rechnung und im eigenen Namen zu verkaufen.

Alleinvertrieb, Absatzform des Handels, bei der Waren in einem i. d. R. räuml. festgelegten Bezirk ausschließl. über eine einzige Handelsgesellschaft oder einen Alleinvertreter vertrieben werden.

Allele [griech.], die einander entsprechenden, jedoch im Erscheinungsbild eines Lebewesens sich unterschiedl. auswirkenden Gene homologer Chromosomen. Im allg. ist das Gen des Ursprungs- bzw. Wildtyps dominant über seine (durch Mutationen entstandenen) Allele.

Allelopathie [griech.], gegenseitige Beeinflussung von Pflanzen durch Ausscheidung wachstumshemmender oder -fördernder sowie reifebeschleunigender Substanzen. Zu den wachstumshemmenden Ausscheidungsprodukten niederer Pilze gehören einige Antibiotika (z. B. Penicillin); wachstumsfördernd wirken die zu den ↑ Auxinen zählenden Gibberelline. Ausscheidungsprodukte höherer Pflanzen sind z. B. Äthylen, das v. a. von Früchten ausgeschieden wird und deren Reifung beschleunigt. Stoffe, die von Wurzeln in den Boden ausgeschieden werden oder durch tote Pflanzenteile in den Boden gelangen, sind oft Ursache der Bodenmüdigkeit.

Alleluja [hebr. „preiset Jahwe!"], in der Bibel und im Gottesdienst der reformator. Kirchen ↑ Halleluja.
◆ in der kath. und den ostkirchl. Liturgien eine ↑ Akklamation, mit der Christus gehuldigt wird. – A., als liturg. Gesang im jüd. Gottesdienst üblich, wurde zunächst in den Psalmenvortrag der frühchristl. Kirche übernommen und gegen Ende des 4. Jh. in die Messe eingeführt.

Allelzentrum, svw. ↑ Genzentrum.

Allemande [alə'mã:də; frz. „deutscher (Tanz)"], geradtaktiger Tanz des 16.–18. Jh., der bereits im 16. Jh. in Frankr. seinen zu Beginn des 17. Jh. auch in Deutschland übernommenen Namen erhielt; geschrittener Paartanz in gemäßigtem Tempo, trat mit der ↑ Courante an die Stelle des älteren Paares Pavane–Gaillarde und wurde in späterer Form mit ihr Teil der instrumentalen ↑ Suite.

Allemann, Fritz René, * Basel 12. März 1910, schweizer. Journalist. – Korrespondent bed. europ. Zeitungen; 1960–64 Mithg. des „Monats"; zahlr. zeitgeschichtl. Veröffentlichungen.

Allen [engl. 'ælɪn], Frederick Madison, * Des Moines (Iowa) 16. März 1879, † Boston 9. Jan. 1964, amerikan. Arzt. – Fand neue Heilmöglichkeiten für Diabetes mellitus durch Ernährungsvorschriften (Vermeidung von Kohlenhydraten usw.).

A., Henry Jr. („Red"), * Algiers (bei New Orleans) 7. Jan. 1908, † New York 17. April 1967, amerikan. Jazzmusiker. – Bed. Trompeter der 30er Jahre, der in seinem Spiel Stilelemente späterer Zeit vorwegnahm.

A., Hervey, * Pittsburgh 8. Dez. 1889, † Miami 28. Dez. 1949, amerikan. Schriftsteller. – Mitbegründer der „Poetry Society of South Carolina", schrieb den napoleon. Geschichtsroman „Antonio Adverso" (1933). – *Weitere Werke:* Flammen vor uns (R., 1926), Oberst Franklin (R., 1937), Die Enterbten (R.-Trilogie, 1. Der Wald und das Fort, 1943; 2. Das Dorf am Rande der Welt, 1946; 3. Dem Morgen entgegen, 1948).

A., Woody, eigtl. A. Konigsberg, * Flatbush (N. Y.) 1. Dez. 1935, amerikan. Regisseur. – Durch Filme wie „Machs noch einmal, Sam" (1970), „Der Schläfer" (1974), „Die letzte Nacht des Boris Gruschenko" (1975), „Der Stadtneurotiker" (1977), „Stardust Memories" (1981), „A Midsummer Night's Sex Comedy" (1982), „Hannah und ihre Schwestern" (1986) wurde A. als Vertreter einer krit., intellektuellen Komik internat. bekannt.

Woody Allen

Allen, Bog of [engl. 'bɔg əv 'ælɪn], größtes zusammenhängendes Torfmoorgebiet Irlands (über 300 km²).

Allenburg (russ. Druschba), Ort in Ostpreußen (UdSSR▼), am rechten Ufer der Alle; im 2. Weltkrieg stark zerstört. Bei A. vereinigt der Masur. Kanal von der Alle ab. - 1400 Culmer Stadtrecht; 1945 zur UdSSR. - Auf dem Stadtgebiet lagen eine preuss. Burg (1256 vom Dt. Orden neu befestigt, 1260 zerstört) und eine 1272 errichtete Befestigung (im 15. Jh. zerstört), an die sich die planmäßig im Quadratschema angelegte Stadt anschloß.

Allenby, Edmund Henry Hynmann [engl. 'ælənbɪ], Viscount of Megiddo and Felix-

236

stowe, * Brackenhurst bei Southwell 23. April 1861, † London 14. Mai 1936, brit. Feldmarschall. - Eroberte 1917/18 Palästina; 1919–25 Hoher Kommissar in Ägypten.

Allenbybrücke [engl. ˈælənbɪ], Brücke über den unteren Jordan, 12 km nördl. seiner Mündung ins Tote Meer; seit dem Junikrieg von 1967 wichtigster Grenzübergang zw. Israel und Jordanien.

Allende Gossens, Salvador [span. aˈjende ˈɣosɐns], * Valparaiso 26. Juli 1908, † Santiago de Chile 11. Sept. 1973, chilen. Politiker. - Arzt; 1933 Mitbegründer der Sozialist. Partei; 1937 Abg., seit 1945 Senator, seit 1964 Oppositionsführer; vertrat als Präs. seit 1970 ein sozialist. Wirtschaftsprogramm; 1973 von den Militärs gestürzt; kam bei der Erstürmung des Präs.palastes auf bisher ungeklärte Weise ums Leben.

Allendorf ↑ Stadtallendorf.

Allendorf-Eder ↑ Battenberg (Eder).

Allene [Kw.] (1,2-Diene), ungesättigte Kohlenwasserstoffe, die zwei aufeinanderfolgende d. h. kumulierte Doppelbindungen besitzen, z. B. Propadien (Allen): $CH_2{=}C{=}CH_2$.

Allensbach, Gemeinde am nördl. Ufer des Gnadensees (Bodensee), Bad.-Württ., 6000 E. Inst. für Demoskopie A. - Gehörte zum Kloster Reichenau, wurde um 998 Markt, seit 1805 badisch. - Spätgot., barockisierte Pfarrkirche.

Allensche Regel [engl. ˈæln; nach dem amerikan. Zoologen J. A. Allen, * 1838, † 1921], 1877 aufgestellte Theorie, nach der die relative Länge der Körperanhänge (z. B. der Beine, Ohren usw.) von Warmblütern (hauptsächl. von Säugetieren) in kälteren Gebieten geringer sein soll (Anpassungserscheinung zur Verhinderung größerer Wärmeverluste) als bei den entsprechenden Formen wärmerer Gebiete.

Allenstein (poln. Olsztyn), Stadt in Ostpreußen (Polen▼), an der Alle, 125 m ü. d. M., 147000 E. Hauptstadt der Woiwodschaft Olsztyn, Sitz eines kath. Bischofs; Technikum für Eisenbahner. Holzverarbeitende, Maschinen- und Gummiind. - Das ermländ. Domkapitel legte zw. 1346 und 1348 eine Burg und bald darauf die „nova civitas" an; erhielt 1353 Culmer Stadtrecht, 1905 Sitz eines Regierungspräsidiums. 1920 stimmten im Bez. A. 97,8 % der Bev. für Verbleib bei Deutschland. Ende Jan. 1945 von russ. Truppen besetzt, unter poln. Verwaltung gestellt. - Ehem. Burg des ermländ. Domkapitels (1348 ff.), spätgot. Jakobskirche (Backsteingotik).

Allentown [engl. ˈæltaʊn], Stadt in O-Pennsylvania, USA, 80 km nnw. von Philadelphia, 80 m ü. d. M., 104000 E. Sitz eines kath. Bischofs; zwei Colleges, Kunstmuseum. Drittgrößte Ind.stadt Pennsylvaniens; liegt im Zentrum eines bed. Ackerbaugebietes; Maschinen- und Fahrzeugbau.

Alleppey [engl. əˈlɛpɪ], ind. Stadt im Bundesstaat Kerala, an der Malabarküste, 170000 E. Zwei Colleges der Univ. von Trivandrum; Verarbeitung landw. Produkte; Hafen (offene Reede); Regionalverkehr auf dem hinter der Küste angelegten Kanalsystem.

Aller, rechter Nebenfluß der Weser, entspringt in der Magdeburger Börde, DDR, mündet unterhalb von Verden (Aller), BR Deutschland; 211 km lang, ab Celle schiffbar.

Allerchristlichster König (lat. Rex christianissimus), Kurialfloskel für ma. Herrscher; vom 13. Jh. ab von den frz. Königen beansprucht; fand im 15. Jh. als Bestandteil allein des frz. Königstitels („roi très chrétien") grundsätzl. Anerkennung.

Aller-Druckplatte, Bimetalldruckplatte für den Offsetdruck; Stahlplatte mit aufgalvanisierter Kupferhaut (farbführend).

alle Rechte vorbehalten, Klausel zur Aufrechterhaltung von Rechten aus einem Vertragsverhältnis.

Allergene [griech.], Stoffe, die bei bes. empfängl. Individuen eine ↑Allergie erzeugen können. Man unterscheidet *Inhalations-A.*, die beim Einatmen aufgenommen werden (z. B. Pflanzenpollen, Haare, Federn, Staub), *Ingestions-A.*, Allergie auslösende Nahrungsmittel (z. B. Fisch, Tomaten, Beerenobst), auch bestimmte Medikamente, *Kontakt-A.*, die durch den Hautkontakt allerg. wirken (Wolle, Leder, Pflanzensäfte, Arzneistoffe) und *Injektions-A.*, zu medizin. Zwecken injizierte Substanzen (z. B. Impfstoffe, Antibiotika).

allerge Wirtschaft [griech./dt.], Bez. für ein Wirtschaftssystem, in dem die Besitzer knapper Produktionsmittel (Boden, Kapital) auf Grund dieser Vorzugsstellung ein Einkommen (Renten, Zinsen) erzielen können, das nicht auf eigener Arbeitsleistung beruht. In einer **autergen Wirtschaft** beruhen dagegen alle Einkommen (abgesehen von abgeleiteten Einkommen) auf eigener Arbeitsleistung.

Allergie [griech.], bis zur Überempfindlichkeit gesteigerte Immunreaktion des Organismus auf körperfremde Substanzen, die ↑Allergene. Diese bewirken sofort nach ihrem Eindringen in den sensibilisierten Organismus allerg. Veränderungen an Haut und Schleimhäuten, die jedoch nur von kurzer Dauer sind. Bei häufiger Einwirkung desselben Allergens entstehen allerg. Krankheiten (**Allergosen**), z. B. Bronchialasthma, Heuschnupfen, Entzündungen im Darmbereich mit Durchfällen sowie, im Bereich der äußeren Haut, fieberhafte Nesselsucht. Auch Veränderungen des Blutbildes treten auf. Zur Therapie wird versucht, durch künstl. Konzentrationserhöhung der gegen das Allergen gerichteten Antikörper im Blut eine Desensibilisierung im Organismus zu erreichen. Gelingt dies nicht, muß medikamentös be-

handelt werden, z. B. mit Nebennierenrinden-hormonen. - Schwerste allerg. Reaktionen laufen beim ↑anaphylaktischen Schock ab. ⊞ *Düngemann, H.: Allergien. Leitfaden für den Arzt in der Praxis. Köln 1985. - Jäger, L.: Klin. Immunologie u. Allergologie. Stg. ²1983.*

Allergiepaß, Ausweis, auf dem Über-empfindlichkeiten und allerg. Erkrankungen sowie deren auslösende Substanzen eingetra-gen werden.

Allergläubigste Majestät (lat. Rex fi-delissimus), von Papst Benedikt XIV. 1748 Johann V. verliehener Titel der Könige von Portugal.

Allergose [griech.] ↑Allergie.

Allerheiligen, ein aus Gedächtnistagen für Märtyrer hervorgegangenes Fest, das seit dem 9. Jh. in der abendländ. und bis heute in der kath. Kirche am 1. Nov., in der angli-kan. Kirche am 8. Nov., als Gedächtnisfest für alle Heiligen gefeiert wird.

Allerheiligenbucht, Bucht an der brasi-lian. Küste, ↑Todos os Santos, Baía de.

Allerheiligstes, die Stelle im antiken Tempel, an der sich die ↑Cella mit dem Göt-terbild befindet, oft als „Unbetretbares" (Ady-ton) angesehen.

♦ in der jüd. Religion würfelförmiger Raum in der ↑Stiftshütte und im Tempel von Jerusa-lem (bis zur Zerstörung der Stadt 587 v. Chr.), in dem die ↑Bundeslade aufbewahrt wurde.

♦ (lat. Sanctissimum) in der kath. Liturgie-sprache die geweihte Hostie.

Allerkatholischste Majestät ↑Ka-tholisches Königspaar.

Allermannsharnisch (Siegwurz, Allium victorialis), bis etwa 60 cm hohe Lauchart, v. a. in den Gebirgen der Nordhalbkugel; Blätter lanzettförmig, Blüten grünlichweiß bis gelbl., in kugeliger Scheindolde; das netzarti-ge Häutchen der Zwiebeln wurde früher als Panzerhemd gedeutet, die Zwiebel daher als Schutz gegen Schuß- und Stichverletzungen getragen.

Allerödzeit ↑Holozän (Übersicht).

aller Orten zahlbar, Vermerk auf einem Wechsel, der sich nicht auf den Zahlungsort, sondern auf den Gerichtsstand bezieht und besagt, daß eine Wechselklage bei jedem Ge-richt erhoben werden kann.

Allerseelen, in der kath. Kirche Ge-dächtnistag aller Verstorbenen, dessen Feier am 2. Nov. von Abt Odilo von Cluny 998 eingeführt wurde. Zu A. werden die Grä-ber der Verstorbenen mit Blumen, Kränzen und Lichtern geschmückt, und oft finden Pro-zessionen zu Friedhöfen statt. Falls der 2. Nov. auf einen Sonntag fällt, wird A. am 3. Nov. begangen.

Allesbrenner, Ofen, der die Verfeuerung fast aller Brennstoffe (Anthrazit, Koks, nicht-backende Steinkohle, alle Arten von Briketts) gestattet.

Allesfresser (Omnivoren), Lebewesen, die sowohl von pflanzl. wie von tier. Nahrung leben, z. B. Schweine, Rabenvögel. Biolog. ge-sehen ist auch der Mensch zu den Omnivoren zu rechnen.

Alles-oder-nichts-Gesetz, Abk. ANG, physiolog. Gesetz, das besagt, daß auf einen Reiz, der die Reizschwelle erreicht hat, die volle Reaktion der Zelle erfolgt, und zwar unabhängig davon, ob der Reiz andauert, stärker oder schwächer wird. Andererseits er-folgt auf einen unterschwelligen Reiz keine Reaktion.

Allethrin [Kw.], synthet. Insektizid, chem. nahe verwandt mit dem Cinerin I, ei-nem der Hauptwirkstoffe des ↑Pyrethrums; A. gilt als wirksam gegen DDT-resistente In-sekten und ist für Mensch und Haustiere weit-gehend unschädlich.

Allevard [frz. al'va:r], Stadt in den frz. Alpen, Dep. Isère, 475 m ü. d. M., 2 400 E. Thermalbad (Schwefelquellen), Eisenhütten-ind. seit dem MA. In 1 450 m Höhe das Wintersportzentrum *Collet d'Allevard.*

allez! [a'le:; frz.; „geht!"], vorwärts!, los!, fort!

Allgäu, Landschaft der nördl. Alpen und des Alpenvorlandes, zw. Bodensee und Lech, zu Bayern, Bad.-Württ. und Österreich gehö-rend, von N nach S gegliedert in Alpenvor-land, Allgäuer Voralpen und Allgäuer Alpen. Der Allgäuer Teil am Alpenvorland besteht aus dem Bergland der Adelegg mit Höhen über 1 100 m und der Jungmoränenlandschaft an Iller, Lech und Wertach. Die Allgäuer Voralpen sind im Fellhorn 2 037 m, im Hohen Ifen 2 230 m, im Gottesacker 2 017 m hoch. Die höchsten Berge der **Allgäuer Alpen** sind Mädelegabel (2 645 m), Hochvogel (2 593 m) und Nebelhorn (2 224 m). Das A. erhält infol-ge der Stauwirkung der Alpen Jahresnieder-schlagsmengen von 1 000-2 000 mm/Jahr, die Waldgrenze liegt bei 1 600 m, die Schneegren-ze bei 2 500 m. Wichtigste Flüsse sind Iller und Lech.- Systemat. Besiedlung z. Z. der alemann. Landnahme (6. Jh. n. Chr.). Ganz entscheidend wurde das Siedlungsbild durch die im 16. Jh. vom Stift Kempten ausgehende Vereinödung geprägt. Sie schuf die Vorausset-zungen für eine monokulturartig betriebene rationale Grünlandwirtsch. Aufbauend auf die Viehwirtsch. spielt die Molkereiwirtsch. eine große Rolle. Butter- und Käsebörse für ganz S-Deutschland ist Kempten (Allgäu). Rückläufig tendiert z. Z. die Textilind.; eng mit der Waldwirtsch. ist die Papierfabrikation verknüpft; bed. sind auch Feinmechanik und Schmuckwarenherstellung. - Das vom 9. bis 13. Jh. *Albgau* genannte A. umfaßte urspr. das Gebiet zw. den Alpen im S sowie Oberer Argen und oberer Wertach im N. Die Bez. A. wurde bis zum 16. Jh. nach N und O ausge-dehnt. Im Zeitalter Napoleons I. fiel der östl. Teil des territorial stark zersplitterten A. an Bayern, der westl. Teil an Württemberg.

📖 *Scholz, H.: Das Werden der Allgäuer Land-schaft. Kempten 1981. - Rottenkolber, J.: Gesch. des A. Mchn. 1951.*

Allgemeinanästhesie, svw. Narkose (↑ Anästhesie).

allgemeinbildende polytechnische Oberschule, Abk. OS, 10jährige Einheitsschule der DDR. In die 9. Klasse treten rd. 85 % der Schüler über. Wer die erweiterte Oberschule (EOS) besuchen will, besucht im 9. und 10. Schuljahr Vorbereitungsklassen der EOS. Die OS berücksichtigt die polytechn. Bildung v. a. als Arbeitsunterricht in Schulwerkstätten und in Schulgärten, als techn. Zeichnen und als „Einführung in die sozialist. Produktion". OS und EOS sind nur berufsorientiert, eine berufl. Ausbildung ist nicht eingeschlossen.

allgemeinbildendes Schulwesen, umfaßt alle Schulen, die nicht auf eine bestimmte künftige berufl. Tätigkeit ausgerichtet sind, in der BR Deutschland Grund-, Haupt-, Realschule und Gymnasium, Gesamtschulen und entsprechende Sonderschulen (Ggs. ↑ berufliches Schulwesen). Moderne Schulversuche zielen darauf ab, in allgemeinbildende Schulen berufl. Ausbildung einzubeziehen (z. B. ↑ Kollegs).

Allgemeinbildung ↑ Bildung.

Allgemeine Deutsche Biographie, Abk. ADB, von R. von Liliencron und F. X. von Wegele 1875 bis 1912 in Leipzig hg. Biographiensammlung des dt. Sprachbereichs (56 Bände mit Generalregister; rd. 26 300 Biographien). Fortgesetzt durch das „Biograph. Jahrbuch und dt. Nekrolog für 1896–1913", hg. von A. Bettelheim (18 Bände sowie Register, 1897–1917), sowie durch das „Dt. biograph. Jahrbuch für 1914–29" (1925–32). Eine Neubearbeitung erscheint u. d. T. „Neue Dt. Biographie" (NDB), 1953ff., hg. von der Bayer. Akademie der Wissenschaften.

Allgemeine Deutsche Philips Industrie GmbH, Abk. Alldephi, Dachgesellschaft der Unternehmen des niederl. Philips-Konzerns; gegr. 1939, Sitz Hamburg. Produktionsprogramm: Haushaltsgeräte, Rundfunk- und Fernsehapparate, Geräte für die Meß- und Regeltechnik, Röntgenapparate und Datenverarbeitungsanlagen.

Allgemeine Deutsche Seeversicherungsbedingungen, Abk. ADS, Versicherungsbedingungen für den Seeverkehr.

Allgemeine Deutsche Spediteurbedingungen, Abk. ADSp, die allg. Geschäftsbedingungen der Spediteure; unterwirft sich ihnen der Handelspartner nicht, so gelten die Bestimmungen des HGB (§§ 407–415).

Allgemeine Elektricitäts-Gesellschaft ↑ AEG Aktiengesellschaft.

allgemeine Gaskonstante, svw. universelle ↑ Gaskonstante.

allgemeine Geschäftsbedingungen, Abk. AGB, nach dem Gesetz zur Rege-

Allgäu bei Oberstdorf

lung des Rechts der AGB vom 9. 12. 1976 (in Kraft seit 1. 4. 1977) alle für eine Vielzahl von Verträgen vorformulierten Vertragsbedingungen, die eine Vertragspartei (Verwender) der anderen Vertragspartei bei Abschluß eines Vertrages stellt. Gleichgültig ist, ob die Bestimmungen einen äußerl. gesonderten Bestandteil des Vertrages bilden oder in den Vertragsurkunde selbst aufgenommen werden, welchen Umfang sie haben, in welcher Schriftart sie verfaßt sind und welche Form der Vertrag hat. AGB sind entweder von den Verbänden einzelner Wirtschaftszweige oder von einzelnen Unternehmen aufgestellt (z. B. allg. Lieferungs-, Zahlungs-, Versicherungsbedingungen, allg. Spediteurbedingungen, Bewachungsbedingungen für Parkplätze). Sie haben nicht den Charakter einer allg. verbindl. Rechtsnorm, sondern gelten nur kraft Vereinbarung zw. den Parteien eines Rechtsgeschäfts.

allgemeine Hochschulreife ↑ Hochschulreife.

Allgemeine Literaturzeitung, von 1785–1804 in Jena hg. Zeitschrift mit Rezensionen literar. Neuerscheinungen; führendes Organ der dt. Klassik und Romantik. Mitarbeiter: u. a. Goethe, Schiller, Kant, Humboldt, A. W. Schlegel, Schelling.

Allgemeine Nahrungs- und Genußmittel-Ausstellung, Abk. ANUGA, alle zwei Jahre in Köln (zuerst 1919 in Stuttgart, in Köln zum erstenmal 1924 und ständig seit 1951) stattfindende Ausstellung der Nahrungs- und Genußmittelproduzenten.

Allgemeine Ortskrankenkassen, Abk. AOK, Träger der gesetzl. Krankenversicherung für alle Pflichtversicherten, Versicherungsberechtigten und freiwillig Weiterversicherten eines örtl. Bezirks, die nicht einer

239

anderen gesetzl. oder befreienden privaten Krankenkasse angehören. Die AOK wurden durch das Gesetz über die Krankenversicherung der Arbeiter vom 15. 6. 1883 gegr., ihre heutige gesetzl. Grundlage ist der § 226 der Reichsversicherungsordnung. In der BR Deutschland gab es 1980 rd. 16,5 Mill. Mgl.

allgemeine Psychologie, Teilgebiet der Psychologie, das das psych. Grundgeschehen in Wahrnehmen, Denken, Gedächtnis, Fühlen und Wollen einer durchschnittl., erwachsenen Person untersucht.

Allgemeiner Cäcilien-Verband ↑Cäcilien-Verband.

Allgemeiner deutscher Arbeiterverein, Abk. ADAV, 1863 gegr. Partei, unter Führung F. Lassales erste selbständige dt. Arbeiterpartei, schloß sich 1875 mit der Sozialdemokrat. Arbeiterpartei zur Sozialist. Arbeiterpartei Deutschlands zusammen.

Allgemeiner Deutscher Automobilclub e. V., Abk. ADAC, größte dt. Kraftfahrerorganisation; 1903 in Stuttgart als *Deutsche Motorradfahrer-Vereinigung* gegr.; seit 1905 Sitz in München. Der ADAC hat rd. 7,9 Mill. Mgl. (1986) in 17 Gauen, 171 Geschäftsstellen und rd. 1 600 Ortsklubs. Die *ADAC-Straßenwacht* unterhält rd. 1 050 Personenkraftwagen.

Allgemeiner Deutscher Frauenverein, 1865 u. a. von L. Otto-Peters und A. Schmidt gegr. erster dt. Frauenverein; Ziele: v. a. die organisator. Weiterentwicklung der ↑Frauenbewegung, Verbesserung der schul. und berufl. Ausbildungsmöglichkeiten, nach 1918 die polit. Gleichberechtigung der Frau.

Allgemeiner Deutscher Gewerkschaftsbund, Abk. ADGB, 1919–33 Spitzenverband der freien Gewerkschaften (↑Gewerkschaften).

Allgemeiner Deutscher Lehrerinnen-Verein, Abk. A.D.L.V., 1890 in Friedrichroda gegr. Verein für Lehrerinnen aller Fachgebiete, die privat oder im öffentl. Dienst tätig waren (einschließl. Kindergärtnerinnen u. ähnl. Berufe). 1933 löste sich der Verband auf.

Allgemeiner Deutscher Lehrerverein ↑Deutscher Lehrerverein.

Allgemeiner Deutscher Nachrichtendienst ↑Nachrichtenagenturen (Übersicht).

allgemeine Regeln des Völkerrechts, im Sinne des Art. 25 GG jene Völkerrechtsnormen, die von der überwiegenden Staatenmehrheit anerkannt werden; sie gehen den Gesetzen vor und können Rechte und Pflichten unmittelbar für die einzelnen erzeugen.

Allgemeiner freier Angestelltenbund, Abk. Afa-Bund, 1921–33 freigewerkschaftl. Organisation der Angestellten.

Allgemeiner Fürsorgeerziehungstag, Abk. AFET, seit 1906 bestehender freier Zusammenschluß der mit der Fürsorgeerziehung befaßten Behörden und Wohlfahrtsorganisationen.

Allgemeiner Sportverband Österreichs, Abk. ASVÖ, östr. Sportdachverband, gegr. 1949, Sitz Wien.

Allgemeiner Studentenausschuß, Abk. AStA, ↑Studentenschaft.

Allgemeines Berggesetz, Abk. ABG, ↑Bergrecht.

Allgemeines bürgerliches Gesetzbuch, Abk. ABGB, östr. Privatrechtskodifikation vom 1. 6. 1811, das dem BGB entsprechende Gesetzeswerk.

allgemeine Schulpflicht ↑Schulpflicht.

Allgemeines Deutsches Handelsgesetzbuch, Abk. ADHGB, erste gemeindt. Sammlung des Handelsrechts; ab 1861 in den meisten dt. Einzelstaaten eingeführt, 1871 als Reichsgesetz übernommen. Es wurde durch das Handelsgesetzbuch (HGB) am 1. 1. 1900 ersetzt.

Allgemeines Kriegsfolgengesetz ↑Kriegsfolgenrecht.

Allgemeines Landrecht [für die preuß. Staaten], Abk. ALR, 1794 (nach Abänderung einer Fassung von 1791) in Kraft getretene Kodifikation des gesamten preuß. Rechts. Es umfaßte in über 19 000 Paragraphen das Zivil- und Strafrecht und behandelte Fragen des Verwaltungs- und Verfassungsrechts. Es blieb in weiten Teilen Preußens bis 1899 in Kraft. Neben bürgerl.-rechtl. Vorschriften, die als Landesrecht fortgelten, haben insbes. öffentl.-rechtl. Bestimmungen (als Gewohnheitsrecht über das Gebiet des ehem. Preußen hinaus) noch heute Bed., so v. a. § 10, II, 17 (Umschreibung der polizeil. Eingriffsermächtigung).

allgemeines Priestertum ↑Priestertum.

Allgemeines Sozialversicherungsgesetz, Abk. ASVG, östr. BG vom 9. 9. 1955, in Geltung seit 1. 1. 1956. Das ASVG regelt die Krankenversicherung, die Unfallversicherung und die Pensionsversicherung.

allgemeines Veräußerungsverbot, Maßnahme zur Sicherung der Masse, die dem Konkurs- bzw. Vergleichsgericht zum Schutze der Gläubiger für die Zeit zwischen Konkursantrag und Konkurseröffnung bzw. nach Eingang des Vergleichsantrages erlassen kann.

allgemeine Zahl, ältere Bez. für ↑Variable.

Allgemeine Zeitung, 1798 von J. F. Freiherr Cotta von Cottendorf gegr. und hg. Tageszeitung, galt, im allg. gemäßigt liberal, bis 1850 als wichtigste dt. Zeitung; erschien bis 1914, zuletzt nur noch monatl.

allgemeingültig, in der traditionellen Logik die Geltung von Aussagen unabhängig von den Umständen ihrer Äußerung; meist auf generelle Aussagen bezogen. In der formalen Logik nennt man ein Aussageschema a.,

wenn jede das Schema erfüllende Aussage, d. h. jede Aussage derselben log. Form, wahr ist.

Allgemeininfektion ↑ Sepsis.

Allgemeinverbindlichkeitserklärung ↑ Tarifvertrag.

Allgemeinvorstellung, durch ↑ Abstraktion gewonnene Vorstellung; psycholog. Ausgangsbasis bei der Bildung von ↑ Begriffen, insbes. von Allgemeinbegriffen.

Alliance [frz. a'ljã:s], Bündnis, Bund, Verbindung; Ehebund.
◆ svw. ↑ Allianz.

Alliance Démocratique [frz. aljã:sdemɔkra'tik], Abk. A. D., ↑ Demokratische Allianz.

Alliance for Labor Action [engl. ə'laɪəns fə 'leɪbɚ 'ækʃən], Abk. ALA, amerikan. Gewerkschaftsverband, 1968 gegr. (↑ auch Gewerkschaften).

Alliance for Progress [engl. ə'laɪəns fə 'prougrɛs] ↑ Allianz für den Fortschritt.

Alliance Israélite Universelle [frz. aljã:sɪsraelitynivɛr'sɛl], Abk. AIU, 1860 gegr. jüd. Hilfsorganisation mit dem Ziel, weltweit für die Gleichstellung der Juden zu arbeiten, Judenverfolgung zu verhindern und jüd. wiss. Publikationen zu unterstützen. Sitz: Paris.

Allianz [frz.; zu lat. alligare „verbinden"], völkerrechtl. Bez. für ein Bündnis zw. Staaten, v. a. im 17. und 18. Jh.; meist nach Umfang oder Zahl der A.partner ben. (3 Partner: Tripelallianz; 4 Partner: Quadrupelallianz); anderen Charakter hatte die ↑ Heilige Allianz.

Allianz für den Fortschritt (engl. Alliance for Progress; span. Alianza para el Progreso), 1961 in Punta del Este geschlossenes Bündnis der USA mit den lateinamerikan. Staaten (außer Kuba) zur Förderung der sozialen und wirtsch. Entwicklung Lateinamerikas.

Allianz Lebensversicherungs-AG ↑ Versicherungsgesellschaften (Übersicht).

ALLIANZ Versicherungs-AG ↑ Versicherungsgesellschaften (Übersicht).

Allianzwappen, zwei Wappen, die einander zugekehrt sind (Heirats-, Ehe-, Zweischildwappen). - ↑ Wappenkunde (Übersicht).

Alliaria [lat.], svw. ↑ Knoblauchsrauke.

Allier [frz. a'lje], Dep. in Frankr.

A., linker Nebenfluß der Loire, Mittel-Frankr., entspringt im Zentralmassiv, nach schluchtartigen Engtalstrecken durchfließt die A. mehrere kleinere Becken und tritt dann in das große Senkungsfeld des Zentralmassivs (Limagne) ein; mit breitem Tal durchquert und parallel zur Loire das Bourbonnais und mündet sw. von Nevers; der A.; schiffbar bis Issoire; wichtige N-S-Achse für den Verkehr durch das Zentralmassiv.

Alligatoren [zu span. el lagarto (von lat. lacertus) „Eidechse"] (Alligatoridae), Fam. bis 6 m langer Reptilien (Ordnung Krokodile)

mit 7 Arten in und an Flüssen des trop. und subtrop. Amerika und SO-Asien; ernähren sich außer von Fischen auch von größeren Säugetieren und Vögeln, die sie unter Wasser ziehen und ertränken. Rücken- und Bauchschilde mit Hautverknöcherungen (am Bauch zuweilen nur schwach ausgebildet); z. B. ↑ Mississippialligator, ↑ Kaimane. Zur Gewinnung von hochwertigem Leder werden in N-Amerika A. in Farmen gehalten.

Alligatorsalamander (Plethodon), Gatt. vorwiegend Regenwürmer und Insekten fressender Molche mit fast 20 Arten v. a. in den Wäldern N-Amerikas; tagsüber unter Laub, im Moos oder in feuchten Höhlen; werden erst bei Dunkelheit oder bei Regen aktiv. Eiablage auf dem Land (z. B. unter Steinen oder im Moos) in kleinen Häufchen; A. sind beim Schlüpfen voll entwickelt; häufigste Art ist der ↑ Erdsalamander.

Alligatorschildkröte (Geierschildkröte, Macroclemys temmincki), eine der größten Wasserschildkröten der Erde; dunkel- bis graubraun, mit mächtigen, hakenförmigen Kiefern („Geierschnabel") und auffallend starken Kielen auf dem (bis 75 cm langen) Rückenpanzer; lebt in den Flüssen des südöstl. N-Amerika.

alliieren [lat.-frz.], verbinden, vereinigen, eine Allianz schließen.

Alliierte, Bez. für die durch formelle Allianz verbündeten Mächte im Kampf gegen Napoleon I. (1813–15) sowie v. a. für die Gegner der Mittelmächte im 1. Weltkrieg und der Achsenmächte im 2. Weltkrieg; nach 1945 v. a. Bez. für die „Großen Vier" (Frankr., Großbrit., UdSSR, USA). **A. und assoziierte Mächte,** erweiterte Bez. für die A. des 1. Weltkrieges und die auf ihrer Seite im wesentl. 1917/18 ohne Bündnisvertrag in den Krieg eingetretenen Staaten.

Alliierte Hohe Kommandantur Berlin, gemeinsames Organ der vier Besatzungsmächte für Berlin seit Juli 1945. Wegen Funktionsunfähigkeit tagen die westl. Stadtkommandanten seit Juni 1948 ohne den Vertreter der UdSSR.

Alliierte Hohe Kommission, Abk. AHK, oberstes Organ der drei Westmächte für die BR Deutschland und die Westsektoren von Berlin während der Geltungsdauer des Besatzungsstatuts vom 21. Sept. 1949 bis 5. Mai 1955 mit Sitz auf dem Petersberg bei Königswinter; bestand aus den drei Hohen Kommissaren.

Alliierter Kontrollrat, am 8. Aug. 1945 gebildetes oberstes Regierungsorgan der Besatzungsmächte (Frankr., Großbrit., UdSSR, USA), das sich aus den 4 Oberbefehlshabern in Deutschland zusammensetzte. Die Aufgaben der A. K., die in der Entscheidung aller Deutschland als Ganzes angehenden Fragen und der Gewährleistung eines einigermaßen einheitl. Vorgehens der 4 Be-

fehlshaber lagen, konnten angesichts der zunehmenden Meinungsverschiedenheiten unter den Besatzungsmächten nur beschränkt wahrgenommen werden. Trat seit März 1948 nicht mehr zusammen.

Alliierte Taktische Luftflotte (engl. Allied Tactical Air Force [Abk. ATAF]), Verband innerhalb der ↑NATO; die 2. A.T.L. („TWOATAF") befindet sich in Mönchengladbach, die 4. („FOURATAF") in Ramstein-Miesenbach.

Alliierte und assoziierte Mächte ↑Alliierte.

Alliin [lat.], Aminosäure in den Zwiebeln von Laucharten; wird durch das Enzym **Alliinase** in ↑Allizin umgewandelt.

Allingham, Margery [engl. ˈælɪŋəm], * London 20. Mai 1904, † ebd. 30. Juni 1966, engl. Schriftstellerin. - Schrieb zahlr. Detektivromane, v.a. um die Gestalt des Detektivs Albert Campion, mit guter psycholog. Charakterisierung der handelnden Personen; u.a. „Für Jugendliche nicht geeignet" (1936), „Die Spur des Tigers" (1952).

Allintervallreihe, in der Zwölftonmusik eine ↑Reihe, in der die 12 Halbtonstufen der chromat. Skala derart angeordnet sind, daß alle 11 mögl. Intervalle vorkommen.

Allio, Donato Felice (d'), * Mailand um 1677, † Wien 6. Mai 1761, italien. Baumeister. - Schüler von J. B. Fischer von Erlach. Sein Hauptwerk ist der Bau der Salesianerinnenkirche in Wien (1717–28), einer der bed. Barockkirchen Wiens. 1730 begann A. den Neubau der Stiftsgebäude in Klosterneuburg.

Alliprandi, Giovanni Battista, * Verona 1665, † Prag 1720, italien. Baumeister. - Weitgehend vom Wiener Barock abhängig; Schöpfer des Lobkowiczschen Palais auf der Prager Kleinseite (1703–07; wohl nach seinen Plänen erbaut), der Spitalkirche in Kuks (Kukus; 1707–17) und der Piaristenkirche in Litomyšl (1714–26).

Allison, Samuel King [engl. ˈælɪsn], * Chicago 13. Nov. 1900, † Oxford 15. Sept. 1965, amerikan. Kernphysiker. - Prof. an der Univ. von Chicago und Vors. des Ausschusses für Kernphysik im National Research Council; Arbeiten über die korpuskulare Natur des Lichts (↑Photonen).

Alliteration [lat.], gleicher Anlaut mehrerer aufeinanderfolgender Wörter. Die Verwendung der A. als eines versbildenden Prinzips (neben anderen) in der ältesten italischen und ir. und in der altgerman. Dichtung (z.B. Beschwörungs- und Gebetsformeln, rhythm. gestaltete Sprichwörter und feierl. Rechtsrede) beruht auf dem starken Initialakzent der italischen, kelt. und altgerman. Mundarten; in den west- und nordgerman. Epik und in der norweg.-isländ. ↑Skaldendichtung hat die A. dabei die spezif. Form des ↑Stabreims mit seinen festen Stellungsregeln angenommen. Eine Anzahl der german. Rechtsrede entstam-

mender alliterierender Zwillingsformeln haben sich in der dt. Umgangssprache erhalten (Land und Leute, Haus und Hof, Kind und Kegel). In der dt. Literatur wird die A. gelegentl. als Klangfigur verwendet, sie wirkt gruppierend oder hat lautmaler. oder sprachmusikal. Bedeutung.

📖 *Kabell, A.: Der A.vers. Mchn. 1978. - Kühnel, J. B.: Unterss. zum german. Stabreimvers. Göppingen 1978.*

allitisch [Kw.], die chem. Verwitterung in trop. und subtrop. Klimaten bezeichnend, bei der sich ↑Latosole bilden.

Allium [lat.], svw. ↑Lauch.

Allizin [lat.], Inhaltsstoff des Knoblauchöls mit dessen charakterist. Geruch; keimtötend, wirkt regulierend auf die Bakterienflora des Magen-Darm-Kanals.

Allkategorie ↑Sport, Gewichtsklassen (Übersicht).

Allmacht (Omnipotenz), in zahlr. Philosophien und Religionen die dem höchsten Wesen eigene unbegrenzte Macht.

Allmännerschlucht ↑Almannagjá.

Allmende [mittelhochd. „was allen gemeinsam gehört"] (östr. Agrargemeinschaft), Ländereien, meist aus Weide, Wald oder Ödland bestehend, die den Mgl. einer Gemeinde zur gemeinschaftl. Nutzung zustehen. Die A. hat sich histor. aus german. Siedlungsformen entwickelt, doch ist dieser Prozeß durch die bisherige Forschung nur zum Teil geklärt. Die Aufteilung der A. und ihre Überführung in Privateigentum erfolgte erst im Zuge der Agrarreformen des 19. Jh. Von Bed. ist die A. heute v.a. noch in der Schweiz und in S-Deutschland (überwiegend forstwirtschaftl. Nutzung oder Gebirgsweiden).

allo..., Allo... [griech.], Bestimmungswort in Zusammensetzungen mit der Bed. „anders..., fremd...".

Allobroger (lat. Allobroges), größter kelt. Volksstamm der röm. Prov. Gallia Narbonensis zw. Rhone, Isère, Genfer See und Grajischen Alpen mit der Hauptstadt Vienna (= Vienne); 121 v. Chr. von den Römern unterworfen; Empörungsversuch 61 v. Chr.

Allochorie [griech.], Fremdverbreitung, die Verbreitung von Früchten oder Samen über deren Entstehungsort hinaus (Fernverbreitung) durch die Einwirkung von außen kommender Kräfte wie Wind (**Anemochorie),** Wasser (**Hydrochorie),** Tiere (**Zoochorie),** den Menschen (**Anthropochorie);** sind mehrere Außenkräfte beteiligt, so wird von **Polychorie** gesprochen. - Ggs.: ↑Autochorie.

allochromatisch [griech.], verfärbt (durch geringe Beimengungen anderer Substanzen); bes. bei an sich farblosen Mineralen; Ggs.: idiochromatisch. So tritt z. B. der farblose Korund blauverfärbt (durch Beimengungen von Eisenoxid und Titandioxid) als Saphir, rotverfärbt (durch 0,25 % Chromoxid) als Rubin auf.

allochthon [griech.], nicht am Fundplatz heim. bzw. entstanden (von Lebewesen und Gesteinen). Ggs.: ↑autochthon.

Allod [mittellat.], 1. lehnsrechtl. Bez. für volleigenen Besitz innerhalb des Gesamtbesitzes; stand seit der Karolingerzeit als Nichtlehen meist in Ggs. zu Lehen. 2. In M- und O-Deutschland schon im Spät-MA Bez. für einen adligen Wirtschaftshof, auch wenn er lehnbar war.

Allodialgüter [mittellat./dt.], in der Neuzeit Privatvermögen fürstl. Familien zum Unterschied von Staatsgütern.

Allodifizierung (Allodifikation) [mittellat.], Umwandlung eines Lehens in ein Allod.

Allogamie [griech.], svw. ↑Fremdbestäubung.

allogen, svw. ↑allothigen.

Allogene, rezessive ↑Allele.

Allographe [griech.], Buchstaben oder ↑Grapheme, die den gleichen Lautwert repräsentieren und eine voneinander abweichende Form aufweisen.

Allokation [lat.], Zuweisung, insbes. von finanziellen Mitteln, Produktivkräften.

Allometrie [griech.] (allometr. Wachstum), das Vorauseilen (positive A.) bzw. Zurückbleiben (negative A.) des Wachstums von Gliedmaßen, Organen oder Geweben gegenüber dem Wachstum des übrigen Organismus. - Ggs. ↑Isometrie.

Allomimese, die Erscheinung der Angleichung mancher Tiere oder Pflanzen an Form und Farbe lebloser Materie (z. B. Steine).

Allomorph, stellungsbedingte Variante eines ↑Morphems, die in einer bestimmten phonem., grammatikal. oder lexikal. Umgebung vorkommt, z. B. das Morphem /-t/ in der Bed. „3. Person Singular Präsens Indikativ" mit den beiden A. /-et/ (nach t, d: „Er redet") und /-t/ (in den übrigen lautl. Umgebungen: „Er macht"). A. schließen sich gegenseitig aus, sind komplementär.

Allon, Yigal, * Kefar-Tavor (Palästina) 10. Okt. 1918, † Afula 29. Febr. 1980, israel. Politiker. - Mgl. des rechten Flügels der Mapai; 1961–69 (mit Unterbrechung) Arbeitsmin.; 1968–77 stellv. Min.präs.; 1969–74 Erziehungsmin., 1974–77 Außenminister.

Allonge [a'lõːʒə] frz.; zu lat. longus „lang"], im Zahlungsverkehr das mit einem Wechsel fest verbundene Blatt (möglichst als Einheitsdruck), das der Aufnahme weiterer ↑Indossamente dient, falls auf der Rückseite kein Raum mehr ist.
◆ bei der Zinkgewinnung verwendeter gußeiserner Zylinder zum Niederschlagen des dampfförmigen Zinks.

Allongeperücke [a'lõːʒə] Herrenperücke mit langen, Schultern und Nacken bedeckenden Locken, zunächst blond oder schwarz getragen, später stark gepudert; kam am Hofe Ludwigs XIV. auf und fand im 17.

und 18. Jh. Verbreitung; heute noch als Amtsperücken für Richter und im Parlament in Großbritannien.

allons! [a'lõ:; frz. „gehen wir!"], vorwärts!, los!, auf! **Allons, enfants de la patrie,** „auf, Kinder des Vaterlands" (Beginn der frz. Nationalhymne; ↑Marseillaise).

allonym [griech.], mit einem anderen, fremden Namen benannt.

Allonym [griech.], Sonderform des ↑Pseudonyms, bei der der Name einer bekannten Persönlichkeit verwendet wird.

Allopathie [griech.], Bez. S. ↑Hahnemanns für die herkömml. Heilmethode der Schulmedizin, im Unterschied zur ↑Homöopathie Krankheiten mit entgegengesetzt wirksamen Medikamenten zu behandeln.

Allopatrie [griech.], das Vorkommen nächstverwandter Lebewesen (allopatrischer Arten) in verschiedenen geograph. Gebieten; bei entsprechend langer Isolation der Populationen können echte Arten entstehen.

allopatrische Speziation ↑Artbildung.

Allophane [griech.], wasserhaltige, säurelösliche, amorphe Tonerdesilicate im Gelzustand; grün. Verwitterungsprodukte von Silicatgesteinen.

Allophon [griech.], in der Phonetik Variante eines ↑Phonems, die in einer bestimmten phonem. Umgebung vorkommt und nicht bedeutungsunterscheidend ist.

Alloploidie [...o-i...; griech.], Auftreten strukturell unterschiedl. Chromosomensätze in den Körperzellen nach der Kreuzung unterschiedl. Arten [und folgender Vervielfachung der Chromosomensätze]; je nach Zahl der Chromosomensätze spricht man von Allodiploidie (bei zwei Chromosomensätzen) oder von Allopolyploidie (bei mehr als zwei Chromosomensätzen).

Allori, Alessandro, * Florenz 3. Mai 1535, † ebd. 22. Sept. 1607, italien. Maler. - Vater von Cristofano A.; Schüler Bronzinos, beeinflußt von Michelangelo. Vertreter des florentin. Manierismus, v. a. die frühen Werke zeigen ein fahles Kolorit. Fresken u. a. in einer Kapelle der Santissima Annunziata (1560) und im Refektorium von Santa Maria del Carmine (1581/82). Entwurf für die Fassade von Sant'Agata (1592/93). Bilder: „Opfer Abrahams" (1601, Uffizien) und Altarbilder, u. a. in Santa Maria Novella (1575) und Santo Spirito (1577). - Abb. S. 244.

A., Cristofano, * Florenz 17. Okt. 1577, † ebd. 2. April 1621, italien. Maler. - Frühbarock u. a. seine „Judith" (Florenz, Palazzo Pitti).

Allorrhizie ↑Radikation.

Allosomen [griech.], Chromosomen, die in Form und Größe oder im Verhalten von den übrigen („normalen") Chromosomen (Autosomen) abweichen, hauptsächl. die Geschlechtschromosomen (Heterosomen).

allosterischer Effekt ↑Enzyme.

allothigen (allogen) [griech.], Bestandtei-

le eines Gesteins bezeichnend, die nicht gleichzeitig mit ihm entstanden sind.

Allotria [griech. „abwegige Dinge"], Unfug, Narretei, Dummheiten.

allotriomorph [griech.], fremdgestaltig; gesagt von Kristallen, die infolge Behinderung beim Wachstum keine oder wenig eigene Kristallflächen ausgebildet haben. - Ggs.: idiomorph.

allotrop [griech.] (allomorph), zur Allotropie fähig, durch Allotropie bedingt.

allotrope Blüte, Blüte mit offenliegendem Nektar (z. B. die Trollblume).

allotroph [griech.], in der Ernährung sich anders verhaltend als die auf das Sonnenlicht oder auf organ. Stoffe angewiesenen Organismen; a. Organismen (z. B. Eisen-, Nitro-, Schwefelbakterien) gewinnen durch Aufnahme und Oxidation einfacher anorgan. Verbindungen die Energie zum Aufbau körpereigener Substanzen.

Allotropie [griech.], Auftreten verschiedener Zustandsformen eines Elements, sog. *allotroper Modifikationen* (bei Verbindungen spricht man meist von Polymorphie). Die A., z. B. bei Kohlenstoff (Diamant und Graphit), beruht auf der verschiedenen Anordnung der Atome im Kristallgitter oder auf der verschiedenen Anzahl der zu einem Molekülverband zusammentretenden Atome.

all'ottava [italien.], Abk. 8va, Anweisung in der Notenschrift (über oder unter den Noten), eine Oktave höher oder tiefer zu spielen.

Christofano Allori, Judith (undatiert). Florenz, Palazzo Pitti

Alloxan [Kw. aus Allantoin und Oxalsäure], in der Natur als Abbauprodukt der Harnsäure auftretende heterocycl. Ringverbindung. Wird A. nicht fortlaufend aus dem Körper ausgeschieden, kommt es zu einer Schädigung der Bauchspeicheldrüse und zum Diabetes. Synthet. hergestelltes A. wird zur Herstellung von Lippenstiften und für „selbstbräunende Hautcremes" verwendet.

Allphasensteuer, Umsatzsteuer, die auf allen Produktions- und Handelsstufen erhoben wird. Während die Allphasen-Bruttoumsatzsteuer die Umsätze der einzelnen Stufen in voller Höhe erfaßt, wird mit der Allphasen-Nettoumsatzsteuer (Mehrwertsteuer) der Nettoproduktionswert der einzelnen Stufen belastet.

Allquantor ↑Quantor.

Allradantrieb, bei [geländegängigen] Fahrzeugen auf sämtl. Räder wirkender Antrieb.

all right [engl. 'ɔːl'raɪt], richtig, in Ordnung.

Allroundman [engl. 'ɔːl'raʊndmæn], ein Mann, der Kenntnisse und Fähigkeiten auf zahlr. Gebieten besitzt [und anwendet].

All Star Band [engl. 'ɔːl 'staː 'bænd] (All Stars), Bez. für eine Jazzband, die nur aus berühmten Spielern besteht.

Allston, Washington [engl. 'ɔːlstən], * Georgetown (S. C.) 5. Nov. 1779, † Cambridge (Mass.) 9. Juli 1843, amerikan. Maler und Dichter. - Mehrere Jahre in Rom und London, seit 1818 wieder in den USA. A. ist der erste bed. romant. Maler der USA.

Allstromgerät, elektr. Gerät, das sowohl mit Gleich- als auch mit Wechselstrom betrieben werden kann, z. B. Hitzdrahtmeßgeräte (Zeichen: ≅).

Allüre [frz.], Gang, Gangart, bes. beim Pferd; Fährte, Spur (von Tieren). **Allüren,** [arrogantes, eigenwilliges] Benehmen, Auftreten; Umgangsformen.

Allusion [lat.], Anspielung.

alluvial [lat.], das Alluvium betreffend.

Alluvialboden, junger Anschwemmungs- oder Schwemmlandboden.

Alluvionen [lat.], geolog. jüngste Ablagerungen an Ufern und Küsten.

Alluvium [lat.; = Angespültes], jüngste Abteilung der Erdgeschichte, svw. ↑Holozän.

Allwellenempfänger, Funkempfänger (hauptsächl. auf Schiffen), mit dem Nachrichtensender auf allen gebräuchl. Wellenlängen empfangen werden können. Übl. ist der Bereich von 10 m bis 10 000 m Wellenlänge (Frequenzbereich von 30 MHz bis 30 kHz).

Allwetterjäger, Kampfflugzeug, das anfliegende Feindflugzeuge ohne Rücksicht auf die Wetterlage angreifen kann.

Allwetterlandung (Blindlandung), Landung eines Flugzeuges, die auch bei extrem schlechten Sichtverhältnissen mit Hilfe spezieller Bord- und Bodensysteme vollauto-

mat. erfolgen kann. Von der International Civil Aviation Organization (ICAO) wurden drei Betriebsstufen für die Einführung der A. definiert. Hauptkriterien sind die Sichtweiten; ihre Kenngrößen: 1. *Entscheidungshöhe* (engl. decision height), Höhe über der Aufsetzzone, in der sich der Flugzeugführer entscheiden muß, ob die von der ↑Anflugbefeuerung und der Landebahn erkennbaren Details ausreichen und ob die Lage des Flugzeuges relativ zur Landebahn geeignet ist, um eine erfolgreiche Landung ausführen zu können, oder ob er durchstarten muß; 2. *Landebahnsichtweite* (engl. runway visual range), Sichtweite am Boden entlang der Landebahn; soll in Cockpithöhe (etwa 5 m) vom Schnittpunkt Landebahn/Gleitwegebene entlang der Landebahnmittellinie gemessen werden. Unter Berücksichtigung dieser beiden Größen sind die Betriebsstufen (Kategorien) wie folgt definiert:

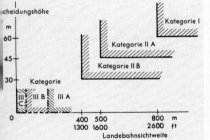

Landebahnsichtweite

Für die A. sind Bodensysteme notwendig, die eine genaue Kurs- und Höhenführung geben und deren Signale für die Aufschaltung auf einen Flugregler geeignet sind. Es hat sich gezeigt, daß diese Aufgaben prinzipiell vom Instrumentenlandesystem (ILS) übernommen werden können. Für Betriebsstufe III C werden bordseitig zusätzl. Komponenten erforderlich: Im Ggs. zu Betriebsstufe II, wo bis zu einer definierten Höhe der Übergang zur manuellen Landung mögl. ist, entfällt diese Möglichkeit bei Landungen nach Betriebsstufe III; das Flugzeug wird hier ausschließl. vom Flugregler gesteuert, auf den die ILS-Signale aufgeschaltet sind. Da das Gleitwegsignal in Bodennähe unzuverlässig ist, kann es das Flugzeug nicht bis zum Beginn des Abfangmanövers in etwa 15 m (50 ft) Höhe führen. Für ein kurzes Intervall ist eine bodenunabhängige Vertikalführung vorgesehen, bei der während des Anfluges auf dem ungestörten Teil der Gleitwegebene ein Mittelwert des Nicklagenwinkels gebildet wird und nach Abschalten des Gleitwegempfängers das Flugzeug unter Beibehaltung dieses Mittelwertes den Anflug fortsetzt. In 15 m Höhe beginnt das Abfangmanöver. Dabei werden die Radiohöhenmesser-Signale auf einen Abfangrechner gegeben, der die Nicklagenführung übernimmt. Gleichzeitig werden die Triebwerksleistungshebel selbsttätig zurückgenommen. Unmittelbar vor dem Aufsetzen erfolgt eine automat. „Herausnahme" des Luvwinkels zur Ausrichtung der Flugzeuglängsachse auf die Landebahnmittellinie. Nach dem Aufsetzen wird das Flugzeug automat. auf der Landebahnmittellinie geführt. Die Richtungsführung erfolgt während des gesamten Landeanflugs über die Signale des Landekurssenders. Der beschriebene Ablauf einer automat. Landung entspricht der Betriebsstufe III C; die gegenwärtige Entwicklung sieht jedoch verschiedene Zwischenstufen vor, bevor die letzte vollautomat. Phase der Betriebsstufe III verwirklicht werden soll.

Allwissenheit, in monotheist. Religionen eine Eigenschaft Gottes; in polytheist. Religionen häufig bes. Merkmal eines bestimmten Gottes, der der Hüter des Rechts ist.

Allyl- [lat./griech.], Bez. der chem. Nomenklatur für den Rest

$$-CH_2-CH=CH_2.$$

Bekanntester Vertreter dieser Gruppe ist der *Allylalkohol* (2-Propen-1-ol), eine farblose, giftige Flüssigkeit (Zwischenprodukt bei der Herstellung vieler Verbindungen, Schädlingsbekämpfungsmittel).

Allylaldehyd, svw. ↑Akrolein.

Allyloxy-, Bez. der chem. Nomenklatur für den Rest

$$-O-CH_2-CH=CH_2.$$

Allylsenföl (Allylisothiocyanat), Ester des Allylalkohols und der Isothiocyansäure

Alma-Ata. Nationalmuseum; ehemalige Kathedrale

Allylumlagerung

(↑Thiocyansäure), chem. Strukturformel

$$CH_2 = CH - CH_2 - N = C = S.$$

Das aus den Samen des Schwarzen Senfs gewonnene A. wird zur Insektenbekämpfung verwendet.

Allylumlagerung, eine bei Allylverbindungen beobachtbare Verschiebung der Doppelbindung vom ersten zum dritten Kohlenstoffatom, die durch die Wanderung eines Substituenten (v. a. OH, Cl) in umgekehrter Richtung bedingt wird. Ausgangs- und Endprodukt der Reaktion sind isomer:

$$R - CH(OH) - CH = CH_2 \leftrightarrow$$
$$R - CH = CH - CH_2OH.$$

Alm (alte Bez. Alp), in der Mattenzone von Hochgebirgen, in Mittelgebirgen vielfach auch unterhalb der natürl. Waldgrenze gelegene Bergweide, die während des Sommers für Jung- und Milchvieh als Weide genutzt wird.

Alma, aus dem Span. übernommener weibl. Vorname; eigtl. „die Nährende, Segenspendende" (lat. almus, „nährend, segensspendend").

Alma-Ata, Hauptstadt der Kasach. SSR und des Gebietes A.-A., UdSSR, am N-Fuß des Transili-Alatau, 700–900 m ü. d. M., 1,1 Mill. E. Univ. (1934 gegr.), elf Hochschulen, Akad. der Wiss. der Kasach. SSR; Bodenempfangsstation für Fernmeldesatelliten. Bed. Nahrungsmittel-, Textil- und Metallind. Bahnstation an der Turksib, ☆. - 1854 gegr., planmäßig angelegte russ. Kolonialstadt; seit 1929 Hauptstadt der Kasach. SSR. - In der Kathedrale (spätes 19. Jh.) befindet sich das Nationalmuseum der Kasach. SSR. - Abb. S. 245.

Almada [portugies. al'maðɐ], Wohnvorort von Lissabon, 43 000 E. Mit Lissabon über eine Brücke verbunden. Schiffbau.

Almadén [span. alma'ðen], span. Stadt in den nördl. Ausläufern der Sierra Morena, 568 m ü. d. M., 9 500 E. Bei A. bereits von Griechen, Römern und Mauren ausgebeutete Quecksilberlagerstätten mit riesigen Abraumhalden, heute nahezu erschöpft.

Almadies, Pointe des [frz. pwε̃tdezalma'di], westlichster Punkt Afrikas, NW-Spitze der Halbinsel von Kap Vert, Senegal.

Almagest, seit dem Hoch-MA gebräuchl. Bez. für das astronom. Werk des ↑Ptolemäus in latein. Übersetzung.

Almagro, Diego de, * Almagro 1475, † Cuzco Juli 1538, span. Konquistador. - Das Findelkind nach seinem Geburtsort benannt; eroberte 1531–33 mit Pizarro Peru; 1535–37 Eroberungen in Chile; danach Kampf mit Pizarro um Cuzco; nach Gefangennahme erdrosselt.

Almalyk [russ. alma'lik], sowjet. Stadt, Gebiet Taschkent, Usbek. SSR, 112 000 E. Fakultät der polytechn. Hochschule von Tasch-

kent, Bergbautechnikum; Zentrum des Buntmetallerzbergbaus und der -verhüttung der Usbesk. SSR.

Alma mater [lat. „nährende Mutter"]. Bez. für die Univ.; urspr. Bez. röm. Muttergottheiten, insbes. der kleinasiat. Kybele, die von den Römern als Magna Mater in Rom eingeführt wurde. Die Bez. *alma [mater] universitas* wurde zunächst auf Körperschaften des polit. Lebens, spätestens seit dem 13. Jh. auch auf die Gesamtheit der Lehrenden und Lernenden an einer Hochschule und schließl. auf die Univ. selbst übertragen.

Almanach [mittellat.], Jahrbuch, ursprüngl. im Orient verwendete astronom. Tafeln. In Europa ist A. seit 1267 als Synonym für Kalender nachweisbar. Die ersten gedruckten A. informieren über kalendar. astronom. Daten. Seit dem 16. Jh. werden in zunehmendem Maß auch belehrende und unterhaltende Themen in die A. aufgenommen. Im 18. Jh. herrscht der *belletrist.* A. (↑Musenalmanach), im 19. Jh. der *Theater-A.* (Gothaischer Theater-A.) vor. Das 20. Jh. kennt den *Verlags-A.* („Insel-Almanach", Leipzig 1900, 1906 ff.) mit einem Querschnitt aus der Jahresproduktion.

Almandin [nach der antiken Stadt Alabanda (Kleinasien)], edler, roter Schmuckstein aus der Granatgruppe mit der Zusammensetzung $Fe_3Al_2[SiO_4]_3$; Kristalle in Gneisen und Glimmerschiefern.

Almannagjá [isländ. 'almannagjaʏ] (Allmännerschlucht), Verwerfungsspalte am NW-Rand des Þingvallavatn, 40 km onö. von Reykjavík; 5 km lang, etwa 30 m tief. - Am Hang nahe bei Þingvellir die Stätte des ↑Althings.

Almanzor [span. alman'θɔr], höchste Erhebung des Kastil. Scheidegebirges, Spanien, 2 592 m hoch.

al marco [italien. „pro Mark"], nach dem Gewicht einer großen Menge (beim Justieren und Prüfen von Münzen). Bei größeren Wertstufen war die Justierung **al pezzo** („pro Stück") üblich.

Almeida [portugies. al'mɐiðɐ], Antonio José de, * Vale da Vinha 18. Juli 1866, † Lissabon 30. Okt. 1929, portugies. Politiker. - Arzt; 1910 maßgebl. am Sturz der Monarchie beteiligt; Innenmin. einer provisor. Regierung, 1916/17 Min.präs.; 1919–23 Präs. der Republik.

A., Francisco de, * Lissabon um 1450, ✗ an der Saldanha Bay (Südafrika) 1. März 1510, portugies. Eroberer. - Breitete als 1. portugies. Vizekönig in Vorderindien (seit 1505) die portugies. Herrschaft über dessen W-Küste aus und erzwang durch den Seesieg über Araber und Ägypter bei Diu 1509 das Monopol im Gewürzhandel.

Almeida Garrett [portugies. al'mɐiðɐ ɣɐ'rrɛt] ↑Garrett, João Baptista da Silva Leitão de Almeida.

Almelo, niederl. Ind.-Stadt in Twente, 22 km nw. von Enschede, 65 000 E. Traditionelle Textilind., Nahrungsmittelind., Urananreicherungsanlage. - A. entwickelte sich im 14. Jh. zur Stadt. - Ehem. Rathaus (1690), Kreuzkirche (1738), Huis A. (1662).

Almendralejo [span. almendra'lɛxo], südwestspan. Stadt, 50 km sö. von Badajoz, 235 m ü. d. M., 22 000 E. Im Zentrum der Tierra de Barros, einem der ertragreichsten Gebiete der Estremadura; u. a. Mühlen, Olivenölgewinnung, Brennereien. - Das 1228 von Mérida aus gegr. A. erkaufte sich 1536 von König Karl I. von Spanien (Kaiser Karl V.) das Stadtrecht.

Almenräder, Karl, * Ronsdorf (= Wuppertal) 3. Okt. 1786, † Biebrich (= Wiesbaden) 14. Sept. 1843, dt. Fagottist und Instrumentenbauer. - Schrieb eine Fagottschule sowie Konzerte und Phantasien für Fagott.

Almería, span. Hafenstadt am Golf von A., 17 m ü. d. M., 141 000 E. Verwaltungssitz der Prov. A., kath. Bischofssitz. Fremdenverkehrszentrum an der Costa del Sol. Anbau von Orangen, Wein und Dattelpalmen in der Vega; Fischereiwirtschaft; im Hafen Verladerampen der Bergwerke des Hinterlandes; Nahrungsmittelind.; Verarbeitung von Alfagras; Meersalzgewinnung; internat. ⚓. In der Nähe, auf dem **Calar Alto** (2 168 m ü. d. M.) Dt.-Span. Astronom. Zentrum. - Röm. Hafen (**Portus Magnus**); 955 arab. Neugründung; 1009 Hauptstadt eines Maurenreiches; wirtsch. Blüte durch Herstellung und Export von Seidenstoffen, 1147 von christl. Heeren erobert. 1157–1489 wieder maurisch. - Das Stadtbild ist maur. geprägt. Kathedrale (1524–43; an der Stelle der Moschee); nördl. der Stadt die Alcazaba, eine große Zitadelle (8. Jh.).
A., span. Prov. in Andalusien.

Almería, Golf von, 50 km breite, bis 15 km lange Bucht an der andalus. S-Küste.

Almeríakultur, nach der span. Prov. Almería benannte neolith. Kulturgruppe an der span. SO-Küste; ihre Kollektivgräber gelten als Vorläufer der Megalithgräber.

Almetjewsk, sowjet. Stadt an Sai, Tatar. ASSR, RSFSR, 120 000 E. Zentrum der Erdölförderung (Zweites Baku); Ausgangspunkt des COMECON-Mineralöl-Fernleitungssystems.

Almgren, Oscar, * Stockholm 9. Nov. 1869, † Uppsala 13. Mai 1945, schwed. Prähistoriker. - Prof. in Uppsala, bed. Forschungen bes. über skand. bronzezeitl. Felsbilder und die german. Kultur der Eisenzeit.

Almohaden (arab. Al Muwahhidun „die Bekenner der göttl. Einheit"), span.-arab. Dynastie 1147–1269, hervorgegangen aus der gleichnamigen, von Muhammad Ibn Tunart gegr. religiösen Bewegung. 1147 Sieg über die Almoraviden, dann Eroberung des muslim. Spanien (neue wirtsch. und kulturelle

Blüte); konnten nach 1212 Spanien nicht mehr lange halten; 1269 von den Meriniden in Marokko gestürzt.

Almond (Terminalia), Gatt. der Langfadengewächse mit etwa 200 trop. Arten (v. a. in Savannen); meist laubabwerfende Bäume mit häufig büschelig an den Zweigenden stehenden Blättern; Blüten klein und unscheinbar, in Ähren oder Köpfchen; bekannt der † Katappenbaum. Manche Arten liefern die gerbstoffreichen † Myrobalanen oder wertvolle Hölzer.

Almonde, Philips van, * Den Briel 29. Dez. 1644, † Oegstgeest (= Leiden) 8. Jan. 1711, niederl. Admiral. - Erfocht als Befehlshaber des niederl. Teils der niederl.-engl. Flotte den Sieg über die Franzosen bei La Hogue 1692; zerstörte 1702 bei Vigo die span. Silberflotte.

Almonte, Juan Nepomuceno, * Valladolid 1804, † Paris 22. März 1869, mex. General und Politiker. - Betrieb im Kampf gegen B. Juárez die Expedition nach Mexiko; 1863 Präs. des Regentschaftsrats des mex. Kaiserreiches; floh nach der Erschießung Kaiser Maximilians nach Europa.

Almoraviden (arab. Al Murabitum), Dynastie berber. Herkunft in Marokko und Spanien 1061–1147; hervorgegangen aus einem am Senegal zur Islamisierung der Berber gegr. Missionsorden; eroberten Marokko, ab 1090 das muslim. Spanien; 1147 von den Almohaden gestürzt.

Almosen [zu griech. eleēmosýnē „Erbarmen"], Gabe zur Unterstützung der sozial Schwachen wie auch der freiwillig Armen (z. B. der Bettelmönche). Das A.geben wird in vielen Religionen als verdienstvoll angesehen bzw. als Pflicht verstanden.

Almqvist, Carl Jonas Love, * Stockholm 28. Nov. 1793, † Bremen 26. Sept. 1866, schwed. Dichter. - Anhänger Rousseaus; zunehmend liberal, 1841 aus dem Schuldienst entlassen. Unter Mordverdacht floh er 1851 nach Amerika, seit 1865 lebte er als C. Westermann in Bremen. Phantastik, myst. Religiosität und soziale, gesellschaftskrit. Tendenzen sind in seinem Werk wirksam. Sein Sammelwerk „Törnrosens bok" (1832–51; „Buch der Dornrosen") besteht aus Novellen, Romanen, Lyrik, Dramen und Abhandlungen sowie der Rahmenerzählung „Das Jagdschloß" (1832). Die dort enthaltene Eheerzählung „Es geht an" (1839) wurde heftig diskutiert. „Amorina" (1822) ist ein Briefroman.
A., Osvald, * Trankil bei Karlstad 2. Okt. 1884, † Stockholm 6. April 1950, schwed. Architekt. - Vertreter des † internationalen Stils in Schweden. Vorbildl. seine Wasserkraftwerke (Hammarforsen, Krångede, beide 1925–28, Chenderoh in Malaya [1930] u. a.) und seine Wohnsiedlung Bergslagsbyn in Domnarvet (Gemeinde Borlänge).

Almrausch (Almenrausch), volkstüml.

Bez. für die Behaarte Alpenrose und die Rostrote Alpenrose.

Almuñécar [span. almu'nekar], südspan. Seebad und Hafenstadt, 50 km südl. von Granada, 15 000 E. In den Vegas Anbau von Baumwolle, Zuckerrohr, Wein, Oliven und Getreide; Fischereihafen; Zentrum des Wasser- und Tauchsports. - Phönik. Gründung **(Sexi),** 756–1489 maurisch. - Röm. Aquädukt, Torre del Monje mit röm. Begräbniskammer, Alcazaba (Zitadelle) mit phönik., röm. und v. a. maur. Ruinen.

Almut (Almuth, Almute), weibl. Vorname, Kurzform von Adelmut, eigtl. „von edlem Sinn".

Alnus [lat.], svw. ↑Erle.

Alodine-Verfahren ⊛ [Kw.], stromlos arbeitendes Tauchverfahren zur Herstellung oxid. Korrosionsschutzschichten auf Aluminium und seinen Legierungen *(Alodieren).*

Aloe [...o-e; griech.], Gatt. der Liliengewächse mit etwa 250 Arten in den Trockengebieten Afrikas; kleine bis 15 m hohe bäumebildende Pflanzen mit wasserspeichernden und daher dicken, oft am Rand dornig gezähnten Blättern meist in dichten, bodenständigen Rosetten oder schopfig zusammengedrängt am Stamm- oder Astende. Blüten röhrenförmig in aufrechtstehenden Blütenständen, die Kapselfrüchte mit zahlr. schwarzen, oft stark zusammengedrückten Samen; z. B. ↑Köcherbaum; viele Arten Zierpflanzen. A.arten wurden im 3. und 2. Jt. v. Chr. in Babylonien und Indien für Heil- und Räuchermittel, in Ägypten zus. mit Myrrhe als Konservierungsmittel beim Einbalsamieren gebraucht. Über die Araber wurden A.arten in M-Europa eingeführt. Sie wurden im MA in Arzneikräutergärten kultiviert und sowohl in angelsächs. (seit dem 10. Jh.) als auch in althochdt. und mittelhochdt. Handschriften als Heilpflanze (bes. bei Wunden und Geschwüren, so bei Hildegard von Bingen) aufgeführt. Der bittere Saft wurde mitunter als Hopfenersatz in der Bierbrauerei verwendet.

alogisch, unlog., den Regeln der Logik nicht unterworfen.

Alois ['a:lɔɪs] (Aloisius, Aloys, Aloysius), aus dem Italien. übernommener männl. Vorname, vermutl. german. Ursprungs („der sehr Weise").

Aloisius (Aloysius, italien. Luigi) **von Gonzaga,** hl., * Castiglione delle Stiviere (Prov. Mantua) 9. März 1568, † Rom 21. Juni 1591, italien. Jesuit (seit 1585). - In Rom in der Krankenpflege tätig, starb an der Seuche; 1726 heiliggesprochen. Seit 1729 Patron der [studierenden] Jugend. Fest: 21. Juni.

Alonnisos, griech. Insel der Nördl. Sporaden, 64 km², Hauptort A. an der S-Spitze. Gebirgig mit geringer Bewaldung.

Alonso, Alicia, * Havanna 21. Dez. 1921, kuban. Tänzerin und Choreographin. - Vielseitige Interpretin aller großen klass. und modernen Rollen. Gründete 1948 ihre eigene Truppe, das **Ballet Alicia Alonso,** 1955 weitergeführt unter dem Namen Ballet de Cuba.

A., Dámaso, * Madrid 22. Okt. 1898, span. Dichter und Romanist. - U. a. Prof. in Madrid; Präs. der Span. Akademie; bed. literarhistor. Arbeiten (bes. Góngora), glänzender Stilist. Gedichte („Söhne des Zorns", 1944).

Alopecurus [griech.], svw. ↑Fuchsschwanzgras.

Alopezie [griech.], krankhafter ↑Haarausfall.

Alor, eine der Kleinen Sundainseln, Indonesien, 2104 km². Bildet zus. mit Pantar (728 km², bis 1 365 m hoch) und einigen kleinen Inseln die Gruppe der *A.inseln* (2 916 km²); gebirgig (bis 1 765 m hoch). Im Inneren Anbau von Mais, Reis und Baumwolle, an der Küste kleinere Kokospflanzungen, Fischerei. Hauptort und Hafen ist *Kalabahi* an der W-Küste. - A. gehörte seit dem 2./1. Jh. zur bronzezeitl. Dong-son-Kultur; sie wurde nie völlig hinduisiert; kam erst im 19. Jh. endgültig unter niederl. Hoheit und damit zum späteren Indonesien.

Alorna, Leonor de Almeida Marquesa de [portugies. ɐ'lɔrnɐ] ↑Alcipe.

Alor Setar, Hauptstadt des malays. Gliedstaates Kedah, auf der Halbinsel Malakka, 72 000 E. Handelszentrum für Reis und Kautschuk; Reismühlen; an der Bahnlinie und Fernstraße von Kuala Lumpur nach Thailand, ✈. - Palast des Sultans von Kedah, Moschee.

Aløst ↑Aalst.

Aloys ['a:lɔɪs] (Aloysius) ↑Alois.

Alp, aus dem Mitteldt. stammende, in die Schriftsprache eingegangene Bez. für ein den **Alpdruck** bewirkendes Wesen; andere Benennungen dafür sind etwa Mahr (niederdt.), Schratt oder Schrättele (oberdt., bes. alemann.), Trud, Drud (bayr.-östr.), Togg[el]i (schweizer.). Unter **A.**druck oder **Alptraum** werden Angsterlebnisse im Schlaf und Traum verstanden, die meist zu schreckhaftem Erwachen führen. Ursache dafür kann u. a. Atemnot sein, doch sieht die moderne Wissenschaft in solchen Angstträumen bes. den Ausdruck für seel. Konflikte.

Alpaka [Quechua] (Lama pacos), langhaarige, oft einfarbig schwarze oder schwarzbraune Haustierrasse der ↑Guanakos in den Hochanden S-Amerikas; wird häufig in großen Herden gehalten, v. a. zur Gewinnung von Wolle.

Alpaka [Quechua], dichtes, glänzendes Gewebe in Tuch- oder Köperbindung; für die Kette wird einfaches oder gezwirntes Baumwollgarn verwendet, für den Schuß Alpaka- oder Mohairgarn; bes. für Schürzen, Kleider und Damenmäntel; auch Futterstoff.
◆ Reißwolle aus Wollmischgeweben.

Alpaka (Alpacca ⊛), veraltete Bez. für ↑Neusilber.

Alpamysch-Epos, Heldenepos, das bei den turksprachigen Völkern Zentralasiens weit verbreitet ist. Es entstand etwa im 16./17. Jh., jedoch sind bed. frühere Elemente darin enthalten. Beste Fassung aus Usbekistan (aufgeschrieben 1928).

al pari [italien.], zum Nennwert, d. h., der Kurs ist gleich dem Nennwert.

Alp Arslan, * 1030, † in Transoxanien im Jan. 1073 (ermordet), Sultan aus der Seldschukendynastie (seit 1063). - Dehnte seine Herrschaft von Persien nach Syrien aus; Sieg über Byzanz 1071; brachte den größten Teil Kleinasiens in seine Gewalt.

Alpdruck (Alpdrücken) ↑ Alp.

Alpe-d'Huez [frz. alpǝ'dɥɛːz], internat. Wintersportzentrum in den frz. Alpen, 30 km osö. von Grenoble, 1 860 m ü. d. M., 1 400 E. Seilbahn zum Pic Blanc (3 327 m ü. d. M.).

Alpen, höchstes europ. Gebirge, an dem Italien, Monaco, Frankr., die Schweiz, Liechtenstein, die BR Deutschland, Österreich und Jugoslawien Anteil haben, 1 200 km lang, bis 250 km breit. Die A. verlaufen bogenförmig vom Turchinopaß bei Genua zuerst nach W, dann nach N, danach nach O; höchste Erhebung ist der Montblanc (4 807 m). Mit einer Auffächerung von einem Hauptkamm (Ligurische A.) in mehrere Ketten geht eine Erniedrigung der Höhen sowie die Entwicklung breiter Längstäler (bzw. Randbecken im O) einher; die A. enden als niedriges Bergland (Wienerwald, Leithagebirge). Sie gehören dem Erdkrustenstreifen der Alten Welt an, der während der Kreide und im Tertiär in mehreren Phasen aufgefaltet wurde, ebenso wie Apennin, Atlas, Betische Kordillere, Pyrenäen, Karpaten, Kaukasus, Himalaja u. a. Dabei wurden Gesteinsschichten aus ihrem Ursprungsort gelöst und über andere Gesteinspakete geschoben, oft über 100 km weit (sog. Überschiebungsdecken). Entscheidend für das Landschaftsbild ist außer der Heraushebung die starke glaziale Überformung im Quartär; aus Rücken wurden von Karen zerfressene Grate, aus Kerbtälern breitausgehobelte Trogtäler, es entstanden Wannen, die noch heute von Seen erfüllt sind. Die Linie Bodensee-Comer See trennt die Ost- von den Westalpen; von diesen beiden trennt eine tekton. Linie, die sog. **Periadriatische Naht,** die Südalpen ab. Die ältesten Teile der **Westalpen** sind die Zentralmassive (u. a. Teile der Meeralpen, Aiguilles Rouges–Montblancmassiv, Aare–Gotthardmassiv) aus kristallinen Gesteinen, Reste des Varisk. Gebirges (wie auch Schwarzwald und Vogesen). Mit Heraushebung der Zentralmassive scherten sich die mesozoischen Gesteine ab und glitten als Decken auf das Vorland; diese nehmen einen Großteil der Westalpen ein. Die **Ostalpen** werden nach ihren Hauptgesteinen in Nördl. und Südl. Kalkalpen und die kristallinen Zentral-A. gegliedert. Die

500 km langen **Nördlichen Kalkalpen** (von den Allgäuer A. u. a. über das Salzkammergut zur Rax) zeichnen sich durch geringe Zertalung und starke Verkarstung aus mit großen Höhlensystemen, Dolinen und Karrenbildung auf den Hochflächen. Sie werden im N von einem Voralpenzug begleitet; die Gebirgsrandbuchten am Austritt der großen Quertäler sowie die Seen sind Zentren des Fremdenverkehrs. Im S begleitet ein Schieferzug („Grasberge") die Nördl. Kalkalpen; er bildet eine Längstalfurche, südl. derer die z. T. stark vergletscherten **Zentralalpen** liegen mit der höchsten Erhebung der Ostalpen, dem Großglockner (3 797 m). Zu den Zentralalpen zählen u. a. die Rätischen A., Ötztaler A., Stubaier A. und Zillertaler A. sowie die Hohen Tauern, die durch die Großglockner-Hochalpenstraße und den Felber-Tauern-Tunnel für den Verkehr erschlossen wurden. Nach O folgen die Niederen Tauern und die Gurktaler Alpen, getrennt durch die inneralpine Mur-Mürz-Furche, weiter das Steirische Randgebirge, das das mittelsteir. Hügelland von S, W und N umschließt. Die Periadriat. Naht, hier z. T. **Judikarienlinie** genannt, trennt die **Südalpen** von den Zentralalpen. An dieser tekton. Linie sind Granite varisk. und alpid. Alters eingedrungen, die u. a. die Massive des Bergell und der Adamellogruppe bilden. Die Südalpen bestehen in wesentl. aus den **Südlichen Kalkalpen,** die von den Bergamasker A. im W u. a. über die Etschtaler A. und die Dolomiten zu den Karnischen und Julischen A., den Karawanken und Steiner A. im O reichen. Hier treten keine großen Überschiebungsdecken auf; Riffkalke bilden turmartige Bergklötze; Hochplatten sind von schuttreichen Wänden umschlossen; die glaziale Überformung ist geringer als im N, doch haben auch hier Endmoränen Seen aufgestaut.

Klima: Klimat. wirken die A. auf Grund ihrer Höhe und bed. W–O-Erstreckung gegenüber dem Vorland als Scheide zw. drei großen Klimazonen. W- und N-Rand des Gebirges liegen im Bereich der W-Windzone und erhalten während des ganzen Jahres, verstärkt aber in den Sommermonaten, hohe Niederschläge. Der S des Gebirges wird von Ausläufern des winterfeuchten Mittelmeerklimas bestimmt, nach O erfolgt ein Abfall. Übergang zu kontinentaleren Klimabereichen. Höhe und orograph. Gliederung führen zu einer starken Modifikation, wobei v. a. der Unterschied zw. den im Luv liegenden und daher stark beregneten Ketten und den in Lee liegenden Tal- und Beckenlandschaften eine entscheidende Rolle spielt. Die Schneegrenze variiert zw. 2 500 und 3 000 m; große zusammenhängende Vergletscherungen finden sich im Bereich der höchsten Gipfel; hier liegt auch das Nährgebiet der großen Talgletscher. Rhein, Rhone, Inn, Po, Drau und Save entspringen hier.

1 Alpenveilchen (Primelgewächs); 2 Echtes Alpenglöckchen (Primelgewächs); 3 Mehlprimel (Primelgewächs); 4 Aurikel (Primelgewächs); 5 Rostrote Alpenrose (Heidekrautgewächs); 6 Trollblume (Hahnenfußgewächs); 7 Stengelloses Leimkraut (Nelkengewächs); 8 Silberwurz (Rosengewächs); 9 Traubensteinbrech (Steinbrechgewächs)

1 Alpenleinkraut (Rachenblütler); 2 Beblättertes Läusekraut (Rachenblütler); 3 Gelber Enzian (Enziangewächs); 4 Kochs Enzian (Enziangewächs); 5 Arnika (Korbblütler); 6 Edelweiß (Korbblütler); 7 Silberdistel (Korbblütler)

Alpenakelei

Die **Vegetation** läßt sich in sechs Höhenstufen gliedern: auf die kolline Stufe (Hügelland) mit Getreide-, Obst-, auch Weinbau folgt die Berg- und Laubwaldstufe, darauf die Nadelwaldstufe bis zur Waldgrenze, die durch den Almbetrieb oft herabgedrückt ist. Die alpine Stufe - Krummholzgürtel und Mattenzone - geht in die Fels- und Schuttzone über, überragt von der nivalen Höhenstufe.

Die **Besiedelung** geht in vorgeschichtl. Zeit zurück (paläolith. Funde u.a. in der Wildkirchlihöhle am Säntis; neolith. Pfahlbaukultur an den Vorlandseen). Bergbau ist für die Höttinger- (1200–800) und Hallstattkultur (1200–500) nachgewiesen. Das Gebiet der Helvetier wurde 58 v. Chr., das der Rätier sowie das kelt. Kgr. Noricum 15 v. Chr. in das Röm. Reich eingegliedert. Die Grenzen der röm. Prov. wurden z. T. von den späteren Diözesen übernommen. Rätoromanen und Ladiner stammen aus der Zeit vor der Völkerwanderung, auf deren Abschluß (Landnahme) die heutige Sprachenverteilung in den A. basiert. Die karoling. Expansion richtete sich nach O und S. Im 13. Jh., nach Zusammenbruch des Stauferreiches, entwickelten sich Paßstaaten. Außer den Randgebieten waren v. a. die breiten Täler bevorzugter Siedlungsraum; Einzelhofsiedlung folgte im 12. Jh. auf Einödfluren. Seit je ist die Viehwirtschaft von bes. Bedeutung. Der Almauftrieb erfolgt meist über Zwischenweiden. Den heutigen wirtsch. Schwierigkeiten der Bergbauern wird mit Technisierung (u.a. Futterseilbahnen, Milchpipelines) zu begegnen versucht. - Der Reichtum an Salz, Kupfer- und Eisenerzen, Silber und Gold ließ im MA Bergbaustädte, Stapel- und Handelsplätze entstehen. Bes. wichtig für die heutige industrielle Erschließung ist die Elektrizitätsgewinnung durch Ausnutzung der Wasserkraft. Nach dem 2. Weltkrieg entwickelte sich der ganzjährige Fremdenverkehr z. T. zum Massentourismus internat. Prägung, mit vielfach negativen Auswirkungen, so daß die Grenze der Belastbarkeit erreicht, wenn nicht gar schon überschritten ist und weitere Erschließungsmaßnahmen überregional gesteuert werden müssen (Alpenplan).

⫷ *Hiebeler, T.: A.-Lex. Mchn.* ²*1983. - Pauli, L.: Die A. in Frühzeit u. MA. Mchn.* ²*1981. - Birkenhauer, J.: Die A. Paderborn 1980. - Bachmann, R. C.: Gletscher der A. Bern 1978 - Gramaccioli, C. M.: Die Mineralien der A. Dt. Übers. Stg. 1978. 2 Bde. - Glauert, G.: Die A., eine Einf. in die Landeskunde. Kiel 1975. - Oberhoffer, T.: Die Entdeckung der A. Stg. 1974. - Gwinner, M. P.: Geologie der A. Stg. 1971.*

Alpenakelei (Aquilegia alpina), bis 80 cm hohe, sehr seltene Akelei in den Hochalpen in 1 600–2 600 m Höhe (v. a. in Vorarlberg und Tirol); mit dreiteiligen Blättern und sehr großen (Durchmesser 5–8 cm), leuchtend blauen Blüten.

Alpenbalsam (Alpenleberbalsam, Erinus alpinus), Rachenblütler, v. a. an grasigen und steinigen Hängen und in Felsspalten in den Pyrenäen und Alpen in Höhen von etwa 1 500–2 350 m; niedrige, rasenbildende Staude mit hellvioletten, flach ausgebreiteten, fünfteiligen Blüten in Blütenständen; Steingartenpflanze in verschiedenen Kultursorten.

Alpenbock (Rosalia alpina), fast 4 cm großer, geschützter ↑Bockkäfer, v. a. in den Gebirgen M-Europas und im Kaukasus; oberseits blaugrau mit je 3 schwarzen Flecken auf den Flügeldecken; Larven meist im Holz von Buchen.

Alpenbraunelle (Prunella collaris), etwa 18 cm große Braunelle in den Gebirgen N-Afrikas, Europas, Klein-, S- und O-Asiens bis Japan; aschgrauer Singvogel mit graubraunen Rückenlängsstreifen, weißer, fein schwarz gefleckter Kehle, rostbraun gestreiften Flanken und schwarzen Flügeln, deren Federn braun und weiß gesäumt sind; kommt im Winter in die Täler.

Alpenbund, Kampfbund v. a. geflüchteter Tiroler in Österreich 1812/13; beabsichtigte von den 1805/09 verlorenen Alpenländern aus eine europ. Erhebung gegen die Herrschaft Napoleons I.; geplanter Aufstand von Metternich 1813 vereitelt.

Alpendohle (Pyrrhocorax graculus), etwa 40 cm großer, gut segelnder schwarzer ↑Rabenvogel in den Hochgebirgen N-Afrikas, Europas, Klein- und S-Asiens; mit roten Beinen und gelbem Schnabel.

Alpendost (Adenostyles), Gatt. der Korbblütler mit 4 Arten in den Gebirgen Europas und Kleinasiens; Blätter langgestielt, groß, oft nierenförmig, Stengel bis 1,5 m hoch, mit 3–30 roten, violetten oder weißen Röhrenblüten in Köpfchen.

Alpenflora, Pflanzenwelt der Alpen (↑Alpenpflanzen).

Alpengänsekresse (Arabis alpina), Kreuzblütler in den Alpen (bis in 3 300 m Höhe); Blütenstengel aufrecht, 6–40 cm hoch, die weißen Blüten stehen in dichter Traube; Stengelblätter grobgezähnt, mit Sternhaaren besetzt; die grundständigen Blätter bilden eine Rosette.

Alpengärten, Felsgärten zum Studium der Hochgebirgsflora an natürl. Standort. Der 1901 gegr. „Schachengarten" bei Garmisch-Partenkirchen besteht bis heute. - ↑auch Alpinum.

Alpenglöckchen, svw. ↑Troddelblume. ◆ (Echtes A., Alpentroddelblume, Soldanella alpina) Primelgewächs (Gatt. Troddelblume), zierl., geschützte Pflanze in den Alpen und anderen Gebirgen Europas, mit mehrblütigem, 5–15 cm langem Stengel, trichterförmiger Blumenkrone und blauen, zerschlitzten Blüten. - Abb. S. 250.

Alpenglühen, Abenddämmerungserscheinung; Widerschein des ↑Purpurlichtes

auf den [schneebedeckten] Alpengipfeln.

Alpenheckenrose (Rosa pendulina), Rosenart in den Gebirgen S- und M-Europas; bis 1 m hoher, stacheloser Strauch, Blätter unpaarig gefiedert, Blüten dunkelrosarot; Hagebutte orangefarben, kugelig bis flaschenförmig.

Alpenheide (Loiseleuria), Gatt. der Heidekrautgewächse mit der einzigen Art Loiseleuria procumbens (A. i. e. S.) in der Arktis und in den Alpen; immergrüner Zwergstrauch mit ledrigen, etwa 6 mm langen Blättern und rosafarbenen oder weißen Blüten in Büscheln.

Alpenjäger, 1. von Garibaldi 1859–62 organisierte Freischarbrigaden; 2. dt. Bez. für die Gebirgstruppen Italiens (**Alpini**) und Frankreichs (**Chasseurs alpins**).

Alpenklee (Trifolium alpinum), Kleeart, v. a. in den Pyrenäen und Alpen; die zieml. lang gestielten Blätter sind dreizählig gefiedert; Blüten etwa 2 cm lang, purpurrot, in mehrblütigen Köpfchen.

Alpenkrähe (Pyrrhocorax pyrrhocorax), etwa 40 cm großer, gut segelnder schwarzer ↑ Rabenvogel, v. a. in Hoch- und Mittelgebirgen sowie an Steilküsten in NW-Afrika, W- und S-Europa (in den Alpen hauptsächl. noch im Unterengadin), in Kleinasien und dem Himalaja; mit roten Beinen und (im Unterschied zur sonst recht ähnl. ↑ Alpendohle) rotem, längl. Schnabel.

Alpenkratzdistel (Cirsium spinosissimum), bis 50 cm hoher Korbblütler; Blätter gelbgrün, mit vielen derben Stacheln, Blüten gelblichweiß, in Köpfchen, die von zahlr. schmalen, langen, blaßgelben Hochblättern umstellt sind; auf feuchten Matten, Gesteinsschutt und an Bachrändern der Alpen bis in etwa 2 500 m Höhe.

Alpenkuhschelle (Alpenwindröschen, Pulsatilla alpina), geschütztes Hahnenfußgewächs der Gatt. ↑ Kuhschelle; Grundblätter langgestielt, mit gesägten bis gezähnten Zipfeln, Blätter des bis 40 cm hohen Stengels ähnl. gestaltet, in einem Quirl zu dreien angeordnet; Blüten einzeln, groß, weiß oder gelb; reife Nußfrüchte bilden große, zottige, kugelige Fruchtstände (Bergmännlein, Teufelsbart).

Alpenlattich (Homogyne), Gatt. der Korbblütler mit drei Arten in den Gebirgen Europas; als Charakterpflanze der subalpinen Zwergstrauchgesellschaften M- und S-Europas kommt die **Gemeine Alpenlattich** (Homogyne alpina) vor: Rosettenstaude mit wollig behaartem, 10–40 cm hohem Stengel und weißlichvioletten Blüten.

Alpenlein (Linum alpinum), bis 30 cm hohe Art der Gatt. Lein, bes. in den Pyrenäen, Alpen und den Gebirgen SO-Europas; mit meist dicht stehenden, schmalen Blättern und zieml. lang gestielten, hellblauen Blüten, in ein- bis siebenblütigen Wickeln.

Alpenleinkraut (Linaria alpina) Leinkrautart im Felsschutt der Alpen und im Alpenvorland; 5–10 cm hohe Staude mit hellvioletten Blüten mit orangefarbenem Gaumen. - Abb. S. 251.

Alpenmannstreu (Eryngium alpinum), bis 80 cm hohe, kalkliebende, geschützte Mannstreuart auf felsigen Weiden und Hochstaudenfluren bis in 2 500 m Höhe; Grundblätter herzförmig, mit Stachelborsten, obere Stengelblätter drei- bis fünflappig; Blüten unscheinbar, an etwa 4 cm langer, verdickter Achse einen amethystblau überlaufenen Kolben bildend, der von gleichfarbenen Hochblättern umstanden ist (diese legen sich abends und bei kühler Witterung schützend über den Blütenstand); Gartenzierpflanze.

Alpenmurmeltier (Marmota marmota), bis 60 cm große, oberseits graue, unterseits braune Murmeltierart, meist an sonnigen Hängen in den Alpen, Pyrenäen und Karpaten in Höhen von 1 000–1 700 m, z. T. neu angesiedelt, z. B. im Schwarzwald (Feldberggebiet).

Alpennelke (Dianthus alpinus), 2 bis 20 cm hohe, stellenweise lockere Rasen bildende Nelkenart, v. a. in den Nördl. Kalkalpen in etwa 1 000–2 250 m Höhe; mit grundständiger Blattrosette, lanzettförmigen Stengelblättern und meist nur einer großen purpurroten, im Schlund weiß gesprenkelten Blüte.

Alpenpflanzen, zusammenfassende Bez. für die Pflanzen der alpinen und nivalen Stufe der Alpen (einige bis in das Alpenvorland hinabsteigend). Verbreitung und Wuchsform bedingende Faktoren sind: kurze Vegetationszeit und lange Schneebedeckung, reichl. Niederschläge, starke Windeinwirkung, rasche und große Temperaturwechsel, intensive Lichteinstrahlung mit hohem Ultraviolettanteil. - Charakterist. Pflanzentypen sind: Zwergsträucher mit flach am oder im Boden kriechenden Zweigen zum Schutz vor Schneelast und scharfem Wind (z. B. Alpenheide, Krautweide); Schuttfestiger mit zahlr. langen, kriechenden Sprossen (Silberwurz, Alpenleinkraut); Humus- und Krumensammler mit Polsterwuchs (Mannsschildarten, Stengelloses Leimkraut) und Rosettenwuchs (Primel- und Steinbrecharten); zum Schutz gegen Ein- und Abstrahlung von Licht bzw. Wärme, gegen Wasserverlust und Kälteeinwirkungen dicht behaarte Formen (Edelweiß, Pelzanemone), hartlaubige (Xerophyllie; z. B. Alpenheide, Alpenrose) oder dickblättrige Formen (Sukkulenz; z. B. Fetthennen-, Hauswurz-, Steinbrecharten); Hochstauden in nährstoff- und wasserreichen Mulden (Germer, Eisenhut, Alpendost); Stauden und Kräuter mit Zwergwuchs und rascher Blütenbildung (Enzianarten, Troddelblumen). Typ. Pflanzengesellschaften sind die Alpenmatten, auf Kalkböden mit Blaugras- oder Polstersseggen-

rasen, auf Urgesteinsböden mit Krummseggenrasen; Pionierpflanzen auf Gestein sind die Krustenflechten. Die einzige Blütenpflanze, die noch in 4 275 m Höhe gefunden wurde, ist der Gletscherhahnenfuß. Bei vielen Blüten ist die intensive Färbung nur durch die Reflexion des starken Lichts bedingt. Einige A., z. B. die Achtblättrige Silberwurz, sind Relikte aus der Eiszeit. - Abb. S. 250 f.

📖 *Hegi, G., u.a.: Alpenflora. Die wichtigsten A. Bayerns, Österreichs u. der Schweiz. Hg. v. H. Reisigl. Bln. u. Hamb.* ^{25}*1977.*

Alpenrhein, Abschnitt des Rheins zw. dem Zusammenfluß von Vorder- und Hinterrhein und der Mündung in den Bodensee.

Alpenrose (Rhododendron), Gatt. der Heidekrautgewächse mit etwa 1 300 Arten, v. a. in den Gebirgen Z- und O-Asiens und im gemäßigten N-Amerika, auch in die Arktis, nach Europa (6 Arten) und Australien vordringend. Immergrüne oder laubabwerfende Sträucher oder Bäume mit wechselständigen, ganzrandigen, oft ledrigen Blättern und meist roten, violetten, gelben oder weißen Blüten, die häufig in Doldentrauben stehen. Eine bekannte Alpenpflanze ist die **Rostrote Alpenrose** (Rostblättrige A., Rhododendron ferrugineum), ein 0,3–1 m hoher Strauch mit trichterförmig-glockigen, dunkelroten Blüten. Viele ausländ. Arten werden als Zierpflanzen kultiviert. - Abb. S. 250.

Alpensalamander (Salamandra atra), bis 16 cm langer, glänzend schwarzer Schwanzlurch (Fam. Salamander) in den Alpen und den Gebirgen Jugoslawiens und Albaniens in 700 bis 3 000 m Höhe; bringt (außerhalb des Wassers) alle 2–3 Jahre zwei vollständig entwickelte, lungenatmende Junge zur Welt; steht unter Naturschutz.

Alpenscharte (Centaurea rhapontica), Flockenblumenart in den Alpen in 1 400–2 500 m Höhe; grundständige Blätter bis über 60 cm lang, scharf gezähnt, unterseits graufilzig; Stengel bis 1 m hoch, spinnwebartig behaart, mit purpurnem, bis faustgroßem Blütenkopf, darunter kugelartig angeordnete Hüllblätter.

◆ (Saussurea) Gatt. der Korbblütler mit etwa 250 meist violett bis blau, seltener weiß blühenden Arten auf der Nordhalbkugel, v. a. in den Gebirgen; in den Alpen 3 Arten, am bekanntesten die **Echte Alpenscharte** (Saussurea alpina): etwa 20–40 cm hohe Staude, Blätter lanzettförmig, unterseits locker-spinnwebig behaart; Stengel beblättert, kantig, etwas filzig behaart und meist etwas rötl. gefärbt; die violettroten, kurzgestielten Blütenköpfchen zu 5–10 in Doldentrauben.

Alpenschneehuhn (Lagopus mutus), Art der ↑Schneehühner in den Hochgebirgen (oberhalb der Baumgrenze) und Tundren Eurasiens und N-Amerikas; Federkleid im Sommer (mit Ausnahme der weißen Flügel, des weißen Bauchs und schwarzen Schwanzes) grau- (♂) bzw. gelbbraun (♀) mit stark gefleckter oder gewellter Zeichnung, im Winter weiß (ausgenommen schwarze Schwanzfedern); über den Augen kleine, leuchtend rote Lappen (Rosen), die zur Balzzeit stark anschwellen.

Alpensockenblume (Epimedium alpinum), bis 30 cm hohes Sauerdorngewächs (Gatt. Sockenblume) in den Wäldern der S-Alpen bis in etwa 1 000 m Höhe; Blätter langgestielt, doppelt-dreizählig gefiedert; Blüten rot, in aufrechten oder überhängenden Rispen; auch Gartenzierpflanze.

Alpenspitzmaus (Sorex alpinus), etwa 7 cm körperlange, oberseits dunkel schieferfarbene, unterseits graubraune Spitzmaus, v. a. in den Nadelwäldern der Mittel- und Hochgebirge Europas.

Alpensteinbock (Capra ibex ibex), bis 1 m schulterhohe, bis über 2 Zentner (♂) schwere Unterart des ↑Steinbocks in den Alpen, von der Baumgrenze bis in etwa 3 500 m Höhe, Hörner beim ♂ 80 cm bis 1 m, beim ♀ bis 20 cm lang.

Alpensüßklee (Hedysarum hedysaroides), kalkliebende Süßkleeart (in 1 700–2 500 m Höhe), in Sibirien Steppenpflanze; bis 60 cm hohe Staude mit unpaarig gefiederten Blättern und purpurroten Blüten in endständiger, nach eine Seite gerichteter Traube; eiweißreiche Futterpflanze.

Alpentiere, Sammelbez. für in den Alpen vorkommende Tierarten, die zu einem geringen Teil nur dort, meist aber auch in benach-

ALPENPÄSSE (in Auswahl)

Paßstraße	Staat	Scheitelpunkt (m)	max. Steigung (%)	im Winter offen
Achenpaß (Kreuth—Achenthal mit Abzweig zum Sylvensteinsee [D])	D/A	941	10	ja
Albulapaß (Bergün—La Punt)	CH	2 312	10	nein
Arlberg (Bludenz—Landeck)				
1. Paßstraße	A	1 793	12	ja
2. Tunnelstraße; Maut	A	1 254	1,7	ja
Berninapaß (Pontresina—Tirano)	CH/I	2 323	10	ja
Bielerhöhe (Partenen—Galtür); Maut	A	2 036	13	nein

ALPENPÄSSE (Fortsetzung)

Paßstraße	Staat	Scheitel-punkt (m)	max. Steigung (%)	im Winter offen
Brenner (Innsbruck—Sterzing)				
1. Autobahn; Maut	A/I	1 380	6	ja
2. Bundesstraße	A/I	1 371	12	ja
Brünigpaß (Giswil—Brienzwiler mit				
Abzweig nach Innertkirchen)	CH	1 007	8	ja
Fernpaß (Ehrwald—Nassereith)	A	1 209	8	ja
Flüelapaß (Davos—Susch)	CH	2 383	12	ja
Furkapaß (Gletsch—Hospental)	CH	2 431	10	nein
Gerlospaß (Zell am Ziller—Mittersill)	A	1 507	9	ja
Grimselpaß (Gletsch—Innertkirchen)	CH	2 165	9	nein
Großer Sankt Bernhard (Martigny—Aosta)				
1. Paßstraße	CH/I	2 469	11	nein
2. Tunnelstraße; Gebühren	CH/I	1 923	9	ja
Großglockner-Hochalpenstraße				
(Zell am See—Lienz); Maut	A	2 506	12	nein
Hochtannbergpaß (Warth—Schröcken)	A	1 703	14	ja
Iseran, Col de l' (Val d'Isère—				
Bonneval-sur-Arc)	F	2 769	12	nein
Jaufen (Sterzing—Meran)	I	2 094	12	nein
Julierpaß (Tiefencastel—Silvaplana)	CH	2 284	12	ja
Katschberg (Sankt Michael im Lungau—				
Rennweg)	A	1 641	15	ja
Klausenpaß (Altdorf—Linthal)	CH	1 948	9	nein
Kleiner Sankt Bernhard				
(Séez—La Thuile)	F/I	2 188	12	nein
Loiblpaß (Klagenfurt—Ljubljana)				
Tunnelstraße	A/YU	1 067	17	ja
Lukmanierpaß (Disentis—Biasca)	CH	1 916	9	nein
Malojapaß (Sankt Moritz—Chiavenna)	CH/I	1 815	9	ja
Mont Cenis (Lanslebourg—Susa)	F/I	2 083	12	nein
Mont Genèvre, Col du (Briançon—Cesana)	F/I	1 854	8	ja
Nufenenpaß (Ulrichen—Airolo)	CH	2 478	12	nein
Oberalppaß (Andermatt—Disentis)	CH	2 044	9	nein
Oberjoch (Hindelang—Reutte)	D/A	1 164	7	ja
Ofenpaß (Zernez—Santa Maria im Münstertal;				
ab hier zum Stilfser Joch (I) und				
nach Glums (I)	CH	2 149	10	ja
Plöckenpaß (Kötschach-Mauthen—				
Tolmezzo)	A/I	1 360	13	ja
Radstädter Tauern				
(Radstadt—Mauterndorf)	A	1 739	15	ja
Reschenpaß (Nauders—Graun im				
Vintschgau)	A/I	1 508	9	ja
San Bernardino, Passo di (Hinterrhein—Mesocco)				
1. Paßstraße	CH	2 065	12	nein
2. Tunnelstraße	CH	1 650	6	ja
Sankt Gotthard (Andermatt—Airolo)				
1. Paßstraße	CH	2 108	10	nein
2. Tunnelstraße (ab Göschenen)	CH	1 175	1,4	ja
Semmering (Gloggnitz—Mürzzuschlag)	A	985	6	ja
Simplon (Brig—Domodossola)	CH/I	2 005	9	ja
Splügen (Splügen—Chiavenna)	CH/I	2 113	9	nein
Stilfser Joch (Prad—Bormio mit Abzweig				
nach Santa Maria im Münstertal [CH])	I	2 757	12	nein
Susten (Innertkirchen—Wassen				
[—Andermatt])	CH	2 224	9	nein
Tenda, Colle di (Nizza—Turin)				
Tunnelstraße	F/I	1 316	9	ja
Timmelsjoch (Oetz—Meran); Maut	A/I	2 509	11	nein
Zirler Berg (Seefeld in Tirol—Innsbruck)	A	1 009	15	ja

(Quellen: ADAC, ÖAMTC, TCS)

Alpenveilchen

barten Hochgebirgen, oft auch im hohen N vorkommen. Oft ist eine auffallende Anpassung an die extremen klimat. Bedingungen des Lebensraums festzustellen. Sie zeigt sich in einer Verdichtung des Haarkleids zur Verminderung der Wärmeabstrahlung, einer verstärkten Pigmentierung bei wechselwarmen Tieren zur besseren Ausnutzung der Sonneneinstrahlung. Zur Überwindung der extremen Temperaturverhältnisse haben sich Besonderheiten der Verhaltensweise herausgebildet, z. B. eine jahresrhythm. Wanderung in verschiedene Höhenzonen, Übergang vom Nacht- zum Tagleben, bes. bei Insekten, verlängerter Winterschlaf bei Säugetieren. Sonst meist eierlegende Amphibien und Reptilien bringen lebende Junge zur Welt und suchen für die Keimentwicklung günstige Orte auf. Manche Insekten haben zur Vermeidung der Verdriftung durch die häufigen und heftigen Winde keine Flügel mehr ausgebildet. Bekannte A. sind z. B. Alpensteinbock, Gemse, Alpenmurmeltier, Schneemaus, Alpenspitzmaus; Steinadler, Gänsegeier, Bartgeier, Steinhuhn, Alpenschneehuhn, Alpendohle, Alpenkrähe, Dreizehnspecht, Ringamsel, Mauerläufer, Bergpieper, Schneefink, Alpenbraunelle; Bergeidechse, Alpensalamander, Aspisviper; Apollo, Alpenapollo, Alpenmohrenfalter, Alpenperlmutterfalter, Gletscherfalter, Alpenweißling, Alpenbock, Gletscherfloh. – Für zahlr. Arten stellen die Alpen nicht den eigtl. Verbreitungsraum dar, sondern ein Rückzugsgebiet.

Rokitansky, G.: Tiere der Alpenwelt. Ffm.; Innsbruck [6]*1968.*

Alpenveilchen (Cyclamen), Gatt. der Primelgewächse mit etwa 20 Arten v. a. in den Alpen und im Mittelmeerraum; niedrige, ausdauernde Kräuter mit knollenförmigem, giftigem Wurzelstock, gestielten, herz- oder nierenförmigen Blättern und einzeln an langem, kräftigem Stiel sitzender weißer oder rosa- bis purpurfarbener, nickender Blüte; einzige Art in Deutschland (bayr. Alpen) ist das **Europäische Alpenveilchen** (Cyclamen purpurascens) in steinigen Laubwäldern und in Gebüsch, kalkliebend, mit weißfleckigen, unterseits karminroten Blättern und stark duftender, karminroter, etwa 1,5 cm langer Blüte; steht unter Naturschutz; viele Arten sind beliebte Zierpflanzen, v. a. **Cyclamen persicum** aus dem östl. Mittelmeergebiet, als Topfpflanze in verschiedenen Kultursorten sehr beliebt. – Abb. S. 250.

Alpenvereine, i. d. R. gemeinnützige Vereine, die das Bergsteigen und Wandern in den Hochgebirgen fördern und zu deren Erschließung und Erforschung beitragen. Im Bereich der BR Deutschland ist tätig der 1869 gegr. **Deutsche Alpenverein e. V. (DAV)**, Sitz München. Seine Geschichte ist eng verbunden mit der des 1862 gegr. **Österreichischen Alpenvereins (ÖAV)**, Sitz Innsbruck. Beide Vereine schlossen sich 1873 zum zwischenstaatl. **Deutschen und Österreichischen Alpenverein (DÖAV)** zusammen, der ab 1938 den Namen **Deutscher Alpenverein** führte. Er hatte 1943 in 463 Sektionen etwa 199 000 Mgl. und besaß 709 Hütten. Nach 1945 spaltete sich der Verein: In der BR Deutschland wurde 1950 der **Deutsche Alpenverein** wieder gegr., in Österreich der **Österreichische Alpenverein.** Der Dt. Alpenverein zählt (1984) 292 Sektionen mit 440 000 Mgl. Die Sektionen unterhalten 396 allg. zugängl. Hütten, die meistens bewirtschaftet sind, darüber hinaus 72 meist unbewirtschaftete Hütten in den dt. Mittelgebirgen. – Der Östr. Alpenverein zählt (1984) 175 Sektionen mit 211 000 Mgl. Seine Sektionen unterhalten 278 Hütten. – In Österreich (mit Sitz in Wien) bestehen weitere Bergsteigerverbände: der **Österreichische Alpen-Klub (ÖAK)**, gegr. 1878 (450 Mgl. und 1 Hütte); der **Österreichische Touristenklub (ÖTK)**, gegr. 1869 (20 000 Mgl., 54 Hütten), u. a., die mit dem ÖAV den **Verband alpiner Vereine Österreichs (VAVÖ)**, Sitz Wien, bilden. – Der **Schweizer Alpen-Club (SAC)**, gegr. 1863 mit Sitz in Bern, hat (1984) 72 000 Mgl. in 107 Sektionen; er besitzt 152 Hütten. Der 1918 gegr. **Schweizerische Frauen-Alpen-Club (SFAC)** ging 1980 unter Auflösung im SAC auf, der seit 1978 auch Frauen als Mgl. aufnimmt. In den anderen Alpenländern sind gleichartige Organisationen tätig, so der **Club Alpin Français (CAF)** mit Sitz in Paris, gegr. 1874, und der **Club Alpino Italiano (CAI)** mit Sitz in Mailand, gegr. 1863. Ferner besteht seit 1945 mit Sitz in Bozen der **Alpenverein Südtirol (AVS)**. Weitere A. und Alpenklubs haben sich mit der Entwicklung des Bergsteigens und des Reiseverkehrs in allen Staaten Europas und in vielen überseeischen Staaten gebildet. Hier hat bes. Bedeutung der **Alpine Club (AC)** mit Sitz in London, der mit dem Gründungsjahr 1857 der älteste A. überhaupt ist. Fast alle A. und Alpenklubs haben sich in der **Union Internationale des Associations d'Alpinisme (UIAA)** zusammengeschlossen; diese wurde 1932 in Chamonix gegr., hat ihren Sitz in Genf und umfaßt (1984) 49 Mitgliederorganisationen aus 42 Ländern.

Alpenvorland, in der Schweiz, der BR Deutschland und in Österreich verläuft am Rand der Alpen, meist mit deutl. Hangknick abgesetzt, in rd. 780 km langer Streifen hügeligen Landes, durchschnittl. in 400–700 m Höhe; er erreicht seine größte Breite (140 km) bei Regensburg. Das A. ist eine mehrere km tiefe Mulde, in der während der Bildung der Alpen die † Molasse abgelagert wurde. Es lassen sich mehrere aufeinanderfolgende Landschaftstypen unterscheiden: parallel dem Alpenrand die Molasseberge, anschließend das Gebiet der Jungmoränen mit seinen Seen, vor dem sich Schotterfluren ausbreiten, flachwelliges Altmoränengebiet und tertiäres Hü-

gelland. Aare und Donau, an den Rand des Vorlands gedrängt, sammeln die Wässer zahlr. Bäche und Flüsse. - Die Alpen üben klimat. eine Fernwirkung auf das A. aus. Eine der wichtigsten Erscheinungen ist dabei der Feuchtigkeitsstau der sommerl. von NW kommenden atlant. Luftzufuhren. Ein zweiter wichtiger Klimafaktor ist der Föhn, der bes. im Alpenrheintal und in Oberbayern auftritt. Nördl. der 1 000-mm-Niederschlags-Linie herrscht Getreidewirtschaft vor, südl. davon Grünland- und Großviehwirtschaft. - Die Alemannen im ganzen westl., die Bajuwaren im östl. Teil besiedelten das von den romanisierten Kelten übernommene Offenland. An den Kreuzungen wichtiger Handelsstraßen entstanden Städte mit Markt- und Gerichtsfunktion, Zentren des Handels und Gewerbes. Bauernhaus-, Stadthaus- und Kirchenbaulandschaften bildeten sich heraus. - Abgesehen von Braunkohle und einigen Erdöl- und Erdgasfeldern ist das A. arm an Rohstoffen. Die Nutzung der Flüsse durch den Bau von Stauseeketten mit Kraftwerken ermöglichte den Ausbau bzw. die Ansiedlung von Ind.werken, z. B. im Schweizer Mittelland, in Töging am Inn, in der Umgebung von Linz. Ein bed. wirtsch. Faktor ist überdies der ganzjährige Fremdenverkehr.

Alpenwaldrebe (Clematis alpina), Hahnenfußgewächs der Gatt. Waldrebe in den Hochgebirgen und kälteren Regionen Eurasiens und N-Amerikas; Schlingpflanze mit gegenständigen, langgestielten, dreiteiligen Blättern und großen violetten bis hellblauen (selten weißen) Blüten.

Alpenwindröschen, svw. ↑Alpenkuhschelle.

Alpera, span. Dorf, westl. von Almansa, bei dem 1910 bed. mesolith. Felsmalereien entdeckt wurden (naturgetreue und proportionsgerechte Menschendarstellungen).

Alpes-de-Haute-Provence [frz. alpdəotprɔ'vã:s], Dep. in Frankreich.

Alpes Maritimes [frz. alpmari'tim], ↑Meeralpen.

Alpes-Maritimes [frz. alpmari'tim], Dep. in Frankreich.

Alpes Occidentales [frz. alpɔksidã-'tal], frz. Bez. für Westalpen.

al pezzo ↑al marco.

Alpfuß (Alpenkreuz) ↑Drudenfuß.

Alpha (α), erster Buchstabe des griech. Alphabets.
◆ in der *Chemie* ↑Nomenklatur.

Alphabet [griech.], festgelegte Reihenfolge der Schriftzeichen einer Sprache, ben. nach den ersten beiden Buchstaben des griech. A. (Alpha und Beta). Das erste A. ist vermutlich im 2. Viertel des 2.Jt. v. Chr. im Semit., auf dem Gebiet Palästinas oder Syriens, entstanden. Aus dem Semit. wurde das A. wahrscheinl. über phönik. Vermittlung Ende des 2. Jt. v. Chr. ins Griech. übernommen.

Danach wurde das A. wesentl. verbessert (Einführung der Vokale und einiger neuer Konsonantenzeichen). Aus dem griech. A. haben sich sämtl. europ. A. entwickelt. Nicht erhalten geblieben ist die alte semit. Zeichenfolge im Arab., wo v. a. die Ähnlichkeit der Schriftzeichen Ordnungsprinzip ist; in ind. Schriften sind die Schriftzeichen nach lautl. Gesichtspunkten geordnet. - ↑auch Schrift.
📖 *Gelb, I. J.: Von der Keilschrift zum A.* Dt. Übers. Stg. 1958.
◆ in der *Wissenschaftstheorie* und in der *modernen Logik* in Analogie zum A. der Schriftsprachen der Vorrat an Grundzeichen, aus denen alle in der Theorie jeweils behandelten Zeichenreihen zusammengesetzt sind.
◆ ↑Telegrafenalphabet.

Alpha Centauri, hellster Stern (α) im Sternbild Zentaur (Centaurus) am südl. Sternhimmel. Mit einer Entfernung von 4,32 Lichtjahren ist A. C. nach dem dicht neben ihm liegenden, noch um 0,06 Lichtjahre näheren, aber wesentlich lichtschwächeren Stern **Proxima Centauri** der uns nächste Fixstern.

Alphaeinfang (α-Einfang), Kernreaktion, bei der ein Alphateilchen von einem Atomkern eingefangen wird. Weil dabei starke abstoßende Kräfte zw. dem positiv geladenen Kern und dem gleichfalls positiv geladenen Alphateilchen überwunden werden müssen, läßt sich ein A. nur mit schnellen Alphateilchen erzielen. Die erste künstl. Kernumwandlung (1919) war ein A.prozeß.

Alpha Jet [engl. dʒɛt], zweisitziges Mehrzweckkampfflugzeug (dt.-frz. Gemeinschaftsentwicklung); bei den dt., frz., belg. u. a. Luftstreitkräften im Einsatz. Erstflug (Prototyp 01) im Okt. 1973.

alphamerisch (alphanumerisch) [lat.], Eigenschaft von Zeichenketten, die im Ggs. zu numer. Ausdrücken nicht nur Ziffern und Operationszeichen, sondern auch beliebige Zeichen eines Alphabets enthalten.

Alpha-Neutron-Reaktion ([α, n]-Reaktion), Kernreaktion, bei der ein Alphateilchen in einen Atomkern eindringt und ein

Alphorn. Schweizerische Alphornbläser

alphanumerisch

Neutron emittiert wird. Über A.-N.-R. wurden erstmals die Isotope der Transurane Am, Cm, Bk und Cf hergestellt.

alphanumerisch, svw. ↑alphamerisch.

Alpha privativum [griech./lat.], griech. Vorsilbe (a..., A...), die das folgende Wort verneint, z. B. *amorph* „gestaltlos, ohne Form".

Alpha-Proton-Reaktion ([α, p]-Reaktion), eine Kernreaktion, bei der ein Alphateilchen in einen Atomkern eindringt und ein Proton emittiert wird.

Alphaprozeß (α-Prozeß), eine Kernreaktion, bei der ein Alphateilchen von einem Atomkern eingefangen (↑Alphaeinfang) oder ausgesandt wird.

Alphaspektrum, Energieverteilung (Energiespektrum) der Alphateilchen, die beim ↑Alphazerfall eines radioaktiven Elementes emittiert werden. Im Ggs. zum *kontinuierl.* Betaspektrum stellt das A. ein aus einer oder mehreren Spektrallinien bestehendes *Linienspektrum* dar. Das A. gibt Aufschluß über die Energiezustände des Folgekerns.

Alphastrahlen (α-Strahlen), ionisierende Teilchenstrahlen, die beim Kernzerfall gewisser natürl. radioaktiver (α-Strahlen) oder bei gewissen Kernreaktionen auftreten. Die α-Strahlen bestehen aus **Alphateilchen (α-Teilchen),** schnellen (zweifach positiv geladenen) Heliumkernen $^4_2$He. Die α-Teilchen, die ein α-Strahler aussendet, besitzen entweder eine (für den betreffenden Strahler konstante) charakterist. *Energie* und damit gleiche *Reichweite* und *Geschwindigkeit* oder sie treten in einzelnen Gruppen voneinander verschiedener Energien auf. Der häufigste Fall ist, daß alle α-Teilchen gleiche Geschwindigkeit haben. Die mittleren Reichweiten von α-Strahlen in Luft liegen zw. 2,5 und 8,6 cm, die Energien zw. 4,05 und 8,95 MeV. Als bewegte Ladungsträger erfahren die Alphateilchen und damit die A. durch elektr. und magnet. Felder eine Ablenkung. Wegen ihrer starken Ionisations- und Dissoziationswirkung sind sie chem. sehr wirksam und biolog. schädigend, wenn Alphastrahler mit der Atemluft oder Nahrung in den Körper gelangen. - Zur Messung und zum Nachweis von A. werden als *Alphazähler* bzw. *Alphastrahlendetektoren,* Ionisationskammern, Nebelkammern, Zählrohre, Szintillationszähler und Halbleiterzähler, auch Elektroskope und Kernspuremulsionen verwendet.

Alphastrahler (α-Strahler), radioaktives Isotop, das beim Zerfall Alphastrahlen aussendet. Zu den A. gehören die meisten Kerne mit natürl. Radioaktivität wie die Isotope des Urans und zahlr. Transurane.

Alphateilchen ↑Alphastrahlen.

Alphateilchenmodell, ein Kernmodell, in dem angenommen wird, daß je zwei Protonen und zwei Neutronen sich im Kern zu Alphateilchen binden und diese als für sich bestehende Kernbausteine (Cluster) im Kern existieren, wobei zw. ihnen nur noch schwache Anziehungskräfte bestehen. Dieses Modell stützt sich auf die Tatsache, daß die häufigsten leichten Elemente durch 4 teilbare ↑Massenzahlen und gleiche (gerade) Protonen- und Neutronenzahlen besitzen.

Alphatron [griech.], Gerät zum Messen von niedrigen Gasdrücken (Vakuummeter), das auf dem Prinzip des ↑Ionisationsmanometers beruht, wobei jedoch die Gasionen mittels Alphastrahlen erzeugt werden.
◆ ein ↑Hochspannungsgenerator, bei dem die Aufladung von Metallhohlkugeln durch Alphateilchen ausgenutzt wird.

Alpha und Omega (Zeichen A, ω [Ω]), der erste und letzte Buchstabe des griech. Alphabets, im N. T. (Apk. 1, 8; 22, 13) symbol. Ausdruck für das anfangs- und endlose Dasein Gottes und Christi. Davon abgeleitet im Dt. „A und O" mit gleicher Bedeutung. Im 4. Jh. zum ↑Christusmonogramm hinzugefügt.

Alphazerfall, radioaktiver Zerfall eines Atomkerns unter Aussendung eines Alphateilchens; der natürl. A. kommt mit wenigen Ausnahmen nur bei schweren Kernen vor, deren Ordnungszahl größer als 83 ist und die sich in die vier natürl. ↑Zerfallsreihen einordnen lassen. Der A. beruht auf dem elektrostat. Abstoßung von in den Kernen enthaltenen Protonen, die diese schweren Kerne instabil macht, so daß sie bestrebt sind, ihre Kernladung zu verringern. Der beim A. entstehende neue Kern (Folgekern) hat eine um 2 kleinere Kernladungszahl und eine um 4 kleinere Massenzahl als der Ausgangskern, steht also im Periodensystem zwei Stellen links vor diesem.

Alpheios (neugr. Alfios), längster Fluß auf der Peloponnes, Griechenland, entspringt im Gebirgsland des Inneren, mündet bei Pirgos in das Ionische Meer, etwa 110 km lang.

Alphen aan den Rijn [niederl. 'ɑlfə a:n dən 'rɛjn], niederl. Stadt am Alten Rhein, im Kern der ↑Randstad Holland, 55 000 E. Handelsplatz, Wohnstadt und Sommerfrische. Beton- und Ziegelherstellung, graph. Betriebe. - In röm. Zeit *Albinianae.*

Alphorn, bis zu 10 m langes, meist aus einem Tannenstamm geschnitztes Trompeteninstrument, heute v. a. in der Schweiz, urspr. aber auch in anderen Gebirgsgegenden Europas und darüber hinaus gebräuchlich. Es tritt sowohl in der (bekannten) langgestreckten Form mit dem auf dem Boden und nach oben gebogenen Schallstück, als auch in der trompetenartig geknickten Form auf. Auf dem A. können nur die Naturtöne (der zu hohe 11. Naturton wird A.-fa genannt) hervorgebracht werden. - Abb. S. 257.

Alpiden [lat.], Bez. für die jungen Kettengebirge, die durch die ↑Faltungsphasen der *alpid.* Gebirgsbildung entstanden.

alpin [lat.], ursprüngl. die Alpen betreffend; heute auch Hochgebirge betreffend.

alpine Kombination, Skiwettbewerb, der aus Abfahrtslauf und Slalom *(alpine Zweierkombination)* oder aus Abfahrtslauf, Slalom und Riesenslalom *(alpine Dreierkombination)* besteht.

alpine Rasse (ostische Rasse), rundgesichtige, dunkel- bis schwarzhaarige, untersetzte europide ↑Menschenrasse; insbes. in westeurop. Gebirgen.

alpines Notsignal, in allen Alpenländern einheitl. Hilferuf bei Bergnot; innerhalb einer Minute sechsmal in regelmäßigen Abständen von 10 Sek. gegebenes hör- oder sichtbares Signal mit Pfeife, Taschenlampe, Spiegel, Rauch, durch Rufen u. a. Pause von einer Minute; Wiederholung, bis Antwort erfolgt. Diese wird durch innerhalb einer Minute dreimal in regelmäßigen Abständen von 20 Sek. erfolgendes Signal gegeben.

alpine Stufe ↑Vegetationsstufen.

Alpinismus [lat.], eigtl. Bez. für Alpenkunde, d. h. wiss. Erforschung des Hochgebirges und dessen Besteigung; heute allg. Bez. für sportl. Wandern, Bergsteigen und extremes Klettern im Hochgebirge. - ↑Bergsteigen.

alpinotyp [lat./griech.], die Art der Gebirgsbildung bezeichnend, bei der Falten- und Deckengebirge entstehen.

Alpinum [lat.], Felsanlage an beliebigem Standort zur Pflege von Gebirgspflanzen, bes. für wiss. Zwecke unter Verzicht auf einen Schmuckwert bzw. eine künstler. Gestaltung.

Alpirsbach, Stadt im Schwarzwald, an der oberen Kinzig, Bad.-Württ., 400 m ü. d. M., 7 000 E. Möbel-, Textil-, Metallind.; Brauerei; Fremdenverkehr. - 1099 erstmals genannt, 1559 Einführung der Reformation; 1869 Stadt. - Ehem. Benediktinerklosterkirche (um 1130 vollendet; roman. flachgedeckte Säulenbasilika).

Alpirsbacher Kreis, ev. liturg. Arbeitskreis, gegr. 1933, pflegt Psalmengesang, vorreformator. Gregorianik und Stundengebet.

Alpsee, 2,4 km² großer See, westl. von Immenstadt, Allgäu, bis 23 m tief, mittlerer Wasserspiegel in 724 m ü. d. M.

ALR, Abk. für: ↑Allgemeines Landrecht [für die preußischen Staaten]

Alraune (Alraun) [zu althochdt. alb „Kobold" und rūnēn „flüstern"], die einer menschl. Gestalt ähnl. oder entsprechend zurechtgeschnitzte ↑Alraunwurzel. Sie galt schon in der griech. Antike als Zauberpflanze. Nach der Sage wächst die A. unter dem Galgen aus dem Harn oder Sperma eines Gehenkten (**Galgenmännlein**). Ihrem Besitzer verschafft die A. Reichtum und Glück. Insbes. im 16. und 17. Jh. war der A.aberglaube weit verbreitet. - Abb. S. 260.

Alraunwurzel (Mandragora officinarum), Nachtschattengewächs in S-Europa, hauptsächl. im Mittelmeergebiet; Blätter et-was zugespitzt, Blüten grünlichgelb, Früchte runde, gelbe, kurzgestielte Beeren innerhalb der Blattrosette. Die stark giftige Wurzel enthält Alkaloide und ist oft in zwei Teilwurzeln gespalten.

Alsace [frz. al'zas] ↑Elsaß.

Alsatia, latinisierter Name des Elsaß.

Alsdorf, Stadt im westl. Teil der Jülicher Börde, NRW, 48 000 E. Seit 1852 Steinkohlenförderung.

Alse [lat.] (Maifisch, Alosa alosa), bis 60 cm langer, silbrigweißer Heringsfisch mit goldglänzendem Kopf und blaugrünem Rükken im westl. Mittelmeer und in den atlant. Küstengewässern W-Europas; wandert zum Laichen im Frühjahr in die Unterläufe der Flüsse.

Alpirsbach. Innenraum der Klosterkirche (um 1130 vollendet)

al secco ↑a secco.

al segno [al'zɛnjo; italien.], Abk. al S., Anweisung in der Notenschrift, ein Stück vom Anfang „bis zum Zeichen" ⸡ zu wiederholen.

Alsen, 314 km² große dän. Insel im Kleinen Belt, durch eine Brücke mit dem Festland verbunden, Hauptort *Sonderburg.*

Alsfeld, Stadt in Hessen, an der Schwalm, 268 m ü. d. M., 17 000 E. Heimatmuseum. - 1231 als Stadt erwähnt; im 14. Jh. vorübergehend Residenzstadt. - Planmäßig angelegt (ellipt. Grundriß); ma. Stadtbild mit zahlr. Fachwerkbauten, u. a. Rathaus (1512–16), Weinhaus (1538), Hochzeitshaus (1560–65), spätgotische Walpurgiskirche (13. Jh.).

Alsine [griech.] ↑ Miere.

als Manuskript gedruckt, derart gekennzeichnete Druckerzeugnisse gelten im verlagsrechtl. Sinne als „nicht erschienen", d. h. als Manuskripte, über die der Verfasser als Urheber noch voll verfügen kann.

Alster, rechter Nebenfluß der unteren Elbe; entspringt bei Henstedt, mündet in Hamburg, 51 km lang. Der Stau der A. zu *Binnen-* und *Außenalster* im Hamburger Stadtgebiet geht auf ma. Mühlenteiche zurück.

Alt, Albrecht, * Stübach (Landkr. Neustadt a. d. Aisch) 20. Sept. 1883, † Leipzig 24. April 1956, dt. ev. Theologe. - Prof. für A. T. in Greifswald, Basel, Halle, Leipzig; bekannt durch Arbeiten über die Landes-, Verfassungs-, Rechts- und Religionsgeschichte Israels.

A., Rudolf Ritter von (seit 1892), * Wien 28. Aug. 1812, † ebd. 12. März 1905, östr. Maler. - Schuf in einer freien, feinen Aquarelltechnik u. a. Veduten von Wien.

Alt, linker Nebenfluß der Donau in Rumänien, entspringt in den Ostkarpaten, mündet sw. von Turnu-Măgurele, 680 km lang.

Alt [lat.], musikal. Stimmlagenbez. (Umfang a-f²), heute vorwiegend für die tiefe Frauenstimme; im 15./16. Jh. Bez. für die hohe Männerstimme als hohe Gegenstimme zum Tenor (contratenor *altus*) im Gegensatz zur tiefen Gegenstimme (contratenor *bassus*).

Alta, norweg. Ort, an der S-Küste des Altefjords, 80 km ssw. von Hammerfest, 12 000 E. Handels- und Schulzentrum; Fischerei, Viehzucht, Landw.; Schieferabbau, ✠. - 1714 von Finnen gegr. - In A. wurden Werkzeuge der wohl frühesten Bewohner

Skandinaviens (Komsakultur vor 10 000–15 000 Jahren) gefunden.

Altaelv ↑ Alteelv.

Altafjord [norweg. 'altafju:r] ↑ Alteelv.

Altai, Gebirge in Z-Asien, in der UdSSR, der Mongol. VR und in China zw. dem Westsibir. Tiefland und der Gobi, etwa 2 000 km lang, bis 4 506 m hoch (Belucha). Der A. bildet die Wasserscheide zw. Ob/Irtysch und den abflußlosen Gebieten Z-Asiens. Der **sowjetische Altai** greift im N und W mit mehreren Gebirgszügen fächerförmig in das Westsibir. Tiefland hinein und dacht sich dorthin ab. Nach S fällt der A. steil zur Dsungar. Pforte ab, nach O geht er in den Westl. Sajan über. Im W und N schwachgegliederte Plateaus, stellenweise Mittelgebirgscharakter, im S und O Hochgebirge mit Gletschern. Kontinentales Klima; die Schneegrenze liegt zw. 2 300 und 3 100 m. Im seenreichen A. entspringen zahlr. Flüsse, deren Energie z. T. genutzt wird. Zw. 1 700 und 2 450 m ist der A. bewaldet, nach N Übergang in die Taiga, nach S in die Steppe. Bed. Erzlagerstätten; in den unteren Höhenlagen und in den Hochgebirgstälern Ackerbau und Viehzucht. Durch den A. führt eine Fernverkehrsstraße von der UdSSR in die Mongol. VR. Von der sowjet. Grenze erstreckt sich nach SO der **Mongolische Altai** in der Mongol. VR und in China. Er besteht aus mehreren, durch langgestreckte Senken und ausgedehnte Hochflächen getrennten, durchschnittl. über 3 000 m hohen Gebirgsketten, bis 4 356 m hoch (Tabyn-Bogdo-Ola). Steilabfall nach SW zum Becken der Dsungarei und zur Transaltaigobi, kürzere sanftere Abdachung nach NO, im NW stark durch eiszeitl. Vergletscherungen geprägt; nach SO zunehmende Trockenheit (Schutthalden, Salzpfannen). Größtenteils von Gebirgssteppe bedeckt, größere Waldflächen nur auf der regenreichen nördl. SW-Abdachung; unterhalb 2 500 m Wüstensteppe, oberhalb 2 800–3 000 m Übergang zu alpinen Matten; oberhalb 3 900 m zahlr. Gletscher (u. a. der 20 km lange Potaningletscher) und Firnfelder. Dichter besiedelt ist das Gebirge nur im N, am O-Fuß sowie an den zur Dsungarei gerichteten Flüssen, wo Ackerbau betrieben wird; vorherrschend ist die Weidewirtschaft. An den Mongol. A. schließt der **Gobialtai** in der Mongol. VR an, bestehend aus einzelnen Gebirgszügen und Bergen, die durch größere Senken voneinander isoliert sind, im Ich-Bogdo-Ola 3 957 m hoch. Dem sehr trockenen Klima entsprechend sind die Hänge meist von ausgedehnten Schutthalden umgeben; Quellaustritte am Gebirgsfuß. Die vorherrschende Wüstensteppen- und Wüstenvegetation reicht an den S-Flanken der Gebirgszüge z. T. bis über 2 500 m, an den N-Flanken bis 2 000 m hinauf, darüber Federgrassteppe; nur in den höchsten Gebirgslagen alpine Matten; kaum besiedelt; Sommerweiden.

Alraune. Darstellung nach einer Handschrift des 15. Jh.

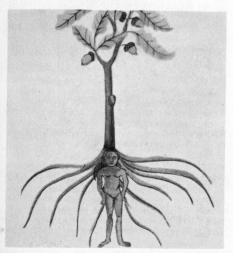

◻ *Nechoroschew, W. P.: Geologie des A.* Dt. *Übers. Bln. 1966.*

A., Ort im SW der Mongol. VR, 1 375 m ü. d. M., etwa 7 000 E. Verwaltungssitz des Verw.-Geb. Gobi-Altai; an der Fernstraße von Ulan Bator über den Altai nach Berdsk (UdSSR).

Altaier ↑Oiroten.

Altaisch (Oirotisch), ↑Turksprache, Sprache der Oiroten (Altaier) im Autonomen Gebiet Hochaltai, UdSSR; Literatursprache seit 1917; seit 1938 wird A. mit dem kyrill. Alphabet geschrieben.

altaische Sprachen, Sprachgruppe in Asien und Osteuropa, umfaßt ↑Turksprachen, ↑mongolische Sprachen und ↑mandschu-tungusische Sprachen. Von einigen wird Verwandtschaft mit den ↑uralischen Sprachen angenommen. Auch Beziehungen zu den paläosibir. Sprachen, zu Ainu, Korean. und Japan. werden angenommen.

altamerikanische Kulturen, Gesamtheit der kulturellen Manifestationen der Indianer, die vor der Entdeckung Amerikas entstanden. Während die frühen Funde in N-Amerika noch umstritten sind (Wurfgeschoßspitzen-Horizont), wurden in S-Amerika um 12 000 v. Chr. datierte Komplexe festgestellt. Auf sie folgten die als paläoindian. bezeichneten Traditionen. Typ. sind die Llano- und Lindenmeiertraditionen (9500 bis 8000) im SW und in den Prärien N-Amerikas mit ihrer Betonung der Jagd. In anderen Räumen spielte dagegen das Sammeln eine bedeutendere Rolle. Eine Differenzierung hielt auch in der Folgezeit an und führte zur Entstehung kultureller Großräume („areas"), deren wichtigste (zusammengefaßt als „Kernamerika") sich entlang der pazif. Küste von N-Mexiko bis Nordchile erstreckten: Mesoamerika, Zentralamerika, Zwischengebiet, zentrales Andengebiet. Hier erlebten die indian. Kulturen ihre höchste Blüte, von hier drangen kulturelle Errungenschaften in die Nachbarräume ein. Die Großräume, deren Begrenzungen im Laufe der Geschichte nicht konstant waren, weisen erhebl. Unterschiede auf; jeder Großraum führte ein kulturelles Eigenleben, das sich in dem nur für einen Raum zutreffenden Rhythmus im Ablauf der Entwicklung manifestiert. Die einen Großraum bildenden Regionen waren oft selbständig und wurden nur zeitweise zu einer Einheit verschmolzen, z. B. im zentralen Andengebiet während der Chavínkultur, der Wari- und Inkareiche. Religiöse oder polit. Bewegungen waren meist der Anlaß solcher kultureller Integrationen. Zu einer Vereinheitlichung aller Kernamerika bildenden Großräume ist es nie gekommen. Allerdings haben sich in früher Zeit gewisse Kulturelemente im ganzen Raum und darüber hinaus verbreitet. Das zeigt u. a. das Vorkommen einiger Kulturpflanzen mit unterschiedl. Entstehungszentren in weiten

Teilen Amerikas (Bohnen, Paprika u. a.). Mais z. B. wurde bereits um 5000 v. Chr. im Tal von Tehuacán in Mexiko kultiviert. Von hier drang er nach N und S vor, hatte um 2000 v. Chr. die peruan. Küste und den SW N-Amerikas erreicht und ließt sich ab 500 v. Chr. im Ohiogebiet nachweisen. Möglicherweise breitete sich von einem Ursprungsort über fast ganz Amerika die Keramik aus, deren älteste Vorkommen bisher um 3 200 v. Chr. (Ecuador, Kolumbien) nachgewiesen wurden. Dörfl. Siedlungen traten in allen Großräumen auf, z. T. schon vor Beginn intensiven Feldbaus: im zentralen Andengebiet ab 2500 v. Chr., in Mesoamerika ab 3000 v. Chr.; von hier Ausbreitung der permanenten Siedlungsweise in benachbarte Gebiete, z. B. von Mesoamerika in das Pueblogebiet des sw. N-Amerika. Im O N-Amerikas scheinen bereits im 2. Jt. v. Chr. Dauersiedlungen bestanden zu haben, semipermanente Siedlungen schon um 5000 v. Chr. Städte bilden Kennzeichen Kernamerikas: in Mesoamerika seit etwa 200 n. Chr. (↑Teotihuacán), in Zentralmexiko (↑Tolteken; ↑Azteken), auch im S nicht unbekannt (↑Maya; ↑Zapoteken). Ihre Entwicklung ging nicht von Dörfern aus, sondern von den für Mesoamerika typ. Tempelzentren, die erstmalig in der La-Venta-Phase (↑Venta, La) an der südl. Golfküste (seit etwa 1000 v. Chr.) auftreten. Erste Städte im zentralen Andengebiet um 200 n. Chr. im südl. Hochland (↑Tiahuanaco), mit Ausbreitung des Warireiches auch in anderen Regionen des Großraums; Ansätze zum Städtebau auch im Zwischengebiet. Eng im Zusammenhang mit der Städtebildung stand die Schaffung ausgedehnter Reiche in beiden Großräumen (Wari; Inka; Teotihuacán; Azteken). In einigen der nordamerikan. Großräume verlief die Entwicklung unter Einflußnahme aus Kernamerika; früh im Pueblogebiet des SW (Anasazitradition), spät (ab 1000 n. Chr.) im O (Mittel-Mississippi). Alle anderen Großräume der USA und Kanadas haben keine direkten Beeinflussungen aus Kernamerika erfahren. Die a. K. brachten schon früh künstler. hochstehende Keramik, Textilkunst und später auch Halbedelstein- und Goldschmiedearbeiten hervor. Als Mutterkultur aller Künste gilt die Kultur der sog. ↑Olmeken (La Venta), als klass. Kultur (Blütezeit 600–900) die der ↑Maya in Guatemala und Yucatán. In Peru folgten aufeinander mit bed. künstler. Manifestationen die Chavínkultur (↑Chavín de Huantar), die Paracaskultur und die Kultur von ↑Nazca, schließl. die Huarikultur, die von ↑Tiahuanaco (Bolivien) Stilelemente übernahm. Im Hochland von Mexiko blühten die künstler. außerordentl. schöpfer. Kulturen von ↑Teotihuacán sowie der ↑Tolteken, an der Golfküste El ↑Tajín und in Oaxaca ↑Monte Albán, später Hauptstadt der ↑Zapoteken, denen dann die ↑Mixteken die Herrschaft

über das Tal von Oaxaca streitig machten, schließl. übernahmen die † Azteken das künstler. und kulturelle Erbe. Im Andengebiet breitete sich die Inkakultur aus.

⚇ *Alcina, G.: Die Kunst des alten Amerika. Dt. Übers. Freib. 1979. - Trimborn, H./Haberland, W.: Die Kulturen Alt-Amerikas, Ffm. 1969.*

altamerikanische Literaturen, die Literaturen des präkolumb. Amerika, bes. der Hochkulturen des Andengebietes und Mesoamerikas. Die erhaltenen Fassungen sind in indian. Sprachen oder Spanisch aufgezeichnet (von span. Mönchen). Bei den Indianern war mündl. Tradierung übl., eine Ausnahme bildete vielleicht die klass. Mayakultur. Die sog. mexikan. Bilderhandschriften enthalten auch literar. Themen, die Aufzeichnungen waren jedoch nur als Gedächtnisstützen gedacht. Die heute bekannten Werke sind nur Bruchteile eines einstmals reichen Bestandes. Religiös-mytholog. Themen und histor. Berichte mit legendärem und sagenhaftem Einschlag überwiegen.

Andenraum: Die meisten der erhaltenen Texte stammen von Völkern des Inkareiches: Götterhymnen und Gebete, mytholog. Berichte sowie Lyrik. Elegien, Liebeslieder, scherzhafte Wechselgesänge hatten, von Musik und Tanz begleitet, im Rahmen des jährl. Fest- und Anbauzyklus ihren Platz. Daneben auch zahlr. Tierfabeln. Im Theater wurden v. a. Leben und Taten verstorbener Inka dargestellt; erhalten ist †„Apu Ollántay".

Mesoamerika: 1. Die Literatur in den Mayasprachen. Für die Maya der Halbinsel Yucatán im Gebiet der klass. Mayakultur sind nur spärl. Reste (Schöpfungs- und Göttermythen, Lyrik, u. a. in den Dorfchroniken, den sog. „Chilam Balam"), reicheres Material ist von den Quiché und Cakchiquel im guatemaltek. Hochland bekannt: Neben dem †„Popol Vuh" und der dramat. Dichtung „Rabinal Achi" eine Reihe histor.-legendärer Aufzeichnungen der führenden Geschlechter dieser Stämme. 2. Die altaztek. Literatur. Sie bildet das reichste Korpus der a. L., aufgezeichnet im 16. Jh. in aztek. Sprache (Nahuatl), teilweise auch nur in span. Versionen erhalten. Als Hauptwerk gilt die durch Initiative des Franziskaners Bernardino de Sahagún (* 1499 oder 1500, † 1590) entstandene, von Indianern diktierte „Historia general de las cosas de Nueva España", eine Gesamtdarstellung des Lebens und Glaubens der Azteken. Das Werk enthält u. a. 20 Götterhymnen. Bei den übrigen überlieferten histor. Berichten ist der Ausgangspunkt meist die Wanderungssage der entsprechenden Volksgruppe. Die Schöpfungsmythen beschreiben eine vierfache Schaffung der Welt. In den Mythenzyklus um *Quetzalcoatl* sind Erinnerungen an die Tolteken und ihren histor. Herrscher Quetzalcoatl eingeflossen. Für die reiche Ly-

rik sind die sog. „Cantares Mexicanos" beispielhaft: Neben histor. Themen Gedichte über den Tod, Mühsal und Flüchtigkeit des Lebens. Zur didakt. Literatur gehören die „Huehuetlatolli" (etwa „Rede der Alten").

⚇ *Lanczkowski, G.: Aztek. Sprache u. Überlieferung. Bln. u. a. 1970.*

altamerikanische Musik †indianische Musik.

Altamira, Höhle bei Santillana (Prov. Santander, Spanien), in der 1879 Malereien und Gravierungen überwiegend aus dem † Magdalénien entdeckt wurden. Erst 1902 von der Forschung in ihrer Bed. erkannt. Nachbildung der Höhlendecke des sog. Bisonsaals (maßstabgerecht) im Dt. Museum in München.

Altamira, Sierra de, Gebirgszug in Z-Spanien, bis 1 279 m ü. d. M.

Altamirano, Ignacio Manuel, * Tixtla (Guerrero) 13. Nov. 1834, † San Remo 13. Febr. 1893, mex. Schriftsteller. - Indianer; gründete die literar. Zeitschrift „Renacimiento"; romant. Lyrik; die Zeit um 1860 schildert sein Roman „El Zarco" (hg. 1901).

Altan [italien.; zu lat. altus „hoch"] (dt. Söller), vom Erdboden aus gestützter balkonartiger Anbau.

Altaner, Berthold, * Annaberg (Oberschlesien) 10. Sept. 1885, † Bad Kissingen 30. Jan. 1964, dt. kath. Theologe. - 1929–33 Prof. in Breslau, 1945–50 in Würzburg. Hauptwerk „Patrologie" (⁷1966).

Altar [lat.] † Sternbilder (Übersicht).

Altar [zu lat. altare „Aufsatz auf dem Opfertisch"], in der Religionsgeschichte eine erhöhte Anlage, meist tisch- oder blockartig, auf der Opfer dargebracht und an der Gebete gesprochen werden. Der A. kann aus Erdaufschüttungen, aus Holz, Stein oder Metall (das ist z. B. für den goldenen A. des Königs Salomo bezeugt; 1. Kön. 7, 48) bestehen. In der Antike erreichten die A. mit ihrem Stufenunterbau z. T. beträchtl. Ausmaße; der berühmte Zeus und Athena geweihte Pergamon-A. ist 198 m lang und 23 m breit.

Zu einem Tempelbezirk gehörte immer ein A., außer dem Haupt-A. können Neben-A. aufgestellt sein. Der A. wird durch Gebet und Darbringung des ersten Opfers geweiht. Er ist für den Schutzsuchenden eine Stätte des Asyls.

In *Ägypten* fanden sich außer Tisch- und Schalen-A. die Hoteptafel (Opfertafel) und der monumentale Hotep-A. Das Hotepzeichen ist die Nachahmung einer längl. Binsenmatte, die früher als Unterlage für Opfergaben diente. Eine spätere A.form (Neues Reich) war der Stufen-A. In *Babylonien* war der älteste Typus der Vasen-A. (großes Steingefäß auf Ständer für flüssige Opfer), daneben gab es den Absatz-A. - In *Assyrien* gehörte zu den Hauptformen des A. der Tisch-A., mit drei bzw. vier Löwenfüßen auf niedrigem Sockel

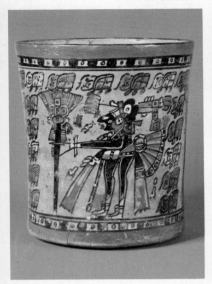

Tongefäß der Maya
(gefunden in Zentralguatemala)

Opfergefäß in Form eines Jaguars aus
Lavagestein (gefunden in Mexiko)

Kopf eines Gottes aus bemaltem Ton
(der Mixtekenkultur zugehörend)

Sitzfigur eines Priesters des
aztekischen Gottes Xipe Totec (Mexiko)

Tongefäß mit zwei Ausgüssen (der Nazca-
kultur zugehörend; gefunden in Südperu)

263

auch tragbar. - In *Griechenland* fand sich der Herd-A., v. a. im myken. Megaron, der Aschen-A., der aus aufgeschichteten Resten der Opfertiere bestand, und der meist für Brandopfer bestimmte steinerne A., geschmückt mit Triglyphenfries (dor.) oder Voluten (ion.), seit dem 4. Jh. mit figürl. Reliefs (z. B. Artemis-A. in Ephesus von Praxiteles). - Im *röm. Kulturbereich* unterschied man 1. Haupt-A. meist vor Tempeln; 2. Laren-A. an der Hauswand außen, auf Gehsteigen oder an Straßenecken; 3. A. etrusk. Form. Charakterist. war die Einziehung des A.körpers in konkaver Linie. In der Kaiserzeit Monumental-A., z. B. die ↑Ara Pacis Augustae in Rom. - Der A. in *Israel* war nur Feuerstätte, auf der die Opfergaben verbrannt wurden. Der Brandopfer-A. vor der ↑Stiftshütte war ein transportables, erzüberzogenes Holzgestell ohne Boden und Deckplatte. Er trug an den vier Ecken Hörner, Symbol der Stärke Jahwes, ebenfalls der erze Brandopfer-A. im Vorhof des Tempels. - Das *Christentum* kannte ursprüngl. keinen A., weil der Gottesdienst, die Feier der Eucharistie, Gedächtnisfeier des letzten Abendmahls Jesu war. Als der Opfergedanke in der Eucharistie vordrang (Ende d. 1. Jh.), kam das Wort A. in Gebrauch. Man verwendete einen Holztisch. Der feste A. wurde übl., als man begann, über Märtyrergräbern Kultgebäude zu errichten. Daraus erwuchs die Vorstellung, Märtyrergrab (bzw. -reliquie) und A. gehörten zusammen. Seit dem 4. Jh. gewinnt der A. mit der damals einsetzenden A.weihe eine eigenständige Heiligkeit und gilt als Thron Christi. In der *kath. Kirche* soll der A.unterbau (Stipes) aus Naturstein, die A.platte (Mensa) aus einem einzigen Stein gefertigt sein. In der Mitte befindet sich das „Sepulcrum", ein Behältnis mit Reliquien. Ist der A. aus anderen Stoffen hergestellt, so muß auf ihm ein geweihter A.stein (altare portatile) liegen. Der A. war früher mit drei Leinentüchern bedeckt. Nach dem 2. Vatikan. Konzil soll der A., der im Laufe der Kirchengeschichte meist an die Wand des Presbyteriums versetzt wurde, wieder mehr im Kirchenraum stehen. Nebenaltäre werden höchstens noch in Seitenkapellen errichtet. - In den *Ostkirchen* steht der A. hinter der Mitteltür der ↑Ikonostase, auf ihm liegen nur das Evangelienbuch, die Kerzen, das Ilyton (entspricht dem lat. ↑Corporale) mit dem ↑Antiminsion. Auf dem A. darf auch das Artophorion, dem ↑Tabernakel entsprechend, stehen. - In den *reformator. Kirchen* ist der A. Abendmahlstisch der Gemeinde. Die ref. Kirchen schafften daher den A. ab und verwendeten (oft transportable) Tische. Das Luthertum beließ meistens die alten Altäre. Vom A. aus wird der Gottesdienst geleitet.

Nach den Formen des Stipes werden v. a. vier Typen unterschieden: Tisch-, Kasten-, Block- und Sarkophag-A. Beim **Tischaltar** sind die Stützen oft figürl. gebildet. Die Stütze des A. kann auch eine aufrechtstehende Platte oder eine Konsole sein. Verbreitet in Italien und Südfrankr., in Deutschland war er bis zum 16. Jh. weniger häufig; in neuester Zeit bevorzugte Form der kath. Kirche. Aus dem **Kastenaltar** entstand im 5./6. Jh. (v. a. in Italien). Er hat eine ↑Confessio. In späterer Zeit wurden im Kasten-A. Reliquien aufbewahrt oder auch liturg. Gefäße. Im Spät-MA auch in Deutschland weit verbreitet. Etwa ebenso alt wie der Kasten-A. ist der **Blockaltar**. Die Platte ragt nur wenig über den Unterbau vor. Der Block-A. wurde seit dem Hoch-MA allmähl. der bevorzugte A.typus, v. a. in Deutschland. Der **Sarkophagaltar** kam erst im 16. Jh. auf, bes. gebräuchl. wurde er im 18. Jh. (Rokoko und Klassizismus). Schon sehr früh war es üblich, den A. mit einem ↑Antependium zu schmücken, anderenfalls erhält der Stipes architekton., auch figürl. Schmuck. Nicht vor dem 1. Jh. ist der A.aufsatz, das ↑Retabel, nachweisbar (Flügelretabel im 15. und 16. Jh.). Oft ist der A. mit dem ↑Ziborium versehen. - Abb. S. 266.

⏍ *Hermann, W.: Röm. Götteraltäre.* Kallmünz 1961. - *Braun, J.: Der christl. A. in seiner geschichtl. Entwicklung.* Mchn. 1924. 2 Bde.

Altarsakrament (Altarssakrament), eine der Bez. für das ↑Abendmahl, in der kath. Kirche und den Ostkirchen die ↑Eucharistie.

Altarvorsatz ↑Antependium.

Altazimut [lat./arab.], astronom. Gerät zur Messung des ↑Azimuts und der Höhe der Gestirne.

Altbauwohnung, vor dem 31. Dez. 1949 bezugsfertig gewordene Wohnung, für die im Rahmen der Wohnungszwangswirtschaft eine Mietpreisbindung bestand.

Altbayern, Bez. für die Gebiete des B.-landes Bayern, die das Kurfürstentum vor 1803 bzw. vor 1777 umfaßte, etwa die heutigen Reg.-Bez. Oberbayern, Niederbayern, Oberpfalz.

Altbetsche ↑Bečej.

Altbier, obergäriges, meist dunkles, bitter-würziges Bier.

Altbriefe, in der Philatelie Bez. für Briefe mit Stempeln aus der Zeit, in der es noch keine Briefmarken gab.

Altbulgarisch ↑Altkirchenslawisch.

altchristliche Kirche ↑Frühchristentum.

altchristliche Kunst ↑frühchristliche Kunst.

altchristliche Literatur ↑Patristik.

altdeutsch, Bez. für Malerei, Plastik und Möbel des 15. und 16. Jh. (Spätgotik und Renaissance).

altdeutsche Kleidung, als dt. Nationaltracht entwickelte Standestracht der Studenten Ende des 18. Jh. und Anfang des 19. Jh., Rückgriff auf die Mode des 16. Jh.:

halbweite Hose zu hochgeschlossenem Rock mit Stehkragen, Federhut; das Damenkleid hatte einen langen schmalen Rock, geschlitzte Puffärmel und Spitzenkragen.

Altdorf b. Nürnberg, Stadt im Vorland der Fränk. Alb, Bayern, 446 m ü. d. M., 12 500 E. Elektrotechn. Ind. - Im 8. Jh. fränk. Königshof; seit 1387 Stadt, 1504–1806 zu Nürnberg. 1622/23–1809 prot. Universität.

Altdorfer, Albrecht, * Regensburg (?) um 1480, † Regensburg 12. Febr. 1538, dt. Maler. - 1505 Regensburger Bürger, später Ratsmitglied. Hauptmeister der Donauschule und der altdt. Malerei. Zu seinen frühen Meisterwerken zählt „Ruhe auf der Flucht" (1510, Berlin-Dahlem). Mit dem „Drachenkampf des hl. Georg" (1510; München, Alte Pinakothek) Schöpfer des selbständigen Landschaftsbildes (später auch völlig figurenfrei). Wohl 1509–18 entstand der Altar von St. Florian bei Linz mit dramat. Szenen der Sebastianslegende und der Passion Christi. Zwei Flügel der Predella sind heute in Wien (Kunsthistor. Museum). Zw. 1520 und 1525 anzusetzen ist die „Geburt Mariä" (München, Alte Pinakothek). Ebd. befindet sich A. berühmtestes Werk, die „Alexanderschlacht" von 1529, ein im Auftrag von Herzog Wilhelm IV. von Bayern gemaltes Bild. Von den Zeichnungen A. sind etwa 120 erhalten. Es sind teils Entwürfe und Vorzeichnungen, z. B. für die Holzschnitte für den Triumphzug Kaiser Maximilians I. (Bannerträger, Musikanten und Troß; um 1517), teils sind es selbständige Kunstwerke, u. a. etwa 24 Randzeichnungen für das Gebetbuch Kaiser Maximilians I. (Besançon, Stadtbibliothek) sowie bes. Landschaften, bibl. Szenen; auch Kupferstiche. A. Werk gehört letztl. der Spätgotik an, weist jedoch deutlich Elemente der Renaissance und dem Manierismus (z. B. „Lot und seine Töchter", 1537; Wien, Kunsthistor. Museum) auf.

A., Erhard, * Regensburg (?) um 1480, † Schwerin nach 1561, dt. Maler. - Vermutl. Bruder von Albrecht A.; gesichert sind 85 Holzschnitte für die niederdt. Bibel des Ludwig Diez aus Lübeck von 1533.

Altdorf (UR), Hauptort des schweizer. Kt. Uri, 30 km sö. von Luzern, im Reußtal, 459 m ü. d. M., 8 200 E. Draht-, Kabel-, Gummi-, chem.-pharmazeut. und Munitionsind.; liegt an der Gotthardbahn und -straße und ist Fußpunkt des Klausenpasses. - Nach der Tellsage Schauplatz des Apfelschusses; Tellspielhaus, Telldenkmal. In A. ältestes Kapuzinerkloster der Schweiz (gegr. 1581).

Alteelv (Altelv, im Oberlauf **Kautokeinoelv),** nordnorweg. Fluß, entspringt nahe der finn. Grenze, 185 km lang, mündet in den **Altfjord** (Altafjord), der sich rd. 30 km weit ins Land hinein erstreckt.

Altefjord [norweg. 'altəfju:r] ↑ Alteelv.

alte Kirche ↑ Frühchristentum.

Alte Mellum ↑ Mellum.

Albrecht Altdorfer, Maria mit dem segnenden Kind in traulicher Landschaft (undatiert). Kupferstich

Altena, Stadt im Sauerland, NRW, von der Burg A. überragt, 150–500 m ü. d. M., 25 000 E. Dt. Draht-, Dt. Schmiedemuseum. Die Drahtzieherei geht auf ma. Eisengewinnung und -verarbeitung zurück; außerdem Radiogerätebau, Aluminium- und Nickelwerke. - Die Burg (12. Jh.) war Stammsitz der Grafen von A. (1122 erwähnt). Der 1317 erwähnte Ort wurde um 1800 Stadt.

Altenau, Stadt im Harz, ssö. von Goslar, Nds., 450–800 m ü. d. M., 2 600 E. - Ehem. Bergbau- und Hüttensiedlung (1298 erstmals erwähnt); nach allmähl. Stillegung des Bergbaus (seit dem 18. Jh.) Entwicklung als Luftkurort und Wintersportplatz.

Altenbeken, Gemeinde im Eggegebirge, NRW, 250 m ü. d. M., 6 900 E. Bahnknotenpunkt, Textil- und Holzind. - 1211 erstmals genannt. - Barocke Dorfkirche.

Altenberg, Peter, eigtl. Richard Engländer, * Wien 9. März 1859, † ebd. 8. Jan. 1919, östr. Schriftsteller. - Impressionist. Prosaskizzen aus dem Alltag der Großstadt. - *Werke:* Wie ich es sehe (1896), Was der Tag mir zuträgt (1900), Märchen des Lebens (1908).

Altenberg, Ortsteil der Gemeinde Odenthal, nö. von Köln. - Ehem. Zisterzienserabtei

Kastenaltar (1572).
Benediktinerkloster Disentis

Altenberg. Der sogenannte
„Bergische Dom" (1255–1379)

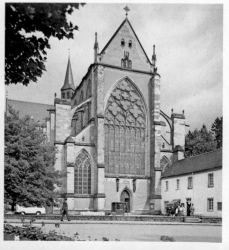

(1133–1803). Bed. got. Wallfahrtskirche (1255–1379); ab 1835 mehrere Restaurationen; seit 1857 Simultankirche (sog. „Bergischer Dom"); dreischiffige Basilika mit dreischiffigem Querhaus, turmlos; den fünfschiffigen Chor umgibt ein Kapellenkranz.

A., Stadt im Bez. Dresden, DDR, im östl. Erzgebirge, 740–760 m ü. d. M., 2 600 E. Bergbau (Zinn, Wolfram), Wintersport. - 1451 Stadt.

Altenburg, durch Wallanlagen befestigtes Basaltplateau bei Niedenstein nahe Kassel, Hessen; kelt. Stadtanlage (Oppidum) der jüngeren La-Tène-Zeit (um 50 v. Chr. zerstört).

A., Krst. im Bez. Leipzig, DDR, am S-Rand der Leipziger Bucht, 180–230 m ü. d. M., 55 000 E. Ingenieurschule für Transport- und Betriebstechnik. Histor. Staatsarchiv; Theater. Herstellung von Nähmaschinen, Elektrogeräten, Hüten, Spielkarten; bed. Gartenbau; nw. von A. Braunkohlenbergbau. - Entstand um die im 10. Jh. an der Stelle eines slaw. Rundwalles (um 800) errichtete Burg, erhielt im 12. Jh. als Zentrum des stauf. Reichsterritoriums Pleißner Reichsland Stadtrecht, 1290–1311 reichsunmittelbar, dann wettin., 1603–72 Residenz einer ernestin. Linie, ab 1826 des jüngeren Hzgt. Sachsen-A.; 1920 zu Thüringen. - Stadtkirche Sankt Bartholomäus (Ende 15. Jh.), Rathaus (1562–64; mitteldt. Renaissance), Schloß (11.–19. Jh.).

A., Ort im Waldviertel, Niederösterreich, sw. von Horn, 700 E. Besitzt in dem Benediktinerstift A. (gegr. 1144) ein Hauptwerk des donauländ. Barock. Die Stiftskirche wurde von J. Munggenast 1730–33 erneuert (Fresken und Bilder von P. Troger, Stuckplastiken von F. J. Holzinger).

A., Landkr. im Bez. Leipzig, DDR.

Altenburger Tracht ↑Volkstrachten (Tafel).

Altencelle ↑Celle.

Altendorf, Wolfgang, * Mainz 23. März 1921, dt. Schriftsteller. - Experimentierfreudiger Dramatiker, v. a. Hörspiele; auch humorist. Erzähler und Lyriker. - *Werke:* Der arme Mensch (Dr., UA 1952), Der Transport (R., 1959), Hauptquartier (Bericht, 1964), Haus am Hang (E., 1966), Gesicht am Fenster (Hsp., 1967), Gewitterwochen (Hsp., 1967), Vom Koch, der sich selbst zubereitete (En., 1973).

Altenheim ↑Altersheim.

Altenhilfe, Gesamtheit der im Rahmen der Sozialhilfe älteren Menschen zuerkannten Maßnahmen; im Bundessozialhilfegesetz 1961 gesetzl. geregelt; wird als „Hilfe in bes. Lebenslagen" ohne Rücksicht auf vorhandenes Einkommen oder Vermögen geleistet; zur *geschlossenen* A. gehört die Unterbringung älterer Menschen in Heimen; im Rahmen der *offenen* A. werden ältere Menschen von den Trägern der A., den Behörden und den Verbänden der freien Wohlfahrtspflege, im

Krankheitsfall, bei Haushaltsführung, Wohnungssuche, Suche nach einer noch erwünschten Tätigkeit, Organisation geselliger Veranstaltungen usw. unterstützt. Dadurch sollen insbes. die Beziehungen älterer Menschen zu ihrer Umwelt gepflegt und für ihre Integration in die Gesellschaft gesorgt werden.

Altenkirchen (Westerwald), Krst. im Westerwald, Rhld.-Pf., 4600 E. Vielseitige Ind. (u. a. Kunststoffverarbeitung, Herstellung von Papier, Sägewerke). - 1131 erstmals genannt, 1314 Stadtrecht.

Altenkirchen (Ww.), Landkr. in Rheinland-Pfalz.

Altenpflegeheim ↑ Altersheim.

Altensteig, Stadt im nördl. Schwarzwald, Bad.-Württ., 441–550 m ü. d. M., 9 300 E. Besteck- und Metallwarenfabrikation, Herstellung von Autozubehör, feinmechan. Ind., Kleiderfabrik u. a. - Wohl in der 2. Hälfte des 14. Jh. gegr. - Spätgot. Schloß mit älteren Teilen, barocke Pfarrkirche.

Altenstein, Karl Freiherr von Stein zum, * Schalkhausen bei Ansbach 1. Okt. 1770, † Berlin 14. Mai 1840, preuß. Politiker. - Geriet mit K. Reichsfreiherr von und zum Stein als dessen Berater in Gegensatz und betrieb dessen Sturz; 1808–10 Finanzmin.; bestimmte als Chef des neuerrichteten Ministeriums für Kultus, Unterricht und Medizinalwesen 1817–38 nachhaltig die preuß. Kulturpolitik: Ordnung und Ausbau der Elementarschulen, Lehrerseminare; Ausdehnung der Schulpflicht auf das gesamte Staatsgebiet (1825); Förderung von Gymnasien und Universitäten.

Altenstetter, David, * Colmar um 1547, † Augsburg Aug. 1617, dt. Emailleur und Goldschmied. - Seit etwa 1568 in Augsburg. Arbeiten in Silberschmelz, d. h. in durchscheinendem Email auf Silberplatten, z. B. die Grotesken (1601) am Elfenbeinschrank C. Angermairs (heute Bayer. Nationalmuseum, München).

Altenteil (Ausgedinge, Auszug, Leibgedinge, Leibzucht), Inbegriff von Rechten verschiedener Art, die dem *Altenteiler* ganze oder teilweise Versorgung gewähren sollen. Das A. wird begründet durch Vertrag. Durch diesen verpflichtet sich der Altenteiler i. d. R. zur Übereignung eines oder mehrerer Grundstücke (meist eines Bauernhofes), während der Erwerber die (u. U. durch Eintragung in das Grundbuch gesicherte) Verpflichtung übernimmt, dem Altenteiler regelmäßig bestimmte Leistungen zu erbringen und Nutzungen einzuräumen (Einräumung des Wohnrechts, Nießbrauch an bestimmten Äckern, Lieferung von Lebensmitteln und Bekleidung, Zahlung von Taschengeld u. a.).

Altentreptow, [...to], Krst. im Bez. Neubrandenburg, DDR, an der Tollense, 8 300 E. Mittelpunkt eines fruchtbaren Landw.gebietes; Nahrungsmittel-, Bau-

stoff-, Bekleidungsind.; Heimatmuseum. - 1245 als **Treptow** gegr., seit 1292 A., erhielt spätestens 1282 lübisches Recht. - Spätgot. Stadtkirche (14. und 15. Jh.).

A., Landkr. im Bez. Neubrandenburg, DDR.

Altenwohnheim ↑ Altersheim.

Alter, für die Begriffe A. und Altern gibt es keine allg. gültige Definition. Das A. ist eine Lebensphase, in der sich der Mensch auf Grund der Entwicklung und Wandlung der Organe und körperl. Funktionen befindet. Altern stellt einen dynam. Vorgang dar, der als Wandel der lebenden Materie und der körperl. und seel. Funktionen des Organismus zu verstehen ist. - Im *biolog. Sinne* ist Altern ein über das ganze Leben sich erstrekkender Wandlungsprozeß. Das Lebens-A. läßt sich in gewissem Grade aus dem Wachstumszustand des Organismus sowie aus Veränderungen der Gewebe und Organe erkennen und bestimmen. Beim Menschen werden allg. Säuglings-, Kleinkind-, Kindes-, Jugend-, Reife-, Erwachsenen- und Greisenalter unterschieden. Auch die Endstufe des Lebens wird als A. bezeichnet. - Das *Durchschnittsalter* bzw. die *Lebenserwartung* des Menschen ist im Laufe der Zeit ganz erhebl. angestiegen. In der griech.-röm. Zeitperiode dürfte man mit einer mittleren Lebenserwartung von 20–25 Jahren rechnen. Im MA und danach bis zum Ende des 17. Jh. fand ein mäßiger Anstieg auf etwa 35 Jahre, im 18. und 19. Jh. auf 45 bis höchstens 50 Jahre statt. In den letzten Jahrzehnten hat die mittlere Lebenserwartung in den zivilisierten Ländern eine Zuwachsrate von 20 Jahren und mehr erfahren. Indessen liegt diese Erlebensspanne in den weniger entwickelten Ländern nach wie vor bei 30–35 Jahren. Die Verlängerung der durchschnittl. Lebensdauer ist vorwiegend auf die Abnahme der Säuglingssterblichkeit und die erfolgreiche Behandlung gewisser Krankheiten des Kindes- und Jugendalters zurückzuführen. Um die Jahrhundertwende betrug die mittlere Lebensdauer in Deutschland 46 Jahre, heute 68–70 Jahre. Für Männer ist dieser Durchschnittswert 2 Jahre niedriger, für Frauen dagegen 2 Jahre höher anzusetzen. 1910 waren 2,7 % aller Menschen über 70 Jahre alt, 1961 6,7 % der Bevölkerung. Die Zahl der über 65 Jahre alten Menschen betrug 1977 in der BR Deutschland 15,2 %. Der Anteil der alten Menschen hat sich in den letzten 35 Jahren fast verdoppelt. Der Mensch aber, der heute 65 Jahre ist, kann nicht hoffen, wesentl. länger zu leben als seine Altersgenossen vor 100 Jahren. Damals betrug die Lebenserwartung dieser Gruppe 10,8 Jahre, ist zum heutigen Tag sie höchstens auf 12 Jahre angestiegen. Die äußerste Lebensspanne dürfte für den Menschen bei 120 Jahren liegen.

Vorsorge für das A. (Gerohygiene): Geistiges Training hilft der Gehirnsklerose vorzubeu-

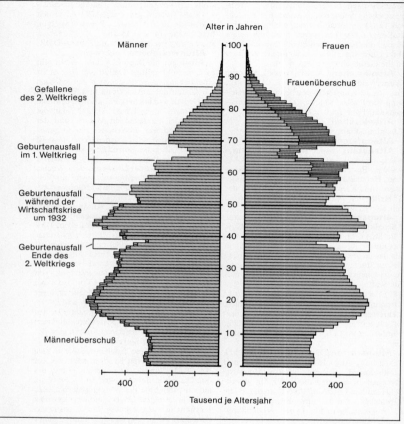

Alter in Jahren

Männer — Frauen

Gefallene
des 2. Weltkriegs

Frauenüberschuß

Geburtenausfall
im 1. Weltkrieg

Geburtenausfall
während der
Wirtschaftskrise
um 1932

Geburtenausfall
Ende des
2. Weltkriegs

Männerüberschuß

Tausend je Altersjahr

Altersgliederung. Beispiel einer Alterspyramide (Altersaufbau der Wohnbevölkerung in der BR Deutschland am 1. Jan. 1984)

gen. Jede Art von Tätigkeit und Beschäftigung, z. B. der Alterssport (ohne Hochleistungsambitionen) und die Pflege eines Steckenpferdes erhalten die Elastizität und Leistungsfähigkeit und fördern eine optimist. Grundeinstellung. Eine gesunde Psychohygiene wird davon ausgehen, daß das Altern ein Urphänomen des Lebens ist.
📖 *Lehr, U.: Psychologie des Alterns. Hdbg.* ⁵*1984. - Rosenmayr, L.: Soziologie des A. In: Hdb. der empir. Sozialforschung. Hg. v. R. König. Bd. 2,1. Stg.* ³*1973. - Emmrich, R.: Realität u. Theorien des Alterns. Bln. 1966.*

altera pars [lat. „der andere Teil"], die Gegenpartei.

Alteration [lat.], veraltet für: Aufregung, Gemütsbewegung; Schreck, Verwirrung.

◆ in der *Musik:* 1. die auf- oder abwärts gewandte chromat. Veränderung eines Tones v. a. innerhalb eines Akkords (↑ alterierte Akkorde). 2. in der Mensuralnotation seit dem 13. Jh. Bez. für die an bestimmte Regeln gebundene Wertverdopplung der zweiten von zwei an sich gleichwertigen Noten (in einem perfekten Takt).

Alter Bund, 1. svw. Altes Testament. 2. Bez. der christl. Theologie für die alttestamentl. Periode der Heilsgeschichte der Menschheit.

Alter Dessauer ↑ Leopold I. von Anhalt-Dessau.

Alter ego [lat. „das andere Ich"], sehr vertrauter Freund.

◆ in der *Psychoanalyse* S. Freuds das Es.

◆ in der *analyt. Psychologie* C. G. Jungs die Anima (bzw. der Animus).

alterieren [lat.], veraltet für: jemanden aufregen, ärgern; verändern; **sich alterieren** veraltend, aber noch landschaftl. für: sich aufregen, sich ärgern.

alterierte Akkorde, in der Musik solche Zusammenklänge, die durch chromat. Veränderung (↑Alteration) eines oder mehrerer Töne vielfach eine dissonierende Leittonspannung erhalten.

Alter Mann, aus dem mittelalterl. Bergbau des Oberharzes übernommener bergmänn. Ausdruck für die bereits abgebauten Teile einer Lagerstätte unter Tage.

Alternariafäule [lat./dt.] (Hartfäule), Knollenfäule der Kartoffel, verursacht durch den Deuteromyzeten *Alternaria solani:* einsinkende dunkle Flecke auf der Knollenschale, unter denen das Knollenfleisch schwarzbraun, trocken und hart wird und sich scharf vom gesunden Gewebe absetzt.

alternatim [lat. „wechselweise"], bezeichnet seit dem Ende des MA den wechselweise ein- und mehrstimmigen Vortrag liturg. Gesänge, z. B. der Messe.

Alternative [frz.; zu lat. alternus „abwechselnd"], eine von zwei Möglichkeiten.
◆ in der [mathemat.] *Logik* svw. ↑Disjunktion.

alternative Bewegung, seit den 1970er Jahren in westl. Ind.staaten entstandene Gruppen meist jüngerer Menschen, die dem modernen Ind.gesellschaft und ihren Organisationsformen skeptisch bis ablehnend gegenüberstehen, lokale und regionale gesellschaftl. Einheiten und selbstbestimmte Arbeitsformen in häufig genossenschaftl. Kleinbetrieben bevorzugen und zu direkter Demokratie tendieren. Verflechtungen bestehen z. T. mit der Umwelt- und Naturschutzbewegung, der Friedensbewegung, der Frauenbewegung und der Partei „Die Grünen".

Alternativhypothese, Annahme, daß die einer Stichprobe zugrunde liegende Verteilungsfunktion diejenige spezielle Eigenschaft nicht hat, auf deren Vorhandensein mit Hilfe der Stichprobe geschlossen werden soll; im Ggs. dazu nimmt die **Nullhypothese** diese spezielle Eigenschaft an.

alternieren [lat.], wechseln, abwechseln; (beim Theater) in der Darstellung einer Rolle mit einem anderen wechseln.

alternierende Versmaße, sie beruhen bei ↑akzentuierendem Versprinzip auf dem regelmäßigen Wechsel druckstarker und druckschwacher, bei ↑quantitierendem Versprinzip auf dem regelmäßigen Wechsel langer und kurzer Silben. Man unterscheidet steigend-alternierende (↑Jambus) und fallend-alternierende (↑Trochäus) Versmaße.

Alternsforschung (Gerontologie), die Erforschung des biolog. Alterungsvorgangs (Seneszenz) und seiner Ursachen. Die Aufgabe der A. ist es, die Grundvorgänge des Alterns hinsichtl. seiner biolog., medizin., psycholog. und sozialen Aspekte zu erkennen (↑Alter).

Alter Orient, Bez. für Vorderasien einschließl. Ägypten in vorhellenist. Zeit; umfaßt Iran, Mesopotamien, Armenien, Kleinasien, Syrien, Palästina und das Niltal (bis Khartum). Aus sehr früher Besiedlung entstanden um etwa 3 000 v. Chr. die großen Hochkulturen des A. O.: Ägypten (↑ägyptische Geschichte), ↑Sumer, ↑Babylonien u. ↑Assyrien. Am Rande dieser Kulturräume entwickelten sich weitere eigenständige Staaten, v. a. ↑Elam, die Reiche der ↑Churriter und der ↑Hethiter, ↑Urartu und das Reich von ↑Meroe. Daneben gab es v. a. in Syrien-Palästina eine Vielzahl kleinerer Staaten. Als Alexander d. Gr. den Staat der Achämeniden eroberte (334–331), begann die Hellenisierung des A. O., der aber in den Traditionen der hellenist. Antike und des Christentums fortwirkte.

Altersbestimmung, Datierung von geolog. Ereignissen und vorgeschichtl. Funden. Die rein geolog. Methoden (Stratigraphie), bei denen räuml. getrennte Schichten anhand von Leitfossilien einander zugeordnet werden, ergeben relative Alter; sie versagen bei sehr alten Schichten, die keine Versteinerungen enthalten. Einige andere Methoden, wie z. B. die Auswertung der Strahlungskurve, die Warvenzählung oder die Dendrochronologie ergeben unter geeigneten Annahmen neben relativen Abfolgen auch absolute Alterswerte (↑auch Geochronologie).

Die seit der Entdeckung der Radioaktivität eingeführten physikal. Methoden der A. beruhen auf dem Zerfall der in dem zu datierenden Material enthaltenen radioaktiven Isotope. Die bei der Entstehung der Elemente (Kernsynthese) vor etwa 6 Milliarden Jahren gebildeten radioaktiven Elemente (*Mutterisotope*) sind unstabil und zerfallen im Laufe der Zeit zu stabilen *Tochterisotopen.* Daher nimmt der Gehalt an radioaktiven Mutterisotopen unter Bildung stabiler Tochterisotope ständig ab. Der zeitl. Verlauf dieses Zerfalls wird beschrieben durch die **Halbwertszeit;** sie gibt an, nach welcher Zeit unabhängig von äußeren Einflüssen genau die Hälfte der Muttersubstanz zerfallen ist. Kennt man daher bei einer Probe (Gestein, Organismus) den derzeitigen Gehalt an Isotopen der radioaktiven Muttersubstanz und kann man darüber hinaus diesen Gehalt auch für den zu bestimmenden Zeitpunkt (Bildung des betreffenden Gesteins, Absterben des untersuchten Organismus) ermitteln, dann läßt sich die seither vergangene Zeitdauer berechnen. Die gegenwärtige Konzentration des Mutterisotops in der Probe kann durch eine Massenspektrumsanalyse oder durch eine Aktivitätsmessung bestimmt werden, die Anfangskonzentration ergibt sich als Summe der gegenwärti-

Altersblödsinn

gen Konzentrationen von Tochter- und Muttersubstanzen. Eine wichtige Methode der A. ist die von W. F. Libby entwickelte sog. ^{14}C-**Methode (C-14-Methode):** Sie beruht darauf, daß unter dem Einfluß der kosm. Strahlung aus dem Stickstoff der Luft radioaktiver Kohlenstoff ^{14}C gebildet (^{14}N(n,p)^{14}C) und zu Kohlendioxid oxidiert wird (^{14}CO$_2$). Durch CO$_2$-Austausch zw. dem atmosphär. Kohlendioxid und dem im Ozean gelösten Bicarbonat gelangen 96 % des ^{14}C in einem ständigen Strom in den Ozean, weitere 2 % werden durch Assimilation in pflanzl. und damit auch in tier. Organismen eingelagert, so daß nur 2 % am Erzeugungsort, der Atmosphäre, verbleiben. Im gesamten ^{14}C-Reservoir herrscht Gleichgewicht, d. h., das durch Zerfall verlorengegangene ^{14}C wird durch neu produziertes ersetzt. Wird kohlenstoffhaltiges Material aus dem ^{14}C-Reservoir entfernt (Absterben eines Organismus oder Kalkausfällung aus dem Ozean), so fällt das dem Gleichgewichtsfall entsprechende Isotopenverhältnis $[^{14}C]/[^{12}C] = 10^{-12}$ (*Rezentwert*) mit 5 760 Jahren Halbwertszeit ab. Zur A. mißt man das Verhältnis der spezif. β-Aktivität des Probenkohlenstoffs zu derjenigen von rezentem Kohlenstoff z. b. in frischem Holz und errechnet daraus die seit der Entfernung der Probe aus dem ^{14}C-Reservoir verstrichene Zeit. Die wesentl. Voraussetzung für die Zuverlässigkeit der ^{14}C-Methode ist die Konstanz des Rezentwertes und damit die Konstanz der Intensität der kosm. Strahlung über Jahrzehntausende hinweg. Anhand von Jahresringen einiger tausend Jahre alter Bäume (Grannenkiefer, Sequoia) konnten schwache, kurzzeitige Änderungen der Höhenstrahlenintensität (bis 4 %) nachgewiesen werden, die eine entsprechende Korrektur der ^{14}C-Daten erfordern.

Ein modernes Verfahren v. a. für die A. keram. Erzeugnisse ist die **Thermolumineszenzmethode.** Dabei wird die Tatsache ausgenutzt, daß durch radioaktive Strahlung Elektronen in den Quarz- und Feldspatkristallen der Tonteilchen in ein höheres Energieband gehoben werden und dort verweilen; dieser Vorgang läßt sich durch Erwärmen (auf etwa 300 °C) rückgängig machen, wobei Licht emittiert wird (Thermolumineszenzstrahlung). Vorausgesetzt, daß die Bestrahlung vom „Zeitpunkt Null" (des Brennens des keram. Materials) ab durch eine bekannte Konzentration von natürl. radioaktiven Isotopen und durch die kosm. Strahlung gleichmäßig erfolgt, ist die Intensität des Thermolumineszenzleuchtens ein Maß für das Alter der Probe. - Eine neue Methode zur A. von Knochenresten wurde von J. L. Bada an der University of California entwickelt. Dieses als **Eiweißuhr** bezeichnete Datierungsverfahren nutzt die Tatsache aus, daß die urspr. in lebendem Gewebe vorhandenen L-Aminosäuren nach dem Absterben

eines Organismus durch Umlagerung zweier Molekülgruppen allmähl. (nach einem Exponentialgesetz) in die D-Form übergehen. Aus der Konzentration an D-Aminosäure-Molekülen läßt sich der Zeitpunkt bestimmen, zu dem der Organismus abgestorben ist. Mit der „Eiweißuhr" läßt sich eine Zeitspanne von 10 000 bis zu einigen 100 000 Jahren erfassen.

📖 *Geyh, M. A.: Einf. in die Methoden der physikal. u. chem. A. Darmst. 1980.*

◆ Feststellung des Alters von Bäumen, v. a. durch Abzählen der Jahresringe des Stammquerschnitts an seiner Basis.

◆ bei Tieren die Feststellung des Lebensalters bes. bei den Haustieren; sie richtet sich v. a. nach dem Gebiß, nach Merkmalen an den Hörnern und Klauen und nach dem Grad der Verknöcherung bestimmter Skeletteile. Bei Fischen geben die Zuwachsstreifen der Schuppen entsprechend Auskunft.

Altersblödsinn ↑ Alterskrankheiten.

Altersdiät, als Richtzahl für den Energiebedarf eines Menschen jenseits des 60. Lebensjahres (in Ruhe) können etwa 8 400 kJ (2 000 kcal) pro Tag gelten. Das Minimum der tägl. aufzunehmenden *Eiweißmenge* sollte bei etwa 1,2 bis 1,5 g pro kg Körpergewicht liegen, damit die altersbedingte Einschränkung der Nahrungsmenge und die meist herabgesetzte Resorption der Darmwand durch die Aufnahme gerade dieser lebenswichtigen Nährstoffe auf tier. Eiweiß, bes. aber aus der Milch, ausgeglichen wird. Der *Fettanteil* der tägl. Nahrung sollte 50 g nicht übersteigen. Zum Kochen sollten grundsätzl. Pflanzenöle (Mais-, Sonnenblumenöl) verwendet werden, weil diese reich an den leicht verdaul., sog. mehrfach ungesättigten Fettsäuren sind. Ein Überangebot an Kohlenhydraten kann ebenso schädl. sein wie eine fettreiche Kost, da der erhöhte Kohlenhydratkonsum zu verstärktem Aufbau von Fett und gleichzeitiger Cholesterinsynthese führt. *Kohlenhydrate* sollten auf 100 bis 150 g pro Tag eingeschränkt werden, entsprechend sollten Teigwaren zugunsten von Gemüsen, Salaten und Obst reduziert werden. Eine Betonung der Frischkost ist auch deshalb angezeigt, weil gut die Hälfte aller älteren Patienten Vitaminmangelerscheinungen zeigt, die einerseits auf einseitige, vitaminarme Kost, mangelhaftes Kauvermögen und bestimmte Essensgewohnheiten, andererseits auf die bes. Enzymverhältnisse des Dünndarms und auf Störungen der Darmflora zurückzuführen sind. - Anzuraten ist ferner eine salzarme Kost, wohingegen Gewürzkräuter reich. verwendet werden können. Als gezielte *Diätvorschrift* gilt: häufige Einnahme kleiner Mahlzeiten, leichte Konsistenz und gute Resorbierbarkeit der Nahrung, Ausschaltung von Gasbildnern (z. B. Hülsenfrüchte mit blähender Wirkung), mäßige Kochsalzgaben,

Regelung der Flüssigkeitszufuhr (die tägl. aufzunehmende Flüssigkeitsmenge sollte 1,5 l nicht wesentl. übersteigen).

Altersfreibetrag, im Einkommensteuerrecht der BR Deutschland wird einem Steuerpflichtigen, der vor Beginn des Veranlagungszeitraumes das 64. Lebensjahr vollendet hat, ein A. von jährl. 720,– DM (bei zus. veranlagten Ehegatten 1 440,– DM) gewährt.

Altersgeld ↑ Altershilfe für Landwirte.

Altersgewicht, das von einem Pferd im Galopprennen je nach Alter zu tragende Mindestgewicht.

Altersgliederung (Altersaufbau), Zusammensetzung einer Bev. (bes. in einer polit. Einheit) nach Alter und häufig auch nach Geschlecht. Zur graph. Darstellung werden Alterspyramiden oder Altersrechtecke verwendet. Bei **Alterspyramiden** ist es üblich, auf der linken Seite der Mittelachse eines rechtwinkligen Koordinatenkreuzes die männl., auf der rechten Seite die weibl. Anteile (in absoluten Zahlen) anzuzeigen. Die Alterspyramide kann je nach Bev.entwicklung (Fruchtbarkeit, Sterblichkeit, Migration) auch die Form einer Zwiebel oder einer Glokke annehmen. Eine Zwiebelform entsteht, wenn die mittleren Jahrgänge einer Bev. infolge eines zunehmenden Geburtenrückganges bes. stark sind; eine Glockenform ergibt sich bei einer während eines längeren Zeitraumes stabilen Zahl von Geburten, einer heute in W-Europa gegebenen Sterblichkeit und einer minimalen Außenwanderung. **Altersrechtecke** sind bes. geeignet zur Darstellung langfristiger Veränderungen; hier zeigen sich z. B. die Auswirkungen medizin. Erfolge (längere Lebensdauer und geringere Säuglingssterblichkeit). - Abb. S. 268.

Altersgrenze, eine durch Gesetz festgelegte Grenze, an deren Erreichen bestimmte Folgerungen geknüpft sind. Sie liegt i. d. R. beim vollendeten 65. Lebensjahr (Ruhestand des Beamten), ist aber in der Rentenversicherung flexibel.

Altersheilkunde (Geriatrie), Teilgebiet der klin. Medizin, das sich mit den spezif. ↑ Alterskrankheiten und den allg. Erkrankungen des alten Menschen, ihrer Vorbeugung und Behandlung befaßt.

Altersheim (Altenheim), gemeinnützige oder private Einrichtung, die die volle Versorgung alter Menschen, die zur Führung eines eigenen Haushalts nicht mehr imstande sind, gewährleistet. Für vorübergehend bzw. dauernd hilfsbedürftige und bettlägerige Bewohner ist i. d. R. dem A. eine Pflegeabteilung angegliedert oder es stehen für sie *Altenpflegeheime* zur Verfügung. Im **Altenwohnheim** dagegen besteht aus einer Anzahl von Kleinwohnungen, die in Anlage, Ausstattung und Einrichtung den bes. Bedürfnissen der alten Menschen entsprechen. Dabei werden Selbständigkeit und Eigenverantwortlichkeit

durch Möglichkeiten zur Weiterführung des eigenen Haushaltes begünstigt und im Bedarfsfall durch betreuende und versorgende Maßnahmen von seiten des Heimes ergänzt. Das BG über Altenheime, Altenwohnheime und Pflegeheime für Volljährige *(Heimgesetz)* vom 7. 8. 1974 regelt die Rechtsstellung der Heimbewohner und legt die Mindestanforderungen für Ausstattung der A. und Qualifikation der dort Beschäftigten fest.

Altershilfe für Landwirte, nach dem Gesetz vom 22. 7. 1957 (letzte Änderung vom 3. 6. 1976) entsprechend dem Sozialversicherungsprinzip (mit Beitragspflicht) erfolgende Leistungen an selbständige Land- und Forstwirte: *Pflichtleistungen* erfolgen in Form von **Altersgeld** an selbständige Landwirte, wenn sie das 65. Lebensjahr vollendet, mindestens 180 Kalendermonate Beiträge entrichtet und ihr Unternehmen abgegeben haben, bzw. an Witwen und mitarbeitende Familienangehörige. *Kannleistungen* werden außerdem zur Erhaltung, Besserung und Wiederherstellung der Erwerbsfähigkeit erbracht. Die Finanzierung der A. f. L. erfolgt durch Beiträge und Bundesmittel aus dem Grünen Plan. Träger der A. f. L. sind die Alterskassen, die als Körperschaften des öffentl. Rechts bei jeder landw. Berufsgenossenschaft errichtet werden.

Alters-, Hinterlassenen- und Invalidenversicherung (Abk. AHV/IV), in der Schweiz seit 1948 eine obligator., die gesamte Wohnbev. (Arbeitnehmer und selbständig Erwerbende, Schweizer und Ausländer) umfassende Sozialversicherung. Die Finanzierung der AHV/IV erfolgt durch Beiträge der Arbeitnehmer und Arbeitgeber (z. Z. je 3,1 % des Einkommens) sowie durch Beiträge der öffentl. Hand. Der Anspruch auf die Altersrente beginnt bei Frauen mit dem 62., bei Männern mit dem 65. Lebensjahr.

Altersklassen, bei Naturvölkern zeitl. begrenzte Gruppierung der Menschen nach dem Lebensalter; der Übertritt in die nächsthöhere A. ist meist mit Zeremonien verbunden („rites de passage"). Jede der A. hat bestimmte Rechte und Pflichten.

◆ Einteilung der Wettkämpfer nach einer bestimmten Altersstufe (z. B. Schüler, Jugendliche, Junioren, Senioren) in verschiedenen Sportarten (z. B. Fußball, Boxen, Judo).

◆ bei Haustieren bestimmte Altersstufen, nach denen der Grad der körperl. Entwicklung der Tiere, ihr Leistungsvermögen und damit ihre Verwendbarkeit und Vergleichbarkeit mit anderen artgleichen Tieren beurteilt werden kann.

Alterskrankheiten, ganz allg. muß man beim alten Menschen zw. Krankheiten unterscheiden, bei denen die ursächl. Beziehungen zum Alter überwiegen oder allein bestimmend sind, und zw. solchen, die nur in indirektem Zusammenhang mit dem Alterungsvorgang

stehen. Bei krit. Wertung ist die Zahl der Krankheiten, bei denen das Alter alleinige Ursache ist, nicht allzu groß.

Typ. sind v. a. die mit dem Alter zunehmenden Störungen der Sinnesorgane *(Alterssichtigkeit* und *Altersschwerhörigkeit)*. Man spricht von **Altersmarasmus (Altersschwäche),** um den allg. Leistungsabfall infolge eines fortgeschrittenen Altersabbaus (der nur bedingt an die Lebensjahre gebunden ist) zu charakterisieren. Körperl. und geistige Einbußen (Senilität) müssen einander nicht unbedingt entsprechen. Selten wird ein Erlöschen der gesamten Organfunktionen zum reinen Alterstod führen. So gut wie immer bedingen zusätzl. krankhafte Zustände im Alter das Lebensende. Die beim alternden Menschen oft zu beobachtenden psych. Versagenszustände treten spontan und im Gefolge anderer Krankheiten auf (z. B. Durchblutungsstörungen des Gehirns). Bei **Altersblödsinn** (senile Demenz), dem stärksten Grad geistig-seel. Leistungsabbaus, kann Zurechnungs- (§ 51 Absatz 1 StGB) und Geschäftsunfähigkeit (§ 104 Nummer 2 BGB) resultieren. Oft werden auf Grund ärztl. Begutachtung Entmündigungsverfahren (§ 6 Nummer 1 BGB) und Pflegschaft (§ 1910 BGB) notwendig. Die therapeut. Möglichkeiten sind beschränkt. Auch die nur in lockerer Beziehung zum Alter stehenden Erkrankungen des betagten Menschen zeigen hinsichtl. ihres Verlaufs, der diagnost. und therapeut. Erwägungen meist ein anderes Gepräge als in früheren Lebensjahren. Akute Krankheiten verlaufen oft subchron. oder chronisch. Das Magengeschwür kann schmerzlos sein, der Blinddarmdurchbruch erst durch auftretende Komplikationen bemerkbar werden. Ungewöhnl. Krankheitskombinationen sind die Regel. Unter den mögl. Todesursachen, deren Zahl im Alter zunimmt (meist sind gleichzeitig auch 4 bis 5 und mehr Diagnosen mögl.), stehen mit 40 % die Herz- und Kreislauferkrankungen an erster Stelle, gefolgt von den entzündl. Erkrankungen des Bronchialbaums, den im Alter häufigeren bösartigen Tumoren und den zum Rückfall neigenden entzündl. Erkrankungen der Harnwege, die stets die Gefahr der Miterkrankung des Nierengewebes in sich schließen. Die degenerativen Erkrankungen des Skelettsystems nehmen bei den höheren Altersgruppen zu und werden nicht selten zur Ursache von Hilflosigkeit und Vereinsamung des alternden Menschen. Unter den Stoffwechselerkrankungen kommt dem Diabetes mellitus im Alter die größte Bed. zu. Mit der durch bessere therapeut. Möglichkeiten erhöhten Lebenserwartung muß der Diabetiker zugleich die häufigen Gefäß- und Nervenschäden, die diabet. Gefäßverhärtung und das diabet. Nervenleiden in Kauf nehmen.

⚂ *Schubert, R.: Allg. Geriatrie. Stg. 1980. - A. Hg. v. G. Schettler. Stg. ²1972.*

Altersmarasmus ↑Alterskrankheiten.

Alterspension, die dem Altersruhegeld entsprechende Leistung der Sozialversicherung in Österreich.

Alterspräsident, in neugewählten Körperschaften (v. a. Parlamenten) ältestes Mgl., das bis zum Amtsantritt eines gewählten Präs. den Vorsitz in der Versammlung führt.

Alterspyramide ↑Altersgliederung.

Altersrechteck ↑Altersgliederung.

Altersrente, svw. ↑Altersruhegeld.

Altersruhegeld (Altersrente), Leistung der Sozialversicherung, die nach Erreichen der Altersgrenze und Erfüllung der Wartezeit in Form einer lebenslängl. Geldrente an Versicherte in der Rentenversicherung der Arbeiter und Angestellten gewährt wird.

Altersschwäche ↑Alterskrankheiten.

Alterstheorie, svw. ↑Fermische Alterstheorie.

alter Stil ↑Zeitrechnung.

Altersversicherung für Landwirte, soziale Rentenversicherung für Landwirte in Österreich, geregelt durch das Bauern-PensionsversicherungsG (BPVG) vom 12. 12. 1969. Die Mittel für die A. f. L. werden durch Beiträge der Versicherten, durch eine zweckgebundene Abgabe der Land- und forstwirtschaftl. Betriebe und durch den Bund aufgebracht.

Altertum, Zeitraum zw. schriftloser Prähistorie (vom Beginn erster schriftl. Aufzeichnungen im Alten Orient um 3000–2800) und europ. MA (bis zum Ausgang der griech.-röm. Antike im 4.–6. Jh.), räuml. begrenzt auf die Randgebiete des Mittelmeers mit den vorgelagerten Ländern in Europa und Asien.

Entwicklung des Begriffes: Im 19. Jh. trat im Gefolge von Romantik und Historismus eine Vertiefung des (nach nur unklaren Vorstellungen vom A. im MA) in der Zeit des Humanismus und der Renaissance konturierten A.begriffes durch Erschließung neuer Quellengruppen ein. Durch die Entzifferung von Schriften und Sprachen kam es zu einer Erweiterung des A.begriffes in zeitl. und räuml. Hinsicht, so daß sich heute das A. als die Geschichte zweier Kulturkreise darstellt, des vorderasiat.-ägypt. und des griech.-röm., nebst den dazugehörigen, vom A. beeinflußten Randkulturen in Europa, Asien und Afrika. Man spricht daher vom vorderasiat.-mediterranen A.begriff. - Zum A.begriff der marxist. Geschichtsforschung ↑Sklavenhaltergesellschaft.

Periodisierung: Die eingebürgerte Hauptgliederung unterteilt die Geschichte des A. in Geschichte des Alten Orients, Griechenlands und des Hellenismus, Roms und des Imperium Romanum. Der Alte Orient wird einmal nach Völkern, zum andern nach grob durch die Jt.grenzen bezeichneten Zeitabschnitten gegliedert. Die griech. Geschichte wird periodisiert nach der kret.-myken. Zeit

(1900–1100), der Übergangszeit (1100–800), dem Archaikum (800–500), der klass. und nachklass. Zeit (500–336) und dem Hellenismus (336–30 v. Chr.). Die röm. Geschichte zerfällt in die Königszeit (bis etwa 500/470), in die Zeit der Republik (bis 27 v. Chr.) und in die Kaiserzeit (27 v. Chr.–476). Der Übergang zum MA ist fließend, wobei entweder einzelne Jahre oder ganze Perioden zw. 193 (Beginn der Severerdynastie) und Karl dem Großen (768–814) angenommen werden.

Bedeutung: Die bleibende Wirkung des A. beruht v. a. auf vier großen Leistungen: Erfindung der Schrift, Ausbildung der Stadtzivilisation, Entwicklung organisierter Staatswesen, Schöpfung einer in vielen Bezügen überzeitl. geistigen Kultur.

📖 *Taeger, F.: Das A. Gesch. u. Gestalt der Mittelmeerwelt. Stg. ⁶1966. - Meyer, Eduard: Gesch. des A. Hg. v. H. E. Stier. Stg. ³⁻⁷1953- 58. 5 in 8 Bden. Nachdr. Darmst. ⁵⁻⁹1975–78.*

Altertümer, Denkmäler (Zeugnisse) aus Vor- und Frühgeschichte eines Volkes oder einer Kultur, aus Altertum und MA.

Altertumsvereine ↑Geschichtsvereine.

Altertumswissenschaft, von F. A. Wolf geschaffene Bez. für die Summe aller Disziplinen zur Erforschung urspr. des klass. Altertums oder der griech.-röm. Antike, dann des gesamten Altertums unter Einbeziehung des Alten Orients und der antiken Randkulturen.

Alterung, allg. die Änderung spezif. Werkstoffeigenschaften (z. B. Streckgrenze, spezif. elektr. Widerstand, magnet. Eigenschaften) metall. oder nichtmetall. Stoffe in Abhängigkeit von Zeit, Beanspruchung und Temperatur. Man unterscheidet zw. natürl. und künstl. Alterung. Bei einem neueren Verfahren der künstl. A. wird z. B. Stahl zw. Härten und Anlassen auf Temperaturen von −80 °C bis −100 °C abgekühlt. Die Qualität nichtmetall. Werkstoffe wie Baustoffe, Keramik, Beton u. v. a. Kunststoffe kann durch A.prozesse gemindert werden. Bei Kunststoffen kann diese A. durch therm., mechan. oder chem. Einflüsse ausgelöst werden. Auch Licht (v. a. ultraviolette Strahlung), Röntgenstrahlung, Teilchenstrahlung können durch Spaltung der den Kunststoff aufbauenden Makromoleküle eine Gefügelockerung und verringerte Widerstandsfähigkeit bewirken.

Alter vom Berge, eigtl. Alter von den Bergen (arab. Schaich Al Dschibal), Titel, den sich der Gründer der ↑Assassinen, Hasan As Sabbah, beilegte und den seitdem das Oberhaupt der syr. Assassinen führt.

Altes Land, bis 8 km breiter Streifen fruchtbaren Marschlandes am linken Ufer der unteren Elbe, zw. Hamburg-Harburg und Stade. Das A. L. ist eines der bedeutendsten geschlossenen Obstbaugebiete (Äpfel, Kirschen, Pflaumen) der BR Deutschland.

Älteste der Kaufmannschaft, regionale kaufmänn. Standesorganisationen in Preußen im 19. Jh.; aus dem ma. Kaufmannsgilden entwickelt; Vorläufer der Handelskammern.

Ältestenrat, Organ des Dt. Bundestags, mit der Aufgabe, den Bundestagspräs. bei der Führung seiner Geschäfte zu unterstützen und eine Einigung der Fraktionen über den Arbeitsplan des Bundestages und die Tagesordnung der Plenarsitzungen herbeizuführen; er vereinbart ferner zu Beginn jeder Legislaturperiode die Besetzung der Stellen der Ausschußvors. durch die Fraktionen und beschließt seit 1969 auch alle inneren Verwaltungsangelegenheiten des Bundestags. Der Ä. setzt sich zusammen aus dem Präs., dem Vizepräs. und 23 MdB, die von den Fraktionen benannt werden.

Altes Testament (Abk. A. T.), aus der christl. Theologie stammender Sammelbegriff für jene hl. Bücher, die - im Ggs. zum N. T. - vor der Geburt Christi entstanden und als solche in den alttestamentl. Kanon aufgenommen worden sind. Verzeichnis der bibl. Bücher des A. T. ↑Bibel.

Alte Welt, Bez. für die seit alters her bekannten Erdteile Asien, Afrika und Europa. Für Amerika wurde die Bez. **Neue Welt** geprägt.

Altflosser (Palaeopterygii), Unterklasse der Knochenfische; im Paläozoikum und Mesozoikum sehr verbreitet, heute nur noch in den beiden Ordnungen ↑Störe und ↑Flösselhechte vertreten.

Altflöte, Instrument aus der Fam. der Quer- und Blockflöten. Die Altblockflöte wird meist in F- (tiefster Ton f¹), die Altquerflöte in G-Stimmung (tiefster Ton g) gebaut.

Altflur, Bez. für die bereits vor der ma. Rodungsperiode gerodeten Teile der Feldflur.

altfränkisch, altväterisch, altmod.; bedeutete ursprüngl. (positiv oder wertneutral) svw. nach fränk. Art gekleidet.

Altgeld, Bez. für Reichsmark, Rentenmark und Besatzungsgeld, die alle bei der Währungsreform 1948 umzutauschen waren.

Altgläubige (russ. Starowerzy) ↑Raskolniki.

Altgrad, Bez. für die vorwiegend verwendete Winkeleinheit Grad, wenn der Unterschied gegenüber dem Neugrad (↑Gon) betont werden soll (entsprechend: *Altminute, Altsekunde*).

Althaea [...'tɛ:a; griech.], svw. ↑Stockmalve.

Althändler (Altwarenhändler), Ein- und Wiederverkäufer gebrauchter Gegenstände.

Althaus, Paul, * Obershagen bei Celle 4. Febr. 1888, † Erlangen 18. Mai 1966, dt. ev. Theologe. - 1914 Prof. in Göttingen, 1920 in Rostock, 1925 in Erlangen; v. a. bekannt durch seine Theorie der Uroffenbarung. Sein Hauptwerk ist „Die christl. Wahrheit, Lehr-

buch der Dogmatik" (1948).

A., Peter Paul, * Münster (Westf.) 28. Juli 1892, † München 16. Sept. 1965, dt. Lyriker. - Kabarettist (Mgl. des „Brettl" in München-Schwabing), heiter-iron., poet. verspielte Gedichtsammlungen: „Dr. Enzian" (1952), „Laßt Blumen sprechen. Flower tales" (1953), „Wir sanften Irren" (1956), „Seelenwandertouren" (1961).

Altheide, Bad ↑ Bad Altheide.

Altheim, Franz, * Frankfurt am Main 6. Okt. 1898, † München 17. Okt. 1976, dt. Althistoriker. - 1936 Prof. in Halle, 1950–65 in Berlin (FU); schrieb u. a. „Weltgeschichte Asiens im griech. Zeitalter" (1947/48), „Geschichte der Hunnen" (1959–62).

Altheimer Gruppe, nach einem Fundort im Landkr. Landshut in Niederbayern ben. jungneolith. Fundgruppe.

Althing (isländ. alþing), isländ. gesetzgebende, in älterer Zeit auch rechtsprechende Versammlung.

Althochdeutsch ↑ deutsche Sprache, ↑ deutsche Literatur.

Althofen, östr. Marktgemeinde, 30 km nö. von Klagenfurt, Kärnten, 648 m ü. d. M., 4 600 E. Moorbad (radioaktiv) mit Kurbetrieb. - Frühgeschichtl. Siedlung. A. war Handelsplatz für das Hüttenberger Eisen. - Got. Kirche (um 1400), spätroman. Kirche Sankt Cäcilia, barocke Kalvarienbergkapelle (17. Jh.), got. Schloß (mit roman. Bergfried).

Althoff, Friedrich Theodor, * Dinslaken 19. Febr. 1839, † Berlin-Steglitz 20. Okt. 1908, preuß. Politiker. - Bestimmte in führenden Stellungen im preuß. Kultusministerium wesentl. die preuß. Kulturpolitik um die Jh.wende; reformierte u. a. das Bibliothekswesen; stellte Gymnasien, Realgymnasien und Oberrealschulen gleich; wirkte für den Ausbau der preuß. Univ., wiss. Institute und die Gründung von TH.

Althusius (Althaus), Johannes, * Diedenshausen (Kreis Wittgenstein) 1557, † Emden 12. Aug. 1638, dt. Rechtslehrer und Politiker. - Anhänger der Munizipalselbstverwaltung und des Kalvinismus. Prof. in Herborn; seit 1604 Stadtsyndikus in Emden. Sein bed. Hauptwerk „Politica methodice digesta ..." (1603, ³1614) ist eine schließl. dem polit. Kalvinismus angepaßte - auf der Basis unveräußerl. Majestätsrechte des Volkes und der von ihm delegierten, an die Gesetze gebundenen Herrschaftsgewalt - systemat., naturrechtl. Vertragslehre des durch ein neuformuliertes Widerstandsrecht geschützten polit. Gemeinwesens.

Altichiero [italien. altiˈkjɛːro], in der 2. Hälfte des 14. Jh. tätiger italien. Maler. - Stammte aus Zevio bei Verona. Zwei große Freskenzyklen in Padua: in der Cappella di San Felice in San Antonio (vollendet 1379) und im Oratorio di San Giorgio (zw. 1378 und 1384). Ein Spätwerk ist das Votivfresko

der Fam. Cavalli in Sant'Anastasia in Verona (vor 1390). Kennzeichnend für seinen Stil ist das erfindungsreiche Erzählen.

Altimeter [lat./griech.], svw. ↑ Höhenmesser.

Altindisch ↑ Sanskrit, ↑ Wedisch.

Altiplano [span.], Beckenlandschaft in den Z-Anden zw. der W- und der O-Kordillere, 3 600–4 000 m hoch, bis 200 km breit, zum größten Teil zu Bolivien, nur im äußersten N zu Peru gehörend. Der A. gliedert sich in drei große Becken: im N das Becken des Titicacasees (Wasserspiegel 3 812 m ü. d. M.), das mittlere Becken mit dem Poopósee (3 694 m ü. d. M.) und dem Salar de Coipasa (3 660 m ü. d. M.) sowie das südl. Becken des Salar de Uyuni (3 660 m ü. d. M.); trop. Hochgebirgsklima mit geringen jährl. und starken tägl. Temperaturschwankungen. Das nördlichste Becken ist durch den Titicacasee therm. begünstigt und eines der wichtigsten Agrargebiete Boliviens.

Altkanaanäisch ↑ semitische Sprachen.

Altkastilien (span. Castilla la Vieja), histor. Provinz im mittleren und nördl. Spanien, erstreckt sich vom Golf von Biskaya bis zum Kastil. Scheidegebirge. A. hat Anteil an der N-Meseta, im S am Kastil. Scheidegebirge, im O am Iber. Randgebirge, im N am Astur.-Leones. Hochgebirge und am Kantabr. Gebirge. Ausgenommen Santander und Reinosa (Werften, Hütten- und chem. Ind.) hat A. nur eine bescheidene Ind. (v. a. Woll-, Leder- und Nahrungsmittelind.) in den städt. Zentren (Valladolid, Burgos, Palencia, Segovia, Ávila); die Wirtschaftsstruktur ist weitgehend agrar. bestimmt.

Geschichte: A. ist die Keimzelle des späteren Kgr. und urspr. Träger des Namens Kastilien, der dann auch für das sich vergrößernde Territorium galt. Der Name A. entstand im 15. Jh. zur Unterscheidung des nun zur Prov. gewordenen histor. Kernlands und des Gesamtreichs.

Altkastilische Hochfläche ↑ Nordmeseta.

Altkatholiken (Alt-Katholiken), Angehörige einer kath. Reformkirche, die aus der Ablehnung des Dogmas von der Unfehlbarkeit des Papstes in Fragen der Glaubens- und Sittenlehre auf dem 1. Vatikan. Konzil (1869–70) hervorgegangen ist. Die A. vertreten ferner: Einführung der Volkssprache, Aufhebung der Ablässe, der Zölibatsverpflichtung, des Verbotes der Feuerbestattung und der Verpflichtung zur jährl. Einzelbeichte. V. a. wurde die Stellung der Laien in der Kirche gestärkt. Die A. schlossen sich unter Führung des Münchener Kirchenhistorikers Ignaz von Döllinger zusammen. Als erster Bischof wurde der Breslauer Theologieprof. J. H. Reinkens 1873 gewählt. 1889 vereinigten sich die A. in Utrecht mit verwandten Bewegungen in Österreich, der Schweiz und

den Niederlanden. Die Altkath. Kirche ist Mgl. des Ökumen. Rates der Kirchen. Ihre Mitgliederzahl in Deutschland beträgt etwa 30 000; Sitz des altkath. Bischofs ist Bonn; dort besteht auch das Alt-Kath. Seminar als theolog. Ausbildungsstätte.

📖 *Küry, U.: Die altkath. Kirche. Ihre Gesch., ihre Lehre, ihr Anliegen. Stg. 1966.*

altkimmerische Phase ↑ Faltungsphasen (Übersicht).

Altkirchenslawisch (Altslawisch), die älteste slaw. Schrift- und Literatursprache. Sie wurde um 862 von den beiden gelehrten Griechen ↑ Kyrillos und seinem Bruder Methodios geschaffen; wegen einiger ausschließl. bulgar. Sprachkennzeichen auch **Altbulgarisch** gen. Vor Beginn der mähr. Mission schufen diese beiden „Slawenlehrer" das glagolit. Alphabet (↑ Glagoliza), dem später nach dem Vorbild der griech. Unziale das kyrill. (↑ Kyrilliza) folgte, und übersetzten das Evangelistar und weitere liturg. Bücher aus dem Griech. ins A. - Aus der Zeit der beiden Slawenlehrer sind keine Originalhandschriften erhalten, die ältesten glagolit. bzw. kyrill. Handschriften stammen aus dem 10. Jh. Neben den Übersetzungen des N. T. umfassen die altkirchenslaw. Sprachdenkmäler Psalterien, liturg. Bücher, eine Homiliensammlung, ein Menologium und Fragmente übersetzter Erbauungsliteratur; eine originale, weltl. altkirchenslaw. Literatur ist nur in wenigen Fragmenten erhalten. Das ↑ Kirchenslawische spielt bei der Herausbildung der modernen ost- und südslaw. Schriftsprachen eine wesentl. Rolle.

altkleinasiatische Sprachen, zusammenfassende Bez. für alle kleinasiat. Sprachen aus vorhellenist. Zeit, die weder indogerman. noch semit. sind: das ↑ Churritische (Hurrische), das ↑ Urartäische (Chaldische), das Hattische (↑ Protohattisch) und das aus Namen und Lehnwörtern im ↑ Hethitischen und ↑ Luwischen zu erschließende sog. Protoluwische; zus. mit den ebenfalls isoliert stehenden mesopotam. Sprachen ↑ Sumerisch, ↑ Elamisch und ↑ Kassitisch werden die altkleinasiat. Sprachen gelegentl. als altvorderasiat. Sprachen zusammengefaßt.

Altkönig, Berg im Taunus, nw. von Kronberg (Ts.), Hessen, 798 m hoch; mit mächtiger doppelter Ringwallanlage aus der älteren La-Tène-Zeit (etwa 4. Jh. v. Chr.).

Altkonservative, Gruppe preuß. Konservativer ab 1872, die sich im Ggs. zu den ↑ Neukonservativen gegen die Reichspolitik Bismarcks wandten; betonten die einzelstaatl., bes. die preuß. Eigenständigkeit und lehnten den Kulturkampf strikt ab; gingen 1876 in der Deutschkonservativen Partei auf.

Altkordillerenkultur (Old Cordilleran Culture), über den NW N-Amerikas (N-Kalifornien bis Alaska) verbreitete paläoindian. Blattspitzentradition in früher nachpleistozäner Zeit.

Altlandschaft, Bez. für den rekonstruierten Zustand eines Kulturlandschaftsraumes in einer bestimmten Periode der Vergangenheit.

Altlasten, Bez. für ehem. Mülldeponien, Grubenverfüllungen, Aufschüttungen u. ä., auch Bodenschichten unter ehem. Industriebetrieben, die möglicherweise mit Schad- und Giftstoffen versetzt sind; auch Bez. für die Schad- und Giftstoffe selbst.

Altleiningen, Gemeinde sw. von Grünstadt, Rhld.-Pf., 1 900 E. - Ehem. Stammburg der Grafen von Leiningen mit dreiflügeligem Wohnbau (16. und 17. Jh.).

Altliberale, allg. Bez. für gemäßigte Liberale zur Abgrenzung gegen radikale Linksliberale u. rechtsorientierte Nationalliberale; v. a. gebräuchl. für die gemäßigten Liberalen in Preußen ab 1848, die 1858 im Abg.haus die Mehrheit gewannen. 1861 spaltete sich eine linke Gruppe ab (↑ Deutsche Fortschrittspartei). Die Reste der A., 1863 zur „konstitutionellen Fraktion" zusammengeschlossen, gingen nach 1866 zur Nationalliberalen oder zur Freikonservativen Partei über.

Altlünen ↑ Lünen.

Altlutheraner, Mgl. der dt. luth. Freikirchen, die im 19. Jh. unter Protest gegen Unionsbestrebungen zw. reformierten und luth. Kirchen entstanden, wie sie von den Landesfürsten betrieben wurden. Die älteste altluth. Kirche entstand 1841 in Preußen. Die A. des ehem. Preußen sind seit 1954 unter dem Namen Ev.-luth. (altluth.) Kirche zusammengefaßt. Mit dieser schlossen sich die meisten altluth. Kirchen 1972 zur Selbständigen Ev.-Luth. Kirche (Abk. SELK) zusammen.

Altmann, Wilhelm, * Adelnau (= Odolanów, Polen) 4. April 1862, † Hildesheim 25. März 1951, dt. Musikbibliothekar. - Veröffentlichte u. a. Briefsammlungen (Brahms, Nicolai, Weber, Wagner), ein „Kammermusik-Katalog" (1910, ⁶1945, Nachdruck 1967) sowie das „Verzeichnis von Werken für Klavier 4- und 6händig, sowie für 2 und mehr Klaviere" (1943).

Altmark, Landschaft westl. der Elbe, DDR, geht nach W in die Lüneburger Heide über, nach N in das Hannoversche Wendland. Im N flachwellige, von feuchten Niederungen durchzogene, landw. genutzte Grundmoränenplatten, im S Endmoränenzug (in den Hellbergen bis 160 m ü. d. M.); Letzlinger Heide, Klötzer Heide mit ausgedehnten [Kiefern]forsten. Erdgasfeld bei Salzwedel; Fremdenverkehr v. a. am Arendsee. Der Name A., seit 1310 für den Raum um Stendal belegt, wurde später auf das gesamte Gebiet übertragen. - *Geschichte:* Ende des 8. Jh. Einbeziehung in das fränk. Herrschaftsgebiet; ging im großen Wendenaufstand 983 verloren. 1134 erhielt Albrecht der Bär von Kaiser Lothar den Markgrafentitel als Amtslehen. Polit. teilte die A. nun das Schicksal der Markgft.

Brandenburg. Kam 1807 an das Kgr. Westfalen, 1815 zur preuß. Prov. Sachsen, 1945 an das Land Sachsen-Anhalt; seit 1952 Teil des Bez. Magdeburg.

Altmeier, Peter, * Saarbrücken 12. Aug. 1899, † Koblenz 28. Aug. 1977, dt. Politiker. - 1945 Mitbegr. und bis 1966 Landesvors. der CDU, 1947–69 Min.präs. von Rhld.-Pfalz.

Altmenschen (Paläanthropinen), die [Echt]menschen der (ausgestorbenen) Neandertalergruppe (↑ Neandertaler) im Ggs. zu den ursprünglicheren ↑ Frühmenschen und den ↑ Jetztmenschen. - ↑ auch Mensch.

Altmetalle, Fertigungsabfälle und Schrott, die eingeschmolzen und nach Klassifizierung zur Herstellung von metall. Werkstoffen und Legierungen wieder verwendet werden (*Altmetallverhüttung*).

Altmühl, linker Nebenfluß der Donau, entspringt auf der Frankenhöhe, durchbricht zw. Treuchtlingen und Dollnstein den Jura, mündet unterhalb von Kelheim, 220 km lang. Ab Dietfurt Teil des im Bau befindl. Europakanals.

Altmühlgruppe, nach Fundplätzen im Altmühltal (Bayern) ben. mittelpaläolith. Fundgruppe in Süd- und Mitteldeutschland; kennzeichnender Steinwerkzeugtypus Blattspitzen; Verbindung zu osteurop. Kulturen. - ↑ auch Präsolutréen.

Altmünster, Marktgemeinde und Fremdenverkehrsort in Oberösterreich, am NW-Ufer des Traunsees, 25 km nö. von Bad Ischl, 532 m ü. d. M., 8 600 E. - Röm. Siedlung. - Spätgot. Pfarrkirche (W-Turm um 1300).

Altniederdeutsch, älteste Stufe des ↑ Niederdeutschen, meist als ↑ Altsächsisch bezeichnet.

altnordische Literatur, sie umfaßt die schriftl. Überlieferung der altwestnord. (= norrönen) Sprachen, d. h. des Altisländ. und Altnorweg., und reicht von um 800 bis zur Einführung des Buchdrucks im Zeitalter der Reformation. Die ältesten überlieferten Handschriften datieren aus dem späten 12. Jh. und stammen vorwiegend aus Island, wo es ein begrenztes Fortleben altgerman., d. h. von kirchl. und antiker Bildung freier Traditionen gab. Die a. L. bestimmt daher in entscheidender Weise unser Bild des Altgermanischen. - Es wird unterschieden: 1. *eddische Dichtung.* Die ihr zugerechneten Lieder sind zum großen Teil in einer isländ. Handschrift des 13. Jh. gesammelt (↑ „Edda"). Vereinigt sind in dieser Sammlung allg. altnord. Gut und altisländ. Sondergut. 2. ↑ *Skaldendichtung.* Ihre Kenntnis ist ebenfalls der isländ. Überlieferung zu danken, obwohl die frühe skald. Dichtung, die an norweg. Fürstenhöfen gepflegt, sicher schon vor dem 9. Jh., aus dem ↑ Bragi bezeugt ist. Seit dem Ende der heidn. Zeit traten dort jedoch Isländer das Erbe an und führen die Skaldik an den Fürstenhöfen des Nordens und Englands zu einem großen

Reichtum an Formen und Inhalten (↑ Egill Skallagrimsson). Gegen Ende der skald. Dichtung schreibt ↑ Snorri Sturluson sein Skaldenlehrbuch (die sog. „Jüngere Edda"). 3. *Sagaliteratur* (Sögur). Die kunstvolle Prosaepik, die diesen Namen trägt, ist eine ausschließlich isländ. Erscheinung. Die *Isländergeschichten* spielen etwa in der Zeit von 930 (d. h. der Zeit der Besiedlung) bis 1030. Die *Königsgeschichten* gipfeln in Snorri Sturlusons „Heimskringla" (um 1230), einer Geschichte der norweg. Könige. - Neben den altgerman. Erbformen und den altwestnord. bzw. isländ. Sproßformen kennt die a. L. auch einen weiten Bereich der Übersetzungsliteratur, z. B. wurden frz. Ritterromane, dt. Sagensstoffe um Dietrich von Bern in Sagaform übertragen, anderseits Heiligenlegenden, Apostelgeschichten, Bibelkommentare.

📖 Vries, J. de: Altnord. Lit.gesch. Bln. ²1964–67. 2 Bde.

altnordische Sprache, Stufe in der Entwicklung der nordgerman. Sprachen (Isländ., Färöisch, Norweg., Schwed., Dän.) von etwa 800 bis zum 15. Jh.; die a. S. ging aus dem Urnord. hervor und wird gewöhnl. in Westnord. (Island, Norwegen) und Ostnord. (Schweden, Dänemark) gegliedert. - ↑ auch altnordische Literatur, ↑ schwedische Literatur, ↑ Runen.

Alto Adige [italien. 'alto 'a:didʒə] ↑ Südtirol.

Alto Alentejo [portugies. 'altu ɐlen'teʒu] ↑ Alentejo.

Alto Douro [portugies. 'altu 'ðoru], vom Duoro durchflossene Erosionslandschaft des östl. Hochportugal; sommerheiß und niederschlagsarm, Anbaugebiet des Portweins; Zitrusfrüchte, Feigen.

Altokumulus (Altocumulus) [lat.] Abk. Ac, in Höhen zw. 2 500 und 6 000 m auftretende weiße, flache Wolkenballen oder -walzen („grobe Schäfchen") mit grauen Stellen (Schattenbildung).

Altöle, Schmieröle, die starke Veränderungen ihrer physikal. und chem. Eigenschaften infolge Temperatureinwirkung, Luftoxidation und Feuchtigkeit erfahren haben.

Altomünster, Gemeinde nw. von Dachau, Bayern, 5 400 E. - Um 760 gründete der hl. Alto ein Benediktinerkloster, dessen Mönche 1047 nach Altdorf (= Weingarten) übersiedelten, während die Benediktinerinnen aus Altdorf nach A. kamen. Aufhebung des Klosters 1485, 1497–1803 Doppelkloster des Birgittenordens, seit 1842 Birgittinenkloster. 1763–73 Umbau der Kirche durch J. M. Fischer.

Altona, Stadtteil von Hamburg. Entstand um 1530, kam 1640 an Dänemark, erhielt 1664 Stadtrechte mit umfangreichen Handelsprivilegien; durch die Schweden 1713 eingeäschert; Ende des 18. Jh. zweitgrößte Stadt Dänemarks; 1867 preuß. Prov.stadt; ging

1937 (als Großstadt) in Hamburg auf.

Altonaer Plan, 1878 von E. Schlee in Altona eingeführte Organisation der höheren Schulen mit einheitl. Unterbau von Realgymnasium und Realschule mit lebenden Fremdsprachen (Frz. als erste Fremdsprache in Sexta, Engl. in Quarta), um den Schulwechsel zu erleichtern.

Alto Paraná, Dep. in SO-Paraguay, 14 895 km², 193 000 E (1982), Hauptstadt Puerto Presidente Stroessner. Das Dep. wird vom Amambayplateau, einem Ausläufer des Brasilian. Berglandes, das eine rd. 200 m hohe Stufe gegen das Paraguaytiefland bildet, eingenommen. Entwässerung durch Nebenflüsse des Paraná, der sich cañonartig eingeschnitten hat. Warm-gemäßigtes, wintertrockenes Klima, subtrop. Regenwald.

A. P. ↑ Paraná.

altorientalische Kunst ↑ assyrische Kunst, ↑ babylonische Kunst, ↑ hethitische Kunst, ↑ sumerisch-akkadische Kunst.

Altorientalistik, die Wiss. von Geschichte, Sprachen und Kulturen, denen der Gebrauch der ↑ Keilschrift oder davon abgeleiteter Schriftsysteme gemeinsam ist. Die A. begann als Assyriologie, als Wiss. des alten Assyrien und Babylonien einschließl. der Gebiete Iran, Syrien, Kleinasien, und erweiterte sich zur A. mit der Erschließung weiterer Keilschriftsprachen wie des Sumer., Hethit., Churrit., Uratäischen, Elam., Ugaritischen. Spezialdisziplinen sind Sumerologie, Akkadistik, Hethilogie usw., auch z. B. Keilschriftrecht. Die vorderasiat. Archäologie ist heute in Deutschland ein eigenes Universitätsfach.

Altos Cuchumatanes [span. 'altos kutʃuma'tanes], Gebirge in W-Guatemala, bis 3 800 m hoch; verkarstetes Plateau, siedlungsfeindl., weitgehend mit Nadelwäldern bestanden, bescheidene Weidewirtschaft.

Altostratus [lat.], Abk. As, Wolkenfelder oder -schichten mit Untergrenzen zw. 2 500 und 6 000 m Höhe, gleichförmig, strukturlos, von grauem oder bläulichem Aussehen, die große Teile des Himmels oder seine gesamte Fläche bedecken. Die Niederschläge aus A. sind meist langandauernd.

Altötting, Krst. in Bayern, auf der Niederterrasse des Inn, 403 m ü. d. M., 11 000 E. Bed. Wallfahrtsort (über 800 000 Pilger jährl.). - 832 und 837 Erwähnung der Königspfalz **Otinga;** im 9. und 10. Jh. bestand ein Kloster, danach ein Chorherrenstift. A. kam 907 an das Hochstift Passau, 1180 an die Wittelsbacher; 1483 erste Wallfahrt. - Mittelpunkt ist ein großer Platz mit der Hl. Kapelle, einer der ältesten Zentralbauten Deutschlands; 1494 wurde das Langhaus, im 16. Jh. der Umgang mit Arkaden hinzugefügt; im Innern das Gnadenbild der „Schwarzen Muttergottes" (14. Jh.). - Abb. S. 278.

A., Landkr. in Bayern.

Altpaläolithikum ↑ Paläolithikum.

Altpersisch, die zu den iran. Sprachen gehörende offizielle Hofsprache der ↑ Achämeniden, erhalten auf deren Inschriften. A. ist ein archaisierender südwestiran. Dialekt, mit medischen Lehnwörtern durchsetzt. Schon unter Xerxes I., bes. aber unter dessen Nachfolgern begann die Entwicklung zum Mittelpersischen. Die **altpersische Schrift** ist die jüngste Entwicklung der ↑ Keilschrift, eine Mischbildung aus einfacher Silbenschrift und Buchstabenschrift. Die **altpersischen Inschriften** sind auf Felswänden (neben Reliefs), an Bauwerken, auf Gold-, Silber-, Ton- und Steintafeln, Gefäßen und Schalen, Siegeln und Gewichten angebracht, teils histor.-chronist. Inhalts (Thronbesteigung durch Darius I., Wiederherstellung der Ordnung im Reich), teils Bauurkunden (über den Bau des Palastes von Susa, eines Kanals vom Roten Meer zum Nil). Histor. bed. ist bes. die Inschrift von ↑ Behistan.

Altphilologie ↑ klassische Philologie.

Altposaune, heute das Instrument der Posaunenfamilie mit der höchsten Stimmlage (die Diskantposaune ist seit dem 16. Jh. nicht mehr gebräuchlich).

Altpreußen, Bez. für das Gebiet des 1525 aus dem Staat des Dt. Ordens hervorgegangenen Hzgt. Preußen (Ostpreußen), sowie für die Prov. des preuß. Staates, die vor 1806/07 zu ihm gehörten, v. a. Ost-, Westpreußen, Pommern, Brandenburg.

Altpreußisch, westl. Zweig der ↑ baltischen Sprachen, mit Ende des 17. Jh. ausgestorben. Die altertüml. Sprache ist nur durch wenige Denkmäler des frühen 15.–16. Jh. dürftig bekannt, hinzu kommen zahlr. Orts- und Personennamen.

Altpreußische Union ↑ Evangelische Kirche der Union.

Altranstädt, Teil der Gemeinde Großlehna, 10 km sw. von Leipzig, Bez. Leipzig, DDR. Im **Frieden von Altranstädt** (1706) zw. Schweden und Sachsen schied August der Starke aus dem Nord. Krieg aus und entsagte der poln. Krone zugunsten von Stanislaus Leszczyński. - In der **Konvention von Altranstädt** (1707) mußte Kaiser Joseph I. Karl XII. von Schweden zur Verhinderung eines schwed.-frz. Kriegsbündnisses im Span. Erbfolgekrieg u. a. in Schlesien die Wiederherstellung der prot. Glaubensfreiheit und den Bau von 6 ↑ Gnadenkirchen zugestehen.

Altrip, Gemeinde sö. von Ludwigshafen, Rhld.-Pf., am linken Rheinufer, 5 700 E. - Geht zurück auf das um 369 errichtete röm. Kastell *Alta Ripa.*

Altrock, Hermann, * Berlin 2. Jan. 1887, † Gerlingen 15. März 1980, dt. Sportpädagoge. - 1925 Prof. in Leipzig, seit 1948 in Frankfurt am Main. Forderte eine spezielle Sportmedizin und die Einbeziehung einer medizin. Ausbildung in die Studiengänge für Leibeserziehung; grundlegende Veröffentlichungen.

Altötting. Kapellenplatz mit der Heiligenkapelle (Bildmitte) und der ehemaligen Jesuitenkirche Sankt Magdalena (1697; links dahinter)

Altruismus [zu lat. alter „der andere"], die dem Egoismus entgegengesetzte Haltung, aus eigenem Antrieb die Interessen anderer wie eigene Interessen zu verfolgen.

Altsächsisch, älteste Stufe des ↑ Niederdeutschen vom Einsetzen der schriftl. Überlieferung im 9. Jh. bis zum 11. Jh.; die wichtigsten Denkmäler in A. sind ↑„Heliand" und die altsächs. ↑„Genesis".

Altsaxophon, Saxophon in Altlage (Stimmung F und Es), das von den Vertretern dieser Familie am häufigsten auch als Soloinstrument verwendet wird, bes. im Jazz (↑ Saxophon).

Altschlüssel (Bratschenschlüssel), C-Schlüssel auf der 3. Notenlinie, früher für die Altlage schlechthin, heute nur noch für einige Orchesterinstrumente (Bratsche, Altposaune u. ä.) gebräuchlich.

Altsiedelland, Gebiet, das eine kontinuierl. Besiedlung und Landnutzung seit der ältesten erkennbaren Besetzung des Raumes durch Siedler erfuhr. In M-Europa im allg. Gebiete, die vor der im 9. Jh. einsetzenden ma. Ausbauperiode bereits besiedelt waren.

Altsilber, künstl. gedunkeltes Silber.

Altslawisch ↑ Altkirchenslawisch.

altslawischer Kirchengesang (glagolitischer Kirchengesang), der auf der Übersetzung der lat. Bibel und liturg. Bücher durch ↑ Kyrillos und Methodios basierende Kirchengesang in slaw. Sprache (Aufzeichnung der Texte in glagolit. und kyrill. Schrift).

Altsohl ↑ Zvolen.

Altsparergesetz, Gesetz vom 14. 7. 1953 zur Milderung von Härten der Währungsreform. Für Altsparanlagen, die bereits am 1. Jan. 1940 bestanden hatten, wurde eine Entschädigung von 10–15 % aus dem Ausgleichsfonds (Lastenausgleich) gewährt.

altsprachlicher Unterricht, der Unterricht in der lat., griech. und gelegentl. hebr. Sprache; seit dem MA wesentl. Bestandteil des höheren Schulwesens. In den ma. Schulen und Universitäten bediente man sich ausschließl. des Lat., und zwar des Mittellateins („Mönchslatein"). Seit dem 15. Jh. setzte sich mit dem Vordringen des Humanismus in Deutschland die Sprache Ciceros und seiner Zeit als „klass." Latein in den Schulen durch. Zunehmend wurde dann in den Nationalsprachen unterrichtet. Erst im 18. Jh., unter dem Einfluß Winckelmanns und Herders, erfolgte durch die Neuhumanisten eine Neubegründung der klass. Studien, in denen das Griech. den Vorzug erhielt. Das Ziel des a. U. verlagerte sich dabei von der formalen Beherrschung der klass. Sprachen auf die Interpretation der antiken Schriften, deren Gehalt nun eine bildende und humanisierende Wirkung zugeschrieben wurde. Seit dem 19. Jh., mit Aufkommen der exakten Naturwissenschaften, ist der a. U. umstritten, er geht seit weitgehender Abschaffung des ↑ Latinums als Studienvoraussetzung seit Mitte der 70er Jahre sehr zurück.

Altstadt, Bez. für ein Stadtviertel, das meist nur dem kleinen histor. Baugebiet im Stadtkern (Traditionskern) entspricht und als Abbild der Stadtgeschichte gelten kann. In Klein- und Mittelstädten ist die A. zumeist mit dem Geschäftsviertel ident., in größeren Städten stimmen dagegen A. und City nur noch in wenigen Fällen überein.

Altstätten, Hauptort des schweizer. Bez. Oberrheintal, Kt. Sankt Gallen, 12 km südl. des Bodensees, 461 m ü. d. M., 9 300 E. Textil- und holzverarbeitende Industrie.

Altsteinzeit, svw. ↑ Paläolithikum.

alttestamentliche Theologie ↑ Theologie.

Alttier, weibl. Dam-, Elch- oder Rotwild vom Zeitpunkt seiner ersten Trächtigkeit an.

Alttschechen ↑ Jungtschechen.

Altum, Johann Bernhard, * Münster (Westf.) 31. Dez. 1824, † Eberswalde 1. Febr. 1900, dt. Forstzoologe. - Begründer der modernen Forstentomologie.

Alt-Uppsala ↑ Uppsala.

Altvatergebirge ↑ Hohes Gesenke.

Altwasser, vom Fluß abgeschnürte, noch wassergefüllte Flußschlinge.

Altweibermühle, scherzhafte Darstellung einer Mühle, die alte Frauen in junge Mädchen verwandelt; Variation des Jungbrunnenmotivs.

Altweibersommer, in M-Europa fast regelmäßig Ende Sept. bis Anfang Okt. auftretende Schönwetterperiode.

Altweltaffen, svw. ↑ Schmalnasen.

Altweltmäuse, svw. ↑ Echtmäuse.

Altyn Tagh, 900 km langer Gebirgszug am S-Rand des östl. Tarimbeckens (W-China), bis 6 161 m hoch; stellenweise vergletschert.

Altzella, ehem. Zisterzienserkloster im Ortsteil Zella der Stadt Nossen sw. von Meißen, DDR; durch Ausgrabungen und teilweise Wiederherstellung (1953–61) läßt sich die ganze bed. Klosteranlage (nach 1170) rekonstruieren.

Alucoating [engl. 'ælu:koʊtɪŋ], Herstellung von Korrosionsschutzüberzügen aus Aluminium auf Stahl.

Aluminate [lat.], Salze der Aluminiumsäure H[Al(OH)₄]. Beim Erhitzen treten die A. unter Wasseraustritt zu Poly-A. zus. bis zur wasserfreien Endstufe

$$Mg[Al(OH)_4]_2 \xrightarrow{Hitze} MgAl_2O_4 + 4\,H_2O.$$

Diese wasserfreien A. sind säurebeständig und kommen in der Natur als ↑ Spinelle vor.

Aluminium [zu lat. alumen „Alaun"], chem. Symbol Al; metall. Element aus der III. Hauptgruppe des Periodensystems der chem. Elemente; Ordnungszahl 13, relative Atommasse 26,9815. A. ist ein Leichtmetall (Dichte 2,699 g/cm³) und neben Eisen das wichtigste Gebrauchsmetall; Schmelzpunkt 660,4 °C, Siedepunkt 2 467 °C; A. ist ein silberweißes und sehr dehnbares Metall, es kann zu sehr feinen Drähten und zu Folien bis 0,004 mm ausgezogen bzw. ausgewalzt werden. Die hohe elektr. Leitfähigkeit und Korrosionsbeständigkeit, letztere als durch Bildung einer beständigen Oxidschicht an feuchter Luft bewirkt (↑ Passivierung), machen A. geeignet für Überlandleitungen.

Vorkommen: Häufigstes Metall der Erdkruste (8 %); A. ist in großem Anteil in Feldspäten, Glimmer und Tonmineralen enthalten. Rohstoff für die Gewinnung ist v. a. der Bauxit, ein Gemenge von Aluminiumhydroxidmineralen, als reines Aluminiumoxid (Al₂O₃) kommt es in Form von Korund und Schmirgel vor. Neben den in der Natur vorkommenden aluminiumhaltigen Mineralen bildet A. im wesentl. folgende Verbindungsgruppen: ↑ Alane, ↑ Aluminate, Aluminiumsalze und als wichtigste Gruppe die ↑ Aluminiumlegierungen.

Gewinnung: A. wird aus Bauxit in zwei getrennten Arbeitsgängen gewonnen, wobei zunächst reines A.oxid (Tonerde) hergestellt wird (↑ Bayer-Verfahren), das dann durch Schmelzflußelektrolyse in A. und Sauerstoff zerlegt wird. Dazu wird Bauxit zur Abtrennung anderer Metalle in Natriumaluminat umgewandelt und abgekühlt; dabei scheidet sich Tonerdehydrat aus, das nach Trocknung in Schmelzflußelektrolyseöfen bei 950 bis 970 °C unter Zusatz von Kryolith (Na₃[Al F₆]) zur Herabsetzung der Schmelztemperatur mit Hilfe von Kohleelektroden in A. und Sauerstoff zerlegt wird. Der Sauerstoff setzt sich mit der Anodenkohle zu CO und CO₂ um. Auf dem Boden der Zelle sammelt sich das geschmolzene A. und wird von Zeit zu Zeit abgestochen. Rund 4 t Bauxit,

0,5 t Elektrodenkohle, 0,17 t Ätznatron und 0,075 t Kryolith ergeben mit bis zu 15 000 kWh Strom 1 t A. Metall. A. läßt sich durch zwei weitere Prozesse produzieren, bei denen von Aluminiumchlorid ausgegangen wird, das aus dem aufbereiteten Rohstoff Kaolin oder Bauxit mit Koks und elementarem Chlor gewonnen wird (die gleichzeitig anfallenden Chloride anderer Metalle, v. a. von Eisen, Titan, Silicium, werden durch fraktionierte Kondensation abgetrennt und industriell verwertet). Für die Verwendung in der Elektroind. muß A. nochmals durch Elektrolyse gereinigt werden *(Raffination)*. Der vermehrt anfallende A.schrott wird heute in bes. Umschmelzhütten wiederaufbereitet; nach Entfernung nichtmetall. Einschlüsse gewinnt man daraus durch Zugabe von reinem A. handelsübl. Legierungen.

Die **wirtschaftliche Bedeutung** des A. ist in den letzten Jahrzehnten wegen seiner vielseitigen Verwendbarkeit sehr stark angestiegen. Es gehört heute nach Eisen zu den wichtigsten Gebrauchsmetallen. Die jährl. Weltproduktion stieg von 5 700 t (im Jahr 1900) bis auf 15,9 Mill. t (1984). Hauptzeugerländer (1984): USA (4,10 Mill. t), UdSSR (2,3 Mill. t; geschätzt), Kanada (1,22 Mill. t), BR Deutschland (777 000 t), Norwegen (761 000 t), Australien (755 000 t), Brasilien (455 000 t). Der Gesamtverbrauch betrug in der BR Deutschland 1984 rund 1,64 Mill. t.

Verwendung: A. wird rein oder in Form von sehr widerstandsfähigen Legierungen (meist mit Magnesium) verwendet für Fenster und Türen, im Fahrzeug- und Flugzeugbau, in der chem. Ind. (Behälter, Rohrleitungen), in der Elektroind. (Leitungen) u. a. Wegen seiner großen Reaktionsfähigkeit, bes. mit Sauerstoff, dient A. zur Gewinnung schwer reduzierbarer Metalle (↑ Aluminothermie). A. wurde erstmals 1825 von H. C. Ørsted aus Aluminiumchlorid hergestellt. - Abb. S. 280.

🕮 *A.-Tb. Hg. v. der A. Zentrale e. V. Düss. ¹⁴1983. - Ginsberg, H./Wefers, K.: A. u. Magnesium. Stg. ²1971.*

Aluminiumalkyle, Gruppe der ↑ metallorganischen Verbindungen, bei denen ein bis drei Alkylreste an ein Aluminiumatom gebunden sind. Sie dienen in der chem. Technik als Alkylierungsmittel und als Katalysatoren für Niederdruckpolymerisationen (↑ Ziegler-Natta-Katalysatoren).

Aluminiumbronze, Legierung aus Kupfer (85–95 %) mit Aluminium.

Aluminiumdruck, svw. ↑ Algraphie.

Aluminiumfarben, Deckschutzfarben, die Aluminiumpigment in Pulver- oder Blättchenform enthalten (↑ auch Metalliceffekt). Deckanstriche aus A. zeichnen sich durch eine geschlossene Oberfläche, gutes Reflexionsvermögen und große Hitzebeständigkeit aus.

Aluminiumfolie, aus Reinaluminium

Aluminiumhalogenide

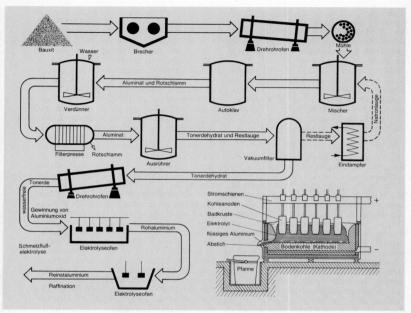

Aluminium. Schematische Darstellung der Aluminiumherstellung und Querschnitt durch einen Schmelzflußelektrolyseofen (rechts unten)

durch Walzen hergestellte Folie (zwischen 0,1 und 0,004 mm), die vielfach als billiges Verpackungsmaterial (anstelle von ↑Stanniol) verwendet wird.

Aluminiumhalogenide, Verbindungen des Aluminiums mit den Elementen der Halogengruppe, F, Cl, Br und J; **Aluminiumfluorid,** AlF_3, ein weißes, in Wasser, Säuren und Alkalilaugen unlösl. Pulver, bildet mit Alkalimetallfluoriden leicht Doppelsalze (Fluoroaluminate) der allg. Formel $Me^I[AlF_4]$, $Me^{II}[AlF_5]$ oder $Me^{III}[AlF_6]$, z. B. der ↑Kryolith, $Na_3[AlF_6]$, der v. a. als Schmelzzusatz bei der Aluminiumelektrolyse Verwendung findet. **Aluminiumchlorid,** $AlCl_3$, bildet eine farblose, kristalline, an feuchter Luft (infolge einer Hydrolyse in Salzsäure und Aluminiumhydroxid) rauchende Masse. Im Dampfzustand liegt Aluminiumchlorid bei 800 °C in der Form des Dimeren Al_2Cl_6 vor (vgl. ↑Borane). Es bildet zahlr. Doppelsalze (**Chloroaluminate**). Verwendung findet Aluminiumchlorid als Katalysator, Kondensationsmittel und Halogenisierungsmittel.

Aluminiumhydroxide, $Al(OH)_3$, Hydroxidverbindungen des Aluminiums, die in mehreren Formen auftreten. Bei der Hydroly-

se der meisten Aluminiumsalze bildet sich weißes, mikrokristallines α-$Al(OH)_3$, das amphoteren Charakter zeigt. In Säuren ist es unter Bildung von Aluminiumsalzen lösl., mit Basen entstehen ↑Aluminate. Die sog. Metahydroxide der Form $AlO(OH)$ bilden die Minerale ↑Böhmit, ↑Diaspor und v. a. den ↑Bauxit; sie gehen durch starkes Erhitzen alle in Aluminiumoxid (Korund) über.

Aluminium-Kobaltstahl, ferromagnet. Werkstoff; Formgebung durch Gießen, Sintern, Schleifen.

Aluminiumlegierungen, Legierungen des Aluminiums mit einer Vielzahl anderer Metalle, die überall da eingesetzt werden, wo trotz hoher mechan. Beanspruchung geringes Gewicht des Bauteils eine wesentl. Rolle spielt (Flugzeugbau, Motorblöcke, Hochspannungsleitungen u. a.) oder wo Wert auf eine hohe Korrosionsbeständigkeit gelegt wird. Wichtige Gruppen der A. sind z. B. die Legierungen des Typs Al-Cu-Mg (Duralumin), Al-Mg (Hydronalium, Magnalium) oder Al-Si (Silumin) und Al-Cu (Bronzen).

Aluminiumlithiumhydrid, svw. ↑Lithiumalanat.

Aluminiummennige, Rostschutzfarbe aus Eisen- und Aluminiumoxiden.

Aluminiumnitrat $Al(NO_3)_3$, Aluminiumsalz der ↑Salpetersäure; es findet Verwendung als Beize in der Färberei.

Aluminiumoxid (Tonerde), Al_2O_3,

Hauptbestandteil des Bauxits, findet vielfache Verwendung z. B. als feuerfestes Material oder Adsorptionsmittel. In der Natur tritt A. als ↑Korund auf.

Aluminiumphosphate, Verbindungen des Aluminiums mit Phosphorsäuren. **Aluminiumorthophosphat,** AlPO₄, kommt in der Natur als ↑Wavellit, ↑Sphärit (Verarbeitung zu Düngemitteln) und ↑Türkis vor. **Aluminiumdiphosphat,** Al₄(P₂O₇)₃ · 10 H₂O, und **Aluminiummetaphosphat,** Al(PO₃)₃, sind Bestandteile von Glasuren, Gläsern und Emails.

Aluminiumpräparate, Verbindungen des Aluminiums, die als Heilmittel mit adstringierender (zusammenziehender), desinfizierender und entzündungshemmender Wirkung äußerl. an Haut und Schleimhaut angewandt (Alaune, essigsaure Tonerde) oder zur Bindung überschüssiger Säure des Magens eingenommen werden.

Aluminiumpulver, kleine Aluminiumschuppen (Größe bis unter 1 µm); A. dient zur Herstellung von Aluminiumfarben, als Füllstoff für Kunststoffe und in der Pyrotechnik als Zündmittel für Sprengstoffe.

Aluminiumraffination ↑Aluminium.

Aluminiumstahl, mit Aluminium legierter Stahl, der dadurch alterungsbeständiger und weniger sprödbruchempfindl. wird.

Aluminiumsulfat, Al₂(SO₄)₃, Aluminiumsalz der Schwefelsäure. Es dient als Klärmittel bei der Wasseraufbereitung, als Leimungszusatz bei der Papierherstellung, als Gerbstoff bei der Lederherstellung sowie als Beizmittel und Farbzusatz.

Aluminothermie [lat./griech.], von H. Goldschmidt entwickeltes Verfahren zur Herstellung schwer reduzierbarer Metalle aus ihren Oxiden mit Hilfe von Aluminium. Da die Metalle bei der stark exothermen Reaktion schmelzen, dient die A. auch zum Verschweißen von Metallteilen, z. B. Schienen (↑aluminothermisches Schweißen).

aluminothermisches Schweißen (Thermitschweißen), Verfahren zum Schweißen metall. Werkstoffe, bei dem die Verschweißung durch die unter starker Wärmeentwicklung erfolgende Umsetzung von Aluminiumpulver und Metalloxid zu Aluminiumoxid und flüssigem Metall bewirkt wird, z. B.

$$Fe_2O_3 + 2 Al → Al_2O_3 + 2 Fe (+ Wärme).$$

Aluminum Company of America [engl. æ'lu:mɪnəm 'kʌmpənɪ əv ə'mɛrɪkə], Abk. Alcoa, größter Aluminiumproduzent der USA, gegr. 1888, Sitz Pittsburgh (Pa.).

Alumnat [zu lat. alere „(er)nähren"], höhere Schulanstalt, in der die Schüler (**Alumnen**) Unterricht, Kost und Wohnung erhielten. In der Reformationszeit entstandene Einrichtung. heute bes. für mittellose Schüler.

Alunit [lat.] (Alaunstein), weißes, manch-

mal gelb bis rötl. angefärbtes, feinkörniges Mineral, KAl₃[(OH)₆(SO₄)₂]; dient als Ausgangsmaterial für die Gewinnung von Kaliumaluminiumalaun KAl(SO₄)₂; Mohshärte 3,5 bis 4; Dichte 2,7–2,8 g/cm³.

Alusuisse [frz. ...sɥis] ↑Schweizerische Aluminium AG.

Älv, schwed. für: Fluß.

Alva, Luigi [span. 'alβa, italien. 'alva], eigtl. Luis A., * Lima 10. April 1927, peruan. Sänger (lyr. Tenor). - Tritt an den großen Opernhäusern Europas, Nord- und Südamerikas auf.

Alvarado, Pedro de [span. alβa'raðo], * Badajoz 1485, † Guadalajara (Mexiko) 4. Juli 1541, span. Konquistador. - Nahm 1511 an der Eroberung Kubas, 1519–21 unter Cortez an der Eroberung Mexikos teil; unterwarf als dessen Stellvertreter und in dessen Auftrag 1524 Guatemala; 1527 zum Gouverneur und Generalkapitän von Guatemala ernannt.

Álvarez, Luis Walter [engl. 'ælvərɛz], * San Francisco 13. Juni 1911, amerikan. Physiker. - Prof. an der University of California, entdeckte 1961 die erste Elementarteilchenresonanz, die zu neuen Einsichten in die Theorie der Elementarteilchen führte; erhielt 1968 den Nobelpreis für Physik.

Álvarez Quintero, Serafin [span. 'alβarɛθ kin'tero], * Utrera (Prov. Sevilla) 26. März 1871, † Madrid 12. April 1938, und Joaquín **Álvarez Quintero,** * Utrera 20. Jan. 1873, † Madrid 14. Juni 1944, span. Dramatiker. - Die beiden Brüder verfaßten gemeinsam rund 200 erfolgreiche Theaterstücke, bes. Komödien und Zarzuelas, die in ihrer andalus. Heimat spielen.

Alvaro, Corrado, * San Luca (Prov. Reggio di Calabria) 15. April 1895, † Rom 11. Juni 1956, italien. Schriftsteller. - Realist. Erzählungen „Die Hirten von Aspromonte" (1930) mit Schilderungen der rückständigen sozialen Verhältnisse seiner kalabr. Heimat; Lyrik; „Italien. Reisebuch" (1933).

Alvensleben, niedersächs. Adelsgeschlecht; als Ministerialen 1163 erstmals erwähnt; weitverzweigte Familie. Bed.:

A., Albrecht Graf von, * Halberstadt 23. März 1794, † Berlin 2. Mai 1858, preuß. Politiker. - Als Finanzmin. 1835–42 sehr erfolgreich; wahrte als Bevollmächtigter an den Dresdner Konferenzen 1850/51 energ. die Stellung Preußens gegenüber Österreich.

A., Gustav von, * Eichenbarleben bei Magdeburg 30. Sept. 1803, † Gernrode 30. Juni 1881, preuß. General. - Schloß 1863 die ↑Alvenslebensche Konvention.

Alvenslebensche Konvention, preuß.-russ. Abkommen vom 8. Febr. 1863; legte während des damaligen poln. Aufstands die militär. Zusammenarbeit beider Mächte „zur Verfolgung der Aufständischen, die von einem Land in das andere überwechselten", fest.

alveolar [lat.], auf die ↑Alveolen bezügl., an den Alveolen artikuliert (gesprochen).
◆ svw. ↑alveolär.

alveolär (alveolar) [lat.], mit kleinen Fächern, Hohlräumen versehen; die ↑Alveolen betreffend.

Alveole [zu lat. alveolus „kleine Mulde"], Hohlraum in Geweben und Organen, hauptsächl. die Zahnhöhle (Zahnfach) im Kieferknochen zur Verankerung des Zahns, in der Lunge das einzelne Lungenbläschen. - In der *Phonetik* (ungenaue) Bez. für den unebenen Vorsprung des harten Gaumens unmittelbar hinter den oberen Schneidezähnen.

Alveolinen [lat.], seit der Kreidezeit bekannte Fam. bis 10 cm großer ↑Foraminiferen mit porzellanartigem, spindelförmigem Gehäuse; heute nur noch wenige Arten, v. a. in trop. Flachwasserbereichen.

Alverdes, Paul, * Straßburg 6. Mai 1897, † München 28. Febr. 1979, dt. Schriftsteller. - Bevorzugt die kleine Erzählform; schrieb neben Erzählungen und Gedichten auch Spiele und Kindermärchen. Geprägt wurde sein Werk v. a. durch die Jugendbewegung und das Fronterlebnis im 1. Weltkrieg.
Werke: Die Pfeiferstube (E., 1929), Grimbarts Haus (E., 1949), Die Traum-Pferdchen (Märchen, 1957), Vom Schlaraffenland (Märchen, 1965).

Alvermann, Hans-Peter ['alvər...], * Düsseldorf 25. Juni 1931, dt. Objektkünstler. - Polit. engagierte krit. Kunst; v. a. Montagen aus Fundstücken.

Alves, António de Castro ↑Castro Alves, António de.

Alviani, Getulio [italien. al'vja:ni], * Udine 5. Sept. 1939, italien. Vertreter der Op-art.

Alwar Hills [engl. 'ælwə 'hɪlz], Gebirge im NO des ind. Bundesstaates Rajasthan, bis 775 m hoch; Ackerbau, Weidewirtschaft.

Alwegbahn [nach dem schwed. Industriellen **Axel Leonard Wenner-Gren**], eine Einschienenhochbahn für hohe Geschwindigkeit. Sie fährt auf einem Schienenweg mit Fahrbahn- und Trägerfunktion; Stützen im Abstand von rd. 30 m. Die von Elektromotoren angetriebenen Tragräder laufen auf der Oberkante des Fahrbahnträgers. Die seitl. Führung und Stabilisierung der Fahrzeuge übernehmen jeweils zwei zu beiden Seiten des Fahrbahnträgers angeordnete Führungsräder.

Alwin, männl. Vorname, Kurzform von Adalwin, eigtl. etwa „edler Freund".

Alyattes, † um 560 v. Chr., lyd. König (619/605–um 560). - Aus der Mermnadendynastie, Vater des Krösus; plante die Ausdehnung des Reiches bis zum Halys und bis nach W-Kleinasien, verzichtete jedoch auf die Entscheidungsschlacht mit dem Mederkönig Kyaxares während der Eindruck der Sonnenfinsternis 585, die Thales von Milet vorausberechnet haben soll.

Alypios, griech. Musikhistoriker aus der Mitte des 4. Jh. n. Chr. - Schrieb eine Einführung in die Musik, die die wichtigste Quelle für die Kenntnis griech. Notenzeichen bildet.

Alz, rechter Nebenfluß des Inn, Bayern, Abfluß des Chiemsees, mündet unterhalb von Neuötting; 87 km lang, Kraftwerke.

Alzenau i. UFr. (in Unterfranken), Stadt in Bayern, an der Kahl, 125 m ü. d. M., 15 400 E. Lederwaren-, Papier- u. a. Ind. - Um 1 000 erstmals erwähnt, hieß bis ins 15. Jh. **Willmundsheim;** nach 1401 Stadterhebung.

Alzey, Krst. im Rheinhess. Hügelland, Rhld.-Pf., etwa 170 m ü. d. M., 15 600 E. Verwaltungssitz des Landkr. A.-Worms. Mittelpunkt eines Agrargebietes (u. a. Wein- und Obstbau); Landesamt für Rebenzüchtung; Einkaufszentrum. - In kelt. und röm. Zeit besiedelt; erhielt 1277 und 1324 Stadtrechte; nach schwerer Zerstörung im Pfälz. Krieg nur langsam wieder aufgebaut; seit 1797 frz., kam 1816 an Hessen-Darmstadt, 1946 an Rhld.-Pfalz. - Pfarrkirche (1420–30). Burg (11. Jh., im 12. Jh. in die Stadtbefestigungen einbezogen).

Alzey-Worms, Landkr. in Rhld.-Pf.

Alzheimer, Alois, * Marktbreit 14. Juni 1864, † Breslau 19. Dez. 1915, dt. Neurologe und Psychiater. - Prof. in Breslau; seine Forschungen bildeten eine wesentl. Grundlage für die Systematik der Psychiatrie E. Kraepelins.

Alzheimer-Krankheit [nach A. Alzheimer] (präsenile Demenz), seltene, um das 50.

Alwegbahn. Dreigliedriger Alwegzug (links) und Anordnung der Trag- und Führungsräder

Tragräder

Führungsräder

Lebensjahr auftretende, genet. bedingte degenerative Erkrankung der Großhirnrinde mit unaufhaltsam fortschreitender ↑Demenz.

Am, chem. Symbol für: ↑Americium.

AM, Abk.:
◆ für ↑Amplitudenmodulation.
◆ für ↑Auslösemechanismus.

a. m., Abk.:
◆ für ↑ante meridiem.
◆ für ↑ante mortem.

A. M. [engl. 'εɪ'εm], Abk. für: ↑Albert Medal.

amabile [italien.], Bez. für sanften und „liebl." musikal. Vortrag.

Amadeo, Giovanni Antonio, *Pavia 1447, †Mailand 27. Aug. 1522, italien. Bildhauer und Baumeister. - 1470–76 erbaute er die Cappella Colleoni in Bergamo, ein frühes Beispiel der Einwirkung der toskan. Renaissance auf die Lombardei, mit Grabmälern. Hauptwerk ist der Bau und die Dekoration (diese zus. mit den Mantegazza) der Fassade der Certosa di Pavia (1491 ff.), ein bed. Werk der lombard. Renaissance.

Amadeus, aus lat. Bestandteilen gebildeter männl. Vorname, eigtl. „liebe Gott!", italien. Form: Amadeo, frz. Form: Amédé.

Amadeus, Name von Herrschern:
Savoyen:
A. V., der Große, *Le Bourget um 1250, †Avignon 16. Okt. 1323, Graf (seit 1283). - Von Kaiser Heinrich VII. 1312 zum Reichsfürsten und Generalvikar in der Lombardei ernannt; Stammvater des italien. Königshauses.
A. VI., gen. „der grüne Graf", *Chambéry 4. Jan. 1334, †in Apulien 2. März 1383, Graf (seit 1343). - Enkel von A. V.; wurde durch Erweiterung seiner Lande eigtl. Begründer der savoyischen Machtstellung; 1365 zum erbl. Reichsvikar im Arelat bestellt.
A. VIII., Hzg., ↑Felix V., Gegenpapst.
Spanien:
A., Herzog von Aosta, *Turin 30. Mai 1845, †ebd. 18. Jan. 1890, König (1870–73). - Sohn König Viktor Emanuels II. von Italien. Nach dem Sturz der span. Bourbonen (1868) von den Cortes zum König gewählt; von Volk und Adel abgelehnt, brach er ein republikan. Attentat, Umsturzbewegungen und der Ausbruch des 3. Karlistenkrieges zur Abdankung.

Amadeus-Quartett, 1942 gegr. internat. erfolgreiches Streichquartett (N. Brainin, S. Nissel, P. Schidlof, M. Lovett).

Amadinen, Bez. für Prachtfinkenarten, u. a. ↑Bandfink, ↑Gürtelgrasfink.

Amadisroman, berühmtester Ritterroman, wahrscheinl. portugies. Ursprungs, in dessen Mittelpunkt die idealisierte Rittergestalt des Amadís von Gaula steht. Rodríguez de Montalvo bearbeitete um 1492 die 3 überlieferten Bücher und erweiterte das Werk um einen Teil; zahlr. Bearbeitungen, Erweiterun-

gen und Übertragungen folgten. Die erste dt. Ausgabe erschien 1569.

Amado, Jorge [brasilian. ɐ'madu], *Pirangi (Bahia) 10. Aug. 1912, brasilian. Schriftsteller. - Unterhaltende, dabei engagiert sozialkrit. Romane (Plantagenarbeiter in Bahia); u. a. „Tote See" (R., 1936), „Gabriela wie Zimt und Nelken" (R., 1958), „Dona Flor und ihre zwei Ehemänner" (R., 1966).

Amagasaki [jap. a'maga͜saki͜], jap. Stadt auf Hondo, zw. Osaka (im O) und Nischinomija (im W), 2 m ü. d. M., 554 000 E. College (v. a. für kath. Theologie, gegr. 1963); bed. Standort der jap. Eisen- und Stahlind.; Hafen (Kailänge 5,9 km).

Amager [dän. 'ama:'ɔr, 'ama:'ɣɔr], dän. Insel im Sund, vor der O-Küste der Insel Seeland, 65 km². Den nördl. Teil der Insel nimmt das sö. Stadtgebiet von Kopenhagen und der 🜨 Kastrup ein.

amagnetischer Stahl, svw. ↑antimagnetischer Stahl.

a maiori ad minus [lat.], vom Größeren aufs Kleinere [schlußfolgern]; Ggs.: a minori ad maius.

Amakusainseln, jap. Inselgruppe vor der W-Küste Kiuschus, umfaßt etwa 70 Inseln; größte Insel **Schimo** (570 km²).

Åmål [schwed. 'o:mɔ:l], schwed. Großgemeinde westl. des Vänersees, 477 km², 13 000 E. V. a. Metall- und Holzind.

Amalarich, *502, †Barcelona (?) 531, westgot. König (seit 522). - Aus dem Geschlecht der Balthen; Sohn Alarichs II., Enkel Theoderichs d. Gr.; heiratete eine Tochter König Chlodwigs; seine Zugehörigkeit zum Arianismus bot Childebert I. den Vorwand zum Eingreifen; bei Narbonne (531) geschlagen und auf der Flucht ermordet.

Amalasuntha (Amalaswintha), †auf der Insel Martana im Bolsenasee 535 (nach dem 30. April; ermordet), ostgot. Regentin. - Tochter Theoderichs d. Gr.; regierte seit 526 für ihren unmündigen Sohn Athalarich; nach dessen Tod 534 wählte sie ihren Vetter Theodahad zum Mitregenten, den sie 535 gefangensetzen ließ.

Amalekiter, Volksstamm in bibl. Zeit; nur aus dem A. T. bekannt; wohnten nach 1. Sam. 15, 7 und 27, 8 im N der Halbinsel Sinai.

Amaler (Amali), ostgot. Herrschergeschlecht, dem Theoderich d. Gr. angehörte; die ↑Amelungen der Heldensage; erlosch 536.

Amalfi, italien. Stadt und Seebad, Region Kampanien, 6 000 E. Erzbischofssitz; Papier-, Lebensmittel- und Seifenind.; Fremdenverkehr. - Der Sage nach im 4. Jh. von Römern gegr.; im 6. Jh. Bischofssitz; seit etwa 850 selbständige Seerepublik, in Konkurrenz zu Pisa und Genua (Blütezeit 10./11. Jh.). Das *Seerecht von A.* (Tabula Amalphitana) galt bis ins 16. Jh. im ganzen Mittelmeerraum. Geriet nach 1073 unter normann. Herrschaft

Amalgamation

und verlor seit Anfang des 12. Jh. ständig an Bed. - Dom (11. Jh., 1203 umgebaut, 1731 barockisiert; byzantin. Bronzetüren von 1066).

Amalgamation [↑Amalgame], Verfahren zur Anreicherung von Gold und Silber aus deren Erzen durch Überleiten einer Erzaufschlämmung über Platten, die mit Quecksilber beschichtet sind. Durch Abpressen kann ein Teil des Quecksilbers entfernt werden; der Rest wird abdestilliert, wodurch das Edelmetall freigesetzt wird. Die A. ist neben der Cyanidlaugung das wichtigste Verfahren zur Anreicherung von Gold.

Amalgame [mittellat.; über arab. al-malgam „die erweichende Salbe" zu griech. málagma „das Erweichende"], flüssige oder feste Legierungen von Metallen mit Quecksilber. Leicht amalgamiert sich Quecksilber mit Natrium, Blei oder Zink, etwas schwerer mit Gold oder Silber. - Beim Erwärmen lassen sich A. leicht verformen (Verwendung von Silberamalgam für Zahnfüllungen); bei höherer Temperatur kann Quecksilber abdestilliert werden, so daß nur das gelöste Metall in Form eines spiegelartigen Überzugs zurückbleibt (Prinzip der Feuervergoldung u. a.). Großtechn. Bed. hat das Natriumamalgam bei der ↑Chloralkalielektrolyse zur Herstellung von Natronlauge. Bei der Edelmetallgewinnung aus gold- und silberhaltigen Erzen werden diese zerkleinert und mit Quecksilber verrührt; dabei lösen sich die Edelmetalle im Quecksilber, während die Gesteinsanteile sich an der Oberfläche ansammeln und dort abgetrennt werden können. Die Gold- und Silber-A. werden dann destilliert, wobei das Queck-

silber verdampft (und in reiner Form wiedergewonnen wird), während das Gold-Silber-Gemisch zurückbleibt. Dieses Amalgamationsverfahren wurde bei der Edelmetallgewinnung durch die ↑Cyanidlaugung verdrängt. - Einige A. kommen in der Natur als Minerale vor. So ist z. B. der **Kongsbergit** ein Mischkristall aus Silber und Quecksilber.

amalgamieren, Metalle mit Quecksilber legieren; ↑Amalgame bilden, herstellen.

Amalgamverfahren ↑Chloralkalielektrolyse.

Amalie (Amalia), weibl. Vorname, eigtl. „Schützerin der ↑Amaler".

Amalie, Name von Herrscherinnen:
Hessen-Kassel:
A. Elisabeth, *Hanau am Main 29. Jan. 1602, † Kassel 3. Aug. 1651, Landgräfin. - Seit 1637 Regentin für ihren Sohn; tatkräftig und erfolgreich um die Vergrößerung ihres Territoriums bemüht.
Niederlande:
A., *Braunfels (Lahn) 31. Aug. 1602, † Den Haag 8. Sept. 1675, Prinzessin von Oranien. - Seit 1625 ∞ mit Prinz Friedrich Heinrich von Oranien, Statthalter der Niederlande; entwickelte starken polit. Ehrgeiz; erlangte bestimmenden Einfluß auf die oran. Politik gegenüber Spanien, Frankr. und Brandenburg; schuf in glänzender Hofhaltung einen geistigen und künstler. Mittelpunkt der europ. Gesellschaft.
Preußen:
A., *Berlin 9. Nov. 1723, † ebd. 30. Sept. 1787, Prinzessin. - Schwester Friedrichs d. Gr., seit 1755 Äbtissin von Quedlinburg; bekannt durch ihre Liebe zu F. von der Trenck.

Amalfi. Dom

Sachsen-Weimar-Eisenach:
A. (Amalia) ↑Anna Amalia.

Amalrik, Andrei Alexejewitsch, * Moskau
12. Mai 1938, † bei Madrid 11./12. Nov. 1980
(Autounfall), russ. Schriftsteller. - Historiker,
mußte 1963 wegen Abweichens von der Lehr-
meinung die Univ. verlassen; mehrfach verhaftet, 1965/66 nach Sibirien verbannt, 1970
zu verschärfter Lagerhaft verurteilt, durfte
1976 die UdSSR verlassen; erregte Aufsehen
mit seiner Schrift „Kann die Sowjetunion das
Jahr 1984 überleben" (1969). Schrieb auch
„Unfreiwillige Reise nach Sibirien" (1970) sowie von Gogol beeinflußte Dramen.

Amalthe̲i̲a (Amalthea), Gestalt der
griech. Mythologie. Eine Nymphe, die Zeus
mit der Milch einer Ziege nährt, oder diese
Ziege selbst. Zum Dank von ihm unter die
Sterne versetzt.

Amambaí, Serra do [brasilian. 'sɛrra
du ɐmɐmba'i], Gebirgszug im westl. Teil des
Brasilian. Berglandes, bildet im südl. Teil die
Grenze zw. Mato Grosso und Paraguay, etwa
300 km lang, bis 700 m hoch.

Amamba̲y, Dep. in NO-Paraguay, 12 933
km², 69 000 E (1972). Hauptstadt Pedro Juan
Caballero. Den größten Teil des Dep. nimmt
das Vorland vor dem Amambayplateau ein;
subtrop. Regenwald.

Amamba̲yplateau, Ausläufer des Brasilian. Berglandes in O-Paraguay und NO-Argen-
tinien; bildet am W-Rand eine etwa 200 m
hohe Stufe gegen das Paraguaytiefland; subtrop. Regenwald.

Amamiinseln, Gruppe der nördl. ↑Riu-
kiuinseln.

Amanda, weibl. Vorname lat. Ursprungs,
eigtl. „die Liebenswerte"; männl. Form:
Amandus.

Amandava, Gatt. der Prachtfinken mit
3 Arten, darunter ↑Tigerfink und ↑Goldbrüst-
chen.

Amandibulaten [griech./lat.] (Kiefer-
lose, Amandibulata), Abteilung kieferloser
Gliederfüßer; 2 Unterstämme: *Trilobitomor-
pha* (mit der einzigen Klasse ↑Trilobiten) und
Chelicerata (↑Fühlerlose).

Amani̲ta [griech.], svw. ↑Wulstling.

Amaniti̲n [griech.], Giftstoff des Grünen
Knollenblätterpilzes, der die Leberfunktion
zerstört und dadurch tödl. wirkt; wird durch
Trocknen, Kochen, Braten oder Backen des
Pilzes nicht zerstört.

Amann, Max, * München 24. Nov. 1891,
† ebd. 30. März 1957, dt. Politiker (NSDAP)
und Journalist. - 1925 Direktor des Zentral-
verlags der NSDAP und Reichsleiter für die
gesamte NS-Presse; 1933–45 Präs. der
Reichspressekammer.

Amanos dağları [türk. 'amanɔs
daːlaˈri], Gebirgszug an der türk. Levanteküste,
östl. des Golfes von İskenderun; über
180 km lang, im Migir Tepe 2 263 m hoch;
im S der **Belenpaß** (750 m ü. d. M., die *Portae*

Syriae der Antike), über den die Straße İsken-
derun–Aleppo (Syrien) führt.

Aman Ullah, * Kabul 1. Juni 1892, † Zürich 25. April 1960, König (Schah) von
Afghanistan (seit 1926). - 1919 zum Emir ausgerufen; sicherte die polit. Unabhängigkeit
Afghanistans; scheiterte mit durchgreifenden
sozialen Reformen am Widerstand der sunnit.-islam. Geistlichkeit; 1929 zum Thronverzicht und zur Flucht ins europ. Exil gezwungen.

Amapá [brasilian. ɐma'pa], Bundesterritorium in N-Brasilien, 140 276 km², 180 000 E
(1980), Hauptstadt Macapá; umfaßt das SO
des Berglandes von Guayana, im Pico Timo-
taquém 850 m hoch; der trop. Regenwald des
Berglandes geht nahe der trop Mangrove um-
säumten Küste in eine Überschwemmungs-
savanne über; Bergbau, Waldsammelwirt-
schaft und Kleinplantagen. - Im 17. Jh. mis-
sioniert, seit Mitte 18. Jh. von Portugiesen
besiedelt; 1897 endgültig zu Brasilien; seit
1943 Bundesterritorium.

Amara, Al, irak. Stadt am unteren Tigris,
9 m ü. d. M., 80 000 E. Hauptstadt des Verw.-
Geb. Al A.; Getreide-, Obst- und Gemüsean-
bau. - 1862 gegründet.

Amaramba, Lagoa [portugies. lɐ'ɣoɐ
ɐmɐ'rɐmbɐ] ↑Chiuta, Lake.

Amarant [griech.], svw. ↑Fuchsschwanz.
◆ (Echtrot D) dunkelroter, ungiftiger Farb-
stoff zur Färbung von Lebensmitteln (z. B.
Käserinde).

Amarantgewächse, svw. ↑Fuchs-
schwanzgewächse.

Amaranthaceae [griech.], svw. ↑Fuchs-
schwanzgewächse.

Amaranthus [griech.], svw. ↑Fuchs-
schwanz.

Amarapura, Ort 8 km ssw. von Manda-
lay, Z-Birma, 11 000 E. - 1781 gegr., bis 1822
und 1837–59 Hauptstadt von Birma; buddhist. Wallfahrtsort. - U. a. Ruinen mit Pago-
den.

Amaravati, Ruinenstadt im ind. Bundes-
staat Andhra Pradesh, am Unterlauf des
Krishna, 220 km sö. von Hyderabad; alte
Hauptstadt des buddhist. Kgr. Andhra;
Fundort bed. Marmorreliefs (2./3. Jh.).

Amarelle [lat.-roman.], svw. Glaskirsche
(↑Sauerkirsche).

Amarillo [engl. æməˈrɪloʊ], Stadt in Texas, 550 km nw. von Dallas, 1120 m ü. d. M.,
149 000 E. Sitz eines kath. Bischofs. Bedeutendstes Geschäfts- und Verarbeitungszentrum in NW-Texas.

Amarna (Al Amarna, Tall Al Amarna),
Ruinenstätte in Oberägypten, am rechten Nilufer, gegr. von Echnaton etwa 1360 v. Chr.
unter dem Namen **Achet-Aton** („Lichtberg des
Aton"). Unter den Nachfolgern Echnatons
zerstört, doch fanden sich zahlr. Reliefblöcke
in der gegenüberliegenden Ruinenstadt Al
Aschmunain. Im Atelier des Thutmosis in

Amaru

A. wurde u. a. die Büste der Nofretete gefunden. Die Kunst von A. zeigt z. T. naturalist. Züge. Eine bed. Geschichtsquelle für Palästina und Syrien sind die sog. **Amarnabriefe** (Tontafeln mit babylon. Keilschrift).
📖 *Lange, K.: Kg. Echnaton u. die A.-Zeit. Mchn. 1951.*

Amaru, ind. Dichter wohl des 7. oder 8. Jh. - Schrieb das „Amaruśataka" („Die Hundert Strophen des A."; dt. 1831), kurze erot. Strophen, aus verschiedenen Sanskrit-überlieferungen wieder zusammengestellt.

Amaryllidaceae [griech.], svw. ↑Amaryllisgewächse.

Amaryllis [nach einer von Vergil besungenen Hirtin], Gatt. der A.gewächse mit der einzigen Art **Belladonnalilie** (A. belladonna) in S-Afrika, beliebte Zierpflanze; mit breitriemenförmigen, glatten Blättern und 6–12 großen, trichterförmigen, meist roten Blüten in endständiger Dolde an kräftigem, kahlem, bis 75 cm hohem Schaft.

Amasis-Maler, att. Töpfer und wahrscheinl. auch Vasenmaler des schwarzfigurigen Stils, tätig zw. 560 (555) und 525 in Athen. - Ion. Herkunft. Amphora mit Dionysos und Mänaden (Paris, Cabinet des Médailles), Amphora mit kelternden Silenen (Würzburg, Martin-von-Wagner-Museum).

Amasya [türk. a'mɑsjɑ], türk. Stadt im nördl. Inneranatolien, 400 m ü. d. M., 48 000 E. Hauptstadt des Verw.-Geb. A., Obstbau, Seidenraupenzucht. Altstadt mit gut erhaltenen seldschuk. und osman. Bauten (Moscheen, Medresen). - In der Antike **Amaseia,** Hauptstadt der Könige von Pontus; kam 63 v. Chr. an Rom; seit 3. Jh. Bischofssitz; kam 1071 an die Seldschuken; 1243 mongol., 1335–52 hohe Blüte; seit 1392 beim Osman. Reich.

Amaterasu [jap. „die vom Himmel Scheinende"], jap. Sonnengöttin, zus. mit dem Himmelsgott Takamimusubi Ahnengottheit des jap. Kaiserhauses.

Amaryllis. Blüte

Amasis-Maler, Amphora mit Dionysos und zwei Mänaden (Ausschnitt)

Amaryllisgewächse (Amaryllidaceae), Pflanzenfam. der Einkeimblättrigen mit etwa 860 Arten, v. a. in den Tropen und Subtropen (bes. Afrikas). Zwiebelpflanzen mit ungestielten, meist schmalen, langen Blättern und lilienähnl. Blüten; viele Arten sind beliebte Zierpflanzen, z. B. aus den Gatt. ↑Amaryllis, ↑Klivie, ↑Narzisse, ↑Knotenblume, ↑Schneeglöckchen.

Amaseia ↑Amasya.

Amasis (Amosis II.; gräzisierte Form des ägypt. Namens Ahmose), ägypt. König der 26. Dynastie. - Regierte 570–526; entthronte König Apries; in richtiger Erkenntnis der Gefahr, die Ägypten von dem Großreich der Meder (seit 549 der Perser) drohte, verbündete er sich (letztl. erfolglos) mit allen Persergegnern; Griechenfreund.

Amateur [...'tø:r; lat.-frz.; eigtl. „Liebhaber"], jemand, der eine Tätigkeit aus Liebhaberei an einer Sache ausübt, ohne einen Beruf daraus zu machen. Der Begriff wird bes. im Sport angewandt. Der Status des A. ist im **Amateurstatut** (Okt. 1974) des Internat. Olymp. Komitees und der einzelnen Föderationen festgelegt, das jedoch, bedingt durch die Entwicklung der letzten Jahrzehnte, ebenso wie der Begriff des A. umstritten ist. Eine genaue Abgrenzung zum Begriff des Berufssportlers ist kaum noch mögl. Bemühungen um eine zeitgemäße Begriffsbestimmung des A. sind bei einzelnen Fachverbänden (die aber den A.status unterschiedl. auslegen) und beim Internat. Olymp. Komitee zwar im Gange,

dennoch ist eine Lösung dieser Problematik kaum zu erwarten. In der westl. Welt werden Sportler aus Ostblockstaaten **Staatsamateure** genannt, weil der Staat deren Lebensunterhalt bestreitet.

Amathus, im Altertum Ort an der Südküste Zyperns (bei Limassol), war in der Antike durch ein Heiligtum der Aphrodite und des Adonis berühmt (heute **Paläo-Limisso**).

Amati, Patrizierfamilie in Cremona, die im 16. und 17. Jh. den Geigenbau pflegte und die heutige Form der Violine maßgebl. beeinflußte. Die zierl.-eleganten Instrumente zeichnen sich durch schönen, aber zarten Ton aus. Der berühmteste Vertreter der Familie ist Nicola A. (* Cremona 3. Dez. 1596, † ebd. 12. April 1684). Er übertrug die Geigenbaukunst auf Andrea Guarneri und Antonio Stradivari, die seine Schüler waren. - Stammbaum der wichtigsten Glieder der Familie:

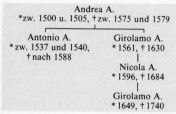

Andrea A.
*zw. 1500 u. 1505, † zw. 1575 und 1579

Antonio A.
* zw. 1537 und 1540,
† nach 1588

Girolamo A.
* 1561, † 1630

Nicola A.
* 1596, † 1684

Girolamo A.
* 1649, † 1740

Amaurose [griech.], Sammelbez. für die verschiedenen Formen völliger oder weitgehender Erblindung.

Amaxosa, Bantustamm in der Republik Südafrika, ↑ Xhosa.

Amaya Amador, Ramón [span. a'maja ama'ðɔr], * Olanchito (Dep. Yoro) 26. April 1916, † bei Preßburg 24. Nov. 1966, honduran. Schriftsteller. - Behandelte das Elend der Plantagenarbeiter und des Stadtproletariats, u. a. in „Das grüne Gefängnis" (R., 1952), „Morgendämmerung" (R., 1952), „Aufstand in Tegucigalpa" (R., 1958).

Amazja (Amasia[s]), 9. König von Juda (801–773 [796–781?]). - Sohn des Joas. Zu seiner Zeit regierten in Israel Joas und Jerobeam II. A. schlug die Edomiter. Bei einer Verschwörung in Lachisch ermordet (2. Kön. 14, 1–22; 2. Chron. 25).

Amazonas, größter Strom S-Amerikas und wasserreichster der Erde, entsteht durch Vereinigung des Río Marañón und des Río Ucayali bei Nauta (100 km sw. von Iquitos) in NO-Peru, durchfließt das nach ihm benannte Tiefland (**Amazonien**) und mündet in einem von mehreren Inseln durchsetzten Ästuar in den Atlantik, 6 400 km lang; von der brasilian. Grenze bis zur Einmündung des Rio Negro **Rio Solimões** genannt. Das Einzugsgebiet umfaßt mit 7,18 Mill. km² fast ²/₅ S-Amerikas und reicht mit den über 200 Nebenflüssen, von denen 15 zw. 2 000 und

3 000 km lang sind, weit über das A.tiefland hinaus in die Anden und das Brasilian. Bergland hinein. Bis Obidos, 800 km oberhalb der Mündung, machen sich die Gezeiten bemerkbar. Die Breite des Stromes (bei Iquitos 1 800 m) erreicht in der Mündung 250 km. Bei Ebbe drängt das A.wasser, durch die Trübung sichtbar, das Meerwasser auf 200 km von der Küste ab. Der A. ist die zentrale Sammelader aller Gewässer des **Amazonastieflandes,** das rd. 3,6 Mill. km², d. h. über ¹/₅ S-Amerikas umfaßt; größten Anteil hat Brasilien, daneben Kolumbien, Ecuador, Peru und Bolivien. - Das *Klima* ist ein äquatoriales Tieflandklima ohne ausgeprägte Temperaturjahreszeiten. Die meist in nachmittägl. Wärmegewittern fallenden Niederschläge sind im W gleichmäßiger über das Jahr verteilt als im mittleren und östl. Tiefland. Nach N und S findet der Übergang zu den trop.-sommerfeuchten Gebieten statt. - Trotz des meist nährstoffarmen Bodens üppige immergrüne *Vegetation* („Grüne Hölle"). Der Wald ist artenreich, aber individuenarm. Charakterist. sind Pflanzen mit Brett- und Stelzwurzeln sowie Lianen. In den Altwässern Schwimmpflanzen, Schilfwiesen und Sumpfpflanzen. - Auch die *Tierwelt* ist sehr artenreich (u. a. viele Fischarten, Kaimane, Tapire, Schmetterlinge, Affen, Baumschlangen, Leguane, Puma, Jaguar, Gürteltiere, Kolibris). - *Bevölkerung:* Abseits der Flüsse ist das A.tiefland von Indianern beherrscht, die, stark isoliert und in zahlr. Stämme aufgesplittert, neben Jagd und Sammelwirtschaft meist auch primitiven Brandrodungsfeldbau (Maniok, Bataten, Mais, Bananen) treiben. Erst die Gewinnung von Kautschuk brachte eine Erschließung des Raumes. Die 1853 beginnende Dampfschiffahrt wurde 1866 für alle Nationen freigegeben. Seeschiffe von 5 000 t können bis Manaus, von 3 000 t bis Iquitos gelangen. 1974 wurde mit dem Bau einer Straße (Trans-

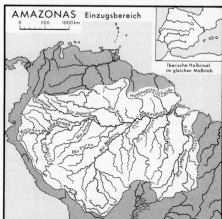

Amazonas

amazônica), die durch das südl. A.gebiet führt, begonnen; längs der Straße Neuansiedlung von Kolonisten. - *Geschichte:* 1500 entdeckt *(Río Santa María de la Mar Dulce)*, erste Befahrung 1541/42 von Quito und dem Río Napo aus. Das A.tiefland, dessen Inneres bis Mitte des 18. Jh. Niemandsland war, ging seit Anfang des 17. Jh. in portugies. Kolonialbesitz über, die endgültigen Grenzen wurden z. T. erst im 20. Jh. festgelegt.

📖 *Sterling, T.: Der A.* Amsterdam ³1975.

A., nordbrasilian. Bundesstaat, 1 564 445 km², 1,08 Mill. E (1975); umfaßt das Tiefland am oberen A.; etwa 98 % trop. Regenwald. Hauptwirtschaftstätigkeit der an den Flußläufen siedelnden Bev. ist die Sammelwirtschaft: Wildkautschuk, Paranüsse, Ölfrüchte, Arzneipflanzen, Edelhölzer. Landw. und Viehzucht dienen meist der Selbstversorgung. Handwerk, Handel und die wenigen Ind.-Betriebe sind in Manaus konzentriert; Verkehrsträger sind Flüsse und Flugzeug. - Im 16. Jh. von Spaniern durchfahren; im 18. Jh. portugies. Siedlungen.

A., Verwaltungsgebiet in SO-Kolumbien, 121 240 km², 18 000 E (1972), Hauptstadt Leticia; im NW des Amazonastieflandes, von trop. Regenwald bedeckt.

A., Dep. in N-Peru, 41 297 km², 197 000 E (1972), Hauptstadt Chachapoyas; auf der O-Abdachung der Anden. Im S Landw., im N unerschlossenes, von Indianern bewohntes Waldland; nur der S ist durch eine Straße mit der Küste verbunden. Für kleine Fahrzeuge sind die Flüsse schiffbar.

A., Bundesterritorium in S-Venezuela, 175 750 km², 22 000 E (1971), Hauptstadt Puerto Ayacucho. Liegt in den westl. Ausläufern des Berglandes von Guayana, geht nach S in den Bereich der Wasserscheide zw. Orinoko und Rio Negro-A. über; v. a. mit trop. Regenwald bedeckt, über 2 000 m ü. d. M. Höhensavannen; Weideland, Feldland zur Selbstversorgung; Sammelwirtschaft (u. a. Kautschuk, Paranüsse).

Amazonastiefland ↑Amazonas.

Amazonen, in der griech. Mythologie unter einer Königin in Kleinasien lebendes Volk krieger. Frauen. Die A. leben zwei Monate im Frühling mit Männern eines Nachbarvolkes zusammen, um den Fortbestand ihres Volkes zu sichern. Nur die Mädchen werden aufgezogen und für den Kriegsdienst im Umgang mit Pfeil, Bogen und Schwert ausgebildet. Unter ihrer Königin Penthesilea kämpfen sie im Trojan. Krieg gegen die Griechen. - Bildl. Darstellungen von A. finden sich in allen Gattungen der bildenden Kunst, v. a. in der Antike. Ein A.kampf (**Amazonomachie**) ist als Relief an einem Fries am Mausoleum von Halikarnassos dargestellt (Mitte des 4. Jh. v. Chr.; heute London, Brit. Museum). Die berühmteste Darstellung einer A.schlacht in der neueren Kunst stammt von Rubens (gegen 1620; München, Alte Pinakothek). Literar. Darstellungen befassen sich v. a. mit der Gestalt der Penthesilea.

Amazonenameisen (Polyergus), Gatt. der Ameisen mit je einer Art in Europa (*Polyergus rufescens:* bräunlichrot; bis 7 mm, Weibchen 10 mm lang) und N-Amerika *(Polyergus lucidus)*, die infolge ihrer langen, säbelförmigen Kiefer nicht mehr zur selbständigen Nahrungsaufnahme, Brutpflege und zum Nestbau befähigt sind. Durch Raub von Puppen und Larven anderer Ameisenarten (in M-Europa v. a. der Schwarzbraunen Waldameise) kommen sie zu sog. *Sklavenameisen*, die die entsprechenden Dienste leisten.

Amazonenpapageien (Amazona), Gatt. meist 30–40 cm großer Papageien mit 26 Arten in den Urwäldern S- und M-Amerikas; häufig grün, mit leuchtend gelber, roter und/oder blauer Zeichnung; Schwanz relativ kurz, gerade abgestutzt.

Amazonenspringen, Springturnier für Damen (Pferdesport).

Amazonien ↑Amazonas.

Ambarvalia [lat.], altröm. Ritus im Mai zur Entsühnung der Felder. Die Opfertiere wurden dabei vor der Opferung in feierl. Umgang rings um die Feldmark geführt.

Ambassade [frz. ãba'sad], Botschaft (Diplomatie).

Ambassadeur [ambasa'dø:r; frz.], Bez. für einen diplomat. Vertreter, Botschafter.

Ambato, Hauptstadt der ecuadorian. Prov. Tungurahua, in den Anden, 2 500–2 600 m ü. d. M., 85 000 E. Bischofssitz; Textil-, Nahrungsmittelind.; Erholungsort; an der Carretera Panamericana; schwere Beschädigungen durch Vulkanausbruch (1698) und Erdbeben (u. a. 1949).

Ambatondrazaka [madagass. ambatundra'zako], Stadt auf Madagaskar, 25 km südl. vom Lac Alaotra, 800 m ü. d. M., 19 000 E. Sitz eines kath. Bischofs; Mittelpunkt der Wirtschaftsregion des Lac Alaotra. ⚒

Ambe [lat.], Bez. für eine Variation (↑Kombinatorik) von *n* Elementen zur 2. Klasse; im Lotto: Doppeltreffer.

Ambedkar, Bhimrao Ramji [engl. əm'bɛidkə], * 14. April 1893, † Delhi 6. Dez. 1956, ind. Politiker. - Aus der Kaste der Parias; hatte als Justizmin. 1946–51 großen Anteil an der Ausarbeitung der neuen ind. Verfassung, insbes. bei der verfassungsrechtl. Abschaffung der Unberührbarkeit.

Amber (Ambra) [arab.], angenehm riechendes, cholesterinhaltiges. Stoffwechselprodukt aus dem Körper (hauptsächl. dem Darm) des Pottwals; wachsartige, graue Masse, die getöteten Tieren entnommen wird; Verwendung medizin. als Anregungsmittel, gegen Krämpfe, zur Förderung des Appetits und der Verdauung.

Amber ['ambər; engl. 'æmbə; arab.], engl. Bez. für: Bernstein.

Amberbaum (Liquidambar), seit dem Tertiär bekannte Gatt. der Zaubernußgewächse mit 5 Arten in Kleinasien, China, in N- und M-Amerika; bis 45 m hohe, laubwerfende Bäume mit ahornblattähnl. Blättern; Blüten unscheinbar, getrenntgeschlechtig, in Köpfchen, die männl. in Kätzchen; am bekanntesten ist der **Orientalische Amberbaum** (Storaxbaum, Liquidambar orientalis) in Kleinasien, aus dessen Harz (Storaxharz) Storaxbalsam gewonnen wird.

Amberg, Stadt in der Oberpfalz, Bayern, 350 m ü. d. M., 43 700 E. Bed. Elektro-, Metall-, Textilind., Kristallglaswerk. - Entstand aus 2 Siedlungskernen (1034 erste Erwähnung), nach deren Zusammenwachsen A. Mitte des 13. Jh. Stadt wurde; Erzbergbau 1270–1968. 1338–1628 Hauptstadt der Oberpfalz; bis 1810 bayr. Verwaltungssitz. - Oval angelegte Altstadt mit Wehranlage und Alleengürtel. Spätgot. Pfarrkirche Sankt Martin (1421–83), barockisierte Pfarrkirche Sankt Georg (1359 ff.), Schulkirche (1697–1701), Rathaus (nach 1356 und spätes 16. Jh.); auf dem Mariahilfberg Wallfahrtskirche Maria Hilf (1697–1703).

Amberg-Sulzbach, Landkr. in Bayern.

Ambergau, lößbedeckte Beckenlandschaft im westl. Harzvorland, Nds.; agrar. genutzt; städt. Mittelpunkt ist *Bockenem*.

Amberger, Christoph, * zw. 1500 und 1510, † Augsburg 1561 oder 1562, dt. Maler. - 1530 Meister in Augsburg; von H. Burgkmair d. Ä. und L. Beck (Schwiegervater von A.) sowie seit den 40er Jahren von der venezian. Malerei beeinflußt. Bildnis Kaiser Karls V. (1532; Berlin-Dahlem), des Sebastian Münster (1552), Altarbild in einer Kapelle des Augsburger Doms (1554) und in Sankt Anna in Augsburg (1560).

Amberglimmer, als Werkstoff (z. B. Isolierstoff der Elektrotechnik) verwendeter Magnesiaglimmer; beständig bis 900 °C.

Ambesser, Axel von, eigtl. A. Eugen von Oesterreich, * Hamburg 22. Juni 1910, dt. Schriftsteller. - Schauspieler, Film- und Theaterregisseur; schrieb u. a. die Komödie „Das Abgründige in Herrn Gerstenberg" (1946).

ambi..., Ambi... [lat.], Bestimmungswort in Zusammensetzungen mit der Bedeutung „beid..., doppel...".

Ambidextrie [lat.], Beidhändigkeit; gleich ausgeprägte Geschicklichkeit beider Hände.

Ambiente [lat.-italien.], die spezif. Umwelt und das Milieu, in dem jemand lebt, die bes. Atmosphäre, die eine Persönlichkeit umgibt oder einem Raum bzw. Ort das unverwechselbar charakterist. Gepräge verleiht.

Ambiguität [lat.], allg. eine Bez. für die Mehrdeutigkeit von Wörtern, Werten, Motiven, Charakteren und Sachverhalten.

Ambiorix, Fürst der Eburonen Mitte 1. Jh. v. Chr. - Von Cäsar aus der Abhängigkeit von den Aduatukern befreit; kämpfte bis 51 gegen die Römer, wurde vernichtend geschlagen.

ambipolare Diffusion, in einem ↑ Plasma auftretende Diffusionserscheinung: Wegen ihrer größeren Beweglichkeit wandern (diffundieren) die Elektronen leichter aus einem Plasma heraus als die Ionen; dies verursacht die Ausbildung von negativen Raumladungen in den Randzonen des Plasmas.

Ambition [zu lat. ambitio, eigtl. „das Herumgehen"], [berufl.] Ehrgeiz; **ambitiös**, ehrgeizig, strebersich.

Ambitus [lat.], in der Musik der vom tiefsten bis zum höchsten Ton gemessene Umfang einer Melodie, einer Stimme oder eines Instruments.

Ambivalenz [lat.], allg. svw. Doppelwertigkeit.

◆ A. wird in der *Literatur-* und *Sprachwissenschaft* verwendet zur Bez. in sich widersprüchl. (oft auch nur scheinbar widersprüchl.) Phänomene.

◆ in der *Verhaltensphysiologie* ein [Konflikt]verhalten, das sich aus zwei unterschiedl., nebeneinander oder im kurzen Wechsel nacheinander auftretenden (meist unvollständigen) Reaktionen zusammensetzt und sich zeigt, wenn verschiedene, diesen Reaktionen zugrunde liegende Schlüsselreize gleichzeitig auftreten.

◆ von E. Bleuler in die *Tiefenpsychologie* eingeführte Bez. für eine Erlebnisbeziehung, die gleichzeitig positiv und negativ gerichtet ist (z. B. Zuneigung–Abneigung, Liebe–Haß).

◆ in der *Genetik* die Eigenschaft mancher Gene, sich für den Träger (das Individuum) sowohl positiv als auch negativ auszuwirken.

Ambler, Eric [engl. 'æmblə], * London 28. Juni 1909, engl. [Kriminal]schriftsteller. - *Werke:* Die Maske des Dimitrios (R., 1939), Der Fall Deltschev (R., 1951), Schirmers Erbschaft (R., 1953), Topkapi (R., 1962), Schmutzige Geschichte (1967), Das Intercom-Komplott (1971), Der Levantiner (1972).

Amblyopie [griech.], svw. ↑ Schwachsichtigkeit.

Ambo (Ovambo), Bantustamm im nördl. Namibia (↑ Ovamboland) und südl. Angola; Savannenpflanzer (Hackbau) und Viehzüchter (Langhornrind).

Ambo (Ambon) [griech.], in der altchristl. und ma. Kirche das erhöhte, von einer Brüstung mit Pult umgebene und über Stufen zugängl. Podest zum Verlesen des Evangeliums und der Epistel, zum Vorsingen der Psalmen, auch zum Predigen. Meist in Zusammenhang mit den Chorschranken und paarweise aufgestellt. - Abb. S. 290.

Amboina ↑ Ambon.

Amboise [frz. ã'bwa:z], Georges d', * Chaumont-sur-Loire 1460, † Lyon 25. Mai

1510, frz. Kardinal und Staatsmann. - 1492 Erzbischof von Narbonne, 1493 von Rouen, 1498 Kardinal und 1501 päpstl. Legat in Frankr. Übte als leitender Min. Ludwigs XII. bestimmenden Einfluß auf die frz. Politik aus. **A.,** Jacques d', * Dedham (Mass.) 28. Juli 1934, amerikan. Tänzer. - Kreierte zahlr. Ballette G. Balanchines, u. a. „Western symphony" (1954); als Choreograph schuf er u. a. „The chase" (1963).

Amboise [frz. ã'bwa:z], frz. Stadt an der Loire, Dep. Indre-et-Loire, 11 000 E. Chem. Ind., Herstellung von Präzisionsinstrumenten, Radioapparaten u. a. - Im 6. Jh. erstmals erwähnt, hieß *Ambeiacum, Ambacia* bzw. *Ambaquis;* kam 1431/46 an die frz. Krone; im 15. und 16. Jh. häufig Residenz. 1563 beendete das **Edikt von Amboise** den 1. Hugenottenkrieg; 1764 wurde die Herrschaft A. zum Hzgt. erhoben. - Schloß (1492–98) mit Befestigungsanlagen.

Ambon (Amboina), indones. Stadt auf der Insel A., im Innern einer tief in die Insel eingreifenden Bucht. 209 000 E. Verwaltungssitz der Prov. Molukken; Univ. (gegr. 1962), Hafen. - Entstand aus dem im 17. Jh. von den Niederländern erbauten *Fort Victoria* und einer kleinen chin. Siedlung.

A. (Amboina), Insel der Molukken, in der Bandasee, Indonesien, 813 km², Hauptort A.; wirtsch. bed. sind der Gewürznelkenanbau und der Fischreichtum. - Bis ins 19. Jh. Zentrum des Gewürznelkenhandels; die Portugiesen (seit 1512) wurden ab 1599 von den Niederländern vertrieben. A. bildete bis 1619

Ambo (11. Jh.). Aachen, Dom

den Mittelpunkt der niederl. Herrschaft in Ostindien. 1796–1802 und 1810–17 brit.; 1942–45 jap.; gehörte 1950 zur Republik der ↑Süd-Molukken.

Ambonesen, die Bewohner der Molukkeninseln Ambon, Ceram, Haruku, Saparua und Nusa Laut, i. e. S. die Christen oder Muslime unter ihnen, während die anderen A. meist Alfuren genannt werden. Nach dem Zusammenbruch der Republik der Süd-Molukken emigrierte 1951 eine Gruppe von A. in die Niederlande und versucht, von dort aus (z. T. mit terrorist. Mitteln) die Wiederherstellung der Republik zu erreichen.

Amboß, schwere eiserne Unterlage zum Auffangen der auf das Werkstück, bes. beim Schmieden, gegebenen Hammerschläge. Die obere Aufsetzfläche (*Bahn*) ist gestählt oder gehärtet, für die Bearbeitung von Blech poliert. Der *Schmiede-A.* hat an einer oder an beiden Schmalseiten ein Horn (*Horn-A.*) zum Biegen von Metall (die Bahn besitzt ein Loch zum Einsetzen von Werkzeugen). Der *Stock-A.* hat einen kugelartigen Kopf zum Hohlschlagen von Gefäßen.
◆ (Incus) das mittlere der drei ↑Gehörknöchelchen, das beim Menschen amboßartig geformt ist.

Ambozeptor [lat.], im Blutserum bei Infektionen oder Sensibilisierung durch Antigene entstehender spezif. Schutzstoff (Antikörper), der eingedrungene Bakterien oder Blutzellen auflösen kann.

Ambra, svw. ↑Amber.

Ambrakia, antike griech. Stadt, ↑Arta.

Ambras (Amras), Renaissanceschloß oberhalb Innsbruck (1564–89); erbaut bzw. umgebaut unter Erzherzog Ferdinand II.; 43 m langer Saal mit Kassettendecke und Intarsiatüren von K. Gottfried. Die bed. Sammlung Ferdinands II. (Waffen, Harnische, Bilder, Bücher, Münzen u. a.) heute großenteils in Wien, Kunsthistor. Museum, die Handschriftensammlung, **Ambraser Heldenbuch,** 1504–16 von Hans Ried im Auftrag Kaiser Maximilians I. angefertigt, in der östr. Nationalbibliothek. Es enthält die ältesten handschriftl. Fassungen von: „Kudrun", „Biterolf" und „Wolfdietrich", Hartmanns „Erec" und „Iwein", Wolframs „Titurel", „Meier Helmbrecht" von Wernher dem Gartenaere und Ulrich von Lichtensteins „Frauenbuch". Zur Sammlung gehörte auch das **Ambraser Liederbuch,** 1582 in Frankfurt gedruckt, mit 262 Liedertexten, u. a. das jüngere „Hildebrandslied".

Ambre, Kap [frz. ã:br], Nordspitze Madagaskars.

Ambre, Montagne d' [frz. mõtaŋ-'dã:br], Gebirge (Schildvulkan) im N Madagaskars, bis 1 475 m hoch.

Ambrim [engl. 'æmbrɪm], Insel der ↑Neuen Hebriden, 600 km², bis 1 334 m ü. d. M.

Ambronen (lat. Ambrones), Volksstamm

vermutl. nordgerman. Herkunft (Amrum?); 102 mit den Teutonen bei Aquae Sextiae vernichtend geschlagen.

Ambros, männl. Vorname, ↑Ambrosius.

Ambros, August Wilhelm, * Myto bei Prag 17. Nov. 1816, † Wien 28. Juni 1876, östr. Musikforscher. - Prof. in Prag, seit 1872 am Konservatorium in Wien. Seine „Geschichte der Musik" (1862–82) ist bis heute maßgebend für die kulturhistor. Betrachtung der Musikgeschichte v. a. des 16. und frühen 17. Jahrhunderts.

Ambrosia [griech.], in der griech. Mythologie Nahrung der Götter.

◆ von einigen Insekten (Termiten, Ameisen, gewisse Borkenkäfer) gezüchtete Pilznahrung.

Ambrosiana [nach dem hl. Ambrosius], *Biblioteca A.* (↑Bibliotheken [Übersicht]) in Mailand, mit Gemäldegalerie *(Pinacoteca A.),* deren Leonardo-Sammlung berühmt ist.

Ambrosianischer Gesang, die noch heute gebrauchten, nach dem hl. Ambrosius ben. Gesänge der Ambrosianischen, auf Ambrosius zurückgeführten Liturgie. Vom Gregorian. Gesang unterscheidet er sich sowohl in der Psalmodie (als auch in den antiphonalen und responsorialen Formen. Neben eigenen Melodien des Kyriale zeigt der A. G. gegenüber der gregorian. Überlieferung eine eigene Gestaltung der Propriumsgesänge mit weitgehend eigenen Benennungen.

Ambrosianischer Lobgesang, das ↑Tedeum, seit dem 9. Jh. fälschl. auf den hl. Ambrosius und Augustinus zurückgeführt.

Ambrosius (Ambros), männl. Vorname griech. Ursprungs, eigtl. „der Unsterbliche".

Ambrosius, hl., * Trier wahrscheinl. 339, † Mailand 4. April 397, Bischof von Mailand, einer der vier großen abendländ. Kirchenväter. - Sohn eines röm. Beamten, beschritt die Ämterlaufbahn und wurde Statthalter der Prov. Liguria und Aemilia. 374 zum Bischof von Mailand gewählt. Hier trat er für die Rechtgläubigkeit und die Einheit der Kirche ein. In der Kirchenpolitik strebte er eine enge Verbindung von Kirche und Staat an. A. griff als Prediger und Interpret der Hl. Schrift auf die ↑allegorische Schriftdeutung zurück. Die Reden und Predigten sind die Grundlagen seiner Werke (Genesiskommentar, Lukaskommentar und die fünf Bücher „De fide ad Gratianum"). A. führte den aus dem Osten (wohl Syrien) stammenden hymn. Chorgesang in die abendländ. Kirche ein und dichtete selbst mehrere heute noch im Brevier gebrauchte Hymnen. Unter seinem Einfluß wurde 387 ↑Augustinus bekehrt und von ihm getauft. - Fest: 7. Dez. - Eine frühe Darstellung des hl. A. ist ein Mosaik (um 470) in der Kapelle San Vittore in Ciel d'Oro (bei San Ambrogio) in Mailand. A. wird immer als Bischof dargestellt; Attribute sind u. a. ein Kind in der Wiege oder ein Bienenkorb.

Ambrus, Zoltán [ungar. ˈɔmbruʃ], * Debrecen 22. Febr. 1861, † Budapest 28. Febr. 1932, ungar. Schriftsteller. - Als Kritiker, Übersetzer und Essayist Vermittler frz. Geistes. In psycholog. Erzählungen und Romanen schildert und ironisiert er das großstädt. Bürgertum.

Ambulakralsystem [lat./griech.], Wassergefäßsystem der ↑Stachelhäuter, das im wesentl. der Fortbewegung dient.

ambulant (ambulatorisch) [lat.], wandernd, umherziehend, nicht ortsgebunden, ohne festen Sitz.

ambulante Behandlung (ambulatorische Behandlung), Durchgangsbehandlung in der ärztl. Praxis oder in einer Klinik, bei der der Patient den Arzt aufsucht; im Ggs. zur stationären Behandlung.

ambulantes Gewerbe ↑Reisegewerbe.

Ambulanz [lat.], Bez. für: bewegl. Feldlazarett; Krankentransport-, Rettungswagen.

◆ (Ambulatorium) einem Krankenhaus angeschlossene kleinere poliklin. Abteilung.

ambulatorisch [lat.] ↑ambulant; ↑ambulante Behandlung.

◆ auf das Ambulatorium (↑Ambulanz) bezogen.

Ambulatorium [lat.], svw. ↑Ambulanz.

A. M. D. G., Abk. für: ↑ad maiorem Dei gloriam.

Amduat [ägypt. „das, was in der Unterwelt ist"], altägypt. Dichtung aus der Zeit um 1500 v. Chr. Gegenstand ist die Fahrt des Sonnengottes bei Nacht durch die Unterwelt. Bedrohungen durch Feinde, durch Versiegen des Wasserstromes wie durch Altern gilt es zu überwinden.

Ameisen [zu althochdt. ā-„fort" und meizan „schneiden" (nach dem scharfen Einschnitt zw. Vorder- und Hinterkörper)] (Formicoidea), seit der Kreidezeit (etwa 100 Mill. Jahre) bekannte staatenbildende Insekten; zu

Schloß Ambras

Ameisenbären

den Stechimmen zählende Überfam. der Hautflügler. Die etwa 12 000 (in M-Europa etwa 180, in Deutschland etwa 80) bekannten, hauptsächl. in den Tropen und Subtropen verbreiteten Arten verteilen sich auf acht Fam.: u. a. ↑ Stachelameisen, ↑ Wanderameisen, ↑ Knotenameisen, ↑ Drüsenameisen und ↑ Schuppenameisen.

A. sind kleine (etwa 1 mm bis 4 cm), vorw. schwarz oder rotbraun gefärbte Insekten, die in als *Staaten* bezeichneten Nestern leben. Diese Staaten können (im (z. B. bei der Roten Waldameise) oder auf dem Boden angelegt werden, oder werden (bei einigen trop. A.arten) aus Pflanzenmaterial in Baumkronen errichtet.

Man unterscheidet drei verschiedene Individuengruppen *(Kasten):* Die *Männchen* leben nur kurze Zeit; sie sterben nach der Befruchtung eines Weibchens. Die geschlechtl. aktiven Jungweibchen sind, wie die Männchen, zunächst geflügelt. Wenn diese *Weibchen* im Frühjahr ausfliegen, folgen ihnen die Männchen, um sie in der Luft zu begatten. Danach werfen beide Geschlechtstiere die Flügel ab. Jedes befruchtete Weibchen sucht sich nun eine geeignete Stelle, um einen neuen Staat zu gründen. Von diesem Zeitpunkt ab wird es als *Königin* bezeichnet. Ihre einzige Aufgabe ist es, Eier zu legen. Jedes Weibchen wird nur einmal befruchtet und speichert die Samen in einer kleinen Samentasche im Hinterleib. Aus unbefruchteten Eiern entstehen i. d. R. Männchen, aus befruchteten Weibchen (bzw. Arbeiterinnen). Aus den Eiern entwickeln sich zunächst fußlose, madenförmige Larven, die sich nach einigen Häutungen verpuppen.

Die dritte Kaste besteht aus den *Arbeiterinnen*, die geschlechtl. unterentwickelte Weibchen sind und die Hauptmasse eines A.staates ausmachen. Sie müssen die Nahrung besorgen, Brut und Königin pflegen und den Staat verteidigen (Soldaten).

Viele A. haben einen Giftstachel. Wenn dieser fehlt, kann eine ätzende Säure (A.säure) aus bes. Giftdrüsen abgegeben oder ein abschreckendes Sekret aus den Analdrüsen gespritzt werden.

A. ernähren sich hauptsächl. von Insektenlarven. Da unter diesen viele Schädlinge sind, werden die A. zur biolog. Schädlingsbekämpfung eingesetzt.

Ein ausgeprägter Orientierungssinn ermöglicht den A. das Auffinden der Nahrung und das Zurückfinden zum Nest. Dazu dienen die in den Fühlern gelegenen Sinnesorgane (Chemorezeptoren), die die Duftkonzentration der Duftspur registrieren. Orientierung ist auch mit dem Tastsinn möglich. Durch Fühlerkontakte wird einer Führerin gefolgt. Der Gesichtssinn orientiert sich am Tage nach der Sonne. Weiterhin ist ein ausgeprägtes Ortsgedächtnis zur Orientierung im Ge-

lände vorhanden. - Seit der Antike lieferten A. Heilmittel. Die ganzen Tiere, ihre Puppen, ihr Giftdrüsensekret oder der mit ihnen bereitete A.spiritus wurden gegen Hautkrankheiten, Geschwüre, Gicht, Rheumatismus, Fieber, Epilepsie und als Abortivum angewandt.

📖 *Gösswald, K.: Organisation u. Leben der A. Stg. 1985. - Larson, P./Larson, W.: Insektenstaaten. Hamb. u. Bln. 1971. - Friedli, F.: Wunderwelt der A. Bern u. Stg. 1964.*

Ameisenbären (Myrmecophagidae), Fam. bis 1,2 m körperlanger (mit Schwanz 2,1 m messender), zahnloser Säugetiere mit 4 Arten in M- und S-Amerika; Boden- oder Baumbewohner mit röhrenförmig ausgezogener Schnauze und bis 0,5 m vorstreckbarer, klebriger, wurmförmiger Zunge; fressen fast ausschließl. Termiten und Ameisen.

Ameisenfischchen (Atelura formicaria), bis 6 mm langes, augenloses, gelbl. ↑ Silberfischchen mit metall. glänzenden Schuppen.

Ameisengäste (Myrmekophilen), Bez. für Insekten, die sich in oder vor den Nestern von Ameisen aufhalten und mit diesen in einer mehr oder weniger engen Lebensgemeinschaft stehen. Man unterscheidet im einzelnen: 1. vom Ameisen feindl. verfolgte Einmieter *(Synechthren),* meist Raubinsekten von ansehnl. Größe, die von den Ameisen oder deren Brut leben. 2. geduldete Einmieter *(Synöken).* Hierher gehören die weitaus meisten A. Sie erhalten von ihren Wirten Wohnung, aber keine Pflege. Nahrung beschaffen sie sich selbst von Nestsubstanz und Nahrungsabfällen, sie stellen auch der Ameisenbrut nach oder erschleichen Futtersaft von Ameisen, die sich gegenseitig füttern. 3. Echte Gäste *(Symphilen)* werden von ihren Wirten gepflegt. Sie werden insbes. eifrig beleckt, oft mit Kropfinhalt wie Ameisengefährtinnen gefüttert, auch werden ihre Larven nicht selten von Ameisen wie eigene Brut aufgezogen. Anpassungseinrichtungen an dieses Verhältnis sind Exsudatorgane wie Gruben, dünne Hautmembranen und Haare oder Borsten, an denen die von den Ameisen begehrten Stoffe aus darunterliegenden Drüsen abgeschieden werden.

Ameisenigel (Schnabeligel, Tachyglossidae), Fam. bis 80 cm langer, v. a. Termiten, Ameisen u. a. Insekten fressender Säugetiere mit 5 Arten, v. a. in den Wäldern und Steppen O-Australiens, Neuguineas und Tasmaniens. Haben einen oberseits bestachelten, ansonsten behaarten Körper und einen langen, zylindr., von Horn überzogenen zahnlosen Schnabel mit einer weit vorstreckbaren, wurmförmigen, klebrigen Zunge, an der die Insekten haften bleiben. Das etwa 15 mm lange Ei wird vom Muttertier in eine Bauchfalte gesteckt, wo nach 7–10 Tagen das Junge schlüpft, das dann noch 6–8 Wochen in dieser

Ameisen. 1 Männchen, Weibchen und Arbeiterin der Roten Waldameise;
2 Arbeiterinnen der Waldameise betreuen schlüpfende Weibchenpuppen;
in der Mitte frischgeschlüpftes Weibchen; 3 Waldameisen während der
Kopulation; 4 Waldameisen bei Blattläusen

Tasche verbleibt und sich durch Auflecken der aus Milchdrüsenfeldern austretenden Milch ernährt.

Ameisenjungfern (Myrmeleonidae), Fam. libellenähnl. Insekten der Ordnung ↑ Netzflügler mit etwa 1 200 Arten, v. a. in den warmen Zonen (in M-Europa 5 Arten); Körper bis 8 cm lang, schlank, mit meist durchsichtigen, fast gleich großen Vorder- und Hinterflügeln, fliegen nur abends und nachts.

Ameisenkäfer (Scydmaenidae), weltweit verbreitete Käferfam. mit etwa 1 600 1–2 mm großen Arten, davon 47 in Deutschland; haben oft Ähnlichkeit mit Ameisen.

Ameisenpflanzen (Myrmekophyten), meist trop., mit Ameisen in Symbiose lebende Pflanzen; im allg. werden die A. vor blattfressenden Insekten durch die Ameisen geschützt, die Ameisen finden Obdach oder Nahrung in hohlen Pflanzenteilen (z. B. Dornen der Akazien).

Ameisensäure (Methansäure), einfachste organ. Säure; kommt im Gift der Ameisen und anderer Insekten vor; auch Hauptbestandteil des Brennesselgiftes. Vielfältige Verwendung in der Textilind. und als Konservierungsmittel (für Fruchtsaftkonzentrate, Konserven u. a.). Chem. Strukturformel: HCOOH. Die Salze und Ester der A. sind die Formiate (Methanate).

Ameisensäureäthylester (Ameisenäther, Äthylformiat), Ester des Äthylalkohols und der Ameisensäure, chem. Strukturformel $HCOO - CH_2 - CH_3$. A. dient in der Technik als Lösungsmittel und als Geruchsstoff in der Parfümindustrie.

Ameisensäurenitril, svw. ↑ Blausäure.

Ameisenspinnen (Dipoena), Gatt. 2 bis 4 mm langer Kugelspinnen mit 8 Arten, die räuber. von Ameisen leben.

Ameisenspiritus (Ameisengeist), in Alkohol gelöste Ameisensäure, Hausmittel für Einreibungen bei rheumat. Beschwerden.

Ameisenvögel (Formicariidae), Fam. bis 34 cm großer ↑ Schreivögel mit rund 220 Arten in den Tropenwäldern S- und M-Amerikas; fressen v. a. die durch Wanderameisenzüge aufgeschreckten Insekten.

Ameisenwespen, svw. ↑ Bienenameisen.

Ameiven (Ameiva) [indian.], Gatt. der Schienenechsen mit etwa 20 Arten in Mexiko, auf den Westind. Inseln, in S-Amerika bis Uruguay; flinke, auf dunklem Grund hell gestreifte und gefleckte Bodenbewohner mit langem, peitschenförmigem Schwanz, wohlentwickelten Gliedmaßen und kleinen Körnerschuppen auf dem Rücken.

Amelanchier [kelt.-frz.], svw. ↑ Felsenbirne.

Ameland, eine der Westfries. Inseln, Niederlande, von der Nordseeküste getrennt durch das Friesche Wad, etwa 19 km lang, 3 km breit; Seebäder.

Amelungen, in der german. Mythologie Sippe Dietrichs von Bern; histor. das ostgot.

Geschlecht der ↑Amaler.

amen [hebr. „wahrlich; so ist es; so sei es"], im A. T. und im N. T. Bestätigung, Bekräftigung eines Eides, Gebetes, Fluchs, Segensspruchs; im christl. (auch jüd. und islam.) Gottesdienst nur noch verwendet als liturg. Akklamation oder Abschluß eines Gebets.

Amende [frz. aˈmãːd], Geldbuße, Geldstrafe.

Amendment [engl. ǝˈmɛndmǝnt], im angloamerikan. Recht: Änderungsantrag zu einem Gesetzentwurf.
◆ Gesetz zur Änderung oder Ergänzung eines bereits erlassenen Gesetzes. Die A. werden dem betreffenden Gesetz in zeitl. Reihenfolge angehängt.
◆ Berichtigung oder Änderung des Vorbringens einer Partei im Verlaufe eines gerichtl. Verfahrens.

Amendola, Giorgio, * Rom 21. Nov. 1907, † ebd. 5. Juni 1980, italien. Politiker. - Sohn von Giovanni A.; Mgl. der KPI seit 1929; nach Verbannung und Exil seit 1943 führend in der Organisation der „Resistenza" in Rom und N-Italien; Mgl. des ZK der KPI.
A., Giovanni, * Neapel 15. April 1882, † Cannes 7. April 1926, italien. Publizist und liberaldemokrat. Politiker. - Einer der Führer der Opposition gegen die Kapitulation vor dem Faschismus 1922; stand 1924 an der Spitze der Aventinianer; starb in der Emigration an den Folgen eines faschist. Attentates.

Amenemhet [ägypt. „Amun ist vorn"] (gräzisierte Namensform: Ammenemes), Name ägypt. Könige der 12. Dynastie, v. a. bekannt:
A. I., ⚬ 1991–62; verlegte die Residenz von Theben nach Lischt; festigte die Grenze nach Asien, sicherte die ägypt. Herrschaft in Nubien; bei einer Palastrevolution ermordet.
A. III., ⚬ 1842–1795; vollendete die Kolonisierung des Beckens von Al Faijum, an dessen Eingang er seine Pyramide mit dem Totentempel (Labyrinth) errichtete.

Amenhotep ↑Amenophis.

Amenophis [gräzisierte Form des ägypt. Namens Amenhotep („Amun ist zufrieden")], Name ägypt. Könige der 18. Dynastie:
A. I., ⚬ 1527–06; schuf die geistigen Grundlagen des Neuen Reiches, bes. auf dem Gebiet der Religion.
A. II., ⚬ 1438–12; Sohn und Nachfolger Thutmosis' III.; v. a. krieger. und sportl. Leistungen; festigte in Feldzügen nach Asien das von seinem Vater eroberte Reich.
A. III., ⚬ 1402–1364; Enkel von A. II., Sohn und Nachfolger Thutmosis' IV.; ersetzte in der Außenpolitik die Politik der Stärke durch Diplomatie; baute im Lande und in Nubien prächtige Tempel (Luxor, Soleb, Sedeinga); unter seiner Regierung erlebte Ägypten die Periode größten Wohlstandes.
A. IV. ↑Echnaton.

Amenophis, Sohn des Hapu, Baumeister und Gelehrter unter Pharao Amenophis III. Erbaute den Tempel von Luxor und die nicht erhaltenen Totentempel des Königs mit den Memnonkolossen.

Amenorrhö, Ausbleiben der ↑Menstruation im geschlechtsreifen Alter. Mit Ausnahme der physiolog. auftretenden A. während der Schwangerschaft und (meist auch) der Stillperiode sowie der A. vor und nach der Geschlechtsreife sind alle unabhängig hiervon auftretenden Amenorrhöen krankhaft.

Amer ↑Amir, Muhammad Abd Al Hakim.

Amer, Flußarm im Rhein-Maas-Delta.

Amerbach, schweizer. [Juristen]familie dt. Herkunft:
A., Basilius, * Basel 1. Dez. 1533, † ebd. 25. April 1591. - Sohn von Bonifacius A.; lehrte in Basel, baute das väterl. Kunstkabinett aus, das Grundstock für die Gemäldegalerie und das Kupferstichkabinett der Basler Öff. Kunstsammlung wurde.
A., Bonifacius, * Basel 11. Okt. 1495, † ebd. 24. oder 25. April 1562. - Sohn von Johannes A., Vater von Basilius A.; lehrte in Basel; 1535 Stadtsyndikus (Stadtrechtentwicklung). Humanist, verwaltete das Erbe von Erasmus von Rotterdam.
A., Johannes, eigtl. wahrscheinl. J. Welcker, * Amorbach um 1440 (?), † Basel 25. Dez. 1513. - Vater von Bonifacius A.; Magister artium in Paris; um 1475 in Basel ansässig; druckte Augustinus, Bibelausgaben, das „Corpus Juris Civilis". Vorbereitung der Hieronymusausgabe des J. Froben; bed. Briefsammlung.

Amenophis III.
(Kalksteinrelief;
um 1380 v. Chr.)

Amerbach, Veit, eigtl. V. Trolmann, * Wemding 1503, † Ingolstadt 13. Sept. 1557, dt. Humanist. - Setzte sich seit 1540 für einen Ausgleich der Konfessionen ein und ging 1543 von Jena nach Ingolstadt. Schrieb „Quatuor libri de anima" gegen Melanchthon.

Ameretat, im Parsismus die personifizierte Unsterblichkeit; eine der ↑Amescha Spentas.

American Airlines Inc. [engl. ə'mɛrɪkən 'ɛəlaɪnz ɪn'kɔːpəreɪtɪd] ↑Luftverkehrsgesellschaften (Übersicht).

American Ballet Theatre [engl. ə'mɛrɪkən 'bælɛt 'θɪətə], neben dem „New York City Ballet" bedeutendste Ballettkompanie der USA; gegr. 1939 in New York.

American Broadcasting Companies [ə'mɛrɪkən 'brɔːdkɑːstɪŋ 'kʌmpənɪz], Abk. ABC, private Rundfunkgesellschaft in den USA auf kommerzieller Basis, gegr. 1943, Sitz New York; unterhält Rundfunk- und Fernsehanlagen in allen Teilen der USA.

American Chemical Society [engl. ə'mɛrɪkən 'kɛmɪkəl sə'saɪətɪ], Abk. ACS, größte wiss. Gesellschaft der Welt mit über 100 000 Mgl.; gegr. 1876 in New York; Zentrale in Washington.

American Express Company [engl. ə'mɛrɪkən ɪks'prɛs 'kʌmpənɪ], Abk. Amexco, amerikan. Unternehmen, das v. a. im Reisegeschäft tätig ist; Sitz New York; gegr. 1850 in Buffalo, seit 1881 Aufnahme des Reisebürogeschäfts; 1891 wurde der erste Travellerscheck herausgegeben. Heute unterhält die Amexco etwa 420 Büros in allen Erdteilen.

American Federation of Labor/Congress of Industrial Organizations [engl. ə'mɛrɪkən fɛdə'reɪʃən əv 'lɛɪbə 'kɔngrɛs əv ɪn'dʌstrɪəl ɔːgənaɪ'zeɪʃənz], Abk. AFL/CIO, amerikan. Gewerkschaftsdachorganisation, 1955 entstanden durch Zusammenschluß der American Federation of Labor (1886 gegr.) und des Congress of Industrial Organizations (1938 gegr.). - ↑Gewerkschaften (Übersicht).

American Football [engl. ə'mɛrɪkən 'fʊtbɔːl] ↑Football.

American Forces Network [engl. ə'mɛrɪkən 'fɔːsɪz 'nɛtwɔːk], Abk. AFN, Rundfunkanstalt, die für die außerhalb des Landes stationierten Truppen der USA sendet; 1943 in London gegründet.

American Geographical Society [engl. ə'mɛrɪkən dʒɪə'græfɪkəl sə'saɪətɪ], die älteste geograph. Gesellschaft der USA, gegr. 1852; Sitz New York.

American Legion [engl. ə'mɛrɪkən 'liːdʒən], größter Verband der amerikan. Kriegsveteranen; 1919 in Paris gegr.; verfolgt neben sozialer Sicherung der Veteranen auch polit. Ziele; über 2,8 Mill. Mgl.

American Stock Exchange [engl. ə'mɛrɪkən 'stɔk ɪks'tʃeɪndʒ], Börse in New York, an der die nicht zur Hauptbörse, der New York Stock Exchange, zugelassenen Wertpapiere gehandelt werden; umfaßt 500 Mgl., insgesamt Notierung von rd. 1 000 Aktien.

American Telephone & Telegraph Company [engl. ə'mɛrɪkən 'tɛlɪfoʊn ənd 'tɛlɪgrɑːf 'kʌmpənɪ], Abk. AT & T, größter Telefonkonzern der Welt; Sitz New York; entstand aus der **Bell Telephone Company,** die nach dem 1876 von A. G. Bell entwickelten System Telefone herstellte; 1885 Gründung der AT & T; Produktion von Nachrichtentechn. Anlagen; zahlr. Tochtergesellschaften.

American way of life [engl. ə'mɛrɪkən 'weɪ əv 'laɪf], Lebensstil und Anschauungsweise der Amerikaner.

America's Cup [engl. ə'mɛrɪkəz 'kʌp] ↑Amerikapokal.

Americium [nlat.; nach dem Erdteil Amerika], chem. Symbol Am, künstl. hergestelltes, radioaktives, metall. Element aus der Gruppe der Actinoide des Periodensystems der chem. Elemente, Ordnungszahl 95. - Das beständigste Isotop, Am 243, hat eine Halbwertszeit von 7 370 Jahren; Dichte 13,7 g/cm³. Es wurde von G. T. Seaborg und Mitarbeitern durch Beschießung von Uran 238 mit energiereichen α-Teilchen erstmals hergestellt.

Amerigo Vespucci ↑Vespucci, Amerigo.

Amerika, der durch eine Festlandbrücke und eine Inselkette verbundene, aus den beiden dreieckförmigen Festlandmassen Nordamerika und Südamerika bestehende Doppelkontinent; wegen der relativ späten Entdeckung als *Neue Welt,* wegen seiner Lage zu Europa als *Westfeste* bezeichnet. - ↑Nordamerika, ↑Mittelamerika, ↑Südamerika.

Amerika-Gedenkbibliothek/Berliner Zentralbibliothek ↑Bibliotheken (Übersicht).

Amerikahaus, im Ausland errichtete, der jeweilige Botschaft unterstellte Institution der USA zur Pflege kultureller Beziehungen; in der BR Deutschland seit 1946. Neben einer Bibliothek werden zahlr. Aktivitäten geboten (Konzerte, Vorträge, Ausstellungen, Dichterlesungen, Sprachkurse usw.). Amerikahäuser gibt es in fast 100 Ländern der Erde, in der BR Deutschland bestehen 7 sowie 5 Dt.-Amerikan. Institute.

Amerikanebel, svw. ↑Nordamerikanebel.

Amerikanerreben, amerikan. Wildreben sowie Bastarde aus diesen und europ. Kultursorten; dienen wegen ihrer Widerstandsfähigkeit gegen Reblausbefall v. a. als Pfropfunterlagen.

Amerikanische Agave (Hundertjährige Aloe, Agave americana), im Mittelmeergebiet seit der 2. Hälfte des 16. Jh. eingebürgerte Agavenart (vermutl. aus Mexiko; Wildform unbekannt); Lebensdauer 10–15 Jahre, Blütenrispe 5–8 m hoch, Blätter fleischig, bis annähernd 2 m lang, bis 20 cm breit, mit leicht geschweiftem Rand.

amerikanische Buchführung ↑Buchführung.

amerikanische Gewerkschaften ↑Gewerkschaften (Übersicht).

amerikanische Literaturen ↑USA, Literatur, ↑kanadische Literatur, ↑lateinamerikan. Literatur, ↑altamerikanische Literaturen.

amerikanische Kunst ↑USA, Kunst,

↑lateinamerikanische Kunst, ↑altamerikanische Kulturen.

amerikanische Musik ↑USA, Musik, ↑lateinamerikanische Musik, ↑indianische Musik.

amerikanische Orgel (engl. cottage organ), ein 1835 in Paris erfundenes Harmonium, dessen Zungen durch Saugluft in Schwingungen versetzt werden; wurde zuerst in Amerika gebaut und fand dort weite Verbreitung.

Amerikanischer Ährenfisch, svw. ↑Grunion.

Amerikanischer Bürgerkrieg, svw. ↑Sezessionskrieg.

Amerikanischer Nerz, svw. ↑Mink.

amerikanischer Zobel, Handelsbez. für Pelze vom amerikan. ↑Fichtenmarder.

Amerikanisches Mittelmeer, Nebenmeer des Atlantik (Karib. Meer und Golf von Mexiko).

Amerikanisch-Samoa ↑Samoainseln.

Amerikanisch-Spanischer Krieg (1898) ↑Spanisch-Amerikanischer Krieg.

Amerikanismus [lat.], Besonderheit des amerikan. Engl. (gegenüber dem brit. Engl.) in Aussprache und Schreibung.

◆ Entlehnung aus dem amerikan. Engl., z. B. Blue jeans, Hippie, Playboy.

◆ in der *kath. Theologie,* insbes. in den USA, eine Auffassung, nach der die Kirche sich an ihre Umwelt stärker anpassen solle; 1899 päpstlicherseits verurteilt.

Amerikanistik [nlat.], die Wissenschaft von der Sprache, Literatur und Kultur der USA, v. a. früher zur Anglistik gerechnet.

◆ die Wissenschaft von der Sprache, Literatur und Kultur der Indianer.

Amerikapokal (America's Cup), von Königin Viktoria 1851 gestifteter Pokal für das Wettsegeln zweier Hochseejachten über einen jeweils festzulegenden Kurs; mit Ausnahme des Jahres 1983 (Sieger eine austral. Jacht) stets von den USA gewonnen.

Amerling, Friedrich von, * Wien 14. April 1803, † ebd. 15. Jan. 1887, östr. Maler. - Porträtist der Wiener Gesellschaft; Vertreter des Biedermeier.

Amersfoort, niederl. Stadt, 20 km onö. von Utrecht, 87 000 E. Wirtsch., administrativer und kultureller Mittelpunkt der Geldersche Vallei und des Eemgebietes; Garnisonstadt und Pendlerwohngemeinde; Elektro-, Auto-, Maschinen-, Textil-, Nahrungs- und Genußmittelind. - 1028 erstmals erwähnt; erhielt 1259 Utrechter Stadtrecht. - Histor. Stadtkern; got. Sint-Joriskerk (13./15. Jh.); mittelalterl. Häuser.

Amery, Carl, eigtl. Christian Anton Mayer, * München 9. April 1922, dt. Schriftsteller. - Wurde bes. durch die polem. Schrift „Die Kapitulation - oder: Dt. Katholizismus heute" (1963) bekannt. Es folgten u. a. „Das Ende der Vorsehung. Die gnadenlosen Folgen des Christentums" (1972), „Natur als Politik. Die ökolog. Chance des Menschen" (1976). Schrieb auch zeitkrit. Romane (,,Der Wettbewerb", 1954; „Das Königsprojekt", 1974; „Der Untergang der Stadt Passau", 1975), und Hörspiele.

Améry, Jean [frz. ame'ri], eigtl. Hans Mayer, * Wien 31. Okt. 1912, † Salzburg 17. Okt. 1978 (Selbstmord), östr. Schriftsteller (Essayist). - Häftling in Auschwitz, Buchenwald und Bergen-Belsen; lebte in Brüssel. - *Werke:* Geburt der Gegenwart, Gestalten und Gestaltung der westl. Zivilisation seit Kriegsende (1961), Jenseits von Schuld und Sühne (1966), Über das Altern. Revolte und Resignation (1968), Unmeisterl. Wanderjahre (1971), Lefeu oder der Abbruch (1974), Hand an sich legen. Diskurs über den Freitod (1976).

Amescha Spentas [awest. „unsterbl. Heilige"], im Parsismus sechs höhere Geistwesen, mit deren Hilfe der Hochgott ↑Ahura Masda die Welt in Ordnung bringt und hält. Sie sind mehr eth. Abstrakta als personal gedachte Wesen: Wohu Manah (,,gute Gesinnung"), Ascha Wahischta (,,beste Wahrheit"), Chschathra Warja (,,begehrenswerte Herrschaft"), Armati (,,Fügsamkeit"), Hauwatat (,,Gesundheit, Fülle"), Ameretat (,,Unsterblichkeit"). Als siebter der A. S. gilt Ahura Masda selbst oder auch Srauscha (,,Gehorsam"). Die A.-S.-Lehre beeinflußte vermutlich die christl. Engellehre.

ametabol [griech.], unveränderl., die Form bzw. Gestalt nicht verändernd.

Amethyst [griech.], violette Varietät des Quarzes (SiO_2); durch Brennen über 500 °C Gelbfärbung (künstl. Zitrin, fälschl. Goldtopas gen.), Vorkommen in Brasilien, Uruguay, Ceylon, früher auch bei Idar-Oberstein.

Amethyst

Ametropie [griech.], Bez. für die verschiedenen Formen der durch ↑Brechungsfehler des Auges bedingten Fehlsichtigkeit.

Ameublement [amøblə'mã:; frz.], veraltet für: Zimmer-, Wohnungseinrichtung.

Amexco, Abk. für: ↑American Express Company.

Amezua, Ramón G. de [span. a'meθua], * Madrid 27. Okt. 1921, span. Orgelbauer. -

Einer der bedeutendsten Orgelbauer Spaniens; u. a. große Werke im Escorial, in San Sebastián, Zaragoza und Madrid.

AMF [engl. ɛɪɛmˈɛf] ↑ NATO (Tafel).

Amfissa, Stadt im südl. M-Griechenland, 135 km nw. von Athen, 7 100 E. Hauptort des Verw.-Geb. Phokis; orth. Bischofssitz; Mittelpunkt der agrar. intensiv genutzten Ebene von Itea. - In der Antike Hauptstadt der *ozol.* Lokrer (Reste der Stadtmauer und Akropolis); im MA *Salona* (Reste der Burg, 13. Jh.).

Amfortas, sagenhafter kelt. König (Gralskönig), der zur Strafe für verbotene Minne an einer Wunde hinsiecht und durch Parzival erlöst wird, an den er die Gralsherrschaft abtritt.

Amga, linker Nebenfluß des Aldan, in O-Sibirien, UdSSR, entspringt am W-Rand des Aldanberglandes, mündet westl. von Chandyga, 1 462 km lang, 440 km schiffbar.

Amhara, hamit. Volk im Hochland von Äthiopien; Savannenbauern mit Viehhaltung; feste Siedlungen.

Amharisch, die Sprache der seßhaften Bev. des zentralen und südl. Hochlandes von Äthiopien, heute die Staatssprache Äthiopiens. Das A. gehört zu den semit. Sprachen Äthiopiens (↑ äthiopische Sprachen).

Amici, Giovanni Battista [italien. aˈmiːtʃi], * Modena 25. März 1786, † Florenz 10. April 1863, italien. Optiker und Astronom. - Baute 1810 das erste brauchbare Spiegelteleskop, 1827 erfand er ein Mikroskop mit halbkugeliger Frontlinse, 1847 das Immersionsobjektiv. Die von ihm entwickelten Mikroskope führten ihn zu zahlr. mikroskop. Entdeckungen, u. a. im Bereich der Histologie.

Amici-Prisma [italien. aˈmiːtʃi; nach G. B. Amici], Prismenkombination aus einem Flintglas- und einem Kronglasprisma; dient als Geradsichtprisma in Spektralapparaten. ◆ ein einfaches, rechtwinkliges Umkehrprisma mit zusätzl. Dachkantflächen, das hindurchgehende Strahlenbündel um 90° ablenkt.

Amicis, Edmondo De ↑ De Amicis, Edmondo.

Amicus und Amelius, lat. Hexametergedicht des Mönchs Radulfus Tortarius (um 1090) über zwei für einander eintretende Freunde. Im 12. Jh. Umformung in eine Heiligenbiographie und Verknüpfung mit der Karlssage.

Amida, jap. Form für: ↑ Amitabha.

Amidasen [Kw.], Enzyme, die die Bindung zw. Kohlenstoff C und Stickstoff N spalten, z. B. Urease (spaltet Harnstoff in Ammoniak und Kohlensäure).

Amiddünger ↑ Düngemittel.

Amide [Kw.], organ. oder anorgan. Verbindungen, bei denen die OH-Gruppe der organ. Säure (oder Base) durch die NH_2-Gruppe ersetzt ist; man unterscheidet Metall-A. (z. B. $NaNH_2$, Natriumamid) und Säure-A.

(primäre, sekundäre und tertiäre Säure-A., je nachdem, ob 1, 2 oder 3 Wasserstoffatome des Ammoniaks NH_3 durch Säurereste ersetzt sind).

Amidine [Kw.], organ. Verbindungen, die in ihrem Molekül die Gruppe $-(NH_2)C=NH$ enthalten; die drei Wasserstoffatome der funktionellen Gruppe sind durch Alkyl- oder Arylreste ersetzbar. A. bilden wichtige Ausgangsstoffe für die Synthese von Pyrimidinderivaten.

Amido- [Kw.], Bez. der chem. Nomenklatur für die Atomgruppierung $-CONH_2$ in systemat. Namen.

Amidokohlensäure, svw. ↑ Carbamidsäure.

Amidol [Kw.] (2,4-Diaminophenol), durch zwei Aminoreste substituiertes Phenol; wird als photograph. Entwickler verwendet.

Amidone [Kw.], rezeptpflichtige, als Morphiumersatz verwendete, stark wirkende Schmerzlinderungsmittel auf Methadonbasis.

Amidopyrin ↑ Pyramidon.

Amiel, Henri Frédéric, * Genf 27. Sept. 1821, † ebd. 11. Mai 1881, schweizer. Schriftsteller. - Prof. für Philosophie und Ästhetik in Genf; veröffentlichte Gedichte. Aufmerksamkeit erregten nach seinem Tode die „Tagebücher" (1883/84, dt. 1905) mit ihrer schonungslosen Selbstanalyse.

Amiens [frz. aˈmjɛ̃], frz. Stadt an der Somme, 115 km nördl. von Paris, 27 m ü. d. M., 136 000 E. Verwaltungssitz des Dep. Somme, Hauptstadt der Region Picardie, Bischofssitz; Univ. (seit 1965); Textilind., traditionelle Teppichherstellung; metallverarbei-

Amiens. Kathedrale

tende-, Nahrungs- und Genußmittelind. - Das vorröm. *Samarobriva* war Hauptort der kelt. Ambiani, nach ihnen in röm. Zeit *Ambianum* gen.; erhielt 1117 Stadtrechte. Die Unterzeichnung des **Friedens von Amiens** zw. Großbrit. und Frankr. 1802 beendete den 2. Koalitionskrieg. - A. hat eine der klass., besterhaltenen got. Kathedralen Frankr. (1220–88); berühmt die W-Fassade.

Amiet, Cuno, * Solothurn 28. März 1868, † Oschwand (Gemeinde Seeberg) 6. Juli 1961, schweizer. Maler. - Stand verschiedenen avantgardist. Strömungen nahe, bes. Hodler, Gauguin (1892/93 war A. in Pont-Aven), dem Jugendstil und der „Brücke", deren Mgl. er 1906/07 war; v. a. Landschaften.

Amigoni, Iacopo, * Venedig 1675 (oder Neapel 1682), † Madrid 1752, italien. Maler. - Vertreter des venezian. Rokokos; schuf Gemälde und Fresken (Schleißheimer Neues Schloß, 1720 ff.; Abtei Ottobeuren, 1719 ff.); 1730–39 war er in England, zuletzt Hofmaler in Madrid.

Amikronen ↑ amikroskopisch.

amikroskopisch, durch ein Ultramikroskop nicht mehr sichtbar zu machen, z. B. a. Teilchen *(Amikronen).*

Amikt [lat.] (Humerale), Schultertuch des kath. Geistlichen; heute unter der Albe getragen.

Ämilie Juliane, * Heidecksburg bei Rudolstadt 19. Aug. 1637, † Rudolstadt 3. Dez. 1706, Gräfin von Schwarzenburg-Rudolstadt. - Verfaßte fast 600 Kirchenlieder.

Ämilische Straße ↑ Römerstraßen.

Amimie [griech.], fehlendes Mienenspiel, maskenhafte Starre des Gesichts, z. B. bei ↑ Parkinsonismus.

Amin, Kasim, * Kairo 1865, † ebd. 1908, ägypt. Schriftsteller kurd. Herkunft. - Setzte sich bes. für die Frauenemanzipation ein.

Amin Dada, Idi, * Koboko 1924, ugand. General. - Wurde 1967 Oberbefehlshaber der ugand. Streitkräfte; übernahm 1971 nach einem Militärputsch gegen den Staatspräs. M.

Obote die Macht in Uganda; zugleich Verteidigungs-, seit 1974 auch Außenmin. und Stabschef der Armee; nach Schätzungen fielen seit 1971 zw. 25 000 und 250 000 Menschen seinem Terrorregime zum Opfer; wurde nach einem Bürgerkrieg, in dem auf beiden Seiten ausländ. Truppen eingriffen, im April 1979 gestürzt und ging ins Ausland.

Amindiven [...von], nördl. Inselgruppe der ↑ Lakkadiven, Indien.

Amine [Kw.], organ. Stickstoffverbindungen, die man als Substitutionsprodukte des Ammoniaks, NH_3, ansehen kann, dessen ein, zwei oder alle drei H-Atome durch Alkyle, Aryle oder andere Reste ersetzt sind (primäre, sekundäre oder tertiäre A.).

Aminierung [Kw.], die Einführung der Aminogruppe $-NH_2$ in organ. Verbindungen durch Substitution. In der Biochemie v. a. die Umwandlung von α-Ketosäuren durch Umsetzung mit Ammoniak zu α-Aminosäuren.

Amino- [Kw.], Bez. der chem. Nomenklatur für die an einen organ. Rest gebundene $-NH_2$-Gruppe.

Aminoäthylalkohole, svw. ↑ Äthanolamine.

Aminobenzoesäuren, die drei isomeren Aminoderivate der ↑ Benzoesäure, die einfachsten aromat. Aminosäuren: *o-Aminobenzoesäure,* wird auch als ↑ Anthranilsäure bezeichnet; *m-Aminobenzoesäure,* findet techn. Verwendung bei der Synthese einiger Azofarbstoffe; von biolog. Bedeutung ist die *p-Aminobenzoesäure* (Abk. PAB, Wachstumsfaktor H), die im Organismus als Provitamin der Folsäure auftritt und für den Stoffwechsel mancher noch in Entwicklung begriffl. Tiere einen unentbehrl. Wuchsstoff bildet. Chem. Strukturformeln:

o-Aminobenzoesäure   p-Aminobenzoesäure
m-Aminobenzoesäure

AUSWAHL BIOGENER AMINE

Aminosäure	Decarboxylierungsprodukt = biogenes Amin	Vorkommen bzw. Bedeutung
Lysin	Kadaverin	Ribosomen; Bakterien
Ornithin	Putrescin	Ribosomen; Bakterien
Arginin	Agmatin	Bakterien (Darmflora)
Serin	Äthanolamin	Phosphatide
Threonin	Propanolamin	Vitamin B_{12}
Cystein	Cysteamin	Koenzym A
Asparaginsäure	β-Alanin	Koenzym A, Pantothensäure
Glutaminsäure	γ-Aminobuttersäure	Gehirn, Rückenmark
Histidin	Histamin	blutdrucksenkend
Tyrosin	Tyramin	uteruskontrahierend
3,4-Dihydroxyphenylalanin	Dopamin	Vorstufe von [Nor]adrenalin
5-Hydroxytryptophan	Serotonin	Gewebshormon

AMINOSÄUREABBAU

Reaktionstyp	Enzym (und Kosubstrat)	Endprodukt	Beispiel
Decarboxylierung	Decarboxylasen (Pyridoxalphosphat)	[biogene] Amine	Tyrosin → Adrenalin Histidin → Histamin
Transaminierung	Transaminasen (Pyridoxalphosphat)	Ketosäuren	Alanin → Brenztrauben- säure
oxidative Desaminierung	Dehydrogenasen (NAD) Oxidasen (Sauerstoff)	Ketosäuren	L-Glutaminsäure → α-Ketoglutarsäure

Aminobenzol, svw. ↑Anilin.

Aminobernsteinsäure, svw. ↑Asparaginsäure.

Aminobuttersäuren, drei isomere Aminoderivate der ↑Buttersäuren; *γ-Aminobuttersäure,* $NH_2-CH_2-CH_2-CH_2-COOH$, als die wichtigste, kommt fast überall im Organismus vor und entsteht v. a. im Gehirn durch Decarboxylierung der ↑Glutaminsäure.

Aminoessigsäure, svw. ↑Glycin.

Aminoglucose, svw. ↑Glucosamin.

Aminoglutarsäure, svw. ↑Glutaminsäure.

Aminomethyl-, Bez. der chem. Nomenklatur für die Gruppe $-CH_2-NH_2$.

Aminonaphthole, Naphthalinderivate, die im Molekül sowohl OH- als auch NH_2-Gruppen enthalten; wichtige Ausgangsprodukte für Farbstoffe.

Aminonitrobenzole, svw.↑Nitroaniline.

Aminophenazon, svw. Amidopyrin (↑Pyramidon).

Aminophenole, Sammelbez. für die Phenole, bei denen ein oder mehrere Wasserstoffatome durch Aminogruppen ersetzt sind. Von bes. Bed. sind die drei strukturisomeren Mono-A. o-Aminophenol (2-Aminophenol), m-Aminophenol (3-Aminophenol) und p-Aminophenol (4-Aminophenol) als Ausgangsstoffe für die Synthese von Farbstoffen. p-Aminophenol dient als photograph. Entwickler (Handelsbez. Rodinal). Chem. Strukturformeln der Monoaminophenole:

o-Aminophenol   m-Aminophenol   p-Aminophenol

Aminopropionsäure, svw. ↑Alanin.

a minori ad maius [lat.], vom Kleineren aufs Größere [schlußfolgern].

Aminosalicylsäure (4-Aminosalicylsäure), Aminoderivat der Salicylsäure; dient auf Grund ihrer strukturellen Ähnlichkeit mit der als Wuchsstoff für Tuberkulosebakterien notwendigen p-Aminobenzoesäure der Tuberkulosebekämpfung.

Aminosäuredecarboxylasen, Enzyme, die in Tieren und Pflanzen Kohlendioxid von Aminosäuren abspalten, wobei ↑Amine entstehen.

Aminosäuren, Carbonsäuren, die eine oder mehrere Aminogruppen ($-NH_2$) in ihrem Molekül enthalten. Die Stellung der funktionellen Gruppe wird durch vorangestellte Ziffern oder durch griech. Buchstaben gekennzeichnet:

$$\overset{\omega}{CH_3}-\cdots-\overset{\delta}{CH_2}-\overset{\gamma}{CH_2}-\overset{\beta}{CH_2}-\overset{\alpha}{CHNH_2}-COOH$$

Die 2-Aminosäuren (α-Aminosäuren), die mit Ausnahme der Aminoäthansäure opt. aktiv sind, bilden die Bausteine der ↑Proteine und haben meist Trivialnamen. Neben den Monoaminomonocarbonsäuren Glycin, Alanin, Valin, Leucin und Isoleucin gibt es Monoaminodicarbonsäuren mit zwei Carboxylgruppen und einer Aminogruppe (Asparaginsäure, Glutaminsäure) und Diaminomonocarbonsäure mit zwei Aminogruppen und einer Carboxylgruppe (Lysin).

Die A. zeigen auf Grund der gleichzeitigen Anwesenheit der bas. NH_2- und der sauren Carboxylgruppe amphoteren Charakter; sie bilden mit Säuren und Basen Salze. Bei einem bestimmten, für jede A. charakterist. pH-Wert (isoelektr. Punkt) liegen sie als innere Salze in Zwitterionenform vor ($H_3N^{\oplus}-CHR-COO^{\ominus}$). A. sind in der Natur weit verbreitet. Von den bis heute aufgefundenen natürl. A. sind etwa 20 als Bausteine der Eiweiße in peptidartiger Verknüpfung in den hochmolekularen Eiweißstoffen der Lebewesen enthalten. Nur Pflanzen und Mikroorganismen können alle A. aufbauen. Der tier. und menschl. Organismus kann durch Aminierung und Transaminierung von α-Ketocarbonsäuren zwölf A. synthetisieren, die restlichen müssen dem Organismus mit der Nahrung zugeführt werden. Diese letzteren A. nennt man „unentbehrliche" oder *essentielle* A. Für den Menschen sind es Valin, Leucin, Isoleucin, Lysin, Methionin, Threonin, Phenylalanin und Tryptophan. Ein zu geringes Angebot an essentielle A. oder ihr Fehlen im Organismus führt zu einer Störung der Eiweißsynthese in den Zellen, was schwere Stoffwechselschäden (z. B. Wachstumsverzögerung) zur Folge hat. - Aminosäuregemische, die bei der Hydrolyse hochwertiger Nah-

IN PROTEINEN VORKOMMENDE AMINOSÄUREN

Aminosäure	Abk.	Formel	Vorkommen	Entdecker, Jahr
Glycin	Gly	CH_2—COOH | NH_2	Gelatine	H. Braconnot 1820
Alanin	Ala	CH_3—CH—COOH | NH_2	Seidenfibroin	P. Schützenberger, A. Bourgeois 1876
Valin	Val	$(CH_3)_2CH$—CH—COOH | NH_2	Kasein	E. Fischer 1901
Leucin	Leu	$(CH_3)_2CH$—CH_2—CH—COOH | NH_2	Hämoglobin	H. Braconnot 1820
Isoleucin	Ile	CH_3—CH_2—CH—CH—COOH | | CH_3 NH_2	Hämoglobin	F. Ehrlich 1904
Serin	Ser	CH_2—CH—COOH | | OH NH_2	Seidenfibroin	E. Cramer 1865
Threonin	Thr	CH_3—CH—CH—COOH | | OH NH_2	Kasein	W. C. Rose, R. H. McCoy, C. E. Meyer 1935
Asparagin- säure	Asp	HOOC—CH_2—CH—COOH | NH_2	Edestin	H. Ritthausen 1868
Glutamin- säure	Glu	HOOC—CH_2—CH_2—CH—COOH | NH_2	Gliadin	H. Ritthausen 1866
Lysin	Lys	CH_2—CH_2—CH_2—CH_2—CH—COOH | | NH_2 NH_2	Serumalbumin	E. Drechsel 1889
Hydroxy- lysin	Hylys	CH_2—CH—CH_2—CH_2—CH—COOH | | | NH_2 OH NH_2	Gelatine	S. B. Shrijver, H. W. Buston, D. H. Mukherjee 1925

Arginin	Arg	H_2N—C—NH—$(CH_2)_3$—CH—COOH
		    || |
		    NH NH_2
			Salmin	S. G. Hedin
				1895

Cystein	Cys	HS—CH_2—CH—COOH | NH_2	Keratin	R. A. H. Mörner 1899
Methionin	Met	H_3C—S—CH_2—CH_2—CH—COOH | NH_2	Eialbumin	J. H. Müller 1922
Phenyl- alanin	Phe	⬡—CH_2—CH—COOH | NH_2	Zein	E. Schulze, J. Barbieri 1881
Tyrosin	Tyr	HO—⬡—CH_2—CH—COOH | NH_2	Seidenfibroin	F. Bopp 1849
Tryptophan	Trp	⬡—CH_2—CH—COOH | NH_2	Fibrin	Sir F. G. Hopkins S. W. Cole 1903
Histidin	His	HC⬡ N—C—CH_2—CH—COOH | NH_2	Hämoglobin	A. Kossel 1896
Prolin	Pro	⬠—COOH	Gelatine	E. Fischer 1901
Hydroxy- prolin	Hypro	HO—⬠—COOH	Gelatine	E. Fischer 1902

rungsproteine entstehen, werden in der Medizin zur direkten Zuführung der unentbehrl. Eiweißbausteine verwendet.

📖 *Lübke, K., u. a.: Chemie u. Biochemie der A., Peptide u. Proteine II. Stg. 1975.*

Aminozucker, Kohlenhydrate, die Aminogruppen im Molekül enthalten.

Amir (Amer), Muhammad Abd Al Hakim, * Istal (Prov. Minja) 11. Dez. 1919, † Gise 4. Okt. 1967 (Selbstmord), ägypt. Marschall und Politiker. - Seit 1953 Mgl. des Revolutionsrats und Oberbefehlshaber der Streitkräfte; 1957 Kriegsmin.; 1958 Vizepräs. der VAR; nach der Niederlage 1967 gegen Israel verhaftet.

Amir, Kalifentitel, ↑ Emir.

Amiranten, Inselgruppe der ↑ Seychellen im Ind. Ozean, nnö. von Madagaskar.

Amirantengraben, Tiefseegraben im westl. Ind. Ozean, südl. der Amiranten, größte Tiefe 5349 m u. d. M.

Amir Chosrau Dehlawi [pers. æ'mi:r xos'roŭ dehlæ'vi:], * Patiali (Uttar Pradesh, Indien) 1253, † Delhi 1325, ind. Dichter pers. Sprache. - Schrieb Kassiden (5 Diwane), Ghasels, die in Indien volkstüml. wurden, Epen und Prosawerke. Auch Musiker.

Amis, Kingsley [engl. 'ɛɪmɪs], * London 16. April 1922, engl. Schriftsteller. - Gehört zu den ↑ Angry young men. Seine Romanhelden („Anti-Helden") bewahren im Kampf gegen soziale Unbilden und Anmaßung eine gewisse Gelassenheit und Würde. Auch Lyrik. In dt. Übers. „Glück für Jim" (1954), „Die James Bond Akte" (1965), „Zum grünen Mann" (1969), „Die Falle am Fluß" (1973).

Amische (Amische Mennoniten) ↑ Mennoniten.

Amisia, lat. Name der Ems.

Amisos, griech. Stadt an der S-Küste des Schwarzen Meeres (= Samsun). Urspr. miles. Gründung (noch 8. Jh. v. Chr.), im 5. Jh. durch Athen neu besiedelt; 3.–1. Jh. Mittelpunkt des Kgr. Pontus.

Amitabha [Sanskrit „dessen Glanz unendl. ist"] (Amitajus [Sanskrit „dessen Lebensdauer unermeßl. ist"], jap. Name Amida), bedeutendster aller Buddhas des Mahajana-Buddhismus. Sein Reich ist das im Westen gelegene Paradies ↑ Sukhawati.

Amiternum, Stadt der Sabiner, seit 293 v. Chr. röm.; Geburtsort des Sallust; heute **Vittorino** bei L'Aquila.

Amitose (direkte Zellteilung), im Ggs. zur ↑ Mitose der [hantelförmige] Durchschnürung des Zellkerns, ohne daß vorher Chromosomen oder eine Kernspindel sichtbar werden sind; kommt v. a. bei Urtierchen und in hochdifferenzierten Geweben (z. B. Leber, Niere) vor.

Amlasch [pers. æm'læʃ], Fundort der protoiran. Kunst im Iran, südwestl. des Kasp. Meeres. Neben Goldschmuck, Gold- und Silberbechern wurden kult. Gießgefäße aus Ton

in Tiergestalt (Grabbeigaben) aus dem 9./8. Jh. gefunden. - Abb. S. 302.

Amman (Ammann), Johann Konrad, * Schaffhausen 1669, † Warmond bei Leiden 1724, niederl.-schweizer. Arzt und Sprachheilpädagoge. - Unterrichtete mit einer von ihm selbst entwickelten Artikulationsmethode taubstumme Kinder, indem er sie durch Abtasten der Mundbewegungen sprechen und das Gesprochene von der Mundstellung des Gesprächspartners „absehen" lehrte.

A., Jost, ≈ Zürich 13. Juni 1539, ▯ Nürnberg 17. März 1591, schweizer. Graphiker. - Seit 1561 in Nürnberg; radierte Illustrationen zu L. Fronsbergers „Kriegsbuch" (1572), zeichnete für Holzschnittfolgen und war auch Formschneider (Kartenspielbuch von 1588). Entwürfe für Glasfenster und Goldschmiedearbeiten; aquarellierte Zeichnungen.

Jost Amman, Der Fischer (1568). Holzschnitt

Amman, Hauptstadt Jordaniens, im transjordan. Bergland, 730–850 m ü. d. M., 1,23 Mill. E. Verwaltungs-, Kultur- und Wirtschaftszentrum des Landes, Residenz des Königs; Univ., Goethe-Inst., Bibliotheken, archäolog. und islamkundl. Museum. In A. sind 40 % der jordan. Ind. konzentriert. Verkehrsknotenpunkt; liegt an der Hedschasbahn; internat. ✠. - Als **Rabbath Ammon** Hauptstadt der Ammoniter; von König David erobert, ging unter König Salomon wieder verloren; seit hellenist. Zeit **Philadelphia** ge-

Ammanati

nannt; war eine der Städte der Dekapolis; nach röm. Herrschaft 635 arab. Seit 1948 Hauptstadt des neuen Kgr. Jordanien. Während des Bürgerkriegs 1970 zu einem Großteil zerstört. - Erhalten u. a. röm. Amphitheater (2. Jh.), Zitadelle (älteste Teile aus der Ammoniterzeit), Ruinen eines frühislam. Baus, an einen röm. Tempel grenzend. Moschee (1924), Mausoleum für König Abd Allah († 1951), moderne Paläste.

Ammanati, Bartolommeo, * Settignano 18. Juni 1511, † Florenz 22. April 1592, italien. Bildhauer und Baumeister. - Als Bildhauer von Michelangelo, später von Sansovino beeinflußt, u. a. Neptunbrunnen für die Piazza della Signoria in Florenz (1571–75). Paläste in Florenz und in Rom (u. a. Palazzo Rucellai, heute Palazzo Ruspoli, 1586), in Florenz Neubau des Ponte della Trinità (1566–69), Ausbau des Palazzo Pitti (1560 ff.), v. a. des Arkadenhofs.

Ammann, Othmar [Hermann], * Feuerthalen 26. März 1879, † New York 22. Sept. 1965, amerikan. Ingenieur schweizer. Herkunft. - Erbauer zahlr. großer Brücken in den USA, darunter der George Washington Bridge und der Verrazano-Narrows Bridge in New York (mit 1 298 m Spannweite die größte Hängebrücke der Welt).

Ammann, 1. im oberdt. Sprachgebrauch allg. svw. ↑ Amtmann; 2. in der Schweiz Beamter der vollziehenden Gewalt in Kt., Bez. und Gemeinden.

Amme, Frau, die einen fremden Säugling stillt.

◆ bei Tieren *(Tier-A.)* Weibchen, das fremde Junge säugt bzw. nährt.

Fundstück aus Amlasch.
Gießgefäß aus Ton in Gestalt
eines Bisons (9./8. Jh. v. Chr.)

Ammenemes ↑ Amenemhet.

Ammenhaie (Orectolobidae), Fam. kleiner Haifische mit etwa 25 Arten, v. a. in trop. Meeren; von den ähnl. Katzenhaien unterschieden durch zwei vom Maul zur Nase ziehende Gruben mit je einer kurzen, dicken Bartel.

Ammenzeugung (Metagenese), Form des ↑ Generationswechsels mit geschlechtl. und ungeschlechtl. Fortpflanzung.

Ammer, linker Nebenfluß der Isar, Bayern; entspringt im A.gebirge; nach Versickerung entsteht sie westl. von Ettal erneut; durchfließt den Ammersee, danach **Amper** genannt, mündet bei Moosburg, 175 km lang, fünf Kraftwerke.

Ammergebirge, Gebirgszug der Nördl. Kalkalpen, bis 2 185 m hoch.

Ammerland, Landkr. in Niedersachsen. **A.,** Landschaft in Nds., im Bereich einer flachen Geestplatte, die allseits von Mooren umgeben ist; eingelagert ist das Zwischenahner Meer. V. a. Viehzucht, daneben Baumschulen (bes. Rhododendronkulturen), Textil- und v. a. Nahrungsmittelind. (Fleischwaren).

Ammern (Emberizinae), mit Ausnahme von Australien und Ozeanien weltweit verbreitete Unterfam. der Finkenvögel mit 260 Arten; Schnabel kurz, keilförmig, Schwanz zieml. lang; in M-Europa u. a. ↑ Goldammer, ↑ Grauammer, ↑ Rohrammer, ↑ Schneeammer.

Ammersee, See im bayr. Alpenvorland, etwa 15 km lang, in einem im N von Endmoränen umgebenen rd. 35 km langen Zungenbecken, 47,6 km², bis 82,5 m tief, 531 m ü. d. M., von der Ammer durchflossen; bed. Fremdenverkehr.

Ammers-Küller, Jo[hanna] van, geb. Küller, * Noordeloos (Südholland) 13. Aug. 1884, † Bakel (Nordbrabant) 22. Jan. 1966, niederl. Schriftstellerin. - Schrieb histor. Familien- und Frauenromane, u. a. „Die Frauen der Coornvelts" (1925), „Die Treue der Tavelincks" (1938).

Ammianus Marcellinus, * Antiochia (Syrien) um 330, † um 395, röm. Geschichtsschreiber. - Lebte ab etwa 380 in Rom, wo er das letzte bed. Geschichtswerk der Antike („Res gestae"), eine Fortsetzung von Tacitus' „Historiae", schrieb. Von 31 Büchern sind 18 erhalten (14–31) für die Jahre 353–378.

Ammon ↑ Amun.

Ammon, Friedrich August von, * Göttingen 10. Sept. 1799, † Dresden 18. Mai 1861, dt. Arzt. - 1837 Leibarzt König Friedrich Augusts II. von Sachsen; einer der bedeutendsten Augenchirurgen des 19. Jahrhunderts. **A.,** Otto, * Karlsruhe 7. Dez. 1842, † ebd. 14. Jan. 1916, dt. Anthropologe und Soziologe. - Begründer der Anthroposoziologie (Sozialanthropologie) in Deutschland; versuchte die Überlegenheit der german. Rasse nachzuweisen.

Ammoniak [griech.], NH₃, farbloses Gas

mit charakterist. stechendem Geruch, maximale Arbeitsplatzkonzentration (MAK) 35 mg/m^3; es wirkt stark ätzend auf die Schleimhäute und ist ein starker Augenreizstoff; löst sich leicht in Wasser. Die Lösung reagiert schwach basisch. Flüssiges A. stellt ein gutes Lösungsmittel für viele organ. und anorgan. Stoffe dar. A.-Luft-Gemische verbrennen bei Temperaturen von 300 bis 500 °C bei Gegenwart von Katalysatoren zu NO und H_2O (↑Salpetersäure). Schrittweiser Ersatz der H-Atome durch Metalle führt zu Amiden (Me^INH_2), Imiden (Me_2NH) und Nitriden (Me_3^IN). Die schwach bas. Wirkung der wäßrigen A.lösung beruht auf dem Aufnahmevermögen für Protonen, $NH_3 + H_2O \rightleftharpoons NH_4^+ + OH^-$, unter Bildung des Ammoniumions. In der Natur entsteht A. bei der Eiweißzersetzung und in vulkan. Gasausbrüchen.

Vollsynthet. wird A. aus Stickstoff und Wasserstoff nach dem ↑Haber-Bosch-Verfahren gewonnen. Es dient zur Herstellung von Düngemitteln (A.dünger, Stickstoffdünger) und Sprengstoffen, im↑Solvay-Verfahren zur Herstellung von Soda, beim Ostwald-Verfahren zur Herstellung von Salpetersäure; als wäßrige Lösung (Salmiakgeist) in der Medizin, in der Textilind., in der Farbstoffherstellung, als Reinigungsmittel. Flüssiges A. wird in der Kälteind. verwendet.

Die älteste bekannte A.verbindung war der Salmiak, der im 4. Jh. in Ägypten als Sublimationsprodukt von Kamelmist beschrieben wurde (v. a. in der Medizin verwendet). A.gas wurde 1773/74 von J. Priestley entdeckt; nach Vorarbeiten von W. Nernst (1907) entwickelten F. Haber und C. Bosch 1910–13 ein großtechn. brauchbares Verfahren zur katalyt. Ammoniaksynthese.

Ammoniakate [griech.], Gruppe von Verbindungen, die Ammoniakmoleküle als sog. Liganden an einem Zentralatom gebunden enthalten. - ↑auch Koordinationsverbindungen.
◆ in der Landwirtschaft Bez. für flüssige Düngemittel, die außer Ammoniak noch andere stickstoffhaltige Substanzen enthalten (z. B. Nitrate oder Harnstoff).

Ammoniakdünger (Ammoniumdünger), stickstoffhaltige Düngemittel, die das Ammoniumion NH_4^+ enthalten, z. B. Ammoniumsulfat; gemischte Stickstoffdünger liegen als Nitrate vor: Ammonsalpeter, Kalkammonsalpeter.

Ammoniak-Kopierverfahren, svw. ↑Diazotypie.

Ammoniakwasser, beim Auswaschen des Kokereigases anfallendes NH_3-haltiges Wasser.

Ammonios Sakkas, * um 175, † um 242, griech. Philosoph in Alexandria. - Lehrer Plotins und des Origenes. A. hat nichts Schriftl. hinterlassen; im Mittelpunkt seines Denkens

steht das Bemühen, die Einheit der platon. Philosophie schlechthin nachzuweisen.

Ammonit [griech.] ↑Sprengstoffe.

Ammoniten [griech.; nach dem ägypt. Gott Ammon (↑Amun), der mit Widderhörnern dargestellt wurde] (Ammonshörner), zu Beginn der Jurazeit auftretende und am Ende der Kreidezeit ausgestorbene Gruppe fossiler Kopffüßer mit einem meist in einer Ebene in 4 bis 12 Windungen aufgerollten Kalkgehäuse; sie hatten einen Durchmesser zw. 1 cm und 2 m und waren durch zahlr. Scheidewände (Septen) in zu Lebzeiten mit Gas gefüllte Kammern unterteilt. Der für die verschiedenen A. charakterist. Verlauf der Scheidewände ist an den Versteinerungen noch in Form der ↑Lobenlinie erkennbar. Die versteinerten A. sind wichtige Leitfossilien.

Ammoniter, Volksstamm in bibl. Zeit, östl. Nachbarvolk der Israeliten; bis in die Römerzeit bekannt; Schriften wurden nicht gefunden.

Ammonium [griech.], Kurzbez. Ammon, die einwertige positive Atomgruppe NH_4^+ (Kation), die sich wie ein Alkalimetallion verhält. A.verbindungen sublimieren leicht, weil sie unter Hitzeeinwirkung in Ammoniak (NH_3) und die entsprechende Säure zerfallen. Strukturchem. hat man sich das A. als positiv geladenen Tetraeder vorzustellen, dessen Zentrum ein Stickstoffatom und dessen Ecken von vier H-Atomen besetzt sind.

Ammoniumacetat, $CH_3-COONH_4$, Ammoniumsalz der Essigsäure, findet vielfältige Verwendung, u. a. zur Fleischkonservierung und zur Herstellung von Imprägnierflüssigkeiten.

Ammoniumbicarbonat, oft verwendete Bez. für ↑Ammoniumhydrogencarbonat.

Ammoniumcarbamat (Ammoniumcarbaminat), $O=C(NH_2)ONH_4$, Salz der ↑Carbamidsäure; bildet weiße Kristalle, die in ↑Ammoniumhydrogencarbonat übergehen; dient als Reinigungsmittel.

Ammoniumcarbonat, $(NH_4)_2CO_3$, das neutrale Ammoniumsalz der Kohlensäure, das techn. durch Einleiten von Kohlendioxid und Ammoniak in Wasser gewonnen wird:
$$CO_2 + 2 NH_3 + H_2O \rightarrow (NH_4)_2CO_3.$$

Ammoniumchlorid (Salmiak), NH_4Cl, Ammoniumsalz der Salzsäure; es findet Verwendung in der Photokopie (Naßkopieren), Farbenherstellung, zus. mit Calciumverbindungen als Düngemittel, als Bestandteil von Haushaltsreinigungsmitteln und als Lötstein (Salmiakstein). In Taschenlampenbatterien dient es als Elektrolyt.

Ammoniumdünger, svw. ↑Ammoniakdünger.

Ammoniumhydrogencarbonat (Ammoniumbicarbonat), NH_4HCO_3, das saure (primäre) Ammoniumsalz der Kohlensäure; wird verwendet als Düngemittel, Feuerlöschmittel und im Gemisch mit↑Ammonium-

carbonat als Treibmittel für Teig (↑Hirschhornsalz).

Ammoniumhydroxid (Salmiakgeist), NH_4OH, die wäßrige Lösung von Ammoniak; A. stellt eine schwache Base dar, die beim Erwärmen das größtenteils nur physikal. gelöste NH_3 wieder abgibt.

Ammoniumnatriumhydrogenphosphat, svw. ↑Phosphorsalz.

Ammoniumnitrat (Ammonsalpeter), NH_4NO_3, Ammoniumsalz der Salpetersäure; explosibel (↑Sprengstoffe); guter Stickstoffdünger.

Ammoniumnitrit, NH_4NO_2, das Ammoniumsalz der salpetrigen Säure; tritt in der Natur in Spuren bei vielen Oxidationsvorgängen auf.

Ammoniumpersulfat (Ammoniumperoxodisulfat), $(NH_4)_2S_2O_8$, das Ammoniumsalz der ↑Peroxodischwefelsäure.

Ammoniumphosphate, Salze des Ammoniums mit den ↑Phosphorsäuren: *primäres Ammoniumphosphat (Monoammoniumphosphat)*, $NH_4H_2PO_4$, *sekundäres Ammoniumphosphat (Diammoniumphosphat)*, $(NH_4)_2HPO_4$, und *tertiäres Ammoniumphosphat (Triammoniumphosphat)*, $(NH_4)_3PO_4$. Sie werden verwendet zur Herstellung von hochwertigen Mehrnährstoffdüngern und als Flammschutzmittel.
Ammoniummonometaphosphat, NH_4PO_3, das Salz der Metaphosphorsäure dient zur Wasserenthärtung, *Ammoniumnatriumhydrogenphosphat,* NH_4NaHPO_4 *(Phosphorsalz)*, ist wichtiges Nachweisreagenz in der analyt. Chemie (↑Phosphorsalzperle).

Ammoniumsulfat, $(NH_4)_2SO_4$, Ammoniumsalz der Schwefelsäure; wichtiger saurer Stickstoffdünger mit 20,6 % N-Gehalt.

Ammoniumsulfide, Verbindungen des Ammoniaks mit der Schwefelwasserstoffsäure; spielen eine wichtige Rolle in der analyt. Chemie zur Fällung der Elemente der ↑Schwefelwasserstoffgruppe.

Ammonpersulfatabschwächer (Persulfatabschwächer), superproportional wirkender (weichmachender) ↑Abschwächer für zu harte Negative.

Ammonphosphat, Stickstoffdünger, der zusätzlich Phosphor enthält.

Ammons, Albert [engl. 'æmənz], *Chicago 1907, † ebd. 3. Dez. 1949, amerikan. Jazzmusiker. - Einer der führenden Pianisten des Boogie-Woogie.

Ammonsalpeter, svw. ↑Ammoniumnitrat.

Ammonshörner, svw. ↑Ammoniten.

Ammonsulfatsalpeter, saurer Stickstoffdünger mit 26 % Stickstoff-Gehalt $(2 NH_4NO_3 \cdot (NH_4)_2SO_4)$.

Amnesie [griech.], zeitl. begrenzte [vollständige] Erinnerungslücke infolge Bewußtseinsstörung, z. B. bei epilept. Anfall, Gehirnerschütterung.

Amnestie [zu griech. amnēstía, eigtl. „das Vergessen"], Strafbefreiung, die sich, anders als die Begnadigung, nicht auf einzelne Fälle, sondern auf eine unbestimmte Anzahl rechtskräftig verurteilter Täter bezieht (↑auch Abolition). Eine A. kann in der BR Deutschland nur durch Gesetz erfolgen. Die beim Inkrafttreten des A.gesetzes anhängigen betroffenen Strafverfahren werden eingestellt, bereits ergangene Urteile werden nicht vollstreckt.
Im *östr.* und *schweizer. Recht* gilt Entsprechendes.

Amnesty International [engl. 'æmnɪstɪ ɪntə'næʃənəl], Abk. **AI** oder **ai**, internat. Hilfsorganisation für polit. Gefangene mit Sitz in London, gegr. 1961 in London, umfaßt (1986) etwa 500 000 Mgl. und Förderer in etwa 150 Ländern. - AI setzt sich ein im Sinn der Menschenrechtserklärung der UN (10. 12. 1948) für die Freilassung von Menschen, die aus polit., weltanschaul., rass. oder ethn. Gründen in Haft sind. In seiner Arbeit wendet sich diese Organisation zugleich gegen die Todesstrafe und die Anwendung der Folter. Nicht betreut werden solche Personen, die in einem öffentl., ordentl. und „fairen" Gerichtsverfahren der Gewaltanwendung überführt wurden. - Die Organisation erhielt 1977 den Friedensnobelpreis, die Sektion der BR Deutschland den Gustav-Heinemann-Bürgerpreis.
📖 *Larsen, E.: a. i. Im Namen der Menschenrechte. Mchn. 1980.*

Amnion [griech.] (Schaf[s]haut, Fruchtwasserhaut), ↑Embryonalhülle der höheren Wirbeltiere (Amnioten), die das Fruchtwasser enthält.

Amnionwasser, svw. ↑Fruchtwasser.

Amnioskop [griech.], ↑Endoskop zur direkten Betrachtung der Eihülle und ihres Inhaltes; wird durch die Scheide in den Gebärmutterhals eingeführt.

Amnioten (Amniota) [griech.], zusammenfassende Bez. für Reptilien, Vögel und Säugetiere (einschließl. Mensch); im Ggs. zu den ↑Anamnioten bilden sie der Keimesentwicklung die Embryonalorgane ↑Amnion, ↑Serosa und ↑Allantois aus.

Amöben [griech.] (Amoebina, Amoebozoa), weltweit verbreitete Klasse bis zu mehreren mm großer Urtierchen, v. a. in Süß- und Meeresgewässern, z. T. auch als Parasiten (z. B. Ruhramöbe) oder als harmlose Darmbewohner in anderen Organismen. Sie besitzen keine feste Körperform und bilden zur Fortbewegung bzw. Nahrungsaufnahme (v. a. Algen, Bakterien) lappen- bis fingerförmige Scheinfüßchen aus. Die Fortpflanzung erfolgt meist durch Zweiteilung; 2 Ordnungen: ↑Nacktamöben, ↑Schalamöben.

Amöbenruhr (Amöbendysenterie), v. a. in den Tropen und Subtropen verbreitete, meldepflichtige Dickdarmerkrankung, die sich nach Infektion mit der Ruhramöbe akut oder schleichend (innerhalb von 2 bis 4 Wo-

chen) entwickelt. Symptome: schwere Entzündungen der Dickdarmschleimhaut mit Geschwürbildungen, dünnflüssiger Stuhl mit zähen Schleim-, z.T. Blutbeimengungen. Fieber tritt (im Ggs. zur Bakterienruhr) nicht auf. Schwere Komplikationen sind Darmdurchbrüche und Leberabszesse mit oft tödl. Folge.

amöboide Fortbewegung [griech./dt.], kriechend-fließende, unter Gestaltänderung erfolgende Bewegung, wie sie die Amöben zeigen; z.B. bei den weißen Blutkörperchen.

Amöbozyten [griech.], Wander- und Freßzellen des Körpers niederer Tiere, z.B. der Schwämme; i.w.S. alle Zellen mit amöboider Fortbewegung.

Amok [zu malai. amuk „wütend"] (Amoklaufen), seltener, vorwiegend in trop. Ländern anfallartig auftretender Affekt- und Verwirrtheitszustand mit Panikstimmung und aggressivem Bewegungsdrang. Der Kranke greift wahllos Menschen oder Tiere an und versucht sie zu töten, meist bis er selbst zusammenbricht oder überwältigt wird.

amön [lat.], anmutig, lieblich.

Amöneburg, hess. Stadt, auf einem Basaltberg im A. Becken, 364 m ü.d.M., 4600 E. Basaltwerk. - Kelt. Oppidum des 1.Jh. v. Chr. auf dem Berg; erstmals im 8.Jh. genannt; Klosterzelle (von Bonifatius 721 gegr.). Stadtgründung Anfang des 13.Jh., verlor an Bed. im 14./15.Jh. - Burgruine (13./14.Jh.).

Amöneburger Becken, Teil der Westhess. Senke, zw. nördl. Vogelsberg im S, Lahnbergen im W, Burgwald im N und der Oberhess. Schwelle im O; von der Ohm durchflossen; aus der Niederung ragt der Basaltkegel mit der Stadt Amöneburg auf. Früh besiedelt, landw. intensiv genutzt.

Amontons, Guillaume [frz. amõˈtõ], * Paris 31. Aug. 1663, † ebd. 11. Okt. 1705,

Amöbe (schematische Darstellung).
V Vakuole, K Zellkern,
N Nahrungseinschluß. Rechts
umfließen die Scheinfüßchen
eine Alge

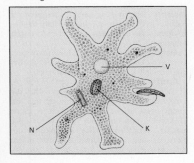

frz. Physiker. - Entdeckte das nach ihm benannte Gesetz: In einem (idealen) Gas wächst der Druck p im gleichen Verhältnis wie die (absolute) Temperatur T ($p \sim T$ bzw. $p/T =$ const).

Amor, dem griech. Gott ↑Eros entsprechender röm. Gott der Liebe.

Amor [lat.], ein Planetoid.

Amoralismus, gleichgültige und feindl. Einstellung gegenüber den geltenden Normen der Moral.

Amorbach, Stadt im östl. Odenwald, Bayern, 162 m ü.d. M., 4500 E. Fremdenverkehr. - Das Benediktinerkloster geht auf eine Stiftung aus dem 8. Jh. zurück; 1253 zur Stadt erhoben, 1803–06 Residenz der Fürsten von Leiningen; seit 1810 hess., seit 1816 bayr. - Die W-Türme der ehem. roman. Benediktinerklosterkirche sind erhalten; barocke Pfarrkirche (1742–47, nach Plänen von M. von Welsch; Stukkierung von J. M. Feuchtmayer; Barockorgel der Brüder Stumm, 1774–83).

Amoretten [lat.] ↑Eroten.

amor fati [lat. „Liebe zum Schicksal"], philosoph. Fachausdruck bei Nietzsche, mit dem er die Liebe zum Notwendigen und Unausweichl. bezeichnet.

Amorgos, Insel der Kykladen, Griechenland, 117 km², bis 781 m ü.d. M.

Amoriter ↑Amurru.

Amoritisch, Sprache der Amurru in Mesopotamien, ausgestorbene semit. Sprache.

amorph [griech.], formlos, gestaltlos.

◆ von Stoffen gesagt, deren Atome bzw. Moleküle sich nicht zu Kristallgittern angeordnet haben (↑Aggregatzustand).

◆ in der *Biologie:* ohne feste Gestalt, unregelmäßig geformt, nicht symmetrisch; die Körperformen der Amöben.

Amorphie [griech.], amorpher Zustand, Gestaltlosigkeit; Mißgestaltung.

Amorphophallus [griech.] (Dickkolben), Gatt. der Aronstabgewächse mit etwa 80 Arten in den Tropen der Alten Welt, Knollenpflanzen; meist nur ein großes Blatt (nach der Blüte); Blüten klein, unscheinbar, an dikkem, aufrechtem Kolben, der von einer großen glockigen bis trichterförmigen, am Grunde zusammengerollten Blütenscheide umhüllt wird; Knollen stärkereich, werden oft gekocht und geröstet gegessen; u.a. ↑Titanenwurz.

Amortisation [lat.-frz.; eigtl. „Abtötung"], im *Zivilrecht:* 1. Einziehung von GmbH-Anteilen oder von Aktien. Die A. bewirkt eine Verminderung der Stamm- bzw. des Grundkapitals und verfolgt den Zweck, eine Unterbilanz auszugleichen. Sie darf nur erfolgen, wenn und soweit sie im Gesellschaftsvertrag der GmbH zugelassen ist oder in der Satzung der AG vor Übernahme oder Zeichnung der Aktien angeordnet oder gestattet war. 2. Gerichtl. Kraftloserklärung von verlorengegangenen Urkunden. Die A. erfolgt im Wege des Aufgebots. 3. Gesetzl. Beschrän-

kungen oder Genehmigungsvorbehalte für den Erwerb von Vermögensgegenständen (z. B. beim Erwerb von Grundstücken durch Ausländer).

◆ in der *Wirtschaft* svw. ↑ Tilgung.

Amos, aus der Bibel übernommener männl. Vorname hebr. Ursprungs, eigtl. „der [von Gott] Getragene, schützend auf den Arm Genommene".

Amos, einer der 12 „kleinen" Propheten des A. T.; trat im Heiligtum Bethel um 755 gegen die religiösen und sozialen Mißstände im Nordreich unter Jerobeam II. auf; kündete ein Strafgericht an; wurde vertrieben und kehrte zu seinem Beruf als Bauer und Viehzüchter zurück. A. ist der älteste und schroffste der alttestamentl. Propheten.

Amosis (präzisierte Form des ägypt. Namens Ahmose), Name ägypt. Könige:

A. I., regierte 1551–27, erster König der 18. Dynastie; beendete den Befreiungskampf gegen die Hyksos und brachte Unternubien wieder unter ägypt. Herrschaft; reorganisierte und zentralisierte die Verwaltung.

A. II. ↑ Amasis.

Amour, Djebel [frz. dʒebɛla'mu:r], Teil des zentralen Saharaatlas (Algerien), im *Djebel Ksel* 2 008 m hoch.

Amouren [lat.-frz.], Liebschaften.

amourös [lat.-frz.], eine Liebschaft betreffend, Liebes...; verliebt.

Amouzegar, Jamshid ↑ Amusgar, Dschamschid.

Amoy, chin. Stadt an der SW-Küste einer Insel in der Formosastraße, durch einen Damm mit dem Festland verbunden, 350 000 E. Univ. (gegr. 1921); Schiff- und Maschinenbau, Nahrungsmittelind.; Seehafen.

AMP, Abk.:

◆ für: Adenosinmonophosphat (↑ Adenosinphosphate).

◆ für 2-Amino-2-methyl-1-propanol, in der Ind. verwendeter Emulgator für Waschmittel.

Ampel [zu lat. ampulla „Ölgefäß"], schalenförmige, kleinere Hängelampe.

◆ meist ferngesteuerte elektr. Anlage mit verschiedenfarbigen Leuchten oder Feldern zur Verkehrsregelung.

Ampelographie [griech.], Rebensortenkunde.

Ampelopsis [griech.], svw. ↑ Doldenrebe.

Ampelpflanzen, in hängenden Schalen gezogene Zierpflanzen; z. B. Zimmerefeu.

Amper ↑ Ammer.

Ampere [am'pɛ:r; nach A. M. Ampère], Einheitenzeichen A, Einheit der elektr. Stromstärke; Basiseinheit des Internationalen Einheitensystems (SI): die Stärke eines zeitl. unveränderl. elektr. Stromes, der, durch zwei im Vakuum parallel im Abstand 1 Meter voneinander angeordnete, geradlinige, unendlich lange Leiter von vernachlässigbar kleinem, kreisförmigem Querschnitt fließend, zw. diesen Leitern auf je 1 Meter Leiterlänge elektro-

dynam. die Kraft $2 \cdot 10^{-7}$ Newton $(= \text{kg m/s}^2)$ hervorrufen würde; nach der alten Definition diejenige Stromstärke, bei der pro Sekunde aus einer wäßrigen Lösung von Silbernitrat 1,118 mg Silber abgeschieden wird.

André Marie Ampère
(ihm zugeschriebene
Federzeichnung)

Ampère, André Marie [frz. ã'pɛ:r], * Polémieux bei Lyon 22. Jan. 1775, † Marseille 10. Juni 1836, frz. Physiker und Mathematiker. - Arbeitete über die Wahrscheinlichkeitstheorie und über die Integration partieller Differentialgleichungen. Erklärte die chem. Affinität mit Hilfe geometr. Molekülformen; gelangte unabhängig von Graf A. ↑ Avogadro zu der Erkenntnis, daß die Zahl der Moleküle eines Gases dem Volumen proportional ist. Seine Untersuchungen über den Zusammenhang zw. den elektr. und magnet. Erscheinungen haben die Physik des 19. Jh. entscheidend beeinflußt. So entdeckte er im Anschluß an H. C. ↑ Ørsted u. a. die Wechselwirkung zw. zwei stromdurchflossenen parallelen Leitern (↑ Ampèresches Gesetz) und stellte Merkregeln über die Ablenkung einer Magnetnadel durch den Strom auf (↑ Ampèresche Regel). Zur Deutung des Magnetismus führte er die Theorie der elektr. Molekularströme ein, die sich erst 100 Jahre später durchsetzen konnte. 1826 veröffentlichte er seine grundlegende Abhandlung „Théorie mathématique des phénomènes électro-dynamiques, uniquement déduite de l'expérience", die die elektrodynamischen Erscheinungen als Fernwirkungen behandelt.

Amperemeter [ampɛ:r], Meßinstrument für die elektr. Stromstärke. A. bes. großer Empfindlichkeit heißen **Galvanometer.**

Ampèresche Regel [ãmpɛ:r], von A. M. Ampère angegebene Merkregel über die Ablenkung einer Magnetnadel durch das von einem geradlinigen elektr. Strom erzeugte Magnetfeld und damit für die Richtung der magnet. Kraftlinien: Die Ablenkung des Nordpols einer Magnetnadel würde einem in Richtung des elektr. Stromes schwimmen-

den Beobachter als Linksablenkung erscheinen *(Schwimmerregel)*.

Ampèresches Gesetz [ãmpɛːr; nach A. M. Ampère], Gesetz der Elektrodynamik; gibt die Kräfte an, die zwei stromdurchflossene parallele Leiter auf Grund der von den elektr. Strömen erzeugten Magnetfelder aufeinander ausüben. Es besagt u. a.: Werden parallele Drähte von gleich gerichteten Strömen durchflossen, so ziehen sie sich an; werden sie von entgegengesetzt gerichteten Strömen durchflossen, so stoßen sie sich ab.

Ampèresches Verkettungsgesetz [ãmpɛːr] (Durchflutungsgesetz), von A. M. Ampère gefundenes Gesetz der Elektrodynamik, das den Zusammenhang zw. der Stromstärke und der Stärke eines damit verbundenen Magnetfeldes erklärt.

Amperesekunde [ampɛːr], Einheitenzeichen As, Einheit der Elektrizitätsmenge. Bei einer Stromstärke von 1 Ampere fließt in 1 Sek. die Elektrizitätsmenge 1 As = 1 C (↑Coulomb) durch einen Leiterquerschnitt.

Amperestunde [ampɛːr], Einheitenzeichen Ah, Einheit der Elektrizitätsmenge; 1 Ah = 3600 As (↑Amperesekunde).

Amperometrie [nach A. M. Ampère], ein Verfahren der ↑Maßanalyse, bei dem der Endpunkt einer ↑Titration durch die sprunghafte Änderung der Stromstärke zw. zwei Elektroden bestimmt wird.

Ampex-Maschine ⓦ, Bandgerät zum Aufzeichnen von Fernsehaufnahmen.

Ampezzo, Valle d', italien. Tallandschaft in den östl. Dolomiten, in über 1200 m ü. d. M.; neben Alm- und Holzwirtschaft Fremdenverkehr, v. a. im Hauptort Cortina d'Ampezzo.

Ampfer (Rumex), Gatt. der Knöterichgewächse mit etwa 200 Arten, v. a. in den gemäßigten Regionen; meist Kräuter, mit oft großen, meist pfeilförmigen Blättern und kleinen, häufig unscheinbar grünen oder rötl. Blüten in einem aufrechten Blütenstand; in M-Europa etwa 20 Arten, z. B. Großer und Kleiner ↑Sauerampfer, ↑Gartenampfer.

Ampferer, Otto, * Hötting bei Innsbruck 1. Dez. 1875, † Innsbruck 9. Juli 1947, östr. Geologe. - 1935–37 Direktor der Geolog. Reichs-(Bundes-)Anstalt in Wien. Arbeitete v. a. über die Alpen, stellte die Unterströmungslehre auf (Theorie der Gebirgsbildung).

Amphetamin [Kw.] ↑Weckamine.

amphi..., Amphi..., Vorsilbe mit der Bedeutung „um-herum, ringsum, beid..., doppel...".

Amphiaraos, Gestalt der griech. Mythologie. Ursprüngl. vielleicht Lokalgottheit Böotiens. Nach der Niederlage der ↑Sieben gegen Theben wird A. samt Streitwagen von der Erde verschlungen und lebt fortan als Gott in der Unterwelt. Nach anderer Version steigt er bei Oropos in Böotien dort wieder aus der Erde, wo sich in histor. Zeit Kultstätte und Orakelheiligtum des A. (**Amphiareion**) befand; sein Sohn Alkmäon rächt später den Vater.

Amphiarthrose (Wackelgelenk), Gelenk, dessen Beweglichkeit durch straffe Bänder auf ein Minimum eingeschränkt ist (z. B. das Gelenk zw. Handwurzel und Mittelhand).

Amphibien [griech.], svw. ↑Lurche.

Amphibienfahrzeug, schwimmfähiges Kraftfahrzeug, das im Wasser und auf dem Lande verwendet werden kann; erhält für die Fortbewegung im Wasser zusätzl. eine Schiffsschraube oder einen Staustrahlantrieb.

Amphibienflugzeug, Flugzeug, das sowohl auf dem Wasser als auch auf dem Lande starten und landen kann.

amphibisch [griech.], im Wasser wie auf dem Land lebend bzw. sich bewegend.

amphibische Kriegsführung (amphibische Operationen), gemeinsame Kampfhandlungen von Land- und Seestreitkräften.

Amphibole [griech.] ↑Hornblenden.

Amphibolie [griech.], Ausdruck der antiken Rhetorik für die Mehrdeutigkeit eines Wortes, einer Wortgruppe oder eines Satzes.

Amphibolit [griech.], dunkelgrünes metamorphes Gestein mit hohem Hornblendegehalt.

Amphibrachys [griech. „beidseitig kurz"], dreisilbiger antiker Versfuß; Schema ◡–◡.

Amphigonie [griech.] (Digenie), zweigeschlechtige Fortpflanzung (durch Ei- und Samenzellen).

Amphiktyonie, griech. Bez. für einen Staatenbund mit religiös-polit. Zielen; Kultverband der Umwohner eines bestimmten Heiligtums; nachweisbar auf Delos, Kalauria sowie in Onchestos. Die bekannteste ist die A. von Delphi, sie verpflichtete zum Schutz des Heiligtums und zu bestimmten polit. Verhaltensweisen. Die A. verlor in hellenist. Zeit schnell an polit. Bed., dürfte kult. (mit kurzer Unterbrechung) bis zur Schließung des Heiligtums unter Theodosius I. angedauert haben.

Amphimixis [griech.], Vermischung der Erbanlagen bei der Befruchtung; auch svw. Kernverschmelzung bei der Befruchtung.

Amphineura [griech.], svw. Urmollusken (↑Weichtiere).

Amphion [griech.], Gestalt der griech. Mythologie. Sohn des Zeus und der Antiope, Zwillingsbruder des Zethos.

Amphipoda [griech.], svw. ↑Flohkrebse.

Amphipolis, ehem. griech. Stadt westl. der Mündung des Strymon (Ruinen nahe dem heutigen Neochori) im thrak. Teil Makedoniens; wurde 437 v. Chr. athen. Kolonie, 424 von Sparta erobert, 357 makedonisch.

Amphiprostylos, kleiner griech. Tempel, dem an der Vorder- und an der Rückfront eine Säulenhalle vorgelagert ist.

Amphissa

Amphissa, antike Stadt, ↑ Amfissa.

Amphitheater, in der röm. Architektur offener Großbau von ellipt. Grundriß, mit stufenförmig ansteigenden, um eine Arena angelegten Sitzreihen, für Gladiatorenkämpfe und Tierhetzen. Das älteste erhaltene A. (aus Erdwällen) ist das bald nach 80 v. Chr. erbaute A. von Pompeji mit etwa 20 000 Plätzen. In Rom selbst gab es zunächst nur zu bestimmten Anlässen auf Abbruch errichtete hölzerne A.; das erste ganz steinerne A. ist das ↑ Kolosseum. Verbreitung des A. vornehml. im Westen des Röm. Reiches, bes. gut erhalten das A. von Nîmes (1. Jh. v. Chr.).

Amphitrite, griech. Meeresgöttin. Tochter des Nereus und der Okeanide Doris, Gemahlin des Poseidon.

Amphitryon (lat. Amphitruo), Gestalt der griech. Mythologie. Gemahl der Alkmene, die durch Zeus, der sich ihr in der Gestalt des A. genaht hatte, Mutter des Herakles wird. Die Geschichte von A. und Alkmene, von Aischylos, Sophokles und Euripides noch in Tragödien (nicht erhalten) ernst gestaltet, wurde später zu einem der beliebtesten Komödienstoffe der Weltliteratur, behandelt u. a. von Plautus, Molière, Kleist, Giraudoux, G. Kaiser, Hacks.

amphizerk [griech.] (homozerk), gesagt von einer Schwanzflosse, die äußerl. symmetr., anatom. jedoch unsymmetr. ausgebildet ist; a. sind die Schwanzflossen der meisten Knochenfische.

Ampholyte [griech.] (amphotere Stoffe), Stoffe, die teils als Säure, teils als Base reagieren, d. h., sie können Protonen sowohl abgeben als auch aufnehmen.

Amphora (Amphore) [griech.], griech. Gefäßtypus bauchiger Form mit zwei Henkeln, die horizontal am Bauch oder vertikal an der Schulter ansitzen. Schon seit dem Beginn der geometr. Zeit (10. Jh. v. Chr.) beliebt als Gefäß für Wein oder Öl, im Grabkult als Aschenurne oder Grabbeigabe, in der geometr. Zeit (10.–7. Jh.) in oft bis zu mannshohen Exemplaren als Grabmal. Die fußlose Spitz-A. blieb, zum Aufstellen im Ständer oder im Boden gedacht, bis in die Spätantike das übl. Lager- und Transportgefäß für Öl, Getreide und dgl. - Als Amphoren werden auch in der Form ähnl. prähistor. Gefäße ohne oder mit mehreren Schnur- bzw. Henkelösen, bauchig ausladendem Gefäßkörper und stark ver-

Amphitheater. Grundriß des Kolosseums in Rom in vier Ebenen (von rechts oben im Uhrzeigersinn); unter der Arena (Bildmitte) befanden sich Räume, in denen Gladiatoren und Tiere ihren Platz hatten

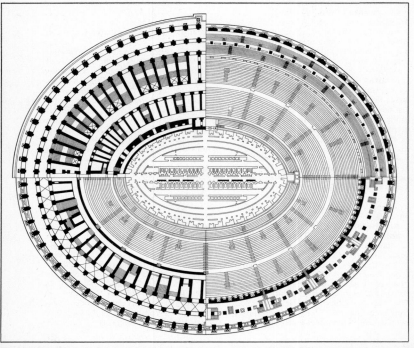

engtem, meist steil aufgehendem Hals bezeichnet. Sie sind bes. im europ. Spätneolithikum und in der Bronzezeit verbreitet.

Amphora (Ende des 5. Jh. v. Chr.).
London, British Museum

amphoter [griech.], teils als Säure, teils als Base sich verhaltend; ↑Ampholyte.

Amplifikation [lat.], ausmalende Ausweitung einer Aussage (Rhetorik).
◆ *Psychoanalyse:* durch C. G. Jung in die Traumanalyse eingeführte Methode, nach der durch Vergleich der Traumbilder mit Bildern der Mythologie, Religion, des Volksglaubens u. a. die Triebquelle der Traumbilder freigelegt werden soll.

Amplitude [zu lat. amplitudo „Größe, Weite"], Schwingungsweite; der größte Wert, den der Betrag einer period. veränderl. physikal. Größe (z. B. die Auslenkung [Elongation] bei mechan. Schwingungen, Druck und Dichte bei Schallschwingungen, Stromstärke und Spannung bei Wechselströmen, die Feldstärken bei elektromagnet. Schwingungen) annehmen kann. Das Quadrat der A. ist proportional der Energie der Schwingung. Bei elektr. Schwingungen wird die A. häufig **Scheitelwert** genannt.

Amplitudenbegrenzung, die Begrenzung der Amplituden eines frequenz- oder phasenmodulierten Trägerfrequenzsignals auf einen einheitl. Wert zur Beseitigung von Störeinflüssen der Übertragungswege, die eine Amplitudenverzerrung verursachen. - Als A. bezeichnet man ferner Maßnahmen zur Erhaltung der Stabilität schwingender rückgekoppelter Systeme und zur Vermeidung der Übersteuerung bei Verstärkern.

Amplitudenfunktion, eine die Abhängigkeit der Amplitude eines Schwingungsbzw. Wellenvorganges von der Zeit oder den Ortskoordinaten beschreibende Funktion. Bei ungedämpften Schwingungen und bei ebenen Wellen ist die A. eine Konstante; bei gedämpften Schwingungen nimmt die Amplitude A zumeist exponentiell ab, die A. lautet dann: $A(t) = A_0 \cdot e^{-\delta t}$ (t Zeit, δ Abklingkonstante). Bei Wellen, die sich von einem Erregungszentrum nach allen Seiten hin ausbreiten, nimmt die Amplitude mit dem Abstand r vom Erregungszentrum ab; z. B. gilt bei Kugelwellen: $A(r) = A_0/r$.
◆ in der Wellenmechanik gelegentl. Bez. für den zeitunabhängigen Anteil $\psi(r)$ der Wellenfunktion $\Psi(r, t) = \psi(r) \cdot e^{-2\pi i Et/h}$ eines stationären quantenmechan. Zustandes der Energie E (r Ortsvektor, t Zeit, h Plancksches Wirkungsquantum).

Amplitudengang, die Veränderung der Amplitude einer physikal. Größe (z. B. der elektr. Spannung) in Abhängigkeit von der Änderung einer anderen (meist der Frequenz).

Amplitudenkontrastverfahren, ein Verfahren der Mikroskopie, bei dem die Struktur des Objekts dadurch sichtbar gemacht wird, daß entweder die Amplitude des gebeugten oder die des ungebeugten direkten Strahls verändert (verringert) wird.

Amplitudenmodulation, Abk. AM, Modulationsart bei allen Rundfunksendern im Lang-, Mittel- und Kurzwellenbereich, bei der die Niederfrequenzschwingung (von Sprache und Musik) die Umhüllung der Hochfrequenzschwingung bildet.

Amplitudenschrift ↑Amplitudenverfahren.

Amplitudenspektrum, die Darstellung der Amplituden[beträge] der bei Fourier-Analyse eines beliebigen period. ablaufenden Vorganges auftretenden Teilschwingungen als Funktion der Frequenzen $\omega_n = n \omega$ dieser Teilschwingungen. Ist der Vorgang zeitl. period., so kann er durch eine Fourier-Reihe dargestellt werden:

$$f(t) = \sum_{n=0}^{\infty} (a_n \sin \omega_n t + b_n \cos \omega_n t) ;$$

durch die Größe $c_n = \sqrt{a_n^2 + b_n^2}$ ist dann die Amplitude der n-ten Teilschwingung bestimmt.

Amplitudenstruktur, die Gesamtheit aller Strukturelemente eines mikroskop. Objekts, die die Amplitude und damit die Helligkeit des hindurchtretenden monochromat. Lichts infolge ↑Absorption verringern.

Amplitudenverfahren, filmtechn. Schallaufzeichnungsverfahren, bei dem der Schall als verschieden breite Schwärzung (*Amplituden-* oder *Zackenschrift*) auf einen Film aufgezeichnet wird. Bei der Tonwiedergabe wird der Tonstreifen durch einen aus einem schmalen Spalt (quer zur Laufrichtung) kommenden Lichtstrahl abgetastet; die Lichtschwankungen des hindurchgehenden Strahls werden durch eine Photozelle in Stromschwankungen umgesetzt und mit Hilfe

eines Lautsprechers in Schall umgewandelt.

Amplitudenverhältnis, bei gedämpften oder in ihrer Amplitude anwachsenden Schwingungen das Verhältnis zweier aufeinanderfolgender Amplituden.

Amploniana [nlat.], Handschriftensammlung des aus Rheinberg (Rheinland) stammenden **Amplonius Ratink de Berka** (* 1363 [?], † 1435), der Leibarzt des Erzbischofs Friedrich III. von Köln war; heute in der Wiss. Bibliothek der Stadt Erfurt.

Amposta, span. Stadt im Ebrodelta, 12 km südl. von Tortosa, 14 000 E. - A., das röm. *Amni imposita,* war Schauplatz von Kämpfen der Karthager gegen die Römer; Ende 11.Jh. von Aragonien den Mauren entrissen; 1522 zerstört.

Ampsivarier (Amsivarier), german. Stamm, von Tacitus als Nachbarn der Friesen gen.; im 4.Jh. als Teilstamm der Franken erwähnt.

Ampulle [lat. († Ampel)], Gefäß in der Form von Kännchen oder Fläschchen aus Metall, Ton oder Glas, Behältnis für Wein und Wasser zur Eucharistiefeier, Kranken- und Tauföl, wohlriechende Essenzen, heilkräftiges Wasser (Menas-A. des 5. und 6.Jh. aus Ton vom Grab des hl. Menas), Öl von Lampen vor Märtyrergräbern (Palästinenses). A., z.B. im Domschatz von Monza, um 600, silbervergoldet, Reliefdarstellungen).
◆ zylindr. Fläschchen verschiedener Form und Größe aus dünnwandigem Glas zur Aufnahme von keimfreien Arzneimittellösungen. Die A. wird in der Regel nach der Füllung zugeschmolzen und zur Entleerung am engen Hals abgebrochen. A. für mehrere Injektionen sind mit dünnem Gummi verschlossen, durch das die Injektionsnadel eingeführt werden kann.
◆ blasenförmige Erweiterung eines röhrenförmigen Hohlorgans, z.B. der Bogengänge

Ampulle für mehrere
Injektionen (links);
zugeschmolzene, für eine Injektion
bestimmte Ampulle (Mitte);
Trinkampulle (rechts)

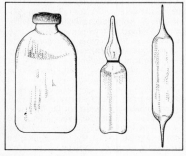

im Gehörorgan der Wirbeltiere.

Ampurdán, nordostspan. Küstenlandschaft um den Golf von Rosas mit sommertrockenem Klima; an der Küste (Teil der Costa Brava) zahlr. kleine Fischerorte.

Ampurias, Ruinenstadt am Golf von Rosas, im äußersten N der span. O-Küste, Prov. Gerona; um 580 v.Chr. von Griechen als **Emporion** gegr.; Ende des 6.Jh. v.Chr. Anlage einer neuen Stadt. Durch ausgedehnte Grabungen ist dort die hellenist. Stadt (2. und 1.Jh.) freigelegt. Vermutl. in cäsar. Zeit wurde westl. neben der hellenist. Stadt eine röm. Kolonie gegr., die wesentl. größer als die Altstadt war (noch wenig erkundet).

Amputation [lat.], operative Abtrennung (Absetzung) eines endständigen Körperteils, z.B. einer Gliedmaße bzw. eines Gliedmaßenteils. Eine *Gliedmaßen-A.* i.e.S. ist die operative Abtrennung eines erkrankten oder verletzten Gliedes unter Durchtrennung des Knochens, im Unterschied zur operativen Absetzung eines Gliedes in seinem Gelenk **(Exartikulation).**

Amputationstäuschung † Phantomerlebnis.

Amravati, ind. Stadt im B.-Staat Maharashtra, auf dem Hochland von Dekhan, 261 000 E. Bed. Baumwollstapelplatz und -markt; Textilindustrie.

Amrikultur [engl. 'æmrɪ], nach der Ruinenstätte Amri (Prov. Sind, Pakistan) benannte Kultur wohl des 4.Jt. v.Chr., älter als die Harappakultur, verbreitet bis nach Belutschistan; Steinbauweise, Buntkeramik.

Amrit, Ruinenstätte an der syr. Mittelmeerküste, 10 km südl. von Tartus, mit Resten aus spätphönik. Zeit (5./4. Jh.); u.a. ein in den Felsen gehauener Tempel; aufwendige Grabmäler; Stadion aus dem 3.Jh. v.Chr. (von den Römern verändert); von Phöniken gegr., auch in hellenist. Zeit eine blühende Stadt *(Marathos).*

Amritsar, ind. Stadt im B.-Staat Punjab; 30 km vor der Grenze gegen Pakistan, 589 000 E. Religiöses Zentrum der Sikhs; Textil-, Metall-, Gummi-, Elektro- und chem. Ind.; Herstellung von Schmuckwaren und Elfenbeinschnitzereien. Bahnknotenpunkt, an der Fernstraße Delhi–Lahore, ✠. - 1577 von Ram Das, dem 4. Guru der Sikhs, gegr.; 1761 zerstört, 1802 wieder aufgebaut. - In einem See liegt der Goldene Tempel (Sikh-Heiligtum). 1849 brit.; 1919 wurden in A. Hunderte von Gandhi-Anhängern umgebracht.

Amrum, eine der Nordfries. Inseln, Schl.-H., westl. von Föhr, 20,4 km² groß. Hauptort ist *Wittdün,* von hier Fährverbindung nach Dagebüll und Schüttsiel. Fremdenverkehr. - Gehörte seit dem MA zu den nordfries. Uthlanden, stand seit Mitte des 14. Jh. unter Verwaltung des Stiftes Ripen; dän. Exklave bis 1864.

Amsberg, Claus-Georg Wilhelm Otto

Amsterdam. Der Dam, ein zentraler Platz
in der Altstadt, mit dem königlichen Palast
(Bildmitte), rechts die Nieuwe Kerk

Friedrich Gerd von ↑ Claus, Prinz der Niederlande.

Amsdorf, Nikolaus von, * Torgau 3. Dez.
1483, † Eisenach 14. Mai 1565, dt. luth. Theologe. - Prof. und Domherr in Wittenberg;
schloß sich 1517 Luther an und gehörte zu
dessen engsten Mitarbeitern; arbeitete an der
Bibelübersetzung mit.

Amsel (Schwarzdrossel, Turdus merula),
sehr häufige, bis 25 cm große, v. a. Würmer,
Schnecken und Früchte fressende Drosselart
in NW-Afrika, Europa und Vorderasien; ♂
schwarz mit leuchtend gelbem Schnabel und
feinem gelbl. Augenring, ♀ und Jungvögel
unscheinbar braun; Teilzieher.

Amselfeld, Hochbecken im südl. Jugoslawien, erfüllt von fruchtbaren Ablagerungen;
70 km lang, 15 km breit, 600 m ü. d. M.; Nationalpark. - 1389 wurden hier die Serben von
den Osmanen geschlagen *(Schlacht auf dem
A.);* 1448 wurde das ungar. Heer von den
Osmanen besiegt.

Amstel, kanalisierter Fluß durch Amsterdam, Niederlande; befahrbar für Schiffe bis
600 t.

Amstelmeer, See an der N-Küste der
niederl. Prov. Nordholland; 500 ha groß, Vo-
gelreservat, Wassersport.

Amstelredam ↑ Amsterdam.

Amstelveen, niederl. Stadt, südl. von
Amsterdam, 68 000 E. Moderne städtebaul.
Anlage, Freilichttheater. - Entstand im

13. Jh.; seit den 1920/30er Jahren Entwicklung als Amsterdamer Vorort.

Amsterdam [amstər'dam, '–––],
Hauptstadt der Niederlande, an der Mündung der Amstel in das IJ, einen Nebenarm
des IJsselmeers, mit einer Fläche von 207
km² (davon 20 km² Wasserfläche), 675 000 E.
A. bildet mit den Randgemeinden eine Agglomeration von über 1 Mill. E. Bedeutendstes
niederl. Kulturzentrum; Sitz der Königl. Niederl. Akad. der Wiss.; zwei Univ. (gegr. 1632
bzw. 1880), zahlr. Akad., zwei Konservato-
rien, staatl. Luft- und Raumfahrtforschungsan-
stalt, kernphysikal. Forschungsinst., Zentrale
für Gehirnforschung, königl. Inst. für die Tropen, Inst. für Zeitungswissenschaft; 40 Museen; u. a. ↑ Rijksmuseum, Stedelijk Museum,
Rijksmuseum Vincent van Gogh, Tropenmu-
seum; zahlr. Bibliotheken, Stadttheater, Con-
certgebouworkest, internat. Fremdenver-
kehrs- und Kongreßzentrum; Zoo und botan.
Garten. - Überragende wirtsch. Rolle als Ha-
fen- und Handelsstadt (etwa 16 000 Handels-
firmen), Zweigniederlassungen der meisten
bekannten Autofirmen; Börse, mit Konzentration an Großbanken, Kredit- und Versi-
cherungsanstalten. Der Nordseekanal mit einer der größten Seeschleusen der Erde verbindet den A. Hafen mit dem Meer. Der See-
und Rheinhafen A. nimmt 700 ha ein (Contai-
nerterminal, modernste Umschlageinrichtun-
gen; Tanklager für Öle und Flüssigchemika-
lien). Fährverkehr nach England und Schweden. Internat. ✈ *Schiphol.* - A. ist Mittelpunkt
einer Ind.zone, die sich von IJmuiden an
der Nordseeküste bis Hilversum erstreckt;

traditionelle Schiffbau- und Schiffreparaturind., chem. und petrochem. Ind. mit Pipelineanschluß an Rotterdam; Flugzeug-, Autoind., Maschinenbau, elektrotechn. und feinmechan. Betriebe, Diamantind., Seifensiedereien, Film- und Textilind., führend im Mode- und Konfektionsgewerbe; Presse-, Verlags- und Buchhandelszentrum.

Geschichte: Entstand um 1270 an der Amstelmündung als kleiner Hafen; Stadtrechtsverleihung um 1300; wurde im 15. Jh. zur größten Handelsstadt (Handel mit Hamburg, den Ostseeländern, dem Rheinland, Frankr., Spanien) in den Niederlanden; 1567 besetzte Alba die Stadt; 1578 Anschluß an die Niederlande und polit. Umsturz („Alteratie") mit öffentl. Zulassung des reformierten Bekenntnisses. Nach der Eroberung Antwerpens durch die Spanier Expansion des Handels der Stadt (auf Rußland, Italien und die Levante, insbes. auf Ost- und Westindien) um die Wende des 16./17. Jh.; wirtsch. Höhepunkte waren die Jahre um 1648 und 1680. Rückgang der Bed. als Stapelmarkt und Zwischenhandelsplatz im 18. Jh. Der Krieg gegen Großbrit. 1780–84 und die frz. Besetzung 1795 zerstörten Handel und Wohlstand von A. Erst um die Mitte des 19. Jh. begann sich die Stadt zu erholen. Am 15. Mai 1940 von dt. Truppen besetzt; am 25. Febr. 1941 Proteststreik der Bürgerschaft gegen die Verfolgung der jüd. Mitbürger; die Stadt wurde erst am 8. Mai 1945 befreit.

Amstelredam beiderseits der Amstel (13. Jh.) bildet den ältesten Kern von A. Bereits 1585 und 1593 Stadterweiterungen, erhalten u. a. Schreier-, Münz-, Montelbaansturm. Der Erweiterungsplan von 1612 schuf halbkreisförmige, konzentr. angelegte Grachten, die von einer Anzahl Radialgrachten und -straßen geschnitten werden, die außen in Plätzen enden. Dadurch entstanden etwa 90 Inseln, verbunden durch über 500 Brücken. - Im histor. Altstadtkern („Venedig des Nordens") wurden die Häuser (16. und 17. Jh.) auf Pfählen errichtet mit geschlossenen Fronten der Giebelreihen und einheitl. Bebauungshöhe. Der bedeutendste Profanbau ist der Königl. Palast (1648–55; Rembrandthaus (1606; heute Museum); Anne-Frank-Haus (Gedenkstätte für die verfolgten jüd. Bürger). Im 19. und 20. Jh. wurde das Gemeindegebiet von A. erneut mehrmals vergrößert, u. a. 1951 Bau von Gartenstädten. Zahlr. Kirchen, u. a. Oude Kerk (14.–16. Jh.), Nieuwe Kerk (15./16. Jh.) und Westerkerk (17. Jh.).

📖 *Koning, H.: A. Dt. Übers. Amsterdam 1977.*

Amsterdam Øya [norweg. amstər'dam, œja], Insel vor der NW-Küste Westspitzbergens, zu Norwegen. 8 km lang, 2–5 km breit, bis 500 m ü. d. M. Im 17./18. Jh. bestand an der SO-Küste die niederländ. Walfangstation *Smeerenburg*.

Amsterdam-Rhein-Kanal, Kanalverbindung zw. Amsterdam und der Waal bei Tiel, Niederlande, 72 km lang, 4 Schleusen; Hauptwasserstraße zw. dem rhein. Ind.gebiet und dem Seehafen Amsterdam (Nordsee); seit 1952 in Betrieb.

Amt [zu althochdt. ambaht „Diener, Gefolgsmann"], im Staats- und Verwaltungsrecht Bez. für 1. eine Einrichtung, deren sich der Staat u. a. jurist. Personen des öffentl. Rechts zur Erfüllung ihrer Aufgaben bedienen, z. B. Landratsamt, Finanzamt, Ministerium; 2. den hoheitl. oder fiskal. Aufgabenkreis, der einer Person (A.träger; in der Regel Beamte) vom Staat oder einer anderen jurist. Person des öffentl. Rechts zur Erledigung übertragen wird; 3. das A.gebäude oder die A.räume; 4. einen aus mehreren benachbarten Gemeinden und gemeindefreien Grundstücken innerhalb eines Landkreises zusammengesetzten Gemeindeverband. Das ma. Lehnswesen verband mit dem A. das A.lehen, verstand dann das A. selbst (auch Grafen- und Herzogswürde) als Lehen. Zugleich mit dem Entstehen einer festbesoldeten und absetzbaren Beamtenschaft (neben den fortbestehenden Hofämtern) in den Landesherrschaften seit dem 13. Jh. vollzog sich seit dem Spät-MA eine Verdinglichung des urspr. personal verstandenen A., sowohl räuml. (Entwicklung von Verwaltungsbezirken) als auch organisator. (Ausbildung von Behördeninstitutionen). 📖 *Hdwb. zur dt. Rechtsgesch. Hg. v. A. Erler u. E. Kaufmann. Bln. u. a. 1971 ff. Auf 4 Bde. berechnet. (Bis 1979 sind 2 Bde. erschienen).*
◆ Bez. für Herrschaft; seit dem Spät-MA, v. a. im 16. und 17. Jh., das Selbstverständnis fürstl. Herrschaft in Deutschland als ein von Gott in Pflicht und Verantwortung gesetztes A.; in der Zeit des aufgeklärten Absolutismus säkularisiert zur Formel des Fürsten als „erstem Diener des Staates".

◆ als Begriff der Religionssoziologie bezeichnet A. verschiedene Leitungsfunktionen (Kult, Seelsorge, Verwaltung) in den Religionen. Alle Religionen haben unterschiedl. stark ausgeprägte Ämter, die oft analog zu dem außerreligiösen, profanen Leben ausgebildet sind. Im bibl. Bereich gilt im A. T. die Autorität der Familien- und Stammesoberhäupter, der Richter, Propheten, Könige und schließl. eines eigenen, darüber hinaus ausgebildeten Priesterstandes. Im N. T. und in der neutest. Zeit zeichnen sich schon sehr früh die Grundlinien einer eigenen Ämterstruktur ab, abschließend mit der Ausbildung einer festen Amtshierarchie in der kath. Kirche und mehr oder minder auch in anderen christl. Denominationen. - Die christl. Theologie hat je nach Kirche ein verschiedenes Verständnis des (geistl.) A. entwickelt. Für die kath. Kirche ↑ Ordination, ↑ Priestertum. Die reformator. Lehre vom A. wurde in bewußtem Ggs. zur Weihe- und Jurisdiktionshierarchie des röm.-kath. Priestertums und der Zweiteilung in

Priester und Laien entwickelt. - Die luth. Lehre kennt das A. der Verkündigung des Evangeliums und damit verbunden der Sakramentsverwaltung. Dieser Dienst am Wort ist grundsätzl. allen Christen mit „priesterl. Vollmacht" in allen seinen Funktionen aufgetragen. Die A.ausübung ist an die Versammlung der Gläubigen gebunden und von ihr am Evangelium zu messen und zu kontrollieren. ⫿ *Sommerlath, E.: A. u. allg. Priestertum. In: Kinder, E.: „Allg. Priestertum" im N. T. Bln. 1953.*
◆ Bez. für die gesungene Messe (Missa cantata) der röm. Liturgie ohne ↑ Leviten.

Ämterkäuflichkeit, Erlangung eines Amtes durch Kauf, auch durch Verpfändung, Anleihe usw.; gemeineurop., seit dem 16. Jh. bed. geschichtl. Phänomen, entstand infolge des meist frühabsolutist. Aufbaus von Behörden und Bürokratie ohne voll ausgebildete und funktionsfähige Beamte und ohne entsprechende Verwaltungsorganisation; wurde erst an der Wende zum 19. Jh. durch das entstehende moderne Berufsbeamtentum abgelöst.

Ämterpatronage [...'naːʒə], Übertragung öffentl. Ämter an Personen nur auf Grund ihrer Zugehörigkeit zu einer bestimmten Partei oder Organisation oder auf Grund von deren Unterstützung.

amtlich nicht notierte Werte, alle im geregelten und ungeregelten ↑ Freiverkehr gehandelten Wertpapiere.

Amtmann, heute Dienstbez. im gehobenen Verwaltungs- und Justizdienst; im MA Bez. für den Inhaber eines Amtes *(ambahtman, villicus, z. B. Verwalter eines Bezirks* [Amtes]). Die oberdt. Wortform **Ammann** bezeichnet einen Dorfvorsteher oder auch städt. Beamten.

Amtsanmaßung, strafrechtl. relevantes Verhalten desjenigen, der sich unbefugt mit der Ausübung eines öffentl. Amtes befaßt oder eine Handlung vornimmt, die nur kraft eines öffentl. Amtes vorgenommen werden darf; nach § 132 StGB mit Freiheitsstrafe bis zu zwei Jahren oder mit Geldstrafe bedroht.

Amtsanwalt, staatsanwaltschaftl. Beamter des gehobenen Dienstes (kein Jurist), dem als Mgl. der Staatsanwaltschaften bei den Amtsgerichten die Verfolgung bestimmter Straftaten übertragen werden kann.

Amtsarzt (Kreisarzt, Stadtarzt), in der amtl. Gesundheitsverwaltung tätiger Arzt; als Leiter eines staatl. Gesundheitswesens Landes-, als Leiter eines kommunalen Gesundheitsamtes Kommunalbeamter.

Amtsbetrieb, im Prozeßrecht der Grundsatz, nach dem das Ingangsetzen und Inganghalten eines Verfahrens in den Händen des Gerichts [oder der Behörde] liegt. Ggs.: **Parteibetrieb,** bei dem es den Parteien obliegt, das Verfahren in Gang zu setzen und zu halten.

Amtsbezeichnung, die entweder in der Besoldungsordnung oder vom Bundespräsidenten bzw. von der Landesregierung festgesetzte Bez. der Amtsart (Dienstgrad), die einem Beamten zugewiesen ist (z. B. Regierungsrat).

Amtsbezirk, allg. das räuml. Gebiet, für das eine Verwaltungsbehörde eingerichtet und zuständig ist, z. B. das Landratsamt für den Landkreis.

Amtsblätter, period. erscheinende Veröffentlichungen von kommunalen, regionalen oder staatl. Organen, die nur amtl. Mitteilungen und andere Informationen aus dem jeweiligen Verwaltungsbereich zum Inhalt haben.

Amtsdelikte, strafrechtl. zu verfolgender Mißbrauch der Amtsgewalt, der durch eine Verletzung der Rechte Dritter, der Integrität der Staatsverwaltung und des Treueverhältnisses des Beamten zum Staat gekennzeichnet ist (§§ 331–358 StGB). A. können durch inländ. Beamte im staatsrechtl. Sinne, durch Notare und durch andere Personen begangen werden, die zur Ausübung öff.-rechtl. Funktionen im Inland berufen sind (strafrechtl. Beamtenbegriff des § 11 StGB). *Echte A.* können nur durch Beamte im Sinne des Strafrechts begangen werden (z. B. Verfolgung Unschuldiger nach § 344 StGB). *Unechte A.* sind Delikte, die ihrem Grundtyp nach von jedermann begangen werden können (z. B. Unterschlagung [§ 246 StGB]), bei denen die Beamteneigenschaft jedoch erschwerend wirkt. Im *östr.* und *schweizer. Recht* gilt Entsprechendes.

Amtseid, vom Bundespräsidenten und den Regierungsmitgliedern zu leistende feierl. Verpflichtung zur gewissenhaften Aufgabenerfüllung, insbes. zur Achtung der Verfassung und der Gesetze. Dem A. entspricht der Beamten-, Berufssoldaten und Soldaten auf Zeit geleistete **Diensteid,** bei Richtern der **Richtereid.**

Amtsgeheimnis, ein Geheimnis (d. h. eine nur einem geschlossenen oder bestimmten Personenkreis bekannte Tatsache, an deren Geheimhaltung ein Interesse besteht), dessen Kenntnis sich im wesentl. auf Amtsträger und Behörden beschränkt und in Ausübung amtl. Funktionen erlangt worden ist. A. werden geschützt durch das Gebot der Amtsverschwiegenheit, Aktengeheimhaltung, Verweigerung amtl. Auskünfte und durch das Zeugnisverweigerungsrecht.

Amtsgericht, unterstes Gericht der ordentl. Gerichtsbarkeit. Es entscheidet 1. im Rahmen der Zivilgerichtsbarkeit über die Angelegenheiten der streitigen Gerichtsbarkeit wie auch der freiwilligen Gerichtsbarkeit und 2. im Rahmen der Strafgerichtsbarkeit in den Angelegenheiten der Erwachsenen- und der Jugendgerichtsbarkeit.
Zivilgerichtsbarkeit: 1. In den Angelegenheiten der streitigen Gerichtsbarkeit ist das A.

Amtsgerichtsverfahren

mit einem Richter besetzt.

Es ist *sachl. zuständig* u. a. für alle bürgerl. Streitigkeiten über vermögensrechtl. Ansprüche, deren Gegenstand an Geld oder Geldeswert die Summe von (seit 1983) 5000 DM nicht übersteigt; für Streitigkeiten aus Mietverhältnissen über Räume; für das Aufgebotsverfahren zur Kraftloserklärung von Urkunden; für Streitigkeiten in Kindschafts-, Unterhalts- und Ehesachen (Familiengerichte); für Mahnsachen; für fast alle Angelegenheiten der Zwangsvollstreckung, soweit sie nicht in den Aufgabenbereich des Gerichtsvollziehers fallen; für Konkurs- und Vergleichssachen; für den Erlaß des dingl. und persönl. Arrests. Die *örtl. Zuständigkeit* (Gerichtsstand) setzt die sachl. Zuständigkeit voraus; sie richtet sich nach den §§ 12–37 und 704 ff. ZPO bzw. nach den jeweiligen Verfahrensarten.

Zur Begründung der vollen Zuständigkeit des Gerichts muß es auch *funktionell zuständig* sein (Verteilung der verschiedenen Aufgaben, die in einem und demselben Verfahren vorgenommen werden, unter die verschiedenen Rechtspflegeorgane). *Rechtsmittel:* Gegen die Urteile und Entscheidungen der A. in Zivilsachen sind Berufung und Beschwerde statthaft.

2. In den Angelegenheiten der freiwilligen Gerichtsbarkeit entscheidet ebenfalls der Einzelrichter.

Das A. ist hier *sachl. zuständig* u. a. in den Sachen, die die Annahme als Kind und die das Aufgebotsverfahren zwecks Todeserklärung betreffen; in Ehe- und in Personenstandssachen; in Nachlaß-, Teilungs- und in Vormundschaftssachen; in Grundbuch- und Registersachen.

Die *örtl. Zuständigkeit* des A. ergibt sich aus zahlr. gesetzl. Einzelbestimmungen.

Funktionell ist statt des Einzelrichters häufig der Rechtspfleger zuständig.

Rechtsmittel ist die Beschwerde.

Strafgerichtsbarkeit: 1. Im Erwachsenenstrafrecht ist das A. *sachl. zuständig* u. a. bei allen Übertretungen und grundsätzl. auch bei Vergehen und Verbrechen, sofern im Einzelfalle keine mehr als dreijährige Freiheitsstrafe und nicht die Anordnung der Sicherungsverwahrung zu erwarten ist. Ferner erläßt das A. die Strafbefehle.

Das A. entscheidet bei Ordnungswidrigkeiten, Übertretungen und leichteren Vergehen immer durch den Einzelrichter. In allen übrigen Strafsachen fällt die Entscheidung das Schöffengericht. Wird eine Person mehrerer strafbarer Handlungen beschuldigt, die zur Zuständigkeit von Gerichten verschiedener Ordnung gehören, so können alle Sachen zus. bei dem Gericht der höchsten Ordnung angeklagt werden.

Die *örtl. Zuständigkeit* der A. bestimmt sich nach §§ 7 ff. StPO, § 68 Ordnungswidrigkeitengesetz (OWiG). Sie setzt die sachl. Zuständigkeit voraus.

Funktionell zuständig ist das A. u. a. zur Entscheidung über die Bußgeldbescheide der Verwaltungsbehörden.

Über *Rechtsmittel* gegen amtsgerichtl. Urteile in Strafsachen entscheidet im Falle der Berufung das Landgericht, im Falle der Ersatz- und der Sprungrevision das Oberlandesgericht. Gegen Strafbefehle und Strafverfügungen findet der Einspruch statt, der das Verfahren in das allg. Strafverfahren überleitet und zur Hauptverhandlung vor dem A. führt. Gegen die übrigen anfechtbaren Entscheidungen der A. ist die Beschwerde statthaft. Über diese entscheidet grundsätzl. das Landgericht.

2. Im Jugendstrafrecht ist das A. als Jugendgericht *sachl. zuständig* für alle Straftaten Jugendlicher. Es entscheidet in leichteren Fällen durch den Einzelrichter, in allen übrigen Fällen entscheidet das Jugendschöffengericht. Das A. ist auch zuständig bei Straftaten Heranwachsender, auf die das formelle Jugendstrafrecht Anwendung findet.

Die *örtl. Zuständigkeit* für die Verfahren nach dem Jugendgerichtsgesetz regelt sich nach der StPO und dem JugendgerichtsG.

Im *Rechtsmittelverfahren* entscheiden die Jugendkammern über die Berufung bzw. Beschwerde. In der *DDR* nehmen die Kreisgerichte sowie die Konflikt- und Schiedskommissionen die Funktionen der A. wahr. In *Österreich* und in der *Schweiz* entspricht dem A. das ↑ Bezirksgericht.

Amtsgerichtsverfahren, im Zivilprozeß das Verfahren vor den Amtsgerichten. Es besteht kein Anwaltszwang, das Verfahren braucht nicht durch Schriftsätze vorbereitet zu werden.

Amtshaftung, Haftung der öffentl. Hand oder des Beamten für den Schaden, den der Beamte durch eine Amtspflichtverletzung einem Dritten zufügt (§ 839 BGB). Grundsätzl. haftet der Beamte persönl. für den Schaden. Handelt er jedoch in Ausübung hoheitl. Gewalt, dann haftet an Stelle des Beamten der Staat oder die Körperschaft, in deren Dienst er steht (sog. Staatshaftung gemäß Artikel 34 GG; jedoch bei Vorsatz oder

Amulett. Anhänger aus dem 17. und 18. Jh.

grober Fahrlässigkeit Rückgriff möglich).

Amtshilfe, Beistandsleistung, zu der Verwaltungsbehörden gegenüber anderen Verwaltungsbehörden und Gerichten verpflichtet sind. Die Verpflichtung zur A. ist in zahlr. Gesetzen ausgesprochen, z. B. Art. 35 GG. Für die A. zw. Behörden der BR Deutschland und der DDR gilt das Gesetz über innerdt. Rechts- und A. in Strafsachen vom 2. 5. 1953 (mit Änderungen).

Amtsleitung (Anschlußleitung, Teilnehmerleitung), Doppelleitung zw. Hauptanschluß oder Nebenstellenanlage und öffentl. Vermittlungsstelle im Fernsprechbetrieb.

Amtspflegschaft ↑ Pflegschaft.

Amtspflichtverletzung, vorsätzl. oder fahrlässiges Zuwiderhandeln eines Beamten gegen die ihm einem Dritten gegenüber obliegende Amtspflicht; hat i. d. R. Amtshaftung zur Folge.

Amtsschimmel [vermutl. entweder nach dem Schimmel der (berittenen) Schweizer Amtsboten oder nach dem östr. Simile „Formular"], in übertriebener Weise Prinzipien befolgende, daher langsam und umständl. arbeitende oder zu unsinnigen Entscheidungen gelangende Bürokratie; seit dem 19. Jh. gebräuchlich.

Amtssprache, die offizielle Sprache eines Staates. Die A. ist die Sprache der Gesetzgebung, der Verwaltung, des Gerichts, der Schulen. Oft ist die A. mit der Nationalsprache identisch. In Staaten mit größeren nat. Minderheiten ist mitunter die Nationalsprache der Minderheit als 2. Amtssprache gesetzl. garantiert. Im *schweizer. Bundesrecht* ist das Deutsche, Französ. und Italien. Amtssprache. ◆ die für den amtl. Verkehr in einer internat. oder übernat. Organisation zugelassene Sprache.

Amtstrachten, von bestimmten Gruppen von Amtsträgern bei der Ausübung ihres Amtes getragene Kleidung, heute bes. im kirchl. Dienst (↑ auch Ornat) und bei Gericht.

Amtsverschwiegenheit, die dem Beamten auch nach Beendigung des Beamtenverhältnisses obliegende Verpflichtung, über die ihm bei seiner amtl. Tätigkeit bekannt gewordenen Angelegenheiten Verschwiegenheit zu bewahren. Dementsprechend darf der Beamte über Angelegenheiten, über die er Verschwiegenheit zu bewahren hat, weder vor Gericht noch außergerichtl. ohne Genehmigung seines Dienstvorgesetzten aussagen oder Erklärungen abgeben. Die Verletzung der A. ist nach § 353 b StGB mit Freiheits- oder Geldstrafe bedroht. Die Verschwiegenheitspflicht der Angestellten und Arbeiter im öff. Dienst ist nicht so weitgehend. Im *östr.* und *schweizer. Recht* gilt Entsprechendes.

Amtsvormundschaft, Vormundschaft, die im Ggs. zur *Einzelvormundschaft* nicht von beliebigen Privatpersonen geführt wird

(daher auch *Berufsvormundschaft*). Gesetzl. A. tritt mit Geburt eines nichtehel. Kindes nur noch ausnahmsweise ein, wenn das Kind eines Vormunds bedarf (etwa weil die Mutter noch minderjährig ist oder die elterl. Gewalt verwirkt hat) und nicht bereits das Vormundschaftsgericht vor der Geburt einen Einzelvormund bestellt hat. Die gesetzl. A. ist reduziert auf eine *gesetzl. Amtspflegschaft des Jugendamtes,* die in Fragen der Vaterschaftsfeststellung und -anerkennung, der Geltendmachung von Unterhaltsansprüchen und der Regelung von Erb- und Pflichtteilsrechten im Falle des Todes des Vaters und seiner Verwandten die elterl. Gewalt der Mutter im Interesse einer sachgerechten Wahrnehmung der Kindesinteressen beschränkt. Das Jugendamt kann auch durch schriftl. Verfügung des Vormundschaftsgerichts als Vormund für ein Mündel eingesetzt werden, wenn eine als Einzelvormund geeignete Person nicht vorhanden ist *(bestellte A.).*

Amtswappen ↑ Wappenkunde.

Amtszeichen ↑ Wählton.

amu [engl. ɛiɛm'ju], Abk. für engl.: atomic mass unit, atomare ↑ Masseneinheit.

Amud, Wadi, von NW in den See von Genezareth einmündendes Trockental, Israel; Höhlen mit bed. paläolith. Funden, auch Skelettresten von ↑ Neandertalern.

Amudarja (im Altertum *Oxus*), Zufluß des Aralsees, entspringt als *Wakhan Rud* im afghan. Hindukusch, nach seiner Vereinigung mit dem Pamir *Pjandsch* und nach seiner Vereinigung mit dem Wachsch A., bildet als Pjandsch und z. T. noch als A. die sowjet.-afghan. Grenze und anschließend z. T. die Grenze zw. der Türkmen. und Usbek. SSR; sein Delta am Aralsee ist 10 000 km² groß, Gesamtlänge: 2 540 km, schiffbar ab Termes.

Amulett [lat.], ein offen oder versteckt am menschl. Körper getragener, am Haus oder Fahrzeug befestigter Gegenstand, der Schaden und Gefahren, die durch schadenbringende Mächte drohen, abwehren soll. Eine Abgrenzung gegenüber dem Talisman ist schwierig; meist wird sie in der Weise vorgenommen, daß dem Talisman eine positive und glückbringende Wirkung zugeschrieben wird. Der Glaube an die Wirksamkeit der A. beruht auf magischen Anschauungen (↑ Magie).

Amun (Amon, Ammon), einer der großen ägypt. Götter. Er ist ein Gott, der unabhängig vom Tempelkult zu allen, gerade auch zu Armen, auf Gebete hin kommt und ihnen hilft. Zugleich ist er offizieller Reichsgott im Mittleren und Neuen Reich.

Amundsen, Roald [norweg. ˈɑːmunsən], * Borge (Østfold) 16. Juli 1872, verschollen zw. Tromsø und Spitzbergen seit 18. Juni 1928, norweg. Polarforscher. - Begann 1903 auf dem umgebauten Fischkutter „Gjøa" seine erste Reise, auf der er 1906 die erste Fahrt durch die Nordwestpassage vollendete;

erreichte in Rivalität zu R. F. Scott am 15. Dez. 1911 als erster den Südpol; entdeckte auf dem Rückweg die König-Maud-Kette; 1918–20 bezwang er mit dem Neubau „Maud" die Nordöstl. Durchfahrt, wobei die geophysikal. Verhältnisse der gesamten nordsibir. Küste genau erforscht wurden. Nach vergebl. Versuchen 1923 und 1925 gelang A. mit dem Luftschiff „Norge" zus. mit L. Ellsworth und U. Nobile von Spitzbergen aus vom 11.–13. Mai 1926 die Überfliegung des Nordpols; stürzte bei der Aktion zur Rettung Nobiles mit dem frz. Wasserflugzeug „Latham" ab (wahrscheinl. bei der Bäreninsel). Schrieb u. a. „Mein Leben als Entdecker" (1929).

Amundsengolf [engl. 'æmənsən], Teil des Nordpolarmeeres (Kanada), öffnet sich nach W zur Beaufortsee, 400 km lang. - 1903–1906 von R. Amundsen erforscht.

Amur (chin. Hei-lung-chiang), Fluß in Asien (zwei Quellflüsse: *Schilka* und *Argun*), bildet größtenteils die Grenze zw. der UdSSR und China, fließt dann durch sowjet. Gebiet, mündet 40 km sö. von Nikolajewsk-na-Amure in den A.liman (Ochotsk. Meer), 2 824 km lang, im Mittel- und Unterlauf zwei und mehr km breit, Einzugsgebiet: 1,843 Mill. km². Wichtiger, aber wegen Überschwemmungen, Untiefen und gelegentl. hohem Wellengang gefährl. Schiffahrtsweg, von Mitte Mai bis Okt./Mitte Nov. eisfrei; großer Fischreichtum (v. a. Lachsfischerei). - 1644 von Russen bis zur Mündung befahren, 1689 chin., 1858 und 1860 durch Verträge z. T. wieder russ., 1964 forderte China Vertragsänderung, 1969 militär. Grenzkonflikte.

Amurbucht, innerer westl. Teil der Peterder-Große-Bucht (Jap. Meer), mit der sowjet. Hafenstadt Wladiwostok.

Amurliman, nördlichster Teil des Tatar. Sundes.

Amurru (Amoriter; veraltet auch „Ostkanaanäer"), umstrittene Bez. für die semit. Nomadenstämme, die seit etwa 2 000 v. Chr. von W nach Mesopotamien vorstießen und mancherorts die polit. Führung übernahmen (z. B. in Babylon, wo sie die 1. babylon. Dynastie gründeten). Ihre Sprache, die dem Kanaanäischen verwandt ist, läßt sich nur in Resten nachweisen (v. a. in ↑Mari und durch überlieferte Personennamen). Im A. T. („Amoriter") nicht eindeutige Bez. für die gesamte vorisraelit. Bev. Palästinas; der Unterschied zu „Kanaanäern" ist unklar.
◆ Name eines kanaanäischen Kleinfürstentums des 2. Jt. v. Chr. im nördl. Libanon (Gebirge) mit wechselnder Abhängigkeit von Ägyptern bzw. Hethitern.

Amur-Seja-Plateau, durchschnittl. 300 m hoch gelegenes Plateau in O-Sibirien, erstreckt sich sw. des Dschagdygebirges und zum Amur, beiderseits des Mittellaufs der Seja.

amüsant [frz.], unterhaltend, belustigend.

Amüsement [amyzə'mã:; frz.], unterhaltsamer, belustigender Zeitvertreib.

Amusie [zu griech. ámousos = von Musik nichts verstehend, unmusisch], durch Erkrankung der Großhirnrinde bedingte Unfähigkeit, trotz intakten Hörvermögens Melodien zu erkennen (Ton-, Melodientaubheit, *sensor. A.*), zu singen oder auf Instrumenten zu spielen (*motor. A.*). Zur A. kann auch die Notenblindheit (musikal. ↑Alexie) gezählt werden.

amusisch, ohne Kunstverständnis, ohne Kunstsinn (abwertend gebraucht).

Amy, Gilbert [frz. a'mi], * Paris 29. Aug. 1936, frz. Komponist. - Schüler von Messiaen, Milhaud und Boulez. In seinen Kompositionen, v. a. Instrumentalwerken, wendet er postserielle Techniken an.

Amygdalin [zu griech. amygdálē „Mandel"], ein ↑Glykosid, das sich in bitteren Mandeln und Kernen von Aprikosen, Kirschen usw. vorfindet. Unter Mitwirkung des Enzyms Emulsin wird das A. mit Wasser und Luft zu Traubenzucker, Benzaldehyd und Blausäure zersetzt.

Amygdalose [griech.], svw. ↑Gentiobiose.

Amyklai, antiker Ort auf der Peloponnes, südl. von Sparta, Besiedlung seit der frühhellad. Periode, in griech. Zeit Heiligtum des Apollon Amyklaios, verbunden mit einem Heroenkult des Hyazinth, dem seit spätmyken. Zeit das Heiligtum gewidmet war. Berühmt war die (hocharchaische) Kultstatue des Apollon in marmorner Säulenarchitektur des 6. Jh. v. Chr.

Amyl- [griech.], veraltete Bez. chem. Verbindungsnamen, kennzeichnend für die Gruppe $-C_5H_{11}$; heute durch die nomenklaturgerechte Bez. **Pentyl**- ersetzt.

Amylacetat, $CH_3-COOC_5H_{11}$, Essigsäureester des ↑Amylalkohols; als Aroma- und Duftstoff in der Süßwaren- und Parfümindustrie.

Amylalkohol (Pentanol), aliphat. Alkohol, von dem acht Isomere existieren. Bei der alkohol. Gärung entstehen neben dem Hauptprodukt Äthanol wenig 2-Methylbutanol-1 und viel 3-Methylbutanol-1, die bei sorgsamer Destillation weitgehend vom Äthanol getrennt werden können. In billigen Branntweinarten sind sie als *Fuselöle* enthalten und wegen ihrer viel stärker berauschenden und schädigenden Wirkung für die Folgeerscheinungen übermäßigen Alkoholgenusses („Kater") verantwortlich.

Amylasen [griech.] (Diastasen), Enzyme aus der Gruppe der Hydrolasen, die Stärke und Glykogen in Maltosemoleküle spalten. Man unterscheidet die α-Amylasen, die im Speichel (u. a. *Ptyalin* beim Menschen, einigen Säugetieren und einigen Vögeln) und in der Bauchspeicheldrüse von Mensch und Tier,

in Malz und Hefen vorkommen, von den β-Amylasen, die fast nur in Pflanzen zu finden sind. Während die α-Amylasen das Riesenmolekül in der Mitte angreifen, beginnen die β-Amylasen die Stärke von ihrem Ende her zu zerlegen. Techn. werden α- und β-Amylasen u. a. zur Bierherstellung verwendet.

Amylene [griech.] (Pentene), ungesättigte Kohlenwasserstoffe der allg. Formel C_5H_{10}.

Amylodextrine [griech./lat.] ↑ Dextrine.

Amyloid [griech.], infolge krankhafter Vorgänge im Organismus gebildeter Eiweiß-Polysaccharid-Körper, der v. a. im Bindegewebe der Blutgefäße nach Ausfällung abgelagert wird (↑ Amyloidose).

Amyloidentartung, svw. ↑ Amyloidose.

Amyloidose [...o-i...; griech.] (Amyloidentartung), durch Einlagerung von Amyloid bzw. Paramyloid in verschiedene Gewebe und Organe (z. B. Haut, Lunge, Herzmuskulatur) gekennzeichnete Stoffwechselkrankheit. Die betroffenen Organe erleiden eine Funktionseinschränkung, verhärten sich und bekommen ein glänzendes, speckartiges Aussehen.

Amylopektin [griech.] (Stärkegranulose), neben Amylose der wesentl. Bestandteil von stärkehaltigen Körnern, bes. in Hüllstrukturen. A. ist wegen seiner stark 1,6-verzweigten Polysaccharidketten nicht wasserlösl. und gibt nicht die Jod-Stärke-Reaktion.

Amyloplasten [griech.], Stärkebildner; ↑ Leukoplasten der Pflanzenzelle, die befähigt sind, Zucker in Stärke umzuwandeln.

Amylose [griech.] (Stärkezellulose), neben dem Amylopektin Hauptbestandteil stärkehaltiger Körner (Getreidekörner, Erbsen usw.). Die A. bildet den inneren Teil der Stärkekörner und besteht aus einem Gemenge unverzweigter 1,4-verknüpfter Polysaccharidketten. Sie ist in Wasser löslich und gibt mit Jod-Jodkali-Lösung die für Stärke typ. Blaufärbung.

Amylum [griech.], svw. ↑ Stärke.

Amyot, Jacques [frz. a'mjo], * Melun 30. (?) Okt. 1513, † Auxerre 6. (?) Febr. 1593, frz. Humanist. - Erzieher der Söhne Heinrichs II., seit 1570 Bischof von Auxerre; sehr geschätzt seine Plutarchübersetzung („Vies des hommes illustres", 1559, und „Œuvres morales", 1572).

-an, Suffix der chem. Nomenklatur; kennzeichnend für gesättigte, aliphat. Kohlenwasserstoffe.

an..., An... ↑ a..., A...

ana, Abk. für: ↑ ana partes aequales.

ana..., Ana... [griech.], Vorsilbe mit den Bedeutungen „auf, hinauf, wieder, gemäß, entsprechend"; z. B. *analog.*

Anabaptisten ↑ Täufer.

Anabasin [griech.], Tabakalkaloid mit nikotinähnl. Wirkung und Zusammensetzung. Sulfatderivate des A. finden als Insektizide Verwendung.

Anabasis [griech. „der Zug hinauf" (d. h. ins Innere des Pers. Reiches)], Titel antiker Feldzugsberichte; berühmt die A. des Xenophon, Beschreibung von Vormarsch und Rückzug der 10 000 Griechen im Dienste Kyros' d. J. gegen seinen Bruder Artaxerxes II. (402–400), und die A. des Arrian, bedeutendste der erhaltenen Schilderungen des Alexanderzuges.

anabatisch [griech.], aufsteigend; *a. Winde* sind Winde mit aufsteigender Bewegungskomponente, z. B. ↑ Hangwinde.

Anabiose [griech.], Eigenschaft niederer Tiere und Pflanzensamen, länger andauernde ungünstige Lebensbedingungen (z. B. Kälte, Trockenheit) in scheinbar leblosem Zustand zu überstehen.

anabole Steroide [griech.], den ↑ Androgenen (z. B. dem Testosteron) nahestehende chem. Verbindungen, die den Aufbaustoffwechsel, bes. den Eiweißaufbau, fördern; a. S. werden bei Krankheiten mit starkem Körpergewichtsverlust sowie bei Entwicklungs- und Wachstumsstörungen angewandt. - ↑ auch Doping.

Anabolikum (Mrz. Anabolika) [griech.], Sammelbez. für ↑ anabole Steroide enthaltende Medikamente.

Anabolismus [griech.], im Ggs. zum Katabolismus der aufbauende Stoffwechsel.

Anacapri ↑ Capri.

Anachoreten [zu griech. anachŏrēsis „Zurückgezogenheit"], asket. Einsiedler, die im Ggs. zu den ↑ Zönobiten jede menschl. Gemeinschaft meiden; im christl. Mönchtum seit etwa 300 bes. in Ägypten verbreitet.

Anachronismus [griech.; zu chrónos „Zeit"], 1. falsche zeitl. Einordnung von Vorstellungen, Sachen oder Personen, entweder aus Unkenntnis oder gelegentl. auch absichtlich; 2. durch die Zeit überholte Einrichtung.

anachronistisch, zeitl. falsch eingeordnet; überholt, zeitwidrig.

Anacidität, fehlende Salzsäurebildung des Magens.

Anaconda [engl. ænə'kɔndə], Stadt im sw. Montana, USA, am N-Abhang der Anaconda Range, 14 000 E. Standort einer der

Große Anakonda

größten Hütten der Erde zur Gewinnung von Nichteisenmetallen.

Anaconda-Verfahren [engl. æna'kɔndə], Verfahren zur Gewinnung von Zink durch Elektrolyse einer wäßrigen Zinksulfatlösung.
◆ Verfahren zum Verblasen der Schlacken vom Bleischachtofen zur Verflüchtigung und Gewinnung von Zinkoxid.

Anacyclus [griech.], svw. ↑Bertram.

Anadiplose (Anadiplosis) [griech.], rhetor. Figur, Sonderform der Epanalepse: Wiederholung des letzten Wortes oder der letzten Wortgruppe eines Verses oder Satzes am Anfang des folgenden Verses oder Satzes.

Anadolu, türk. für: ↑Anatolien.

Anadyomene [griech. „die (aus dem Meer) Auftauchende"], Beiname der griech. Göttin Aphrodite.

Anadyr, Hauptstadt des Nat. Kreises der Tschuktschen innerhalb des Gebiets Magadan, RSFSR, in der A.tiefebene am A.golf, zw. Onemenbucht und A.liman, 8 000 E. Braunkohlenbergbau; Fischverarbeitung; ⚓. - Seit 1965 Stadt.
A., Fluß in NO-Sibirien, entspringt im A.bergland, mündet in die Onemenbucht des A.golfes, 1 150 km lang.

Anadyrbergland, Bergland in NO-Sibirien, erstreckt sich südl. des Tschuktschengebirges und nördl. des mittleren Anadyr, bis 1 116 m hoch.

Anadyrgebirge ↑Tschuktschengebirge.

Anadyrgolf, Bucht des Beringmeeres an der NO-Küste Sibiriens, nur kurzzeitig eisfrei.

Anadyrtiefebene, Niederung in NO-Sibirien, vom unteren Anadyr durchflossen, von Seen und einzelnen 800–1 000 m hohen Bergzügen durchsetzt; Waldtundra.

anaerob [...a-e...], ohne Sauerstoff lebend.

Anaerobier (Anaerobionten) [...a-e...], [niedere] Organismen, die ohne Sauerstoff leben können, z. B. Darmbakterien, Bandwürmer; Ggs. ↑Aerobier.

Anafi, südöstlichste der Kykladeninseln, Griechenland, 38 km², bis 584 m ü.d.M.

Anagallis [griech.], svw. ↑Gauchheil.

Anaglyphenverfahren [griech./dt.], ein Verfahren zur stereoskop. (räuml.) Betrachtung zweier in Komplementärfarben (z. B. Rot und Grün) gehaltener, etwas seitl. verschoben übereinandergedruckter (**Anaglyphendruck**) oder projizierter ebener Bilder, die einen räuml. Gegenstand von benachbarten Standpunkten aus wiedergeben (sog. **Anaglyphenbilder**). Bei Betrachtung dieser Bilder durch eine Farbfilterbrille, deren Gläser in den genau gleichen Komplementärfarben gefärbt sind (**Anaglyphenbrille**), erscheint der abgebildete Gegenstand dem Betrachter räumlich.

Anagni [italien. a'naɲɲi], italien. Stadt, 60 km sw. von Rom, Region Latium, 460 m ü.d.M. 18 500 E. Bischofssitz; Gummi- und Textilind.; Agrarmarkt. - In der Antike **Ana-**

gnia; gehörte im MA vom 8. Jh. an zum Kirchenstaat; häufig päpstl. Residenz. - Roman. Dom (1074–1104; mit Mosaikfußboden; die Krypta ist ganz mit Fresken [1131–55] ausgemalt).

Anagramm [griech.], Umstellung der Buchstaben eines Wortes (Namens oder einer Wortgruppe) zu einer neuen, sinnvollen Lautfolge. Am häufigsten wird das A. als ↑Pseudonym verwendet. - ↑auch Ananym, ↑Palindrom.

Anaheim [engl. 'ænəhaɪm], Stadt in SW-Kalifornien, im sö. Vorortbereich von Los Angeles, 226 000 E. Ind.zentrum in einem fruchtbaren Tal; Vergnügungspark *Disneyland*. ⚓. - Gegr. 1857.

Anahita, iran. Göttin des Wassers, Schutzgottheit der Fruchtbarkeit, der Frauen und des Krieges.

Anaimalai Hills [engl. ə'naɪmələɪ 'hɪlz], dünn besiedelter Gebirgshorst der Westghats, südl. von Coimbatore, S-Indien, mittlere Höhe 1 800 m ü.d.M., im **Anai Mudi** 2 695 m hoch; Steilabfall nach O und bes. nach N; nach S und SO Übergang in die Cardamom Hills bzw. Palni Hills, terrassenförmige W-Abdachung. Die W-Hänge sind den starken Monsunregen bes. ausgesetzt, von tiefen Schluchten zerschnitten, üppig bewaldet (Teakbaumbestände), überdies eines der wichtigsten Plantagengebiete Indiens (Kautschuk, Tee, Kaffee).

Anai Mudi [engl. ə'naɪ 'mʊdi], höchster Berg der ind. Halbinsel, ↑Anaimalai Hills.

Anakardiengewächse [griech./dt.] (Sumachgewächse, Anacardiaceae), seit dem älteren Tertiär in Europa auftretende Fam. der Blütenpflanzen mit etwa 600 Arten, v. a. in den Tropen und Subtropen; meist Bäume oder Sträucher mit häufig wechselständigen Blättern und fünfblättrigen Blüten in meist ansehnl. Rispen; einige Arten liefern Obst (u. a. Mangobaum) und Gewürze (↑Pistazie) sowie techn. Rohstoffe (↑Firnisbaum).

Anaklet II., † Rom 25. Jan. 1138, vorher Petrus Pierleone, Papst (seit 14./23. Febr. 1130). - Stammte aus ursprüngl. jüd. Familie; Anhänger der streng gregorian. Reformpartei (↑Gregor VII.).

Anakoluth [zu griech. anakóluthon „ohne Zusammenhang, unpassend"], rhetor. Figur: das Fortfahren in einer anderen als der begonnenen Satzkonstruktion.

Anakonda (Große A.; Eunectes murinus), 8 bis 9 m lange (größte heute lebende) Boaschlange in den feuchten, trop. Wäldern des nördl. Südamerika (v. a. des Orinoko- und Amazonasbeckens); Rücken schmutzig gelbbraun mit großen, runden, schwarzen Flecken; Kopf klein, Schwanz relativ kurz; ♀ bringt bis zu 34 voll entwickelte, bis 80 cm lange Junge zur Welt. - Abb. S. 317.

Anakreon, *Teos (Ionien) um 580, † nach 495, griech. Lyriker. - Lebte u. a. am Hof des

Tyrannen Polykrates von Samos und nach dessen Sturz am Hof des Hipparchos von Athen. A. schrieb Hymnen, Elegien und Epigramme. Von seinen Werken sind nur drei Lieder ganz erhalten (umfangreich überliefert dagegen die ↑Anakreonteia). Er besang den Genuß des Augenblicks: Freundschaft, Frauen- wie auch Knabenliebe und Wein.

Anakreonteia [griech.], Lieder hellenist. Zeit im Stil Anakreons auf Freundschaft, Liebe und Wein; starke Wirkung auf die europ. Dichtung (↑Anakreontik).

Anakreontik [griech.], in der dt. Literatur die um 1740 einsetzende Lyrik des ↑Rokoko, beeinflußt durch die Anakreonteia und die engl. Naturlyrik sowie die frz. galante Lyrik. Die A. huldigt dem verfeinerten Hedonismus eines Epikur. Eine begrenzte Zahl von Themen wird immer aufs neue variiert: Liebe, Wein, Natur, Freundschaft und Geselligkeit, das Dichten, die „fröhl. Wissenschaft". Hauptvertreter sind F. von Hagedorn, J. P. Uz, J. N. Götz, der junge Lessing und der junge Goethe. - A. bzw. die Anakreonteia wurden in Frankr. schon im 16. Jh. zum Vorbild genommen (↑Pléiade), diese epikureische Dichtung wurde in der galanten Lyrik des 17. und 18. Jh. (Voltaire) weitergepflegt, deren pointierter Stil die dt. A. stark beeinflußte. ⊞ *Zeman, H.: Die dt. anakreont. Dichtung.* Stg. 1972.

Anakusis [griech.], angeborene oder erworbene nervöse Taubheit.

anal [lat.], zum After gehörend, den After betreffend.

Analbeutel, bei Hunden und Katzen zwei am After gelegene sackartige Gebilde, die je eine erbsen- bis bohnengroße Drüse (*Analbeuteldrüse*) umhüllen; sondern ein individualspezif. Sekret ab, das dem austretenden Kot in geringen Mengen zur Reviermarkierung beigemischt wird; bei Haustieren häufig ist die meist infolge einer Infektion auftretende **Analbeutelentzündung** (veranlaßt die Tiere, mit dem Hinterteil auf dem Boden zu rutschen).

Analdrüsen, svw. ↑Afterdrüsen.

Analekten [zu griech. análektos „aufgelesen"], Sammlung von Auszügen oder Zitaten aus dichter. oder wissenschaftl. Werken oder von Beispielen einer literar. Gattung, z. B. „Analecta hymnica medii aevi", die wichtigste Sammlung ma. Hymnen.

anale Phase ↑Analerotik.

Analeptika [griech.] (Anregungsmittel, Weckmittel), i. e. S. Arzneimittel, die nervöse Zentren erregen und daher v. a. bei Lähmung des Atmungs- und Kreislaufzentrums therapeut. verwendet werden. - I. w. S. sind A. Arzneimittel, die ganz allg. auf Körper und Psyche oder auf bestimmte Körperfunktionen anregend wirken. Dazu gehören die zentral erregend wirkenden A. im engeren Sinn, aber auch peripher angreifende Kreislaufmittel wie z. B. Adrenalin und Noradrenalin sowie Mittel mit direktem Einfluß auf den Stoffwechsel.

Analerotik, nach S. Freud die einer frühkindl. Stufe (**anale Phase**, etwa 2.–4. Lebensjahr) eigenen Lustgefühle, die durch die erogene Reizbarkeit bei der Darmentleerung entstehen; als unbewältigte ↑Libido im späteren Leben möglicherweise in übertriebenem Reinlichkeitsstreben, Pedanterie, Geiz oder in Perversionen fixiert.

Analfissur (Analrhagade, Afterschrunde), Einriß oder oberfläch. Geschwürbildung im Bereich der Afterschleimhaut an ihrem Übergang in die äußere Haut; meist als Verletzungsfolge bei hartem Stuhl.

Analgesie (Analgie) [griech.], Zustand der Schmerzlosigkeit; Aufhebung der Schmerzempfindung durch schmerzstillende Mittel, durch Narkosemittel, durch autogenes Training oder in Hypnose.

Analgetika [griech.], schmerzstillende Mittel.

anallaktisch [griech.], selten für: unveränderlich.

anallaktischer Punkt, derjenige Punkt auf der opt. Achse eines Fernrohres, für den der Abstand z zw. ihm und einem Gegenstand bei konstanter Bildgröße y' proportional der Gegenstandsgröße y ist. Bei Fernrohren der übl. Ausführung fallen a. P. und dingseitiger Brennpunkt des Objektivs (Brennweite f) zusammen. Es gilt dann $z = (f/y')y$. Bei bekannter Gegenstandsgröße und Brennweite kann daher durch Bestimmung der Bildgröße eine schnelle Entfernungsmessung durchgeführt werden.

◆ bei der opt. Abb. mit einem Fernrohr derjenige Punkt des Dingraumes, bei dessen Scharfeinstellung die hintere Begrenzung der Schärfentiefe mit der Entfernung Unendlich zusammenfällt. Bei photograph. Kameras wird er als **Nah-Unendlich-Punkt** bezeichnet.

analog [griech., eigtl. „dem ↑Logos entsprechend"], entsprechend, ähnlich, gleichartig. - In der *Physik* beispielsweise von solchen physikal. Systemen gesagt, deren Verhalten sich durch die Lösungen derselben Gleichungen beschreiben lassen.

Analogdarstellung, die Darstellung einer physikal. Größe durch eine andere; so wird z. B. die Temperatur durch die Länge des Flüssigkeitsfadens eines Thermometers dargestellt.

Analog-Digital-Umsetzer (Analog-Digital-Wandler, A-D-Wandler), elektron. Einrichtung zur Umwandlung einer sich im allg. *stetig* ändernden und in Analogdarstellung (meist als elektr. Spannung) vorliegenden Größe (Eingangssignal) in eine sich *stufenweise* ändernde, aber gleichwertige digitale Ausgangsgröße (Ausgangssignal).

Analoggröße, in der Informationstheorie bzw. Kybernetik verwendete Bez. für eine Größe (Signal), die in gewissen Grenzen belie-

Analogia entis

bige Zwischenwerte annehmen kann.

Analogia entis [griech./lat. „Verhältnismäßigkeit (Ähnlichkeit) des Seienden"], im Anschluß an die Ideenlehre Platons (die reale Wirklichkeit als Abbild idealer Urbilder, der Ideen) und Aristoteles, nach dem das Sein allem Seienden nicht in gleicher Weise zukommt, von Thomas von Aquin geprägter Fachausdruck. Er bestimmt das Verhältnis von Schöpfer (Gott) und Geschöpf (Mensch) als ein Mittleres zw. gänzl. Gleichheit (Univozität), die der Verschiedenheit zw. Gott und Kreatur nicht gerecht wird, und gänzl. Ungleichheit (Äquivozität), die jede Erkenntnis Gottes unmögl. mache. In der Hochscholastik wird die A. e. näher bestimmt als Analogia attributionis („Analogie der Zuteilung"), d. h., die Kreatur ist Gott nur nach dem Maß ihrer Teilhabe an seinem Sein. Die Lehre von der A. e., teilweise strittig u. a. zw. Scotisten und Thomisten, hat die prot. Orthodoxie des 17. Jh. beeinflußt. Im ↑Neuthomismus dient sie als Konstruktionsprinzip für die „Formeinheit" von Theologie und Philosophie. K. Barth setzt ihr die Analogia fidei entgegen, mit der er die natürl. gegebene Erkennbarkeit Gottes bestreitet.

Analogia fidei [griech./lat. „Verhältnismäßigkeit im Glauben"] ↑Analogia entis.

Analogie [griech.], häufig svw. ↑Ähnlichkeit; in der Systemtheorie verwendet zur Kennzeichnung einer bes. Beziehung zw. zwei Systemen: Entsprechen gewisse Beziehungen zw. den Elementen eines Systems hinsichtl. ihrer Eigenschaften untereinander umkehrbar eindeutig solchen zw. den Elementen eines anderen Systems, ohne daß eine Entsprechung zw. den Elementen selbst zu bestehen braucht, so sagt man, daß *strukturelle* A. zw. diesen Systemen besteht. *Funktionale* A. zweier (nach Art ihrer Elemente und evtl. auch strukturell verschiedener) Systeme liegt vor, wenn sie für eine bestimmte Aufgabe in gleicher Weise geeignet und damit durcheinander ersetzbar sind. Ein Beispiel struktureller A. ist der schon in der Antike, bes. aber im MA geläufige Vergleich von Mikrokosmos und Makrokosmos; ein anderes, im gleichen Sinne, die Bohrsche Analogisierung von Atombau und Planetensystem; funktional ist die alte A. zw. dem Lotsen oder Steuermann eines Schiffes und dem „Lenker" eines Staates. ⩗ *Bochenski, J. M.: Gedanken zur mathemat.-log. Analyse der A. In: Studium Generale 9 (1956), 121.*

◆ im *Recht* die Übertragung der Rechtsfolgen eines geregelten Tatbestandes auf einen ähnl., aber ungeregelten Tatbestand; Mittel zur Ausfüllung von Gesetzeslücken. Bei der Gesetzes-A. werden die Regeln einer einzelnen Rechtsnorm, bei der Rechts-A. wird ein sich aus mehreren Rechtssätzen ableitender Grundgedanke auf den nichtgeregelten ähnl. Einzelfall übertragen. Der A.schluß ist grundsätzl. zulässig,

jedoch im Strafrecht mit der Einschränkung, daß eine A. zu Lasten des Beschuldigten unstatthaft ist. In der Arbeitsweise des Richters geht dem A.schluß die Auslegung des Gesetzes voran.

◆ in der *Sprachwissenschaft* Bez. für den Ausgleich von Wörtern oder Formen nach assoziierten Wörtern oder Formen auf Grund einer Ähnlichkeit oder begriffl. Verwandtschaft, z. B. gibstu [gibst du]: wennste [wenn du].

◆ in der *Biologie* gleiche Funktion von Organen, die entwicklungsgeschichtl. verschiedener Herkunft sind; Beispiele: Phyllokladien/Blätter, Kiemen/Lungen, Insektenflügel/Fledermausflügel. – Ggs. ↑Homologie.

Analogiebildung, Bildung und Umbildung einer sprachl. Form nach dem Muster einer anderen, z. B. Diskothek nach Bibliothek.

Analogiemodell, in der Physik und Technik Bez. für ein mathemat.-physikal. Modell, mit dem man eine physikal. Erscheinung, die für eine exakte Berechnung zu kompliziert ist, in den wesentl. Zügen und Eigenschaften erfassen und beschreiben kann. Elektr. A. sind die Grundlage für die Analogrechner.

Analogieschluß, log. Schluß, für den folgende Voraussetzungen erfüllt sein müssen: verhalten sich zwei Arten S_1 und S_2 einer Gatt. M analog, d. h., gibt es eine Eigenschaft Q, für die „alle S_1 sind Q" und „alle S_2 sind Q" gilt (tertium comparationis), so kann man von „alle S_1 sind P" auf „alle S_2 sind P" schließen, falls „alle Q sind P" gilt.

◆ in der *Entwicklungspsychologie* Form des frühesten log. Denkaktes beim Kind, das von Eigenschaften einzelner Personen und Dinge (ohne Einsicht in den Zusammenhang) auf entsprechende Eigenschaften ähnl. Personen und Dinge schließt.

◆ im *Recht* ↑Analogie.

Analogiezauber ↑Zauber.

Analogon [griech.], das einem anderen Analoge, d. h. das in einer bestimmten Hinsicht, dem Vergleichspunkt, Ähnliche.

Analogrechner, moderne Rechenanlage, die nach dem Analogieprinzip arbeitet: Zwei physikal. Systeme A und B heißen zueinander *analog*, wenn sie bei geeigneter Bez. ihrer Variablen durch ein und dieselbe mathemat. Beziehung beschrieben werden können. Zugleich ist dann jedes der Systeme A, B analog zu ein und demselben abstrakten mathemat. Problem M. Läßt sich A leicht aufbauen und untersuchen (jedenfalls leichter als B), so kann man es als (speziellen) Analogrechner für das Studium des physikal. Systems B oder des mathemat. Problems M benutzen. In diesem Sinne sind z. B. ↑Planimeter und Getriebe, die eine mathemat. Beziehung nachbilden, Analogrechner. Als A. *im engeren Sinne* bezeichnet man Geräte, deren einzelne *Funktionsgruppen* bausteinartig zu Systemen zusammengefügt (programmiert) werden

können und die dadurch die Lösung verschiedenartiger Probleme gestatten.

📖 *Heinhold, J./Kulisch, U.: Analogrechnen. Mhm. u. a. 1976.*

Analphabet, des Lesens und Schreibens Unkundiger. Der Anteil der A. wird einer Statistik der UNESCO zufolge z. Z. auf etwa 1 Mrd. Menschen geschätzt. Die meisten A. leben in Asien (etwa 833 Mill.), Afrika (etwa 124 Mill.) und Südamerika (etwa 25 Mill.). Trotz des sehr raschen Anwachsens der Erdbevölkerung nimmt mit zunehmender Industrialisierung bes. der wirtschaftl. unterentwickelten Länder und mit der Ausbreitung des Schulwesens der Umfang des Analphabetentums prozentual ständig ab.

Analprolaps, svw. ↑ Mastdarmvorfall.

Analysator [griech.], eine opt. Vorrichtung in einem ↑ Polarisationsgerät zum Nachweis und zur Untersuchung linear polarisierten Lichtes. Jede Vorrichtung, mit der linear polarisiertes Licht erzeugt werden kann (z. B. ein ↑ Nicolsches Prisma oder ein Polarisationsfilter) und die in dieser Eigenschaft als Polarisator bezeichnet wird, eignet sich auch als Analysator.
◆ ↑ harmonische Analyse.

Analyse [griech.], allg. Zergliederung eines Ganzen in seine Teile, Zerlegung, Untersuchung; dazu **analysieren,** auflösen, zerlegen, untersuchen; *unterrichtsmethod.* die didakt. Aufbereitung (didakt. A.) eines Stoffes durch den Lehrer; *literaturwissenschaftl. Methode* der Text- und Werkinterpretation, insbes. als Strukturanalyse (Bestimmung von Aufbau, Motivgeflecht usw.) oder als Stilanalyse (Definition von Stilebenen, Bildlichkeit, Satz-, Periodenbau usw.); *sprachwissenschaftl. Methode* der Zergliederung, mit der eine Beschreibung der Sprachstruktur ermöglicht wird (↑ Strukturalismus). - ↑ auch chemische Analyse, ↑ harmonische Analyse.

Analysenlampe (Schwarzlichtlampe), Ultraviolettlampe mit einem nur für ultraviolette Strahlen durchlässigen Filter; dient zur Erregung von fluoreszierenden und phosphoreszierenden Leuchtstoffen. Bei der ↑ Lumineszenzanalyse wird sie zur Erregung von Lumineszenz benutzt. Man vermeidet dabei, daß die Beobachtung des für einen Stoff charakterist. Lumineszenzlichtes durch sichtbares Licht gestört wird. Die A. kann u. a. zur Erkennung der Echtheit von Edelsteinen und Geldscheinen verwendet werden.

Analysenlinien (Hauptlinien), die Gesamtheit aller bei der Spektralanalyse zur Erkennung der chem. Elemente brauchbaren Spektrallinien; es sind zumeist die leicht zu findenden „letzten Linien".

Analysenwaage ↑ Waagen.

Analysis [griech. „Auflösung"], Teilgebiet der Mathematik, in dem mit Grenzwerten gearbeitet wird; umfaßt im wesentlichen die Differential- und Integralrechnung (Infinitesimalrechnung). In der elementaren Geometrie bezeichnet man als A. eine Voruntersuchung beim Lösen geometr. Aufgaben.

Analysis situs [griech./lat.], von H. ↑ Poincaré eingeführte Bez. für die von ihm selbständig entwickelte mathemat. Disziplin, die schon G. W. ↑ Leibniz (auch als Geometria situs) ins Auge gefaßt hatte und für die sich heute der von J. B. Listing geprägte Ausdruck ↑ Topologie durchgesetzt hat.

analytisch [griech.], zergliedernd, zerlegend, durch log. Zergliederung entwickelnd. In der *philosoph. Fachsprache* auf method. Ansätze, Standpunkte und Behauptungssätze angewendet. Man nennt heute Sätze „a. wahr", die allein auf Grund definitor. und log. Voraussetzungen begründbar sind.

analytische Arbeitsbewertung ↑ Arbeitsbewertung.

analytische Fortsetzung, Fortsetzung einer analyt. Funktion aus ihrem Definitionsbereich heraus. Sind G_1 und G_2 zwei Gebiete der komplexen Zahlenebene mit nichtleerem Durchschnitt G, $g_1(z)$ und $g_2(z)$ in G_1 bzw. G_2 analyt. Funktionen und gilt $g_1(z) = g_2(z)$ alle z aus G, so heißt $g_2(z)$ a. F. von $g_1(z)$ in G_2 und $g_1(z)$ a. F. von $g_2(z)$ in G_1. Die a. F. ist eindeutig.

analytische Funktion, eine Funktion in einem Gebiet G der komplexen Zahlenebene, die überall in G differenzierbar ist und deren Ableitung in G endl. ist (↑ auch Funktionentheorie).

analytische Geometrie, Teilgebiet der Mathematik, in dem geometr. Fragestellungen mit Hilfe der Algebra, bes. der linearen Algebra behandelt werden. Hauptkennzeichen der a. G. ist die Beschreibung der Punkte der Ebene durch reelle Zahlenpaare (x, y) bzw. der Punkte des Raumes durch Zahlentripel (x, y, z), die kartes. Koordinaten. geometr. Voraussetzungen, Behauptungen und Beweise werden dann durch „Ausdrücke" in diesen Koordinaten beschrieben. Benutzt man über die algebraischen Mittel hinaus wesentl. Grenzwertüberlegungen (Differentialrechnung), so gelangt man zur ↑ Differentialgeometrie. Die ↑ Vektorrechnung vereinfacht viele Überlegungen der klass. a. G. wesentlich. **Analytische Geometrie der Ebene:** Das Koordinatensystem wird als Rechtssystem gewählt, d. h., die x-Achse geht durch Drehung um einen rechten Winkel im mathemat. positiven Sinne in die y-Achse über. Für einen Punkt P mit den Koordinaten (x, y) heißt x die Abszisse, y die Ordinate. Der Abstand zweier Punkte (x_1, y_1) u. (x_0, y_0) ist nach dem Satz des Pythagoras $\sqrt{(x_1 - x_0)^2 + (y_1 - y_0)^2}$. Kommt noch ein weiterer Punkt (x_2, y_2) hinzu, so ergibt sich für den Flächeninhalt F des durch diese 3 Punkte aufgespannten Dreiecks die ↑ Determinante

$$2F = \begin{vmatrix} x_2 - x_0 & x_1 - x_0 \\ y_2 - y_0 & y_1 - y_0 \end{vmatrix}.$$

analytische Geometrie

Ist dieser gleich Null, so ist das gleichbedeutend damit, daß die drei Punkte auf einer Geraden liegen; ersetzt man den festen Punkt (x_2, y_2) durch den laufenden Punkt (x, y), so erhält man daraus die Gleichung der Geraden durch zwei voneinander verschiedene Punkte (x_0, y_0) und (x_1, y_1)

$$(x - x_0):(x_1 - x_0) = (y - y_0):(y_1 - y_0).$$

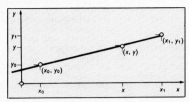

Ganz allg. gibt eine lineare Gleichung

$$Ax + By = C,$$

in der nicht beide Koeffizienten A und B verschwinden, die Darstellung der Punkte einer geraden Linie *(Geradengleichung)* und umgekehrt. Bei $B \neq 0$ kann man sie umformen zu $y = b + mx$, wo b der Abschnitt auf der y-Achse ist (für $x = 0$) und $m = \tan \alpha$ die Steigung. Bei $ABC \neq 0$ erhält man mit $a = C/A$, $b = C/B$ die *Achsenabschnittsform* der Geradengleichung,

$$x/a + y/b = 1.$$

Für $y = 0$ (Schnittpunkt mit der x-Achse) ergibt sich $x = a$, als Schnittpunkt mit der y-Achse erhält man $(0, b)$. Eine Gleichung zweiten Grades der Form

$$Ax^2 + 2Bxy + Cy^2 + Dx + Ey + F = 0$$

stellt, wenn nicht alle Koeffizienten A, B, C Null sind, einen Kegelschnitt dar. Es treten im wesentlichen die folgenden Typen auf:

1: $\dfrac{x^2}{a^2} + \dfrac{y^2}{b^2} = 1$

(für $a \neq b$ Ellipse, für $a = b$ Kreis)

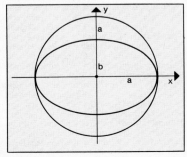

2: $\dfrac{x^2}{a^2} - \dfrac{y^2}{b^2} = 1$ (Hyperbel)

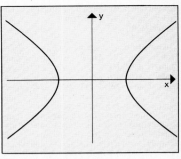

3: $y = c \cdot x^2$ (Parabel)

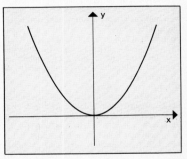

Für die Gleichung der Tangente im Kegelschnittpunkt (x_0, y_0) ergibt sich [(x, y) jetzt laufender Punkt der Tangente]

$$A x x_0 + B(x y_0 + y x_0) + C y y_0 +$$
$$+ D \frac{x + x_0}{2} + E \frac{y + y_0}{2} + F = 0.$$

Analytische Geometrie des Raumes: Das kartes. (x, y, z)-Koordinatensystem wird als Rechtssystem gewählt: Ist die (x, y)-Ebene die Papierebene, so zeigt die positive z-Richtung auf den Betrachter. Zwei Punkte (x_0, y_0, z_0) und (x_1, y_1, z_1) haben den Abstand

$$\sqrt{(x_1 - x_0)^2 + (y_1 - y_0)^2 + (z_1 - z_0)^2}.$$

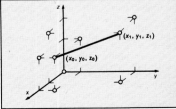

Alle Punkte (x, y, z) einer Geraden durch die beiden verschiedenen Punkte (x_0, y_0, z_0) und (x_1, y_1, z_1) lassen sich darstellen durch

$$x = (1 - t)\, x_0 + t\, x_1,$$
$$y = (1 - t)\, y_0 + t\, y_1,$$
$$z = (1 - t)\, z_0 + t\, z_1 \text{ (für alle reellen } t).$$

Die Ebenen im Raum lassen sich darstellen durch die linearen Gleichungen $Ax + By + Cz = D$, in denen nicht alle Koeffizienten A, B, C Null sind. Sind alle Koeffizienten (auch D) ungleich Null, so kann man zur Achsenabschnittsform $x/a + y/b + z/c = 1$ der Ebene im Raum übergehen. Den Kegelschnitten in der Ebene entsprechen im Raume die Quadriken (Flächen zweiter Ordnung) mit Gleichungen der Form

$$a_{11} x^2 + a_{22} y^2 + a_{33} z^2 +$$
$$+ 2 a_{12} x y + 2 a_{23} y z + 2 a_{31} z x +$$
$$+ 2 a_{10} x + 2 a_{20} y + 2 a_{30} z + a_{00} = 0.$$

Es treten u. a. folgende Typen auf:

1. $\dfrac{x^2}{a^2} + \dfrac{y^2}{b^2} + \dfrac{z^2}{c^2} = 1$ (Ellipsoid;

   für $a = b = c$ Kugelfläche)

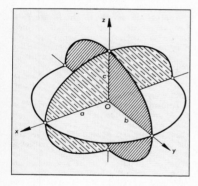

2. $\dfrac{x^2}{a^2} - \dfrac{y^2}{b^2} - \dfrac{z^2}{c^2} = 1$ (Hyperboloid)

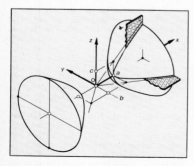

3. $\dfrac{x^2}{a^2} + \dfrac{y^2}{b^2} - z = 0$ (ellipt. Paraboloid)

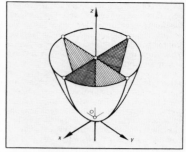

4. $\dfrac{x^2}{a^2} - \dfrac{y^2}{b^2} - z = 0$ (hyperbol. Paraboloid)

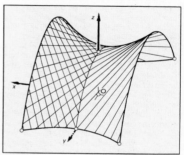

Für manche Zwecke der a. G. empfehlen sich statt der kartes. Koordinaten auch schiefwinklige Koordinaten; in ihnen sind Geraden in der Ebene bzw. Ebenen im Raum wieder durch lineare Gleichungen gegeben, Kegelschnitte bzw. Quadriken durch Gleichungen zweiten Grades. Eine koordinatenfreie Behandlung gestattet die Vektorrechnung. Oft verwendet man auch andere Koordinatensysteme, z. B. Polarkoordinaten in der Ebene, Kugelkoordinaten und Zylinderkoordinaten im Raum (↑ Koordinaten).

⚏ *Fischer, Gerd: A. G. Wsb.* ^{3}1983. - *Andrié, M./ Meier, P.: Lineare Algebra u. a. G. Mhm. u. a. 1977.*

analytische Methode, das der ↑ synthetischen Methode entgegengesetzte Verfahren, nach dem Sätze (Begriffe) durch Analyse in ihre Teile zerlegt werden; bei Aristoteles log. Beweisverfahren. - Die a. M. wird bei Newton Bestandteil eines insgesamt empir. Verfahrens und führt in dieser Form zum ↑ Empirismus in den modernen Naturwissenschaften. Dazu tragen bei die analyt. Theorien des 18. und 19. Jh. (L. Euler, J. L. de Lagrange, J. C. Maxwell).

analytische Philosophie, zeitgenöss., von B. ↑ Russell und G. E. ↑ Moore um 1900 begr. philosoph. Richtung, bei der die Vernunftkritik Kants durch Sprachkritik ersetzt

analytische Psychologie

ist. Russell konzentriert sich auf das Problem der Konstruktion einer den Einzelwissenschaften angemessenen Wissenschaftssprache aus der Umgangssprache, Moore hingegen widmet sich dem Problem einer konsequenten Reduktion der dem Verständnis Schwierigkeiten bereitenden traditionellen Sprache der Philosophie (Bildungssprache) auf die Umgangssprache. Diese Überlegungen gehen davon aus, daß innerhalb einer natürl. Sprache wie Englisch oder Deutsch, ein unproblemat. Kern, die Sprache des Alltags oder Umgangssprache („ordinary language") sowohl von der aktuellen Fachsprache der Wissenschaft wie von der tradierten Fachsprache der Philosophie als zwei problemat. Sprachbestandteilen unterschieden werden kann. Deren Verständnis sicherzustellen und damit sowohl zeitgenöss. Wissenschaft wie überlieferte Philosophie so weit wie möglich nach Form und Inhalt zu klären, ist Aufgabe der a. P. Zur formalen Klärung bedient sich Russell des Programms einer als *formale Sprache* konzipierten universellen Wissenschaftssprache (Idealsprache) das, für Logik und Mathematik erfolgreich ausgeführt (↑ Logizismus), in den zusammen mit A. N. Whitehead verfaßten „Principia Mathematica" (1910–13) vorgelegt worden ist. L. ↑ Wittgenstein, der Schüler Russells und Moores, radikalisiert den sprachkrit. Ansatz in seinem bereits klass. Werk „Tractatus logico-philosophicus" (1912): jedes Wissen, sei es Wissenschaftswissen oder Alltagswissen, soll durch eine sprachphilosoph. Grundlegung einwandfrei und adäquat rekonstruiert werden.

Die mittlere Phase der a. P., der **logische Empirismus** (auch: Neupositivismus, Blüte zw. 1920 und 1950), ist charakterisiert durch die Verselbständigung des Russellschen Programms, adäquate Wissenschaftssprachen als formale Sprachen zu konstruieren. Daraufhin wird Philosophie unter dem Stichwort „Überwindung der Metaphysik" konsequent als Theorie der Wissenschaftssprachen oder „Wissenschaftslogik" begriffen.

Die Spätphase der a. P., der **linguistische Phänomenalismus** (auch: „ordinary language philosophy" oder die a. P. im engeren Sinn, Blüte zw. 1930 und 1960), ist charakterisiert durch die Verselbständigung des Mooreschen Programms, die Philosoph. Tradition auf dem Wege einer Übersetzung in umgangssprachl. Ausdrucksweise als verständl. (oder endgültig als unsinnig) zu erweisen. Philosophie muß sich daher dazu verstehen, den alltägl. Sprachgebrauch einer natürl. Sprache aufs genaueste zu untersuchen, in log., auf den begriffl. Gehalt der Bedeutungsnuancierungen zielenden Absicht (↑ Oxford philosophy).

Method. unabhängig verfährt in diesem Zusammenhang der späte Wittgenstein mit seinen „Philosoph. Untersuchungen" (postum 1953), der unter Beschreibung des Sprachgebrauchs keine Deskription von Fakten, sondern die Beschreibung geeigneter fingierter Situationen versteht, in denen Sprache als einführbar gedacht werden kann. Das geschieht mit Hilfe seiner ↑ Sprachspiele.

🕮 *Tugendhat, E.: Vorlesungen zur Einf. in die sprachanalyt. Philosophie. Ffm. 1976. - Carnap, R.: Der log. Aufbau der Welt. Scheinprobleme in der Philosophie. Hamb.* [4]*1974. - Lorenz, K.: Elemente der Sprachkritik. Ffm. 1970. - Savigny, E. v.: A. P. Freib. u. Mchn. 1970.*

analytische Psychologie, i. w. S. Sammelbez. für jede psycholog. Richtung, die analog der naturwissenschaftl.-analyt. Methode zergliedernd verfährt und vornehml. Elemente, Teilstrukturen und Teilfunktionen seel. Vorgänge (Erlebnisse, Ausdrucks- und Verhaltensweisen) freizulegen sucht (im Ggs. zur Ganzheits- und Gestaltpsychologie); i. e. S. die Psychologie C. G. Jungs.

analytische Sprachen, Sprachen, die die syntakt. Beziehungen mit Hilfe bes. Wörter ausdrücken, z. B. *ich habe geliebt* (analyt.) gegenüber lat. *amavi* (synthet.).

analytisch-synthetische Verfahren, verschiedene Verfahren des Leseunterrichts, bei denen die einzelnen Laute vom Kind in den Wörtern selbst entdeckt werden sollen, bevor sie von ihm zum Zusammensetzen von Wörtern benutzt werden.

Anambra, Bundesstaat in Nigeria, 17 675 km², 5,45 Mill. E, 308 E/km², Hauptstadt Enugu.

Anämie [griech.] (Blutarmut), krankhafter Mangel an rotem Blutfarbstoff mit oder ohne Verminderung der roten Blutkörperchen. Formen der A. sind: **Blutungsanämie,** die akut durch plötzl. Blutverlust entstehen kann. In deren Folge, bes. aber auch als eigenständige Krankheit tritt die **Eisenmangelanämie** auf, wenn das Eisenangebot zu gering oder der Eisenverbrauch zu hoch ist. Es kann auch eine Eiseneinbaustörung vorliegen. Ursachen sind falsche (vitamin- und eisenarme) Ernährung und Eisenverlust durch Monatsblutung. Der **hämolytischen Anämie** liegt erhöhter Blutkörperchenzerfall zugrunde. Die schwerste Form ist die **perniziöse Anämie** *(Anaemia perniciosa)*, die durch fehlende Bildung von ↑ Intrinsic factor infolge von Schwund an Magenschleimhaut und daher gestörter Aufnahme von Vitamin B_{12} verursacht wird. Der Mangel an diesem Vitamin führt zu schwerer Zellreifungsstörung im Knochenmark, von der die Bildung der roten Blutkörperchen betroffen ist. Allg. Symptome jeder Form sind Hautblässe, Müdigkeit, Schwäche, Schwindelgefühl, Kopfschmerzen, bei der perniziösen A. auch Magen-Darm-Störungen. Später kommen auch Atembeschwerden und Kreislaufstörungen hinzu. Die Behandlung richtet sich nach den Ursachen der entspr. A.form. Grundsätzl. wirken sich körperl. Ruhe und eiweiß- sowie vitamin- und

mineralreiche Kost günstig aus. Die perniziöse A. wird ursächl. mit Vitamin B_{12} behandelt (intramuskuläre Injektion einmal im Monat).

anämisch, blutleer, blutarm, mit einer ↑Anämie zusammenhängend.

Anamnese [zu griech. anámnēsis „Erinnerung"], die vom behandelnden Arzt bzw. Psychotherapeuten im Gespräch mit dem Patienten erhobene Vorgeschichte einer Krankheit.

Anamnioten (Anamniota), Wirbeltiere, die sich ohne die ↑Embryonalhüllen Amnion, Allantois und Serosa entwickeln (Ggs.: ↑Amnioten); dazu gehören: Schädellose, Rundmäuler, Fische und Amphibien.

Anamorphot [griech.], ein zur anamorphot. Abbildung oder bei der Anamorphose verwendetes Linsensystem; besteht zumeist aus zwei gekreuzten Zylinderlinsen verschiedener Brennweite, deren Zylinderachsen senkrecht zueinander stehen. In der Photographie werden A. vorwiegend als Objektivvorsatz verwendet; bei Breitbildverfahren dienen sie als Spezialobjektive in den Filmaufnahme- und den Projektionsgeräten.

anamorphotische Abbildung, opt. Abb., bei der der ↑Abbildungsmaßstab in zwei zueinander senkrechten Richtungen verschieden ist. Das Bild ist gegenüber den Abmessungen des abgebildeten Objekts in der Richtung des größeren Bildwinkels (im allg. also in der Breite) kontrahiert. Derartige verzerrte Abb. lassen sich mit einem Anamorphoten realisieren. Umgekehrt können anamorphot. Bilder bei Betrachten durch geeignete Zylinderlinsenanordnungen wieder ein natürl. Aussehen annehmen. In der Photo- und Kinotechnik bilden a. A. die Grundlage des Breitbildverfahrens.

Anamur, türk. Ort nahe der Mittelmeerküste, am Fuß des Taurus, 23 000 E. 5 km sw. liegt **Kap Anamur,** der südlichste Punkt Kleinasiens. - Hier lag das antike, bis in byzantin. Zeit bed. **Anemurion** (Ruinen u. a. von Theatern und Odeion; Nekropolen). 7 km osö. von A., auf einer Landzunge, liegt **Anamur Kalesi,** eine Wehranlage von 1230 (mit 36 Türmen).

Ananas [indian.], Gatt. der Ananasgewächse mit 5 Arten in M- und S-Amerika. ◆ (Pineapple, Ananas comosus) vermutl. in Z-Amerika und auf den Westind. Inseln heim. Art der Gatt. Ananas; wird heute in den Tropen (z. T. auch Subtropen) oft in großen Plantagen kultiviert; Hauptanbaugebiet: Hawaii (80 % der Weltproduktion), Brasilien, Florida. Die in Europa erhältl. Frischfrüchte kommen hauptsächl. aus Treibhäusern auf den Azoren. - Aus einer Rosette steifer, bis über 1 m langer und bis 6 cm breiter, oft dornig gezähnter Blätter entwickelt sich (etwa 12–20 Monate nach dem Auspflanzen) ein ährig-kolbiger Blütenstand mit etwa 30 cm langem Stiel und mit oft über 100 unscheinbaren, grünlichweißen oder schwach violetten Blüten. Der sich bildende zapfenförmige, gelbe bis orangefarbene Beerenfruchtstand ist je nach Sorte unterschiedl. groß (meist etwa 20 cm; kann bis über 3,5 kg schwer werden) und besitzt weißl. oder gelbes, angenehm süßsäuerl. schmeckendes Fruchtfleisch, das reich an Mineralstoffen (bes. Eisen und Kalzium) an Vitaminen (v. a. Vitamin A und B) ist. Die Blattfasern (**Ananashanf**) dienen für feine Gewebe oder für Seile, Netze, Hängematten. Portugiesen brachten 1502 die Pflanze nach Sankt Helena. 1514 tauchte sie in Spanien, 1550 in Indien auf. Bis gegen Ende des 16. Jh. war sie in den meisten trop. Gebieten der Welt eingeführt.

Ananasaroma ↑Fruchtäther.

Ananasgewächse (Bromeliengewächse, Bromeliaceae), Fam. der Blütenpflanzen mit über 1 700 Arten, v. a. in trop. Regenwäldern und in Trockengebieten der südl. USA und S-Amerikas bis Patagonien; bodenbewohnende oder epiphyt. lebende Rosettenpflanzen, deren meist schmale, z. T. dornig gezähnte Blätter lederig oder (bei Epiphyten) fleischig sein können; die z. T. röhrigen, oft lebhaft gefärbten Blüten stehen in meist ährigen oder traubigen Blütenständen; Früchte sind Kapseln oder Beeren; wirtschaftl. am wichtigsten die ↑Ananas; sehr eindrucksvoll die bis 9 m hohe ↑Riesenbromelie; viele Zimmerpflanzen bes. aus den Gatt. ↑Vriesea, Billbergie, ↑Tillandsie, ↑Nidularie, ↑Lanzenrosette, ↑Bromelie.

Ananashanf ↑Ananas.

Ananaskirsche ↑Erdkirschen.

Ananda, der persönl. Begleiter und Lieblingsschüler Buddhas.

Ananias [hebr.], häufiger Name in der Bibel; einzelne bibl. Gestalten: Jer. 28, 1–17; Daniel 1, 7; Apg. 5, 1–11; 9, 10–19; 23, 2–5; 24, 1.

Ananinokultur, nach einem Gräberfeld am Kuibyschewer Stausee, sö. von Kasan ben. früheisenzeitl. (7.–4. Jh.) Kulturgruppe im Uralgebiet und an der Kama. Kleine, meist befestigte Siedlungen an Flüssen; u. a. Produktion von (weit verbreiteten) Metallwaren.

Anankasmus [griech. (zu↑Ananke)], krankhafter Zwang, bestimmte Vorstellungen nicht unterdrücken zu können oder bestimmte Handlungen ausführen zu müssen, obwohl sie als widersinnig erkannt sind (z. B. Wasch-, Zählzwang).

Anankast [griech. (zu↑Ananke)], Zwangsneurotiker.

Ananke [griech.], Notwendigkeit, Zwang, Schicksal, Verhängnis.

Ananym [griech.], Sonderform des ↑Anagramms, die aus der rückläufigen Schreibung eines Namens besteht.

ana partes aequales [ɛˈkva:...; lat. „zu gleichen Teilen"], Abk.: a̅a̅., a̅a̅. pt. aequ.,

ana; Vermerk auf ärztl. Rezepten, daß alle für eine Arzneimischung aufgeführten Bestandteile in gleichen Gewichtsanteilen verwendet werden sollen.

Anapäst [griech.], antiker Versfuß der Form ⌣⌣–́; mit Auflösung bzw. Zusammenziehung –́–⌣́. Im dt. Vers erscheinen neben A. mit zweisilbiger Senkung auch solche mit einsilbiger und dreisilbiger Senkung (als Nachbildung griech. Zusammenziehungen und Auflösungen), z. B. „Sie schwébet auf Wássern, sie schreítet auf Gefílden" (Goethe, „Pandora").

Anaphalis [griech.], svw. ↑ Perlkörbchen.

Anaphase [griech.], Kernteilungsstadium, in dem die Chromatiden (bei der Mitose) bzw. die homologen Chromosomen (bei der Meiose) nach den Polen hin auseinanderrücken.

Anapher [griech.], die Wiederholung eines Wortes oder einer Wortgruppe am Anfang aufeinanderfolgender Sätze, Satzteile, Verse oder Strophen.

Anaphora [griech.] (Prosphora), Bez. für das eucharist. Hochgebet der Eucharistiefeier der Ostkirchen.

Anaphorese [griech.], in Suspensionen die von einem elektr. Feld hervorgerufene Wanderung von geladenen, kolloidalen Teilchen (↑ Elektrophorese).

Anaphrodisiaka [an-afro...] (Antaphrodisiaka, Antierotika), Mittel zur Herabsetzung des Geschlechtstriebs.

Anaphrodisie [an-afro...; griech.], geschlechtl. Empfindungslosigkeit.

anaphylaktischer Schock, schwere allerg. Reaktion des Gesamtorganismus (↑ Allergie); hier kommt es durch erneutes Eindringen von Antigenmengen ins Blut (z. B. bei Wiederimpfung mit einem Impfserum, das körperfremde Eiweiße enthält, gegen die der Körper nach der Erstimpfung bereits Antikörper gebildet hat) zu einer massiven ↑ Antigen-Antikörper-Reaktion im Blut und im Gewebe. Folge ist eine starke Gefäßerweiterung, in deren Folge der Blutdruck absinkt. Nicht selten kommt es zu tödl. Kreislaufversagen.

Anaphylaxie [griech.], heftige Form der Allergie (↑ anaphylaktischer Schock).

Anaplasma [griech.], Gatt. bis 0,6 μm großer, unbewegl., zu den ↑ Rickettsien gehörender Mikroorganismen, die in den roten Blutkörperchen von Tieren parasitieren (Erreger der ↑ Anaplasmosen).

Anaplasmosen [griech.], zusammenfassende Bez. für fieberhafte, meist durch Zecken übertragbare Haustierseuchen, v. a. in S-Afrika und S-Amerika, verursacht durch Blutparasiten aus der Gattung ↑ Anaplasma; am bekanntesten die durch Anaplasma marginale verursachte **Gallenseuche** v. a. bei Hausrindern S-Afrikas und Argentiniens.

Anarchie [griech.], Herrschafts-, Gesetzlosigkeit; **anarchisch,** gesetzlos.

Anarchismus [griech.], Sammelbez. für sozialphilosoph. und polit. Denkmodelle und die Versuche ihrer Verwirklichung, die jede Art von Autorität (Staat, Kirche usw.) als Form der Herrschaft von Menschen über Menschen verwerfen und das menschl. Zusammenleben auf der Basis unbeschränkter Freiheit des Individuums nach den Grundsätzen von Gerechtigkeit, Gleichheit, Brüderlichkeit (Solidarität) verwirklichen wollen. Anarchist. Gedankengänge gibt es seit der Antike, doch stammt der Begriff A. aus dem 19. Jh., in dem er auch als Denksystem und Modell polit. Aktionen seine bis heute wirksame Ausprägung erhielt. Die *philosoph. Begründung* des A., insbes. die frühen A., stützt sich auf eine Extremposition aufklärer. Lehre vom Gesellschaftsvertrag, auf den aufgeklärten Begriff des Naturrechts, das sich – einmal erkannt – sozusagen von selbst verwirklicht, und schließt. in Übereinstimmung mit dem frühen Liberalismus auf die These, daß die vernünftige Entscheidung emanzipierter, freier Individuen eine harmon. Gesellschaft verbürgt und den Fortschritt sichert.

Der individualist. A. stellt das Recht des einzelnen in den Mittelpunkt seiner Gesellschaftstheorie und vertritt die These, daß die Emanzipation des Individuums durch Aufklärung in einem evolutionären Prozeß die staatl. Zwangseinrichtungen zunehmend überflüssig macht und bes. grundsätzl. Beibehaltung des Privateigentums wird eine gerechtere Güterverteilung angestrebt. Theoretiker dieses Typs sind W. ↑ Godwin, P. J. ↑ Proudhon und M. Stirner.

Der kollektivist., revolutionäre – teils von nihilist. Tendenzen beeinflußte – A. will, im Extremfall durch Gewalt und Terror, eine Kollektivordnung aus frei föderierender Gruppen mit Kollektiveigentum herstellen. Hauptvertreter dieses Typs ist M. A. ↑ Bakunin. Eine Variante des kollektivist. A. ist der *Anarchokommunismus* des Fürsten P. ↑ Kropotkin. Eine *religiös-eth.* Spielart des A. vertrat L. Tolstoi, orientiert an den Geboten der Bergpredigt, der Nächstenliebe und des „Nichtwiderstehens dem Bösen".

Der A. der Gegenwart, in der 2. Hälfte der 60er Jahre v. a. in Studentenbewegungen der westl. Welt sichtbar, zielt weiterhin auf eine herrschaftsfreie Gesellschaft, unter Berücksichtigung der histor. Erfahrung und der veränderten gesellschaftl. und polit. Verhältnisse. Die *anarchist. Bewegungen* blieben in ihrer polit. Wirksamkeit, abgesehen von ihrem Beitrag zum Erfolg der Oktoberrevolution und Störungen der polit. Entwicklung, nicht zuletzt durch drakon. Gegenmaßnahmen der Regierungen ohne nennenswerten Einfluß auf die geschichtl. Entwicklung des 19. und 20. Jh., v. a. auf Grund des Verzichts auf polit. wirksame Organisation über kleinere Gruppen und Geheimbünde hinaus.

📖 *Linse, U.: Ökopax u. Anarchie. Mchn. 1986. - Cattepoel, J.: Der A. Gestalten, Gesch., Probleme. Mchn. ³1979. - Guérin, D.: A., Begriff u. Praxis. Dt. Übers. Ffm. ⁸1979. - Lösche, P.: A. Darmst. 1977. - Bartsch, G.: Kommunismus, Sozialismus, A. Freib. 1976.*

Anarchosyndikalismus [griech.], sozialrevolutionäre Arbeiterbewegung, die sich Ende des 19. Jh. als Synthese von Theorie und Bewegung aus Anarchismus und Syndikalismus ausbildete und im Ggs. zum älteren Anarchismus die Arbeiterschaft zu organisieren versuchte: Gewerkschaften (Syndikate) als Kampforgane, zugleich als zukünftige Selbstverwaltungsorgane; direkte Aktion als Kampfform. Erlangte bis zum 1. Weltkrieg in den roman. Ländern polit. Einfluß und ließ in Frankr., Italien und Spanien mächtige Gewerkschaften entstehen.

Anas [lat.], Gatt. der ↑ Schwimmenten.

Anasazitradition [engl. ɑːnɑˈsɑːzɪ; Navajo „die Alten"], bekannteste Kulturtradition im SW der USA, v. a. im sö. Utah, nördl. New Mexico, sw. Colorado und nördl. Arizona; aus der Cochisekultur entstanden. Phasen: *Basketmaker II* (100 v. Chr.–400 n. Chr.): Weiler mit wenig versenkten Häusern; Pflanzenbau (Mais, Kürbis); *Basketmaker III* (400–700): Dörfer mit Grubenhäusern; Domestizierung des Truthahns; Anbau von Bohnen; Keramikherstellung; Zeremonialbauten; *Pueblo I* (700–900): Übergang zu oberird. Bauten. *Pueblo II* (900–1100): Beginn der Steinbauten. *Pueblo III* (1100–1300): Bewässerungsfeldbau; stadtartige Großsiedlungen. *Pueblo IV* (1300–1600); *Pueblo V* (1600 bis heute). - ↑ auch altamerikanische Kulturen, ↑ Pueblo, ↑ Puebloindianer.

Anastasia, weibl. Vorname griech. Ursprungs, eigtl. „die Auferstandene"; männl. Form: *Anastasius*.

Anastasia, * Peterhof 18. Juni 1901, jüngste Tochter des Zaren Nikolaus II. - Vermutl. am 16. Juli 1918 in Jekaterinburg (heute Swerdlowsk) mit der übrigen Zarenfamilie ermordet. Seit den 1920er Jahren suchte Anna Anderson († 1984) ihre Identität mit der Zarentocher zu beweisen.

anastatischer Druck, von A. Senefelder erfundenes Umdruckverfahren; dient dem Nachdruck vorhandener Werke ohne Neusatz oder photograph. Reproduktion; dazu wird die zu vervielfältigende Druckseite präpariert und eingefärbt und auf Stein oder Zink umgedruckt.

Anästhesie [griech.], 1. Zustand der Unempfindlichkeit des Nervensystems im weitesten Sinn. A. bedeutet, daß z. B. Wärme-, Kälte-, Druck- oder Schmerzreize von den nervalen Endapparaten nicht aufgenommen, von den Empfindungsnerven nicht gehirnwärts geleitet oder im Gehirn nicht wahrgenommen werden können; 2. medizin. Verfahren zur Erzielung der Empfindungslosigkeit des Ner-

vensystems, v. a. bei schmerzhaften Eingriffen. Die Allgemein-A. oder **Narkose** greift am Zentralnervensystem an. Stoffe, die dazu geeignet sind, nennt man Narkotika. Sie führen durch vorübergehende Lähmung nervaler Elemente in Gehirn und Rückenmark zu einem schlafähnl. Zustand, der mit Bewußtlosigkeit, zentraler Schmerzausschaltung und Verlust der Abwehrreaktion einhergeht. **Narkotika** sind entweder leicht flüchtige Flüssigkeiten und Gase (Inhalationsnarkotika, z. B. Äther, Lachgas), die eingeatmet werden, oder feste Substanzen, deren Lösungen in die Blutbahn injiziert werden können (Injektionsnarkotika, z. B. Abkömmlinge der Barbitursäure). **Lokalanästhesie** (örtl. Betäubung) nennt man die künstl. Schmerzausschaltung im Bereich nervaler Endapparate oder peripherer Nerven ohne Beeinträchtigung des Bewußtseins. Lokalanästhetika sind Abkömmlinge des Kokains, die die Erregbarkeit nervaler Strukturen hemmen und so die Fortleitung bzw. die Aufnahme eines Schmerzreizes verhindern. Formen: **Kälteanästhesie**: durch Aufspritzen einer schnell verdunstenden Flüssigkeit wird der betreffenden Hautstelle Wärme entzogen, so daß sie gefriert und unempfindl. wird. Bei **Oberflächenanästhesie** werden Lokalanästhetika auf Schleimhautbezirke oder Wundflächen aufgetragen. Bei der **Infiltrationsanästhesie** wird die Lösung des Lokalanästhetikums in das Operationsgebiet injiziert, wodurch auch tiefere Gewebsschichten betäubt werden können. Bei der **Leitungsanästhesie** werden Nervenäste und Nervenstämme, auch ganze Bündel von Nervenstämmen umspritzt. Dabei werden oft nicht nur die aufsteigenden Schmerzfasern des Nervs, sondern auch seine (absteigenden) motor. Fasern blockiert. Bei der **Spinalanästhesie** (Rückenmarks-A.) wird eine Lähmung der Nerven im Bereich ihrer Wurzeln im Rückenmarkssack bewirkt. Schon kleine Dosen eines Lokalanästhetikums, die durch ↑ Lumbalpunktion in die Rückenmarksflüssigkeit injiziert werden, haben ausgedehnte Wirkung. Die Spinal-A. ist zur Betäubung der gesamten unteren Körperhälfte einschließl. der Beckenorgane geeignet.
📖 *Dudziak, R.: Lehrbuch der Anästhesiologie. Stg. ³1985.*

Anästhesist [griech.], Facharzt für die Anwendung aller Verfahren zur Schmerzbetäubung, bes. bei der Operation (Narkosefacharzt).

Anästhetika [griech.], Mittel zur Ausschaltung der Schmerzleitung bzw. Schmerzempfindung.

Anastigmat [griech.], ein Linsensystem, bei dem Astigmatismus und Bildfeldwölbung durch Verwendung spezieller opt. Glassorten für ein größeres Bildfeld beseitigt sind *(anastigmat. Bildfeldebnung)*. Die Korrektur dieser Fehler ist um so schwieriger, je größer

die relative Objektivöffnung und das Bildfeld (z. B. im Weitwinkelobjektiv) ist.

Anastomose [griech.], netzartige Vereinigung von Blut- und Lymphgefäßen (auch von Nerven), die die Versorgung eines Organs auch bei Ausfall eines größeren Gefäßes gewährleistet.

Anastrophe [griech.], rhetor. Bez. für die Umkehrung der gewöhnl. Wortfolge, z. T. mit archaisierender oder emphat. Absicht bzw. Wirkung.

Anatexis [griech.], Schmelzen fester Gesteinspartien bei ihrer Versenkung in größere Erdtiefen oder beim Aufdringen von Magmamassen.

Anath ('Anatu), kanaanäische Fruchtbarkeits- und Kriegsgöttin.

Anathema [griech.], in der Antike ursprünglich die den Gottheiten geopferte und geweihte Gabe.
◆ im Christentum der Bann.

Anatidae [lat.], svw. ↑Entenvögel.

Anatol, männl. Vorname griech. Ursprungs, eigtl. „der aus dem Morgenland (Kleinasien, Anatolien) Stammende".

Anatolien (türk. Anadolu), im 14. Jh. im osman. Reich eingeführte Bez. für den asiat. Teil der Türkei; urspr. Bez. für den O-Teil des Byzantin. Reiches; 15.–18. Jh. Prov., Hauptstadt Kütahya.

anatolische Sprachen, Bez. für eine Gruppe von ↑indogermanischen Sprachen, die im 2. Jt. v. Chr. weit über Kleinasien verbreitet war; dazu gehören die v. a. aus dem Tontafelarchiv von Boğazkale (Boğazköy) bekannten Keilschriftsprachen ↑Hethitisch, ↑Luwisch und ↑Palaisch, ferner ↑Hieroglyphenhethitisch (-luwisch, Bildhethitisch) und die späteren Fortsetzer ↑Lykisch und ↑Lydisch sowie vielleicht auch die nur wenig bekannten Sprachen Karisch, Pisidisch und Sidetisch. Alle diese Sprachen sind im Laufe des 1. Jt. v. Chr. vom Griechischen verdrängt worden. Wegen der Vieldeutigkeit der Bez. a. Sp. bürgert sich immer mehr ein: *hethit.-luw. Sprachen.*

Anatomie [zu griech. anatomé „das Zerschneiden"], die Lehre vom Bau der Organismen. Man unterscheidet eine *Pflanzen-A. (Phytotomie)* und eine *Tier-A. (Zootomie).* Ein Teil der Zootomie ist die *A. des Menschen (Anthropotomie)* als die Lehre vom menschl. Körper. Sie ist die Grundwissenschaft der Medizin. - Durch Zergliedern und Untersuchen des pflanzl., tier. oder menschl. Körpers versucht man sich ein Wissen von der Form, Lage und Beschaffenheit der Organe *(Organologie)* und Organsysteme zu verschaffen Die **theoretische** oder **deskriptive Anatomie** befaßt sich mit der Beschreibung, wobei sich nach vergleichend-anatom., funktionellen und entwicklungsgeschichtl. Gesichtspunkten die Organe des Körpers zu höheren Einheiten, den Systemen, zusammenfassen lassen. Beim Menschen z. B. werden folgende Systeme unterschieden: 1. Skelettsystem (Knochen, Bänder und Gelenke), auch als „passiver Bewegungsapparat" bezeichnet; 2. Muskelsystem (aktiver Bewegungsapparat); 3. Darmsystem; 4. Atmungssystem; 5. System der Harn- und Geschlechtsorgane (Urogenitalsystem); 6. Gefäßsystem; 7. Nervensystem; 8. System der Haut und der Sinnesorgane. - Die Beschreibung und Analyse des Körpers nach solchen Systemen heißt **systematische Anatomie.** Sie bildet die Voraussetzung für die *topograph. A.,* die das räuml. Nebeneinander der Organe in den einzelnen Regionen des Körpers behandelt. Als **praktische Anatomie** oder **angewandte Anatomie** bezeichnet man die Anwendung der topograph.-anatom. Kenntnisse. Wird die topograph. A. auf die Erfordernisse der Chirurgie bezogen, so wird sie *chirurg. A.* genannt. Die **vergleichende Anatomie** versucht, die Mannigfaltigkeit der verschiedenen Daseinsformen der Lebewesen sinnvoll nach dem formenmäßig Gleichwertigen zu ordnen, ferner die Verschiedenheiten, Abwandlungen, Übergänge und Funktionsänderungen der Organe und Organsysteme festzustellen und abzugrenzen. Eine wichtige Hilfswissenschaft der A. ist die (individuelle) Entwicklungsgeschichte, die Ontogenie. Der **makroskopischen Anatomie,** die sich keiner opt. Hilfsmittel bedient, steht die **mikroskopische Anatomie** gegenüber, die mittels Lupe und Mikroskop die Beschaffenheit der Organe und Gewebe *(Histologie)* bis in die feinsten Zellbestandteile untersucht. Ein neues, bed. Forschungsgebiet ist dabei die Histochemie. In der anatom. Methodik unterscheidet man beim (toten) Menschen die *Obduktion* (Feststellung einer unnatürl. Todesursache), die *Sektion,* d. h. das kunstgerechte Öffnen der drei Körperhöhlen (Kopf, Brust, Bauch) und deren Organe, sowie die *Präparation,* d. h. die sorgfältige Bloßlegung und Trennung der einzelnen Organe und Gewebe voneinander. Die Sektion wird vorwiegend bei der **pathologischen Anatomie** (Lehre von den Beschaffenheit des kranken Körpers) zur (nachträgl.) Feststellung einer zunächst unbekannten Krankheit oder Todesursache angewandt. Die präparative Methode bleibt im allg. der deskriptiven und darstellenden A. (Anfertigung von Lehrpräparaten) vorbehalten.

Geschichte: Die griech. Medizin der Frühzeit stellte das Heilen über die Erforschung des menschl. Körpers. Erste erwähnenswerte Anatomen sind Herophilos aus Alexandria (um 300 v. Chr.) und Erasistratos (um 300–um 240); der bedeutende Vertreter der Folgezeit ist Galen (2. Jh.). Spätantike und MA lehnten aus religiösen Rücksichten die Sektion des menschl. Körpers ab, so daß die Ergebnisse der tier. A. auf die des Menschen übertragen wurden. Bed. war A. Vesal (16. Jh.), der die

erste vollständige und in den Grundzügen richtige Schrift über die A. verfaßte. Neue Entdeckungen in der Folgezeit (z. B. des Blutkreislaufs) erweiterten die anatom. Kenntnisse beträchtlich. Hinzu kamen später (18. Jh.) die systemat. Erforschung der Strukturveränderungen an kranken Organen, die patholog. A. durch A. B. Morgagni. Teildisziplinen der A. entwickelten sich im 19. Jh. zu selbständigen Wissenschaften (Physiologie, Histologie). **Bildende Kunst:** Anatom. Illustrierung medizin. Werke gibt es bereits in byzantin. Werken. Bes. bekannt die ma. Holzschnitte des Berengario da Carpi (* um 1470, † 1550). Seit der Renaissance entstehen Blätter mit anatom. Studien – auch nach Leichen – (Leonardo da Vinci, Michelangelo) als Grundlage für Malerei und Plastik überhaupt. Bed. sind die Lehrbuchillustrationen von J. S. van Kalkar (zu A. Vesal, 1543) und G. de Lairesse (zu Bidloo, 1685). Die medizin. A. wird auch Bildthema (u. a. Rembrandts Gruppenbild „A. des Dr. Tulp", 1632).

📖 *Schütz, E./Rothschuh, K. E.: Bau u. Funktionen des menschl. Körpers. Mchn.* [16]*1979.*

anatomisch, die Anatomie oder den Bau des [menschl.] Körpers betreffend.

Anattostrauch [indian./dt.], svw. ↑Orleanbaum.

Anaxagoras, * Klazomenai bei İzmir zwischen 500 und 496, † Lampsakos 428, griech. vorsokrat. Naturphilosoph. - Kam um 460 nach Athen und führte dort die Naturphilosophie auf einen Höhepunkt. A. nahm zur Erklärung der Vielfalt des Seienden kleinste Partikeln, die sog. Homöomerien an. Neben der menschl. Vernunft nahm A. eine kosm. Vernunft (Nus) an, welche die Gesamtheit der Partikeln in eine Wirbelbewegung versetzt und so die Welt herausgebildet habe.

Anaximander von Milet, * um 610, † um 546, griech. vorsokrat. Naturphilosoph. - Schüler und Nachfolger des Thales von Milet. Nach A. ist die (zylinderförmig gedachte) Erde aus dem Unbegrenzten (Apeiron) durch eine Wirbelbewegung entstanden, die Warm und Kalt trennte und Luft und Feuer um die Erde schichtete. Die Seele des Menschen soll A. für aus Luft bestehend gehalten haben. A., der als erster eine Karte der bewohnten Erde gezeichnet hat, darf als Begründer der wissenschaftl. Geographie gelten. Seine philosoph. Leistung wird v. a. in der Weiterbildung des hesiod. Begriffs „Chaos" und des „Urstoffs Wasser" bei Thales zum Begriff des Apeiron gesehen.

Anaximenes von Milet, * um 585, † um 526, griech. vorsokrat. Naturphilosoph. - Vermutlich Schüler des Anaximander von Milet. Nahm nicht mehr das ↑Apeiron als den Ursprung der Dinge an, sondern hielt die Luft für den Urstoff; durch Verdünnung und Verdichtung durchlaufe sie die Reihe der „Zustände" Feuer, Wind, Wolken, Wasser, Erde

und schließl. Stein. A. soll als erster behauptet haben, der Mond beziehe sein Licht von der Sonne.

Anazidität ↑Anacidität.

anazyklisch [griech.], Wörter oder Sätze sind a., wenn sie vorwärts und rückwärts gelesen gleich lauten; z. B. Otto.

Anbaubeschränkung, empfohlene oder angeordnete Einschränkung des Anbaus auf bestimmten landwirtschaftl. Nutzflächen zur Verminderung des Angebots. Die A. ist ein Mittel zur Agrarpreisstützung.

Anbaugrenze (Ackerbaugrenze), durch natürl. Gegebenheiten (v. a. Klima und Böden) bestimmte Grenze für den Anbau von Kulturpflanzen; im allg. ein breiter Saum zw. den Grenzen geschlossenen und inselhaften Anbaus, der sich, den jeweiligen wiss. und techn. Fähigkeiten, den agrarpolit. Zielsetzungen und wirtsch. Möglichkeiten entsprechend, verschieben kann. Man unterscheidet eine Polargrenze, eine Höhengrenze und eine Trockengrenze des Anbaus.

Anbetung ↑Gebet.

anbieten, jemandem eine Ware oder eine Dienstleistung antragen (freibleibend oder verbindlich).

Anbindung, bindungstechn. Bez. für die Verbindung zweier Gewebe; die A. wird bei verstärkten Geweben, bei Doppel- und Mehrfachgeweben angewendet; beim Schußeintrag bindet ein Unterkettfaden über den Oberschuß ab, aber nur dort, wo die benachbarten Oberkettfäden gehoben sind.

Anblasen, Inbetriebnahme eines neu zugestellten ↑Hochofens durch Entzünden von Holz und Koks im Gestell.

Anbruch, bergmänn. Bez. für auf der Suche nach Erz abschnittsweise freigelegte Teile einer Lagerstätte.

ANC [engl. ɛiɛnˈsiː], Abk. für: African National Congress, ↑Afrikanischer Nationalkongreß.

Ancash [span. ˈaŋkaʃ], Dep. im westl. Z-Peru, zw. Pazifik und Río Marañón, 36 308 km², 818 000 E (1981), Hauptstadt Huaraz. Liegt in der Westkordillere der Anden, dicht besiedelt ist nur das Tal des Río Santa (Landw. und Viehzucht). Abbau von Kohle. Die Carretera Panamericana an der Küste sowie Eisenbahn und Straße im Tal des Río Santa sind die Hauptverkehrsträger. - Seit 1839 Name des seit 1821 bestehenden Dep. Huaylas.

Ancher, Michael [dän. ˈaŋˈgər], * Rutsker auf Bornholm 9. Juni 1849, † Skagen 19. Sept. 1927, dän. Maler. - Schilderte das Leben der Fischer eindringlich und realist., mitunter fast monumental. Seine Frau **Anna Ancher** (* 1859, † 1935) malte insbes. sonnige Interieurs.

Anchieta, Juan de [span. anˈtʃjeta], * Azpeitia (Baskenland) 1462, † ebd. 30. Juli 1523, span. Komponist. - Gilt mit Messen und Mo-

tetten als Schöpfer der span. geistl. Polyphonie.

Anchises, Gestalt der griech. Mythologie. König von Dardanos in der Troas; Geliebter der Aphrodite, die ihm den Sohn Äneas schenkt; in Vergils „Äneis" trägt Äneas den gelähmten A. aus dem brennenden Troja.

Anchitherium [griech.], im Miozän in N-Amerika und Eurasien verbreitetes, etwa 70–80 cm schulterhohes Urpferd mit drei (den Boden noch berührenden) Zehen an Vorder- und Hinterfüßen; im unteren Pliozän ausgestorben.

Anchorage [engl. 'æŋkərɪdʒ], Hafenstadt in S-Alaska, USA, 227 000 E. Sitz eines kath. Erzbischofs; Univ. (gegr. 1960), histor. und naturkundl. Museum, Theater, Orchester; bed. Fischereihafen, Ind.-, Handels- und Versorgungszentrum des Umlandes; internat. ✈, Eisenbahn nach Fairbanks und Seward. - Gegr. 1915 als Arbeiterlager beim Eisenbahnbau; strateg. bed. Lage (im 2. Weltkrieg ein Zentrum der Verteidigungsplanung). 1964 durch ein starkes Erdbeben z. T. zerstört.

Anchoveta [span. anʃo'veːta] (Südamerikan. Sardelle, Engraulis ringens), bis 14 cm lange, in großen Schwärmen auftretende Sardellenart im kalten Humboldtstrom vor den Küsten Chiles und Perus; bilden die Hauptnahrung der Guano liefernden Vögel und sind bes. in den letzten Jahren durch großangelegte Fänge für Chile und Peru von großer wirtsch. Bed. (größte Fischmehl- und Fischölind. der Welt).

Anchovis (Anschovis) [niederl.], in Salz oder Marinade eingelegte Sardellen oder auch Sprotten.

Anciennität [ãsiɛni'tɛːt; lat.-frz.] (Seniorität), Bez. für Dienstalter. Richtet sich das Aufrücken in höhere Ämter der Beamtenhierarchie nur nach dem Dienstalter, so spricht man von *A.prinzip.*

Ancien régime [frz. ãsjɛ̃re'ʒim „alte Regierungsform"], aus bürgerl.-liberalem Geschichtsverständnis zunächst Bez. für das Herrschafts- und Gesellschaftssystem des absolutist. Frankr. vor 1789, dann zunehmend für die europ. Gesellschafts- und Staatsordnung von der Mitte des 17. bis zur Wende vom 18. zum 19. Jh.

Ancillon [frz. ãsi'jõ], brandenburg.-preuß. Hugenottenfamilie; emigrierte nach Aufhebung des Edikts von Nantes (1685) von Metz nach Brandenburg; zählte zur Führungsschicht Preußens. Bed.:

A., Johann Peter Friedrich (Jean Pierre Frédéric), * Berlin 30. April 1767, † ebd. 19. April 1837, preuß. Staatsmann und Gelehrter. - Vetter von Friedrich Gentz; wurde 1810 Erzieher des späteren Königs Friedrich Wilhelm IV.; ab 1832 Außenmin.; wandelte sich vom Konservativen zum Reaktionär und war Parteigänger des sozialkonservativen „Systems" Metternichs.

Ancona, Hauptstadt der italien. Region Marken, an der adriat. Küste, 106 000 E. Erzbischofssitz; Wirtsch.- und Handelshochschule; Nationalmuseum der Marken, Pinakothek, Staatsarchiv; Zucker- und Papierind., Musikinstrumentenbau, Werften; bed. Handelszentrum mit größter Hafenanlage an der mittleren Adria. - Um 390 v. Chr. als **Ankon** („Ellbogen"; wegen der Küstenform) von Syrakusern gegr. In röm. Zeit Flottenstützpunkt, Veteranenkolonie und Zentrum von Handel und Gewerbe. 774 als Schenkung an den Kirchenstaat, blieb aber selbständig bis 1532, dann beim Kirchenstaat, 1797–1815 frz. besetzt; 1860 piemontes. Im 2. Weltkrieg stark zerstört. - Auf dem Monte Guasco liegt der roman.-byzantin. Dom (12. Jh.) an der Stelle eines Venustempels; roman. Kirche Santa Maria della Piazza (Fassade von 1210) u. a. Kirchen. Aus röm. Zeit ist der Trajansbogen (115 n. Chr.) erhalten sowie Reste eines Amphitheaters. - Die *Mark A.* wurde um 1090 aus Territorien der Markgräfin Mathilde von Tuszien gebildet; 1199 bis zur Einigung Italiens mit Unterbrechungen beim Kirchenstaat.

ancora [italien.], musikal. Ausführungsanweisung, entspricht dem Wiederholungszeichen.

Ancud, Hauptstadt der chilen. Prov. Chiloé, im Kleinen Süden, Hafen an der N-Küste der Insel Chiloé, 17 000 E. Bischofssitz; Handelszentrum eines Agrargebietes; Küstenfischerei; Holzexport. - Gegr. 1768; 1826 von den Spaniern geräumt, 1960 Zerstörungen durch Erd- und Seebeben.

Ancud, Golf von, Bucht des Pazifik an der südchilen. Küste, zw. dem N der Insel Chiloé und dem Festland.

Ancus Marcius, nach der Sage der 4. König von Rom. Soll etwa 640–616 regiert haben; angebl. Gründer von Ostia und Erbauer der 1. Tiberbrücke.

Ancylostoma [griech.], Gatt. der Hakenwürmer mit der bekannten Art ↑ Grubenwurm.

Ancylus [griech.] (Ancylusschnecken), Gatt. der Lungenschnecken mit früher vielen, inzwischen größtenteils ausgestorbenen Arten in Süßgewässern; fossile Massenablagerungen (Ancylussee); heute in Europa in fließenden und stehenden Gewässern, v. a. des Berg- und Hügellandes, nur noch die **Flußnapfschnecke** (Ancylus fluviatilis), bis 7 mm lang und 3 mm hoch, mit mützenförmiger Schale, deren Spitze nach hinten gebogen ist.

Ancylussee ↑ Holozän (Übersicht).

Anda, Géza ['anda; ungar. 'ɔndɔ], * Budapest 19. Nov. 1921, † Zürich 13. Juni 1976, schweizer. Pianist ungar. Herkunft. - Bed. v. a. als Interpret der Werke Mozarts und Bartóks.

Andachtsbild, kunstwiss. Bez. für eine Gruppe von Bildwerken mit Themen aus dem Marienleben und der Passion Christi, die seit

Beginn des 14. Jh. (Mystik, Volksfrömmigkeit) durch Herauslösung bestimmter Motive aus den herkömml. Szenen entstehen (z. B. die Christus-Johannes-Gruppe aus der Darstellung des Abendmahls). Weitere Themen: Christus an der Geißelsäule, als Schmerzensmann (Erbärmdebild), das Vesperbild (↑ Pieta) u. a. Im 18. Jh. entsteht das ↑ Herz-Jesu-Bild. - Das *„kleine"* A. entstand als Miniatur auf Pergament, Seide und dgl. in derselben Zeit und im gleichen Umkreis, bes. an Wallfahrtsorten verkauft. Im 17. und 18. Jh. auch im Pietismus üblich. Seit neuerer Zeit bedarf das „kleine" A. („Heiligenbild") der kirchl. ↑ Approbation. - Abb. S. 332.

Andachtsbuch, seit Beginn des 17. Jh. Bez. für das vorwiegend privatem Gebrauch dienende ↑ Gebetbuch, etwa P. Kegels „Zwölf geistl. Andachten" (1606) oder die zahllosen, teils anonymen „Andachtbücher", „Andachtsflammen", „Andachtfunken", „Andachtsspiegel", „Andachtübungen", „Andachtwecker" u. a.

Andalusien (span. Andalucía), histor. Prov., autonome Region in Spanien, erstreckt sich über die gesamte Breite des S, grenzt mit dem größeren Teil seiner Küstenlinie an das Mittelmeer, westl. der Straße von Gibraltar an den Atlantik. Das mittlere und östl. A. nehmen die Gebirgsketten der Betischen Kordillere (Hoch-A.) ein, in der Sierra Nevada bis 3 478 m hoch. Nördl. und westl. schließt sich das Guadalquivirbecken (Nieder-A.) an; seinen nördl. Abschluß bildet die bis 1 323 m ü. d. M. aufragende Sierra Morena. Die atlant. Küste (Costa de la Luz) ist flach und sandig, im Ggs. zur schmalen und steilen Mittelmeerküste im Abschnitt Tarifa–Kap Gata (Costa del Sol). - Guadalquivirbecken und Küstenzone besitzen ein rein ausgeprägtes Mittelmeerklima mit heißen und trockenen Sommern, nur der Golf von Almería ist extrem semiarid. Hoch-A. unterliegt zunehmend kontinentalen Einflüssen. An der Küste wachsen Pinien und Eukalyptusbäume, in den Marschen (Marismas) Salzpflanzen und Zwergpalmen, in der Sierra Morena Korkeichen und Macchien. Hoch-A. ist weithin mit Garriguen bedeckt. - A. ist v. a. Agrargebiet, Großgrundbesitz überwiegt. Der Schwerpunkt des Bewässerungsfeldbaus liegt im Guadalquivirbecken; zahlr. Staudämme sichern die Wasserversorgung der Fruchthaine (Zitrusfrüchte, Quitten, Granatäpfel, Baumwolle, Zuckerrohr, Tabak, Feigen, Mais, Gemüse). Ölbaumkulturen sind bes. typ. für Nieder-A. und die angrenzenden Teile der Subbetischen Kordillere; Weinbau wird v. a. um Jerez de la Frontera und Málaga betrieben. In den Marismas werden v. a. Pferde und Kampfstiere gezüchtet, die Sierra Morena ist ein riesiges Sommerweidegebiet für Schafherden. Hoch-A. ist reich an Erzlagerstätten. Die Ind. beschränkt sich weitgehend auf landw.

Verarbeitungsbetriebe, Aufbereitung bergbaul. Förderprodukte, Korkverarbeitung und Seesalzgewinnung. - Hochentwickelter Fremdenverkehr an der Küste, Wintersport in der Sierra Nevada.
Geschichte: Almeríakultur und Megalithbauten im Neolithikum. Erste histor. greifbare Bewohner waren die Iberer. Im letzten Jt. v. Chr. war das Reich von Tartessos wegen seines Reichtums und Handels berühmt. Der phönik. Kolonisation (Gründung u. a. von Cádiz um 1100 v. Chr.) folgte ab 500 Karthago; in der Römerzeit Prov. Baetica, vorübergehend im Besitz der Vandalen (409/411–429), dann der Westgoten bis zur arab. Invasion 711; ab 756 Errichtung des unabhängigen Emirats (ab 929 Kalifat) der Omaijaden von Córdoba aus (bis 1031); ab 1090 erneute Einigung unter den Almoraviden und Almohaden; 1212–1492 Reconquista durch Kastilien; Schauplatz der Moriskenaufstände des 16. Jh. 1641 Ausgangspunkt einer Adelsverschwörung; im span. Unabhängigkeitskrieg Zentrum des span. Widerstandes. Militär. Bedeutung besaß A. zuletzt im Span. Bürgerkrieg 1936 als eine der Ausgangsbasen für die Eroberung Spaniens durch General Franco Bahamonde.

Andalusier, in Spanien gezüchtete Rasse von Warmblutpferden (Schulterhöhe bis etwa 1,65 m); Kopf etwas langgestreckt (Ramskopf); Behaarung von Mähne und Schweif lang, seidig und dicht; häufig Schimmel; aus dem A. wurden (unter Einkreuzung anderer Rassen) mehrere wertvolle Pferderassen gezüchtet, z. B. Lipizzaner, Oldenburger.
◆ span. Rasse bis 3 kg (♂♂) schwerer, meist blaugrauer Haushühner mit guter Legeleistung; Läufe und Zehen schieferblau, Kamm rot, beim ♂ groß, aufrecht, beim ♀ umliegend.
Andalusisches Gebirgsland ↑ Betische Kordillere.

Andaman and Nicobar Islands [engl. ˈændəmæn ənd ˈnɪkoʊbɑː ˈaɪləndz], ind. Unionsterritorium im Ind. Ozean, besteht aus den Inselketten der Andamanen und Nikobaren, 8 327 km², 190 100 E (1981), Hauptstadt Port Blair.

Andamanen, rd. 350 km lange Inselkette zw. dem Golf von Bengalen und der Andamanensee, etwa 200 Inseln, Hauptinseln sind *Nordandaman*, *Mittelandaman* und *Südandaman* sowie die durch eine breitere Meeresstraße von diesen getrennte Insel *Kleinandaman* im S. Die höchste Erhebung ist der Saddle Peak (733 m ü. d. M.) auf Nordandaman. Die Küsten sind steil auf der W-Seite, flach und buchtenreich auf der O-Seite. Feuchtheißes Klima. Im Inneren der Inseln immergrüner trop. Regenwald. Die Bev. besteht aus Andamanern und Nachkommen der in die Strafkolonie Port Blair Eingewiesenen, dazu Zuwanderer der jüngsten Zeit (v. a. Flüchtlinge aus Bangladesch). Anbau von

Reis, Kultivierung von Kokos- und Betelnuß-palmen; plantagenmäßiger Anbau von Kaffee und Kautschuk. Wichtigster Wirtschafts-zweig ist die Holzgewinnung. Einzige Stadt ist Port Blair. - Ende 7. Jh. den Chinesen, im 9. Jh. den Arabern bekannt; von Marco Polo 1286 besucht; 1858 brit. besetzt (ab 1926 Strafkolonie); 1942 jap. besetzt; seit 1947 zu Indien.

Andamanensee, Randmeer des Ind. Ozeans, zw. Hinterindien, Sumatra und den Inselketten der Andamanen und Nikobaren, durch die Malakkastraße mit dem Südchin. Meer verbunden.

Andamaner, Negritovolk auf den Andamanen, früher in 12 Stämme unterteilt, heute nur noch rd. 900 A., die kulturell verarmt in den Wäldern der Inseln leben.

andante [italien.], musikal. Tempobez. für ein ruhiges Zeitmaß. Die mäßige Grundbewegung kann durch Zusätze beschleunigt (*a. con moto, più a.* usw.) oder verlangsamt werden (*a. moderato, meno a.*). **Andante** bezeichnet einen in diesem Zeitmaß zu spielenden musikal. Satz.

andantino [italien.], musikal. Tempobez., vorwiegend „etwas bewegter als andan-

Andachtsbild. Johannes an der Brust Christi (oberschwäbisch; um 1320)

te" gebraucht. **Andantino** bezeichnet einen in diesem Zeitmaß zu spielenden musikal. Satz.

Andean Biface Horizon [engl. ˈændɪən ˈbaɪfeɪs həˈraɪzn], Reihe früher Kulturkomplexe in Südamerika, etwa 10 000–7 000 v. Chr.; gekennzeichnet durch zweiseitig bearbeitete, längl. ovale Geräte (Messer?); verbreitet in Venezuela, Peru, Chile, Argentinien.

Andechs, Gem. im Ldkr. Starnberg, Bayern, in beherrschender Lage (711 m ü. d. M.) über dem O-Ufer des Ammersees, 2 600 E. - Seit Ende des 12. Jh. rege Wallfahrt zu den Reliquien in der Burgkapelle der Grafen von A. Nach 1248 kam die zerstörte Burg in den Besitz der Wittelsbacher; um 1420 Bau der heutigen got. Hallenkirche, 1438 Gründung eines Kanonikerstifts, 1455 in ein Benediktinerkloster umgewandelt; 1803 säkularisiert. 1850 Priorat der Benediktinerabtei Sankt Bonifaz in München. Nach 1945 entwickelte sich eine Wallfahrt zur hl. Hedwig von Schlesien, die aus dem Hause A. stammte. - Ausschmückung der Kirche im Spätrokoko, marmorner Hochaltar mit dem Gnadenbild (Ende 15. Jh.); im Kloster befinden sich eine Bibliothek und ein Museum; Kreuzgang aus dem 15. Jh. - Brauerei.

Andechs, Grafen von, seit 1095 nachweisbares bayr. und fränk. Geschlecht; 1248 im Mannesstamm erloschen; ihre Besitzungen, von Bayern bis an die Adria verstreut, fielen v. a. an Bayern, Tirol und die Burggrafen von Nürnberg.

Andel, svw. ↑ Salzgras.

Anden (span. Cordillera de los Andes), Gebirgssystem an der W-Seite Südamerikas, durchzieht den Subkontinent von Feuerland bis zum Karib. Meer, etwa 8 000 km lang, 200–700 km breit, Teil der bis nach Alaska reichenden ↑ Kordilleren. Die A. sind kein einheitl. Gebirge. Die drei durch tiefe Täler oder Gräben getrennten Gebirgszüge Kolumbiens vereinigen sich im Nudo de Pasto, im S des Landes; in Ecuador sind zwei Hochgebirgszüge durch mehrere Knoten (Nudos) miteinander verbunden; in Peru werden die A. durch zahlr. Längstäler in eine Reihe von Ketten aufgegliedert; in S-Peru dagegen liegt ein recht einheitl. Hochland vor. Mit dem in Bolivien konzentrierten zentralandinen Punablock erreichen die A. ihre größte Breite: er umfaßt den Altiplano, die Puna de Atacama in Chile und die Puna Argentina; nach S läuft der nun einheitl. Gebirgsstrang im Feuerlandarchipel aus und setzt sich in einem weit geschwungenen untermeer. Rücken in der Antarktis fort. Dem Hochgebirge ist am Pazifik eine niedrigere Küstenkordillere vorgelagert. Sie ist in Kolumbien und Ecuador deutl., in Peru nur schwach entwickelt, in Chile durch eine fast das ganze Land durchlaufende Längssenke (Chilen. Längstal) von der Hochkordillere getrennt. Uneinheitl. ist auch das Gewässernetz ausge-

bildet. Río Cauca und Río Magdalena entwässern zum Karib. Meer. In Peru v. a. kurze Abdachungsflüsse zur Küste mit Ausnahme des Río Santa. Die zum Amazonasbecken gerichteten Flüsse reichen tief in das Gebirge zurück; sie nähern sich der W-Küste bis auf fast 100 km Entfernung. Das abflußlose Punahochland besitzt einen bed. Süßwassersee, den Titicacasee, mehrere salzige Endseen und zahlr. Salare. In den südl. Anden bildet der Hochkordillerenkamm die Wasserscheide zw. Pazifik und Atlantik; in der Patagon. Kordillere verläuft die Wasserscheide weitgehend nahe dem östl. Gebirgsrand, die Andenfußseen entwässern nach W. Das geolog. junge Alter der A. äußert sich in teils noch tätigem Vulkanismus und häufigen Erdbeben. - Der Längserstreckung entsprechend variiert das Klima der A. von dem hochozean. kühlgemäßigten Klima der Subantarktis über das Trokkenklima des subtrop.-randtrop. Hochdruckgürtels und das immerfeuchte Äquatorialklima bis zum passat. Trockenklima an der karib. Küste. In der Patagon. Kordillere vollzieht sich der Übergang vom immerfeuchten Westwindklima zum ostpatagon. Steppenklima; Gletscher reichen bis zum Meer hinab. Dem Klima und der jeweiligen Höhenlage entsprechend reicht die Vegetation vom trop. Regenwald über Höhen- und Nebelwald bis zum Páramo oberhalb der Waldgrenze.

📖 *Loetscher, H./Bruggmann, M.: Die A. Luzern u. Ffm. 1977.*

Andenhirsche (Gabelhirsche, Hippocamelus), Gatt. der Trughirsche mit 2 Arten in den Anden S-Amerikas; rehgroße, etwas kurzbeinige, in kleinen Rudeln in 3000–4000 m Höhe lebende Hochgebirgstiere mit dichtem Haarkleid, großen Ohren und meist einfach gegabeltem Geweih.

Andenleuchten, Gasentladung zw. Wolken und Gebirge.

Andenpakt, Vereinbarung über wirtsch. Zusammenarbeit zw. Chile, Kolumbien, Venezuela (Beitritt 1973), Peru, Ecuador und Bolivien. 1968 als subregionale Zollunion durch den Vertrag von Cartagena offiziell gegr., nachdem die Entwicklung der Lateinamerikan. Freihandelszone stagnierte. Auf Grund von Meinungsverschiedenheiten über die Ausarbeitung eines gemeinsamen Außenzolltarifs und über die geplante Behandlung des Auslandskapitals schied Chile 1976 wieder aus.

Andentanne, svw. ↑ Chilefichte.

Anderkonto, Treuhandkonto, über das nicht der Vermögensbesitzer, sondern dessen Notar, Anwalt usw. als Treuhänder verfügt (z. B. bei Konkurs, Vormundschaft).

Anderlecht [niederl. 'andərlɛxt; frz. ãdɛr'lɛkt], Vorortgemeinde im SW der Agglomeration Brüssel, Belgien, 92 000 E. Wichtiger Ind.-Standort, Schlachthöfe von Brüssel. - Kollegiatskirche (14. und 15. Jh.), Haus des

Erasmus von Rotterdam (Renaissance; heute Museum).

Andermatt, Gemeinde im schweizer. Kt. Uri, am Fuß des Sankt Gotthard, 1441 m ü. d. M., 1350 E. Höhenluftkurort, ganzjährige Skisportmöglichkeiten, Verkehrsknotenpunkt. - Barocke Pfarrkirche (1695), roman. Kirche Sankt Kolumban (13. Jh.).

Andernach, Stadt in Rhld.-Pf., am linken Ufer des Rheins, 27 000 E. Museum; Mälzerei, Holzverarbeitung, Tabakwarenherstellung, Metall-Ind. Auf den vulkan. Gesteinen des Hinterlandes basiert die Baustoff-Ind. - In röm. Zeit *Antunnacum;* ein fränk. Königshof wurde 833 durch Normannen zerstört. 1167–1794 kurköln., 1794–1814 frz., kam 1815 an Preußen, 1946 zu Rhld.-Pf. - Pfarrkirche Unserer Lieben Frau, eine dreischiffige Basilika (nach 1199); Sankt Albertus Magnus (1129, 1807 zerstört, Neubau 1954), Burg der Erzbischöfe von Köln (seit 1689 Ruine), spätgot. Rathaus, im Hof das hochgot. Judenbad (vor Mitte 14. Jh.), Reste der alten Stadtbefestigung; am Ufer der Rheinkran von 1554.

Anders, Günther ['--], eigtl. G. Stern, * Breslau 12. Juli 1902, dt. Schriftsteller. - Nach Emigration (Frankr., USA) seit 1950 in Wien. Kulturphilosoph. Schriften, u. a. „Die Antiquiertheit des Menschen" (4 Essays, 1956), „Wir Eichmannsöhne" (1964), „Philosoph. Stenogramme" (1965), „Visit beautiful Vietnam. ABC der Aggression heute" (1968), „Endzeit und Zeitenende" (1972). Auch Fabeln, Tagebücher.

A., Peter ['--], * Essen 1. Juli 1908, † Hamburg 10. Sept. 1954 (Autounfall), dt. Sänger. - Lyr., später jugendl. Heldentenor an der Berliner (1939–48) und an der Hamburger Staatsoper (seit 1948); auch Liedinterpret.

A., William [engl. 'ændəs], * Hongkong 17. Okt. 1933, amerikan. Astronaut. - Unternahm am 21. Dez. 1968 als Kopilot des Raumschiffs „Apollo 8" zus. mit Frank Borman und James A. Lovell den ersten Flug um den Mond.

A., Władysław ['--], * Błonie bei Warschau 11. Aug. 1892, † London 12. Mai 1970, poln. General und Exilpolitiker. - Wurde 1941 Oberbefehlshaber der poln. Armee in der UdSSR; kämpfte später in N-Afrika und Italien; lebte seit 1945 in London; war 1954 Mgl. des poln. Dreirats im Exil.

Andersch, Alfred, * München 4. Febr. 1914, † Berzona (bei Locarno) 21. Febr. 1980, dt. Schriftsteller. - Hörspielautor und Kritiker für den Rundfunk, 1955–57 Hg. der Zeitschrift „Texte und Zeichen". 1952 erschien sein provozierender Roman „Die Kirschen der Freiheit" über seine Desertion (1944 zu den Amerikanern); auch „Sansibar oder der letzte Grund" (R., 1957) behandelt das Problem des Individuums im totalen Staat. *Weitere Werke:* Geister und Leute (En., 1958), Die Rote (R., 1960), Wanderungen im Norden (Reisebericht, 1962), Ein Liebhaber des Halb-

schattens (En., 1963), Aus einem röm. Winter (Reisebericht, 1966). Efraim (R., 1967), Hohe Breitengrade oder Nachrichten von der Grenze (Reisebericht, 1969), Tochter (E., 1970), Mein Verschwinden in Providence (En., 1971), Winterspelt (R., 1974), Öff. Brief an einen sowjet. Schriftsteller, das Überholte betreffend. Reportagen und Aufsätze (1977).

Andersen, Hans Christian [dän. 'anərsən], * Odense 2. April 1805, † Kopenhagen 4. Aug. 1875, dän. Schriftsteller. - Wollte urspr. Sänger und Tänzer werden. Begann mit Reisebeschreibungen und Skizzen; seinen Weltruhm begründeten die „Märchen und Erzählungen für Kinder" (1835–41, 1843–48, 1852–55, 1858–72; erste dt. Übers. 1839). Seine Kunstmärchen sind im Detail äußerst ausgefeilt und sehr zart und empfindsam (Einfluß der dt. Romantik).

A., Knud Børge [dän. 'anərsən], * Kopenhagen 1. Dez. 1914, † Kopenhagen 23. März 1984, dän. Politiker (Sozialdemokrat. Partei). - 1964–68 Erziehungsmin., 1957–70 Mgl. des Folketing, 1970/71 Generalsekretär der Sozialdemokrat. Partei, 1971–73 und 1975–78 Außenmin., seitdem Parlamentspräsident.

A., Lale ['–––], eigtl. Liselotte Helene A., * Bremerhaven 23. März 1910, † Wien 29. Aug. 1972, dt. Chansonsängerin und Kabarettistin. - Wurde mit dem Schlager „Lili Marlen" während des 2. Weltkriegs weltweit bekannt.

Andersen-Nexø, Martin [dän. 'anərsən'nɛgsø:], * Kopenhagen 26. Juni 1869, † Dresden 1. Juni 1954, dän. Arbeiterdichter. - Verrichtete Gelegenheitsarbeiten, besuchte die Volkshochschule und wurde Lehrer. Sozialist, seit 1919 Kommunist. 1923–30 in Deutschland; 1940 Flucht aus Dänemark über Schweden in die Sowjetunion, zuletzt in Dresden. Alle seine Werke sind von tiefer Menschlichkeit erfüllt. Er beschreibt das Leben des dän. Volkes, den Kampf der Arbeiterklasse, die Verelendung des Bauerntums.

Werke: Pelle der Eroberer (R. in 4 Teilen, 1906–10), Ditte Menschenkind, Morten der Rote (R., 1945), Die verlorene Generation [Fortsetzung von „Morten..."] (R., 1948).

Anderson, Anna ['–––] ↑ Anastasia.

A., Carl David [engl. 'ændəsn], * New York 3. Sept. 1905, amerikan. Physiker. - Prof. am California Institute of Technology in Pasadena; entdeckte 1932 das ↑ Positron und 1937 das μ-Meson (↑ Myon). 1936 erhielt A. (zus. mit V. F. Hess) den Nobelpreis für Physik.

A., Maxwell [engl. 'ændəsn], * Atlantic (Pa.) 15. Dez. 1888, † Stamford (Conn.) 28. Febr. 1959, amerikan. Dramatiker. - Sein erfolgreichstes histor. Drama ist „Johanna aus Lothringen" (1947). Zu der Musikkomödie „Knickerbockers" (1938) schrieb K. Weill die Musik. Das Versdrama „Wintertag" (1935) erreicht bes. Expressivität.

A., Oskar Johann Viktor ['–––], * Minsk 2. Aug. 1887, † München 12. Febr. 1960, dt. Statistiker. - Prof. in Warna, Kiel und München. Leitete 1915 eine der ersten Stichprobenerhebungen in der Geschichte der Statistik; einer der Initiatoren der Ökonometrie. *Werke:* Die Korrelationsrechnung in der Konjunkturforschung (1929), Einführung in die mathemat. Statistik (1935), Probleme der statist. Methodenlehre in den Sozialwissenschaften (1954).

A., Philipp Warren [engl. 'ændəsn], * Indianapolis 13. Dez. 1923, amerikan. Physiker. - Seit 1975 Prof. für Physik an der Princeton University. Von bes. Bed. wurde die Arbeit, in der er das Nichtauftreten einer Diffusion von Teilchen in gewissen ungeordneten Strukturen aufzeigte und diskutierte (1958). Erhielt dafür 1977 den Nobelpreis für Physik (zus. mit Sir N. F. Mott und J. H. Van Vleck).

A., Sherwood [engl. 'ændəsn], * Camden (Ohio) 13. Sept. 1876, † Colón (Panama) 8. März 1941, amerikan. Schriftsteller. - A. schreibt über die Enge der amerikan. Kleinstadt des Mittelwestens und setzt seine Hoffnung auf seel.-sexuelle Triebkräfte. Kurzgeschichten und Romane, u. a. „Winesburg, Ohio" (R., 1919), „Der arme Weiße" (R., 1920), „Dunkles Lachen" (R., 1925).

A., Thomas [engl. 'ændəsn], * Leith (= Edinburgh) 2. Juli 1819, † Chiswick (= London) 2. Nov. 1874, schott. Chemiker. - Schüler von J. von Liebig; Entdecker des Pyridins.

Anderson-Brücke [engl. 'ændəsn], elektr. Meßbrücke zur Bestimmung von Induktivität und Wirkwiderstand.

Andersson, Dan [schwed. ˌandərsɔn], * Skattlösberg (Dalarna) 6. April 1888, † Stockholm 16. Sept. 1920, schwed. Dichter. - Arbeitete als Köhler und Waldarbeiter, besuchte die Volkshochschule, wurde Lehrer. Nahm in autobiograph. Romanen, Novellen und Gedichten Stellung zu sozialen Fragen, z. T. tief religiös gestimmte Werke. Seine schwermütigen Lieder sind ins Volksgut eingegangen; u. a. „Svarta ballader" (1917).

A., Lars [schwed. ˌandərsɔn], schwed. Reformator, ↑ Laurentius Andreae.

Anderten, Ortsteil von Hannover, Nds. Sächs. Gräberfeld (7. Jh.).

Änderungsantrag ↑ Antrag.

Änderungskündigung ↑ Kündigung.

Andesin [nach dem Vorkommen im Andesit], Kalknatronfeldspat (↑ Feldspäte).

Andesit [nach den Anden], Ergußgestein; Grundmasse aus Plagioklas, Amphibol, Glimmer und Augit.

Andesitlinie, geolog. Grenzlinie zw. dem Innerpazifik (Basalt) und den Randgebieten (Andesit).

Andhra Pradesh, B.-Staat in SO-Indien, 275 068 km², 53,5 Mill. E (1981), Hauptstadt Hyderabad. A. P. hat Anteil an der Küstenebene am Golf von Bengalen und an den

Ostghats; fast die Hälfte wird vom Telanganaplateau eingenommen. Der Küstensaum und die Deltazonen von Godavari, Krishna und Penner sind das wichtigste Agrargebiet von A. P. mit einer Bev.-Dichte bis 300 E/km². Angebaut wird v. a. Reis, Zuckerrohr und Tabak. Für die Ostghats sind unregelmäßige Niederschläge, arme Böden und spärl. Bewaldung charakterist.; nur in den Tälern Anbau von Hirse, Erdnüssen und etwas Reis auf Bewässerungsbasis. Auf dem Telanganaplateau können nur 43 % der Fläche ackerbaul. genutzt werden, die Böden sind nährstoffarm, die Niederschläge gering. Begünstigter sind die Becken und Täler mit Schwemmböden. Neben Steinkohle wird Eisenerz, Manganerz, Baryt, Glimmer und Graphit abgebaut. Die Ind. konzentriert sich in Visakhapatnam (Textil-, Zucker-, Papierfabriken und Zement-Ind.). - 1956 gebildet.

Andischan, sowjet. Gebietshauptstadt im östl. Ferganabecken, Usbek. SSR, 267 000 E. PH, medizin. und Sprachenhochschule; Theater; Herstellung von Maschinen für Straßenbau und Meliorationsarbeiten, Baumwollentkörnung, chem., Baustoff- und Nahrungsmittelind.; in der Umgebung Erdöl- und Erdgasförderung. - Urkundl. bekannt ab 9. Jh.; 1902 von einem Erdbeben zerstört.

Andlau, Ort am O-Fuß der Vogesen, 30 km sw. von Straßburg, Dep. Bas-Rhin, 1 800 E. Weinbau. - Die 880 gestiftete Benediktinerinnenabtei wurde im 13. Jh. reichsunmittelbar (ab 1499 Damenstift, in der Frz. Revolution aufgehoben); Stiftskirche 12. Jh. (1698–1703 das Langhaus barock erneuert) mit Krypta (11. Jh.).

Andlaw, Peter von [...aṷ], * vielleicht Andlau im Elsaß vor 1425, † Basel 5. März 1480, dt. Jurist. - Mitbegr. und erster Vizekanzler der Univ. Basel; Prof. dort ab 1460; verfaßte die erste wiss. Darstellung des dt. Staatsrechts.

Ando Hiroschige † Hiroschige, Ando.
Andokides-Maler, griech. Vasenmaler des 6. Jh. - Arbeitete für einen Töpfer namens Andokides, malte wahrscheinl. als erster in Attika im rotfigurigen Stil: Amphora mit Silenen (um 520 v. Chr.; Orvieto, Museo Archeologico), Amphora mit Herakles und Zerberus.

Andorn (Marrubium), Gatt. der Lippenblütler mit 30 Arten im Mittelmeergebiet und gemäßigten Eurasien; in M-Europa 2 Arten, bes. der **Gemeine Andorn** (Mauer-A., Marrubium vulgare), ein bis 60 cm hohes, weißwolliges Kraut, v. a. auf Weiden und an Wegrändern, mit ellipt., krausen Blättern und kleinen, weißen, in Quirlen stehenden Blüten; enthält neben äther. Ölen v. a. den Bitterstoff Marrubiin, der in der Volksmedizin gegen Katarrhe angewandt wird.

Andorra

(amtl. Vollformen: Valls d'A., Principado de A., Les Vallées d'Andorre), Ft. in den östl. Pyrenäen, unter gemeinsamer Oberhoheit des frz. Staatspräs. und des span. Bischofs von Urgel, zw. 42° 25′ und 42° 40′ n. Br. sowie 1° 20′ und 1° 47′ ö. L. **Staatsgebiet:** A. grenzt im N und O an Frankr., im S und W an Spanien. **Fläche:** 453 km². **Bevölkerung:** 42 000 E (1984), 92,7 E/km². **Hauptstadt:** Andorra la Vella. **Amtssprachen:** Katalan., Span., Frz. **Währung:** span. Peseta und frz. Franc. **Zeitzone:** MEZ mit Sommerzeit.

Landesnatur: Kerngebiet ist das Talbecken von Andorra la Vella, in dem sich die drei tief eingeschnittenen Quellbäche des Valira vereinigen. Gegen Frankr. ist A. durch den Pyrenäenhauptkamm abgeriegelt, den die Straße im 2 407 m hoch gelegenen Port d'Envalira überwindet. Nach S stellt das Valiratal, das in 840 m Höhe A. verläßt, eine günstige Verbindung zu Spanien her.
Klima und Vegetation: Die Niederschläge verteilen sich relativ gleichmäßig über das ganze Jahr; lang anhaltende Schneebedeckung ermöglicht eine ausgedehnte Wintersaison. Häufige Fröste schränken den Ackerbau ein. Die Kiefer ist der verbreitetste Waldbaum; 2/5 des Landes liegen oberhalb der Baumgrenze.
Bevölkerung: Die fast rein kath. Bev. spricht überwiegend einen katalan. Dialekt. Die Schulen werden von Frankr. und Spanien unterhalten.
Wirtschaft: Auf Grund der Gebirgslage herrscht die Weidewirtsch. vor. Ähnl. wie bei der Almwirtsch. in den Alpen ist jeder Bauer berechtigt, eine festgelegte Anzahl Vieh auf die Gemeinschaftsalm zu treiben. Die Schafherden weiden im Winter im span. und frz. Pyrenäenvorland (Transhumanz); ab 1 500 m ist der Ackerbau, u. a. Tabak, unrentabel. Der Staatshaushalt wird v. a. durch die Konzes-

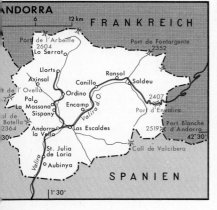

335

sionsgebühren der Sender „Radio Andorra" und „Andorradio" bestritten, die Bürger genießen Steuerfreiheit.

Politisches System: Die Verfassung gründet sich auf einem zw. dem Bischof von Urgel und dem Grafen von Foix im Jahre 1278 geschlossenen Abkommen („Paréage"), in dem sich beide die Herrschaft teilten. Der frz. Staatspräs. ist Rechtsnachfolger der Grafen von Foix. Die von den Souveränen delegierten landesherrl. Rechte werden durch zwei Landvögte wahrgenommen (durch den Präfekten des frz. Dep. Pyrenées-Orientales und den Zivilgouverneur der span. Prov. Lérida), die mit der Ausübung ihres Amtes in A. residierende sog. Vikare beauftragen, den „Viguier de France" und den „Viguer episcopal". Das Landesparlament, der „Generalrat der Täler", von den 625 wahlberechtigten Familienoberhäuptern der Talschaft auf 4 Jahre gewählt, hat zwar keine direkte legislative Gewalt, konnte jedoch immer weitere Kompetenzen der Souveräne an sich ziehen. Der Rechtsprechung liegt das 1748 aufgezeichnete Gewohnheitsrecht zugrunde. Alle Familienhäupter bilden die Volksmiliz, jede Gemeinde hat einen Polizisten.

📖 *Rinschede, G.: A. Vom abgeschlossenen Hochgebirgsstaat zum internat. Touristenzentrum. In: Erdkunde 31 (1977), 4.*

Andorra la Vella [katalan. ənˈdɔrrə la ˈβeʎə], Hauptstadt von Andorra, im Tal des Valira, Pyrenäen, 1 079 m ü. d. M., 14 900 E. Handel; Fremdenverkehr, Rundfunkstationen; Straßenverbindungen mit Seo de Urgel (Spanien) und zum Ariègetal (Frankreich).

Andøy [norweg. ˌanœj], nördlichste der norweg. Vesterålinseln, 490 km².

Andrada e Silva, Antônio Carlos Ribeiro de, * Santos 1. Sept. 1773, † Rio de Janeiro 5. Dez. 1845, brasilian. Politiker. - Bruder von José Bonifácio de A. e S.; wirkte bei der Unabhängigkeitserklärung Brasiliens (1822) mit; konzipierte 1823 die Verfassung, die von Kaiser Peter verworfen wurde; später Innenmin. und Senator.

A. e S., José Bonifácio de, * Santos 13. Juni 1763, † Niterói (Rio de Janeiro) 6. April 1838, brasilian. Politiker. - Bruder von Antônio Carlos Ribeiro de A. e S., Metallurge; ging 1819 nach Brasilien und trug entscheidend dazu bei, daß der Thronfolger Peter sich von Portugal lossagte, um sich an die Spitze eines unabhängigen Kaiserreichs Brasilien zu stellen.

Andrade, Carlos Drummond de [brasilian. ˈɐn'dradi], * Itabira (Minas Gerais) 31. Okt. 1902, brasilian. Dichter. - Gilt als bedeutendster moderner Lyriker seines Landes. Krit. Schilderer des Alltags, auch hermet. und konkrete Lyrik. In dt. Übers.: „Poesie" (1965).

A., Francisco d' [portugies. ɐn'draðɐ], * Lissabon 11. Jan. 1859, † Berlin 8. Febr. 1921, portugies. Sänger (Bariton). - Bed. v. a.

als faszinierender Don-Giovanni-Interpret.

A., Mário Raul Morais de [brasilian. ɐn'dradi], * São Paulo 9. Okt. 1893, † ebd. 25. Febr. 1945, brasilian. Musikforscher und Schriftsteller. - Trat führend für eine sich auf eigene Traditionen besinnende brasilian. Musik ein; maßgebl. Vertreter des brasilian. Modernismo, mit Gedichtsammlungen („Há uma gota de sangue em cada poema", 1917; „Pauliceia desvairada", 1922) sowie Romanen.

Andrae, Ernst Walter, * Leipzig 18. Febr. 1875, † Berlin 28. Juli 1956, dt. Archäologe. - Mitarbeiter von R. Koldewey in Babylon, Ausgräber von Assur 1903–14; seit 1923 Prof. an der TH Berlin; seit 1928 Direktor der Vorderasiat. Abteilung der Berliner Museen.

Andrássy, Gyula (Julius) Graf, d. Ä. [ungar. ˈɔndra:ʃi], * Košice 3. März 1823, † Volosca bei Rijeka 18. Febr. 1890, östr.-ungar. Politiker. - Kämpfte auf seiten Kossuths für die Unabhängigkeit Ungarns; nach Emigration und Trennung von Kossuth ab 1861 Vertreter eines zentralist. Dualismus der Gesamtmonarchie mit gemeinsamer Außenpolitik und Verteidigung; 1867 erster ungar. Min.präs.; erreichte als östr.-ungar. Außenmin. (1871–79) 1872 mit Rußland und dem Dt. Reich das Dreikaiserabkommen, auf dem Berliner Kongreß 1878 die Ermächtigung östr.-ungar. Besetzung Bosniens und der Herzegowina und schloß 1879 mit Bismarck den Zweibund.

A., Gyula (Julius) Graf, d. J., * Tőketerebes 30. Juni 1860, † Budapest 11. Juni 1929, östr.-ungar. Politiker. - Sohn von Gyula Graf A. d. Ä.; einer der Führer der Verfassungspartei; 1906–10 Innenmin.; bot als letzter östr.-ungar. Außenmin. (Okt. 1918) den Alliierten einen Sonderfrieden an; 1921 maßgebl. am Oktoberputsch König Karls beteiligt.

André [frz. ã'dre], in neuerer Zeit aus dem Frz. übernommener männl. Vorname.

André [frz. ã'dre], Franz, * Brüssel 10. Juni 1893, † Uccle 20. Jan. 1975, belg. Dirigent. - Gründete 1935 das Sinfonieorchester der Radiodiffusion Belge, dessen Leiter er wurde, später das große Sinfonieorchester des Institut National de Radiophonie Belge, dessen Chefdirigent er bis 1958 war.

A., Johann, * Offenbach am Main, 28. März 1741, † ebd. 18. Juni 1799, dt. Musikverleger und Komponist. - Vater von Johann Anton A.; komponierte Lieder und Singspiele; baute seine Notenstecherei in Offenbach zu einem der bedeutendsten Musikverlage seiner Zeit aus.

A., Johann Anton, * Offenbach am Main 6. Okt. 1755, † ebd. 6. April 1842, dt. Musikverleger und Komponist. - Sohn von Johann A., Vater von Karl August A.; übernahm 1799 den Musikverlag seines Vaters, erwarb sich Verdienste um den Nachlaß Mozarts; komponierte u. a. Kammer- und Orchestermusik.

A., Karl August, * Offenbach am Main 15.

Juni 1806, † ebd. 15. Febr. 1887, dt. Klavierbauer. - Sohn von Johann Anton A.; gründete 1839 in Offenbach eine Pianofortefabrik.

A., Maurice, * Alès (Gard) 21. Mai 1933, frz. Trompeter. - Prof. am Pariser Conservatoire; sein Repertoire reicht vom Barock bis zu Werken mod. Komponisten.

Andrea da Firenze, eigtl. A. di Bonaiuto, italien. Maler des 14. Jh. - Nachweisbar 1343–1377. Sein Hauptwerk ist der Freskenzyklus in der Span. Kapelle von Santa Maria Novella in Florenz (um 1365). Stark scholast. beeinflußtes Programm. Sienes. in der Linearität seiner Malerei. Auch Fresken im Camposanto von Pisa (1377 ff.). - Abb. S. 338.

Andrea del Castagno [italien. anˈdrɛːa del kasˈtaɲɲo] ↑ Castagno, Andrea del.

Andreä, Jakob, * Waiblingen 25. März 1528, † Tübingen 7. Jan. 1590, dt. luth. Theologe. - Prof., Propst und Kanzler der Univ. Tübingen; seit 1556 maßgebl. an der Reformation im süddt. Raum beteiligt.

A., Johann Valentin, * Herrenberg 17. Aug. 1586, † Stuttgart 27. Juni 1654, dt. luth. Theologe und Schriftsteller. - Enkel von Jakob A. War u. a. Hofprediger in Stuttgart, wollte ein auf werktätige Nächstenliebe gerichtetes Christentum durchsetzen und strebte eine christl. Gesellschaftsordnung an. Sein Bildungsideal hat stark auf Comenius eingewirkt.

Andreanof Islands [engl. ændrɪˈænɒf ˈaɪləndz], Inselgruppe der Aleuten, USA, erstreckt sich über 440 km; Schafhaltung, Pelztierzucht und -jagd. - Ben. nach dem russ. Seefahrer, der die Inseln 1760–64 erforschte.

Andreas, männl. Vorname griech. Ursprungs, eigtl. „der Mannhafte, Tapfere"; frz. Form: André, engl. Form: Andrew, russ. Form: Andrei.

Andreas, hl., Apostel; stammte aus Bethsaida, war wie sein Bruder Simon Petrus Fischer, gehörte wie dieser zu den ersten Jüngern Jesu (Mark. 1, 16–18); war nach Joh. 1, 35–44 Jünger Johannes' des Täufers. Nach späterer Legende wurde er am 30. Nov. 60 gekreuzigt. - Fest: 30. Nov.

Andreas, Name von ungar. Herrschern:
A. I., * um 1013, † Zirc im Herbst 1060, König (seit 1046). - Neffe König Stephans I., der ihn verbannte; konnte nach einem heidn. Aufstand gegen König Peter 1046 zurückkehren; führte erfolgreiche Kämpfe gegen Kaiser Heinrich III.; erreichte 1058 den Verzicht auf die Oberhoheit des Reiches über Ungarn.

A. II., * 1176 oder 1177, † 21. Sept. 1235, König (seit 1205). - Sohn Bélas III., Vater der hl. Elisabeth von Thüringen; mußte 1222 dem Adel bed. Vorrechte gewähren; rief 1211 den Dt. Orden zum Schutz gegen die Kumanen vorübergehend ins Burzenland; gewährte 1224 den Siebenbürger Sachsen mit dem *Privilegium Andreanum* rechtl. und polit. Sonderstellung.

A. III., * um 1265, † 14. Jan. 1301, König (seit 1290). - Enkel A.' II.; gelangte nach der Ermordung Ladislaus' IV. zur Regierung; Thronkämpfe hatten die fakt. Mitherrschaft des ungar. Adels zur Folge; mit A. erloschen die Arpaden im Mannesstamm.

Andreas von Kreta, hl., * Damaskus um 660, † wahrscheinl. 4. Juli 740, Metropolit von Kreta. - Bed. als Prediger und Verfasser liturg. Dichtungen, gilt als Begründer einer neuen Gattung von Kirchenliedern, der „Kanones". Sein „Großer Kanon", ein Bußgesang in 250 Strophen, hat sich bis heute in der griech. Liturgie gehalten, wobei unsicher ist, ob die noch gesungene Melodie auf A. zurückgeht.

Andreas, Friedrich Karl, eigtl. F. K. Bagratian, * Batavia 14. April 1846, † Göttingen 4. Okt. 1930, dt. Orientalist. - Seit 1887 ∞ mit Lou Andreas-Salomé; lebte 1875–82 in Persien und war seit 1903 Prof. für oriental. Philologie in Göttingen. Forschungen zum Awesta und zu den Turfantexten.

Andreas Capellanus, lat. Schriftsteller um 1200. - In seinem Buch über die Liebe („De amore", zw. 1174 und 1186; dt. 1482) behandelt der fränk. Kaplan A. die Liebesregeln der einzelnen Stände, bes. die höf. Minnelehre. Der Einfluß Ovids ist unverkennbar.

Andreaskreuz (lat. crux decussata), Diagonalkreuz (×), an dem der Apostel Andreas gestorben sein soll.

◆ (Warnkreuz) Verkehrszeichen in Form zweier diagonal gekreuzter weißer Balken mit roten Enden; unmittelbar vor schienengleichen Bahnübergängen.

Andreasorden, 1698–1917 höchster russ. Orden.

Andreas-Salomé, Lou, Pseud. Henry Lou, * Petersburg 12. Febr. 1861, † Göttingen 5. Febr. 1937, dt. Schriftstellerin. - Tochter eines russ. Generals hugenott.-dt. Herkunft; studierte in der Schweiz Theologie, war 1882 kurze Zeit mit Nietzsche befreundet, seit 1887 ∞ mit dem Orientalisten F. K. Andreas. Mit Rilke unternahm sie 1899 und 1900 Rußlandreisen. 1911 trat sie zu dem Wiener Kreis der Psychoanalytiker in Beziehung; studierte bei Adler und Freud und praktizierte auch. Schrieb Essays, Erzählungen und Romane, Autobiographie. Es erschienen postum Tagebücher („In der Schule bei Freud", 1958) und ihr Briefwechsel mit Rilke (1952) und Freud (1966).

Andrée, Salomon August, * Gränna 18. Okt. 1854, † auf der Insel Kvitøya bei Spitzbergen 1897, schwed. Ingenieur und Polarforscher. - 1882/83 Teilnahme an der schwed. Polarexpedition nach Spitzbergen; scheiterte beim Versuch, 1897 von Spitzbergen aus mit dem Freiballon den Nordpol zu erreichen, Überreste und Aufzeichnungen wurden 1930 aufgefunden.

Andrejew, Andrei Andrejewitsch, * Kusnezowo (Gouv. Smolensk) 30. Okt. 1895,

Andrea da Firenze. Freskenzyklus
in der Spanischen Kapelle von
Santa Maria Novella in Florenz
(Ausschnitt; um 1365)

† Moskau 5. Dez. 1971, sowjet. Politiker. -
In zahlr. hohen Partei- und Staatsämtern;
u. a. als Mgl. des ZK (1920–60) und des Politbüros (1932–52) der KPdSU, als stellv. Vors.
des Min.rates der UdSSR (1946–53), einer
der einflußreichsten Funktionäre unter Stalin.
A., Leonid Nikolajewitsch, * Orel 21. Aug.
1871, † Mustamäki (Finnland) 12. Sept. 1919,
russ. Schriftsteller. - Gehörte viele Jahre zum
Kreis Gorkis. Unter dem Eindruck der Revolution von 1905 entstand die Novelle „Die
Geschichte von den sieben Gehenkten"
(1908). Nach 1905 zunehmend symbolist.
Werke in resignierender Grundstimmung,
u. a. „Das Leben des Menschen" (1907). Emigrierte 1917 nach Finnland.
A., Nikolai Andrejewitsch, * Moskau 26.
Okt. 1873, † ebd. 24. Dez. 1932, sowjet. Bildhauer. - Sein Zyklus „Leniniana" (1919–32)
umfaßt mehr als 100 graph. und plast. Darstellungen Lenins (Tretjakow-Galerie).
Andreotti, Giulio, * Rom 14. Jan. 1919,
italien. Politiker und Journalist. - Vertreter
und Abg. des rechten Flügels der Democrazia
Cristiana (DC); seit 1954 mehrfach Min. (Inneres; 1955–58 Finanzen; 1958/59 Schatz;
1959–66 und 1974 Verteidigung; 1966–69
Handel und Industrie; 1974–76 Bud-
getplanung und Mezzogiorno); 1968–72
Fraktionsvors. der DC in der Abg.kammer;
1972/73 und erneut 1976–79 Min.präsident.
Seit 1983 ist A. Außenminister.
Andres, Stefan, * Dhrönchen (= Tritten-
heim bei Trier) 26. Juni 1906, † Rom 29. Juni
1970, dt. Erzähler. - Lebte seit 1937 in Po-
sitano bei Salerno, nach 1949 in Unkel, seit

1961 in Rom. Sein erstes Buch, „Bruder Luzi-
fer" (R., 1932), zeichnet seine Jahre der Vorbereitung auf den Ordensstand nach. Fragen
von Freiheit (im Widerspruch zu Diktatur
und Kollektivismus), Schuld und Erlösung
bestimmen sein Werk. Erweist sich als ursprüngl. Fabuliertalent. Auch Lyrik.
Weitere Werke: El Greco malt den Großinqui-
sitor (Nov., 1936), Moselländ. Novellen
(1937), Der Mann von Asteri (R., 1939), Wir
sind Utopia (Nov., 1943). Die Hochzeit der
Feinde (R., 1947), Ritter der Gerechtigkeit
(R., 1948), Die Sintflut (R.-Trilogie, 1949–59),
Der Knabe im Brunnen (R., 1953), Die Reise
nach Portiuncula (R., 1954), Der Taubenturm
(R., 1966), Die Dumme (R., 1969), Die Versu-
chung des Synesios (R., 1971).
Andresen, Momme, * Risum (Nordfriess-
land) 17. Okt. 1857, † Königsteinhof (Schles-
wig) 12. Jan. 1951, dt. Photochemiker. - Erfand u. a. neue Entwickler, insbes. 1891 das
p-Aminophenol (Rodinal) und ein direkt ko-
pierbares Papier.
Andrews, John [engl. 'ændru:z], * Sydney 29. Okt. 1933, kanad. Architekt. - Bekannt
machte ihn sein brutalist. Scarborough College der Univ. Toronto (1964–67). Es folgten
bed. Aufträge, u. a. African Place (Expo '67,
Montreal) und Regierungsgebäude von Can-
berra (1968 ff.), Harvard Graduate School of
Design (1969 ff.). Seine Architektur ist betont
kommunikationsfreundlich.
Andria, italien. Stadt in Apulien, 50 km
wnw. von Bari, 86 000 E. Bischofssitz; Ölmühlen, Töpfereien; Handel mit Wein, Oliven und
Mandeln aus dem Umland. - Kaiser Friedrich II. ließ 15 km südl. *Castel del Monte* erbauen. - Dom (12. Jh., in der Krypta [8.–9. Jh.]
die Grabmäler zweier Frauen Kaiser Friedrichs II.), Kampanile (12.–14. Jh.), San Domenico (14.–16. Jh.).
Andrias scheuchzeri [nlat.], etwa 1 m
großer fossiler Salamander, erstmals am
Schiener Berg bei Öhningen, Bad.-Württ.,
entdeckt. Von J. J. Scheuchzer 1726 irrtüml.
als „Beingerüst eines in der Sintflut ertrunke-
nen Menschen" *(Homo diluvii testis)* beschrieben.
Andrić, Ivo [serbokroat. ‚andritc], * Do-
lac bei Travnik (Bosnien) 10. Okt. 1892, † Belgrad 13. März 1975, serb. Schriftsteller und
Essayist. - Diplomat; begann mit lyr.-philo-
soph. Dichtungen (1918 ff.) und farbigen Erzählungen. Sein Hauptwerk ist die ep., breit
angelegte Chronik von Višegrad „Die Brücke
über die Drina" (R., 1945). Bed. Schilderer
histor. Abläufe und menschl. Charaktere. Nobelpreis 1961.
Weitere Werke: Wesire und Konsuln [Chro-
nik von Travnik] (1945), Das Fräulein (R.,
1945), Der Elefant des Wesirs (Nov., 1948),
Der verdammte Hof (E., 1954), Sämtl. Erzählungen (dt. 1962–64).
Andriessen, Mari Silvester [niederl.

'andri:sə], * Haarlem 4. Dez. 1897, niederl. Bildhauer. - Schöpfer des „Dockarbeiters" auf dem Jonas Daniël Meyerplein in Amsterdam (1953), Denkmal des niederl. Widerstandes gegen die dt. Besatzungsmacht.

Andringitra, Gebirge im SO Madagaskars, erstreckt sich über 100 km in N–S-Richtung; im Pic Boby 2 656 m hoch.

andro..., Andro... [griech.], Bestimmungswort von Zusammensetzungen mit der Bedeutung „männl., Mann...".

Androgene, zu den Steroiden gehörende ↑Geschlechtshormone der Hoden (insbes. die sich von ihrer chem. Grundsubstanz, dem Steroidkohlenwasserstoff Androstan ableitenden Hormone Testosteron und Androsteron) und der Nebennierenrinde (z. B. Androstendion), die v. a. die Entwicklung der sekundären männl. Geschlechtsmerkmale auslösen.

androgyn [griech.], in der *Botanik:* männl. und weibl. Merkmale vereinigend; 1. von Pflanzen gesagt, die gleichzeitig männl. und weibl. Blüten ausbilden (einhäusige Pflanzen); 2. von Blütenständen, die nacheinander zuerst männl., dann rein weibl. Blüten ausbilden (z. B. bei der Kokospalme). ◆ bei Tier und Mensch svw. ↑Androgynie zeigend.

Androgyn [griech.], Symbol für die Vereinigung bzw. Einheit der Gegensätze in der Alchimie.

Androgynie [griech.], Scheinzwittrigkeit beim genotyp. Männchen, bei dem typ. weibliche Geschlechtsmerkmale auftreten.

Android [griech.], veraltet für: Automat in Menschengestalt; *androidisch,* menschenähnlich.

Andrologie, Zweig der Medizin, der sich mit den geschlechtsabhängigen Erkrankungen der Männer befaßt.

Andromache, Gestalt der griech. Mythologie, Tochter des Kilikierkönigs Eetion, Gemahlin Hektors, Mutter des Astyanax. Nach dem Tode Hektors und der Ermordung des Sohnes fällt sie bei der Eroberung Trojas in die Hände von Achilleus' Sohn Neoptolemos (Pyrrhos), dem sie die Molossos gebiert.

Andromeda, Gestalt der griech. Mythologie. Tochter des äthiop. Königs Kepheus und der Kassiopeia, die sich rühmt, schöner als alle Nereiden zu sein, worauf Kepheus, um die zürnenden Götter zu versöhnen, A. an eine Klippe schmiedet, wo sie einem Ungeheuer preisgegeben ist. Perseus, der sie befreit, erhält sie von Kepheus zur Frau. Sie wird Stammutter der Perseiden. Athena versetzt sie später unter die Sterne. - Aus der Antike ist ein Wandgemälde aus Pompeji erhalten (Casa dei dioscuri; heute Neapel, Museo Nazionale). Seit dem 16. Jh. ist die A.geschichte ein bevorzugtes mytholog. Thema in Malerei und bildender Kunst.

Andromeda [griech.], ↑Sternbilder (Übersicht).

Andromeda [griech.], svw. ↑Rosmarinheide.

Andromedanebel, das mit bloßem Auge im Sternbild Andromeda erkennbare Nebelwölkchen, das im Messier-Katalog die Bez. M 31 erhielt. Der A. ist das mit bloßem Auge wahrnehmbare Himmelsobjekt mit der größten Entfernung von der Erde; er ist ein Spiralnebel. Die Entfernung des A. zur Erde wird mit 667 kpc angegeben. Seine Masse läßt sich auf etwa 350 Milliarden Sonnenmassen schätzen. Der Durchmesser des A. in der Symmetrieebene beträgt etwa 50 000 pc. Masse, Größe und Typ entsprechen etwa denen unseres eigenen Milchstraßensystems. Der A. hat noch zwei kleinere Sternsysteme als Begleiter. 1950 wurde der A. auch als erste diskrete extragalakt. Radioquelle entdeckt.

Andromedanebel M 31 und seine beiden Begleiter

Andromediden [griech.], svw. ↑Bieliden.

Andromonözie, in der Botanik das Vorkommen von Zwitterblüten und rein männl. Blüten auf demselben Individuum; z. B. bei der Drachenwurz. - ↑auch Gynomonözie.

andromorph [griech.], den Männchen sehr ähnlich sehend (von Weibchen derselben Art, z. B. Hyänen gesagt).

Andronicus, Livius ↑Livius Andronicus, Lucius.

Andronikos, Name von byzantin. Herrschern:

A. I. Komnenos, * 1122 (?), † Konstantinopel 12. Sept. 1185, Kaiser (seit 1183). - Ließ die Witwe Kaiser Manuels I., Maria, und ihren Sohn Alexios II. (1180–83) beseitigen; entfaltete ein v. a. gegen die führenden Adelsgeschlechter gerichtetes Schreckensregiment; mußte territoriale Verluste hinnehmen; bei einem Aufstand getötet.

A. II. Palaiologos, * Nizäa 1259 oder 1260, † Konstantinopel 13. Febr. 1332, Kaiser (1282–1328). - Sohn Michaels VIII. Palaiologos; Mitkaiser Michael IX. 1294–1320; schwere außenpolit. Rückschläge, große territoriale Verluste v. a. in Kleinasien an die Osmanen, im NW an die Serben; die Wirtschafts- und Finanzkraft des Staates verfiel

zunehmend; Wiederherstellung des kirchl. Friedens; ab 1320 Machtkampf mit seinem Enkel A. III.

A. III. Palaiologos, * 1296 oder 1298, † 15. Juni 1341, Kaiser (seit 1328). - Gelangte gegen seinen Großvater A. II. an die Macht (seit 1325 bereits Mitkaiser); unter A. III. stetiger Verfall des Byzantin. Reichs (weiteres Vordringen der Osmanen in Kleinasien und der Serben im NW); 1333 Rückeroberung von Epirus und Thessalien und weiterer Verfall des Staatsapparats und der Finanzen; erfolgreiche Reform des Gerichtswesens.

Andronikos von Rhodos, griech. Philosoph des 1. Jh. v. Chr. - Um 70 v. Chr. Schulhaupt der peripatet. Schule; wurde bekannt als Sammler, Kommentator und Herausgeber der aristotel. Schriften.

Andronowokultur, bronzezeitliche Kultur in S-Sibirien, zw. Ural und Jenissei; unter Einflüssen aus S-Rußland zw. 17. und 16. Jh. herausgebildet, bis ins 1. Jt. v. Chr. fortlebend.

Andronymikon [griech.], vom Namen des Mannes abgeleiteter Frauenname, z. B. [die] Neuberin zu Neuber.

Andropause, das Erlöschen der männl. Sexualfunktionen.

Andropogon ↑ Bartgras.

Andropow, Juri Wladimirowitsch, * Nagutskaja (Gebiet Stawropol) 15. Juni 1914, † Moskau 9. Febr. 1984, sowjet. Politiker. - Ab 1961 im ZK der KPdSU, dessen Sekretär 1962–67; 1967 Kandidat des Politbüros und bis Mai 1982 (im Min.rang) Vors. des Komitees für Staatssicherheit (KGB); war seit 1973 Mgl. des Politbüros, seit Mai 1982 Sekretär des ZK der KPdSU, seit Nov. 1982 deren Generalsekretär, seit Juni 1983 Vors. des Präsidiums des Obersten Sowjets.

Andropow, sowjet. Stadt unterhalb des ↑ Rybinsker Stausees.

Andros, Hauptort der griech. Kykladeninsel A., in einer ungeschützten Bucht an der mittleren NO-Küste, 1 600 E. Schiffahrtsmuseum. - Gründete ab 655 Kolonien an der thrak. Küste; im 4. Jh. Mgl. des 2. Att.-del. Seebundes, später des Nesiotenbundes.

A., gebirgige Insel im Ägäischen Meer, nördlichste der Kykladen, Griechenland, von Euböa nur durch eine 12 km breite Meerenge getrennt, 374 km², Hauptort A.; höchste Erhebung Kubarion (1 009 m ü. d. M.). Anbau von Wein, Oliven, Obst, Getreide, Gemüse; Fremdenverkehr.

Androsch, Hannes, * Wien 18. April 1938, östr. Politiker. - Seit 1967 Nationalrat; 1970–81 Finanzmin., 1976–81 zugleich Vizekanzler.

Androsteron [griech.], männl. Keimdrüsenhormon aus der Gruppe der Steroide; entsteht durch Veresterung eines in der Leber gebildeten Abbauproduktes, des ↑ Testosterons, und wird mit dem Harn ausgeschieden;

A. ist v. a. für die Ausbildung der sekundären männl. Geschlechtsmerkmale verantwortl.

Andrözeum (Androeceum) [griech.], Gesamtheit der Staubblätter einer Blüte.

Andrussowo [russ. anˈdrusɐvɐ], Dorf im Gebiet von Smolensk; durch den Waffenstillstand von A. 1667 erhielt Rußland endgültig von Polen-Litauen Smolensk und die Ukraine links des Dnjepr mit Kiew.

Andrzejewski, Jerzy [poln. andˈʒeˈjɛfski], * Warschau 19. Aug. 1909, † Warschau 19. April 1983, poln. Schriftsteller. - In dem Roman „Asche und Diamant" (1948, dt. 1961) setzt sich A. krit. mit den Bemühungen der erschütterten poln. Gesellschaft um eine neue Lebensordnung auseinander. „Finsternis bedeckt die Erde" (R., 1957) behandelt die Stalinära.

Weitere Werke: Ordnung des Herzens (R., 1938), Die Warschauer Karwoche (E., 1945), Die Pforten des Paradieses (E., 1960), Siehe, er kommt hüpfend über die Berge (R. [über Picasso], 1963), Appellation (R., 1968), Das große Lamento des papierenen Kopfes (E., 1969).

Äneas, Gestalt der griech.-röm. Mythologie; Sohn des Anchises und der Aphrodite, bedeutendster trojan. Held nach Hektor. Alle vorhandenen· Sagen faßte Vergil in der „Äneis" zusammen. Danach trägt Ä., als er das brennende Troja verloren sieht, seinen Vater Anchises aus der Stadt. Mit den Überlebenden segelt er nach Thrakien, von da aus nach Delos, Kreta und Sizilien. Ein Sturm zerschlägt den Großteil der Flotte, und Ä. wird nach Karthago verschlagen, wo ↑ Dido ihn vergebl. zum Bleiben zu überreden versucht. Nach siebenjähriger Irrfahrt erreicht er Italien. Ä. gründet Lavinium, sein Sohn Ascanius (von den Römern Iulus genannt und Stammvater des Geschlechts der Julier) Alba Longa, die Mutterstadt Roms.

⨃ *Schauenburg, K.: Aeneas u. Rom. In: Gymnasium 67 (1960), 176.*

Anefang [zu althochdt. anafāhan „anfassen"], german. Rechtsinstitut zur Wiedererlangung abhandengekommener, im Besitz eines Dritten vorgefundener Sachen. Der Kläger mußte die Sache in bestimmter Form anfassen und dabei ihren unfreiwilligen Verlust behaupten, was den Besitzer zwang, den Besitz zu verantworten.

Aného, Stadt in Togo, auf einer Nehrung an der Bucht von Benin, 14 000 E. Verwaltungssitz des Distriktes A.; wichtiges landw. Handelszentrum; Lagunenfischerei. - Im 18. Jh. gegr., ehem. bed. Handelsplatz für Elfenbein und Sklaven; 1884–87 und 1914–20 Hauptstadt von Togo.

Aneignung, Erwerb des Eigentums an einer herrenlosen Sache (die in niemandes Eigentum steht). Eine herrenlose bewegl. Sache (z. B. frei lebende Tiere) kann sich nach § 958 BGB jedermann dadurch aneignen, daß

er sie in Eigenbesitz nimmt. Der Eigentumserwerb ist nur dann ausgeschlossen, wenn die A. gesetzl. verboten ist oder durch die Besitzergreifung das A.recht eines anderen verletzt wird (z. B. fremdes Jagdrecht). Ein herrenloses Grundstück kann sich nach § 928 Abs. 2 BGB nur der Fiskus des Landes, in dem das Grundstück liegt, aneignen.

Äneis (Aeneis), Epos des Vergil, das die Irrfahrten des ↑Äneas, seine Begegnung mit Dido und die Niederlassung in Latium schildert.

Anekdote [zu griech. anékdota „Unveröffentlichtes", dem Titel eines nachgelassenen Werkes des byzantin. Geschichtsschreibers Prokop, das in seine offizielle Darstellung der Regierung Justinians nicht eingegangen sind], pointierte Geschichte; ep. Kleinform, die auf einen Moment zielt (eine Handlung, eine schlagfertige Entgegnung), in dem sich menschl. Charakterzüge enthüllen oder in dem die Merkwürdigkeit oder die tieferen Zusammenhänge einer Begebenheit zutage treten, d. h. nicht selten eine Gesellschaft, eine Epoche charakterisiert wird. Durch die „novella" des Boccaccio und deren Nachahmung und v. a. durch die ↑Fazetie entsteht die A. als eigene Literaturform. Form, die jedoch nicht immer klar gegen ↑Exempel, ↑Fabel, ↑Schwank und ↑Novelle abzugrenzen und dem ↑Witz, ↑Aphorismus und ↑Epigramm nahe ist. Zur hohen Kunstform wird die A. durch H. von Kleist.

📖 *Grothe, H.: A. Stg. 1971.*

Anelastizität, Bez. für die durch Gitterbaufehler bedingte Abweichung des Verhaltens fester Körper von einem idealen, u. a. durch das Hookesche Gesetz beschriebene elast. Verhalten.

Anelektrolyte [griech.], Bez. für Verbindungen, die nicht aus Ionen aufgebaut sind.

Anemograph [griech.], ein Anemometer, bei dem die gemessenen Werte aufgezeichnet werden.

Anemometer [griech.], Gerät zur Messung der Windgeschwindigkeit; zur Bestimmung der mittleren Windgeschwindigkeit verwendet man vorwiegend *Rotations-A.* (Schalenkreuz-A.).

Anemone [griech.] (Windröschen), mit etwa 120 Arten weltweit verbreitete, v. a. jedoch in den nördl. gemäßigten Zone vorkommende Gatt. der Hahnenfußgewächse; niedrige bis mittelhohe Stauden mit meist handförmig gelappten oder geteilten Blättern und oft einzeln stehenden, unterschiedl. gefärbten Blüten; Früchte meist einsamige Nüßchen; in Deutschland einheim. sind 6 Arten, z. B. ↑Buschwindröschen, ↑Narzissenblütige Anemone; in Gärten oft großblumige, farbenprächtige ausländ. Arten, z. B. ↑Gartenanemone.

Anemonia [griech.], svw. ↑Seeanemonen.

Anemonin [griech.] (Anemonenkampfer), $C_{10}H_8O_4$, im strukturellen Aufbau dem ↑Kampfer ähnl. organ. Verbindung; natürl. Vorkommen hauptsächl. in Anemonenarten; Verwendung als Krampf- und Schmerzlinderungsmittel.

Anepigrapha [griech.], unbetitelte Schriften; **anepigraphisch,** ohne Titel.

Anerbenrecht, Sondererbrecht für ländl. Grundbesitz zur Verhinderung unwirtschaftl. Teilungen durch geschlossene Erbfolge eines einzigen Hoferben (Anerben). Entweder erbt der älteste oder der jüngste Sohn, der den übrigen gesetzl. Erben eine Abfindung zu zahlen hat, die für den Anerben wirtschaftl. tragbar sein muß.

Das A. hat sich z. T. gewohnheitsrechtl. entwickelt. Bei Einführung des BGB sind die entsprechenden Ländergesetze erhalten geblieben. Unter dem Nationalsozialismus wurde reichseinheitl. und obligator. durch das Reichserbhofgesetz vom 29. 9. 1933 das A. eingeführt; dieses Gesetz wurde 1947 vom Alliierten Kontrollrat aufgehoben, in den dt. Ländern traten die älteren Normen wieder in Kraft, oder es wurden neue *Höfeordnungen* erlassen. Ein tragendes Prinzip des A. wurde 1963 beseitigt, als das Bundesverfassungsgericht den Mannesvorzug für verfassungswidrig erklärte.

Anergie [griech.], in der *Medizin* das Fehlen der Reaktion des Organismus auf einen Reiz, v. a. auf Antigene.

Anerio, Felice, * Rom 1560, † ebd. 27. Sept. 1614, italien. Komponist. - Bruder von Giovanni Francesco A.; 1594 Nachfolger Palestrinas als Komponist der päpstl. Kapelle; komponierte Madrigale, Canzonetten, geistl. Konzerte, Hymnen und Cantica sowie Responsorien.

A., Giovanni Francesco, * Rom um 1567, ⬚ Graz 12. Juni 1630, italien. Komponist. - Bruder von Felice A.; seine fast allen Gatt. der Zeit gewidmeten hochstehenden Kompositionen sind durch die Aufnahme der Monodie bedeutsam, mit dramat. Lauden trug er zur Entwicklung des Oratoriums bei.

Anerkenntnis, 1. rechtl. verbindl. Zugeständnis, daß einem anderen ein Recht gegen den Anerkennenden zustehe oder daß dem Anerkennenden ein Recht gegen einen anderen zustehe (z. B. nach §§ 781, 397 BGB). Durch ein A. wird die Verjährung eines Anspruchs unterbrochen (§ 208 BGB). 2. *A. der Vaterschaft* ↑Anerkennung.

Anerkenntnisurteil, Urteil im Zivil- und Arbeitsgerichtsprozeß, das auf Antrag einer Partei ergeht, wenn die Gegenpartei den gegen sie gerichteten Anspruch anerkannt hat (§ 307 ZPO).

Anerkennung, ausdrückl. oder stillschweigende Erklärung, bestimmte Tatsachen oder Rechtsverhältnisse gegen sich gelten zu lassen.

Aneroidbarometer

Zivilrecht: Die A. *(Anerkenntnis)* der nichtehel. Vaterschaft bewirkt die Feststellung der Vaterschaft mit allseitiger Wirkung (Vollvaterschaft). Hierzu bedarf die A. allerdings der Zustimmung des Kindes bzw. des Jugendamtes (§§ 1600a ff., 1706, 1709 BGB neuer Fassung).

Zivilprozeßrecht: A. ausländ. Urteile ist die Gleichsetzung einer von einem ausländ. Gericht gefällten Entscheidung mit einem Inlandsurteil. Die zahlr. Voraussetzungen für die A. gibt § 328 ZPO an.

Völkerrecht: 1. A. von Staaten: A. ist die einseitige Erklärung eines Staates gegenüber einem Neustaat, die dessen Eigenschaft als Völkerrechtssubjekt zwischen den Beteiligten außer Streit stellt. Die A. umfaßt i.d.R. die Aufnahme diplomat. Beziehungen. 2. A. von Regierungen: Bei gewaltsamen Umstürzen unter Fortbestand des Staates bedarf die revolutionäre Regierung der A. dritter Staaten als rechtmäßige Repräsentantin ihres Staates.

Aneroidbarometer [griech.], Gerät zur Messung des Luftdrucks; wichtigster Bestandteil des A. ist die ↑Vidie-Dose, ein flacher, weitgehend luftleerer metall. Hohlkörper, der je nach Größe des Luftdruckes mehr oder weniger stark zusammengedrückt wird. Diese Formänderung wird ein Hebelsystem auf eine geeichte Anzeigeskala übertragen.

Anet, Claude [frz. aˈnɛ], eigtl. Jean Schopfer, * Morges (Schweiz) 28. Mai 1868, † Paris 9. Jan. 1931, frz. Schriftsteller. - Reiseberichte (Persien, Rußland z. Zt. der Revolution) und Romane, die in der frz. Provinz oder Rußland spielen: „Kleinstadt" (1901), „Les bergeries" (1904), „Ariane" (1920).

A., Jean-Baptiste, ≈ Paris 2. Jan. 1676, † Lunéville 14. Aug. 1755, frz. Violinist und Komponist. - War in Rom Schüler von Corelli und seit 1712 Mgl. der frz. Hofkapelle; galt als der führende frz. Geiger seiner Zeit. Komponierte Violinsonaten und Stücke für 2 Musettes.

Anethum [griech.], svw. ↑Dill.

Aneto, Pico de, höchster Gipfel der Pyrenäen, Spanien, 3404 m hoch.

Aneurin [griech.], svw. Vitamin B_1 (↑Vitamine).

Aneurysma [griech.], krankhafte, örtl. begrenzte Erweiterung (Ausbuchtung) eines Blutgefäßes, bes. einer Arterie oder (seltener) des Herzens. Ursächl. liegt dem A. eine lokale Wandschwäche des Gefäßes voraus, die dazu führt, daß sich die schwache Stelle unter dem Blutdruck sackförmig ausweitet. Zur Bildung eines A. am Herzen kommt es meist infolge einer Muskelwandverdünnung nach Entzündung des Herzmuskels oder infarktbedingtem Gewebsuntergang, an den Arterien, bes. häufig an der Aorta, infolge Syphilis, Verkalkung oder Verletzung. Der Durchbruch eines A. in eine parallel verlaufende Vene führt zum arteriovenösen A. Durchbruch in eine Körperhöhle, in die Luftröhrenäste, in die Speiseröhre oder in den Darm kann tödl. Verblutung zur Folge haben.

Anfachung, Ingangsetzen (Aufbau) eines Schwingungs- oder Wellenvorganges; auch Vergrößerung seiner Amplitude; z.B. elektr. Schwingungen durch ↑Rückkopplung.

Anfall, in der Medizin Sammelbez. für verschiedenartige, vorübergehende, meist plötzl. einsetzende Zustandsänderungen (der Muskelspannung, des Bewußtseins u.a.); v.a. Bez. für Krämpfe im Bereich einzelner Muskelgruppen oder der gesamten Muskulatur. Der A. kann auch seel. verursacht sein (↑Hysterie).

Anfälligkeit, herabgesetzte Widerstandsfähigkeit des Organismus gegen äußere Einflüsse.

Anfallsleiden, Bez. für typ., mit Anfällen einhergehende Krankheiten, i.e.S. für alle Formen der ↑Epilepsie.

Anfangsbedingungen, die Bedingungen, die den physikal. Zustand eines Körpers oder Systems zu einem willkürl. gewählten Zeitpunkt $t = t_0$ *(Anfangszeitpunkt)* festlegen. Dieser Zeitpunkt wird zumeist auch als Anfang der Zeitzählung verwendet ($t_0 = 0$). Die A. bei der Bewegung eines Körpers sind seine Geschwindigkeit *(Anfangsgeschwindigkeit)* und sein Ort *(Anfangsort, Anfangslage)* zum Zeitpunkt $t = t_0$.

Anfangsspannung, (Durchbruchspannung) diejenige Spannung in einer Gasentladungsstrecke, bei welcher der auf Fremdionisation beruhende unselbständige Vorstrom in eine selbständige ↑Gasentladung übergeht. ◆ (Funkenpotential) diejenige Spannung zw. zwei Metallelektroden, bei der eine Funkenentladung mit lautem Knall und blendendem Leuchten erfolgt.

Anfangsunterricht (Erstunterricht), der Unterricht für Schulanfänger; der A. ist noch nicht in Fächer aufgegliedert, sondern will diese erst als dem gesamtheitl. Unterricht ausgliedern, d.h. das Kind die verschiedenen Sachgebiete entdecken lassen. Früher wurde der A. meist als heimatkundl. Unterricht erteilt, heute ist die moderne Umwelt des Kindes Ausgangspunkt (Sachunterricht).

Anfangsvermögen, im gesetzl. Güterstand der Zugewinngemeinschaft das Vermögen, das einem Ehegatten nach Abzug der Verbindlichkeiten zu Beginn des Güterstandes gehört (§ 1374 BGB).

Anfangswertproblem, die Aufgabe, eine Lösung einer gegebenen Differentialgleichung oder eines Differentialgleichungssystems zu finden, die bestimmte vorgeschriebene *Anfangsbedingungen* erfüllt. Bei einer gewöhnl. Differentialgleichung n-ter Ordnung

$$F(x; y(x), y'(x), \ldots, y^{(n)}(x)) = 0$$

besteht das A. darin, eine Lösung $y(x)$ aufzu-

finden, die an einer bestimmten Stelle $x = \xi$ des Intervalls vorgeschriebene *Anfangswerte*

$$y(\xi) = A_0, y'(\xi) = A_1, \ldots, y^{(n-1)}(\xi) = A_{n-1}$$

annimmt.

Anfechtung, im *Recht* die [meist rückwirkende] Beseitigung einer Willenserklärung durch eine Willenserklärung.
1. Willenserklärungen können (§ 119 BGB) von demjenigen angefochten werden, der bei der Abgabe der Erklärung über ihren Inhalt im Irrtum war *(Inhaltsirrtum)* oder eine Erklärung dieses Inhalts nicht abgeben wollte *(Erklärungsirrtum).*
2. Nach § 123 BGB ist ein A.recht auch für den gegeben, der zur Abgabe einer Willenserklärung durch arglistige Täuschung oder widerrechtl. durch Drohung bestimmt worden ist.
3. Die A. erfolgt durch empfangsbedürftige Willenserklärung, die i. d. R. an denjenigen zu richten ist, demgegenüber die angefochtene Erklärung abgegeben worden ist. Ein angefochtenes Rechtsgeschäft gilt grundsätzl. als von Anfang an nichtig (§ 142 Abs. 1 BGB). Die bestehenden Ausnahmen hiervon betreffen v. a. das Arbeits- und das Gesellschaftsrecht.
Im *östr. Recht* unterscheidet man zw. ursprüngl. und nachfolgender bzw. absoluter und relativer Nichtigkeit. Absolut nichtige Geschäfte brauchen nicht angefochten zu werden, weil sie gar keine Wirkung erzeugt haben; bei relativer Nichtigkeit hingegen besteht die Möglichkeit der A. Sie setzt im allg. einen Mangel in der wahren Einwilligung (§ 869 ABGB) voraus, der durch eine undeutl. Erklärung, List, ungerechte und gegründete Furcht oder Irrtum bewirkt wurde.
Im *schweizer. Recht* ist der *allgemeine A.tatbestand* [bei Willensmängeln] durch Art. 23 OR gegeben.
◆ im *religiösen Sprachgebrauch,* bes. in der Theologie Luthers gebraucht zur Bez. der totalen Infragestellung des Menschen, die angesichts der Erfahrung des eigenen Unvermögens und der eigenen Nichtigkeit vor dem absoluten Anspruch Gottes zur Verzweiflung und zur Negierung Gottes führen kann. Der Begriff der A. deckt sich in weiten Bereichen mit dem psycholog. und philosoph. Begriff der Angst.

Anfechtungsklage, Klage, mit der u. a. die Aufhebung eines Verwaltungsaktes durch ein Verwaltungs-, Sozial- oder Finanzgericht begehrt wird, die Ehelichkeit eines Kindes, ein Entmündigungsbeschluß, Beschlüsse der Hauptversammlung einer AG oder der festgestellte Jahresabschluß einer AG angefochten werden.

Anfinsen, Christian Boehmer [engl. 'ænfɪnsən], * Monessen (Pa.) 26. März 1916, amerikan. Biochemiker. - Erhielt 1972 für seine Entdeckungen über die Wirkungsweise der Enzyme und Strukturaufklärung der Ribonuklease (zus. mit S. Moore und W. Stein) den Nobelpreis für Chemie.

anflanschen ↑ Flansch.

Anflug, Flugphase, in der ein Luftfahrzeug in eine Position gebracht wird, von der aus das Abfangen und Landen in definierten Bereich möglich ist. Der Lande-A. gliedert sich, resultierend aus den Betriebserfordernissen der Flugsicherung bei Durchführung eines Instrumentenanflugverfahrens, in die Phasen Anfangsanflug, Zwischenanflug und Endanflug.

Anflugbefeuerung, Sichthilfe, die es dem Piloten ermöglichen soll, nachts oder bei ungünstigen Sichtverhältnissen die Landebahn sicher anfliegen zu können. Die A. besteht aus der Anflug-Grundlinienbefeuerung und der rechtwinklig zu dieser angeordneten Querbalkenbefeuerung. Die Befeuerung der Anfluggrundlinie gibt eine Führungshilfe in Richtung Landebahnmittellinie. Die Querbalkenbefeuerung gibt eine Horizont- und Entfernungsinformation.

Anfossi, Pasquale, * Taggia bei Neapel 25. April 1727, † Rom im Febr. 1797, italien. Komponist. - Zu seiner Zeit ein gefeierter Opernkomponist, der von den größten europ. Bühnen Kompositionsaufträge bekam. Er komponierte über 70 Opern, 12 Oratorien, Messen, Motetten, Psalmen.

Anfrage ↑ parlamentarische Anfrage.

Anführungszeichen, Zeichen, die vor und hinter der wörtl. Rede, angeführten Wörtern, Aussprüchen, Textstellen u. a. stehen.

Angara (im Unterlauf **Obere Tunguska**), rechter Nebenfluß des Jenissei, in Sibirien, UdSSR, einziger Abfluß des Baikalsees, mündet 230 km nördl. von Krasnojarsk, 1 779 km lang; schiffbar vom Baikalsee bis Bratsk und 320 km des Unterlaufs; im Mittellauf zahlr. Stromschnellen; fischreich; Wasserkraftwerke.

Angarienrecht [pers.-griech./dt.], völkerrechtl. Befugnis eines Staates, im Notstandsfall, insbes. im Kriege, die in seinen Häfen und Binnengewässern befindl. fremden (nicht feindl.) Handelsschiffe gegen volle Entschädigung zu beschlagnahmen und für eigene Transportzwecke zu verwenden.

Angaroi [pers.-griech.], im Perserreich reitende Eilboten für den Briefverkehr zw. dem Großkönig und den Satrapen.

Angebinde, Bez. v. a. für die Gabe des Taufpaten (Geld u. a.), die dem Täufling angebunden, umgebunden (daher auch Eingebinde, Einbund) oder ins Steckkissen gesteckt wurde; im übertragenen Sinn für Namenstags- oder Geburtstagsgeschenk, belegt im 16. Jh. in Franken, verbreitet seit dem Ende des 17. Jh.; heute (veraltend oder scherzhaft) für Geschenk allgemein.

angeboren, in der *Medizin:* (unabhängig von der Ursache) zum Zeitpunkt der Geburt

vorhanden (↑ angeborene Krankheit).

angeborene Ideen ↑ Idee.

angeborene Krankheit, Krankheit des Neugeborenen, die schon bei der Geburt vorhanden ist; entweder Folge einer krankhaften Erbanlage (kongenital) oder Folge einer Störung der Kindesentwicklung im Mutterleib oder bei der Geburt erworben (konnatal).

angeborene Rechte, vorstaatl. bzw. überstaatl. Grundrechte, d. h. solche Menschenrechte, die nicht der Staat gewährt, sondern die jedem Menschen kraft seiner menschl. Natur zustehen. Ob es a. R. gibt, ist streitig.

angeborener gestaltbildender Mechanismus, Abk. AGM, Begriff der Verhaltensphysiologie: ein im Zentralnervensystem angenommenes System, das aus den durch die Sinnesorgane übermittelten Einzelreizen eine diesen übergeordnete Gestalt bildet, die als Schlüsselreiz eine bestimmte Reaktion auslöst (↑ Auslösemechanismus). Die Arbeitsweise des AGM und seine Zuordnung zu einer Verhaltensweise sind mit der Erbsubstanz gegeben (angeboren), während sein Inhalt (die Gestalt) erst durch individuelle Lernvorgänge festgelegt wird, wobei dieses Lernen für die Erhaltung der Art lebensnotwendig ist (obligator. Lernen). Auf Grund eines solchen AGM sollen viele Vögel z. B. ihre Eltern von anderen Artgenossen unterscheiden oder ihre früheren Brutplätze wieder finden können.

angeborenes Schema, svw. angeborener ↑ Auslösemechanismus.

Angebot, Gesamtheit der Güter (Waren und Dienstleistungen), die auf dem Markt abgesetzt werden sollen (der Vorrat wird also erst zum A. wenn er auf den Markt gebracht wird); Ggs.: Nachfrage; A. und Nachfrage bilden zus. den Markt.

◆ im Recht svw. Antrag oder als A. an den Gläubiger die Handlung des Schuldners, durch die dem Gläubiger die geschuldete Leistung wörtl. oder tatsächl. angeboten wird (§§ 295, 294, 293 BGB).

Angehörige, im Sinne des Strafgesetzes Verwandte und Verschwägerte auf- und absteigender Linie, Adoptiv- und Pflegeeltern und -kinder, nichtehel. Kinder, Ehegatten und deren Geschwister, Geschwister und deren Ehegatten und Verlobte (§ 11 Abs. 1 StGB). Manche Straftaten können, wenn sie sich gegen A. richten, nur auf deren Antrag verfolgt werden (z. B. Familiendiebstahl).
Im *östr. Strafrecht* gilt Entsprechendes (§ 72 StGB).
Im *schweizer. Strafrecht* gelten nach der Legaldefinition von Art. 110 Ziffer 2 StGB als A. einer Person ihr Ehegatte, ihre Verwandten gerader Linie, ihre vollbürtigen und halbbürtigen Geschwister, ihre Adoptiveltern und Adoptivkinder, nicht aber Verschwägerte und Verlobte.

Angeklagter, der einer Straftat Beschuldigte, gegen den das Hauptverfahren eröffnet ist.

Angel, an Tür- oder Fensterrahmen befestigter Zapfen, auf den die Tür oder der Fensterflügel mit der Hülse seines Beschlages drehbar eingehängt wird.
◆ Gerät der Sportfischerei (↑ Angelfischerei).

Angela [ˈaŋgela, aŋˈgeːla], weibl. Vorname griech. Ursprungs, eigtl. „Engel"; männl. Form: Angelus.

Angela Merici [italien. ˈandʒela meˈriːtʃi] (Angela von Brescia), hl., * Desenzano del Garda 1. März 1474, † Brescia 27. Jan. 1540, italien. Ordensgründerin. - Gründete 1535 den Orden der ↑ Ursulinen. Fest: 27. Jan.

angelernte Arbeiter, Arbeitnehmer, die wegen einer [kurzen] Sonderausbildung und durch spezielle Fertigkeiten in ihrer Qualifikation und in den Lohntarifen zw. ungelernten Arbeiter und Facharbeiter eingestuft werden.

Angeles [span. ˈaŋxeles], philippin. Stadt auf der Insel Luzon, 70 km nw. von Manila, 189 000 E. In der Nähe größter Luftwaffenstützpunkt der USA in Südostasien.

Ángeles, Victoria de los [span. ˈaŋxeles], eigtl. V. López García, verh. Magriñá, * Barcelona 1. Nov. 1923, span. Sängerin (lyr. Sopran). - Seit 1949 weltweite Karriere als Konzert- und Opernsängerin; v. a. bed. als Interpretin frz. und italien. Opernpartien sowie span. Lieder.

Angeles, Los ↑ Los Angeles (USA).

Ángeles, Los [span. lo'saŋxeles], Stadt in der Prov. Bío-Bío in Z-Chile 74 000 E. Kath. Bischofssitz; Handelszentrum eines Agrargebietes, Zuckerraffinerie. - Gegr. 1739.

Angelfischerei, der (v. a. als Sport) mit der Angel betriebene Fischfang. Die [**Wurf**]angel besteht aus der elast. Rute (oft Bambus, jetzt bes. auch Glasfiber), durch deren Leitringe die *Schnur* (meist Kunststoff) läuft. Die *Rolle* dient zum Auswerfen der Schnur über die Rutenlänge hinaus und zum Einholen. Schnur und *Haken* (zahlr. Formen) sind durch das *Vorfach* (Vorfächer) lösbar verbunden. *Schwimmer* oder *Floß* (aus Kork) und *Senker* (aus Blei) bewirken die Schwebelage des Köders im Wasser. - Die **Grundangelei** ist die A. mit natürl. Köder. Die **Spinnangelei** dient dem Fang von Raubfischen mit künstl. oder toten Ködern, die bewegt werden (Spinner und Blinker, Nachbildungen u. a.). Die **Flugangelei** ist die A. mit künstl. Fliegen auf größere Entfernungen (10–18 m), was spezielle Flugschnüre, Flugrollen u. a. erforderl. macht. Große Raubfische werden beim Booten aus mit überschwerem, oft am Bootskörper verankerten Gerät geangelt.

Ängelholm, schwed. Großgemeinde in Schonen, an der Bucht Skäldervik des Kattegats, 419 km², 28 000 E. Umfaßt den bewalde-

ten *Hallandsås* und die südl. daran anschließende, vom Fluß Rönneå durchströmte Ebene (Ä.-Ebene). - 1516 als Nachfolgerin der älteren Siedlung *Lundertun* an der Mündung
der Rönneå gegr.

Angelica [griech.-lat.], svw. ↑ Engelwurz.

Angelico, Fra ↑ Fra Angelico.

Angelicum [griech.-lat.], ↑ päpstliche
Hochschulen.

Angelika (Angelica), weibl. Vorname
griech. Ursprungs, eigtl. „die Engelhafte".

Angell, Sir Norman Lane [engl. 'ɛɪndʒəl],
eigtl. Ralph N. A. Lane, * Holbeach (Lincoln-
shire) 26. Dez. 1874, † Croydon (= London)
7. Okt. 1967, brit. Schriftsteller und Publizist. -
Warnte in seinem Buch „The great illusion"
(1910) vor der Gefahr imperialist. Politik und
trat für eine internat. Friedensordnung ein;
setzte sich für eine Revision des Versailler
Friedensvertrages ein; 1929–31 Mgl. des Unterhauses (Labour Party), erhielt 1933 den
Friedensnobelpreis.

Angeln, Landschaft in Schl.-H., zw. der
Flensburger Förde im N und NO, der Ostsee
im O, der Schlei im S; im W wird A. von
Endmoränenzügen begrenzt; dicht besiedelte
Agrarlandschaft, mit Einzelhöfen, Streusied-
lungen und einem engmaschigen Knicknetz.

Angeln (lat. Angli[i]), westgerman. Volksstamm im Gebiet der Landschaft A. in Schles-
wig, erstmals im 1. Jh. n. Chr. von Tacitus
erwähnt; waren im 5./6. Jh. maßgebl. an der
german. Eroberung und Reichsbildung in
Britannien beteiligt (↑ Angelsachsen).

Angeloi, bed. byzantin. Familie, die ab
1185 die Kaiser Isaak II., Alexios III., Alexios
IV. und Alexios V. stellte und nach dem Zusammenbruch des Byzantin. Reichs (1204)
Restherrschaften in Epirus und Thessalien behauptete.

Angelologie [griech.], die theolog. Lehre
von den ↑ Engeln.

Angelsachsen, seit etwa 775 Bez. für
die im 5./6. Jh. vom Festland auf die Brit.
Inseln ausgewanderten german. Stämme der
↑ Sachsen, ↑ Angeln und ↑ Jüten, die die einheim. Kelten in Randgebiete und über die
See verdrängten und mehrere Kleinkönigrei-
che gründeten (Kent, Sussex, Wessex, Essex,
East Anglia, Mercia, Northumbria); durch
iroschott. und röm. Mission (6./7. Jh.) chri-
stianisiert und schließl. im 9. Jh. unter Führung der Könige von Wessex geeint. Seit dem
9. Jh. starken Einflüssen der Dänen ausgesetzt, die in England Fuß gefaßt hatten und
1016–42 das Land beherrschten; 1066 von
den Normannen unterworfen. Die A. hatten
großen Einfluß auf Kirche und Kultur des
Frankenreiches.

angelsächsisches Recht, 1. i. e. S. das
in England vor der Eroberung durch die
Normannen (1066) geltende Recht. Die älteren angelsächs. Rechtsbücher weisen eine enge Verwandtschaft mit den Volksrechten der

niederdt. Stämme (Sachsen, Friesen, Thürin-
ger) auf. Das a. R. fand seinen Niederschlag
in Gesetzen und Gesetzessammlungen, in
Aufzeichnungen des Gewohnheitsrechts und
in privaten Rechtskompilationen. Es ist gekennzeichnet durch den Ggs. von Volksrecht
und Privilegien, durch die vorherrschende
Tendenz der Friedenswahrung sowie durch
das Überwiegen strafrechtl. Vorschriften. 2.
i. w. S. das zunächst in England entwickelte
und später von vielen Ländern rezipierte
↑ Common Law. In diesem Sinn gehören zum
angelsächs. Rechtskreis außer Großbrit. und
den USA v. a. Australien, Kanada, Indien,
Neuseeland und die früher zum brit. Empire
gehörenden Staaten Afrikas. Die Entwicklung
des a. R. begann in der Regierungszeit des
engl. Königs Heinrich II. (1154–89), der den
ersten mit Berufsrichtern besetzten zentralen
Gerichtshof schuf. Die diesem angehörenden königl. Richter entwickelten aus dem vor-
gefundenen lokalen weltl. und dem kirchl.
Recht das Common Law (gemeines Recht).
Dieses verhärtete sich im Laufe der Zeit jedoch
immer mehr und wurde den sich wandelnden
Anforderungen nicht mehr gerecht. Im 15. Jh.
entstand neben den Common-Law-Gerichten
der Court of Chancery („Gericht des
Lordkanzlers") die Billigkeit („equity")
entschied. Im Laufe der Zeit erwuchs durch
die Rechtsprechung des Court of Chancery
neben dem Common Law ein weiteres Gebäude von Rechtsregeln, die ↑ Equity, die sich
durch größere Elastizität auszeichnete und
eine Reihe neuer Rechtsinstitute hervorbrach-
te. Im 19. Jh. wurden in England wie in den
USA die beiden Gerichtszweige organisator.
miteinander verschmolzen, so daß heute dieselben Gerichte Common Law und Equity
anwenden, wobei im Konfliktsfalle letztere
vorgeht. Sowohl Common Law als auch
Equity bestehen aus gerichtl. Entscheidungen,
deren tragende Grundsätze für die nach-
geordneten Gerichte bindend sind. Eine wichtige Quelle des a. R. ist das von Parlament,
Behörden und Körperschaften gesetzte Recht
(Act).

📖 *Radbruch, G.: Der Geist des engl. Rechts.*
Gött. ⁵1965.

Angelus Domini [lat. „Engel des
Herrn"], Gebet in der kath. Kirche, bestehend
aus drei Versen aus dem N. T. und drei ↑ Ave
Maria mit abschließender Oration; wird mor-
gens, mittags und abends beim sog. Angelus-
läuten gebetet.

Angelus Silesius, eigtl. Johann Scheff-
ler, ≈ Breslau 25. Dez. 1624, † ebd. 9. Juli
1677, dt. Dichter. - 1649 Leibarzt des Herzogs
Sylvius Nimrod zu Oels. Kehrte 1652 nach
Breslau zurück, wo er 1653 zum Katholizismus übertrat. 1661 zum Priester geweiht. Sein
Hauptwerk sind die „Geistreichen Sinn- und
Schlußreime" (1657, erweitert u. d. T. „Cheru-
bin. Wandersmann", 1675), epigrammat.

Sinngedichte in alexandrin. Zweizeilern, die den Einfluß Böhmes und Weigels sowie der span. Mystiker erkennen lassen. Sein Thema ist die Beziehung zw. Gott und Mensch, die Überwindung des Zwiespaltes durch myst. Versenkung, die schließl. Einswerdung von Gott und Seele. A. S. schrieb viele, z. T. noch heute lebendige Kirchenlieder, Gedichte („Heilige Seelenlust oder geistl. Hirtenlieder ...", 1657) sowie theolog. Streitschriften.

angeordneter Körper, ein Körper K, für dessen Elemente die Eigenschaft, positiv (> 0) zu sein, erklärt ist, wobei für jedes Element a aus K genau eine der Beziehungen

$$a = 0, \quad a > 0, \quad -a > 0$$

gilt und aus $a, b > 0$ folgt, daß auch $a + b > 0$ und $a \cdot b > 0$. Die Elemente a von K mit $-a > 0$ heißen negativ. Durch die Festsetzung $a > b$, wenn $a - b > 0$, wird in K eine Ordnungsrelation definiert, die eine *Anordnung* von K festlegt.

Anger, landschaftl. und veraltend für: grasbewachsener Platz, kleine Wiese; Dorfplatz. - I. e. S. svw. **Dorfplan,** großer Platz innerhalb einer ländl. Siedlung, in vielen Fällen deren Grundrißform bestimmend (Angerdorf); hier befanden sich Dorfbrunnen oder -teich, oft auch Kirche und Friedhof.

Angerburg (poln. Węgorzewo), Stadt in Ostpreußen, Polen▾, an der Angerapp, 90 km nö. von Allenstein, 10 500 E. Sitz einer Bez.-Verwaltung; Fischerei. - Entwickelte sich vor 1450 um eine Burg; ab 1571 Stadt; endgültig 1660 an Brandenburg. - Ruine der ehem. Deutschordensburg (1398 ff.).

Angerdorf, meist planmäßig angelegtes Platzdorf, dessen Gehöfte einen großen, für Gemeinschaftszwecke und als Gemeindeweide genutzten Platz (Anger) umrahmen. Eine der Grundtypen mittelalterl. dt. Ostkolonisation.

angeregter Atomkern, i. e. S. ein Atomkern, der sich in einem ↑ angeregten Zustand befindet, aus dem er durch Emission eines oder mehrerer Gammaquanten in den stationären ↑ Grundzustand übergeht; i. w. S. ist ein a. A. ein [durch eine Kernreaktion entstehender] instabiler Kern, der durch Teilchenemission in einen anderen Energiezustand übergeht, wobei dieser aber zu einem anderen Atomkern, dem Folgekern, gehört. In diesem Sinne sind alle radioaktiv zerfallenden Atomkerne angeregte Kerne.

angeregter Zustand, Zustand eines [mikro]physikal. Systems (Atom, Molekül, Atomkern), der eine höhere Energie als der stationäre ↑ Grundzustand hat. Angeregte Zustände haben im allg. nur eine sehr kurze Lebensdauer und kehren unter Emission von Photonen in den Grundzustand zurück.

Angerer, Paul, * Wien 16. Mai 1927, östr. Komponist und Dirigent. - U. a. Leiter des Kammerorchesters der Wiener Konzerthaus-

gesellschaft (1956–62). Opernchef des Salzburger Landestheaters (seit 1968). Komponierte Bühnen- und Filmmusiken, Kammermusik, Orchester- und Chorwerke.

Ångermanälv [schwed. ˌɔŋərmanɛlv], Fluß in Schweden, entspringt im Gebirge auf norweg. Gebiet, mündet bei Härnösand in die Bottensee, 450 km lang; zahlr. Kraftwerke; Zellulosefabriken im Mündungstrichter.

Ångermanland [schwed. ˌɔŋərmanland], histor. Prov. im mittleren N-Schweden, vom unteren Ångermanälv und seinen Nebenflüssen durchzogen, mit Wasserfällen (Gewinnung elektr. Energie). Die Flußtäler sind dicht besiedelt, die Höhen mit riesigen Nadelwäldern bestanden.

Angermünde, Krst. im Bez. Frankfurt, DDR, 11 800 E. Mittelpunkt eines Agrargebiets mit Landmaschinenbau und Nahrungsmittelind. - Zw. 1230 und 1267 gegr.; 1284 als Stadt erwähnt. - Spätgot. Pfarrkirche, barockes Rathaus.

A., Landkr. im Bez. Frankfurt, DDR.

Angers [frz. ãˈʒe], frz. Stadt an der Maine, 8 km oberhalb der Mündung in die Loire, 141 000 E. Verwaltungssitz des Dep. Maine-et-Loire, Bischofssitz; Fakultät der Univ. Nantes, kath. Univ. (Neugründung 1876 der von 1432–1793 in A. befindl. Univ.); zahlr. Museen. Bed. Handels- und Ind.-Zentrum im Schnittpunkt wichtiger Straßen- und Bahnlinien; einem bed. Schieferind.; nach dem 2. Weltkrieg Mittelpunkt der Elektro- und Elektronikind.; ☆, Fremdenverkehr. - A. ist das gall. *Andegavi*, das röm. *Juliomagus*; seit 372 Bischofssitz, seit dem 9. Jh. Hauptsitz der Grafen von Anjou und ein Mittelpunkt des Angevin. Reiches; ab 1473 unmittelbar unter der frz. Krone. - Kathedrale Saint-Maurice (12. und 13. Jh.), Abteikirche Saint-Serge (12. und 15. Jh.), von einer Mauer mit 17 dicken Rundtürmen umgebenes Schloß (1228–38).

Angeschuldigter, der Beschuldigte, gegen den die öffentl. Klage erhoben ist.

Angestelltengewerkschaften ↑ Gewerkschaften.

Angestelltenversicherung ↑ Sozialversicherung.

Angestellter, Arbeitnehmer, der sich wie der Arbeiter in einem wirtschaftl. Abhängigkeitsverhältnis befindet. Früher häufig angeführte Unterscheidungskriterien wie überwiegend geistige, selbständige Tätigkeit des Angestellten sind heute überholt. Die Heterogenität der A. nimmt mit der wachsenden Größe der Betriebe und der daraus folgenden fortschreitenden Arbeitsteilung auch auf der Tätigkeitsgebieten der A. ständig zu. Der Anteil der A. an der Gesamtzahl der Erwerbstätigen ist in allen Industriestaaten ständig gewachsen; er macht derzeit in der BR Deutschland 38 % gegenüber 16 % im Jahre 1950 aus. Abgrenzungsmerkmale enthalten sozialversicherungsrechtl. und arbeitsrechtl. Gesetze (z. B.

für die Wahl des Betriebsrats). Unterschiede zw. A. und Arbeiter ergeben sich z. Z. auch noch daraus, daß der A. ein festgelegtes monatl. Gehalt bezieht und für ihn bes. Urlaubsregelungen und Kündigungsfristen gelten.
⚇ *Busse, M.: Arbeit ohne Arbeiter. Ffm. 1978. - Kadritzke, U.: A. - die geduldigen Arbeiter. Ffm. u. Köln 1975.*

angevinisch [ãʒəˈviː...], aus Angers, aus Anjou; auf Anjou[-Plantagenet] bezüglich.

Angevinisches Reich [ãʒəˈviː...], europ. Großreich, begr. 1128/52 durch die Ehen Gottfrieds V. von Anjou und König Heinrichs II. Kurzmantel von England, das England, Irland und den größten Teil W- und S-Frankreichs umfaßte; zerfiel seit Anfang 13. Jh.

Angiitis [griech.], Entzündung der Gefäßwand eines Blut- oder Lymphgefäßes.

Angilbert, hl., * um 745, † 18. Febr. 814, fränk. Abt. - Lebte meist am Hof Karls d. Gr., mehrfach diplomat. Aufträge; Vater zweier Söhne der ↑Bertha. 792 Abt von Centula (Saint-Riquier).

Angina [griech.-lat.], Entzündung des ↑lymphatischen Rachenrings mit Rötung im Rachenbereich, Schwellung v. a. der Gaumenmandeln, schmerzhaftem Engegefühl im Hals und Schluckbeschwerden; v. a. die **Streptokokken-Angina** mit akutem Verlauf, Übelkeit, Erbrechen, Kopfschmerzen, hohem Fieber und Schüttelfrost. Sie klingt meist nach einer Woche ab, hinterläßt aber häufig, bes. bei ungenügender Behandlung, Folgeerkrankungen von Herz, Niere oder Gelenken. Therapie: mittlere Gaben von Penicillin. Der A. des Menschen entsprechende Krankheitsbilder finden sich auch bei Haustieren.

Angina pectoris [lat.] (Stenokardie), anfallsweise bei Sauerstoffmangel des Herzmuskels auftretendes starkes Druck- und/ oder Schmerzgefühl hinter dem Brustbein mit Ausstrahlung in den linken (selten rechten) Arm und in den Hals, Engegefühl um die Brust und Vernichtungsangst. Die A. p. wird verursacht durch Verhärtung der Herzkranzarterien und/oder durch nervöse Fehlregulation der Weite der Herzkranzgefäße. An der Entstehung sind dauernder Streß im Berufsleben, Nikotin- und Koffeinmißbrauch sowie falsche (übermäßige) Ernährung beteiligt. Therapie: Nitritpräparate, Beruhigungsmittel, Ruhe.

Angiogramm [griech.], Röntgenbild von Blutgefäßen.

Angiographie [griech.], röntgenograph. Darstellung der Blutgefäße nach Einspritzung von Kontrastmitteln in eine Vene oder Arterie (*direkte A.*). Indirekte A. durch Registrierung der Pulskurven bei der ↑Oszillographie.

Angiolini, Domenico Maria Gasparo [italien. andʒoˈliːni], * Florenz 9. Febr. 1731, † Mailand 5. Febr. 1803, italien. Choreograph. - Ab 1788 an der Mailänder Scala. Seine bedeutendsten Werke, die Ballette

„Don Juan" (1761) und „Semiramis" (1765) gelangen ihm in Zusammenarbeit mit Gluck. A. war führend an der Umwandlung des traditionellen Balletts zum klassizist. Handlungsballett beteiligt.

Angiologie [griech.], Lehre vom Aufbau der Blut- und Lymphgefäße und ihren krankhaften Veränderungen.

Angiom [griech.], ↑Hämangiom, ↑Lymphangiom.

Angioneurose [griech.] (Gefäßneurose), svw. ↑Vasoneurose.

Angiospasmus [griech.] (Gefäßkrampf), zu örtl. Minderdurchblutung führender schmerzhafter Krampf der Gefäßmuskulatur an Teilen des sonst oft gesunden Gefäßsystems.

Angiospermen [griech.], svw. ↑Bedecktsamer.

Angiotensin [griech./lat.], muskelkontrahierendes, dadurch blutdrucksteigerndes Peptid, das im Blut durch ↑Renin aus der inaktiven Vorstufe Angiotensinogen zu Angiotensin I umgesetzt wird. Durch ein sog. Umwandlungsenzym wird das eigentl. wirksame Angiotensin II gebildet. Synthet. A.präparate werden therapeut. zur Blutdrucksteigerung verwendet.

angiovinisch [andʒoˈviːnɪʃ; italien.], die Epoche des Hauses Anjou in Neapel betreffend und dessen gegen den dt. Einfluß gerichtete Politik in Italien; die a. „Partei" ist daher weitgehend ident. mit den Guelfen.

Angkor, Ruinenstadt in Kambodscha, 230 km nnw. von Phnom Penh; 889 n. Chr. als Hauptstadt im Kernland des Khmerreiches gegr.; Mittelpunkt der quadrat. angelegten Stadt war der in Anlehnung an die ind. Kosmologie errichtete Tempelberg Phnom Bakheng, Grundlage der Macht der Dynastie von A. waren riesige rechteckige Stauseen und Bewässerungsanlagen, die Intensivreisbau (drei Ernten im Jahr) ermöglichten. Höhepunkte mit großer Bautätigkeit unter Surjawarman II. (1113–1150); er errichtete das Meisterwerk der klass. Khmerarchitektur, *Ankor Wat* (= Hauptstadt-Kloster), eine dem Gott Wischnu geweihte dreistufige Pyramide mit Galerien und Ecktürmen und dem Mausoleum Surjawarmans, das später buddhist. Heiligtum wurde. Der ganze Bau ist mit Bauplastik überzogen (v. a. mytholog. Szenen). Unter Dschajawarman VII. (1181–1219) entstanden zahlr. Bauten von barocker Schönheit, u. a. die symbolträchtige, das „Reichszentrum" bildende *Bajon* im Stadtmittelpunkt. 1431 zerstörten die Thai A.; Anstoß für die Freilegung und Erforschung von A. gab der frz. Naturforscher H. Mouhot 1860.

Anglaise [ãˈglɛːzə; frz. „engl. (Tanz)"], ein meist geradtaktiger Tanz 17.–19. Jh., der in Frankr. seinen Namen erhielt und auf in England gebräuchl. Tänze zurückgeht.

Anglebert, Jean-Henri d' [frz. ãglə'bɛːr], * Paris 1628, † ebd. 23. April 1691, frz. Komponist. - War Organist in Paris und stand als einer der bedeutendsten Cembalisten seiner Zeit im Dienst Ludwig XIV.

Angler ↑ Anglerfische.

Anglerfischartige, svw. ↑ Armflosser.

Anglerfische, (Seeteufel, Lophiidae) Fam. bis 1,5 m langer Armflosser mit etwa 12 Arten, v. a. an den Küsten der trop. und gemäßigten Zonen; Bodenfische mit sehr großem Kopf, großem, mit vielen spitzen Zähnen bewehrtem Maul und zwei Rückenflossen, von denen die vordere in 6 Stacheln aufgelöst ist; der vorderste, auf dem Oberkiefer sitzende, an der Spitze mit einem fleischigen Hautlappen versehene Stachel kann aktiv bewegt werden und dient dem Anlocken von Beute; geschätzte Speisefische; im Mittelmeer und an der Atlantikküste Europas der **Angler** (Seeteufel i. e. S., Lophius piscatorius), bis 1,5 m lang, auf dem Markt als „Forellenstör".

◆ ↑ Tiefseeanglerfische.

Angler Rind, in Angeln gezüchtete hell- oder dunkelrotbraune Rinderrasse; Hörner weiß mit schwarzen Spitzen.

Anglesey [engl. 'æŋglsɪ], Insel vor der NW-Küste von Wales, 715 km². Weidewirtschaft; Fremdenverkehr; Raketenversuchsbasis.

Anglia, neulat. Name für England.

anglikanische Kirche (von lat. Ecclesia Anglicana), ungenaue Bez. für die „Kirche von England" (Church of England), deren Tochterkirchen sich meist „Protestant Episcopal Church" nennen. Die Kirche von England, mit ihren Tochterkirchen in der Anglikan. Kirchengemeinschaft vereinigt, ist nicht aus der Reformation hervorgegangen. Die a. K. entstand durch den persönl. bedingten Bruch Heinrichs VIII. (⚰ 1509–1547) mit Rom, den das Parlament 1534 nachvollzog, als es in der *Suprematsakte* den König als „Supreme Head in Earth of the Church of England" („Irdisches Oberhaupt der Kirche von England") anerkannte. Abgesehen von der Verwerfung des Papsttums und der Aufhebung der Klöster (1534–1539), deren Besitz an die Krone fiel, blieb die a. K. in ihrer Verfassung (Beibehaltung des Bischofsamtes) und in ihrer Liturgie zunächst katholisch. Erst unter Eduard VI. (⚰ 1547–1553) kam es zu Reformen im prot. Sinn. Der für den minderjährigen König die Regentschaft führende Edward Seymour (* 1506, † 1552) setzte 1549 als amtl. liturg. Buch das *Common Prayer Book* in Kraft, das die Liturgie vereinfachte und in seiner 2. Ausgabe von 1552 kalvinist. Züge trug. Innerhalb der a. K. entstanden im 19. Jh. konservativ-hochkirchl. (d. h. kath. Züge bewahrende) Bestrebungen, die sich seit 1834 in der High Church („Hochkirche") repräsentieren. Ihr stehen zwei weitere Hauptrichtungen gegenüber: die gemäßigt liberale, von der histor. krit. Theologie beeinflußte *Broad Church* und die *Low Church*, die tätiges Christentum und soziale Aktivitäten in den Vordergrund stellt.

Die a. K. gliedert sich in die beiden Kirchenprov. Canterbury und York mit insgesamt 43 Diözesen. Der Erzbischof von Canterbury führt den Titel „Primas von ganz England" und ist der Vorsitzende der ↑ Lambethkonferenzen. In jeder Kirchenprov. besteht seit alters ein Beratungsgremium (Convocation), dem die Diözesanbischöfe und gewählte. Geistliche angehören. In der hierarch. Gliederung folgen den Bischöfen die Dekane, Archidiakone, Landdekane und Pfarrer. Die Gemeinden haben gewählte Kirchenvorsteher. Da die a. K. Staatskirche (established by law) und der König bzw. die Königin ihr Oberhaupt ist, werden Bischöfe und Dekane auf Vorschlag des Premierministers von der Krone ernannt. Obgleich die a. K. nach ihren Wählerlisten nur etwa 3 Mill. Mitglieder zählt und es im Lande starke Gruppen anderer christl. Kirchen gibt, werden etwa 70 % der Kinder in der Staatskirche getauft. In der Hand der a. K. sind meiste Privatschulen. 📖 *Die Kirche v. England u. die anglikan. Kirchengemeinschaft. Hg. v. H. H. Harms. Dt. Übers. Stg. 1966.*

Anglikanische Kirchengemeinschaft (engl. Anglican Communion), Gemeinschaft von 19 selbständigen Kirchen, die als Tochterkirchen der Kirche von England in den brit. Dominions, Missionsgebieten und in den USA entstanden sind und sich zu den dogmat.-kirchl. Grundsätzen der anglikan. Kirche bekennen.

Anglistik [nlat.] (engl. Philologie), die Wiss. von der engl. Sprache und von der Literatur Großbrit., auch Australiens, Afrikas, i. w. S. auch der USA und Kanadas. Die systemat. sprachwiss. Forschung begann nach 1800, wurde aber erst im späten 19. Jh. (durch die Phonetik) intensiviert (E. Sievers, H. Sweet und W. W. Skeat), im deutschsprachigen Raum führten M. Deutschbein, K. Luick, W. Horn und K. Brunner, A. Brandl und M. Förster auf dem Gebiet des Alt- und Mittelenglischen. In Dänemark arbeitete O. Jespersen. Die engl. Phonetik wurde v. a. von D. Jones und I. C. Ward systemat. dargestellt. Die literaturgeschichtl. Probleme der A. wurden zunehmend von der engl. und amerikan. Forschung betreut, aber auch in Deutschland (L. L. Schücking, W. F. Schirmer; heute W. Clemen), Frankr. (É. Legouis, L. Cazamian) und Polen (J. Kott) erschienen wichtige Arbeiten. Die **Amerikanistik,** urspr. ein Teil der A., entwickelte sich, eingeleitet durch das dreibändige Werk „The American language" (1936–48) von H. L. Mencken, immer mehr zu einem eigenen Fachgebiet, das durch eigene Lehrstühle und selbständige Abteilungen an Instituten für A. vertreten ist. Als Literarhi-

storiker ist u. a. V. W. Brooks zu nennen.
Anglizismus [nlat.], sprachl. Entlehnung aus dem brit. Engl., z. B. Cockpit oder Foul.
Angloamerika, das überwiegend englischsprachige Nordamerika (USA, Kanada).
Angloamerikaner, Amerikaner engl. Herkunft oder Abkunft.
Angloaraber, im 19. Jh. aus Kreuzungen zwischen Arab. und Engl. Vollblut entstandene Rasse edler und eleganter Reit- und Sportpferde mit sehr gutem Springvermögen, langem, flachem Trab und leichtem, raumgreifendem Galopp; häufig Schimmel; Zuchtgebiete bes. S-Frankreich, Polen.
Anglofranzösisch ↑Anglonormannisch.
Anglokatholizismus [lat./griech.], seit der Mitte des 19. Jh. Bez. für die Richtung innerhalb der Kirche von England, die die altkirchl.-kath. Formen des Glaubenslebens und der Liturgie wiederbelebte. Höhepunkt des A. war die ↑Oxfordbewegung.
Anglomanie [lat./griech.], übertriebene Nachahmung engl. Wesens.
Anglonormanne, seit Ende des 18. Jh. in Frankreich (bes. Normandie) durch Einkreuzungen von Engl. Vollblut in den normann. Landschlag gezüchtete Rasse kräftiger, robuster, bis 1,65 m schulterhoher Warmblutpferde mit gutem Spring- und Galoppiervermögen (meist braun oder fuchsfarben).
Anglonormannisch (Anglofranzösisch), Sprache, die sich aus den nord- und nordwestfrz. Mundarten der normann. Eroberer in England entwickelte und bei Hofe bis ins 13. Jh., in der Verwaltung bis ins 14. Jh. Geltung hatte.
Angmagssalik, Ort in SO-Grönland, 1 200 E, an der S-Küste der unmittelbar vorgelagerten Insel A. (40 km lang, 20–30 km breit, bis etwa 1 300 m ü. d. M.); meteorolog. Station und Radiostation.
Angol, Hauptstadt der Prov. Malleco in Z-Chile, am Río Vergara, 33 000 E. Zentrum eines Gebietes mit Obst-, Getreide- und Weinbau.

Angola

(amtl. Vollform: República popular de A.), Staat in SW-Afrika, zw. 4° 22′ (Cabinda) und 18° 02′ s. Br. sowie 11° 41′ und 24° 05′ ö. L. Das **Staatsgebiet** umfaßt als Hauptteil das Gebiet vom Atlantik zw. der Mündung des Kongo (im N) und des Cunene (im S) bis zum Quellgebiet des Sambesi (im O) sowie als Exklave (zw. Kongo und Zaïre) den Distrikt Cabinda, ebenfalls am Atlantik, mit 7 200 km² und 108 000 E (1985). Der Hauptteil grenzt im N und nördl. W an Zaïre, im südl. W an Sambia und im S an Namibia. **Fläche:** 1 246 700 km². **Bevölkerung:** 8,5 Mill. E (1985), 6,8 E/km². **Hauptstadt:** Luanda. Ver-

waltungsgliederung: 18 Prov. **Amtssprache:** Portugiesisch; Umgangssprachen: Bantusprachen. **Währung:** Kwanza = 100 Lwei. Internat. **Mitgliedschaften:** UN, OAU. **Zeitzone:** MEZ.

Landesnatur: A. ist weitgehend ein Hochland im Bereich der Lundaschwelle und angrenzender Hochflächen, das oft (jedoch nicht im SO) von Härtlingen und Inselbergen überragt wird. Höchste Erhebung ist die Serra Moco mit 2 620 m ü. d. M. Das Hochland bricht mit einer steilen Randstufe zur schmalen Küstenzone ab. Die Küste selbst weist teilweise steile Kliffs, andererseits aber dank dem von Benguelastrom bewirkten Küstenversatz die besten Naturhäfen an der südl. afrikan. Atlantikküste auf.
Klima: A. erstreckt sich von der Grenze der immerfeuchten Tropen bis in die aride Zone, liegt also hauptsächl. im Bereich der wechselfeuchten Tropen. Die Regenzeit dauert im N von Okt.–Mai, im S von Nov.–März.
Vegetation: Besteht im N aus Feuchtsavanne mit Galeriewäldern, im Hochland und an der Küste aus Trockensavanne, im SW des Hochlandes aus Dornstrauchsavanne. Der äußerste SW ist Wüste (Ausläufer der Namib).
Tierwelt: Die urspr. reichen Großwildbestände sind stark vermindert; Leoparden kommen im ganzen Land, Löwen und Hyänen nur noch selten vor, Elefanten v. a. im äußersten N; zahlr. sind die Antilopen. Gorillas und Schimpansen finden sich in Cabinda. In den Flüssen leben Krokodile und im O auch Flußpferde. An der mittleren und v. a. südl. Küste herrscht großer Fischreichtum. Überall im Bereich von Wasser und feuchten Stellen treten die Malaria übertragenden Anophelesmücken auf.
Bevölkerung: Sie setzt sich aus etwa 120 Bantustämmen zusammen, dazu im äußersten S Gruppen von Buschmännern. Traditionelle Religionen sind weit verbreitet; 51,5 % der Bev. bekennen sich zum Christentum (42 % kath., 9,5 % prot.). Neben Grundschulen in ganz A. gibt es Gymnasien und Fachschulen in den Distrikthauptstädten, in Luanda eine Univ. (gegr. 1963). Der überwiegende Teil der Bev. lebt in ländl. Siedlungen, z. T. in traditionellen Kralen, z. T. in neuerrichteten „regedorias", die europ. Dörfern ähneln, z. T. in „colonates" in noch erschlossenen Agrarräumen.
Wirtschaft: Kaffee ist das wichtigste Agrarprodukt; A. ist der viertgrößte Kaffeeproduzent der Erde. Der traditionelle Anbau umfaßt Mais, Hülsenfrüchte, Bataten u. a. Die Viehwirtschaft ist unterschiedl. entwickelt. - A. ist reich an Bodenschätzen; v. a. im Bereich der Randschwelle finden sich zahlr. Erzlagerstätten; Erdöl wird um Luanda und vor der Küste von Cabinda und Santo Antonio gefördert; ein Diamantengebiet liegt im äußersten NO im Einzugsbereich des Kasai.

Angola

Außenhandel: Kaffee, Rohöl und Diamanten sind die wichtigsten Exportgüter, gefolgt von Eisenerzen, Fischmehl, Frischfisch, Sisal, Baumwolle u. a. Nach Portugal sind die EG-Länder (v. a. Großbrit.), die USA, Kanada, Japan und Spanien die wichtigsten Handelspartner.

Verkehr: Das Eisenbahnnetz hat eine Länge von 3 049 km, davon 1 348 km Hauptstrecke der Benguelabahn; von 72 300 km Straßen sind 6 900 km asphaltiert. Die wichtigsten Seehäfen sind Moçamedes, Luanda, Lobito und Cabinda. Die nat. Luftfahrtgesellschaft Transportes Aéreos de A. fliegt 300 Plätze an. Luanda hat einen internat. ✈.

Geschichte: Die Küste A. wurde 1483 von Diogo Cão entdeckt; Ende des 16. Jh. begann Portugal das Land gegen den Widerstand der Eingeborenen militär. zu besetzen (erst Ende 19. Jh. kontrollierte Portugal das ganze Land), um Sklaven nach Brasilien auszuführen. Verwaltungsmäßig und wirtsch. war A. bis 1822 prakt. eine Kolonie Brasiliens; vorübergehend niederl. besetzt. Nach dem Verbot der Sklaverei in A. 1869 bestand bis 1910 offiziell für die eingeborene Bev. das System der Zwangsarbeit. Eine stärkere Einwanderung von Weißen nach A., dessen Grenzen 1885 auf der Kongokonferenz festgelegt wurden,

Angola. Wirtschaftskarte

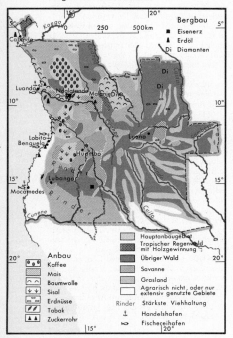

setzte erst nach dem 1. Weltkrieg ein, als Portugal begann, A. zu erschließen. 1951 erhielt A. den Status einer Überseeprov. Ein 1961 begonnener bewaffneter Aufstand panafrikan.-nationalist. Kräfte gegen Portugal wurde 1964 niedergeworfen. Seitdem kam es wiederholt zu militär. Aktionen der angolan. Befreiungsbewegungen: des 1956 gegr. „Movimento Popular de Libertação de Angola" (MPLA), der 1962 gegr. „Frente Nacional de Libertação de Angola" (FNLA) und der von dieser 1966 abgespaltenen „União Nacional para a Independência total de Angola" (Unita). In der Folge der Revolution in Portugal 1974 erhielt A. im Jan. 1975 seine erste Reg. mit schwarzer Majorität, an der alle drei Befreiungsbewegungen beteiligt waren. In den nun zw. diesen ausbrechenden militär. Auseinandersetzungen, in die auch ausländ. Mächte aus allen ideolog. Blöcken mehr oder weniger massiv eingriffen, erreichte Portugal keine Vermittlung und entließ trotz der ungeklärten Situation A. am 11. Nov. 1975 in die Unabhängigkeit. Nachdem von der MPLA die „Volksrepublik A." mit dem MPLA-Führer Neto als Staatspräs., von FNLA und Unita die „Demokrat. Volksrepublik A." mit dem FNLA-Chef Holden Roberto als Präs. des Nat. Revolutionsrates und einem der Unita angehörenden Min.präs. ausgerufen worden war, konnte sich schließl. mit sowjet. und kuban. Unterstützung die marxist. orientierte MPLA gegen die prowestl. orientierten, kooperierenden FNLA und Unita durchsetzen. Nach dem Tod von Staatspräs. Neto (10. Sept. 1979) wählte das ZK der MPLA-Partei der Arbeit José Eduardo dos Santos zum neuen Präs. der Partei und damit zum Staatspräs.; im Nov. 1980 fanden die ersten Parlamentswahlen statt. Fortgesetzte Unterstützung für die von A. aus operierende namib. Befreiungsbewegung SWAPO führten ab 1980 wiederholt zu grenzüberschreitenden Angriffen der in Namibia eingesetzten südafrikan. SADF (South African Defence Force).

Politisches System: Die Verfassung der VR A. vom Nov. 1975 (geändert im Okt. 1976) legt die Führungsrolle der MPLA fest. Einheitspartei und Staat sind institutionell eng verflochten. Der Präs. der MPLA übernimmt als Staatspräs. die Funktion des *Staatsoberhaupts* und ist zugleich oberster Inhaber der *Exekutive*. Er hat den Vorsitz im Revolutionsrat und im Ministerrat, ernennt und entläßt die Reg.mitglieder und die Prov.gouverneure, verhängt den Belagerungs- oder den Ausnahmezustand. Die Regierung besteht aus dem Staatspräs., dem Premiermin., den stellv. Premiermin., den Min. und den Staatssekretären. Ihre Hauptaufgaben liegen in der Gewährleistung der Sicherheit und in der Aufstellung und Durchführung des Haushaltsplans. Die Funktionen der *Legislative* gingen im Nov.

1980 vom Revolutionsrat auf das Parlament, die Nat. Volksversammlung, über. Einheits*partei* A. ist die marxist.-leninist. MPLA, gegr. 1956 als Befreiungsbewegung und 1978 reorganisiert als Movimento Popular de Libertação de Angola - Partido de Trabalho (Partei der Arbeit). Ihr oberstes Organ ist der Parteikongreß, der den Präs. der Partei (und damit Staatspräs.) und das ZK (45 Mgl. und 10 Kandidaten) wählt. Das ZK wählt das 10köpfige Politbüro als Exekutivorgan. *Verwaltung:* An der Spitze der 18 Prov. stehen vom Staatspräs. ernannte Gouverneure. Auf den unteren Ebenen der Verwaltung wird die Reg. durch Kommissare vertreten. Das *Rechtswesen* beruht noch auf portugies. Recht, soll aber reorganisiert werden. Die *Streitkräfte* umfassen insgesamt rd. 43 000 Mann (Heer 40 000, Luftwaffe 1 500, Marine 1 500).

⊞ *Nohlen, D./Sturm, R.:* A., in: Hdb. der Dritten Welt, Bd. 5. Hamb. ²1982. - *Martin, P.: Historical dictionary of* A. Metuchen (N. J.) 1980. - *Heimer, F.-W.: Der Entkolonisierungsprozeß in* A. Mchn. 1979. - *Bender, G. J.:* A. *under the Portuguese; the myth and the reality.* Berkeley (Calif.) 1978. - *Schümer, M.: Die Wirtschaft Angolas 1973-1976. Hamb. 1977.*

Angolabecken, Meeresbecken im Südatlantik vor der Küste Angolas.

Angora [nach Angora, dem früheren Namen von Ankara], ursprüngl. als Bestimmungswort von Zusammensetzungen mit der Bedeutung „mit feinen, langen Haaren" gebraucht, wurde es im Rauchwarenhandel die Bez. für Felle wie A.ziege, A.kanin, A.schaf und Angorakatze.

Angorakaninchen, seit 1723 bekannte Zuchtrasse langhaariger, bis 4,5 kg schwerer Kaninchen; Angorakaninchen liefern 700–800 g Angorahaare pro Jahr, die zu ↑Angorawolle versponnen werden.

Angorakatzen, umgangssprachl. Bez. für alle Langhaarkatzen; unter Züchtern wird für die ursprüngl. v. a. in England gezüchtete langhaarige, rundköpfige Katzenrasse offiziell die Bez. ↑Perserkatze verwendet.

Angorawolle, i. e. S. Bez. für Wolle aus dem Haar der Angoraziege: geschmeidig wie Naturseide, sehr fein und leicht, mit hohem Spreizvermögen, als Mohair im Handel. Auch Bez. für Wolle aus dem Haar des Angorakaninchens, die mit Schafwolle oder Chemiefasern zu Strickgarn versponnen wird. Garne und Stoffe aus A. sind bes. lufthaltig und besitzen daher ein hohes Wärmerückhaltevermögen, das bei rheumat. Erkrankungen lindernd wirkt.

Angoraziege, langhaarige, in Vorderasien gezüchtete Rasse kleiner (bis 65 cm schulterhoher) Hausziegen; beide Geschlechter tragen Hörner; die weiß, schwarz, gelb oder grau gezüchtete A. liefert bis 6 kg Angorahaare pro Jahr, die zu Mohair verarbeitet werden.

Angostura ⑳, Bitterlikör mit Zusatz von getrockneter Zweigrinde des ↑Angosturabaumes; v. a. für Mixgetränke.

Angosturabaum [nach Angostura, dem früheren Namen von Ciudad Bolívar] (Cuspabaum, Cusparia trifoliata), Rautengewächs im nördl. S-Amerika (bes. Kolumbien, Venezuela) und auf den Westind. Inseln; Baum mit dreizähligen Blättern, in Rispen stehenden, weißen, duftenden Blüten und bitterer, u. a. mehrere Alkaloide, Chinolinderivate und äther. Öl enthaltender Rinde *(Angosturarinde),* die zur Herstellung appetit- und verdauungsanregender Mittel verwendet wird (früher auch als Chininersatz).

Angoulême [frz. ãgu'lɛm], bed. frz. Adelsgeschlecht:

A., Charles de Valois, Herzog von (seit 1619), *Schloß Fayet bei Montmélian 28. April 1573, † Paris 29. Sept. 1650, frz. Heerführer. - Sohn Karls IX. von Frankreich, anfangs Parteigänger Heinrichs IV., später wegen Verschwörung gegen ihn 1605 zum Tode verurteilt, jedoch begnadigt und 1616 wieder freigelassen.

A., Louis Antoine de Bourbon, Herzog von, *Versailles 6. Aug. 1775, † Görz 3. Juni 1844, Dauphin. - Sohn des späteren frz. Königs Karl X.; 1789–1814 und ab 1830 im Exil; bemüht um die bourbon. Restauration. kämpfte 1815 gegen Napoleon I. und 1823 in Spanien; verzichtete 1830 mit seinem Vater auf den Thron.

A., Marie-Thérèse Charlotte, Herzogin von, gen. Madame Royale, *Versailles 19. Dez. 1778, † Görz 19. Okt. 1851. - Tochter Ludwigs XVI. und der Marie Antoinette; heiratete 1799 Louis Antoine de Bourbon, Herzog von A.; ihre Standhaftigkeit und der feste Glaube an die Mission der Dynastie ließen sie nach der Rückkehr aus dem Exil 1814 versuchen, Bordeaux 1815 gegen Kaiser Napoleon I. zu halten.

⊞ *Castelot, A.: Madame Royale. Das abenteuerl. Leben der Tochter Marie Antoinettes. Dt. Übers. Wien u. a. 1957.*

Angoulême [frz. ãgu'lɛm], frz. Stadt, 105 km nö. von Bordeaux, 50 000 E. Verwaltungssitz des Dep. Charente, Bischofssitz (seit dem 5. Jh.); Museum; bed. Handels- und Ind.stadt; Zentrum eines Weinbaugebietes, mit bed. Weinhandel. - Galloroman. **Ecolisma,** 416 westgot., 507 fränk., seit dem 7. Jh. beim Hzgt. Aquitanien, Hauptort der Gft. A.; 1203 Stadtrecht. - Einschiffige Kathedrale Saint-Pierre (Typus mit aquitan. Kuppelkirchen); Rathaus (1858–66).

Angoumois [frz. ãgu'mwa], histor. Prov. im sw. Frankr., nördl. und südl. von Angoulême (Gft. Angoulême), entspricht etwa dem heutigen Dep. Charente; zeitweilig im Besitz der Plantagenets, 1515 zum Hzgt. erhoben, ab 1714 endgültig Teil der frz. Krondomäne.

Angreifer (im Völkerrecht) ↑Angriff.

Angren

Angren [russ. an'grjɛn], sowjet. Stadt, 80 km sö. von Taschkent, Usbek. SSR, 119 000 E. Braunkohlenbergbau. - 1941 gegründet.

angrenzende Zone, an die Hoheitsgewässer eines Staates angrenzendes Gebiet der hohen See, in dem der betreffende Staat bestimmte Hoheitsrechte ausüben darf (Zollaufsicht, Gesundheitsdienst u. a.).

Angriff, im *militär. Bereich* die die Initiative ergreifende Kampfart; hat das Ziel, den Gegner zu vernichten, gefangenzunehmen oder zurückzuwerfen und somit Gelände zu gewinnen; man unterscheidet: *A. aus der Bewegung:* Angriffsführung ohne Vorbereitung bei unerwarteter Feindberührung, Ausnutzung des Überraschungsmoments; *A. mit begrenztem Ziel:* Angriffsführung, durch die ein räuml. begrenzter Erfolg erreicht werden soll; *A. nach Bereitstellung:* A., zu dem erst nach Gefechtsbereitstellung und nach gründl. Planung angetreten wird; ferner Frontal-A., Umfassungs-A. und Gegenangriff. Schein-A. sollen den Gegner täuschen.

◆ im *Zivil-* und *Strafrecht* die durch menschl. Verhalten drohende Verletzung rechtl. geschützter Interessen (Rechtsgüter).

◆ im *Völkerrecht* die initiative Androhung oder Anwendung von Gewalt durch einen Staat (**Angreifer**) gegenüber einem anderen Staat mit dem Ziel, zur Durchsetzung eines Anspruchs gegen den Willen des anderen Staates einen bestehenden Zustand zu ändern. Wenn ein Staat einem ihm unmittelbar drohenden A. gewaltsam zuvorkommt, so begeht er, weil der Anstoß zum Gewaltgebrauch nicht von ihm ausging, selbst keinen A. Als verschiedene A.formen sind zu unterscheiden: krieger. A. mit militär. oder wirtschaftl. Mitteln, die in Kriegsabsicht unternommen werden (**Angriffskrieg**), und nichtkrieger. A., bei denen eine Kriegsabsicht nicht besteht (Repressalie, Intervention).
War der krieger. A. nach klass. Völkerrecht nur erlaubt, wenn er zur Wiederherstellung eines dem Recht entsprechenden Zustandes geführt wurde, so galt er im älteren Völkerrecht unter dem Einfluß des Rechtspositivismus als rechtsneutral, d. h., er stand außerhalb der rechtl. Betrachtungssphäre und war daher ein jederzeit anwendbares Mittel zur Durchsetzung zwischenstaatl. Forderungen. Die in neuerer Zeit erfolgte Wiederbelebung der klass. Auffassung hat schließl. zum Sicherheitsrecht der UN geführt. Hiernach können, sofern der Sicherheitsrat der UN die Vorgehen eines Staates als A.handlung im Sinne von Art. 39 der UN-Charta bezeichnet, gemäß deren Art. 41 und 42 nichtmilitär. oder militär. Sanktionsmaßnahmen gegen den Angreifer verhängt werden.

⚏ *Klein, F.:* Der Begriff des „A." in der UN-Satzung. In: Festschr. H. Jahrreis. Hg. v. K. Carstens u. H. Peters. Köln u. a. 1964.

◆ im *Sport:* die stürmenden Spieler einer Mannschaft *(A.spieler); auch der Spielzug, durch den der Gegner in die Verteidigung gezwungen wird.

Angriffsdrittel, im Eishockey Spielfelddrittel, in dem das gegner. Tor steht (von der angreifenden Mannschaft aus gesehen).

Angriffskrieg ↑Angriff (Völkerrecht).

Angriffslinie (Wirkungslinie), in der Physik Bez. für eine gedachte Linie in Richtung der an einem Körper angreifenden Kraft.

Angriffsvermögen (Aggressivität), die Eigenschaft des Wassers, kalkhaltige Baustoffe wie Beton oder Mörtel und unedle Metalle durch Korrosion zu zerstören. Kohlendioxidhaltiges Wasser bewirkt eine erhöhte Korrosion kalkhaltiger Baustoffe durch Bildung der leicht lösl. Hydrogencarbonate. Ein ähnl. A. wie Wasser zeigen auch zahlr. Luftverunreinigungen, z. B. Schwefeldioxid aus der Verbrennung fossiler Rohstoffe (Heizöl).

Angrivarier (lat. Angrivarii; Engern), westgerman. Völkerschaft beidseitig der mittleren Weser, wo sich ihr Name in dem der Landschaft Engern erhalten hat; Nachbarn und Verbündete der Cherusker; gingen schließl. in der sächs. Stammesbildung auf.

Angry young men [ˈæŋgrɪ jʌŋ ˈmɛn, engl. „zornige junge Männer"], Bez. für die junge Generation engl. Schriftsteller v. a. aus der Arbeiterschicht in der 2. Hälfte der 50er Jahre; benannt nach dem Charakter der Hauptfigur in J. Osbornes Drama „Blick zurück im Zorn" (1956). Häufig resignative Schilderung des engl. kleinbürgerl. Alltags. Dramatiker: J. Arden, B. Behan, E. Bond, S. Delaney, J. Mortimer, H. Pinter, A. Wesker u. a.; Erzähler: K. Amis, J. Braine, Ph. Larkin, I. Murdoch, J. Wain u. a.

Angst [eigtl. „Enge, Beklemmung" (urverwandt mit lat. angustus „eng")], Reaktion auf eine unbestimmte Bedrohung im Ggs. zur Furcht, die sich auf eine bestimmte Bedrohung bezieht. Im allg. Sprachgebrauch meist nicht streng unterschieden.
In der *Psychologie* wird A. als unlustbetonter, mit Beklemmung (in der Brust und Herzgegend lokalisiert), Bedrückung, Erregung, oft auch quälender Verzweiflung einhergehender Gefühlszustand oder Affekt verstanden, hervorgerufen durch jede real erlebte oder auch bloß vorgestellte, häufig nicht einmal voll bewußte Lebensbeeinträchtigung oder -bedrohung. Wie jeder starke Affekt ist die A. von auffallenden körperl. Symptomen (erhöhte Pulsfrequenz, Atemnot, Schweißausbruch, Zittern, gesteigerte Blasen- und Darmtätigkeit) begleitet, verbunden mit einer Minderung oder Aufhebung der willens- und verstandesmäßigen Kontrolle der Person über sich selbst. Eine Abwehrfunktion hat die Entwicklungs- und Reifungs-A. des Kindes als Ängstlichkeit der unreifen, starken seel. Belastungen noch nicht gewachsenen Seele.

Im frühen, unbewußten Erlebnis der Geburts- oder Trennungs-A. des Säuglings, der sich vor dem Mutterverlust und Liebesentzug ängstigt, sieht die *Psychoanalyse* die ursächl. Quelle aller Angstzustände (Real-A.).

Die *philosoph. Anthropologie*, bes. die Existenzphilosophie (Kierkegaard, Heidegger, Sartre), versteht als *existentielle A.* die Befindlichkeit des Menschen, in der er sich der Fragwürdigkeit des Daseins in seinem Woher, Wozu und Warum bewußt wird und sich in der Freiheit der Entscheidung mit der Möglichkeit des Scheiterns, der Leere, der Sinnlosigkeit, letztl. dem Nichts konfrontiert sieht. Diese Form der A. betrifft primär das Individuum, aber unter bes. Bedingungen auch Gruppen von Individuen oder ganze Gesellschaften bzw. Epochen, die gekennzeichnet sind von tiefgreifenden sozialen, wirtschaftl. oder religiösen Krisen und Auflösung überkommener Ordnungen.

Krohne, H. W.: Theorien zur A. Stg. ²1981. - Levitt, E.: Die Psychologie der A. Stg. ⁴1979. - Schulz, Walter: Das Problem der A. in der neueren Philosophie. In: Aspekte der A. Mchn. ²1977. - Gärtner-Harnach, V.: A. u. Leistung. Weinheim ³1976. - Krohne, H. W.: A. u. A.verarbeitung. Stg. - Rachmann, S. J.: A.: Formen, Ursachen u. Therapie. Dt. Übers. Mchn. u. a. 1975.

Ångström, Anders Jonas [schwed. ˌɔŋstrœm], * Lögdö (Västernorrland) 13. Aug. 1814, † Uppsala 21. Juni 1874, schwed. Astronom und Physiker. - Seit 1858 Prof. an der Univ. Uppsala. Bedeutendster Erforscher des Sonnenspektrums und der Fraunhofer-Linien vor und nach der Entdeckung der Spektralanalyse (durch R. Bunsen und G. R. Kirchhoff), die er als erster in die Stellarastronomie einführte. Er entdeckte den Wasserstoff im Sonnenspektrum und fand heraus, daß ein glühender Körper gerade diejenigen Lichtarten aussendet, die er bei gewöhnl. Temperatur absorbiert.

Ångström (Ångström-Einheit) [schwed. ˌɔŋstrœm; nach A. J. Ångström], Einheitenzeichen Å (A, ÅE, AE), früher verwendete Längeneinheit; 1 Å = 10^{-10} m = 0,1 nm.

Anguier, François [frz. ã'gje], * Eu (Seine-Maritime) 1604, † Paris 9. Aug. 1669, frz. Bildhauer. - Bruder von Michel A., 1641-1643 in Rom. U. a. Grabmal des J. de Thou und seiner zweiten Frau Gasparde de la Châtre (heute im Louvre).

A., Michel, * Eu (Seine-Maritime) 28. Sept.

1614, † Paris 11. Juli 1686, frz. Bildhauer. - Bruder von François A., 1641-51 in Rom. „Amphitrite" (1641) aus dem Park von Versailles (heute Louvre), Dekor für die Porte Saint-Denis (1671-74) nach Zeichnungen von C. Lebrun.

Anguilla [engl. æŋ'gwilə], flache, von einem Korallenriff umgebene Insel der Kleinen Antillen mit trop. Klima.

A., brit. Kolonie, die aus der Insel A. besteht, 91 (oder 88) km², Verwaltungssitz The Valley. Die Bev. (7 000, 1984; v. a. Neger und Mulatten) lebt von Salzgewinnung, Fischerei, Bootsbau und Rindviehhaltung.

Geschichte: A. war von 1650-1967 brit. Kolonie und wurde 1967 Bestandteil von Saint Christopher-Nevis-Anguilla, einem mit Großbrit. assoziierten Staat im Verband der ↑ Westindischen Assoziierten Staaten. Nach der Rebellion der Bev. von A. gegen die Zugehörigkeit zu Saint Christopher-Nevis wurde diese Verbindung 1971 von Großbrit. fakt. aufgelöst, bestand jedoch formal bis 1980. 1976 erhielt A. eine neue Verfassung.

Polit. Verhältnisse: Nach der Verfassung von 1976 hat A. den Status eines von Großbrit. abhängigen Gebietes. Staatsoberhaupt ist die brit. Königin, vertreten durch einen Kommissar, der den Vorsitz im Exekutivrat (Chefmin. und weitere Min.) innehat und für Außenpolitik, Verteidigung, innere Sicherheit, öffentl. Dienst und Justiz verantwortl. ist. Organ der Legislative ist die Gesetzgebende Versammlung (7 Abg., die vom Volk auf 4 Jahre gewählt werden, 3 Mgl. ex officio und 2 vom Kommissar ernannte Mgl.). Die A. National Alliance stellt seit den Wahlen 1984 4 von den 7 gewählten Abgeordneten.

Anguillidae [lat.], svw. ↑ Aale.

Anguillula [lat.], Gatt. der Fadenwürmer; am bekanntesten das ↑ Essigälchen.

Anguis [lat.], Gatt. der Schleichen; einzige einheim. Art ↑ Blindschleiche.

Anguissola, Sofonisba, * Cremona um 1528, † Palermo nach 1624, italien. Malerin. - Die älteste und berühmteste von sechs malenden Schwestern. Zeitweise am Hof Philipps II. in Madrid, seit 1580 v. a. in Palermo tätig; malte v. a. Porträts, bes. von Kindern, sowie Selbstbildnisse; 1623 von van Dyck porträtiert.

angular [lat.], zu einem Winkel gehörend, einen Winkel betreffend.

Angurboda, Riesin der nord. Mythologie.

1. Alphabetisierung

Der Text ist nach Stichwörtern alphabetisch geordnet, die halbfett gedruckt am Anfang der ersten Zeile des betreffenden Artikels stehen. Bei der Alphabetisierung wurden diakritische Zeichen grundsätzlich nicht berücksichtigt, d. h., daß ä wie a, ï wie i, č wie c, ţ wie t usw. alphabetisiert wurden. Geographische Namen, die einen festen Zusatz führen, wurden unter Berücksichtigung dieses Zusatzes alphabetisiert, z. B. steht Brandenburg/Havel hinter Brandenburger Tor. Bei gleichlautenden Namen von geistlichen und weltlichen Fürsten sowie Familiennamen von bürgerlichen Personen (z. B. Ludwig XIV. und Ludwig, Otto) stehen die Namen der Fürsten an erster Stelle. Sie sind, wenn dies erforderlich schien, unter den entsprechenden alphabetisch angeführten Territorien chronologisch geordnet. Bei der alphabetischen Einordnung der Personennamen wurden kleingeschriebene Partikel im allgemeinen hinter den Namen gestellt.
Treten gleichlautende Personennamen, geographische Namen und Sachstichwörter auf, so stehen sie in der eben genannten Reihenfolge.
Mehrere gleichlautende Sachstichwörter mit unterschiedlicher Bedeutung oder Verwendung werden in der Weise hintereinander angeordnet, daß das halbfett gedruckte Stichwort nicht wiederholt, sondern seine Wiederaufnahme durch ein Rautenzeichen (◆) ersetzt wird. Mehrere gleichlautende biographische Stichwörter oder gleichlautende Stichwörter, die aus geographischen Eigennamen bestehen, erscheinen jeweils nur beim ersten Stichwort in voller Länge, bei allen folgenden in abgekürzter Form (erster Buchstabe des betreffenden Eigennamens). Wenn sich in diesen Fällen Aussprache oder Betonung dieser Stichwörter nicht unterscheiden, gelten die beim ersten Stichwort angegebenen für alle weiteren. Unterscheiden sich Betonungen oder Aussprache, wird bei jedem einzelnen Stichwort in eckigen Klammern bei fremdsprachigen Namen eine phonetische Umschrift, bei deutschen Namen ein Betonungsschema gegeben, bei dem die Silben durch waagerechte Striche, betonte Silben durch Akzent über dem waagerechten Strich angedeutet sind.

2. Schreibung

Die Schreibung richtet sich grundsätzlich nach den Regeln der Duden-Rechtschreibung. Für den Bereich Medizin gelten darüber hinaus die Richtlinien des Medizin-Dudens (Duden, Wörterbuch medizinischer Fachausdrücke, Mannheim und Stuttgart ²1973). Bei Namen und Begriffen aus Sprachen mit einer anderen Schrift als der lateinischen wurde eine vereinfachte Transkription verwendet, die die Laute annähernd in lateinischen Buchstaben wiedergibt. Andere, ebenfalls gebräuchliche Transkriptionen werden als Schreibvariante in Klammern angeführt, z. B. Dschainismus (Jainismus).
Von wichtigen Schreibvarianten wurde in zahlreichen Fällen auf die Hauptform verwiesen. Darüber hinaus wird vom Benutzer erwartet, daß er die Möglichkeit einer Schreibvariante von sich aus in Betracht zieht (c ↑ k und z, ä ↑ ae, f ↑ ph usw.).
Zusätzlich werden beim Stichwort bzw. im Text die folgenden diakritischen Zeichen verwendet:
– (Strich über Vokal): Längung des Vokals.
´ (Akzent auf Vokal): Betonung der Silbe. U. a. im Altnordischen und Ungarischen Längung des Vokals. Im Französischen accent aigu.
` (Akzent auf Vokal): im Griechischen Betonung der Silbe (wenn ein weiteres griechisches Wort folgt); im Französischen accent grave.
~ (Zirkumflex auf Vokal): im Griechischen Kennzeichnung einer langen, betonten Silbe, auf die meist eine kurze Silbe folgt.
~ (Tilde): Kennzeichnung der Nasalierung des Lautes.
^ im Französischen accent circonflexe.
ʿ (spiritus asper): in semitischen Sprachen Wiedergabe des Ajin-Lautes (bezeichnet pharyngalen stimmhaften Reibelaut).
ʾ (spiritus lenis): in semitischen Sprachen Wiedergabe des Aleph-Lautes (leicht hörbarer Kehlkopfverschlußlaut, Knacklaut), im Chinesischen Kennzeichnung, daß der vorangegangene Laut „hart" (aspiriert) ausgesprochen wird.
Bei Namen und Begriffen aus Sprachen mit Lateinschrift tauchen gelegentlich Sonderzeichen auf, z. B. þ, Þ, [θ] und Ð, ð [ð] im Isländischen, Đ, đ [d] im Vietnamesischen, Ç, ç [s] im Französischen, Ł, ł [u̯] im Polnischen, Å, å [ɔ] in skandinavischen Sprachen usw.
In vielen Fällen wird den traditionell wiedergegebenen chinesischen Namen die offizielle Transkription in runder Klammer beigefügt.

3. Betonung

Der beim Stichwort untergesetzte Punkt unter Vokalen bedeutet, daß der Vokal kurz und betont ist; untergesetzter Strich unter Vokalen bedeutet, daß der Vokal lang und betont ist. Bei mehreren möglichen Betonungen erfolgt die Betonungsangabe in eckigen Klammern.

4. Ausspracheangaben in Lautschrift

In den Fällen, in denen die Aussprache nicht oder nur unvollkommen aus dem Stichwort erschlossen werden kann, wird in eckigen Klammern die Aussprache mit den Zeichen der Internationalen Lautschrift wiedergegeben. Steht in der eckigen Klammer vor der Lautschrift keine Sprachangabe, so ist die Aussprache deutsch oder eingedeutscht. Steht vor der Lautschrift eine Sprachangabe, so erfolgt die Aussprache in der betreffenden Sprache. Die Sprachangabe vor der Lautschrift kann unter Umständen zusätzlich auch die Herkunft (Etymologie, siehe auch unter 8) des Stichwortes bezeichnen. Die Sprachangabe nach der Lautschrift bezieht sich nicht auf die Aussprache, sondern ausschließlich auf die Herkunft.

Zeichen der Internationalen Lautschrift

In der ersten Spalte stehen die verwendeten Zeichen des Internationalen Phonetischen Alphabets (IPA), in der zweiten steht eine Erklärung oder Bezeichnung des Zeichens, in der dritten stehen dazugehörige Beispiele.

Zeichen	Erklärung	Beispiel
a	helles bis mittelhelles a	hat [hat], Rad [ra:t]
ɑ	dunkles a	Father engl. ['fɑ:ðə]
ɐ	abgeschwächtes helles a	Casa portugies. ['kazɐ]
ã	nasales a	Gourmand [gʊr'mã:]
æ	sehr offenes ä	Catch engl. [kætʃ]
ɐ̃	nasales abgeschwächtes vorderes a	Lousã portugies. [lo'zɐ̃]
ʌ	abgeschwächtes dunkles a	Butler engl. ['bʌtlə]
aɪ	ei-Diphthong	reit! [raɪt]
aʊ	au-Diphthong	Haut [haʊt]
b	b-Laut	Bau [baʊ]
β	nicht voll geschlossenes b	Habana span. [a'βana]
ç	Ich-Laut	ich [ɪç]
ɕ	ßj-Laut („scharf")	Sienkiewicz poln. [ɕɛŋ'kjɛvitʃ]
d	d-Laut	Dampf [dampf]
ð	stimmhafter englischer th-Laut	Father engl. ['fɑ:ðə]
ð̦	stimmhaftes spanisches [θ]	Guzmán span. [guð̦'man]
dʒ	dsch-Laut („weich")	Gin [dʒɪn]
e	geschlossenes e	lebt [le:pt]
ȩ	unsilbisches e	Sadoveanu rumän. [sado've̦anu]
ẽ	nasales e	Lourenço portugies. [lo'rẽsu]
ɛ	offenes e	hätte ['hɛtə]
ɛ̦	unsilbisches [ɛ]	Rovaniemi finn. ['rɔvani̦emi]
ɛ̃	nasales [ɛ]	Teint [tɛ̃:]
ə	Murmellaut	halte ['haltə]
f	f-Laut	fast [fast]
g	g-Laut	Gans [gans]
ɣ	geriebenes g	Tarragona span. [tarra'ɣona]
h	h-Laut	Hans [hans]
i	geschlossenes i	Elisa [e'li:za]
i̦	unsilbisches i	Mario italien. ['ma:ri̦o]
ĩ	nasales i	Infante portugies. [ĩ'fɐntə]
ĩ̦	unsilbisches nasales i	Karpiński poln. [kar'pĩ̦ski]
ɪ	offenes i	bist [bɪst]
ɨ	zwischen i und u ohne Lippenrundung	Gromyko russ. [gra'mɨkɐ]
j	j-Laut	just [jʊst]
k	k-Laut	kalt [kalt]
l	l-Laut	Last [last]
l̩	silbisches l	Myslbek tschech. ['mɪslbɛk]
ł	dunkles l	Shllak alban. [ʃłak]
ʎ	lj-Laut	Sevilla span. [se'βiʎa]
m	m-Laut	man [man]
n	n-Laut	Nest [nɛst]
ŋ	ng-Laut	lang [laŋ]
ɲ	nj-Laut	Champagne frz. [ʃã'paɲ]
o	geschlossenes o	Lot [lo:t]
o̦	unsilbisches o	Timișoara rumän. [timi'ʃo̦ara]
õ	nasales o	Bon [bõ:]
ɔ	offenes o	Post [pɔst]
ɔ̦	unsilbisches [ɔ]	Suomen finn. ['suɔmɛn]
ø	geschlossenes ö	mögen ['mø:gən]
œ	offenes ö	könnt [kœnt]
œ̃	nasales ö	Parfum [par'fœ̃:]
œ̦	unsilbisches [œ]	Pyöli finn. ['pyœ̦li]
ɔʏ	eu-Laut	heute ['hɔʏtə]
p	p-Laut	Pakt [pakt]
pf	pf-Laut	Pfau [pfaʊ]
r	r-Laut	Rast [rast]
r̩	silbisches r	Krk serbokroat. [kr̩k]
s	s-Laut („scharf")	Rast [rast]
ʃ	sch-Laut	schalt [ʃalt]
t	t-Laut	Tau [taʊ]
θ	stimmloser englischer th-Laut	Commonwealth engl. ['kɔmənwɛlθ]
ts	z-Laut	Zelt [tsɛlt]
tʃ	tsch-Laut	Matsch [matʃ]
u	geschlossenes u	Kur [ku:r]
u̦	unsilbisches u	Capua italien. ['ka:pu̦a]
ũ	nasales u	Funchal portugies. [fũ'ʃal]
ʉ	zwischen ü und u	Luleå schwed. [ˌlʉ:lɔo:]
ʊ	offenes u	Pult [pʊlt]
v	w-Laut	Wart [vart]
w	konsonantisches u	Winston engl. ['wɪnstən]
x	Ach-Laut	Bach [bax]
y	ü-Laut	Tüte ['ty:tə]
ỹ	unsilbisches [y]	Austurland isländ. ['œỹstvrland]
ʏ	offenes ü	rüste ['rʏstə]
ɥ	konsonantisches ü	Suisse frz. [sɥis]
z	s-Laut („weich")	Hase ['ha:zə]
ź	sj-Laut („weich")	Zielona Góra poln. [zɛ'lɔna 'gura]
ʒ	sch-Laut („weich")	Genie [ʒe'ni:]
'	Kehlkopfverschlußlaut (Stimmritzenverschlußlaut, Glottalstop, Knacklaut); wird weggelassen am Wortanfang vor Vokal in deutscher Aussprache, wo er immer gesprochen werden muß.	abebben ['ap'ɛbən], Verein [fɛr'aɪn]
:	Längezeichen, bezeichnet Länge des unmittelbar davor stehenden Vokals.	bade ['ba:də]
'	Hauptbetonung, steht unmittelbar vor der betonten Silbe; wird nicht gesetzt bei einsilbigen Wörtern und nicht,	Acker ['akər], eigentlich ['"akər] Apotheke [apo'te:kə] Haus [haʊs] Johnson engl. [dʒɔnsn]

wenn in einem mehrsilbigen Wort nur ein silbischer Vokal steht.	
Nebenbetonung, steht unmittelbar vor der nebenbetonten Silbe.	Straßenbahnschaffner ['ʃtra:sənba:n,ʃafnər]
Zeichen für silbische Konsonanten, steht unmittelbar unter dem Konsonanten.	Krk serbokroat. [kr̩k]
Halbkreis, untergesetzt oder übergesetzt, bezeichnet unsilbische Vokale.	Mario italien. ['ma:ri̯o], Austurland isländ. ['œystyrland]
Bindestrich, bezeichnet Silbengrenze.	Wirtschaft ['vɪrt-ʃaft]

5. Datierung

Bei Daten vor Christus entfällt der Zusatz „v. Chr." dann, wenn die Abfolge von zwei Jahreszahlen diese Tatsache deutlich erkennen läßt (z. B. 329–24). Bei einzeln stehenden Daten nach Christus steht der Zusatz „n. Chr." nur dann, wenn aus dem Sinnzusammenhang nicht eindeutig ersichtlich ist, daß es sich um eine Jahresangabe nach Christus handelt. Datierung literarischer Werke: angegeben wird das Erscheinungsjahr des Originals, in Ausnahmefällen das Jahr der Erstübersetzung.

6. Bedeutungsgleiche Wörter (Synonyme)

Gibt es für einen Sachverhalt mehrere Begriffe oder Bezeichnungen, so stehen diese in runden Klammern hinter dem Stichwort.

7. Übersetzung fremdsprachiger Titel

Ist ein Buch nicht in Übersetzung erschienen, wird eine wörtliche Übersetzung in runden Klammern ohne Anführungszeichen angegeben. In eckigen Klammern werden literarische Werke kommentiert, sofern dies erforderlich ist.

8. Herkunftsangabe (Etymologie)

Die Herkunftsangabe steht in eckigen Klammern, und zwar dort, wo sich ggf. auch die Ausspracheangabe in Lautschrift befindet (vgl. 4). Häufig ist nur e i n e Herkunftsangabe gesetzt. Gelegentlich wurden auch verschiedene Entlehnungswege eines Wortes von seinem Ursprung bis zur Übernahme als Fremdwort zur Erhellung bestimmter sprach- und kulturgeschichtlicher Zusammenhänge angedeutet. In diesen Fällen steht zwischen den Herkunftsangaben ein Bindestrich, z. B. Absolutismus [lat.-frz.]. In Fällen, wo es angebracht erschien, wurden die Entlehnungsvorgänge bzw. die etymologischen Zusammenhänge ausführlicher dargestellt; hierzu gehören auch Hinweise auf die ursprüngliche, die wörtliche oder eine frühere Wortbedeutung, die dann zwischen Anführungszeichen steht, z. B. Abba [aram. „Vater..."].
Die Mischbildungen aus Wortelementen verschiedener Sprachen wurden, soweit sie übersichtlich und eindeutig zerlegbar sind, durch einen Schrägstrich zwischen den Sprachangaben gekennzeichnet; Beispiele: Adenoviren [griech./lat.], Anglomanie [lat./griech.]. Wenn jedoch die einzelnen Wortelemente verstümmelt oder mit Eigennamen oder Firmennamen zu einem künstlichen Wortgebilde verschmolzen sind, werden sie als Kunstwörter bezeichnet. Beispiel: Aldosteron [Kw.].

9. Abkürzungen

Außer den nachstehend aufgeführten Abkürzungen werden allgemein übliche Abkürzungen verwendet, z. B. auch für Monatsnamen, für bekannte Organisationen und Parteien. Benennung und Abkürzung der biblischen Bücher können der Übersicht „Die Bücher der Bibel" entnommen werden. Die Abkürzungen gelten auch für die gebeugten Formen des betreffenden Wortes.

A

Abb.	Abbildung
Abg.	Abgeordneter
ABGB	Allgemeines Bürgerliches Gesetzbuch (Österreich)
Abk.	Abkürzung
Abs.	Absatz
AG	Aktiengesellschaft
Akad.	Akademie
Ala.	Alabama
Alas.	Alaska
allg.	allgemein
aram.	aramäisch
Ariz.	Arizona
Ark.	Arkansas
Art.	Artikel (rechtlich)
ASSR	Autonome Sozialistische Sowjetrepublik
A. T.	Altes Testament

B

B.-	Bundes...
Bad.-Württ.	Baden-Württemberg
Bay.	Bayern
Bd.	Band
Bde.	Bände
bed.	bedeutend
Bed.	Bedeutung
begr.	begründet
ben.	benannt
bes.	besonders, besondere
Bev.	Bevölkerung
Bez.	Bezeichnung, Bezirk
BG	Bundesgesetz
BGB	Bürgerliches Gesetzbuch
BR	Bundesrepublik
BV	Bundesverfassung (Schweiz)
B-VG	Bundesverfassungsgesetz (Österreich)

C

C	Celsius
Calif.	Kalifornien
CC. (cc.)	Canones
chin.	chinesisch

CIC	Codex Iuris Canonici	hg.	herausgegeben
Colo.	Colorado	Hg.	Herausgeber
Conn.	Connecticut	HGB	Handelsgesetzbuch
		hl.	heilig
D		Hsp.	Hörspiel
d. Ä.	der Ältere	Hzg[n].	Herzog[in]
D. C.	District of Columbia	Hzgt.	Herzogtum
Del.	Delaware		
Dep.	Departement	**I**	
Distr.	Distrikt	Ia.	Iowa
d. J.	der Jüngere	Id.	Idaho
Dr.	Drama	i. d. F.	in der Fassung
dt.	deutsch	i. d. R.	in der Regel
DVO	Durchführungs-	i. e. S.	im engeren Sinne
	verordnung	Ill.	Illinois
Dyn.	Dynastie	Ind.	Indiana, Industrie
		…ind.	…industrie
E		insbes.	insbesondere
E	Einwohner	Inst.	Institut
E., En.	Erzählung[en]	internat.	international
ebd.	ebenda	i. w. S.	im weiteren Sinne
ehem.	ehemals, ehemalig		
eigtl.	eigentlich	**J**	
einschl.	einschließlich	jap.	japanisch
Einz.	Einzahl	Jh.	Jahrhundert
EKD	Evangelische Kirche	Jt.	Jahrtausend
	in Deutschland		
Erzhzg.	Erzherzog[in]	**K**	
ETH	Eidgenössische	Kans.	Kansas
	Technische Hochschule	kath.	katholisch
europ.	europäisch	Kfz.	Kraftfahrzeug
ev.	evangelisch	KG	Kommanditgesellschaft
		Kgr.	Königreich
F		Kom.	Komödie
Fam.	Familie	Kr.	Kreis
FHS	Fachhochschule	Krst.	Kreisstadt
Fla.	Florida	Kt.	Kanton
Frankr.	Frankreich	Kw.	Kunstwort
Frhr.	Freiherr	kW[h]	Kilowatt[stunde]
frz.	französisch	Ky.	Kentucky
Fsp.	Fernsehspiel	KZ	Konzentrationslager
Ft.	Fürstentum		
		L	
G		La.	Louisiana
…G	…gesetz	Landkr.	Landkreis
Ga.	Georgia	landw.	landwirtschaftlich
Gatt.	Gattung	Landw.	Landwirtschaft,
Geb.	Gebiet		Landwirtschafts…
Ged.	Gedichte	lat.	lateinisch
gegr.	gegründet	Lsp.	Lustspiel
Gem.	Gemeinde	luth.	lutherisch
gen.	genannt		
Gft.	Grafschaft	**M**	
GG	Grundgesetz	M-	Mittel…
Ggs.	Gegensatz	ma.	mittelalterlich
GmbH	Gesellschaft mit	MA	Mittelalter
	beschränkter Haftung	malai.	malaiisch
Gouv.	Gouvernement	Markgft.	Markgrafschaft
Großbrit.	Großbritannien und	Mass.	Massachusetts
	Nordirland	Md.	Maryland
		MdB	Mitglied des Bundestags
H		MdL	Mitglied des Landtags
…ʰ, h	Stunde (hour)	MdR	Mitglied des Reichstags
hebr.	hebräisch	mex.	mexikanisch

Mgl.	Mitglied
Mich.	Michigan
Mill.	Million[en]
min., Min.	Minute[n]
Min.	Minister
...min.	...minister
Minn.	Minnesota
Miss.	Mississippi
Mitbegr.	Mitbegründer
Mithg.	Mitherausgeber
Mo.	Missouri
Mont.	Montana
Mrd.	Milliarde[n]
Mrz.	Mehrzahl

N

N	Norden
N-	Nord...
nat.	national
nat.-soz.	nationalsozialistisch
n. Br.	nördlicher Breite
N. C.	North Carolina
N. Dak.	North Dakota
Nds.	Niedersachsen
Nebr.	Nebraska
Nev.	Nevada
N. H.	New Hampshire
niederl.	niederländisch
N. J.	New Jersey
nlat.	neulateinisch
N. Mex.	New Mexico
NNO	Nordnordost
nnö.	nordnordöstlich
NNW	Nordnordwest
nnw.	nordnordwestlich
NO	Nordosten
NO-	Nordost...
nö.	nordöstlich
Nov.	Novelle
NRW	Nordrhein-Westfalen
NS	Nationalsozialismus
N. T.	Neues Testament
NW	Nordwesten
nw.	nordwestlich
NW-	Nordwest...
N. Y.	New York (Bundesstaat)

O

O	Osten
O-	Ost...
Obb.	Oberbayern
öff.	öffentlich
Ofr.	Oberfranken
OHG	Offene Handelsgesellschaft
Okla.	Oklahoma
ö. L.	östlicher Länge
ONO	Ostnordost
onö.	ostnordöstlich
op.	Opus
Opf.	Oberpfalz
OR	Obligationenrecht (Schweiz)
Oreg.	Oregon
orth.	orthodox
OSO	Ostsüdost
osö.	ostsüdöstlich
östr.	österreichisch

P

Pa.	Pennsylvania
PH	Pädagogische Hochschule
Präs.	Präsident
...präs.	...präsident
Prof.	Professor
prot.	protestantisch
Prov.	Provinz
Pseud.	Pseudonym

R

R.	Roman
R.-	Reichs...
rd.	rund
ref.	reformiert
Reg.	Regierung
Reg.-Bez.	Regierungsbezirk
R. I.	Rhode Island
Rhld.-Pf.	Rheinland-Pfalz

S

s	Sekunde
S	Schilling (Österreich)
S	Süden
S-	Süd...
s. Br.	südliche Breite
S. C.	South Carolina
Schl.-H.	Schleswig-Holstein
Schsp.	Schauspiel
S. Dak.	South Dakota
Sek.	Sekunde
sel.	selig
sfr.	Schweizer Franken
skand.	skandinavisch
sm	Seemeile
SO	Südosten
SO-	Südost...
sö.	südöstlich
sog.	sogenannt
SSO	Südsüdost
ssö.	südsüdöstlich
SSR	Sozialistische Sowjetrepublik
SSW	Südsüdwest
ssw.	südsüdwestlich
Std.	Stunde
stellv.	stellvertretend
StGB	Strafgesetzbuch
StPO	Strafprozeßordnung
svw.	soviel wie
SW	Südwesten
sw.	südwestlich
SW-	Südwest...

T

Tab.	Tabelle
Tenn.	Tennessee
Tex.	Texas

TH	technische Hochschule	**Z**		
Trag.	Tragödie	Z	Zentrum	
Tsd.	Tausend	Z-	Zentral...	
TU	technische Universität	zahlr.	zahlreich	

TH	technische Hochschule
Trag.	Tragödie
Tsd.	Tausend
TU	technische Universität

U

Übers.	Übersetzung
u. d. M.	unter dem Meeresspiegel
ü. d. M.	über dem Meeresspiegel
u. d. T.	unter dem Titel
Ufr.	Unterfranken
Univ.	Universität
urspr.	ursprünglich

V

Va.	Virginia
Verf.	Verfasser
verh.	verheiratet
Verw.-Geb.	Verwaltungsgebiet
VO	Verordnung
Vors.	Vorsitz[end]er
VR	Volksrepublik
Vt.	Vermont

W

W	Westen
W-	West...
Wash.	Washington
wirtsch.	wirtschaftlich
Wis.	Wisconsin
wiss.	wissenschaftlich
Wiss.[-]	Wissenschaft[s-]
...wiss.	...wissenschaft, wissenschaftl. (in Zusammensetzungen)
w. L.	westliche Länge
wm.	weidmännisch
WNW	Westnordwest
wnw.	westnordwestlich
WSW	Westsüdwest
wsw.	westsüdwestlich
Württ.	Württemberg
W. Va.	West Virginia
Wyo.	Wyoming

Z

Z	Zentrum
Z-	Zentral...
zahlr.	zahlreich
ZGB	Zivilgesetzbuch (Schweiz)
ZK	Zentralkomitee
ZPO	Zivilprozeßordnung (BR Deutschland)
zus.	zusammen
zw.	zwischen

Zeichen

*	geboren
≈	getauft
∞	verheiratet
∞	geschieden
†	gestorben
☐	begraben
✕	gefallen
♂	männlich; Männchen
♀	weiblich; Weibchen
↑	siehe
☉	giftig
ⓌⓏ	eingetragenes Warenzeichen
✈	Flugplatz
♔	Regierungsjahre weltlicher Fürsten
⌂	Amtsjahre geistlicher Würdenträger
▾	dies Zeichen bedeutet: Dieses geographische Objekt liegt im Gebiet des Deutschen Reiches in den Grenzen vom 31. 12. 1937 und gehört weder zur Bundesrepublik Deutschland noch zur Deutschen Demokratischen Republik.

Literaturangaben

Zusätzlich werden in den Literaturangaben die folgenden Abkürzungen verwendet

A

Anl.	Anleitung
Anm.	Anmerkung
Arb[b].	Arbeit[en]
Arch.	Archiv
Aufl.	Auflage
Aufs.	Aufsätze
Ausg[g].	Ausgabe[n]

B

...b[b].	...buch [...bücher]
bearb.	bearbeitet
Beitr.	Beiträge
Ber.	Berichte
Berücks.	Berücksichtigung
Bibliogr[r].	Bibliographie[n]
Biogr.	Biographie
Bl[l].	Blatt [Blätter]
Bln.	Berlin
Bull.	Bulletin

D

Darmst.	Darmstadt
Darst[t].	Darstellung[en]
Düss.	Düsseldorf

E

Einf.	Einführung
eingel.	eingeleitet
Einl.	Einleitung
Enzyklop.	Enzyklopädie
Erg.	Ergänzung
Ergebn.	Ergebnisse

erl.   erläutert
Erl[l].   Erläuterung[en]

F
F.   Folge
Ffm.   Frankfurt am Main
Forsch.   Forschungen
fortgef.   fortgeführt
fortges.   fortgesetzt
Forts.   Fortsetzung
Freib.   Freiburg im Breisgau
Frib.   Freiburg (Schweiz)

G
ges.   gesammelt
Gesch.   Geschichte
...gesch.   ...geschichte
Gmel.   Gmelins Handbuch der anorganischen Chemie. Herausgegeben vom Gmelin-Institut für anorganische Chemie und Grenzgebiete in der Max-Planck-Gesellschaft. Begonnen von R. J. Meyer, fortgeführt von E. H. E. Pietsch. Berlin; später Weinheim
Gött.   Göttingen
Gramm.   Grammatik
Grundl[l].   Grundlage[n]
Grundr.   Grundriß

H
H.   Heft
...h[h].   ...heft[e]
Hamb.   Hamburg
Hdb[b].   Handbuch [Handbücher]
Hdbg.   Heidelberg
Hdwb.   Handwörterbuch
Hs[s].   Handschrift[en]
Htbb.   Hochschultaschenbücher

I
Innsb.   Innsbruck

J
J.   Journal
Jb[b].   Jahrbuch [Jahrbücher]
Jg.   Jahrgang

K
Kap.   Kapitel
Kat.   Katalog
Kl.   Klasse

L
Leitf.   Leitfaden
Lex.   Lexikon
Lfg[g].   Lieferung[en]
Lit.   Literatur
Losebl.   Loseblattausgabe, -sammlung
Lpz.   Leipzig

M
Mchn.   München
Mhm.   Mannheim
Mitt.   Mitteilungen
m. n. e.   mehr nicht erschienen
Monogr[r].   Monographie[n]
Mschr.   Monatsschrift

N
Nachdr[r].   Nachdruck[e]
Nachr.   Nachrichten
Neudr.   Neudruck
N. F.   Neue Folge
N. R.   Neue Reihe
N. S.   Neue Serie

R
R.   Reihe
Rbk.   Reinbek
Red.   Redaktion

S
S.   Seite, Spalte
Sb.   Sitzungsberichte
Schr[r].   Schrift[en]
Slg.   Sammlung
Stg.   Stuttgart
Suppl.   Supplement

T
Tb[b].   Taschenbuch [Taschenbücher]
Tl., Tle[n].   Teil, Teile[n]
Tüb.   Tübingen

V
Verh.   Verhandlungen
Veröff.   Veröffentlichungen
Verz.   Verzeichnis
Vjbll.   Vierteljahresblätter
Vjh[h].   Vierteljahresheft[e]
Vjschr.   Vierteljahr[e]sschrift
Vortr[r].   Vortrag [Vorträge]

W
Wsb.   Wiesbaden

Z
Zbl.   Zentralblatt
Zs[s].   Zeitschrift[en]